W0006904

LA GUERRE D'ALGÉRIE

BENJAMIN STORA
et
MOHAMMED HARBI

LA GUERRE
D'ALGÉRIE

1954-2004, la fin de l'amnésie

ROBERT LAFFONT

© Éditions Robert Laffont, S.A., Paris, 2004
ISBN 2-221-10024-7

Introduction

La guerre d'Algérie :
de la mémoire à l'Histoire

par Mohammed Harbi et Benjamin Stora

Le poids des groupes de mémoire

La guerre d'Algérie, livrée entre 1954 et 1962, réveille sans cesse de vieilles blessures qui n'en finissent pas de cicatriser. Cette guerre menée contre les Algériens qui réclamaient leur indépendance apparaît comme un mélange tragique de souvenirs cruels, de regrets, peut-être de remords... « Des feux mal éteints », comme l'écrivait le journaliste Philippe Labro dans son roman autobiographique paru en 1967. Ils sont nombreux, en France, les groupes porteurs de cette mémoire diffuse : combattants désespérés de l'OAS[1], et déserteurs ou insoumis rangés du côté du FLN[2] ; simples soldats du contingent ou officiers de l'armée française ; fils de harkis[3] de nationalité française, ou jeunes enfants de nationalistes algériens ; hommes politiques d'aujourd'hui qu'obsède le souvenir de cette guerre et, parfois, de leurs reniements ; partisans de l'Algérie française, ou défenseurs de l'indépendance algérienne ; et, bien entendu, la masse des pieds-noirs[4], chrétiens ou juifs, de droite ou de gauche, originaires des villes ou des campagnes, mêlés...

Au total, plus de cinq millions de personnes, dans la France de ce début du XXIe siècle, sont directement concernées par la guerre d'Algérie. Avec des expériences très partielles, très individualisées, très différentes, où il se révèle difficile de délimiter les souvenirs communs. L'Algérie du début d'une

---

1. L'Organisation armée secrète (OAS), créée en 1961, rassembla les partisans extrémistes de l'Algérie française. Jusqu'en juillet 1962, moment de l'indépendance algérienne, ses partisans pratiquèrent une politique de terrorisme meurtrier contre les Algériens musulmans.

2. Le Front de libération nationale (FLN), fondé en novembre 1954, rassembla les partisans de l'indépendance algérienne contre la France. Au cours de la guerre, le FLN réussit à éliminer ses concurrents et s'imposa comme la seule organisation représentative des Algériens.

3. Les harkis (du nom arabe *harka* qui signifie « mouvement ») sont les troupes supplétives musulmanes ralliées à la France. Outre les unités rapatriées après l'indépendance algérienne, plusieurs milliers de harkis ont été abandonnés sur place et massacrés, d'autres sont restés en Algérie.

4. Nom donné aux Européens d'Algérie qui étaient environ un million au moment de l'indépendance. La plupart d'entre eux se sont réfugiés en France.

guerre qui ne veut pas dire son nom, en 1954, n'est pas l'Algérie de la folie, de la haine ou de la liesse de l'année 1962. Dans la France actuelle, les groupes porteurs d'une mémoire enfouie se sont longtemps réfugiés dans le non-dit. La France, attentive à célébrer ses gloires, répugne à découvrir ses blessures. Certains stigmates de l'Histoire, plus secrets, moins épiques, restent douloureux. Avec ses ambiguïtés, les contradictions militaro-politiques de son dénouement, la guerre d'Algérie est longtemps demeurée à demi taboue. Mémoires blessées et hésitantes, lenteur à prendre du recul, pour écrire une histoire sans complaisance ? Longtemps, la mémoire des acteurs a pesé lourdement sur l'écriture des événements de cette période.

Les mémoires ont toujours une dimension subjective. Elles fonctionnent comme un discours de légitimation, de sorte qu'elles sont à la fois rappel d'événements et miroir déformant. L'historien ne peut ni les dédaigner ni s'y soumettre. Le propre des souvenirs c'est d'être une évocation d'un vécu passé mais aussi un discours sur le contemporain. Chaque groupe, chaque segment organisera son roman passé pour dire la misère d'une morale ou la grandeur de son présent. Ainsi les différentes évocations ne s'organisent pas comme un tout explicatif mais comme une rhapsodie des plaintes des victimes. C'est le chant funèbre des nostalgiques du passé et des déçus du présent. Le rôle de la critique historique c'est de les entendre tous et d'analyser les conditions réelles qui furent celles d'une guerre d'indépendance avec des excès partagés mais sans que soient escamotées la légitimité d'une révolution et l'injustice du statu quo colonial.

Le déploiement de la recherche historique

Le souci premier dans l'après-guerre d'Algérie n'était pas l'exactitude académique ou l'entretien d'un souvenir, mais bien l'urgence et l'efficacité. Il fallait en Algérie bâtir une société, panser les plaies et en France ne pas s'abandonner à la nostalgie de la terre perdue, avancer dans la « société de consommation ». Pendant les premières années de l'après-guerre, les voix d'hommes et de femmes ont été pourtant nombreuses qui disaient la tragédie et la cruauté de cette guerre. Officiers supérieurs et simples soldats, pieds-noirs ou militants algériens, hommes politiques de tous bords ont occupé le terrain de l'édition à coups d'autobiographies et de mémoires, de pamphlets, de réhabilitations, d'images d'Épinal et de photographies en gros plan. Les acteurs, dans la longue période d'un travail de deuil de la guerre en train de s'accomplir, n'échappaient pas au contexte politico-idéologique du moment. Aux témoignages se substitueront progressivement les ouvrages « à distance » de synthèse. Mais cette translation est lente et, visiblement, les jeunes nés après la guerre ne se sont guère sentis concernés par la masse des plaidoyers, mémoires, autobiographies et témoignages de toutes sortes parus entre 1962 et 1982.

À partir des années 1980-1990, les centres d'intérêt se déplacent, et apparaissent de nouvelles générations de chercheurs avec l'ouverture d'archives étatiques et personnelles. On cherche à distinguer, à comprendre les processus répressifs mis en place par l'État colonial ; on essaie d'évaluer les fluctuations de l'opinion et les mosaïques de motivations qui présidèrent à l'adhésion de l'Algérie française ou à son rejet ; on commence à se préoccuper d'une histoire sociale et culturelle de la guerre. En ce sens, plus la guerre d'Algérie s'éloigne, plus elle nous apparaît dans sa totalité complexe. Les historiens et les chercheurs reprennent le travail pour trier, tenter d'établir les faits et de dégager des explications.

La construction du discours historique se fait dans la multiplicité des points de vue et en fonction des interrogations de chacun. Mais le traitement doit demeurer objectif et le conflit sur la méthode reste analogue à celui que connaissent toutes les recherches scientifiques.

Et c'est ainsi que de « colloque » en « rencontre », il devient possible de voir les progrès réalisés par la communauté scientifique pour traiter d'une période aussi délicate. En 1988, le premier grand colloque du genre, organisé sous les auspices de l'Institut d'histoire du temps présent (IHTP) et dirigé par Jean-Pierre Rioux, s'emparait de cette séquence brûlante comme objet d'histoire et organisait des thèmes d'intervention autour des *Français et la guerre d'Algérie*. Cette préoccupation qui entendait se situer au-delà du simple cadre politique et institutionnel convoquait au débat non seulement des Français mais aussi des Algériens.

En mars 1992, un nouveau colloque, organisé conjointement par la Ligue de l'enseignement, l'Institut du monde arabe et l'Institut Maghreb-Europe, se tenait à la Sorbonne avec pour thème *La Mémoire et l'Enseignement de la guerre d'Algérie*. Ce second intitulé se révéla à la fois plus vaste... et plus intime. Il permettait à l'intelligence historique d'une période de se déployer par des approches originales, c'est-à-dire par le travail sur la mémoire. En novembre 2000, un colloque organisé à la Sorbonne en l'honneur de Charles-Robert Ageron, *La Guerre d'Algérie au miroir des colonisations françaises*, autorisait ce passage direct à l'Histoire avec les contributions de quarante chercheurs de tous horizons. L'année précédente, en juin 1999, l'Assemblée nationale française reconnaissait, enfin, la pression des anciens combattants d'Afrique du Nord en vue de reconnaître le principe de la guerre livrée en Algérie.

Il se construira ainsi, au fil des années, sur la période guerre d'Algérie, un savoir immense mais cloisonné et éparpillé.

Un nouveau livre, inventaire et seuil

2004 : cinquante ans après le 1er novembre 1954, par le travail historique, la pluralité des motivations émerge peu à peu derrière les positions frontales et catégoriques que l'on a dessinées à grands traits après 1962, entre adversaires et partisans de l'Algérie française. La guerre tend à s'éloigner des turbulences passionnelles et du traumatisme collectif pour devenir un objet d'histoire.

Ce nouveau livre sur la guerre d'Algérie a d'abord pour objectif de scruter les mémoires blessées de cette guerre, de situer le niveau de responsabilités et de souffrances de chacun des groupes concernés, à partir notamment de sources originales, des ouvrages publiés.

Jean-Charles Jauffret étudie le groupe des appelés, dans leur refus de cette guerre en 1956, ou dans leur vie quotidienne. Un souci de pluralisme anime ce volume, dont chaque contribution n'engage, bien évidemment, que son auteur. Mais nous devons nous distancier du texte de Mohand Hamoumou et Aderhamen Moumen sur les harkis, dont l'analyse se fonde sur la négation du fait national algérien. Daniel Lefeuvre fait le point sur le sort des pieds-noirs au moment de leur exil, et Linda Amiri décrit comment les immigrés algériens étaient vus à travers les archives de la police française, notamment celles de Maurice Papon, alors préfet de police de Paris.

Cette guerre ne peut se voir qu'en miroir. Omar Carlier s'interroge sur le rôle de la violence dans l'histoire algérienne ; Abdelmajid Merdaci nous explique pourquoi la ville de Constantine n'était pas au rendez-vous du 1er novembre 1954 ; Gilbert Meynier relate les oppositions entre le « messalisme » et le FLN en indiquant les sources idéologiques de l'affrontement ; Khaoula Taleb Ibrahimi situe les moments d'émergence des femmes dans cette guerre d'indépendance, et Abdelkrim Badjadja, archiviste témoin, nous donne un aperçu sur les archives algériennes à travers le monde.

Cinquante ans après le début de la guerre d'Algérie, cet ouvrage, dirigé par un historien français et un historien algérien, est aussi une sorte « d'inventaire » sur la production des savoirs les plus récents touchant à cette période. Il se fixe pour objectif de combler le fossé existant entre l'univers de la recherche et le grand public et fait le point sur les indices annonciateurs d'orages à venir par l'étude de Jean-Pierre Peyroulou sur les activités policières dans le Constantinois après les événements de Sétif et de Guelma en mai-juin 1945 ; de restituer un savoir académique sur l'attitude des gouvernants français face aux nationalistes algériens ; René Gallissot dessine les passerelles entre les moments de décolonisation dans l'ensemble maghrébin sous domination française (Tunisie, Algérie, Maroc) ; Alain Mahé et Moula Bouaziz proposent une monographie de la Kabylie dans ces années décisives ; l'ouvrage réévalue certaines idées reçues sur les positions d'Albert Camus (Jean-Jacques Gonzalès) ou sur les groupes de l'OAS (Rémi Kauffer). Le nombre de morts au cours du conflit demeure aujourd'hui encore l'objet d'affrontements : Guy Pervillé tente de mettre un point final au débat. Mais il y a gros à parier que le dossier sur la comptabilité des morts est loin d'être clos. Encore faut-il que l'organisation des anciens moudjahidines en Algérie accepte d'entrer dans une discussion à caractère scientifique. Longtemps marginalisées, les représentations de la guerre reçoivent une impulsion nouvelle avec les études de Charles Bonn sur la littérature, de Malika Dorbani sur l'esthétique de la guerre et de Marie Chominot et de Claire Mauss-Copeaux sur le conflit vu à travers les photographies de l'armée et des appelés. La résistance française à la guerre coloniale nous est décrite par Claude Liauzu. Tramor Quemeneur évoque, lui, la désobéissance des officiers français à l'égard de la politique du général de Gaulle. Raphaelle Branche et Sylvie Thénault explorent, elles, les mécanismes de la répression et de l'arbitraire (tortures, violence étatique, justice aux ordres).

Le rassemblement de nouveaux savoirs touchant, par exemple, à la vie des appelés et à leurs officiers, aux regards policiers portés sur les immigrés algériens en France ou aux militants indépendantistes en Algérie, permet d'inventorier les écrits qui déplacent ou confortent les systèmes de référence d'une société, les façons d'aborder les problèmes idéologiques et culturels et de décrypter les outillages intellectuels. Cet effort patient ouvre également la voie à une réflexion sur les rapports entre groupes porteurs de « la mémoire algérienne », des pieds-noirs aux harkis, des immigrés algériens aux soldats français, des militants algériens nationalistes aux partisans de l'Algérie française. Dans cette circulation mémorielle, l'éducation joue un rôle fondamental, et Jean-Pierre Rioux dit comment s'enseigne désormais l'histoire de la guerre d'Algérie.

Les nouvelles générations

Cinquante ans d'histoire, cinquante ans après… C'est le temps d'une génération qui s'est écoulé. La mémoire qui veut toujours vivre avec, rejouer la guerre, s'épuise. Ceux et celles qui vont devoir faire et font déjà l'Algérie et la France de demain n'ont aucune responsabilité dans l'affrontement d'hier.

Ils veulent lire cette page avec méthode, avec leur questionnement et leurs perspectives propres. Ils entendent sortir de l'enfermement du traumatisme colonial, sortir des litanies de la victimisation et des autojustifications aveugles pour forger des valeurs sur les ruines du mépris, de la haine. L'impossibilité de vivre avec l'histoire commune fait toujours violence à l'Histoire. Le travail d'écriture, de la parole peut permettre à la fois de revenir sur cet exil de soi et d'affronter les défis d'aujourd'hui. C'est aux nouvelles générations que ce livre est dédié et destiné.

PREMIÈRE PARTIE

INSTITUTIONS

Les Français et la guerre des deux Républiques

par Jean-Pierre Rioux

L'une en mourut, l'autre en naquit : la formule simplifie, mais elle résume bien. La guerre d'Algérie, du côté français, a en effet posé à la forme républicaine de l'État et à l'art de vivre ensemble démocratiquement, acquis et conquis depuis 1789 et raffermi à la Libération, des questions si insolubles que la IVᵉ République y succomba et que la Vᵉ ne s'installa qu'à la faveur d'une crise, en mai 1958, dont l'épicentre fut algérois. Révélatrice autant que motrice d'un changement tenu ensuite pour nécessaire ou inévitable, la guerre, une fois encore, a infléchi brutalement (et pour la dernière fois ?) le cours de l'histoire de France. Et d'autant plus que la lutte d'indépendance des Algériens, facteur belliciste externe, a fait rejouer les mécanismes de la vieille « guerre franco-française ». C'est donc la République française de Valmy, de Verdun et de la Résistance, celle que de Gaulle n'avait pas même eu à proclamer de nouveau en août 1944, qui a dû faire sécession ou allégeance à elle-même tout au long des combats livrés sous son couvert en Algérie : les deux rives de la Méditerranée ont participé à une accélération du cours de sa destinée manifeste.

N'allons pas penser néanmoins que les républiques ne seraient que des abstractions constitutionnelles, des politiques faites et défaites, heureuses ou menacées. Toutes ont trahi aussi un état des mœurs et une vision de l'avenir entérinés démocratiquement par une majorité de citoyens et, au cours du XXᵉ siècle, l'opinion de ces derniers a plus que jamais sous-tendu le changement institutionnel, l'État français de Vichy donnant à cette assertion valeur de preuve *a contrario* puisqu'il n'affronta jamais le verdict des urnes et perdit la faveur de l'opinion. En clair : autant que les complots et les putschs, les évolutions parlementaires, l'échec ou le succès des politiques, le renouvellement des responsables, le succès et les attendus de la bataille de 1954 à 1962, autant que la question de l'application conflictuelle et même de la trahison des principes fondateurs de la vitalité républicaine par le « maintien de l'ordre », c'est l'acquiescement des Français à l'idée d'une paix indispensable qui a fait la guerre d'Algérie un *Deus ex machina* républicain.

Une métropole pacifique

La preuve de leur constance d'opinion ? Dès 1956 sa force s'exprimait dans les sondages où la métropole disait majoritairement qu'il fallait sortir au plus vite, et en négociant, du guêpier algérien, de cette « pacification » impossible, de ces « événements » lointains et si mal appréciés. Car jamais il ne serait plausible et admissible que l'avenir de la France continentale, celle des ardeurs coalisées de la Libération, celle des efforts pacifiques de la reconstruction puis de la mise en œuvre d'une modernité et d'une croissance économique, sociale et culturelle, puisse être hypothéqué par une rébellion en Algérie. Son immuabilité ? Elle a été paraphée finalement par le verdict le plus républicain, celui des urnes, en 1962. Les accords d'Évian furent alors ratifiés à la quasi-unanimité en métropole, sans souci des abandons, sans chagrin ni pitié : 90,7 % de « oui » exprimés au référendum du 8 avril, 9,3 % des voix pour ceux qui criaient « non » à l'abandon. De fait, s'exprima alors l'immense soulagement de pouvoir tourner la page d'une guerre sans nom qui troublait une fête déjà promise : ce soupir fut poussé sans phrases ni regrets, pour vaquer à d'autres tâches nationales autrement apaisées, socialement plus rentables et à effets plus euphorisants.

C'est à cette aune qu'il faut mesurer la politique de celui qui accoucha au forceps une solution de *realpolitik* ardemment recherchée mais à tâtons. Fut-il condamnable, de Gaulle, dans sa recherche d'un dénouement ? Oui, sans aucun doute, ont dit pêle-mêle les commandos défaits de l'OAS, les fidèles de Bastien-Thiry le fusillé, les ultras de l'Algérie française, l'extrême droite de toujours qui sortit à cette occasion du long tunnel postépuration, des pieds-noirs meurtris et désemparés, des harkis à l'abandon. Mais à tous ceux-là, qui vont si longtemps haïr le bradeur d'Empire, le chrétien infidèle ou l'entêté de la raison d'État, une majorité de Français a rétorqué que le meurtre et le sang qui ravageaient l'Algérie et la France ne lui étaient en rien imputables et qu'il avait bien fallu mettre un terme à cette violence désespérante puis désespérée. En quoi, d'ailleurs, l'homme du 18 juin 1940 aurait-il été plus inhumain et moins patriote, ou moins républicain, que les tueurs de l'OAS, les manieurs de gégènes, les idéologues de la chrétienté en alerte, les tiers-mondistes déjà passés au FLN, tous barricadés dans leurs bonnes causes impuissantes ? Plus inhumain que la gauche de la IVe République, celle de Pierre Mendès France et de François Mitterrand, puis de Guy Mollet et de Robert Lacoste, qui ne crut qu'aux belles paroles, aux opérations de police et à l'envoi du contingent pour éteindre le feu ? Et était-ce faillir que d'arguer aussi de la baraka qui le fit échapper à l'attentat du Petit-Clamart le 22 août pour dire, le 12 septembre 1962, qu'il fallait songer à élire le président de la République au suffrage universel direct ? On peut penser ce que l'on veut, quarante années plus tard, de la politique algérienne de Charles de Gaulle et de son gouvernement de 1958 à 1962. On peut critiquer ses sinuosités, sa recherche trop aléatoire d'interlocuteurs supposés plus valables que d'autres, son cynisme parfois déplacé, ses temporisations point toujours à hauteur des circonstances tragiques. On ne peut cependant guère lui reprocher de ne pas avoir abouti à une paix, transitoire sans doute, médiocre peut-être et aussitôt mal appliquée, mais qui répondait néanmoins à l'aspiration la plus claire et la plus constamment exprimée d'une immense majorité de Français : en finir. Seuls de Gaulle et les siens eurent alors la possibilité de faire enfin exprimer démocratiquement, fût-ce sous la forme inédite et sulfureuse du référendum, cette volonté commune mise en nouvelle musique républicaine.

Il faut donc rappeler que dès la fin de 1956 une majorité de métropolitains a souhaité la paix en Algérie et qu'en mars 1962 82 % des personnes interrogées par l'IFOP se déclareront satisfaites par avance de toute issue négociée qui refermerait ce que de Gaulle lui-même avait fini par nommer le « boulet » ou « la boîte à chagrin », tout en brandissant à tout va son « Je vous ai compris » initial. C'est fort de cette majorité-là, celle du sacrifice inutile, qu'il put et sut, seul rescapé de l'impuissance républicaine face aux « événements », mener une politique en urgence quand toutes les autres avaient échoué. Pourquoi une telle complicité, massive, populaire, indéfectible, s'est-elle installée entre l'accoucheur d'une solution et la grande masse ? D'abord, parce que les Français de métropole ont toujours refusé que la contagion de la violence venue d'Alger puisse les entraîner à domicile dans des affrontements intestins dont le déchaînement aurait trop rappelé les déchirements récents qui avaient failli être fatals pour le pays, ceux des terribles années noires de 1939-1945, ceux de la guerre froide en 1947-1948 puis, en 1953, de la querelle de la Communauté européenne de défense (CED). Ensuite, parce que de Gaulle seul eut la force, puis les moyens politiques arrachés par charisme personnel, de mettre la propension pacifique de ses compatriotes au service d'une ambition dont il leur assura qu'elle resterait indéfectiblement nationale. « L'unité, le progrès, le prestige du peuple français sont en cause et son avenir est bouché tant que le problème algérien ne sera pas résolu », déclara-t-il, déterminé, le 29 janvier 1960, au vu des barricades d'Alger. En bref : il est temps d'échanger notre présence en Algérie contre la stabilité politique retrouvée, le rang à reconquérir, la croissance glorieuse, la consommation pour tous ; de troquer l'insupportable nouveau malheur contre une forme hexagonale du bonheur et un espoir de retour sur la scène du monde. Bref, de savoir changer d'époque en troquant l'Algérie contre l'avenir. Car, ajouta-t-il constamment, cette paix n'aura rien d'une humiliation nationale, tout au contraire. Que l'affirmation fût téméraire, aucun doute ; mais qu'elle ait été massivement crue et admise sur l'instant, aucun doute aussi.

L'épilogue était bien dans le droit fil de l'insupportable drame à rebondissements que fut cette guerre vue de la rive nord de la Méditerranée. Car elle fut vécue comme un malheur externe qui dévoilait des maux intimes, comme un conflit douteux qui dénudait trop bien les forces et les faiblesses d'une IVe République à laquelle n'avait été confiée de fait qu'une seule mission, prioritaire à leurs yeux depuis la victoire à l'arraché de 1945 : les conduire au plus vite au mieux-être, après plus d'une décennie de crises et de souffrances qu'ils avaient hâte d'oublier. L'ampleur et la portée intrinsèques de l'affaire algérienne, pour tout dire, furent mesurées d'abord à l'aune de l'intérêt hexagonal ; ses dimensions internationales comme son insertion dans le cours mondialisé de la décolonisation ont été tenues de prime abord pour des dossiers de politique intérieure. Comment faire reproche de ce réflexe d'autodéfense à ces Français métropolitains qui avaient toujours regardé d'un œil très terne l'aventure coloniale inaugurée en 1830, auxquels on avait seriné si longtemps contre toute évidence que l'Algérie était un morceau de France et qui, d'un coup, auraient dû se persuader qu'ils avaient à défendre là-bas, coûte que coûte et à contretemps, des Bergerac ou des Belfort ?

Il est vrai qu'ils ont longtemps minimisé la portée des « événements ». En août 1955, seules 5 % des personnes interrogées par l'IFOP s'intéressaient aux nouvelles d'Algérie ; en décembre, à peine un quart d'entre elles pensaient que le maintien de l'ordre là-bas devait être la préoccupation première du gouvernement. Il fallut attendre le printemps puis l'été de 1956 et le rappel des réservistes puis l'envoi du contingent par le gouvernement de Guy Mollet pour que l'opinion, touchée directement dans sa chair, réagisse massivement. Sa constance dubitative puis franchement hostile dès lors fut impressionnante : 45 % des Français de métropole étaient déjà favorables, nous disent les sondages, à une négociation avec « les chefs de la rébellion » en juillet 1956 ; ils seront 53 % un an plus tard, en juillet 1957, 56 % en janvier 1958 puis 71 % – palier du souhait de négocier sans tarder – en mai 1959, avant même que soit ouverte par de Gaulle la voie à l'autodétermination. Autrement dit, répétons-le, une majorité absolue a bientôt souhaité la paix et elle l'a espérée d'autant plus que sa confiance dans les gouvernements de la IV⁵ République s'amenuisait inexorablement après les espoirs déçus du Front républicain de 1956, les aléas des majorités de raccroc et l'asphyxie du régime d'assemblée. Et c'est fort du soutien de cette majorité-là, acquis bien avant mai 1958, que de Gaulle a pu mener sa politique algérienne jusqu'aux accords d'Évian.

Est-ce à dire que cette majorité était assez pacifiste pour, dans son attente anxieuse d'une solution, laisser indifféremment mourir et naître deux républiques au passage de l'ouragan ? Que non pas. Ou plutôt, elle a choisi démocratiquement et opportunément le moment de sa manifestation. Jusqu'en 1958, la demande de paix qui montait ne s'est en effet assortie d'aucun engagement politique particulièrement massif et, comme il n'y eut aucune élection générale après celles de janvier 1956, rien n'a donc pu signaler en métropole un volontarisme particulier en matière de morale ou d'idéal républicains à maintenir ou à restaurer, et le surinvestissement politique pour la paix en Algérie n'a touché que des minorités actives. Ni la gauche, avec un Parti communiste longtemps perplexe (il vote encore des pouvoirs spéciaux au gouvernement en mars 1956) et une SFIO qui paie très cher l'action de Guy Mollet et de son proconsul Robert Lacoste à Alger, ni les minorités anticolonialistes, celle de la nouvelle gauche, d'une part majeure de la presse écrite, du monde étudiant ou du progressisme chrétien, mobilisés par la dénonciation des pratiques de la torture, ni *a fortiori* la poignée des porteurs de valises pour le FLN, n'ont jamais réussi à gagner la grande masse des Français à l'idée d'engager une bataille politique et morale de longue haleine et de grande ampleur contre la guerre. Et seul un argumentaire de « cartiérisme » primaire, fondé sur un économisme plat – dont de Gaulle lui-même usera : « La décolonisation est notre intérêt et, par conséquent, notre politique », a-t-il déclaré le 11 avril 1961, puisque « notre grande ambition nationale est devenue notre propre progrès, source réelle de la puissance et de l'influence » – fut assez populiste et simpliste pour entretenir des réflexes de rejet plus véhéments et fortement teintés de racisme à l'égard des Algériens immigrés en métropole.

En outre, de cessez-le-feu impossible en « dernier quart d'heure » qui se fait attendre, jamais le discours pacificateur de la IVe n'a été convaincant. Et puisque c'était la gauche radicale et socialiste d'un régime affaibli, et ellemême divisée sur la marche à suivre, qui enlisait le pays dans cette aventure, la République conserva au moins la pudeur d'user un peu plus l'argumentaire fondé sur les Lumières progressistes apportées à l'Algérie par la France, sans oser sauter le pas, au moins en métropole, d'une propagande de guerre carrée et sans scrupules. Elle se contenta donc de faire saisir la presse écrite rebelle et de railler les « chers professeurs » de la « démoralisation ». Pour tout ce qui touchait à la présence française en Algérie, les Français pataugèrent, et plutôt mal, dans l'équivoque bonasse d'un idéal républicain appris à l'école, régénéré à la Libération et mollement entretenu depuis lors, malgré un bref sursaut à l'heure du mendésisme. C'est pourquoi le contingent a pu partir depuis 1956 à peu près sans obstacles d'ordre antimilitariste ou pacifiste. En revanche, tout changea après mai 1958, par délégation au général de Gaulle d'une démocratie d'opinion qui n'avait pas pu s'exprimer dans le cadre institutionnel de la IVe République. De Gaulle seul, répétons-le, sut mettre cette propension pacifique majoritaire au service d'une politique ragaillardie sinon toujours lisible mais enfin appliquée à une ambition nationale.

L'attitude pacifique des Français n'était ni un pacifisme ni un attentisme. Jamais en effet ceux-ci n'ont été indifférents à cette guerre dès que le sang de leurs fils y fut mis en jeu. Leur volonté d'en finir ne fut pas davantage expression de l'avachissement d'un peuple usé qui se voilait la face ou prêtait trop d'attention aux sirènes du défaitisme des intellectuels marxisés ou au prestige brusquement réveillé d'un grand homme salvateur. Elle ne fut même pas désir exclusif de jouir égoïstement et à tout prix des bienfaits de la modernisation et de l'expansion. Car il y eut alors, il faut le répéter, mille manifestations d'une autre détermination, constante, massive et viscérale : ne pas laisser entraîner la métropole dans un processus de division et de violence qui pourrait déboucher sur une situation de guerre civile. En finir en Algérie refermerait définitivement la parenthèse si douloureuse et si coûteuse de la « guerre de trente ans » inaugurée en 1914 et inopinément prolongée par la décolonisation au-delà du sursaut victorieux de 1945.

De Gaulle sut jouer de ce ressort-là dans sa gestion de la crise du 13 mai 1958 en brandissant la menace puis en l'exorcisant à son profit. Le FLN, pour sa part, non seulement n'a pas su comprendre qu'il y aurait quelques explications à donner aux Français sur les causes profondes de la « révolution » algérienne, mais a commis l'erreur d'étaler sous leurs yeux les violences expéditives, qui pesèrent lourd dans l'opinion française, de la guerre algéro-algérienne dans des villes, des banlieues et des zones industrielles de la métropole. De leur côté, les activistes civils et militaires en Algérie ruinèrent leur faible crédit en passant du discours expéditif au déchaînement des attentats. Si bien que jamais l'opinion n'a salué de Gaulle avec autant de soulagement et de reconnaissance qu'au lendemain de la semaine des barricades d'Alger de janvier 1960 puis du putsch des généraux d'avril 1961. L'extrémisme armé des ultras a incontestablement accéléré la mutation pacifique des Français qui refusaient tout aventurisme. Et leur détermination fut affreusement confirmée quand l'OAS crut forcer le destin en dépêchant ses commandos de plastiqueurs en métropole. Les exactions de ceux-ci, parce qu'elles menaçaient d'installer à domicile la ruine et le sang, déclenchèrent même aux premiers mois de 1962 les seules fortes mobilisations défensives de masse, avec manifestations de rue, que la France métropolitaine ait connues pendant toute la guerre. Entre-temps, la répression sanglante de la manifestation des Algériens à Paris, le 17 octobre 1961, elle, avait déjà été rayée des registres civiques et bannie des mémoires, parce qu'elle avait derechef révélé une autre violence alors inaudible, celle de l'État républicain lui-même. La grande masse des Français, au bout du compte, a amalgamé toutes ces exactions qui confortaient trop leur idée fixe : refuser, sous quelque prétexte algérien que ce soit, que la division et la violence viennent de nouveau ensanglanter leur pays encore si hanté par l'Occupation ; vivre en paix, enfin, et vivre mieux. Ainsi la guerre d'Algérie resta-t-elle à leurs yeux cet événement ruineux et trouble-fête qu'il fallait faire taire et qu'on pourrait même faire mine d'oublier ensuite.

Des principes bafoués

L'acquiescement de l'opinion à la paix, pour déterminante qu'elle ait été, ne suffit pas tout à fait à expliquer le passage d'une république à l'autre. En fait, la IVᵉ République, déjà désemparée par ses dysfonctionnements institutionnels et le maigre effet du courage mendésiste, touchée au cœur sous le double choc de la guerre froide à domicile (les communistes, soit 20 à 25 % de l'électorat, ont été mis hors jeu par leur fidélité stalinienne, si vigoureusement manifestée à cette occasion) et de la décolonisation en Indochine et au Maghreb, la République à la fois humiliée à Diên Biên Phu et incapable de faire vivre majoritairement une troisième force, n'eut plus assez de ressort pour se défendre contre les factieux du 13 mai ni, par conséquent, contrecarrer le jeu du général de Gaulle au cours de la crise qui suivit. Elle fut donc prise à la gorge puis achevée par Alger, sorte de point d'orgue de son impuissance avérée, puis par l'homme du 18 juin miraculeusement remis en selle par les activistes qui l'ont tant applaudi là-bas. Pourquoi cette fin sans indignité ni gloire ? Parce que cette république fut incapable de faire avancer à temps l'inévitable négociation avec les « rebelles » puis les « fells », mais aussi parce qu'elle avait laissé bafouer en Algérie les principes inscrits au préambule de la Constitution de 1946 dont elle avait la garde : les droits de l'homme pour tous ; l'égalité des droits et des devoirs avec les peuples d'outre-mer ; la liberté pour ceux-ci de s'administrer eux-mêmes et de gérer démocratiquement leurs propres affaires ; la fin promise de tout système de colonisation fondé sur l'arbitraire.

Il s'agissait, certes, en Algérie, d'administrer trois départements français qui, en principe, ne relevaient pas de toutes ces ambitions issues en droite ligne de la Résistance et du discours de Brazzaville, et surtout de ne pas léser un million d'Européens pris en tenaille par neuf millions d'Algériens en puissance. Mais l'exercice même de l'autorité de l'État républicain, tant civil que militaire, fut dès 1945 et 1947, puis tout au long du conflit, entaché d'irrégularités et de violations des droits élémentaires qui gangrenèrent les valeurs au nom desquelles la France, dont la présence s'était déjà faite si violente au temps de la conquête et de la colonisation, fut après la Toussaint de 1954 contrainte de combattre pour rétablir son ordre ruiné par un conflit déroutant dans sa forme, une guérilla urbaine puis rurale qui recevait des soutiens internationaux, comme sur le fond, la lutte politique et militaire d'une minorité active qui prétendait dessiner une souveraineté algérienne par la révolution. À l'inverse, si ces exactions et violations furent toujours présentes sous la Ve République, c'est l'espoir d'« en sortir » bientôt, et de les négliger même tant que la situation militaire ne serait pas maîtrisée, qui favorisa le transfert de pouvoir en faveur du général de Gaulle et le soutien de sa politique.

Au pire de ces manquements qui légitimèrent l'acceptation d'une fin sans gloire de la IVe République puis furent inscrits dans l'espoir de paix dont la Ve fut créditée, il y eut la pratique de la torture. Celle-ci avait été aussitôt mise en cause par une minorité active dont l'action, pour mineure qu'elle fût, avait contribué à faire afficher par les Français leur indifférence sur le sort du régime des partis avant 1958 et leur volonté, ensuite, de tout passer aux pertes et profits sous couvert de République gaullienne. Dès janvier 1955, François Mitterrand, ministre de l'Intérieur du gouvernement Mendès France, avait courageusement demandé à Roger Wuillaume, inspecteur général de l'Administration, d'enquêter sur les sévices policiers en Algérie : le rapport de ce dernier, en mars, fut accablant et décrivait déjà l'activité de tortionnaires usant à répétition de la baignoire, du tuyau d'eau et de l'électricité, par extension inquiétante de méthodes « coloniales » depuis longtemps admises dans certains commissariats. Il fut porté à la connaissance du président René Coty et du gouvernement d'Edgar Faure. En décembre de la même année, Jean Mairey, directeur général de la Sûreté nationale, rédigeait un autre rapport tout aussi précis où il signalait « une reprise des pires méthodes de police, rendues trop célèbres, hélas, par la Gestapo, et qui soulèvent à juste titre l'indignation des hommes civilisés ». Dès qu'à cette torture policière s'ajouta plus banalement, pour gagner la bataille d'Alger de 1957, la torture pratiquée par des hommes de la 10ᵉ division parachutiste du général Massu afin d'arracher rapidement du renseignement aux suspects arrêtés, les plus hautes autorités civiles et militaires d'Alger comme de Paris furent mises au parfum. Il faut gagner cette bataille, affirmaient les hommes de terrain, extirper le terrorisme des villes, démanteler l'organisation politico-administrative du FLN et donc user de la torture pour faire vite : les hauts responsables crurent hâter la pacification en fermant les yeux sur ces méthodes extrêmes de la guerre de renseignements.

Mais tout empira quand la torture fut partout mise au service de la guerre contre-révolutionnaire aux attendus importés d'Indochine par quelques colonels. Elle proliféra, dans les opérations de basse police comme avant et après les opérations proprement militaires de ratissage ou de réduction des katibas de l'ALN, sous l'action de certains officiers de renseignements (OR) dans les unités et, surtout, par l'activité en électrons libres des détachements opérationnels de protection, les DOP, qui interviendront jusqu'au bout sur tous les lieux d'affrontement. Malgré la volonté de Pierre Messmer, ministre des Armées, de les mettre au pas en 1960, ces DOP resteront les fers de lance de l'usage de la torture. Des hommes d'active, des appelés du contingent, des supplétifs musulmans y deviendront des tortionnaires professionnels sans que la hiérarchie militaire veuille renoncer à leurs services, sans que les services policiers de renseignements ni la gendarmerie, ni *a fortiori* les groupes paramilitaires d'Européens, montrent de la répugnance à participer à leur besogne. Jamais l'armée française n'a désavoué nommément ces micro-unités et leurs aides.

On pourrait, en revanche, allonger aisément la liste des circulaires et notes officielles dont les autorités civiles et judiciaires inondèrent l'Algérie pour tenter de mettre un terme à leurs pratiques. Rien n'y fit, pas même la détermination d'Edmond Michelet, garde des Sceaux en 1959-1961 : la torture policière et militaire a sévi pendant toute la guerre et même, *in extremis*, sur des militants de l'Algérie française et de l'OAS. L'autorité d'État ne l'a certes ni ordonnée ni prise en compte, mais elle n'a pas pu imposer d'y mettre fin. Dès lors, cette pratique irrépressible d'une torture qui entendait annihiler l'Autre fut le signe, perçu dès 1956, non seulement de l'impossibilité de pacifier ainsi l'Algérie mais surtout de la déliquescence de l'État de droit et, à terme, de sa forme républicaine.

Pourquoi ? Parce que la torture, à l'origine action isolée de sadiques et de racistes, passage à tabac affreusement prolongé sur le « bicot », est devenue dès 1957 une arme de guerre totale contre le « fell » réel ou potentiel, femmes et adolescents compris. Son usage s'est généralisé pour mieux tenter de vaincre un adversaire coriace et pour terroriser une population dont on finira par parquer le quart – presque deux millions de personnes – dans des zones, villages ou camps de regroupement. Elle contribua à dénier cet Algérien qu'on rêvait pourtant de reconquérir. Elle ruina les effets des plans d'aide au développement, obéra l'action des sections administratives spécialisées par lesquelles l'armée tentait de protéger des populations de l'emprise du FLN. Elle mit au jour toutes les contradictions de cette guerre sans nom devenue sans foi ni loi.

Il est vrai que les politiques, mis dès 1956 sous la pression d'une opinion publique française qui voulait tout, on l'a vu, sauf la poursuite des hostilités, avaient admis qu'ils ne pourraient chercher des interlocuteurs algériens et négocier avec eux une paix qu'après avoir quadrillé, isolé et pacifié l'Algérie. Cette tâche fut confiée, naturellement, à l'armée de métier, renforcée par les hommes du contingent. Et l'armée s'en est acquittée : en 1962, au moment où l'issue politique de compromis est trouvée et négociée par les accords d'Évian, l'ALN de l'intérieur est souvent asphyxiée, les barrages aux frontières du Maroc et de la Tunisie sont solides, les villes ont été débarrassées des terroristes du FLN. Mais cette tâche accomplie avait un prix que jamais les politiques n'ont eu le courage de signaler clairement aux Français : l'armée put et sut mener « sa » guerre sans que les civils aient pu infléchir le cours des choses ; elle apprit à maîtriser le terrain comme elle l'entendait. C'est dire qu'elle fut et reste la première fautive dans cette généralisation de la torture.

Les politiques, pourtant, furent seuls capables d'élaborer un dénouement, tout en protégeant la métropole de la guerre civile. Leur IVᵉ République est morte en 1958 du cancer algérien qui la rongeait et la torture fut un chapitre parmi d'autres de l'acte d'accusation dont furent accablés ses ténors impuissants. La Vᵉ République, avec de Gaulle à sa tête, ne put pas davantage enrayer la gangrène. Mais, née de la guerre, elle put renforcer ses institutions nouvelles à sa faveur et sut, elle, trouver une issue au conflit et offrir, dans le sang et la douleur, cette paix tant souhaitée par les Français. Celle-ci ne tint qu'à un fil, dans une métropole où l'affrontement ouvert s'installait, où la torture avait déjà émigré dans des commissariats parisiens, où seul le prestige de l'homme du 18 juin 1940 put forcer la décision et contenir les putschs, où il échappa par miracle aux balles des tueurs de l'OAS. Mais c'est cette paix négociée qui seule put mettre fin à la torture.

Ainsi l'État républicanisé a-t-il failli puisque ses autorités civiles et militaires, à Alger comme à Paris, réagirent à l'excitation des tortionnaires, aux cris et aux disparitions des torturés, par un mélange de refus indignés, de dénonciations impuissantes, de dénégations outragées, de silences protecteurs et d'acceptations tacites. Ses institutions, l'administration, la police, l'armée, la justice ne trouvèrent jamais en elles-mêmes la cohérence et la discipline qui leur auraient permis de faire face unanimement aux pratiques et aux actes illégaux puis de les circonscrire et de les juguler. Ses commissions de sauvegarde des droits n'ont pu que faire instruire des dossiers en souffrance et comptabiliser des disparus et des morts. Cette cascade de défaillances a ébranlé et mis en cause les principes de l'État de droit pour une génération entière de Français. La IVᵉ en mourut. La Vᵉ sut mettre fin à la guerre avant d'avoir à mettre à l'épreuve plus avant son propre rigorisme en la matière. Le soin de combattre la torture échut dès lors à des citoyens seuls, le plus souvent des intellectuels, des combattants, des étudiants. Isolés, poursuivis, censurés, condamnés, assiégeant en vain les grands médias, pétitionnaires, vomis par les institutions mises en cause et, au total, bien peu écoutés par tous les partis au pouvoir. Eux seuls surent dire, contre la raison d'État devenue nihiliste, que la blessure était au cœur de la République.

En 1962 vint donc le temps des adieux républicains à l'Empire : la « plus grande France » de Bugeaud et de Jules Ferry était morte en Algérie, après plus d'un siècle de baroud exotique qui n'avait jamais exalté vraiment. Désormais, l'ancienne métropole ne sera plus qu'un finistère européen, une puissance moyenne qui n'entendait pas sortir de l'Histoire : un « Hexagone », terme péjoratif et réconfortant à la fois, qui fera son entrée au dictionnaire en 1966. Ce repli sur soi est un rétrécissement, même si de Gaulle a saisi l'occasion pour renforcer son pouvoir et relancer la bataille du rang. L'Hexagone est redevenu le lieu géométrique d'une convalescence et d'une régénération au moment précis où la modernisation de la production, l'enjeu européen et la mondialisation des échanges bousculaient déjà son pré carré.

Convaincu qu'il fallait tirer plus fortement encore le trait, de Gaulle a mis en route un nouveau transfert d'autorité en sa faveur. En avril 1962, il a remplacé à Matignon Michel Debré, naguère si « Algérie française », par le fidèle Georges Pompidou. En juin-juillet, il a essuyé sans broncher la grogne des derniers tenants de l'Algérie française et l'affront du MRP et des indépendants qui déstabilisèrent le nouveau gouvernement. Le 12 septembre, sorti vivant des tirs de l'OAS au Petit-Clamart le 22 août, pressé d'en découdre, il a proposé au peuple un référendum sur l'élection du président de la République au suffrage universel. Le tollé de la classe politique et des juristes, l'UNR exceptée, la dénonciation d'une « forfaiture » par le président du Sénat Gaston Monnerville, le vote d'une censure à l'Assemblée qui récuse Pompidou, l'ombre de Bonaparte derechef agitée à gauche, rien n'y fit : après un printemps de négociation à Évian et un été sanglant et chaotique en Algérie, à l'automne de Gaulle a lancé et gagné un nouveau pari républicain, personnel et électoral. La lecture présidentielle de la Constitution de 1958 est acquise au référendum du 28 octobre 1962 par 61 % des suffrages exprimés. Puis, les 18 et 25 novembre de la même année, l'élection d'une nouvelle Assemblé nationale est un triomphe gaulliste : l'UNR passe la barre de 30 % des suffrages au premier tour – un record dans l'histoire parlementaire du pays –, l'opposition est laminée. De Gaulle a parachevé sa victoire sur les forces politiques traditionnelles à la faveur de la paix retrouvée en Algérie. Impérial, déchargé du fardeau algérien, il promet au pays le renouveau des grands desseins. Et désormais sans sang ni larmes, sauf en sanglots de toutes les mémoires blessées. Une ère de paix s'ouvre, dont la France, cuirassée dans sa Vᵉ République, n'est pas sortie depuis le fatal et décisif épilogue algérien de 1962.

L'Algérie en perspectives

par Mohammed Harbi

La crise ouverte en 1988 a réactivé, dans le débat politique en France, de vieilles controverses. Inaptes à concevoir un rapport d'égalité avec les sociétés postcoloniales, les nostalgiques de la colonisation renouent avec les stéréotypes en s'adonnant aux délices de la prévision rétrospective. Dans cette entreprise, l'examen des questions algériennes en pièces détachées développe une vision déshistoricisée et étroitement idéologique de la guerre d'Indépendance et du mouvement de libération dont le FLN a été de 1954 à 1962 l'acteur majeur. Identifier clairement la dynamique historique de l'Algérie pour contester les représentations du révisionnisme sur certaines séquences du drame algérien, tel est l'enjeu de ce travail.

Comme ailleurs, en Asie et en Afrique notamment, le processus de formation de l'Algérie s'est étalé sur des siècles. Et de ce fait, le cloisonnement habituel des histoires nationales ne permet de comprendre ni son passé ni son présent. Sans remonter loin dans le temps, rappelons que, berbère à l'origine, l'Afrique du Nord dont est issue l'Algérie a évolué successivement depuis le VIIe siècle dans le cadre des Empires arabe, maghrébin, almoravide (1073-1147) et almohade (1137-1269), ottoman (1570-1830) et français (1830-1962). Étudier l'Algérie comme une entité séparée de l'évolution de ces empires, c'est ne pas tenir compte des synchronismes et des repères communs qu'elle a avec eux, occulter les influences qu'elle a subies et en définitive travestir son histoire.

La confrontation entre Espagnols et Turcs Ottomans en Méditerranée a profondément marqué le destin du Maghreb. En 1492, date inscrite au plus profond de la mémoire algérienne, les armées de la reine Isabelle et du roi Ferdinand s'emparent du dernier bastion musulman d'Espagne, Grenade. Dans la foulée de la *Reconquista* et sous le couvert d'une croisade religieuse, les Espagnols implantent des enclaves (*présides*) sur les côtes du Maghreb. Affaiblis après l'éclatement de l'Empire almohade, émietté en États et en principautés autonomes, les gouvernants maghrébins ne sont pas en mesure de faire face à leurs anciens sujets espagnols aspirant à devenir leurs maîtres. Leur sauvetage viendra des corsaires turcs ottomans qui, à l'appel de la ville d'Alger, prennent pied au Maghreb dès 1518 et, pour consolider leur présence, se mettent sous la protection de la Sublime Porte qui leur fournit une armée, la milice des janissaires (Odjak). À l'exception du Maroc qui réussit à préserver son indépendance à la fois contre les Espagnols et contre les Ottomans en pratiquant un jeu de bascule entre les deux, le reste du Maghreb se réfugie sous la bannière turque, « sans y reconnaître un signe de colonisation » (Ben Achour, 2003). La légitimation du pouvoir ottoman, considéré comme l'héritier de la tradition islamique, trouve sa justification dans sa capacité à défendre les frontières de l'islam contre l'offensive ibérique. Dès lors, les privilèges et les droits attachés au djihad lui sont dus. La culture des élites urbaines agit en ce sens. Son contenu porte « la marque de la nouvelle idéologie d'État communauté de l'islam » dont « les traditions proprement arabes d'avant l'islam […] stigmatisées par l'islam, comme liées au paganisme anti-islamique, ne fournirent qu'une partie des éléments… Bien d'autres provenaient des peuples conquis » (Rodinson, 1993).

Si le recours aux Ottomans est requis par les chefs d'Alger, on ne peut en inférer que leur maintien ait été accepté par tous. Il y eut des contestataires vite réprimés (Mantran, 1985).

Proche de l'Europe, le Maghreb en a connu très tôt les assauts. L'expulsion des morisques d'Espagne à partir de 1609 et leur afflux dans les cités côtières sont pour beaucoup dans ses crispations identitaires et sa fermeture à l'Occident. Les thèmes antioccidentaux inscrits dans l'imaginaire islamique ont pris forme en partie à cette époque.

Plutôt que d'entrer dans le débat sur trois siècles de présence ottomane au Maghreb, on s'attachera à présenter un tableau de la situation de l'Algérie à la veille de la conquête française. On peut le restituer sous quatre rubriques. Les rapports entre le centre (la Sublime Porte) et la périphérie (l'Algérie), la nature du pouvoir, les relations État-société, le rôle de l'islam.

Après avoir pris pied au Maghreb, les Ottomans érigent l'Algérie en province au même titre que la Tunisie et la Libye (1587). Celle-ci dispose des éléments matériels d'un État, à savoir le territoire, des frontières nettement délimitées avec ses voisins, un pouvoir central habilité à négocier avec des États et à contracter des engagements. Elle constitue donc une unité dans le système international. Notons pour finir un fait paradoxal. La province algérienne résout ses conflits avec une autre province ottomane, la Tunisie, en entrant en guerre contre elle en 1695 et en 1756, et en la contraignant à payer un tribut jusqu'en 1807, date à laquelle la supériorité militaire passe du côté de Tunis.

L'information sur l'Algérie ottomane a été longtemps d'une pauvreté affligeante. Trois courants l'ont nourrie selon Lucette Valensi. Un courant chrétien, un courant philosophique imprégné des Lumières qui impute la haine des musulmans envers les Européens à l'esprit de croisade des chrétiens, un courant rigoureux dans l'information et porteur de l'idée de conquête sous différentes formes, commerciale ou territoriale (Valensi, 1967). De ces trois courants, c'est le courant chrétien qui a le plus marqué en Occident les mentalités populaires. Il a fait, d'une manière manichéenne, des Maghrébins l'incarnation de la figure du mal. Leur sont imputés le vol, le viol, la conversion forcée et bien d'autres ignominies. Aujourd'hui encore, des gens de culture ignorent que la course en Méditerranée était un phénomène général qui au XVIᵉ, au XVIIᵉ siècle et même plus tard constituait un secteur de l'économie et avait la caution des États. Les Maghrébins en étaient des acteurs mais aussi des victimes. Vainqueurs, ils rapportaient du butin et des prisonniers. Capturés, ils devenaient des esclaves sur les galères.

La découverte de l'histoire algérienne s'est étalée sur une longue période. Il y eut d'abord les travaux antérieurs à la colonisation évoqués plus haut. Sont venues ensuite les études déterminées par les intérêts du colonisateur. Les études qui atteignent la conscience française y entrent filtrées par les verres déformants des idéologies raciste et ethniciste du XIXᵉ siècle. Le retour de l'Algérie comme sujet sur la scène internationale a considérablement modifié l'optique des chercheurs sur son passé. Évoquant les travaux pionniers de Charles-André Julien sur l'histoire de l'Algérie au XVIIᵉ siècle, l'historien israélien Tal Shuval lui reproche de la réduire à une succession de « complots, d'émeutes et de massacres » et montre que les crises et les tensions de l'Algérie font partie d'un processus plus large qui embrasse l'ensemble de l'Empire (Tal Shuval, 2002).

L'approche politique omet les effets du système politique et les facteurs socio-économiques : pression démographique, arrivée massive des Andalous expulsés d'Espagne, augmentation à Alger de l'effectif des janissaires et des captifs. Tous ces facteurs se manifestent dans un contexte où l'agriculture est incapable de satisfaire les besoins.

Des trois provinces ottomanes du Maghreb, l'Algérie est le centre le plus important. Sa ville phare, Alger, port d'attache d'une force navale et poste frontière à l'ouest, chargée de parer à la menace espagnole en Méditerranée occidentale, a été longtemps une plate-forme des carrières impériales. Des chefs de la corporation des corsaires turcs, Khaïr el-Din (Barberousse) entre autres, ont accédé au poste d'amiral et introduit leurs collaborateurs dans la hiérarchie militaro-administrative du centre. D'autres signes témoignent de l'intégration à l'Empire : autorisation de recruter des janissaires en Anatolie, participation aux campagnes impériales, sauvegarde du caractère turc de l'armée, prône dans les mosquées au nom du sultan pour la prière du vendredi, suprématie du cadi hanéfite dans l'institution religieuse alors même que les Algériens sont de rite malékite, etc. Jusqu'au milieu du XVIIᵉ siècle, Istanbul garde la haute main sur le gouvernement de la province malgré les soubresauts consécutifs aux luttes de pouvoir entre capitaines de navire où les convertis, appelés renégats en Occident, étaient en nombre, et l'armée des janissaires.

En 1672, un conseil de hauts gradés « prit en main la collecte des impôts et choisit un dey pour les collecter et veiller à ce que leur dû leur soit payé. Au début du XVIIIᵉ siècle [...] le dey obtint du gouvernement central les fonctions et le titre de gouverneur » (Albert Hourani, 1993). En effet, leur dû dépendait partiellement du butin. Aussi, la course a dominé toute une période l'activité économique et imprégné les mentalités de l'armée qui détenait le pouvoir. « L'État d'Alger est comme celui de Malte, un État corsaire. Il le restera jusqu'au bout, au-delà de toute raison, malgré les injonctions répétées d'Istanbul » (Merrouche, 2002). Ce n'est pourtant pas toute l'Algérie qui vit de la course mais l'élite gouvernementale, c'est-à-dire les janissaires et les marchands qui, ensemble, armaient les navires pour couvrir les activités de la course « et en partageaient les profits-ventes de marchandises saisies et rançons des prisonniers » (Hourani, 1993).

Tel qu'il s'est façonné depuis ses origines, le système algérien est une copie du système ottoman mais remanié et ajusté aux réalités locales. Les Ottomans ont trouvé un Maghreb central faiblement urbanisé et sans véritable tradition étatique, des groupes sociopolitiques fortement constitués (tribus, clans, lignages) dans les campagnes. Il leur fallut adapter le modèle mamelouk dans lequel le système politique est fondé sur une élite libre à l'égard des liens de sang.

La société juxtapose des groupes et des communautés divisés par de multiples cloisonnements, des corporatismes et des particularismes religieux (juifs, musulmans malékites, ibadites et hanéfites) et régionaux. Un fossé sépare le pouvoir de la société et les villes des campagnes. Sur trois millions d'habitants, les ruraux sont au nombre de 2 760 000. Malgré la diversité des origines et des situations sociales, seuls les citadins des grandes villes, Alger (trente mille habitants), Constantine (douze mille habitants), Oran (neuf mille habitants) s'identifient à l'État (le beylik), leur protecteur contre la menace des ruraux. Par sa composition humaine (Turcs, Maures, Kouloughlis, métis de Turcs et de femmes indigènes, Juifs), cette population malgré ses conflits compte parmi les bénéficiaires du système. Les villes ne sont pas comme en Europe le siège de pouvoirs autonomes. Le prestige social y dépend moins de la richesse que de l'appartenance à la bureaucratie civile ou militaire. Les artisans pâtissent de l'étroitesse du marché intérieur et limitent leur production à des produits d'usage courant. Liée par ses intérêts à l'oligarchie militaire, capitaines de navire ou janissaires, la classe marchande tient entre les mains le commerce extérieur (blé, huile, etc.), bénéficie des monopoles que s'arroge l'État. Y dominent Juifs, Andalous et Européens (Merrouche, 2002). Pourtant, l'heure du passage de la ville close à la ville ouverte se rapproche. Les signes avant-coureurs de cette transformation se manifestent par la présence d'émigrés (*berranis*) voués aux emplois précaires et mal rémunérés. Mais les promotions sociales au sein de ce groupe ne sont pas rares et changent le visage d'Alger. « De ville turco-andalouse, puis italo-corse, Alger devient algérienne à la veille de 1830. C'est la conquête d'Alger par les enfants de l'intérieur du pays » (Merrouche, 2002). Face aux villes, l'intérieur du pays compte les populations arabo-berbères, qui vivent d'une manière quasi autonome. Tribus, clans et lignages ont une conscience sensible d'eux-mêmes et présentent de fortes tendances à s'auto-gouverner. Les foyers de dissidence sont nombreux en leur sein. Endémique, l'agitation a surtout un caractère antifiscal. Rien ne mécontente autant les ruraux qu'un système fiscal où les exactions s'ajoutent à une lourde imposition. Il ne faut pourtant pas s'y tromper. Les tribus ne constituent pas une force cohérente. Les campagnes forment un espace où les conflits mettent souvent aux prises des communautés entre elles et dégénèrent en vendettas. Leur manipulation par l'État turc ottoman est une pratique courante. La France et l'État postcolonial l'imiteront et en tireront profit à leur tour.

Comment se gouvernent alors les Algériens ? L'administration de la province repose sur la combinaison entre deux exigences en apparence contradictoires, assurer, d'une part, la gestion des structures traditionnelles par le biais de la décentralisation et maintenir, d'autre part, une forte autorité centrale. Il s'agit en quelque sorte, dans ce système patrimonial, de légitimer les représentants du dey par des relais politiques en place : syndics de corporation, chefs de tribu, etc. C'est dans cet esprit que l'Algérie est gouvernée. Alger et ses environs considérés comme domaine du sultan (Dâr Al Sultan) sont directement sous l'autorité du dey. Les provinces de Constantine, du Titteri et d'Oran, reprises aux Espagnols en 1792 seulement, ont chacune à leur tête un bey auquel sont délégués de larges pouvoirs. À leur tour, les provinces sont divisées en territoires (*watan*) administrés par des caïds souvent turcs et des cheikhs autochtones cooptés. La situation des tribus variait selon leur statut. Les unes, associées au pouvoir, dénommées *makhzen,* fournissent des contingents militaires à l'État et sont exemptées d'impôts. Les autres *re'aya*, littéralement le troupeau dont le sultan est le berger, y sont assujetties.

Les ressources de l'État proviennent de la course, du tribut payé par les États pour protéger leurs navires de la piraterie et de l'impôt. Les dépenses se réduisent en fait aux soldes des janissaires car le personnel politico-administratif achète ses charges et se dédommage sur les administrés, ce qui ouvre la voie à l'arbitraire et à la corruption. Mais le poids de la *charia*, des coutumes et en dernier ressort la révolte peuvent tempérer les injustices. Les oulémas et les confréries religieuses, porte-parole de la population, font pression sur les janissaires pour remplacer ou destituer un haut fonctionnaire véreux, un détenteur de concessions fiscales, un responsable de la hausse des prix, etc. (Merrouche, 2002). C'est que l'islam a sécrété une vision du monde et un rapport au politique qui baignent dans l'esprit du temps. En eux n'a cessé de fermenter le besoin de justice. C'est une erreur d'optique de croire que l'islam s'est pensé dans les conditions que nous lui connaissons aujourd'hui. La religion est au service de l'État qui la protège, la contrôle et en use comme ressource politique en s'appuyant sur la hiérarchie religieuse. Elle est comme l'économie un appendice de l'État. Le corps des oulémas fait partie de la bureaucratie, gère la justice et l'enseignement. Les œuvres de bienfaisance sont laissées à l'initiative privée. À côté du clergé officiel, garant de l'ordre établi, il y a les confréries religieuses, expression d'un islam parallèle plus sensible aux bruits du monde, et de ce fait courtisées ou surveillées. Une institution spécialisée fait respecter la bienséance musulmane, « la *hisba* », en vertu de l'obligation que la loi fait peser sur chaque musulman d'ordonner le bien et d'interdire le mal. Le personnel qui en est responsable assure l'inspection des corps de métier, la répression des fraudes, le contrôle des prix, surveille les mœurs et les censure dans une société où la tradition islamique codifie la ségrégation des sexes. Un fonctionnaire « le *mezouar* », prélève, au nom de l'État, une redevance sur les prostituées. Ce fait, inscrit dans les mœurs, n'est pas enseigné aujourd'hui par les oulémas qui font remonter l'existence de la prostitution à la période coloniale.

Incorporée dans l'Empire ottoman mais « indépendante dans le cadre d'une vassalité réduite à des formes extérieures » (André Raymond), l'Algérie des deys respecte ou ignore, selon les intérêts de ses dirigeants, les conseils d'Istanbul plus lucides au sujet de changements intervenus sur la scène internationale au XVIIIe siècle. Les deys ont enfreint les conseils du sultan en reprenant la course sous prétexte que les revenus de l'État ne pouvaient assurer le paiement de la solde des janissaires. Hussein dey les a enfreints également dans le traitement de son contentieux avec la France à un moment inopportun : le XIXe siècle porte la marque de la domination de l'Europe. Peut-être n'a-t-il fait que précipiter une échéance qui se profile à l'horizon ? Alors que le XVIIIe siècle a été une époque florissante, pour l'Algérie le début du XIXe représente une ère d'instabilité, de recul du pouvoir central et de pressions étrangères. Le régime mis en place par les Ottomans n'y survivra pas. L'armée, qui a fait sa force, s'est affaiblie. D'une part, elle n'a recruté entre 1800 et 1829 que 8 533 soldats. D'autre part, nombre de ses chefs s'adonnent à des activités autres que militaires : « l'étude des revenus montre que le moyen le plus rapide d'accumuler des richesses est lié à la détention d'un commandement politico-militaire […]. Ce lien entre pouvoir et grandes fortunes est un fait massif… » (Merrouche, 2002). On comprend mieux pourquoi les chefs militaires ont perdu l'habitude de se battre.

Alimentée par la rétention des ressources financières, la crise qui s'ouvre au début du XIXe siècle inaugure le temps de la dissidence. Des mouvements de révolte inspirés par les confréries religieuses affectent la Kabylie (1803-1807 et 1810-1815), l'Oranie (1820-1828). Aux révoltes de l'intérieur correspond l'affaiblissement de l'Algérie dans les relations internationales. De chasseur, elle devient gibier : bombardement d'Alger par une escadre anglo-néerlandaise (1816), renoncement des États-Unis au paiement du tribut, ultimatum des Européens aux États du Maghreb d'ouvrir leur marché au commerce et de renoncer à la course (1819), soutien de la France à la révolte des Kabyles (1824). Pour couronner le tout, le contentieux avec la France sur sa dette contractée pendant la période du Directoire pour la fourniture de blé ainsi que sur le statut des établissements français de Bône (Annaba) et de La Calle (El Kala) s'aggrave et dégénère. Un incident entre le dey Hussein et le consul Deval le 30 avril 1827 (« le coup d'éventail ») fournit le prétexte au gouvernement français, sollicité d'agir par les milieux politiques et économiques, d'intervenir militairement. Du 14 au 16 juin 1830, les troupes françaises débarquent à Sidi-Ferruch. Le dey capitule, signe la convention du 5 juillet 1830 et quitte l'Algérie avec une armée de quatre mille janissaires. Son interlocuteur, le maréchal de Bourmont, se porte garant d'une clause selon laquelle « l'exercice de la religion mahométane restera libre ; la liberté de toutes les classes d'habitants, leurs religions, leurs propriétés, leur commerce, leur industrie, ne recevront aucune atteinte. Les femmes seront respectées. Le général en chef en prend l'engagement sur l'honneur ». L'encre n'a pas encore séché que la convention est déjà violée.

Le passage de l'Algérie de la domination ottomane à la domination française a suscité de multiples interprétations. On a souvent défini l'Algérie comme une colonie turque de telle sorte que deux colonisations de même nature, ottomane et française, se succèdent. Or tout ce que nous avons analysé succinctement montre la différence fondamentale entre les deux situations. La définition de la domination ottomane comme colonisation est à rejeter pour deux raisons. La première résulte de la nature même du système ottoman. L'idée d'une turquisation lui est étrangère. Il n'y a ni politique de peuplement ni occupation des terres par expropriation massive ou acquisition frauduleuse. Ce système, on peut l'assimiler à une sorte de Commonwealth, la Sublime Porte en étant le centre. Mais la durée de ce système, qui a différé trois siècles durant la colonisation européenne, nous renvoie à ce qui est essentiel, le consensus islamique. Quels que soient les conflits entre dominants et dominés, exploiteurs et exploités, segments tribaux et centre, ils ne sont pas vécus comme une relation à l'étranger mais comme une opposition à un autre semblablement musulman. Au contraire, l'opposition à la France sera toujours vécue comme un affrontement avec l'étranger, c'est-à-dire le chrétien, et ce, indépendamment du caractère laïc de l'État français. Dans l'Empire ottoman, les distinctions sont religieuses. Les populations sont classées en *millet* (communautés). Un Turc ne pense pas les conflits en terme de turcité : il est d'abord membre du millet musulman où il se retrouve en compagnie d'autres ethnies, et à ce titre se distingue d'abord des non-musulmans. L'opposition chrétien-musulman est avant l'émergence du nationalisme turc, dernier-né des nationalismes dans l'Empire, un élément fondamental de l'identité turque. Cette dimension est toujours vivante chez les Turcs comme chez les autres ethnies musulmanes et pose problème aux élites attachées à l'idée d'État-nation. Elle persiste tout au long de l'histoire algérienne et explique le renvoi du politique à un soubassement religieux.

L'autre caractéristique du bilan ottoman, c'est la différence qui s'institue entre deux provinces dépendant de l'Empire, la Tunisie et l'Algérie. En Tunisie, les élites locales ont fusionné avec les élites ottomanes. En Algérie, le pouvoir politique est resté entre les mains des Turcs exclusivement. Les tentatives faites par les Kouloughlis pour s'associer à eux au prix de graves conflits et de révoltes sont restées vaines. Les chefs de l'armée ont tout fait pour en préserver le caractère turc en usant des relations personnelles et des alliances matrimoniales pour résister à toute assimilation, résistance facilitée par la faiblesse des élites urbaines locales. Ils ont activé des attachements primordiaux et joué la segmentation de la société et la dépendance de chacun de ses segments aux dépens de la cohésion, ce qui ne les empêchait pas de se diviser et de donner la priorité à leurs conflits internes. Dans un contexte où domine une économie prédatrice et peu productive, les luttes pour l'avoir entre factions aboutissent à une instabilité permanente.

Rappelons-le. Il n'existe pas en 1830 de société algérienne au singulier. Il y a un territoire algérien (Watan al Jaza'iri) où se juxtaposent plusieurs sociétés ayant chacune sa composition spécifique, son style d'existence, son image de soi et de l'autre ainsi que ses mentalités. Les bases économiques sont un obstacle à l'affirmation d'un groupe dominant stable. Les notions de peuple, de souveraineté du peuple, de nation et de culture nationale sont étrangères à l'esprit des populations.

L'incapacité du militarisme prédateur à défendre son existence par la voie de la guerre entraîne l'Algérie dans une zone de turbulences. Après l'effondrement de l'État, l'occupation française se limitant à quelques points sur la côte, l'intérieur du pays vit une période de chaos. Les antagonismes anciens entre serviteurs de l'État (Kouloughlis, tribus Makhzen) et tribus Re'aya provoquent les affrontements. Résultantes d'une histoire spécifique forgée par l'influence de l'État sur le statut fiscal, les haines sociales se déchaînent et le pillage se donne libre cours. Dans l'ouest du pays, à Tlemcen et à Mascara, les Kouloughlis en font les frais. La question posée au pays se ramène à l'identification de l'autorité légitime. Adeptes de la continuité institutionnelle avec Ahmed Bey, chef de la province de Constantine, adversaires du pouvoir ottoman avec l'émir Abd el-Kader, défenseurs de pouvoirs segmentaires hostiles à une centralisation sous la direction du Bédouin qu'est Abd el-Kader, les confréries des Derqawa et des Tijani et bien d'autres encore. De tous les pôles aspirant à regrouper les Algériens, c'est celui qu'incarne Abd el-Kader qui rassemble. L'émergence de son pouvoir correspond au schéma de la fondation des dynasties formulé par l'historien et sociologue Ibn Khaldoun (1332-1406). D'ascendance chérifienne et disciple du grand mystique andalou Ibn al-Arabi (1165-1240), considéré par les juristes sunnites comme hétérodoxe, l'émir Abd el-Kader utilise l'esprit de corps de sa tribu, une tribu bédouine, pour regrouper derrière lui d'autres tribus, attirer dans son camp les représentants de l'élite urbaine d'Alger et fonder son pouvoir en s'appuyant sur la religion. Il proclame le djihad, proscrit l'alcool, les jeux, l'usage du tabac et la musique. La composante religieuse est une donnée fondamentale de son combat comme il le souligne dans cette proclamation : « J'ai donné mes conseils aux musulmans en les invitant à faire le djihad et à s'unir ; je me suis efforcé de donner un double but à mes travaux, tantôt pour réconcilier, tantôt pour défendre les musulmans et écraser les infidèles oppresseurs ; grâce à Dieu, nous avons défendu la religion, nous lui avons évité des malheurs qui auraient pu lui apporter l'infidèle, et nous avons pu la garder forte sur une base solide que l'incroyant essaie de détruire » (Temimi, 1971). Les interdits qu'il recommande pour mobiliser les Algériens seront repris, après lui, par les oulémas, les populistes du PPA, du MNA et du FLN. Il y a consensus chez ses adversaires comme plus tard chez les historiens pour reconnaître en lui un homme de qualité. Quant aux nationalistes, ils l'ont sacralisé au point de nier son appartenance à la franc-maçonnerie intervenue le 18 juin 1864 à la loge Henri IV de Paris par l'intermédiaire de la loge « Les Pyramides d'Alexandrie ».

Des trois formules entre lesquelles les Algériens ont à choisir, aucune ne peut s'affirmer. En renonçant à l'occupation restreinte après un temps d'hésitation, la France accélère la colonisation du pays au prix d'une guerre inexpiable au cours de laquelle, selon les officiers français eux-mêmes, la barbarie accompagna la geste des « civilisateurs ». Furent rodées à grande échelle des pratiques qu'on retrouvera dans la guerre d'Indépendance. « L'essentiel est en effet, écrit le capitaine Richard, de grouper ce peuple qui est partout et qui n'est nulle part ; l'essentiel est de nous le rendre saisissable. Quand nous le tiendrons, nous pourrons alors faire bien des choses qui nous sont impossibles aujourd'hui, et qui nous permettront peut-être de nous emparer de son esprit après nous être emparés de son corps » (capitaine Charles Richard).

Après la défaite d'Ahmed Bey à Constantine (1837) et la reddition d'Abd el-Kader en 1847, la guerre se poursuit en Kabylie (1852-1864) et au Sahara (1854-1870). Un seul événement de grande ampleur a lieu en 1871 sous la conduite de Hadj Mohammed el-Mokrani et de Cheikh el-Haddad de la confrérie religieuse des Rahmania. Des centaines de tribus de l'Est, du Centre et du Sahara y participent. D'autres mouvements de moindre ampleur touchent l'Aurès central (1879), les ouled Sidi Chikh (1881), les Béni-Chougrane (1914). Ce ne sont pas les seuls. Il y en eut d'autres. Un point mérite d'être souligné. La militarisation de la société. La France a mené une guerre qui met en cause l'ensemble social dans ses fondements. Face à son armée professionnalisée et formée aux techniques modernes de combat se dressent des forces armées improvisées sorties des profondeurs de la société et imprégnées des normes des guerres tribales dont le but est le butin et non la conquête du terrain. Les fractures de la société et ses cloisonnements constituent pour elles un handicap majeur. Les belligérants français en bénéficient en prenant sous leur protection les groupes privilégiés aux prises avec la résistance d'Abd el-Kader.

La conquête de l'Algérie fut pour ses populations d'un prix que l'on n'avait jamais connu jusqu'alors. De trois millions d'habitants en 1830, la population tombe à deux millions cent mille en 1872. Aux victimes des opérations militaires, guerriers et civils, viennent s'ajouter les victimes des épidémies et de la famine. L'économie en pâtit. Il y a plus grave, le désencadrement du pays et la dispersion des élites. Des milliers d'hommes, avec l'accord du colonisateur ou clandestinement, prennent le chemin de l'émigration vers la Tunisie, le Maroc et les provinces de l'Empire ottoman (Syrie, Palestine, etc.). Les uns refusent de vivre « sous la domination des chrétiens », les autres cherchent à se soustraire à des obligations contraires à la loi religieuse, celle d'avoir à combattre des musulmans, entre autres. Le démantèlement du vaste réseau sociétal d'autrefois prit des décennies. Son principal instrument fut l'extension des lois françaises, conformément au principe de l'assimilation juridique.

Le mode de vie des tribus dans le cadre d'une économie agropastorale était fondé sur une utilisation extensive des sols. Elles avaient besoin de grands espaces. Or ce que les colons, dont le chiffre passe de trois mille deux cent vingt-huit en 1831 à deux cent soixante-dix mille en 1870, recherchent avec avidité, c'est la possession des terres. Des mesures législatives et le cantonnement des populations privatisent la terre et brisent les relations tribales. Les ruraux perdent leur identité et leur richesse et s'appauvrissent. Les colons s'emparent à leur détriment de quatre cent quatre-vingt-un mille hectares entre 1830 et 1870 et de quatre cent deux mille hectares entre 1871 et 1880. De bons esprits se référant aux Indiens d'Amérique prédisent l'extinction des Algériens. Mais loin de disparaître comme l'ont souhaité certains, ceux-ci connaissent à partir des années 1880 une renaissance démographique et posent des problèmes qui appelaient d'autres solutions. Mais à la fin du XIXᵉ siècle, écrasés par des années de lutte et de répression, désencadrés et abandonnés par ce qui reste des élites anciennes, ils n'ont pas suffisamment de forces pour troubler la vie de la communauté européenne.

Contrairement à la Grande-Bretagne où la colonisation privée tient le haut du pavé, la France a toujours agi dans ses conquêtes en puissance coloniale. La tâche de soumettre l'Algérie et de l'administrer est une affaire d'État. Après bien des conflits avec les militaires plus conscients des résistances que suscitent les expropriations, les colons prennent leur relais (septembre 1870) dans la gestion d'un pays intégré à la France depuis 1848. L'Administration sert à légitimer un système dans lequel les élites européennes monopolisent l'autorité et imposent une législation discriminatoire, l'indigénat qui enserre les Algériens « dans un réseau de restrictions, d'amendes et de peines de prison » (André Nouschi). Les élites européennes, produit d'un amalgame entre plusieurs nationalités, se sont construit une identité différente de celles des sociétés mères et de celles des Algériens. L'élaboration de valeurs propres fondées sur la supériorité raciale s'est accentuée dans la mesure où après un certain temps la majorité des Européens est née sur place. Des acteurs politiques apparaissent, prennent en charge leur devenir et formulent des idéologies destinées à assurer leur cohésion et à consolider leur autorité. Contrairement à une idée reçue, les Européens ne constituent un bloc indifférencié ni du point de vue social ni du point de vue politique. Il y a toujours eu compétition au sein de leurs élites sur les réponses à donner aux revendications algériennes. Mais dans les moments de tension ou de poussée du nationalisme, ce sont toujours les plus intransigeants qui l'ont emporté.

Les efforts en France des éléments libéraux des cercles privilégiés et intellectuels qui ont cherché à influer sur le gouvernement pour donner aux

Algériens un statut compatible avec leur droit à la dignité, Ismaël Urbain Napoléon III, entre autres, resteront sans suite. Elles « … aidèrent sans doute plus à masquer les contradictions qu'à les révéler » selon Jean-Claude Vatin. Les colons sont suffisamment puissants pour disposer de relais efficaces dans la classe dirigeante française et organiser l'Algérie exclusivement en fonction de l'élément européen. Ce que Paris obtient à la fin du XIXᵉ siècle, après les émeutes antijuives, c'est d'empêcher leurs velléités de se séparer de la France d'aboutir.

Considérée comme le joyau de l'Empire colonial, l'Algérie y occupe une place de choix. L'irruption du capitalisme l'introduit dans le développement historique mondial et transforme son visage. La rupture dans le devenir de la société est perceptible. La relation entre elle et la France ne supprime pas les particularités de développement telles qu'elles sont données par tout le cours antérieur du procès historique. La modernisation du pays commence avec la colonisation. Les voies ferrées, les routes, les exploitations minières, les banques, les écoles et les hôpitaux modernes, même s'ils ont été créés à l'usage des Européens, profitent aussi aux Algériens et diffusent de nouvelles habitudes et de nouvelles valeurs. Mais l'asservissement auquel ils sont réduits, l'accaparement des meilleures terres (deux millions sept cent vingt-six mille hectares) sont les causes du marasme dans lequel ils se débattent. La colonisation n'ouvre des portes que pour les refermer aussitôt. La logique du Pacte colonial implique des transformations limitées des structures traditionnelles. Avec la marginalisation du monde rural, les modes de production et les mentalités dépassées ailleurs gardent toute leur force et continuent à faire proliférer des rapports sociaux à contretemps. Le système politique où la minorité européenne commande à la majorité algérienne discrédite l'idéal démocratique. Les lois de 1898 et 1900 dotent l'Algérie d'une assemblée élue à majorité européenne et d'un budget spécial. Un gouverneur général représentant la France détient tous les pouvoirs civils et militaires. Ce système restera en vigueur jusqu'en 1947, date d'adoption d'un statut dont les dispositions favorables aux Algériens (officialisation de la langue arabe, suppression des communes mixtes et des territoires militaires) ne sont pas, du fait de l'opposition des colons, entrées en vigueur quand l'insurrection a commencé.

Administrativement, l'Algérie comprend les Territoires du Sud qui sont sous administration militaire et les départements du Nord. À leur tour, les départements du Nord sont divisés en arrondissements et en communes, les communes de plein exercice situées dans les zones à forte implantation européenne et les communes mixtes où vivent en majorité les Algériens. Dans les communes mixtes, rurales essentiellement, l'Administration comporte deux segments : un administrateur français et, sous ses ordres, des caïds nommés et révoqués par le pouvoir. L'organisation tend à légitimer une autorité étrangère par un relais indigène. La nature des missions confiées aux caïds dont la collecte des impôts les voue au discrédit. Forts des pouvoirs qu'ils tirent de leur position, les caïds, dans leur majorité, succombent à l'arbitraire, à la corruption et à la violence. « Ces hommes représentaient le type idéal de l'administration patrimoniale. » La prédation est dans leur nature. La modernisation au premier chef bureaucratique a pour corollaire l'universalisation de la soumission. Les ruraux doivent continuer à se plier devant le pouvoir des agents de l'État. On peut le constater, la colonisation n'a pas supprimé totalement les dynamiques qui avant 1830 façonnaient le devenir de la société. La continuité culturelle est assurée malgré une réglementation sévère et tatillonne par les réseaux d'écoles coraniques entretenus par les confréries religieuses et par les écoles plus modernes créées par l'Association des oulémas dès 1931 et le Parti du peuple algérien (PPA) après 1945. Une conception volontairement restrictive de l'enseignement du français, l'ostracisme à l'égard de la langue arabe, la gestion directe du culte musulman en contradiction avec la loi de séparation des cultes et de l'État dont seuls chrétiens et Juifs bénéficient sont autant de facteurs qui, ajoutés aux crispations identitaires, permettent aux traditionalistes d'anathémiser la pensée occidentale. Coupés de leurs racines culturelles; les élites nouvelles étaient incapables de « nationaliser » les emprunts qu'ils lui font comme cela s'est fait au Japon et en Thaïlande. Toutefois, l'enseignement mis en place par l'État colonial a des effets ambivalents. D'une part, il crée une brisure entre le peuple et les élites nouvelles ; d'autre part, il dispense une formation culturelle propre à éveiller le sentiment national. En effet, l'école inculque des notions nouvelles : le peuple, la nation, la souveraineté populaire, l'égalité. L'Algérie s'ouvre à la politique moderne au début du siècle. C'est au nom de l'égalité que commencent les premières contestations du système colonial. Les anciens ordres dominants ont disparu. Les campagnes sont brisées. C'est dans les villes que vont apparaître des forces nouvelles, classes moyennes, intelligentsia au sens russe du terme, prolétaires, tous au contact de la société européenne. Les candidats à l'action politique formés à l'école française rompent avec la politique du repli communautaire qui prévalait alors. Ce sont « les évolués », des éclaireurs rejetés des deux côtés, ne trouvant leur place ni parmi les Européens ni parmi la grande masse du peuple qui vit de la tradition et qui affiche un net ressentiment à l'égard de ces adeptes d'une modernité menaçante et délétère. L'histoire qu'ils ont apprise leur laisse croire que le pouvoir doit revenir à ceux qui, par leur instruction, sont les plus aptes à faire évoluer leurs compatriotes, à les « civiliser ». Ils attendent donc de la France leur entrée dans la cité des égaux où n'habitent que les Européens. Jusqu'à l'émergence des évolués, les agents les plus actifs de la contestation coloniale furent des libéraux français qui dénonçaient les abus de la colonisation et soulignaient l'écart entre les affirmations humanitaires et l'exploitation coloniale. Les Jeunes Algériens agissant dans un milieu où n'existent encore ni traditions ni partis politiques solides croient aux vertu de l'État arbitre et attendent qu'il se prononce en leur faveur. Ils déchantent lorsque, après la guerre de 1914-1918, au cours de laquelle ils ont œuvré à promouvoir l'idée du service militaire obligatoire pour les Algériens, la loi de 1919 déçoit leur attente. La représentation des indigènes aux conseils municipaux s'accroît tout en restant minoritaire et ceux qui veulent accéder à la citoyenneté doivent renoncer au statut personnel musulman, c'est-à-dire dans le contexte du temps « apostasier ». Jusqu'en 1936, la revendication de l'assimilation attire de nombreux suffrages. Les groupements politiques (Fédération des élus, communistes et oulémas) qui organisent le Congrès musulman attendent du Front populaire le vote d'un projet, le projet Viollette accordant la nationalité française aux élites. Son retrait est une étape décisive dans la disqualification des thèses assimilationnistes et un moment dans l'affirmation du nationalisme en tant qu'idéologie. L'émergence de ce nationalisme commence en France avec la naissance de l'Étoile nord-africaine à l'initiative de l'Internationale communiste (1926). Un de ses dirigeants, Messali Hadj, l'en détache et l'oriente dans un sens nationaliste et populiste en revendiquant « l'indépendance totale et le retrait des troupes d'occupation et la construction d'une armée nationale ».

Des années 1930 à 1954, le nationalisme ne cesse de gagner du terrain au point d'apparaître au cours de la Seconde Guerre mondiale comme la principale force politique. Il est structuré autour de personnalités ralliant derrière elles divers groupes sociaux mais avec une dominante sociale, classes moyennes ici, plébéiens là. Il est essentiel de voir que ce nationalisme est pluriel.

Avec les oulémas, le nationalisme, transposition dans l'espace politique de la communauté religieuse, s'accommoderait d'une formule inspirée de l'expérience ottomane. Le fondateur de l'Association des oulémas, Abdelhamid Ben Badis, opère une distinction entre la nationalité politique qui reste française et la nationalité ethnique qui est musulmane. En d'autres termes, il revendique l'autonomie dont les Grecs et les Serbes jouissaient dans l'Empire ottoman. Dans cette perspective l'islam salafi qui, selon lui, est le fondement de la tradition nationale culturelle depuis le VIIe siècle n'admet d'autre langue aux côtés du français que l'arabe. L'unité culturelle des Algériens exclut tout usage officiel du berbère. Avec le populisme de Messali Hadj, on a un nationalisme ethno-culturel qui prend l'identité pour une donnée naturelle et le peuple pour une communauté organique soudée autour d'un patrimoine dont la langue arabe et l'islam constituent les piliers et qui affirme l'appartenance de l'Algérie à la communauté arabo-musulmane.

Après avoir nié l'existence d'une nation algérienne en 1936, Ferhat Abbas, l'admet en 1944. Pour lui, la nation ouverte à tous les habitants de l'Algérie a pour fondement un acte de volonté, l'adhésion libre à un pacte fondateur, à un contrat social. La communauté politique a pour fondement la laïcité. Une autre variante du nationalisme formulée en 1949 par les dissidents du PPA (Mabrouk Belhocine, Sadek Hadjeres, Yahia Henine) se définit par la contestation de l'identité arabe et islamique de la nation au nom d'un projet visant à lui substituer une identité, l'algérienne. Cette position orientée vers le pluralisme culturel refuse de faire de la religion la pierre angulaire de construction de la nation, et fait le choix d'une communauté politique supraconfessionnelle intégrant automatiquement les juifs autochtones naturalisés français.

De profondes divergences opposent les nationalistes sur les buts comme sur les moyens. Les populistes sont pour l'indépendance totale et se préparent à la lutte armée depuis 1947, leurs concurrents se limitent à défendre l'autonomie de l'Algérie dans un cadre fédéral et à agir pacifiquement tout en se méfiant des mouvements de masse. D'autres forces disputent aux nationalistes la faveur du peuple, le Parti communiste algérien (PCA) et les indépendants.

L'histoire du PCA est surchargée d'idéologie. Jusqu'en 1947, son adhésion au thème national a suivi une ligne sinueuse. Parti interethnique, son audience et son rôle sont loin d'être négligeables. Il est le principal animateur des syndicats nés sous le parrainage du syndicalisme français et une pépinière de cadres expérimentés pour le plus grand profit du mouvement national. Son alignement sur le Parti communiste français (PCF) lui impose des analyses et des stratégies étrangères aux réalités algériennes. Les questions qu'il pose aux nationalistes mais auxquelles il ne répond pas d'une manière adéquate sont toujours d'actualité. « Que signifie la nation ? Quel modèle d'État implique-t-elle ? Comment est-elle supposée s'adapter à la multiplicité des identités existantes ? » On peut lui reprocher également une vue simpliste de la sociologie politique. Le paradigme de la lutte des classes comme cadre exclusif de référence ignore les problèmes posés par les structures verticales en voie de transformation.

Les indépendants notables dont l'action se limite au cadre local ou régional constituent une constellation liée à l'Administration coloniale et ne s'inscrivent dans le jeu politique que pour s'assurer des avantages matériels, marchander une « élection », obtenir pour eux et leurs clients des prébendes. C'est en ce sens qu'on peut dire avec Achille M'Bembe que la colonisation fut dans une certaine mesure une entreprise afro-européenne.

Les indépendants apportent leur caution au blocage d'une évolution pacifique et au truquage électoral inauguré à grande échelle en 1948 et aggravent les dissensions entre Algériens. Beaucoup se sont retirés de la vie publique entre 1954 et 1956. D'autres sont restés les clients du système colonial ; leur attitude a influé sur les déchirements d'un tissu social déjà sérieusement endommagé par la conquête française.

Il convient maintenant de dégager les points forts de l'évolution de l'Algérie avant d'examiner l'horizon de pensée qui a présidé à la construction nationale. Notons de prime abord que les transformations accomplies par la colonisation ont donné au pays une cohésion plus grande que par le passé. La réaction que le peuple, concept nouveau dans la culture politique algérienne, opposa à la domination française favorisa la cristallisation d'un sentiment national. Dans les villes et les villages, le contrôle des anciennes communautés sur leurs membres est fortement ébranlé au profit du national. Le nationalisme en est, depuis les années 1920, l'expression. Dans les campagnes, c'est moins le sentiment national que l'identité religieuse et la xénophobie qui constituent le support du mouvement anticolonial. Les liens primordiaux fondés sur les lignages et l'appartenance à des confréries sont encore vivaces et le transfert des allégeances aux élites nationalistes est loin d'être général. La question posée à ces élites que la répression coloniale tente de cantonner dans les centres urbains est de savoir comment opérer avec succès la nationalisation des esprits à laquelle contribuent grandement les migrations intérieures. La solution dépend en partie de la conception de la nation. Nous avons vu qu'il en existait plusieurs mais celle qui prévaut se rattache au populisme.

Les populistes sont, avec les oulémas, les pères fondateurs du mythe national. Contrairement à une idée reçue, obnubilées par une rupture entre le passé et le présent, ces forces politiques ont plus travaillé à fonder une nation qu'à changer la société. Leur ambition n'était pas de rompre avec le communautarisme mais de le régénérer.

Dès leur rupture avec la IIIe Internationale sur la stratégie sinueuse du PCF en matière coloniale, les pères du populisme algérien ont développé trois traits :
• rejet du concept de lutte des classes,
• adhésion à la pensée jacobine et centralisatrice et assimilation de toute défense de la diversité culturelle et sociale au régionalisme et au tribalisme,
• légitimation du nationalisme par l'islam.

L'identité algérienne a pris forme autour de la religion et de la langue arabe. Les critères d'appartenance nationale ne sont pas politiques mais ethniques et religieux. Les nationalistes qui refusent toute légitimité aux pesanteurs sociologiques, du « nationalisme tribal », dissidents du PPA, UDMA, etc., ne trouvent pas grâce face à tous ceux qui tremblent devant les préjugés du peuple et cherchent à le séduire en flattant ses habitudes.

Pour les populistes, l'individu n'a pas de valeur en soi. Il n'est qu'une partie de la collectivité, sans possibilité de choix. La supériorité des valeurs particulières sur les valeurs universelles constitue un dogme intangible. Matrice d'où sont sortis les idées et les hommes qui ont fondé le FLN, le populisme n'a pas pensé la problématique démocratique et s'est contenté d'afficher, sans en faire une réalité programmatique, le slogan emprunté à la tradition républicaine française : « Constituante algérienne souveraine sans distinction de race ni de religion », sans référence à la philosophie politique qui le sous-tend. Ses interprètes croyaient sincèrement qu'arracher l'indépendance permettrait l'affirmation spontanée des libertés individuelles et ne se rendaient pas compte qu'en se légitimant par l'islam ils les occultaient et épousaient une conception autoritaire de la mobilisation politique. Alors que les Algériens, dans les villes du moins, se trouvaient au commencement d'un processus de libération des liens de type communautaire, la voie vers l'État national passait pour les populistes par la valorisation de ces liens et la référence obligée aux valeurs religieuses. Ce n'est pas un mystère si la rançon de ce choix a été, à quelques exceptions près, la stérilité des milieux intellectuels.

Cet arrière-fond est indispensable pour analyser les caractères originaux du FLN et comprendre ses choix. Ce mouvement n'augmente pas le patrimoine d'idées du mouvement national. Au messalisme dont il se sépare, il emprunte le projet national et l'idée de lutte armée. La tendance à éradiquer les mouvements en discordance avec le monopole du FLN est liée à l'histoire de l'aile militaire du PPA. Elle est apparue au lendemain de l'éclatement des Amis du Manifeste et de la liberté (AML) qui a regroupé de 1944 à 1945 le PPA, les oulémas et les libéraux liés à Ferhat Abbas. On a alors assisté à une brutalisation de la vie politique. La critique radicale se dirige donc, au premier chef, non pas contre les alliés de l'Administration mais contre les nationalistes modérés considérés dès lors non pas comme des adversaires à vaincre mais des ennemis à liquider. D'une certaine manière, une partie du FLN et non pas tout le FLN se situe directement dans cet héritage d'exclusion. Il ne faut pas confondre exclusivisme et totalitarisme. L'application du concept de totalitarisme au FLN conduit souvent à des prises de position procoloniales qui obscurcissent la réalité. Comme le soulignait J.-F. Lyotard, l'exclusivisme résulte pour sa part de la situation historique des partis algériens avant 1954 : « il a [le FLN] mis fin au jeu de bascule du PCA, à l'attentisme du Mouvement pour le triomphe des libertés démocratiques (MTLD) et de l'Union démocratique du Manifeste algérien (UDMA), à l'inaction des oulémas » (J.-F. Lyotard, 1957). Le FLN a eu plusieurs visages, « surgeon du PPA-MTLD » de 1954 à 1955, il est devenu début 1956 un rassemblement de tous les courants à l'exception du Mouvement nationaliste algérien (MNA) de Messali Hadj. On pouvait alors croire que le pluralisme était vaincu. Les conflits à travers lesquels la société s'exprimait sont soumis à la rationalité d'une bureaucratie. Mais le monolithisme institutionnel n'était qu'une formule visant à canaliser les conflits à l'intérieur d'un appareil. Il n'est possible qu'au prix de la consécration du clientélisme et de l'acceptation de l'existence de factions. Ce sont ces factions dont l'existence apparaît au grand jour avec l'implosion du FLN en 1962 qui sont les acteurs de la vie politique. Autrement dit, la guerre d'Indépendance n'a pas gelé les luttes et les rivalités au sein du mouvement national. Elle a, au contraire, réactivé les différends qui ont jalonné l'histoire du mouvement national, entre courants et entre individus. Ainsi s'explique la tentation d'éliminer les représentants de l'UDMA et des oulémas en août 1955 à Constantine, l'élimination des interprètes du culturalisme berbère en Kabylie, le conflit sanglant entre le FLN et le MNA, etc. Ce sont là des épisodes qui mettent aux prises, entre eux, des partisans d'un État national.

Le conflit qui oppose le nationalisme algérien et le colonialisme français est d'une autre nature. Alexis de Tocqueville l'avait, dans un avertissement prémonitoire, prévu : « Si, [...] sans le dire, car ces choses-là se sont quelquefois faites mais ne sont jamais avouées, nous agissons de manière à montrer qu'à nos yeux les anciens habitants de l'Algérie ne sont qu'un obstacle qu'il faut écarter ou fouler aux pieds [...]. La question de vie ou de mort se poserait entre les deux races. L'Algérie deviendrait, tôt ou tard, croyez-le, un champ clos, une arène murée, où les deux peuples devraient combattre, sans merci, et où l'un des deux devrait mourir » (Tocqueville, 1847).

Ce constat suffirait, si une certaine historiographie inspirée par les thèses colonialistes ne tentait de réchauffer de vieilles grilles de lecture en renouant avec une terminologie désuète qualifiant les militants du FLN de rebelles, de terroristes, les anticolonialistes français de défaitistes ou de traîtres.

La guerre d'Indépendance a suscité des réactions variées. D'une manière générale, les milieux attachés à la colonisation ont qualifié la naissance de l'État algérien d'abandon et entretiennent contre le général de Gaulle, rendu responsable de leurs errements, une hostilité sourde. Dans ce courant, violence révolutionnaire et terreur sont amalgamées et deviennent l'élément d'interprétation essentiel de la guerre de libération. La différence avec l'exécution des traîtres et des délateurs indispensable à la sécurité de la Résistance n'est pas de mise. Certains vont plus loin en restant muets sur les données d'une guerre contre-révolutionnaire dont l'objectif visé selon des méthodes totalitaires est de vaincre, non le FLN, mais le peuple algérien : regroupements de population, ouverture de camps d'internement en France et en Algérie, liquidation de combattants sous prétexte du délit de fuite, terrorisme d'État, etc. (J.-F. Lyotard, 1958 ; Vidal-Naquet, 1982, 1983, 1989 ; Periès, 1992, 2001 ; Cornaton, 1998).

Le courant opposé sacralise le FLN et défend son action en bloc. On le retrouve dans la génération de la guerre prisonnière de ses expériences et de ses pratiques. Peu disposée à se remettre en cause et portée à simplifier une situation qui fut des plus complexes, elle occulte la faillite partielle de la révolution anticoloniale, l'autoritarisme de ses dirigeants, la mentalité de clan, sans compter le recours à la terreur contre les récalcitrants.

Un dernier courant, soucieux d'ouvrir un avenir à une révolution démocratique, souligne l'importance qu'il y a à réévaluer, en historien scrupuleux, la guerre d'Indépendance. Sa préoccupation est de prendre en compte le passé de l'Algérie dans sa complexité et non les mythes qui l'obscurcissent. L'Algérie d'aujourd'hui est liée à un passé dont elle est le résultat.

Lorsque des intellectuels au service des prédateurs actuellement au pouvoir, ou des islamistes qui en sont l'inverse abstrait, forgent l'idée d'une Algérie précoloniale, sans contradictions internes, illuminée des splendeurs qui feraient penser à Grenade, ils effacent le fait que l'Algérie avant 1830 était un État et non encore une nation, que sa réalité était celle des inégalités sociales et de l'oppression des faibles et qu'on ne saurait oublier les châtiments corporels (lapidations, amputations, loi du talion), l'esclavage, le statut des femmes et des minorités non musulmanes. En occultant les hypothèques de ce passé, on est amené à le reproduire même si cela se fait sous une forme et avec un langage qui lui donnent un air de modernité.

À cette idéologisation du passé précolonial répond une conception simpliste des conséquences de la colonisation. Que celle-ci ait été la domination d'un peuple par un autre, avec une pratique marquée par le racisme, l'arbitraire, la violence nue, personne ne saurait le nier. Mais il faut aussi prendre en compte ces effets auxquels le colonisateur ne s'attendait pas. Ce sont la propagation des idées démocratiques avec l'importance de la sécularisation de l'État, des revendications sociales, des idéaux socialistes, toute une culture que la colonisation ne respectait pas en Algérie et qui alimentera la légitimité de la revendication du droit des peuples à disposer d'eux-mêmes. Enfin oubliera-t-on que, en France même, des contestations prendront, pendant la guerre, des formes allant jusqu'à l'insoumission ?

En faisant de la colonisation un bloc homogène on renvoie aux poubelles de l'Histoire « l'invention démocratique » qu'on réduit à n'être qu'une des formes que prend l'Occident pour pérenniser sa domination.

Enfin l'Histoire oblige aussi à réexaminer certains aspects de la guerre d'Indépendance et assumer le passé dans sa totalité en acceptant le fait que l'Algérie n'est pas exclusivement musulmane et que pour nombre de musulmans l'islam est un socle culturel bien plus qu'une religion.

Dans ce cadre, il y a le problème que posent les supplétifs algériens de l'armée française (harkis, goumiers, mokhaznis) trop vite assimilés aux collaborateurs français de l'occupant allemand pendant la Seconde Guerre mondiale. Ces supplétifs, instrumentalisés par une armée coloniale qui mit à profit les fractures de la société algérienne (rivalités de familles et de clans) et les fautes de l'ALN, n'étaient pas des collaborateurs idéologiques comme le furent les « collabos » français, mais de simples mercenaires. Idéologues, ils auraient été bien en peine de l'être, eux qui pour la plupart viennent d'une Algérie rurale, fortement patriarcale et fortement religieuse. Parmi eux on trouve des « malgré eux » enlevés à leurs familles et enrôlés de force (Ferdi, 1982), des paysans victimes de la crise rurale, à la recherche d'une solde ou d'une protection contre certaines exactions de l'ALN, des aventuriers passant sans scrupules d'un camp à l'autre, etc.

La conclusion de cette histoire tragique c'est de trouver, comme en Afrique du Sud, des formules qui, sans consacrer l'impunité, permettent de tourner la page, de ne plus anathémiser des victimes, certes non innocentes, de les faire bénéficier du pardon accordé à d'autres et d'expliquer aux familles encore prises dans un travail de deuil et dans le ressentiment que le temps est venu d'une Algérie réconciliée avec elle-même.

Bibliographie

Michel Cornaton, *Les Camps de regroupement de la guerre d'Algérie*, préface de Germaine Tillion et postface de Bruno Étienne, L'Harmattan, 1998.

Saïd Ferdi, *Un enfant dans la guerre*, Le Seuil, 1982.

Albert Hourani, *Histoire des peuples arabes*, Le Seuil, 1993.

J.-F. Lyotard, « La Guerre contre-révolutionnaire », « La société coloniale et le gaullisme », *Socialisme ou Barbarie*, n° 25, juillet-août 1958.

Robert Mantran (direction), *Histoire de l'Empire ottoman*, Fayard, 1985.

Gilbert Meynier, *Histoire intérieure du FLN*, Fayard, 2002.

Merrouche Lemnouer, *Recherches sur l'Algérie à l'époque ottomane. Monnaies, prix et revenus*, Bouchène, 2002.

Gabriel Peres, « L'Arabe, le musulman, l'ennemi dans le discours militaire de la guerre révolutionnaire pendant la guerre d'Algérie », *Mots et langages du politique*, n° 30 ; « La construction méthaphorique de l'ennemi intérieur », *in Culture et Conflits*, L'Harmattan, 2001.

Maxime Rodinson, *L'Islam, politique et croyance*, Fayard, 1993.

Tal Shuval, « Remettre l'Algérie à l'heure ottomane. Questions d'historiographie », *Revue des Mondes musulmans et de la Méditerranée*, n°s 95-96-97-98, p. 424-448, 2002.

Benjamin Stora, *Messali Hadj (1898-1974), pionnier du nationalisme algérien*, L'Harmattan, 1986.

Abdeljalil Temimi, « Réflexions sur les relations d'Abd el-Kader avec la Sublime Porte et l'Angleterre en 1840-1841 », *in Recherches et documents d'histoire maghrébine*, 1971, p. 197-198.

Jean-Claude Vatin, *L'Algérie, histoire et société*, PN. SP, 1983.

Pierre Vidal-Naquet, *La Torture dans la République*, Maspero, 1983 ; *Les Crimes de l'armée française*, Maspero, 1982, La Découverte, 2001 ; *Face à la raison d'État*, La Découverte, 1989.

La décolonisation du Maghreb :
de l'Afrique du Nord française au Maghreb en suspens

par René Gallissot

Le sens événementiel de décolonisation est celui de séparation de la métropole. En Afrique du Nord, la colonisation était aussi de peuplement, et ce sont les sociétés coloniales qui se sont dissoutes pour laisser la place à des États nationaux soulevés par un nationalisme d'État qui pousse au plus haut l'affirmation identitaire. Parce qu'il y a rupture, la décolonisation politique avive encore le triomphe de l'État national. Le populisme du mouvement national s'est doublé d'une espérance de développement. La décolonisation s'étudie aussi de l'intérieur des sociétés en lutte et en projection de libération ; elle met en œuvre le mode national de reproduction sociale. Au Maghreb comme ailleurs, ce qui caractérise la colonisation, c'est de tenir la société colonisée dans l'enfermement communautaire et pluricommunautaire sinon de division ethnique, en contraignant, sous un statut ségrégué, l'accès au droit civil et, évidemment, à une réelle citoyenneté sociale et politique. En Afrique du Nord, cette ségrégation s'est instituée sous le droit musulman. Le mouvement national s'est développé à l'intérieur de cette clôture communautaire, en l'intériorisant pour la retourner contre la puissance occupante et dominante. Sans négliger la paupérisation économique, le principal effet de la colonisation est ainsi de fermer l'évolution vers une société civile, au sens plénier du mot, de société ni cléricale ni militaire, et vers l'exercice de la démocratie politique, à commencer par la liberté de pensée, même en matière religieuse, pour parler comme la Déclaration des droits de l'homme. Par « l'exode des Européens et des Juifs », il n'y a plus pour l'heure, au Maghreb, que des nationaux musulmans. En profondeur, la décolonisation est en suspens.

La réaction de défense du bastion de l'Afrique du Nord française a transformé la décolonisation en fuite en arrière coloniale face à la fuite en avant de l'insurrection algérienne. L'Afrique du Nord était un lieu privilégié du nationalisme français, non seulement par le croisement des intérêts et de liens familiaux ou d'établissement, par la carrière militaire et le passage de conscrits, mais aussi par l'illusion d'avoir part à la propriété de la Grande France. Le devenir des protectorats du Maroc et de Tunisie est ainsi lié à celui de l'Algérie française. Les vicissitudes de la décolonisation relèvent ainsi des inhibitions du nationalisme français, qu'il soit de droite ou de gauche, le fait des coloniaux et celui des métropolitains. Cette défensive prépare la fin de l'Afrique du Nord française par la différenciation des statuts entre l'Algérie attachée par la départementalisation sous l'égide d'un gouverneur, et les protectorats où n'en redouble pas moins l'administration directe. Si l'Algérie a une représentation à Paris, aux assemblées, et par les partis une présence à l'Assemblée de l'Union française, les protectorats de Tunisie et du Maroc ne sont pas compris dans l'Union française ; ils doivent rester des artéfacts dynastiques sous tutelle métropolitaine, ce qui veut dire par capitulation parlementaire et gouvernementale sous influence de la prépondérance coloniale. Cependant, le recours à la formule d'États associés reste possible pour la Tunisie et le Maroc, quand la réaction coloniale aura épuisé ses feux ; la voie négociée laisse alors la lutte de libération algérienne à sa singularité.

La réaction finale en Tunisie et au Maroc

Certes ce sont les coloniaux sur place en Tunisie et au Maroc qui imposent aux gouvernements de Paris leur renoncement à toute initiative de décolonisation, mais c'est aussi que la majorité politique couvre leur action et les orchestre dans l'opinion. L'armée par ses principaux chefs conduit ces opérations en force qui ne peuvent que susciter la violence. Il faudra la défaite en Indochine pour qu'un ressaisissement gouvernemental puisse permettre de sortir de l'impasse. C'est en Tunisie que la répétition se joue ; c'est au Maroc que cette réaction culmine en destituant le sultan.

• **En Tunisie**, au printemps de 1950, le gouvernement français semble faire bon accueil au plan en sept points d'Habib Bourguiba qui veut assurer l'autonomie interne. Le ministre des Affaires étrangères Robert Schuman (MRP) annonce le 10 juin dans un discours à Thionville : « M. Périller [le nouveau résident général] aura la charge de conduire la Tunisie vers le plein développement de ses ressources et vers l'indépendance qui est l'ultime objectif pour tous les territoires de l'Union française. » Le bey forme un nouveau gouvernement présidé par le réformiste modéré Chenik avec participation du Néo-Destour. La transition doit s'effectuer par le suffrage universel au collège unique dans les élections locales et régionales d'abord. La droite coloniale voit rouge ; l'égalité politique signifie décolonisation. Dans la fonction publique, cela signifie la fin du privilège des fonctionnaires français et de la discrimination des agents tunisiens sous un statut inférieur qui est donc ethnico-racial. Ce n'est pas seulement le colonat de la propriété économique qui s'oppose ; la révolte est conduite par le syndicalisme corporatif de la fonction publique française derrière son leader de longue date, Antoine Colonna, devenu sénateur de la représentation des Français de

Tunisie. Cependant, c'est en métropole que la victoire des coloniaux est acquise auprès d'un gouvernement de droite et du centre, mais qui obéit aux objurgations des chefs militaires ; ceux-ci font valoir non seulement que se joue la place de la France dans le Pacte atlantique mais que ce serait ouvrir la voie à la perte de la Tunisie et du Maroc. La perte pour qui ? C'est la question qui n'est jamais posée dans ces chantages à l'abandon ou à la perte des colonies, sinon à la trahison de l'intérêt national.

Des violences se produisent sur les grands domaines de l'Enfida, car le colonat a ses armes. Mais la montée en exigence du Rassemblement français de Tunisie continue ; il obtient le renvoi du gouvernement Chenik et réclame la proclamation du droit des Français à la cosouveraineté pour écarter, non seulement un avenir d'indépendance, mais tout passage à l'autonomie interne. C'est le même Robert Schuman au titre des Affaires étrangères (note du 15 décembre 1950) qui annonce la fuite en arrière en acceptant la cosouveraineté qui fait participer les Français de Tunisie au fonctionnement des institutions politiques et proclame le caractère définitif du lien qui unit la Tunisie à la France. Le nouveau résident, Jean de Hauteclocque, conduit la répression de main de maître, par tous les moyens : arrestations, emprisonnement de Chenik, et bientôt engagement de l'armée dans des opérations de ratissage au cap Bon. L'heure est à la lutte contre le terrorisme qui justifie non seulement le terrorisme de l'ordre armé policier et militaire mais le terrorisme ultra. Les services secrets français prêtent assistance à l'action du réseau colonial de la Main rouge qui s'illustre entre autres par l'assassinat du dirigeant de l'UGTT, Ferhat Hached, le 5 décembre 1952. La protestation contre le crime se propage dans tout le Maghreb. De 1953 à 1954, ce sera ensuite l'entrée en action de groupes armés de résistance tunisienne, en liaison ou sans lien avec l'Armée de libération du Maghreb.

C'est pour eux que l'appellation de fellagha apparaît dans la presse et par la mise en images des hebdomadaires photo et des actualités cinématographiques de la semaine. La réaction des autorités coloniales conduit à la levée en armes des partisans de la libération. Le résident général ne peut plus former que des cabinets gouvernementaux de fonctionnaires. La fermeture de toute ouverture de décolonisation a établi le vide politique. Pour trouver une solution à la crise, il faut la rupture que représente le gouvernement Mendès France. Cette répétition annonce l'insurrection algérienne, ainsi que le 13 mai d'Alger et l'appel au général de Gaulle. Pour obtenir le ralliement de l'armée, en se rendant à Carthage le 31 mai 1954, Pierre Mendès France se fait accompagner par le général Juin, et, pour caution, par le ministre gaulliste Christian Fouchet. Le 13 mai, la rupture sera celle de la République française.

• **Au Maroc**, la réaction coloniale est encore plus vive avec ce double concours qui empêche la décolonisation, celui de l'armée et celui de la majorité politique parlementaire et gouvernementale, cette droite que Guy Mollet, qui ne prévoyait pas sa propre incapacité et ses reculs, qualifiait de

« la plus bête du monde ». L'arrivée à la résidence générale à Rabat du général Alphonse Juin en mai 1947 illustre la triple alliance de l'armée, de la droite rétrograde et du colonat. Ce retour en force se porte contre le sultan dans un affrontement qui tient du face-à-face entre le général Juin, lui-même né et formé dans le milieu colonial d'Algérie, et plus encore grandi par sa stature de chef glorieux de l'armée française d'Afrique du Nord, et le sultan Mohammed ben Youssef, qui persévère dans son choix personnel, dynastique et national. Les milieux colonialistes dénoncent le panarabisme et la trahison à l'égard de la France qu'ils interprètent dans le discours du sultan à Tanger (10 avril 1947) qui se réclame de la Ligue arabe et affirme l'unité d'héritage historique de l'Empire chérifien. Après avoir contribué sous Lyautey à la restauration, certes subordonnée, du sultanat chérifien, l'affrontement direct va assurer sa promotion unique à la tête du mouvement national à travers le parti de l'Istiqlal dont le Manifeste de 1944 réclamait déjà l'indépendance.

À la fin de 1950, le général Alphonse Juin passe à l'épreuve de force en faisant rejeter, par le gouvernement et le président de la République, le mémorandum du sultan qui réclame l'autonomie interne, et en chassant du conseil de gouvernement les représentants de l'Istiqlal soumis à une répression systématique. Le 26 janvier 1951, le sultan est sommé de désavouer l'Istiqlal ou d'abdiquer ; l'armée et l'administration coloniale font converger sur Rabat des cavaliers armés derrière leurs chefs de tribu de l'Atlas berbère, et suscitent les déclarations des chefs confrériques collaborateurs de la colonisation contre le mauvais chérif Mohammed ben Youssef. Le sultan cède en se désolidarisant des partisans de l'Istiqlal. L'agitation grandit dans le pays et à Casablanca plus encore ; les partis nationalistes marocains de la zone française et de la zone espagnole répondent en proclamant, à Tanger, un Front national marocain. Comme en Tunisie, la politique de fausse décolonisation entend appliquer une cosouveraineté accompagnant la parité de représentation locale et régionale et l'établissement d'un Conseil des Français et des Marocains, en fait élus administratifs. C'est reprendre le modèle colonial algérien qui veut le maintien de la discrimination de statut.

À partir de la fin août 1951, le général Augustin Guillaume est chargé de mettre en place ces institutions d'artifice. Ancien de la conquête coloniale, il va jusqu'à prétendre « faire manger de la paille » aux chefs de l'Istiqlal. La France réprime avec violence la grève syndicale et les manifestations de Casablanca du 10 décembre 1952 déclenchées en réaction à l'assassinat de Ferhat Hached, causant des centaines de morts dont huit Européens. Là aussi, c'est une première, ce sang dans les rues de Casablanca. (Plus tard, lorsque le Maroc aura conquis son indépendance, les massacres de Casablanca seront le fait du général Mohammed Oufkir, pour l'heure officier français en service à la Résidence, et d'Hassan II, qui n'est encore qu'un jeune homme en éducation de prince. Le motif sera repris dans les mêmes termes : lutter contre « les fauteurs de troubles communistes-nationalistes ».) L'Istiqlal et le Parti communiste marocain sont dissous. L'ONU demande à la France de « favoriser les libertés fondamentales du peuple marocain ».

La coalition de la politique coloniale de force passe à l'action ultime. Elle relance la campagne grossière de déconsidération du sultan Mohammed ben Youssef, mobilise les confréries et plus encore les contingents armés des tribus. Assisté du chef confrérique et *alim* el-Kettani pour contrebalancer l'Istiqlal fassi et reprendre le manifeste qui met Dieu au-dessus du roi, au nom de deux cent soixante-dix caïds et pachas, le pacha de Marrakech El-Hadj Thami el-Glaoui conduit l'insoumission qui se prétend légitime ; pour rester dans la parenté chérifienne, la candidature du vieux cousin alaouite Mohammed ben Arafa est avancée. Une nouvelle marche des cavaliers berbères sur Rabat est mise en scène complaisamment. Le 20 août 1953, le gouvernement français, par suivisme, accepte que le résident général dépose Mohammed ben Youssef ; il est remplacé par Mohammed ben Arafa. Le sultan est envoyé en exil en Corse, puis à Madagascar, dont il reviendra comme roi Mohammed V. Après avoir contribué à la restauration du sultanat chérifien par Lyautey, l'autorité coloniale, dans son ultime réaction, fonde la monarchie marocaine qui va capitaliser le mouvement national en nationalisme royal. En ces années 1954-1956, qui passent de la guerre d'Indochine à la guerre en Algérie, comment sortir de cet ordre colonial devenu forcené ?

Renouveau anticolonialiste et esquisse de décolonisation

En janvier 1949, la revue *Les Temps modernes* lance un appel pour la paix en Indochine et ne cesse plus de faire le procès de la colonisation. Une autre tribune s'ouvre avec l'hebdomadaire *L'Observateur* que crée Claude Bourdet avant de devenir *France-Observateur* avec Gilles Martinet. Jean-Paul Sartre publie en 1953 *L'Affaire Henri Martin*. Sur la guerre d'Indochine, les prises de position des intellectuels rejoignent l'action de masse du mouvement communiste et particulièrement de la CGT ; mais elles vont plus loin en faisant naître un autre anticolonialisme. Celui-ci refuse les accommodements de stratégie internationale soviétique. Sur les horreurs commises à Madagascar, les intellectuels chrétiens, par l'intermédiaire de *Témoignage chrétien* et de la revue *Esprit*, se retrouvent aux côtés des avocats progressistes qui s'élèvent contre ces crimes ; ces intellectuels appartiennent aux courants trotskistes, sont passés parfois par le Parti communiste français ou plus souvent viennent des minorités de la SFIO. C'est contre les politiques de réaction coloniale en Afrique du Nord, en Tunisie et plus encore au Maroc, que se font jour à la fois ou distinctement une avancée du procès moral des méfaits de la colonisation vers des projets de décolonisation afin de mettre fin à la répression, et une volonté d'engagement en faveur des luttes mêmes de libération. Cette différence de vision consciente ou inconsciente est à l'origine du partage effectif qui va conduire les opérations d'indépendance de la Tunisie et du Maroc, et laisser le combat algérien à la singularité de la voie armée.

Même si elle conserve une forte présence dans l'administration coloniale et les bureaux qui régissent l'outre-mer, la SFIO ne participe plus directement au gouvernement à partir de 1951, et moins encore en 1953, la pire année de réaction coloniale. Aussi l'opposition est plus facile, ou du moins une minorité peut se faire entendre. L'homme de référence est l'historien et socialiste Charles-André Julien car, dès les années 1930 et depuis 1945, le maître a fait de nombreux disciples. Le bréviaire de la décolonisation est son gros ouvrage de 1952, *L'Afrique du Nord en marche* ; il s'en prend aux partis pris de la diplomatie impériale et aux folles entreprises des officiers coloniaux, à leur personne et à leurs actes. Il appelle à faire confiance aux dirigeants des partis nationalistes qui sont ses amis et qu'il connaît de longue date. Il est, en revanche, fort réservé en ce qui concerne Messali Hadj qui, par son populisme plébéien et le recours, sur le modèle communiste, à l'action de masse, se distingue de ceux qui sont des interlocuteurs valables pour être les équivalents d'hommes politiques socialistes sinon d'école française.

Là aussi court la ligne de partage entre la décolonisation négociée et la guerre d'Algérie. C'est avec les nationalistes du Néo-Destour et Habib Bourguiba – « Bourguiba, c'est mon fils » – que les relations sont les plus poussées, sous influence à la SFIO de la Fédération de Tunisie, avec E. Cohen-Hadria sur place, ou A. Bidet, conseiller de l'Union française, voire de la Ligue des droits de l'homme par R. Verdier. Né à Alger, Alain Savary est très proche – « Savary aussi, c'est mon fils » ; au Maroc, son choix se portait sur Abderrahim Bouabid. Sans compter les contacts personnels, Charles-André Julien possède la faculté de passer d'une rencontre à l'autre, de la mairie de Florence où La Pira fait venir des nationalistes du Maghreb et de l'Orient arabe, le prince chérifien Hassan qui deviendra Hassan II, des personnalités musulmanes et, bien entendu, des personnalités catholiques, aux coulisses des congrès socialistes, de conférences et de comités. La résolution de la crise tunisienne par le gouvernement Mendès France et par Alain Savary, puis celle plus tortueuse de la crise marocaine, bénéficie de ses appuis et conseils. Le grand méfait de la guerre d'Algérie, sera en octobre 1956 le détournement de l'avion marocain qui conduisait à Tunis les nationalistes algériens. Par cet acte de piraterie aérienne, les « brigands » triomphent, c'est-à-dire les ultras du « parti colonial », fussent-ils membres de la gauche radicale-socialiste ou de la SFIO.

Plus que sur la Tunisie mal connue, c'est sur le Maroc et à l'encontre des extrémités des coups de force que se dresse le plus vigoureusement la conscience chrétienne. Elle est représentée par les enfants des familles catholiques bourgeoises voire aristocrates, certaines venues avec Lyautey, servant l'armée, la diplomatie et les corps d'État, et quelquefois fournissant des dirigeants de grandes sociétés. Ces hommes et quelques grandes dames sont liés aux missions d'outre-mer ou passés par leurs écoles et par l'action sociale des associations et mouvements catholiques. Là aussi, il y a des camaraderies d'anciens élèves ou de scouts ou routiers, qui peuvent dater de l'époque de Vichy (Chantiers de jeunesse), non sans culte du drapeau. C'est ce qui fait l'importance de la révolte des consciences contre les outrances de la pratique coloniale au Maroc ; il faut arrêter le massacre ou le saccage. La décolonisation doit intervenir pour sauver une autre idée et une autre action de la politique française, et mieux préserver la présence d'intérêts que l'on confond avec l'intérêt de la France.

De *Témoignage chrétien* à *Esprit*, au *Figaro*, des plumes disent : alerte au Maroc et dans l'Union française ; François Mauriac en première ligne. En 1953, le comité phare prend le nom révélateur de France-Maghreb ; Robert Barrat publie *Justice pour le Maroc*. Ici encore les écarts se creusent, entre l'engagement avec les communistes et progressistes comme le pratique André Mandouze qui publie *Consciences algériennes* puis *Consciences maghrébines*, et pense libération nationale, et les grands serviteurs de l'État et de la finance qui cherchent une voie de sortie néocoloniale et technocratique. L'éventail des intellectuels catholiques, en définitive fort conformistes et très institutionnels élitaires, très Sciences po, mais qui font leurs armes au Syndicat général de l'Éducation nationale et à la CFTC, est largement révélateur, d'autant qu'ils sont présents au sein de la grande presse et de la presse régionale. Au Maroc où un des animateurs est Jean Védrine, père du futur ministre des Affaires étrangères, bien des liens existent non seulement avec l'Administration, mais recoupent des itinéraires diplomatiques et des placements dans les organismes économiques. Car il existe aussi une prédisposition du grand capitalisme à passer à la décolonisation dirigée.

S'il entretient sa part de l'ombre des réseaux de collaboration ultras, le gaullisme n'est pas univoque, sans parler des passages comme ceux de Pierre Messmer ou de Georges Gorse de la SFIO, à la disponibilité pour le service du général. Il existe une orientation gaulliste néocoloniale qui consiste à préserver les plus grands intérêts, ceux des sociétés multinationales françaises, du capital financier français et liés aux intérêts de présence internationale du capitalisme d'État français. Les intérêts miniers n'appartiennent pas tous encore au passé ; il y a encore les phosphates et plus encore les compagnies portuaires, de grands travaux et de transports ; et la prospection pétrolière est à reprendre. Deux exemples très parlants ; Georges Pompidou est un dirigeant de la Banque de Paris et des Pays-Bas, or Paribas est le maître le plus assuré du Maroc, tant comme partenaire le plus important de la Banque d'État du Maroc qu'en dominant le groupe holding de l'Omnium nord-africain. Pierre Moussa, qui a été dans sa jeunesse secrétaire du Comité central des industriels au Maroc, rêvant de l'Eurafrique avec l'économiste R. Hoffher et le contrôleur Roger Moris qui se retrouvera à l'entrevue de Melun en 1960, fait aussi carrière à Paribas. Il donnera même une version tiers-mondiste de cette reconversion de l'Empire français dans un livre au titre mussolinien : *Les Nations prolétaires*. En outre, les intérêts pétroliers sont partagés entre sociétés privées et intervention publique. Le gaullisme, en plaçant ses hommes, veille au secteur capitaliste public. Certes l'heure est encore au pétrole et au gaz d'Aquitaine, mais les gisements saha-riens sont prometteurs.

Cette volonté de relance réformatrice économique se double de raisons sociales. Face à la paupérisation qui fait basculer la population rurale vers les villes et lance la croissance de l'émigration, elle s'est donné pour plan un projet de crédit agraire et de création sélective de noyaux industriels. Ce pro-gramme réutilise les travaux des technocrates de Vichy pour un projet décennal élaboré en 1942. Les propositions sont reprises pour l'Algérie dans les perspectives décennales du rapport Maspétiol qui est une adaptation faite en 1953 ; elles seront ramassées sur cinq années dans le plan de Constantine énoncé par de Gaulle en 1958. La décolonisation relève à la fois de la conti-nuité capitaliste et d'une reconversion politique et diplomatique. Certains sont prêts ; sinon on ne comprendrait pas ni la future politique gaullienne ni le concours prêté par Antoine Pinay à la sortie de crise au Maroc, en guettant l'approbation de l'homme de Colombey. Pour ces hommes d'État et du capital, il faut devancer les risques de la violence ouverte et déjà contrer la voie insurrectionnelle armée que ses adversaires et ses partisans disent révolutionnaire.

Lutte de libération et non pas décolonisation : l'Armée de libération du Maghreb

Du Proche-Orient au Maghreb, ce qui appartient aux années 1947-1948, c'est l'idée de libération nationale par la préparation de la lutte armée, le passage à l'acte de la lutte d'indépendance. Pour inverser peut-être des penchants et des choix anciens, dans le monde arabe et musulman, une sensibilité populaire répond, au Maghreb, à l'exaltation de la Résistance nationale contre le fascisme en Grèce, en Italie, en France et à la reprise de la lutte anticoloniale en Indochine, en Extrême-Orient et en Indonésie. Les modèles d'organisation et les formules sont là, ceux de fronts et d'armées de Libération nationale. La préparation est clandestine dans une organisa-tion cloisonnée sur le schéma du triangle, en préservant les caches, en utilisant les faux papiers et les noms de combat, en cherchant l'information par des entrées à l'intérieur des organes d'État par des connaissances et des parents. L'activisme met en place des réseaux de l'ombre faits de quel-ques noyaux, fragiles, intermittents mais recommencés. De là, la répétition des lieux (régions et quartiers), des familles, et les liens de camaraderie depuis l'enfance et l'école, la médersa ou le collège, les étapes migratoires et de travail, et aussi les séjours en prison. Les minorités culturelles sont très présentes, avec des pratiques d'entre-soi. Mais que l'on ne s'y trompe pas ; à l'époque, la lutte se fait sous le signe de l'arabisme. Pour le Maroc et l'Algérie, cela nous donnera le paradoxe berbère. Les régions de base et d'implantation se situent dans les régions montagnardes d'émigration et donc aussi dans les quartiers urbains d'immigration venant du Sous, du Rif, du Moyen-Atlas, de Kabylie, du Mzab, de l'Aurès. Pour la Tunisie les gens du sud de Gafsa à Gabès et aux îles forment les classes populaires de Tunis à côté des segments de bourgeoisie des cités provinciales qui forment la périphérie de la bourgeoisie citadine tunisoise.

C'est sous l'égide de la Ligue arabe que se tient au Caire le Congrès du Maghreb arabe du 15 au 22 février 1947. L'idée d'une Armée de libération du Maghreb est prévue sur le papier ; la coordination est en principe confiée au Bureau de liaison et d'information du Maghreb et de Palestine. En effet, la Ligue arabe réunit des États reconnus et ce sont leurs représentants qui interviennent ; ce bureau a donc en charge les régions qui n'ont pas d'État indépendant ; ce sont les mouvements nationaux qui sont censés être représentés par les partis. L'attention première va à la question palestinienne plus qu'à l'Afrique du Nord que l'arabisme d'Orient situe à la marge. Un double établissement du bureau est prévu à Damas et au Caire ; en fait, tout se passe dans la capitale égyptienne sous l'œil des services secrets égyptiens et sous le contrôle sinon l'initiative des autorités de ce pays, surtout après 1952. Huit jeunes militants maghrébins sont envoyés en stage en 1948 à l'Académie royale militaire de Bagdad ; c'est le noyau initial de cette Armée de libération du Maghreb. Cependant le Bureau du Maghreb est plus formel qu'actif.

En réalité, l'impulsion et la concertation émanent plus vivement d'Abd el-Krim. À noter qu'aucun des partis nationalistes qui constituent donc le Bureau du Maghreb n'a jamais demandé la libération du nationaliste marocain ; échappé en 1947 de la Réunion où il avait été déporté, il s'est réfugié au Caire sans leur appui. C'est lui qui relance le projet d'Armée de libération du Maghreb et guide les jeunes activistes qui sont les envoyés en mission chargés d'établir les noyaux armés d'entraînement et les réseaux fort ténus de petits groupes de partisans maquisards en montagne et de cellules clandestines dans les quartiers des villes migratoires. Les points d'implantation sont près de Tétouan, sous le bon vouloir et la surveillance des autorités espagnoles, à Nador et à Oudjda, afin de faciliter le passage vers l'Algérie et d'établir des liaisons avec les résistants de l'Atlas. Ces bases seront aussi celles de l'Armée de libération algérienne. Mais cette mise en place s'effectue très lentement ; elle devient chichement opératoire en 1953 pour être principalement active en 1955-1956.

Au Caire, les demandes ou les perspectives des partis du Maghreb s'annulent facilement entre elles, sans compter le jeu des responsables égyptiens. La représentation marocaine est partagée entre quatre partis, deux pour la zone nord, deux pour la zone sud, ce qui veut dire des partis rivaux portés par les familles bourgeoises de Tétouan et de Tanger en second, de Fès principalement et de Salé-Rabat en mineur. Le souci de placement dans l'État à venir l'emporte sur l'activisme, s'il ne le contredit. Les mouvements nationaux, tunisien et algérien, se présentent déjà comme des partis uniques. Si la représentation néodestourienne peut effacer l'ancien Destour, elle est emportée par la marche à l'étoile de la prééminence d'Habib Bourguiba ; quand celui-ci se réfugie au Caire, c'est peut-être aussi pour retrouver l'oreille du représentant des États-Unis Doolittle qui l'avait protégé à Tunis alors qu'il y était consul. Habib Bourguiba est tenu pour pro-occidental quand le secrétaire général du Néo-Destour, qui a bien plus la maîtrise de l'organisation, est Salah Ben Youssef, qui passe donc pour le porteur de l'arabisme. Les options sont des coups de force internes et des recherches de renforts, y compris au sein de la toute nouvelle Union générale des travailleurs tunisiens (UGTT).

La représentation algérienne est celle unique du Mouvement pour le triomphe des libertés démocratiques (MTLD), qui n'est en fait que la reconstitution du Parti populaire algérien (PPA), mais c'est le mouvement messaliste qui est divisé, partagé entre divers courants, notamment derrière Lamine Debaghine, et les tout jeunes délégués qui sont dits permanents mais ne le sont guère, car la délégation fait le choix d'une présence au Caire plus ou moins continue. Mohamed Khider et Hocine Aït Ahmed, qui deviennent beaux-frères, y résident en 1951 ; Ahmed Ben Bella est présent en 1953 où il commence en quelque sorte son arabisation. Comme en dehors des déclarations d'unanimisme, le bureau ne peut être le centre d'initiative, c'est l'action parallèle qui conduit à la voie armée insurrectionnelle.

À partir de l'été 1953, Ahmed Ben Bella se transporte en Libye et couvre tant bien que mal l'Est maghrébin tuniso-algérien ; les armes transitent par le sud saharien en vue du soulèvement des fellagha. L'insurrection, qui se réclame de l'arabisme de la libération armée pour les partisans de Salah Ben Youssef, s'oppose ainsi aux négociations d'autonomie puis d'interdépendance conduites par Habib Bourguiba. En 1954, celle-ci se transforme en soulèvement autonome contre la France ; les fellagha, au nombre de quatre mille environ, sont largement soutenus à l'intérieur du pays, du sud au cap Bon. Plus vivement, Mohammed Boudiaf pousse les préparatifs depuis Madrid et exécute des tournées en zone nord du Maroc où sont constitués les dépôts d'armes (Nador) et des centres d'entraînement (près de Tétouan), en liaison avec les passages et les caches par Oudjda et les bases militaires de Khémisset et Kénitra, où sont établis les déserteurs de l'armée française.

Ces clandestins ignorent qu'ils constituent l'Armée de libération du Maghreb, ce qui signifie aussi bien l'ensemble de l'Afrique du Nord que le seul Maroc ; mais c'est sous cet emblème que les décisions sont prises et les ordres et communiqués rédigés. Il s'agit bien de la préparation d'une insurrection armée, après le massacre du 10 décembre 1952 à la Bourse du travail de Casablanca, puis la destitution du sultan en août 1953. Le renforcement de groupes secrets marocains (Main noire, puis Croissant noir) soutient une action de résistance par attentats et attaques surprises. Un plan d'action envisagé dès 1952 est confirmé lors d'une rencontre à Madrid. À la suite d'une tournée de Mohammed Boudiaf, la coordination des réseaux et des premiers maquis est renforcée début octobre 1953. S'il n'y avait pas cette préparation par l'Armée de libération dont il ne faut pas toutefois sur-faire la continuité et la densité, on ne pourrait comprendre que la décision du Comité révolutionnaire pour l'unité et l'action (CRUA) en mars 1954 de passer à l'acte en Algérie précède l'échec français de Diên Biên Phu en mai, qui accélère certes la mise en mouvement. Celle-ci n'en appartient pas moins à une fuite en avant insurrectionnelle dans la crise du MTLD.

Pour garantir les passages d'armes et de réfugiés en zone nord, Abdel-kébir el-Fassi, l'homme de confiance et d'organisation de l'Istiqlal, passe un accord avec le général Valino, haut-commissaire espagnol, qui en contre-partie demande à être tenu au courant des préparatifs d'insurrection. Mohammed Boudiaf revient à plusieurs reprises resserrer la coordination (août 1954, puis fin 1954 et début 1955). En partie, cette armée est algé-rienne et constitue la réserve et la relève de l'insurrection du 1er novembre 1954, principalement avec les camps d'entraînement d'anciens militaires de l'armée française sous le commandement de Nadir Bouzar, lui-même ancien capitaine. Quand les armes sont débarquées et réparties à partir de Nador, elles sont partagées entre les groupes algériens et marocains, et des-tinées aux maquisards algériens et aux maquis du Rif et du Moyen-Atlas. L'action de groupes marocains est répétée depuis août 1953 (Oudjda), et prolongée par les attentats principalement à Casablanca ; Mohammed Zerk-touni meurt le 18 juin 1954. La répression s'intensifie au Maroc, puis après coup, en Algérie.

En 1955, pour des bases marocaines de maquis en montagne et jusqu'au Sahara et des groupes partisans clandestins en ville, et pour une Armée de libération algérienne en difficulté de liaison entre les villes littorales et les maquis de l'intérieur, l'Armée de libération du Maghreb n'est plus que for-melle. Des préparatifs insurrectionnels sont cependant relancés au Moyen-Atlas et au Tadla, et plus intensément dans l'Est algérien après la mort de Mourad Didouche ; au printemps de 1955, l'isolement grandit aux limites de la cassure. C'est pour conjurer cette menace qu'est envisagée, lors du passage de Mohammed Boudiaf au Maroc, une offensive commune. Les partisans marocains proposaient le 18 juin 1955, date anniversaire de la mort de Mohammed Zerktouni, jugée trop tôt. Lors d'une réunion à cinq à Madrid (Abdelkebir el-Fassi, Abdelkrim Khatib et Abderrahman Youssoufi côté marocain, et Ahmed Ben Bella et Mohammed Boudiaf, côté algérien), l'accord se porte sur une autre date anniversaire pour lui donner une signi-fication maghrébine, celle du deuxième anniversaire de la destitution du sultan. Le 20 août 1955, l'action de Zighout Youssef peut apparaître isolée dans le Constantinois ; elle marque effectivement le passage de relais des coups montés en ville et d'une action clandestine citadine, à une lutte inté-rieure et rurale ou plutôt montagnarde, mais elle signale aussi la fin de l'Armée de libération du Maghreb.

Deux tentatives insurrectionnelles marocaines auront lieu en octobre 1955 tant dans le Rif que dans le Moyen-Atlas. Les attaques seront relancées en janvier et février 1956. Mais à cette date, les négociations engagées ou acceptées par les nationalistes s'accélèrent pour aboutir au traité du 16 mars 1956. Par la proclamation du roi, la lutte de Libération nationale est déclarée close. Certes les armes ne sont pas rendues et des attentats et règlements de comptes continuent. Les anciens résistants sont appelés à s'intégrer aux Forces armées royales, ce qui leur vaudra bien plus tard, s'ils les demandent, leur carte d'ancien combattant et leur pension. L'armée royale est en fait composée pour l'essentiel des anciens régiments marocains de l'armée française, sous le commandement du prince héritier Hassan. En ce sens les deux armées de libération marocaines, celle du Rif et celle du Sud, écrasées en 1958 par l'armée royale sous les ordres du prince, sont bien les héritières de l'Armée de libération du Maghreb. L'activisme clandestin de préparation de l'insurrection armée aura ses continuités ou plutôt ses répétitions jusqu'en 1973, contre le régime d'Hassan II.

L'activisme de libération nationale qui prend les armes se veut révolutionnaire par opposition au réformisme par marche graduelle des leaders et notables de partis. Certes la doctrine est courte pour cette pensée unique de la libération nationale. Elle se superpose, quelquefois fait appel, et souvent s'identifie à l'eschatologie religieuse qui attend le retour de la justice ; la morale plébéienne emprunte à la piété religieuse. Comme dans toute guerre et devant la mort, les invocations sont celles des gestes et des formules coraniques. La phénoménologie anthropologique coloniale et sa version sensitive postcoloniale ne voient que la permanence du religieux ou le retour du refoulé. Cet activisme n'en est pas moins un populisme d'émancipation ; libération nationale veut dire soulèvement d'un peuple opprimé, et peuple a son sens social qui exprime la violence subie de la misère et de l'exploitation. La perspective d'indépendance est aussi espérance de justice sociale ; c'est ce qui se résume dans le mot de Révolution. Les perdants ont aussi une histoire. La lutte nationale algérienne de libération s'est retrouvée seule en résistance armée sur la voie de l'indépendance.

La décolonisation négociée pour la Tunisie et le Maroc

• **En Tunisie**, c'est fort du succès des négociations de Genève qui mettent fin à la guerre d'Indochine en recouvrant le traumatisme de Diên Biên Phu, que Pierre Mendès France prend l'initiative de tourner le blocage colonial. Il ressaisit la proposition euphémisante d'Habib Bourguiba d'autonomie interne, par le fameux discours de Carthage de la fin juillet 1954 : « Nous sommes prêts à transférer à des personnes et à des institutions tunisiennes l'exercice interne de la souveraineté. » Le Rassemblement français tente une dernière campagne de protestation. Sous « la pression du pays réel » et celle du conflit au sein du Néo-Destour, Habib Bourguiba est obligé de renouveler les formules pour ne pas dire indépendance ; l'autonomie interne n'est qu'une étape « dans la voie qui mène à la restauration complète de la souveraineté de la Tunisie ». Les négociations sont serrées pour reculer la reconnaissance de l'indépendance en inventant des étapes. Profitant des avancées, Bourguiba fait un retour triomphal de Paris dans les rues de Tunis, le 1er juin 1955 ; la mise en scène du cavalier remontant l'avenue de France et la ferveur patriotique des foules qui entendent mêler toutes les classes portent l'identification au guide de la nation. Le *Zaïm* l'emporte sur la rébellion yousséfiste. Les conventions signées le 3 juin 1955 abolissent la convention de La Marsa de 1883 qui établissait le protectorat, mais elles laissent subsister la souveraineté française fixée par le traité du Bardo de 1881. Les juristes s'en donnent à cœur joie ; ils en sont à la cosouveraineté dans le respect mutuel et la coopération librement consentie. Les décrets beylicaux organisent en effet une autonomie interne complète ; dans ce pays où les enfants de la bourgeoisie et les hommes politiques pratiquent le bilinguisme, l'arabe est proclamé langue nationale et officielle, mais le français n'est pas considéré comme langue étrangère. Le haut-commissaire, et non plus le résident général, est chargé de protéger les intérêts des ressortissants français.

Comme après les élections de janvier 1956 en France, les négociations mettant fin au protectorat au Maroc avancent plus rapidement et reconnaissent l'indépendance en février 1956 avant même la signature des accords, il n'est plus guère possible de faire moins pour la Tunisie ; l'astuce ou le tour de passe-passe est cependant trouvé, en proclamant (protocole du 20 mars 1956) : « indépendance dans l'interdépendance librement consentie ». En fait, de 1956 à 1958, les négociations se prolongent afin de définir les conventions de coopération. Si la voie négociée est tortueuse et faite de notions controuvées, c'est qu'elle a fort à faire pour dénouer le lien de domination politique que sont la colonisation et l'attachement des intérêts coloniaux à l'Afrique du Nord. Nous sommes loin du choix populiste insurrectionnel qui parle révolution et fait peur socialement. Ce qui est possible avec les interlocuteurs « valables » du Néo-Destour ne l'est pas avec le mouvement insurrectionnel plébéien algérien.

• **Au Maroc**, le renversement de politique française ne peut être que plus spectaculaire, car celle-ci était allée à des extrémités ultra-coloniales, mais la connivence est plus largement acquise. Le gouvernement Mendès France avait laissé cette révision en suspens. Son successeur, Edgar Faure, n'ignore pas les ressorts de la question marocaine ; dans la revue qu'elle dirige, *La Nef*, sa femme, Lucie Faure, a publié au début de 1954 un numéro approfondi sur la crise des protectorats. Comme pour les accords tunisiens, Edgar Faure se livre à la prestidigitation, mais les choses pressent face aux troubles violents, ce que l'on appelle terrorisme et contre-terrorisme, sans compter les revirements dans le camp du Glaoui pour finir par le sien propre. L'opération dite d'ouverture ou de dégel commence mal avec des manifestations tonitruantes de protestation des milieux colonialistes contre le nouveau résident général Gilbert Granval, accusé de libéralisme et de gaullisme, d'être un bradeur d'Empire et un homme de gauche. Il propose en effet de tenir table ronde avec toutes les parties dont les nationalistes ; ce qui se passera à Aix-les-Bains en août 1955. Concession d'apparence, Edgar Faure trouve un bel homme de bonne droite, le général Pierre Boyer de Latour du Moulin, pour remplacer Gilbert Granval chargé de tous les péchés. Guy Mollet croira que c'est de bonne méthode en février 1956 à Alger, mais sans prévoir la suite. La tension est forte et se cristallise sur le retour du sultan. En son aveuglement, la réaction coloniale a livré la clé pour prévenir le pire et permettre le salut qui passe en premier, des intérêts que l'on dit français. Antoine Pinay qui est tout exprès ministre des Affaires étrangères, sans manger son chapeau, se rend en septembre 1955 à Madagascar, à Antsirabé, auprès du sultan en exil ; c'est le reconnaître comme le véritable souverain. Mohammed Ben Youssef donne son aval pour la constitution d'un gouvernement marocain chargé de négocier des accords qui conduisent « notre pays au statut d'État moderne, libre et souverain, uni à la France par des liens permanents d'interdépendance librement consentis ».

Le retrait de Ben Arafa n'arrête pas la mobilisation de la résistance armée qui réclame le retour du sultan, refuse un Conseil de régence, et défie les dirigeants de l'Istiqlal qui négocient par table ronde. Mohammed Ben Youssef est ramené d'exil avec précipitation afin de parapher la déclaration de La Celle-Saint-Cloud le 5 novembre 1955 qui charge le gouvernement marocain de transition de conduire avec la France des « négociations destinées à faire accéder le Maroc au statut d'État indépendant uni à la France par des liens d'une interdépendance librement consentie et définie ». À son retour triomphal à Rabat, l'ancien sultan est acclamé comme roi. Il forme un gouvernement de vingt et un membres dont neuf ministres venant de l'Istiqlal. S'appuyant en partie sur cette formation et fort du mouvement populaire, il peut imposer que la reconnaissance de l'indépendance précède les négociations des accords d'interdépendance par la déclaration du 2 mars 1956, parallèlement donc aux accords avec la Tunisie. Le même gouvernement français de Front républicain fait approuver l'usage des pouvoirs spéciaux en Algérie par un vote du 12 mars, communistes compris. Décidément, la lutte algérienne de libération est sur une autre voie ; il faudra six années, presque jour pour jour, pour arriver aux accords d'Évian qui annoncent l'indépendance de l'Algérie.

La différence de classes : populisme activiste et nationalisme de bourgeoisie patrimoniale

La différence entre la décolonisation formelle tortueusement acquise par la négociation pour le Maroc et la Tunisie, et la sacrificielle guerre d'indépendance algérienne tient certes à l'importance plus ancienne et plus nombreuse de la société coloniale, et à ses attachements réels et fantasmatiques à l'Algérie française, pour avoir majoritairement mais tout historiquement, tourné le dos à l'Algérie algérienne. Dans le trouble de la guerre, la passion de propriété nationale française de la terre sacralisée de l'Algérie pour ceux même qui n'ont pas de terres, gagne à gauche. La discrimination du racisme colonial avoue de plus en plus qu'elle est fondée sur la différence d'origine par le sang puisqu'elle dit souche, en distinguant les Français de souche nord-africaine et les Français de souche que sont les « apatriés » de l'immigration coloniale. Il ne reste que des militants chrétiens-sociaux et progressistes laïcs, et des communistes témoins, pour être fidèles à l'espérance de l'Algérie algérienne. Celle-ci n'a fait que se réduire depuis 1936 et 1945, dans le mouvement national même, parmi les dirigeants comme parmi les militants, y compris dans le syndicalisme. Comme la colonisation l'a voulu, le communautarisme musulman est demeuré.

Mais la différence entre les décolonisations marocaine et tunisienne et la guerre d'Algérie est aussi sociale, et donc dans la nature sociale du mouvement national, de classes donc, ce qui ne veut pas dire que les classes sociales soient explicitement constituées. Tout au contraire, c'est le déclassement qui l'emporte. Par-delà d'anciennes grandes familles redistribuées par les pouvoirs coloniaux et sauf élévation de faveurs et de parvenus, des familles de la bourgeoisie sont disqualifiées, de toute façon économiquement subordonnées aux intérêts du commerce colonial. Plus massivement, des petites bourgeoisies citadines en difficulté sont en mal de promotion par l'école, les professions libérales et les fonctions d'État. La colonisation a généralisé, à vitesse inégale, la déperdition du monde rural et montagnard, celle interne des « paysans dépaysannés » (Bourdieu-Sayad), et celle qui porte les migrations de subsistance et de travail. C'est pourquoi le mouvement national algérien peut être plus valablement qualifié de plébéien. À divers degrés, les bourgeoisies savent bien que le nationalisme et l'indépendance nationale sont le moyen de répondre au déclassement économique par le reclassement politique, c'est à-dire par l'État et dans l'État. Pour le populisme plébéien et du déclassement de masse, la libération nationale doit contenir une révolution sociale, du moins répondre à l'espérance de justice sociale égalitaire. Au sein du mouvement de libération au Maroc et en Tunisie, la différenciation sociale est particulièrement nette entre les directions des partis nationalistes et les porteurs de l'activisme insurrectionnel de la voie révolutionnaire.

• **Au Maroc**, des recherches récentes permettent de comparer les raisons sociales des dirigeants nationalistes et des cadres activistes. Les dirigeants de l'Istiqlal et du Parti démocratique de l'indépendance apparaissent comme des notables de bonne famille qui s'éloignent de leur jeunesse étudiante : les deux tiers sont passés par l'enseignement supérieur et plus de 80 % ont suivi des études secondaires ; c'est dire leur antériorité de « capital familial », à l'exception d'un Mehdi Ben Barka toujours cité. En revanche, plus du tiers des dirigeants activistes dont le passé est connu n'ont pas été au-delà de l'école coranique ; si un quart d'entre eux ont suivi des études secondaires, c'est pour une part dans les établissements islamiques, d'enseignement traditionaliste (médersas). On dénombre un petit nombre d'étudiants en rupture d'études supérieures ; c'est que les activistes sont majoritairement jeunes ; près des deux tiers ont moins de trente ans. Dans les partis, c'est l'inverse, sans être très âgés, les trois quarts des dirigeants ont plus de trente ans. La différence sociale se trouve encore plus fortement exprimée par l'opposition entre appartenance familiale de notabilité citadine et migrations par les chantiers pour aboutir à Casablanca. Les dirigeants des partis nationalistes croisent un petit nombre de familles des cités palatiales et maghzéniennes, où les familles bourgeoises et de propriétaires fonciers se prennent pour une aristocratie. À plus de 90 %, ces dirigeants sont originaires des cinq villes sultaniennes : Marrakech, Meknès, Rabat-Salé et plus encore de Fès (pour 40 %). Moins de 3 % ont des origines rurales ; aucun n'est originaire de Casablanca.

Pour les jeunes activistes, c'est le contraire : les trois quarts sont de Casablanca à l'heure de leur engagement, mais plus de 60 % sont issus de milieux ruraux ; cinq responsables seulement, c'est l'exception, sont censés appartenir à des familles aisées. Plus du tiers de ces cadres de la résistance armée sont de petits commerçants et plus encore (plus de 37 %) sont des manuels, en regroupant à part égale des artisans et des ouvriers. Intellectuels et lettrés des partis nationalistes passent pour des élites non sans susciter la défiance anti-intellectualiste et antibourgeoise qui sera si vive et si mortelle dans les maquis algériens. Au point de départ, nous retrouvons les régions montagnardes, à l'arrivée les quartiers nord de Casablanca après passage par les chantiers et le syndicalisme de la CGT ; ainsi cette réserve importante que constitue le Tadla, région d'agitation communiste, le Rif, le Moyen-Atlas, bref les régions montagnardes et les oasis qui donnent des migrants, les travailleurs des mines et des chantiers, les réseaux commerçants et ouvriers en ville. La résistance à Casablanca est l'affaire des commerçants du Sous. Deux conditions donnent des intermédiaires entre cadres ou groupes activistes, et bases et encadrement des partis : les commerçants, en effet, et aussi les médersiens qui relèvent de la promotion par l'école et bien souvent par l'internat.

En relevant du déclassement et de la volonté de reclassement, l'activisme populiste est volontarisme social et radicalisme de l'immédiateté politique, sinon de l'action directe parce qu'il est sociologiquement populaire. Nous retrouvons le paradoxe berbère des régions, et le fait minoritaire. Ces lignes de force jouent plus vivement dans le choix insurrectionnel algérien et dans la relève des combattants, remontant du militantisme de la migration urbaine aux sources de tout jeunes maquisards en rupture d'école mais non pas de moralisme religieux plébéien, sans parler ici de la petite intelligentsia de l'encadrement aux frontières dont l'école est militaire.

• **En Tunisie**, la présence minoritaire est différente et apparemment faible, encore qu'il y ait à creuser du côté de la participation de l'intelligentsia et du commerce ibadite, l'accueil des étudiants venant du Mzab et leur passage à la Zitouna de Tunis et dans les associations et groupes formateurs dès avant et après 1914. On pourrait même parler d'antériorité des Djerbiens dans cette contribution politique et syndicale. Mais alors il faudrait ajouter la part prise par les Kerkéniens dans le mouvement syndical, et par les migrants montant de Gabès et des bourgs oasiens. La première migration est souvent, au sud, celle du travail dans les mines qui attirait aussi les migrants des oasis algériennes et marocaines pour l'emploi dans les mines et pour le commerce. Du temps de l'Afrique du Nord française, les frontières n'existaient pas, du moins se traversaient sans cesse, avant les bouclages dus à la guerre d'Algérie et le contrôle des États nationaux. Des Figuiguiens et des Rifains sont installés dans la région minière après avoir suivi la construction de la ligne de chemin de fer des phosphates ; le Bône-Guelma conduisait à Gafsa et à Sfax ; les idées et les exemples de militantisme circulaient. Traversant ces réseaux communautaires, la CGT devenait la seule organisation supra-ethnique ; on rencontre de l'anarcho-syndicalisme dans la distance ouvrière du sud par rapport au parti nationaliste et particulièrement au Néo-Destour, et parfois en son sein. Mais les récidives d'insoumission du Sud tunisien, la mobilisation dans l'action de masse, son fellaghisme reposent sur des disponibilités plus larges.

On a trop tendance à chercher l'explication dans des divergences religieuses, des logiques confrériques et les attentes qui transporteraient le mahdisme vers le Grand Soir de la révolution nationale. C'est oublier que le Sud migratoire et syndicaliste est présent à Tunis qui est la Tunisie, dans les liens de la chaîne familiale entre les oasis et les quartiers d'intégration de l'immigration. La bourgeoise citadine en son endogamie d'héritage beylical ou ses alliances matrimoniales avantageuses aussi bien pour les familles ottomanes que semi-turques, que juives ou par ordre d'ancienneté, ordonne l'ethnicisation de la ville qui vaut bien l'ethnicisation du centre colonial et des quartiers siciliens ou maltais. Non seulement les prolétaires et les sous-prolétaires qui restent des étrangers de la ville, ces *berrani* ou ces mélangés des bas quartiers, mais les antennes de toutes les villes provinciales se logent à Tunis. En Tunisie, alors que Tunis-Carthage-La Marsa (TGM par La Goulette) mange la Tunisie, le centralisme est capital et extrême et extrêmement susceptible, parce qu'il est le fruit de ce partage de la capitale et de la centralisation politique dans la formation et le succès du mouvement néodestourien comme dans son incarnation par le Combattant suprême autoproclamé. Chaque segment de bourgeoise a sa part à Tunis ou dans l'assise partagée entre les unions commerciales, les mutuelles et la centrale nationale que fut l'UGTT. Aussi peut-on distinguer la bourgeoisie de l'olivier, celle de Sfax, Sousse et du Sahel (Monastir) pour mieux se complaire ensuite dans la confusion des classes moyennes. Elles concourent en effet au jacobinisme néodestourien qui prendra le nom de socialisme destourien, après l'indépendance de l'Algérie.

Ces bourgeoisies de moindres familles locales ont eu la chance de la scolarisation bilingue ; les internats et l'hébergement dans la parenté conduisent au collège Sadiki près de la casbah de Tunis ou au lycée Carnot, qui n'est pas loin de la place de France. Plus encore, l'école permet l'accès aux professions libérales, moins par la faculté de médecine, plus favorable aux héritiers de bonne famille qui demeurent plus vieux Destour sinon SFIO française, que par la faculté de droit qui forme des avocats, des notables politiques. Il y a un paradoxe tunisien, provincial et tunisois : alors que la fonction publique reste subalterne pour les Tunisiens discriminés, ces candidats politiques nationalistes favorisent le combat pour la fonction publique tunisienne. Ils entraînent les manifestations contre le parrain de la prépondérance coloniale, le patron des fonctionnaires français Antoine Colonna, jusqu'à la fin. Par cette promotion d'intelligentsia civile, qui offre des interlocuteurs qui paraissent leur ressembler, aux partis politiques et hommes de gouvernement en France, le mouvement national en Tunisie et son parti et son leader monopolisateur pouvaient répondre à la décolonisation négociée.

On comprend qu'en Tunisie, par la beauté de l'exemple qui tient aussi au modèle réduit de Tunis qui est un microcosme, l'indépendance soit souverainement un placement dans l'État. La raison sociale renvoie à sa perte d'abord, puis à la périphérie ou à la marge, la voie populiste d'agitation et de mobilisation avant que les islamistes ne la récupèrent, après usure du nationalisme républicain. Si la lutte de libération nationale algérienne se poursuit dans sa singularité après 1956, c'est qu'aux raisons de classe et de reclassement qui ont permis, par à-coups, la décolonisation de souveraineté politique au Maroc et en Tunisie, s'ajoute l'aveuglement du nationalisme français qui ne se voit plus comme un grand nationalisme que par la propriété de l'Algérie. Sur la carte de France des écoles par Vidal de La Blache, qui remonte déjà la Corse au creux de l'Hexagone, il fallait en outre incorporer l'Algérie jusqu'à dans ses dimensions sahariennes. Il a fallu toutes ces années de crimes de guerre pour que la nationalité algérienne soit arrachée au nationalisme français. La durée de la guerre d'Indépendance, l'expédition de Suez, le retournement du 13 mai, la marche à reculons du général de Gaulle relèvent principalement de ce nœud qui appartient à l'idéologie nationale française.

Suez et la fin du Maghreb des peuples

Contrairement à ce qui est souvent dit, la campagne en France et les élections dites de Front républicain du 2 janvier 1956 ne portent pas essentiellement sur l'Algérie. Pour tenter le front uni avec les socialistes, vainement, le Parti communiste met en retrait le mot d'ordre d'indépendance de l'Algérie, toujours conçue dans la fraternité des races et l'union avec la France ; c'est ensuite qu'il passera à l'idée de fait national algérien. En effet, il ne veut pas heurter de front la formule socialiste d'esquive qui s'en tient à parler de « personnalité algérienne ». Or précisément cette notion flottante a pour fonction de ne pas reconnaître une nationalité algérienne ; ce serait porter atteinte à la mythologie républicaine selon laquelle que l'Algérie fait partie de la France. Le Front républicain est une tentative de troisième force par des alliances politiques centristes ; les questions fiscales sont au centre de la campagne et font le succès de la poussée du mouvement poujadiste. Ce sont les poujadistes et les agités de l'extrême droite des facultés de droit avec Jean-Marie Le Pen qui font référence à l'Algérie française ; leur rôle est d'exploiter les tendances les plus traditionalistes et racistes des droites coloniale et militariste. C'est précisément devant le nationalisme colonial que cède Guy Mollet au 6 février d'Alger. Cependant les négociations sur le Maroc et sur la Tunisie sont conclues. Le projet de voyage de Guy Mollet à Moscou vaut l'approbation communiste des pouvoirs spéciaux pour l'Algérie, au titre de la distinction prononcée par Maurice Thorez entre la « partie », algérienne, et « le tout », de stratégie internationale soviétique.

C'est après que les choses s'aggravent par le maintien et le rappel du contingent, par le retour à l'atlantisme et à la politique coloniale de force du ministre résident socialiste Robert Lacoste. La machine de guerre fonctionne telle que les guerres coloniales et l'Indochine l'ont conditionnée, alliant le machisme raciste jusqu'à la torture à l'action qui se croit psychologique. L'armée est la pierre de touche de la nation, en douter relève de la trahison. La doctrine militaire et celle des stratèges de la diplomatie recyclent la vieille obsession du complot contre la France que porte la conjonction du communisme et de l'arabisme. Le panarabisme passe avant l'islam, car, à ce moment-là, il s'incarne dans Gamal Abdel Nasser. La gauche elle-même le dénonce comme un fascisme de coup d'État sinon la réincarnation d'Adolf Hitler. La fuite en avant de cette mobilisation nationaliste française, c'est de prétendre ou plutôt vouloir le faire croire, arrêter la guerre d'Algérie en frappant à la tête en Égypte, dont le raïs qui vient de nationaliser le canal de Suez. L'opinion française est traversée par les secousses de l'été 1956, des images sanglantes d'Algérie et l'écho du délire anti-arabe des villes coloniales, les crises du communisme soviétique et les déchaînements anticommunistes dans les rues de Paris, le chantage à la mise en péril de l'État d'Israël. Les intérêts de la Compagnie de Suez ne viennent pas en priorité et ont bien d'autres moyens de salut. Pour ne pas être en reste en démonstration nationaliste, un gouvernement socialiste en France se joint au gouvernement conservateur de Grande-Bretagne et au militarisme israélien qui s'empare du Sinaï, dans une expédition de politique de la canonnière et de guerre froide si anachronique que, en dépit de l'insurrection d'octobre 1956 réprimée par les troupes soviétiques à Budapest, les États-Unis et l'URSS arrêtent l'intervention militaire après six jours.

Déjà le 22 octobre, la capture en vol par l'aviation militaire française d'Algérie des chefs du FLN qui gagnaient Tunis dans un avion marocain, non seulement rend ridicules les contacts socialistes avec les nationalistes algériens, mais montre que les partisans d'une solution de force en Algérie, officiers, ministre résident et ministre de la Défense, peuvent agir en prenant de court le pouvoir civil et les responsables gouvernementaux. En matière de jusqu'au-boutisme de parade nationale, ceux qui ne pratiquent que la surenchère politicienne se font dépasser. Dans le triple concours patriotique de défense de la France en Algérie, l'armée des guerres coloniales perdues prend le dessus, en avant du tintamarre du peuplement colonial, et somme toute réduit autant dire à l'impuissance les velléités en sous-main de décolonisation par les gouvernements de la IVᵉ République.

Alors que le congrès de la Soummam en août semble traduire l'isolement de la lutte armée algérienne, la direction de la Résistance à Alger, Ramdane Abbane et plus encore Larbi Ben M'hidi tirent de la déroute de Suez l'idée que l'action militaire peut à Alger créer une situation à la Diên Biên Phu pour aboutir à un dénouement politique. La bataille d'Alger aura le résultat inverse ; l'armée française gagne la maîtrise de la guerre, des villes du moins dans un premier temps, et les chances de règlement par le pouvoir politique français deviennent nulles. Avant la bataille d'Alger, l'armée avait sa propre logique, distincte de l'appropriation et de la domination directe du colonat civil. Deux racismes sont repérables, celui de la virilité, et paternaliste à l'armée, celui colonial civil du mépris des indigènes, de l'Arabe qui s'écrit au singulier encore dans *L'Étranger* d'Albert Camus, mais Camus reconnaîtra leur humanité. La bataille d'Alger prépare la rencontre de ces modes de réflexes qui porteront les retrouvailles du Forum d'Alger en mai 1958, et inciteront le ralliement de militaires à l'OAS. Sans l'armée qui appartient à la métropole, la colonie n'a plus d'instrument d'existence. La durée de la guerre et la singularité donc de l'indépendance retardée sont aussi là.

L'attentat au bazooka en janvier 1957 montre qu'une partie de l'armée prend fait et cause pour la réaction coloniale qui conserve des doutes sur le général Raoul Salan entre autres. L'année 1957 sera terrible : traque dans les vieux quartiers, enlèvements, disparitions, internements dans les camps. L'acharnement s'exerce sur les nationalistes algériens fichés ou indistinctement sur des suspects imaginaires, sur des syndicalistes (Union générale des travailleurs algériens [UGTA] d'Idir Aïssat) et sur les communistes restants, pour mieux se persuader que cette action redoublée s'attaque à la subversion révolutionnaire. Pour se battre, l'armée doit se donner des raisons de se jeter dans la sale besogne jusqu'à prétendre que tous les moyens sont bons. Le corps militaire s'associe de plus en plus largement à la société coloniale en transfert de peur, sur l'exercice de la puissance militaire et sur les paras qui roulent les mécaniques, et pas seulement les mécaniques.

Cet écrasement du FLN en ville et le blocage de la Résistance intérieure reportent le FLN de l'extérieur vers l'action diplomatique. Ce recours international pèse sur la politique française et finit par l'immobiliser ; le nationalisme français se refuse à passer par l'ONU. Les gouvernements de Paris sont à la recherche d'une sorte de loi-cadre qui serait octroyée ; l'offre des bons offices des États-Unis est peut-être acceptable comme le soutiennent Bourguiba et le roi du Maroc. En son autonomisme de décision, mais non sans avoir des répondants d'une action de force, l'armée française d'Algérie intervient à nouveau. Au nom du vieux « droit de suite » des conquêtes coloniales, le bombardement de Sakiet-Sidi-Youssef en Tunisie (février 1958) coupe court aux dernières velléités du gouvernement de Félix Gaillard. Les gouvernements de la IVᵉ République ne peuvent accepter l'internationalisation de la question algérienne, d'autant qu'ils sont incapables de passer outre en assumant une politique de décolonisation qui soit aussi drapée dans le drapeau français que la colonisation ; ils sont prêts à passer la main. La scène est vide pour le 13 mai.

C'est aussi l'espérance du Maghreb qui est brisée. Une première conférence maghrébine, prévue en octobre 1956, est annulée en raison du coup de force militaire français qui conduit à l'arraisonnement de l'avion des représentants du FLN. Cette conférence devait réunir Mohammed V, qui s'est gardé de monter dans le même avion, comme s'il était le chef de l'État-*oumma*-parti du Maroc, Habib Bourguiba, chef de l'État-parti tunisien destourien, sans aucun doute, ainsi que les dirigeants du FLN. Pas de doute non plus, celui-ci se présentait comme le parti unique candidat à l'État algérien bien qu'il ne soit qu'en gestation dans une combinaison de clientèles encore restreintes et les premiers noyaux d'appareils établis aux frontières. Pour le Maroc, l'Istiqlal n'est que second comme pour annoncer que le véritable parti unique, c'est le Palais ; l'Istiqlal n'est qu'un parti de gouvernement, et il y en a d'autres, en attendant qu'il soit divisé et ne risque plus d'être le parti-nation incarnant le mouvement national. Sa division fera place à ce qu'on appelle le pluralisme des partis qui pour exister doivent demeurer dans la gravitation du Palais.

Dans l'élan afro-asiatique depuis Bandung et plus précisément dans le sillage de la conférence des États africains indépendants tenue à Accra et plus encore dans le mouvement fédératif pour l'arabisme de la République arabe unie, la conférence de Tanger à la fin avril 1958 est annoncée comme la conférence du Maghreb des peuples. Or elle se déroule alors que Bourguiba et le roi du Maroc s'associent aux bons offices, auxquels s'emploient les États-Unis ; le gouvernement français de Félix Gaillard attend des bons offices, mais refuse l'internationalisation de la question algérienne ; l'impasse vient de l'incapacité politique. Comme pour conjurer sa fin, le communiqué final de la conférence de Tanger proclame l'unité maghrébine et prévoit la création d'un gouvernement provisoire de la République algérienne, ce qui adviendra. La résolution propose aussi la formation d'une Assemblée consultative de trente membres comprenant dix représentants de chacune des assemblées nationales pour la Tunisie et le Maroc et pour l'Algérie du Conseil national de la révolution algérienne (CNRA), ce grand conseil, fort épisodique du FLN remodelé par les cooptations clientélistes. Une deuxième conférence maghrébine s'est tenue à Tunis moins de deux mois après, du 15 au 17 juin 1958. Son résultat est modeste jusqu'à l'inanition ; un secrétariat permanent est créé qui ne tiendra en tout et pour tout que deux réunions, en septembre à Tunis, en octobre 1958 à Rabat. Entre-temps, le 13 mai d'Alger a promu avec de Gaulle le retour d'exercice du nationalisme d'État français qui prétend être encore un grand nationalisme ; à l'Afrique du Nord française se substitue l'affirmation de chacun des nationalismes d'État tunisien et marocain, en attendant la proclamation et la constitution de l'État parti nationaliste d'État à outrance, non sans coups d'État, en Algérie.

L'avènement des nationalismes d'État

Dans l'histoire immédiate, le 13 mai est une grande parade de forfanterie nationale et coloniale qui ne peut se dispenser de l'appel à l'armée en Algérie et à de Gaulle comme grand opérateur. Explicitement, il s'agit d'une transformation du pouvoir politique qui rattrape l'impuissance parlementaire et partisane par un exécutif présidentiel. Il s'agit de pousser en avant, en France comme ailleurs, la centralisation des choix politiques, fussent-ils de transnationalisation européenne et de mondialisation des pôles de décision. Ce rattrapage de capacité politique s'efforce de remédier aux effets d'entrave d'un régime parlementaire qui était adéquat à une société bourgeoise d'évolution lente par la pesanteur des classes de petite bourgeoisie et de bourgeoisie familiale et patrimoniale, et par l'importance du monde rural. Cette petite bourgeoisie et la paysannerie qui fournit l'armée étaient attachées à la propriété patriotique coloniale. La déperdition s'accélère, et la paysannerie touche à sa fin ; l'urbanisation enfin s'accomplit dans la précipitation des HLM et la dilatation de la construction qui déborde de partout les villes restées bourgeoisement provinciales. C'est la réalisation à retardement qui est proprement française, et non pas son inscription dans la phase des années de croissance de la production et plus encore de la consommation, qui s'élèvent dans le monde capitaliste des années 1954-1956 à 1973. Mais c'est en France qu'on parle des Trente Glorieuses qui ne sont pas trente, pour les temps sans gloire de la guerre d'Algérie.

Cette expansion économique et cette avancée des villes et des banlieues s'effectuent avec une main-d'œuvre algérienne issue des hôtels garnis, des meublés des vieux quartiers et des bidonvilles édifiés sur les terrains vagues, avant d'entrer dans le logement neuf en renouvelant, par la base, les classes ouvrière ou manutentionnaire dans les services mêmes. C'est cela l'intégration sociale ; il n'y aura autant dire pas de retour à l'indépendance. En Algérie française, ces indigènes ne sont que des Français musulmans tenus sous la double barrière, en fait unique, de la différence d'origine et du statut musulman. En métropole, le discours national et la langue courante qui ethnicisent et racialisent ne peuvent reconnaître qu'ils sont français, ce qu'ils sont juridiquement et électoralement. Il est encore plus difficile de les appeler Algériens, ce qui serait une reconnaissance de nationalité. Ils continuent donc à être traités de Nord-Africains, et, de plus en plus, d'Arabes, à l'heure de la guerre contre Nasser et l'arabisme, et d'un mot qui est repris au vieux mépris des Juifs immigrés, d'immigrés tout court, pour ces *nouveaux métèques*, et de bien d'autres termes empruntés au racisme des armées coloniales et paysannes. La qualification d'immigrés, que les enfants ne sont plus, est restée une catégorie de discrimination ; et cela nous vaut maintenant des millions de musulmans par aperception idéologique dans la peur de l'islam, et pour bien manifester que la décolonisation n'est pas faite dans l'ancienne métropole. Le racisme colonial n'a pas disparu, fût-il adouci sous l'association d'accusation congénitale de la différence d'origine et de culture.

La mutation économique et sociale qui bouleverse la France moyenne et encore campagnarde appelle un redéploiement de la réalisation des profits des sociétés qui sortent du capitalisme patrimonial, provincial, hexagonal et impérial pour une part. L'investissement européen est déjà en cours par le pool charbon-acier ; la petite Europe regroupant l'Allemagne, la France, les pays du Benelux et l'Italie prend consistance. Déjà Robert Schuman, le pilote démocrate-chrétien, avait laissé entendre pour la Tunisie que la politique coloniale était de peu d'intérêt, et que l'indépendance pouvait être utile pour aller à l'essentiel, c'est-à-dire au redéploiement du capital sur une nouvelle base protégée ou à protéger, un autre domaine réservé situé dans le « monde libre », et de profit plus sûr, que les colonies en soulèvement. Malgré ses propos souverainistes, le gaullisme est déjà engagé sur cette voie par ses grands commis d'État et de banque notamment. C'est aussi cela la nécessité de la décolonisation.

La signification économique du 13 mai à travers la République gaullienne est plus vaste. L'élargissement fait sortir de l'Empire et de la zone franc, et surtout s'emploie à ferrailler et à se faire une place internationale par capitalisme d'État, par compagnies nationales quand c'est possible, ou par groupes privés sous pavillon français, dans le domaine concurrentiel des infrastructures de services et d'abord dans celui de l'exploitation pétrolière et gazière. Cette nouvelle politique française s'exerce dans le champ pétrolifère accessible et déjà reconnu, qui se situe dans le monde arabe, au Proche-Orient – et l'Irak devient République le 14 juillet 1958 au nom de la Révolution française –, et au Sahara, qui appartient encore à la carte de France. Le 13 mai, en ce sens, prépare les accords d'Évian qui entendent faire servir l'inévitable indépendance de l'Algérie, Sahara finalement compris après avoir été longuement retenu, à un discours tiers-mondiste pour prolonger l'illusion de la grandeur de la France. Les colonies sont renvoyées aux temps de la marine à voiles. Mais, pour aboutir, il faut contourner l'énorme brouhaha de la société coloniale sur place, qui finira dans un vertige de violence et d'exode, et ressaisir l'armée ; de Gaulle a bien besoin de son uniforme de général.

Les instruments de maîtrise politique et de reconversion de la gloire nationale doivent être mis en place pour cette autre ou plus large décolonisation. Ils appartiennent au moins à deux registres : le contrôle des ordres au sommet, et la force de frappe nucléaire pour l'armée de métier dont la rente a encore sa source dans la patrie sacrée. Les méthodes gaulliennes sont faciles à relever. Pour faire avaliser la marche à reculons vers l'indépendance de l'Algérie, de Gaulle pratique la mise en scène de l'intervention télévisée et de la conférence de presse ; pour rallier à lui les partis et l'opinion ou pour les neutraliser et marginaliser les mouvements de protestation contre la guerre, il jette le trouble par les référendums. L'approbation joue sur le ralliement patriotique républicain ; la République n'est plus seulement à gauche ; par de Gaulle, la droite de tradition catholique est républicaine. La science politique ne devrait pas s'arrêter seulement aux élections, car le pouvoir est ailleurs. L'autorité de l'État, surtout en matière coloniale et en Algérie, n'a pas à se perdre dans les représentations intermédiaires ; elle s'exerce en délégation directe et par là souveraine, par les grands serviteurs missionnés. En un sens déjà, en Algérie, la présence et donc l'exercice de la puissance d'État encore française sont extra-territorialisés de la société coloniale, à La Reghaïa et à Rocher Noir (Boumerdès construit de toutes pièces). Mais c'est au centre de l'exécutif dans la capitale française par fonctionnement présidentiel que se prennent les décisions.

À la différence des républiques précédentes, le chef de l'État court-circuite impunément les organes parlementaires, ce qui renforce la tenue en main des corps de l'État, et surtout permet, le prestige gaullien aidant, d'imposer une orientation d'État aux grands groupes de pression économiques, contraindre les corporatismes retardataires et surmonter ou faire taire les groupes de pression idéologiques, même quand ils se targuent d'être les familles spirituelles de la France. Pour la décolonisation de l'Algérie, il devient possible de larguer la rente de souveraineté du colonat, celle des colons agricoles qui font cultiver la vigne et le blé tendre pour l'exportation en France grâce aux subventions publiques. Il est moins facile de toucher à la petite rente de souveraineté, celle des fonctionnaires coloniaux et des petits Blancs dont les ressources modestes relèvent du crédit public de la métropole plus que du budget propre et en déséquilibre de l'Algérie. Il n'était pas prévu que la fin de la société coloniale ouvrirait la nécessité d'un plan social pour les rapatriés ; mais au prix du « boulet colonial » et du coût de la guerre qui n'est pas que financier, le retrait devenait préférable. Prendre l'armée au piège d'un grand joujou nucléaire était plus facile : posséder une bombe tricolore nationale en dehors de l'OTAN flattant le patriotisme de l'opinion. Une armée coloniale a beaucoup de mal à amener les couleurs. C'est aussi une reconversion professionnelle après le terrible recours au contingent dans une guerre qui n'en finissait pas.

La mise en train n'est pas simple. La guerre en Algérie, si l'on ose dire, sert à la décolonisation de l'Afrique au sud et sur les bords du Sahara. Gaston Defferre, ministre d'Outre-mer car patron pour la SFIO du domaine réservé des colonies, avait ouvert le chemin par la loi-cadre de 1956 qui généralisait un suffrage universel pour les assemblées aux divers degrés, dont les compétences étaient élargies ; on entrait dans l'africanisation de l'Administration et d'une vie politique qui n'est pas sans rappeler la

IIIe République. De Gaulle passera à la proclamation d'une Communauté qui n'est en rien fédérale (référendum du 28 septembre 1958). « Il faut permettre, explique le chef du gouvernement préposé à la tâche, l'organisation de l'indépendance par accord, par contrat et non par rupture, et envisager de construire une communauté ayant par ailleurs les qualités ou les caractéristiques d'une indépendance internationale et de l'appartenance à l'ONU. » Le terme d'interdépendance est oublié ; nous en sommes aux couleurs de l'indépendance. En 1959, le Soudan français est transformé en Mauritanie. En 1960, toutes les indépendances seront reconnues dans leur conformisme au contrat français, sauf la Guinée de Sekou Touré qui a déjà dit non à la Communauté.

Ce nationalisme gaulliste de la décolonisation sur mesure s'appuie en Tunisie et au Maroc sur le passage du mouvement national unanimiste au nationalisme d'État. En Tunisie, il n'est plus monarchique, mais grandit par l'exaltation de la République ; Habib Bourguiba met à profit la liesse de l'indépendance pour éliminer le bey. Mieux même, il reste le seul homme politique de la décolonisation à comprendre qu'il faut profiter de la fenêtre de temps ouverte par la joie de la nouveauté pour desserrer le carcan du statut patriarcal musulman sur les femmes, avant le retour de prétention du magistère des oulémas et l'acquiescement par conformisme de la bourgeoise patrimoniale. Au Maroc, le prince héritier qui prend la réalité du pouvoir fait faire, en 1959, le travail des nationalisations par l'État, à commencer par l'étatisation de la Banque centrale et la reprise des organismes économiques, par un gouvernement de gauche (gouvernement Ibrahim à assise dans l'Istiqlal liée au syndicalisme de l'UMT), pour l'écarter après et mieux assurer ensuite la nationalisation privative à 51 % d'intérêts privés marocains. La bourgeoisie marocaine d'affaires est liée au Palais qui fait sa chose de l'Omnium nord-africain, le principal holding colonial, tenu par Paribas qui sait redistribuer ses titres. Ces consolidations nationales divergent, mais, surtout, marquent la fin de l'Afrique du Nord française dont il reste la guerre en Algérie.

Déjà le coup d'État du 13 mai avait rendu vaine la conférence maghrébine de Tanger, et donc mis fin à un Maghreb qui succéderait à l'Afrique du Nord. L'arrivée au pouvoir de De Gaulle et son exercice du nationalisme d'État font entrer dans les temps des négociations d'État à État entre la France et la Tunisie, la France et le Maroc. Les négociations aboutissent très vite avec Habib Bourguiba. C'est l'accord sur Edjelé et l'évacuation du pétrole vers le port de La Skira ; certes, il reste l'occupation de Bizerte qui deviendra explosive et la source de conflit à la frontière saharienne, à la borne 233. Les deux questions de décolonisation qui demeurent sont là : le tracé des frontières et le Sahara.

La question des frontières est déjà plus largement ouverte pour le Maroc. En novembre-décembre 1957, les postes militaires espagnols sont évacués par l'armée franquiste, au Rio de Oro et à la Saguia el-Hamra, puis sont réoccupés avec le concours de l'armée française (opération Écouvillon).

C'est l'époque du bombardement de Sakiet-Sidi-Youssef en Tunisie et du glissement à sa perte de la IVᵉ République. La réoccupation franco-espagnole refoule vers le nord ce qui devient l'Armée de libération marocaine du Sud, par rapport à celle du Rif. C'est dans son discours de la fête du trône de novembre 1957 que Mohammed V en appelle à « l'intégrité territoriale du Maroc », et en même temps qu'est décidée la création de la direction du Sahara au ministère marocain de l'Intérieur. Cette direction est confiée à Abdelkebir el-Fassi, ce qui est un aval donné au grand nationalisme d'Allal el-Fassi qui se réfère à un empire sultanien englobant le Touat et la Mauritanie, qui ne porte pas encore officiellement ce nom. Aux arguments des clercs d'État qui parlent de droit historique s'ajoutent aussitôt ceux du droit naturel : « Les territoires sahariens sont un prolongement du Maroc. » À la fin de 1957, Mohammed V descend jusqu'à l'oasis du Mhamid où s'arrête la piste coloniale consolidée pour recevoir l'allégeance des chefs de tribu Tecna, Reguibat et Chingiti.

Par un protocole provisoire conclu avec le Gouvernement provisoire de la République algérienne (GPRA) de Ferhat Abbas en 1961, la question des frontières est laissée en suspens. C'est vainement que le FLN, après l'échec de Melun, propose d'étudier une formule d'exploitation en commun du pétrole saharien. C'était une réplique à la volonté française de conserver l'espace saharien en réduisant l'Algérie indépendante à la partie nord. C'était aussi une réponse maghrébine à l'existence de l'Organisation commune des régions sahariennes (OCRS), cet organisme français de traitement séparé de la gestion des ressources sahariennes mis en place en janvier 1957, en même temps qu'était créé à Paris un ministère du Sahara. Après l'indépendance algérienne, la mobilisation au Maroc et en Algérie se portera aussitôt aux frontières, des deux côtés, par la « guerre des sables » de 1963. C'est l'entrée dans la garde aux frontières et la rivalité des nationalismes d'État. Plus que la question du statut des Européens dont le départ n'est pas prévu, c'est la question du Sahara qui tient longuement en suspens le règlement de la guerre d'Algérie. C'est sur le Sahara ensuite et pas seulement par la passation de drapeau sur les sociétés d'exploitation pétrolière (nationalisation à 51 % par la SONATRACH en 1963) que s'établissent des rapports privilégiés de coopération d'État à État ; comme on le sait maintenant, les accords d'Évian comprennent des clauses secrètes sur l'utilisation saharienne de bases d'expérimentation d'armes nucléaires et d'armes chimiques. La complicité du silence sous les présidences d'Ahmed Ben Bella comme de Houari Boumédiène entretiendra cette coopération de secret-défense jusqu'en 1978.

L'indépendance : décolonisation ou débâcle ?

Les indépendances marquent bien la décolonisation factuelle par le reflux des Français, la fuite des capitaux, le désinvestissement. Le départ des Européens s'effectue en deux temps. De 1955 à 1958, au Maroc, les départs s'élèvent à cent cinquante mille environ, soit près du tiers de la colonie ; les Espagnols sont restés plus volontiers que les Français. Le phénomène est quelque peu semblable en Tunisie pour les Italiens qui demeurent près de cinquante mille contre soixante-dix mille avant l'indépendance ; environ cent mille Français, soit plus de la moitié, ont quitté la Tunisie entre 1956 et 1958. L'exode d'Algérie est précipité. Les départs massifs s'échelonnent sur trois mois. Dans le seul mois de juin 1962, ils s'élèvent à trois cent vingt-huit mille, soit le tiers de la population européenne. Deux tiers des Européens ont quitté l'Algérie sans idée de retour au printemps et à l'été 1962. Comme le mouvement s'était amorcé en 1961 avec cent trente-cinq mille départs, autant dire qu'après l'indépendance la société coloniale a disparu. La récession se poursuit en Tunisie et au Maroc.

Il faudrait ajouter les départs des Juifs d'Afrique du Nord, plus difficiles à distinguer puisque, en Algérie, il sont français et en partie naturalisés en Tunisie et au Maroc. Avant l'indépendance, on comptait quelque deux cent mille israélites au Maroc, près de soixante mille en Tunisie et cent cinquante mille en Algérie. Le total des départs finit par dépasser les trois cent mille pour ne laisser, un certain temps, que quelques milliers de personnes en Algérie et en Tunisie, et une à deux dizaines de milliers au Maroc. La majorité des départs se font vers la France ; les accords conclus plus tard par Hassan II avec Israël qui finance les départs renforceront la part des Juifs séfarades établis dans l'État juif.

Ce retrait, qui devient général, provoque un vaste mouvement de substitution, en particulier dans l'habitat et dans les emplois. Au Maroc et en Tunisie, le glissement vers la ville accélère le rythme de l'exode rural et l'installation dans les quartiers centraux. L'urbanisation s'élargit d'un coup de 5 %. Elle demeure retardée au Maroc. Dans l'Algérie de 1962, le déplacement de populations, d'autant qu'elles venaient largement des villages et zones de regroupement, tient de l'irruption. Alger perd trois cent mille Européens, mais gagne quatre cent mille Algériens. Oran est abandonnée par moitié de ses habitants qui sont remplacés, plus progressivement il est vrai. Globalement entre 1960 et 1963, les villes algériennes ont reçu plus de huit cent mille nouveaux habitants.

L'abandon des postes par les Européens promeut les nationaux. L'élévation de l'emploi est limitée dans le secteur industriel car l'activité décroît ; la base ouvrière se réduit en se renouvelant. Une large substitution par des nationaux ne s'opère guère que dans les places d'encadrement, et principalement dans la fonction publique. Le nombre des agents publics nationaux en Algérie est passé de trente mille en 1955 à trois cent mille en 1963 ; en Tunisie de douze mille à quatre-vingt mille en 1955 ; les Marocains ont accédé à plus de deux cent quarante mille postes civils et militaires. Cette constitution de catégories sociales d'encadrement, faite moins de cadres économiques que de cadres administratifs et politiques, auxquels il faut ajouter l'armée, même en Tunisie, fonde le nouveau clivage social entre ceux qui appartiennent à l'État et la masse de la population dans la dépendance, plus ou moins mal assistée. Le moment de grâce de l'indépendance ne peut dissimuler qu'un temps cette mise à découvert du non-emploi et du sous-emploi ; l'émigration continue ou s'accentue.

Le colonat agricole, malgré des transferts de propriété, laisse pour une grande part des biens vacants en Algérie. En Tunisie, la récupération des terres de colonisation fut assez rapide, de 1957 à 1963 et 1964 ; le colonat a donc là aussi disparu. Au Maroc, elle se fait attendre pour se réaliser par étapes sur le mode dominant de la privatisation par une bourgeoisie nationale et le patrimoine royal. Le repli du capital colonial a commencé bien avant le moment des indépendances ; des segments d'investissement de capital métropolitain ou international soutenus sur fonds publics subsistent à travers la récession dominante. Cependant le recul est fort. La dissolution des sociétés marque cet autre « rapatriement », celui des capitaux. En Tunisie, au cours de la seule année 1956, cent dix sociétés sont dissoutes ; globalement, les investissements privés baissent de près du tiers de leur volume de 1953 à 1956, et de plus du tiers encore en 1957. Au Maroc, près de cinq cents sociétés sont dissoutes en 1956 ; sur la base 100 en 1952, l'indice des investissements tombe à 47 en 1957 ; comme il y a des reprises ensuite, ce n'est que la moitié du capital colonial qui a disparu. Dans le cas de l'Algérie, si un lent abaissement s'exerce avant l'indépendance recouvrant des entrées par le plan de Constantine, moins nombreuses cependant que les sorties, à l'indépendance, la désertion vaut effondrement.

La nationalisation bancaire, le contrôle des changes, le changement de monnaie viennent trop tard. Des politiques économiques qui s'improvisent ont fort à faire pour opérer un rétablissement partiel et la remise en marche. La fin du système colonial laisse à découvert la charge sociale pour laquelle avaient été tentées, tardivement, quelques initiatives. Les orientations de l'indépendance, devant des urgences qui n'atteignent pas les mêmes degrés, vont répondre différemment à des problèmes voisins dits de sous-développement : autogestion et étatisation en Algérie sous le terme de socialisme national, dirigisme économique en Tunisie, et laisser-faire de la nationalisation privative et royale au Maroc. La décolonisation marque bien la fin de l'Afrique du Nord ; la notion n'en demeure pas moins dans la direction du ministère français des Affaires étrangères, la direction du Proche-Orient et de l'Afrique du Nord. Les rapports sont bilatéraux entre États, mais à l'Afrique du Nord s'est substitué un pôle majeur de relations certes bilatérales mais qui a une valeur régionale centrale, le couple politique plus même que d'intérêts Algérie-France qui se superpose à l'espace Maghreb-Europe des diasporas migratoires.

Non sans mal, la décolonisation formelle de la souveraineté politique s'est donc réalisée en Afrique du Nord, en ouvrant carrière à des nationalismes d'État fort isolationnistes dans leur exaltation républicaine et d'exacerbation sécuritaire au palais clos de Carthage, par nationalisme royal qui ne rompt pas avec l'ambition sultanienne au Maroc. En Algérie, après le rêve du national-développementalisme, le relais de l'impossible État démiurge aboutit à un étatisme militaire, policier, technocratique et bureaucratique de privatisation de la rente publique et de la redistribution sociale. L'usure des nationalismes laisse avivée la demande sociale d'un bon État jusqu'aux retours de vigueur de l'espérance des désespérés par la purification divine.

La décolonisation économique s'est jouée dans le renouvellement des rapports de dépendance. L'Afrique du Nord française faisait grossièrement deux tiers de ses échanges avec la France métropolitaine, moins pour le protectorat du Maroc qui avait été inscrit par anticipation par l'acte d'Algésiras (1906) dans le marché mondial sous le régime de la porte ouverte. Présentement, chacun des États réalise globalement deux tiers de ses échanges avec l'Union européenne qui apparaît comme le nouveau pôle de centralisation continentale des rapports de production et d'exploi- tation capitalistes, du partenariat des services d'infrastructure fournis en coopération, et d'usage, par la clandestinité même, des migrations de tra- vail. Mais faute de Maghreb, chaque État signe séparément son rapport d'échange inégal dit de libre-échange. Le Maghreb, qui veut dire Occident mais d'un arabisme en état de rupture, devient sans exister réellement le sud périphérique de l'Union européenne. L'espace imaginaire Maghreb- Europe reste le lieu de représentation, dans tous les sens du terme, et pour partie d'identification, des diasporas postcoloniales.

Le mixte colonial, et en premier celui de l'Algérie algérienne, ne s'est pas réalisé, s'il ne se transpose sans être totalement décolonisé, dans l'invention des Maghrébins d'Europe. Dans les anciennes métropoles se produit le cumul réactif du nationalisme raciste et du racisme colonial qui trace la nouvelle frontière du racisme culturel de la supériorité de civilisa- tion et d'origine de l'Europe qui se ferme à l'est et au sud.

La décolonisation en profondeur qui ferait disparaître la ligne de partage colonial n'est pas faite en Europe. L'ancien type nord-africain fait encore voir des musulmans dans la rue ; et parler en France de millions de musul- mans pour une pratique religieuse très faible et réduite aux jours de fêtes collectives, par-delà les noyaux très visibles d'activisme islamiste et les trois mille électeurs du Conseil musulman.

Ce n'est pas un hasard si la ligne de démarcation qui subsiste est celle qui distingue des musulmans. La colonisation est fondée sur la discrimina- tion de statut, la division des sociétés colonisées qui ne doivent pas accéder au droit civil sont placées sous statut confessionnel doublé inégalement d'identification ethnique non sans combinaisons de jurisprudence coutu- mière et d'artificieuses recompositions culturelles. Sauf la transgression pour les Juifs d'Algérie et par l'acculturation française en Tunisie et au Maroc qui ont redoublé l'antisémitisme européen, le partage enfermait dans un communautarisme identitaire musulman qui a été retourné en mouve- ment national. La ligne de ségrégation coloniale disparaît factuellement par le départ des Européens et des Juifs, qui est un exode parce qu'il résulte d'une rupture dans la constitution même des États, rupture de la fin de guerre d'Algérie qui rend caduc le statut de minorité inventé par les accords d'Évian. Sans revenir sur le rapatriement du racisme colonial dans l'ancienne métropole et en Europe, les limites de la décolonisation se situent au Maghreb dans la définition de la nationalité-citoyenneté sur la base du statut musulman. C'est là que la colonisation a fait son œuvre qui n'est pas défaite.

La justice dans la guerre d'Algérie

par Sylvie Thénault

Les aspects militaires de la guerre d'Algérie ont donné lieu à une abondante production historique, ainsi que, en 2000-2001, à d'âpres débats sur la torture pratiquée alors par l'armée. S'est ainsi construite une représentation du conflit donnant le rôle principal aux forces militaires : dominant un pouvoir politique impuissant ou se substituant à lui, l'armée aurait maîtrisé le terrain et assuré la conduite de la guerre.

La nécessité de prendre en compte les acteurs politiques de l'époque, en particulier les gouvernements et leurs représentants à Alger, a été soulignée pour corriger cette version des choses, mais le rôle tenu par les civils, en revanche, est resté ignoré. Pourtant, la police, le personnel des préfectures, ainsi que les magistrats, ont été impliqués dans cette guerre. Leur intervention témoigne d'ailleurs de sa nature particulière. S'il est vrai que l'expression « opérations de maintien de l'ordre » révèle le refus d'appeler cette guerre par son nom, elle n'en désigne pas moins une réalité du conflit : celui-ci ne s'est pas joué uniquement sur le terrain des opérations militaires et l'activité même de l'armée comprenait des opérations policières, telles que l'arrestation des personnes considérées comme suspectes, leur interrogatoire et leur détention. Dans tous ces domaines, des civils ont été amenés à intervenir.

En aval, les magistrats exerçaient leur mission habituelle d'instruction et de jugement, mais dans un contexte tout à fait extraordinaire. Les lois encadrant le conflit ont en effet créé une situation juridique exceptionnelle, transférant notamment les pouvoirs de police à l'armée, et les qualifications juridiques de droit commun masquaient mal la coloration politique des affaires qui leur parvenaient. De l'élaboration des lois à leur application, l'exploration de la justice pendant la guerre d'Algérie interroge ainsi la nature de la guerre, le pouvoir de décision des politiques par rapport à l'armée et la variété des acteurs impliqués, au-delà des seuls militaires.

Guerre et justice, un non-sens ?

La participation de la justice à la répression des nationalistes et de leurs partisans découle directement du refus de reconnaître l'état de guerre sur le sol algérien. Si les autorités françaises avaient appliqué les conventions de Genève, qui prévoyaient le cas du conflit interne, les combattants n'auraient pas pu être traduits en justice, sauf en cas de crime de guerre. Mais l'Algérie étant intégrée au territoire national par son découpage en trois départements, il aurait été dangereux de la reconnaître comme partie belligérante ; cela aurait ouvert la voie à sa constitution comme entité étrangère, siège éventuel d'une nouvelle nation.

Ainsi s'explique la pérennité d'un principe posé dès novembre 1954 et fondé au départ sur la nature terroriste de l'entrée en action du FLN (Front de libération nationale) : « Les hommes qui commettent ces attentats contre les personnes et les biens ne sauraient en aucun cas être considérés comme ayant un caractère militaire », estimait ainsi François Mitterrand, ministre de l'Intérieur, une dizaine de jours après la Toussaint 1954[1]. Les acteurs de l'insurrection devaient être traités comme des délinquants et des criminels de droit commun.

D'un point de vue militaire, l'intervention de la justice se justifiait également par des raisons stratégiques. Outre les maquis, où se battait l'ALN (Armée de libération nationale), le FLN a en effet déployé sa lutte pour l'indépendance sur des terrains où l'armée était désemparée. De multiples réseaux agissaient ainsi en soutien aux combattants, pour les ravitailler, les héberger, les soigner, les renseigner, ou encore pour porter la guerre en ville par le terrorisme, collecter des fonds, structurer les militants, encadrer la population... Traumatisée par sa défaite en Indochine, où Hô Chi Minh l'a emporté grâce à une guerre révolutionnaire misant sur l'engagement populaire, l'armée française comptait bien réussir son adaptation et ne pas laisser se reproduire l'inimaginable : une guerre à l'issue de laquelle « le plus fort est battu par le plus faible[2] ».

Sur ce « plan particulier », en dehors du domaine militaire, que le général Raoul Salan peinait à définir plus précisément, « les moyens et les procédés de combat classiques », tels « les chars, les avions, les mitrailleuses », étaient inefficaces. En revanche, « les textes des codes, lois, décrets, arrêtés, instructions » constituaient de véritables « armes »[3]. Le démantèlement des réseaux exigeait en effet que soit effectué un travail de police aboutissant à des

---

1. Lettre à Jean-Michel Guérin de Beaumont, ministre de la Justice, 13 novembre 1954, Archives nationales (AN), BB15 4226*. L'astérisque indique les archives consultées sous dérogation.

2. Expression du colonel Lacheroy, *in* « Leçons de l'action Viêt-Minh et communiste en Indochine », Service historique de l'armée de terre (SHAT), 1H 2524bis/1.

3. « Instruction sur la lutte contre la rébellion et le terrorisme », 30 avril 1957, SHAT, 1H 1377/8.

condamnations par la justice. Ainsi, la guerre d'Algérie prit des allures de vaste opération de maintien de l'ordre, dans laquelle l'armée avait besoin des pouvoirs de police et, *in fine*, de l'intervention d'une répression judiciaire efficace. Outre le FLN, celle-ci a visé le MNA (Mouvement national algérien) et tous les militants ou sympathisants de la cause nationaliste, comme les membres du PCA (Parti communiste algérien) ou les chrétiens progressistes.

Évidemment, la répression usa massivement de violences interdites par la loi et condamnables, la situant en dehors de la légalité ; les personnes arrêtées et déférées en justice n'ont représenté qu'une minorité. La répression légale était néanmoins essentielle, car elle seule bénéficiait de la légitimité nécessaire à toute répression menée dans un État se voulant un État de droit. L'attitude de l'opinion métropolitaine le démontre : alors que la torture et les exécutions sommaires soulevaient l'indignation, le sort des condamnés à mort, fixé en toute légalité, a beaucoup moins heurté les consciences. Légitimées par le respect des textes en vigueur et l'intervention d'un tribunal régulièrement constitué, les peines capitales et leur mise à exécution paraissaient moins contestables. Les campagnes de grâce invoquaient d'ailleurs l'usage de la torture sur les condamnés car, souillant en amont l'ensemble de la procédure, cette pratique entachait leur peine de son illégitimité et permettait d'en réclamer plus efficacement la commutation.

Même si une faible proportion des individus arrêtés étaient remis à la justice, les systèmes judiciaire et pénitentiaire ont fonctionné jusqu'à la saturation. Les prisons, surpeuplées, ont compté jusqu'à vingt et un mille détenus pour une capacité de quatorze mille personnes, malgré les transferts en métropole[1]. De 1954 à 1960, des milliers d'affaires « relatives à l'activité des terroristes et séparatistes », pour reprendre les termes des états statistiques dressés à l'époque, ont occupé en permanence les juges d'instruction[2]. Chaque mois, des centaines d'inculpés étaient traduits devant les tribunaux correctionnels, tandis que des centaines d'autres comparaissaient devant les tribunaux permanents des forces armées (TPFA). De 1960 à 1962, sous la législation des procureurs militaires, ce sont encore 20 629 affaires qui ont été traitées et 15 773 personnes qui ont été jugées par les seuls tribunaux militaires[3].

La législation d'exception, un droit répressif malléable

Les gouvernements confrontés au déclenchement du conflit ont donc su imaginer une législation d'exception appropriée aux impératifs d'une

___

1. Courbe du nombre de détenus, SHAT, 1H 1100/1 et note sur la « répression de la rébellion », Centre des archives contemporaines (CAC), 770101 article 8*.

2. Ces statistiques, envoyées chaque mois par les procureurs généraux d'Algérie au ministère, sont aujourd'hui conservées aux AN, cotes BB18 4226* à 4229* et au CAC, cotes 800293 articles 4* et 51*.

3. Rapport du procureur général militaire Jonquères, 7 juin 1962, CAC, 980518 article 2.

répression efficace impliquant l'armée, sans déclaration de guerre. Puisant dans les ressources de la technique juridique, l'état d'urgence puis les pouvoirs spéciaux ont ainsi permis l'intervention des tribunaux militaires et le transfert des pouvoirs de police aux autorités militaires, contre les « hors-la-loi. » Plus qu'une expression désignant ceux qui ont enfreint la légalité, cette notion remonte à la Révolution française et permet à la République d'admettre l'exceptionnel : créée en 1793 contre les insurgés vendéens, « la mise hors de la loi » retranchait « les rebelles de la société » et les privait « des garanties légales dont bénéfic[ia]ient tous les citoyens[1] ». Le hors-la-loi est donc celui qui, contestant l'ordre politique de la République, ne peut plus prétendre à la protection de son droit commun. Il relève alors, légitimement, d'une législation exceptionnelle.

Conçu par les gouvernements de Pierre Mendès France et Edgar Faure, l'état d'urgence était un nouvel état juridique, intermédiaire entre le droit commun et la loi martiale, caractérisant le temps de guerre. Introduit dans le droit français par la loi du 3 avril 1955, il pouvait être déclaré en toute zone du territoire national connaissant des troubles, métropole comprise. Le gouvernement s'épargnait ainsi les critiques d'un traitement discriminatoire de l'Algérie. Les députés communistes ont d'ailleurs combattu l'état d'urgence, au motif qu'il était conçu pour la répression du mouvement ouvrier.

L'état d'urgence a été progressivement appliqué en Algérie, par une succession de décrets l'instaurant d'abord dans le Constantinois, avant de l'étendre à tout le pays, le 22 août 1955, à la suite du soulèvement paysan marquant l'entrée en action de la population. Lancé à l'initiative de Zighout Youssef, responsable de la wilaya 2, pour doter l'insurrection d'une assise populaire, ce soulèvement a définitivement enclenché l'engrenage de la guerre. Jusque-là, le gouvernement tentait de circonscrire la répression aux seuls secteurs actifs, dans l'espoir que l'insurrection ne s'étendrait pas.

L'état d'urgence a permis de transférer le jugement des actes qualifiés de crimes aux TPFA, dont le jury, présidé par un magistrat civil, se composait de militaires. Le gouvernement craignait en effet la mansuétude ou l'abstention des jurés algériens siégeant aux cours d'assises, ordinairement compétentes pour le jugement des criminels. Au contraire, la composition des TPFA permettait les verdicts sévères, requis par la nécessité de vaincre l'adversaire. Les tribunaux correctionnels restaient compétents pour le jugement des actes qualifiés de délits. En amont, l'instruction des affaires revenait aux juges d'instruction civils.

L'état d'urgence ayant été aboli par la dissolution de l'Assemblée nationale en décembre 1955, ces mesures ont été reconduites au printemps 1956 par plusieurs décrets du gouvernement de Guy Mollet, grâce aux pouvoirs spéciaux qui l'autorisaient « à prendre toutes mesures exceptionnelles en vue

---

1. Jean-Claude Farcy, *L'Histoire de la justice française de la Révolution à nos jours*, Paris, PUF, 2001, p. 377.

du rétablissement de l'ordre, de la protection des personnes et des biens et de la sauvegarde du territoire[1] ». Les députés avaient ainsi donné carte blanche au nouveau gouvernement, à l'issue de débats difficiles. Guy Mollet, pour rallier la majorité des voix, a même dû engager la confiance de son gouvernement sur ce vote : si la loi n'avait pas été adoptée, les députés auraient dû assumer la responsabilité d'une nouvelle crise ministérielle. C'est à ce prix que l'exécutif obtint les pleins pouvoirs caractéristiques de toute période de guerre, et ce, jusqu'à la fin du conflit. Les pouvoirs spéciaux ont en effet été renouvelés en faveur de tous les gouvernements, sous la IVe et la Ve République.

Outre la reconduction des mesures de l'état d'urgence, les décrets du printemps 1956 ont étendu la compétence des tribunaux militaires à l'instruction des affaires et créé une procédure de traduction directe devant les TPFA, sans instruction préalable. Ces dispositions, cependant, ont été peu utilisées : l'instruction ne présentait guère d'intérêt aux yeux des militaires pour qui le verdict, rendu publiquement, avait valeur d'exemple ; la traduction directe, elle, les privait du temps de la recherche du renseignement, nécessitant de garder le prisonnier pendant plusieurs jours au minimum, avant de le remettre à la justice.

Jusqu'en juin 1960, la justice a fonctionné sur ces principes. Cette permanence semble paradoxale, au regard de l'instabilité ministérielle sous la IVe République et du changement de régime. En réalité, sous la IVe République, des hommes occupant les postes clés dans les différents gouvernements ont assuré la continuité de la politique menée en Algérie : Maurice Bourgès-Maunoury, successivement ministre de l'Intérieur, ministre de la Défense, président du Conseil, et de nouveau ministre de l'Intérieur, a ainsi exercé le pouvoir de janvier 1955 à mai 1958. Il est l'un des artisans de cette législation, qu'il a souvent défendue devant l'Assemblée nationale. Quant à l'arrivée au pouvoir du général de Gaulle, il fallut quelque temps pour qu'elle produise réellement ses effets et se concrétise par une modification de la législation.

Au cœur des sentences, une arme ultime : la peine capitale

Concrètement, les audiences des tribunaux correctionnels voyaient défiler dans le box de très nombreux prévenus, souvent une dizaine par affaire. Sous l'inculpation d'atteinte à la sûreté de l'État, la plupart d'entre eux avaient collecté des fonds, ravitaillé et hébergé les maquisards, leur avaient servi de guides ou d'agents de liaison. Au plus près du terrain, les audiences étaient devenues routinières, mettant en scène quelques juges et quelques avocats locaux, loin des grands procès et des avocats parisiens membres des collectifs

---

1. Loi du 16 mars 1956 dite « des pouvoirs spéciaux ».

de défense politique. À Tiaret, chef-lieu d'arrondissement à la limite des départements d'Oran et d'Alger, notamment, sur une période de six mois, trois juges, un interprète et trois avocats ont invariablement composé le tribunal et défendu les prévenus[1]. Les peines prononcées valaient réprimande et servaient d'avertissement : souvent des amendes ou moins de dix-huit mois de prison, fréquemment assorties d'un sursis, pour dissuader les prévenus de persévérer dans l'aide aux nationalistes. Les peines de deux à cinq ans de prison étaient accompagnées de cinq ans de privation des droits civiques, écartant ainsi ces condamnés d'une éventuelle consultation politique.

Les tribunaux militaires jugeaient notamment les affaires qualifiées d'assassinat, tentative ou complicité d'assassinat, détention illégale d'armes de guerre, de munitions ou d'engins explosifs[2]. L'accusation d'association de malfaiteurs, fréquente, permettait de criminaliser le FLN et l'ALN, organisations politique et militaire. Les déserteurs, ayant parfois emporté leurs armes et munitions, relevaient également de la juridiction militaire. Les peines étaient logiquement plus lourdes, allant jusqu'à la réclusion criminelle à perpétuité et à la peine de mort. Comme au tribunal correctionnel, cependant, les avocats étaient en nombre restreint : en deux ans, seulement trois avocats locaux, dont un avoué, et onze officiers défenseurs, en général des magistrats appelés ou rappelés, commis d'office, ont ainsi plaidé au TPFA de Tiaret.

Pendant toute la guerre, les tribunaux militaires ont prononcé près de mille cinq cents peines capitales, dont deux cents, environ, ont été exécutées[3]. Alors que les condamnations à mort et les exécutions pour des crimes de droit commun se raréfiaient dans les années 1950, avec moins de dix condamnations par an et des commutations de plus en plus fréquentes, ce total paraît démesuré[4]. Il s'explique par le fait que la peine capitale, suivie d'exécution, a pris une acuité particulière dans le contexte de la guerre. Elle était la seule peine irréversible.

En effet, les opérations militaires prendraient nécessairement fin un jour ou l'autre et il était prévisible qu'une amnistie ou une grâce conclurait le retour à la paix. C'était évident en cas de victoire nationaliste mais aussi très probable dans le cas d'une victoire française car la France, devant alors rebâtir l'Algérie française sur de nouveaux fondements, aurait eu tout

---

1. Comptes rendus des audiences du tribunal correctionnel de Tiaret, janvier-juin 1960, SHAT, 1H 4026/1*.
2. Comptes rendus des audiences du TPFA de Tiaret, janvier 1960-janvier 1962, SHAT, 1H 4026/1*.
3. Une fiche de l'armée de terre comptabilise 1 415 condamnés et 198 exécutions, du 1er janvier 1955 au 15 septembre 1961, SHAT, 1H 1097/6. Le répertoire des recours en grâce de la Délégation générale du gouvernement en recense 1 329 et 155, du 1er janvier 1957 au 19 mars 1962, SHAT, 1H 1098/1* et 1099/2*. La dernière exécution ayant eu lieu en Algérie en décembre 1960, le premier document en donne très probablement le total. Les 222 exécutions, citées par François Malye, doivent comprendre les exécutions en métropole (« Les guillotinés de Mitterrand », *Le Point* du 28 août 2001).
4. Jean-Claude Farcy, *op. cit.*, p. 327.

intérêt à élargir les condamnés emprisonnés. Conscients de cette situation, les acteurs professionnels du procès, avocats et magistrats, pouvaient en jouer chacun dans leur registre : éviter la peine capitale devenait l'ultime tâche du défenseur tandis que, pour le tribunal, la condamnation à mort était la seule sentence efficace. Cette configuration explique le très grand nombre de peines capitales prononcées pendant ces huit années de guerre, y compris pour des faits qui, en métropole, auraient été sanctionnés par des peines de prison ou de travaux forcés, comme la complicité ou la tentative d'assassinat.

Les condamnés à mort étaient dans leur immense majorité des jeunes Algériens, âgés de moins de trente ans, sans qualification, travaillant dans le secteur agricole ou commerçant, de condition très modeste[1]. Six femmes, toutes graciées, ont été condamnées à mort[2]. Peu de Français l'ont été et un seul exécuté, Fernand Iveton, le 11 février 1957[3]. La peine capitale étant en général infligée aux instigateurs, complices ou exécutants du terrorisme urbain, par l'assassinat individuel, le dépôt de bombe ou le jet de grenade, c'est le profil type du terroriste qui se dessine ainsi[4].

La plupart du temps célibataires ou sans enfants, en raison de leur jeune âge, en l'absence d'une situation professionnelle rémunératrice et valorisante, leur ancrage dans l'existence était assez lâche pour qu'ils envisagent de mettre leur vie en péril. Ils puisaient dans l'idéal religieux du martyre pour consentir au sacrifice, l'un d'eux établissant même une analogie entre le martyre du guillotiné et celui de Jésus crucifié : « Soyez persuadés que la guillotine est pour nous ce que la croix représente dans vos églises », a déclaré Abderrahmane Taleb au tribunal militaire d'Alger, devant lequel il comparaissait pour la troisième fois en décembre 1957[5]. Ce chimiste, âgé de vingt-huit ans, ex-lieutenant de l'ALN, avait rejoint la zone autonome d'Alger pour laquelle il fabriquait des bombes.

Cependant, l'accusation d'atteinte à la sûreté de l'Etat, très courante, montre que d'autres faits étaient sanctionnés par une peine capitale, sans qu'il soit possible d'élucider ce que recouvrait cette qualification juridique très générale. Enfin, les mentions de « chef de bande », « capturé les armes à la main », « port et usage d'armes dans un mouvement insurrectionnel »,

---

1. D'après les fiches de renseignements individuelles sur les condamnés à mort, 1960-1962, SHAT, 1H 1099/1* et 2*.

2. Djohar Akrour, Baya Hocine, Djamila Bouazza, Djamila Bouhired, Jacqueline Guerroudj et Zahia Kerfallah. Liste donnée par Djamila Amrane, *Les Femmes algériennes dans la guerre*, Paris, Plon, 1991, p. 98, et confirmée par le répertoire des recours en grâce cité ci-dessus.

3. Il est impossible de préciser le nombre de Français condamnés à mort, car les noms portés sur le répertoire des recours en grâce ne permettent pas de déterminer avec certitude l'origine des condamnés. Ces Français soutenant le FLN, en outre, se revendiquaient algériens.

4. D'après le motif des condamnations porté sur le répertoire des recours en grâce.

5. Cité dans la brochure *Les Guerroudj et Taleb ne doivent pas mourir*, conservée à la BDIC, p. 10.

« attaque » de poste militaire, d'autocar ou de village, prouvent que des combattants n'ont pas échappé à la peine de mort.

La chronologie des exécutions a suivi celle de la guerre, les rejets de recours en grâce pleuvant pendant les périodes d'approfondissement du conflit. Les premières exécutions ont eu lieu en juin 1956 et leur rythme s'est accéléré à partir de janvier 1957, alors que le conflit allait crescendo, en particulier à Alger où les parachutistes du général Massu traquaient les responsables FLN de la ville, devenue le siège d'un terrorisme actif. Quatre-vingt-onze condamnés à mort ont ainsi été exécutés en 1957, et quarante et un ou quarante-deux, selon les sources, de janvier à mai 1958[1]. Les deux tiers des exécutions ont donc eu lieu pendant cette période.

Les condamnés à mort étaient guillotinés ou fusillés, selon les cas et pour des raisons difficiles à éclaircir. Détenus « dans des cellules communes » et « extraits parfois de force », ils étaient conduits au greffe de la prison pour une dernière prière[2]. Alertés, les prisonniers manifestaient par leurs cris et leurs chants, en particulier les femmes dont le quartier était, à la prison Barberousse d'Alger, situé près du portail qu'elles entendaient s'ouvrir pendant la nuit, annonçant les exécutions. Au-delà des murs, leurs manifestations résonnaient dans la casbah, toute proche, et l'effervescence gagnait la ville. Conçue comme une peine exemplaire et dissuasive, la peine capitale suivie d'exécution galvanisait ainsi, au contraire, l'émotion populaire.

Le circuit du recours en grâce impliquait le représentant du gouvernement en Algérie et le ministre des Armées, puisque les peines capitales avaient été prononcées par des tribunaux militaires. Puis les dossiers étaient examinés par le Conseil supérieur de la magistrature, sous la présidence du chef de l'État, le ministre de la Justice en étant le vice-président. La décision de faire exécuter ou de gracier les condamnés à mort donnait au pouvoir politique un moyen de réguler la répression judiciaire, en l'adaptant aux besoins du moment : gracier lorsque le contexte se prêtait à l'indulgence, exécuter lorsqu'il se prêtait à l'intransigeance. Plus que les faits reprochés, l'opportunité d'une exécution ou d'une grâce était évaluée en fonction de l'état du conflit.

Ainsi, pressé dès l'hiver 1955-1956 par les ultras d'Algérie manifestant aux cris d'« Exécutez les assassins », le gouvernement de Guy Mollet a gardé la maîtrise de la décision. Il a attendu le résultat des contacts noués avec le FLN et, constatant leur échec, a fait exécuter Zahana Ben Mohamed et Ferradj Abderlkader Ben Moussa, le 19 juin 1956. La responsabilité de François Mitterrand, alors ministre de la Justice, est une responsabilité partagée avec l'ensemble du gouvernement, qui discutait en Conseil des ministres l'opportunité de procéder aux premières exécutions. Son attitude

---

1. D'après la fiche de renseignements de l'armée de terre et le répertoire des recours en grâce, *op. cit.*

2. Rapport sur les exécutions capitales à Alger, 26 juin 1957, SHAT, 1H 2702/1.

n'a pas dérogé à la règle générale liant les grâces et les exécutions à la conduite de la guerre, au point que « le souvenir de cet épisode de sa carrière ministérielle sous la IVᵉ République lui était désagréable ». C'est plus tard que « ses convictions abolitionnistes » se sont « affermies[1] ».

Le FLN a affronté cette logique en répliquant par des représailles. La chute de la IVᵉ République résulte ainsi d'un engrenage déclenché par l'exécution d'Abderrahmane Taleb, le 24 avril 1958. Le 10 mai, en effet, le FLN a annoncé qu'il avait exécuté trois prisonniers français, jugés par un « tribunal spécial de l'Armée de libération nationale » pour « tortures, viols et assassinat contre la population civile de la mechta Ramel Souk[2] ». Six autres Algériens ayant été guillotinés à la suite d'Abderrahmane Taleb, *El Moudjahid* expliquait que « l'exécution de l'étudiant Taleb et d'autres patriotes nous met [tait] dans l'obligation d'agir » et prévenait : « Le couperet de la guillotine doit s'arrêter. Que l'opinion française soit avertie : dès demain, chaque patriote algérien qui monte sur l'échafaud signifie un prisonnier français passé par les armes[3]. »

De leur côté, après le communiqué du FLN, les anciens combattants d'Alger, l'un des foyers d'agitation ultra, ont décidé de déposer une gerbe au monument aux morts de la ville, en hommage aux trois soldats tués par le FLN. C'est ainsi que, le 13 mai, les manifestants ont afflué dès le début de l'après-midi sur le Forum, devant le gouvernement général. La IVᵉ République vivait ses dernières heures.

La rupture de 1960 ou l'effet différé du changement de République

Hormis trois cas, difficiles à expliquer, les exécutions ont été suspendues de mai 1958 à janvier 1959, car le président de la République, René Coty, en fin de mandat, avait perdu toute légitimité pour se prononcer. En janvier 1959, le général de Gaulle, devenu le premier président de la Vᵉ République, décida alors de gracier tous les condamnés à mort. Il renforçait ainsi son appel à « la paix des braves », proposant aux combattants algériens la reddition contre le pardon, en faisant la démonstration de sa clémence. Mais, le conflit persistant, les exécutions ont repris dans le cours de l'année 1959 pour cesser définitivement en décembre 1960 en Algérie et en janvier 1961 en métropole.

La grâce collective et l'arrêt des exécutions contrastent avec leur fréquence dans la période précédant mai 1958. Cependant, relativisant cette rupture, la même logique œuvre toujours : adapter les décisions à l'état du conflit et ici,

---

1. Robert Badinter, *L'Abolition*, Paris, Fayard, 2000, p. 136.
2. Communiqué reproduit par la presse française, notamment *Le Figaro*, dans son édition du 10-11 mai.
3. Cité par *France-Soir* et *Le Monde* dans leurs éditions du 11 mai 1958.

en l'occurrence, aux perspectives de son règlement. La grâce collective a cré-
dibilisé l'offre de « paix des braves » et l'arrêt des exécutions a suivi
l'ouverture des premières négociations au printemps 1960. Après la dernière
exécution en métropole, le GPRA (Gouvernement provisoire de la République algérienne), formé par le FLN, a d'ailleurs prévenu que « les
exécutions de patriotes algériens constituent, dans les circonstances actuelles,
des actes de provocation susceptibles de détériorer l'atmosphère[1] ». Il était
inconcevable de négocier tout en continuant à exécuter les condamnés à mort.

En outre, le principe même de la traduction en justice des combattants a
été remis en cause. En juillet 1958, en effet, l'armée a ouvert des camps
appelés « centres militaires d'internés », pour la détention de ceux qu'elle
désignait comme des « PAM », c'est-à-dire « pris les armes à la main ».
En janvier 1959, afin de mettre en cohérence cette décision militaire et
l'action de la justice, plus de sept cents non-lieux ont clos des procédures
ouvertes pour de seuls actes combattants. Cependant, si cette évolution
s'est réalisée après le 13 mai 1958, elle résulte d'une décision prise avant
cette date.

Dès mars 1958, en effet, le général Salan s'était inquiété de « l'acharnement » des combattants algériens, lié, selon lui, à leur « crainte » d'être
traduits en justice et condamnés à mort[2]. Pensant alors qu'« un traitement
aussi libéral que possible » des prisonniers aurait pour conséquence de
« réduire nos pertes », il préconisait l'ouverture de « centres d'internés militaires », expression qu'il convertit très rapidement en « centres militaires
d'internés », pour que l'adjectif s'applique aux centres et non aux internés.

« Internés militaires » aurait ouvert la voie à une reconnaissance de ces
prisonniers comme des prisonniers de guerre, alors que le général Salan
précisait clairement que les conventions de Genève ne s'appliquaient pas
en Algérie. La traduction en justice restait possible pour « ceux qui ont
commis des exactions ou qui font preuve d'un fanatisme susceptible de
nuire à l'évolution favorable de l'état d'esprit d'ensemble ». La décision
de déférer le prisonnier à la justice revenait ainsi au commandant de secteur, sur un critère relevant de la guerre psychologique menée par l'armée
pour le contrôle de la population algérienne, contre le FLN. Jacques
Chaban-Delmas, alors ministre de la Défense, avait approuvé cette décision mais les événements du mois de mai avaient logiquement retardé sa
mise en œuvre. Finalement, suivant la chronologie des contacts avec
l'adversaire, la traduction en justice des combattants n'a été systématiquement écartée qu'à partir de 1961.

La coupure de mai 1958 est d'autant plus relative qu'il a fallu attendre
1960 pour que le fonctionnement de la justice soit modifié. Appliqué à
partir du mois de juin, le décret du 12 février 1960 a en effet totalement
remodelé la répression judiciaire. La justice civile était écartée de l'ins-

1. Cité par *Le Monde* le 1er février 1961.
2. Note du 19 mars 1958, SHAT, 1H 1100/1.

truction des affaires et du jugement des délits, les tribunaux militaires jugeant désormais toute « aide directe ou indirecte aux rebelles », selon la terminologie du décret. L'instruction, purement et simplement supprimée, était remplacée par une simple enquête, menée sans avocat, par un procureur militaire. Ce dernier était un magistrat civil placé sous les drapeaux qui devait réunir les charges contre les personnes arrêtées par l'armée pour décider, ou non, de leur renvoi devant le TPFA.

Le gouvernement accédait ainsi aux revendications du commandement, réclamant incessamment une réforme de la justice en vue de la rendre plus rapide et plus sévère. Avec la suppression de l'instruction, disparaissaient aussi tous les recours et les contraintes de la procédure, considérés par l'armée comme autant de tracasseries retardant le moment décisif du verdict.

Pour ses concepteurs, cependant, ce décret visait un autre objectif : lutter contre la torture et les exécutions sommaires. Le commandement présentait en effet ces pratiques comme des pratiques de « justice privée » ou « justice parallèle », remplaçant la « justice de l'État ». Cette dernière étant exigeante en matière de preuve, la torture serait destinée à lui fournir des aveux. Les exécutions sommaires, quant à elles, infligeraient aux criminels un châtiment que la répression légale n'assurait pas, notamment à cause des commutations de peines capitales. Le haut commandement protesta d'ailleurs contre la grâce collective de janvier 1959 et alla jusqu'à demander, sans succès, un contrôle sur l'exercice du droit de grâce[1].

Cette argumentation témoigne du caractère subversif de ces pratiques, grâce auxquelles l'armée se substituait à l'institution judiciaire, seule légitime pour évaluer les charges pesant sur les suspects et les sanctionner le cas échéant. Ce processus de substitution, dans sa variante la plus extrême, est celui du putsch, par lequel l'armée investit l'État et se charge de toutes ses missions. C'est ainsi que la conduite de la guerre d'Algérie mettait la République en danger, comme l'ont dénoncé nombre d'intellectuels métropolitains engagés au nom de la défense des libertés[2].

Inscrites dans la logique de cette guerre, la torture visait d'autres objectifs que l'obtention d'aveux, et les exécutions sommaires ont tué bien des innocents. Cependant, même erroné ou mensonger, le raisonnement liant ces pratiques à une carence de la « justice de l'État » a été porté à la connaissance du gouvernement de Michel Debré par plusieurs enquêtes[3]. Le prenant au mot et souhaitant enrayer le processus en cours, le Premier ministre a choisi d'aménager une répression judiciaire rapide, grâce au remplacement de l'instruction par une simple enquête, et sévère, par l'octroi d'une compétence systématique aux tribunaux militaires. Il souhaitait que « cette réforme ait

---

1. *Cf.* la note du colonel Argoud au ministre de la Justice Edmond Michelet, publiée par Pierre Vidal-Naquet dans *La Raison d'État*, Paris, La Découverte, 2002 (rééd.), p. 268-274.

2. *Cf.* Arlette Heymann, *Les Libertés publiques et la guerre d'Algérie*, Paris, LGDJ, 1972.

3. La première d'entre elles est celle de Maurice Patin et Louis Damour, rendue en septembre 1958, AN, 770119 article 14*.

pour corollaire l'application en toutes circonstances d'un traitement humain aux personnes appréhendées et la disparition totale du recours, pendant leurs interrogatoires, à des méthodes de coercition physique quelles qu'elles soient[1] ».

Les procureurs militaires devaient être avertis de toute arrestation dans les vingt-quatre heures. En fait, discutant cette obligation, méfiante envers ces magistrats civils ayant endossé l'uniforme, qu'elle considérait comme ses subordonnés, l'armée nia aux procureurs militaires tout contrôle de ses agissements. Dans certains secteurs, le commandement tint même le procureur militaire totalement à l'écart de son activité. Si, globalement, le nombre d'affaires traitées par les procureurs militaires a été très élevé, il variait sensiblement d'un secteur à l'autre, selon l'attitude du commandement. Le seul moyen de lutter contre la torture et les exécutions sommaires était de mettre fin au conflit. S'y employant à partir de 1960, le pouvoir politique détourna son attention et ses efforts du fonctionnement de la justice en Algérie.

L'année 1960 a consacré un véritable tournant, qui s'explique de deux façons. D'une part, dans le cas du décret créant l'institution des procureurs militaires, les délais de l'action gouvernementale ont joué. Il fallait que le nouveau pouvoir place ses hommes aux postes clés de l'action judiciaire, notamment à la tête des parquets d'Algérie, s'informe par plusieurs enquêtes sur place, nomme des commissions pour étudier les textes en vigueur et la possibilité de les modifier, convoque des réunions interministérielles pour pouvoir, enfin, créer une nouvelle législation. Deux ans séparent ainsi la chute de la IVe République de l'entrée en vigueur d'un nouveau texte, ce qui est relativement peu.

D'autre part, dans les autres cas, la conjoncture politique des relations avec le GPRA a été déterminante. La décision de négocier imposait l'arrêt des exécutions et l'ordre de ne plus traduire en justice les combattants faits prisonniers. Symbolique aussi d'une évolution vers la reconnaissance de l'adversaire, le décret du 12 février 1960 a rendu systématique l'exécution par fusillade.

À partir de cette année capitale, la répression judiciaire s'est enferrée dans les paradoxes et les contradictions, car elle poursuivait la lutte contre un ennemi avec lequel la paix était négociée tandis que les partisans de l'Algérie française, eux, entraient en action.

Une fin de guerre source d'incohérences

Au sein des institutions judiciaires, la grâce collective et l'arrêt des exécutions ont été vécues comme des désaveux, car l'exécution des peines capitales renforçait le travail de la justice. Elle avalisait, en effet, les sen-

---

1. Lettre du Premier ministre au délégué général du gouvernement Paul Delouvrier, 20 juin 1960, SHAT, 1H 1261/5.

tences prononcées par les TPFA et fondées sur l'instruction du juge ou, à partir de juin 1960, l'enquête du procureur militaire. Illustrant ce raisonnement, peu de temps avant la grâce collective, André Rocca, procureur général d'Alger, avait appelé à une « pleine et entière exécution » des « décisions de justice », en insistant sur le fait que « l'exécution des jugements répondra[it] à la conscience des juges qui les ont rendus[1] ».

Dans la dernière année du conflit, l'arrêt des exécutions enlevant toute crédibilité aux sentences, les procès ont tourné à la parodie. En février 1961, le magistrat militaire Jallut, du TPFA d'Oran, se plaignait ainsi de l'« attitude désinvolte, frisant l'arrogance », adoptée par « les accusés, en particulier ceux ayant commis les crimes les plus graves, sachant peut-être par leurs défenseurs que les peines ne seront pas exécutées[2] ». Ils « se glorifient de leurs crimes, poursuivait-il, donnant à penser qu'ils ne craignent guère notre justice ». Alors qu'il était auparavant décrit comme silencieux, « le public, d'origine musulmane » manifesterait désormais « une certaine solidarité avec les accusés ».

Alerté, le général Ailleret, dernier commandant en chef avant le cessez-le-feu, ne pouvait que constater l'incohérence créée par la poursuite des condamnations, alors que le règlement du conflit était en cours. Logiquement, en effet, « la moins mauvaise attitude serait... de limiter les condamnations à mort, qui sont souvent prononcées pour un "simple" attentat, jet de grenade ou autre », mais : « L'exécutif peut-il intervenir sur le judiciaire[3] ? » Indépendants du pouvoir politique, alimentés en amont par le travail des procureurs militaires, dont la mission ne prendrait fin qu'avec l'arrêt des hostilités, les TPFA ont continué sur leur lancée. Ils ont condamné à mort jusqu'aux derniers moments du conflit. Ainsi, l'ultime peine capitale a été prononcée dix jours seulement avant le cessez-le-feu, le 9 mars 1962, à Alger, contre l'auteur d'une tentative d'assassinat remontant à juin 1961[4].

La répression judiciaire ne pouvait s'arrêter, tant que les événements suscitaient l'ouverture d'enquêtes par les procureurs militaires, débouchant sur un renvoi devant les TPFA qui, encombrés, rendaient leur jugement des mois plus tard. Cependant, la poursuite de la répression désorientait ses acteurs, le sens de leur action n'allant plus de soi dans un contexte de règlement du conflit. Pourquoi arrêter, interroger, détenir et condamner ? Un constat lucide était difficile à affronter. En outre, les contemporains ne connaissant pas la fin de l'histoire, ils pouvaient s'aveugler et, négligeant la multiplication des rencontres entre le GPRA et le gouvernement français,

---

1. Cité par *Le Monde* du 14 octobre 1958.

2. Lettre à la direction de la justice militaire, 18 février 1961, SHAT, 1H 1238/1.

3. Note manuscrite accompagnant la lettre du magistrat militaire Jallut, 28 février 1961, SHAT, 1H 1238/1.

4. D'après le répertoire des recours en grâce et les fiches individuelles de condamnés à mort, *op. cit.*

croire à la légitimité de leurs actes. Ainsi est né le sentiment d'avoir été trahis par le pouvoir politique.

Sauf à s'identifier aux acteurs de la répression, les magistrats civils ont pu être épargnés par cette crise, puisque, déchargés des instructions et jugements à partir de juin 1960, ils ont perdu leur rôle dans le dispositif de répression des nationalistes et de leurs sympathisants. En revanche, ils étaient compétents pour la répression des partisans de l'Algérie française et c'est sur ce terrain que les tensions sont nées.

À l'unisson de ceux qui ont été engagés dans la répression des nationalistes pendant plusieurs années, pour le maintien de l'Algérie française, ils ont mal accepté cette réorientation de leur travail. Abandon des poursuites, non-lieux, mises en liberté provisoire, verdicts *a minima*... les magistrats d'Algérie ont utilisé leur indépendance contre la volonté du pouvoir politique, pour qui les partisans de l'Algérie française devenaient la cible principale. Débutant en janvier 1960, avec la semaine des barricades au cours de laquelle les émeutiers algérois ont tenu la rue contre la politique gouvernementale, cette mutation s'est affirmée après la tentative de putsch du 22 avril 1961 et l'entrée en action de l'Organisation armée secrète (OAS). Saisi par Jean Morin, délégué général du gouvernement, mécontent de la « mansuétude » des magistrats, Edmond Michelet, ministre de la Justice, se déplaça même au début du mois d'avril 1961, pour tancer les hauts magistrats réunis au palais de justice d'Alger[1].

Cependant, convaincu qu'en Algérie « les médecins, les magistrats et la police sont avec l'OAS[2] », le général de Gaulle choisit de confier à des juridictions d'exception, installées en métropole, les affaires les plus graves : Haut Tribunal militaire et tribunal militaire dit « spécial », créés après la tentative de putsch. Sept juges du parquet de la Seine ont également été envoyés à Alger pour prendre en charge ces affaires. Au même moment, la magistrature d'Algérie était soumise à une série de mesures manifestant la méfiance du pouvoir politique à son égard et destinées à la reprendre en main : suspension de l'inamovibilité des magistrats du siège et possibilité de placer tout magistrat en congé spécial pour une durée de deux ans. Une enquête sur leur comportement pendant le putsch, enfin, entraîna des sanctions contre seize d'entre eux, qui ont été, selon les cas, mis à la retraite, placés en congé spécial, ou contraints de demander leur mutation avec, parfois, l'obligation d'être affectés hors de métropole[3].

Le contentieux entre le général de Gaulle et les Français d'Algérie datant de la Seconde Guerre mondiale pourrait expliquer cette opposition constante,

---

1. Lettre de Jean Morin à Edmond Michelet, 21 mars 1961, CAC, 800175 article 104*. Le voyage d'Edmond Michelet a été rapporté par la presse de l'époque.

2. Instruction à Michel Debré, Premier ministre, Roger Frey, ministre de l'Intérieur, Louis Joxe, ministre des Affaires algériennes, et Bernard Chenot, ministre de la Justice, 23 novembre 1961, CAC, 770101 article 7*.

3. Rapport d'inspection de deux conseillers à la Cour de cassation et tableau récapitulatif des mesures prises, CAC, 19980518 article 17*.

dans la politique gaulliste, entre la métropole, espace digne de confiance, et l'Algérie, terre déloyale. Objectivement, cependant, elle renvoyait aux spécificités de la magistrature en poste de l'autre côté de la Méditerranée.

Et les magistrats ?

En théorie, les magistratures d'Algérie et de métropole formaient un même corps, les modalités de recrutement étant identiques et toute mutation possible entre les deux territoires ; mais sur le terrain, la justice d'Algérie reflétait la situation coloniale. Jusqu'en 1944, en effet, le métier de magistrat était interdit aux Algériens dits « musulmans », cantonnés aux fonctions auxiliaires. Incarnation locale de la justice, le juge français et son greffier musulman formaient un duo emblématique de cette inégalité. Plus globalement, au moment où le FLN déclenchait l'insurrection, la magistrature ne comptait que sept Algériens, tandis que les Français d'Algérie, majoritaires au sein de la justice pénale, y exerçaient les hautes fonctions : procureur général et avocat général à Alger, président et vice-présidents de la cour d'appel, présidents des tribunaux…

Les magistrats d'origine métropolitaine, quant à eux, étaient majoritaires parmi les juges de paix. Chargés des affaires de droit civil, tels les conflits de propriété, de succession, de mariage, etc., ils bénéficiaient d'une compétence étendue qui leur permettait d'instruire les affaires pénales. À ce titre, ils ont, eux aussi, connu des affaires liées à la guerre. L'importance des métropolitains s'explique par le déficit chronique dont souffraient les justices de paix d'Algérie. Les candidats faisant défaut, des métropolitains pouvaient y être nommés, sur titre, comme suppléants, avant d'être titularisés et de retraverser, éventuellement, la Méditerranée. L'Algérie était ainsi utilisée par des métropolitains comme une première étape dans l'intégration de la magistrature.

D'origine métropolitaine ou nés en Algérie, cependant, tous ont joué un rôle important dans la guerre. Outre l'instruction et le jugement des délits jusqu'en juin 1960, ils ont aussi présidé les TPFA et exercé comme procureurs militaires. Ces fonctions les ont largement mobilisés. En novembre 1960, la présidence des TPFA occupait ainsi quarante-sept magistrats civils qui devaient exercer cette tâche en supplément de leur poste habituel[1]. Un roulement entre le président titulaire et ses suppléants leur permettait de siéger alternativement au TPFA et dans leur juridiction d'origine. Enfin, deux cent trente et un magistrats et trente-trois auditeurs de justice, magistrats en formation, ont été appelés ou rappelés comme procureurs militaires de juin 1960 à la fin de la guerre[2].

---

1. État des magistrats exerçant en Algérie au titre de la justice militaire, 15 novembre 1960, CAC, 980518 article 2.

2. Rapport sur l'activité des procureurs militaires, 7 juin 1962, CAC, 980518 article 2.

L'attitude des magistrats peut s'expliquer par leur origine, les natifs d'Algérie ne concevant pas leur départ vers la métropole. Leur attachement à la terre algérienne relevait d'un patriotisme intimement ressenti, alors que, pour les métropolitains, l'Algérie française n'était qu'une cause politique, qui ne s'enracinait pas dans une histoire personnelle. Il leur était plus facile de s'en détacher, surtout quand elle eut commencé à prendre un caractère subversif. Soutenir l'Algérie française était une chose, entrer en conflit avec l'autorité étatique en était une autre. Tous n'étaient pas prêts à franchir le pas.

L'attachement personnel à l'Algérie française interférait, au moins de façon inconsciente, dans le traitement des dossiers nationalistes et ultras. Les conseillers de la Cour de cassation, chargés de l'enquête diligentée après le putsch, n'hésitaient pas à écrire qu'« en matière pénale, il se rend une justice ségrégative », « les magistrats originaires d'Algérie » n'étant pas « parvenus dans leurs décisions à se dégager de leurs sentiments personnels ». Cette origine ne livre cependant pas la clé de toutes leurs attitudes. L'impunité de la torture, sanctionnée par quelques procès seulement, ne relève pas systématiquement d'un parti pris des magistrats, opposés à la cause nationaliste et habitués à ignorer cette pratique, antérieure à la guerre d'indépendance. Dès le printemps 1955, un rapport notait déjà qu'ils montraient « peu de zèle pour connaître les procédés grâce auxquels la police est parvenue à leur présenter "des affaires qui se tiennent"[1] ».

L'impunité de la torture tient à la fois aux hommes et aux contraintes de la loi. Juridiquement, en effet, les plaintes dénonçant des tortures relevaient de la justice militaire dès que les coupables présumés étaient des soldats et les magistrats civils étaient incompétents. En outre, le commandement faisait obstruction à l'aboutissement des procédures.

À l'échelle individuelle, dans le bureau du magistrat instructeur, face à un inculpé se plaignant de sévices, d'autres mécanismes produisaient leurs effets. Interrogés à ce sujet, d'anciens magistrats tiennent à la fois un discours de justification et une analyse. Ils expliquent ainsi que ces déclarations, rarement étayées par des traces, leur paraissaient mensongères. Reconnaissant toutefois qu'elles ne l'étaient pas toutes, ils évoquent alors les charges pesant sur ces inculpés pour expliquer que l'existence de sévices ne justifiait pas la délivrance d'un non-lieu. Au mieux, ils commettaient un médecin légiste qui, constatant la trace des sévices, dressait un procès-verbal versé au dossier, et le parquet n'ouvrant pas d'information judiciaire, l'affaire restait sans suite.

Leurs analyses recréent un environnement psychologique, dans lequel la torture a perdu son caractère de violence suprême et condamnable. L'instruction des affaires liées à l'insurrection se traduisait en effet par une exposition très fréquente des magistrats à la violence du FLN. Appelés sur

---

1. Rapport de Roger Wuillaume, qui se déclare favorable à l'usage de certains sévices, publié par Pierre Vidal-Naquet, dans *La Raison d'État*, Paris, La Découverte, 2002 (rééd.), p. 63-76.

les lieux d'un égorgement ou d'un attentat, pour faire les constatations d'usage, ils étaient confrontés à la vue du sang, des corps meurtris des morts ou des blessés, à la douleur et à la détresse des survivants. Au contraire, aucun d'eux n'a été témoin d'une scène de torture. Dès lors, la torture, invisible, était occultée par les images obsédantes de la violence du FLN. Elle n'était plus qu'une violence parmi d'autres.

Enfin, ils décrivent comme une pression le contexte de guerre. Quiconque servait l'adversaire trahissait. Un magistrat comme Jean Reliquet, procureur général d'Alger en 1957, actif contre la torture, trouvait ici les limites de ses possibilités d'intervention. Dans une longue lettre à François Mitterrand, alors ministre de la Justice, il exposait ainsi la nécessité de procéder avec une « extrême prudence » dans l'instruction des plaintes dénonçant des sévices, même s'il souhaitait la sanction des « fautes qui ont été commises[1] ». Il craignait d'abord que « le FLN et le Parti communiste algérien prennent prétexte des abus commis pour provoquer une campagne orchestrée, jetant le discrédit sur l'armée, portant du même coup une atteinte grave au prestige de notre pays ». Il refusait de faire le jeu de l'adversaire.

Cependant, il craignait également la réaction de l'armée, prompte à dénoncer l'incurie de la « justice de l'État ». « En cas de reprise du terrorisme », Jean Reliquet s'inquiétait de voir la justice accusée « d'avoir, par son opposition à certains procédés, par un respect de la personne humaine et un souci de la légalité jugé excessifs et trop scrupuleux, découragé l'armée, entravé son action et provoqué le renouvellement des attentats ». Ici se dévoilent les tensions qui ont existé, parfois, entre le commandement et les magistrats.

En effet, l'armée et la justice cherchaient à atteindre le même but, la répression des actes des nationalistes, mais selon des modalités différentes. Pour le militaire, le nationaliste était un ennemi à combattre alors que, pour le magistrat, il devait rester un justiciable bénéficiant de droits et recours. Si, dans le premier cas, tous les moyens nécessaires à la victoire étaient permis, dans le second, la législation, les règles de la procédure, certains principes attachés à l'exercice d'une justice digne de ce nom devaient encadrer l'action du magistrat. C'est ainsi que le commandement a pu se plaindre de la justice qui, pourtant, instruisait et condamnait massivement. Même peu nombreux, des conflits ont pu éclater localement. Jean Reliquet, opposé au général Massu à Alger, finit isolé et calomnié, alors qu'il avait aménagé une collaboration entre son parquet et le TPFA pour assurer une répression légale la plus efficace possible.

Ainsi s'explique le choix d'Edmond Michelet, ministre de la Justice de janvier 1959 à août 1961, de faire transférer en métropole l'instruction des plaintes dénonçant des sévices. Il ne manifestait pas seulement une méfiance

---

1. Lettre du 16 avril 1957, reproduite en annexe du mémoire de DEA de Sandrine Reliquet, *L'Exercice de la magistrature en Algérie d'octobre 1956 à octobre 1958. Le cas du parquet d'Alger*, IEP de Paris, 1989, p. 137-144.

envers les magistrats d'Algérie. Il s'agissait, aussi, d'extraire ces affaires d'un contexte peu propice à l'exercice d'une justice sereine, un contexte qui soumettait la justice à une logique de guerre. « C'est un adversaire que l'on juge », écrivait Paul Thibaud dans un article très documenté et critique[1]. La métaphore guerrière couramment employée par les journalistes relatant les procès le révèle aussi, juges et accusés se défiant dans l'enceinte du tribunal. « C'est à ce moment que s'affrontent dans le prétoire, tout masque jeté, les patriotes algériens et leurs adversaires », écrivait encore Paul Thibaud, à propos des ultimes déclarations des prévenus, avant le verdict. « Un court instant les armes sont égales. »

Sortir de la guerre

Il est devenu banal de dire que le cessez-le-feu du 19 mars 1962 n'a pas mis un terme à la guerre d'Algérie, devenue, au fil des années, un conflit aux facettes multiples, n'opposant pas seulement les nationalistes algériens à la France. Si les deux belligérants, FLN et armée française, ont effectivement mis un terme à leur affrontement ce jour-là, d'autres guerres ont perduré, en particulier celle menée par l'OAS contre la politique du général de Gaulle.

Le cessez-le-feu étant une grave défaite pour les irréductibles de l'Algérie française, qui espéraient prolonger la guerre pour éloigner toute perspective d'indépendance, l'OAS s'est engagée dans un cycle de violences et de terreur pour torpiller le processus prévu par les accords d'Évian. Elle cherchait à empêcher la tenue du référendum sur la question finale : « Voulez-vous que l'Algérie devienne un État indépendant, coopérant avec la France dans les conditions définies par la déclaration du 19 mars 1962 ? » Il a fallu un accord entre le FLN et l'OAS, le 16 juin 1962, pour que celle-ci cesse ses plasticages et assassinats aveugles d'Algériens.

Cette période de transition entre la souveraineté française et la souveraineté algérienne constituait le moment idéal pour entraîner le pays dans un chaos irréparable. Pour cette raison, un exécutif provisoire, composé de représentants algériens et français, a été formé et chargé de la gestion des affaires courantes. Le maintien de l'ordre était remis à l'armée et la répression judiciaire de nouveau réaménagée, pour répondre à cette situation.

Un tribunal de l'ordre public (TOP) fut ainsi instauré par décret le jour même du cessez-le-feu, et supprimé trois mois plus tard. Constitué de deux chambres, à Tlemcen et à Tizi Ouzou, villes choisies pour leur calme relatif, il jugeait, suivant la procédure du flagrant délit, tous ceux qui portaient atteinte « au rétablissement de la paix publique, à la concorde entre les communautés, au libre exercice de l'autodétermination ou à l'autorité des pouvoirs publics[2] ». L'OAS ne pouvait être mieux visée. En réalité, ce

---

1. « Comment fonctionne la justice en Algérie », *in Esprit*, mai 1957, p. 859-872.
2. Article 1er du décret du 13 mars 1962.

tribunal condamna surtout des hommes porteurs d'armes, découvertes lors d'une fouille par une patrouille ou à un barrage routier[1].

La circulation des armes en Algérie était devenue un problème majeur à affronter pour assurer la sécurité. Symboliquement, les condamnations du Tribunal de l'ordre public réaffirmaient l'interdiction du port d'armes dans une société pourvue d'un État de droit, dont les forces de l'ordre, seules, disposent de ce privilège. La source même des armes détenues par des individus assurant vouloir se protéger dans un climat de violences conférant à l'anarchie témoignait de la perte d'autorité de l'État sur le terrain. Ces armes provenaient, en effet, essentiellement, des déserteurs de l'armée ayant rejoint l'OAS ou de policiers désarmés par des commandos. Dans ce contexte, la justice renoua pendant cette période avec le rôle qui lui est traditionnellement dévolu : manifester la souveraineté de l'État.

Si l'indépendance clôt l'histoire de la présence française en Algérie, et donc celle de l'exercice de la justice française sur ce territoire, elle ne met pas un terme à l'histoire des transformations du domaine judiciaire occasionnées par cette guerre. L'OAS se réfugiant dans l'attaque contre le général de Gaulle, considéré comme « le bradeur de l'Algérie française », la répression judiciaire continua en métropole. Les affaires dites de subversion furent ainsi confiées au tribunal militaire dit « spécial » créé après le putsch, avant que les polémiques sur la légitimité des juridictions d'exception ne rendent leur suppression nécessaire. C'est ainsi que, le 15 janvier 1963, fut créée la Cour de sûreté de l'État. Définie par une loi résultant d'un vote et d'un débat parlementaires, elle bénéficiait d'une légitimité lui permettant d'exister et d'agir en dehors de toutes circonstances exceptionnelles.

Aller au bout de cette histoire ramène vers le présent. La politique judiciaire de François Mitterrand, élu à la présidence de la République, prit exactement le contre-pied de celle de la guerre d'Algérie, avec l'abolition de la peine de mort le 30 septembre 1981, la suppression de la Cour de sûreté de l'État le 4 août 1981 et celle des tribunaux permanents des forces armées le 21 juillet 1982. La période gaulliste, pendant laquelle François Mitterrand prit la tête de la gauche française, a converti l'ancien ministre de la Justice de Guy Mollet, pour aboutir, une vingtaine d'années plus tard, à une politique totalement opposée à celle qu'il avait mise en œuvre. Dans son entourage, des hommes comme Robert Badinter, pour qui la guerre d'Algérie constitua une période de formation et d'engagement, avaient en eux l'expérience de la justice pendant cette période. Seul l'état d'urgence est resté dans le droit français. Il a été appliqué, d'ailleurs, en Nouvelle-Calédonie en 1985.

L'histoire de la justice permet d'affiner la chronologie de la guerre, en manifestant clairement une rupture en 1960, plutôt que la rupture de mai 1958, habituellement retenue. Elle permet aussi de réévaluer la marge

---

1. D'après les dossiers de procédure conservés aux AN, 5W 210 à 227*.

de manœuvre du pouvoir politique dans cette guerre, en faisant apparaître les différents leviers qu'il pouvait actionner pour conduire la guerre.

L'élaboration de la législation encadrant le conflit révèle ainsi toute la souplesse du droit, que ses praticiens pouvaient manipuler pour servir au mieux les desseins gouvernementaux : engagement de l'armée et du contingent, transfert des pouvoirs aux militaires, sans déclaration de guerre ; criminalisation du FLN et de l'ALN ; condamnation de leurs membres fondée sur des qualifications juridiques de droit commun ou vaguement définie, comme « l'aide directe ou indirecte aux rebelles » du décret du 12 février 1960 ; réformes de la répression judiciaire visant des objectifs dépassant ce seul domaine, notamment à l'adresse de l'armée pratiquant la torture et les exécutions sommaires...

L'exécutif disposait, en outre, de moyens d'intervention directe. Les pouvoirs spéciaux ont dispensé les gouvernements de consulter le Parlement, les grandes mesures étant décidées par décret, y compris lorsqu'il s'agissait de modifier la procédure judiciaire ou de créer des tribunaux, comme le tribunal de l'ordre public. L'examen des recours en grâce, également, permettait, en dernier ressort, de réguler la répression menée sur le terrain.

Les mesures touchant le personnel judiciaire, enfin, aidaient le gouvernement à trouver les relais pour mettre en œuvre sa politique de l'autre côté de la Méditerranée. Le choix des procureurs généraux d'Alger, véritables chefs de la justice en Algérie, envoyait ainsi, à chaque changement, un message à l'opinion. En 1960, Robert Schmelk, d'origine alsacienne, partit sur une allusion annonçant la fin de l'Algérie française : « Vous connaissez les situations évolutives », lui aurait déclaré le général de Gaulle[1].

---

1. Témoignage de Robert Schmelk, cité par Guillaume Mouralis, *Edmond Michelet, garde des Sceaux, ministre de la Justice (9 janvier 1959-24 août 1961)*, mémoire de maîtrise, Paris-I, 1994, p. 78.

Rétablir et maintenir l'ordre colonial : la police française et les Algériens en Algérie française de 1945 à 1962

par Jean-Pierre Peyroulou

En janvier 1950, l'ouléma Bachir Brahimi[1] dénonçait les quatre agents de l'ordre colonial français en Algérie : « le soldat », « l'instituteur colonialiste », « le prêtre » et « le médecin colonialiste ». « Ces quatre sortes d'armes humaines » sont venues, écrivait-il, « corrompre la religion », « faire oublier aux musulmans leur langue et leur histoire », et les appauvrir.

Le cheikh Bachir Brahimi n'évoquait pas le policier. Or ce dernier constituait bien, avec l'administrateur de commune mixte, l'une des figures centrales de l'État colonial en Algérie française. Le policier a largement été confondu avec le soldat, tant pour les Algériens ces deux figures semblaient, non sans raison, ne faire qu'une : celle qui représentait la force et la violence illégitimes de l'État colonial.

Au soldat, donc à l'autorité militaire, sont revenus la conquête de l'Algérie au XIXe siècle et l'établissement d'un ordre inégalitaire entre Français et Algériens. Au policier, donc à l'autorité civile, a échu le maintien de l'ordre, ce qui n'a été que partiellement réussi. En effet, pour réprimer les révoltes qui scandent l'histoire de l'Algérie, en 1871 en Kabylie, en 1916 dans l'Aurès, en 1945 dans le Nord-Constantinois, l'autorité civile n'a pu compter sur la seule force policière pour maintenir un ordre qui à chaque fois menaçait de se dérober. Elle dut appeler l'armée, même si l'état de siège en raison des guerres en autorisait légalement l'usage. Autant, en France métropolitaine, l'histoire du maintien de l'ordre consistait au tournant du siècle à éviter que la troupe assure l'ordre[2] et ne se trouve face aux civils (c'est pourquoi furent créés des corps de police spécialisés, formés, capables de contenir leur violence), autant en Algérie, pourtant territoire de la République, à chaque moment où l'ordre colonial était gravement menacé,

---

1. *El Bassaïr*. Traduction de l'arabe.
2. Voir Jean-Charles Jauffret, « Armée et pouvoir politique, la question des troupes spéciales chargées du maintien de l'ordre en France de 1870 à 1914 », *Revue historique*, juillet-septembre 1983, p. 98-110.

l'armée aidée de la police se trouvait en position de faire face aux civils, sans contenir sa force, sans principe de proportionnalité de la violence, sans encadrement suffisant de la loi. Ce qui fit dire plus tard à Hélie Denoix de Saint-Marc[1] qu'il ne faut jamais demander aux soldats de faire la police.

Pendant la guerre d'Algérie, la France refusa de qualifier son action de *guerre*. Elle persista durant les huit ans de conflit à parler « d'opérations de maintien de l'ordre ». Non seulement elle maintenait la fiction de l'Algérie française et de simples opérations de police sur une partie du territoire national, mais aussi elle ne faisait que poursuivre une longue tradition de confusion entre ce qui incombait au pouvoir militaire théoriquement chargé de la défense du territoire national et au pouvoir civil en charge de la police et du maintien de l'ordre. Cette confusion remontait à la conquête[2]. Elle était à l'origine même de la police créée en Algérie par le ministère de la Guerre[3]. Elle nourrissait toutes les illégalités, qui n'étaient pas des dérives ou des bavures, mais étaient consubstantielles à l'État et au système coloniaux bien avant la généralisation de la torture, des exécutions sommaires, bien avant le vote par l'Assemblée des pouvoirs spéciaux en 1956 et l'attribution des pouvoirs de police au général Massu dans Alger le 7 janvier 1957, date à laquelle l'armée disposait de la totalité du pouvoir. La police devenait son auxiliaire, du moins jusqu'à la relative reprise en main du pouvoir par les civils en 1961.

Nous proposons ici de voir la place qu'a occupée la police française, à côté de l'armée, de la gendarmerie et d'autres forces supplétives, dans le difficile puis impossible maintien de l'ordre colonial français entre 1945 et 1962[4] : l'héritage de la police en 1945, sa culture politique et profession-nelle, son organisation jusqu'en 1955, date de la fusion de la police

---

1. Hélie Denoix de Saint-Marc, *Mémoires*, Les Champs de braises, Penier, 2002, Tempus 16, 331 p. et interview dans *Libération* du 28-29 décembre 2002.

2. CAOM F80/576. Le 7 juillet 1851, le ministre de la Guerre écrivait au gouverneur général de l'Algérie à propos de l'organisation de la police à Tlemcen : « Je suis loin de contester la nécessité d'une police active et habilement dirigée dans une localité de l'impor-tance de Tlemcen et dont la population flottante abonde en éléments dangereux. Toutefois, monsieur le gouverneur général, je suis trop frappé des inconvénients inséparables d'une combinaison qui aurait pour résultat de subordonner immédiatement des agents civils à un chef militaire pour ne pas considérer la mesure proposée comme plus dangereuse encore qu'utile. L'institution d'un commissaire de police à Tlemcen ne peut être que la conséquence de la création d'un commissaire civil. Jusque-là, il me paraît indispensable que le service de la police locale s'y exécute par les moyens propres au régime militaire... Il convient donc selon moi de rester dans la logique des situations établies, en évitant ce mélange du civil et du militaire dans l'administration locale de Tlemcen. » Les luttes en matière de prérogatives entre autorités militaires et civiles favorisaient ces confusions bien que chacune s'en défende.

3. Arrêté ministériel du ministre secrétaire d'État à la Guerre du 17 janvier 1851 sur l'organisation de la police en Algérie. *J.O.*

4. Comme le suggère Jean-Charles Jauffret, dans *La Guerre d'Algérie par les documents,* tome premier, « l'Avertissement 1943-1946 », SHAT Vincennes, 1990, on peut considérer que l'insurrection du 8 mai 1945 constitue bien, sinon le premier acte, du moins « l'avertisse-ment » de la guerre d'Algérie, même si la chronologie retient la date du 1er novembre. C'est pourquoi nous commençons cette étude en 1945.

algérienne et de la police métropolitaine, puis l'incapacité de celle-ci à maintenir un ordre colonial qui se dérobait entre le 8 mai 1945 et l'obtention des pouvoirs spéciaux en 1956. Cette dernière date marque davantage que 1954 la véritable rupture pour la police, le vote des pouvoirs spéciaux conduisant à son effacement au profit de l'armée avant que ne lui incombât la tâche ambiguë de lutter contre l'OAS et de transmettre un appareil policier à l'Algérie indépendante.

À chaque moment de cette histoire, on retrouve la question des rapports de la police avec l'armée et le grand colonat, deux tutelles dont elle ne réussit à aucun moment à se défaire, pas plus qu'elle ne réussit à assumer un idéal de police républicaine qui était difficilement compatible avec les missions qui lui étaient assignées et avec sa culture. C'est pourquoi on ne peut pas appréhender l'action de la police et le maintien de l'ordre en Algérie coloniale sous l'angle de l'éthique. Il n'existe une éthique du maintien de l'ordre que dans un contexte démocratique, dans le respect de la loi, dans un ordre légitime accepté par des citoyens égaux devant la loi[1], trois conditions que le rapport colonial et la guerre excluaient. On ne peut saisir l'action policière que sous l'angle d'un rapport de force, d'un ordre inégalitaire que refusaient un nombre croissant d'Algériens.

L'héritage de la police en 1945 et son organisation jusqu'à la fusion des polices algérienne et métropolitaine en 1955

On attribue souvent l'attitude de la police après 1945 à l'absence d'épuration. C'est oublier qu'en 1945 la police héritait d'une histoire coloniale beaucoup plus indélibile et plus longue que la période de Vichy, ayant forgé une culture policière particulière. Vichy s'inscrivait dans la continuation de l'époque antérieure et ne représentait pas une rupture sur le plan des pratiques policières.

Ces dernières s'étaient forgées dans la répression aux infractions au code de l'indigénat, un code de police spécial créé en 1881 à l'époque où l'Algérie était intégrée à la France. Il accompagnait sur les plans disciplinaire et politique la spoliation des terres. L'ensemble de ces mesures formait donc ce code[2], destiné à énumérer et à punir les faits délictueux commis par les indi-

---

1. Antoine Garapon, « Que signifie maintenir l'ordre ? », *Esprit*, n° 248, décembre 1998, p. 121-133. L'auteur montre qu'à la différence de la guerre le maintien de l'ordre n'implique pas la destruction de l'ennemi, mais un rapport de gouvernants-gouvernés et se situe dans un espace public. Ce dernier exige un consentement mutuel entre les citoyens. Dans ce cas, la violence, mesurée, encadrée par la loi, sans réciprocité peut être nécessaire pour préserver l'ordre car il y a une violence aussi dans l'acceptation du désordre.
2. Charles-Robert Ageron, *Histoire de l'Algérie contemporaine*, vol. 2/1871-1954. Première partie : « l'Algérie de 1871 à 1919 », livre premier : « L'évolution administrative et politique de 1871 à 1902 », p. 19-38, en particulier p. 23-25.

gènes qui s'ajoutaient aux faits condamnés par le droit commun en vigueur. Ce régime d'exception demeura jusqu'en 1944. Il fit du policier et du gendarme, sous les ordres de l'administrateur de commune mixte ou du maire, les instruments d'un ordre colonial injuste, vexatoire et oppressif. Le policier était donc le point de contact immédiat et conflictuel entre la société coloniale française et la société algérienne musulmane spoliée, méprisée et exploitée. Tous les discours sur le respect de la personne, sur une police républicaine, puis tous les rappels à l'ordre lors des grandes affaires répressives et de torture après 1955 venaient se heurter à une loi d'exception qui dura soixante ans, suffisamment longtemps pour construire une culture et une pratique forcément répressives du métier de policier. Au contrôle tatillon et policier de la vie quotidienne s'ajoutait la surveillance politique des indigènes qui occupait de nombreuses polices : les Renseignements généraux, les brigades mobiles de police judiciaire, la Surveillance du territoire créée le 13 août 1945, et le CIE qui devint le Service de liaison nord-africain (SLNA).

Vichy tira parti de ces vieilles pratiques et cultures et put compter sur un solide appareil policier et répressif dans l'application de sa politique, dans la remise en cause du décret Crémieux envers les Juifs[1], dans la répression des Algériens. La loi du 23 avril 1941 d'étatisation de la police[2] ne s'appliqua pas directement à l'Algérie. En fait, l'Algérie était en avance sur la métropole sur ce plan puisque à cette période la police des principales villes était déjà étatisée[3] pour des raisons d'effectifs plus que pour soustraire la police aux influences locales. Le gouverneur Yves Chatel transposa la législation en vigueur en Algérie[4]. La fin, en novembre 1942, du régime institué par Vichy n'en suspendit pas l'application. L'étatisation des polices municipales continua en 1943, s'accéléra à la fin des années 1940 et traîna jusqu'en 1961.

La médiocrité de l'épuration de la police après l'établissement du Comité français de libération nationale en 1943 n'explique en rien la répression du 8 mai 1945 dans le Constantinois. Les communistes tentèrent d'en accréditer l'idée en mai 1945 en dénonçant un complot vichyste mené par les grands

---

1. La police et la gendarmerie sont chargées d'administrer les camps du sud destinés à l'internement des républicains espagnols à partir de 1939, des militants du PPA, des « étrangers indésirables et des nationaux dangereux pour la sécurité publique » et des communistes transférés de métropole. Selon Jacques Cantier, les centres de séjour surveillés auraient compté entre 7 000 et 10 000 détenus, dans *L'Algérie sous le régime de Vichy*, Odile Jacob, 2002, p. 346-354.

2. Voir Marc-Olivier Baruch, *Servir l'État français, l'Administration en France de 1940 à 1944*, Fayard, 1997, chap. x : *Servir face à l'ennemi ou servir l'ennemi ? Administration et collaboration*, en particulier *Police et collaboration : la construction d'un État policier*, et *l'époque Bousquet*, p. 377-406.

3. CAOM. FM. MAA. 81F/1416. Étatisation. Alors que seules les villes de Paris, Marseille, Lyon et Toulon avaient une police d'État, Alger (1930), Oran (1936), Constantine et Bône (1936), Mostaganem et Sidi Bel-Abbès (1937), Philipeville et Tlemcen (1941) étaient étatisées.

4. Arrêté du 20 avril 1942 portant règlement sur l'organisation des services de police en Algérie. *Journal officiel* de l'Algérie du 5 mai 1942.

colons et une partie de l'administration coloniale toujours en poste en 1945. André Achiary, sous-préfet de Guelma en 1945, n'était-il pas un commissaire de police des brigades de surveillance du territoire (BST), mais aussi un résistant qui fut un des conjurés qui favorisèrent le débarquement allié à Alger le 8 novembre 1942, fils d'instituteurs syndicalistes, et très anticommuniste ? Lisette Vincent, militante communiste, aurait été torturée par des inspecteurs sous la direction d'Achiary à la préfecture d'Alger[1]. On pouvait être policier, résistant, anticommuniste, colonialiste à poigne et plus tard OAS.

Jusqu'en 1955, la Sécurité générale de l'Algérie n'avait pas de lien hiérarchique et de subordination avec la Sûreté nationale en métropole. Depuis 1898, elle relevait du gouverneur général de l'Algérie qui « a les mêmes attributions en Algérie que le ministre de l'Intérieur dans la métropole[2] ». Il exerçait ces pouvoirs par l'intermédiaire du directeur de la Sécurité générale. Or le caractère policier de la fonction de gouverneur général qu'impliquait la nécessité de maintenir l'ordre dans des départements où une partie de la population n'était pas acquise à la France explique que le gouvernement ait hésité entre la nomination de fonctionnaires à la réputation libérale, sans expérience du maintien de l'ordre, et celle de hauts fonctionnaires ayant une expérience policière[3]. À l'échelon départemental, les préfets et les sous-préfets, et, à l'échelon communal, les maires et les administrateurs disposaient de pouvoirs de police en matière de maintien de l'ordre.

Mais ce qui caractérisait l'organisation des services de police, c'était avant tout l'importance des services de renseignements et de surveillance par les Renseignements généraux, le SLNA, les brigades de surveillance du territoire (BST) puis la Direction de la surveillance du territoire, et celle des services de fichage, l'identité judiciaire et les services d'anthropométrie, domaines pionniers dans les colonies avant de se développer en métropole. L'activité de maintien de l'ordre et surtout de renseignements semblait supplanter largement le travail de police judiciaire des brigades mobiles qui, elles aussi, étaient conviées par Jean Vaujour, le directeur de la Sécurité en 1954, à

---

1. Jean-Luc Einaudi, *Un rêve algérien, histoire de Lisette Vincent, une femme d'Algérie*, Dagorno, 1994, p. 194.

2. *Journal officiel*, décret du 26 février 1898.

3. Comme Louis Lépine, « technicien et théoricien » du maintien de l'ordre à la préfecture de police de Paris (voir Jean-Marc Berlière, *L'Institution policière en France sous la IIIᵉ République 1875-1914*. Thèse de doctorat, 1991. Université de Bourgogne, tome I : *République et police : la doctrine. Le cas particulier de Paris*, p. 192-230. Voir aussi, du même auteur, la biographie de Louis Lépine, *Le Préfet Lépine. Vers la naissance de la police moderne*, Denoël, 1993), nommé à Alger en 1897 en pleine affaire Drumont où son expérience fut moins heureuse ou, pour notre époque, Léonard, qui venait lui aussi de la préfecture de police, ou même Jacques Soustelle, ancien directeur général des services spéciaux de la France libre, à Alger, en 1943. Cette filière s'inversait à la fin de la guerre avec la nomination du préfet IGAME (inspecteur général de l'Administration en mission extraordinaire) de Constantine Maurice Papon à la tête de la préfecture de police de Paris.

participer à la recherche du renseignement[1]. Toutefois, cette multiplication des services de renseignements et d'action dans le cas de la DST, outre les inévitables « guerres des polices » et la rétention d'informations entre la police des Renseignements généraux (PRG) dirigée par le commissaire Costes à la veille du 1er novembre 1954 et le SLNA dirigé par le colonel Schoen durant cette longue période, semblait nuire à l'efficacité policière[2]. La coordination des services faisait défaut[3]. En réponse à ces difficultés, Maurice Papon entreprit en 1951 de réorganiser la préfecture de Constantine dans le sens de la centralisation et créa une fonction de secrétaire général pour la police qui avait en charge aussi les affaires économiques. Il justifiait ainsi ce dédoublement inhabituel de la fonction de secrétaire général dans l'administration préfectorale et cette association : « Les affaires de sécurité, l'ordre et la tranquillité publique étant, au demeurant, les conditions fondamentales du développement harmonieux de la société et de son économie[4]. »

Quatre caractéristiques de la police expliquant bien des carences par rapport à la loi. Elles faisaient de cette police coloniale une police partisane et affidée.

Le code d'instruction criminelle, dont la connaissance demeurait approximative[5], revêtait souvent moins d'importance dans l'exercice du métier qu'une culture professionnelle coloniale transmise par le corps policier depuis sa création. En effet, les policiers des différents corps urbains apprenaient sur le tas, dans les commissariats[6]. Il n'y avait guère de formation professionnelle théorique des policiers à l'exception des commissaires et des inspecteurs qui passaient par l'école de police de Saint-Cyr-au-Mont-d'Or (Rhône) créée par

---

1. Instruction n° 301/54 du 1er août 1954.

2. Jean Vaujour, *De la révolte à la révolution, aux premiers jours de la guerre d'Algérie*, Albin Michel, 1985, p. 33-35.

3. CAOM. Préfecture de Constantine. 93PR1308. Note n° 3297 du commissaire principal chef des Renseignements généraux du district de Constantine au préfet de Constantine. 17 juin 1949. Les archives policières abondent de rapports à ce sujet. Le 17 octobre 1949, le commissaire Bordier, chef des Renseignements généraux du district de Constantine, s'en plaignait et visait la négligence des administrateurs des communes mixtes : « Si, en principe, je suis régulièrement et rapidement informé des faits entrant dans mes attributions qui ont pour théâtres Constantine et les chefs-lieux d'arrondissement, il n'en est pas de même en ce qui concerne les autres centres du département. Les circonstances actuelles et notamment l'évolution politique en milieux musulmans exigent plus que jamais une attention constante et la centralisation des informations. »

4. *Département de Constantine, préfecture de Constantine et services publics. Organisation.* Introduction de Maurice Papon, p. 2.

5. C'est ce qui frappe Jacques Delarue lors de son arrivée en Algérie à la fin de la guerre. Voir sa contribution : « La police en paravent et au rempart » dans *Les Français et la guerre d'Algérie*, sous la direction de Jean-Pierre Rioux, Paris, 1990, p. 257-265.

6. Un rapport du 1er octobre 1951 du Contrôleur général de la police concluait : « L'instruction professionnelle des fonctionnaires de police n'avait pas bénéficié des améliorations et des perfectionnements correspondant à la complexité et à la diversité sans cesse croissantes de leur tâche » et il notait que le « zèle ne compense pas une formation souvent défectueuse ».

Vichy. Or la formation transforme le travail policier. Elle modifie le regard que porte l'officier de police sur le monde qui l'entoure et détermine son rôle dans la rue[1]. Il fallut attendre la création en 1953 de l'École de police d'Hussein-Dey à Alger sous la direction du commissaire Labat et la première promotion de deux cent soixante élèves gardiens de la paix en 1954.

La médiocrité de la formation renforçait la dépendance de la police par rapport aux grands colons et aux notables locaux. Quand Vaujour apprit sa nomination à la tête de la police d'Algérie, la première visite qu'il fit fut au sénateur Borgeaud, qui désapprouva sa nomination, considérant qu'il fallait à la tête de la Sécurité un pied-noir rompu aux habitudes algériennes. Les policiers algériens montraient ostensiblement leur méfiance envers l'autorité supérieure quand elle venait de métropole[2].

Le cas de la nomination en 1950 de Carcenac au poste de commissaire central de la ville d'Alger est exemplaire des rapports entre l'autorité hiérarchique et les notables en matière d'influence et de nomination de fonctionnaires de police[3]. Il révèle aussi le clientélisme. Le poste revenait au vu des états de services et de l'avis de l'autorité hiérarchique au commissaire Labat, plus expérimenté, commissaire depuis 1927 à Alger, Constantine, Oran, médaillé de la Résistance. Sa nomination avait l'accord du gouverneur et du directeur de la Sécurité générale. Or, Carcenac, commissaire depuis 1936, sans expérience de chef de service, sans état de guerre ni de Résistance, emporta le poste malgré son mètre soixante-huit. Il était le candidat des colons et des notables qui firent pression sur le gouverneur, qui finit par céder : le maire de Médéa, M. Bouchnafa, délégué à l'Assemblée algérienne, vantait « l'unanimité des sympathies qu'il a su acquérir pendant la difficile période de Vichy ». Amédée Froger affirmait sans détour : « Carcenac est un ami. » Gazagne, devenu chef de cabinet du maire d'Alger, le recommandait. Carcenac était aussi le délégué général du Syndicat des commissaires de police. Il attaqua le gouverneur général, à la suite de la mort de l'inspecteur G. Gullet tué dans une opération contre l'Organisation spéciale (OS) du PPA/MTLD le 28 avril 1950, lui demandant de « rappeler les chefs de gang à un peu de pudeur[4] ». Au-delà du rôle syndical de défense des policiers

---

1. Voir Robert Reiner, *The Politics of the police*, Harvestor Wheatsheaf, Londres, 2e édition, 1992, en particulier le chapitre 3 : *Cop culture*.

2. CAOM. GGA. 9 CAB58. Note du gouverneur général de l'Algérie au préfet d'Alger, 29 mai 1948. Naegelen se plaignait que non seulement les policiers du commissariat central ne le saluaient pas à son passage, mais que certains « lui adressent le salut d'une manière très incorrecte ».

3. *Ibid.* Candidature de Carcenac au poste de commissaire central de la ville d'Alger en remplacement de M. Laperrière. Octobre 1950.

4. *Ibid.* Lettre du 5 mai 1950 de M. Carcenac, délégué général des commissaires de police, et de M. Paoli, secrétaire général des inspecteurs de police, à M. le ministre : « Depuis plus de cinq ans, les soldats de l'ordre et de la paix français, les policiers mènent une lutte de tous les instants contre les assassins à gages, nourris, hébergés et utilisés par le PPA-MTLD... Or, nous apprenons que les élus de ce parti s'apprêtent à interpeller et à mettre en cause une fois de plus l'action des services de police. »

auprès de l'autorité, ce qui était en jeu dans l'affaire Carcenac, c'était, d'une part, la politisation de certains chefs de la police et, d'autre part, la toute-puissance des notables et des colons qui imposaient leur candidat à l'autorité et à l'Administration en dépit des règles statutaires d'avancement et de promotion, alors qu'il s'agissait de la police dans une ville où elle était étatisée depuis 1930. Le contrôle qu'auraient dû exercer le gouverneur et le directeur de la Sécurité sur le fonctionnement de la police étatisée était miné par la difficulté de ces hauts fonctionnaires à résister aux influences locales et régionales des notables, en particulier de Gazagne, ex-secrétaire général du gouverneur général et chef de cabinet du maire d'Alger, de Froger, colon et élu, d'Henri Borgeaud, et d'Alain de Sérigny de *L'Écho d'Alger*. Ces derniers, en raison de leur poids politique et économique, étaient les patrons officieux de la police d'Alger. Ils faisaient cause commune avec les syndicats de commissaires et d'inspecteurs, les soutenant contre la hiérarchie officielle, qu'ils contournaient. Dans le Constantinois, René Mayer, député radical-socialiste de Constantine, tenait les services préfectoraux et policiers[1].

On retrouvait cette situation à Marseille, avec l'appui du milieu en plus[2], mais en Algérie elle était systématique. L'étatisation ne permettait donc pas de s'affranchir des féodalités locales et de la politisation de la fonction de policier qui dévalorisait son rôle[3].

De plus, cette politisation et ces jeux d'influences existaient aussi dans un sens inattendu. Au lendemain des élections municipales de 1947 à Tébessa, le Mouvement pour le triomphe des libertés démocratiques (MTLD) disposait de vingt-deux sièges contre treize pour les Français à l'Assemblée municipale. Non seulement vingt-quatre agents de la police municipale sur vingt-cinq étaient musulmans, mais aussi tous étaient acquis au Parti du peuple algérien (PPA), d'après le commissaire contraint de rester « cloué dans son bureau », prisonnier de ses policiers, alors que Tébessa se situe à la frontière algéro-tunisienne à un lieu d'intense trafic d'armes et de contrebande de bétail venant de Tunisie. « Chacun des policiers a des appuis ou des ennemis au sein du conseil municipal ou parmi les notabilités politiques de la ville[4]. » C'est pourquoi les élus s'oppo-

---

1. Le colonel Godard découvrit cette réalité en arrivant en 1955 : « ses hommes [de Mayer] sont partout. À la préfecture (Dupuch est son ancien directeur de cabinet), dans les sous-préfectures (à Batna, Deleplanque est un poulain de Dupuch), dans les mairies, dans les communes mixtes, dans les fauteuils des commissaires et même sous le turban des caïds... C'est vraiment du très joli boulot » dans colonel Yves Godard : *Les Trois Batailles d'Alger : 1. Les Paras dans la ville,* Fayard 1972, tome 1, p. 59.

2. Simon Kitson, « Les policiers marseillais et le Front populaire (1936-1938) », *Vingtième Siècle. Revue d'histoire,* n° 65, janvier-mars 200, p. 47-57.

3. Voir Jean-Claude Monet, *Polices et sociétés en Europe,* La Documentation française, 1993, 338 p., en particulier la préface.

4. CAOM préfecture de Constantine. 93PR1130. Rapport du sous-préfet au gouverneur général de l'Algérie. 18 novembre 1947.

saient au projet d'étatisation de la police, ce qui faisait dire au sous-préfet :
« Les intérêts du PPA à conserver la direction de la police locale sont évidents et l'on comprend que ce parti ne veuille pas se dessaisir d'un pareil avantage. Le maire, au mois de novembre 1947, m'avait déclaré que personnellement il n'était pas opposé à l'étatisation pourvu que soit conservé le personnel existant[1]. »

La troisième caractéristique de la police tenait à son recrutement local dans les milieux pied-noirs et musulmans. Le personnel d'encadrement, commissaires et inspecteurs d'origine, était français. De nombreux policiers pieds-noirs étaient d'anciens militaires recasés dans la police, ce qui explique souvent une conception militaire du maintien de l'ordre. Mais on comptait aussi de nombreux Algériens dans tous les corps de sûreté urbaine, dans les Renseignements généraux et parmi les auxiliaires de police. En 1953, leur nombre était assez faible dans les métropoles : 8 % à Oran, 9 % à Alger où la présence européenne était forte. Leur part augmentait au fur et à mesure que l'élément européen diminuait : 59 % à Biskra, 71 % à Batna, 89 % à Khenchela et à Oued-Zenati où « la totalité des agents de police sont illettrés[2] », la totalité à l'exception du commissaire à Tébessa[3]. Mais on trouvait aussi des musulmans qui commençaient leur carrière comme indicateurs de police, puis devenaient auxiliaires de police et même inspecteurs, tout en demeurant par conviction militants du MTLD, au su de celui-ci et de leurs collègues de la police, rendant service à chacun. C'est le cas d'A. B., l'un des tout premiers adhérents au PPA à Mostaganem, devenu indicateur, qui rejoint la police comme auxiliaire de la police judiciaire et que défend le commissaire Labat, chef de la brigade mobile en 1948[4].

Même si nous ne disposons pas de chiffres sûrs pour l'ensemble de la police algérienne[5], il faut sortir de cette vision de la police comme un corps et comme un instrument homogène de répression et de surveillance. La conception du métier de policier à Tébessa, Oued-Zenati, El-Kroub ou Châteaudun-du-Rhumel, où se conjuguent sous-effectifs, sympathies nationalistes, faible présence hiérarchique et une certaine liberté des « confins », n'a guère de rapport avec celle des métropoles ou des villes moyennes où le métier de policier est bien la défense de la population européenne et de l'État colonial. Bien avant la prolifération des polices à la fin de la guerre, il y avait en dehors des grandes et moyennes villes autant de polices que de situations locales, malgré les progrès de l'étatisation.

---

1. *Ibid*. Rapport du sous-préfet au préfet de Constantine. 29 janvier 1948.
2. FM. MAA. 81F/1416. Proposition du préfet de Constantine. 7 mai 1954.
3. *Ibid*. À Châteaudun-du-Rhumel, on comptait « un brigadier européen et six agents musulmans illettrés, journaliers, dont le recrutement change souvent ».
4. CAOM. GGA. 9CAB58. Rapport sur le loyalisme des policiers.
5. Jean Vaujour donnait le chiffre de 20 % de policiers musulmans en 1953, *op. cit*. Il nous semble sous-estimé au regard des nombreux exemples dont nous disposons.

Enfin, la quatrième caractéristique était la situation catastrophique de l'équipement des policiers[1] et la faiblesse des effectifs. Leurs syndicats, qui en étaient il est vrai au début de leur organisation, faisaient davantage porter leurs revendications sur l'égalité des traitements avec leurs collègues métropolitains que sur les conditions matérielles de travail dont la médiocrité semblait intégrée, sauf par les chefs de service. « Beaucoup de camarades doivent se procurer leur instrument au marché noir[2] » qui prospérait après la guerre en Algérie.

L'étatisation permit essentiellement une augmentation des effectifs. Toutefois, tous les emplois n'étaient pas pourvus. Ils étaient en 1952 de 7,5 % inférieurs aux effectifs théoriques. L'Assemblée algérienne n'a pas voulu payer le prix avant 1954 car elle comptait sur l'armée pour rétablir l'ordre en cas d'échec de la police[3]. Toutes les sources s'accordent sur l'inadéquation des moyens – les effectifs – et des objectifs – le maintien de l'ordre. En 1953, la Sécurité générale disposait de six mille hommes[4] concentrés dans les villes importantes. Mais, même dans celles-ci, les effectifs ne représentaient que la moitié de ceux de la métropole[5]. Et, autre différence, le préfet ne disposait pas toujours de CRS, et ne pouvait compter que sur une formation de réserve, les unités territoriales, ainsi que sur les escadrons de gendarmes mobiles.

Pourquoi cette question des effectifs n'a-t-elle pas reçu de solution avant 1954 ? D'abord, l'autonomie financière de l'Algérie ne donnait pas les moyens de ses ambitions à l'Assemblée algérienne. Ensuite, les grands colons, Henri Borgeaud en premier lieu, n'étaient intéressés que par les Renseignements généraux et la surveillance politique des musulmans. Enfin, comme nous le montrerons, les autorités politiques et la police ont abandonné l'idée de pouvoir maintenir l'ordre dans les campagnes et dans les petites villes pour se concentrer dans les villes où vivaient les Européens.

Héritière d'une tradition coloniale qui considérait le musulman comme un inférieur, politisée, partisane, partagée entre l'obéissance aux notables locaux et à l'autorité hiérarchique, sans réelle formation, en effectifs insuf-

---

1. Pas d'essence, peu de voitures et de liaisons radio, exiguïté, voire absence, de locaux, médiocrité de l'armement. Le tableau que dressent les sources sur ce plan est accablant pour l'État, surtout si on le compare à l'armée.

2. *Renouveau*. Août-septembre 1946. *Bulletin de la Fédération syndicale des polices d'Algérie*.

3. La première augmentation significative (10 %) depuis la réforme du statut intervenait à la séance du 25 mars 1954 de l'Assemblée algérienne. Le chiffre traduisait l'inquiétude grandissante sur la situation en Algérie au moment où le Maroc et la Tunisie connaissaient un approfondissement des revendications nationalistes. Elle finança une police de l'air et des frontières créée en juin 1954.

4. La gendarmerie comptait dix mille cinq cents hommes.

5. Dans deux villes comparables par le nombre d'habitants (cent mille), Bône compte deux cent dix gardiens de la paix contre quatre cent neuf à Mulhouse.

fisants, prenant l'armée pour une force de maintien de l'ordre faute de pouvoir l'assurer elle-même, la police ne pouvait que mal aborder la guerre qui allait entrer dans ses missions.

La police entre répression tous azimuts et absence de maintien de l'ordre de 1945 à 1956

L'insurrection nationaliste est restée dans la mémoire algérienne concentrée sur Sétif et sa région, haut lieu du nationalisme algérien. Dans les villes, la police et la gendarmerie réprimèrent les manifestations du 8 mai. Dans les campagnes, les douars et les centres de colonisation, en vertu de l'état de siège, l'armée commandée par le général Duval a assuré la répression. Le bilan s'élevait, côté français, à cent deux morts dont quatre-vingt-huit civils, cent dix blessés, dix femmes violées, et, côté algérien, à un chiffre compris entre quinze mille et vingt mille morts[1]. L'ouverture des archives civiles du gouvernement général et de la préfecture de Constantine apporte des éléments nouveaux de connaissance qui montrent l'importance qu'ont jouée les forces civiles (police et milice) sous l'autorité du préfet de Constantine Lestrade-Carbonnel et des sous-préfets, en particulier celui de Guelma, André Achiary, indiquant ainsi que l'armée était, loin de là, la seule responsable de la violence extrême de la répression. On a fait porter à la Grande Muette le chapeau de bien des exactions civiles et policières. L'intuition de Jean-Charles Jauffret est juste au regard des archives civiles : le général Duval a bien été accablé pour les excès de la répression dans le but ne pas mettre en cause André Achiary, résistant[2], à un moment où l'Algérie avait tant besoin de figures emblématiques de ce type en raison de la modestie de la Résistance dans le pays avant novembre 1942[3].

La police, avant l'armée et la gendarmerie, fut la première confrontée aux manifestants du 8 mai 1945. Sa manière de réagir face aux manifestants, sa façon de maintenir l'ordre, déterminèrent pour une large part la suite des événements, alors, rappelons-le, que le PPA n'a pas donné d'ordre d'insurrection. À Sétif, Bône et Guelma, le premier scénario était le même. Le commissaire central à Sétif et à Bône, le sous-préfet à Guelma adressèrent des sommations pour faire disparaître les drapeaux et slogans nationalistes des manifestations. Des altercations et des tirs s'ensuivirent. Les manifestants furent refoulés hors de la ville et se dispersèrent dans les campagnes. Commençaient alors les premiers assassinats d'Européens à Sétif et à Guelma. Si la répression fut assurée par l'armée dans la région de

---

1. Jean-Louis Planche, « La répression civile du soulèvement nord-constantinois », *La Guerre d'Algérie au miroir des décolonisations*, SFHOM, 2000, p. 127.
2. Jean-Charles Jauffret, *op. cit.*, *Guelma*, p. 250.
3. Voir Jacques Cantier sur ce sujet, *op. cit.*

Sétif, ce fut André Achiary qui prit directement en main les opérations à Guelma. Le recoupement des archives du gouvernement général, de la préfecture de Constantine et des fonds ministériels donnent avec une très grande précision le film des événements à Guelma dans les jours qui suivirent le 8 mai 1945 et que nous ne pouvons pas ici relater dans leur chronologie et dans leurs détails, mais simplement dans les grandes lignes.

En fin d'après-midi, mille cinq cents manifestants débouchèrent dans le centre. Le sous-préfet Achiary se précipita avec des policiers et des gendarmes, refoulant les manifestants, qui se dispersèrent hors de la ville de Guelma. Les centres de colonisation de Laplaine, Petit ou Millésimo furent attaqués. Guelma demeura isolé du reste du pays. Les lignes téléphoniques furent coupées par les émeutiers.

Le 9 mai, Achiary convoqua les responsables de la France combattante. Une milice civile était formée, commandée par Champ, républicain modéré adjoint au maire. Dans la panique, elle mena avec la police et la gendarmerie une terrible semaine de répression d'une extrême violence où les barrières entre policiers et miliciens civils sautèrent. La milice comptait deux cent quatre-vingts membres représentant toutes les familles politiques, du Parti communiste algérien à la droite. Les colons étaient fortement représentés, parfois tous les hommes d'une famille en faisaient partie. C'était l'Union sacrée contre les « fanatiques musulmans ».

La milice arrêta les Algériens à partir des listes des Amis du manifeste algérien, du conseil d'administration de la médersa, et des autochtones adhérents des syndicats remises par l'inspecteur des Renseignements généraux B.[1]. Puis elle les conduisit à la prison. Les personnes arrêtées furent interrogées et condamnées par un Comité de salut public, sorte de tribunal expéditif, sans aucune légalité, formé de miliciens, de policiers et de gendarmes. Les miliciens venaient chercher les condamnés à la prison, sans inscription de sortie sur les registres de levée d'écrou. « Tous les individus emprisonnés le sont sous mon ordre, sans autre formalité, et ils doivent être remis au commissaire de brigade mobile de police judiciaire, au commissaire de police ou au capitaine de gendarmerie, sur simple demande verbale », ordonna André Achiary[2]. Ils furent exécutés individuellement ou collectivement à la périphérie de Guelma, transportés, lors de ce qu'on appela « la promenade sur la route du sud », par un camion des Ponts et Chaussées ou de la SIP (Société indigène de prévoyance). De nombreux témoins attestèrent l'existence de charniers. À la fin mai, de nombreux cadavres furent déterrés et brûlés dans les fours à chaux de M. L., pour être

---

1. Conformément aux règles qui régissent l'exploitation des archives communicables sous dérogation, nous ne donnons que les initiales des noms, sauf quand ceux-ci ont déjà été révélés par d'autres auteurs.
2. CAOM. GGA. 9 CAB200. Ordre montré lors de l'audition de A. F., greffier de la prison civile de Guelma en mai 1945, par l'inspecteur Buono de la brigade mobile de police judiciaire de Guelma le 25 mai 1945.

dérobés aux enquêteurs venus d'Alger à la demande d'Yves Chataigneau, en particulier le commissaire Bergé.

Entre le 9 et le 17 mai, la milice de Guelma, encadrée par la police et la gendarmerie et sous la direction d'André Achiary, lui-même couvert par le préfet Lestrade-Carbonnel, fit entre trois cents et cinq cents victimes selon les sources[1].

En réalité, sur les deux cent quatre-vingts membres de la milice, on repère treize principaux « tueurs[2] », selon l'expression du commissaire Bergé, dont deux inspecteurs, l'un de la brigade mobile, l'autre de la police des Renseignements généraux[3]. Parmi les trois cent neuf plaintes déposées par les familles de disparus, outre plusieurs miliciens, les noms du commissaire de police T. de Guelma et des inspecteurs B. et T. reviennent systématiquement[4]. Les plaintes sur les disparus furent reçues par la police judiciaire de Guelma, c'est-à-dire par les responsables eux-mêmes des disparitions ou par leurs complices, et par des officiers de police venus d'Alger. Toutes les affaires, sans exception, furent classées, faute d'enquête de police.

L'affaire de Guelma pose une série de questions essentielles sur le rôle de la police et sa collusion avec la milice.

En premier lieu, quelle fut la responsabilité du sous-préfet Achiary, chargé du maintien de l'ordre et des pouvoirs de police ? Elle semble totale. André Achiary la revendiquait ouvertement : « La répression, sous mon ordre, a été brutale et rapide… Tout individu considéré comme franc-tireur a été abattu[5]. » À Villars, petit centre de colonisation où le colon Luzet a été tué, neuf exécutions eurent lieu. Au moment de la formation du peloton d'exécution formé de volontaires de la milice, André Achiary aurait lancé, selon plusieurs témoins : « Vengez-vous, messieurs les colons » et, au moment de brûler les cadavres, il aurait déclaré : « Vous voyez comme nous faisons, nous Français, pour les musulmans. Ne regrettez pas, je ferai comme cela deux ou trois fois si c'est nécessaire[6]. » Ce dernier témoignage est cependant à prendre avec circonspection, car Achiary n'était pas réputé pour des opinions ouvertement racistes. Toutefois, le climat de haine et de peur, le

---

1. Les chiffres varient : 500 exécutions sommaires, auxquelles il faut ajouter 80 détenus à la prison de Guelma selon l'inspecteur des prisons et selon Tubert, chargé de l'enquête pour l'armée (CAOM. 8 CAB 87. Rapport d'Yves Chataigneau au ministre de l'Intérieur le 8 juin 1945), 300 à 400 selon le commissaire Bergé qui estime que le bilan est très difficile à faire (CAOM. GGA. 8CAB87. Rapport Bergé).
2. *Ibid.*, additif au rapport Bergé.
3. CAOM. GGA. 8CAB 87. Additif au rapport du commissaire Bergé. Alger, 17 juin 1945.
4. CAOM. GGA. 8CAB166.
5. CAOM. GGA. 8CAB/163. Rapport d'ensemble sur les événements de Guelma et de sa région. Note n° 166 du sous-préfet de Guelma au préfet de Constantine, sans date, sans doute fin mai 1945.
6. Ces citations figurent dans le premier additif du rapport Bergé. CAOM. GGA. 8 CAB166. Bergé leur accorde une crédibilité suffisante pour les signaler.

mépris de la vie, particulièrement celle des Arabes, qui ressortent de la lecture des archives, pourraient les expliquer.

Deux interprétations de l'attitude d'André Achiary sont possibles et complémentaires.

D'un côté, on peut penser que le sous-préfet perdit son sang-froid dans ce climat de panique et de surenchère qui saisit la petite ville de Guelma, expliquant ainsi la disproportion entre les meurtres commis par les émeutiers et les massacres de la répression. Comment expliquer, sinon par l'urgence, l'ordre de levée d'écrou sans inscription de sortie alors qu'André Achiary savait qu'il se mettait dans l'illégalité absolue ?

De l'autre, on ne peut pas rester au stade du dérapage d'André Achiary. D'abord, le sous-préfet, présent lors des conseils de la milice, dirigeant lui-même les opérations, ne pouvait ignorer les massacres collectifs, les charniers[1], puis la destruction des preuves par la carbonisation des corps déterrés. S'il n'a pas encouragé ces actes, il ne les a pas empêchés. L'aurait-il pu ? Le prestige de résistant d'Achiary, sa réputation de fermeté bien avant le 8 mai 1945 lui auraient-ils donné suffisamment d'ascendant pour empêcher la police et la milice de verser de la répression dans le massacre ? Même sur le plan du maintien de l'ordre, il y disproportion entre, d'une part, la menace objective[2] et le nombre des victimes européennes, et, d'autre part, l'ampleur de la répression. La thèse d'une répression préventive qui rejoindrait « le complot de la haute administration (Gazagne, Berque et Périllier), qui se conforte avec celui du Parti populaire algérien (qui noyaute les AML [Amis du Manifeste et de la liberté] de Ferhat Abbas) » contre l'ordonnance du 7 mars 1944 et la politique de réformes libérales du gouverneur, selon Annie Rey-Goldzeiguer[3], et auquel participerait Achiary en liaison avec Lestrade-Carbonnel, est-elle envisageable ? Cela ne semble guère possible en raison du passé d'Achiary, même si la défense de la colonisation transcendait les clivages politiques et si les complots étaient une passion franco-algérienne. Le 14 avril 1945 se tint une réunion sur la défense de Guelma et la milice civique rassemblant autour d'Achiary le commandant d'armes, le chef de la brigade mobile de Guelma, les maires de Guelma, Clauzel, Petit, Millésimo et Héliopolis : « Il est prévu que l'autorité militaire fait appel à des civils. Sans vouloir préciser autrement puisque je connais l'usage que nous avons fait le 8 novembre 1942 à Alger de l'institution des volontaires de place (milice), j'estime que l'autorité civile représentée par le préfet et les sous-préfets

---

1. CAOM. GGA. 8CAB97. Troisième additif Bergé. Déclaration faite le 26 juin 1946 au commissaire Bergé par Ouartsi Salah Ben Tahar, cordonnier, résidant rue Mogador à Guelma.

2. Il faut rappeler qu'il n'y pas eu d'appel à l'insurrection de la part du Parti populaire algérien. Il y eut même contrordre comme le rapporte Hocine Aït Ahmed pour la Kabylie dans *L'Esprit d'indépendance. Mémoires d'un combattant 1942-1952*. Barzakh, Alger, 2002 (deuxième édition), p. 43, et aussi les témoignages d'Ali Kafi, *Du militant politique au dirigeant militaire, Mémoires 1946-1962*, Alger, Casbah Éditions, 2002, 412 p., et d'Abderrezak Bouhara, *Les Viviers de la libération*, Alger, Casbah Éditions, 2001, 334 p.

3. *Aux origines de la guerre d'Algérie 1940-1945*, La Découverte, 2001, p. 237.

devrait avoir l'initiative du choix des volontaires de place » c'est-à-dire des miliciens[1]. Il faut rapprocher cette décision d'opter pour la milice des informations obtenues et mises à la disposition des préfets par les Renseignements généraux sur les AML entre le congrès des AML du 2 au 4 mars qui vit la victoire des thèses radicales[2] et le retour à une ligne modérée le 24 avril. C'est pourquoi, sans pouvoir l'affirmer, la thèse d'une répression préventive à Guelma n'est pas à exclure. Il faut préciser que la police tenait avant le 8 mai la liste des AML à arrêter dans le cas de toute agitation. Sur ce plan-là, il n'y eut pas d'improvisation.

Entre dérapage et répression préventive se situe, à notre sens, la responsabilité d'Achiary dans les massacres. À la différence de ce qui s'est passé à Sétif, André Achiary a voulu se débrouiller seul à Guelma, sans l'armée[3], et affirmer ainsi au gouvernement sa capacité à faire face aux « événements » comme il le fit en novembre 1942 dans un but carriériste, plus que par conviction dans ce dernier cas. Rappelons qu'Achiary a été nommé sous-préfet par seule décision politique alors qu'il n'appartenait pas à la préfectorale à l'origine. L'attitude d'Achiary rejoignait celle des colons, notamment l'adjoint au maire de Guelma, Champ, le chef de la milice, qui préparaient les prochaines élections à coups de surenchères antimusulmanes, antinationalistes et dans la défense de la colonisation à tout prix, thèmes qu'une majorité d'Européens était prête à suivre. La police était l'un des instruments conciliants et partisans de cette surenchère.

La seconde question posée par les massacres de Guelma est celle de la frontière entre la police, la gendarmerie, l'administration pénitentiaire et la garde civique. La police se fond, voire se dissout dans la milice. Dans un État de droit, même sous état de siège, chaque institution dispose de prérogatives spécifiques, par exemple, dans notre cas, en matière d'arrestations, d'interrogatoires ou d'emprisonnements. L'absence de séparation entre l'administration pénitentiaire et la police en Algérie que dénonça en 1955 Jean Mairey favorisa ce dramatique mélange des fonctions[4]. La situation à Guelma se caractérisa par la confusion complète des rôles entre policiers,

---

1. CAOM. GGA. 8CAB87. Rapport d'Achiary au préfet de Constantine, Lestrade-Carbonnel.

2. Voir, Ben Youcef Ben Khedda, les origines du 1er novembre 1954, Dahlab, Alger, 1986. Annexe 14, p. 287-290.

3. C'est pourquoi il a trouvé l'argument de tirailleurs algériens trop peu sûrs pour pouvoir être utilisés, justifiant ainsi l'usage des civils encadrés par lui-même et la police. Cet argument ne tenait pas : nulle part, par exemple dans la région de Sétif, la troupe, y compris quand elle était composée d'Algériens, n'a fait défaut le 8 mai, comme lors de toutes les répressions d'insurrections anticoloniales antérieures.

4. Les services pénitentiaires sont placés sous l'autorité du directeur de la Sécurité générale de l'Algérie. En temps normal, un prévenu arrêté par la police était jugé par la justice, puis, une fois condamné, repassait sous le contrôle de la police dans les services pénitentiaires. En temps de crise comme à Guelma, le prévenu devient directement un prisonnier et un condamné sans intervention de la justice. La police, la gendarmerie et la milice se chargeaient de tout, de l'arrestation à la mort.

gendarmes, miliciens, gardiens de prison et sous-préfet. Tous faisaient tout :
arrêter, interroger, juger, emprisonner, tuer, transporter, déterrer, brûler,
épurer les corps et même enquêter sur leurs propres agissements, c'est-à-dire
le contraire de la police. Braham, un gardien de la paix musulman dont le
fils figurait sur les listes des AML, fut même tué par ses collègues B. et C.
le 12 mai[1] sans que cela occasionne une enquête.

La loi était suspendue. La nécessité – c'est-à-dire faire face à la menace
à Guelma – fit loi, selon la formule. Entre la loi et la nécessité, il y a un
rapport ambigu qui justement fonde l'état d'exception. Jean-Jacques Rousseau considérait que « l'inflexibilité des lois, qui les empêche de se plier
aux événements, peut en certains cas les rendre pernicieuses et causer par
elles la perte de l'État dans sa crise[2] ». En affirmant « la répression sur mon
ordre a été brutale et rapide », en appelant « comité de salut public » ce tribunal expéditif chargé d'envoyer à la mort souvent des innocents des AML,
Achiary encouragea l'exception pour conserver l'ordre. Guelma 1945
n'était pas 1793-1794. Achiary pensait se placer du côté de la violence
comme « conservatrice du droit » pour reprendre ici l'expression de Walter
Benjamin[3], quitte à se mettre en dehors de la loi en n'exigeant plus par
exemple de levée d'écrou écrite à la prison. En réalité, il instaurait comme
norme le désordre. Guelma se trouvait donc bien au paroxysme d'un état
d'exception colonial, qui était dans les faits permanent, où la nécessité
fondait la loi, en mai-juin 1945 avec encore plus de gravité qu'en temps
normal. À Guelma, le droit de la police indiquait « le point où l'État, soit
par impuissance, soit en vertu de tout ordre juridique – colonial –, ne peut
plus garantir par les moyens de cet ordre les fins empiriques qu'il désire
obtenir à tout prix[4] » : la paix dans l'ordre colonial. Cet État dont Guelma
représente l'acmé de l'exception était bâti sur une Union sacrée de tous les
Européens face au péril « indigène ». La colonisation et la défense des intérêts coloniaux dépassaient les différences politiques. D'où le soutien
apporté après les faits à André Achiary et aux forces de l'ordre par tous, des
communistes à la droite républicaine.

La répression demeurait d'autant plus grande que l'ordre entre 1945
et 1954 n'était plus maintenu en dehors des grandes villes. Comme l'État ne
pouvait assurer la sécurité des Européens dans bien des campagnes, il
accepta devant leur pression le maintien de la milice dans les centres de
colonisation alors qu'elle était suspendue à Guelma, Constantine et Bône.
Dans l'arrondissement de Constantine[5], les trente-deux centres de colonisa-

---

1. CAOM. GGA. 8CAB166. Premier additif. Fiche 37.
2. Jean-Jacques Rousseau, *Contrat social*, La Pléiade, 1964, IV, 6, p. 455.
3. Walter Benjamin, *Critique de la violence*, dans *Œuvres*, I. Gallimard. Folio Essais,
2000, p. 224.
4. *Ibid,* p. 223-224.
5. SHAT. 1H2859/1. 19ᵉ CAEM, 2ᵉ Bureau. Note de service n° 271/2 du 19 février
1946.

tion des neuf communes mixtes ont des lieux de stockage comprenant entre dix et soixante armes. À Morsott, où vivaient 1 947 Européens dans la peur d'être submergés par les 73 429 musulmans dépendants de cette commune mixte de l'Est algérien riche en fer, en phosphate et en alfa, les Européens obtinrent en 1946 de l'autorité civile la constitution de six centres défensifs comptant deux cent soixante-cinq armes entreposées à la mairie, dans les mines (Ouenza : cent armes, Le Kouif : cent armes) et à la gendarmerie. Ce qui fait presque une arme par homme jeune, rompu à son maniement et inscrit à la milice. Les vingt-trois communes de plein exercice, où une présence policière existait et où le peuplement était moins déséquilibré, comptaient vingt-quatre centres défensifs avec cent soixante-quinze armes par exemple à Châteaudun-du-Rhumel, deux cents à Jemmapes, soixante armes à Robertville stockées dans la sacristie. Les archives confirment ce qu'avançait Hocine Aït Ahmed sur l'existence des « milices noires » actives encore en 1948 dans l'est et en Kabylie, pratiquant l'assassinat et établissant des contrôles lors de barrages routiers[1].

Des sondages dans la masse des archives de la PRG de Constantine montrent la généralisation des trafics d'armes et de poudre dans ce département, bastion du nationalisme et de l'agitation. Les remises d'armes aux autorités civiles après 1945 représentaient des chiffres considérables : 2 920 armes, dont la moitié de fusils, à Saint-Arnaud, 1 290 fusils à Oued-Massa, 1 059 à Akbou[2]. Dans l'Aurès, pourtant pas touché par l'insurrection du 8 mai, l'administrateur de la commune mixte de Khenchela constatait : « Il n'est pas un musulman qui ne soit détenteur d'une arme à feu » et pas seulement de fusil de chasse[3]. Ces armes provenaient de la campagne de Tunisie (déc. 1944-avril 1945) ou du marché noir. Les réseaux d'approvisionnement dans l'est en 1947 passaient par deux directions : à terre, par la ligne des massifs Nemencha, Aurès, Hodna et Kabylie avec deux points clés, Tébessa à la frontière comme point de regroupement des armes de Tripolitaine, et la Soummam comme point d'éclatement en Kabylie ; par mer, par les ports de Bône, de Philippeville et surtout de Djidjelli. Les armes circulaient de douar en douar dans la chaîne des Babors, où « la plupart des indigènes possèdent des armes légères », et dans la région d'El-Milia, où la DST affirmait l'existence de mitrailleuses[4]. Le

---

1. Hocine Aït Ahmed, *op. cit.*, p. 141-144.
2. CAOM. Préfecture de Constantine. 93PR1106, 93PR1101.
3. Ces quantités d'armes étaient contradictoires avec l'équipement sommaire des paysans constantinois lors du 8 mai (fourches, serpes, couteaux...). Ces derniers n'ont pas souvent utilisé d'armes de chasse ou de guerre. D'abord, ils ne reçurent pas d'ordre d'insurrection. Ensuite, ils ne disposaient pas d'une organisation militaire comme plus tard l'OS et l'ALN. Enfin, les armes servaient d'abord à un usage familial et tribal, ce que montrent les rapports de la PRG lors des remises d'armes qui se firent non pas individuellement mais collectivement, par douar.
4. SHAT. 1H2857/2. GGA. DST. N° 897/SN/STA/AC. Enquête des agents Jagoudet Joël et Bouderenc Cherif au commissaire chef de la DST à Constantine.

commissaire Momus, de Tébessa, estimait le 11 février 1947 avant même la victoire du MTLD aux municipales d'octobre 1947 : « Il est impossible de prendre les trafiquants en flagrant délit[1]. »

Le massif de l'Aurès, où le peuplement européen était quasiment inexistant, échappait complètement entre 1945 et 1954 à l'autorité publique : attaques de forestiers, coupes de bois illégales, constitution de bandes armées, meurtres, agressions contre des paysans, attaques de lignes de transport, opposition armée contre les forces de l'ordre. Les « bandits » de l'Aurès de la tribu des Beni Bou Slimane et des Touaba tenaient ouvertement le pays. Leur chef, Grine Belkacem, était craint et respecté. En 1948, la bande fit six morts et promena un indicateur des gendarmes, vêtu en femme, sur un âne, dans une espèce de mascarade macabre, devant les villageois aurésiens, avant de l'égorger. Les deux administrateurs de communes mixtes, secondés par quelques goums, policiers et gendarmes, n'administraient à peu près plus rien et ne tenaient plus aucun ordre, l'eussent-ils tenu avant guerre. C'est ce qu'observait un jeune élève de l'École nationale d'administration en stage dans l'Aurès, consterné par le désordre et « l'inefficacité des services de police » : « Ils peuvent du jour au lendemain paralyser gravement la vie administrative et économique du pays et rendre impossible l'action de tous les services. » Il concluait de son stage, sans pouvoir faire le lien entre banditisme et nationalisme – éléments non démantelés de l'OS, et Ben Boulaïd –, que le banditisme de l'Aurès dépassait les solutions techniques et exigeait « une solution politique ». Si cette situation durait « le pays serait alors à la veille de troubles graves » écrivait-il en 1952[2]. Pouvait-on parler encore d'« Algérie française » sur une partie du territoire, sauf à demeurer dans l'illusion de la pérennité de la colonisation jusqu'à l'aveuglement, comme l'étaient tous les services civils de l'Algérie ? Une nouvelle fois, ce fut à l'armée que l'autorité civile confia en 1952 le maintien de l'ordre par des manœuvres et des ratissages « contre les bandits » pour impressionner les populations de l'Aurès. Pendant ce temps, la police contribuait au bon déroulement des « bonnes élections » de Naegelen, aux visites des bordels[3], quand parfois le commissaire de police n'y logeait pas à demeure, comme à Mostaganem, au contrôle des cafés maures, à l'organisation et à la surveillance du pèlerinage.

L'affaire de l'OS (Organisation spéciale, paramilitaire, du PPA-MTLD, destinée à préparer l'insurrection, créée en 1947 et démantelée en 1950) est à ce titre symptomatique. Comment expliquer que pendant trois ans la police française ne connut rien de l'activité secrète de dix-huit cents hommes armés en Algérie, en particulier dans le Constantinois et la Kabylie ? Faut-il l'attri-

---

1. CAOM. Préfecture de Constantine. 93PR1101.

2. Marc Maugas, *Le Problème du maintien de l'ordre et de la sécurité dans le massif des Aurès*, mémoire de stage ENA, décembre 1952, p. 13.

3. Témoignage de Germaine Aziz, prostituée à Oran, bien avant d'être standardiste de la première heure, puis journaliste à *Libération*, morte en juillet 2003.

buer à l'efficacité de l'action clandestine d'Aït Ahmed qui rédigea en 1948 pour les militants une brochure préventive, *L'Attitude du militant face à la police*, où il expliquait la nécessité de tenir trois jours un fois arrêté avant de parler, éventuellement sous la torture, afin de laisser à l'OS le temps de prévenir d'autres arrestations ?

C'est seulement en novembre 1949 que les rapports de la PRG montrent qu'elle connaissait l'existence d'une organisation clandestine, sans en connaître son fonctionnement[1]. L'OS fut découverte le 18 mars 1950 à Tébessa seulement après qu'A. Khiari, un militant de l'organisation, victime d'un règlement de comptes interne suite à la crise berbériste, dénonça à la police le commando chargé de l'enlever. Le rapport de la PRG de Constantine évoquait alors « une formation paramilitaire, strictement secrète, qui ne compte à l'heure actuelle qu'un nombre très réduit d'adhérents[2] ». La police arrêta près de quatre cents militants, tous torturés, dans les deux mois qui suivirent, sans que l'organisation puisse être démantelée. L'interrogation sur l'inefficacité policière pendant trois ans reste entière, même si le cloisonnement de l'OS organisé par Hocine Aït Ahmed en tirant parti de l'organisation villageoise et du morcellement géographique et humain de la Kabylie, principal lieu d'implantation de l'organisation, explique la difficulté de la police à l'infiltrer. La découverte tardive de l'OS entraîna la mutation de quatorze commissaires de police du département de Constantine contre laquelle protesta Maurice Papon, qui considérait qu'elle « décapite[3] », selon sa formule, les forces de l'ordre (qui n'avaient rien vu venir).

On a reproché à la police non seulement de n'avoir pas prévenu le 1er novembre 1954, mais aussi d'avoir tout mis sur le compte du MTLD. En 1954, la police française disposait d'un savoir considérable sur le nationalisme, grâce à ses services et à ses indicateurs bien informés, sauf sur l'OS. Ce savoir était cependant pollué par des préjugés qui consistaient à considérer les nationalistes, tantôt comme des fanatiques incapables de s'organiser seuls, violents et incohérents, tantôt comme des hommes qui ne pouvaient se fédérer autour d'un projet et que l'on pouvait manœuvrer par des stratégies policières ou politiques. Ces préjugés constituaient l'un des fondements de la culture policière. Ils renvoient à une vision raciste des Algériens vus comme des hommes assez dépourvus de raison et de pensée et qui, isolés, n'étaient capables de rien entreprendre. C'est pourquoi la police française était obsédée par la main de l'étranger, qui seule pouvait pousser, selon elle, les nationalistes à l'action. Tour à tour, et bien avant

---

1. SHAT. 1H2850/1. Rapport de synthèse de la PRG de Constantine. Novembre 1949. « Il semble que le MTLD proprement dit n'est qu'une couverture servant à abriter les activités d'un organisme clandestin. »

2. *Ibid.* Mars 1950.

3. CAOM. GGA. 9CAB58. Le préfet de police de Constantine au gouvernement général. 24 mars 1950.

l'URSS, la main de l'étranger fut celle des Alliés en 1944-1945, puis celle de Nasser et des nationalistes tunisiens et marocains. Les services français connaissaient bien leur activité au Caire, en particulier celle de Ben Bella, comme le montrent les rapports du SLNA, de la DST et du Service de documentation extérieure et de contre-espionnage (SDECE). En somme, la culture policière coloniale se révélait inefficace dans ce domaine bien précis. La synthèse réalisée par Jean Vaujour en avril 1954 sur les « commandos nord-africains[1] » donnait au Caire un rôle central : l'Égypte les formerait dans des camps d'entraînement, et les introduirait en Afrique du Nord.

En revanche, la police ne savait rien de précis des préparatifs en Algérie qui devaient aboutir à l'insurrection de la Toussaint. La PRG et le SLNA connaissaient dès avril l'existence du CRUA, mais ignoraient ce que ce sigle recouvrait (Comité révolutionnaire pour l'unité et l'action), et surtout la police ne connaissait aucun des vingt-deux membres malgré ce que voudrait démontrer, pour se dédouaner, Jean Vaujour dans son ouvrage où la composition du mouvement nationaliste radical en 1954 est reconstituée après coup grâce à Yves Courrière, et non pas grâce aux Renseignements généraux dont les rapports ne comptaient guère de noms pertinents. Le pouvoir ne connaissait rien de précis, sinon qu'une vague action se tramait, comme le montre le courrier de Roger Léonard au ministre de l'Intérieur[2]. Mais ni la police, ni le gouvernement général, ni le ministre de l'Intérieur ne savaient en quoi elle consistait et qui en étaient les instigateurs. Les vingt-deux et le groupe des six sont des listes pratiquement vides de noms en 1954. Aussi, à la lecture du rapport Carcenac du 23 octobre, on se demande comment, contrairement à ce qu'affirme Franz-Olivier Giesbert[3], Pierre Nicolaÿ, le directeur de cabinet du ministre de l'Intérieur, aurait pu demander... le 1er novembre 1954 à François Mitterrand de procéder à l'arrestation des hommes de l'insurrection de la Toussaint puisque la « liste » de Carcenac[4] est vierge de tout nom en dehors de ceux de Didouche et d'Aït Ahmed au Caire, dont la police ignore tout, de Lahouel dont on sait qu'il ne participa pas au 1er novembre, et de Ben Bella pour lequel la police française est très bien informée et très prolixe. Carcenac accordait un rôle de premier plan à Ben Bella, alors que sa participation fut marginale dans les préparatifs et dans l'organisation de l'insurrection. C'était le résultat de l'obsession de la piste égyptienne et du projecteur braqué sur Ben Bella. En 1954, la police était prise au piège de sa propre culture, faite de préjugés coloniaux et de manœuvres. Elle agitait le chiffon Ben Bella, créature de Nasser, sous le nez du gouvernement et criait

---

1. Publié par Jean Vaujour, *op. cit.* p. 99-109.
2. GGA. Direction de la Sécurité générale. N° 40.792 POL. RG3. Le gouverneur général de l'Algérie au ministre de l'Intérieur, 23 octobre 1954 : « L'état-major responsable se trouve au Caire », reproduit par J. Vaujour, *op. cit.*, p. 152-153.
3. *François Mitterrand ou la Tentation de l'Histoire*, Le Seuil, 1977, p. 127.
4. Rapport PRG. 23 octobre 1954. Objet : groupe autonome d'action, publié par J. Vaujour, *op. cit.*, p. 153-154.

au danger sans le localiser précisément. La police n'avait pas conçu l'idée, faute de précédent, qu'un terrorisme de masse puisse être l'élément déclencheur d'une lutte anticoloniale.

C'est ce qui explique qu'au lendemain du 1er novembre la police défendit la thèse du complot extérieur et arrêta deux mille membres du MTLD, en particulier l'adjoint au conseil municipal du maire d'Alger, Jacques Chevalier, ainsi que Merbah et Ben Khedda. De nombreux militants furent torturés, comme à l'accoutumée. Claude Bourdet avait déjà dénoncé ces pratiques avec force en 1951[1] : « Y a-t-il une Gestapo en Algérie ? » La pratique de la torture était aussi ancienne que la police en Algérie.

Face à cette situation nouvelle, Pierre Mendès France et son ministre de l'Intérieur entendaient appliquer une politique de réformes dans le cadre d'une Algérie française. Elle était combattue par les hommes forts de l'Algérie, Henri Borgeaud, René Mayer, Alain de Sérigny, et était contradictoire avec les pratiques de la police en Algérie. C'est pourquoi la question de la police devint déterminante au tournant des années 1954-1955. Le gouvernement devait pouvoir compter sur des hommes sûrs. Il fallait pour cela couper le cordon ombilical entre les grands colons et les hommes politiques d'Algérie, d'une part, et la police, d'autre part, mettre un terme à la passivité du gouverneur général et à la complicité de nombreux magistrats, en particulier du procureur général d'Alger, Susini, peu regardants en matière d'aveux et de preuves apportés par la police.

C'est ce à quoi s'attaqua en décembre 1954 le ministre de l'Intérieur en même temps qu'il augmentait les effectifs policiers en Algérie. Il fallait pouvoir muter en métropole ceux ayant commis des illégalités et, inversement, pouvoir envoyer en Algérie des policiers métropolitains aux pratiques irréprochables. Jacques Chevalier et Blachette le demandaient à François Mitterrand et à Pierre Mendès France[2]. Pour cela, il fallait « fusionner » les polices. En réalité, la nécessité permit de mettre en œuvre un projet qui traînait depuis 1947[3] et qui était presque prêt, mais que les gouvernements de la IVe République n'avaient jamais présenté de peur d'affronter les ténors politiques algériens. Les décrets du 20 janvier 1955[4] portèrent sur la fusion ou plus exactement sur l'intégration de la Sécurité générale de l'Algérie dans la Sûreté nationale. Il n'y avait désormais qu'une seule police française sur le territoire national des deux côtés de la Méditerranée : la Sûreté nationale. Le décret permit la mutation de deux cents policiers vers la métropole, en particulier les protégés de Borgeaud : Costes, Carcenac, Forcioli et Havard. Jean Vaujour fut remplacé par Gaston de Pontal, ancien chef de la DST d'Alger

1. *L'Observateur*, 6 décembre 1951.
2. Institut Pierre-Mendès-France. DPMF ALG III. Correspondance entre François Mitterrand et Pierre Mendès France. 6 janvier 1955.
3. CAOM. Fonds ministériels. 81F1412. Un « accord de principe pour la fusion des deux corps algérien et métropolitain des commissaires » entre le ministre de l'Intérieur et le gouverneur général de l'Algérie date du 9 septembre 1947.
4. Décrets n° 55-105, 55-106, 55-10.

avec qui il entretenait les plus mauvais rapports, comme le soulignait Pierre Nicolaÿ dans une note à François Mitterrand : « Il reste enfin un conflit toujours irritant entre les services de la Sécurité générale et de la DST », qu'il désigne sous le nom « de guerre des polices[1] ». Jacques Soustelle s'entoura aussi d'Eydoux, ancien sous-directeur de la Sûreté nationale et ancien directeur des RG qu'il connut à Alger quand Soustelle dirigeait les services spéciaux de la France libre. Costes fut remplacé à la tête des RG à Alger. Un nouvel organigramme policier était en place. Pouvait-il être l'un des éléments de la reprise en main que souhaitait Mendès France ?

Le gouvernement Mendès France tomba le 5 février 1955. Les députés algériens emmenés par René Mayer ne lui pardonnaient pas sa politique de réformes en Algérie. Quelle fut la part des mutations opérées dans la police dans la chute de Mendès France ? Le 3 janvier 1955, Henri Borgeaud menaçait Mendès France qu'il n'hésiterait pas « en tant que parlementaire d'Algérie à prendre [ses] responsabilités ». Il avertissait : « Combien il serait dangereux de donner aux fonctionnaires algériens qui ont toute la confiance des populations de nos trois départements l'impression qu'ils n'ont plus celle du gouvernement[2]. » Quelques jours plus tard, il adressait un « véritable ultimatum pour le cas où les mutations de policiers projetées seraient réalisées » selon Mendès France[3].

François Mitterrand, dans une lettre personnelle à P. Mendès France, considérait en 1959 que la question policière fut un facteur essentiel dans la chute du gouvernement en 1955 : « Il est certain que la fusion des polices métropolitaine et algérienne et que la mutation des chefs de la police algérienne constituèrent l'une des causes principales, sinon la première, de l'hostilité bientôt irréductible que nous montrèrent les maîtres du jeu algérois… La police constituait l'un des atouts maîtres du lobby algérien : la menace, le chantage, la violence lui permettaient de tenir les fonctionnaires, la presse, les hommes politiques. Nous avons donc frappé un système détestable sur un point sensible. Vous connaissez la suite[4]. »

L'analyse de F. Mitterrand rejoignait celle du député Fonlupt-Esperaber, lors des débats parlementaires qui précédèrent la chute de Mendès France : « Nous le savons et je ne trahis aucun mystère, il s'est établi, en Algérie notamment, un régime politico-policier, une solidarité entre certains facteurs politiques et certains hommes de police qui est contraire à la morale et qui est surtout contraire aux principes fondamentaux de la

1. Institut Pierre-Mendès-France. DPMF ALG I. Rapport Nicolaÿ, directeur de cabinet de François Mitterrand, ministre de l'Intérieur, le 3 novembre, et adressé par ce dernier à Pierre Mendès France, président du Conseil, le 11 novembre 1954.

2. Institut Pierre-Mendès-France. DPMF ALG III. Conseil de la République. Lettre d'Henri Borgeaud à Pierre Mendès France. Alger, le 3 janvier 1955.

3. Institut Pierre-Mendès-France. BOU IV. 4/7/3. Note confidentielle de Pierre Mendès France, *sd*.

4. Institut Pierre-Mendès-France. DPMF ALG. Lettre manuscrite de François Mitterrand à Pierre Mendès France, Hossegor, le 31 août 1959.

police[1]. » « Système détestable » pour F. Mitterrand, « système » tout court pour Jacques Fauvet[2], « régime politico-policier » pour Fonlupt-Esperaber : chacun des hommes encore attachés à l'Algérie française en 1955 hésitait à le qualifier pour ce qu'il était, « un État policier, à la fois anarchique et despotique », comme le fit Pierre Vidal-Naquet[3].

Était-il possible de changer ce « système » ? La correspondance entre F. Mitterrand et P. Mendès France suggère que le premier le pensait et considérait même encore en 1959 qu'il aurait été plus rusé de « composer » en 1955 avec Borgeaud et Mayer pour « obtenir le ralliement de quelques-uns d'entre eux ». Pierre Mendès France était plus réservé, même s'il mit toute son énergie dans l'action, et la durée de son gouvernement en jeu. Comme le soulignait Pierre Bloch-Lainé : « L'optimisme des propositions n'a-t-il pas été constamment balancé par un pessimisme foncier sur la faisabilité[4] ? » Mendès France ne composa pas, comme le regretta plus tard Mitterrand : « Je ne puis laisser condamner aujourd'hui la politique que je crois salutaire. Je la défendrai jusqu'au bout, au mépris de toutes les habiletés », déclara-t-il devant la Chambre en réponse à René Mayer le 3 février 1955. Son sort était scellé : la question algérienne et au premier chef la question de la police, qui posait celle de la nature de l'État en Algérie et déterminait largement l'avenir, firent tomber le gouvernement.

La nature de l'État colonial et la guerre expliquent que la fusion des polices ne changea pas fondamentalement la situation en Algérie. La gangrène demeura au cœur de l'appareil répressif. La logique coloniale et celle de la guerre dépassaient la majorité des policiers. Elles venaient à bout des plus scrupuleux. La suite le montra.

Les rapports de Jean Mairey, directeur de la Sûreté nationale en mars et en décembre 1955, marquèrent les dernières volontés de la IVe République de mettre de l'ordre et de faire respecter la loi par la police. Jean Mairey dénonçait la pratique généralisée de la torture : « Il m'est intolérable de penser que des policiers français puissent évoquer par leur comportement les méthodes de la Gestapo[5]. » Il soulignait la nécessité absolue de « mettre fin aux sévices », à « l'anarchie » régnant dans les services de police, à l'absence d'autorité hiérarchique, autant de caractères qui faisaient des services de police des milices aux mains de tel préfet, de tel grand colon ou de tel homme politique qui échappaient à l'autorité de l'État. La réforme de 1955 n'eut guère de conséquences directes, faute de trouver des métropolitains voulant partir en Algérie. Ce problème perdura. En 1956, le gouvernement

---

1. *JO*. Deuxième séance du 3 février 1955, p. 692.
2. *Le Monde*, 4 février 1955.
3. *La Raison d'État. Textes publiés par le Comité Maurice Audin.* (1re édition, Minuit, 1962). La Découverte. Textes à l'appui, 2002, p. 18.
4. Jean Lacouture, *Mendès France*, Le Seuil, 1981, p. 522. PMF approuvait à la fin de sa vie le regard que portait sur son action Pierre Bloch-Lainé : voir la lettre de PMF, p. 534-535.
5. Rapport relatif au fonctionnement des forces de police en Algérie, publié par Pierre Vidal-Naquet, *op. cit.*, p. 97.

décida l'envoi de mille cinq cents policiers. Un meeting fut organisé par la GGT Police le 18 juillet 1956 à Versailles pour protester contre cette mesure. Huit policiers CGT furent révoqués, dont le secrétaire général de la Fédération CGT Police, Georges Brunelin[1]. Malgré quelques changements à sa tête et malgré l'arrivée de métropolitains, l'appareil policier algérien demeurait.

Le deuxième rapport de Jean Mairey, réalisé après les massacres et la répression du 20 août 1955, fut enterré aussitôt connu. Les gouvernants de la IVe République qui suivirent Mendès France firent du rapport d'un autre haut fonctionnaire plus accommodant, Roger Wuillaume, leur doctrine en matière de police[2]. Ce rapport fut d'une extrême importance, non pas en raison de la description des tortures à l'électricité et au tuyau d'eau connues de tous les responsables politiques et administratifs, mais car il légitimait l'usage de la torture quand elle était pratiquée soi-disant proprement, c'est-à-dire sans mutilations, sous le contrôle d'un officier de police judiciaire : « La PJ serait alors, et elle seule, autorisée, sous la responsabilité de chefs de service, à utiliser des procédés spéciaux qu'il conviendrait de bien définir dans des conditions à déterminer, par exemple seulement en présence d'un officier de police judiciaire ou d'un commissaire[3]. » R. Wuillaume commentait : « Les procédés du tuyau d'eau et de l'électricité lorsqu'ils sont utilisés avec précaution produiraient un choc, au demeurant beaucoup plus psychologique que physique, et par conséquent exclusif de toute cruauté excessive[4]. » En somme, le rapport Wuillaume donnait, sous couvert de pragmatisme, carte blanche à la police pour l'utilisation de la torture. Elle avait désormais l'accord tacite des gouvernants et au premier chef du ministre de l'Intérieur, Bourgès-Maunoury. « Pour la première fois, l'Administration envisageait d'officialiser ce que, dans le passé, elle avait, au maximum, toléré. Ni le gouverneur général ni le ministre de l'Intérieur ne s'opposèrent à de pareilles tendances ; on connaît leur développement dans la période ultérieure », écrivit Mendès France, désignant sans détour les responsables, en particulier Bourgès-Maunoury[5]. La doctrine Wuillaume fit école auprès des militaires. Le colonel Marcel Bigeard l'enseigna, avec la théorie de « la guerre révolutionnaire » importée d'Indochine, au camp Jeanne-d'Arc à Philippeville en 1958-1959.

Muté six mois durant d'Évreux au commissariat de Tizi-Ouzou pour y mettre en théorie un peu d'ordre, Jacques Dorival[6], officier de police prin-

---

1. Archives départementales du Val-de-Marne. Fonds CGT Police. 84J61.
2. Rapport de Roger Wuillaume, inspecteur général de l'Administration, réalisé à la demande de F. Mitterrand et remis le 2 mars 1955, publié dans P. Vidal-Naquet, *op. cit.*, p. 63-76.
3. *Ibid.*, p. 74.
4. *Ibid.*, p. 73.
5. Institut Pierre-Mendès-France. BOU IV 4/7/3. Note sur les sévices en Afrique du Nord en 1954 et 1955. Texte de PMF, confidentiel, sans date, sans doute fin 1955-début 1956.
6. Récit de vie. Entretien Jacques Dorival, né en 1925, entré dans la police en 1943, retraité en 1980. IHESI, 14 avril 1993.

cipal, découvrit en 1956, au moment du vote des pouvoirs spéciaux, la réalité policière en Kabylie : pas de registre d'écrou, inscription des entrants quand ils sortaient des « geôles » du commissariat, garde à vue d'innocents quasiment pas nourris pendant quinze jours, aucune élucidation des vingt-sept affaires criminelles sur lesquelles il travailla, faute de collaboration de la population largement gagnée dans cette région au FLN. Il n'assista pas à des tortures.

La brutalité de la répression n'avait d'égale que l'incapacité à assurer officiellement l'ordre et, dans les faits, à endiguer l'essor de la guerre anticoloniale.

C'est ce que montrent les grandes rafles organisées sous la direction du commissaire Benhamou, le successeur de Carcenac à Alger, du 26 au 29 juillet 1955, à la suite des attentats de Belcourt et de Bab el-Oued[1]. Les neuf premiers arrondissements furent divisés en secteurs sensibles. Quatre cents policiers furent mobilisés de 17 à 22 heures, et par groupes de quatre ou cinq gardiens de la paix accompagnés par un inspecteur de la Sûreté urbaine. Ils interpellèrent, fouillèrent plus de dix mille Algériens dans la rue, en particulier des jeunes gens « douteux quant à leur appartenance politique ». Les cafés maures furent systématiquement bouclés et les clients fouillés. Six cents Algériens furent conduits au commissariat central, fichés puis interrogés. En somme, la police annonçait la technique de Massu lors de la bataille d'Alger, à la différence qu'elle n'entrait pas dans les maisons, n'ayant pas d'ordres de perquisition, et surtout qu'elle n'obtint aucun résultat puisqu'elle ne mit la main sur aucun des nationalistes qu'elle recherchait. En revanche cette rafle « rassurait l'élément européen ».

L'histoire de la police en Algérie pourrait s'arrêter là, du moins jusqu'en 1961. En 1956, la place était aux militaires qui désormais faisaient tout : en priorité la police, puis l'école et les soins dans les SAS, enfin la politique le 13 mai 1958, un coup d'État en 1961 et, bien entendu, toujours la guerre.

La police entre 1956 et 1962 : de l'effacement à la division

L'aggravation de la guerre en août 1955, le développement du terrorisme dans les villes créaient des défis nouveaux à la police. Une nette augmentation de ses effectifs précéda l'envoi du contingent. Mais, ils ne s'accrurent pas de 50 % sur une année comme le promit le gouvernement en juillet 1955, faute de pouvoir recruter suffisamment de policiers.

À la fin de l'année 1956, l'Algérie comptait 8 928 policiers, contre 6 000 au 1er novembre, un chiffre nettement inférieur à celui des 12 000 gendarmes, preuve qu'en matière budgétaire comme sur le plan politique le gouvernement avait bien choisi l'armée. L'intégration des policiers du

---

1. CAOM. 11CAB36. Note n° 1843. Rapport du commissaire Benhamou, commissariat central, chef de la circonscription de police d'Alger, au préfet d'Alger. 30 juillet 1955.

Maroc et de Tunisie après l'indépendance de ces deux protectorats, précédée par ceux d'Indochine, ne permit pas de compenser le manque d'effectifs[1], pas plus qu'elle ne modifia les méthodes expéditives de la police, puisque ces hommes employaient les mêmes méthodes de Saigon à Casablanca. Faute de trouver des policiers à muter en Algérie en assez grand nombre, le ministre de l'Intérieur suggéra le 8 juillet 1955 au gouverneur général de se débrouiller tout seul : « Vous pouvez vous-même procéder en ce qui concerne les corps non fusionnés aux recrutements nécessaires[2]. » Au-delà des gardiens de la paix sur le point d'être fusionnés, le pouvoir politique favorisa la création des groupements mobiles de police rurale (GMPR). Composés d'Algériens uniquement, relevant de la Sûreté nationale, encadrés par des inspecteurs de police, les GMPR n'étaient rien d'autre qu'une reconstitution des goums chargés de seconder la police et la gendarmerie dans les campagnes. Peu coûteux, malléables, faciles à recruter, ils étaient déjà sept mille en 1956 un an après leur création le 14 janvier 1955. Ils fonctionnaient sur le modèle d'une CRS et formaient une police nomade rustique.

En 1955, la répression et les opérations militaires se firent dans le cadre de l'état d'urgence. Dans l'impossibilité de déclarer l'état de guerre puisqu'il s'agissait du territoire national, confrontée à l'approfondissement du conflit, l'Assemblée adopta le 16 mars 1956, sur proposition du gouvernement de Guy Mollet, une loi restée sous le nom de « pouvoirs spéciaux ». Elle ne transformait pas fondamentalement le travail de la police. Mais elle soutenait ses méthodes et étendait, en même temps que celui des militaires, son champ d'action puisque les pouvoirs spéciaux suspendaient les libertés publiques. Désormais, ce n'était plus seulement les Algériens qui étaient victimes de la police coloniale. Tout Européen considéré comme pouvant apporter une aide aux nationalistes était désormais passible des méthodes que la police réservait auparavant aux musulmans. Des militants communistes oranais, dont huit femmes, furent torturés par la police en septembre 1956. Claude Bourdet dénonça ces agissements dans *France-Observateur*. Ils portèrent plainte, obligeant le gouvernement à nommer une commission d'enquête dont les conclusions[3] couvrirent les policiers et le préfet d'Oran, Lambert, avec la bénédiction de Robert Lacoste, qui en profita pour contre-attaquer et dénoncer les « diffamateurs ».

---

1. CAOM, Fonds ministériels, ministère des Affaires algériennes. 81F1409. Alain Savary, secrétaire d'État aux Affaires étrangères chargé des affaires marocaines et tunisiennes, demandait, sans lui dire comment, au directeur de la Sûreté nationale, « de susciter auprès des intéressés le sentiment d'émulation désirable pour les amener à accepter avec empressement les postes offerts ». Sur les 275 commissaires, inspecteurs et gardiens de la paix en voie de rapatriement au 10 octobre 1956, 27 acceptèrent leur mutation en Algérie.
2. CAOM. F.M. 81F1411. Lettre du ministre de l'Intérieur au gouverneur général de l'Algérie, 8 juillet 1955.
3. OURS. B3 91 GM. Rapport de la commission présidée par Victor Provo, 5 mars 1957. Voir le récit de l'affaire dans Sylvie Thénault, *Une drôle de justice, les magistrats et la guerre d'Algérie*, La Découverte, l'Espace de l'Histoire, 2001, p. 59-62.

La grande rupture pour la police fut la date du 7 janvier 1957. Le préfet IGAME d'Alger donnait au général Massu et à la 10ᵉ division parachutiste les pouvoirs de police dans le Grand Alger en proie au terrorisme pour éliminer le FLN, démanteler l'OPA grâce aux principes de la « guerre révolutionnaire » fondés sur l'obtention du renseignement, y compris au moyen de la torture, et son exploitation. Cette décision fut complétée par la création d'un état-major mixte, comprenant l'état-major de la 10ᵉ DP et un adjoint civil, Paul Teitgen. La confusion des pouvoirs militaires et civils s'aggravait.

C'est dans ce contexte que furent créés les DOP[1] (détachements opérationnels de protection), composés pour l'essentiel de militaires mais au sein desquels furent incorporés des policiers et des gendarmes qui apportèrent, comme le souligne Raphaëlle Branche, une « forme de légalité », alibi pour couvrir les pratiques illégales de la bataille d'Alger. Le directeur de la Sûreté nationale encouragea l'expérience des DOP. Il y nomma la totalité des policiers venus de métropole mis à sa disposition, une manière de les neutraliser au contact des militaires. Officiellement, l'armée ne pouvait procéder à des perquisitions et à des arrestations qu'en présence d'officiers de police judiciaire (OPJ). Massu demanda que ses officiers obtiennent les mêmes attributions que ceux-ci[2], ce que le procureur Jean Reliquet refusa. Dans les faits, l'armée procédait à des arrestations illégales, avec ou sans la présence d'OPJ dans les DOP, sans en référer à la justice. Quant aux perquisitions, l'usage en fut fait de façon collective puisque, comme le souligne Arlette Heymann, la bataille d'Alger « fut fondée sur une perquisition généralisée dans toute la Casbah[3] ». Progressivement, on assista à un abandon des autorisations de perquisitions qui étaient accordées par l'autorité civile et qui exigeaient la présence d'un officier de police. Ce dernier, qui au début notifiait l'ordre de perquisition, n'était plus appelé que comme témoin[4], et à la fin n'était plus présent du tout. La police, et les autorités civiles plus largement, se laissaient déposséder de leurs prérogatives. Force est de constater l'absence de protestations, à l'exception de celle de Paul Teitgen qui démissionna.

Henri Alleg[5] se souvient bien que c'est un inspecteur de police qui « l'accueillit » « dans la souricière » tendue par les DOP au domicile de Maurice Audin, après l'interpellation de ce dernier. Une fois qu'il fut arrêté par le policier, Charbonnier vint le récupérer avec deux hommes, dont un gendarme, pour l'amener au centre de torture d'El-Biar.

---

1. Voir Raphaëlle Branche, *La Torture et l'armée pendant la guerre d'Algérie*, Gallimard NRF, 2001, chapitre IX, p. 195-211.
2. Sylvie Thénault, *op. cit.*, p. 143-144.
3. Arlette Heymann, *Les Libertés publiques et la guerre d'Algérie*, thèse de droit, Paris, Librairie générale de droit et de jurisprudence, 1972, p. 204.
4. Voir la note de P. Teitgen dans son rapport à la commission de sauvegarde, reproduit dans P. Vidal-Naquet, *op. cit.*, p. 199.
5. Entretien avec l'auteur. En revanche, Henri Alleg ne se souvient pas si des policiers étaient présents dans les centres de torture où il est passé. S'il y en eut, il ne les distingua pas des parachutistes. Voir aussi *La Question*, Minuit, 1961, p. 19.

L'arrestation d'Alleg fut exemplaire de la subordination complète de la police à l'armée, parallèlement à la subordination croissante de l'autorité civile à l'autorité militaire. Ce processus culmina en 1958 quand le général Salan disposa de l'intégralité des pouvoirs civils. Pour la police, la nomination à compter du 15 mai 1958 du colonel Yves Godard à la tête de la Sûreté nationale en Algérie marquait la mainmise intégrale de l'autorité militaire sur ce service civil. La mise en position hors cadre[1] qu'accorda de Gaulle à Godard à la demande de ce dernier renforça sa position. Elle lui conférait des pouvoirs absolus, détachés de la loi. En somme, la police en tant qu'organisme chargé du maintien de l'ordre, soumis à la loi et distinct de l'armée, n'existait plus. Et Godard entendait faire le ménage, y compris parmi les policiers gaullistes en 1958. Robert Francès, qui fit toute sa carrière dans les polices coloniales, gaulliste de cœur et d'action, fut nommé sur recommandation de Salan en 1958 en Algérie pour « s'occuper localement de la propagande pour le référendum » de septembre 1958 sur la Constitution de la Ve République[2]. Il fut remercié par Godard une fois la victoire de De Gaulle obtenue. Francès, un fonctionnaire civil, était donc un indésirable pour Godard qui n'aurait voulu paradoxalement que des militaires travaillant selon ses méthodes dans la police. Francès, « chargé des mesures à prendre en vue de l'adaptation des moyens dépendant de la direction de la SNA avec la nouvelle organisation du commandement civil et militaire »[3], n'avait pas exactement les mêmes vues que Godard, qui considérait la police comme une auxiliaire de l'armée. Cette situation dura jusqu'en 1961. La répression à outrance continua. Mais, en même temps, les négociations avec le GPRA et l'essor de l'OAS, qui devenait le principal obstacle pour la politique de De Gaulle, changeaient la donne. Le FLN n'était plus l'ennemi principal, mais l'OAS. Divisée, et bien que souvent gagnée à celle-ci, il incombait à la police une double tâche : lutter contre l'organisation terroriste et transmettre au nouvel État algérien une police susceptible de maintenir l'ordre postcolonial.

De nombreux anciens activistes et policiers ont raconté leurs actions pro- ou anti-OAS, chacun distillant avec jubilation ses doses de révélations sur cette période confuse qui s'ouvre au moment du putsch de 1961 et qui trouve son apothéose entre la signature des accords d'Évian en mars 1962 et l'indépendance de l'Algérie en juillet de la même année. La confusion sur le rôle de la police demeurera tant que les archives sur la lutte contre

---

1. CAOM. GGA. 12CAB12. Lettre du colonel Godard, directeur de la SNA, au président du Conseil, le général de Gaulle. S/C du délégué général du gouvernement, le général Salan. 20 juin 1958.

2. CAOM. CGA. 13CAB12. Câble de Salan au cabinet civil, 29 mai 1958.

3. CAOM. CGA. 13CAB12. Note du 2 juin 1958 du colonel Godard au sujet de la mission de R. Francès.

l'OAS resteront fermées[1], si elles peuvent encore apporter des éclaircissements sur cette période tordue. Dans ces conditions, que peut-on dire que tous les spécialistes « ès OAS » n'ont pas apporté ?

Outre Jacques Delarue, le guide le plus sûr est Jean Monneret[2]. Il a montré que de Gaulle et son ministre de l'Intérieur, Roger Frey, ne pouvaient compter sur la police algérienne, largement gagnée à la cause des activistes, et qu'ils firent appel à de nombreuses missions de policiers métropolitains contre l'OAS.

Les unes se firent dans un cadre légal : la mission organisée autour de Louis Grassien, sous-directeur de la PJ d'Alger, la mission Guépratte autour d'une semi-officine, l'OCAAJ, puis enfin la mission C dirigée par M. Hacq, directeur central à Paris, qui comprit deux cents policiers métropolitains installés à la caserne d'Hussein-Dey et dont fit partie le commissaire devenu historien de la police, Jacques Delarue.

Les autres missions se firent dans un cadre illégal. On appela ceux qui y participèrent les « barbouzes ». Ils constituèrent une police parallèle autour de Lucien Bitterlin, un gaulliste appartenant à une formation occulte, le MPC (Mouvement pour la communauté), créée au moment des négociations avec le FLN par Louis Joxe, Jacques Dauer et le président du groupe gaulliste à l'Assemblée nationale pour servir de couverture à la propagande anti-OAS. Le MPC et les barbouzes étaient composés d'anciens résistants, d'hommes des services secrets, d'hommes de main et du service d'ordre gaulliste, formant un milieu interlope dont la mission était le contre-terrorisme.

L'interface entre ces polices officielles et parallèles était constituée par le service de liaison anti-OAS créé à Alger fin 1961 et rassemblant des policiers provenant des différents corps ainsi que des représentants de la préfecture de police de Paris et de la Sécurité militaire. À partir de là, deux séries de remarques nous semblent intéressantes.

La première est que la police algérienne échappait au pouvoir bien avant 1961. André Achiary, dont on ne parle qu'à propos de Guelma, créa en 1955 une organisation contre-terroriste anti-FLN, l'ORAF (Organisation de la Résistance en Afrique du Nord) à l'origine de l'attentat de la rue de Thèbes en 1956. Il était aussi indirectement impliqué dans l'arrestation des chefs FLN sur le tarmac d'Alger, par l'intermédiaire d'un mystérieux Germain, de son nom Jean Allemand, ancien résistant, agent du SDECE, suivant Ben Bella au Caire et disposant des informations pour le détournement du DC 3 marocain qui transportait le 22 octobre 1956 les chefs

---

1. Si le ministère de l'Intérieur a donné satisfaction pour la très grande majorité des demandes de dérogation concernant la guerre jusqu'en 1961, il a refusé toutes celles concernant la police et l'OAS en 1961-1962 et la transmission des pouvoirs aux autorités algériennes.

2. Jean Monneret, *La Phase finale de la guerre d'Algérie*, L'Harmattan, 2000, 399 p.

historiques du FLN à Tunis, court-circuitant ainsi les négociations avec le gouvernement Guy Mollet[1]. Achiary devint OAS plus tard.

Dans quelle proportion la police était-elle gangrenée par l'OAS ? Jacques Delarue et le préfet de police d'Alger Vitalis Cros[2] modèrent l'importance de l'OAS dans la police. Si l'on ne dispose pas de chiffres de policiers OAS pour l'ensemble de la période, le nombre de ceux qui furent radiés ou mis en congé spécial pour activisme, en application de la décision du 8 juin 1961[3] rendue possible par la mise en œuvre de l'article 16 de la Constitution, entre le putsch d'avril 1961 et le 31 décembre 1961, s'élève à mille cent, sur un effectif total de quinze mille deux cents[4], soit 7,2 % de la police algérienne gagnée par les activistes, avec une proportion très différente selon les corps (10 % aux RG, à la DST et à l'Identité judiciaire, avec un pic nettement supérieur pour les seuls RG, 7,6 % dans les corps urbains, 4,2 % dans les CRS), selon les grades puisqu'on compte de nombreux commissaires[5], et selon les régions[6]. Jean Morin, le délégué général du gouvernement, écrivait le 4 mai 1961 : « Malheureusement, dans les grandes villes et notamment à Alger et à Oran où les passions politiques sont les plus violentes et la pression de la communauté européenne la plus forte, la conviction des agents de la police d'État est susceptible d'être facilement ébranlée par un mouvement semblable à celui que nous venons de connaître[7]. » Dix mois avant les accords d'Évian, le pouvoir politique était prévenu. Michel Hacq affirma à l'emporte-pièce que « 90 % des policiers étaient OAS ». Jacques Aubert, chef de la Sûreté en Algérie, affirmait « ne pas être sûr de ses hommes ». Pierre Cerino, ancien militaire entré dans la police en 1958, d'abord CRS, puis affecté en janvier 1961 au commissariat central d'Alger, témoigne de l'importance de l'OAS : « Je suis arrivé comme dans un *punching-ball*... La première fois que j'ai entendu parler de l'OAS, c'est par bribes de phrases. J'étais dans un car de police et puis on m'a dit : "Toi, tu viens d'arriver, on ne te connaît pas. Tout ce que tu vas voir, tout ce que tu vas entendre, tu fermes ta gueule ou on te fait la peau." C'était des flics. À partir de là, moi ce que je savais c'est que les bombes et tout ça transitaient par les cars de police même, c'était

1. P. Faligot, R. Kauffer, *DST police secrète*, Flammarion, 1999, p. 174-175.
2. *Le Temps de la violence*, Presses de la Cité, 1971, 343 p.
3. *JO*, 9 juin 1961, p. 5227.
4. CAOM. Fonds ministériels. 81F1409. Note à l'attention du ministre, 28 décembre 1961. 81FM1411. Effectifs.
5. Pour la seule période du putsch de 1961, sur les 178 sanctions prises, figuraient douze commissaires et le contrôleur général de la police B. Constantine. FM. 81/1409. Sanctions prises à l'encontre des fonctionnaires de la direction de la SNA à la suite des événements des 22-25 avril 1961.
6. Constantine n'est pas une grande région d'activisme en raison de la faiblesse du peuplement européen.
7. *Ibid.*, délégation générale du gouvernement en Algérie, le délégué général en Algérie à M. le ministre d'État chargé des affaires algériennes, 4 mai 1961.

flagrant[1]. » À la fin de l'année 1961 et en 1962, et même si les affirmations d'Hacq et d'Aubert étaient excessives, le gouvernement ne contrôlait pas sa police en Algérie. C'est ce que confirmait le préfet de Mostaganem en 1961 : « Les autorités préfectorales ne disposent d'aucune force de police susceptible de s'opposer à de telles manifestations (exhibitions au cours de manifestations publiques d'emblèmes OAS), pour peu qu'elles deviennent trop fréquentes ou qu'elles prennent de l'ampleur[2]. »

Informé de la situation dès avril-mai 1961, pourquoi le gouvernement attendit-il l'automne 1961 pour réagir avec les barbouzes[3] et la Mission C et perdit-il près de six mois dans la lutte contre les activistes qui eurent le champ libre à Alger et à Oran en comptant sur une police bienveillante à leur égard ? Il fut mis fin à cette hésitation dans le choix de l'action anti-OAS quand le gouvernement comprit que l'organisation terroriste pouvait faire capoter les négociations en cours avec le FLN. Jusque-là, le gouvernement était resté au stade de la sanction des fonctionnaires séditieux sans passer à la contre-offensive par un corps spécial de police anti-OAS ou par des officines parallèles.

Le second élément qu'il faut examiner est celui du rapport entre les barbouzes, la Mission C et le FLN. Lucien Bitterlin[4] présente les barbouzes comme un groupe d'action maniant le plastic contre les OAS et pratiquant le contre-terrorisme. Or Jean Monneret, à partir de sources françaises, a montré que cette officine était, plus qu'un groupe d'action (ou du moins autant), l'intermédiaire entre la wilaya IV et la ZAA (zone autonome d'Alger) du FLN. Elle disposait d'abondants renseignements sur l'OAS, et la Mission C, sachant que, pour des raisons politiques, le gouvernement ne pouvait pas montrer que le FLN et la police métropolitaine de la Mission C travaillaient main dans la main contre l'OAS. *Le Monde* l'avait déjà évoqué avant les accords d'Évian : « Certains membres du FLN ont pu aider la police[5]. » Des sources algériennes confirment les sources françaises. C'est le cas du commandant Si Azzedine[6] de la Zone autonome d'Alger (ZAA) et de Rafic Bensaïr[7], expert du renseignement au cabinet de guerre de Krim Belkacem, envoyé par le GPRA à Rocher Noir pour la lutte anti-OAS qu'il mena avec

---

1. Récit de vie de Pierre Cerino, né le 23 avril 1937, entré dans le police le 1er mai 1958, retraité le 1er septembre 1988. Ihesi, 28 janvier 1993.

2. SHAT. 1H1262/1. Circulaire n° 685 SNA/CAB. Le préfet de Mostaganem à délégué général en Algérie. Cabinet civil DSNA. *Sd.*, 1961.

3. La première entrevue entre Jean Morin et Lucien Bitterlin date du 31 octobre 1961 à Rocher Noir.

4. « Nous étions tous des terroristes, les barbouzes contre l'OAS en Algérie », *Témoignage chrétien*, 1983.

5. Jean-Claude Passeron, *Amateurs et professionnels en Algérie*, *Le Monde*, 17 mars 1962.

6. Si Azzedine, J.-C. Carrière, *C'était la guerre*, Plon, 1993 ; Si Azzedine, *Et Alger ne brûla pas*, Stock, 1980, 350 p.

7. Témoignage de R. Bensaïr, dans *L'Indépendance aux deux visages*, documentaire 52 minutes de Jean-Paul Meurice et Benjamin Stora, La Cinq, 2002.

« les commandos des services français et avec les commandos de la Fédération de France du FLN ».

Dans la lutte contre l'OAS et dans la perspective de l'indépendance, se sont formées, entre mars et juillet 1962, une partie[1] de l'appareil policier algérien et la collaboration des polices après 1962.

Cette collaboration dans la perspective de l'indépendance s'effectua à différents niveaux. À l'exécutif provisoire[2] d'abord, où l'interlocuteur du préfet de police Cros et des préfets en charge du maintien de l'ordre dans les départements étaient Abd El-Kader El-Hassar, délégué à l'ordre public. Ensuite, furent créées deux forces de police : l'une, locale, prévue par les accords d'Évian, dirigée par un Algérien, l'autre créée à l'instigation du préfet de police et du FLN et connue sous le nom d'auxiliaires de police temporaires (ATO[3]). Les mille huit cents ATO étaient sélectionnés par Omar Oussedik, sous le contrôle de Si Azzedine pour le FLN, intégrés à la préfecture de police, formés en quinze jours[4] et incorporés dans le corps urbain de police d'Alger. Leur création avait non seulement pour but de remplacer les policiers français, mais aussi de partager les tâches de ce qui restait du « maintien de l'ordre » en pleine poudrière algéroise du printemps 1962 : « Tous les Arabes prenaient le service dans le quartier arabe et les Européens dans le quartier français. Tout Français ou Arabe qui franchissait une ligne était tué », rapporte le policier Pierre Cereno. En somme, il y avait bien deux polices à la préfecture de police d'Alger : l'une, algérienne, liée au groupe de choc d'Azzedine, l'autre, française et liée à l'OAS, deux polices dont les rôles et les territoires avaient été divisés pour éviter qu'elles ne s'entretuent. La police officielle n'existait guère : « La police, à l'échelon du commissariat, n'existait pas. C'était le bureau des pleurs. Les veuves arrivaient toujours chez nous. On comptait les morts, quoi, et on les inscrivait sur les registres d'état civil[5]. »

En juillet 1962, l'Algérie disposait d'un embryon de police algérienne mis en place conjointement par la France et le FLN et composé des membres de la force locale, des ATO, d'une partie des policiers algériens de la police française[6] et de quelques policiers français présents encore

---

1. L'autre partie est celle créée par Boussouf, qui a donné la Sécurité militaire.
2. Les accords d'Évian confiaient l'ordre public à l'exécutif provisoire et le maintien de l'ordre, puisqu'il disposait des moyens à cette fin, au haut-commissaire.
3. Vitalis Cros, *op. cit.*, p. 258-259.
4. « Ils avaient la gâchette facile » selon Cros, qui brosse par ailleurs un tableau enchanté des relations entre flics français et algériens.
5. Récit de vie de Pierre Baume. Né en 1936, entré dans la police en 1961, Sécurité publique d'Alger d'avril à juillet 1962, retraité en 1991. Ihesi, 7 février 1992.
6. Y. fit toute la guerre dans la police d'Alger, resta en fonctions jusqu'à sa retraite dans les années 1970. Son fils et sa belle-fille, proches du PAGS, intégrèrent une organisation internationale à Alger jusqu'en 1993. Sa belle-fille travaille aujourd'hui dans un service de premier plan de la police française accueillant en formation des policiers étrangers, certains algériens. Entretien réalisé en 2003.

après l'indépendance. À celle-ci s'ajoutèrent deux branches politiques, l'une momentanément liée au GPRA, présente déjà à Rocher Noir et impliquée dans la lutte contre l'OAS, qui disparut rapidement, l'autre issue des services du MALG, future Sécurité militaire, présente à Alger fin juillet 1962, fondement du régime algérien.

L'histoire du maintien de l'ordre colonial par la police française et de la répression des Algériens entre 1945 et 1962 nous donne en somme un des éclairages sur la nature de l'État colonial en guerre. Faut-il le considérer comme un État policier ? L'efficacité n'est pas un critère. La plupart des États policiers sont inefficaces et anarchiques. Si l'on considère qu'il réprimait les libertés, le désir d'indépendance des Algériens et permettait le maintien d'un ordre social inégalitaire par tous les moyens répressifs, on peut le considérer comme tel. Il l'était beaucoup moins si l'on considère que bien avant 1954 il n'eut ni la volonté ni la possibilité de contrôler, au moyen de la police et de la gendarmerie, un territoire et une population qui lui échappaient. En se repliant sur la défense des Européens dans les villes, la politique du maintien de l'ordre avait ainsi entériné inconsciemment l'abandon de l'Algérie avant 1954. Les phases policières de l'Algérie correspondent aux phases d'abandon (1945-1954), les phases militaires à celles de conquête ou de reconquête (après 1954). La police est de ce point de vue un indicateur de l'état de la colonisation, de la nécessité de refonder en permanence l'État colonial et du rapport entre les communautés. Enfin, l'Algérie coloniale n'était pas un État policier au sens où nous l'entendons pour d'autres pays car il a toujours été intégré l'idée, chez les Français d'Algérie, que la police devait laisser place à l'armée dès que la situation s'aggravait. C'est ce que signifiait Gazagne en 1945 : « Il ne faut pas se hâter d'étendre l'administration civile aux populations trop éloignées du reste et trop rustres… L'administration militaire, par la crainte qu'elle inspire, a des résultats extrêmement satisfaisants[1]. » Au-delà du refus des réformes de 1944-1945, on voit bien que c'est dans l'armée, et pas dans la police, que les partisans de l'Algérie coloniale mettaient leurs espoirs. La police n'était là qu'entre deux phases de conquête ou de reconquête, une fois la révolte des Algériens écrasée. « Je vous ai donné la paix pour dix ans » : le général Duval savait déjà que la police ne la préserverait pas. L'État colonial n'était pas un État policier, il était un État de reconquête permanente où le recours à l'armée était périodiquement indispensable. Aussi, les autorités pensèrent la police à l'amont comme une source indispensable de renseignements, à l'aval comme une institution subordonnée à l'armée destinée à préserver un semblant de légalité.

Au-delà de l'exportation des pratiques policières (tortures, supplétifs…) en métropole, en particulier à la préfecture de police de Paris avec Maurice

---

1. Rapport Gazagne, en annexe d'Alain de Sérigny, *L'Écho d'Alger*, tome 1, Presses de la Cité, 1972, p. 341-342.

Papon, au-delà de la guerre des polices provenant de l'attitude très partagée des différents corps et services par rapport à l'OAS, la guerre d'Algérie a façonné, sur le plan policier, d'une part des liens étroits et ambigus entre la police française et la police algérienne après 1962, et d'autre part des relations difficiles et complexes entre la police et la population française et immigrée, originaire du Maghreb.

DEUXIÈME PARTIE

ACTEURS

Le mouvement des rappelés en 1955-1956

par Jean-Charles Jauffret

Bien qu'alertées par les services de renseignements, les autorités françaises sont surprises par l'insurrection dans l'Aurès du 1er novembre 1954 et subissent une guerre qu'elles ne veulent pas reconnaître. Effectivement, jusqu'en 1957, les forces de l'ordre perdent l'initiative, tandis que l'insurrection gagne du terrain. Il faut faire face, mais sans proclamer un état de belligérance, qui, l'Algérie étant composée de départements français, aurait eu pour résultat la reconnaissance d'un état de guerre civile. La République fait flèche de tout bois, afin de répondre à la montée en puissance de l'Armée de libération nationale. Parmi les renforts envoyés en deux vagues, en 1955 et en 1956, les rappelés. Mais ce renforcement des effectifs, rendu nécessaire après le tournant de la guerre d'Algérie, les 20 et 21 août 1955, ne se fait pas sans heurts, aussi bien parmi les hommes convoqués de nouveau sous les drapeaux qu'au sein de la population métropolitaine. Elle se sent pour la première fois vraiment concernée par les « événements » d'Algérie. Quelles formes prennent ces différentes manifestations qui, très tôt, témoignent du rejet par une bonne partie de l'opinion de toute prolongation du conflit et donc des chances de l'Algérie française ? Quels éléments distinguent les mouvements de rappelés, dus à l'initiative de militaires convoqués en 1955 puis trouvant un large écho dans certaines catégories de la population en 1956 ? Qu'en est-il du devenir de ces manifestations confronté aux réalités de la guerre en Algérie ?

Les rappelés de 1955

Stricto sensu, ce terme ne concerne que les réservistes de contingents anciens convoqués seulement après un vote du Parlement, c'est-à-dire ceux placés dans la seconde réserve, trois ans après la fin de leur service actif. Pour éviter un vote législatif qui pourrait réserver des surprises et aboutir à un débat public, l'exécutif dispose d'un autre moyen destiné à renforcer les gros bataillons dont il a besoin en Afrique française du Nord (AFN). Selon l'article 40 de la loi du 31 mars 1928 sur le recrutement de l'armée, reconduit par la loi du 30 novembre 1950 sur la durée du service actif fixé à dixhuit mois, du premier jour du versement dans la première réserve et pendant trois ans, les appelés restent à la disposition du ministre de la Guerre qui peut les rappeler, temporairement, à l'activité sur simple convocation. Ces réservistes sont des « disponibles ». Sont concernées les classes les plus jeunes de la réserve susceptibles d'avoir conservé les réflexes acquis pendant leur service actif. Il est donc impropre de parler de « rappelés », mais plutôt de « disponibles » ; toutefois l'opinion et la mémoire collective ne font pas de distinction, et il n'est pas utile de la remettre en question.

Les rappelés français d'Algérie

Cette disposition particulière relative à la disponibilité immédiate est à l'origine du décret pris par le gouvernement Edgar Faure le 21 mai 1955 rappelant sous les drapeaux les hommes de la classe 1953-2 (jeunes gens de vingt ans, convoqués pour le service actif au second semestre de 1953). Il s'agit des disponibles nés en Algérie ou en résidence temporaire, soit un total de seize mille cinq cents hommes. Ce décret est complété par celui du 24 août 1955 concernant les disponibles résidant au Maroc. En règle générale, ces hommes font un temps de rappel beaucoup plus long, près d'un an en moyenne, que les disponibles métropolitains convoqués ultérieurement. Ainsi, Paul de Tonnac de Villeneuve, né à Alger le 14 février 1930, ingénieur agronome, sorti aspirant de l'école d'application d'infanterie de Saint-Maixent le 4 mai 1954, est rappelé à l'activité de mai 1955 à mai 1956.

Les renforts ainsi obtenus sont répartis dans des compagnies rurales devenues, en octobre 1955, bataillons de protection rurale. Ils assurent avant tout des tournées de police dans le bled. Ces unités comportent 50 % de sous-officiers musulmans anciens d'Indochine, tandis que le gros de la troupe est constitué, pour moitié, de rappelés européens âgés de vingt-cinq à trente ans et de leurs équivalents algériens soumis à la conscription depuis 1912. En général mariés, contraints d'abandonner leur foyer sans préavis, touchant des soldes insignifiantes, mal équipés (un seul véhicule par compagnie), ces rappelés sont conscients de défendre leur sol comme tous les Français d'Algérie. Ce réflexe patriotique explique l'absence de toute manifestation de mauvaise humeur, ce qui n'exclut pas un sentiment d'abandon[1].

En effet, un incident jette la suspicion sur ce type d'unité. Dans la nuit du 4 février 1956 au poste de Tralimet, un caporal-chef musulman ouvre le feu : il blesse sept personnes et déserte ensuite en compagnie de trois

---

1. Pour le détail de cette question, notre ouvrage de synthèse, *Soldats en Algérie : expériences contrastées des hommes du contingent*, Autrement, janvier 2000, 366 p., p. 31.

FSNA (Français de souche nord-africaine) qui rallient le FLN[1]. En 1956, les bataillons de protection rurale se transforment en unités territoriales (les fameuses UT). Ces milices sont chargées de la surveillance des ports, des ponts et du quadrillage des villes. Les réservistes français résidant en Algérie assurent un service de deux jours par semaine, jusqu'à la dissolution des UT, après leur participation à la semaine des barricades d'Alger en janvier 1960.

Les décrets Edgar Faure

Ce rappel limité aux Français d'Algérie se révèle insuffisant après le bain de sang des 20-21 août 1955 dans le Nord-Constantinois et l'Atlas marocain. L'armée ressemble alors au pompier de service qui tente d'éteindre les incendies successifs. Pour faire face à cette situation d'urgence, la nécessité de grossir immédiatement les effectifs entraîne la convocation sous les drapeaux de soldats dont l'instruction militaire est déjà faite, c'est-à-dire de disponibles qui ont déjà effectué leurs dix-huit mois de service actif légal.

Pris par le gouvernement Edgar Faure, les décrets des 24 et 28 août 1955 rappellent à l'activité les disponibles des trois classes. Celui du 24 août concerne seulement des parties de deux contingents levés jusqu'alors par semestre : la quatrième fraction de la classe 1952 (1952-4) et la première fraction de la classe 1953 (1953-1). Celui du 28 août convoque, lui, la totalité du contingent 1953-2, ainsi que les sous-officiers et les officiers de réserve de contingents plus anciens nécessaires à son encadrement, soit trente-sept mille cinq cents hommes dont l'essentiel est destiné à l'armée de terre. En outre, le décret du 28 août maintient sous les drapeaux, au-delà de la durée légale du service, le contingent 1954-1, sur le point d'être libéré. De cent mille hommes en juin 1955, grâce aux rappelés et aux maintenus, l'effectif présent sur le terrain atteint cent soixante mille six cents hommes pour l'armée de terre au 1er décembre suivant[2]. Tous les rappelés ne sont pas dirigés vers l'Algérie, certains partent pour les FFA (Forces françaises en Allemagne), d'autres pour le Maroc, afin d'y relever des troupes plus aguerries que le commandement de la 10e RM (région militaire) souhaite en priorité voir intervenir dans le bled algérien.

---

1. *7 U 492, SHAT (Service historique de l'armée de terre). Les cartons précédés d'un astérisque sont soumis à dérogation, mesure illogique pour les journaux des marches et opérations qui avaient été déclassés en 1994. Depuis 2002, les archives militaires, très largement ouvertes depuis 1992, sont à nouveau fermées par oukase de certains zélotes du ministère de la Défense. À l'inverse, les archives du Centre des archives d'outre-mer, à Aix-en-Provence, et celles de la police sont plus facilement accessibles pour l'historien. Le Père Ubu sévit encore...

2. Alain Mathieu, « Les effectifs de l'armée française en Algérie (1954-1962) », actes du colloque international de Montpellier de mai 2000, sous la direction de Jean-Charles Jauffret et Maurice Vaïsse, *Militaires et guérilla dans la guerre d'Algérie*, Complexe, janvier 2001, p. 40.

Adoptées pendant les vacances estivales, ces mesures surgissent au moment où l'opinion métropolitaine commence à prendre peu à peu conscience des horreurs de cette guerre sans nom. Un reportage célèbre, « Un journaliste français chez les hors-la-loi », que signe Robert Barrat dans *France-Observateur*, repris par l'ensemble de la presse, dévoile pour la première fois les réalités du conflit : l'adversaire (les mystérieux « rebelles ») prend corps, il n'est plus une vague entité et son combat évoque, par certains aspects, celui des maquisards français. Pour quelques rappelés qui lisent la presse, une « sale guerre » s'étend du Maroc, en situation insurrectionnelle depuis 1952, à l'Algérie. On peut se demander dans quelle mesure les mieux informés, sans doute une minorité, en prennent peu à peu conscience, dès novembre 1954, lors des premières dénonciations de la torture par François Mauriac dans les colonnes de *L'Express*. *Paris Match* montre les funérailles des victimes des massacres du 20 août 1955 à Philippeville. Claude Bourdet, le 6 septembre, signe un article devenu célèbre : « Ne jetez pas le contingent dans la guerre », qui entraîne la saisie de *France-Observateur*.

Commence alors un mouvement de contestation spontané. Il surprend à la fois l'opinion et l'État, et évoque, en mineur, les mutineries de 1917, bien qu'il s'agisse avant tout d'actes d'insubordination temporaires. Le terme de « mutinerie » est toutefois retenu par une partie de la presse, y compris pour le journal conservateur britannique *Daily Express*[1]. Cette grave crise du moral correspond à un rejet de cette nouvelle épreuve coloniale sans ennemi désigné. Oubliant l'axiome régissant la défense nationale depuis François Ier, la IVe République commet la faute majeure que tous les régimes précédents avaient su éviter : pour un pays continental et centralisé comme la France, acculé à l'océan, disposant d'une capitale sans protection naturelle, l'ennemi potentiel est à l'est ; on ne doit utiliser le soldat citoyen que pour défendre le pré carré. En 1871 et en 1881, le contingent a été envoyé en renfort en Algérie pour venir à bout de l'insurrection en Kabylie puis de celle du Sud-Oranais, mais il a rapidement rembarqué. Par-delà les arguties juridiques concernant les départements algériens, seuls les Français qui y résident ont en majorité le sentiment de défendre leur foyer, à l'inverse des métropolitains casaniers, héritiers d'une longue tradition paysanne, qui considèrent l'envoi en Algérie comme une corvée. Les rappelés de 1955 sont les premiers à exprimer leur mauvaise humeur.

Le 11 septembre, six cents disponibles de l'armée de l'air, classe 53-2, en route vers le Maroc, manifestent pendant deux heures à la gare de Lyon : « Le Maroc aux Marocains ! », « Nous ne voulons pas partir ! », « Les civils avec nous ![2] ». Après une intervention des forces de l'ordre (police et gendarmerie de l'air) et l'impossibilité de faire partir le train après le sabotage de son

1. Tramor Quemeneur, « Les manifestations de rappelés contre la guerre d'Algérie (1955-1956), ou contestation et obéissance », *Revue française d'histoire d'outre-mer*, n° 332-333, 2001, p. 412.

2. Jean-Pierre Vittori, *Nous, les appelés d'Algérie*, Paris, Temps actuels, 1977, p. 19-20.

signal d'alarme, les rappelés regagnent leur casernement avant d'embarquer quelques jours plus tard à destination d'Oran depuis l'aérodrome de Villacoublay. Le ministère de la Défense nationale tend à minimiser ce premier geste de révolte, tandis que la presse à grand tirage (*L'Aurore, Le Parisien Libéré, Le Figaro*) évoque un abus de boisson, explication toute faite maintes fois répétée, bien que la police parisienne n'ait rien constaté de tel[1].

Douze jours plus tard, après ce premier acte d'insubordination collective, les disponibles de deux groupes de marche du 401e régiment d'artillerie anti-aérienne (RAA), unité de la région parisienne, commettent quelques actes d'indiscipline lors de manœuvres à Biscarosse, dans les Landes (bains de mer et détente sur la plage…), puis assistent à une messe pour la paix en l'église Saint-Séverin de Paris. À cette occasion, trois cents soldats qui se disent « croyants et incroyants, chrétiens et communistes, juifs et protestants », qui veulent se « recueillir pour la paix et la fraternité en Afrique du Nord », distribuent un tract appelant au respect du droit des peuples d'Afrique du Nord à disposer d'eux-mêmes. Le 2 octobre, pour éviter toute nouvelle manifestation de ces deux groupes de marche du 401e RAA, ils embarquent à l'aéroport du Bourget à destination du Maroc et de l'Algérie[2].

Le 406e RAA de Rouen

L'incident le plus grave a lieu à Rouen, quartier Richepance, au sein du 2e bataillon de marche des rappelés du 406e RAA. Pourtant, ses deux bataillons, l'un formé à Amiens, l'autre à Rouen, prennent part aux écoles à feu de Cayeux-sur-Mer, dans la Somme, du 27 au 30 septembre 1955, afin de rafraîchir leur instruction militaire. Le moral semble bon, à en croire le journal des marches et opérations (JMO) du régiment, à tel point que, le 30 septembre, les disponibles, enthousiastes, jettent leur calot en l'air. Le bataillon d'Amiens gagne le camp de Sissonne puis embarque pour l'AFN. En revanche, le bataillon de Rouen réagit différemment. Le 5 octobre, les hommes de cette unité apprennent leur départ. Le lendemain, le régiment est consigné. Exceptionnellement bien tenu, le JMO de l'unité permet de suivre heure par heure les événements : « 20 heures : quelques soldats font des adieux à leurs familles à la grille du quartier. 21 heures : des canonniers manifestent à la grille du quartier en chantant. 22 heures : le personnel de la CCS [compagnie de commandement et des services] embarque [dans des camions à destination de la gare de Pont-de-l'Arche]. Le personnel des autres compagnies ne répond pas aux ordres donnés. La CCS tente de sortir du quartier. Elle est stoppée par les manifestants. Elle tente une sortie par la vieille porte donnant sur la rue Saint-Julien. 24 heures : le lieutenant-colonel Vailhen rassemble les officiers et sous-officiers du bataillon et leur annonce que le départ est différé. À 01 heure, le calme est revenu et les hommes sont couchés.

---

1. T. Quemeneur, *op. cit.*, p. 412-413.
2. *1/7 U 1204, SHAT.

« [...] 7 octobre, 18 h 30 : les camions, avec paquetage et armes de la CCS, sortent du quartier. La population alertée par des tracts arrive autour du quartier après la sortie des usines. L'arrivée du service d'ordre amène une certaine effervescence. Des escarmouches ne tardent pas à intervenir entre le service d'ordre et les civils. 19 heures : un gardien de la paix, blessé, est conduit à l'infirmerie. Intervention des CRS. Des soldats se mettent du côté des émeutiers. Pierres, grenades lacrymogènes. Le lieutenant-colonel Vailhen donne l'ordre aux commandants d'unité de retirer les ressorts récupérateurs et les percussions [sic] des armes en magasin. Exécution immédiate. Les commandants d'unité réussissent, après une heure d'efforts, malgré les grenades lacrymogènes, à faire rentrer dans leurs chambres les hommes qui se trouvaient aux portes du quartier[1]. »

Le 8 au soir, à 20 h 45, la CCS quitte Rouen pour la gare de Pont-de-l'Arche. Le 8 octobre, dès 2 heures du matin, encadrées par des pelotons de gendarmes mobiles, les trois compagnies de combat du bataillon de rappelés sont dirigées à leur tour vers le camp de Sissonne. Le 9 octobre, les armes sont remontées et distribuées, le premier avion décolle de Reims. Dix-huit meneurs sont déférés devant le tribunal militaire. Accusés de « révolte militaire », ils passent quelques semaines à la prison de Fresnes[2]. Leurs camarades sont soumis à de longs interrogatoires, ce qui, constate le chef d'escadron Jouffroy, commandant le 2e bataillon de marche du 406e RAA, « maintient la quasi-totalité du personnel dans une inquiétude qui ne pouvait avoir que des conséquences fâcheuses pour le moral[3] ».

Une partie de la presse et les cadres retiennent des explications toutes faites : le traditionnel abus de boissons alcoolisées et, au temps de la guerre froide, le « complot communiste international ». Est dénoncé le zèle du Parti communiste français (PCF) et d'organisations qui lui sont proches comme l'Union des femmes françaises (UFF) ou le Mouvement pour la paix. Certains de ses militants se montrent effectivement très actifs et sont souvent à l'origine de la création de comités des familles des rappelés et des maintenus sous les drapeaux[4]. Ainsi en Ardèche, en octobre 1955,

1. *1/7 U 1226, SHAT.
2. J.-P. Vittori, *op. cit.*, p. 208.
3. *7/7 U 1226, SHAT.
4. Il semble, en tout cas pour deux départements étudiés par nos étudiants, le Vaucluse et la Drôme, représentant le « Midi rouge », qu'une véritable « espionnite » les concerne, sur le modèle de 1914-1918 (« *Verdunite* ») et de 1939-1940 (chasse aux communistes). Dès le 18 novembre 1954, François Mitterrand, ministre de l'Intérieur, signe la circulaire n° 345 relative au « Filtrage des jeunes recrues ». Sont fichés, par la gendarmerie et les Renseignements généraux, les militants pacifistes ou communistes, mais aussi ceux qui ont un membre de leur famille engagé politiquement contre la guerre d'Algérie. À la colonne « observations », pour la Drôme, on peut lire pour certains rappelés qui se sont distingués comme « meneurs » : « Mère institutrice communiste [...], père pasteur protestant et membre actif du Comité de la paix, mère adhérente à l'Union des femmes françaises. » *Cf.*, *Soldats en Algérie...*, *op. cit.*, p. 283-284.

l'UFF recueille 5 290 signatures pour le retour des jeunes soldats envoyés en Algérie[1]. Pourtant, le PCF joue la carte de la légalité et demeure prudent. À Rouen, les manifestants chantent *L'Internationale*, mais les rappelés répondent par *La Marseillaise*.

C'est à ce propos qu'apparaît la spécificité du mouvement des rappelés de 1955 : absence de manipulation venue de l'extérieur. Les sympathisants accompagnent et ne précèdent pas ces gestes d'humeur qui, par leur spontanéité, échappent à toute logique. Ainsi en Avignon, le 7 octobre 1955, une échauffourée fait grand bruit dans la presse locale : deux cent cinquante rappelés patientent dans la gare, soudain quatre d'entre eux, excédés par l'attente, se lèvent et s'en prennent sans motif à une boulangerie attenante à la gare. Une violente bagarre s'ensuit, un des rappelés prend le chemin de l'hôpital, blessé d'un coup de rouleau à pâtisserie[2]. En fait, la contestation obéit à un mal-être et à un rejet que l'exemple de Rouen illustre fort bien. En effet, à la convocation *ex abrupto* de disponibles de vingt-deux ou vingt-trois ans ayant quitté le service actif depuis quelques mois et recevant, des gendarmes, un beau matin, leur feuille de route, au drame de la séparation d'une jeune épousée qui attend un enfant, se greffent le souci des crédits à payer, l'inquiétude d'un métier qu'il faut quitter. À cela s'ajoute l'inconfort des locaux militaires : le quartier Richepance, construit en 1877, n'est toujours pas relevé des destructions de 1939-1945, quelques bâtiments sont inutilisables.

Ces manifestations, certes réduites en nombre, mais graves pour la cohésion nationale, inquiètent le gouvernement Edgar Faure. Le 7 octobre 1955, salle Wagram à Paris, le député SFIO Marceau Pivert déclare : « Les soldats du contingent ont maintenant le droit de n'obéir qu'à leur propre conscience[3]. » Le 13, une interdiction de meeting à la Mutualité d'étudiants socialistes se transforme en manifestation sur le boulevard Saint-Michel. De la région parisienne, fort de Nogent (401e RAA), caserne Charras (93e RI), la contagion atteint Avignon, Fréjus, Montpellier, Metz... Danielle Tartakowsky dénombre dix-huit manifestations de rappelés pour 1955[4]. Toutefois, certaines unités de rappelés se montrent d'une tenue irréprochable : le détachement de Provins du 401e RAA participe le jour de son départ à une cérémonie patriotique au monument aux

1. Dimitri Espenel, *Mémoires de la guerre d'Algérie. Les hommes du contingent en Ardèche*, mémoire de maîtrise, sous notre direction, université Paul-Valéry (Montpellier III), juin 2001, 180 p., p. 29.

2. Mathieu Salamero, *Mémoires et représentations de la guerre d'Algérie. Le contingent du Vaucluse*, mémoire de maîtrise, sous notre direction, Montpellier III, juin 2001, 140 p., p. 15.

3. Hervé Hamon et Patrick Rotman, *Les Porteurs de valises. La résistance française à la guerre d'Algérie*, Albin Michel, 1979, p. 22.

4. « Les manifestations de rue », actes du colloque international de l'IHTP, 15-17 décembre 1988, *La Guerre d'Algérie et les Français*, sous la direction de Jean-Pierre Rioux, Fayard, 1990, p. 135.

morts de la localité. Il embarque dans la soirée du 7 décembre avec ordre et discipline, note avec satisfaction le général Morlière, commandant la 1ʳᵉ RM[1].

Le 404ᵉ RAA de Valence

Il semble que ce soit à Valence qu'apparaisse le premier incident d'importance concernant le matériel de la SNCF. Le JMO du 404ᵉ RAA donne des indications précises. Le commandement redoute des manifestations et choisit un embarquement discret : le 17 octobre, venant de la caserne Baquet, les huit cents disponibles du groupe de marche de cette unité rejoignent un convoi ferré, quai des Combeaux, à cinq kilomètres au nord de la ville :

« 15 heures : Incidents sur le quai, une partie du personnel opposant une résistance collective passive à l'ordre de réintégrer les wagons. – 15 h 40 : Départ du quai et manœuvre de la rame, personnel pour accrocher la rame matériel en fin de convoi. – 15 h 45 : Arrêt à quelques centaines de mètres du quai près d'un passage à niveau, le signal d'alarme ayant été tiré une partie du personnel descend du convoi, puis remonte. – 16 h 15 : Départ, nouvel arrêt de 16 h 20 à 16 h 45 dans le tunnel situé à l'entrée nord de la gare de Valence, pour la même raison. – 16 h 50 : Nouvel arrêt en gare. Des canonniers et quelques gradés rappelés escaladent le mur d'enceinte est contre lequel le train est arrêté et font le tour de la partie nord de la gare. Un seul d'entre eux, le 1ᵉʳ Cst [canonnier-servant] Rossat, ne rejoint pas.

Le chef de gare fait changer la locomotive et passer en tête la rame de matériel et débrancher les freins des wagons de voyageurs pour éviter que l'emploi du signal d'alarme ne déclenche le dispositif de freinage[2]. »

Le convoi finit par s'ébranler à 18 h 5 et gagne tardivement la gare maritime de Marseille à petite vitesse (arrivée le lendemain à 0 h 15). Mais ce que ne mentionne pas le JMO de cette unité, ce sont les graves incidents qui ont précédé ou suivi l'embarquement définitif en gare de Valence. Pour les découvrir, il faut faire appel à une des mémoires essentielles de la guerre d'Algérie, même si elle demeure difficilement consultable, celle des rapports mensuels des Renseignements généraux. Ce ne sont pas « quelques gradés rappelés » qui escaladent le mur d'enceinte de la gare, mais bien « quatre cents soldats qui se répandent en ville en chantant des chansons à boire et on serait bien mieux chez nous ». Deux cents d'entre eux se couchent sur la nationale 7 et interrompent la circulation, devant le grand magasin des Nouvelles Galeries. Aidés par des gendarmes, les officiers parviennent à ramener à la raison l'essentiel de la troupe, mais une cinquantaine d'irréductibles refusent de

---

1. *2 T 76, SHAT.
2. *6/7 U 1218, SHAT.

rejoindre la gare. Ils insultent le colonel Gouraud, chef de corps du 404ᵉ RAA : « Salaud ! traître ! vendu ! » Dès le 18 octobre, le préfet de la Drôme écrit au ministre de l'Intérieur afin de lui relater la gravité des faits. Il précise que des inscriptions à la peinture blanche couvraient les wagons en gare de Valence : *Déportés en AFN, la quille !*[1]

Ces premiers incidents laissent des traces au sein d'unités dont les cadres n'avaient pas été préparés à cette fronde inattendue. Le chef de corps du 404ᵉ RAA signe, le 20 décembre 1955, un rapport sur le moral qui commence par ces mots : « Le régiment perd ses vertus actives, la foi et l'espérance. Il ne croit plus aux promesses et n'a plus le désir d'entreprendre. Il est triste[2]. » Une apathie, parfois malveillante, le désir évident d'attendre la libération dans la meilleure « planque » sont soulignés par le haut-commandement à propos des rappelés[3]. À la demande du ministre de l'Intérieur, les Renseignements généraux du Vaucluse entreprennent une enquête menée fin décembre 1955 auprès des rappelés revenus au pays : « Dans l'ensemble aucun enthousiasme ne se reflète chez ces jeunes Français à leur retour de ce nouveau stage militaire[4]. »

« *Spleen* » *militaire et politique*

Une grave crise du moral des troupes engagées en Algérie apparaît à la fin de l'année 1955, tandis qu'une certaine effervescence continue d'agiter la métropole : le 23 novembre, une centaine de rappelés et de maintenus défile sur les Champs-Élysées. Un signe ne trompe pas, c'est bien en décembre qu'est formé le 5ᵉ bureau d'action psychologique dont la mission concerne aussi bien les populations algériennes, qu'il faut convaincre de l'opportunité de la « pacification », que les hommes du contingent. Créé le 25 décembre 1955, le journal *Le Bled* lui est tout particulièrement destiné et dépend des rédacteurs du bureau d'action psychologique. Ce « spleen » militaire accompagne la crise de confiance politique et sociale au moment où le gouvernement Edgar Faure obtient la dissolution de l'Assemblée nationale, dans l'espoir que des élections législatives anticipées donneraient une nouvelle majorité capable de trouver une issue au drame algérien. Pour des motifs électoraux, à la veille des élections, il n'est plus opportun de garder en Afrique du Nord les rappelés de 1955, dont le gouvernement, en campagne électorale, promet la libération. C'est l'origine du retour dans leurs foyers, pour Noël, des disponibles métropolitains après tout au plus quatre mois de rappel sous les drapeaux.

---

1. Séverine Morin, *Mémoires de la guerre d'Algérie dans la Drôme*, mémoire de maîtrise, sous notre direction, Montpellier III, juin 1998, volume I, p. 40-42.
2. *5/7 U 1218, SHAT.
3. Note du bureau « Psychologie-moral », 8ᵉ région militaire (Lyon), 9 décembre 1955, *2 T 76, SHAT.
4. Mathieu Salamero, *op. cit.*, p. 12.

Les rappelés de 1956

Un environnement défavorable

En mars 1956, une première crise d'effectifs frappe les troupes d'Algérie : retour des régiments marocains dans leur pays qui a recouvré sa souveraineté, libération des maintenus métropolitains du contingent 54-1 et des disponibles français d'Algérie. Au moment de l'indépendance de la Tunisie puis du Maroc, une épidémie de désertions en 1955-1956 accroît la méfiance et gêne fortement le recrutement des unités de spahis et de tirailleurs algériens. Pour ces dernières, le taux des désertions passe de 0,75 pour mille à 1,25 pour mille[1]. Et le général Noiret, commandant la division de Constantine, de reconnaître, dans un rapport du 6 mars, qu'il ne peut être question « de leur confier toutes les missions qu'exige la situation[2] ». Or l'insécurité gagne partout, alourdissant les charges de la « défense en surface » (viaducs, ports, carrefours routiers…). Le vote des pouvoirs spéciaux, le 16 mars 1956, a pour premier effet la convocation à titre individuel de réservistes ayant une spécialité recherchée, tels ces magistrats nommés présidents des tribunaux permanents des forces armées[3].

Pressé d'agir par le commandement, le gouvernement Guy Mollet se résout à un nouveau rappel de disponibles. La décision ministérielle du 19 mars fixe d'abord les lieux d'accueil ou de transit (pour éviter les incidents urbains comme en 1955), « à l'écart des zones et quartiers politiquement marqués. Les temps morts doivent être réduits au minimum[4] ». Puis le décret du 12 avril 1956, signé par le ministre de la Défense, Maurice Bourgès-Maunoury, maintient sous les drapeaux la classe 55-1 et rappelle les disponibles des contingents de la 1re fraction de la classe 1951, et ceux des 1re, 2e et 3e fractions de la classe 1952. Les disponibles des 2e et 3e fractions de la classe 1953, qui n'avaient pas été rappelés au titre du décret du 28 août 1958, sont également concernés, ainsi que ceux des 1re et 2e fractions de la classe 1954 qui n'ont pas été maintenus sous les drapeaux. En deux vagues, les disponibles prennent le chemin de l'Algérie, cinquante-quatre mille en mai, et soixante-trois mille hommes en juin-juillet. En comptant les hommes maintenus sous les drapeaux, l'ensemble, sous le nom de code « plan Valmy », donne cent quatre-vingt-huit mille hommes à l'armée de terre et douze mille quatre cents à l'armée de l'air. Onze nouvelles divisions sont ainsi constituées[5].

---

1. Maurice Faivre, *Archives inédites de la politique algérienne, 1958-1962*, L'Harmattan, avril 2000, 432 p., p. 155.

2. 1/1 H 1375, SHAT.

3. Sylvie Thénault, *Une drôle de justice. Les magistrats dans la guerre d'Algérie*, préface de Jean-Jacques Becker, La Découverte, août 2001, 350 p., p. 73. Sur la question des officiers de réserve, *cf.* notre ouvrage cité, *Soldats en Algérie…*, *op. cit.*, p. 90 à 98.

4. 1 H 1812, SHAT.

5. Maurice Faivre, *op. cit.*, p. 155.

Or l'environnement politique est encore moins favorable que l'année précédente, même si la majorité des rappelés ne découvre la question algérienne que le jour de leur convocation : « La guerre d'Algérie, moi, je m'en fous, tant qu'on ne m'emmerde pas[1] », confie Georges Mattéi. Les promesses électorales du Front républicain (socialistes et radicaux, avec le soutien des communistes) concernant la fin des hostilités sont loin d'être tenues. La nomination d'un homme à poigne, Robert Lacoste, comme ministre résidant à Alger, a une odeur de poudre. De nombreux rappelés, convoqués dans le plus grand désordre, en costume civil, brandissent dans les gares de marchandises des pancartes « Paix en Algérie ! ». Cette inscription, devenue slogan, est la plus fréquente. Il s'agit d'un rappel à l'ordre des politiques, puisque la paix en Algérie figurait dans le programme électoral du Front républicain. Guy Mollet est aussi rappelé à ses promesses électorales par des protestations collectives. À Marvejols, une pétition circule contre le rappel des disponibles en mai 1956 demandant au gouvernement de trouver une solution pacifique en Algérie. Des pasteurs du Gard et de l'Hérault, menés par Marcel Cavalie, pasteur de Saint-Germain-de-Calberte, en Lozère, membre du Mouvement pour la paix, adressent au responsable de l'exécutif une lettre ainsi libellée : « Nous vous adjurons de considérer le FLN comme l'un des interlocuteurs valables en vue du cessez-le-feu[2] ». Par la volonté du président du Conseil, en février 1956, cette promesse initiale se transforme en formule alambiquée : « Cessez-le-feu, élections, négociations. » Détail important, les rappelés de 1956, notamment ceux des classes 1951 et 1952, sont plus matures que ceux convoqués en 1955. Les plus âgés ont vingt-trois, vingt-quatre et même parfois vingt-cinq ans, donc une expérience de citoyens plus au fait des questions politiques. Combien ont lu le premier ouvrage dénigrant, sans euphémisme, l'armée, *L'Algérie hors la loi*, publié en décembre 1955 par Colette et Henri Jeanson ? Ils ont eu le temps de se marier, d'avoir un enfant ou espèrent être père pour la première ou seconde fois. D'autres, engagés dans des études longues, sont sur le point d'obtenir leur diplôme universitaire. Ils ont une situation, des crédits ou des dettes s'ils ont monté une affaire ou acquis un fonds de commerce. Georges Mattéi, en témoin privilégié, analyse à chaud ce sentiment : « Ils [les rappelés] étaient là et moi avec, gueulant et hurlant que c'était pas à nous d'aller à la castagne, qu'on avait fait notre service et tout, qu'on était déjà marida, qu'on avait des enfants, les traites de notre petite auto à payer et qu'on voulait pas être cocus.[3] » Certains sont tentés de désobéir en refusant de répondre à la convocation individuelle qui est présentée, généralement, par deux gendarmes, sous forme d'une fiche de remobilisation accompagnée d'un titre

---

1. « Jours kabyles », *Les Temps modernes*, juillet-août 1957, p. 143.
2. Sofiane Maza, *Les Appelés lozériens de la guerre d'Algérie*, mémoire de maîtrise sous notre direction, Montpellier III, juin 2001, 193 p., p. 12.
3. *La Guerre des gusses*, Balland, 1982, p. 12.

de transport. Noël Trouilloud, qui se dit apolitique, travaille dans la ferme familiale à Beaucroissant (Isère) : « J'ai refusé de partir. Je ne voulais pas y aller. Il y avait du boulot à la ferme et on n'avait pas à se faire casser la gueule là-bas. Il fallait faire les foins, mon frère était encore à l'école et mon père était tout seul. » Mais comme d'autres disponibles dans le même cas, sans doute parce qu'il se sent isolé, cinq ou six jours plus tard, dit-il, il finit par suivre les gendarmes qui le conduisent au camp de Chambaran. Le réflexe d'obéissance l'emporte *in fine* dans cette génération pour laquelle la famille (souvenirs des deux guerres mondiales), l'école et l'armée rappellent le sens du devoir. Noël Trouilloud constate que, parmi ses camarades de chambrée, un seul déserte en laissant un message disant qu'il partait pour l'URSS[1].

Tout quitter du jour au lendemain n'a rien d'une partie de campagne, même si la décision ministérielle du 16 mars 1956 suspend le règlement des traites le temps du rappel sous les drapeaux. La mauvaise humeur, accentuée plus tard par l'approche des congés payés, trouve aussi son origine dans les manifestations estudiantines. Celle de la Mutualité à Paris, le 23 février 1956, donne le ton. L'état-major de l'armée communique au ministre de la Défense un rapport très détaillé de cette réunion de quinze cents à deux mille étudiants socialistes. À l'inverse des meetings qui suivront, aucun organisme communiste n'est représenté. L'audience comprend, pour un tiers des présents – et c'est une nouveauté –, des représentants de l'Union française (Madagascar, Afrique-Occidentale française…) et des étudiants algériens. Les orateurs rappellent le droit des peuples à disposer d'eux-mêmes. Ils dénoncent la torture et « la guerre véritable en Algérie ». La réunion se termine par l'affirmation que les étudiants n'iront pas se battre en Algérie : « Il faut exiger le retour du contingent et interdire l'envoi de nouveaux renforts[2]. »

La SNCF en bouc émissaire

L'histoire des manifestations de rappelés en 1956, mieux connue que celle de l'année précédente, totalise soixante-seize manifestations de rue[3], encore que ce nombre ne tienne pas compte de quelques très rares contre-manifestations, peu étudiées, comme celle de Toulouse, le 29 février 1956, où mille étudiants de droite déposent une gerbe au monument aux morts en hommage aux « victimes du terrorisme » et aux cris de « Vive l'Algérie française ![4] ». En outre, ce bilan oublie des incidents qui se sont déroulés tout d'abord dans les trains et les gares. Ils sont le fait de disponibles qui, comme l'année précédente, tiennent à montrer, par des gestes de révolte,

---

1. Patrick Rotman et Bertrand Tavernier, *La Guerre sans nom : appelés et rappelés pendant la guerre d'Algérie, 1954-1962*, Le Seuil, 1992, p. 43.
2. *6/1 S 2, SHAT.
3. Danielle Tartakowsky, *op. cit.*, p. 142.
4. *6/1 S 2, SHAT.

leur désapprobation de la guerre d'Algérie. La SNCF en est la victime expiatoire ; son sigle même évoque le générique « ils », l'État, par l'adjectif « nationale », qui envoie outre-Méditerranée ces pères de famille sans leur en justifier les raisons. Il s'agit là d'un nouveau paradoxe, car les autorités militaires soulignent le plus souvent, pour expliquer le mouvement des rappelés, la complicité trouvée parmi les syndicats de cheminots proches des communistes, comme la CGT du rail.

Tramor Quemeneur a étudié un des premiers actes de violence, le 11 mai 1956, dans le train Quimper-Paris : injures aux sous-officiers d'active, dégradations de matériel et même d'un viaduc[1]... Il ne s'agit pas d'un cas isolé. Même dans des départements réputés calmes, comme la Manche, l'agitation prend des proportions inquiétantes en juin 1956. La lecture des rapports de police et de gendarmerie est à ce propos édifiante. Les disponibles bretons et normands de la classe 1952-2, du 4 au 26 juin, provoquent une série d'incidents sur les voies ferrées reliant Rennes et Equeurdreville à Cherbourg, où doivent se constituer les convois militaires à destination de Marseille. Les trains de voyageurs prennent régulièrement du retard par l'usage intempestif du signal d'alarme. Le mécanicien du train n° 633, le 4 juin, relate la cause d'un arrêt en rase campagne (il y en aura trois avant Cherbourg), près de Coutances : « Comme il est prévu dans mes consignes, je me suis porté vers la voiture d'où le signal d'alarme avait été actionné. Je me suis trouvé en présence d'une cinquantaine de militaires massés à l'entrée du wagon, et qui m'en interdisaient l'accès. J'ai dû parlementer avec eux pour remettre le signal d'alarme en place, et permettre le départ du train[2]. » Le 6 juin, une centaine de militants du Comité local pour la paix et la négociation en Algérie provoquent un incident à un passage à niveau dans l'espoir de bloquer un convoi de six cent quatre-vingt-trois rappelés à destination de Marseille. À Cherbourg, des manifestations ont lieu en ville et dans la gare, mais la présence de gendarmes mobiles évite tout débordement. Toutefois, le chef de gare de Cherbourg constate que le mouvement s'envenime. Dans sa déposition sur de nouveaux incidents, il constate, le 13 juin : « Depuis deux jours, les choses ont empiré, et des rappelés se sont attaqués directement au matériel, sabotant tout ce qu'ils trouvaient à portée de la main, serviettes, porte-manteaux, robinetterie, stores, installations électriques[3]... » Les consignes de sécurité ne sont bientôt plus respectées dans les convois militaires (ce qui ralentit d'autant leur vitesse) : on retire le signal d'alarme afin d'éviter le sabotage des freins.

---

1. *Op. cit.*, p. 423-425.
2. *113 W 533, archives départementales de la Manche, cité par Olivier Vallée, *Mémoire de la guerre d'Algérie dans la Manche*, mémoire de maîtrise, sous notre direction, Montpellier III, juin 1999, 150 p., p. 20.
3. Pour le mois de juin, les dégâts subis par la gare de Cherbourg et le matériel SNCF qui en dépend se montent à plus de 50 000 francs. *Ibid.*

Un incident grave concerne la gare de Dreux. Le 228ᵉ bataillon d'infanterie (BI), originaire des départements de l'Eure et d'Eure-et-Loir, est fort de sept cents rappelés. Ces hommes sont commandés par des officiers de l'arme du train. Dès le départ, ce bataillon se distingue particulièrement par la mise à sac de la gare de Dreux, le 18 mai. L'embarquement a lieu à partir de 20 h 10, sur une voie de garage encombrée de poutres, de traverses, de boulons... Mais les hommes préfèrent, au dire du chef d'escadron Martinon chargé d'accompagner ce bataillon à Marseille, se précipiter dans les deux cafés juste en face du quai d'embarquement[1]. Pour ce cas, le vin semble avoir aidé à échauffer les esprits après la distribution, imprudente et par avance, de deux jours de ration : « Ils commencèrent par les toilettes des dames, mirent à sac la lampisterie avant de s'en prendre au contrôle des billets et au bureau du chef de gare[2]. » La verrière de la gare de Dreux est cassée à coups de cailloux. Les voitures, dont les Durit ont été coupées, sont transformées en réserves de projectiles. Les six officiers d'active du bataillon réussissent cependant à faire monter les disponibles dans le train spécial, après une intervention de la garde mobile qui dégage l'enceinte de la gare. Le convoi s'ébranle à 22 h 30, mais la casse continue en cours de route : Durit coupées de nouveau à l'arrêt de Valenton. À la gare de Lyon-Brotteaux, malgré les ordres, les hommes investissent la buvette et scandent « Lacoste au poteau ! », « Mollet au poteau ! ». Cinquante rappelés refusent de remonter dans le train et sont acheminés, le lendemain, vers le port phocéen dans un convoi de marchandises. Les autres, armés des cailloux stockés depuis Dreux, tirent sur toute surface vitrée rencontrée en cours de route, comme la verrière de la gare de Pons-Rhône. À Marseille, le 19 mai (arrivée à 16 h 30 seulement), le calme revient avant de prendre en camion le chemin du camp de Sainte-Marthe. Le 20 mai, un bataillon de CRS serre de près les rappelés qui embarquent sur le *Ville-d'Oran*, ce qui ne les empêche pas de vociférer et de chanter *L'Internationale*[3].

La circulation des trains subit de graves perturbations. Les retards s'accumulent et peuvent atteindre huit heures pour les convois momentanément stoppés par des rappelés. C'est le cas à Nevers le 4 mai, à Quimper le 11, mais aussi au Theil (Ardèche) par mille disponibles, et dans les jours suivants à Grand-Lemps (Isère), Montchanin-les-Mines (Saône-et-Loire), Bourges, Versailles (5ᵉ régiment du génie), Paray-le-Monial (Saône-et-Loire), Vitré (Ille-et-Vilaine), Vauvert (Gard)... Des portions de voie ferrée sont momentanément fermées à la circulation des trains, comme c'est le cas entre Tours et Vierzon, le 17 mai. L'express Nantes-Bordeaux, le 1ᵉʳ mai, est retardé de plus de deux heures en gare de Velluire, en Vendée, par les rappelés qu'il transporte. Pour qu'il reparte, il faut décrocher les voitures où sont entassés trois cents rappelés, ravis de se retrouver, momentanément,

---

1. *11/7 U 283, SHAT.
2. Jean Pouget, *Bataillon RAS*, Presses de la Cité, 1981, 385 p., p. 44.
3. Rapport du chef d'escadron Martinon, 23 mai 1956, *11/7 U 283, SHAT.

sur les quais. Des slogans retentissent : « Aux chiottes l'armée ! », « La quille ! [1] », « À bas Guy Mollet ! », maintes fois entendus de la part d'hommes qui ont le sentiment de jouer les « bouche-trous » en Algérie. À Metz, les disponibles font de l'humour, en mai 1956 ils se déclarent « indisponibles ». Ces neuf cents hommes du 94e régiment d'infanterie partent de la gare de Metz avec quatre heures de retard : signal d'alarme tiré, wagons décrochés, ruptures d'attelages...

La plupart des convois spéciaux évitent les grandes villes du couloir rhodanien. À partir de Lyon, ils circulent discrètement, de nuit, sur les voies de la rive droite du Rhône qui font éviter Valence et Montélimar. Sous pli secret, le préfet de l'Ardèche reçoit les horaires, les lieux de passage, les effectifs et les matériels qui doivent circuler dans son département[2]. En dépit de ces précautions, comme l'embarquement dans des gares annexes ou de mobilisation telle celle du camp militaire de Versailles, loin du cœur des villes, les occasions de ralentir les trains, qui conduisent les rappelés vers l'inconnu, se multiplient. Sept cents disponibles et deux cents appelés du 117e régiment d'infanterie coloniale, qui forment le 3e bataillon de cette unité, venant en partie de Vannes, en partie de Fontenay-le-Comte, arrêtent leur train spécial à La Rochelle aux cris de « Vive la quille ! », « On ne partira pas ! ». Ils sont rejoints sur les quais par mille deux cents manifestants. L'intervention des CRS permet au convoi de reprendre sa route.

Ces incidents ont aussi pour origine la présence des forces de l'ordre. Ces « malgré eux », comme se considèrent certains rappelés en référence aux « malgré nous » alsaciens-lorrains enrôlés de force dans la Wehrmacht lors de la Seconde Guerre mondiale, ne tolèrent pas d'être parqués, surveillés comme des bagnards. D'aucuns se considèrent comme « déportés en Algérie ». Le sous-lieutenant Claude Duverger a pris en photo une de ces voitures de troisième classe où s'entassent les disponibles de la 547e demi-brigade d'infanterie de l'air (DBIA). Peintes en blanc, on peut lire, comme sur certaines voitures des convois ferroviaires d'octobre 1955, en mentionnant la classe des rappelés concernés, les inscriptions « 52-2, charcuterie pour fellagha » et « Buchenwald, Dachau, Auschwitz[3] ». Dans la nuit du 7 au 8 mai, un train spécial de rappelés est bloqué pendant des heures à Saint-Aignan, dans le Cher. Deux pelotons de gendarmerie, qui l'encadrent, sont pris pour cibles par les disponibles et des manifestants. Ils reçoivent des projectiles divers qui vont de la bouteille de bière aux pierres enlevées au ballast. Le 18 mai 1956, le train du 265e bataillon d'infanterie, venant de Vannes, s'arrête après la gare de Tours (changement de locomotive ou avitaillement en eau de la machine ?). De chaque côté de la voie, des CRS l'encadrent. Ils provoquent la colère des rappelés qui descendent du train

---

1. Sur le symbole de la quille marquant la fin du service militaire actif, *cf.* chap. « Une culture de guerre », *Soldats en Algérie...*, *op. cit.*, p. 227-233.
2. D. Espenel, *op. cit.*, p. 19.
3. Fonds privé.

malgré l'interdiction, se précipitent sur le ballast et bombardent les CRS de cailloux[1], suggérant une version musclée de *La Guerre des boutons*. L'affaire tourne parfois fort mal. Le 23 mai, en gare d'Antibes, les affrontements avec les forces de l'ordre font vingt-trois blessés.

À défaut de cadres d'active en nombre infime dans ces bataillons improvisés, on peut se demander ce que font les officiers de réserve. Le sous-lieutenant Bernard Ravassard donne un élément de réponse. Affecté au 1er bataillon du 421e RAA en mai 1956, de la caserne du Fort-Neuf de Vincennes, il gagne, un lundi matin, la gare de Bercy-marchandises sous forte escorte de gendarmes mobiles. Ces derniers reçoivent des projectiles variés et répondent par des insultes, tandis que des civils tentent d'empêcher la progression du convoi. Ils brandissent des pancartes et des banderoles où Bernard Ravassard reconnaît la marque du PCF. Le train spécial, dont aucun rappelé ne connaît la destination, affecté au transport de son bataillon met plus de vingt-quatre heures pour gagner Marseille : « De nombreuses coupures de Durit dans les wagons ; des bouteilles et toutes sortes d'objets jetés aux passages des gares ; vitres, banquettes, matériels SNCF très dégradés ; des heurts avec les gendarmes à chaque arrêt. Les EOR [officiers de réserve], tassés dans un wagon spécial, avaient en charge des piles de livrets militaires de garçons qu'ils ne connaissaient pas et avec qui ils n'avaient pas de contact. » Arrivés au camp de Sainte-Marthe, les rappelés y passent deux jours ; certains font le mur et « mettent le bazar en ville », d'autres s'y morfondent et déplorent des vols dans les paquetages. Les officiers de réserve de cette unité, convoqués l'un après l'autre, sont sommés par le tribunal permanent des forces armées de Marseille de s'expliquer sur les désordres survenus. Debout devant une table derrière laquelle trois officiers posent force questions, ils s'en sortent par de simples remontrances (« De toute façon, l'affaire ne s'arrêtera pas là ! »), vu la pénurie chronique de cadres. Les avertissements des officiers d'active blessent ou laissent parfois de marbre leurs collègues de la réserve. Voici ce qu'écrit du camp de Suippes à ses parents le sous-lieutenant rappelé Claude Duverger, de la 547e DBIA, le 16 juin 1956 : « Le colonel de Rouffignac nous a réunis pour nous faire savoir que, si nous ne faisions pas notre boulot correctement, il nous rétrograderait comme caporaux et nommerait les caporaux sous-lieutenants ! Il faut dire que commander une demi-brigade de rappelés, c'est autre chose que commander une station-radar ! Il a peut-être la pétoche, un de ses prédécesseurs ayant, paraît-il, été mis en caleçon par des rappelés à qui il refusait une permission avant le départ en Algérie[2]. »

Qu'en est-il du mouvement des rappelés hors des gares et des voies ferrées ? On peut proposer une typologie selon les lieux et les auteurs.

---

1. Céline Vialettes, *Le 143e régiment d'artillerie et la guerre d'Algérie. Histoire et mémoire,* mémoire de DEA, sous notre direction, IEP d'Aix-en-Provence, juin 2002, 188 p., p. 11.
2. Fonds privé.

Manifestations dans les enceintes militaires

La première forme d'action concerne les enceintes militaires où retentissent *Le Déserteur* de Boris Vian et *L'Internationale*. Des incidents tragicomiques ponctuent les convocations dans les centres mobilisateurs et la formation des unités dont les hommes reçoivent leur paquetage (armes remises seulement en Algérie). Sous-lieutenant de réserve au 63e bataillon du génie, Bernard de Kyspotter se souvient d'un défilé particulièrement lamentable ponctué de rires dans l'enceinte de la caserne de Mézières : pour suppléer l'absence de musique militaire, le commandement loue une camionnette publicitaire dont le haut-parleur représente un sanglier[1]. On trouve quelques cas, en 1956, de manifestations équivalentes à celle de Rouen, en 1955, dans une caserne. En effet, le 18 mai, à Montluçon, huit cents disponibles d'un vieux régiment de tradition de Clermont-Ferrand, le 92e de ligne, forment le deuxième bataillon du régiment. Consignés, ils ne peuvent sortir en ville alors qu'on leur a annoncé leur destination, l'Algérie. Certains prennent d'assaut le poste de police, d'autres forcent les grilles et se répandent en ville, tandis qu'un autre groupe retient le colonel, chef de corps, cinq heures durant dans son bureau. Gendarmes mobiles, gendarmes territoriaux et CRS sont nécessaires pour ramener les rappelés dans leur caserne, qu'ils encerclent. L'ordre rétabli, entourés par les forces de l'ordre, les huit cents rappelés sont dirigés, en fin de journée, sur le camp de Sathonay (Rhône) avant de prendre le chemin de l'Algérie[2]. Le même jour, à Évreux, cinq cents rappelés du 9e régiment d'infanterie coloniale manifestent dans les rues entre la gare et la caserne où ils doivent être rassemblés dans un même bataillon. Pour la plupart mariés et pères de famille, ils crient « Paix en Algérie ! », « Pas d'envoi de disponibles ! », et continuent de manifester à l'intérieur de la caserne. Le rapport sur le moral qui leur est consacré le 13 décembre 1956 par leur chef de corps constate que, si les officiers de réserve rappelés ont fait preuve de beaucoup de bonne volonté, en revanche, pour la troupe : « Ils se sont conduits comme des collégiens[3]. »

En 1956, les principaux mouvements dus à l'initiative de disponibles ont lieu dans les camps et les bases militaires : les pouvoirs publics veulent à tout prix éviter les concentrations en ville afin de se prémunir contre tout débordement. Le motif officiel reste les formalités d'incorporation et la remise des uniformes. Mais, là encore, l'isolement dans une enceinte militaire où sont formés la plupart des bataillons de renfort ne calme pas les esprits. Jean-Pierre Vittori a interrogé une vingtaine de rappelés ayant manifesté bruyamment en mai aux camps de Satory et de Frileuse : les situations

---

1. Mémoire dactylographié, « Mon service militaire », 27 p., p. 15. Fonds privé.

2. *Soldats de France*, n° 37, mai 1956, p. 1. Distribué sous le manteau dans les casernes, ce journal clandestin d'inspiration communiste est particulièrement bien renseigné. Dans la nuit du 8 août 1957, 118 exemplaires en sont saisis dans la caserne du 7e régiment du génie en Avignon, *cf.* Mathieu Salamero, *op. cit.*, p. 20.

3. *4/7 U 2639, SHAT.

personnelles, et non les mots d'ordre politiques, amorcent ces mouvements de protestation. À Villacoublay, les rappelés des demi-brigades des fusiliers de l'air restent quinze jours dans des locaux insalubres. Ils accueillent à coups de grenades au plâtre un général venu les haranguer[1]. Outre l'attente interminable devant des baraquements délabrés où chacun doit remplir les formalités d'incorporation, cette fronde envers les cadres prend l'aspect d'une mutinerie au camp de Mourmelon. À l'origine de cette révolte caractérisée, un fait anodin, mais qui est ressenti vivement par les pères de famille rappelés : l'arrivée en retard d'un disponible dont l'épouse venait tout juste d'accoucher, ce qui lui vaut d'être emprisonné. Le 8 juillet 1956, de 14 heures à 17 heures, trois mille rappelés de la 531ᵉ demi-brigade des fusiliers de l'air conspuent leurs officiers et prennent le contrôle du camp et du dépôt d'armes. Des vitres sont brisées, des pieux arrachés, la prison est occupée au son de *L'Internationale*. Des officiers parachutistes présents sont insultés. Émilien Berthome témoigne : « Le colonel a été très, très malmené. Il a fait la promesse de monter au ministère, à Paris, et d'être de retour le lendemain avec les permissions. Il a quitté Mourmelon vers 17 heures. Les CRS étaient à la porte de la caserne, mais l'affrontement n'a pas eu lieu[2]. » Certains n'attendent pas le résultat de cette démarche, ils affrètent des autocars et rentrent chez eux. Le calme ne revient que le lendemain, lorsque le ministre de la Défense, Bourgès-Maunoury, accorde huit jours de permission avant le départ en Algérie. Il le fait savoir par la voix des ondes, exemple unique et passé inaperçu dans l'histoire militaire avant l'affaire des comités de soldats en 1974-1975. Toutefois, après ce délai accordé, aucun des révoltés de Mourmelon ne manque à l'appel, précise un témoin, et un train spécial les emmène vers Marseille[3].

L'arrivée dans la cité phocéenne (Port-Vendres parfois) se fait rarement en gare Saint-Charles pour les turbulents rappelés, mais plutôt à la gare d'Arenc, à la limite de la zone portuaire. L'embarquement dans les bateaux à destination de l'Algérie a lieu immédiatement pour les unités ayant leur effectif réalisé, ou, pour la plupart, après un temps d'attente par le passage au camp de Sainte-Marthe pour quelques heures ou au maximum trois jours. Ce DIM (dépôt des isolés militaires) est l'organe régulateur d'un ensemble aux rouages complexes qui gère le flux d'hommes envoyés ou renvoyés en Algérie[4]. Dans cette immense pagaille, nombre de rappelés de 1956 gardent le souvenir d'avoir été traités de « barbaque avariée » par l'encadrement. Cette délicate attention a pour résultat d'entretenir leur mauvaise humeur.

---

1. *Op. cit.*, p. 29-30.
2. FNACA (Fédération nationale des anciens combattants en Algérie), *Ils avaient vingt ans dans les djebels. Témoignages. La guerre d'Algérie. Les combats du Maroc et de la Tunisie*, Paris, FNACA, 1989, p. 64.
3. Georges Fleury, *La Guerre en Algérie*, Plon, 1993, p. 102.
4. Sur ce camp, *cf.* notre ouvrage, *Soldats en Algérie...*, *op. cit.*, p. 49 à 52.

Manifestations en ville

Le second temps fort du mouvement de rappelés concerne les villes. Il se caractérise par une solidarité envers les militaires envoyés en Algérie, à l'initiative d'associations, de syndicats, de sympathisants ou de partis d'extrême gauche.

Afin de comprendre ces initiatives dues à des civils, il faut tout d'abord évoquer le contexte de l'époque. Sur fond de guerre froide et de dénonciation des guerres coloniales, à partir d'avril 1956, le Parti communiste et la CGT lancent force pétitions, tracts et affiches contre la guerre d'Algérie, tandis que fleurissent sous les ponts, sur les murs les slogans tracés à la peinture blanche demandant la libération de soldats ayant refusé de porter les armes en Algérie comme Alban Liechti en mars 1956. À Mende, Marvejols, Florac, pour prendre l'exemple de la Lozère, les sections locales posent des affiches, dont les slogans sont repris par des inscriptions à la chaux sur les murs de lieux publics ou d'infrastructures routières et ferroviaires : « Négociations », « Pas de rappel », « Paix en Algérie[1] ». Toutes les actions locales menées par les sympathisants communistes ne sont pas nécessairement vouées au succès. En Corse, département fortement lié à l'Algérie, entre autres par la colonie de concitoyens qui s'y trouve, les efforts de l'Union des femmes françaises, les tracts, les actions entreprises en octobre 1955 et mai 1956 pour tenter de débaucher les rappelés ne donnent aucun résultat, notamment le 1ᵉʳ juin lorsque cinquante-huit disponibles embarquent sans incident sur le *Sampierro Corso* à destination d'Alger[2].

En bref, la position du Parti communiste reste ambiguë[3]. Comme un seul homme, au nom de la solidarité du Front républicain qui a porté Guy Mollet au pouvoir, les communistes, le 16 mars 1956, votent les pouvoirs spéciaux. Par la suite, les termes employés relèvent de la haute dialectique marxiste. Ainsi, les journées nationales organisées les 16 et 17 juin par le Comité national du Mouvement de la paix, proche du PCF, ne dénoncent pas la guerre d'Algérie en tant que telle, mais invitent au rassemblement démocratique pour « Le désarmement et la paix en Algérie ». Afin d'apparaître encore en parti d'opposition au colonialisme, tout se passe comme si le Comité central appliquait la devise « Armons-nous et partez ! » à ses sections locales. Il faut dire que le PCF est sur le fil du rasoir, voulant à tout prix éviter la dissolution dans le contexte de la guerre froide. Il convient de garder en mémoire les poursuites pour complot intentées à son secrétaire général, Jacques Duclos, en 1952, sur ordre d'Antoine Pinay, président du Conseil.

1. Sofiane Maza, *op. cit.*, p. 17.

2. Nicolas Fabre, *La Mémoire des combattants corses de la guerre d'Algérie*, mémoire de maîtrise sous notre direction, Montpellier III, juin 2000, 190 p., p. 40.

3. Voir à ce propos la communication de Jean-Jacques Becker, « L'intérêt bien compris du Parti communiste français », colloque cité sous la direction de J.-P. Rioux, *La Guerre d'Algérie et les Français*, p. 238.

On conçoit, dès lors, la sérénité apparente de la place du Colonel-Fabien, siège du Parti, et l'intense activité des délégations locales et des organismes sympathisants, comme le périodique *Les Allobroges* en Rhône-Alpes, ou des associations comme l'Union des femmes françaises déjà mentionnée ; encore que des sympathisants anarchistes ou trotskistes, que l'on retrouve ensuite parmi les « porteurs de valises », soient aussi à la pointe de la contestation.

Quelles formes prennent les mouvements de foule sur le terrain ? Huit jours après la promulgation du décret rappelant à l'activité les disponibles, une première manifestation a lieu à Voiron, près de Grenoble. Elle mobilise un millier de personnes, en majorité des ouvriers sensibles à un tract signé par un tout récent Comité de défense des jeunes qui a le soutien de la CGT et de la cellule communiste locale. Les manifestants bloquent, en fin de journée, un train à destination de Lyon qui transporte quatre disponibles[1]. Non violente, conclue après des pourparlers avec les forces de l'ordre afin que les voies soient dégagées, cette action est la première du genre en 1956.

En revanche, d'autres incidents relèvent d'une logique de l'affrontement. Le 17 mai, en gare du Mans, des jeunes gens, futurs conscrits pour la plupart, s'opposent au départ d'un train spécial de rappelés et bombardent les CRS à coups de briques. Le 18 mai, à L'Isle-sur-la-Sorgue (Vaucluse), plus de deux cents personnes se rassemblent pour accompagner deux rappelés de la commune en instance de départ. La foule bloque le train de voyageurs qui prend du retard : altercation avec les forces de l'ordre, douze personnes sont arrêtées[2]. Ce même 18 mai, l'incident le plus grave survient à Grenoble. Apprenant qu'un train de rappelés doit traverser la ville, des manifestants, immédiatement reconnus par les forces de l'ordre comme étant membres du parti « rouge », se heurtent aux gendarmes mobiles qui protègent la gare. Il s'agit, entre autres, d'ouvriers de Merlin-Gérin qui, à la sortie de l'usine en fin de journée, se déplacent vers la gare. Ils répondent à l'appel de camarades communistes, tel Ezio Goy qui a laissé un témoignage écrit et filmé[3]. Le ton monte rapidement, la voie est envahie, un camion, immobilisé à un passage à niveau, bloque la circulation des trains, une grue est renversée et du béton est coulé dans les aiguillages. Les forces de l'ordre sont bombardées de cailloux par deux mille manifestants. Elles répliquent à coups de crosse de mousqueton. Les CRS chargent au son du clairon, auquel répond un autre clairon du côté des manifestants. Les échauffourées se prolongent jusqu'à minuit et dégénèrent. On déplore un triste bilan : quatre-vingts blessés, dont trente du côté des forces de l'ordre.

Entre le 3 et le 30 mai, de Lézignan à Castres, en passant par Saint-Aignan-des-Noyers (Loir-et-Cher), Le Mans, Antibes, Le Havre, Saint-

1. Tramor Quemeneur, *op. cit.*, p. 420.
2. Mathieu Salamero, *op. cit.*, p. 16.
3. Patrick Rotman et Bertrand Tavernier, *op. cit.*, p. 40-41.

Nazaire, Marseille, Port-de-Bouc (Bouches-du-Rhône), Brive, Valence, on retrouve à peu près le même scénario : des manifestants accompagnent les rappelés en bloquant les voies, en coulant du ciment dans les aiguillages ou en décrochant les attelages des voitures. À la gare d'Amiens, le 28 mai, six mille manifestants prennent à partie CRS et gendarmes mobiles et occasionnent de sérieux dégâts. Pour les Français de 1956, il s'agit souvent d'images fortes qui évoquent les manifestations de 1943 contre le STO (Service du travail obligatoire en Allemagne) : à Voiron, dans l'Isère, des femmes se couchent sur les voies ; à Beaurepaire, dans la Drôme, quatre cents personnes font de même, le 2 mai, pour bloquer un convoi de rappelés. Le 31 mai, le ministre de l'Intérieur, le radical Gilbert Jules, envoie une lettre d'information aux préfets dans laquelle il constate qu'un cinquième des trains est affecté par les troubles dus à la convocation des rappelés. Il termine par cette remarque soulignant l'importance des manifestations du printemps 1956 : « Le rappel des disponibles se déroule dans des conditions préoccupantes pour le moral de la nation. Les incidents bénins ou graves se multiplient[1]. »

Gestes d'insubordination en Algérie

Qu'en est-il du déroulement du voyage par mer vers l'Algérie ? Un incident notable plusieurs fois mentionné par nombre de témoins prend l'allure d'un sport local, en mai, avant l'appareillage : à Marseille, les CRS, sur le quai, sont bombardés à coups de canettes de bière par des rappelés accoudés à la rambarde de paquebots comme le *Ville-d'Oran*. La traversée de la Méditerranée à fond de cale, sur des chaises longues, parmi des odeurs de vomi, laisse de pénibles souvenirs à ceux qui n'ont pu profiter d'une mer calme et de paquebots rapides comme le *Kairouan*. La mine défaite, ils découvrent l'inconnu, et Alger la Blanche n'a pas le charme attendu. Illustrations d'un envoi en Algérie sans aucun enthousiasme, des gestes provocateurs accompagnent parfois les débarquements. Le caporal-chef O., classe 53-1, rappelé le 10 mai 1956 et affecté au 224e bataillon d'infanterie, se souvient de l'accueil réservé au *Ville-d'Alger*. Les Algérois sur le quai applaudissent lorsque le paquebot accoste, mais les caméras des actualités cinématographiques s'arrêtent brutalement de tourner : les premiers rappelés qui descendent des passerelles baissent leur pantalon en signe de protestation, cette guerre ne les concerne pas. Les Français d'Algérie se le tiennent pour dit et s'abstiennent ensuite de toute présence. L'arrivée à Alger se fait en juin-juillet 1956 sur des quais déserts, où attendent des théories de camions bâchés, moteur tournant, tandis que retentissent les aboiements de petits gradés (« Fissa ! Fissa ! », « Qui m'a foutu des empotés pareils ! ») qui répartissent par unité les hommes fraîchement débarqués.

---

1. *518 W 266-267, ADD, et S. Morin, *op. cit.*, p. 19 et 38.

Manifestement, ces rappelés ont tout des grognards de l'Empire. Leur jugement est acerbe, car en langage-troupe « ils connaissent la musique ! ». En effet, nombre d'entre eux ont fait leur service de dix-huit mois en métropole ou bien dans les Forces françaises en Allemagne ; les guêtres blanches, un certain confort du soldat après les quatre mois de classe et le prestige de l'uniforme leur ont laissé un souvenir agréable du service militaire, rite de passage obligé à l'époque entre adolescence et société civile. Alors, découvrir, dès leur arrivée, que tout est improvisé pour cette armée de masse qui débarque soudain de métropole entretient le ressentiment. Nombre de journaux des marches et opérations, comme celui du 228e bataillon d'infanterie, précisent qu'au lieu de sacs de couchage, de « lits picot », les rappelés doivent se contenter de paille, de camps en plein air avec des tentes trouées ouvertes à tous les vents. Ils dorment parfois sur la terre. Est chronique le sous-équipement de troupes de secteur affectées aux tâches ingrates de garde des points sensibles dans des postes perdus. Dans le Sud algérien, certains bataillons de rappelés astreints au quadrillage sur des territoires immenses, où l'ennemi invisible distille une peur à dose homéopathique, se voient dotés de vieux fusils Lebel ou de mousquetons modèle 1892. Quelques chanceux ont des fusils MAS 1936 qui ont fait leur temps ; les bataillons d'artillerie anti-aérienne n'ont jamais vu la moindre pièce de DCA. Le système D règne et les véhicules sont rares. L'armée française en Algérie se transforme, en 1956, dans une gabegie d'effectifs pour garder ponts, routes, cols en une gigantesque troupe de fantassins, hormis quelques régiments de métier ou de parachutistes bien équipés.

Mais le principal défaut de ces unités demeure un sous-encadrement chronique. Le modèle d'organisation obéit aux normes dites TED (tableaux des effectifs et des dotations) modèle 107 à deux compagnies de combat. En mai 1956, pour encadrer six cent quatre-vingt-six hommes, le 3e bataillon, modèle TED 107, du 129e régiment d'infanterie, commandé par un chef de bataillon âgé de cinquante-trois ans, compte seulement sept officiers d'active pour vingt-six de réserve, dont trois des quatre capitaines de l'unité[1]. Les régiments ne sont pas mieux lotis. Fort de huit cents rappelés, le 404e RAA atteint l'effectif pléthorique de mille six cent vingt et un hommes de troupe au 19 décembre 1955. Il ne compte que deux sous-officiers d'active et quarante-six de réserve[2].

On conçoit qu'en juin 1956 des rappelés cassent encore les vitres des trains qui les emmènent vers Constantine ou Colomb-Béchar en poussant des cris séditieux ou en chantant *Quand un soldat* de Francis Lemarque. Les témoignages portent la trace de ces gestes de mauvaise humeur. Chirurgien-dentiste, capitaine de réserve affecté à la 1re section d'infirmiers militaires, Michel Rémy précise que dans son secteur les rappelés ont refusé de présenter les armes lors d'une prise d'armes. Au premier groupe

1. *1/7 U 231, SHAT.
2. *5/7 U 1218, SHAT.

du 43ᵉ régiment d'artillerie, les disponibles détestent que les gradés jouent aux petits chefs, et les refus d'obéissance sont fréquents, comme celui de sortir en patrouille en raison du risque encouru[1]. Quant au sous-lieutenant de réserve Paul de Tonnac de Villeneuve, il se souvient que, fin juin 1956, un bataillon de l'armée de l'air, à Chebli, devait être inspecté par Max Lejeune, secrétaire d'État chargé des Affaires algériennes, et le général de Maricourt. Les autorités arrivent à 15 heures, au lieu de 8 heures : « Plus personne ne les attendait et ils ont été fort mal reçus par les soldats qui batifolaient dans les canaux d'irrigation pendant que les quelques officiers faisaient la sieste sous leur tente. » À titre de sanction, le bataillon est envoyé trois mois au camp de Boghar « pendant lesquels ils n'ont pas rigolé ». Notre témoin les retrouve en octobre-novembre à El-Afroun où il vient de prendre la direction d'une exploitation agricole : « Ces gars étaient absolument formidables sous les ordres d'un officier d'active assez remarquable. »

Cette remarque contient une des clés du changement d'attitude des rappelés en Algérie, c'est une question de commandement. Un autre exemple illustre ce propos. Il s'agit du 228ᵉ BI qui s'est déjà illustré par la mise à sac de la gare de Dreux. Il acquiert rapidement la réputation d'être un « bataillon de pouilleux » : cheveux longs, tenues débraillées... Ces hommes ont même chahuté un général inspecteur qui a dû reprendre son hélicoptère sous les horions ! Quand le commandant Jean Pouget est nommé à sa tête, pour le reprendre en main, à son arrivée à Aïn-Rich, en octobre, il découvre une forêt de quilles plantées : « Des dizaines de quilles de tous calibres, sculptées dans des poteaux de bois, des troncs d'arbre, avec plus ou moins de bonheur jalonnent le chemin qui monte au poste, balisent la bande d'atterrissage, montent la garde aux portes du village. Des quilles colorées, décorées de graffitis ou de hiéroglyphes, ornées de guirlandes, semblables à des totems phalliques du culte des "vingt dieux de la quille[2]". » Or, avec une science du commandement fondée sur le principe défini par Saint-Exupéry, « Chacun est responsable de tous », Jean Pouget, ancien de Diên Biên Phu, métamorphose son unité qui reçoit le baptême du feu dans de rudes combats. Pour prouver sa valeur et distinguer ses turbulents rappelés, Jean Pouget fait confectionner un curieux béret kaki qui n'a rien de réglementaire et qui reste la coiffure du bataillon lorsque, au départ des disponibles, en décembre 1956, le 228ᵉ BI change d'arme et devient le 584ᵉ bataillon du train. Dans le rapport sur le moral qu'il signe pour son bataillon le 3 décembre 1956, Jean Pouget confie : « Une constatation s'impose. Contre toute logique, le jeune Français de vingt ans, râleur, gueulard, crasseux, frondeur et ayant subi une éducation antinationale, fait admirablement son devoir pour peu qu'on lui donne les moyens de le faire :

---

1. C. Vialettes, *op. cit.*, p. 122.
2. *Ibid.*, p. 64.

c'est-à-dire un encadrement valable, l'équipement nécessaire, une mission adaptée à ses possibilités[1]. »

Est-ce à dire que les rappelés ont définitivement regagné les rangs ? Ils gardent indéniablement une liberté de parole que note le général Blanc, inspecteur général de l'armée de terre, lors d'une inspection en Algérie du 16 au 23 juillet 1956 : « Et si elles [troupes de rappelés] élèvent quelques critiques, c'est contre certains excès qu'elles constatent dans la répression (rarement il est vrai), ou bien contre les déplacements qui leur sont imposés pour des raisons diverses[2]. »

L'apaisement

L'exemple du 228e BI donne une autre explication à ce rétablissement de l'autorité militaire : la découverte des rudes contingences de la guerre d'Algérie et le phénomène de l'isolement sur une terre exotique. Découvrir au matin ses camarades de la corvée d'eau égorgés avec les parties dans la bouche, après une brève et sanglante embuscade, fait basculer nombre de consciences. L'envie d'en découdre, parfois de se venger, de se taire lorsque retentissent les cris des suppliciés, dont on veut obtenir à tout prix des renseignements, fortifie le phénomène de la « famille militaire », propre à toutes les générations du feu. Ce geste de solidarité est inspiré par les « copains » (le mot devient à la mode) du poste ou de la section qui sont des mêmes classes d'âge.

Le calme revient peu à peu, notamment après l'obtention d'une permission de quarante-huit heures préalable à l'embarquement vers l'Algérie pour les disponibles qui ont d'abord été réunis dans des enceintes militaires afin de satisfaire aux formalités d'incorporation. D'autres raisons peuvent être aussi retenues. Les meneurs des manifestations en métropole sont isolés du reste de la troupe. Certains sont emprisonnés au fort de Ha à Bordeaux, à Fresnes, au Mans, à Montluc (Lyon). Quelques « fortes têtes » ont un encadrement sur mesure dans le camp de Bou-Saada où on les fait marcher et assurer des gardes de nuit jusqu'à épuisement. Les mesures disciplinaires pleuvent comme le redoutable « tombeau » (couché dans un trou, recouvert de sable, sans boire, une toile de tente sur la tête[3]). D'autres connaissent, en termes militaires, un « régime de faveur » dans les « sections particulières ». Objets des attentions de la Sécurité militaire, les plus gâtés sont peut-être ces quarante-cinq disponibles acheminés sous escorte et incorporés, en juin 1956, dans la « section particulière » du 3e régiment de parachutistes coloniaux que commande le lieutenant-colonel Bigeard[4]. Enfin, certains rappelés gardent le sentiment que le commandement leur fait payer leur révolte en les envoyant, dès leur arrivée en

1. *11/7 U 283, SHAT.
2. Fonds général Blanc, 145 K 25, SHAT.
3. Jean-Pierre Vittori, *op. cit.*, p. 31.
4. *2/7 U 3037, SHAT.

Algérie, dans des secteurs opérationnels réputés comme particulièrement dangereux[1].

Il faut aussi évoquer la gestion de la crise par le commandement. Dans un premier temps, comme le souligne le général Jacques Paris de Bollardière, l'état-major traite avec mépris ces rappelés dont il a pourtant grandement besoin[2]. Mais ce qui compte sur le terrain c'est la gestion de la crise par les cadres. Souvent absent en métropole, le commandement sait néanmoins agir avec sang-froid, à l'image de 1917, en évitant la provocation ou la répression immédiate pour le gros de la troupe, comme s'il comprenait une partie des revendications de disponibles demandant sans cesse contre qui on les envoie se battre. Si en métropole nombre de cadres d'active ont été conspués, ils ont fait le dos rond. Certains rusent avec les trublions. Par exemple à Livron, pour le départ du 405ᵉ RAA, le 22 mai 1956, la reconnaissance du train spécial est faite par un officier en civil et l'embarquement a lieu de nuit, dans une autre gare[3]. Tous savent bien ce qui attend les rappelés en Algérie où la discipline doit être nécessairement rétablie, loin de l'opinion publique et de la presse, et surtout en raison de l'insécurité chronique. Jean Manin, du 121ᵉ régiment d'infanterie, résume d'une remarque cet état d'esprit des cadres d'active : « Quand ils auront eu un des leurs tué, à ce moment-là, ils se mettront à faire la guerre[4] ! » Outre le souvenir des rappelés massacrés le 18 mai à Palestro, la dure réalité et la curiosité de la découverte de la guerre empêchent tout débordement prolongé. De plus, le terrorisme a gagné les villes : en réponse aux exécutions capitales de patriotes algériens, Alger subit vingt-six attentats en mai et soixante-quatorze en juin[5]. L'Algérie transforme, malgré eux, les rappelés en combattants : nécessité fait loi.

Enfin, de façon solennelle, le 23 juin 1956, le président de la République, René Coty, à Verdun, évoque la question algérienne : « La Patrie est au combat. Le devoir est simple et clair[6]. » L'absence de tout soutien politique d'envergure pour ces manifestations spontanées et incontrôlées les voue à l'échec. Le premier appel à l'insoumission, dans le dernier quart d'heure de la guerre d'Algérie, date seulement du 6 septembre 1961, signé par 121 intellectuels. En 1955-1956, aucun grand parti ne prend ouvertement le risque d'appeler des soldats de France à la désobéissance. Le PCF encourage seulement les protestations de civils, tout en favorisant le noyautage des unités formées d'hommes du contingent. Nombre de rappelés nous ont confié qu'ils gardaient l'impression, pour les plus radicaux

---

1. Jean-Pierre Vittori, *op. cit.*, p. 19.
2. *Bataille d'Alger, bataille de l'homme*, Paris, Desclée de Brouwer, 1972, p. 101.
3. *2 T 76, SHAT.
4. Patrick Rotman et Bertrand Tavernier, *op. cit.*, p. 45.
5. Guy Pervillé, *Pour une histoire de la guerre d'Algérie*, Picard, 2002, 356 p., p. 151.
6. Gérard Canini, « Verdun : les commémorations de la bataille 1920-1986 », actes du colloque international *Mémoires de la Grande Guerre. Témoins et témoignages*, Presses universitaires de Nancy, 1989, p. 364.

d'entre eux engagés dans une démarche contestataire, d'avoir été lâchés par les politiques, mais aussi par la presse. Celle-ci rend compte, se gausse ou se glorifie des actions de soutien aux rappelés quand elle est d'obédience communiste, mais ne va pas au-delà. Rédacteur en chef de *L'Express*, le lieutenant de réserve Jean-Jacques Servan-Schreiber se fait l'écho de l'opinion dominante en dénonçant par avance ceux que tenterait « le refus de servir[1] ». La guerre d'Algérie n'a pas produit de cause politique comme celle d'Henri Martin, lors de la guerre d'Indochine confiée aux troupes de métier. Le FLN, dont les méthodes choquent l'opinion métropolitaine, ne suscite pas la même sympathie que le Viêt-Minh et ses « Soldats blancs ». Les désertions demeurent fort rares en Algérie, à peine 379 entre novembre 1954 et février 1962 pour les hommes du contingent, pour 6 055 Nord-Africains et 3 135 légionnaires ayant déserté[2]. De plus, la désertion est un acte aux graves conséquences, un saut vers l'inconnu conduisant à une vie de paria. Faite en Allemagne ou en France, elle mène généralement en Suisse via le réseau des « porteurs de valises ». Même en temps de paix, ce qui évite le peloton d'exécution puisqu'il ne s'agit officiellement en AFN que de maintien de l'ordre, la désertion implique l'impossibilité d'être amnistié.

Pourtant, au moins jusqu'à la semaine des barricades d'Alger, en janvier 1960, et surtout au putsch d'avril 1961 marquant le divorce de la nation avec une partie de son armée, dans l'ensemble l'action entreprise par les troupes françaises en Algérie n'est pas fondamentalement remise en cause. Sans doute parce que le contingent y est engagé et que dénoncer le soldat embourbé dans les dérives et les excès d'une « sale guerre », c'est pour la nation se mettre en accusation elle-même, puisque son armée, composée de soldats-citoyens, en est l'essence même. Si bien que l'oubli de cette première résistance précoce à la guerre d'Algérie, celle des disponibles de 1955-1956, l'a emporté dans la conscience nationale. On conçoit mieux, dès lors, pour quelles raisons, jusqu'à présent, le mouvement des rappelés est apparu comme un épiphénomène ; l'autorité militaire l'a très longtemps tenu comme simple émanation d'un geste de mauvaise humeur d'enfants gâtés ayant un peu trop abusés de la « dive bouteille » en se laissant phagocyter par les « ennemis de l'intérieur » ayant « le couteau entre les dents ».

En bref, le mouvement des rappelés, dont certains excès ou montées en puissance comme à Mourmelon en juillet 1956 relèvent de la mutinerie, tient plus de la protestation, de la révolte, que d'une remise en cause du contrat social armée-nation qui fonde la solidarité de la collectivité formée par les citoyens. Spontanées, précédées ou accompagnées, en 1956, par des initiatives politiques locales, fortifiées par un sentiment d'arrachement

---

1. Hervé Hamon et Patrick Rotman, *op. cit.*, p. 50.
2. *Soldats en Algérie...*, *op. cit.*, p. 42.

familial, aiguillonnées par le sentiment de participer à une guerre injuste, les manifestations de disponibles ne constituent pas le « soulèvement de masse », « le Grand Soir » de la mythologie gauchiste étudiée par Charles-Robert Ageron[1].

Mais il n'en demeure pas moins qu'elles représentent un rejet de la guerre d'Algérie et des chances de la pérennité française sur cette terre. Un surprenant sondage est réalisé auprès de trois cents rappelés (deux cent vingt-sept questionnaires remplis) à l'initiative du commandement du train en décembre 1956. Leur pire et leur meilleur souvenir restent le rappel et la libération. La grande majorité (pas de pourcentage donné), si elle garde de très bons souvenirs « opérationnels » et de franche camaraderie, porte un jugement sur les chances de l'Algérie française et l'utilité du rappel. Les termes abscons employés reflètent la gêne du commandement qui doit cependant rendre compte : « Certains le [le rappel] déclarent inutile ; aucun ne le déclare inutile parce que la France aurait dû abandonner l'Algérie. Ils invoquent les forces locales suffisantes ou leur inutilité personnelle ou encore le fait qu'en Algérie tout est ou va être perdu[2]. »

Quant à l'opinion, ou tout au moins pour une partie de la population métropolitaine, elle se sent directement impliquée par l'envoi d'un fils, d'un frère, d'un père, de l'autre côté de la Méditerranée. D'ailleurs, c'est bien pendant l'été 1956 qu'apparaît le début du basculement de l'opinion en faveur de l'émancipation de l'Algérie : si en août 1955, 5 % seulement des Français s'intéressent aux nouvelles d'Algérie[3], en juillet 1956, 45 % des métropolitains se déclarent favorables à l'indépendance de ce pays[4]. Pour un département du « Midi rouge », la Drôme, cette évolution est encore plus précoce : dès avril 1956 le rapport mensuel des Renseignements généraux constate : « La grande majorité de la population pense qu'il ne peut y avoir que deux solutions du problème algérien : l'abandon du territoire ou le rétablissement de l'ordre[5]. »

Ces rappelés qui conspuent des cadres d'active ou cassent du matériel de la SNCF, c'est la nation armée qui ne comprend pas en quoi la défense du sol métropolitain est menacée par une insurrection en Algérie. On les a pris pour des benêts en leur expliquant que partir en AFN c'était simplement pour rétablir l'ordre ou pacifier. Mais plus matures que les appelés, ayant l'expérience du droit de vote (majorité à vingt et un ans), ces disponibles, redevenus soldats-citoyens pour quelques mois, accomplissent finalement leur devoir, non sans mauvaise humeur parfois, sensibles au

---

1. « L'opinion française à travers les sondages », *Revue française d'histoire d'outre-mer*, n° 231, 2e trimestre 1976, p. 284.

2. *3/1 H 2470, SHAT.

3. Charles-Robert Ageron, « L'opinion française à travers les sondages », version du colloque cité, *La Guerre d'Algérie et les Français*, p. 27.

4. J.-P. Rioux, « Une guerre trouble-fête », catalogue de l'exposition *La France en guerre d'Algérie*, Paris, BDIC, 1992, p. 146.

5. S. Morin, *op. cit.*, p. 31.

« soupir odorant et âcre de la terre d'Algérie » (Albert Camus). C'est un des paradoxes de cette dernière génération du feu des gros bataillons formés par la République. Il est, en ce sens, significatif de noter que la plus puissante des associations des anciens combattants d'Algérie, la FNACA, très ombrageuse quant aux droits et au respect de la mémoire des soldats envoyés en AFN, a été fondée en 1958 par un noyau d'anciens rappelés.

Ceux qui ont fait la guerre à la guerre

par Claude Liauzu

Encore une saga à la gloire des anticolonialistes ou, pis, une défense et illustration du rôle civique des intellectuels, dira-t-on peut-être. Il est certain que la quantité de publications sur les déserteurs et porteurs de valises, sur les opposants radicaux à la guerre est sans commune mesure avec leur nombre. Longtemps, dans la culture de gauche en particulier, ils ont éclipsé d'autres acteurs, tels les soldats du contingent, victimes de l'occultation de leurs problèmes par la société française et de l'indifférence des historiens plus que de leur propre silence.

Mais, quarante ans après, le paysage n'est plus le même, et une nouvelle génération de chercheurs, nés longtemps après 1962 et libérés des enjeux directement politiques, renouvelle les interrogations. Pour ce qui nous intéresse ici, deux changements sont importants. D'une part, au vu du bilan de l'Algérie indépendante, l'histoire sainte de la Révolution (selon le vocabulaire officiel du FLN) ou de la lutte de libération n'est plus de mise, ce qui incite aussi à une réévaluation du rôle des *Camarades des frères*[1]. D'autre part, des travaux universitaires récents, centrés sur les contradictions entre violence coloniale et République, sur la crise algérienne de la conscience française permettent de situer le combat des opposants dans une histoire globale[2].

Ces changements traduisent une transformation des sensibilités qui dépasse le cercle des initiés et incite aussi à ce réexamen. Le 17 octobre 2001 a été apposée au pont Saint-Michel une plaque rappelant le massacre dont ont été victimes les manifestants de 1961 et prochainement une place du Quartier latin portera le nom de Maurice Audin. Le général Aussaresses a été condamné pour l'apologie des crimes qu'il a commis dans le livre où il a raconté son rôle lors de la bataille d'Alger, condamnation confirmée en appel en 2003. Quant à Jean-Marie Le Pen, il perd désormais les procès en

---

1. *Cf.* Sylvain Pattieu, *Les Camarades des frères. Trotskistes et libertaires dans la guerre d'Algérie*, Syllepse, 2000.

2. *Cf. Violence et colonisation. Pour en finir avec les guerres de mémoires*, Claude Liauzu (coord.), Syllepse, 2003.

diffamation qu'il intente à ceux qui l'accusent d'avoir torturé, ainsi le journal *Le Monde*.

On a du mal à imaginer, au regard de ces faits, le caractère très minoritaire des anticolonialistes durant la guerre d'Algérie.

Pourtant, franchir le Rubicon et changer de camp se heurtaient à de nombreux obstacles, et parmi eux à des blocages idéologiques de la tradition républicaine, voire à la culture d'extrême gauche. L'écho amplifié par les médias de quelques grands procès symboliques a-t-il modifié en profondeur la vision du monde très eurocentriste dominant dans la société française ?

Tels sont les problèmes retenus ici.

Combien les colonialistes radicaux étaient-ils ? Quelles étaient leurs assises ?

L'évaluation du nombre de déserteurs et insoumis à cinq cents paraît un maximum sur un contingent qui s'élevait à deux millions d'hommes environ. Les effectifs de Jeune Résistance n'ont pas dépassé huit cents membres, *Vérité pour* du réseau Jeanson tirait à cinq mille exemplaires, et la revue *Partisans* créée par François Maspero comptait quatre cents abonnés. La marée humaine de cinq cent mille Parisiens qui a accompagné le cortège des victimes du métro Charonne le 8 février 1962 contraste avec les morts sans sépulture, les morts inconnus du 17 octobre 1961.

Quelles sont les caractéristiques de ceux qui ont choisi d'être du côté des combattants algériens ? Il s'agit surtout d'intellectuels et d'étudiants. Du côté du pouvoir, on l'a très tôt relevé pour dénoncer les « professeurs de trahison ». Maurice Nadeau, l'un des signataires du *Manifeste pour le droit à l'insoumission*, dit *des 121*, a fort bien exprimé la raison majeure de cet engagement : « Puisqu'il s'agissait de débats de conscience, de valeurs et de principes mis en cause, voire du sens même qu'il faut accorder aux mots, les intellectuels avaient le devoir de se prononcer, de faire entendre leur parole[1]. » Faut-il rappeler que ce terme s'est imposé avec l'affaire Dreyfus où les partisans de la vérité l'ont pris comme drapeau ?

Cependant, il recouvre des réalités contrastées, dont l'examen amène à nuancer l'image d'un monde de l'esprit unanimement mobilisé contre la guerre. Il n'est pas sans intérêt de souligner que chez les historiens, à Pierre Vidal-Naquet, Madeleine Rebérioux, Jean-Pierre Vernant, André Mandouze, s'opposent ceux qui ont choisi la patrie comme Pierre Chaunu, Roland Mousnier, Gilbert et Charles Picard... La corporation, comme lors de l'Affaire, est très divisée. Parmi les *121*, les artistes – musiciens (Pierre Boulez), comé-

---

1. « Pourquoi nous sommes parmi les *121* », *in Les Lettres nouvelles*, décembre 1960, « Quelques-uns parmi les *121* », p. 3-10.

diens (Simone Signoret), écrivains (Marguerite Duras, Nathalie Sarraute) –, sont plus nombreux que les universitaires. Ces derniers se reconnaissent davantage dans l'appel contre-feu que lancent les syndicats enseignants et l'UNEF pour accélérer la marche vers « la paix négociée », et qui compte des signatures tout autant renommées, dont Edgar Morin, Jean Duvignaud, Paul Ricœur, Jacques Le Goff, René Étiemble...

Il y a là comme une frontière entre extrême gauche et nouvelle gauche ont relevé justement Hervé Hamon et Patrick Rotman[1], et, pour préciser, une dissociation entre condamnation éthique absolue et réalisme politique, entre la priorité anticolonialiste et la participation institutionnelle à la vie publique. Il y a aussi deux attitudes très différentes envers la lutte de libération algérienne et le tiers-monde. Le Syndicat national des instituteurs (SNI) et la Fédération de l'éducation nationale (FEN), la Ligue de l'enseignement, la Ligue des droits de l'homme sont très réservés envers le FLN, et opposés à son hégémonie politique sur le mouvement national. « L'Aurès est et restera toujours le lieu de prédilection d'hommes qui ont établi leur hiérarchie de valeurs en tête de laquelle ils placent l'arme. Il est et restera également le lieu de prédilection de bandits de droit commun et de bandits d'honneur (cela n'a rien de romantique) », soulignait dans l'hiver 1954-1955 un hussard de la République[2]. L'Union pour le salut et le renouveau de l'Algérie française créée en 1956, qui a rapidement disparu, écrasée par les contradictions de la politique mollettiste, n'en est pas moins très représentative d'une sensibilité républicaine. Son appel se réclame de notables de la gauche, par exemple d'Albert Bayet – cacique de la laïcité – et de Paul Rivet – auteur de l'appel du Comité de vigilance des intellectuels antifascistes (CVIA) en 1934 et fondateur du musée de l'Homme en 1937. Durant sept ans, la ligne anticolonialiste n'a jamais pu s'imposer dans les congrès de la FEN[3], et le SNI est la seule organisation syndicale à ne pas avoir passé un accord avec l'Union générale des travailleurs algériens (UGTA) avant l'indépendance.

Laïcité, universalisme à la française (ou « provincialisme de l'universel », selon la formule de Jacques Berque), national-mollettisme hypothèquent donc la mobilisation des intellectuels au moins au début du conflit.

Mais l'Algérie a suscité un phénomène de génération, car les étudiants se sont beaucoup plus engagés que leurs aînés et beaucoup plus que les autres catégories sociales, que les jeunes ouvriers en particulier. Certes, l'image d'une jeunesse massivement contre fait partie de la légende dorée du Quartier latin. Même si ce n'est qu'à partir de 1960 – et pour une part en réaction la menace pesant sur les sursis – que la Sorbonne bascule

---

1. *Les Porteurs de valises. La Résistance française à la guerre d'Algérie*, Le Seuil, 1981.
2. Denis Forestier, *L'École libératrice*, 12 janvier 1955. *Cf.* Claude Liauzu, *Les Intellectuels français au miroir algérien*, Cahiers de la Méditerranée, université de Nice, 1984.
3. *Cf.* Claude Liauzu, *Les Intellectuels...*, *op. cit.*

nettement. Cela étant, les facultés et les cafés voisins sont bien le vivier de ceux qui ne veulent pas faire la guerre. L'Algérie a été la propédeutique de futurs militants du mouvement de Mai 68 et du gauchisme. En son temps, le fait que l'extrême droite ne pouvait plus faire physiquement le poids boulevard Saint-Michel et dans ses alentours n'a pas été négligeable, et cela est à imputer aux « commandos » anticolonialistes. Plus généralement, les mutations sociologiques du milieu étudiant, la démocratisation de son recrutement transforment le monde universitaire. Il est certain que dans cette période l'intervention des intellectuels sur la scène publique prend des traits nouveaux.

Peut-être un autre caractère nouveau de la lutte contre la guerre d'Algérie, un autre trait, qui a été moins étudié jusqu'ici, tient-il à la place des femmes. La presse de droite, qui dénonce en première page les « femmes du FLN », rend compte de cette réalité à sa façon. Trente-trois des *121*, soit plus d'un quart, sont du « deuxième sexe », proportion nettement supérieure à celle que l'on trouve parmi les responsables des organisations politiques et syndicales. Or, être signataire d'un texte considéré comme conférant une légitimité intellectuelle particulière ne correspond pas à la répartition habituelle des rôles sexuels. La démarche n'est pas non plus celle, bien rodée mais passablement datée, des mères de soldats animées par le Parti communiste français (PCF). Il est vrai qu'il faut nuancer : la cause des femmes, françaises comme algériennes, se fond encore en grande partie dans les grandes causes par nature masculines[1]. *A fortiori*, faire la guerre ou ne pas la faire est le propre des hommes.

Comment devient-on donc déserteur ou porteur de valises dans une société qui, aujourd'hui encore, n'a pas accepté ces choix, ne voit toujours pas en eux l'équivalent de ceux des mutins de la mer Noire, ou de l'action de Henri Martin contre la guerre d'Indochine ?

Les individualités comptent pour beaucoup. Tous ceux qui sont indignés par la répression ne réagissent pas comme Robert Bonnaud, dont *La Paix des Nemencha* dans *Esprit* d'avril 1957 est l'un des premiers témoignages largement diffusés, et qui sera l'un des organisateurs des réseaux d'aide au FLN, ou Georges Mattei – auteur de *Jours kabyles* dans *Les Temps modernes* de juillet, qui suit un itinéraire semblable. Ceux qui partirent avec leur prisonnier plutôt que d'accepter la « corvée de bois » ne sont pas légion.

Un autre cheminement, celui d'un petit groupe de communistes européens d'Algérie qui ont rallié le camp des colonisés, a été trop négligé par l'historiographie, centrée sur l'Hexagone en guerre. Ce qui caractérise les Algériens par choix, et les distingue du milieu pied-noir, c'est la proximité avec la population musulmane. Fernand Iveton – guillotiné pour avoir déposé une bombe plus symbolique que meurtrière (il voulait couper l'électricité d'Alger) et qui n'a pas explosé –, l'aspirant Maillot – qui a amené au FLN un stock

---

1. Elles ne sont que quatre sur vingt-quatre dans les biographies de Hervé et Rotman, et quatre autres sur trente-six parmi les trotskistes et anarchistes.

d'armes – habitaient le quartier pauvre du Clos Salembier, le ravin de la Femme sauvage. Les instituteurs du bled, témoins privilégiés de l'immense misère paysanne et de l'arbitraire colonial, ont fourni aussi des passeurs. Ce n'est pas un hasard non plus si les militants juifs ont tenu une place importante.

Au contraire et de manière significative, on ne trouve guère de membres des corporations ouvrières qui ont été longtemps les bastions communistes, tels les cheminots. Les militants ayant rallié la lutte de libération se sentent bien peu français, soit par attachement à la terre natale, soit par absence de racines en métropole que leurs ancêtres ont quittée parfois depuis le milieu du XIXe siècle, ou parce qu'ils sont issus d'une immigration étrangère. Leur engagement a suscité surtout de la gêne de la part de la direction thorézienne du PCF. Si Henri Alleg parvient à conjuguer sa fidélité à celui-ci et au Parti communiste algérien, c'est peut-être parce qu'il les a associés dans sa grande réussite, *Alger républicain*, foyer de fraternité pluricommunautaire dans un pays en proie aux déchaînements raciaux. Ce noyau est infime : après 1962, cent douze pieds-noirs seulement – dont quatorze femmes – demanderont la nationalité algérienne.

Mais certains faits historiques ne s'évaluent pas seulement en termes quantitatifs. Ce qui s'impose au vu de ces itinéraires, c'est la faiblesse des traditions anticolonialistes auxquelles les militants auraient pu se référer. Précisément, dans quelle mesure la guerre d'Algérie a-t-elle contribué à transformer sur ce point la culture de la gauche ? Quelle a été sa portée ?

Comment les anticolonialistes interviennent-ils dans les débats idéologiques ?

Les références de la lutte des classes et de l'internationalisme prolétarien ne se marient pas facilement avec les références nationalistes, et l'Algérie pose en urgence des questions que le mouvement ouvrier français n'a pu résoudre – si tant est qu'il les ait posées – auparavant.

Alors que le PC pouvait se réclamer de sa campagne contre la conquête du Maroc en 1924-1926 et s'y référer, il louvoie entre isolement et compromis, voire compromission, quand il a voté les pouvoirs spéciaux. Son passé activiste n'a guère laissé de mémoire chez les militants, le contrôle de celle-ci par l'appareil étant sans faille. L'une des tâches du groupe oppositionnel Unir a consisté à élaborer une contre-histoire, pour faire pièce à l'autobiographie de Maurice Thorez, *Fils du peuple*, qui tient alors lieu de manuel. Si la qualité majeure du PC n'a jamais été d'avoir la tête théorique sur la question nationale, même l'abécédaire de Joseph Staline ne fournit pas de boussole sur le problème algérien. Ce qui fait foi, même après plusieurs années de guerre, c'est la thèse classique de la nation *melting pot* en formation, formulée par Maurice Thorez en 1939, qui écarte une identité arabo-musulmane et qui condamne l'Algérie à être indéfiniment en gestation : « ... une nation en formation dans le creuset de vingt races ». Le texte du géographe Jean Dresch, paru dans *La Pensée* de juillet 1956, qui reconnaît l'existence d'une nation, n'est lu que par un nombre restreint d'intellectuels. Pour le Parti, longtemps, la guerre d'Algérie n'est pas prioritaire.

L'extrême gauche se montre souvent plus mobilisée mais elle est très divisée. L'une des grandes figures de *La Révolution prolétarienne*, Robert Louzon, qui signe le texte des *121*, a été dès les années 1920 à travers son expérience en Tunisie, où il est l'un des fondateurs du PC, et celle du *Paria,* sensibilisé à la question coloniale[1]. Chez les trotskistes, les lambertistes du Parti communiste internationaliste (PCI) affirment leur fidélité à Messali Hadj, qui bénéficie d'une longue familiarité avec le mouvement ouvrier français. Au contraire, la tendance dirigée par Pierre Frank décide très tôt, dès l'hiver 1955, d'aider le FLN, mais sans lui subordonner les objectifs de libération du prolétariat. En effet, à la différence des Vietnamiens – avant que les communistes ne les liquident –, les trotskistes algériens sont des curiosités. Des clivages analogues se retrouvent chez les libertaires. La Fédération anarchiste, si elle est contre la guerre, voit dans le FLN et l'État français deux adversaires semblablement bourgeois, et elle admoneste les travailleurs algériens : « Vous avez autre chose à faire que de lutter pour changer de maîtres. Autre chose à faire que de lutter pour remplacer l'Évangile par le Coran[2]. »

Mais, pour le mouvement ouvrier, le problème colonial n'est plus un horizon éloigné, il se pose en métropole et il croise celui de l'immigration. Prendre ses distances envers la langue de bois et mener une critique des insuffisances des syndicats, comme le fait Andrée Michel dans sa thèse – la première recherche universitaire consacrée à une sociologie des travailleurs algériens en France –, contribue à contester l'ouvriérisme et le franco-centrisme dominants[3]. Andrée Michel se retrouve logiquement parmi les *121*. Et le futur secrétaire général de la CGT, Henri Krazucki, ne s'y trompe pas, qui s'indigne dans *La Pensée* du soupçon que son livre laisse planer sur la confédération[4]. Ces faits imposent de s'interroger sur le statut de l'ouvrier colonisé dans la société française et sur la faiblesse des témoignages de solidarité durant les sept ans de guerre.

On ne saurait cependant minimiser leur place dans l'évolution du mouvement ouvrier. La CFDT en est issue pour une part. Pour nombre de

    1. *Cf.* Claude Liauzu, *Naissance du salariat et du mouvement ouvrier tunisien à travers un demi-siècle de colonisation (1881-1930).* Thèse de doctorat d'État, Nice, juin 1978, et *À l'origine des tiers-mondismes. Colonisés et anticolonialistes en France (1919-1939)*, L'Harmattan, 1982. *Le Paria*, journal publié à Paris – trop oublié aujourd'hui –, a été l'organe d'un tiers-mondisme précoce associant militants indochinois (Hô Chi Minh), algériens, africains et antillais liés au PCF.
    2. Maurice Fayolle, *Défense de l'homme*, décembre 1954.
    3. Andrée Michel, *Les Travailleurs algériens en France*, CNRS, 1957.
    4. *La Pensée*, n° XC, 1960, « La CGT et les travailleurs algériens ».

communistes français, l'Algérie, avec la Hongrie, a été l'occasion d'un long et douloureux travail de deuil qui les éloigne du Parti. Certains rallieront les rangs de ceux qui font la guerre à la guerre. Mais il n'est pas étonnant que ce soit un militant égyptien expulsé par Nasser et quelque peu apatride, Henri Curiel, suspect d'hérésie aux yeux du parti français, qui s'impose comme le principal leader anticolonialiste dans la tradition kominternienne[1].

Un autre type de militants provient de la tradition dreyfusarde, de la défense des idéaux bafoués par le colonialisme et la guerre, que Pierre Vidal-Naquet a illustrée avec autant de passion que de talent. L'Algérie en effet dément le discours de la colonisation civilisatrice sur lequel un consensus s'était établi autour de la Ligue des droits de l'homme et de la SFIO depuis le début du siècle. Affirmer sa fidélité aux valeurs progressistes, c'est désormais être contre la guerre et, de là, contre la colonisation.

L'émergence du tiers-monde et les sept années de guerre ont donc profondément transformé le paysage culturel. Elles ont fait découvrir que « la différence enrichit », comme le dit un congrès de l'UNEF. La jeunesse étudiante, qui découvre les surréalistes et Césaire, la Négritude et les écrivains algériens de langue française, commence à s'interroger sur d'autres horizons historiques que celui de la vieille Europe. Avec les crimes de l'armée française, certains rejettent les droits de l'homme « bourgeois », et Jean-Paul Sartre répudie dans la préface des *Damnés de la terre* cet humanisme « gras et blême ».

Pour une autre famille culturelle, chrétienne, l'Algérie recoupe un itinéraire d'engagement sur la question sociale et la démocratie, à travers l'expérience de la collaboration et de la lutte antifasciste, ainsi que celle des prêtres ouvriers. Le « catho de gauche » devient une figure du monde étudiant et prend une place prépondérante à la direction de l'UNEF. L'une des premières dénonciations des crimes de l'armée émane d'un comité de résistance spirituelle en 1957. C'est aussi sa spiritualité qui confère sa tonalité au choix d'un Robert Barrat. Autour d'André Mandouze – la figure la plus connue de ce courant –, spécialiste de saint Augustin et professeur à la faculté d'Alger, un front du refus, dont l'attitude a valeur de témoignage, se constitue. Mais, incontestablement, l'un des passages de frontières les plus remarquables, analogue à celui des communistes déjà signalés, est celui de quelques prêtres et évêques d'Algérie, dont Mgr Duval et l'abbé Scotto, qui se rangent du côté des Algériens et demanderont à changer de nationalité en 1962. Ils portent le projet d'un christianisme renouvelé, dépassant la tradition missionnaire et l'ambition de convertir.

Ainsi, la plupart des sensibilités de gauche ont-elles été traversées et transformées par l'anticolonialisme. Mais, il faut le rappeler, ceux qui s'y engagent totalement ne sont que quelques dizaines.

---

1. *Cf.* Gilles Perrault, *Un homme à part*, Barrault, 1984.

Comment sont-ils intervenus sur la scène publique ?
Comment cherchent-ils à peser sur la vie politique ?

Ils adaptent leurs moyens à cette situation. Ainsi, experts en entrisme, les trotskistes se sont efforcés de convertir les adhérents de la SFIO et surtout du PC, qui constitue un vivier de militants précieux. Les réseaux Jeanson et Curiel ont fait de même.

Outre cette méthode, qui est de bonne guerre pour les minoritaires, leur objectif majeur a été d'éclairer et de convaincre une opinion publique ignorante des réalités coloniales, dont la sensibilité nationaliste est exacerbée par les humiliations de Diên Biên Phu et de Suez, et prévenue contre les « Arabes ».

La place des intellectuels explique aussi que la guerre d'Algérie ait été une guerre de l'écrit, où les protestations, les campagnes d'information et de dénonciation des violences, de la torture et des crimes ont eu une place primordiale. Sur ce terrain, les plus radicaux n'ont pas eu le monopole des initiatives, et ils n'apparaissent pas toujours au premier plan. C'est qu'il faut un grand nom pour être publié et bénéficier d'un minimum d'audience. Le premier article dénonçant un « racisme particulièrement immonde, le racisme policier », est de François Mauriac le 7 décembre 1954. Le premier livre qui compte, *Contre la torture*, est celui de Pierre-Henri Simon (bientôt académicien) au Seuil en mars 1957. Plus que les pamphlets antimilitaristes, c'est la prise de position du général Jacques de Bollardière contre la bataille d'Alger dans *L'Express* du 29 mars 1957 qui a ébranlé l'armée. Un général très décoré n'était pas de trop pour y parvenir. Mais Robert Bonnaud et Georges Mattei, ou les soldats publiés par le comité de défense spirituelle au printemps 1957, s'ils n'ont pas le bénéfice de la notoriété, ont le privilège de l'âge et du statut d'observateur. Ils sont considérés comme les porte-parole de la génération des djebels dans une société où la jeunesse devient la mauvaise conscience du pays.

Le pouvoir réagit par la censure des journaux et de l'édition. D'où le développement d'une presse parallèle – *Témoignages et Documents*, dont le premier numéro date de juin 1958, *Vérité Liberté* – et clandestine, *Vérité pour, Jeune Résistance*. La création des éditions Maspero a été due en grande partie à cette bataille de l'écrit.

Certaines campagnes d'opinion ont eu un impact réel. C'est le cas de la publication en février 1958 par les éditions de Minuit de *La Question* de Henri Alleg, dont le manuscrit, écrit sur des feuilles de cahier d'écolier, a été transmis par la veuve de Maurice Audin à Jérôme Lindon. *Le Monde* y consacre une partie de sa première page. Soixante-cinq mille exemplaires du livre sont vendus avant sa saisie, et il continuera à circuler quasi ouvertement. Au total, neuf livres des éditions de Minuit et autant de Maspero ont été saisis.

Mais l'une des initiatives les plus originales a été le comité créé en décembre 1957 pour imposer la vérité sur l'assassinat de Maurice Audin, assistant de mathématiques à la faculté d'Alger. La soutenance *in absentia* de sa thèse devant un jury présidé par Laurent Schwartz est un temps fort de l'histoire des luttes universitaires. D'autres affaires sont orchestrées par des avocats, où Me Vergès joue un rôle déterminant : le procès et la condamnation à mort de Djamila Bouhired[1], celui de Djamila Boupacha défendue par Gisèle Halimi[2], qui se retournent en procès de la torture. Quant aux poursuites engagées contre les signataires du *Manifeste des 121*, elles ont été un piège où le gouvernement est tombé en offrant une tribune à ceux qui refusaient de faire la guerre. De même, le procès du réseau Jeanson, où Jean-Paul Sartre se revendique « porteur de valises », tourne au spectacle de guignol[3].

Si de telles campagnes ont eu un retentissement certain, il convient de s'interroger sur le contraste avec les tentatives de faire sortir de l'ombre le 17 octobre 1961. Certes, la censure a frappé le livre de Paulette Péju, *Les Harkis à Paris*, ainsi que le film de Jacques Panigel, *Octobre à Paris*[4]. Mais il faut chercher d'autres explications, que la comparaison avec la protestation contre le massacre du métro de Charonne permet de souligner. Si Charonne s'est inscrit d'emblée dans la culture de la gauche, c'est que l'événement renvoie à des repères connus et reconnus : répression anti-ouvrière, fascisme, antifascisme, spectre de la guerre civile. La manifestation d'octobre 1961 ne présente pas une telle lisibilité. Il s'agit d'une démonstration exclusivement algérienne et revendiquant l'indépendance. On peut voir dans cette différence un signe des obstacles que l'anticolonialisme rencontre dans la société française, y compris à gauche.

Les campagnes d'opinion se situent à la lisière entre action légale et action clandestine des minorités. Autrement plus difficiles et dangereuses ont été les tentatives de travail dans l'armée. On sait que les manifestations de 1956 (étudiées par ailleurs dans ce livre) sont loin d'avoir été des péripéties secondaires et que, lors du putsch d'avril 1961, le loyalisme de la grande majorité du contingent a été l'un des facteurs de l'échec des putschistes. Mais hors ces circonstances exceptionnelles, les actes de refus ont été isolés. Si, dans son histoire de *La Guerre d'Algérie*, Henri Alleg signale l'existence d'une presse communiste destinée aux soldats, son influence paraît très réduite[5]. Aussi des polémiques enflammées ont-elles opposé les gauchistes au PC qui rejette l'aventurisme sans parvenir pour autant à susciter en faveur d'Alban Liechti – emprisonné durant de longues années pour refus de combattre –, dont il a fait un symbole, une mobilisation comparable à celle dont a bénéficié Henri Martin lors de la guerre d'Indochine. Chez les plus engagés, cet exemple est contrebattu par l'insoumission et la désertion.

---

1. Georges Arnaud et Jacques Vergès, *Pour Djamila Bouhired*, éditions de Minuit, 1957.
2. *Cf. Avocate irrespectueuse*, Plon, 2002.
3. Passage d'anthologie dans Hamon et Rotman.
4. Paulette Péju, *Ratonnades à Paris* précédé de *Les Harkis à Paris*, Maspero, 1961, réédition La Découverte, 2000.
5. Henri Alleg (dir.), *La Guerre d'Algérie*, Temps actuels, 3 vol.

Au bout de l'itinéraire radical, il y a eu, enfin, le passage à l'autre camp. Le noyau dur de l'action anticolonialiste a été constitué par les réseaux de soutien au FLN, qui assuraient l'hébergement et le transport des hommes et des fonds. Cas extrême, Pablo ira jusqu'à la fabrication de fausse monnaie et d'armes[1].

La répression démantèle une partie de ces réseaux, dont il faudrait pouvoir évaluer plus précisément l'efficacité en termes techniques. Sur le plan politique, cependant, elle ne fait pas de doute. À partir de 1960, chez les intellectuels et les étudiants, dans les milieux militants, le problème n'est plus de se déterminer par rapport à la guerre mais de définir comment être contre. Et c'est en fonction de l'insoumission et du *Manifeste des 121* que le débat s'organise à gauche.

Pour la première fois, un mouvement anticolonialiste parvient à se placer, au moins par moments, au centre de l'espace politique. Il ébranle le PC, qui perd dans ces années son monopole quasi absolu de la légitimité révolutionnaire. La revue *Partisans* lancée en 1961 par François Maspero se veut un fédérateur de sensibilités contestataires très diverses, et les « années algériennes » ont ouvert la voie à Mai 68.

Pourtant, les plus engagés ne capitalisent pas les bénéfices de la lutte contre la guerre. Le mouvement de masse qui grossit se développe sur des positions plus modérées, sur l'aspiration à la paix. On peut incriminer les divisions, l'esprit de secte, mais ces raisons ne suffisent pas. S'ils ont eu une influence réelle chez les intellectuels, les anticolonialistes n'ont guère eu de relais dans la France profonde. On peut ajouter qu'ils n'ont pas non plus réussi à infléchir certaines attitudes du FLN dans la conduite de la guerre et à l'égard de la société française.

Il faut aller plus loin, et se demander si les opposants à la guerre n'ont pas été victimes, comme les partisans de l'Algérie française, du caractère archaïque de cette guerre, qui renvoie au « temps de la lampe à huile et de la marine à voiles », selon la formule de De Gaulle, alors que la société est entraînée dans le mouvement accéléré de croissance et de modernisation des Trente Glorieuses.

Une telle situation a favorisé les phénomènes de dérive idéologique. Le mirage algérien s'évanouit dès 1965 pour ceux qui ne sont que des « pieds-rouges » aux yeux du nouveau pouvoir. Et les Mecque révolutionnaires successives épuiseront les réserves d'utopies.

Les situationnistes l'avaient d'ailleurs relevé : l'incapacité à lier les enjeux de solidarité avec le Sud et la contestation de la société de consommation explique la succession d'engouements et de désistements qui caractérise l'attitude occidentale face au tiers-monde. Cette réalité structurelle, révélée par les décolonisations, n'a pas été dépassée.

---

1. Mikhalis Raptis, condamné à quinze mois de prison en 1961, s'installera après la guerre en Algérie jusqu'en 1965.

« La discipline jusque dans l'indiscipline[1] »
La désobéissance de militaires français
en faveur de l'Algérie française

Tramor Quemeneur,
doctorant à l'université de Paris VIII

Si la « discipline est à géométrie variable[2] » pendant la guerre d'Algérie, il n'y a véritablement désobéissance qu'à partir du moment où cette discipline est rompue. Cela contribue à ce que les désobéissances, en tant que telles, aient été peu nombreuses pendant la guerre d'Algérie. Elles ont toutefois revêtu un caractère important : en effet, leur existence a drainé de nombreux débats, suscité de nombreuses questions et constitué un outil d'action pour des minorités engagées[3]. Or, fréquemment, lorsque l'on songe aux désobéissances militaires pendant ce conflit, le regard s'arrête sur les soldats qui refusaient la poursuite de la guerre. Cependant, force est de constater que certains soldats, plus particulièrement des cadres de l'armée française, ont aussi désobéi parce qu'ils entendaient poursuivre la guerre. Il ne faut pas perdre de vue, en effet, le fait que la « géométrie variable » de la discipline existe du haut au bas de la hiérarchie militaire. Cet article entend justement se pencher sur ces désobéissances en faveur de l'Algérie française, commises par des soldats disciplinés jusque dans l'indiscipline, pour paraphraser le déserteur Pierre Sergent.

---

1. Pierre Sergent, *Je ne regrette rien. La poignante histoire des légionnaires parachutistes du 1er REP*, Paris, Le Livre de Poche, 1974 (Fayard, 1972), p. 537.
2. Jean-Charles Jauffret, *Soldats en Algérie 1954-1962. Expériences contrastées des hommes du contingent*, Paris, Autrement, 2000, p. 252 et suiv.
3. Cette question constitue l'objet de notre travail de recherche depuis plusieurs années. Celui-ci se conclura par la soutenance de notre thèse au cours de l'année 2004. Parmi nos interventions, voir notamment : « Les réfractaires français pendant la guerre d'Algérie. Refus d'obéissance, insoumissions, désertions » in Jean-Charles Jauffret et Maurice Vaïsse (dir.), *Militaires et guérilla dans la guerre d'Algérie*, Bruxelles, Complexe, 2001, 561 p. ; « La détention ou l'illégalité : trois parcours de refus d'obéissance pendant la guerre d'Algérie », in Jean-Charles Jauffret (dir.), *Des hommes et des femmes en guerre d'Algérie*, Paris, Autrement, 2003, 573 p.

Quelles sont ces désobéissances militaires ? Trois catégories juridiques sont en particulier définies dans le code de justice militaire[1] : l'insoumission, le refus d'obéissance et la désertion. L'insoumission est produite par « tout jeune soldat appelé ou tout autre militaire dans ses foyers, rappelé à l'activité, à qui un ordre de route a été régulièrement notifié et qui, hors le cas de force majeure, n'est pas arrivé à sa destination au jour fixé par cet ordre[2] ». Étant un refus a priori, les peines encourues sont peu importantes : elles sont comprises entre un mois et un an d'emprisonnement[3]. Les refus d'obéissance sont commis par « tout militaire qui refuse d'obéir et qui, hors le cas de force majeure, n'exécute pas les ordres reçus[4] ». La loi prévoyait une peine de une à deux années d'emprisonnement[5]. Comme le délit était considéré comme instantané (et non continu), il était renouvelable autant de fois que la personne refusait de porter les armes ou d'obéir aux ordres. La désertion est définie précisément par l'instruction ministérielle du 24 avril 1934, comme « l'infraction commise par le militaire régulièrement incorporé qui, sans droit, rompt le lien qui l'attache à l'armée. Elle n'est constituée, sauf quand elle a lieu à l'ennemi ou en présence de l'ennemi, qu'autant que le militaire n'a pas rejoint son corps ou son poste dans un délai fixé par le code de justice militaire et dont la durée varie suivant les cas[6] ». Les peines varient de six mois d'emprisonnement[7] à la condamnation à mort pour la désertion dite « à l'ennemi[8] ».

Les désobéissances sont majoritairement constituées de désertions. Or, celles-ci sont assurément les désobéissances les plus graves, d'autant que les soldats activistes désertaient fréquemment avec des armes. De surcroît, on estime aujourd'hui que seulement cinq cents soldats ont déserté, sur un million deux cent mille appelés ayant participé à la guerre d'Algérie. Si seule une infime minorité de soldats désobéit, l'acte est d'autant plus grave qu'il est rare. Enfin, du fait de leur gravité, les désertions drainent des représentations sociales fortes. Certains déserteurs français opposés à la guerre d'Algérie sont aujourd'hui connus : Henri Maillot, Européen d'Algérie ayant déserté avec un camion chargé d'armes afin d'aider la lutte de libération nationale, est parfois qualifié de « félon » ou de « traître ». Ce dernier qualificatif est aussi quelquefois attribué à Noël Favrelière, qui a pourtant déserté

---

1. La loi du 9 mars 1928, modifiée par la loi du 4 mars 1932, instaure le code de justice militaire encore en vigueur pendant la guerre d'Algérie.

2. Loi du 31 mars 1928 relative au recrutement de l'armée, *Bulletin des lois*, n° 462, p. 889.

3. Loi du 9 mars 1928, portant révision du code de justice militaire pour l'armée de terre, *Bulletin des lois*, n° 411, p. 526.

4. Loi du 9 mars 1928, *op. cit.*, art. 205, p. 529.

5. *Ibid.*

6. *Bulletin officiel du ministère de la Guerre*, instruction ministérielle relative à la désertion du 24 avril 1934, p. 1329.

7. Loi du 9 mars 1928, *op. cit.*, art. 194, p. 526. Pour le cas de la désertion dite « à l'intérieur ».

8. *Ibid.*, article 196, p. 526-527.

afin de sauver un nationaliste algérien d'une exécution sommaire[1]. Cependant, la trahison n'est pas une notion attribuée aux déserteurs favorables à l'Algérie française. On les a plus souvent appelés des « soldats perdus ». Qu'entend-on par cette expression ? Que peut-on en penser ? Nous aborderons ces questions après avoir rappelé quelques faits.

Guerre contre-révolutionnaire et putsch militaire

Le 16 septembre 1959, le général de Gaulle engage la France dans la voie de l'autodétermination algérienne. Une première étape importante est franchie le 8 janvier 1961 par un référendum qui assure au général de Gaulle une forte approbation de sa politique : le oui reçoit 75,25 % des suffrages en métropole et 69,09 % en Algérie. Mais les partisans de l'Algérie française, parmi lesquels des militaires, sont décidés à tout faire pour infléchir dans leur sens la politique du Général. Pour paraphraser Jacques Fauvet et Jean Planchais, le général de Gaulle savait bien qu'il avait enseigné la désobéissance à l'armée depuis 1940 ; il ignorait qu'elle avait aussi appris la politique avec la guerre d'Indochine[2].

En métropole, plusieurs colonels sont persuadés que l'indépendance de l'Algérie amènera la Méditerranée sous le joug du communisme et que la France perdra son rang de grande nation. Tous sont pétris de l'idéologie connue sous le nom de guerre contre-révolutionnaire ou guerre contre-subversive, selon laquelle « l'Algérie apparaît [...] comme une étape majeure de ce vaste processus de conquête [communiste] par la désintégration morale[3] ». Née dans la guerre d'Indochine, la guerre contre-révolutionnaire a été élaborée dans les cercles intégristes catholiques, en particulier par le colonel Charles Lacheroy, et gangrène rapidement toute l'armée[4] : pour reprendre l'expression des journalistes Merry et Serge Bromberger, « l'active se peuple d'activistes [dans] une sorte de national-communisme, patriote et totalitaire[5] ».

Les tenants de la guerre contre-révolutionnaire sont en effet persuadés que la doctrine maoïste a permis la victoire communiste en Indochine. Ils décident d'en retourner les principes, en particulier le contrôle de la population, contre le camp communiste. Selon eux, il convient de manipuler l'arme psychologique, fondamentale, qui devient même l'objet d'un commandement à part entière : le 5ᵉ bureau. Mais ce bureau constitue « un

---

1. Noël Favrelière, *Le Désert à l'aube*, Paris, Minuit, 2000 (1960), 225 p.
2. Jacques Fauvet et Jean Planchais, *La Fronde des généraux*, Arthaud, Paris, 1961, p. 14.
3. Marie-Catherine et Paul Villatoux : « Le 5ᵉ bureau en Algérie » *in* Jean-Charles Jauffret et Maurice Vaïsse, *Militaires et guérilla...*, *op. cit.*, p. 407.
4. Maurice Vaïsse, *Alger le putsch*, Bruxelles, Complexe, 1983, p. 55.
5. Merry et Serge Bromberger, *Les 13 complots du 13 mai*, Paris, Fayard, 1959, p. 43.

véritable État dans l'armée[1] » et est dissous après les journées des barricades d'Alger, en janvier 1960, par le nouveau ministre de la Défense nationale, Pierre Messmer. Les colonels ont été impliqués dans ces journées des barricades. De ce fait, ils ont été mutés en métropole mais sont déterminés à faire un nouveau coup de force.

Qui sont précisément ces colonels ? Le colonel Lacheroy est considéré comme le théoricien de la « guerre contre-révolutionnaire » et enseigne à l'École militaire. Le colonel Antoine Argoud est l'ancien chef d'état-major du général Jacques Massu de 1959 aux journées des barricades[2]. Le colonel Joseph Broizat est l'ancien chef de cabinet du général Massu pendant les journées du 13 mai 1958 ; il a ensuite commandé le 1er régiment de chasseurs parachutistes. Le colonel Yves Godard a également participé à la bataille d'Alger en tant que chef d'état-major du général Massu. En 1958, il a pris la responsabilité du secteur Alger-Sahel puis est devenu chef de la sûreté d'Alger jusqu'aux journées des barricades. Le colonel Hervé Le Barbier de Blignières et le colonel Roland Vaudrey participent également aux réunions. De jeunes officiers sont également partie prenante de la préparation d'un putsch militaire : le capitaine Pierre Sergent du 1er REP (régiment étranger de parachutistes), le lieutenant Degueldre, également du 1er REP, déserteur avec la complicité de son chef de corps.

Tous envisagent un nouveau coup de force et veulent pour cela solliciter un général qui prendrait la tête d'un mouvement insurrectionnel en Algérie. Ils trouvent un soutien en la personne du général Marie-André Zeller, ancien chef d'état-major général de l'armée de terre de 1955 à 1956, proche du journal *Carrefour* et de la « Nouvelle Cagoule », ou « Grand O », du mystérieux docteur Félix Martin[3]. Ce dernier est un extrémiste de droite qui a appartenu à l'Action française et participé au régime de Vichy. Le général Léon Jouhaud, qui a commandé la Ve région aérienne (Algérie) et a pris une retraite anticipée en octobre 1960 du fait de son désaccord avec le général de Gaulle, accepte également de participer au putsch. Le général Paul Gardy, ancien inspecteur général de la Légion étrangère, se joint aux deux autres. Mais aucun des trois ne dispose d'une aura assez éminente pour prendre la tête du complot. Le général Raoul Salan, exilé en Espagne depuis la fin de l'année 1960, possède un prestige suffisant, mais les militaires le considèrent comme trop politique. Finalement, le choix des colonels s'arrête sur le général Challe, commandant en chef des forces françaises en Algérie entre novembre 1958 et mars 1960, muté en métropole après l'épisode des barricades. Il vient de prendre sa retraite le 25 janvier 1961 du fait de son désaccord avec la politique du

1. Cité *in* Rémi Kauffer, *OAS. Histoire d'une guerre franco-française*, Paris, Le Seuil, 2002, p. 99.

2. Voir notamment Antoine Argoud, *La Décadence, l'imposture et la tragédie*, Paris, Fayard, 1974, 360 p.

3. Pierre Péan, *Le Mystérieux Docteur Martin (1895-1969)*, Paris, Fayard, 1993, 500 p.

gouvernement. Le général Challe se décide définitivement à participer au coup de force après le discours du général de Gaulle du 11 avril 1961 annonçant que la décolonisation est l'intérêt de la France.

Le « vent mauvais[1] » du putsch militaire se lève le 22 avril 1961. L'avant-veille, les généraux Challe et Zeller ainsi que le colonel Broizat s'envolent pour Alger. Le général Jouhaud se trouve déjà sur place. Le 21 avril, le général Challe revoit « les plans tactiques établis par le colonel Godard[2] ». Ce dernier gagne Alger par avion dans la journée. Il en est de même pour les colonels Argoud et Gardes[3]. Le 22 avril à 0 heure, le commandant Hélie Denoix de Saint-Marc donne l'ordre au 1er REP qu'il commande de marcher depuis Zeralda jusqu'à Alger pour investir la ville. Tous ses soldats suivent leur chef, bien que le commandant Robin précise que, la veille, « le REP est très divisé. […] De l'obéissance à la désobéissance, il y a un très grand pas, ni verbal ni symbolique[4] ». Le GCP (groupement de commandos parachutistes) du commandant Robin, basé à Beni-Messous, suit le même chemin. Les autorités civiles et militaires d'Alger sont arrêtées au cours de la nuit par les putschistes. À l'aube, les généraux Challe, Jouhaud et Zeller créent un Conseil supérieur de l'Algérie, dont le général Challe prend le commandement. Le général Bigot, commandant la Ve région militaire aérienne (le territoire algérien), déjà compromis, se rallie officiellement aux putschistes.

En métropole, on apprend avec stupeur le coup de force. À 6 h 20, une première déclaration rend compte de « l'indiscipline de certains chefs et de certaines troupes ». À Paris, onze arrestations ont lieu, notamment dans les milieux militaires : le capitaine Philippe de Saint-Rémy, le commandant Bléhaut et le général Faure, notamment, sont arrêtés. Si certains échappent aux mailles du filet, comme le capitaine de corvette Roy, le mouvement activiste métropolitain est néanmoins décapité. Plusieurs généraux sont également mis à l'isolement. De plus, en Algérie, les ralliements au putsch ne sont pas aussi rapides que prévu : le général Bigot, par exemple, n'est pas suivi par ses subordonnés. Le général de Pouilly, commandant le corps d'armée d'Oran, refuse de suivre la sédition tandis que le général Gouraud, commandant le corps d'armée de Constantine, se réfugie dans l'hésitation. Le général Ailleret[5], commandant la région de Bône, et le général Fourquet, commandant l'aviation, organisent l'opposition au putsch dans le Constantinois. Au sein du corps d'armée d'Alger, on rencontre de semblables

---

1. Général Charles de Gaulle, *Mémoires d'espoir. Le renouveau. 1958-1962*, Paris, Plon, 1970, p. 110.

2. Maurice Vaïsse, *op. cit.*, p. 17.

3. Gardes dirige le 5e bureau en Algérie jusqu'aux journées des barricades. Il est ensuite muté en métropole.

4. Georges Robin, « *Commandant rebelle* ». *Algérie, 1958. De l'obéissance à la révolte*, Paris, J.-C. Lattès, 1998, p. 245.

5. Voir son intéressant témoignage : général Charles Ailleret, *Général du contingent. En Algérie, 1960-1962*, Paris, Grasset, 1998, 393 p.

atermoiements. Au Sahara, le général Mentré se rallie aux putschistes
« pour sauvegarder avant tout l'unité de l'armée[1] ».

Le ministre de la Défense Pierre Messmer s'assure de la loyauté des
troupes, mais des doutes existent. En Allemagne, si le général Crépin
affirme que les troupes « sont disciplinées », il n'en reste pas moins que « le
putsch provoque, chez 80 % des officiers, un immense espoir[2] ». La majorité de l'armée n'est cependant pas prête à rejoindre les putschistes et
préfère se réfugier dans l'attentisme. En fin de compte, seules les unités
d'élite semblent se rallier à la tentative de coup d'État : le 1er REP, les commandos parachutistes, le 1er, le 14e et le 18e RCP, le 1er REC du colonel de
La Chapelle, le 2e REC et un bataillon de Kabylie sous les ordres du commandant Lousteau. Maurice Vaïsse précise que la discussion entre le
général Jouhaud et les différents chefs de corps de la 10e division parachutiste (qui avait mené la bataille d'Alger) se traduit par le ralliement de six
commandants sur sept aux putschistes[3]. Seul refuse le colonel Leborgne,
commandant le 3e RPIMA (régiment parachutiste d'infanterie de marine).
Au total, le 23 avril, il apparaît que le général Challe « a été rallié par une
quinzaine de régiments, la plupart parachutistes[4] ». Ces ralliements constituent « quelques points » marqués par le général Challe, mais le groupe des
putschistes aurait dû entraîner rapidement « une notable partie des troupes
et des services[5] ».

L'état d'urgence, instauré dans un premier temps, laisse place le 23 avril
à l'application des pleins pouvoirs. Prononçant son célèbre discours télévisé, le président de la République affirme : « Un pouvoir insurrectionnel
s'est établi en Algérie par un pronunciamiento militaire. Ce pouvoir a une
apparence : un quarteron de généraux à la retraite. Il a une réalité : un
groupe d'officiers partisans, ambitieux et fanatiques. [...] Au nom de la
France, j'ordonne que tous les moyens, je dis tous les moyens, soient
employés pour barrer la route à ces hommes-là, en attendant de les réduire.
J'interdis à tous les Français, et d'abord à tout soldat, d'exécuter aucun de
leurs ordres[6]. » Dès lors, la désobéissance à la hiérarchie militaire sédi-
tieuse est légitimée, ou plutôt l'obéissance au chef de l'État, chef suprême
des armées, est rappelée : la désobéissance se trouve bel et bien du côté
des insurgés. L'allocution du Général « fait basculer le contingent dans
l'opposition au putsch[7] », en une résistance mi-active, mi-passive selon les
régiments et leurs chefs[8].

1. Cité *in* Maurice Vaïsse, *op. cit.*, p. 24.
2. *Ibid.*, p. 32 et 33.
3. *Ibid.*, p. 24.
4. Général Charles de Gaulle, *op. cit.*, p. 113.
5. *Ibid.*, p. 112 et 113.
6. *Ibid.*, p. 114.
7. Benjamin Stora, *Histoire de la guerre d'Algérie*, Paris, La Découverte, 1995, p. 59.
8. Maurice Vaïsse, *op. cit.*, p. 108-109.

Le 24 avril est marqué par les premiers signes de la « déconfiture de Challe[1] ». Les putschistes ne trouvent que suspicion, défections dans leurs rangs et plus encore résistance des loyalistes et du contingent. Leurs rangs se divisent : « Challe, Bigot, Coustaux, Georges de Boissieu[2] sont convaincus de l'échec », tandis que « Susini, Degueldre et Sergent préconisent d'imposer une justice sommaire à tous ceux qui ne suivent pas ou sabotent[3] » et veulent continuer coûte que coûte sous les ordres du général Salan. Ce dernier est arrivé d'Espagne la veille, en compagnie de Jean-Jacques Susini et de son aide de camp, le capitaine Jean Ferrandi, considéré comme déserteur depuis de 16 janvier 1961. Ils ont obtenu l'accord de circulation du beau-frère de Franco, Serrano Suñer, de la Phalange espagnole, qui « s'est inquiété du manque de férocité de ces militaires français qui ne fusillent même pas leurs ennemis capturés[4] ».

Le 25 avril, le putsch s'effondre : dans le Constantinois, le général Gouraud finit par se résoudre à rentrer dans le rang après maintes tergiversations. Il en est de même en Oranie que quittent le général Gardy et le colonel Argoud pour rejoindre Alger. Dans l'Algérois, le 1er REC du colonel de La Chapelle se refuse à tirer sur des troupes françaises et préfère quitter Alger. Le général Challe veut se rendre, convaincu qu'il va être fusillé. Alors que les troupes loyalistes font route sur Alger, le général Zeller, en civil, se fond parmi les deux mille à trois mille Européens présents sur la place du Forum, qualifiés par le général Challe de « tapis moutonnant[5] ». Jouhaud et Salan plongent dans la clandestinité avec les colonels Godard, Gardes et le capitaine Sergent, tandis que le général Challe s'envole pour Paris le 26 avril, pour se rendre aux autorités.

Au total, deux cent vingt officiers sont mis aux arrêts de rigueur et plusieurs dizaines sont déférés devant le Haut Tribunal militaire, institué le 28 avril, afin d'« éviter le renouvellement du procès des barricades, qui s'était terminé par l'acquittement des prévenus[6] ». Les généraux Challe et Zeller (arrêté le 6 mai 1961) sont jugés à partir du 29 mai 1961. Ils sont condamnés à quinze ans de détention, ce qui « apparaît comme un verdict de clémence[7] ». Le général Bigot est condamné peu après à la même peine. Le général Nicot, le commandant Hélie Denoix de Saint-Marc, les colonels Masselot et Lecomte, le général Gouraud sont condamnés à des peines entre sept et douze ans de prison. En revanche, les peines par contumace sont beaucoup plus lourdes : les généraux Salan, Jouhaud et Gardy ainsi que les colonels Argoud, Broizat, Gardes, Godard et Lacheroy sont condamnés à

---

1. Général Charles de Gaulle, *op. cit.*, p. 115.
2. Le colonel Georges de Boissieu commandait l'état-major du général Challe lorsque celui-ci dirigeait les forces françaises en Algérie.
3. Maurice Vaïsse, *op. cit.*, p. 44.
4. Rémi Kauffer, *op. cit.*, p. 137.
5. Cité *in* Maurice Vaïsse, *op. cit.*, p. 43.
6. *Ibid.*, p. 135.
7. *Ibid.*, p. 139.

mort. Enfin, plusieurs unités sous dissoutes : le 1er REP, les 14e et 18e RCP, les commandos de l'air, et le GCP du commandant Robin. Mais les officiers jugés par contumace et de nombreux soldats putschistes désertent et rejoignent les rangs de l'OAS.

« Soldats perdus » ? Les déserteurs de l'OAS

L'OAS est créée dans les jours qui suivent le référendum du 8 janvier 1961 en Espagne. Le sigle de l'OAS fait sa première apparition à Alger entre le 21 février et le 6 mars 1961[1], mais son acte de naissance public peut être daté du 10 avril avec la distribution d'un tract qui lance le slogan resté tristement célèbre : « L'OAS frappe où elle veut, quand elle veut[2] ». Elle a évidemment profité du putsch des généraux pour se faire connaître, pour s'armer et libérer les détenus activistes dont plusieurs sous-officiers, « encadrement idéal pour [la] petite formation paramilitaire » mise en place par Jean-Marcel Zagamé, de l'organisation fasciste Jeune Nation. Sans attendre l'effondrement du putsch, l'OAS a replongé dans la clandestinité puis prend en charge les putschistes en fuite, comme le général Jouhaud et les colonels Gardes et Godard. Le colonel Argoud s'enfuit quant à lui en Espagne.

La doctrine de la « guerre contre-révolutionnaire » est également le fondement de la structuration de l'OAS. À défaut d'avoir convaincu la population musulmane, cette doctrine a auto-intoxiqué l'armée d'Algérie. Ainsi, pendant le putsch des généraux, le général Challe est encore certain que l'indépendance de l'Algérie va conduire la Méditerranée à subir la domination communiste. Le lieutenant de vaisseau Pierre Guillaume appartient lui aussi à l'OAS. Spécialiste du trafic d'armes, il a participé au BEL (bureau d'études et de liaison) spécialisé dans la guerre psychologique (intoxications, retournements…), du colonel Jacquin et du fameux capitaine Paul-Alain Léger[3]. Avec l'OAS, la doctrine de la « guerre contre-révolutionnaire » va servir à endoctriner les Européens d'Algérie (surtout les jeunes), inquiets de leur devenir dans une nation algérienne. L'OAS adopte ainsi une structuration totalitaire, surveillant et utilisant la population européenne dans une organisation à la fois horizontale et verticale[4].

Jean-Jacques Susini, en liaison avec le capitaine Jean Ferrandi et le lieutenant Degueldre, structure la branche Action psychologique et propagande avec ses contacts dans l'extrême droite algéroise. Cette structure d'un millier

---

1. Anne-Marie Duranton-Crabol, *Le Temps de l'OAS*, Bruxelles, Complexe, 1995, p. 71.

2. Bernard Droz et Évelyne Lever, *Histoire de la guerre d'Algérie. 1954-1962*, Paris, Le Seuil, 1982, p. 299.

3. Yves Courrière, *La Guerre d'Algérie, tome 2 : 1957-1962*, Paris, Fayard, 2001 (1970-1971), p. 607.

4. Il semble cependant que la structuration verticale ait été plus développée que la structuration horizontale. Voir Anne-Marie Duranton-Crabol, *op. cit.*, p. 75.

de jeunes militants se nomme Front nationaliste (FN) et prend la croix celtique comme emblème. Jean-Claude Pérez et le lieutenant Degueldre structurent les commandos Delta, bras armé de l'OAS, comprenant plus d'une centaine de personnes, dont le sergent Albert Dodevar et des légionnaires déserteurs du 1er REP. En métropole, l'impulsion déterminante de l'OAS est l'arrivée à Paris du capitaine Pierre Sergent, du 1er REP, le 3 juin 1961. Le lieutenant Godot, également du 1er REP, et le colonel de Blignières aident le capitaine Sergent à structurer l'OAS-métro, en particulier autour d'anciens de la *Lettre Armée-Nation* proches du poujadisme, du monarchisme ou de l'extrême droite. Le capitaine Jean-Marie Curutchet, déserteur, s'occupe de la branche action de l'OAS-métro. Celui-ci, lorsqu'il était lieutenant, commandait une compagnie du 7e régiment d'infanterie et est notamment connu pour être le responsable de la mort par asphyxie de quarante et un Algériens, à la suite de leur détention dans des cuves à vin, ce qui a été établi par le rapport du gouverneur général Delavignette. Jean-Marie Curutchet avait alors été sanctionné de trente jours d'arrêt de rigueur et relevé de son commandement[1].

Les attentats de l'OAS visent dans un premier temps des catégories ciblées de populations. Bien que les attentats individuels déplaisent aux officiers, une partie d'entre eux est favorable au combat pour l'Algérie française mené par l'organisation. Ce n'est donc pas sans arrière-pensées que de Gaulle affirme à Strasbourg, le 23 novembre 1961, devant deux mille militaires que, « dès lors que l'État et la nation ont choisi leur chemin, le devoir militaire est tracé une fois pour toutes ». Le début de l'année 1962 est cependant marqué par la « folie meurtrière » de l'OAS[2], notamment en riposte à la répression qui s'abat sur elle. Plus de huit cents attentats sont commis en janvier, causant cinq cent cinquante-cinq morts et neuf cent quatre-vingt-dix blessés[3]. Parallèlement, les premières arrestations tombent. Action et répression se succèdent au début de l'année 1962 à un rythme toujours plus rapide.

Mais à mesure que progressent les négociations franco-algériennes, les violences redoublent en Algérie. Cependant, les prévisions optimistes de Salan ne se vérifient pas : les militaires ne franchissent pas le cap de la dissidence. Bien au contraire, l'heure est plutôt au pessimisme : face à ce déferlement de violences, convaincus de l'issue dramatique, les Européens d'Algérie souhaitent s'enfuir. Mais l'OAS interdit les départs, au besoin en utilisant la menace. Lorsque les accords d'Évian sont signés le 18 mars, elle ordonne une grève générale et voit dans les forces françaises des « troupes d'occupation[4] ». Jean-Jacques Susini espère aboutir à une « sud-africanisation » de l'Algérie[5],

1. Pierre Vidal-Naquet, *Les Crimes de l'armée française*, Paris, Maspero, 1975, p. 100-102.
2. Bernard Droz et Évelyne Lever, *op. cit.*, p. 325.
3. Benjamin Stora, *Histoire...*, *op. cit.*, p. 74.
4. *Ibid.*, p. 77.
5. D'ailleurs, l'Afrique du Sud est l'un des seuls États à avoir soutenu les généraux putschistes en avril 1961.

en parvenant à une partition du territoire. Mais les ressentiments s'accroissent encore contre l'OAS et les arrestations se multiplient dans ses rangs. Alors que l'exode des pieds-noirs commence à partir du 15 avril, l'OAS comprend que tout est perdu. De plus, le 20 avril, l'arrestation du général Salan décapite l'organisation. Mais Jean-Jacques Susini prend la succession et se lance dans la politique de la terre brûlée. Cette politique culmine le 7 juin 1962, avant qu'un accord soit passé entre le FLN et Jean-Jacques Susini le 18 juin.

La folie meurtrière de l'OAS a conduit, en un an, à tuer mille cinq cents personnes et à en blesser trois mille[1]. Par deux fois, l'ingénieur militaire Jean-Marie Bastien-Thiry a tenté d'attenter à la vie du général de Gaulle, le 8 septembre 1961 et le 22 août 1962, notamment avec l'aide de militaires déserteurs. Face à la gravité des actes commis, les désobéissances en faveur de l'Algérie française ont conduit à des condamnations lourdes. Quatre personnes sont condamnées à mort et exécutées, dont trois militaires : le sergent Albert Dodevar, exécuté le 7 juin 1962, le lieutenant Degueldre, exécuté le 6 juillet 1962, et Jean-Marie Bastien-Thiry, exécuté le 11 mars 1963[2]. Le seul civil fusillé est Claude Piegst. Deux autres généraux sont condamnés à mort, mais leurs peines sont commuées en détention à perpétuité : il s'agit de Léon Jouhaud, condamné le 13 avril 1962, et de Raoul Salan, condamné le 23 mai 1962. Il en est de même pour les colonels Argoud, enlevé par les services secrets français en Allemagne en 1963[3], Godard, Gardes, Lacheroy, Broizat, le capitaine Ferrandi. Les généraux Challe et Zeller, Nicot, Bigot, Gouraud, Petit, le commandant Denoix de Saint-Marc sont condamnés à des peines de prison de durées diverses.

Après la guerre d'Algérie, certains partisans de l'OAS considèrent que leur lutte est terminée. D'autres, en revanche, plus nombreux, poursuivent leur lutte pour l'instauration d'un gouvernement « fort ». Pourtant, dès 1963, le ministre de l'Intérieur Roger Frey ouvre le « dossier Réconciliation » auprès des activistes réfugiés en Espagne[4]. Le ministre de l'Intérieur désire éviter un nouvel attentat contre le président de la République et assure le retour des anciens de l'OAS en échange d'un verdict d'acquittement, les aidant même « à trouver logement et travail », comme l'assure Michel Baroin à Rémi Kauffer[5]. Tous sont graciés soit en 1966 soit en 1968 pour les peines les plus lourdes. En 1982, le président de la République nouvellement élu, François Mitterrand, réhabilite même dans leurs carrières « les cadres, officiers et généraux condamnés ou sanctionnés pour avoir participé à la subversion contre la République. Les putschistes rede-

---

1. Benjamin Stora, *La Gangrène et l'Oubli. La mémoire de la guerre d'Algérie*, Paris, La Découverte, 1992, p. 91.

2. Bastien-Thiry n'appartenait pas à l'OAS. Mais si son ambition première était avant tout de tuer le général de Gaulle, il était pour autant un farouche partisan de l'Algérie française.

3. Voir notamment André Cocatre-Zilgien, *L'Affaire Argoud. Considérations sur les arrestations internationalement irrégulières*, Paris, A. Pedone, 1965, 71 p.

4. Rémi Kauffer, *op. cit.*, p. 392.

5. *Ibid.*, p. 393.

viennent membres de l'armée française en novembre 1982[1] », dans une décision fortement contestée à l'époque. Il convient encore de souligner qu'à la fin de la guerre et dans les années qui suivent le nombre de départs de l'armée (volontaires ou forcés) est important.

On a souvent qualifié les putschistes et les déserteurs de l'OAS de « soldats perdus ». Cependant, cette expression laisse entendre que ces soldats se seraient lancés dans une aventure désespérée dans laquelle ils se seraient perdus, quand bien même ils connaîtraient les raisons de leur désobéissance. Cette expression atténue ou ignore cependant les raisons idéologiques de ces désobéissances. Certes, les militaires activistes et les ultras de l'Algérie française forment un conglomérat disparate, mais aux fondements politiques évidents : « des résistants se [retrouvent] dans l'opposition militaire et politique aux côtés de pétainistes et des nationalistes ultras en compagnie de doctrinaires supra-nationaux[2] ». Le général de Gaulle voit d'anciens résistants s'opposer à lui, contribuant ainsi à un éclatement de l'héritage de la Résistance[3]. Certains de ces résistants rejoignent les rangs de l'OAS : c'est notamment le cas d'Yves Godard, de Roger Degueldre, d'Hélie Denoix de Saint-Marc, de Pierre Sergent, de Pierre Château-Jobert, ou encore, parmi les civils, de Jacques Soustelle et de Georges Bidault. Il convient toutefois de noter que les anciens résistants ne se retrouvent pas particulièrement dans l'extrême droite française actuelle.

On pourrait être tenté d'opérer une distinction entre deux catégories de désobéissants : les exécutants (les seconds couteaux) et leurs chefs. Les simples soldats appartiennent à des unités d'élite, comme les parachutistes ou les légionnaires, dans lesquelles l'esprit de corps est très fort : « la discipline jusque dans l'indiscipline », comme l'affirmait Pierre Sergent[4]. Leur itinéraire les a parfois amenés à devenir des mercenaires, comme Rolf Steiner, légionnaire allemand du 1er REP qui a participé à l'OAS[5]. C'est également le cas de Jean-Pierre Cherid, dont Rémi Kauffer relate le parcours[6] : parachutiste, il participe au putsch et à l'OAS ; il vient ensuite en France, commet un hold-up, est arrêté mais parvient à s'enfuir ; il devient mercenaire en Afrique puis gagne l'Espagne où il se lie avec l'extrême droite, notamment avec le fasciste italien Stefano della Chiaie ; il y participe au GAL (Groupe antiterroriste de libération) dans sa lutte contre-terroriste et clandestine ayant pour but d'éliminer les indépendantistes basques de l'ETA et meurt dans ce cadre, tué par la bombe qu'il était en train de poser en mars 1984. Il existe aussi plusieurs cas de grand banditisme parmi les anciens de l'OAS. Certains concernent d'anciens combattants, comme

1. Benjamin Stora, *La Gangrène...*, *op. cit.*, p. 282-283.
2. Jacques Fauvet et Jean Planchais, *op. cit.*, p. 14.
3. Benjamin Stora, *op. cit.*, p. 109 et suiv.
4. Pierre Sergent, *op. cit.*, p. 537.
5. Pierre Sergent, *op. cit.*, p. 542. Voir aussi Chris Kutschera : « Rolf Steiner », *Jeune Afrique*, n° 555, 24 août 1971. Rolf Steiner a été mercenaire au Biafra et au Soudan.
6. Rémi Kauffer, *op. cit.*, p. 358-360.

Albert Spaggiari, auteur du « casse de Nice » mis en scène dans le film *Les Égouts du Paradis*[1], éponyme du livre d'Albert Spaggiari[2]. Celui-ci a combattu en Indochine et fait l'apologie de la torture dans son livre *Faut pas rire avec les barbares*[3]. En revanche, à notre connaissance, aucun exemple de grand banditisme n'est à déplorer parmi les militaires déserteurs après la guerre d'Algérie[4]. Ces quelques exemples ne peuvent évidemment rendre compte de la diversité des parcours, notamment ceux, certainement nombreux, qui n'ont pas conduit à un militantisme politique ultérieur.

Néanmoins, même dans le cas des seconds couteaux, l'engagement à l'extrême droite ne semble jamais très loin. L'Espagne franquiste a servi un temps de base d'accueil aux exilés de l'OAS, où plusieurs camps d'entraînement ont été créés à Arenys de Mar, Reus, Saint-Sébastien, Villfogona de Riucop et San Vincente. Les autorités franquistes semblent même avoir envisagé d'enrôler les activistes dans la *Legión Extranjera* afin de les envoyer combattre avec les Portugais en Angola. Si Rémi Kauffer considère que cet objectif était « tout à fait fallacieux » et que « ni les légionnaires en cavale ni les pieds-noirs n'ont envie de jouer aux militants contre-révolutionnaires[5] » dans les camps d'entraînement, il n'en reste pas moins que l'on retrouve fréquemment les noms d'activistes de l'Algérie française liés à différents régimes dictatoriaux. Ainsi, il conviendrait notamment d'éclaircir le rôle de certains militaires déserteurs dans leur engagement mercenaire, en particulier en Afrique. Le lieutenant Olivier Picot d'Assignies a par exemple combattu au Congo et au Biafra, de même que le capitaine Jacques Godard, neveu du colonel Yves Godard, qui s'est également engagé comme mercenaire en Angola.

Récemment, le documentaire de Marie-Dominique Robin[6] a montré que certains membres de l'OAS, comme certains militaires français dont le général Paul Aussaresses[7], avaient participé à la terreur organisée par les régimes sud-américains pendant les années 1960 et 1970. L'un des premiers militaires à avoir effectué ce voyage est le colonel Jean Gardes. Ancien responsable de l'organisation des masses dans l'OAS, il est resté cinq ans en exil en Argentine « où sa compétence en matière de lutte

---

1. José Giovanni, *Les Égouts du Paradis*, avec Francis Huster, Alexia films, France, 1988, 100 mn.

2. Albert Spaggiari, *Les Égouts du Paradis*, Paris, Albin Michel - P.M. Favre, 1978, 273 p.

3. Albert Spaggiari, *Faut pas rire avec les barbares*, Paris, Robert Laffont, 1977, 306 p.

4. À la fin de la guerre d'Algérie, plusieurs hold-up ont cependant alimenté les caisses de l'OAS, dont celui de la Banque d'Algérie à Oran. C'est alors le plus important jamais commis.

5. Rémi Kauffer, *op. cit.*, p. 389 et 350.

6. Marie-Dominique Robin, *Escadrons de la mort : l'école française*, Idéale Audience, 60 mn. Diffusé sur Canal + le 1er septembre 2003.

7. Le général Aussaresses est connu pour le débat qu'il a suscité à la suite de la parution de son livre (*Services spéciaux. Algérie. 1955-1957*, Paris, Perrin, 2001, 199 p.) dans lequel il montre son rôle dans la torture, l'assassinat et la disparition de plusieurs milliers de personnes au cours de la bataille d'Alger. « L'autre sale guerre d'Aussaresses » avait déjà été abordée par l'hebdomadaire *Le Point*, 15 juin 2001, p. 26-34 (le dossier fut élaboré par Pierre Abramovici).

contre-révolutionnaire avait été sollicitée par le ministère argentin de la Marine[1] ». Marie-Dominique Robin établit que la doctrine française de la guerre antisubversive constitue un véritable modèle pour les militaires sud-américains et étasuniens[2]. Des militaires en poste ont ainsi aidé à la formation des dictateurs sud-américains. Le général Aussaresses a notamment enseigné les préceptes de la guerre antisubversive aux militaire du Chili.

Or les officiers ayant désobéi lors du putsch des généraux et ayant rejoint les rangs de l'OAS étaient très directement liés à l'idéologie de la guerre contre-révolutionnaire. Il est d'ailleurs très intéressant de constater que le général Manuel Contreras, chef de la police secrète chilienne, affirme : « Nous étions des grands admirateurs de l'OAS, pour son attitude valeureuse et combative. Pour nous, c'était vraiment un modèle[3]. » En Argentine, où plusieurs dizaines de milliers de personnes ont disparu sous la répression du général Jorge Rafael Videla, le journaliste Jean-Pierre Bousquet[4] affirme que certains « anciens de l'OAS collaboraient avec les forces de répression. Beaucoup avaient été emmenés en Argentine par López Rega[5]. Sa garde rapprochée était faite essentiellement d'anciens de l'OAS d'Oran, des commandos Delta de l'OAS[6] ». Effectivement, plusieurs anciens membres de l'OAS se sont établis en Amérique du Sud. Ainsi, le général Gardy en Argentine où il crée « avec ses deux gendres[7], une sorte de "phalanstère" militaire[8] ». Georges Watin, dit « la boiteuse », impliqué dans l'attentat du Petit-Clamart contre le général de Gaulle, s'exile en Suisse puis au Paraguay, dominé par la dictature du général Alfredo Stroessner, où il meurt en 1994. Bertrand de Parseval, dit « face d'ange », serait impliqué dans la disparition de deux religieuses françaises[9]. Albert Spaggiari, le célèbre truand, aurait également participé au plan Condor mis en place par les dictateurs sud-américains.

Ce plan avait pour but d'échanger informations et détenus entre pays, puis de participer à des enlèvements et à des assassinats d'opposants dans

1. Benjamin Stora, *Le Transfert d'une mémoire. De l'« Algérie française » au racisme antiarabe*, Paris, La Découverte, 1999, p. 64.
2. Pendant la guerre du Vietnam, notamment avec « l'opération Phénix ».
3. Retranscrit d'après la bande sonore de Marie-Dominique Robin, *op. cit.*
4. Jean-Pierre Bousquet a enquêté sur les disparus en Argentine et est l'auteur de *Les Folles de la place de Mai*, Paris, Stock, 1982, 298 p.
5. Avant le coup d'État, José López Rega est ministre du Bien-Être social sous la présidence de Juan Domingo Perón. Il fonde en 1975 l'Alliance anticommuniste argentine (ou triple A), un des premiers escadrons de la mort argentins.
6. Retranscrit d'après la bande sonore de Marie-Dominique Robin, *op. cit.*
7. Dont Michel Bésineau interviewé, avec sa femme (la fille du général Gardy), par Marie-Dominique Robin, *op. cit.*
8. Rémi Kauffer, *op. cit.*, p. 422.
9. Mᵉ William Bourdon, avocat des familles de quatre Français disparus, dont les deux religieuses, a demandé l'audition de sept personnes, dont des responsables politiques, et Bertrand de Parseval. Philippe Broussard : « MM. Giscard d'Estaing et Messmer pourraient être entendus sur l'aide aux dictatures sud-américaines », *Le Monde*, 25 septembre 2003.

de nombreux pays qui collaboraient avec les dictatures, dont l'Italie (avec notamment le fasciste Stefano della Chiaie), les États-Unis mais aussi la France. Si l'hebdomadaire *Le Point* abordait déjà cette question en 2001[1], le documentaire de Marie-Dominique Robin montre que Michel Poniatowski, alors ministre de l'Intérieur, aurait autorisé la DST à prévenir les autorités sud-américaines, en particulier chiliennes, du retour de certains opposants dans leur pays, les exposant ainsi à une mort certaine. Or pendant la guerre d'Algérie, Michel Poniatowski, très proche de Valéry Giscard d'Estaing, aurait été en relation avec l'OAS de Pierre Sergent, par l'entremise de son directeur de cabinet, André Regard[2], et de son beau-frère, l'écrivain Michel de Saint Pierre[3].

En France, après les lois d'amnistie de 1966 et surtout de 1968, les anciens activistes de l'OAS sont sortis de prison ou sont rentrés d'exil. Quelques années plus tard, le 5 octobre 1972, un ancien député poujadiste et ancien parachutiste qui a reconnu avoir pratiqué la torture pendant la guerre d'Algérie[4], Jean-Marie Le Pen, crée le Front national. Or « le FN n'est pas seulement l'héritier spirituel des émeutiers de 1934, des collaborateurs des années quarante, il est aussi celui des factieux de la guerre d'Algérie[5] ». Effectivement, nombre d'anciens déserteurs de l'OAS se retrouvent dans le discours et l'organigramme du Front national. Ainsi, Pierre Sergent a été tête de liste du FN aux élections régionales de mars 1992 dans les Pyrénées-Orientales, Roger Holeindre en Seine-Saint-Denis. Le colonel Gardes « œuvre à aider ceux des "soldats perdus" qui ont eu du mal à opérer leur reconversion civile en métropole[6] », alimentant au passage le fichier du FN. Le capitaine Jean Fort, dit « colonel Jeanbart », structure le service d'ordre du FN, le DPS (Département protection sécurité), à partir de 1986. D'autres anciens de l'Algérie française ont appartenu à des courants dissidents d'extrême droite, comme Albert Spaggiari, militant d'Ordre nouveau puis du PNF (Parti des forces nouvelles), fondé en octobre 1974.

Comme l'a montré Benjamin Stora, c'est à un véritable transfert de mémoire que se livrent ces anciens de l'Algérie française. Pour ceux-ci, la guerre d'Algérie n'est pas terminée : « Le combat pour l'Algérie française a préparé le combat pour la France française ! », clame Jean-Marie Le Pen lors d'un « hommage aux défenseurs de l'Algérie française » organisé à Nice par le CNR (Cercle national des rapatriés[7]). Pour l'extrême droite, la

---

1. Pierre Abramovici : « La France et le plan Condor », *Le Point*, 15 juin 2001, p. 34.
2. Rémi Kauffer, *op. cit.*, *passim*.
3. Benjamin Stora, *Le Transfert...*, *op. cit.*, p. 63.
4. Déclaration de Jean-Marie Le Pen au journal *Combat*, 9 novembre 1962, cité *in* Benjamin Stora, *op. cit.*, p. 42. Jean-Marie Le Pen emploie notamment l'euphémisme de « moyens exceptionnels » pour qualifier la torture.
5. Benjamin Stora, *op. cit.*, p. 49.
6. *Ibid.*, p. 64.
7. Cité *in ibid.*, p. 68.

guerre psychologique dure encore : il s'agit toujours de « conquérir les esprits » en fustigeant les « traîtres ». Il faudrait peut-être que ces soldats assument que « le thème de la trahison est cher à tous les soldats vaincus[1] ». Ces soldats, disciplinés jusque dans l'indiscipline, à force de les qualifier de « perdus » alors qu'ils sont « vaincus », oublierait-on qu'ils peuvent devenir des « gagnants » ?

---

1. Jean Planchais, *Le Malaise de l'armée*, Paris, Plon, 1958, p. 11.

Constantine – 1954 :
entre l'insurrection et la dissidence

par Abdelmajid Merdaci

Le 30 avril 1955, la ville de Constantine est secouée par l'explosion d'une bombe déposée au Casino, haut lieu de la vie nocturne locale, situé en plein centre de la ville européenne, puis par celle d'une grenade lancée à l'entrée du Chez nous, bar populaire de la rue Cahoreaux, attenante à la commerçante rue de France. On apprendra plus tard la nouvelle de l'attentat qui avait visé, dans l'après-midi du même jour, Chérif L, inspecteur des Renseignements généraux. L'émoi, que traduira dès le lendemain l'influente *Dépêche de Constantine et de l'Est algérien*, principal quotidien régional et interprète établi de la communauté européenne dans l'est du pays, est réel et le sentiment prévaut que Constantine est, elle aussi, entrée en guerre. Non que le chef-lieu du plus grand « département français » d'Algérie ne pouvait ignorer la gravité de ce que l'on nomme « les événements » alors qu'elle est, depuis le début de l'insurrection, la plaque tournante du maelström d'officiels et de militaires, de réunions toutes urgentes, que s'y définissaient les contre-offensives et s'y concentraient les renforts militaires. Certes, la fameuse proclamation du 1er novembre 1954 y avait été distribuée, particulièrement dans les boîtes aux lettres des notabilités musulmanes, mais aucune action n'était venue perturber la relativement paisible langueur constantinoise.

Constantine bougeait donc. La nuit de la Toussaint 1954, celle des premières actions militaires du Front de libération nationale (FLN), organisation encore inconnue des opinions algérienne et française, Constantine, foyer politique et intellectuel reconnu, se démarquait de nombre de ses arrondissements – ceux notamment de l'Aurès – en restant en retrait du déclenchement de l'insurrection. Ceux qui signaient la fin de l'exception constantinoise étaient ceux-là mêmes qui avaient procédé à la distribution des tracts en novembre et qui, pour la grande partie d'entre eux, inconnus des services français, avaient échappé à la répression. La campagne d'arrestations sanctionnant les premières actions armées visera, en effet, les dirigeants du principal parti nationaliste – le Mouvement pour le triomphe des libertés démocratiques

(MTLD), créé en 1947, qui prend la suite du Parti populaire algérien (PPA), dissous – à travers tout le territoire algérien et touchera indifféremment ceux d'entre eux qui étaient dans l'ignorance du commencement de la lutte armée et ceux qui, comme les cadres constantinois, y avaient été directement associés. Quatre des participants à la réunion des vingt et un cadres de l'Organisation spéciale du MTLD (OS, branche militaire du parti) ayant décidé l'insurrection – Mechati, Habbachi, Saïd Bouali, Rachid Mellah – ont été ainsi arrêtés entre le 3 et le 7 novembre 1954 à Constantine, tous responsables connus et estimés dans les milieux nationalistes et qui avaient intégré et exercé des responsabilités au sein de l'OS.

Bouali et Mellah, originaires de Souiqa, centre mythique de la médina constantinoise, étaient aussi, au demeurant, des figures populaires du Club sportif constantinois, l'une des associations de référence des jeunes de la ville. C'étaient eux qui, un jour de septembre, avaient rendu publique, lors d'une réunion houleuse au siège du parti, rue Gouvello, leur décision de retrait des actions alors en cours de préparation affirmant, selon les propos rapportés par des témoins présents, que « la révolution se fera mais sans nous ». Au grand dam des militants, notamment de la quarantaine de jeunes ralliés au courant dit neutraliste qui, sous la houlette de Mohammed Boudiaf[1], tentait de reconstruire l'unité du parti déchiré entre messalistes fidèles au vieux chef Messali Hadj[2] et centralistes, acquis aux thèses du Comité central[3] et au rang desquels se retrouvent ceux qui organiseront les actions d'avril.

---

1. Mohamed Boudiaf, né en 1919 à M'Sila. Milite au PPA en 1945 et met en place l'Organisation spéciale du MTLD dans le département de Constantine. Chargé des militants de l'OS en clandestinité puis permanent du parti en France, il est l'initiateur de la réunion des vingt et un qui le désigne comme coordonnateur du FLN. Arrêté en octobre 1956, en même temps que d'autres dirigeants de l'insurrection, il est ministre du Gouvernement provisoire de la république algérienne (GPRA). Opposant au régime issu de la crise de l'été 1962, il vit en exil jusqu'à son rappel, en janvier 1992, à la tête de l'État algérien. Il est assassiné, sous les yeux des caméras de la télévision algérienne, le 29 juin 1992.

2. Messali Hadj (1898-1974), né à Tlemcen, fondateur de l'Étoile nord-africaine en 1926 à Paris et du Parti populaire algérien (PPA) en 1937. Lie son engagement à la défense du principe de l'indépendance du pays, socle du courant nationaliste dominant en Algérie. Chef du MTLD, qui prend la suite du PPA dissous par les autorités coloniales, le conflit de pouvoir qui l'oppose au Comité central du parti provoque la scission entre les deux ailes consacrée par la tenue de deux congrès, l'un à Alger, l'autre à Hornu, en Belgique, qui donne naissance au MNA. Le courant dit neutraliste met les deux expressions du nationalisme indépendantiste devant le fait accompli de l'insurrection en novembre 1954. En France le MNA et le FLN se livrent une sanglante guerre qui placera les messalistes et leur dirigeant au ban de la nation après l'indépendance. Messali a été inhumé à Tlemcen, et sa place ainsi que son rôle, notamment à l'origine de la revendication de l'indépendance, commencent à être réévalués et son nom rétabli dans l'espace public algérien. L'aéroport de Tlemcen porte son nom depuis 2000.

3. Centralistes. Étaient ainsi désignés les membres du Comité central du MTLD entrés en opposition avec Messali, président du parti, et réputés acquis à une ligne politique réformiste.

Cette défection constantinoise, longtemps peu relevée, constitue sans doute l'un des nombreux aspects encore relativement méconnus de la guerre d'Indépendance ; pourtant l'événement, compte tenu de la place singulière de la capitale de l'Est algérien dans le paysage politique du pays, ne pouvait être fortuit et sans enjeu. Il faut, en effet, rappeler que seize des participants à la réunion des vingt et un venaient de l'Est algérien et Mohamed Boudiaf, lui-même ancien responsable du département de Constantine de l'Organisation spéciale, s'en est publiquement expliqué le 30 octobre 1990, lors d'un débat télévisé, diffusé en direct, véritable première en Algérie. Ce débat faisait suite à la diffusion de la série de Djelloul Haya sur « Les origines du 1er novembre[1] ». Boudiaf s'était, à l'occasion, défendu de tout « esprit régionaliste » et avait soutenu qu'il « avait fait avec les hommes de l'Organisation et il était un fait que celle-ci était bien implantée dans l'est ».

Constantine ne bouge pas

Constantine était, en vérité, au centre d'un imposant maillage de l'activité politique nationaliste pour des raisons qui pouvaient tenir autant de l'importance de ses fonctions politiques de chef-lieu, avec tout ce que cela pouvait impliquer en termes de concentration d'appareils de pouvoir et de communication, qu'en raison de la place importante qu'y occupait la population musulmane et du dynamisme dont elle faisait preuve sur différents registres de l'activité intellectuelle et politique. Des réformistes musulmans de l'Association des oulémas musulmans à la Fédération des élus indigènes en passant par les indépendantistes du PPA/MTLD, Constantine aura été l'un des foyers représentatifs de l'évolution de la question nationale algérienne et il est remarquable que la presse constantinoise – de langue arabe ou française – comme les œuvres de l'esprit, par le biais du théâtre ou de la musique, aient assuré une aura constantinoise et accordé à la ville un statut de carrefour reconnu.

Yves Courrière, auteur d'un des tout premiers récits sur cette guerre[2], ne manque pas de souligner l'absence des Constantinois et rapporte, à ce propos, le témoignage d'Abderrahmane Gherras, témoignage repris en particulier par l'historien Mohammed Harbi[3]. Celui-ci, tout en récusant l'idée « d'un refus de participer à l'insurrection » – « version des vainqueurs » –, fait état d'« un groupe de Constantine » posant la question « de la direction »

---

1. « Aux origines du 1er novembre », série télévisée produite et diffusée par la télévision algérienne. Écrite et réalisée par Djelloul Haya, elle donne l'occasion, le 31 octobre 1990, au premier débat en direct, libre et contradictoire, entre différents responsables de l'insurrection.

2. Yves Courrière, *Les Fils de la Toussaint*, Paris, Fayard, 1968, cité par Mohammed Harbi.

3. Mohammed Harbi, *1954. La guerre commence en Algérie*, Paris, Complexe, 1984.

– du mouvement insurrectionnel[1] – et rapporte les propos d'Abderrahmane Gherras relatifs à la nature politique de la réserve des dirigeants constantinois. Le rôle et la place de Gherras dans la défection ou la dissidence constantinoise apparaissent-ils comme plus marqués dans les *Mémoires* de Lakhdar Bentobbal, membre des vingt et un, ancien chef de la wilaya 2 du Nord-Constantinois et ancien ministre de l'Intérieur du GPRA, établis et mis en forme par l'historien Daho Djerbal. Le récit de vie de Lakhdar Bentobbal relancera l'intérêt sur la question qui, le premier qui fait état d'une décisive réunion, tenue à Constantine, entre Didouche Mourad, dit Si Abdelkader[2], et des militants et responsables du Constantinois. Bentobbal, qui situe la réunion dans le domicile même de Gherras, lui fait endosser une position explicitement réformiste et place dans sa bouche la question, lourde de conséquences, de savoir « avec quoi allez-vous sortir la France, avec des boîtes de sardines[3] ? ». Si les témoignages, encore fragmentaires, sur cette séquence, comme sur d'autres de la guerre d'Indépendance, s'accordent sur un fait, c'est sur la présence sinon l'influence de Gherras sur le cours des événements de cet été 1954 constantinois.

Constantine vivra la crise du MTLD dans la tension des batailles pour le contrôle des locaux et des finances, verra défiler les porte-parole des deux factions et ralliera largement les neutralistes. Abderrahmane Gherras, encore éloigné de ces joutes et surtout éloigné de sa ville depuis la crise de l'Organisation spéciale en 1950, est alors établi à Lyon. À trente-deux ans, ce natif du quartier d'El-Batha, dans la vieille médina, issu d'une famille d'artisans aux croyances religieuses et à l'engagement patriotique reconnus, est donc l'un des permanents du MTLD, désigné par la direction du parti, depuis 1952 à la tête de la région Rhône-Alpes. Sans doute n'avait-il pas envisagé les conditions dans lesquelles il allait devoir retrouver Constantine et nombre de ses compagnons. Ancien responsable de l'Organisation spéciale de Constantine, Sétif, Biskra, c'est un politique blanchi sous le harnais de la clandestinité qui l'aura conduit de l'ouest, Mostaganem, El-Asnam, au sud de la France. Apparaît-il alors, pour ceux de ses amis qui avaient pris part à la rencontre des vingt et un – Mechati, Habbachi, Bouali, Mellah –, comme un recours possible. C'est en tout cas en réponse à leur appel qu'il se rend, contre l'avis de Boudiaf, à Constantine pour une rencontre, qui n'a pas encore livré tous ses secrets, avec Didouche Mourad, responsable désigné de la zone II du Constantinois.

    1. Mohammed Harbi, *ibid*.

    2. Mourad Didouche (1922-1955). Militant du PPA en 1945, il est membre du comité central « jeunes » du MTLD. Responsable de l'OS dans le Constantinois, il passe dans la clandestinité avant de s'occuper, avec Boudiaf, de la Fédération de France du parti. Il est désigné par la réunion des vingt et un au comité de coordination du FLN, en charge du Nord-Constantinois. Il est tué en janvier 1955 dans un accrochage avec les militaires français au douar Souadek, dans la région d'El-Arrouch.

    3. Daho Djerbal, *Les Mémoires de Bentobbal*, manuscrit inédit.

Le témoignage du militant Keddid[1], qui avait accompagné Didouche à la réunion, est à cet égard précieux. Celle-ci, tenue au domicile de Youcef Haddad et non de Gherras, traite explicitement des conditions politiques de l'insurrection projetée. Les cadres constantinois mettent précisément en cause l'absence d'une figure politique emblématique à la tête du mouvement, le mode de désignation des dirigeants, et formulent la demande d'un élargissement de la direction à Youcef Zighoud[2] et à un représentant de la ville de Constantine. La question des hommes et des responsabilités s'était, selon des témoignages concordants, déjà posée pour la zone constantinoise. Cette réunion scellera, au domicile de Haddad, en fin de compte, la décision de retrait.

Aucun des protagonistes survivants n'est, par la suite, publiquement revenu sur cet événement par ailleurs relativisé par le rapide engagement des dissidents constantinois dans le FLN/ALN. Mellah et Bouali rejoindront les maquis des wilaya 2 et 3 et y trouveront la mort en qualité de simples *djounouds*, alors que Haddad et Mechati se mettront à la disposition de la Fédération de France du FLN. Abderrahmane Gherras, tôt retourné à Lyon, figurera, au lendemain du déclenchement de l'insurrection, dans le premier bureau fédéral de cette même fédération. Arrêté fin août 1956, il sera libéré à l'indépendance. Membre de la direction de la fédération du FLN de Constantine, alors l'une des plus importantes du pays, il prendra ses distances avec la vie politique active après la crise de l'été 1962.

Une dissidence inaboutie

Je l'avais, pour ma part, rencontré, par l'intermédiaire de son neveu Mohamed. Je connaissais alors surtout son rôle au sein de l'OS à Constantine et sa position de responsable de l'ancienne Fédération de France du FLN. Les questions relatives à la défection constantinoise ne se sont pas posées immédiatement dans le cours de nos échanges, et l'idée était de le convaincre de sortir d'une réserve à laquelle il s'était tenu avec constance. L'amical accès au manuscrit de Daho Djerbal devait faire du retrait constantinois et du rôle qu'il a pu y jouer un élément important des échanges. Toujours chaleureux, d'une discrétion et d'une humilité rares, Abderrahmane Gherras était un témoin à la passion intacte et à la mémoire politique d'une redoutable précision.

Ces échanges, toujours sur l'histoire du nationalisme et de la guerre d'Indépendance, qui s'étaient instaurés au hasard des rencontres, ont sans

---

1. Témoignage de Keddid, compagnon de Didouche Mourad, recueilli par Ahmed Boudjeriou.
2. Youcef Zighoud (1921-1956). Né à Condé-Smendou, dont il sera un élu MTLD en 1947. Arrêté en 1950, il s'évade de la prison de Bône et entre en clandestinité. Membre du CRUA, il est l'adjoint de Didouche auquel il succède à la tête de la zone du Nord-Constantinois. Organisateur de l'offensive du 20 août 1955 dans le Nord-Constantinois, il prend part au congrès de la Soummam qui le désigne au CNRA. Il meurt dans un accrochage avec les militaires français.

doute rendu possible l'accueil qu'il nous réservera, en novembre 1991, à moi-même, à mes amis Abdelkrim Djillali et Mohamed Balhi, journalistes à l'hebdomadaire *Algérie Actualité*, connus à la fois pour leur souci du travail de terrain et leur curiosité pour l'histoire du nationalisme. Le contexte dans lequel s'était déroulée la rencontre, à son domicile, éclaire-t-elle aussi ses propos ? En novembre 1991, l'Algérie était à quelques semaines d'élections législatives inédites auxquelles prenait part le FIS (Front islamique du salut) promis par la rumeur à une écrasante victoire. Il importe de noter que l'idée d'un mouvement salvateur, comme en résonance d'une autre séquence de rupture historique, aura, en filigrane, hanté l'entretien. L'idée d'une publication de celui-ci semblait alors moins importer que l'excitation de sentir comme le souffle d'une histoire aux clés imprévisibles. Il faut ajouter à cela la dimension souvent spontanée, parfois naïve, d'un questionnement qui emprunte autant à la construction de la recherche historique qu'au réflexe proprement journalistique. Les questions se recoupaient, rebondissaient l'une sur l'autre, prenaient aussi des détours inattendus à partir des propos d'Abderrahmane Gherras mais, à l'écoute, restituent encore une parole rare, d'une surprenante franchise.

L'entretien, pour bref qu'il ait pu être – il l'a été du fait même de son caractère inopiné –, est riche en révélations qui indiquent d'une part l'importance des stricts enjeux de pouvoir à l'origine même du déclenchement de l'insurrection, d'autre part que les réserves constantinoises, si elles avaient visé les méthodes de Boudiaf, s'élargissaient, en vérité, à l'ensemble du processus de mise en place de l'insurrection. Au regard de Gherras et de ses amis, les unes hypothéquaient visiblement la nature et l'efficacité de l'autre et cette position, qui s'apparente à une dissidence à l'égard du groupe de référence, celui des anciens de l'OS, n'aura eu pour elle ni le temps, les événements s'accélérant, ni le bénéfice de la mémoire instituée de la guerre d'Indépendance. Contre l'oubli, cette parole encore étonnamment rebelle.

Abderrahmane Gherras est mort, dans la discrétion, en 2003. Une notice biographique publiée dans le quotidien local *El Acil* et dans le quotidien d'Alger *La Tribune* avait salué sa mémoire.

Abderrahmane GHERRAS – Entretien *

GHERRAS : « Personne n'a jamais contesté l'insurrection »

Question : Quelle était votre position dans l'organisation du parti au cours de l'été 1954 ?

Abderrahmane Gherras : J'étais responsable de la zone Lyon-Marseille. J'avais été envoyé en France en même temps que Boudiaf, Didouche et, contrairement à ce qu'avait avancé Boudiaf dans l'émission en direct de la télévision algérienne – il soutenait qu'il avait rejoint la France de son propre fait –, c'est le parti qui a décidé de notre envoi. Boudiaf avait été désigné responsable de l'organisation de la Fédération de France du FLN ; mais entre 1952 et 1954, il n'y avait plus de fédération. C'était la scission entre messalistes et centralistes.

Q : Les gens de Constantine font appel à vous après la rencontre d'Alger des vingt et un. Pourquoi vous en particulier ?

A G : J'étais à la tête de l'Organisation spéciale, à Constantine, de sa création au complot. Je m'occupais de l'organisation à Constantine, Skikda dépendait de Bône avec Didouche comme responsable. J'avais sous ma responsabilité Constantine, Sétif, Biskra, Condé-Smendou. Mechati, Habbachi exerçaient des responsabilités dans l'Organisation. J'ai quitté celle-ci en 1950 et j'ai traîné ici deux années.

Un héritage dangereux

Q : Quand eut lieu la répression de l'Organisation spéciale et quand vous êtes-vous rendu compte du sentiment d'un lâchage par la direction du parti ?

A G : C'était un réformisme total et Boudiaf pourrait vous renseigner là-dessus. Pour eux, nous étions un héritage dangereux. Ils voulaient se débarrasser de nous à tout prix. Boudiaf avait été désigné comme notre responsable, c'est-à-dire de tous les éléments en fuite et recherchés. Il a fini par jouer le jeu du Comité central et s'est complètement retourné contre nous. C'était un barrage. On avait beau essayer de joindre les membres du Comité central pour leur faire état de la situation dans laquelle nous nous trouvions à l'époque, leur faire savoir que certains d'entre nous faisaient la manche. Pendant cette période, j'avais été à Oran puis on m'a envoyé à la *daïra* de Mostaganem. J'y avais été arrêté. Je me suis enfui et suis retourné à Oran avant de joindre El-Asnam où Messali tenait meeting. Il avait été refoulé et la répression s'abattit sur nous. Je suis resté dans la clandestinité dans la région de 1951 à août 1952. À cette date, j'ai été affecté en France.

Q : Dans quelles conditions vous êtes-vous retrouvé associé à ce qu'on a appelé « le groupe de Constantine » ?

A G : Les responsables et militants, anciens de l'OS, comme Mechati, Habbachi m'ont écrit. Ils me demandaient de venir parce qu'il se passait des choses graves.

Q : Comment s'est effectué ce retour ?

A G : J'ai débarqué à Alger, fin juillet. J'y croise alors inopinément Boudiaf qui s'étonne de ma présence et me demande de retourner instamment en France où, disait-il, « on avait besoin de moi ». Je lui ai répondu que j'allais à Constantine. Il ne le voulait pas. Il savait qu'il existait un désaccord entre lui et le groupe de Constantine et il avait peur que je me rallie à eux. J'ignorais tout de ce qui se passait ici. Je savais qu'il y avait eu la réunion des vingt et un, je l'ai appris à mon arrivée à Alger. Comment s'est passée cette réunion, je n'en savais rien. Je n'avais rencontré que Boudiaf et il ne m'en avait rien dit.

Boudiaf et ses compagnons

Q : Il a été écrit que le groupe de Constantine contestait deux choses, la méthode utilisée pour désigner le comité et le choix de Boudiaf comme coordonnateur.

A G : C'est exact. Boudiaf s'était arrangé pour arriver à la réunion avec quatre autres personnes, Larbi Ben M'hidi, Mostefa Ben Boulaïd, Rabat Bitat et Mourad Didouche. Ils étaient à la tribune. Les seize ou dix-sept autres étaient dans la salle. Il fallait voter à bulletin secret, ils ont voté et remis les bulletins à Boudiaf pour le décompte. Il a déclaré élus ses compagnons et lui-même. C'est cela qui est contesté. Ce ne sont pas les personnes que l'on conteste, mais la façon dont il a procédé. En premier lieu les hommes qu'il a ramenés d'un peu partout ; c'est lui qui en a dressé la liste, qui a présidé avec les quatre autres. Il n'aurait pas dû faire le décompte seul.

Q : Des participants à la réunion auraient soutenu avoir voté Ben Boulaïd et se seraient étonnés que ce soit le nom de Boudiaf qui sorte.

A G : C'est autre chose. On parle de l'élection des cinq membres du comité. Ils étaient à la tribune. C'était acquis, pourquoi alors a-t-on voté ? Encore une fois, on ne conteste pas la personnalité de Larbi Ben M'hidi ou... Mohammed Boudiaf a fait ce qu'il a voulu. Il restait à admettre la représentation de Youcef Zighoud, d'un représentant de Constantine et surtout de la Kabylie, qui était absente. D'ailleurs, lors du déclenchement de l'insurrection, les Kabyles étaient messalistes et quelqu'un comme Benabdelmalek avait été envoyé en catastrophe à Oran. Seul, il n'avait pas eu le temps de préparer le terrain à l'insurrection.

Laissez-nous le temps

Q : Vous voulez dire qu'il y avait de l'impréparation, sinon de la précipitation ?

A G : Pour ma part, j'étais en France le 1er novembre 1954, sur ordre de Boudiaf. Avant de repartir en France, j'avais revu celui-ci. Je lui ai fait part du désarroi des militants qui étaient plongés dans l'incertitude et l'ignorance dès lors que le parti n'était plus là. Personne n'avait en tête le déclenchement de l'insurrection. J'avais dit à Boudiaf : laisse-nous le temps de joindre l'organisation à l'échelle nationale, qu'on s'entende, qu'on explique à tout le monde, qu'on clarifie la situation. À partir de là chacun se déterminera. Il a dit non : « La date est fixée fin octobre que vous le vouliez ou non. » Je lui ai répliqué : « Novembre ou décembre, qu'est-ce que cela peut te faire ? Laisse-nous le temps de joindre les gens, de nous organiser. » Quand on parle aux gens de participation, ils refusent : « Donne-nous des armes, on marche », répondaient-ils. D'ailleurs, la plupart des militants qui n'étaient pas informés pensaient que les messalistes étaient à l'origine du déclenchement, pour d'autres c'était les centralistes, peu de monde avait à l'esprit ceux qu'on avait appelés les neutralistes.

Q : Pour en revenir à la fameuse réunion des Constantinois...

AG : La réunion s'est tenue au domicile de Youcef Haddad dans le quartier de Sidi B'zar. Elle s'est prolongée jusqu'à deux heures du matin et y avaient pris part Mechati, Rachid Mellah, Saïd Bouali, Habbachi, Bentobbal, Badji Mokhtar, Benabdelmalek et d'autres. Didouche représentait Boudiaf. On lui a fait part des mêmes réserves et réitéré les mêmes demandes sur la présence de Zighoud et d'un représentant de Constantine au comité.

S'il y a un réformiste, ce n'est pas moi

Q : Bentobbal soutient que vous auriez dit alors : « Ce n'est pas avec une boîte de sardines que l'on pourra sortir la France. »

A G : Je n'ai jamais dit cela. Les personnes présentes à la réunion peuvent le confirmer. Je ne pouvais pas dire cela à Bentobbal. Dès son arrivée, il s'était mis dans un coin, avait rabattu sa capuche sur la tête et s'était endormi jusqu'au départ. Je l'avais ignoré et la discussion s'était menée avec Didouche.

Q : Est-ce à cette réunion que s'était décidé le retrait ?

A G : Personne ne s'est jamais mis au travers du principe du déclenchement de l'insurrection. Il y avait désaccord entre le groupe de Constantine et Boudiaf avant mon arrivée. À mon retour à Alger – j'avais pris une quinzaine de jours pour un séjour en famille en Kabylie –, j'ai revu Boudiaf. J'avais remis sur le tapis la question de la représentativité. Il me répond : « Pour Constantine, ce sera Bitat. » J'ai répondu en substance que c'est bien mais qu'il faut laisser le soin à Constantine de choisir Bitat. Et s'ils ne sont pas d'accord, qu'ils choisissent un autre. « Non, c'est Bitat », a-t-il tranché. Boudiaf a un faible pour les personnes qu'il peut manier facilement. Si on lui tient tête, on devient son ennemi pour toujours. Il a choisi un groupe qu'il pouvait mettre dans sa poche.

Q : Que répondez-vous à ceux qui disent que vous avez retourné le groupe de Constantine et que vous l'avez aligné sur la position des centralistes ?

A G : S'il y avait une personne en relation avec les centralistes, c'était bien Boudiaf et pas moi.

* Cet entretien est publié avec l'amical accord de Abdelkrim Djillali et Mohamed Balhi. J'en assume, bien sûr, l'entière responsabilité.

Les Algériennes et la guerre de libération nationale
L'émergence des femmes dans l'espace public et politique au cours de la guerre et l'après-guerre

par Khaoula Taleb Ibrahimi

> *Puissent les hommes se rappeler,*
> *en lisant votre livre, qu'ils sont*
> *les fruits de ces femmes*
> Mohammed Dib[1]

Dans les rues de nos villes, sur les bancs de nos écoles et de nos universités, dans les usines, dans les laboratoires de recherche, dans les hôpitaux, les femmes sont de plus en plus présentes et nombreuses. Foule bigarrée où le *hidjab*[2] côtoie la minijupe, les jeans la *djellaba*[3], la casquette le *khimar*[4], les femmes et les jeunes filles se bousculent à l'entrée des écoles, des universités, des hôpitaux ; vêtues de l'uniforme bleu des policières, elles régulent la circulation. La présence des femmes se fait plus effective depuis quelques années, dans tous les secteurs de la vie sociale[5]. Elles sont conductrices de travaux dans les chantiers, chauffeurs de taxi, copilotes dans les avions, faisant une intrusion remarquée dans des métiers traditionnellement dévolus à la gent masculine. Des femmes sont *walis*[6], ambassadrices, ministres, recteurs et doyennes d'université. Dans le monde des arts et des lettres, notre pays compte des peintres, des comédiennes, des musiciennes et des réalisatrices connues et célébrées dans le monde entier.

---

1. Extrait d'une lettre de Mohammed Dib à Assia Djebar après la publication de *Loin de Médine*.
2. Voile.
3. Sorte de gandoura que porte la femme pour sortir.
4. Foulard.
5. Pour plus de détails, consulter : Fatma-Zohra Sai, *Les Algériennes dans l'espace politique*, Oran, Dar El Gharb, 2002 ; Souad Khodja, *Nous les Algériennes*, Alger, Casbah, 2002 ; CRASC, *Femmes et développement*, Oran, Atelier, CRASC/PNUD, CRASC, 1995 ; et l'excellente synthèse publiée par la revue *Tassili* dans son numéro 33, mars-mai 2003, « Kahina, Djamila et les autres ».
6. Préfets.

L'émergence des femmes algériennes dans la vie publique de leur pays est un des faits majeurs qui marquent l'évolution de la société algérienne et une des dimensions importantes des changements qui la bouleversent en profondeur et dans la durée.

Mais, hélas, comme toute médaille a son revers, cette émergence, même si elle est, de notre point de vue, inexorable, n'est pas sans susciter des réactions d'hostilité, de violence, voire de haine, réactions qui traduisent la prégnance de schémas mentaux et idéologiques hostiles à toute évolution des femmes.

Violence du discours, violence des insultes, violence des coups, violence des abus sexuels, du viol, violence pouvant aller jusqu'au meurtre, les manifestations hostiles aux femmes et plus particulièrement à celles qui osent sortir, affronter le monde des hommes, « s'émanciper », braver l'interdit de l'*infiçal*[1].

Femmes « nues », dévoilées (ne portant ni le voile traditionnel de nos mères ni le hidjab de nos sœurs), sorties du gynécée, de l'espace privé où elles devaient rester confinées et prisonnières car elles ont transgressé l'interdit, elles ont traversé la frontière de l'infiçal, rompu l'équilibre ancestral fondé depuis des siècles sur la domination masculine, de l'imperium de l'homme qui, seul, est le maître de l'espace privé et public.

Mais aussi, et là n'est pas le moindre des paradoxes, femmes debout et résistantes affrontant toutes les formes de violence[2], luttant pour leurs droits car, suprême injustice, alors même qu'elles sont de plus en plus qualifiées, qu'elles grignotent tous les espaces et s'y imposent, très souvent brillamment[3], elles sont, dans la gestion de l'espace privé, dominées, mineures à vie, soumises à la loi masculine depuis la promulgation du code de la famille en 1984[4].

Telles sont les deux images de la femme unies dans une vision ambivalente qui cristallisent toutes les représentations contradictoires, les peurs et les fantasmes d'une société travaillée par des bouleversements profonds induits par les progrès de la scolarisation, l'influence des modèles étrangers et l'insertion dans le marché mondial mais, dans le même temps, par un mouvement régressif et défensif de retour à tous les archaïsmes qui voudrait figer à vie le statut des femmes dans une vision conservatrice,

---

1. Se dit de la règle stricte de séparation entre la sphère privée, celle des femmes, et la sphère publique, celle des hommes.

2. Le réseau *Wassila* créé pour lutter contre ces violences vient de publier un livre blanc pour promouvoir les luttes des femmes contre toutes les formes de violences dont elles sont victimes.

3. La revue *Tassili* citée ci-dessus indique que 53 % des diplômés sont des femmes.

4. Nous pensons que l'ouvrage de Lucie Pruvost, *Femmes d'Algérie. Société, famille et citoyenneté*, publié aux éditions Casbah en 2002, est l'un des meilleurs qui aient paru sur la question.

seule à même de préserver la pureté et l'authenticité des origines et la pérennité d'un ordre patriarcal implacable pour les femmes[1].

Et, pourtant, les femmes algériennes ont connu, dans leur histoire proche, il y a à peine quatre décennies, un moment lumineux au cours duquel elles ont démontré aux yeux du monde mais, surtout, aux yeux de leurs compatriotes les Algériens, qu'elles pouvaient se hausser au niveau de l'Histoire et en devenir des actrices et protagonistes majeures.

Entre 1954 et 1962, des femmes algériennes ont, avant leurs cadettes des années de l'indépendance, bravé l'interdit et sont sorties de leur espace habituel pour participer à la lutte pour la libération du pays du joug colonial. Ces femmes, justement, dont se réclament ces cadettes dans leurs luttes actuelles ; dans une filiation directe avec celles qu'ont menées leurs aînées les *moudjahidate*[2], les combattantes de la liberté et de l'indépendance. Ces moudjahidate qui vont revenir au-devant de la scène médiatique, ces vingt dernières années, pour épauler leurs cadettes dans les années 1980 pour s'opposer à la promulgation du fameux code mais aussi pour réagir aux douloureux événements qu'a connus notre pays ces dix dernières années. Ces femmes, qui sont-elles ? Combien furent-elles ? Comment et dans quelles circonstances ont-elles fait irruption dans la guerre qui est, comme nous le savons, affaire d'hommes ? Comment s'est déroulé le fil de leur histoire dans cette période d'horreur et de violence extrêmes ? Et, pour celles qui ont pu revenir de ce long voyage au bout de l'enfer, que sont-elles devenues ?

Au-delà des images d'Épinal et des icônes que nous ont construites les discours des célébrations officielles et les marques de reconnaissance surfaites car entachées du sceau de la récupération idéologique qui les glorifient pour mieux les enfoncer dans les profondeurs de l'Histoire[3], nous voudrions tenter de restituer à ces femmes leur histoire, commune en tant que femmes mais aussi individuelle, en retraçant la diversité de leurs parcours marqués par la diversité de leurs origines, leurs motivations, leurs activités et les tâches qu'elles ont accomplies et, enfin, de les retrouver après l'indépendance pour les suivre dans leurs destinées de femmes dans un jeune pays enfin libéré du joug colonial.

En 1974, le ministère des Anciens Moudjahidines (anciens combattants de la guerre de libération nationale) a établi un premier décompte de l'ensemble des militants et militantes de l'OCFLN (Organisation civile du Front de libération nationale) et des combattants et combattantes de l'ALN (Armée de libération nationale).

---

1. Voir pour l'analyse du système patriarcal, notamment : Hisham Sharabi, *Néopatriarcat*, Alger, Marinoor, 1999, et Mahfoud Bennoune, *Les Algériennes victimes d'une société néopatriarcale*, Alger, Marinoor, 1999.

2. Filiation et protection qu'acceptent et revendiquent, même, les militantes actuelles.

3. Avec leur lot d'expressions de circonstance telles que « la femme algérienne a combattu auprès de son frère et a pris les armes pour libérer la patrie, etc. » ou « elle a fait son devoir »…

Le nombre total s'élevait à 336 748 personnes dont 10 469 femmes représentant 3,25 % des anciens moudjahidines officiellement inscrits[1] ; 1 755 d'entre elles (19 %) ont pris le chemin du maquis, incorporées dans les rangs de l'ALN, 306 ont péri au cours des combats et accrochages avec l'ennemi soit 17,5 0 % ; 626 militantes qui ont choisi la résistance civile ont disparu, soit 6,8 % des 9 194 militantes civiles. Ces dernières représentent la majorité écrasante des femmes qui ont participé à la lutte pour l'émancipation du pays.

Même si les moins de trente ans ne représentent que 48,10 % et les plus de trente ans environ 52 %, ce sont les visages de ces si jeunes et belles jeunes filles condamnées à mort au cours de ce que l'on a coutume d'appeler la bataille d'Alger qui restent gravés dans la mémoire de tous les Algériens.

L'immense majorité de ces femmes (77,90 %) appartiennent au monde rural alors que les 20,10 % restants ont eu à effectuer leurs missions de résistance en milieu urbain, cette répartition correspondant fidèlement à la répartition de la population algérienne de l'époque.

L'origine géographique de ces femmes est diverse et embrasse tout le territoire national, mais de manière très inégale comme le remarque Djamila Amrane : « Pour être significative, la répartition géographique des combattantes doit être comparée à celle de l'ensemble de la population algérienne. La Grande Kabylie et l'Aurès, par exemple, regroupent 34,5 % des combattantes alors que ces régions ne totalisent que 11 % de la population totale. Ainsi six régions de fort militantisme émergent nettement :

• l'ensemble de la Grande Kabylie avec les deux dairates d'Akbou et Sidi Aich en Petite Kabylie ;

• la zone côtière du Nord-Constantinois ;

• l'Aurès ;

• la région de Tlemcen ;

• le Dahra de Ténès à Cherchell ;

• l'Atlas blidéen[2]. »

Il reste que l'ampleur de la répression conjuguée aux effets de la bleuite[3] a conduit les femmes à jouer, au cours des dernières années de la guerre, un rôle décisif et important. « Il n'y avait plus qu'elles dans les mechtas pour s'occuper du ravitaillement, des collectes financières et d'autres tâches », note l'historien Mohammed Harbi[4], alors que l'écrivain Mouloud Feraoun

---

1. Nous sommes redevable aux deux ouvrages suivants pour tous les chiffres que nous citons : Djamila Amrane (1993), *La Guerre d'Algérie (1954-1962). Femmes au combat*, Alger, Rahma, et l'ouvrage de Mahfoud Bennoune, *op. cit.*, p. 4.

2. Djamila Amrane, *op. cit.*

3. La bleuite est, hélas, un épisode fort douloureux de la guerre dans la wilaya 3 : un grand nombre de maquisards y ont été massacrés au seul motif qu'ils étaient lettrés. Nombre d'ouvrages relatant l'histoire de la guerre de libération ont traité ce sujet. Il convient de s'y référer.

4. Mohammed Harbi (1983), éditorial de la revue *Sou'al* consacré aux femmes dans le monde arabe, p. 92, cité par Mahfoud Bennoune, *op. cit.*, p. 128.

observe dans son *Journal* que « les femmes veillent sur les blessés, les portent sur leurs dos en cas d'alerte, font le guet. Les maquisards mobilisent les femmes et les soldats commencent à arrêter et à torturer les femmes[1] ».

Les militantes, en milieu urbain, ont pu, de par leurs différentes origines sociales, jouir d'une relative mobilité, certaines militantes, étudiantes ou lycéennes lors de leur engagement, ont milité dans un milieu différent de leur milieu d'origine[2], le cas de Zohra Drif, originaire de la région de Tiaret mais qui a milité à Alger, est exemplaire à cet égard ; à l'inverse, la majorité d'entre elles ont mis à profit leur parfaite connaissance de leur quartier ou de leur ville pour accomplir toutes les missions dont elles ont été chargées, se déplaçant souvent avec plus de facilité que leurs compagnons de lutte.

Des femmes et des toutes jeunes ont, donc, en un laps de temps très court, fait une intrusion brutale dans le monde des hommes et dans la guerre, faisant voler en éclats la traditionnelle frontière entre les deux mondes, celui extérieur, public, espace de l'homme et de l'univers masculin, et l'autre intérieur, domestique et privé, espace des femmes et de l'univers féminin.

C'est, réellement, un moment exceptionnel dans l'histoire des femmes algériennes si l'on considère leur situation et leur statut dans la société algérienne musulmane de l'époque. Il faut comprendre que les femmes, alors, étaient à plus de 95 % analphabètes, seules 4,5 % d'entre elles savaient lire et écrire et une infime minorité poursuivaient leurs études jusqu'au secondaire, voire jusqu'au supérieur.

Dans les villes, les femmes qui osent sortir pour travailler n'ont pas beaucoup de choix, soit elles vont grossir les rangs d'un prolétariat surexploité aussi bien par les colons que par les bourgeois indigènes, soit elles vont travailler comme femmes de ménage, comme nous le dit Djamila Amrane : « Les travailleuses sans aucune qualification, femmes de ménage, manœuvres, apprenties, chômeuses, regroupent 79 % de l'ensemble de la population active non agricole. Les employées et ouvrières, qui possèdent un certain niveau de qualification professionnelle, même faible, ne représentent que 9,9 % du total. Les travailleuses bénéficiant d'une qualification réelle sont très peu nombreuses : 105 femmes exerçant une profession libérale, 37 cadres supérieurs et 502 cadres moyens ou de maîtrise, soit 1,7 % de l'ensemble des femmes actives[3]. »

Nous gardons tous en mémoire la trilogie de Mohammed Dib dans laquelle, à la veille du déclenchement de la guerre, il dépeint la vie quotidienne difficile des Algériens mais surtout des Algériennes, le personnage d'Aini de *La Grande Maison* est, à cet égard, emblématique de la situation

---

1. Mouloud Feraoun (1962), *Journal 1955-1962*, Paris, Le Seuil, p. 269.
2. Il n'y avait, à l'époque, qu'une seule université à Alger et les lycées n'existaient que dans quelques villes.
3. Djamila Amrane, *op. cit.*, p. 26.

de ces femmes que la nécessité oblige à travailler pour subvenir aux besoins de leur famille[1].

Même si elles jouissaient, depuis la promulgation du statut de 1947, du droit de vote, une infime minorité de femmes, souvent conscientisées par leur environnement familial, leurs études ou les traumatismes vécus au lendemain des événements du 8 mai 1945, pouvait prétendre à une activité politique et militante au sein de deux associations satellites des partis existant à l'époque, l'AFMA (Association des femmes musulmanes algériennes) dans laquelle se retrouvaient les militantes d'obédience nationaliste, créée en 1947, qui était liée au PPA-MTLD (Parti populaire algérien-Mouvement pour le triomphe des libertés démocratiques), ou l'UFA (Union des femmes algériennes) créée en 1944 sous l'égide du PCA (Parti communiste algérien), cette dernière regroupant des Françaises de souche européenne et des Françaises musulmanes[2].

Des femmes, donc, ont bravé l'interdit, ont participé à la guerre et résisté à l'armée coloniale, un moment exceptionnel car les situations dans lesquelles elles vont se trouver sont elles aussi exceptionnelles, extraordinaires (dans le sens propre du terme) donc en rupture totale avec leur vie habituelle.

Si, il est vrai, dans l'historiographie officielle et dans la mémoire collective des Algériens dominent deux figures, celle de la maquisarde et de la *fidaiya,* la « poseuse de bombes », par une opération de mythification qui ne glorifie que l'action armée (dans le discours officiel mais aussi dans les manuels scolaires les faits d'armes et de violence sont privilégiés, entretenant un discours violent et mortifère qui n'est pas sans effet sur l'inconscient collectif des jeunes Algériens d'aujourd'hui) est occultée l'importance de la résistance civile de milliers d'hommes et, surtout, de femmes.

Ce sont ces deux figures qui, par leur étrangeté et leur marginalité par rapport aux rôles traditionnels de la femme, vont être constamment mises en avant, icônes toujours invoquées dès que l'on se réfère à ce moment de l'Histoire pour mieux taire les difficultés du présent.

Et, ce faisant, on tire un voile sur l'immense majorité de ces femmes qui, anonymes, ont participé, mais en tant que civiles, à leur formidable élan pour l'indépendance de leur pays, comme on a peu parlé de ces femmes de condition modeste, les femmes de ménage, entre autres, qui étaient employées dans les familles européennes – comme si l'on avait honte de reconnaître que la majorité de celles qui travaillaient, à l'époque, étaient des bonnes comme il est de coutume de les nommer chez nous – qui ont, elles aussi, payé leur tribut à cette guerre.

---

1. La trilogie de Mohammed Dib se compose des ouvrages suivants : *La Grande Maison, Le Métier à tisser* et *L'Incendie.*
2. Voir Fatma-Zohra Sai, *Mouvement national et question féminine*, Oran, Dar El Gharb, 2002 ; Djamila Amrane, *op. cit.*, et Monique Gadant, *Le Nationalisme algérien et les femmes*, Paris, L'Harmattan, 1995.

Mais que dire alors de toutes ces militantes d'origine non musulmane, Françaises d'Algérie ou Françaises de souche, qui ont, tout autant que leurs consœurs musulmanes, elles aussi, participé à la libération de l'Algérie ?

Nous voudrions rendre justice à toutes ces femmes qui, souvent, dans l'anonymat le plus total, ont contribué, grâce à des méthodes diverses et variées et dans une multiplicité de lieux, à soutenir l'effort de guerre, à maintenir la mobilisation du peuple afin de le faire basculer, dans sa majorité, après les manifestations du mois de décembre 1960, résolument du côté du FLN.

La résistance civile des femmes dans les villes et les campagnes

Les militantes civiles ont été, nous l'avons vu ci-dessus, les plus nombreuses et elles vont, dans les villes et dans les campagnes, développer « un ensemble complexe de pratiques impliquant des niveaux variés d'engagement et de risque, caractérisées par le fait qu'elles sont conduites sans armes, avec des instruments tels que la ruse, le courage moral, la souplesse, la capacité de manier les situations et les rapports[1] ».

Ce sont toutes ces capacités qui vont permettre à Fatiha Bouhired, dite Oukhiti[2], Algéroise de la casbah, de duper les parachutistes venus arrêter les militants de la bataille d'Alger : « Après la grève des huit jours, c'est devenu plus dur. Ils ne trouvaient plus de refuge. Yacef[3] m'a demandé : Oukhiti, si tu pouvais trouver une maison, une maison, pas un appartement... J'ai acheté la maison. J'ai fait une cachette, et ils sont venus chez moi : Yacef Saadi, Ali la Pointe, Zohra, Hassiba, le jeune Omar[4]. Ils étaient chez eux, ils n'étaient plus cachés chez des gens, ils étaient chez moi, chez eux. J'ai continué à travailler, mais j'avais peur des vendus et je préférais tout faire : je faisais les courses, j'étais agent de liaison, je leur servais d'éclaireur pour leurs déplacements. Je faisais tout, mais ainsi j'étais tranquille. »

---

1. Anna Bravo, « La résistance civile des femmes pendant la Seconde Guerre mondiale en Italie », *in Le Fil d'Ariane – Cahiers du Centre d'études des mutations en Europe*, Paris, numéro consacré aux femmes dans l'espace public, p. 40 et suiv.

2. Fatiha Bouhired, dite Oukhiti (ma sœur), dont on trouvera la transcription de l'entretien accordé à Djamila Amrane dans l'ouvrage de cette dernière publié en 1994 sous le titre : *Des femmes dans la guerre d'Algérie*, Paris, Karthala, p. 128-136.

3. Yacef Saadi, un des dirigeants les plus connus de la zone autonome, figure éminente de la bataille d'Alger en 1957.

4. Ali la Pointe, Hassiba Bent-Bouali, le jeune Omar faisaient partie du groupe dirigé par Yacef Saadi, ils ont été tués le 8 octobre 1957, les parachutistes ayant fait sauter la cache où ils se dissimulaient ; Zohra Drif, considérée comme l'adjointe de Yacef, a été arrêtée en même temps que lui, le 24 septembre 1957.

L'entretien qu'avait accordé Oukhiti à Djamila Amrane[1], met en évidence les qualités de cette femme qui a tout subi, la perte de son mari, la torture, fait le sacrifice de sa maison pour cacher, héberger, nourrir, protéger les militants et les militantes, cacher des armes, recevoir du courrier, des fonds, en un mot, toutes les activités que les militantes urbaines ont accomplies en bravant tous les dangers.

Et elles ont été nombreuses, ces femmes, pas toutes aguerries, qui vont accomplir des actions spectaculaires, dans toute l'Algérie... Goucem Madani, la sœur de la chanteuse Fadéla Dziriya, nous cite en exemple Ghalia : « ... une femme de la Casbah venait d'accoucher. Elle était couchée dans son lit et a vu un homme entrer dans sa chambre : "Ma sœur, ma sœur, les militaires..." Dans la rue les soldats couraient. Tout de suite elle s'est levée, elle a poussé l'armoire et s'est recouchée. Quand les militaires sont entrés, ils n'ont vu qu'une femme qui venait d'accoucher et ils sont ressortis. Elle l'a sauvé. Elle s'appelait Ghalia. Je ne sais pas son nom[2] ».

Goucem Madani qui, avec sa sœur Fadéla et toutes les femmes artistes d'Alger, a contribué à toutes ces tâches et, surtout, à porter la bonne parole, pour faire prendre conscience, alerter les populations, les mobiliser au cours de la fameuse grève des huit jours, afin de mettre à profit les opportunités que leur offrait l'exercice de leur métier, au cours des fêtes : mariages, circoncisions, etc. Yacef Saadi, chef politique et militaire d'Alger et de la zone autonome, nous parle de la contribution de ces femmes dans la préparation de cette grève : « Le 20 janvier 1957, le fruit de ce travail de fourmi m'attendait au domicile du bachagha Boutaleb à la casbah, deuxième impasse Kléber. Dans le grand salon du bas, une trentaine de jeunes femmes m'attendaient, en majorité des comédiennes, des chanteuses de ballet hautement appréciées par la population. [...] Elles s'étaient toutes déclarées prêtes à suivre l'exemple de Hassiba Bent-Bouali et des autres poseuses de bombes. Ce fut bien à regret que je dus m'empêcher de les impliquer dans le secteur militaire pour la simple raison qu'elles étaient trop connues et à terme facilement repérables. Pour la grève en revanche, c'était ce qu'il nous fallait. Leur concours n'en devenait que plus précieux dans le sens où elles étaient très estimées des habitants de nos quartiers pour avoir animé tantôt les mariages des uns, tantôt le baptême de la progéniture des autres. En tout cas, grâce à la radio et au théâtre, elles avaient réussi à nouer tant de liens de familiarité et d'estime avec la population qu'il ne pouvait y avoir de meilleurs hérauts. [...] Expliquer, orienter, soutenir moralement les impotents comme les grabataires, fournir des explications que le petit peuple ne possédait pas, voilà en quoi leur concours prit subitement une valeur d'exemple[3]. »

---

1. Djamila Amrane a repris dans l'ouvrage cité ci-dessus trente des entretiens qu'elle a eus avec un certain nombre de femmes qui ont participé à la guerre.
2. Djamila Amrane, 1994, *op. cit.*, p. 154.
3. Yacef Saadi (1997), *La Bataille d'Alger*, Alger, Casbah, tome 2, p. 62-65 et p. 139.

Le même Yacef Saadi reconnaît alors que la situation devient de plus en plus difficile (nous sommes en pleine grève), que « la place des femmes devenait de plus en plus indispensable ». Quel plus grand hommage pouvait être rendu à ces femmes qui, comme Goucem, vont connaître les affres de la torture et de l'emprisonnement, ou qui, comme Ouardia, comédienne, hébergeront des militants venus de contrées lointaines[1] ?

D'autres femmes, elles, après l'arrestation d'un ou d'une proche, verront leur vie basculer, et mobiliseront leur énergie pour obtenir des informations sur le sort de leurs proches, pour obtenir le droit de visite, pour porter les couffins aux prisonniers, engager des avocats, suivre les procès, s'organiser, enfin. Telle est Djamila Briki qui, dès l'arrestation de son mari en décembre 1956, se mobilise, organise des manifestations de femmes pour défendre les droits les plus élémentaires des détenus, et elle, qui n'est jamais sortie seule de chez elle, va faire signer des pétitions dans ce sens. C'est une femme du peuple qui parle et elle nous raconte son combat :

« Pendant un mois et demi je n'ai pas vu Yahia [c'est son mari]. Les condamnés à mort avaient été punis parce que l'administration voulait leur interdire de faire l'appel à la prière ; ils avaient refusé et ils le faisaient quand même. En punition, ils avaient été privés de la seule chose qui leur restait de l'extérieur : la visite. C'est à cette occasion qu'a eu lieu la première manifestation de femmes de détenus. Toutes les femmes et mères de condamnés à mort, nous nous voyions devant la prison et nous avions décidé de faire quelque chose. C'étaient toutes des femmes comme moi, voilées, illettrées ou ayant été en classe un tout petit peu. Il n'y avait pas une intellectuelle avec nous. Nous avions prévenu les avocats et nous nous sommes regroupées, femmes, mères des condamnés à mort et aussi des autres détenus. Nous avons manifesté devant la prison et nous sommes parties jusqu'au gouvernement général pour réclamer le droit de visite. Et nous avons obtenu que la punition soit levée. Ainsi, nous avons pu les voir. »

Son mari a été gracié en avril 1959 et gardé en prison jusqu'à l'indépendance. Elle continue, nous apprend qu'elle a participé aux manifestations du mois de décembre 1960 et elle nous dit :

« C'était une bataille de femmes, il y avait des hommes, surtout des jeunes et des vieux, mais à côté des femmes, on pouvait les compter. C'étaient des femmes qui vivaient de manière traditionnelle, certaines n'avaient jamais vu la rue de jour. Elles ne sortaient jamais, sauf exceptionnellement lorsque leur mari les emmenait très tôt le matin ou tard le soir dans leur famille. Et elles se sont retrouvées comme ça, des jeunes filles, des moins jeunes, des vieilles, une foule immense de femmes voilées, dévoilées, le voile tombait, la voilette tombait. On sentait que c'était véritable, que ça sortait du fond, on avait

---

1. Nous tenons cette information de Mahfoud Bennoune qui a été hébergé par cette comédienne et son mari (il est originaire de la région de Mila, dans le Nord-Constantinois). Nous avons été témoin, toute petite, de l'hospitalité accordée, pendant plusieurs mois, à un moudjahid de la région de Tiaret, à l'ouest du pays, par notre famille maternelle à Tlemcen.

gardé, gardé et puis c'était l'explosion : il y avait des cris, des youyous[1], les foulards étaient déchirés pour faire des drapeaux[2]. »

Telles sont les pages qu'elles ont écrites au quotidien d'une lutte implacable qui les a, souvent, vues remplacer les hommes absents (morts, emprisonnés, vivant en clandestinité ou en exil) et supporter le fardeau de la famille dans des tâches qu'elles connaissaient bien, mais aussi dans des tâches inconnues pour elles et qu'elles accompliront avec simplicité, abnégation et courage. Il serait, dès lors, bien injuste d'oublier ce qu'elles ont fait ou n'en faire que le prolongement des tâches habituelles et traditionnelles des femmes, faire la cuisine, porter les victuailles, héberger, coudre, etc.

Non, ces femmes ont aussi transporté des armes, certes non pas pour leur propre usage mais pour les autres, pour les auteurs d'attentats en ville ; comme le note Anna Bravo, le soutien logistique à la résistance armée est un des objectifs de la résistance civile[3] ; elles ont aussi porté ces armes aux maquisards dans les campagnes car, parmi ces milliers de femmes, celles qui appartiennent au monde rural, au monde des douars, des mechtas, des villages au cœur ou aux confins des principales régions de maquis, furent encore plus nombreuses à faire les mêmes gestes, accomplir les mêmes actions, en étant aussi exposées sinon plus aux affres de la répression, des regroupements dans les camps, traversant au péril de leur vie les zones interdites.

Elles ont joué un rôle essentiel dans le maintien du moral des maquisards mais malheureusement, comme le souligne Djamila Amrane, « parcourir plusieurs kilomètres à pied pour faire des liaisons ou des achats, cuisiner pour des dizaines de maquisards sont des tâches épuisantes, qu'il faut renouveler jour après jour, mais qui n'apparaissent pas comme des faits de guerre. Pourtant leur rôle fut essentiel et elles ont encouru les mêmes dangers que les autres combattants. Mais lorsqu'elles sont arrêtées, frappées, torturées parfois, mises dans des camps, elles restent dans l'anonymat. Ce sont des femmes adultes, le plus souvent âgées de trente à cinquante ans. Mariées, mères de famille, elles souffrent doublement de la guerre qui les meurtrit et leur enlève leur mari ou leurs enfants. Ces combattantes inconnues, ces héroïnes qui s'ignorent disparaissent l'une après l'autre. Elles ont vécu modestement, dans le silence, et la mort les fait sombrer irrémédiablement dans l'oubli », et elle cite les noms de quatre d'entre elles : Halima Ghomri, morte en 1982, Sadia Benbabdellah en 1989, Aicha Kemmas en 1990 et El Akri Lounis, qui est peut-être encore vivante aujourd'hui[4].

---

1. Les youyous sont des cris stridents que poussent les femmes, qui avaient le don de galvaniser les combattants et les manifestants mais énervaient et déroutaient les soldats français.
2. Djamila Amrane, *op. cit.*, p. 208 et suiv.
3. Anna Bravo, *op. cit.*, p. 40 et suiv.
4. Djamila Amrane, *op. cit.*, p. 208 et suiv.

Nous connaissons nous-même une dame kabyle qui fut atrocement torturée alors qu'elle était enceinte de sa fille, laquelle n'a jamais connu son père chahid, et qui souffre toujours des séquelles de ce qu'elle a subi en silence. Son seul bonheur est de voir sa fille réussir brillamment ses études, elle vient de soutenir une thèse en linguistique !

Il faut reconnaître que très tôt dans les années 1960, une femme écrivain, Assia Djebar, a rendu justice à ces femmes en les mettant en scène auprès de son héroïne maquisarde N'fissa dans son roman *Les Alouettes naïves*. Elle en tracera, plus tard, d'autres portraits dans un autre de ses romans, *L'Amour, la Fantasia*[1].

Il est certain que dans notre tentative de réhabiliter ces anonymes, véritable mémoire vivante des souffrances endurées par notre peuple durant plus de sept ans, nous espérons éveiller l'intérêt des historiens et des anthropologues sur la nécessité de promouvoir « une nouvelle anthropologie de la résistance avec ses habitus multiples, ses zones d'ombre et ses contradictions… ». Ce qui nous permettrait de contredire ou du moins de nuancer « le noyau interprétatif dominant qui se fonde toujours sur l'idéologie du citoyen en armes et du militantisme politique lié à une activité partisane[2] ».

Il est toutefois évident qu'il ne s'agit pas de masquer la réalité de la résistance armée, elle qui a été le moteur de la lutte et le catalyseur de toutes les autres formes de résistance.

Les femmes maquisardes, les Algériennes et la résistance armée

C'est 1744 femmes qui ont été recensées dans les statistiques officielles comme maquisardes, jeunes en majorité, citadines, lycéennes, étudiantes, infirmières et médecins, elles ont, pour la plupart d'entre elles, rejoint les maquis de la rébellion après l'appel à la grève des étudiants et des lycéens lancé par le FLN le 19 mai 1956.

Nous avons tous en mémoire les noms de Nefissa Hamoud, Mériem Belmihoub, Yamina Cherrad, Mimi Ben Mohamed, Fatiha Hermouche, etc.[3], mais au cours de nos investigations et de nos recherches nous avons trouvé le témoignage d'une maquisarde de la région de Sétif, Drifa, que les cahiers *Présence de femmes* de l'Atelier de recherches sur les femmes algériennes (ARFA) ont publié dans les années 1980, il est certes un peu

---

1. Assia Djebar a été l'un des premiers écrivains qui ont mis en scène la guerre ; on trouvera dans notre bibliographie mention de ses principaux romans.

2. Anna Bravo, *op. cit.*, p. 40 et suiv.

3. Pour connaître les faits et gestes de ces maquisardes, voir les ouvrages de Djamila Amrane que nous avons déjà cités et les ouvrages du commandant Si Azzedine que nous citons dans notre bibliographie.

long mais il va nous permettre de discuter un certain nombre d'idées, de préjugés et de représentations qui ont souvent brouillé l'image des maqui-sardes et ont idéalisé, sur le modèle du discours héroïque, la réalité de leur combat. Drifa raconte :

« Pour moi, comme pour toutes mes camarades au lycée (le lycée de Sétif), l'ALN, le maquis, la Révolution, c'était quelque chose de mer-veilleux. Nous étions pleines d'admiration pour les jeunes terroristes, comme les appelaient les Français. Nombreuses parmi nous rêvaient d'aller au maquis pour y vivre une aventure merveilleuse, pour la réalisa-tion d'un idéal : la libération de la patrie. Or, il était désormais possible pour nous, femmes, de vivre cette aventure. Alors qu'en temps normal il était mal vu pour une fille de sortir de la maison pour son propre plaisir et impensable ne serait-ce que de parler à des hommes, il a été admis tout de suite que des filles pouvaient aller avec des maquisards, que c'était quelque chose de noble… Oui, toutes les filles de mon âge que je connais-sais, au lycée, au village, avaient le même état d'esprit que moi. Elles brûlaient de se sacrifier, de faire quelque chose pour la Révolution. Mais certaines d'entre elles estimaient que ce n'était pas aux femmes à aller au maquis, que c'était prétentieux. En fait, beaucoup de filles rêvaient d'aller au maquis, il y en a eu pas mal au lycée de Sétif qui sont parties. Mais ce sont surtout les infirmières qui ont pris le maquis facilement. Pratique-ment, toutes les élèves infirmières de Sétif sont montées au maquis. Parce que c'était plus facile pour elles : elles avaient quelque chose de précis à faire. Quand elles proposaient leurs services, elles avaient quelque chose à offrir : soigner, tandis que les autres se sentaient inutiles.

Et puis il fallait qu'une occasion se présente, que les circonstances s'y prêtent, comme pour moi. Moi, j'ai eu la chance d'avoir un cousin qui m'a facilité les choses.

Et puis j'ai eu la chance de me trouver dans cette région précisément. Il y avait là en effet dans ce maquis un lieutenant qui voyait loin, Si Hocine. Il voulait des filles au maquis pour trois raisons :

• à certains maquisards qui la ramenaient (comme on dit) un peu trop parce qu'ils se prenaient pour des héros, on disait : qu'est-ce que tu as fait ? Regarde, c'est une fille et elle affronte les mêmes dangers que toi ;

• à ceux qui avaient peur de s'engager, qui paniquaient lors de leur premier combat par exemple, on citait les filles : tu as peur pour ta vie. Regarde, elle, elle n'a pas peur, elle a quinze ans. À l'époque, j'étais la plus jeune et mon âge était souvent mis en avant ;

• enfin, il y avait une troisième raison, la plus importante : ce lieutenant voulait que la femme puisse un jour revendiquer ses droits. Et pour cela, il fallait qu'elle dise : j'ai lutté moi aussi pour la libération de la patrie. Donc je dois avoir les mêmes droits que l'homme.

Mes parents ? Beaucoup de fierté et beaucoup de peine. Dans l'ensemble, ils ont bien pris la chose. Je suis montée au maquis très simplement. Un an après le déclenchement de la Révolution, j'étais en vacances chez nous, fin 1955, début 1956. Il y avait justement ce cousin. Il avait à peu près mon âge et il était déjà dans le mouvement. Et quand je lui ai exprimé mon désir de monter au maquis, il m'a répondu qu'il était possible qu'on y accepte des filles. Donc je lui ai demandé, toujours en cachette de mes parents, de prendre contact avec le commissaire politique et de lui poser la question.

Je suis partie d'un village voisin du mien parce que dans mon village, il y avait un poste militaire français. Je me suis donc rendue dans un village voisin où les maquisards venaient souvent. On a amené des mulets car nous devions monter dans la montagne. C'était en plein jour, dans l'après-midi. Je me souviens, il y avait un beau soleil. Justement ce qui est remarquable : ça s'est passé en plein jour, devant tout le village, hommes, femmes et enfants. C'était un événement : une fille qui part au maquis[1] ! »

Faisons une pause pour nous interroger sur les motivations de ces jeunes filles, de ces très jeunes femmes et puis, aussi, sur les circonstances de leur montée au maquis. Pour la plupart d'entre elles, ce fut un choix conscient et délibéré mais ce ne fut pas toujours facile de convaincre les parents, la famille ! Fatiha Hermouche n'a rien dit à sa mère avant de partir, Baya Laribi a subi les remontrances de sa mère : « Tu es une fille, ils vont s'amuser avec toi. Tu ne vois pas qu'ils se moquent de toi ? » D'autres comme Baya Outata ont été sollicitées directement par des militants, en revanche, d'autres, comme Mimi Ben Mohamed, ont été contraintes de fuir au maquis car elles ne pouvaient plus agir en ville. Malika Zerrouki, elle, a fui la ville et la répression pour rejoindre le maquis mais ses parents ne l'ont jamais accepté : « Ma mère ne voulait pas que je milite. Elle rejetait vraiment l'idée que je puisse monter : "Je ne pourrais jamais accepter que ma fille unique parte avec ces gens-là, ce n'est pas une armée normale." Mon père ne l'a su que lorsque j'étais au maquis. Il a dit : "J'aurais voulu que ce soit le garçon qui monte, mais pas la fille"[2]. »

Les situations variaient selon les filles, leur histoire, leur famille, leur milieu social, à chacune son parcours individuel ; il en va de même pour les circonstances de la montée au maquis, elles n'ont presque jamais été aussi simples que le décrit Drifa, certaines ont dû fuir les villes devenues trop dangereuses, d'autres ont dû mentir à leurs proches, utiliser la ruse, le déguisement ou faire croire, comme le met en scène Assia Djebar dans le même roman cité ci-dessus, à une escapade d'amoureux, son héroïne N'fissa est montée au maquis avec son futur fiancé (nous sommes en pleine fiction !).

Qu'ont fait les maquisardes au maquis ? Quelles ont été les tâches qui leur ont été confiées ? Celles qui étaient infirmières, ou médecins

---

1. L'ARFA publiait des cahiers dénommés *Présence de femmes*, un de ces numéros a été consacré aux femmes de novembre, celles qui ont participé à la guerre. L'entretien que nous citons, celui de Drifa, se lit de la p. 6 à la p. 23.
2. Djamila Amrane, *op. cit.*, p. 87 et suiv.

comme Nefissa Hamoud, première femme médecin montée au maquis, organisaient les soins, soignaient elles-mêmes les *djoundi* quand il n'y avait pas de médecin ou qu'il tardait à venir, aidaient leurs confrères de la zone, faisaient des campagnes de vaccinations auprès des villageois, apprenaient les rudiments de santé maternelle et infantile aux paysannes. Certaines comme Mimi Ben Mohamed en wilaya 4 ont forcé le respect et l'admiration de leurs pairs[1]. Les autres ont beaucoup travaillé auprès des populations pour les organiser, les conscientiser comme Drifa, d'autres avaient des missions de contrôle comme Malika en wilaya 5[2].

Très peu d'entre elles ont tenu des postes de responsabilité, Gilbert Meynier cite, dans son ouvrage consacré au FLN, le cas d'une femme responsable de *nahiyya* en wilaya 4 et de femmes responsables de douars et même commissaires politiques en wilaya 2[3].

Ont-elles pris les armes ? Il semblerait que cela fût très rare, « dans notre région, aucune des filles n'a jamais utilisé un fusil[4] ».

Les statistiques officielles nous apprennent que 42 % des filles montées au maquis étaient infirmières ; 44 %, cuisinières ou blanchisseuses. Nous sommes donc loin de la phraséologie révolutionnaire officielle : « La femme algérienne qui a pris les armes et a combattu auprès de son frère ! »

Quels étaient leurs rapports avec leurs frères dans la promiscuité du maquis ? Voilà, encore Drifa qui nous raconte : « Nous avons été très bien accueillies. Il existait entre eux et nous un esprit de camaraderie remarquable. Bien sûr, il y avait bien quelques grincheux qui n'admettaient pas notre présence... Ils étaient agressifs et je me suis parfois accrochée avec eux. Le lieutenant nous demandait d'être souples et patientes. Mais ce fut l'exception quand même[5] ! »

Il semblerait que la situation n'ait pas été aussi sereine que Drifa veut bien le dire et que les maquisards n'étaient pas toujours aussi chaleureux. Ces hommes devaient vaincre beaucoup de préjugés et d'idées reçues pour accepter que des femmes soient présentes au même titre qu'eux au maquis, des anecdotes foisonnent dans certains des entretiens réalisés par Djamila Amrane sur l'attitude hostile, sinon méfiante, de certains d'entre eux mais, en définitive, elles finirent par se faire accepter. Cependant, tout comme leurs compagnons, elles devaient se plier à une morale rigoureuse et tatillonne, une sorte de code de l'honneur que tous devaient respecter : « [...] ah ! alors ça jamais ! Je n'ai jamais vu et je n'ai jamais entendu parler d'un djoundi qui aurait eu un geste déplacé. Vous savez,

1. *Id.*, p. 43 et suiv., et commandant Si Azzeddine, *On nous appelait fellagas*, Paris, Stock, 1976.
2. Djamila Amrane, photos présentées à la fin de l'ouvrage.
3. Gilbert Meynier, *Histoire intérieure du FLN (1954-1962)*, Paris, Fayard, p. 225 et suiv.
4. Entretien Drifa, *op. cit.*
5. Entretien Drifa, *op. cit.*

c'était vital pour le maquis. Il fallait que le comportement des hommes soit net. Autrement, ça n'aurait jamais marché. Le djoundi ne devait être ni voleur ni menteur. Il devait être quelqu'un de pur, un peu comme le compagnon du Prophète[1] ».

Toutefois, nombre de témoignages infirment cette vision un peu trop lisse et peut-être prudente – que nous retrouverons dans la recherche de Djamila Amrane –, car le sujet est délicat, mais si nous revenons au témoignage de Mohammed Benyahia et aux archives exploitées par Gilbert Meynier, des cas de viols, d'exécutions, etc., ont été constatés, tout manquement aux règles de l'interdiction des rapports sexuels dans le maquis étant très sévèrement puni

Les conflits ont existé, il n'était pas toujours facile d'accepter la présence de femmes jeunes, souvent plus instruites dans un monde masculin habitué à ses réflexes misogynes. Gilbert Meynier rapporte que dès 1956-1957 des remontrances particulièrement misogynes sont transmises au PC de la wilaya 2.

La pression de l'armée française aidant, il semblerait que ces problèmes aient été un de facteurs qui ont motivé la décision prise en 1957 de faire sortir les femmes du maquis et de les transférer en Tunisie, au Maroc ou vers des centres civils.

Mais il a existé un autre lieu et une autre forme de résistance dans laquelle des femmes algériennes vont se distinguer même si elles eurent là aussi à affronter les mêmes réflexes misogynes : ce terrain est celui de la guérilla urbaine.

Les fidaiyate et la guérilla urbaine

Quand on évoque la guérilla urbaine, l'intérêt se porte d'emblée vers la capitale, Alger, et la fameuse bataille qui s'est déroulée au cours de l'année 1957 mais toutes les villes algériennes ont connu des attentats, des hommes et des femmes y ont laissé leur vie, d'autres ont été arrêtés, ont subi les affres de la torture. Citons, parmi les femmes, les sœurs Saadane à Constantine et Maliha Hamidou à Tlemcen.

Toutefois, l'intensité des combats, le caractère symbolique et fort de tous les événements qui se déroulaient à Alger ont fait que ce sont les figures des « poseuses de bombes », les « porteuses de feu » comme les nomme Assia Djebar dans *Femmes d'Alger dans leur appartement* qui dominent. Ce sont les Djamila, Zohra, Hassiba, Djoher, Baya, Yasmina[2]

---

1. *Id.*
2. Assia Djebar a publié en 2001 un émouvant portrait de maquisarde dans son roman publié chez Albin Michel, *Une femme sans sépulture*, dans lequel elle présente les faits et gestes d'une maquisarde dont on n'a jamais retrouvé le corps dans le maquis du Gouraya.

qui ont marqué l'opinion publique en Algérie, en France et dans le monde. Elles étaient belles, courageuses, téméraires parfois, mais parfaitement conscientes de l'importance de leur mission et nombre d'entre elles sont mortes, d'autres handicapées à vie, d'autres gardent dans leur chair, leur cœur et leur esprit les stigmates de la torture et de la prison[1].

Elles vont faire l'objet d'un véritable culte médiatique, des films ont été tournés exaltant leurs combats et leurs sacrifices, un documentaire de télévision, tourné en Algérie, en brosse des portraits bien sympathiques mêlant, dans un hommage unanime, les deux figures emblématiques de la résistance des femmes, les maquisardes et les fidaiyate, ensemble dans la prison de Barberousse[2].

Hormis Zohra Drif et peut-être Hassiba Ben Bouali, qui ont eu des responsabilités auprès de Yacef Saadi, les autres étaient des exécutantes, remarquables, mais des exécutantes tout de même. Ce qui attire notre attention, aujourd'hui, des décennies plus tard, dans la participation de ces femmes à la guérilla urbaine, et qu'elles partagent avec toutes les résistantes de l'histoire contemporaine de l'humanité, c'est l'usage qu'elles ont fait de leur corps et de leur féminité comme moyen de lutte, transformant leur prétendue faiblesse en outil de résistance.

Le corps féminin dans la résistance

Alors même que, dans le maquis, le corps féminin doit être dissimulé, caché, engoncé dans un uniforme, les cheveux soigneusement dissimulés dans la casquette, pour ne pas attirer les regards, pour éviter tous les problèmes, les tentations qui pouvaient mener au pire ; alors que les femmes dans les campagnes encouraient les pires dangers parce qu'elles étaient femmes, les fidaiyate vont, bien au contraire, user d'une stra-

---

1. Ce sont les fidaiyate d'Alger qui ont défrayé la chronique, on trouvera les faits et gestes de ces femmes dans les ouvrages de Djamila Amrane, ceux du commandant Azzedine déjà cités et celui de Yacef Saadi. Quatre décennies plus tard, alors que la question du terrorisme défraie la chronique, la chaîne franco-allemande Arte a diffusé une série d'émissions les 2 et 4 septembre 2003 consacrées aux premières actions terroristes depuis celles de l'Irgoun jusqu'à celle du 11 septembre 2001, en passant par celles attribuées aux différents mouvements de libération nationale qui ont vu le jour au siècle dernier, et c'est au cours d'une de ces émissions que Zohra Drif eut à se prononcer sur les conséquences des actions menées par les poseuses de bombes en affirmant avoir eu toujours présent à l'esprit les victimes civiles, mais qu'elles n'avaient pas le choix, car c'était leur combat et la dure réalité de la guerre.

2. Qui ne se souvient du film de Giulio Pontecorvo, celui de Youssef Chahine sur Djamila Bouhired à qui Nezzar Qabbani a consacré un poème ; en outre, le réalisateur algérien Hadj Abderrahim leur a consacré un beau documentaire, *Barberousse, mes sœurs*, diffusé il y a quelques années par la télévision algérienne. Assia Djebar les a immortalisées par le portrait de Nadjia dans *Les Alouettes naïves*.

tégie différente et faire de leur corps un atout, sinon un moyen de résistance[1].

Belles, jeunes, dévoilées, habillées à l'européenne, séductrices, Djamila, Zohra, Djoher, Baya et les autres n'auront aucun mal à passer tous les barrages et obstacles érigés par les parachutistes français autour de la casbah et dans toute la ville, du moins là où la population musulmane dominait, elles pouvaient facilement passer pour des Européennes dont elles usurpaient l'identité, elles étaient capables de conduire une voiture comme elles et de revenir à leur identité première sans coup férir, telle Malika Ighilahriz, agent de liaison à l'époque : « C'est à ce moment-là que j'ai commencé à conduire. Les frères ont mis à ma disposition une grosse voiture américaine, une De Soto, j'avais de faux papiers au nom de Martine, je ne sais plus quel était le nom patronymique. J'avais les cheveux au vent, je passais les barrages avec de grands sourires. Pour rentrer à la Casbah, je stationnais boulevard de la Victoire, juste à côté de Barberousse, près de la gendarmerie. On me voyait descendre de la voiture, à la française, j'entrais dans un immeuble où je mettais mon voile et ma voilette, je ressortais voilée et descendais la Casbah. Je déposais ce que je devais remettre et reprenais ce qu'il fallait sortir de la Casbah, des messages, des armes. Et je refaisais le même manège. Dans le couloir d'un immeuble, j'enlevais le voile, je remettais mon rouge à lèvres, mes lunettes, je sortais et je remontais dans ma belle voiture[2]. »

Zohra, raconte, dans la même veine, une autre anecdote : « Lors de la première rafle qui a lieu à la casbah, un employé des tramways, parti très tôt à son travail, nous a fait avertir que la casbah était bouclée. Ali qui avait été maçon venait de finir une cache chez les B. H., trois ou quatre personnes pouvaient y tenir accroupies. Nous avons fait passer les frères chez les B. H. et nous sommes restées rue de la Grenade. Dans la maison où nous étions, avait été commencée la construction d'un laboratoire de bombes sur la terrasse. Il ne fallait pas qu'ils montent sur la terrasse, nous devions les en empêcher. Oukhiti a préparé le café, une bonne odeur de café à sept heures du matin. Nous avons mis de la musique classique au poste, nous nous sommes pomponnées. Quand ils sont arrivés, l'odeur du

---

1. « Dans la résistance civile, le corps est bien moins normé, même ceux et celles qui sont fragiles ou qui ont des limitations physiques peuvent trouver un espace d'action à leur mesure ; en ce cas, le corps n'a que rarement le besoin et la possibilité de se cacher ; au contraire, il est souvent au premier plan afin d'être vu et évalué ; parfois il se démultiplie en masse, pour faire pression ; dans la plupart des cas, il se propose comme image individuelle, et c'est tant mieux si cette image est féminine. Le corps des femmes apparaît en effet comme un corps non pas offensif mais défensif, plastique, capable de se dérober avec adresse ; sans la prothèse que représente l'arme, il peut se transformer en arme psychologique ; il peut être joué selon des scénarios sociaux, se travestir selon les nécessités du moment avec beaucoup plus de vraisemblance que le corps masculin », *in* Anna Bravo, *op. cit.*, p. 44.

2. Djamila Amrane, *op. cit.*, p. 147-151.

café, la musique, les filles délurées… Oukhiti leur offrait du café, il fallait qu'ils acceptent, qu'ils ne montent pas plus haut. »

Elles savaient, aussi, changer d'aspect, se couper les cheveux, les teindre, se déguiser en garçon, exploiter toutes les possibilités que leur offrait leur corps. Le corps des fidaiyate servait, aussi, de cache pour les armes, elles pouvaient les dissimuler dans les multiples plis de leur robe, sous leur voile. Le voile que la musulmane algérienne devait porter pour sortir – très peu de femmes osaient braver l'interdit et sortir sans – devenait un formidable moyen de résistance, même les hommes y auront recours pour échapper aux soldats et gendarmes français. Grâce à lui, elles ont pu se mouvoir plus facilement que les hommes qui, ô comble de l'ironie ! restaient cloîtrés dans les maisons ou dans les caches construites à cet effet. « La Casbah était quadrillée, les frères auraient été immobilisés si nous n'étions pas là. Nous vivions la même vie, mais sur le plan de l'activité nous avions une vie plus intense qu'eux parce que nous pouvions nous déplacer voilées. C'est eux qui se trouvaient cloîtrés. À un moment, on les voilait pour qu'ils puissent sortir, ils devaient se couler en nous pour mettre le nez dehors[1]. »

Le corps féminin et les vêtements prenaient une autre dimension, ils n'avaient pas les mêmes fonctions, ils les transcendaient pour servir la résistance.

Mais comme toute médaille a son revers, ce corps qui se voulait arme et subversion pouvait, hélas, être victime, tombé dans les mains de l'ennemi, subir l'horreur et la violence suprême de la part des tortionnaires, être profané dans son honneur et sa virginité, exposé nu au regard des inconnus. La plupart de ces femmes, maquisardes, fidaiyate, résistantes civiles dans les villes et les campagnes, ont subi l'horreur dans leur corps, très peu d'entre elles ont osé lever le tabou du viol[2] et, pour celles qui ont survécu, les séquelles de ce qu'elles ont subi persistent et, malheureusement, nombre d'entre elles continuent à souffrir en silence.

En parler, c'était lever un tabou et dire l'indicible alors même que tout dans leurs actions et leurs engagements était transgression et tabou car, en définitive, s'il fallait caractériser cette brutale intrusion des femmes dans le monde de la guerre, deux mots nous viennent à l'esprit, transgression et subversion ; transgression et subversion d'un ordre fondé sur la séparation implacable et, en principe, infranchissable, entre l'espace privé des femmes et l'espace public, celui des hommes, mais cette subversion que la situation de guerre permet ne se réduira pas au franchissement de cette frontière, elle a concerné d'autres frontières qui, elles aussi, semblaient infranchissables,

---

1. *Id.*, p. 137.
2. Depuis la guerre de Bosnie, nous savons que le viol peut être utilisé comme arme de guerre. En Algérie, à cette époque, le viol a été perpétré dans les maquis aussi bien par les soldats français que par les maquisards. Nous savons aussi que nombre de fidaiyate et de femmes arrêtées dans les villes ont été violées au cours des séances de torture. Malheureusement, aujourd'hui, nous voyons resurgir le phénomène par les viols perpétrés par les groupes armés.

celles de la religion et de l'ethnie, puisque des femmes chrétiennes, juives, Françaises d'Algérie et Françaises de souche, militantes catholiques et laïques, vont se retrouver aux côtés de leurs sœurs musulmanes pour combattre.

Les femmes dans la guerre : subversion de l'ordre et transgression des frontières

Espace privé ou espace public ? Où sont les femmes ?
La participation des femmes dans la guerre
perturbe l'ordre patriarcal

Héberger des hommes inconnus chez soi, perturber l'agencement ancestral des maisons traditionnelles, organiser des réunions, installer des caches pour les militants et les armes, des ateliers pour confectionner les bombes, imaginer des mises en scène pour berner l'ennemi, sortir de chez soi, voilée ou dévoilée, prendre les armes à la ville comme dans les maquis, se déguiser en homme, aider les hommes à se déguiser en femmes, marcher auprès d'un inconnu, jouer la comédie des amoureux sur un banc public, faire des fêtes familiales des meetings, etc. ; ce sont là des actions qui ont perturbé un ordre que beaucoup croyaient immuable, elles ont créé « une zone limite où se différencient et se superposent (dans le même temps) sphère publique et sphère privée, une zone intrinsèquement mouvante, que la guerre fait bouger jusqu'à la faire sortir de ses points d'ancrage conventionnels. Les femmes manipulent systématiquement ces frontières. Elles écrivent et impriment à l'intérieur de maisons qui deviennent à la fois lieu d'habitation et centre de résistance. Elles entraînent parents et voisines, nouent des relations personnelles dans des lieux publics et utilisent des lieux privés pour établir des contacts politiquement utiles. Elles transforment les rencontres amicales en réunions, les paliers en petits espaces de propagande, un inconnu en fils, en mari, en amoureux, un livre en cache de revolver, leur propre corps en cache de documents ou d'explosifs. Si le jeu réussit, c'est parce que l'association femmes-sphère privée règne encore (toujours chez nous !) sur le plan symbolique se trouvant même renforcée par la guerre. Autrement dit, les femmes font un usage savant de ce stéréotype, introduisant dans l'univers des armes les armes de la sphère privée, personnelle : séduction, appel aux sentiments, démonstrations de fragilité, impudence calculée, parfois tactique du petit cadeau offert à l'ennemi en signe de paix, exhibition fréquente du rôle maternel[1] »...

Ces femmes ne sont pas seulement sorties de chez elles, ce qui, en soi, est déjà transgression de la règle, mais elles ont su utiliser, dans ce dehors, leurs propres méthodes, leurs propres armes, celles qu'elles ont apprises dans les limites du monde de la maison, du monde des femmes mais elles

---

1. Anna Bravo, *op. cit.*, p. 44.

ont, aussi, introduit dans leur monde les comportements du dehors, des autres (à la fois, ceux des hommes et ceux des autres, les étrangères) et elles ont, ainsi, ouvert la voie à leurs cadettes et, surtout, démontré qu'il était possible de créer un autre monde que celui dans lequel elles et leurs mères ont vécu, un monde où les relations entre les deux sexes seraient différentes, un monde où elles seraient les égales des hommes, elles qui ont vécu comme eux toutes les situations de la guerre, les victoires comme les défaites, la torture et la prison, un monde plus juste, plus fraternel, plus tolérant car elles ont aussi, parfois à leur corps défendant, connu dans leurs épreuves d'autres femmes différentes, étrangères à leur monde qui ont milité comme elles, pris les armes comme elles, souffert dans leur chair comme elles, été emprisonnées comme elles et, souvent, avec elles dans la même prison. Si la guerre leur a permis de perturber l'ordre établi par les hommes, elle leur a fait prendre conscience que la résistance n'avait pas de frontières, qu'elle dépassait celles de leur communauté et concernait d'autres femmes qui partageaient avec elles les mêmes idéaux de liberté, d'émancipation et de justice.

Des Françaises dans la guerre ?
La lutte pour la liberté et la justice n'a pas de frontières

Djamila Amrane cite, dans sa thèse, un certain nombre de Françaises, cinq mais elle ne consigne, dans son livre d'entretiens, que le parcours de quatre d'entre elles, Jacqueline Minne-Guerroudj, Éliette Loup, Rose Serrano et Annie Steiner ; elle omet celui de Lucette Laribère-Hadj Ali qu'elle classe parmi les militantes musulmanes et non pas parmi les quatre autres qui sont classée sous la rubrique « militantes d'origine européenne[1] ».

Nous sommes, pour suivre le parcours de ces femmes, redevable au travail d'Andrée Dore-Audibert[2] qui, elle, a pu rencontrer vingt-deux d'entre elles qui ont accepté d'être interviewées et de revenir sur une période de leur vie, certes exaltante mais lourde de déchirements et de douleurs, l'engagement ayant, pour beaucoup d'entre elles, signifié que la rupture avec leur communauté d'origine était définitivement consommée :

« Ces femmes sont d'origines diverses : filles de colons qui s'opposent à leur milieu conservateur, de républicains espagnols, d'instituteurs, de Berbères judaïsés. Elles expriment leur engagement en ces termes : "C'est l'injustice constatée depuis mon plus jeune âge qui m'a poussée à entrer aux Jeunesses communistes" (Gaby Jimenez) ; "C'est la misère des femmes et des enfants" (Joséphine Carmona) ; "Le spectacle de la misère m'était insupportable. La misère, les haillons, les pieds nus, c'était l'image habituelle que nous observions tous les jours. Enfant, on ne comprend pas, on ne juge pas, mais on regarde" (Annie Steiner)... Le mobile essentiel de ce désir de chan-

---

1. Djamila Amrane, *op. cit.*
2. Andrée Dore-Audibert, *Des Françaises d'Algérie dans la guerre de libération*, Paris, Karthala, 1995.

gement reste le refus du maintien du système colonial en place dans un pays qu'elles considèrent comme le leur. Jacqueline Guerroudj parle de son engagement : "un tel engagement ne pouvait être que total : une fois qu'on a choisi son camp, on va jusqu'au bout, et on accepte ce qui en découle". Éliette Loup va dans le même sens en déclarant à propos des tortures : "On sait au départ à quoi on s'engage"[1]. »

La plupart d'entre elles étaient des militantes civiles en ville et dans les campagnes, elles ont assuré le soutien logistique des activistes tout comme leurs consœurs musulmanes, certaines ont été fidaiyate et ont participé aux actions armées en ville, d'autres, une minorité, sont incorporées dans l'ALN ; parmi elles, celles qui, recherchées par la police en ville, vont se réfugier au maquis[2].

Gaby Jimenez, Joséphine Carmona, Lucette Laribère, Éliette Loup, N. P., dénommée « la petite », Colette Grégoire, alias Anna Gréki, militantes civiles ou moussebilate, membres de l'UFA et du PCA, à Oran, forment un groupe militant très actif. Hormis Lucette Laribère qui a pratiquement vécu pendant toute la période de la guerre dans la clandestinité, toutes les autres ont été arrêtées, horriblement torturées, emprisonnées, elles ont connu les autres militantes musulmanes et européennes qui ont combattu pour la même cause sans partager les mêmes convictions. Nous faisons allusion, ici, aux autres Françaises (certaines d'entre elles sont des Françaises de souche) chrétiennes, laïques, membres de l'action sociale, syndicalistes telles Annie Steiner, Évelyne Lavalette, Jocelyne Chatain, Jeanne-Marie Frances, Annick Pailler-Castel, S.M.R., Blanche Masson-Moine qui a été torturée à la limite de la vie, et Henriette Placette.

Ces femmes ont eu à jouer les mêmes rôles que nous avons connus avec les Algériennes musulmanes, comme elles, elles ont souffert, connu les mêmes tourments et inquiétudes pour leurs proches condamnés à mort, le destin de Juliette Garcia-Falcone et Hélène Iveton, est, à cet égard, exemplaire. Plus exemplaire encore a été le destin de Jacqueline Minne-Guerroudj et de sa fille Danièle, Djamila Minne-Amrane, l'une fidaiya, l'autre maquisarde à seize ans, Françaises de souche, militantes communistes, la mère est condamnée à mort, la fille emprisonnée, elles font partie, par le remariage de Jacqueline avec A. Guerroudj, d'une famille de militants chevronnés.

Mais plus étonnant et exemplaire encore a été la présence de ces femmes au maquis, l'une, connue, Myriam Ben, célèbre poétesse d'origine juive (morte à la fin des années 1990), s'est engagée dans le maquis rouge[3], et l'autre, moins connue, Raymonde Peschard, est morte au maquis. Andrée Dore-Audibert nous narre son histoire édifiante à plus

---

1. Andrée Dore-Audibert, *op. cit.*, p. 263.
2. *Id.*, p. 155.
3. Maquis constitué par le Parti communiste algérien dans le massif de l'Ouarsenis. Voir Andrée Dore-Audibert, *op. cit.*, p. 173.

d'un titre : « Raymonde Peschard a dû prendre le maquis parce que injustement accusée. Le quotidien algérien francophone *Le Matin* nous raconte son épopée : assistante sociale à l'EGA, née en 1929 à Saint-Eugène dans une famille de cheminots, père chef de gare au chemin de fer d'Algérie, Raymonde Peschard milite au Parti communiste algérien, à l'Union des femmes d'Algérie et au comité de lutte contre la répression dans les années 1950. Cette activité lui valut d'être expulsée de Constantine le 5 juillet 1955. Interdite de séjour dans l'Oranie et le Constantinois, elle se fixe à Alger et reprend son travail aux œuvres sociales de l'EGA. Elle est faussement accusée par les parachutistes français d'avoir remis une bombe à Fernand Iveton, elle devient la mystérieuse blonde qui fait la une des journaux des colons. Obligée de passer dans la clandestinité, elle rejoint le maquis pour soigner les blessures des moudjahidines et porter assistance aux femmes et aux enfants des douars où elle prend le nom de Taous[1].

Danièle Minne témoigne des derniers instants de la vie de Raymonde Peschard : « Je n'ai connu Taous que quelques jours avant sa mort. Si Boudjema, un ancien bandit d'honneur, doyen de notre groupe, était aux petits soins avec elle. Je pense qu'il savait qu'elle était d'origine européenne, il était plein d'admiration pour elle et lors d'une veillée il avait demandé à Taous de chanter, elle aussi. Elle avait chanté *Les Feuilles mortes*, le poème de Prévert, elle en connaissait toutes les paroles et avait une belle voix. Nous étions une vingtaine, nous ne nous connaissions pas tous. Lorsque Taous a chanté, nous nous sommes tus et une profonde tristesse nous a envahis[2]. » Elle est morte au cours d'un accrochage en 1957 dans la région de Bordj Bou Arreridj.

Certaines de ces femmes sont restées en Algérie après l'indépendance (ou revenues après avoir été expulsées par les autorités en France), ont épousé des Algériens, ou sont restées avec leurs époux français, eux-mêmes engagés dans la lutte ; les autres sont restées en France ou ont quitté l'Algérie pour la métropole ; la plupart n'ont plus eu d'activités politiques. Blessées, fatiguées, beaucoup ont eu une vie difficile, dans la solitude, peinées de voir le pays pour lequel elles se sont battues se déchirer, sans jamais cependant remettre en cause leur engagement.

Le plus grand hommage que nous puissions rendre à ces femmes, que notre histoire officielle a ostensiblement ignorées au nom d'une écriture communautaire de l'histoire, c'est de les faire connaître aux générations de l'indépendance pour qu'elles comprennent qu'il était possible de construire une autre Algérie. Mais dans l'Algérie tourmentée de la guerre, d'autres femmes ont franchi la barrière des communautés des femmes musulmanes, ce sont les femmes de ménage qui ont travaillé dans les familles européennes.

---

1. *Le Matin* du 25-11-1991, cité par Andrée Dore-Audibert, *op. cit.*, p. 166.
2. Andrée Dore-Audibert, *op. cit.*, p. 167.

Les femmes de ménage « otages » des deux communautés

Contraintes par le besoin et les nécessités implacables de la vie, souvent chefs de famille, non qualifiées, elles sont allées travailler dans les familles européennes, ce sont les *fatmas* comme avaient coutume de les appeler les Français d'Algérie.

Elles étaient nombreuses à quitter leurs quartiers musulmans au petit matin, voilées, afin de passer inaperçues aux yeux des voisins qui ne voyaient pas toujours d'un bon œil ces femmes qui allaient fréquenter les *roumis* pour subvenir aux besoins de leur famille.

Elles ont, comme la majorité de leurs consœurs, aidé, cotisé, et, surtout, de par leur position au sein de la communauté européenne, renseigné les activistes sur les mouvements et les activités des Européens qu'elles côtoyaient et elles ont, hélas aussi, été les victimes de zélotes parmi les nationalistes qui les sommaient de quitter leur travail et de ne plus servir l'ennemi[1]. Prises en otage entre les deux communautés, nombre d'entre elles ont été assassinées entre mai et juillet 1962 au cours du déchaînement de la violence des pieds-noirs attisée par les activistes de l'OAS[2]. Elles n'ont cependant aucunement profité des mannes de la Libération. Beaucoup d'entre elles sont restées femmes de ménage et ont travaillé, dans le meilleur des cas, dans les administrations et les entreprises publiques du jeune État, mais certaines d'entre elles ont connu la rigueur du travail chez leurs propres concitoyens[3].

Nous voyons, donc, en conclusion, que la transgression des normes de leurs communautés respectives et la subversion de l'ordre qui en a résulté ont été payées au prix fort : par le sacrifice suprême, la mort, par les atteintes à leur intégrité physique et psychique au cours des séances de torture, la prison, par les séquelles des combats et de la vie dure dans les maquis mais aussi, surtout, par la rupture qu'elles ont entreprise, consciemment ou non, avec leur façon de vivre traditionnelle, avec leur famille, leur milieu. Elles avaient fait le grand saut, elles « avaient rompu les digues » comme le dit une des fidaiyate d'Alger, Baya Hocine, et « ces digues se sont remises », elles ont été reconstruites[4].

Toutes ces femmes exceptionnelles ont été sommées de retourner à leur foyer, à leurs tâches de mère, d'épouse, de sœur et de fille, la guerre était finie et l'objectif atteint, la patrie était libre et souveraine. Les femmes devaient reprendre leur place dans la société algérienne, leur seule et véritable place, dans leur foyer comme le conseille, déjà, en 1959, une brochure diffusée par la wilaya 4, qui demande à la femme algérienne « d'assumer sa

---

1. Caroline Brac de La Perrière, *Derrière les héros... Les employées de maison musulmanes en service chez les Européens à Alger pendant la guerre d'Algérie (1954-1962)*, Paris, L'Harmattan, 1987.
2. *Id.*, p. 173 et suiv.
3. Caroline Brac, *op. cit.*, p. 183 et suiv.
4. Djamila Amrane, *op. cit.*, p. 144-145.

responsabilité vitale : c'est-à-dire gérer les affaires de son foyer qui est la première école où se forment l'amour et la quiétude et qui prépare la géné-ration future[1]... ».

Le réveil a été brutal et elles vont connaître des lendemains désen-chantés et l'amertume de la défaite ; la chape de plomb était retombée.

Le reflux de l'après-guerre
« C'est fini, rentrez dans vos foyers ! »

Les chefs de guerre sont rentrés après la proclamation de l'indépendance le 5 juillet 1962, ils se sont battus pour le pouvoir, ils se sont entretués et les femmes sont sorties dans la rue pour proclamer « sept années, ça suffit » mais elles ont été les grandes perdantes de la folie des hommes. Aucune femme n'a pu accéder à un quelconque poste de responsabilité, même la proposition de Houari Boumédiène, le chef d'état-major de l'ALN, de retenir Nefissa Hamoud comme membre du CNRA (Conseil national de la révolution algérienne) n'a pas été retenue[2].

Elles sont d'emblée exclues, elles ont accompli leur devoir, elles ont gagné la gratitude de tous leurs compatriotes, mais rien de plus ! Et, puis que pourraient-elles demander, revendiquer des droits ? Mais elles les ont acquis par leur participation à la lutte pour la libération de leur patrie !

Dès 1958, le journal *El Moudjahid* considère que « l'Algérienne n'attend pas d'être émancipée, elle est déjà libre parce qu'elle a participé à la guerre de libération dont elle est aujourd'hui l'âme[3] ». N'a-t-on pas entendu Mohammed Khider, un des chefs du FLN, répondre à Djamila Boupacha qui l'interrogeait sur le devenir des militantes et des femmes dans la nouvelle Algérie : « Mais, madame, après l'indépendance, les femmes doivent revenir à leur couscous[4] ! », signifiant ainsi sa vision de la place de la femme dans la société, vision qui était celle des dirigeants et des hommes qui prenaient en main les destinées du jeune État.

Le rigorisme, le moralisme fondé sur une vision conservatrice de la reli-gion qui a servi d'idéologie de consensus au FLN durant la guerre vont être le fondement de l'État algérien engagé dans une immense tâche de recons-truction d'un pays dévasté, d'infrastructures à remettre en marche, de refondation d'une société qui a été soumise à une entreprise de dépersonna-lisation et d'acculturation extrêmes. Et le rôle de la femme était précisément de s'atteler à éduquer les nouvelles générations dans le respect de nos tradi-tions, de nos mœurs, de nos us et coutumes, elles étaient les gardiennes des

---

1. Gilbert Meynier, *op. cit.*, p. 227.
2. *Id.*, p. 230.
3. Monique Gadant, *op. cit.*, p. 134.
4. Peter Knauss, « Algerian Women since Independence », *in* Jp Entelis/Pc Naylor (1992), *State and Society in Algeria*, Westview, Boulder Colorado.

traditions et devaient le rester et, donc, retourner à leur foyer pour jouer ce rôle ô combien sublime !

Il suffit de revenir aux textes fondateurs du FLN pour réaliser que la promotion des femmes et leur émancipation n'étaient pas à l'ordre du jour, pis, c'est plutôt une vision misogyne et conservatrice qui a prévalu ; dans la plate-forme de la Soummam, en 1956, les références aux femmes et au mouvement féminin sont reléguées à la fin du texte et assignent à ces dernières des tâches qui étaient en retrait par rapport à celles qu'elles assumaient auparavant[1].

Le programme de Tripoli, en 1962, ne déroge pas à la règle, le paragraphe sur les femmes est placé en dernière position et, comme l'observe Gilbert Meynier : « Le texte de Tripoli notait bien les attitudes "négatives" envers les femmes, mais sans leur accorder une place spécifique, envoyées qu'elles étaient dans la partie "réalisations des aspirations sociales des masses", en cinquième et dernière position. Mais aucune analyse n'était même esquissée sur le sujet. Rappelons qu'à Tripoli il fallait faire œuvre consensuelle. Il n'y avait que des hommes au CNRA et au CNRA les guerriers eurent toujours le dernier mot[2]. »

Rien, dans les actes des responsables en 1962 n'allait contrarier cette orientation de la société vers la préservation de l'ordre patriarcal, la brèche de la guerre devait être fermée et la parenthèse de la relative liberté des femmes définitivement close. Mohammed Harbi, dans son introduction à l'ouvrage de Monique Gadant sur *Le Nationalisme algérien et les femmes* apporte une appréciation très intéressante de l'idéologie qui a prévalu au FLN : « La révolution nationaliste sous l'égide du FLN fut décevante. Elle rassemblera des courants issus de divers mouvements résolus à agir ensemble en mettant de côté les problèmes de société. Dans ce regroupement, les partisans de l'abolition du statut personnel ne sont pas légion. Cette juxtaposition de courants divergents sur la question de l'égalité des sexes s'est avérée la cause principale de l'occultation de la domination des hommes et de l'incapacité à réaliser la clarification indispensable en cas de conflit entre conservateurs et novateurs sur le droit familial. Les femmes qui saisirent l'occasion de la guerre d'Indépendance pour se soustraire à l'oppression familiale ou pour entrer en tant qu'actrices sur la scène publique ne connaîtront pas le décloisonnement de la répartition des rôles selon le sexe[3]. »

Ce retour au bercail ne se fera pas sans résistances mais, comme l'observe toujours Mohammed Harbi : « Comme toutes les sociétés en guerre, la société algérienne est une société effervescente. Les nécessités de la survie appellent à un relâchement du contrôle de la société masculine sur les femmes. Il en découlera une marge d'autonomie, l'esquisse dans la

1. Djamila Amrane, *op. cit.*, p. 253.
2. Gilbert Meynier, *op. cit.*, p. 229.
3. Monique Gadant, *op. cit.*, p. 6-7.

confusion de revendications propres ayant pour but l'abolition du statut personnel. Il faudra bien des efforts, la répression et la promotion sociale, pour avoir raison des résistantes après 1962 et les éliminer de la scène publique. Désormais l'émancipation des femmes sera soumise aux objectifs prioritaires du développement[1]. »

Mohammed Harbi lui-même considérait à l'époque « qu'il y avait une hiérarchie de problèmes et qu'avec le socialisme tout se réglerait[2] », développant une vision qui ne manquait pas de romantisme et d'idéalisme révolutionnaires, mais les forces passéistes et rétrogrades étant plus fortes[3], la question ne fut plus à l'ordre du jour.

Est-ce à dire que ce moment exceptionnel de la participation des femmes à la guerre allait, comme cela, facilement, passer aux oubliettes de l'Histoire et que les intéressées elles-mêmes allaient se résigner, rentrer dans le rang et ne plus réagir aux événements qui concernent leur pays ?

Il faut d'emblée reconnaître que pour beaucoup d'entre elles, l'indépendance était un but en soi et qu'elles ne percevaient la victoire que dans l'avènement d'un avenir radieux pour elles et pour tous les Algériens, et elles ont gardé un souvenir impérissable de ce moment. Fatiha Hermouche nous dit : « J'ai gardé un excellent souvenir de cette période qui, avec toutes ses difficultés, a été très enrichissante[4]. »

D'autres, comme Djamila Briki, pensent que « plus rien ne sera comme avant, que les choses ont changé, les femmes sont sorties et elles ne rentreront plus ! Nous avons repris le même genre de vie, mais avec des améliorations. Je ne pense pas qu'il y ait beaucoup de militants qui ont remis leurs femmes à la maison sans sortie. Cette femme sur laquelle il ne comptait pas avant d'être arrêté, cette femme qui n'était capable de rien du tout, sauf de rester à la maison et de faire des enfants, il a vu qu'elle pouvait non seulement se débrouiller en son absence, mais aussi l'aider et militer tout en s'occupant des enfants. Nos rapports ont changé[5] ».

Zohra Drif, plus politique, considère que la femme a prouvé qu'elle pouvait agir sans attendre d'y être autorisée : « En vérité, la place de la femme est celle qu'elle a voulu prendre et que ses capacités lui ont donnée. À mon sens, nous avons prouvé que si nous décidions d'entreprendre une action, il n'y a pas d'empêchement majeur dans notre société[6]. »

Mais il faut reconnaître que, pour la majorité d'entre elles, l'avènement de l'indépendance n'a rien changé, beaucoup n'ont même pas demandé

---

1. *Id.*, p. 7.
2. Monique Gadant, *op. cit.*, p. 92.
3. L'hostilité des oulémas s'est manifestée à maintes reprises contre l'option progressiste et socialiste choisie par le nouvel État. De plus, la prégnance du fonds populiste, conservateur et rétrograde dans la société était trop forte.
4. Djamila Amrane, *op. cit.*, p. 61.
5. *Id.*, p. 215.
6. *Id.*, p. 138-139.

leur attestation communale, telle Drifa que nous avons rencontrée[1], Baya Laribi qui avait vu au maquis la misère des campagnes, dit, désabusée et honteuse : « L'indépendance... Je voyais partout le mieux-être pour les gens des douars. Je suis entrée dans les douars, j'ai revu les familles et les femmes de maquisards qui sont dans le même état lamentable. Mais à quelle porte taper ? Après, j'avais tellement honte que je n'y suis plus retournée, je me suis recroquevillée dans mon petit coin[2]. »

Le retrait de ces femmes de la politique n'a pas permis qu'elles agissent plus efficacement pour l'amélioration de la vie de leurs compatriotes, elles ont été marginalisées sans pouvoir réellement peser sur l'évolution des choses, pis encore, la situation des femmes dans les campagnes n'a pas beaucoup évolué, celle des petites gens non plus, comme l'observe Halima Ghomri, désenchantée : « L'indépendance... J'espérais que nous serions tranquilles, heureux. Mais rien de cela n'est arrivé. J'espérais que mes enfants étudieraient, travailleraient. Nous n'y sommes pas arrivés. Nous étions des travailleurs toujours nécessiteux, travaillant la terre. Tout ça est resté pareil. La seule chose, c'est que nous sommes libérés, la guerre est finie, nous travaillons sans la peur mais à part ça rien n'a changé[3]. »

L'indépendance a été confisquée par les prédateurs qui ont mené le pays au désastre et la grande faute des femmes a été d'avoir failli au devoir de mémoire, de transmission comme le reconnaît Fatima Benosmane-Zekkal : « Il y a au moins une faute que nous avons faite, nous les militantes : nous n'avons pas essayé d'expliquer aux jeunes ce qu'a été la guerre de libération. C'est une grosse lacune, nous n'avons pas donné aux jeunes ce qui aurait permis de juger à sa vraie valeur cette période. Nous ne leur avons rien donné pour sauvegarder nos acquis. Nous avons lutté pour l'indépendance et une fois l'indépendance gagnée, nous sommes parties chacune de notre côté. Chacune est rentrée tout doucement chez elle, se disant : laissons les autres se débrouiller. Il n'aurait jamais fallu dire : *sebaa snin barakat*[4]. »

Mais l'auraient-elles voulu qu'elles n'auraient pas pu le faire, elles étaient fatiguées, livrées à elles-mêmes, sans aucune aide, elles avaient milité mais sans penser à ce qui allait en advenir. Écoutons Baya Hocine l'exprimer d'une manière poignante : « 1962, c'est le grand trou, le trou noir, avant c'était la grande aventure, et puis... Se retrouver seule. Je ne sais pas comment cela s'est passé pour les autres sœurs, mais moi je n'avais pas de perspectives politiques immédiates en tête. 1962, c'est le plus grand soulagement, la fin de la guerre, mais en même temps c'est la grande frayeur. En prison, on a tellement l'impression que l'on sortira, il y aura des grands frères, que l'on sortira, on fera l'Algérie socialiste... Et puis, on voit une Algérie qui se fait pratiquement sans nous... sans que

---

1. Entretien Drifa, *op. cit.*
2. Djamila Amrane, *op. cit.*, p. 80.
3. *Id.*, p. 103.
4. Djamila Amrane, *op. cit.*, p. 24.

personne pense à nous. Pour nous, c'était pire qu'avant, parce que nous avions rompu les digues et c'était très difficile pour nous de faire marche arrière. En 1962, les digues se sont remises en place, mais d'une manière terrible pour nous. Elles s'étaient remises en place en nous excluant. Parce qu'avant nous n'étions pas rejetées. Et puis, il y a un autre problème, c'est celui de notre santé, personne ne s'est inquiété de notre santé[1]. »

La solitude a été le lot de l'immense majorité de ces femmes mais quelques-unes, soudées par les épreuves et/ou par le passé commun de militantes, ont maintenu les contacts et développé une conscience de groupe élevée, c'est tout naturellement qu'elles ont répondu à l'appel de leurs cadettes pour s'opposer avec elles à la promulgation du code de la famille en 1981. Une minorité d'entre elles, qui ont pu soit continuer leurs études, soit reprendre leurs activités, ont investi un certain nombre de secteurs d'activités, professions libérales comme la médecine ou la justice, les affaires industrielles et/ou commerciales[2].

Nous citerons les exemples les plus emblématiques à nos yeux mais qui ne doivent pas être l'arbre qui cache la forêt, celles qui ont eu, à un moment ou un autre, des activités politiques comme Nefissa Hamoud, Mamia Chentouf, premières dirigeantes de l'Union nationale des femmes algériennes[3]. Nefissa Hamoud, ancienne maquisarde de la wilaya 3, morte il y a quelques mois, a été nommée ministre de la Santé en juin 1991 sous le gouvernement Ghozali, mais elle démissionnera en octobre de la même année alors que sa collègue, infirmière au maquis, Mériem Belmihoub a occupé sous le gouvernement Abdesselam le poste de ministre conseiller auprès du chef du gouvernement chargé des affaires administratives et juridiques de 1993 à 1994. Cette dernière a été nommée entre 1997 et 2002 sénateur dans le tiers présidentiel, elle est elle-même avocate de profession tout comme Zohra Drif qui est, toujours, sénateur depuis 1997.

D'autres, malgré leur mobilisation en 1981, n'ont pas eu la même vision de l'engagement politique, Jacqueline Guerroudj souligne, à cet effet : « Sur le plan politique, les choix des objectifs à atteindre, et surtout, les moyens à mettre en œuvre pour y parvenir, étaient trop différents pour que nous puissions nous regrouper en Algérie au sein de ces organisations existantes dont beaucoup étaient contestées. Nous nous sommes mobilisées sans succès contre le code de la famille que nous a imposé le FLN en 1984, pour la démocratie, contre la torture, etc. Malgré notre désir de solidarité, nous ne formions pas un bloc politique et la moindre tentative de caporalisation a pour effet de démobiliser nombre d'entre nous[4]. »

---

1. *Id.*, p. 145-146.
2. Voir dans le premier ouvrage de Djamila Amrane, dans son dernier chapitre, les détails du parcours de ces femmes après la guerre.
3. Ou UNFA, organisation satellite du FLN créée en 1963. Ces deux femmes étaient déjà avant-guerre dirigeantes de l'Amicale des femmes musulmanes d'Algérie (AFMA).
4. Andrée Dore-Audibert, *op. cit.*, p. 263-264.

Mais il faut reconnaître que toutes ces femmes représentent une sorte de conscience pour la nation tout entière. Le grand respect qu'elles suscitent au sein de la population, le prestige immense et la force symbolique dont elles jouissent leur ont permis lors des manifestations de femmes en 1989 et 1990 de faire reculer les forces de l'ordre qui voulaient charger les manifestantes[1].

Il est vrai que ces dernières années les anciennes moudjahidate sont de toutes les batailles : pour les droits de l'homme, contre la torture, contre le terrorisme, mais elles ne constituent pas un véritable groupe politique, tout au plus un groupe de pression. Dernièrement, en ce début de siècle, elles sont revenues au-devant de la scène à la faveur de la médiatisation du dossier de la torture durant la guerre, et les Algériens ont découvert d'autres figures comme Louisa Ighilahriz[2], mais nous avons été étonnés de ne pas entendre les autres moudjahidate. Il semblerait que cette question soit toujours pour elles délicate et douloureuse, elles veulent définitivement chasser leurs démons d'autant plus que d'autres démons sont venus hanter les nuits des Algériennes pendant la dernière décennie du siècle dernier !

Il reste que, par leur courage et leur formidable engagement, elles nous ont ouvert le chemin et balisé la route afin que nous puissions poursuivre notre longue et difficile marche pour la conquête de notre identité politique et de notre statut de citoyenne. Nous devons, nous, filles de l'indépendance, en hommage à leurs sacrifices et leurs combats, continuer la lutte pour libérer notre société de tous les dogmatismes, archaïsmes, injustices et intégrismes qui la minent et faire que l'Algérie soit, enfin, un pays libre et démocratique, un pays où les femmes et les hommes, citoyens libres, seront égaux en devoirs et en droits.

---

1. *Id.*, *op. cit.*, p. 264. Cet auteur rapporte ce qu'a dit une des dirigeantes du mouvement féminin à ce sujet : « Khalida Messaoudi dira un jour en relatant une marche mémorable des femmes à Alger : "Heureusement que les vieilles moudjahidate sont en avant-garde pour former un mur de protection en criant : ne touchez pas à nos filles, qui a toujours pour effet d'arrêter immédiatement le matraquage des policiers." »

2. Le quotidien français du soir *Le Monde* a publié les révélations de cette moudjahida en 2001, un livre a été publié au cours de la même année. Louisa Ighilahriz, malgré les réticences de son fils, a eu le courage de lever le voile du tabou en parlant du viol qu'elle a subi lors des séances de torture.

Bibliographie

Amrane, Djamila, *La Guerre d'Algérie (1954-1962). Femmes au combat*, Rahma, Alger, 1993 ; *Des femmes d'Algérie*, Paris, Karthala, 1994 ; « Femmes et politique en Algérie de la guerre de libération nationale à nos jours » in *Femmes en Algérie. La longue marche pour devenir des sujets de droit*, Rome, 3-7 avril 1998 ; « Transgression des normes en période de crise : les femmes de la guerre d'Algérie » in *Femmes d'Algérie...*, Rome, 3-4 avril 1998.

Azzedine, Si, commandant, *On nous appelait fellagas*, Paris, Stock, Paris, 1976 ; *Et Alger ne brûla pas*, Alger, ENAG, 1997.

Benyahia, Mohammed, *La Conjuration au pouvoir. Récit d'un maquisard de l'ALN*, Alger, ENAP, 1989.

Brac de La Perrière, C., *Derrière les héros... Les employées de maison en service chez les Européens pendant la guerre d'Algérie*, Paris, L'Harmattan, 1987.

Bravo, Anna, « La résistance civile des femmes pendant la Seconde Guerre mondiale en Italie » in *Le Fil d'Ariane*, Paris-VIII, numéro consacré aux femmes dans l'espace public.

Djebar, Assia, *Femmes d'Alger dans leur appartement*, Paris, Des femmes, 1983 ; *L'Amour, la fantasia*, Paris, Alger, J.-C. Lattès/ENAL, 1985 ; *Les Alouettes naïves*, Arles, Actes Sud, 1997 ; *Une femme sans sépulture*, Paris, Albin Michel, 2001.

Dore-Audibert, Andrée, *Des Françaises d'Algérie dans la guerre de libération*, Paris, Karthala, 1995.

Entelis, J.-P./Naylor, P. C., éditeurs, *State and Society in Algeria*, Westview, Boulder, Colorado, 1992.

Gadant, Monique (1995), *Le Nationalisme algérien et les femmes*, Paris, L'Harmattan, 1995.

Harbi, Mohammed, *Aux origines du FLN*, Paris, Christian Bourgois, 1975 ; *Le FLN, mirage et réalité*, Paris, Éditions Jeune Afrique, 1982 ; *1954 et la guerre commence en Algérie*, Bruxelles, Complexe, 1998.

Ighilahriz, Louisa, *Algérienne*, Paris, Fayard/Calmann-Lévy, 2001.

Meynier, Gilbert, *Histoire intérieure du FLN 1954-1962*, Paris, Fayard, 2002.

Sai, F.Z., *Mouvement national et question féminine*, Paris, Dar El Gharb, 2002.

Tassili, *Kahina, Djamila et les autres*, numéro 33, mars-mai, 2003.

Saadi, Yacef, *La Bataille d'Alger*, Alger, Casbah, 3 tomes, 1997.

Wood, N., *Germaine Tillion. Une femme mémoire. D'une Algérie à l'autre*, Paris, Autrement, 2003.

La Grande Kabylie durant la guerre
d'Indépendance algérienne

par Moula Bouaziz et Alain Mahé

La guerre d'Algérie a opposé des Algériens[1] à des Français mais aussi des Français et des Algériens entre eux. Comme d'autres guerres d'indépendance, la guerre d'Algérie a donc aussi été une guerre civile. À l'épreuve de cette guerre, la société kabyle a vacillé sur elle-même, ses fondations se sont

---

1. Il est révélateur de constater à quel point la guerre d'Indépendance à simplifié les catégories qui servaient à identifier les populations de l'Algérie. Et cela aussi bien dans le sens commun que dans les publications plus ou moins savantes consacrées à cette période. Même si l'approximation et l'erreur caractérisent l'usage des catégories légales, on sait que depuis 1865 tous les autochtones de l'Algérie ont été décrétés *sujets* français. Pour autant seule une minorité a été appelée à jouir des droits politiques et à accéder ainsi à la dignité de *citoyen* français : les juifs – collectivement en 1870 – et quelques musulmans – individuellement à la faveur de diverses mesures administratives. Par ailleurs, des catégories communautaristes ont également été en usage dans l'administration coloniale, notamment dans le cadre des recensements de populations et dans celui de la politique judiciaire où différents régimes juridiques de statuts personnels coexistaient – musulman, Kabyles, Mozabites, etc. De sorte que dans les livres d'histoire traitant de l'Algérie coloniale, les auteurs ont souvent bien du mal à désigner rigoureusement des populations aux identités légales si hétérogènes. Tous étant français – citoyens ou sujets –, la dimension confessionnelle introduite par la dénomination de Français musulman ne permet pas de distinguer les sujets des citoyens, en outre, un arrêt de la cour d'appel d'Alger a même introduit la catégorie légale de musulmans chrétiens pour désigner les Français-musulmans-d'Algérie-convertis-au-christianisme ! La catégorie d'*Algérien musulman* représente une solution mixte, à la fois politique – le terme d'Algérien n'ayant aucune légalité dans l'Algérie coloniale – et confessionnelle, elle procède d'une assignation identitaire qui rapporte une identité politique à une religion et implique ainsi que les Algériens non musulmans sont soit chrétiens, soit juifs. Et, surtout, la catégorie d'Algérien musulman gomme totalement la référence à la francité légale et culturelle, incorporée par les intéressés à la faveur d'un siècle de colonisation. Ce flou, les contradictions internes de ces catégories ainsi que l'embarras de leurs usagers vont être presque immédiatement dissipés par la guerre d'Indépendance. Il est frappant de constater comment, dès le début de la guerre, dans le sens commun, la presse et dans les essais politiques, l'expression Français d'Algérie renvoie uniment et sans confusion possible aux seuls Européens d'Algérie. C'est dans cette perspective et par économie de langage que nous nous sommes conformés ici à cet usage « politique ». Inversement, presque dès le début de la guerre, les observateurs réservent la qualité d'Algérien aux autochtones de même que dans l'ensemble de l'historiographie du mouvement national. Il est étonnant de voir à quel point les nationalistes eux-mêmes ne se sont pas avisés de cette victoire symbolique précoce.

dérobées. La suspension des libertés publiques par l'administration militaire française a mis un terme aux activités municipales propres aux villages de Kabylie dont un grand nombre venaient précisément de bénéficier de franchises dans le cadre de la politique des centres municipaux (1945-1956). La brutalité et l'arbitraire qui ont caractérisé l'emprise des deux armées ont suspendu les modes habituels de régulations sociales favorisant ainsi les usurpations, le népotisme, les impostures et les faux-semblants. Les manifestations d'anomie se sont multipliées : les villages de Kabylie ont alors connu le règne de la dénonciation et de la suspicion généralisée. L'ordre habituel des choses et des gens était renversé.

Compte tenu de ces circonstances extrêmes, ce qui est frappant – presque choquant – dans l'historiographie de la guerre d'Algérie, c'est le souci des historiens d'en restituer un sens à tout prix en ordonnant les événements les plus manifestemant anomiques, aléatoires et absurdes dans des grilles explicatives où les protagonistes poursuivent des activités rationnelles en vue de fins prévisibles. Comme si une fois l'abîme entrevu – tout ce dont les hommes sont capables quand le sol cède sous leurs pas –, l'analyste, saisi par le vertige, ne pouvait penser son objet qu'en introduisant du sens, de la cohérence et de la finalité, bref, en scrutant le déploiement de la raison dans l'Histoire. Or, de toutes les expériences vécues par les hommes, la guerre est sans conteste celle où la dimension affective et passionnelle a le plus d'intensité. Quand, de surcroît, cette guerre prend en otage l'ensemble de la population, bouleverse de fond en comble ses valeurs et ses institutions, l'humilie, la tue, la blesse, la terrorise, la déplace, la torture et la viole, alors on doit se garder d'y introduire plus de sens qu'il n'y en a et prendre garde de mesurer ce que la conduite des uns et des autres doit à l'aléa[1] et aux passions que la guerre libère – passion de vie et passion de mort –, autrement dit à la résurgence de la nature dans la culture qui toujours menace les hommes et les sociétés.

Il ne s'agirait pas pour autant de réduire cette guerre, ni même ses pratiques les plus cruelles, au déchaînement de passions aveugles, avec d'un côté l'hypothèse de la violence rédemptrice telle que développée par Frantz Fanon, ou, de l'autre, celle du sadisme d'unités d'engagés traumatisés par l'expérience indochinoise. D'ailleurs, sur la foi de certains témoignages d'acteurs, il semblerait que les appelés français du contingent aient été bien plus vulnérables et traumatisés que les militaires endurcis, dont la guerre est le métier. Ce qui est somme toute dans l'ordre des choses. C'est dire que pour élucider concrètement ce que le droit qualifie de torture et d'actes de barbarie, il serait nécessaire de pouvoir faire la part entre des pratiques visant sciemment à produire de la terreur à des fins politiques ou pour obtenir des renseignements et celles n'obéissant qu'à des impulsions vindicatives, pathologiques ou, plus simplement, rendues possibles par le chaos et l'impunité. Mais pour cela, les sources disponibles permettent seulement de formuler des hypothèses.

---

1. De ce point de vue, il n'est guère de témoignage plus probant et plus poignant que celui de Saïd Ferdi dans *Un enfant dans la guerre*.

Si on ne doit pas s'interdire de rendre les pratiques de l'Armée de libération nationale (ALN) justiciables d'un questionnement anthropologique, il ne saurait être question de se contenter de mobiliser paresseusement la théorie de la segmentarité pour rendre compte du système vindicatoire des sociétés maghrébines tel qu'il est modélisé dans une théorie anhistorique. L'invocation du sacrifice abrahamique pour expliquer les égorgements est également une explication économique du même ordre qui repose en outre sur un contresens. On peut au moins faire crédit à René Girard d'avoir montré que le sacrifice a précisément pour fonction de sortir du cycle infini de la violence mimétique propre au monde des doubles, lequel semble bien davantage susceptible de caractériser les exécutions « fratricides » pratiquées par les maquisards de l'ALN.

En 1954, la société algérienne a déjà subi plus d'un siècle de colonisation française et en a été profondémment transformée. C'est précisément la prise en compte de ces développements socio-historiques récents qui nous permettra de projeter quelques lueurs sur certains aspects de la guerre et de souligner ainsi l'hétérogénéité des situations locales au regard de ces paramètres. Car la Kabylie n'était pas homogène et certaines de ses sous-régions, du fait de l'impact différentiel qu'eut la colonisation française, étaient bien plus différentes entre elles qu'elles ne l'étaient comparées à d'autres régions d'Algérie.

Enfin, si l'Histoire ne saurait s'écrire sans archives – nous avons nous-mêmes exploité systématiquement les archives du Service historique de l'armée de terre (SHAT[1]) relatives à la guerre en Kabylie –, nous ne saurions surévaluer la qualité de sources qui sont presque toutes produites par les parties en conflit. C'est le cas, en particulier, des rapports officiels, d'un bord comme de l'autre : journaux de marche, comptes rendus d'opérations, correspondance administrative, plaintes et réclamations, procès-verbaux de réunions, rapports de police, etc. Les rapports de police ! Il suffit de faire appel à notre propre expérience de citoyen ordinaire ou de lire les chroniques judiciaires pour ne pas oublier les travestissements, les fausses déclarations et les descriptions tronquées qui saturent ce type de sources. Nous nous garderons ainsi de bien des erreurs de perspectives[2].

---

1. Les archives de la guerre d'Algérie conservées au SHAT à Vincennes comprennent environ cinq mille cartons qui ont été classés en 1995. La sous-série 1H s'est révélée contenir des sources françaises et algériennes très riches concernant l'organisation et le fonctionnement du FLN. En les croisant, l'historien peut ainsi parvenir à les corriger mutuellement. La thèse, en cours, de l'un de nous deux (Moula Bouaziz) repose sur l'exploitation systématique de ces archives.

2. Ainsi en dépit de recherches poussées dans les archives du SHAT nous n'avons retrouvé aucune trace d'événements tragiques qui se sont déroulés à Taourirt Moussa et que Mouloud Feraoun décrit de façon circonstanciée dans son *Journal* (*cf.* p. 56, 57, 63 et 73). Pourtant l'accrochage, rapporté par la radio, aurait fait plusieurs dizaines de morts, maquisards et soldats français confondus. Voilà un exemple, parmi beaucoup d'autres, qui est significatif des limites qu'imposent à la connaissance les archives produites durant cette guerre.

Certes, il y a aussi les mémoires autobiographiques et les entretiens qu'on peut réaliser avec les... survivants. Nous avons lu tous les récits qui se rapportent à la Kabylie et l'un de nous deux a interrogé de nombreux acteurs survivants[1]. Mais quel décalage entre ce type de témoignages *a posteriori* émanant de responsables politiques ou de combattants et celui, spontané, écrit au jour le jour par un civil simplement soucieux de comprendre ce qui se passe autour de lui sans dissimuler son effroi ! Si nous ne disposons que d'un seul témoignage de ce type – cela même est un indice de la stupeur dans laquelle la population a été plongée durant la guerre –, celui-ci est d'une qualité et d'une acuité d'observation à la mesure du talent de son auteur : il s'agit du *Journal* de Mouloud Feraoun, que l'écrivain a tenu jusqu'à la veille de son assassinat par l'OAS[2]. C'est dire qu'il s'agit pour nous d'inverser la tendance générale de l'historiographie polarisée sur l'histoire politique et militaire[3] et, en nous détachant du point de vue des combattants et des idéologues de tous bords, déjà très bien documenté[4], de restituer, autant que possible, la situation de la Kabylie et des populations civiles durant la guerre.

Situation de la Grande Kabylie à la veille de la guerre

À bien des égards, cette région berbérophone d'Algérie est atypique. Il nous importe de souligner un de ses aspects qui, nous le verrons en détail, la prémunira largement des effets désastreux des regroupements de populations effectués durant la guerre par l'armée française. La Kabylie est en effet la région la plus densément peuplée de l'ensemble du Maghreb rural. Cette densité démographique[5], jointe à la stricte sédentarité séculaire des

---

1. Tout au long du travail d'enquête poursuivi par Bouaziz en Algérie, de nombreuses difficultés ont entravé la collecte d'informations circonstanciées. Les recherches auprès des mouhafadates (les organisations nationales des moudjahidines) sont particulièrement délicates compte tenu des oppositions et des enjeux actuels qui traversent encore, en champ clos, cette organisation. Des entretiens avec des anciens maquisards sans lien avec cette organisation se sont révélés plus féconds, notamment pour restituer le quotidien dans les maquis.

2. Feraoun a commencé son *Journal* le 1er novembre 1955 et l'a tenu jusqu'au 14 mars 1962. Il a été assassiné le lendemain à Alger où il exerçait ses fonctions depuis la mi-juillet 1957.

3. L'ouverture relativement récente des archives françaises concernant la guerre d'Algérie n'est sans doute pas étrangère à cette polarisation sur l'histoire politique de ce conflit sur lequel les historiens avaient tant spéculé sur la base des seuls témoignages des protagonistes et des journalistes.

4. Il nous importe tout particulièrement de souligner notre dette à l'égard de l'œuvre de Mohammed Harbi, et de mentionner également la véritable somme que Gilbert Meynier a consacrée à *L'Histoire intérieure du FLN*, dont nous avons fait notre profit.

5. En 1960, la population du département de Grande Kabylie (ou Kabylie du Djurdjura) est estimée à 759 800 habitants. Avec 130 hab./km^2, il présente la plus forte densité démographique. Mais cette moyenne dissimule des écarts très importants entre le cœur du massif montagneux où les densités atteignent 240 hab./km^2 et les zones littorales ainsi que les versants sud du Djurdjura où elles tombent à moins de 100 hab./km^2.

Kabyles[1], est d'ailleurs directement à l'origine de la précocité et de l'ampleur qu'y prit le phénomène migratoire aussi bien vers les autres régions d'Algérie[2] que dans le cadre d'une émigration ouvrière et commerçante en France. De fait, en 1950, l'émigration en France drainait environ 33 % de la population active de la Grande Kabylie[3]. L'existence d'assemblées villageoises aux larges prérogatives est aussi un trait marquant de la Kabylie, corrélée à ces densités de population et à sa distribution en villages. Nous verrons comment ces assemblées ont été le point d'appui de la politique des centres municipaux (1945-1956) aussi bien que de celle des Sections administratives spécialisées (SAS) et de l'Organisation politico-administrative (OPA) de l'ALN durant toute la durée de la guerre.

Ces caractéristiques anthropologiques de la Kabylie, qui n'étaient pas sans rappeler aux conquérants français certaines de leurs provinces natales[4], ont exposé la région à des fantasmes inaccessibles aux épreuves de réalité : c'est ce qu'il est convenu d'appeler le « mythe kabyle » des Français, et étaieront divers volets de politique coloniale. Les uns s'inscrivant résolument dans une perspective assimilationniste cohérente avec l'idéologie civilisatrice de la France – notamment la politique scolaire mise en œuvre en Kabylie dans des proportions inégalées dans le reste de l'Algérie rurale –, les autres relevant d'emblée de visées séparatistes, ainsi notamment de la surreprésentation politique séparée des Kabyles au sein des délégations financières qui votaient le budget de l'Algérie. D'autres enfin croisèrent les deux perspectives. Ainsi des politiques fiscale, judiciaire – des juges de paix français administraient la justice selon les coutumes kabyles – et d'administration locale – depuis « l'organisation kabyle » mise en place entre 1857 et 1871

---

1. Les études sociologiques à l'échelle de l'ensemble du Maghreb ont bien établi la corrélation entre, d'une part, densité démographique avec habitat regroupé dans des villages populeux et, d'autre part, émigration. Pour une étude systématique de ces questions et plus généralement de l'anthropologie historique de la Kabylie nous renvoyons à Alain Mahé (2001).

2. Beaucoup plus difficilement quantifiable que l'émigration vers la France, l'émigration vers les autres régions d'Algérie et, au-delà, vers les autres pays du Maghreb et du Machrek, n'en a pas moins eu des effets très importants, notamment pour la diffusion des courants d'idées qui traversaient ces régions du monde. Ainsi en est-il de l'*islah*, mais aussi du laïcisme des jeunes Turcs, et, bien évidemment des diverses formes de nationalisme. Sur ces questions, voir la série de monographies inédites du CHEAM sur les communes de Kabylie : Abadie (1960), Ancel (sd), Émile Baume (1956), Pierre Beyssade (sd), Robert Brive (1955), M. Cantais (1953), Chassagne (1956), Olivier Chevrillon (1950), Rohard (1960), et Plault (1947 et 1953).

3. *Cf.* Alain Mahé (2001, p. 382-389). Mais cette moyenne dissimule de fortes disparités. Ainsi à l'échelle de la seule commune mixte de la Soummam, le douar Ikedjane présente le taux record de 73 % tandis que celui d'Abrares n'est que de 4 %. Dans les deux communes mixtes rassemblant les populations du massif central kabyle, les moyennes entre douars n'accusent pas de tels écarts et sont presque toutes autour de 35 %.

4. La comparaison avec l'Auvergne et la Provence est celle qui revient le plus souvent sous la plume des officiers qui se sont découvert une vocation d'ethnologue à la faveur de leur séjour en Kabylie et à qui l'on doit quelques monographies de grande qualité.

jusqu'à celle des centres municipaux, ultime avatar d'une politique kabyle qui ne dit pas son nom.

Sous le rapport de la colonisation agraire proprement dite, la Kabylie accuse encore une originalité, inédite dans les annales de l'Empire colonial français. Les 8/10 des terres confisquées aux Kabyles en 1871 pour la mise en œuvre de la colonisation officielle ont été rachetés par leurs premiers propriétaires dès le début du xxᵉ siècle. Cela du fait de la pérennisation d'une économie locale diversifiée et grâce aux revenus dégagés par l'émigration interne en Algérie[1] !

C'est dire qu'à la veille de la guerre d'Indépendance la Kabylie présentait cette particularité d'être la région rurale d'Algérie où la culture française s'était le plus profondément diffusée, tant à la faveur de la scolarisation que de l'immigration en France, et celle où la population française – essentiellement des commerçants et les fonctionnaires qui assuraient le service public – était particulièrement faible : 1,3 % de la population totale en 1960. Compte tenu des promotions sociales assurées par l'école, l'émigration et le commerce, c'était aussi la région rurale d'Algérie sociologiquement la plus stratifiée. Les Kabyles se trouvaient en effet surreprésentés dans tous les secteurs dynamiques de la société coloniale : dans le corps enseignant, les différentes branches de l'administration, le commerce et les entreprises.

Il faut donc se garder d'entretenir l'idée d'une Kabylie homogène et cohérente. En outre, l'un des effets de cette stratification sociale induite par le phénomène colonial a été de creuser les écarts entre les sous-régions de Kabylie[2]. Ainsi, l'émigration a touché très inégalement ses sous-régions (de 1 à 8). Et même à l'intérieur d'une même unité topographique, la somme des mandats postaux envoyés au pays par chaque immigré varie du simple au quadruple. La surscolarisation en français laisse apercevoir des écarts encore plus grands, puisque certaines tribus furent scolarisées à 50 % dès le début du xxᵉ siècle – exemple des Aït Yenni – tandis que des secteurs entiers ne reçurent aucune école – ainsi notamment du littoral et des versants sud du Djurdjura. C'est sans aucun doute en matière d'administration locale que les disparités ont entraîné les conséquences les plus significatives. Ainsi, les plaines et basses collines occidentales ont été totalement déstructurées par l'érection de communes de plein exercice, gérées de façon inique par des conseils municipaux aux mains des Français d'Algérie, tandis que le massif central kabyle – le pâté des *igawawen* – et le Djurdjura relevaient presque entièrement du régime des communes mixtes. Or compte tenu de la sous-administration qui caractérisait les communes mixtes, les assemblées villageoises de Kabylie ont continué tout au long de

---

1. Soixante-neuf centres de colonisation avaient été installés en Grande Kabylie sur les 88 839 hectares séquestrés dans le cadre de la répression de l'insurrection de 1871, *cf.* Alain Mahé (2001).

2. Pour prendre la mesure de la diversité interne des régions de Kabylie antérieurement à la colonisation française, *cf.* Mahé (2001).

la période coloniale d'y assumer, bon an mal an, un certain nombre d'activités municipales [1].

Dans une société si rigoriste et si soucieuse d'honneur et d'égalité, nul doute qu'un tel accroissement des inégalités sociales a engendré chez beaucoup un fort ressentiment. Gare à celui qui, au village, a trop bien su profiter des opportunités du système capitaliste pour s'enrichir, sans parler des usurpateurs et des accapareurs qui ont manœuvré à la faveur du chaos qu'a été la conquête coloniale. À l'épreuve de la guerre d'Indépendance le *bu niya* va se déniaiser, voire… *Idem* en ce qui concerne les inégalités régionales creusées, notamment, par les aléas de la politique coloniale en matière scolaire. D'ailleurs, la surreprésentation des Kabyles dans les divers courants politiques qui s'exprimèrent avant le déclenchement de la guerre témoigne de cette stratification sociale très contrastée. À côté des incontournables béni-oui-oui et autres « administratifs » que le colonisateur a promus dans toute l'Algérie, la Kabylie a également produit une élite francophile qui a eu le malheur de croire – comme ses instituteurs – aux sirènes de l'assimilation et aux idéaux de la République française pourtant bafoués quotidiennement par le système colonial. Mais il y a eu aussi le réformisme badisien et l'association rivale regroupée autour de *moqaddem* de la Rahmania. Les Kabyles ont pris plus que leur part dans ces mouvements d'idées qui agitaient les *nâdî* et autres zaouias[2]. Le scoutisme, très dynamique en Kabylie, a été une école de patriotisme pour de nombreux militants nationalistes[3]. Les chants des scouts kabyles sont en outre d'excellents témoignages sur les divers registres qui concouraient au sentiment patriotique : la référence religieuse s'y décline avec l'attachement au pays et à ses valeurs rigoristes et viriles[4].

Les centres municipaux (1945-1956)

Après une première expérience tentée en 1937 à l'échelle de seulement quatre douars[5], le législateur colonial lança, en 1945, une réforme communale. Cette fois la politique des centres municipaux était circonscrite à

---

1. Pour une anthropologie historique de ces assemblées vilageoises, nous renvoyons à Alain Mahé (2001).

2. Sur l'attitude des établissements maraboutiques de Kabylie à l'égard du mouvement badisien et du nationalisme nous renvoyons à la remarquable thèse de Mohamed Brahim Salhi (1979). *Cf.* également les Mémoires inédits du CHEAM : Olivier Chevrillon (1950), Michel Plault (1953) et Jean-Marc Rousseau (1952).

3. Au premier rang desquels Aït Ahmed qui en témoigne amplement dans ses *Mémoires d'un combattant* (1983). *Cf.* la très bonne présentation des mouvements scouts par Mohamed Derouiche (1985).

4. *Cf.* la thèse inédite de Melha Benbrahim (1982) ainsi que le beau livre de Mehenna Mahfoufi (2002) qui présentent plusieurs pièces du corpus de chants scouts chantés en Kabylie.

5. Un dans chaque département (Oran, Alger et Constantine) plus un de surcroît en Kabylie.

la Grande Kabylie. Il s'agissait alors, ni plus ni moins, et moyennant certains aménagements au code communal métropolitain[1], d'ériger de nouvelles communes à l'échelle des villages de Kabylie. C'est-à-dire à l'échelle d'unités sociales qui n'avaient jusque-là jamais eu d'existence administrative et politique légale. Les nombreuses activités municipales et réalisations rendues possibles par cette réforme[2] seront brutalement interrompues par l'avènement de l'administration militaire et l'instauration des sections administratives spécialisées (SAS) en 1955. De cet épisode, très peu connu, il importe de retenir ici qu'avec l'octroi de ces franchises municipales, les villageois de Kabylie qui en bénéficièrent[3] eurent le sentiment d'avoir conquis une autonomie locale qui anticipait à leurs yeux ce que le mouvement national promettait[4]. En outre, la plupart du temps, les élections des conseils municipaux régulièrement et démocratiquement organisées ne faisaient que conférer la légalité républicaine à des assemblées villageoises qui, dans l'ombre et de façon plus ou moins officieuse, n'avaient jamais cessé de prendre en charge les affaires des

1. L'administrateur de la commune mixte sur laquelle étaient érigés des centres municipaux y exerçait une tutelle, notamment en matière de comptabilité. Et cela quand bien même le territoire de la commune mixte avait été entièrement divisé en centres municipaux, comme il advint pour la commune mixte de Fort-National qui avait laissé la place à quatre-vingt-trois centres.

2. Les monographies du CHEAM, qui sont en fait pour la plupart des rapports des administrateurs de tutelle des centres municipaux, de même que les rapports de stagiaires de l'Étoile nord-africaine (ENA), permettent de voir à quel point les travaux de viabilisation des villages et les constructions d'écoles (ou de classes supplémentaires) ont largement aggravé les écarts entre les villages qui ont bénéficié de la réforme et ceux qu'elle a délaissés. Quand on sait que les villages choisis pour la réforme l'ont été en fonction de leur dynamisme et de leurs ressources propres, et compte tenu des querelles de « minarets » et de l'émulation qui caractérisent les rapports intervillageois en Kabylie, nul doute que ces développements ont dû faire des aigris et susciter des jalousies.

3. Nous ne saurions détailler ici cette réforme mais il importe de souligner que, comme toutes les politiques spéciales mises en œuvre en Grande Kabylie, celle-ci ne l'a été que très inégalement. De fait, si la commune mixte de Fort-National disparut en tant que telle pour laisser la place à 83 centres municipaux, celle du Djurdjura n'en reçut que 23, celle du Haut Sebaou 11, celle de la Soummam 8, autant pour celle de Dra El Mizan, et seulement 1 pour celle d'Akbou. Alors que dans les cas cités, la réforme fut appliquée à l'échelle des villages, pour les autres communes mixtes de Kabylie, les centres furent érigés à l'échelle des douars qui regroupaient souvent plus d'une dizaine de villages. C'est ainsi que les communes mixtes suivantes virent chacune un seul de leurs douars érigé en centre municipal : CM de la Mizrana, CM du Guergour, CM de Djidjelli, CM d'Oued Marsa et CM de Collo. C'est également le cas pour les 14 centres municipaux érigés de façon aléatoire dans le reste de l'Algérie uniquement pour que la réforme n'apparaisse pas pour la politique kabyle qu'elle a été en fait. Pour une analyse détaillée de cette question, *cf.* Alain Mahé (2001), p. 390-413 et, surtout, Mahé (1994), p. 865-890. Voir également dans notre bibliographie les monographies extrêmement précises du CHEAM.

4. Cet aspect ressort de tous les rapports administratifs. Laburthe (1946) dit même que les franchises municipales furent *interprétées comme un signe d'abandon de la France, cf.* p. 45.

villages[1]. Si cet épisode interrompu par le développement de la guerre est particulièrement précieux pour connaître les dispositions réelles des Kabyles jusqu'en 1956[2], c'est que, pour la première fois depuis l'adoption du statut de 1947, les diverses consultations électorales organisées en Algérie l'ont été ici de façon démocratique et les opérations de vote scrupuleusement contrôlées par les intéressés. C'est ainsi qu'à la différence du reste de l'Algérie où les divers scrutins, honteusement truqués[3], promurent de nombreux élus « administratifs », les voix des électeurs des centres municipaux allèrent massivement aux partis nationalistes. Et les administrateurs de tutelle des centres municipaux de déplorer le comportement électoral de leurs administrés en concluant à l'ingratitude des Kabyles.

Les SAS (1955-1962)[4]

La vocation des SAS était très profondément ambiguë[5]. Sous couvert de « pacification » il s'agissait pour elles de remplir, d'une part, des fonctions administratives, policières et militaires et, d'autre part, de conduire une politique sociale. Le tout afin de contrecarrer sur tous ces plans l'action de l'organisation politico-administrative de l'ALN et « rallier » ainsi les populations ! Cette ambiguïté s'exprime d'ailleurs d'emblée dans leur statut puisque

---

1. C'était d'ailleurs l'intention de l'initiateur de la réforme qui affirmait qu'elle devait aboutir « à la reconnaissance juridique d'un état de fait », *cf.* Paul-Émile Viard (1939), *Les Centres municipaux dans les communes mixtes d'Algérie*, p. 13.

2. Malheureusement, à partir de 1955, le boycottage des élections par le FLN ne permet pas de quantifier l'expression politique nationaliste. En revanche, les nombreux rapports de fonctionnement des centres municipaux sont sans équivoque sur le fait que la majorité de la population y était acquise aux idéaux nationalistes. Sur ces aspects, *cf.* les rapports du CHEAM référencés dans la bibliographie ainsi qu'Alain Mahé (2001), p. 404-408.

3. Deux exemples suffiront à souligner l'ampleur de la fraude. Les élections municipales d'octobre 1947 virent triompher le parti nationaliste (PPA/MTLD). Dans la commune mixte de la Soummam, ce parti obtint 37 % des voix alors que dans les centres municipaux inclus dans la même circonscription, le parti nationaliste remporta une majorité absolue de 52 % des voix. En avril 1948, on procéda à l'élection des délégués à l'Assemblée algérienne. Le trucage apparaît de façon encore plus évidente. Dans la commune mixte de la Soummam, au premier tour, le PPA/MTLD obtint 2 070 suffrages, l'UDMA 780 et les indépendants 672. C'est-à-dire 58 % en faveur du parti nationaliste le plus radical et 80 % pour le même parti et l'UDMA (nationaliste modéré) réunis. Or, au second tour, la participation des électeurs aurait fait plus que doublé, et 6 000 voix seraient allées aux candidats indépendants contre seulement 1 000 aux candidats nationalistes. Comme par hasard ces derniers suffrages provenaient dans leur quasi-totalité des centres municipaux des Aït Oughlis et des Fenaïa. *Cf.* Gissot (1949), p. 10.

4. Pour la rédaction de cette section nous avons largement fait notre profit du mémoire de maîtrise que Sylvain Bartet (1997) a consacré aux SAS de Kabylie en exploitant finement, non sans un excès d'optimisme, les archives disponibles.

5. Les SAS sont créées par l'arrêté du 26-9-1955 puis transformées en CAA (centres d'aide administrative) par l'arrêté du 17-2-1962 afin d'en faciliter la démilitarisation.

tout en étant rattachées à l'administration civile à la tête de laquelle fut placé un IGAME¹, les SAS étaient dirigées par des officiers de réserve ou d'active détachés de leurs corps d'origine. L'ensemble du département de Grande Kabylie, institué en 1956, fut ainsi progressivement quadrillé par 77 SAS².

Pour accomplir leurs fonctions policières et militaires, les SAS pouvaient recruter entre trente et cinquante mokhaznis. Elles s'employèrent également à mettre sur pied des groupes d'autodéfense (GAD) en armant les villageois qui voulaient bien y entrer. Précisément, l'étude minutieuse des SAS réalisée par Sylvain Bartet (1997) permet de prendre la mesure de la diversité des situations locales et des difficultés rencontrées par les officiers des SAS dans le recrutement des moghzanis et la constitution des GAD. Autant les villageois des régions anciennement délaissées par l'administration coloniale pouvaient être sensibles aux opérations de viabilisation de leurs villages ou, du moins, y participer ne serait-ce que pour toucher un salaire qui leur permettait de survivre, autant dans les régions plus dynamiques et mieux équipées, les consignes de boycottage promulguées par l'ALN étaient respectées et peu de choses se faisaient. En outre, des considérations plus politiques interféraient également dans l'emprise différentielle des SAS. C'est ainsi que dans les zones restées fidèles au MNA³, les officiers de SAS surent habilement entretenir les dispositions des villageois afin de contrarier l'action de l'ALN.

---

1. IGAME : inspecteur général de l'administration en mission.
2. C'est dans le cadre de la réorganisation administrative arrêtée le 20 juin 1956 que Robert Lacoste multiplie les départements, créant ainsi celui de Grande Kabylie, tout en les regroupant sous la tutelle de trois IGAME. Le département de la Grande Kabylie est divisé en 121 communes, mais, compte tenu de la poursuite de la guerre et du boycottage des élections par le FLN et de l'assassinat des élus, seulement la moitié des conseils municipaux seront constitués et, en outre, la réalité du pouvoir administratif sera exercée par les SAS. Selon Bartet (1997), « en 1960, 45 SAS s'occupent d'une commune, 27 SAS de 2, une SAS de 3, 2 SAS de 4, une SAS de 5 et une autre de 6 ». Ce qui donne un total de 77 SAS pour le seul département de Grande Kabylie. Ce qui permet de souligner la densité exceptionnelle des SAS en Grande Kabylie si on la compare aux autres régions rurales d'Algérie où une SAS contrôlait souvent jusqu'à six communes. De la même façon que pour la politique des centres municipaux, et de l'aveu même du général Jean Olié, « il n'est pas question de proclamer que nous ferons une politique kabyle. Il faut le faire, mais pas le dire ». *Cf.* la note d'orientation politique du 11 mai 1956 citée par Camille Lacoste-Dujardin (1997), p. 19.
3. Au terme des affrontements fratricides entre MNA et FLN entre 1955 et 1957, peu de zones restèrent fidèles à Messali, on trouve ainsi quelques enclaves messalistes dans la région de Bouira – notamment sur les versants sud du Djurdjura – et dans quelques poches de la vallée de la Soummam. C'est dans ces deux régions que le FLN opéra les deux massacres collectifs les plus connus : chez les Beni Ilmane, le 28 mai 1957 (dit massacre de Melouza) où tous les habitants de la mechta Kasbah sont égorgés et plus encore lors de la Nuit rouge dans le fief des Ourabah, à Ioudadjen où, selon les sources, il y eut entre 100 et 400 victimes.
Un entretien avec Ahmed Hannache nous a permis de confirmer les indications données par les archives pour ce qui concerne les affrontements entre FLN et MNA dans la région de Bouira. Par la suite les groupes MNA vont être refoulés vers le sud. *Cf.* 1H1446-*2, extraits nominatifs des synthèses mensuelles reçues du CAA (1956-1958).

Soit l'exemple de la SAS de Bezzit située sur les pentes sud du Djurd-jura surplombant les plaines de la région de Bouira[1]. Comme toutes les enclaves fidèles à Messali, les populations de la région étaient ancienne-ment nationalistes. C'est le massacre de Beni Illman (connu sous le nom de massacre de Melouza) qui incitera les populations à requérir l'aide de la SAS pour se protéger des représailles du FLN. Car si, dès janvier 1956, la population n'avait pas mal réagi à la militarisation de la SAS – un GAD fut mis sur pied –, cela ne l'empêchait pas de continuer à soutenir le courant messaliste, notamment en s'acquittant de cotisations. En revanche, la situa-tion se dégradera rapidement avec le dévoiement de Bellounis. Car alors non seulement Bellounis renia son appartenance au MNA – le 3 décembre 1957[2] – mais ses lieutenants multiplièrent localement les pressions et les menaces, offrant ainsi des arguments à l'officier de la SAS pour attirer à lui les populations locales. Tant et si bien que les populations de la SAS de Bezzit réclamèrent le départ des troupes de Bellounis – qui eut lieu en février 1958 – et allèrent même jusqu'à dénoncer – en avril 1958 – les col-lecteurs de fonds qui y opéraient encore. Mis à part l'opposition FLN/MNA et les manœuvres politiques qu'elle autorisait, on ne saurait comprendre comment l'officier de la SAS de Bezzit avait réussi sa pacification et le ral-liement de la population sans prendre en compte sa situation particulière. C'est que la région était l'une des plus pauvres de Kabylie et se trouvait totalement enclavée à l'écart des voies de communication qui reliaient entre elles les régions des versants nord du Djurdjura. En outre, l'impor-tance exceptionnelle du Makhzen de Bezzit – soixante hommes – et les unités opérationnelles qui y stationnaient la bouclaient totalement. À la dif-férence, notamment, des populations du massif central kabyle, elle n'avait reçu aucun équipement collectif et pas plus d'école. La région avait aussi relativement peu fourni de contingents à l'émigration ouvrière en France. Les villages, entièrement délaissés par les pouvoirs publics, n'avaient jamais été viabilisés. Or, à la différence de la plupart des SAS de Grande Kabylie, la SAS de Bezzit reçut les moyens nécessaires pour ouvrir des chantiers et permettre ainsi aux gens de subsister en y travaillant, sans parler des distributions de nourriture et de vêtements, d'allocations pour les personnes âgées[3] ainsi que de la scolarisation des enfants dans des écoles toute neuves[4]. Dès lors qu'elles eurent basculé du côté de la France, avec tout ce que comporte d'irréversible un tel engagement, les populations de

---

1. Nous avons puisé toutes les données factuelles sur la SAS de Bezzit dans la mono-graphie que Sylvain Bartet (1997) a réalisée en exploitant les archives disponibles, *cf.* p. 142-168.

2. Pour une reconstitution minutieuse de l'action de Bellounis, *cf.* SHAT, 1H1701-*5.

3. Selon Sylvain Bartet, *op. cit.*, p. 155 : 257 personnes de plus de 65 ans en sont béné-ficiaires en mai 1957, 285 en décembre 1958, 304 au cours du troisième trimestre de 1959 et 310 au dernier trimestre 1960.

4. Aucune école n'avait été édifiée sur le douar en plus d'un siècle de colonisation. La SAS y construit une école en pierre à deux classes qui accueillera les élèves dès janvier 1957.

Bezzit ne ménagèrent plus leurs manifestations de loyalisme : « de cent vingt hommes de Bezzit engagés comme harkis ou mokhaznis, au second trimestre de 1959, on passe à deux cents au troisième trimestre de 1960[1] ». À tel point que certains supplétifs seront même détachés de la SAS pour prendre part à des opérations dans d'autres secteurs de Kabylie.

Reste que la réussite de la SAS de Bezzit est exceptionnelle et que bien peu d'officiers des SAS de Grande Kabylie peuvent se prévaloir de tels résultats.

Soit le cas de la SAS d'Aït Hichem[2], qui correspond davantage au type de situation qui prévalait dans l'ensemble des versants nord du Djurdjura, du massif central kabyle et du Haut Sebaou, dans lesquels le FLN était largement implanté. Regroupant deux communes, celle de Taka et celle d'Aït Yahia – dont Aït Ahmed est originaire – la SAS d'Aït Hichem correspond au douar d'Aït Yahia. Celui-ci disposait déjà d'une école à quatre classes et envoyait près de 30 % de ses actifs dans l'immigration ouvrière en France. Le parti nationaliste y était depuis longtemps implanté et l'on sait comment Aït Ahmed utilisait les sanctuaires de ses aïeux comme des tribunes pour diffuser les idées nationalistes[3].

La SAS d'Aït Hichem ne parvient à se doter d'un *makhzen* qu'au bout d'un an et en recrutant la plupart de ses membres hors de Kabylie – vingt-deux sur vingt-neuf. Et encore celui-ci ne montre guère d'allant – une douzaine de sorties par an – tandis que l'ALN le harcèle à plusieurs reprises. Aucun GAD n'y est constitué et l'officier déplore ne pas pouvoir obtenir de renseignements auprès de la population. De façon générale, les tentatives pour impliquer les villageois dans les activités de la SAS tournent court après que le FLN a exécuté, en 1956, quatre personnes qui avaient accepté de constituer un « comité de travail ». Seul le blocage du ravitaillement, après plusieurs mois[4], parvient à rapprocher les populations de la SAS. C'est que les assemblées de village, contrôlées par le FLN, tiennent bien en main les populations qui n'acceptent de profiter des activités de la SAS – notamment pour y travailler sur les quelques chantiers ouverts – qu'avec l'accord ponctuel du FLN. Les parachutistes ne tardent pas à découvrir, en janvier 1959, que la reprise du ravitaillement avait servi à approvisionner le FLN. Et l'officier de la SAS d'Aït Hichem de recourir à des amendes collectives.

Dans ce contexte « l'action psychologique », dans laquelle l'armée française mit tant d'espoir, ne manqua pas de provoquer des réactions inattendues : « le sous-lieutenant Gérardin […] note, en novembre 1958, après un essai d'action psychologique, que les réactions des habitants d'Aït Hichem vont du scepticisme discret à la franche hilarité[5] ».

---

1. *Cf.* Sylvain Bartet (1997), p. 152.
2. Créée le 20 janvier 1957.
3. *Cf.* Aït Ahmed (1985), p. 67 et suiv., *Mémoires d'un combattant*.
4. De novembre 1957 à juillet 1958 selon Sylvain Bartet, *op. cit.*, p. 179.
5. Commentaires rapportés par Sylvain Bartet, *op. cit.*, p. 182.

Dans d'autres situations comparables, les officiers SAS n'ont pas tous la clairvoyance de ce sous-lieutenant. On en veut pour preuve l'épisode suivant.

En 1959, un officier français, Jean Marie, fut affecté dans une commune mixte de Grande Kabylie avec la mission d'y créer une section administrative spéciale. Il rédigea lui-même le récit détaillé de son expérience et le fit publier[1]. Fort de ses lectures d'ethnologie berbère, il s'imaginait capable, en restaurant ce qu'il croyait être l'organisation municipale traditionnelle, de ramener les populations à de meilleures dispositions à l'égard de l'administration coloniale. Nous passerons sur la description de ces tentatives malheureuses pour nous en tenir à la parade qu'il imagina pour détourner les villageois du FLN. Le récit vaut surtout comme témoignage de l'emprise des lectures d'ethnologie berbère sur les administrateurs de la région et sur leur méconnaissance des transformations qui avaient affecté la société kabyle. Il mérite à ce titre d'être cité dans le texte. Alors qu'au dire de l'administrateur les notables du village étaient prêts à répondre à ses attentes en collaborant avec lui, les « rebelles » de la localité avaient réagi par l'assassinat du notable le plus compromis. « Si nous ne voulions pas perdre la partie, il fallait maintenir nos exigences et répondre à cet acte spectaculaire par un acte plus spectaculaire encore. [...] Nous exigeâmes des habitants du village qu'ils nous fournissent la preuve de leur bonne volonté en exécutant en notre honneur une *timezliwt*, c'est-à-dire l'égorgement rituel d'un mouton qui est à la fois une sorte de sacrifice propitiatoire et un signe de soumission aux personnes en l'honneur desquelles il est exécuté. [...] Le jour du sacrifice [...] la *djema'a* nouvellement formée [par ses soins] essaya par tous les moyens de saboter le sacrifice afin de lui enlever toute valeur en ne respectant pas les règles traditionnelles [!], faisant, par exemple, abattre un premier mouton d'une manière non rituelle, essayant de substituer ensuite une brebis au bélier traditionnel, tentant d'effectuer l'égorgement de l'animal avec un couteau qui n'appartenait pas au village, etc. Le sacrifice ne put d'ailleurs avoir lieu dans les règles que grâce à la présence toute fortuite de Jean Servier, ethnologue bien connu, auquel aucun détail n'échappa. Le sacrifice une fois effectué, l'attitude de la population se transforma comme sous l'effet d'une baguette magique. [...] Non seulement le village en question, mais tous les autres villages du douar procédèrent à l'élection de leurs djema'as traditionnelles et collaborèrent sans réticence avec le chef des SAS. L'ensemble de la tribu fut ainsi doté d'assemblées locales vraiment représentatives et nous pûmes nous mettre au travail[2]. »

Redoutable efficacité magique !

Au total, dans la plupart des régions de Grande Kabylie, l'action politique et sociale des centres municipaux rendit vaines les tentatives de

---

1. *Cf.* Jean Marie (1959).
2. *Ibid.*, p. 49-61.

séduction que les SAS attendaient d'opérations de viabilisation des villages et de construction d'écoles. C'est que les travaux avaient déjà été réalisés à l'initiative et par les intéressés eux-mêmes. Tel était le cas, on l'a vu, dans le massif central kabyle et dans le Djurdjura. C'est également dans ces régions où, non seulement, les GAD causaient bien du souci aux SAS – quand elles parvenaient à les constituer –, mais où les officiers évitaient également de recruter localement leurs mokhaznis. La défiance dans laquelle les officiers tenaient leurs administrés était telle qu'ils firent appel à des Algériens originaires du sud du pays ainsi qu'à de nombreux Marocains. C'est ainsi qu'à la SAS d'Ifigha, sur les vingt-cinq mokhaznis de son makhzen, dix-neuf étaient des Marocains (Bartet, 1997, p. 60[1]).

Dans ces mêmes régions les officiers de SAS reçurent des consignes pour favoriser l'émigration en France de leurs administrés et freiner les mouvements de retour vers les villages[2].

Les consignes adressées aux populations par le FLN sont souvent présentées dans l'historiographie comme des sortes d'oukases, valant au contrevenant un châtiment exemplaire et automatique. Or le dépouillement des archives permet de nuancer fortement cette appréciation. Localement le pragmatisme a souvent eu raison du rigorisme affiché dans les déclarations publiées à l'échelle nationale. C'est le cas de certains aspects de la politique sociale des SAS, notamment de l'aide médicale gratuite (AMG) ou des chantiers ouverts pour réaliser les viabilisations de villages les plus démunis. Bartet[3] cite de nombreux cas où les sections locales de l'ALN ont autorisé des villageois à s'engager dans les actions de la SAS de leur village. Toutefois, malgré le dénuement des populations, ce type de situation tournait souvent à l'épreuve de force entre le FLN et la SAS, au détriment de populations menacées de représailles[4].

La brutalité des représailles et des châtiments exercés par les deux armées contre les populations civiles qui contrevenaient à leurs injonctions

---

1. D'après Sylvain Bartet (1997, p. 60) qui a puisé ces données statistiques dans les archives des SAS, à l'échelle de la Grande Kabylie : « Les makhzen (des SAS) sont majoritairement composés d'Arabes (du sud notamment), puis de Kabyles et de Marocains. Les chiffres suivants sur l'origine des mokhaznis sont avancés par le colonel Delhumeau lors de la réunion des chefs d'ELD de novembre 1960 : 60 % d'Arabes des hauts plateaux, 20 % de Kabyles, 10 % de Marocains et 10 % d'origines diverses. »
2. *Cf.* Sylvain Bartet (1997), p. 108.
3. Pour la région de Fort-National, *Cf.* Bartet (1997), p. 86-89.
4. Ainsi, à propos de l'aide aux indigents que les SAS subordonnent à la constitution de comités de ravitaillement dans lesquels le FLN n'a pas tort de suspecter une manœuvre pour impliquer progressivement les populations dans les *délégations spéciales* coiffées par les SAS. Sur ce point, d'après un rapport d'août 1958, Bartet montre qu'après avoir longtemps obéi aux consignes du boycotttage (de novembre 1957 à avril 1958), le FLN, « ne pouvant répondre à leurs besoins, a autorisé la constitution de comités de ravitaillement ». Le *Journal* de Mouloud Feraoun apporte des témoignages poignants de ce type de situation.

a été dénoncée très tôt, bien que sur un mode partisan. Rares furent ceux qui, comme Mouloud Feraoun – pourtant acquis à l'indépendance de l'Algérie –, condamnèrent les brutalités des uns et des autres en les rendant justiciables des mêmes arguments. En revanche, on a peu parlé des pressions exercées au quotidien par l'administration française pour arriver à ses fins. Or, du fait de son emprise sur des populations civiles vulnérables et exsangues, certaines formes de chantage pratiquées par les SAS eurent des effets non moins efficaces que la violence nue. Ainsi en est-il de la rétention des mandats postaux[1] des immigrés et du ravitaillement en denrées alimentaires. En novembre 1956, Feraoun assure que ce chantage dura un mois pour les villages des alentours de Fort-National[2]. Là encore, le pragmatisme du FLN a probablement joué, d'autant que les mandats postaux servaient aussi aux populations à s'acquitter des impôts de guerre ainsi que le confirme Bartet à partir des archives des SAS.

De façon générale, et moyennant la diversité des situations locales, l'emprise des SAS sur les populations a varié au gré de la pression que firent peser les unités de l'armée française dans le cadre des opérations successives du plan Challe à partir de 1959. Dans ce contexte, le FLN a été conduit à reconsidérer totalement sa politique de boycottage. Alors que, dès 1956, il avait commencé à brûler plusieurs écoles de la région de Fort-National, préalablement désertées à cause de ses consignes de boycottage scolaire[3], au second semestre de 1959, le FLN « encourage la fréquentation des écoles, argumentant que la future république algérienne aura besoin de gens instruits[4] ».

Bartet rapporte l'observation d'un officier parfaitement conscient du fait que la population ne venait à la SAS qu'avec l'autorisation du FLN. Début 1959, l'officier remarque que toute doléance se fait en groupe. Il soupçonne immédiatement une consigne du FLN. Dans le souci évident de mieux entreprendre ses interlocuteurs, il les oblige alors à venir le consulter individuellement sans s'aviser qu'en venant en groupe les gens pensaient probablement surtout à se prémunir contre une dénonciation pour mouchardage qui les aurait alors exposés aux représailles du FLN !

---

1. Inversement, les SAS disposaient de fonds spéciaux pour acheter les renseignements, *cf.* Bartet (p. 113).

2. Mouloud Feraoun (1963), p. 167. S'il ne dit dans quelles circonstances les restrictions furent levées, il précise : « La seule issue présentée comme possible est le ralliement des masses. Je doute que les gens qui supportent toutes ces humiliations se résignent à supporter celle-là. » Et d'ajouter le lendemain, le 22 novembre 1956 : « Je crois au contraire qu'ils se raidissent de plus en plus et qu'un jour ils appelleront le massacre général. Ce jour viendra peut-être, ils ne le craignent plus. Ce qui semble désormais irréalisable, c'est la paix, la cohabitation pacifique ou amicale avec ceux qui prennent de plus en plus le visage d'implacables ennemis. »

3. *Cf.* Mouloud Feraoun (1963).

4. *Cf.* Sylvain Bartet, p. 128.

La guerre

Pour les deux armées, la guerre d'Indépendance a été marquée par de vives dissensions internes : le putsch des généraux français ou les multiples purges au sein de l'ALN, sans oublier le combat fratricide entre MNA et FLN qui se termine par l'épopée dérisoire de Bellounis. La diversité et l'hétérogénéité des unités de combattants ont ajouté à cette confusion. En effet, l'administration coloniale a suscité la création de diverses catégories de combattants plus ou moins encadrées par l'armée française. Ainsi en est-il des harkas et des unités territoriales, mais aussi des groupes d'auto-défense (GAD), des goumiers et autres mokhaznis à la disposition des SAS sans oublier les contre-maquis de l'opération « oiseau bleu[1] ». Les éléments de ce dispositif étaient très inégalement contrôlables. Il en a résulté des conflits d'autorité[2] qui ont accru la confusion des acteurs et multiplié les occasions de désertion, de trahison, de double jeu, de retournement et d'intoxication – la « bleuite » en Kabylie – propres à ce type de guerre. En outre, les deux armées ne se sont pas contentées de se combattre mais aussi, et surtout, elles se sont efforcées d'encadrer et de surveiller les populations dont l'adhésion et la participation aux opérations des uns et des autres demeurèrent le principal enjeu de la guerre. D'un côté comme de l'autre, la fonction militaire était inséparable de la fonction policière. Cette dernière était exercée localement, notamment, dans le cadre des SAS par les Français et dans celui d'organisations politico-administratives par l'ALN. Au cours de plusieurs épisodes de cette guerre, la recherche de renseignements, d'un côté, et la paranoïa de l'infiltration, exacerbée par l'action psychologique de l'armée française, de l'autre, ont conduit certains protagonistes à pratiquer la torture de façon systématique. Nous y reviendrons pour essayer de comprendre pourquoi les purges – telles que celle d'Amirouche – ont affecté les unités combattantes de Kabylie avec une ampleur jamais atteinte dans les autres wilayas. Enfin, la disproportion des forces en présence et le quadrillage administratif militaro-policier colonial ont très vite rendu très périlleuses la concertation et la coordination des maquisards, contribuant ainsi directement à favoriser l'émergence de chefs de guerre aux pratiques extrêmement autoritaires. Tout ce dispositif et ces circonstances ont concouru à instaurer, des années durant, une véritable terreur.

---

1. Sur cette opération, *cf.* Camille Lacoste-Dujardin (1997).
2. On doit distinguer l'état d'exception des divers régimes administratifs proprement illégaux qui ont caractérisé ce dispositif. En outre, par-delà la suspension de la légalité républicaine inhérente à l'administration militaire et par-delà le déficit de légalité de certains dispositifs institutionnels – telles les SAS –, ces rouages administratifs ne se sont pas cantonnés dans les attributions exorbitantes qu'on leur avait pourtant données. Ainsi dans plusieurs cas, que nous évoquerons, certains GAD ont eu des activités opérationnelles qui les ont conduits à épauler les unités de l'armée, *idem* des territoriaux.

Les activités policières menées au quotidien dans les villages de Kabylie par les divers acteurs plus ou moins intégrés dans l'armée française (des GAD, du makhzen des SAS, des harkas[1] jusqu'aux unités dites d'élite) n'ont pas toutes, loin de là, laissé de traces dans les archives disponibles. Elles ont pourtant fortement concouru à instaurer l'état de terreur imposé aux populations civiles durant la guerre d'Indépendance. Les fouilles, les interrogatoires « musclés » et la torture ont constitué de terribles épreuves qui ont profondément humilié les populations. Les valeurs d'honneur et l'éthique sexuelle des villageois de Kabylie ont été foulées aux pieds. Les hommes humiliés devant leurs femmes et leurs filles ou, inversement, lorsque, comme l'écrit Feraoun, les soldats fouillaient les maisons et… les femmes en l'absence des maris regroupés des heures durant sur la place du village, les pieds dans la neige ou la tête sous un soleil de plomb. Plusieurs témoignages littéraires, dignes de foi, évoquent en détail les renversements de rôles – le berger promu chef du village – et les vengeances personnelles qui se sont assouvies dans ces circonstances chaotiques. Tout cela est bien connu. Le détail de l'organisation locale de l'ALN, les successives opérations militaires en Kabylie et les purges pratiquées par l'ALN le sont beaucoup moins.

L'organisation locale de l'ALN

Le département de Grande Kabylie institué en 1956 excède les contours topographiques reconnus par les géographes attachés à la notion de « région naturelle[2] ». Les frontières de la wilaya 3[3] instituées par le congrès de la Soummam[4], incluent à la fois la Petite et la Grande Kabylie et s'étendent même au-delà vers les régions arabophones au sud de Bouira[5]. C'est lors de ce congrès que fut également organisée l'architecture politique et militaire

---

1. Le terme générique de harka désigne les groupes mobiles de protection rurale (GMPR) qui, en mars 1958, changent de nom et prennent celui de groupes mobiles de sécurité (GMS). Dès 1957, le nombre de harkis a dépassé celui des effectifs de l'ALN. En Grande Kabylie, au mois d'avril 1959, le dépouillement des archives du SHAT donne : 3 352 musulmans engagés dans des harkas, 2 134 moghaznis, 1 747 membres de GAD et 1 318 de GMS.

2. Sur la question des frontières de cette « région naturelle », *cf.* Mahé (2001).

3. Sur les tractactions et les enjeux politiques qui, au sein du FLN, présidèrent au tracé des frontières de la wilaya 3, *cf.* Mohammed Harbi (1980) et Gilbert Meynier (2002).

4. Le congrès de la Soummam se tint du 20 août au 5 septembre 1956 dans la mechta d'Iqbal.

5. La wilaya 3 était divisée en 4 *zones,* elles-mêmes subdivisées en *régions* réparties de la façon suivante : zone 1 : Sétif, Bordj Bou Arreridj, Bougaa, Sedouk, Amizour, Bouandas, Azrou n'Bechar, Barbacha, Guenzet, Beni Ourtillane, Aït Aïdel ; zone 2 : Béjaïa, El Kseur, Sidi-Aïch, Ighzer Amokrane, Ifri, Akbou, Tazmalt, Akfadou, Bouira, Adekar, Beni Ouagag, Melouza, Sidi Aïssa, Sour El Ghozlane, Laksour, Driate ; zone 3 : Tizi Ouzou, Azazga, Yakouren, Azeffoun, Aïn El Hammam, Laarba n'Aït Iraten, Mekla, Illoulen, Illilten, Aït Djennad ; zone 4 : Bordj Menaël, Dellys, Draa El Mizan, Thénia, Zemouri, Boghni, Djurdjura (versants nords), Naciria, Baghlia, Lakhdaria.

du FLN, à laquelle Abane Ramdane contribua de façon essentielle. Jusqu'en 1959 la wilaya 3 exerce véritablement une hégémonie sur le FLN.

L'organisation du FLN est très hiérarchisée et les structures instituées au congrès de la Soummam sont généralisées à l'ensemble des wilayas. En deçà des institutions dirigeantes de la « Révolution » – qui le seront de moins en moins à mesure que la résistance se segmente sous la férule de véritables chefs de guerre –, les wilayas (provinces) étaient commandées par un colonel aux prérogatives politico-militaires. Ce dernier avait sous ses ordres des capitaines en charge du contrôle d'une *mintaqa* (zone). La wilaya 3 en comprenait quatre. Les zones étaient elles-mêmes subdivisées en *nahia* (région) sous la responsabilité de sous-lieutenants, tandis que des sergents commandaient une *kasma* (secteur[1]).

Mais c'est le fonctionnement au plus petit échelon local du FLN qui nous retiendra. C'est à cette échelle, celle du douar, que les maquisards interviennent dans le quotidien des populations civiles.

En outre, la part prise par les chefs kabyles à la direction du FLN/ALN n'est peut-être pas étrangère à certains choix en matière de fonctionnement et d'organisation locale. Ainsi le fait de sanctionner par des amendes le dépassement de certaines règles reproduit l'usage en cours dans les assemblées villageoises de Kabylie[2].

Ce sont les militaires français qui ont désigné l'organisation du FLN à l'échelle du douar, sous le nom « d'organisation politico-administrative (OPA[3]). À cette échelle, c'est un commissaire politique qui est chargé de contrôler le « comité des 3 » qui préside à l'organisation du FLN du douar. Ce comité comprend un responsable de l'organisation FLN, un « chargé de l'assemblée du peuple » ainsi que le responsable du douar. Ce dernier est lui-même flanqué d'un adjoint pour chacune des *djemaas* des villages du douar. Chaque *djemaa* – ou assemblée du peuple – comporte cinq membres ayant respectivement la charge de : 1) les impôts et les allocations familiales, 2) la justice et les affaires culturelles, 3) l'état civil et la santé, 4) la sécurité et les eaux et forêts et 5) le recrutement. Un second adjoint du responsable du douar s'occupe, dans chaque village, d'un bureau de ravitaillement, de la sécurité et des liaisons ainsi que de la garde civile. Les moudjahidines, des mousseblines ainsi que les fedayin de l'ALN sont également structurés par la base de la même façon.

---

1. Signalons cependant qu'en wilaya 3 les chefs du FLN/ALN n'ont presque pas utilisé cette terminologie arabe – et notamment *nizâm* et *mintaqua* – et recouraient la plupart du temps à la traduction française que nous avons donnée. Voir en particulier l'organisation du FLN (1955-1960) dans 1H1241, SHAT.

2. Il en allait de même au sein de la Fédération de France où l'on sait que les Kabyles avaient eu précocement un rôle prédominant. Sur ce point voir le document publié par Mohammed Harbi, où l'auteur lui-même s'étonne du rôle exorbitant des amendes dans le règlement interne du parti. *Cf.* Harbi (1987).

3. *Cf.* SHAT : 1H1684-1.

Même quand un village était acquis au FLN, le type d'organisation qu'il recevait ne correspondait pas à l'assemblée – *tajmat* – qui administrait précédemment les affaires de la collectivité. Et cela en raison du mode de réprésentation au sein de *tajmat*. C'est que celle-ci correspondait à la distribution du village en lignages et comportait donc autant de *tamen* – sorte de répondants ou de délégués – que le village comptait de lignages. Sans doute, les assemblées villageoises ont-elles souvent été capables de constituer des sortes de comités *ad hoc* qu'elles chargeaient de les représenter vis-à-vis de pouvoirs extérieurs[1]. Mais ce type de comité émanait de l'assemblée et ne lui était pas imposé comme l'ont été les assemblées du peuple par le FLN.

En outre, les activités de ces assemblées du peuple étaient totalement clandestines. La suspension des libertés publiques par l'armée française avait de toute façon interrompu toutes les activités municipales ordinaires et les réunions périodiques de *tajmat*. Reste qu'il y a loin entre une assemblée du peuple contrôlée par un commissaire politique et une assemblée villageoise[2]. De surcroît, l'assemblée du peuple poursuivait de tout autres objectifs que ceux qui incombaient habituellement à une paisible *tajmat*. On dispose pourtant de sources diverses – des archives et des témoignages d'acteurs – qui attestent que l'assemblée du peuple concourait également à la résolution des affaires courantes des villageois[3]. Le témoignage le plus circonstancié est celui d'un avocat français du barreau de Tizi Ouzou, André Russinger[4], qui s'est attaché à comprendre les effets induits par le boycottage des tribunaux français décrété par le FLN entre 1954 et 1962. Le premier mouvement des villageois aurait été de retirer du jour au lendemain toutes les pièces de fond ou de procédure jusqu'alors confiées aux tribunaux français[5] pour les produire devant des juridictions parallèles[6].

---

1. *Cf.* Alain Mahé (2001).

2. Même si une des recommandations du congrès de la Soummam propose de faire élire la djemaa par les populations et de ne plus la faire contrôler par quelques notables du village acquis au FLN. Reste que même dans ces recommandations le président est nécessairement le représentant du FLN à l'échelle du village. *Cf.* 1H1101-1 « fiches de renseignements relatives à l'organisation de la rébellion » (1955-1960).

3. Les archives du SHAT rapportent sommairement plusieurs cas. *Cf.* la série 1H 1 101 D1 relative à l'organisation du village et à la stratégie du FLN pour y établir son influence.

4. *Cf.* André Russinger (1957), « En marge de la pacification : justice française et justice tribale en Kabylie ».

5. Aussi bien à l'échelon des justices de paix où c'était un magistrat français qui administrait les affaires liées au statut personnel au regard des coutumes kabyles ou à celui des autres juridictions civiles soumises au régime commun.

6. Ce boycottage précipita dans un chômage technique de plusieurs années tous les auxiliaires de justice (avoués, avocats, greffiers, interprètes, huissiers) qui, en Kabylie, étaient presque tous kabyles. André Russinger, qui s'émut de la situation de ses collègues kabyles qui « sont tous chargés de famille », explique comment, grâce à la solidarité du personnel français, ils se sont vu accorder des prêts exceptionnels par la Caisse centrale des dépôts afin de pouvoir survivre à la désertion des prétoires.

Mais l'auteur, qui savait que le phénomène se produisait lorsque les assemblées villageoises fonctionnaient normalement, fut plus étonné quand celui-ci se poursuivit en pleine guerre dans des villages dont la vie municipale était devenue inexistante, par suite du contrôle qu'y exerçaient les militaires français. Non seulement les administrés ne saisirent plus de leurs litiges les tribunaux de Kabylie, mais ils continuaient de demander de nouvelles pièces dans les greffes des juridictions françaises afin de les produire devant leurs juridictions parallèles. Or les enquêtes ordonnées et quelques témoignages de justiciables mécontents de décisions prises à leur encontre établirent que ces nouvelles pièces n'étaient pas seulement produites devant l'assemblée de leur village mais aussi devant les assemblées populaires instituées par le FLN[1]. Dans tous les cas, Russinger signale que les justiciables qui contrevenaient au boycottage étaient frappés d'amendes. Les tribunaux mis en place en Kabylie par le FLN sanctionnaient les délits exactement de la même façon que les assemblées villageoises d'antan. Ce qui permet de nuancer l'image d'une justice FLN révolutionnaire et islamique[2]. Avec moins de détails et de clairvoyance, les archives du SHAT confirment ce témoignage.

Aujourd'hui la rhétorique de certains rédacteurs du *Moudjahid* ou la prose des « intellectuels organiques » du FLN[3] paraissent relever de la langue de bois. Pourtant, il s'agit de bien comprendre que des énoncés imposés, par la suite, comme des dogmes – et dénoncés à juste titre comme tels – suscitaient alors une adhésion exaltée. Dans cette période de chaos, les valeurs communautaires constitutives de la société algérienne étaient soumises à rude épreuve. Tandis que la France bafouait quotidiennement les idéaux qui avaient fait sa grandeur, la foi et l'eschatologie musulmanes ne manquaient pas de soutenir les dépassements individuels requis pour résister à l'armée coloniale. Or, dans toutes les sociétés, la foi et ses croyances propres ne se soutiennent pas seulement de l'intériorité et de la spiritualité individuelles. Elles s'expriment dans des pratiques, s'accrochent à des symboles et s'exhibent dans des rites. Bref, à l'épreuve de la guerre, quand la « communauté » doit être sûre de ceux sur qui elle peut compter, elle ne se contente pas seulement d'orthodoxie mais réclame aussi à ses membres l'orthopraxie. D'où ces

---

1. *Cf. op. cit.*, p. 60.

2. Bien qu'il soit extrêmement circonspect sur le fait, Russinger évoque un phénomène plus radical encore. Ainsi : « Selon des nouvelles toutes récentes, même en Haute Kabylie, la rébellion aurait donné l'ordre aux djemaas de juger les affaires civiles non plus selon les coutumes kabyles séculaires mais selon le droit musulman. Ce qui dans certains endroits n'irait pas sans résistance, surtout morale et qui serait vite écrasée. Les renseignements que nous possédons [...] sont insuffisants [...] pour établir s'il s'agit de velléités locales ou d'un fait généralisé », *cf.* p. 55.

3. Le livre d'Amokrane (1997) en est un bon exemple. Cet ancien membre de l'organisation de Ben Badis était un compagnon de route d'Amirouche. Son témoignage *a posteriori* relève de l'idéologie arabo-islamique et d'une rhétorique convenue.

injonctions réitérées à respecter les *ibadat* (les obligations rituelles) et à ne pas contrevenir à la prohibition de l'alcool et du tabac sous peine de châtiments[1].

Les opérations militaires

L'historiographie de la guerre d'Indépendance a indubitablement exagéré l'importance du ralliement des bandits d'honneur aux maquisards. À cela concourent, d'une part, la propension à l'hagiographie propre aux biographies des maquisards de tous les pays[2] et, d'autre part, l'idée de « banditisme social » lancée par Hobsbawm. On en veut pour preuve le cas de Krim Belkacem. Si l'État colonial considérait ce dernier comme un vulgaire criminel – à cause de sa condamnation par contumace pour avoir fait feu sur un garde champêtre –, Krim Belkacem n'était certainement pas le bandit d'honneur de l'imagerie populaire[3]. Et même ceux qu'on tenait pour tels étaient loin d'avoir tous le panache d'un Oumeri ou d'un Areski El Bachir[4] ! Certes, certains destins exemplaires témoignent d'une conversion admirable et l'on sait comment les situations extrêmes sont propices aux dépassements de tous ordres – pour le meilleur comme pour le pire. D'autres sont morts trop tôt pour qu'on puisse en dire davantage, tel Ali la Pointe. Mais, au total, l'idée de « banditisme social » a ceci de surfait qu'elle suggère que tous ceux qui tenaient le maquis pour échapper à une condamnation par contumace auraient été, en quelque sorte, des protomilitants attendant l'avènement de l'ALN pour révéler leur véritable nature. C'est oublier que malgré ses traditions d'honneur l'Algérie,

---

1. *Cf.* 1H1636-*1 : « Documents récupérés sur les rebelles dans le CAC. Juillet-décembre (1959) » et 1H1248-*1 : « Documents récupérés sur les rebelles (1957-1958) ».

2. La biographie d'Oumeri par Tahar Oussedik (1982), parmi plusieurs autres, illustre bien cette tendance.

3. Le signataire des accords d'Évian, Ben Hocine ben Hamou Krim Belkacem (1922-1970) était d'origine modeste. Son père qui était garde champêtre de son douar (Ouled Yahia Moussa) était le cousin de l'agha Dahmoune assassiné à Alger en 1956. Krim s'est engagé dans l'armée française en 1943 et sera démobilisé en 1945 avec le grade de caporal-chef. C'est le 25 décembre 1947 qu'il tente d'assassiner le garde champêtre Mohammedi ainsi que l'agha Dahmoune. Ce qui lui vaut successivement deux condamnations par contumace, la première (le 4 mars 1948) de deux ans de prison, la seconde (le 6 mars 1951) aux travaux forcés à perpétuité. C'est pour échapper à ces condamnations qu'il prit le maquis dès 1947. Mais avant même les faits pour lesquels il a été condamné, Krim Belkacem était militant du Parti populaire Algérien (PPA) depuis 1945. Il occupera successivement les postes suivants : membre de l'Organisation secrète (OS) ; membre du groupe des Six ; premier chef de la wilaya 3 ; membre du Comité de coordination et d'exécution (CCE) ; vice-président des forces armées dans le premier Gouvernement provisoire de la République algérienne (GPRA) ; vice-président, ministre des Affaires étrangères dans le deuxième GPRA ; vice-président, ministre des Affaires étrangères dans le troisième GPRA. Il sera assassiné par les services spéciaux algériens en 1970 après avoir rejoint l'opposition du régime de Ben Bella dès 1964.

4. *Cf.* le mémoire de maîtrise de Mohamed Arab Dahmani (1977) et l'étude de Jean Déjeux (1988).

comme tous les pays du monde, avait son lot de fripouilles et de vulgaires truands. Si les archives officielles ne permettent que rarement d'attester le phénomène, on sait bien qu'en France certains membres du milieu ont prospéré à l'ombre de la Résistance à l'occupation allemande. Pour quelles raisons ce phénomène aurait-il épargné la guerre d'Indépendance algérienne ?

Les développements politiques, internes aux PPA/MTLD, qui ont préci-pité le déclenchement de la guerre sont désormais bien analysés[1]. Mais, sur le terrain, les populations et les militants de base étaient bien loin d'en connaître les vicissitudes. À tel point qu'avant les affrontements fratricides entre le MNA et le FLN – qui atteignirent leur plus grande intensité en février-mars 1956 –, plusieurs mois s'écoulèrent durant lesquels Messali était tenu pour le chef de l'insurrection. Krim Belkacem, lui-même, entretint le doute plusieurs mois. En outre, l'état de guerre ne s'est véritablement ins-tallé en Kabylie qu'à partir du mois de janvier 1955[2]. Auparavant, seules la simultanéité et la coordination manifeste des attentats et des expéditions punitives permettaient de comprendre que quelque chose de nouveau était en train de se passer.

À l'échelle de la Kabylie, les sept années de guerre se laissent diviser en trois périodes : 1) de 1954 à 1957 ; 2) de 1958 à 1959, puis 3) après 1959 lorsque l'ALN doit affronter le plan Challe.

Bien qu'elle corresponde aussi à une phase de préparation, la première pèriode est marquée par une guérilla rurale faite d'escarmouches de harcè-lement. En fait, le congrès de la Soummam unifie les pratiques de guerre et l'organisation de l'ALN. L'ALN est organisée en *faoudj* (groupes de combat de douze à quinze hommes) ; *ferka* (section de trente à trente-cinq hommes) : *katiba* réduite (cinquante à soixante hommes), katiba (cent à cent vingt hommes), et *faïlek* (trois cents à quatre cents hommes)[3]. En wilaya 3, le seul *faïlek* à avoir été mis sur pied a eu une courte existence. C'est le *faïlek* d'Amirouche créé après sa mort et qui ne tardera pas à être démantelé en trois *katibas* plus efficaces car plus mobiles[4]. Dès 1956, la wilaya 3 est très bien organisée : postes de radio, secrétaire et service de presse renforcent l'encadrement proprement militaire.

Toutefois, le déclin de la wilaya 3 est patent dès la fin de 1958. Plu-sieurs raisons concourent à cela. C'est d'abord la puissance de frappe de l'armée française et la disproportion des forces engagées de part et d'autre. Les effectifs de l'ALN en wilaya 3 tournent autour de quatre mille combat-

---

1. Mohammed Harbi (1975 et 1980) et Gilbert Meynier (2002) les ont analysés par le menu.

2. Le premier « accrochage » entre combattants a eu lieu le 12 novembre 1954 à Port-Gueydon.

3. *Cf.* 1H2577-1, « lutte contre la rébellion (1956-1959) » et 1H2714-1 au sujet de l'importance des katibas dans l'organisation militaire de l'ALN.

4. La structure élémentaire de l'ALN était partout la katiba. En Grande Kabylie en 1958, on en compte douze bien armées.

tants[1]. En outre, progressivement, l'armée française parvient à contrôler les frontières de Tunisie et du Maroc et asphyxie ainsi totalement les maquisards en les privant d'armement et d'équipement.

La guerre en Kabylie, ce sont des opérations policières incessantes rythmées par quelques grandes campagnes, telles que celle de l'été 1959 dans le cadre de l'opération Jumelles. L'initiative de celle-ci revient au général Maurice Challe qui veut réaliser un coup d'éclat contre l'ALN. Pourtant, très vite, le commandant territorial du CAA, le général Massu, souligne la très forte structuration de l'OPA et l'opinâtreté de la résistance. En 1959, les moudjahidines sont environ quatre mille, sans oublier six mille mousseblines, possédant mille six cents armes de guerre dont quatre-vingts collectives. La résistance est toujours organisée en *katibas* et par *nahias*, mais la nouveauté c'est que les mousseblines se répartissent désormais dans des groupes de sections de secteur. L'opération Jumelles commence le 23 juillet 1959 et se termine en mars 1960 après avoir touché toute la wilaya 3. L'une des nombreuses opérations que compte cette campagne – l'opération Pelvoux – a pour but de supprimer l'OPA et sa logistique en Grande Kabylie. L'idée étant de pénétrer la « république villageoise kabyle » afin de faciliter ensuite la pacification proprement dite. Les militaires français sont très explicites : tous les villages doivent être libérés du FLN. Projet qui exprime bien l'idée qu'on se fait alors de l'emprise du FLN/ALN dans les villages. L'opération Jumelles se décompose en trois grandes phases. La première – Pelvoux – englobe la Grande Kabylie jusqu'à la Soummam exclue[2]. Les moyens qui sont mis à la disposition du général commandant de la ZEA sont relativement importants. On y trouve ainsi un poste de commandement opérationnel, dix-neuf unités, deux unités blindées, quatre batteries d'artillerie, un bataillon du génie, deux commandos de chasse. Les moyens dans la ZOC sont de cinq bataillons d'infanterie, un commando de chasse et une section canons. Ces unités doivent mener des actions dans les villes et les douars de Tizi-Ouzou,

---

1. Voici, à titre de comparaison et avec les réserves habituelles pour ce type de sources, les effectifs comparés des combattants des wilayas de l'ALN tels que l'état-major français les évaluait au 7 octobre 1957. Wilaya 1 (Aurès Nementcha) : 3 800 maquisards disposant de 3 200 armes de guerre ; wilaya 2 (Nord-Constantinois) : 2 900 maquisards disposant de 2 200 armes de guerre ; wilaya 3 (Grande Kabylie) : 4 000 maquisards disposant de 1 200 armes de guerre ; wilaya 4 (Algérois) : 2 500 maquisards disposant de 900 armes de guerres ; wilaya 4 (Oranais) : 5 100 maquisards disposant de 3 800 armes de guerre ; Souk-Ahras (SA) : 1 600 maquisards disposant de 1 600 armes de guerre. Soit un total de 19 900 maquisards et de 12 900 armes de guerre. Afin de mettre ces données en perspective avec la superficie et le poids démographique des wilayas, voici, dans l'ordre, les pourcentages de superficie, de population et d'effectifs de maquisards. Wilaya 1 (25 %, 11 % et 17 %) ; wilaya 2 (11 %, 18 % et 16 %) ; wilaya 3 (6 %, 10 % et 20 %) ; wilaya 4 (8 %, 24 % et 13 %) ; wilaya 5 (44 %, 32 % et 26 %) ; Souk Ahras (6 %, 5 % et 8 %). Soit un total de 19 000 maquisards pour une population de 8 820 000 habitants répartis sur 228 000 km^2. SHAT, 1H 1682 D1 : « Physionomie générale de la rébellion (1957-1961) ».

2. L'opération couvrant l'est des Bibans est dénommée Mont Viso tandis que la partie occidentale des Bibans et du Hodna est traitée dans le cadre de l'opération Vanoise.

Dra-El-Mizan, Fort-National, Azazga, Bordj-Menaïel, la partie du secteur de Bouira, Akbou et Sidi Aïch. La katiba 333 (Ifflissen), la 331 (Aït Yahia), et la katiba des Béni Ghobri sont particulièrement visées. La première phase commence le 22 juillet par le nettoyage de la partie est du secteur d'Azazga, de l'Akfadou et des Beni Ghobri. La deuxième phase, plus longue – du 8 août au 17 octobre 1959 –, se déploie dans les secteurs de Bordj Ménaïel, Dra-El-Mizan, Fort-National et Tizi-Ouzou. Le bilan global est révélateur de la violence des actions[1]. Les maquis de Grande Kabylie ne se remettront jamais vraiment de l'opération Jumelles. En 1962, seules quelques centaines de maquisards exsangues défileront à Alger derrière les officiers de la wilaya 3.

Les massacres et purges au sein de l'ALN

La façon de faire la guerre et de combattre mais aussi de torturer et d'humilier procède, de façon dénivelée, de diverses strates de valeurs culturelles (le sens de l'honneur, l'héroïsme, la martyrologie, etc.) ainsi que de fantasmes et de pulsions individuels, eux-mêmes enracinés dans un imaginaire social. Nul doute que les pratiques d'hommes issus, respectivement, d'une société industrielle et de communautés rurales, souvent assez frustes, sont solidaires des techniques et des fantasmes propres au type de société qui les a fabriqués. Pour comprendre de quoi les hommes ont été capables durant la guerre d'Algérie, il semblerait qu'on ait pourtant exagéré ces différences[2]. Dans les tentatives de comprendre l'horreur tout se passe comme si les auteurs empruntaient une perspective « culturaliste » pour se prémunir des dérives racistes propres à la naturalisation de la violence – telle qu'elle a été systématisée dans la criminologie lombrosienne notamment[3] – et telle que l'ont souvent perçue les observateurs contemporains. Nous avons dit précédemment les réserves que nous inspirait le modèle du sacrifice abrahamique mobilisé pour culturaliser les égorgements. Il n'est pas absolument incongru de s'étonner ici de la façon dont on fait jouer ce modèle uniquement pour les Algériens. Surtout depuis le temps qu'on nous explique que nous sommes tous les fils d'Abraham, comme s'il n'existait pas d'autres arguments pour étayer l'antiracisme et le pacifisme !

---

1. Selon les archives du SHAT (1H 3463/1/2/3), le calcul du bilan global de l'opération Jumelles est le suivant : « Pertes amies : 77 tués, 238 blessés, 19 disparus et déserteurs [...]. Pertes civiles (GS, harkis, GAD) : 12 tués, 25 blessés, 6 disparus ou déserteurs [...]. Pertes rebelles : 2 995 tués, 898 prisonniers, 136 ralliés, 1 592 membres de l'OPA arrêtés [...]. Il n'est pas fait état de blessés... »

2. Les égorgements et les mutilations ont été pratiqués des deux côtés, certes avec plus d'ampleur du côté de l'ALN. Ce n'est que dans cette mesure qu'on est fondé à évaluer ce que cette ampleur doit aux pratiques de guerre propres à l'Algérie.

3. Il n'est pas inutile de souligner que la théorie du « criminel-né » chère à Cesare Lombroso a fait de nombreux émules dans l'Algérie coloniale. L'œuvre de Frantz Fanon est incompréhensible si l'on ne prend pas cela en compte.

En outre, une bonne partie des appelés du contingent qui ont massivement participé à la guerre d'Algérie viennent du monde rural français fécond en jacqueries sanguinaires et, de toute façon, les Français n'ont pas à remonter bien loin dans leur histoire pour se souvenir des atrocités commises durant les guerres qui la jalonnent. Et puis, avant de s'affronter dans le cadre de la guerre d'Algérie, Français et Algériens ont mêlé leur sang sur les champs de bataille durant plus d'un siècle. Je veux dire côte à côte, dans le cadre des guerres européennes. Et puis durant la conquête coloniale… etc.

Certaines pratiques ne sont pas à la portée de l'ALN, comme celle qui consiste à balancer dans le vide des prisonniers transportés par hélicoptère. Cependant, les mots rétablissent parfois de sinistres équivalences : la torture de l'hélicoptère pratiquée dans certains maquis de l'ALN consistait à suspendre le supplicié par les pieds au-dessus d'un feu en faisait décrire à son corps des mouvements de rotation[1]. Ce type de phénomène sémantique ne manque pas d'éloquence pour suggérer comment les surenchères en matière de cruauté rapprochaient les uns et les autres dans une sorte de dérision mimétique.

Davantage que les perspectives culturalistes qui procèdent de lectures symboliques à la Jung, l'histoire politique comparée de la France et de l'Algérie nous donne de nombreuses pistes pour comprendre les dispositions et les pratiques des combattants. On oublie trop souvent à quel point une tradition étatique multiséculaire, avec sa police et son armée de métier – le classique monopole de l'exercice de la violence légitime –, a contribué à fabriquer des citoyens vulnérables à la violence parce que dépossédés du droit de se défendre par eux-mêmes. Inversement, avant l'intrusion de la France, les ruraux d'Algérie étaient organisés dans des communautés jalouses de leur indépendance[2] et qui la défendaient sans le concours d'une police ou d'une armée. Nul besoin d'invoquer le sacrifice d'Abraham ou la théorie de la segmentarité pour comprendre que dans ce type de société les individus devaient avoir de l'audace et être suffisament gaillards pour faire le coup de poing, de *flissa*[3] de *yatagan* ou, pour les plus riches, de fusil. Nul doute que le rapport aux armes blanches et aux blessures qu'elles occasionnent dans un corps à corps n'était pas le même du côté des maquisards et des appelés du contingent.

En outre, si l'on peut tenter de distinguer analytiquement ces pratiques selon qu'elles procèdent d'une action réfléchie et préméditée en vue d'obtenir des effets prévisibles (l'aveu et la terreur) de celles qui semblent

---

1. *Cf.* « Complots et purges en wilayas 1, 2 et 3 » ; « Comptes rendus d'interrogatoires et condamnations à mort par le FLN de rebelles suspects » ; « Massacre de Melouza » (1958-1960) dans 1H1699-*1.

2. Et cela aussi bien chez les sédentaires que chez les nomades, dont certains groupes vivaient, ni plus ni moins, de prédations et grâce à la protection qu'ils monnayaient auprès de ceux qui étaient trop faibles pour se défendre eux-mêmes.

3. Sorte de sabre droit fabriqué dans une région de Kabylie (les Iflissen El Bahr) et largement exporté dans le reste de l'Algérie.

n'obéir qu'à des pulsions individuelles déréglées, il est à craindre que dans la réalité des cas concrets tous ces aspects se mêlent et que leur élucidation soit inaccessible au chercheur[1]. Dans de nombreux cas, il importe toutefois de ne pas perdre de vue le coefficient de rationalité de pratiques dont l'horreur qu'elles nous inspirent nous conduit trop facilement à les rejeter dans une « barbarie » aveugle.

Soit les purges pratiquées au sein de l'ALN lorsque Amirouche dirigeait la wilaya 3. Les historiens et, surtout, les journalistes dits d'investigation, soucieux d'histoire secrète, se sont employés depuis longtemps à retracer les opérations d'intoxication qui ont présidé aux purges au sein de la wilaya 3. Nous ne reviendrons pas sur ces éléments – extrêmement efficaces – dont les archives permettent maintenant de préciser les vicissitudes[2]. En outre, pour expliquer le succès de cette opération d'intoxication, l'historiographie s'est polarisée sur la personnalité d'Amirouche et les dérives autoritaires de chefs de guerre locaux en soulignant leur haine des « intellectuels[3] ». Certes, de nombreux jeunes citadins qui étaient passés par le collège et le lycée ont été victimes de ces purges lorsqu'ils ont rejoint le maquis. Mais bien d'autres maquisards aguerris et analphabètes en ont également été les victimes. Il conviendrait ici de se souvenir des rancœurs personnelles, des jalousies en termes de carrière au sein des maquis et plus généralement du ressentiment qui dominait alors. En outre, les purges d'Amirouche nous semblent relever également d'un autre phénomène : l'ennemi intérieur. S'il y a bien une « configuration névrotique » qu'on peut subsumer à partir de l'anthropologie politique de la Kabylie, c'est bien celle qui conduit à stigmatiser comme trahison la moindre expression d'une dissonance ou d'un point de vue indi-

---

1. Dans les annales de l'Histoire, la seule exception que l'on peut, peut-être, envisager est celle des pratiques nazies où les bourreaux étaient assistés de « scientifiques », ou l'inverse (?). Les cruautés infligées aux suppliciés revêtaient alors un caractère expérimental qui nous renseigne davantage sur l'économie psychique des bourreaux que sur la résistance à la douleur de ceux qu'ils martyrisaient.

2. *Cf.* également les entretiens réalisés par le service d'histoire orale du SHAT, *3K42, « Commandant Paul Léger ». Après la bataille d'Alger, la zone autonome d'Alger étant détruite, la wilaya 3 décide de reconstruire l'organisation. Les contacts des chefs de la wilaya à Alger étaient précisément ces « bleus » manipulés par les services du commandant Léger. Un double jeu va durer près de six mois par l'intermédiaire de Ghandriche Hacène, dit Safi, alors chef de zone d'Alger, c'est lui qui reste en contact avec Yacef Saadi qui le nomme responsable politique et militaire de la capitale algérienne. L'intoxication proprement dite commence, vers la fin du mois de juillet 1958, par l'intermédiaire d'une militante totalement dupe de la manœuvre à laquelle elle se prêtait (Tadjer Zohra, dite Rosa). Dès son entrée dans les maquis de la wilaya 3, elle fut soupçonnée et interrogée au PC de la wilaya sis à Akfadou. C'est à ce moment qu'elle donna les noms de quinze aspirants de la mintaqa 4, appartenant à « l'organisation bleue ». Les purges pouvaient alors commencer.

3. Si c'est bien sa hantise de la trahison qui conduisit Amirouche à procéder à de sanglantes purges, en revanche, on ne saurait lui reprocher son anti-intellectualisme. Bien qu'il valorisât davantage les lettres arabes et islamiques que l'école républicaine française, Amirouche avait reçu une éducation qui le prémunissait du ressentiment et de la jalousie que ses lieutenants entretenaient à l'égard des « intellectuels » francisés.

viduel irréductible à celui du groupe. Dans le cadre de l'ALN, ce fantasme de la trahison s'est décliné dans le cadre de la production de l'ennemi intérieur[1]. Bien que les archives n'aient pas encore livré tous leurs secrets, les historiens estiment qu'à l'échelle de l'Algérie les purges auraient fait plusieurs milliers de morts, dont plus d'un millier pour la seule wilaya 3[2].

Le massacre dit de Melouza[3], perpétré par des maquisards kabyles dans les confins arabophones de la wilaya 3, a été interprété à travers l'opposition entre Arabes et Kabyles[4], ce pont-aux-ânes de la sociologie spontanée pratiquée durant la période coloniale[5]. L'exploitation politico-médiatique de ce massacre a souligné « cette barbarie d'un autre âge » selon la naturalisation de la violence évoquée plus haut. Depuis, les chercheurs travaillant à partir des archives disponibles ont finement replacé l'événement dans le cadre de la lutte politique entre le MNA et le FLN[6]. Il ressort de ces archives et de divers témoignages recueillis par l'un de nous auprès de certains acteurs[7] que des circonstances et des enjeux micro-locaux ont joué leur rôle dans cette affaire qui a manifestement échappé au commandement de l'ALN.

La ou les « nuits rouges » de la Soummam sont beaucoup moins bien connues et documentées que le massacre des Beni Ilemane[8]. Pourtant, elles ont fait davantage de morts et les bourreaux comme leurs victimes sont tous kabyles. Mais si la presse n'en a presque pas fait état, ce n'est pas seulement parce qu'on ne pouvait pas invoquer l'opposition entre Arabes et Kabyles.

---

1. Pour une discussion approfondie du thème de la trahison du frère dans le cadre du système segmentaire, *cf.* Alain Mahé (2001, p. 117-145).

2. *Cf.* Gilbert Meynier (2002, p. 430-444) qui rapporte également les évaluations des chercheurs qui l'ont précédé.

3. Communément désigné comme le « massacre de Melouza », l'assassinat par le FLN de 303 hommes et jeunes hommes du douar Beni Ilmane à la mechta Kasbah s'est déroulé dans la nuit du 28 au 29 mai 1957. Les bourreaux se composaient de trente-cinq réguliers du FLN et de soixante-cinq mousseblines venus d'autres régions. Il n'y a eu ni viol ni mutilation sexuelle et pas plus de destruction de maisons. Les victimes ont toutes été égorgées.

4. Bien qu'il soit très difficile d'en apprécier les conséquences, les archives témoignent, en tout cas, que tout au long de la guerre les militaires français ont tenté d'exploiter cette division. Voir, par exemple, 1H1564-*1 : « Moral des rebelles en Algérie (1956-1961) ».

5. Certes cette rivalité a existé et elle a certainement été exacerbée par l'hégémonie des chefs de la wilaya 3 au sein du FLN jusqu'en 1958. Pour autant l'un des « exécuteurs » du massacre, Baraki, était lui-même un Arabe. En fait de nombreuses rivalités ont existé au sein de l'ALN. L'affaire Ali Mellah semble bien relever d'un problème de régionalisme lorsque des centaines de maquisards venus de Kabylie en renfort de la wilaya 6 ont été exécutés.

6. Comme toutes les questions abordées dans cet article, le massacre des Beni Ilmane sera amplement analysé dans le cadre d'une thèse de doctorat – en cours – de l'un des auteurs de ces lignes. *Cf.* Moula Bouaziz : *Contribution à l'étude et à l'analyse de la guerre d'Indépendance algérienne : violence politique collective, crises et guerre en wilaya 3 (1954-1962).*

7. Mentionnons notamment les entretiens que nous avons réalisés à Alger, avec Si Hamimi.

8. Malgré les données circonstanciées que produit Gilbert Meynier (2002, p. 445-446), l'exploitation des archives du SHAT croisées avec les informations recueillies auprès de certains survivants ainsi que dans des archives et mémoires privés devraient permettre à la thèse de Moula Bouaziz d'en nuancer passablement la lecture politique.

C'est aussi que les victimes appartenaient toutes à l'aire d'influence d'une grande famille dont plusieurs membres éminents étaient des protégés de la France : les Ourabah[1]. Pourtant, là aussi, nous ne saurions comprendre ce qui s'est passé en s'en tenant à une grille simpliste. Sans doute, Amirouche, qui était alors à la tête de la wilaya 3, a-t-il réclamé un impôt de guerre exorbitant[2]. Sans doute, plusieurs groupes étroitement liés aux Ourabah avaient-ils constitué des GAD qui venaient d'infliger des pertes à des sections de l'ALN de ce secteur. Pourtant, plusieurs ordres de faits permettent de pressentir des enjeux souterrains irréductibles à cette lecture politique. Ce sont d'abord les modalités selon lesquelles les futures victimes avaient réclamé la protection du chef des Ourabah en invoquant l'*anaïa*, c'est ensuite la part prise dans ces massacres par des maquisards qui avaient un contentieux personnel avec les Ourabah.

Les camps de regroupement et les recasements (1955-mai 1966[3])

S'il est un aspect de la guerre d'Algérie dont les conséquences sont encore largement sous-évaluées, ce sont bien les déplacements de populations qu'encadra l'armée française pour isoler et affamer les maquisards. Or, il est à craindre que les sources disponibles ne nous permettent jamais d'en avoir une connaissance approfondie. La plus grande confusion et les approximations sont de mise dans les sources et les statistiques officielles produites par les diverses administrations qui ont conduit ces opérations. De fait, on ne dispose que de rares études sur le sujet[4]. Les archives officielles confondent en effet les regroupements, qui sont des déplacements massifs de populations dans des lieux *ad hoc*, et les recasements qui correspondent à des déplacements, de plus ou moins grande ampleur, dans des villes et des villages

1. Sur cet épisode, nous avons exploité les archives du SHAT ainsi qu'un mémoire inédit de Mahmoud Ourabah, que Mohammed Harbi nous a obligeamment communiqué. L'un de nous – Moula Bouaziz – a également réalisé plusieurs entretiens avec des membres de la famille Ourabah d'Oued Amizour.
2. Mohammed Harbi parle de 20 millions de centimes tandis qu'un document inédit d'un des membres de la famille – Mahmoud Ourabah – parle de 14 millions de centimes.
3. D'après Michel Cornaton, dans une première période allant de 1955 à 1959, les centres de regroupement ont été érigés sans plan préétabli et en ordre dispersé par les autorités militaires. Ce n'est qu'à partir de 1959 qu'une politique officielle des regroupements est systématisée administrativement sous la tutelle d'une Inspection générale des regroupements de population instituée en novembre 1959.
4. Hormis l'incontournable thèse de Michel Cornaton (1967) mentionnons celle de Gérard Bataille (1979), qui confond trop souvent regroupements, resserrements et recasements, ainsi que les études de Lesne (1962) et Ageron (2001). Quant au beau livre de sociologie de Pierre Bourdieu et Abdelmalek Sayad sur le déracinement, il n'est pas d'un grand secours pour l'historien. *Idem* pour *Travail et travailleurs en Algérie* dont les innombrables tableaux statistiques reposent sur des découpages qui ne permettent guère de prendre la mesure précise de la variabilité des situations régionales.

préexistants. À cette confusion s'ajoutent de nombreuses erreurs de dénombrement. Les uns étant comptés plusieurs fois, à cause de la grande mobilité de populations qui pouvaient aller de camp en camp, les autres étant oubliés par les recensements[1]. De sorte que la seule façon d'analyser correctement le phénomène serait de vérifier les sources archivistiques sur le terrain pour apprécier la nature réelle de l'habitat des gens recensés comme regroupés. C'est la méthode qu'a suivie Cornaton (1965) et c'est pour cette raison que sa thèse risque de demeurer indépassable sur cette question, compte tenu des changements urbanistiques intervenus depuis quarante ans en Algérie.

Les regroupements étaient l'inséparable complément des zones interdites instituées par l'armée française et où tout être vivant – homme ou bête – était abattu sans sommation. Qu'ils aient été fabriqués en dur ou composés d'habitats précaires ou de tentes, les regroupements avaient tous l'allure de camps de prisonniers d'où l'on n'entrait et ne sortait – en dehors du couvre-feu – que munis d'indispensables laissez-passer. C'est dire l'aberration qui, dans les rapports officiels, distingue les regroupés volontaires des autres. Quelle que soit l'origine de la contrainte qui conduisait parfois – une infime minorité[2] – à venir se regrouper dans des lieux prévus à cet effet, on voit mal comment cela aurait pu être de façon spontanée comme le soulignent certains rapports.

Les statistiques corrigées[3] par Cornaton lui permettent d'évaluer la population totale de regroupés à « 2 350 000, soit 26,1 % de la population musulmane totale. Quand on sait que la population rurale compte 6 900 000 personnes en 1961, on s'aperçoit que plus d'un rural sur trois est regroupé ». De nombreux regroupés étant demeurés dans ces camps de fortune après l'indépendance, on mesure l'ampleur des changements sociaux induits par cet épisode de la guerre.

Les camps de regroupement consistaient à parquer dans des baraques et des habitats précaires[4] les populations dispersées dans des maisons, des hameaux ou des petits villages difficilement contrôlables par l'armée française. En général ils étaient édifiés en zone de plaine ou de piémont, souvent sur des

1. Michel Cornaton évoque ainsi le cas d'Ighzer Amokrane où 600 femmes et enfants étaient réfugiés à l'intérieur d'un grenier à un étage dans des conditions concentrationnaires. *Cf.* p. 81.
2. Dans leur immense majorité, les regroupements étaient effectués de façon autoritaire par l'armée française. Il y eut néanmoins quelques cas où les populations, fatiguées d'être l'objet du bras de fer entre l'armée et l'ALN, préféraient rejoindre une SAS ou un village mis en autodéfense. Le cas de la SAS de Bezzit évoqué plus haut en fournit un exemple dans le cadre de l'opposition MNA/FLN.
3. Au 1er avril 1961, le chiffre officiel est de 1 958 302.
4. Très souvent, l'improvisation qui a présidé à l'érection des camps de regroupement, compte tenu de l'urgence invoquée par les militaires, les a conduits à les installer dans des zones dépourvues d'eau ou, inversement, sur des terrains inondables. Ainsi du camp d'El Isseri édifié sur les berges de l'Isser et qui fut recouvert d'un mètre cinquante d'eau en 1958. Idem de la cité Jeanne-d'Arc dans la banlieue de Béjaïa dont une partie des gourbis fut emportée par une crue en 1959.

terrains découverts, sans ombrage, sans presque aucune viabilité et, bien entendu, très éloignés du finage des populations regroupées. C'est dire que la plupart du temps les paysans ne pouvaient plus aller cultiver leurs champs car, dans le meilleur des cas, quand ceux-ci n'étaient distants des camps que de cinq ou six kilomètres[1], le quadrillage et les barrages militaires des zones vidées de leurs habitants rendaient les déplacements des villageois extrêmement périlleux. À l'intérieur des camps, les populations de plusieurs villages se mêlaient dans la plus grande confusion et la distribution de l'habitat n'obéissait plus à aucune logique lignagère ni d'affinité. L'étroitesse et la précarité des maisons renforçaient cette promiscuité de tous les instants. Le plus souvent, l'absence de cour intérieure et de jardinet, d'espaces extérieurs féminins, reléguait les femmes à l'intérieur des baraques. Non seulement les villageois étaient dépaysannisés, mais tous leurs réseaux sociaux traditionnels étaient réduits à néant : plus d'assemblée villageoise, plus de marchés périodiques, plus de pèlerinage ou de visite au sanctuaire, etc.

La politique de recasement fut beaucoup moins destructrice que celle des camps et, surtout, elle fut temporaire. En effet, le recasement fut opéré par l'armée française dans les zones d'habitat mixte : mi-dispersé, mi-concentré. Elle consista à transplanter dans les plus gros villages et les plus gros bourgs les populations des hameaux épars et des maisons isolées des alentours de façon à réaliser la même concentration que celle opérée par les camps de regroupement, mais en maintenant les populations à proximité de leurs habitations. Néanmoins, là aussi, pour éviter que les maisons vidées de leurs habitants ne servent de refuges aux maquisards, l'armée française en détruisit un grand nombre[2]. Ce qui contraignit leurs anciens occupants, après l'indépendance, à les rebâtir ou à venir grossir les bidonvilles ruraux qui se constituèrent à la périphérie des plus grosses agglomérations.

En Grande Kabylie, comme dans le reste de l'Algérie les statistiques de regroupés par arrondissement sont certes l'indice de variations fortes mais elles dissimulent encore de grandes disparités internes[3]. Les différentes régions de Kabylie ont été inégalement affectées par la politique de regroupement et de recasement. Paradoxalement, l'ampleur de la destruc-

---

1. Sur les problèmes quotidiens des paysans dans ce contexte, nous renvoyons au *Déracinement* de Pierre Bourdieu et Abdelmalek Sayad (1964).

2. Ainsi dans la commune de Fort-National deux villages furent rasés : Arous et Aguemoune-Izem, tandis que l'armée, après avoir vidé les villages suivants, se contenta d'en détruire les toits : El Hammam, Ighil n'Tazart, Aït Hag, Taza, Tasaft Guezra, Agouni Bou Slane, Aït Meraou, Agoumine, Imâtoukène et Aït Ali.

3. Voici, sous toute réserve – compte tenu de l'amalgame entre regroupement et recasement – les pourcentages des « regroupements » des arrondissements de Grande Kabylie tels qu'ils ressortent des statistiques officielles de l'année 1960 sur lesquelles est condamné à travailler l'historien. Tizi Ouzou : 12,4 % de la population regroupée, Fort-National : 29 % ; Bougie : 8,9 % ; Azazga : 22 % ; Sidi Aïch : 7 % ; Akbou : 23,9 % ; Bouira : 36,7 % ; Dra El Mizan : 31 % ; Bordj Menaiel : 56,3 % et Palestro : 80 %.

tion des villages par les opérations militaires n'a pas varié en fonction de l'intensité de la résistance.

La localisation des camps de regroupement et des recasements correspondait étroitement aux modes et au type de distribution de l'habitat. Les camps de regroupement ont été érigés en zones à habitat dispersé alors que la politique de recasement a davantage concerné les régions où la population se concentrait dans de gros villages. Sous ce rapport, le découpage régional de la Grande Kabylie en fonction des modes et du type de distribution de l'habitat, correspond à la géographie des camps de regroupement et des recasements réalisés en Kabylie. Les regroupements furent très nombreux dans les plaines et basses collines occidentales : régions de Palestro, de Bordj Menaïel où de nombreux camps de regroupement furent mis en place. Comme dans le reste de l'Algérie, une bonne partie de la population s'y fixa après l'indépendance, soit en consolidant les habitations précaires initiales soit en édifiant des habitations dites spontanées ou sauvages[1]. Dans la vallée du Sebaou, dans la vallée de l'oued Sahel/Soummam, dans la région des plaines et basses collines s'étendant entre Dra El Mizan et Boghni et enfin sur les versants sud du Djurdjura, les camps de regroupement furent également nombreux mais souvent, à l'inverse de la situation des plaines occidentales ou de la région de Bouira[2], ils disparurent progressivement avec l'indépendance nationale.

Selon un phénomène inversement proportionnel, les recasements furent beaucoup plus importants dans les régions à habitat regroupé au sein de gros villages. Cependant, au-delà d'un certain seuil de densité démographique, entre deux cents et trois cents habitants au kilomètre carré, il fut souvent plus facile pour l'armée française d'installer un poste militaire dans chaque village que de procéder au recasement des populations de hameaux déjà populeux dans des villages plus importants. Ainsi du massif central kabyle[3],

---

1. Ainsi dans l'arrondissement de Palestro, compte tenu du peu de recasements opérés, les statistiques officielles des regroupements correspondent à l'incroyable réalité. C'est ainsi que la population fut effectivement regroupée à 80 % dans un total de 49 centres de regroupement. Seuls 6 centres de recasement furent indûment comptabilisés comme regroupements. Dans cette région boulversée de fond en comble par les regroupements, Cornaton évoque une enquête du Secours catholique, d'où il ressort que le délégué local de cette organisation humanitaire n'étant autre qu'un Français en poste dans une SAS, les militaires trouvèrent tout naturel de subordonner l'aide du Secours catholique à leur politique locale ! *Cf.* Michel Cornaton (1965), p. 73.

2. Dans ces régions, certains camps de regroupement où la population s'était fixée devinrent même des chefs-lieux de commune. Ainsi de Ighorat, Bechloul, Cheurfa et Zeriba.

3. Voici un exemple où l'amalgame officiel entre regroupement et recasement a induit un auteur à surévaluer l'importance des camps de regroupement. Il s'agit de la thèse inédite de Gérard Bataille (1979, p. 202-210). Nous en avons corrigé les données grâce aux observations faites par Cornaton sur le terrain. L'auteur évoque pour l'arrondissement de Fort-National l'existence de 87 centres de regroupement dont 3 définitifs comprenant un total de 32 000 personnes. Or, hormis ces 3 centres qui correspondaient effectivement à des camps de regroupement, les 19 autres étaient en réalité des localités existantes dans lesquelles les populations éparses avaient été rassemblées. De même, dans l'arrondissement d'Azazga dans le Haut Sebaou, il faut compter 2 camps de regroupement pour 53 villages de recasement.

du Djurdjura et d'une partie de la vallée de la Soummam où, du fait de la densité de la population et de son agglomération spontanée dans des gros villages ou des bourgades, les regroupements furent très rares. Ainsi la commune de Fort-National n'en connut aucun. En outre, dans les régions où de nombreux camps de regroupement furent installés, les villages les plus importants ont servi à des opérations de recasement des populations environnantes. Par ordre d'importance, les régions touchées par les recasements sont : Haut Sebaou, versants nord de l'arc du Djurdjura, massif central kabyle, littoral et versants nord de la Chaîne côtière, vallée de la Soummam/ Sahel.

Rien ne suggère mieux ce que fut le quotidien des « camps de regroupement » que le témoignage de Cornaton, lorsque, en 1963, venu en Algérie faire de l'alphabétisation, il commença sa recherche[1]. « Outre la réticence des officiels, nous avons rencontré la défiance, bien naturelle, des regroupés, dans les yeux desquels apparaissait parfois une lueur de peur. Ainsi m'est-il arrivé de leur voir sortir, malgré mon refus, un portefeuille encombré de toutes sortes de pièces d'identité : les papiers produits devant celui qui interroge...[2] »

Dans ses enquêtes sur le terrain, Cornaton constatait qu'au lendemain de l'indépendance de l'Algérie un grand nombre d'Algériens demeuraient dans les camps de regroupement. En 1979, une thèse de géographie attestait encore de la pérennité du phénomène[3]. Aujourd'hui – en juillet 2003 – un reportage de la *Depêche de Kabylie* dans un coin de la vallée de la Soummam déplorait l'abandon dans lequel on tenait ces populations qui croupissaient encore dans ces camps !

Avant et durant la guerre, les Kabyles ont pris plus que leur part dans le mouvement national, toutes tendances confondues[4]. En Kabylie, quoi qu'on en dise et malgré quelques dissidences, l'immense majorité des militants nationalistes a communié dans le mythe de l'arabo-islamisme, avant que celui-ci ne devienne un dogme dont la remise en cause relèvera d'une Cour de sûreté de l'État. La lutte pour l'indépendance y a réalisé une union sacrée qui a permis, précisément, de réprimer brutalement les voix discordantes[5]. Ce faisant, le chœur des patriotes a perdu tout angélisme et les idéaux s'y sont rapidement exprimés dans une langue de bois. La guerre a été l'occasion d'apurer bien des comptes et bon nombre de martyrs seraient étonnés d'être considérés comme tels aujourd'hui.

---

1. Avant son retour en 1963, Michel Cornaton avait passé quatorze mois de son service national en Grande Kabylie, à Fort-National.
2. Michel Cornaton (1965), p. 18.
3. *Cf.* Gérard Bataille (1979).
4. *Cf.* Benjamin Stora (1985).
5. Nous pensons évidemment à la crise de 1949 au sein du PPA/MTLD dont il n'est pas inutile de rappeler qu'elle fut réprimée avec la plus grande brutalité par des chefs nationalistes kabyles. *Cf.* ce qu'en dit Omar Carlier (1984) dans une perspective géopolitique originale.

Archives consultées au Service historique de l'armée de terre (SHAT)

Les références portant un astérisque nécessitent une dérogation.

Pour ce qui concerne les opérations militaires en wilaya 3 : 1H2945/1 ; 2757/2 ; 1H3451/3 ; 1H3452 ; 1H3453 ; 1H3454 ; 1H 3455 ; 1H3456 ; 1H3457/1/2 ; 1H3458 ; 1H3459 ; 1H3460 ; 1H3461 ; 1H3462 ; 1H3463/1 ; 1H3464/2/3.
—1H1101-1* : Fiches de renseignements relatives à l'organisation de la rébellion (1955-1959).
—1H 1701-*1 : Historique de l'expérience Bellounis (1957-1958).
—1H1241 -*1 : Organisation du FLN (1955-1960).
—1H1247-*1 : Bulletins de renseignements (août 1957-avril 1958).
—1H1248-*1 : Documents récupérés sur les rebelles (1957-1958).
—1H1446-*2 : Extraits nominatifs des synthèses mensuelles reçues du CAA (1956-1958).
—1H1564-*1 : Moral des rebelles en Algérie (1956-1961).
—1H1636-*1 : Documents récupérés sur les rebelles dans le CAC juillet-décembre (1959).
—1H1682-1 : Physionomie générale de la rébellion (1957-1961).
—1H1684-1 : Zones d'implantation rebelle dans le CAA : Petite Kabylie, Atlas blidéen, Grande Kabylie, Ouarsenis (1959).
—1H1699 -*1 : Complots et purges en wilayas 1, 2 et 3 (purges effectuées par Amirouche) ; CR d'interrogatoires et condamnation à mort par le FLN de rebelles suspects ; massacre de Melouza (1958-1960).
—1H2577-1 : Lutte contre la rébellion (1956-1959).
—1H2582-1 : Documents récupérés sur les rebelles et fiches de renseignements sur le FLN et l'ALN (1943-1959).
—1H 2591-1 : Renseignements sur le FLN : organisation, moral et propagande, rivalités entre Kabyles et Arabes (1955-1959).
—1H2714-1 : Synthèse mensuelle de renseignements ; cartes des lignes de communications rebelles et d'implantation des principales bandes rebelles, juin-décembre 1959.
—1H2882-1 : Évolution de la rébellion (1956-octobre 1962).

Service d'histoire orale du SHAT
Entretien :*3K42, « Commandant Paul Léger ».

Bibliographie des travaux cités

ABADIE Georges (sous-préfet), « Arrondissement de Djidjelli : monographie ». Notice CHEAM n° 3677, 50 p., 1960.

AGERON Charles-Robert
— *La Guerre d'Algérie et les Algériens* sous la direction de C.-R. Ageron, Paris, Armand Colin, 340 p., 1997.
— « Une dimension de la guerre d'Algérie : les regroupements de populations », *in Militaires et guérilla dans la guerre d'Algérie*, dir. J.-Ch. Jauffret et M. Vaisse, Paris, Complexe, 327-358, 2001.

AÏT AHMED Hocine
— *La Guerre et l'après-guerre.* Paris, Minuit, 205 p., 1964.
— *Mémoires d'un combattant. L'esprit d'indépendance, 1942-1952*, Paris, Sylvie Messinger, 237 p., 1983.

AMOKRANE Abd El Hafid
— *Mémoires de combat*, Dar El Oumma, Alger, 1998. (Tr. fr. de *Mudhakkirat min masîrat il nidâl wa l jihâd*, Charika dâr el umma, 198 p., 1997.)

ANCEL Roger (administrateur des services civils d'Algérie)
— « La réforme municipale en Petite Kabylie », notice CHEAM n° 1549, 1950.
— « Commune mixte de la Soummam, bilan des réalisations 1946-1952 », notice CHEAM n° 2026, 67 p. (rapport officiel de la commune mixte). S.d.

Anonyme
— *Journal de marche d'un capitaine en Kabylie*, Paris, Imp. Richard, 1959.

BABILLON Alain (capitaine)
— « Expériences et opinions relatives à la constitution de communes de plein exercice dans le département de Grande Kabylie », notice CHEAM n° 2837, 17 p., 1956.

BARTET Sylvain
— *Les Sections administratives spécialisées en Grande Kabylie 1955-1962. Ambiguïtés et échecs d'une politique de pacification,* mémoire de maîtrise d'histoire, université de Provence, 266 p., 1997.

BATAILLE Gérard
— *Les Villages agricoles de la révolution agraire ; mise en œuvre en Kabylie*, thèse pour le doctorat de troisième cycle, Paris I, UER de géographie, 347 p., 1979.

BAUME Émile
— « Aspects de la psychologie en Kabylie », notice CHEAM n° 3140, 15 p., 1956.
— « Réflexions sur les villages de la commune mixte du Djurdjura », mémoire du CHEAM n° 2620, 86 p., 1956.
— « L'expérience des centres municipaux de 1936 à 1956 », notice CHEAM n° 2756, 29 p., 1957.

BENBRAHIM Melha et Nadia MECHERI SAADA
— « Chants nationalistes algériens d'expression kabyle (1945-1954) », *Libyca*, vol. XXVIII-XXIX, 213-236, 1981.

BENBRAHIM BENHAMADOUCHE Melha
— *La Poésie populaire kabyle et la résistance à la colonisation de 1830 à 1962,* thèse pour le doctorat de troisième cycle, Paris, EHESS, 2 vol., 154 p. et 244 p., 1982.

BENSALEM Djamel Eddine
— *Voyez nos armes, voyez nos médecins : chronique de la zone 1, wilaya 3*, Alger, ENAL, 289 p., 1984.

BESSAOUD Mohand Arab
— *Heureux les martyrs qui n'ont rien vu* (1963), Paris, Éditions berbères, 158 p., 1991.

BENYAHIA Mohammed
— *La Conjuration au pouvoir. Récits d'un maquisard*, Arcantère, 155 p., 1988.

BEYSSADE Pierre
— « Observations suggérées par l'examen des bilans étudiés des ressources de 10 villages et de 408 budgets familiaux de la région de la Soummam », notice CHEAM, n° 1710, 65 p. (+ cinquante tableaux statistiques), s.d.

BOIVIN J.-F.
— « Les constantes berbères en Petite Kabylie », notice CHEAM, n° 4023, 34 p., 1965.
— « La Petite Kabylie », notice CHEAM, n° 4077, 9 p., s.d.

BOURDIEU Pierre
— *Travail et travailleurs en Algérie,* Paris, Mouton, 566 p., 1963.
— *Algérie, 60 Structures économiques et structures temporelles,* Paris, Minuit, 124 p., 1977.

BOURDIEU Pierre et Abdelmalek SAYAD
— *Le Déracinement. La crise de l'agriculture traditionnelle en Algérie,* Paris, Minuit, 224 p., 1964.

BOUSCARY Lucien
— « L'attitude et les réactions des Kabyles en présence de notre action économique dans la commune mixte de la Mizrana », notice CHEAM n° 2 bis, 19 p., s.d.

BOUTIN de BARBEY Jacques
— « De certains aspects de la guerre de pacification en Algérie (Kabylie et Aurès) », mémoire du CHEAM n° 3089, 49 p., 1959.

BRIVE Robert
— « Influence de l'exode en France des indigènes algériens sur l'évolution des Kabyles de la région de Dra el Mizan », notice CHEAM, n° 326, 54 p., 1955.

CAMUS Albert
— *Actuelles III, Chroniques algériennes 1939-1958,* Paris, Gallimard, 215 p., 1958.

CANTAIS M.
— « L'expérience des centres municipaux dans la commune mixte du Djurdjura », mémoire de stage de l'École nationale d'administration, 28 p., 1953.

CARLIER Omar
— « La production sociale de l'image de soi, note sur la crise "berbériste" de 1949 », in *Annuaire de l'Afrique du Nord,* Paris, CNRS, 347-373, 1984.

CHASSAGNE
— « La Kabylie et les Kabyles », notice CHEAM n° 4106, 57 p., 1966.

CHASTEL Christian
— « Zone pilote agricole et sous-développement dans la Soummam », notice CHEAM, 14 p., 1961.

CHEVRILLON Olivier
— « Aperçu sur la situation de l'enseignement réformiste en Algérie. L'exemple de la commune mixte d'Akbou », mémoire de stage de l'École nationale d'administration, 54 p., 1950.

CORNATON Michel
— *Les Regroupements de la décolonisation*, Paris, Éd. ouvrières, 296 p., 1967.

DAHMANI Mohamed Arab
— *Banditisme social et révoltes populaires en Algérie (1912-1921 et 1939-1954)*, mémoire de maîtrise d'histoire, Paris VII, 202 p., 1977.

DÉJEUX Jean
— « Le bandit d'honneur en Algérie, de la réalité et l'oralité à la fiction », *Études et documents berbères*, n° 4, 39-61, 1988.

DEROUICHE Mohamed
— *Le Scoutisme, école du patriotisme*, Alger, ENAL/OPU, 268 p., 1985.

DUBARRY M.
— « Rôle de l'officier dans la réforme communale en Kabylie », notice CHEAM, n° 2888, 21 p., 1957.

ENRIA Roger
— *Mon poste en Kabylie*, Rillieux-la-Pape, chez l'auteur, 287 p., 1981.
— *Les Chasseurs de l'Akfadou, id.*, 342 p., 1992.

FAIVRE (le général Maurice)
— *Des soldats sacrifiés*, Paris, L'Harmattan, 1995.

FERAOUN Mouloud
— *Jours de Kabylie*, Alger, Baconnier, 140 p., 1954.
— *Les chemins qui montent*, Paris, Le Seuil, 222 p., 1957.
— *Journal 1955-1962*, Paris, Le Seuil, 348 p., 1962.
— *Textes sur l'Algérie*, supplément à *Preuves,* 32 p., 1962.
— *Lettres à ses amis*, Paris, Le Seuil, 206 p., 1969.

FERDI Saïd
— *Un enfant dans la guerre*, Paris, Le Seuil, 1981.

FUNFROCK Charles (capitaine)
— « Retour en Mizrane (mai 1958) », notice CHEAM n° 2966, 5 p. 1 carte, 1958.

GOUIN D'AMBRIÈRE (commandant)
— « Quelques aspects de la mentalité arabo-berbère », notice CHEAM n° 3093 bis, 121 p., 1959.

HAMOUMOU Mohand
— *Et ils sont devenus harkis*, Paris, Fayard, 364 p., 1993.

HARBI Mohammed
— *Aux origines du Front de libération nationale ; la scission du PPA/MTLD*, Paris, Christian Bourgois, 314 p., 1975.
— *Le F.L.N. Mirages et réalités. Des origines à la prise du pouvoir (1945-1962)*, Paris, Jeune Afrique, 446 p., 1980.
— « Nationalisme algérien et identité berbère », *Peuples méditerranéens* n° 11, 31-37, 1980.
— *Les Archives de la révolution algérienne*, Paris, Jeune Afrique, 584 p., 1981.
— « L'échec militaire de Krim », *in Stratégie de la guérilla*, Paris, Gallimard, 266-273, 1984.
— « Dossiers sur certains aspects occultes du FLN en France », *Sou'al, op. cit.*, 19-111, 1987.
— « Le complot Lamouri », *in La Guerre d'Algérie et les Algériens*, dir. C.-R. Ageron, 151-179, 1997.

KEBAILI Si Mohand ou Ramdane (pseud.)
— *La Grande Kabylie et ses problèmes*, Tizi Ouzou, publications du Centre d'études et de recherches kabyles (CERK), 96 p., 1959.

LABORDE André (de)
— « La politique d'intégration dans la commune mixte de la Soummam », notice CHEAM n° 2408, 51 p., 1955.

LACOSTE-DUJARDIN Camille
— « Histoire et représentation de la guerre aux *Iflissen lebahar* », *in La Guerre d'Algérie et les Algériens*, Paris, Armand Colin, 71-91, 1997.
— *Opération oiseau bleu, des Kabyles, des ethnologues et la guerre d'Algérie*, Paris, La Découverte, 308 p., 1997.

LAURENT Claude (capitaine)
— *Implantation d'une SAS en zone d'insécurité*, janvier 1962, 18 p.

LESNE M.
— « Une expérience de déplacement de population, les centres de regroupement en Algérie », *Annales de géographie*, n° 588, 567-603, 1962.

LESOURD Michel (commandant)
— « Élites kabyles de la Grande Kabylie (I-II) », notice CHEAM n° 2402, 130 p., 1955.
— « L'élite kabyle », notice CHEAM, conférence du 17 déc. 1966.

MAHÉ Alain
— « Guerre et paix dans la théorie de la segmentarité », *Guerres civiles, Économies de la violence et formes de la civilité dans le monde arabe*, Paris/Beyrouth, Karthala/CERMOC, 47-67, 1999.
— *Histoire de la Grande Kabylie XIXe-XXe siècle. Anthropologie historique du lien social dans les communautés villageoises*, Paris, Bouchène, 654 p., 2001.
— « Entre les mœurs et le droit : les coutumes. Remarques introductives à *La Kabylie et les coutumes kabyles* », présentation de la réédition de l'œuvre de Hanoteau et Letourneux, Paris, Bouchène, I-XXI, 2003.

MAHFOUFI Mehenna
— *Chants kabyles de la guerre d'Indépendance. Algérie 1954-1962*, Paris, Séguier, 318 p., 2002.

MAMMERI Mouloud
— *La Colline oubliée*, Paris, Plon, 256 p., 1952.
— *Le Sommeil du juste*, Paris, Plon, 254 p., 1955.
— *L'Opium et le Bâton*, Paris, Plon, 290 p., 1965.

MARIE Jean
— « La réforme municipale : un atout majeur de la pacification en Algérie », *L'Afrique et l'Asie*, 2e trimestre, n° 46, 31-38, 1959.
— « Une expérience de réforme municipale en Grande Kabylie », *ibid.*, n° 47, 48-52.

MEYNIER Gilbert
— *Histoire intérieure du FLN, 1954-1962*, Paris, Fayard, 812 p., 2002.

MIRA Tarik
— *Enquête orale sur les circonstances de la révolution algérienne dans une commune de Kabylie : Tazmalt*, mémoire de DEA de sociologie, Paris VII, 102 p., 1985.

MOLET Louis
— « Rôle et méthode de l'ethnologie appliquée », notice CHEAM, 8 p., 1958.

MONTAGNE Robert
— « Huit mois de pacification dans la région de Palestro », *L'Afrique française*, tome XXXVII, 63-71, 1957.

MORIZOT Jean
— *L'Algérie kabylisée*, Paris, J. Peyronnet, Les cahiers de l'Afrique et de l'Asie, 164 p., 1962.

NOËL J.
— *Journal d'un administrateur à Palestro,* Alger, Baconnier, 1958.

OUAMRANE Amar (colonel)
— « Lettres du colonel Ouamrane », *Tafsut* n° 3, 13-15, 1981.

OUARY Malek
— *Le Grain dans la meule,* Paris, Buchet-Chastel, 200 p., 1956.

OUERDANE Amar
— *La Question berbère en Algérie, 1949-1980,* mémoire de maîtrise en science politique, Université du Québec à Montréal, 286 p., 1986.
— « Kabyles et Arabes durant la phase décisive de la guerre de libération (1954-1957) », *ibid.*, 87-115, 1987.
— *La Question berbère en Algérie dans le mouvement national algérien 1926-1980*, Québec, Septentrion, 254 p., 1990.

OULD AOUDIA Jean-Philippe
— *Un enlèvement en Kabylie. 13 septembre 1956*, Paris, Tiserias, 144 p., 1995.

OUSSEDIK Tahar
— *Oumeri*, Alger, ENAL, 176 p., 1982.

PLANCHE Jean-Louis
— « De la solidarité militante à l'affrontement armé, FLN-MNA à Alger (1954-1955) », *in Militaires et guérilla dans la guerre d'Algérie*, dir. J.-Ch. Jauffret et M. Vaisse, Paris, Complexe, 219-236, 2001.

PLAULT Michel
— « L'émigration des travailleurs de la commune mixte du Guergour », mémoire du CHEAM n° 987, 43 p., 1947.
— « Le surpeuplement du Guergour », notice CHEAM n° 1095, 9 p.
— « Guenzet », notice CHEAM n° 2436, 67 p., 1953.

QUANDT William
— *Revolution and Political Leadership in Algeria,* Cambridge, Massachussetts and London, The MIT Press, 312 p., 1969.
— « The Berbers in the Algérian Political Elite » *in Arabs and Berbers, op. cit.,* 285-307, 1973.

ROHARD P.
— « L'évolution sociale et économique dans le Guerrouna », notice CHEAM n° 3334, 152 p., 1960.
— « Justice ou arbitrage. Algérie : mai 1958 – mai 1960 », notice CHEAM n° 3818, 83 p., 1965.

RONDOT Pierre
— « Notes sommaires sur l'évolution d'un canton kabyle : les Kourriet (Kabylie du Djurdjura, commune mixte de Fort-National) », notice CHEAM n° 2021, 10 p., 1952.

ROUSSEAU Jean-Marc
— « Islamisation en Kabylie et les conséquences qui en découlent sur le plan politique », notice CHEAM n° 1986, 63 p., 1952.

ROUX Michel
— *Les Harkis, les oubliés de l'Histoire : 1954-1991*, Paris, La Découverte, 419 p., 1991.

RULLAN Antoine
— *La Chaîne côtière de Grande Kabylie. L'efficacité de la lutte contre le sous-développement dans une petite région d'Algérie*, thèse pour le doctorat de troisième cycle, Paris, 334 p., 1972.

RUSSINGER André
— « En marge de la pacification : justice française et justice tribale en Kabylie », *L'Afrique et l'Asie*, tome XL, 55-66, 1957.
— « Un problème d'évolution des coutumes kabyles : le cas des arbres abandous », *L'Afrique et l'Asie*, tome XLII, 47-51, 1958.
— « Quelques problèmes humains posés par le développement agricole en Grande Kabylie », *Liens*, avril-septembre 1959, n° 10, 123-143, 1959.
— « La municipalisation en Grande Kabylie », *Liens*, 2ᵉ trimestre 1960, n° 13, 81-90, 1959.

SALHI Mohamed Brahim
— *Étude d'une confrérie religieuse algérienne. La Rahmania à la fin du XIXᵉ siècle et dans la première moitiè du XXᵉ siècle.* Thèse pour le doctorat de troisième cycle, Paris, EHESS, 450 p., 1979.

SAYAD Abdelmalek et Pierre BOURDIEU
— *Le Déracinement. La crise de l'agriculture traditionnelle en Algérie.* Paris, Minuit, 224 p., 1964.

SERRADJ Ali
— *Le Prix du présent*, Alger, ENAL, 170 p., 1985.

SERVIER Jean
— *Dans l'Aurès sur les pas des rebelles*, Paris, France-Empire, 303 p., 1955.
— « Les trois visages de la révolte », *Monde nouveau,* n° 87, 20-33, 1955.
— *Adieu Djebels*, Paris, France-Empire, 287 p., 1958.
— *Les Portes de l'année. Tradition et civilisation berbères*, Paris, Robert Laffont, 590 p., 1962.

STORA Benjamin
— *Dictionnaire bibliographique de militants nationalistes algériens 1926-1954*, Paris, L'Harmattan, 404 p., 1985.

ZAMOUM Ali
— *Tamurt Imazighen, Mémoires d'un survivant 1940-1962*, Boufarik, Rahma, 339 p., 1993.

Les pieds-noirs

par Daniel Lefeuvre

Si la genèse de l'expression « pieds-noirs » reste aujourd'hui toujours mystérieuse, son emploi pour désigner la population française d'Algérie est plus incertaine encore. L'une des hypothèses, peut-être la plus probable, a été récemment proposée par E. Guerrier[1]. L'origine se trouverait à Casablanca, en 1952. Une bande de jeunes Européens du quartier du Ma'arif. amateurs de cinéma américain et animateurs de manifestations contre les nationalistes marocains, s'étaient baptisés du nom de « pieds-noirs », en référence à la tribu indienne. Diffusée par la presse locale, puis métropolitaine, l'expression aurait franchi la frontière algéro-marocaine pour désigner, dès 1955 ou 1956, les Français d'Algérie. Mais peu d'entre eux en eurent alors connaissance et c'est véritablement en 1962, au moment du grand repli en métropole, que leur est accolée cette appellation. D'abord péjorative, cette dénomination est ensuite revendiquée par les Français d'Algérie eux-mêmes, dans la mesure où elle leur permet de « se restituer une identité spécifique, redéfinissant leur différence avec les Algériens d'un côté et les métropolitains de l'autre[2] ».

Qui étaient ces Français d'Algérie ? Pourquoi ont-ils été contraints, au moment où l'Algérie accède à l'indépendance, de quitter massivement leur terre natale pour se réfugier en France ? Comment et selon quelle chronologie se sont opérés leur repli puis leur intégration dans la société française ?

En 1960, 1 007 311 Français « de statut civil de droit commun[3] » vivent dans les treize départements de l'Algérie du Nord et 13 736 dans les deux département sahariens, soit un total de 1 021 047 personnes, dont 130 000 Juifs environ, vivant à côté de 9 487 000 Algériens musulmans.

---

1. E. Guerrier, « En finir avec les pieds-noirs », *L'Algérianiste*, n° 95, 2001, p. 44-46. Pour une mise au point récente de la question, Michèle Baussant, *Pieds-Noirs, Mémoires d'exil*, Stock, 2002, p. 396-411.

2. Michèle Baussant, *op. cit.*, p. 406-407.

3. Selon la terminologie de l'époque qui servait à distinguer les Français d'origine européenne, auxquels les Juifs étaient assimilés, des Français de souche nord-africaine, ou Français musulmans.

Ces Français d'Algérie sont le produit d'un melting-pot qui a progressivement fondu des populations venues, dès les lendemains de la conquête française, non seulement de France, mais aussi des pays du bassin méditerranéen ainsi que d'Allemagne et de Suisse. Un trait majeur caractérise donc ce peuplement : le poids des étrangers. En 1886, on dénombre en Algérie 220 000 Français et naturalisés et 203 000 étrangers. Parmi ceux-ci, les plus gros contingents sont fournis par les Espagnols et les Italiens.

Espagnols et Italiens en Algérie

	1872	*1886*
Espagnols	71 366	144 530
Italiens	18 351	44 315
Total	89 717	188 845

Mais le risque de voir le nombre des étrangers l'emporter sur celui des Français de souche hante alors les autorités de la colonie. Des courants migratoires plus réguliers et plus substantiels, une natalité plus dynamique grossissent leur effectif plus rapidement que celui des Français, malgré la francisation des quelque 35 000 Juifs – pour beaucoup installés en Afrique du Nord avant même la conquête arabe – par le décret Crémieux d'octobre 1870[1]. Parmi d'autres, l'économiste Paul Leroy-Beaulieu[2] s'inquiète de cette évolution : « La France allait-elle se trouver avoir couvé un œuf italien dans le Constantinois et un œuf espagnol en Oranie ? » Pour prévenir ce danger et dans l'impossibilité de gonfler le flux migratoire en provenance de la métropole, les pouvoirs publics décident de « faire » du Français, comme le prescrit le gouverneur Tirman[3] : « Puisque nous n'avons plus l'espérance d'augmenter la population française au moyen de la colonisation officielle, il faut chercher le remède dans la naturalisation des étrangers. » La loi très libérale du 26 juin 1889 a été l'instrument de cette politique. Désormais, les enfants nés d'un père étranger, s'il est lui-même né sur le sol français, deviennent automatiquement français, ainsi que, sauf répudiation dans l'année suivant leur majorité, les enfants nés et résidant en Algérie ou en France, d'un père qui n'y est pas lui-même né. Cette loi a permis la francisation massive des

1. Le décret du 24 octobre 1870 a accordé collectivement aux israélites d'Algérie la citoyenneté française en même temps que le statut civil de droit commun. Mais, à cette date, les Territoires du Sud n'étant pas rattachés à l'Algérie, les israélites de ces territoires, et plus spécialement ceux du M'Zab, n'ont pu invoquer le bénéfice de ce décret. Il a fallu attendre un décret d'avril 1961 pour que leur intégration à la communauté nationale soit totalement réalisée.

2. Cité par Charles-Robert Ageron, *Histoire de l'Algérie contemporaine*, t. 2, 1871-1954, PUF, 1979, p. 120.

3. *Id.*, p. 119

étrangers : en trente ans, elle a créé environ cent soixante mille à cent soixante-dix mille citoyens français – les néo-Français – qui se sont progressivement fondus avec les Français dits de souche, l'école, le service militaire obligatoire et la participation au coude à coude aux deux guerres mondiales, enfin les mariages intercommunautaires de plus en plus fréquents – qui ne concernent cependant pas la communauté juive – confortant progressivement cet amalgame. Cependant, celui-ci n'a été ni permanent ni total.

En premier lieu, il maintient, à l'extérieur, le groupe immense et croissant de ceux qu'on appela longtemps les « indigènes ». Certes, entre Européens et Algériens musulmans des contacts existent, qui interdisent de parler d'une société d'apartheid. Ils sont nombreux, quotidiens, sur la place du marché, dans les clubs sportifs, les transports publics mais aussi sur les lieux de travail, dans les organisations syndicales, etc. Mais, contrairement à ce qui se produit en milieu européen, ces contacts ne pénètrent pas la sphère privée et ne produisent pas un processus, même lent, de fusion. Comment comprendre cette situation qui conduit le jeune Pierre Bourdieu à définir, en 1958, la société algérienne comme une société de castes[1], les Français constituant naturellement la caste supérieure ? Bien entendu le fossé religieux joue dans cette séparation un rôle actif, de part et d'autre. Mais cette explication n'est pas suffisante. La raison principale est à rechercher ailleurs, dans le caractère colonial de la société qui donne au « colon », au sens large du terme, une position de primauté : d'abord en tant que citoyen français ou appelé à le devenir. Ensuite, du fait de la fonction qui lui est impartie par l'État, celle d'assurer la domination coloniale elle-même, de « mettre en valeur » le pays, de le conduire vers la « modernité ». Les mots ici ont leur poids : ils fixent des objectifs mais, parallèlement, ils expriment et construisent une représentation de la communauté faite de supériorité par rapport à l'autre qui, de fonctionnelle, tend à être appréhendée comme naturelle.

Deuxième groupe imparfaitement intégré, la communauté juive. Si, après 1870, les Juifs, désormais insérés dans la communauté civique, se sont sentis pleinement français, ils n'ont pas toujours été considérés comme tels par les Français d'origine européenne. En témoignent les violentes campagnes antisémites qui secouent l'Algérie dans les dernières années du XIXe siècle et, particulièrement à Oran, dans l'entre-deux-guerres. L'abrogation du décret Crémieux en octobre 1940 – rétabli seulement en octobre 1943, un an pratiquement après le débarquement anglo-saxon ! – et l'application en Algérie d'une législation antisémite particulièrement sévère sous Vichy ne soulèvent guère de protestations de la part de la population européenne.

---

1. Jacques Frémeaux, *Usage et obsolescence des Français d'Algérie*, communication au colloque « Hommes et femmes en guerre d'Algérie », CEHD, 2002 (publié sous la direction de J.-C. Jauffret, éditions Autrement, 2003, 573 p.), préfère parler d'une « société plurale, qui implique non pas seulement une constatation, mais une logique de fonctionnement ».

Enfin, mais dans un autre ordre d'idées, une « cascade de mépris[1] » établit les échelons d'une hiérarchie au sein même de cette population. Comme Joëlle Hureau le souligne, « chaque pas fait pour cerner le pays des pieds-noirs ou pour délimiter leur histoire achoppe sur le rébus de leur commu-nauté. [...] Groupes et sous-groupes s'entremêlent et on serait tenté d'en définir autant qu'il y a de familles. La diversité ethnique, sociale, cultu-relle, les différences liées à l'implantation semblent plus caractéristiques d'un éparpillement que d'une collectivité cohérente[2] ». Au fond, le sentiment de communauté se nourrit principalement de l'opposition aux « Arabes », et de l'adversité du destin : rien d'étonnant à ce qu'il se renforce pendant la guerre d'Algérie et dans les premières années qui suivent l'installation en France, au point de faire oublier les clivages sociaux qui pourtant traversent la société coloniale et qui se manifestent, jusqu'au début des années 1950, aussi bien sur le terrain des luttes sociales que dans les choix politiques partisans.

Deux moments charnières ancrent cette population dans la terre algé-rienne. À partir de 1856, les naissances l'emportent définitivement sur les décès, ce qui témoigne à la fois des très grandes difficultés rencontrées par les Européens au cours du premier quart de siècle de leur installation en Algérie et d'une acclimatation enfin réussie. Le second tournant intervient en 1896 : à compter de cette date, le principal facteur de croissance est dû à l'excédent naturel et non plus à l'immigration qui, cependant, ne se tarit jamais complètement. Aussi, à la fin de la période coloniale, pour plus de 80 % d'entre eux, les Français d'Algérie sont-ils nés sur place, la plupart de parents qui y ont également vu le jour.

Cette population forme une population coloniale que deux critères prin-cipaux distinguent de la masse des Algériens musulmans : son statut politique, d'une part, le niveau et l'origine de ses revenus, d'autre part.

Jusqu'à la fin de la Seconde Guerre mondiale, la pleine citoyenneté est, en effet, à de très rares exceptions près, réservée aux seuls Français d'ori-gine européenne[3], la plupart des Algériens musulmans étant écartés du corps civique. De ce statut politique privilégié les Français d'Algérie ont tiré une position dominante par rapport aux autochtones et un sentiment d'appartenance commune.

Certes, depuis une ordonnance du 7 mars 1944, tous les Algériens âgés de plus de vingt et un ans sont désormais citoyens français, mais le statut de l'Algérie, institué par la loi du 20 septembre 1947, distingue deux col-lèges électoraux, désignant chacun soixante représentants à la nouvelle Assemblée algérienne : le premier collège comprend cinq cent trente-deux

---

1. André Nouschi, *L'Algérie amère*, 1914-1994, Paris Éd. de la Maison des sciences de l'homme, 1995, p. 321. Réalité contestée, mais de manière peu convaincante par J. Verdès-Leroux, *Les Français d'Algérie de 1830 à nos jours, Une page d'histoire déchirée*, Paris, Fayard, 2001, p. 286.

2. Joëlle Hureau, *La Mémoire des pieds-noirs*, O. Orban, 1987.

3. Et aux Juifs du nord de l'Algérie.

mille électeurs, parmi lesquels soixante-trois mille musulmans, le second un million trois cent mille électeurs, tous musulmans. Ainsi, grâce à ce système, le million de Français d'Algérie bénéficie-t-il du même poids électoral que les huit millions d'Algériens musulmans. En outre, toute une série de dispositions, sans parler du recours systématique à la fraude électorale, organise la domination des Européens sur la vie politique locale. Il faut attendre février 1958 pour que le collège unique réalise, bien tardivement, l'égalité politique et le mois de juillet suivant pour que les Algériennes musulmanes puissent exercer le droit de vote que l'ordonnance de 1944 leur avait accordé, comme à toutes les femmes françaises, mais dont elles avait été privées jusque-là.

Recouvrant largement le clivage civique et ethnique, l'Algérie se caractérise aussi par une structuration sociale particulièrement marquée.

En juin 1955, un rapport[1] commandé par le gouvernement français répartit l'ensemble de la population algérienne entre cinq grandes catégories sociales « en considération du genre d'activité et du niveau de vie des particuliers ».

Classes	Effectifs	Activité	Revenus totaux (après impôts en milliards de F)	Revenu individuel moyen (en F)
Classe 21	5 840 000 Tous musulmans	Agriculture traditionnelle	99,1	16 969
Classe 22	1 600 000 Tous musulmans	Musulmans des zones urbaines	73,6	46 000
Classe 23	950 000 dont 510 000 musulmans	Salariés, artisans, commerçants petits et moyens	85,3	89 789
Classe 24	595 000 dont 50 000 musulmans	Classes moyennes	111,5	187 394
Classe 25	15 000	Classe aisée	17,4	1 160 000

Si les huit millions d'Algériens musulmans disposent d'un revenu total de 228 180 millions de F, soit 28 522 F par an et par personne, le million de

---

1. Rapport du Groupe d'études des relations financières entre la métropole et l'Algérie (dit rapport Maspétiol), juin 1955, p. 69.

Français se partage 159 460 millions de F, soit 159 460 F par personne : le rapport est de 1 à 5,6. Certes, ces moyennes masquent d'importantes disparités. Néanmoins, on constate que 93 % des Algériens musulmans appartiennent aux couches les plus pauvres de la population, alors que si, parmi les Européens, 440 000 vivent avec seulement 90 000 F par an, 545 000 relèvent des classes moyennes (revenus de 188 000 F) et 15 000 des classes les plus riches (revenus de 1 160 000 F). Il est devenu de mode, depuis quelques années, d'insister sur le fait que la grande majorité des pieds-noirs était de condition modeste, disposant de ressources inférieures à celles des métropolitains, de 20 % en moyenne peut-on souvent lire. Cette affirmation mériterait d'être vérifiée et, en tout cas, nuancée : sans doute vraie pour les Européens intégrés à la classe 23, il n'est pas sûr qu'elle le soit pour ceux qui ressortissent aux classes 24 et 25.

Cependant, contrairement à une autre idée reçue, et qui a encore parfois cours, les Français d'Algérie ne constituent pas, non plus, ni une population de colons, c'est-à-dire d'exploitants agricoles, ni, *a fortiori*, de gros colons.

Sur une population active de 354 500 Français, recensés en 1954, l'agriculture n'occupe, en effet, que 32 500 personnes à la tête de 18 400 exploitations (soit 9,10 % de la population active, contre 26,2 % en France), parmi lesquels 17 200 propriétaires et 5 700 aides familiaux – épouses ou fils des premiers –, 1 200 fermiers et métayers et 8 400 salariés. Même si la superficie des exploitations ne représente pas un critère rigoureux, la qualité des sols et la pluviométrie constituant des facteurs tout aussi importants, la distribution de la propriété foncière montre que 8 000 petits propriétaires, soit le tiers du total des colons, possèdent moins de 1 % du patrimoine foncier européen. En revanche, 6 385 gros propriétaires, parmi lesquels 423 sociétés, détiennent plus de 87 % du total des terres françaises d'Algérie.

Exploitations européennes	Nombre	Surface (en milliers d'ha)
Moins de 1 ha	2 393	0,8
De 1 à moins de 10 ha	5 039	21,8
De 10 à moins de 50 ha	5 585	135,3
De 50 à moins de 100 ha	2 635	186,9
100 ha et plus	6 385	2 381,9
Total	22 037	2 706,1

L'Algérie coloniale n'ignore donc pas les grandes fortunes foncières et mobilières, que quelques noms ont inscrites dans les mémoires, parmi lesquels ceux de : Jacques Duroux, l'homme peut-être le plus riche de la colonie dans l'entre-deux-guerres, sénateur, propriétaire de la plus impor- tante minoterie de l'Algérie, de la Compagnie algérienne de meunerie, d'une compagnie maritime – les Cargos algériens – et d'importants domaines viti- coles ainsi que d'un empire de presse qui compte *L'Écho d'Alger* et *L'Algérie* parmi ses titres ; d'Henri Borgeaud, « le seigneur de la Mitidja », maître du domaine de la Trappe, conseiller général puis sénateur ; de Laurent Schiaffino, armateur, président de la chambre de commerce d'Alger, sénateur.

À l'image des « deux cents familles », supposées dominer l'économie et le pouvoir politique dans la France de l'entre-deux-guerres, peut-on parler des « cent seigneurs » de l'Algérie ? Certes, on ne saurait nier le poids éco- nomique et politique de ce groupe social qui sort renforcé du développement économique que le territoire connaît depuis la fin de la Seconde Guerre mondiale et d'un mouvement de concentration foncière beaucoup plus poussé en Algérie qu'en France, où les petits paysans, travaillant moins de dix hectares, forment encore 56 % du nombre total des exploitants et 15 % des surfaces cultivées. Mais cette grande bourgeoisie n'est pas représentative des Français d'Algérie. La structure de la population active d'origine européenne telle qu'elle ressort du recensement de 1954 – les feuilles de dépouillement du recensement de 1960 ayant été détruites –, permet de dresser un portrait plus fidèle de ces pieds-noirs qui composent une popula- tion, certes hétérogène, mais où la part du petit peuple urbain, celui des fonctionnaires, des petits commerçants, des artisans, des employés et des ouvriers, est largement prépondérante et pour lequel le travail structure l'existence.

Premier constat, le poids des actifs, 354 500 personnes au total, soit 34 % de la population française d'Algérie, est inférieur à celui de métropole (44 %). Pour l'essentiel, cette différence s'explique par le faible taux d'acti- vité des femmes françaises d'Algérie, 14,5 %, alors qu'en France il est de plus de 29 %. L'origine méditerranéenne d'une fraction importante des per- sonnes concernées joue très certainement un rôle majeur dans cette relativement faible insertion des femmes dans le monde du travail. On peut aussi y lire un effet de la structure originale de l'économie algérienne et du rôle qu'y tiennent les Algériens musulmans – et les Algériennes – dont beau- coup remplissent des tâches qui, en Europe, sont dévolues aux femmes.

Deuxième constat, l'importance du salariat, proportionnellement plus répandu en revanche en Algérie qu'en France : 269 000, soit plus de 75 % des actifs français d'Algérie, relèvent de cette catégorie, contre 64 % en métropole. Parmi ceux-ci, 70 % sont relégués dans des emplois modestes : 90 600 sont ouvriers, 99 400 de petits employés.

La ventilation, par secteur et par qualification des salariés, révèle une double originalité qui tient, là encore, à la situation coloniale et qui confirme que les Français constituent l'essentiel de l'encadrement économique du ter- ritoire et des populations algériennes. Ce caractère se révèle d'abord par l'importance des agents de l'État et de la fonction publique qui occupent

102 000 Français, soit plus de 28 % de la population active et 38 % des salariés, pour 12 % en métropole. Loin d'être le reflet, même déformé, de la population algérienne, l'Administration est peuplée, pour l'essentiel, d'Européens, et cette prépondérance s'accentue d'autant plus que l'on progresse dans la hiérarchie.

Cette fonction d'encadrement se manifeste également, dans la sphère économique, par la surreprésentation de trois autres catégories :

Catégories	Algérie		Métropole
	Nombre	% de la population active	% de la population active
Cadres moyens ou supérieurs	56 300	17 %	8,1 %
Commerçants et artisans	49 100	13,85 %	11,9 %
Professions libérales	11 000	3,10 %	0,6 %

Les Français d'Algérie sont très majoritairement des citadins – plus encore que les métropolitains – et ce trait ne cesse de se renforcer tout au long de la période coloniale. La population européenne venue en Algérie s'est en effet, d'emblée, installée dans et autour des villes du littoral. En 1855, selon les données fournies par Louis de Baudicour[1], 60 % d'entre eux y résidaient, alors qu'il faut attendre 1931 pour que, en France, la population urbaine l'emporte sur la population rurale. Cette proportion s'élève progressivement à 68,6 % en 1886. Après une légère régression jusqu'en 1906, année qui marque l'apogée de la population rurale européenne en Algérie, la concentration urbaine reprend pour atteindre 72 % en 1926 et 80 % en 1954. À cette date, sur 1 042 500 Européens recensés, 552 000 (53 %) résident dans les neuf principales villes d'Algérie, dont 366 100 à Alger et à Oran (35 %). En revanche, dans nombre de communes de l'intérieur, en particulier du département de Constantine, la présence européenne, qui n'a jamais été très importante, est devenue résiduelle, voire inexistante. Dressant le bilan de la colonisation officielle depuis 1895, l'administrateur du centre de Faidherbe (département d'Oran) signalait déjà, en 1922 : « Le peuplement [européen] de Faidherbe, déjà très réduit, tend à diminuer encore. La cause ? la trop grande proximité de Tiaret (quatre kilomètres) ; et, comme partout, la tendance des populations à émigrer vers les villes[2]. » Un quart de siècle

---

1. Louis de Baudicour, *Histoire de la colonisation de l'Algérie*, Paris, 1860.
2. AN, CAOM, Algérie, Oran, 1/M/60, Résultat de la colonisation officielle depuis 1895, centre de Faidherbe, rapport de l'administrateur, 21 mai 1922.

après, Louis Morard, président de la région économique d'Algérie, évoque avec nostalgie « le tableau des petites villes algériennes d'autrefois qui, par leurs cafés, leurs cercles, et toutes leurs habitudes, ressemblaient tellement à nos petites villes de province et où l'on ne rencontre plus que quelques fantômes français[1] ». L'exode rural, qui vide le bled de sa population européenne, est donc, au lendemain de la Seconde Guerre mondiale, un phénomène ancien. Mais, à partir de ce moment, il s'accélère et, surtout, il change, en partie, de nature. Certes, les facteurs économiques et démographiques, le désir de profiter des commodités offertes par la ville, etc., tout cela continue de peser. Mais, au lendemain des événement qui secouent le Constantinois en mai 1945, dont l'onde de choc et les peurs qu'ils ont engendrées se répercutent bien au-delà de la zone des troubles et survivent à la sanglante répression qui les suit, la recherche de la sécurité joue désormais un rôle essentiel. Pour beaucoup de Français, l'hostilité du mouvement national algérien à la présence européenne, résumée par la formule « la valise ou le cercueil », qui circule dès 1943, ne fait aucun doute. L'exode rural se transforme en repli. Une petite annonce, parue le 22 août 1946, dans la presse quotidienne algéroise est révélatrice de l'inquiétude qui règne alors : « Français d'Algérie, qui recherchez un refuge en France, consultez le cabinet L. Decobert, 20, bd Sealiger, Agen, d'ancienne réputation, qui vous renseignera et trouvera. »

On en trouve un autre témoignage dans un article de Pierre Bertault paru en mai 1946. Le directeur du Crédit foncier d'Algérie et de Tunisie s'inquiète : « Partout, dans les trois départements, la colonisation perd pied. Peu à peu, la colonisation s'amenuise et la France perd ses pionniers. » Quelques semaines plus tard, le même revient à la charge : « De divers points d'Algérie, des colons nous écrivent, qui s'émeuvent de l'emprise indigène. [...] Le mouvement de rachat des terres françaises par les musulmans s'amplifie, et [...] ce faisant, chaque jour, un peu plus, la France perd l'Algérie[2]. »

Cette appréhension sourde se manifeste aussi du côté de l'Administration, notamment par l'attention accordée aux transferts de propriétés entre Français et Algériens qui laissent craindre « une reconquête économique de l'Algérie par les musulmans », selon les termes d'une Note[3] de décembre 1946, provenant du Service des liaisons nord-africaines (SLNA) du département d'Oran. Son auteur cite longuement toutes les informations qui lui sont parvenues depuis deux ans et qui semblent corroborer son hypothèse alarmiste. Ainsi, selon le sous-préfet de Bougie (7 août 1945), « des colons songeraient, à la suite des événements de mai 1945, à vendre leurs biens et à regagner la métropole ». D'autres, d'après un rapport du

---

1. AN, CAOM, CFOM 170, L. Morard, Communication au comité de l'Empire français, section de l'Algérie, procès-verbaux des séances, 3 avril 1946.
2. *Revue agricole de l'Afrique du Nord*, 12 juillet 1946.
3. AN, CAOM, Oran, 5.I.208, Reconquête économique de l'Algérie.

sous-préfet de Batna, daté du lendemain, « parleraient de réaliser leurs biens, et de se réfugier, soit dans les grandes villes d'Algérie, soit en France ». Le sous-préfet de Constantine signale, le 9 août, que « des fonctionnaires du cadre métropolitain auraient l'intention de demander leur mutation pour la France, ou, pour ceux approchant de la retraite, de s'y retirer définitivement ». Certes, à l'aube des années 1950, les statistiques disponibles dissipent cette frayeur. Une nouvelle note du SLNA au préfet d'Oran témoigne d'une sérénité retrouvée : « La tendance favorable aux Européens enregistrée depuis ces dernières années s'est accentuée d'une façon générale au cours de l'année 1949. Il semble bien que les craintes d'une "reconquête économique de l'Algérie" soient pour l'instant écartées[1]. » Mais, cet apaisement est de courte durée. La guerre d'Algérie réamorce et amplifie le mouvement de repli du bled vers les villes du littoral et, au sein de celles-ci, au profit des quartiers européens. La ségrégation spatiale des populations se renforce alors, parallèlement à un raidissement communautaire qui se manifeste aussi dans le domaine politique.

L'exode des capitaux privés vers la France, ou d'autres destinations, s'amplifie. Mesure de précaution, ce mouvement crée les conditions d'un éventuel départ des personnes, plus qu'il ne l'annonce ou le prépare. Une Note sur l'installation dans le Sud-Ouest d'agriculteurs venant d'Afrique du Nord, très probablement datée d'avril ou mai 1957[2], fait état de vingt-sept acquisitions foncières effectuées par des Français d'Algérie, dans le seul département de la Haute-Garonne, entre le 1er janvier 1955 et la fin avril 1957. Les propriétés acquises « sont, en général, exploitées par un membre de la famille du colon détaché en métropole et elles constituent à la fois une exploitation complémentaire au domaine outre-mer dans lequel la cellule familiale se maintient pour l'instant, en même temps qu'une position de repli si l'on était obligé d'abandonner l'Afrique du Nord ». L'auteur relève la présence de fonctionnaires, de commerçants ou d'entrepreneurs de travaux publics, de membres de professions libérales, parmi les nouveaux propriétaires. Dans l'Indre, sur une trentaine d'agriculteurs rapatriés, dont vingt-six d'Algérie, « quatre ou cinq d'entre eux possédaient déjà quelque chose en France avant 1962[3] ». Un calcul, réalisé à partir de 312 dossiers de prêts de réinstallation instruits par le Crédit hôtelier au cours du second semestre de 1962, montre que près de 20 % des emprunteurs apportaient en garantie un bien immobilier situé en France, acquis avant 1962. On trouve parmi eux six chirurgiens-dentistes sur quatorze (43 %), sept pharmaciens sur dix-sept (41 %), huit

1. AN, CAOM, 5.I.208, département d'Oran, SLNA du gouvernement général, note du 24 février 1950.
2. OURS, Archives Guy Mollet (AGM) 89, Note sur l'installation dans le Sud-Ouest d'agriculteurs venant d'Afrique du Nord, s.d. ni auteur, mais très certainement de juillet 1957.
3. Martine Pilleboue, « Les Agriculteurs rapatriés d'Afrique du Nord. L'exemple de l'Indre », *Études rurales*, n° 47, juillet-septembre 1972, p. 77.

médecins sur vingt-huit (28 %), mais seulement quatre coiffeurs sur vingt-huit (14 %). M. Marc F., qui exploite à Oran un hôtel-brasserie-restaurant, achète le 22 octobre 1960 un immeuble à Esténos (Haute-Garonne) en vue de créer un hôtel-bar-restaurant. M. Marceau Z., propriétaire d'un magasin Natalys à Alger, achète le 1er août 1961 un fonds de chemisier-habilleur à Marseille, où son épouse dispose d'un appartement, etc. L'échantillon étudié est trop étroit et il provient d'une période trop courte pour avoir une valeur totalement représentative, une étude plus complète des dossiers, en cours, en corrigera sans doute les résultats. Mais, tel qu'il se présente, il confirme néanmoins que bien des Français d'Algérie, particulièrement des couches moyennes, ont envisagé à la fin des années 1950, voire plus tôt pour quelques-uns[1], un possible repli en métropole.

Certes, pour beaucoup les précautions prises ne valent pas volonté – et encore moins désir – de départ. Ainsi, en 1960, M. Joseph M., en proie à une profonde incertitude sur son avenir, acquiert-il, en l'espace de quelques mois, un fonds de boucherie à Philippeville et une boucherie à Saint-Just-d'Avray (Rhône). Néanmoins, subrepticement, les premiers départs interviennent. Jusqu'en avril 1962, c'est, selon l'expression du préfet IGAME des Bouches-du-Rhône, Haas-Picard, une « infiltration régulière et continue » qui gonfle progressivement le nombre des réfugiés. La simple comparaison des recensements de 1954 et de 1960 fait ressortir une diminution de la population française d'Algérie de vingt-deux mille cinq cents personnes, mais si l'on tient compte de la croissance démographique (1 % par an), le recul peut être estimé à près de soixante-cinq mille personnes. À la fin de l'année 1961, environ cent soixante mille Français sont déjà repliés en France. Entre janvier et fin avril, c'est encore près de soixante-dix mille pieds-noirs qui ont définitivement rejoint la métropole. Au total, à la signature des accords d'Évian, la communauté européenne est déjà réduite d'un cinquième de ses membres.

À partir du mois de mai 1962, à « l'infiltration » succède une ruée désordonnée[2] qui, au cours des quelques semaines de l'été 1962, semble vider l'Algérie de sa population européenne – en réalité, au début de l'année 1963, un peu plus de cent quatre-vingt mille Français demeurent en Algérie – et la jeter sur les côtes de France, avec des scènes d'un nouvel exode et leur théorie de malheurs.

---

1. M. Jean B., avocat à Alger, s'est rendu acquéreur en 1955-1956 d'un appartement boulevard de Montmorency (Paris, 16e) au prix de 131 000 F et d'une propriété agricole estimée à 200 000 F.

2. Jean-Jacques Jordi, « De l'accueil au transit : Marseille, centre de redéploiement des rapatriés d'Algérie en 1962 », communication au colloque cité, « Les rapatriés d'Algérie en Languedoc-Roussillon, 1962-1992 ». Le tableau a été établi à partir de AD 13, M 6 30 874.

Mouvements des Européens entre l'Algérie et la France en 1962

	Vers la France	Vers l'Algérie	Solde mensuel	Solde cumulé
Avril	46 030	16 280	29 750	29 750
Mai	101 250	18 890	82 360	112 110
Juin	354 914	26 480	328 434	440 544
Juillet	121 020	60 130	60 890	501 434
Août	95 578	55 320	40 258	541 692
Septembre	71 020	52 233	18 787	560 479
Octobre	54 162	43 975	10 187	570 666
Novembre	35 540	25 805	9 735	580 401
Décembre	56 717	24 409	32 308	612 709
Total	936 231	323 522	612 709	612 709

Comment expliquer cette véritable débâcle ?

À la suite de Jacques Frémeaux[1], il convient d'évoquer, en premier lieu, l'action de l'OAS, mise en cause par de Gaulle lui-même : « Le retour aurait pu et dû s'accomplir progressivement. Au reste, il était très indiqué et très souhaitable, dans leur propre intérêt et dans celui de notre pays, que beaucoup demeurent en Algérie. Mais, pressés par l'OAS, presque tous les Français s'en vont et, souvent, dans une fuite panique[2]. » À partir de l'été 1961, l'OAS multiplie les actions pour enrayer le processus de négociation : « attentats contre les Algériens musulmans, affrontements directs avec les forces de l'ordre. À la fin du mois, une directive du général Raoul Salan donne l'ordre de s'attaquer à l'armée française, avant de pousser la population dans la rue. Il résulte de cette initiative une atmosphère de guerre civile qui redouble le sentiment d'insécurité. L'action des gendarmes mobiles dans le réduit de Bab el-Oued, la fusillade du 26 mars de la rue d'Isly constituent des moments déterminants. Cette situation ne peut que pousser les pieds-noirs à quitter un pays en proie à la guerre civile[3] », d'autant que les assassinats de militants nationalistes ou de simples Algériens musulmans exposent l'ensemble de la population européenne à subir les représailles du FLN. Certes, dans un premier temps, l'OAS s'est d'abord efforcée d'endiguer l'hémorragie, par l'interdiction faite aux Français, en janvier 1962, de quitter le pays. Le plasticage d'appartements vides,

---

1. Jacques Frémeaux, *Les Conditions d'un exode*, communication citée.
2. Charles de Gaulle, *Mémoires d'espoir*, « Le Renouveau », 1958-1962, cité par Jacques Frémeaux, communication citée.
3. Jacques Frémeaux, *Les Conditions d'un exode*, communication citée.

d'agences de voyages ou de la tour de contrôle de l'aéroport d'Alger-Maison-Blanche résonne ponctuellement comme un rappel à l'ordre d'une décision imparfaitement observée. La mesure est abrogée, le 21 mai, au profit des femmes et des enfants, ce qui correspond à une première accélération des départs. Avec l'adoption de la tactique de la terre brûlée, au début du mois de juin, non seulement l'OAS lève l'interdit, mais encore elle encourage, voire elle ordonne, le départ général[1].

Le deuxième facteur est l'insécurité générale qui règne dans les villes d'Algérie. Certes, « la peur a toujours été présente dans la conscience des minorités. La hantise de voir les masses musulmanes "submerger" les fermes, les centres de colonisation, les quartiers des villes françaises est aussi vieille que la colonisation elle-même. Les liens personnels, souvent cordiaux, noués avec tel ouvrier agricole, tel voisin, tel collègue, seraient-ils suffisants pour contrebalancer le sentiment de solidarité communautaire[2] ? ». Et 1962 est, sur ce plan, une année noire. Selon les chiffres que Jean de Broglie, secrétaire d'État aux Affaires algériennes, présente au Sénat en 1964, les enlèvements auraient porté sur 3 018 personnes entre le 19 mars et le 31 décembre 1962, sur lesquelles 1 245 auraient été retrouvées. On compterait donc 1 773 disparitions, dont 1 165 décès certains. En quelques semaines, la communauté européenne a donc subi la moitié, si l'on considère le total des disparitions, ou le tiers, si l'on s'en tient aux seuls décès certains, des pertes totales endurées entre le déclenchement de la guerre, en novembre 1954, et les accords d'Évian de mars 1962. Ainsi, au cours de la seconde quinzaine de juin, Perrégaux « voit sa population pieds-noirs passer de 9 000 à 2 000 âmes » à la suite de « dix enlèvements en quinze jours[3] ». À cela, s'ajoutent « les occupations abusives d'appartements, de fonds de commerce, les vols de voitures, de camions-citernes, de véhicules de la Croix-Rouge internationale, la levée de dîmes sur les colons européens[4] » qui aggravent encore le sentiment d'insécurité.

Les positions ambiguës du FLN à l'égard de la place réservée à la communauté européenne dans l'Algérie indépendante constituent un troisième motif d'inquiétude. Certes, de nombreux textes, de multiples déclarations se veulent rassurants. Ainsi, la plate-forme de la Soummam adoptée par le congrès du FLN, le 20 août 1956, offre-t-elle aux Européens un certain nombre d'assurances en affirmant que « la révolution » n'a pas pour but de « jeter à la mer » les Algériens d'origine européenne, mais de détruire « le joug colonial inhumain ». À cette occasion, sont dessinés les contours

---

1. « Ce pays était le mien et je suis parti le 18 juin, quand nous avons eu l'ordre de l'OAS... », témoignage recueilli par J. Verdès-Leroux, *op. cit.*, entretien 172, p. 362 et « Les petits Français de Bab-el-Oued sont partis comme un seul homme quand l'OAS leur a dit de partir », *id.*, entretien 30, p. 374.

2. Jacques Frémeaux, *Les Conditions d'un exode*, communication citée.

3. Jean Monneret, *La Phase finale de la guerre d'Algérie*, L'Harmattan, 2000, p. 232.

4. Jacques Frémeaux, *Les Conditions d'un exode*, communication citée.

d'une « nation algérienne [qui] ne s'arrête plus aux frontières de la communauté arabo-musulmane[1] ». Le texte des accords d'Évian accorde lui aussi de larges garanties aux Européens d'Algérie.

Mais, au fond, tout cela pèse bien peu face à d'autres déclarations plus inquiétantes et qui traduisent plus sincèrement, pour les pieds-noirs, les intentions réelles des nationalistes algériens. La proclamation du 1er novembre 1954 affirme la volonté du FLN d'ériger une Algérie démocratique et sociale mais « dans le cadre des principes islamiques ». À l'égard des israélites, la position du FLN, défendue par Ahmed Francis lors des négociations de juin 1961, est lourde de danger. Considérés « comme des autochtones qui font partie du peuple algérien[2] », ils sont de fait exclus des garanties qui pourraient être accordées aux Européens. Enfin, le programme de Tripoli, adopté en juin 1962, présente les Français d'Algérie comme les « agents actifs de l'impérialisme colonial dans le passé et instruments conscients de la guerre de répression qui prend fin » et il leur dénie la possibilité de « tenir le rôle principal et de coopération que la France leur a assigné dans son plan néocolonialiste ». Le même texte conteste que leur présence soit nécessaire à la survie économique du pays.

Au-delà des mots, les pratiques du mouvement nationaliste se chargent de dissiper toutes les chimères sur la place réservée aux Français dans l'Algérie indépendante. Dans un télégramme adressé le 18 juillet 1961 au Premier ministre, Jean Morin, délégué général du gouvernement en Algérie, évoque avec consternation « le choc » ressenti par les Européens, devant le « caractère xénophobe » des manifestations musulmanes des 1er et 5 juillet précédents qui a créé un « sentiment de danger[3] ». Au cours de la période transitoire, de mars à juillet 1962, les exactions contre les Européens se multiplient, alourdissant encore un climat déjà pesant. Pour envisager de rester, les Français auraient dû bénéficier de garanties solides. Or, ils ne nourrissent aucune illusion à l'égard de la valeur des accords d'Évian et de la volonté algérienne d'en respecter les clauses. De plus, la cassure qui s'est opérée entre eux et les forces françaises de l'ordre, définitivement consommée après les tragiques fusillades qui ensanglantent la rue d'Isly, à Bab el-Oued, le 26 mars, faisant quarante-six victimes parmi les manifestants, aggrave encore le sentiment d'être abandonnés par ceux-là mêmes qui leur devaient protection. Enfin, pour la plupart des pieds-noirs, à la peur s'ajoutent « le refus de vivre en minorité dominée et la volonté de garder leur dignité d'hommes » ainsi que la certitude de devenir rapidement « des otages au sens physique et moral, d'hommes dont on

1. Mohammed Harbi, *Le FLN, mirage et réalité*, Éd. Jeune Afrique, 1980, p. 179.
2. Archives Michel Debré (AMD), 2 DE 86, télégramme du 7 juin 1961, n° 150/158.
3. AMD, 2 DE 86, dossier négociation II – Préfet. Télégramme de Jean Morin, n°s 1842 à 1844, 18 juillet 1961.

avait toujours craint la violence et la rudesse et dont tous savaient que huit ans d'une guerre atroce n'avaient certainement pas adouci les réactions[1] ».

À partir du printemps 1962, toutes les conditions psychologiques du départ sont donc réunies. Restent les possibilités matérielles. Jusqu'à la fin du mois de mars, les moyens de transport à la disposition des Français d'Algérie souhaitant gagner la métropole semblent avoir été volontairement limités, tandis que le veto de l'OAS pèse d'un poids peut-être décisif dans l'expectative où paraissent se cantonner les pieds-noirs. En avril, un seul paquebot, le *Gouverneur Chanzy*, est spécialement affecté à l'évacuation et il faut attendre le début du mois de mai pour que des moyens réellement importants soient engagés avec vingt navires par semaine et la mise en place d'un véritable pont aérien.

Tous les témoignages concordent : lorsque le flot des réfugiés d'Algérie grossit brutalement, à partir du mois de mai et surtout de juin 1962, les services mis en place pour leur accueil et leur orientation sont rapidement débordés. C'est dans une indescriptible cohue que les départs se font d'Algérie, à l'exception de Constantine, et c'est un même chaos qui attend les rapatriés à leur débarquement en France, à Marseille en particulier.

Sous la plume des pieds-noirs, dans leur bouche, les mots ne sont pas trop durs pour dénoncer cette carence des pouvoirs publics qui, totalement pris au dépourvu, abandonnent les rapatriés à eux-mêmes, aux solidarités familiales, à l'action de quelques municipalités ou au dévouement d'associations caritatives ou confessionnelles (Croix-Rouge, Secours catholique, Fonds social juif unifié, Mouvement d'entraide et de solidarité pour les Français d'outre-mer, créé le 12 janvier 1962, sous la présidence de Jules Romain, etc.). En réalité, nous nous trouvons là, très précisément, en présence d'une histoire reconstruite par la mémoire, qui éclaire plus sur les sentiments actuels des pieds-noirs que sur la période de l'été 1962. D'abord, parce que cette mobilisation des moyens associatifs, des initiatives privées et des administrations locales, dont le rôle a été, en effet, capital pour seconder, voire suppléer les pouvoirs publics, s'est organisée sous la responsabilité directe des préfets concernés, dans le cadre de plans inspirés des plans ORSEC. Ensuite, et c'est, bien entendu, la question essentielle, l'État disposait-il des instruments pour évaluer précisément l'ampleur que le repli des Français d'Algérie allait prendre et préparer, en conséquence, les dispositifs pour les accueillir convenablement ?

Ce qui paraît caractériser l'état d'esprit des Français d'Algérie, jusqu'à une date tardive, c'est l'indécision : le désir de partir et la volonté de rester, quoi qu'il pût en coûter, coexistent et s'affrontent, le premier prenant le pas sur la seconde, de manière irréversible, seulement après avril ou mai 1962, peut-être même plus tard encore. Auparavant, des informations de toute nature qui circulent, la plupart sans pouvoir donner lieu à vérification, il ressort que l'opinion dominante, confortée par des observateurs en principe

---

1. J. Ribs, *Plaidoyer pour un million de victimes*, Paris, 1975.

avertis, est que les Français d'Algérie n'envisagent pas l'idée même d'émigrer. La plupart des propos célèbrent leur attachement viscéral à leur sol et leur volonté de s'y maintenir à tout prix. « Pour la plupart d'origine espagnole encore récente ou napolitaine, les Européens d'ici n'ont d'autres attaches que le sol de ce pays, écrit à Michel Debré, le 4 septembre 1959, le secrétaire général de la préfecture d'Oran, et la thèse de Raymond Aron sur l'économie d'une transplantation subventionnée paraît absolument sans aucun sens des réalités, en aucun cas ils ne partiront. Pour aller où ?[1] » Dans un télégramme du 18 juillet 1961[2], destiné au président de la République, au Premier ministre, au ministre de l'Intérieur et à celui des Affaires algériennes, le délégué général en Algérie, Jean Morin, évoque « le pessimisme extrême » des Européens, dont « la désespérance est telle qu'en dehors des extrémistes tous les milieux, libéraux compris, semblent prêts à accepter n'importe quelle solution qui comporterait pour eux un maintien possible sur le sol algérien ». Le 22 mai 1962 encore, alors que l'exode est déclenché, le président de la chambre de commerce et d'industrie d'Alger, Laurent Schiaffino, peu suspect de prévention à leur égard, évoque « de façon émouvante la situation difficile de nos compatriotes d'Algérie qui *risquent* [souligné par moi, DL] d'être contraints à un retour massif en métropole[3] ». Au moment même où ils embarquent sur les bateaux ou dans les avions qui les emportent en métropole, les Français d'Algérie se sentent souvent surpris de partir. Pour beaucoup, la résolution a été arrêtée la veille ou quelques jours plus tôt, dans l'improvisation, tant elle a longtemps paru inconcevable. Arrivés en France, certains croient encore à un séjour provisoire et s'accrochent à l'espoir d'un retour possible, « une fois les choses arrangées ». Lors du Conseil des ministres du 25 juillet 1961, à une question du général de Gaulle, Robert Boulin, secrétaire d'État aux Rapatriés, estime pouvoir affirmer que « la plupart attendent septembre pour se déterminer[4] ». En août 1962, l'incertitude semble encore régner. Devenu ministre délégué aux Rapatriés, Alain Peyrefitte consacre deux jours par semaine à les rencontrer « dans les internats des lycées réquisitionnés, dans les baraques métalliques, sur le quai des ports comme Sète ou Port-Vendres ». À de Gaulle qui lui demande s'ils comptent retourner en Algérie, Alain Peyrefitte répond : « Jusqu'à la fin août, la plupart espéraient pouvoir retourner. Les exactions, les enlèvements d'Européens, les spoliations ont tué cet espoir[5]. » Les experts métropolitains eux-mêmes s'illusionnent longtemps sur cette possibilité, et il faut attendre le mois de décembre 1962, quand les statistiques des

---

1. AMD, 2 DE 12, note de Beziau à Michel Debré, rédigée en août et adressée au Premier ministre le 4 septembre 1959.
2. AMD, 2 DE 86, télégramme n°s 1842 à 1844 du 18 juillet 1961.
3. CCIP, I-1-83 (12), Assemblée des présidents des CCI de la communauté, projet de lettre du président Georges Desbrières aux présidents des CCI de la métropole, 23 mai 1962.
4. Cité par Alain Peyrefitte, *C'était de Gaulle*, tome 1, Fayard, 1994, 599 p.
5. Alain Peyrefitte, *C'était de Gaulle*, *op. cit.*, p. 255.

retours dissipent ce mirage, pour que la Commission de coordination pour la réinstallation des Français d'outre-mer juge irréversible la présence en métropole de huit cent mille rapatriés. Peut-on, dès lors, faire grief à l'État de n'avoir pas anticipé un mouvement, ou plutôt son ampleur et sa brutalité, que ni les décolonisations antérieures (Maroc, Tunisie en particulier), ni l'opinion pied-noire elle-même ne laissait présager ?

C'est à la suite de l'échec des pourparlers de Melun (25-29 juin 1960) que le gouvernement prend progressivement conscience du caractère inéluctable d'un rapatriement massif de Français d'Algérie. Une « Note concernant la politique du gouvernement », datée du mois d'octobre suivant, en témoigne. Son auteur, Masseret, attire l'attention du gouvernement sur l'avenir « très compromis depuis Melun » de la « communauté de souche française en Algérie », pour laquelle « il sera difficile d'obtenir des garanties ». Il invite donc le gouvernement à envisager « le repli de nombreux éléments de cette population[1] ». Dès lors, rapports et études se multiplient, avec trois grands objectifs : évaluer le volume des replis à attendre et en établir le coût à la charge de l'État ; définir les aides d'urgence à apporter aux réfugiés et leur montant ; prévoir les besoins en logements et en emplois nécessaires à l'installation durable des repliés en France.

En mars 1961, une « mission d'étude », placée sous l'autorité du ministère des Affaires algériennes, présente un dossier « constitué pour une première étude du rapatriement éventuel des Français européens ou musulmans d'Algérie[2] ». L'ensemble, résumé dans une « Note de synthèse sur les problèmes posés par le rapatriement éventuel des Français d'Algérie », marque un tournant majeur sur cette question : on y trouve, en effet, les éléments constitutifs de la loi de décembre 1961. Trois hypothèses sont envisagées en fonction de la nature des relations entre la France et la future Algérie indépendante :

1. climat d'hostilité, rapatriement de trois cent mille familles – soit la quasi-totalité du million de Français d'Algérie ;

2. climat de neutralité, rapatriement de cent cinquante mille familles, soit quatre cent cinquante mille personnes environ ;

3. climat d'association, rapatriement limité à cent mille familles, soit trois cent soixante-quinze mille personnes.

C'est la deuxième hypothèse qui est retenue, celle du rapatriement de cent cinquante mille familles, non compris les agents de la fonction publique, dans un délai de quatre ans après l'indépendance. Les auteurs font néanmoins part de leur grande incertitude car, « dans ce domaine la prévision n'est pas facile : le retour des Français d'Algérie dépendra de la

1. AMD, 2 DE 13, « Note concernant la politique du gouvernement au mois d'octobre 1960 ». Auteur : très certainement Masseret si l'on en croit le mot d'accompagnement.

2. Archives économiques & financières (AE & F), 1 A 177, MAA, Mission d'études, Note de synthèse sur les problèmes posés par le rapatriement éventuel des Français d'Algérie, 7 mars 1961.

situation politique et économique de ce territoire, mais aussi, indépendamment de cette situation, des incidents qui pourront se produire lors de l'accession à l'indépendance[1] ».

Cette hypothèse moyenne impose de renoncer à la conception qui avait présidé au rapatriement des Français du Maroc et de Tunisie, « organisé dans l'unique souci d'assister les Français obligés de quitter ces protectorats ». Désormais, « le repli des hommes et des capitaux d'Afrique du Nord ne doit pas être compris comme une œuvre d'assistance mais placé dans la perspective du développement économique et social de la nation ». Des expériences étrangères étudiées par la mission, deux conclusions sont tirées :

• « L'impérieuse nécessité de prévoir les opérations de rapatriement pour préparer une doctrine cohérente et une administration efficace. » En particulier, le gouvernement est invité à se prononcer très clairement sur la question de l'indemnisation des dommages subis et des biens spoliés, afin de ne pas faire naître des espoirs ou des craintes injustifiés chez les rapatriés.

• La nécessité d'un organisme unique chargé de conduire les opérations de rapatriement. La création du secrétariat d'État aux Rapatriés, le 24 août 1961, confié à Robert Boulin, s'inscrit dans le droit fil de cette proposition. Bien que les réfugiés d'Algérie soient, jusqu'en avril 1962, officiellement exclus du champ de compétence du secrétariat, c'est bien l'évacuation d'une partie d'entre eux et leur insertion dans la communauté nationale qui ont justifié cette création. Dès septembre 1961, d'ailleurs, sur décision de Michel Debré lui-même, des dispositions confidentielles étendent à « certains Français ayant été contraints de quitter l'Algérie à destination de la métropole pour des raisons d'ordre public ou de sécurité[2] » les aides prévues par une instruction interministérielle du 1er mars 1958[3], et autorisent « les services du commissariat » à leur porter assistance, sous réserve « qu'aucune publicité ne [soit] donnée[4] » à ces mesures. De même, si la loi-cadre relative à « l'accueil et à la réinstallation des Français d'outre-mer », votée le 26 décembre 1961, n'est pas applicable à l'Algérie, « ce territoire demeurant placé sous la souveraineté française », il ressort d'une réunion interministérielle de janvier 1962 que la question n'est pas de savoir si elle doit être étendue aux réfugiés d'Algérie mais quand il sera

---

1. AE & F, 1 A 177, MAA, Mission d'études, Note sur le financement du transfert éventuel d'une partie de la population européenne d'outre-mer et notamment d'Algérie, 15 mars 1961, p. 2. Notons, au passage, l'évidence pour les fonctionnaires de la mission, dès ce moment, de l'accession prochaine de l'Algérie à l'indépendance.

2. AN, CAOM, ministère des Affaires algériennes (MAA), MAA 80, secrétariat d'État aux Rapatriés, Circulaire confidentielle aux préfets, n° 2165, 21 septembre 1961.

3. Instruction interministérielle n° 436 CO/CAB concernant l'assistance aux Français rapatriés.

4. AN, CAOM, MAA 80, secrétariat d'État aux Rapatriés, Circulaire confidentielle aux préfets, n° 2165 du 21 septembre 1961, extension à certains de nos compatriotes d'origine européenne dont le départ d'Algérie a été motivé par des considérations d'ordre public ou de sécurité.

« politiquement opportun[1] » de le manifester publiquement. Ce qui est réalisé par le décret du 2 avril 1962[2], c'est-à-dire antérieurement à l'indépendance officielle de l'Algérie.

Le fondement de la politique arrêtée repose sur le choix de l'insertion au détriment de l'indemnisation dont le principe, qui fait l'objet d'âpres discussions au niveau gouvernemental, est finalement repoussé, pour trois raisons. D'abord, cette indemnisation doit incomber au futur État algérien auquel la France a d'autant moins de motifs de se substituer par avance qu'une telle décision « enlèverait aux autorités locales tout scrupule pour multiplier le cas échéant des mesures diverses de séquestres, d'expulsions et de spoliations[3] ». La deuxième explication renvoie au coût jugé insupportable pour les finances publiques d'une telle mesure à laquelle s'ajouteraient, de toute manière, les charges liées à l'accueil et à la réinsertion des rapatriés. Enfin, cette dernière, qui est inscrite dans une politique plus vaste d'aménagement du territoire et d'affectation de la main-d'œuvre disponible dans les secteurs jugés prioritaires par le commissariat au Plan, exige des rapatriés une grande flexibilité géographique et professionnelle que l'indemnisation contrarierait. En réalité, le principe de l'indemnisation a finalement été retenu, à l'initiative de Michel Debré et contre l'avis de la majorité des ministres, réunis en Conseil de cabinet le 4 septembre 1961, mais ses modalités d'application ont été renvoyées à plus tard.

Pour faire face à l'arrivée des rapatriés, dont la plupart se trouvent sans toit ni ressources, des mesures d'urgence d'accueil et d'hébergement transitoire sont mises en œuvre. Une allocation mensuelle de subsistance est accordée, pour un an, aux rapatriés dans l'attente de leur reclassement professionnel. Son montant varie selon la situation de famille : ainsi, un célibataire perçoit-il 350 NF par mois, le SMIG étant alors de 313 NF. L'application de ces dispositions est à l'origine de beaucoup d'amertume du fait de la complexité des procédures, du caractère parfois humiliant des démarches, de l'attitude soupçonneuse de certains fonctionnaires, etc. Malgré tout, elles ont permis aux rapatriés de passer, tant bien que mal, le cap difficile des premiers mois de leur installation en France. Au-delà, deux problèmes restaient à résoudre : celui de leur insertion économique et de leur relogement. Deux facteurs ont grandement facilité la résolution du premier : d'une part, un tiers d'entre eux relevaient, en Algérie, de la fonction publique ou des entreprises publiques. À quelques cas près, notamment certains auxiliaires, ils ont été reclassés dans les administrations ou les sociétés métropolitaines correspondantes. Pour les autres salariés, à l'exception des

---

1. AN, CAOM, MAA 80, Procès-verbal de la réunion du 24 janvier consacrée aux problèmes des rapatriés, réunissant notamment des représentants du MAA, du secrétariat d'État, de l'Intérieur.

2. Décret 62-365 du 2 avril 1962, *Journal officiel* du 3-4-1962.

3. AE & F, 1 A 177, Note anonyme et non datée mais accompagnant le dossier de la mission d'études du MAA.

plus âgés, une conjoncture économique particulièrement favorable a pleinement joué et les difficultés rencontrées n'ont pas été d'ordre quantitatif, mais sectoriel et géographique : les demandes des rapatriés ne correspondant pas nécessairement aux besoins de l'économie française. En revanche, la réinstallation dans l'agriculture, faute d'exploitations disponibles en nombre suffisant, et dans certains secteurs du commerce et de l'artisanat alors en pleine mutation, s'est révélée plus difficile et plus périlleuse.

Mais, en 1967, la catégorie « rapatriée » disparaît des statistiques des demandeurs d'emploi, signe qu'il n'y a plus, à ce moment, de graves problèmes spécifiques. La plasticité de l'économie et de la société française ajoutée à une réelle capacité d'adaptation des pieds-noirs ont permis de résoudre, dans l'ensemble de manière satisfaisante, et en quelques années seulement, le défi de l'insertion.

Le relogement, en revanche, s'est révélé beaucoup plus difficile, le pays traversant alors une crise particulièrement grave dans ce secteur. Huit ans après l'appel de l'abbé Pierre, des centaines de milliers de Français figurent toujours sur les listes des « mal logés ». Or, les besoins des rapatriés – plus de trois cent mille logements – correspondent au programme de constructions d'une année entière. Malgré tout, aides à la rénovation d'habitats anciens, programmes spécifiques de constructions en leur faveur, réservations obligatoires de 10 %, puis de 30 % des logements neufs livrés, et, surtout, une forte croissance de la construction, qui passe de 363 000 logements en 1961 à 525 100 en 1963, tout cela a permis, en l'espace de sept ans, de proposer aux rapatriés un logement décent, doté d'un niveau de confort supérieur, en moyenne, à celui des Français d'origine métropolitaine.

Reste l'indemnisation des biens spoliés. Évoquée depuis septembre 1961, ses modalités sont arrêtées par la loi du 15 juillet 1970, complétée par les lois du 2 janvier 1978, du 6 janvier 1982 et du 16 juillet 1987. Le rapport du député Diefenbachert, remis au Premier ministre en septembre 2003, montre qu'elle a été plus généreuse que ce qu'on en dit. Au total, les pieds-noirs auraient été indemnisés à hauteur de 58 % de la valeur des dommages subis, selon les estimations de l'Agence nationale pour l'indemnisation des Français d'outre-mer (ANIFOM), niveau ramené à 22 % seulement par une association de rapatriés. Le GNPI estime, en particulier, que les biens spoliés ont été sous-évalués par le ministère des Finances et que les conditions de règlement (différé de dix ans, versements étalés sur vingt-cinq ans en particulier) ont considérablement réduit la valeur réelle des dédommagements, du fait d'une érosion monétaire mal compensée. Une quatrième loi d'indemnisation devrait donc être prochainement discutée.

Les blessures toujours ouvertes de la communauté rapatriée ne sont pas seulement d'ordre pécuniaire : elles sont sans doute davantage d'ordre mémoriel. En particulier, il a manqué aux pieds-noirs la reconnaissance officielle et immédiate de leur statut de victimes de la décolonisation. Le général de Gaulle, dans sa volonté de refermer au plus vite « la boîte à chagrin » algérienne, s'est dérobé à ce devoir.

L'impossible neutralité des Juifs d'Algérie

par Benjamin Stora

> *L'Algérien, par tempérament, est impétueux. L'exode des communautés juives prit dans ce pays le caractère d'une crue dans un oued saharien : il n'y a pas une goutte d'eau dans la vallée depuis des années. Soudain, l'inondation arrive, impétueuse, irrésistible, terrifiante : en quelques heures, elle emporte tout sur son cours, hommes, troupeaux et villages ; puis, la dévastation étant passée, tout rentre à nouveau dans le calme pour des années[1].*

En novembre 1954, partageant le sentiment de l'immense majorité des Français de métropole et des départements d'Algérie, les Juifs d'Algérie pensaient que rien n'était appelé à changer pour eux dans leur avenir. Français depuis plusieurs générations par le décret Crémieux de septembre 1870, les Juifs algériens étaient devenus « Français d'Algérie », d'origine juive. Ils se considéraient liés pour l'éternité à l'Algérie française. Ils venaient de traverser les épreuves de la Seconde Guerre mondiale, qui ne les épargnèrent pas. Et la création de l'État d'Israël en 1948 n'avait pas vraiment réussi à ébranler leur confiance dans leur destinée française en terre algérienne. Dans son autobiographie, Daniel Timsit écrira : « Les gens de là-bas se vivaient et se pensaient destinés à vivre sur place pour l'éternité. Ils n'imaginaient pas qu'il leur faudrait partir, ils n'imaginaient pas un contexte différent. Ils vivaient une espèce de quotidien d'éternité sur place. Ils ne se considéraient pas comme une communauté particulièrement menacée[2]. » Cette assurance était grande, amenant les Juifs d'Algérie dans le développement des « événements » à se réfugier dans l'attente de jours meilleurs, résistant longtemps, dans le silence, aux attentats et atrocités qui les touchaient. Sollicités des deux côtés, d'abord par le FLN puis par

---

1. André Chouraqui, *La Saga des Juifs en Afrique du Nord*, Hachette, 1972.
2. Daniel Timsit, né le 16 décembre 1928 à Alger, était le fils d'un petit commerçant en tissus et sa mère était la fille du grand rabbin de Constantine. Étudiant en médecine, il avait rejoint le FLN en 1956. Il a raconté son itinéraire dans son autobiographie, *Algérie, récit anachronique*, Paris, Bouchène, 1999. Il est mort le 2 août 2002.

l'OAS, mal guéris des avanies de Pétain qui avait abrogé le décret Crémieux en octobre 1940, anxieux de ne pas se laisser dissocier de la France, les Juifs d'Algérie ont vécu dans le trouble, parfois la mauvaise conscience, le conflit. Dès lors, les engagements dans un camp ou dans l'autre seront individuels. La masse de la communauté, elle, s'abstiendra de prendre position, prônant le plus souvent possible « l'égalité des droits pour tous », condamnant les « actes criminels d'où qu'ils viennent » ou souhaitant « le rétablissement de la paix sur notre territoire, dans les esprits et dans les cœurs », ce qui pouvait sembler un vœu pieux dans le déchaînement de la guerre. En fait, les Juifs d'Algérie étaient bien partie prenante du drame, mais en étant de moins en moins les acteurs de la partie compliquée qui se jouait. Dans les différents textes publiés pendant le conflit, on trouve tous les doutes, hésitations, impasses, et les contraintes qui enserraient et menaçaient le judaïsme d'Algérie.

La guerre d'Algérie montrait ainsi à quel point le sens du devoir moral et de l'attachement à la France, jugée émancipatrice, pouvait tourner à la mise en retrait de son propre environnement et de ses origines historiques ; mais aussi comment le processus d'assimilation à la culture française ayant accompli son œuvre depuis des décennies, le basculement vers l'Algérie française était irréversible, conduisant à la séparation définitive avec les Algériens musulmans[1].

L'heure, terrible, du choix arriva au cours de l'année 1961. Le 22 juin 1961, le chanteur et musicien Raymond Leiris, dit Cheikh Raymond[2], l'un des plus grands maîtres de la musique arabo-andalouse dans la tradition du malouf, beau-père d'Enrico Macias, fut abattu d'une balle de 9 millimètres dans la nuque par un Algérien musulman, place Négrier, au cœur du quartier juif de Constantine. L'assassinat fut ressenti très douloureusement par toute la communauté juive d'Algérie. Puis les violentes manifestations pour l'indépendance déclenchées par le FLN, dans l'année 1961, contre les villes où les Juifs étaient concentrés en majorité, souleva un vent de panique. En quelques semaines, les communautés, juive et chrétienne, se vidèrent comme par enchantement. La politique de « la terre brûlée » par l'OAS, de janvier à juin 1962, accentua le désarroi et la fuite. Ainsi prenait fin une présence de plusieurs siècles des Juifs en Afrique du Nord[3].

---

1. Pour une approche générale de cette période, voir le numéro d'*Archives juives, Revue d'histoire des Juifs de France*, n° 29, 1er semestre 1996, avec les articles d'Yves Claude Aouate, « Notes et observations sur une histoire en construction », de Richard Ayoun, « Les Juifs d'Algérie pendant la guerre d'Indépendance », de Charles-Robert Ageron, « Une guerre religieuse ? ».

2. Né en 1912, le Juif séfarade Raymond (Cheikh) reste un très grand nom de la musique arabo-andalouse au Maghreb. Élève de deux musulmans, Abdelkrim Bestandji et Omar Chakleb, Raymond ne se mêlait pas de politique et ne comptait que des amis dans toutes les confessions.

3. Pour une histoire générale, voir, de Richard Ayoun et Bernard Cohen, *Les Juifs d'Algérie, 2000 ans d'histoire*, Paris, Jean-Claude Lattès, 1982, 260 p.

Un enracinement ancien, un comportement banal et singulier

Peut-on évoquer une réaction spécifique de la communauté juive à l'égard des événements qui ont secoué l'Algérie de 1954 à 1962, observer de leur part un comportement singulier ? Ou, au contraire, ont-ils réagi comme les autres pieds-noirs, c'est-à-dire comme l'ensemble de la population non musulmane du pays ? Apparemment, la seconde hypothèse apparaît comme la plus vraisemblable[1]. Longtemps après 1962, les Juifs d'Algérie n'apparaissent pas en tant que tels dans le paysage culturel et politique français, si ce n'est comme fondus dans la masse des Européens jetés dans l'exode consécutif à l'indépendance algérienne. Longtemps après 1962, les Juifs d'Algérie se représentent (et sont présentés) comme des pieds-noirs, vivant entre chagrin de la terre perdue, mythes coloniaux de l'Atlantide engloutie et fidélité aux traditions religieuses. Ils n'ont pas émergé comme communauté particulière, au même titre, par exemple, que les Juifs du Maroc ou de Tunisie.

Il faudra que le souvenir de l'Algérie revienne dans les mémoires collectives françaises (en particulier lors de la terrible « seconde guerre d'Algérie » des années 1990 et son cortège d'atrocités), pour que s'opère un début de distinction entre les différents groupes qui ont traversé la longue histoire de l'Algérie française. Il faudra aussi que les enfants, ou petits-enfants, questionnent leurs aînés de manière plus attentive et sérieuse, pour que soient réexaminés les héritages d'une identité mixte, hybride, fuyante, brisée. Il faudra enfin que le modèle républicain de la France, en cette fin de XXe siècle, entre en crise[2] pour redécouvrir cette expérience à la fois unique et originale d'une judéité très républicaine, et profondément attachée à son identité religieuse longue, à un enracinement ancien en terre algérienne.

Les Juifs sont en effet « algériens » parce qu'attachés, associés à l'histoire de cette terre du Maghreb central, baptisée plus tard Algérie. Ils sont là, présents sur cette terre depuis plusieurs siècles, au moment où les Phéniciens et les Hébreux, lancés dans le commerce maritime, fondent Annaba, Tipasa, Cherchell, Alger. D'autres Juifs arrivent ensuite de Judée, fuyant les Égyptiens d'abord puis les Romains de Titus (le grand exode se produit après la destruction du second Temple de Jérusalem en 70 apr. J.-C.). Les premiers, des *Cohaninms* (de la tribu de Cohen) sont peut-être ces Juifs qui s'installent dans l'île de Djerba au sud de l'actuelle Tunisie[3]. D'autres arrivants se mêlent aux Berbères de l'intérieur du pays et les convertissent. Ils forment

---

1. Sur cette interrogation, voir *Les Nouveaux Cahiers*, n° 29, été 1972, « Fin du judaïsme algérien », l'article « Un engagement nuancé », par Claude Cohen.

2. Dans l'abondante littérature consacrée à ce sujet, relevons, surtout, la revue *Témoins*, n° 17, septembre 1999, « Religions et République, liens communautaires et lien social ».

3. Leurs descendants vivent encore dans l'île et leur synagogue, la Ghriba, fait l'objet, aujourd'hui encore, d'un grand pèlerinage trente-trois jours après la Pâque juive.

ainsi des tribus judaïsées, dont l'une sera dirigée quelques siècles plus tard par la mythique El Kahéna (la Prophétesse), cette femme de l'Aurès, morte les armes à la main à la fin du VIIe siècle, après de durs combats contre les cavaliers arabes[1].

Bien avant l'arrivée de la religion chrétienne, le Maghreb est donc une terre où la religion juive est largement représentée. Les conversions massives de tribus berbères au christianisme, puis l'arrivée de l'islam, vont diminuer l'influence du judaïsme sans jamais le supprimer. Composante religieuse minoritaire du Maghreb, les Juifs vont traverser cinq siècles d'islamisation sans disparaître. S'ils souffrent sous la dynastie des Almohades (massacre des Juifs de Marrakech en 1232), ils continuent néanmoins à vivre sur une terre musulmane qui les tolère, car ils font partie des « gens du Livre » et l'ennemi est avant tout le chrétien qui vient du nord. Ces Juifs berbères vont découvrir plus tard les Juifs d'Espagne, les Séfarades, qui fuient au XVe siècle l'Inquisition, et emmènent avec eux leur culture raffinée[2]. Signe d'intégration, les Juifs vont adopter la langue arabe, alors que certaines tribus berbères musulmanes ne la parlent pas. Profondément enracinés, leur destin maghrébin va pourtant basculer avec l'arrivée française. Ils étaient Juifs algériens en terre d'islam, des *dhimmis*, « sujets protégés » dans l'univers de la religion musulmane. La présence française brisera cette tradition, toujours très vivace chez les Juifs marocains ou tunisiens.

Cet enracinement ancien servira de légitimation aux Juifs engagés pendant la guerre d'Algérie pour l'indépendance, quelquefois directement aux côtés du FLN. Ainsi, il est écrit en 1957 dans un article signé « un groupe de Juifs algériens », paru dans *Résistance algérienne*, journal du FLN, qu'après avoir été l'âme de la résistance berbère contre les conquérants arabes, « par la suite, les Juifs, comme les autres habitants, sont arabisés. Les uns deviennent musulmans, les autres gardent leur religion que l'islam respecte en raison de la valeur que le Coran lui reconnaît. Sujets fidèles des souverains arabes d'abord, turcs ensuite, ils fournissent ministres, écrivains, poètes. Et la résistance acharnée de Constantine aux conquérants français voit les Juifs se distinguer[3] ».

Tout change donc avec la France. La citoyenneté française sépare les Juifs des autres Algériens musulmans. Ils se mettent à parler le français, ils n'apprennent de l'histoire que l'histoire de France, ils prennent de la distance avec l'héritage hébraïque et la culture arabe. C'est la seule pos-

---

1. Les Arabes mettront cinq années à mater la rébellion. Après une dernière bataille à El-Djem (située dans l'actuelle Tunisie), ils exécutent El Kahéna et envoient sa tête au calife de Damas.

2. Sur les Juifs d'Espagne qui durent choisir entre la conversion ou la route de l'exil, et l'histoire de la diaspora séfarade éparpillée à travers le monde, voir *Les Juifs d'Espagne. Histoire d'une diaspora, 1492-1992*, ouvrage collectif dirigé par Henri Méchoulan, Liana Levi, 1992, 720 p.

3. *Résistance algérienne*, organe du FLN, édition B, n° 21-22 du 28 février 1957.

sibilité de modernisation qui leur soit laissée. Avec l'insurrection algérienne de novembre 1954 décidée par le FLN, les Juifs d'Algérie vont-ils revenir à leur véritable communauté d'origine ? C'est ce que préconise ce groupe de Juifs algériens en 1957 dont le texte est reproduit par la presse du FLN : « Pouvons-nous renier nos noms qui sont en général des noms arabes ? Devons-nous refuser de comprendre nos parents qui sont attachés à des coutumes, des traditions, une musique algériennes ? Alors que les tombes de nos ancêtres sont en Algérie depuis des millénaires, préférerions-nous devenir ailleurs des étrangers[1] ? »

Mais pour l'immense majorité des Juifs d'Algérie, pendant la guerre des années 1950, le temps de l'assimilation a accompli son œuvre, le retour en arrière est désormais impossible : par francisation du judaïsme algérien et attachement indéfectible à République française devenue une véritable Terre promise.

La « francisation » du judaïsme algérien, rupture avec l'indigénat

De « sujets protégés », les Juifs d'Algérie deviendront des citoyens français à part entière par l'instauration du fameux décret Crémieux du 24 septembre 1870. Mais cette condition nouvelle a un prix : le détachement d'avec leur situation communautaire religieuse et l'entrée individuelle dans la cité française. Le processus de francisation puis de l'assimilation républicaine reléguera dans l'espace privé les traces de berbérité, de coexistence avec l'islamité, de langue judéo-espagnole. Toutes ces influences ne seront effacées qu'en apparence. Longtemps, on trouvera beaucoup de traits communs judéo-berbères dans la langue arabe parlée par les Juifs du Maghreb, avec quelques tournures spécifiques, dans l'habillement et les parures, ou la vénération des saints hommes[2]... Lorsque les premiers Français débarquent dans la baie de Sidi-Fredj (Sidi Ferruch), les Juifs d'Algérie sont organisés en nation. Leur histoire est donc celle du judaïsme méditerranéen, des Juifs espagnols et judéo-arabes, des judéo-berbères, ceux que l'on appelle des *Mustaarazim*. La communauté juive d'Algérie en 1830 compte vingt-cinq mille personnes, la plupart très pauvres et vivant dans des conditions exécrables. Toutefois, il ne faut pas confondre ce peuple misérable avec les Juifs francs, en particulier ces Juifs livournais qui jouissaient, eux, sous la protection d'un consul, de toutes les prérogatives des autres Européens.

---

1. *Résistance algérienne, ibid.*
2. Pour un regard sur cet « islam juif » au Maghreb, voir l'exposition « sur la vie juive au Maroc », au musée d'art et d'histoire du judaïsme, novembre 1999-janvier 2000.

Les plans français de conquête d'Alger considéraient les Juifs comme de possibles et précieux auxiliaires. Dès 1830, les officiers français en furent convaincus, malgré les préjugés antisémites nourris à leur encontre[1]. L'attitude de neutralité adoptée par les Juifs pendant la conquête, l'exemple de l'assimilation des Juifs français lors de la Révolution, l'idée que leurs coreligionnaires de France pourraient avoir une « heureuse » influence sur eux, tout cela amène le gouvernement de Louis-Philippe à prêter une grande attention à la minorité juive d'Algérie et à tenter de l'émanciper la première. La nécessité de soustraire les Juifs algériens à leurs rabbins (jugés fanatiques, bruyants, illettrés, parce qu'écrivant en hébreu et en arabe) et l'espoir que, placés sous une direction éclairée, ils évolueraient sagement vers la « civilisation » décident le Consistoire israélite de France à demander au gouvernement l'organisation du culte algérien. Il obtient satisfaction. La France colonise l'Algérie, le judaïsme français colonise le judaïsme algérien. Une première assimilation se réalise tandis que les musulmans se réfugient dans leurs anciennes institutions. Le 24 octobre 1870, Adolphe Crémieux, ministre de la Justice, soumet neuf décrets au Conseil du gouvernement, qui les ratifie. Les plus importants établissent le régime civil et naturalisent en bloc les Juifs algériens.

Ce décret Crémieux sera d'emblée l'objet de vives critiques, de la part notamment des chefs de l'armée. Mais, par lui, la population française d'Algérie s'enrichit de trente-sept mille nouveaux citoyens. La naturalisation collective des Juifs d'Algérie en 1870 bouleverse leur univers : elle les détache de la communauté musulmane de ce pays. Vingt ans après la promulgation du décret Crémieux, l'Algérie connaît une vague d'antisémitisme d'une grande violence. La « crise antijuive » débute à Oran, culmine dans cette ville avec de terribles émeutes en mai 1897 et s'accompagne de persécutions diverses dans la vie quotidienne et officielle. À Alger, les émeutiers, européens pour la plupart, demandent l'abrogation du décret Crémieux « au nom du peuple en fureur ». Le 8 mai 1898, Édouard Drumont, célèbre pamphlétaire antisémite, est élu député d'Alger. La fièvre retombe progressivement, mais les Juifs sont molestés, leurs synagogues saccagées. Ils sont accusés d'être des capitalistes opprimant le peuple, alors que l'écrasante majorité d'entre eux est très pauvre (on dénombre, à la fin du XIXe siècle en Algérie, cinquante-trois mille Juifs dont environ onze mille prolétaires subvenant aux besoins de trente-trois mille personnes, soit environ quarante-quatre mille Juifs dans l'indigence[2]).

---

1. Sur cette attitude, à partir des ouvrages d'officiers français et des archives militaires, voir l'article de Geneviève Dermendjian et Benjamin Stora, dans *La Revue historique*, septembre 1991, « Les Juifs d'Algérie dans le regard des officiers français de la conquête, 1830-1855 », p. 333 à 339.

2. Geneviève Dermenjian, *La Crise antijuive oranaise 1895-1905 : l'antisémitisme dans l'Algérie coloniale*, Paris, L'Harmattan, 1986.

Lorsque la Grande Guerre éclate, deux mille d'entre eux iront mourir sur les champs de bataille. Pendant ces cinquante années, de 1870 à 1920, derrière l'antisémitisme, se profile aussi la peur du « péril arabe ». Ce que l'on devine à travers ces campagnes antijuives, c'est la dénonciation de l'« indigène » que l'on a hissé à la nationalité française.

Le dilemme des Juifs d'Algérie

« Indigènes, allions-nous rejoindre la grande tribu des Berbères ? Français, allions-nous trahir la France ? Grave problème moral. On a fait ce qu'on a pu, pas grand-chose. Chacun avec ses croyances et sa conscience mais, plus que jamais en des moments pareils, la conscience n'est qu'un reflet, bonne proie pour la guerre psychologique[1]. » Dans le cours de la guerre d'Algérie, la question était de savoir si, à l'intérieur de la communauté européenne (ou, plus exactement, non musulmane), les Juifs avaient eu une réaction spécifique, un peu différente, ne fût-ce qu'une nuance. En tout cas, si le débat sur la spécificité d'une réaction juive face à la guerre d'Algérie reste ouvert, la spécificité de leur situation, sur le plan psychologique du moins, est indéniable.

Une profonde aspiration à l'occidentalisation est particulièrement perceptible chez les jeunes générations, à la veille de l'insurrection de novembre 1954. Ce processus a commencé dans les années conduisant à la Première, puis à la Seconde Guerre mondiale qui ont constitué une génération tournant, celle qui connaît plusieurs vies : « une enfance judéo-arabe, un âge d'homme français », comme le notera André Chouraqui[2]. La naturalisation collective des Juifs d'Algérie a bouleversé l'univers des Juifs d'Algérie. Recensés sur l'état civil, ils apprennent à lire et à écrire, découvrent l'hygiène, sortent des petits métiers traditionnels pour entrer dans d'autres professions. Selon les générations et les régions, cette intégration dans la cité française connaît des paliers. L'observation des photos de famille témoigne de cette évolution. Si, à la veille de la Seconde Guerre mondiale, tous les jeunes sont vêtus à l'européenne, les plus âgés conservent le costume à l'orientale[3]. L'entrée dans la société française, qui provoque un formidable bond social, ne s'effectue pas sans heurts. Dans l'Algérie des années 1930, l'antisémitisme prend une forme extrême. Des candidats se présentent avec

---

1. Henri Chemouilli, *Les Juifs d'Algérie, une diaspora méconnue*, Paris, 1976.

2. Dans la quatrième partie de son ouvrage, *La Saga des Juifs d'Afrique du Nord*, Paris, Hachette, 1972, 395 p., André Chouraqui montre bien l'éclatement de la vie traditionnelle juive pendant la période française (« du mellah à la ville nouvelle »), la modification des structures démographiques et sociales.

3. L'ouvrage *Les Juifs d'Algérie, images et textes*, sous la direction de Jean Laloum et Jean-Luc Allouche, éd. du Scribe, 1987, montre des centaines de documents photographiques où se devine cette évolution.

l'étiquette « antijuive » et n'hésitent pas à écrire dans leur profession de foi : « Je m'engage à suivre une politique antisémite[1]. » À Oran, les élections se déroulent sous le règne de l'antisémitisme, unique programme électoral de certains candidats. La question juive apparaît comme le symptôme d'une crise profonde de l'Algérie française, en tant que faux modèle d'une République se refusant à intégrer des minorités religieuses non chrétiennes. Le décret Crémieux est toujours considéré comme une insulte, une menace par une majorité d'Européens, construisant leur identité par opposition aux « indigènes », c'est-à-dire les non-catholiques, considérés comme sans culture commune avec eux. Cette situation très particulière, où les Juifs n'ont cessé de souffrir de l'antisémitisme, explique l'orientation nettement marquée vers la gauche qui caractérise l'ensemble de la communauté juive. Habitués à être persécutés par une droite antisémite et défendus par la gauche (le rapport à l'État d'Israël et la question palestinienne modifieront progressivement ce rapport), les Juifs gardent « le cœur à gauche ». Ils apportent une contribution importante aux mouvements démocratiques (comme La Ligue des droits de l'homme), socialistes, francs-maçons et syndicaux (comme la Fédération de l'Éducation nationale). La proportion de Juifs dans ces organisations en Algérie est très grande et les Juifs se montrent moins aveugles que la masse des Européens d'Algérie aux demandes d'égalité formulées par les leaders de la communauté musulmane de l'entre-deux-guerres. Raymond Benichou, qui passe à l'époque pour la conscience morale de la communauté, écrit en 1932 : « Aussi haut que les dirigeants responsables des destinées de la France voudront élever les populations musulmanes, aussi grande sera la satisfaction des populations d'origine juive de notre pays ». Le 26 février 1936, *La Dépêche algérienne* publiait un appel de jeunes Juifs : « Il ne nous paraît pas juste que, sur cette terre que la France a modelée à son image, les indigènes, qui constituent l'immense majorité des habitants soient maintenus dans la condition de sujets, et qu'en face d'une minorité qui a tous les droits, ils soient totalement mesurés. Qui peut souhaiter qu'un pareil état de choses se prolonge indéfiniment ? Et qui peut affirmer qu'on pourra le perpétuer sans danger ? » Nombreux dans les rangs socialistes de la SFIO, les Juifs soutiennent dans leur majorité le projet Blum-Viollette qui prévoit la naturalisation de vingt mille musulmans en 1936.

Une telle tendance vers la gauche ira en s'accentuant avec l'épisode vichyssois, dix ans seulement avant la guerre d'Algérie. Entre 1940 et 1942, les Juifs d'Algérie ont été victimes de persécutions officielles dont une partie de la population européenne s'est réjouie ouvertement.

---

1. *L'Écho d'Oran*, 9 octobre 1931, sur cette période, voir la thèse de Caroline Bégaud, *La Troisième République française coloniale en Oranie*, université Paris-VIII, 1999.

Vichy, l'exil hors de la citoyenneté française, traces mémorielles

Au moment du déroulement de la guerre d'Algérie, les dirigeants algériens indépendantistes utiliseront l'argument de l'antisémitisme déployé au temps de Vichy pour justifier la nécessaire unité entre musulmans et juifs, dans la perspective de création d'une nation algérienne. Ainsi, dans « la plate-forme adoptée par le FLN » au congrès de la Soummam en août 1956, il est possible de lire les lignes suivantes :

« La communauté israélite se doit de méditer sur la condition terrible que lui ont réservée Pétain et la grosse colonisation : privation de la nationalité française, lois et décrets d'exception, spoliations, humiliations, emprisonnements, fours crématoires, etc. Avec le mouvement Poujade et le réveil du fascisme qui menace, les Juifs risquent de connaître de nouveau, malgré leur citoyenneté française, le sort qu'ils ont subi sous Vichy[1]. »

Le 7 octobre 1940, le lendemain de l'adoption du statut des Juifs légalisant l'antisémitisme vichyssois, le ministre de l'Intérieur Peyrouton (ancien secrétaire général du Gouvernement général à Alger) abolit le décret Crémieux de naturalisation des Juifs algériens. Le 11, il retire aux Juifs le droit de se faire naturaliser[2]. Ainsi commence l'histoire des Juifs d'Algérie sous le régime de Vichy. Pour les historiens américains Michael R. Marrus et Robert O. Paxton, « c'est Vichy qui subissait les pressions d'Alger et non l'inverse ». L'historien Jacques Cantier a bien montré que, hors de toute pression directe de l'occupant allemand, l'orientation répressive du régime a été plus forte en Algérie qu'en France en divers domaines. Il récuse aussi l'idée que Vichy préparait en secret à Alger le retour de la France dans la guerre. Pour lui, « loin de constituer une formule diluée du modèle métropolitain, le vichysme algérien apparaît au contraire comme un prolongement fidèle de celui-ci[3] », et a même « sans état d'âme pratiqué la surenchère ». Alger fait, en effet, du zèle. Le 19 décembre 1940, il ne reste plus un seul Juif dans l'enseignement public, et en 1941 un *numerus clausus* extrêmement sévère est imposé aux avocats et médecins juifs (pas plus de 2 %) et aux étudiants. Vichy efface d'un trait de plume leur appartenance à la nation française acquise depuis soixante-dix ans. C'est le départ « intérieur », l'exil hors de la citoyenneté française[4]. Les persistances de comportements antisémites largement répandus dans la société des « petits Blancs » de l'Algérie

1. Plate-forme du congrès de la Soummam, août 1956, « Appel aux compatriotes israélites ».
2. Sur la chronologie de cette période décisive, Henri Mselatti, *Les Juifs d'Algérie sous le régime de Vichy*, Paris, L'Harmattan, 1999, 302 p.
3. Jacques Cantier, *L'Algérie sous le régime de Vichy*, Paris, Odile Jacob, 2002, p. 394.
4. Sur le drame de cette abrogation du décret Crémieux, qui bouleverse la vie quotidienne des Juifs d'Algérie, voir le beau livre de Roland Doukhan, *Berechit*, Paris, Denoël, 1991, 367 p.

coloniale poussent de nombreux Juifs d'Algérie à soutenir la résistance gaulliste.

Le 8 novembre 1942, une escadre américaine débarque à Alger un important corps expéditionnaire, où les troupes françaises se rallient presque instantanément, ainsi qu'à Casablanca et à Oran, où se manifeste une certaine résistance. Quelques centaines de résistants, d'où émerge la figure de José Aboulker, ont préparé ce débarquement. Les mesures rétrogrades prises par Vichy sont annulées. En particulier, le décret Crémieux pour les Juifs d'Algérie est remis en vigueur, avec beaucoup d'hésitations et de retards... le 26 octobre 1943. Tout semble oublié... Mais Vichy laissera des traces profondes dans la communauté juive d'Algérie. Même s'ils n'ont pas eu à subir l'atroce sort des Juifs en France, ceux d'Algérie ont vécu les pires humiliations. Ils ne l'oublieront pas, notamment au moment de la guerre d'Algérie. Tout en manifestant leur attachement profond à la France, ils ne voudront pas se ranger du côté des idéologies extrémistes véhiculées par les partisans ultras de l'Algérie française, pour la plupart anciens adeptes du vichysme. Cet épisode les renforce tout de même dans l'idée qu'il faut défendre les idéaux de la République française en terre algérienne. Ils ont fort mal accepté le retour à leur condition « d'indigène », et seule une toute petite minorité liée à des cercles d'extrême gauche (communistes et anarchistes) observe avec sympathie les indépendantistes algériens. Avec Vichy, les Juifs d'Algérie ont considéré l'assimilation promise par le décret Crémieux comme le bien le plus précieux. Cet état d'esprit, pour compréhensible qu'il fût, a conduit à une dévalorisation successive et injuste de tout ce que pouvait représenter, et apporter, l'histoire intérieure de l'Algérie musulmane et juive. Il n'en demeure pas moins que si l'insurrection algérienne avait éclaté à la fin de l'époque vichyssoise, sans doute aurait-elle reçu la sympathie de beaucoup de Juifs. Les Algériens musulmans ne se sont livrés, pendant cette sombre période, à aucun acte hostile envers les Juifs et ce fut leur honneur, même si certains ne se montraient pas indifférents aux avances du régime de Vichy envers « nos frères musulmans ».

Les responsables du FLN rappelleront cela la fin de la guerre d'Algérie, en janvier 1962, au moment où existait cette tentation du passage à l'OAS chez certains membres de la communauté juive. Ils font paraître une déclaration qui dit : « Ceux qui vous compromettent aujourd'hui par leurs déclarations et leurs actes sont ceux-là mêmes qui, hier, sous le gouvernement de Vichy, s'étaient rendus les auxiliaires des nazis. Ils vous faisaient supporter les plus inhumaines iniquités, en spoliant vos biens, vous chassant de vos emplois, renvoyant vos enfants des collèges et des lycées, etc. Certains d'entre vous ont peut être oublié cette époque, pour tremper sciemment dans les crimes des colonialistes, sous prétexte de contre-terrorisme, à Constantine ou à Alger[1]. »

_____

1. Tract du GPRA, janvier 1962.

Il se manifesta dans les temps difficiles de Vichy une proximité plus grande avec les Arabes, surtout chez les vieilles générations. La majorité des Juifs, au-dessus d'un certain âge, connaissait la langue arabe et chez beaucoup, parmi les plus âgés, elle était plus familière que le français[1]. Sur le plan économique également, les relations étaient souvent plus proches. Les rapports entre les pieds-noirs non juifs (surtout les colons à la campagne) et les Arabes portaient la marque du paternalisme. Beaucoup de Juifs pratiquaient le commerce des « tissus indigènes » ou de la bijouterie[2] qui les amenait à entretenir avec leurs clients arabes des relations moins hiérarchisées. La question sociale rapprochait les deux communautés, même si leur statut juridique était profondément différent.

Diversités démographiques et sociales, à la veille de 1954

Allergiques à la conduite d'une guerre de séparation avec la France, les Juifs d'Algérie sont partis en masse lorsque cette indépendance est devenue inéluctable, et seule une minorité d'entre eux a épousé la cause du nationalisme algérien. Ils ne formaient pourtant pas une communauté monolithique. Leurs réactions ont varié en fonction des catégories sociales, des générations, des situations géographiques. Ce dernier élément a son importance. Quoi de commun, en effet, entre les Juifs de l'Ouest algérien, ceux d'Oran par exemple, dont les réactions ont été, semble-t-il, plus engagées aux côtés des partisans de l'Algérie française, et leurs coreligionnaires du Constantinois ? À côté des « évolués » libres-penseurs d'Alger ou d'Oran, on trouve encore de nombreux Juifs traditionnels dans les petites villes de l'intérieur, sans parler de ceux du Mzab ou de Constantine, importantes communautés du pays qui conservent farouchement leurs particularismes, leurs traditions, leurs langages et leurs musiques judéo-arabes. Très présents à gauche, en particulier dans le Parti radical-socialiste et la SFIO, les Juifs d'Algérie forment une population hétérogène sur le plan social, et leur développement démographique n'est pas linéaire, continu.

En 1954, la population juive d'Algérie n'a pas dépassé le cap des cent trente mille âmes.

De 1955 à 1960, la guerre d'Algérie pousse vers la France un nombre croissant de Juifs, tandis que les départs vers Israël qui étaient devenus rares de 1952 à 1954 connaissent une légère recrudescence, plus de trois

---

1. Sur la cohabitation en Algérie de deux sociétés très proches, juive et musulmane, que la revendication d'une identité théologique forte a placées dans une longue et douloureuse situation de face à face et côte à côte, voir Albert Bensoussan, *L'Échelle de Mesrod ou parcours algérien de mémoire juive*, Paris, L'Harmattan, 1984, 206 p.
2. C'est le cas de la famille de ma mère, les Zaoui, à Constantine.

mille émigrants de 1955 à 1960[1]. Ce double mouvement d'émigration explique le faible accroissement de la population juive au cours des années 1940-1950.

Les premiers recensements où figurent les Juifs au milieu du siècle dernier laissent apparaître une forte concentration dans les grandes villes, probablement pour des raisons de sécurité ou pour des motifs religieux (abondance des lieux de culte, de boucheries rituelles) et économiques. Alger, en 1838, compte 6 065 Juifs, Constantine, en 1843, 3 105, Oran, en 1838, 5 637. Cependant, des communautés parfois minuscules (moins de dix personnes) se dispersent sur tout le territoire algérien. Près d'un siècle plus tard, en 1941, les communautés des trois grandes villes ont plus que quadruplé, en partie grâce à un afflux de populations juives rurales ou venues de centres moins importants. Alger compte 25 474 habitants juifs, Constantine, 12 961, Oran, 25 753. De même, Orléansville, Bougie, Bône, Mascara, Sétif ont vu croître leur population juive dans des proportions parfois supérieures à celles des trois grandes villes[2]. Cet afflux vers les grandes villes, les ports, les centres de colonisation marque à n'en pas douter, en même temps qu'un désir d'occidentalisation, une aspiration à une promotion sociale et à une insertion plus grande dans le secteur économique moderne. Ces tendances sont corroborées par la situation socioprofessionnelle des Juifs d'Algérie entre 1931 et 1941. À l'aube de la colonisation, la très grande majorité d'entre eux, à l'exception d'une élite de gros commerçants, souvent d'origine livournaise, vivait dans le besoin, voire dans la pauvreté la plus grande. Les métiers exercés, le plus souvent par les hommes (les femmes restant presque toujours au foyer), s'inscrivaient sous la rubrique de l'artisanat (cordonnerie, ferblanterie, taille des étoffes et surtout bijouterie) ou du petit commerce (colportage, boucherie, vente des étoffes). Les tableaux présentés dans les années 1940 par le grand rabbin Maurice Eisenbeth laissent apparaître par rapport au milieu du XIXe siècle une certaine évolution. On continue certes de pratiquer la bijouterie, le travail du cuir, le colportage, le petit commerce, mais s'y ajoutent les professions libérales, l'administration, l'enseignement, la banque, les transports. Une large fraction de la communauté continue de pratiquer d'humbles métiers : domestiques, journaliers, beaucoup, parmi les artisans, les petits commerçants, les salariés, sont de très petites gens. La promotion sociale,

1. La création de l'État d'Israël en 1948 entraîne vers la « Terre sainte » plus de 4 000 émigrants de 1948 à 1954 dont les neuf dixièmes de 1948 à 1951.
2. Pour les chiffres de la démographie, je me suis appuyé sur le travail imposant de Maurice Eisenbeth, grand rabbin d'Alger, en particulier son long article, « Les Juifs, esquisse historique depuis les origines jusqu'à nos jours », publié dans *L'Encyclopédie coloniale et maritime*, sous la direction d'Eugène Guernier, Paris, Encyclopédie de l'Empire français, 1948, p. 143 à 158 : sur les données sociales, l'article de Jacques Taïeb et Claude Tapia, « Portrait d'une communauté », *in Les Nouveaux Cahiers, op. cit.*, p. 49 à 61 ; et sur les indications statistiques et leur analyse, l'article de Doris Bensimon, « Mutations socio-démographiques au XIXe et XXe siècle » dans le numéro consacré aux Juifs en France, *in Histoire*, n° 3, novembre 1979, Paris, Hachette, p. 200 à 210.

pour sensible qu'elle fût, n'avait donc affecté qu'une fraction de la population juive. Le recensement de 1941 dénombrait 33 106 Juifs effectivement occupés sur une population de 117 646 personnes, soit 27,5 % (peu différent de 1931). Le petit commerce et les professions assimilées continuent, comme en 1931, d'occuper plus de 40 % de la population active, les artisans et les ouvriers étaient aussi nombreux, ainsi que les employés et les petits fonctionnaires. En revanche, signe des temps, les professions libérales accusaient une tendance certaine à croître sensiblement (effet tangible d'une scolarisation plus poussée et d'une élévation du niveau culturel général). Fondamentalement, le recensement de 1941, quant à ses résultats, ne diffère pas de celui de 1931. Toutefois la progression en valeur absolue et en pourcentage des professions libérales et, dans une mesure moindre, des fonctionnaires et agriculteurs, prouve une meilleure insertion dans l'économie algérienne alors que le maintien d'une forte proportion de domestiques, d'artisans, d'ouvriers, indique que la crise économique a freiné l'ascension sociale d'une partie assez importante de la population juive.

En 1941, les catégories socioprofessionnelles regroupent 19 542 personnes sur 33 106, soit presque 60 % du total. Les 40 ou 41 % restants, 13 564 personnes, sont très probablement dans leur quasi-totalité des ouvriers ou des artisans. Le fait marquant à retenir de cette dernière série de données sur les activités professionnelles est l'ascension sociale modérée mais continue de cette population qui abandonne progressivement ses activités traditionnelles (petit commerce, artisanat) et tend à se regrouper dans les grandes villes, offrant des débouchés plus nombreux et plus conformes aux aspirations des nouvelles générations.

Attentisme, attentats et appels du FLN

Les événements de novembre 1954, l'insurrection décidée par des groupes armés se réclamant du FLN, passent pratiquement inaperçus pour la masse des Européens, y compris pour les Juifs d'Algérie. Le véritable traumatisme s'opère au moment du soulèvement paysan du 20 août 1955, un tournant pour les Juifs du Constantinois. Parmi les victimes, figure une famille connue dans tout le département, parents et enfants tués sur la route de leur week-end. Dans les premiers mois de l'année 1956, des agressions se multiplient, en particulier contre le rabbin de Batna en mai 1956, et, en juin de la même année, se produit l'incendie de la synagogue d'Orléansville. En novembre, une bombe est placée dans la maison du rabbin de Nedromah, Isaac Aziza. Il est tué ainsi que plusieurs membres de sa famille.

La communauté juive est désorientée. Un texte des Assises du judaïsme algérien décrit bien ce trouble : « Que pouvons-nous faire ? Être vigilants, ne jamais provoquer, mais tout tenter pour éviter de subir. » Ces lignes de 1956 sont de Jacques Lazarus, ancien résistant né en Alsace, qui a épousé la cause du judaïsme algérien. Il est, à Alger, le directeur d'*Information juive* qui répercutera les prises de position du Comité juif algérien d'études sociales, dont il est le principal animateur, et qui se charge d'élaborer une manière de conduite politique de la communauté juive. Jacques Lazarus trace les limites mêmes de cette action : « Il n'y a pas ici comme ailleurs à mener de politique juive, car il n'y a pas de politique juive, mais il est non moins vrai qu'être juif est aussi un phénomène politique et pas seulement un phénomène religieux ou social. » Cette ligne déterminera la conduite du Comité d'études sociales (sorte de CRIF de l'époque en Algérie[1]). Au journaliste Jean-Luc Allouche, Jacques Lazarus résumera plus tard, en 1979, sa position de la sorte : « Notre position était : nous sommes français et nous voulons rester français, tout en demandant l'instauration des droits pour les musulmans. La communauté était réellement libérale (au sens où on l'entendait alors), à égale distance des deux extrémismes. Mais nous ne voulions pas redevenir des citoyens de seconde zone[2]. »

Dans cette conjoncture, le FLN rend publique, dans la première semaine d'octobre 1956, une lettre élaborée au moment du congrès de la Soummam d'août 1956, au grand rabbin d'Alger demandant que « les Juifs algériens affirment leur appartenance à la nation algérienne ».

Appel à nos compatriotes israélites (octobre 1956)

« Le Front de libération nationale qui dirige depuis deux ans la Révolution anticolonialiste pour la libération nationale de l'Algérie estime que le moment est venu où chaque Algérien d'origine israélite, à la lumière de sa propre expérience, doit, sans aucune équivoque, prendre parti dans cette grande bataille historique. Le FLN, représentant authentique et exclusif du peuple algérien[3], considère qu'il est aujourd'hui de son devoir de s'adresser directement à la communauté israélite pour lui demander d'affirmer d'une façon solennelle son appartenance à la nation algérienne. Ce choix clairement affirmé dissipera tous les malentendus et extirpera les germes de haine entretenus par le colonialisme français. Il contribuera en outre à recréer la fraternité algérienne, brisée par l'avènement du colonialisme français.

« Depuis la Révolution du 1er novembre 1954, la communauté israélite d'Algérie, inquiète de son sort et de son avenir, a été sujette à des fluctuations

---

1. Deux autres textes essentiels de Jacques Lazarus, « Réalités algériennes » paru dans *Information juive* de février 1960, et surtout « Tels que nous sommes » (voir ci-après) paru dans *Information juive* de février 1961 définiront d'avantage encore, mais sur la même orientation, la base morale sur laquelle s'appuyaient les responsables juifs.

2. Jean-Luc Allouche, « Algérie, le vent de l'Histoire », *in L'Arche*, n° 273, décembre 1979, p. 34.

3. Sous l'impulsion d'Abane Ramdane, le FLN ne veut pas reconnaître l'existence d'autres mouvements indépendantistes, en particulier le MNA dirigé par le vieux leader Messali Hadj, et se pose en interlocuteur unique, exclusif.

politiques diverses. Au dernier congrès mondial juif de Londres, les délégués algériens, contrairement à leurs coreligionnaires de Tunisie et du Maroc, se sont prononcés, à notre grand regret, pour la citoyenneté française[1]. Ce n'est qu'après les troubles colonialofascistes du 6 février [1956] au cours desquels sont réapparus les slogans antijuifs que la communauté israélite s'est orientée vers une attitude neutraliste[2]. Par la suite, à Alger notamment, un groupe d'israélites de toutes conditions a eu le courage d'entreprendre une action nettement anticolonialiste, en affirmant son choix raisonné et définitif pour la nationalité algérienne. Ceux-là n'ont pas oublié les troubles antijuifs colonialofascistes qui, sporadiquement, se sont poursuivis en pogroms sanglants jusqu'au régime infâme de Vichy. [...]

« Sans vouloir remonter très loin dans l'Histoire, il nous semble malgré tout utile de rappeler l'époque où les Juifs, moins considérés que les animaux, n'avaient même pas le droit d'enterrer leurs morts, ces derniers étant enfouis clandestinement la nuit, n'importe où, en raison de l'interdiction absolue pour les Juifs de posséder le moindre cimetière. Exactement à la même époque, l'Algérie était le refuge et la terre de liberté pour tous les israélites qui fuyaient les inhumaines persécutions de l'Inquisition. Exactement à la même époque, la communauté israélite avait la fierté d'offrir à sa patrie algérienne, non seulement des poètes, mais aussi des consuls et des ministres. [...]

« C'est parce que le FLN considère les israélites algériens comme les fils de notre patrie qu'il espère que les dirigeants de la communauté juive auront la sagesse de contribuer à l'édification d'une Algérie libre et véritablement fraternelle. Le FLN est convaincu que les responsables comprendront qu'il est de leur devoir et de l'intérêt bien compris de toute la communauté israélite de ne plus demeurer « au-dessus de la mêlée », de condamner sans rémission le régime colonial français agonisant, et de proclamer leur option pour la nationalité algérienne.

« Salutations patriotiques, Quelque part en Algérie, le 1er octobre 1956. »

Comment répondre à cet appel, et qui était qualifié pour le faire, le grand rabbin, les rabbins des principales villes ou les consistoires ? Les représentants des intérêts spirituels et religieux du judaïsme n'avaient pas pouvoir pour décider de la conduite de leurs coreligionnaires, la francisation du judaïsme d'Algérie avait accompli son œuvre, et les autorités religieuses (à la différence de ce qui pouvait se passer dans la communauté musulmane) n'étaient pas en mesure de dicter une conduite collective, laissant chacun libre de sa pensée et de ses options, priant sans doute pour que nulle cassure irréparable, nulle catastrophe, n'en résultât.

---

1. Le fait est exact, mais les Juifs d'Algérie, dans leur immense majorité, avaient peu de chose à voir avec le Congrès juif mondial, d'obédience américaine, peu au courant des problèmes nord-africains. Il n'en demeure pas moins que, contre les positions américaines hostiles à la présence française en Algérie, Jacques Lazarus, représentant du judaïsme algérien, affirma que les Juifs d'Algérie étaient français.

2. Il est vrai que le sort réservé à Alger à Guy Mollet le 6 février 1956 inquiéta la communauté juive pour qui la France, la démocratie, le socialisme étaient bafoués en leurs représentants les plus importants.

Il appartenait au CJAES (Comité juif algérien d'études sociales[1]) de répondre, il le fit dans *Information juive* à la fin de novembre de la même année 1956.

**Déclaration du Comité juif algérien d'études sociales
sur la situation en Algérie (novembre 1956)**

« Divers articles de presse prétendant se référer à la position de la collectivité israélite d'Algérie dans la conjoncture présente donnent l'occasion au Comité juif algérien d'études sociales de rappeler quelques données de fait et d'exprimer quelques principes en faisant la déclaration suivante :

« La collectivité israélite d'Algérie qui comprend un certain nombre de cultuelles et d'associations, dont les activités s'exercent dans le domaine du culte, de l'assistance, de la culture, ainsi qu'en faveur de diverses œuvres sociales, ne constitue en aucune façon et n'a jamais prétendu constituer une entité politique. Le rabbinat et les consistoires sont des institutions à caractère strictement confessionnel et ont pour objet exclusif l'exercice du culte et la gestion administrative des intérêts religieux de la collectivité juive algérienne. C'est donc une erreur de vouloir faire croire à l'opinion que ces associations pourraient ou voudraient prétendre exprimer l'opinion générale de la collectivité israélite. En outre, aucun organisme juif non confessionnel, ni aucune personnalité juive, ne peut prétendre parler au nom d'une collectivité qui compte dans son sein, à l'image des autres groupes ethniques, tout un éventail d'opinions.

« En effet, les israélites d'Algérie ont suffisamment de maturité politique et professent en ce domaine des opinions si divergentes les unes des autres qu'il est impossible de les soumettre à des mots d'ordre collectifs sur une matière qui relève de la conscience de chacun et où toutes prises de position ne peuvent être que strictement personnelles. Cependant, nous pensons ne pas nous écarter de cette ligne générale en proclamant, conformément aux grands principes du judaïsme, notre vœu ardent de voir la paix rétablie et notre désir que les droits de l'homme soient assurés sur la base de l'éminente dignité de toute personne humaine.

« En tant que membres d'une collectivité qui a particulièrement souffert de l'humiliation, de la persécution et du racisme, et au nom d'une religion qui a toujours fait de la justice et de l'égalité entre les hommes une exigence absolue, nous demeurons inébranlablement attachés à ces principes.

« En ces heures particulièrement dramatiques où le fossé s'est dangereusement élargi entre les différents éléments de la population en Algérie, les Juifs, installés en ce pays depuis plus de deux mille ans, profondément reconnaissants

---

1. Font partie du Comité juif algérien d'études sociales : président d'honneur : le professeur Henri Aboulker ; président : Me Ernest Dadon ; secrétaire général : Jacques Lazarus ; secrétaire : Mme Berda ; trésorier : Georges Loufrani ; membres : Mme Ghnassia, Mlle Arlette Cohen ; MM. Marcel Attal, Pierre Attal, Aïzer Cherqui, Haïem Cherqui, Henri Chemouilli, Georges Emsalem, Jean Gozlan, Haïem Hayoun, William Lévy, Robert Moaté, André Narboni, Saadia Oualid, Henri Serror, E. Yaffi, David Zaga, A. Zermati.

à la France, à laquelle ils doivent tant, attachés à cette terre que leurs activités se sont toujours efforcées de faire prospérer, entendent rester fidèles à la vocation qui les fait également proches des deux autres communautés religieuses, musulmane et chrétienne. Leur ferme espoir est de continuer à vivre en étroite amitié avec toutes deux.

« En ce qui concerne la communauté musulmane, et en dépit de l'injuste tribut payé par trop de nos coreligionnaires, innocentes victimes tombées ces derniers mois, nous nous devons de rendre hommage à la correction voire à la cordialité qui ont habituellement marqué les relations judéo-musulmanes en Algérie, et particulièrement à l'époque de Vichy.

« Les événements qui se déroulent actuellement au Proche-Orient ne doivent pas altérer les sentiments qui existent ici entre israélites et musulmans. Nous tenons à ce propos à souligner que vis-à-vis de la collectivité musulmane, les principes qui ont inspiré dans le passé l'attitude et l'action des organisations juives d'Algérie ont été rappelés dès 1944 et réitérés en 1952 par un des leurs, l'éminent et regretté professeur Raymond Benichou qui, traduisant le sentiment général, s'exprimait ainsi :

« "Aussi haut que les dirigeants responsables des destinées de la France voudront élever les populations musulmanes, aussi grande sera la satisfaction des populations d'origine juive de notre pays."

« C'est pourquoi, appelant de tous nos vœux un règlement pacifique de ce conflit douloureux, nous souhaitons ardemment une solution de justice qui assurerait la liberté et l'égalité entre tous les habitants de ce pays. »

Le Comité juif algérien d'études sociales se déclare apolitique, met en avant des positions strictement individuelles et appelle à un règlement pacifique du conflit entre la France et les Algériens. Mais derrière l'appel se voulant « neutre » se perçoit nettement une volonté : la recherche de l'égalité entre citoyens d'une même république, la République française[1]. Les Juifs du Maroc et de Tunisie, n'ayant jamais été citoyens français, ne pouvaient qu'affirmer leur citoyenneté marocaine ou tunisienne. Ce ne pouvait être le cas des Juifs d'Algérie, citoyens français depuis plusieurs générations. Mais ces « représentants » n'osent pas encore formuler explicitement ce que, plus tard, en 1958, Me André Narboni condensera en une phrase lapidaire : « Vous nous demandez de trahir une patrie dont nous sommes citoyens, la France, pour une patrie qui n'existe pas encore. Nous entendons demeurer fidèles à la France, fidèles aux idéaux de la justice et de la démocratie. » La réponse est, en fait, une fin de non-recevoir, elle ne variera plus jusqu'à la fin du conflit. Pour les responsables juifs, il n'était pas question pour eux de prendre langue avec des gens considérés comme des « hors-la-loi », par souci de légalité républicaine. Ensuite comme l'écrira plus tard *Information juive*, « les Juifs ne pourraient admettre que

---

1. Sur cet aspect, voir l'article de David Cohen « Le Comité algérien d'études sociales dans le débat idéologique pendant la guerre d'Algérie », *in Archives juives*, revue citée, 1er semestre 1996.

qui que ce soit veuille, contre leurs sentiments les plus profonds, disposer d'eux ». Cette attitude vaudra tout autant pour l'OAS.

En 1957, 1958 et 1959, des contacts politiques entre des membres, surtout algérois, de la communauté juive et le FLN se poursuivront pourtant mais resteront inaboutis. Attentats et agressions se poursuivent. En janvier 1957, de nouveaux attentats contre les Juifs de Nedromah font sept morts dont trois enfants ; en mars, le grand rabbin de Médéa est tué près de la synagogue ; en mai, en pleine bataille d'Alger, un attentat au casino de la Corniche, lieu de rendez-vous de la jeunesse juive d'Alger, fait plusieurs dizaines de victimes ; en août, à Alger, un vieillard de soixante-cinq ans, David Chiche, est arrosé d'essence par un groupe de jeunes musulmans ; à Bône, des personnalités juives reçoivent des lettres de menaces. En mars 1958, une grenade offensive est lancée dans la synagogue de Boghari, qui fera un mort et onze blessés. L'attentat n'est pas revendiqué. Dans leur désir d'apaisement, les responsables de la communauté israélite écrivent : « Il est, tout au moins pour le moment, difficile sinon impossible de situer le caractère de cet inqualifiable attentat ; d'autant plus que, sur le plan local, il ne paraît pas être le signe tangible d'un mauvais climat entre groupements ethniques ou confessionnels. » Après les événements de 1958 qui voient l'arrivée au pouvoir du général de Gaulle, les tensions semblent s'apaiser entre les deux communautés. Mais, en 1959, à la veille de Kippour, une grenade est lancée dans la synagogue de Bou-Saada, qui tue la petite-fille du rabbin, âgée de six ans, et blesse plusieurs personnes. Après la semaine des barricades de janvier 1960 où émerge un courant de partisans ultras bien décidés à garder l'Algérie dans le giron de la France, la communauté juive sent que la situation est en train de basculer. D'autant que le général de Gaulle, dans son discours du 16 septembre 1959, a évoqué, pour la première fois, la possibilité d'un scrutin d'autodétermination pour décider de l'avenir de l'Algérie. Comme les autres Européens, les Juifs d'Algérie savent que dans un scrutin classique, égalitaire, la partie est perdue. La neutralité, même apparente, n'est plus de mise…

Le basculement explicite pour le maintien de l'Algérie française

Au moment où se dessine la perspective de conquête du pouvoir (des négociations officielles se sont ouvertes à Melun, en juin 1960, avec des représentants du gouvernement français), la guerre politique à Tunis fait rage au sein du Gouvernement provisoire de la République algérienne (GPRA). Des ultras, qui veulent mettre en difficulté Ferhat Abbas, jouent la carte de l'arabisme politique le plus intransigeant. À l'occasion d'un voyage du général de Gaulle en Algérie, effectué entre les 9 et 13 décembre 1960, le FLN décide de violentes manifestations de masse de rue. Les mots d'ordre « Algérie musulmane » sont scandés (et non plus « Algérie algérienne »).

Gendarmes et CRS tirent, un bilan officiel fait état de cent douze morts musulmans pour la seule ville d'Alger. Le 12 décembre 1960, des émeutiers musulmans mettent à sac la Grande Synagogue d'Alger, le temple de la place Randon. Le FLN ne revendique pas ce saccage. À Oran, les manifestants s'en prennent au cimetière juif, qu'ils profanent, pillent la maison du gardien. Ces violences marquent le début de l'effritement rapide de la communauté juive, inquiète pour l'avenir que pourrait lui réserver l'Algérie nouvelle. L'angoisse que ces événements provoquent est bien exploitée par l'OAS naissante[1], acharnée à semer le chaos et la confusion.

En France, le judaïsme officiel s'abstient de prendre position. Entre une cause que l'on croit juste (l'indépendance de l'Algérie) et une solidarité juive avec ceux d'Algérie, comment choisir ? Les tentatives d'unité entre étudiants juifs et arabes, en France, pendant la guerre d'Algérie, restent lettre morte[2]. Le divorce est, en effet, de plus en plus spectaculaire entre les Juifs d'Algérie attachés au maintien de l'Algérie française, et les Juifs de France, d'origine ashkénaze, massivement engagés à gauche, proches du Parti communiste et favorables à l'indépendance algérienne. Ainsi en mai 1961 à Paris, la revue *Droit et Liberté*, journal du Mouvement contre le racisme, l'antisémitisme et pour la paix (MRAP), publie sous la signature d'un « groupe de patriotes algériens juifs » un article qui tente d'apaiser les inquiétudes naissantes : « Regardez combien sont estimés ceux d'entre vous qui ont enrichi le patrimoine spirituel algérien. Le chanteur et musicien constantinois Raymond n'est-il pas cher aux yeux des musulmans ? Ils l'aiment parce qu'il a contribué à conserver et à enrichir le folklore algérien que les colonialistes ont voulu étouffer. » Article tragique, prémonitoire : Raymond, le célèbre chanteur de malouf, est assassiné un mois plus tard à Constantine, le 22 juin 1961. Faut-il y voir une coïncidence ? En juin 1961, Ferhat Abbas est chassé de la direction du GPRA[3], les attentats contre les Juifs se multiplient. Ferhat Abbas, de retour en Algérie en 1962, après six ans d'absence, tombera dans les bras d'Élie Stora, adjoint au maire de Khenchela, qui lui dira : « Maintenant, Ferhat, tu vas nous construire notre belle Algérie[4]. »

La violence s'enracine dans la vie quotidienne. À Oran, le 11 septembre 1961, le matin de Roch Hashanah, jour de l'An juif, un jeune père est poignardé. Les Juifs attaquent les suspects, prennent d'assaut les boutiques arabes. Deux musulmans trouvent la mort. Depuis le début de la guerre d'Algérie, c'est le premier affrontement réel entre les deux communautés, et la troupe isole le quartier juif. La communauté israélite est

---

1. L'Organisation armée secrète (OAS) est née officiellement en janvier 1961 à Madrid.

2. Voir à ce propos le témoignage d'Henri Atlan, né en Algérie, et venu poursuivre ses études en France à partir de 1949, dans *L'Arche*, n° 273, décembre 1979, p. 36.

3. Sur l'élimination de Ferhat Abbas de la direction du GPRA, voir Benjamin Stora et Zakia Daoud, *Ferhat Abbas, une utopie algérienne*, Paris, Denoël, 1995.

4. Responsable socialiste dans l'Aurès, et ami personnel de Ferhat Abbas, Élie Stora était le frère de mon grand-père.

également frappée de « l'autre côté » : des membres des commandos
Alpha de l'OAS s'en prennent le 20 novembre 1961 à William Lévy,
secrétaire général de la fédération SFIO algéroise. Cet homme âgé de
soixante et un ans, dont un fils a été assassiné le 23 juin 1956 par un militant du FLN, et une nièce amputée des deux jambes après l'attentat du
dancing de la Corniche, est abattu par deux hommes qui ignoraient que le
colonel Godard avait annulé l'ordre de le tuer[1]. Socialiste parce que français, libéral parce que juif, il incarnait toute une génération dont l'idéal
était en train de mourir avec lui. Quelques années plus tard, en Israël, un
autre de ses fils sautera sur une mine, avec le tracteur qu'il conduisait. En
novembre 1961, les attentats sont nombreux. Adolphe Lévy, président des
anciens prisonniers de la Seconde Guerre mondiale à Alger, est assassiné,
ainsi qu'à Sétif le bâtonnier David Zermati, président de la communauté
de Sétif, et ami de Boumendjel. Après son assassinat, les Juifs quittent la
ville en masse. De deux mille quatre cents en 1954, il n'en reste que sept
cents en 1962. Le mois suivant apporta un nouveau crime : un tract de
l'OAS revendique le meurtre de Moïse Choukroun, accusé « d'avoir tenté
de quitter le territoire algérien malgré l'ordre général de mobilisation,
pour s'établir en métropole ». Moïse Choukroun était le vice-président de
la cultuelle de Maison-Carrée. « Faudrait-il nous battre sur deux fronts ? »
note Henri Chemouilli dans son ouvrage *Les Juifs d'Algérie, une diaspora
méconnue*.

À la veille des accords d'Évian de mars 1962, à Oran, l'armée française
tire, en plein quartier juif, sur des jeunes gens qui chantent *La Marseillaise*. On relève quatre morts. À Mostaganem, la communauté juive se
heurte aux forces de l'ordre le jour des obsèques d'un lycéen de treize ans
et de son professeur. Dans la rancœur générale, dans la colère contre la
France, les Juifs ne sont pas les derniers. Peu à peu, ils vont grossir les
rangs de l'OAS comme d'autres Juifs avaient grossi les rangs du FLN à
ses débuts. Une sorte de distance toutefois se devine par rapport à ce qu'on
a appelé l'activisme européen. Il n'y a presque pas eu de Juifs parmi les
principaux chefs de l'OAS. À Oran, les premières manifestations de cette
organisation au cours du printemps 1961 sont accueillies avec réserve.
Jusqu'à l'été 1961, les attentats OAS contre les musulmans sont beaucoup
moins nombreux dans les quartiers juifs, à la différence notable des autres
quartiers européens. Mais les attentats du FLN de septembre 1961 provoquent le basculement de la communauté juive. Dans une OAS formellement
unifiée à l'été 1961, l'historien Rémi Kauffer (voir son article dans le
volume) note l'existence du statut particulier de « groupes d'action israélites qui, sous la pression croissante des attentats FLN, ont surmonté leur
répugnance envers les éléments d'extrême droite actifs au sein de l'organisation secrète pour se joindre à elle sous l'appellation générique d'OAS
juive à laquelle ils tiennent beaucoup ». L'équipée d'un Jean Guenassia,

---

1. Georges Fleury, *Histoire secrète de l'OAS*, Paris, Grasset, 2002, p. 459.

que la presse métropolitaine décrit comme un ancien du groupe Stern (organisation terroriste juive née d'une session de l'Irgoun), défraie la chronique. « Il fallait quand même se boucher les narines et fermer un peu les yeux, dit Alain T., un ancien de l'OAS. L'OAS comptait beaucoup d'antisémites qui faisaient dans la "fraternité d'armes", la croix celtique sur les barricades. J'évitais de la regarder. Au fond, ils étaient les enfants de ceux qui avaient élu les antisémites Régis et Drumont, ceux qui avaient applaudi à Vichy. Mais les Arabes, il faut bien le dire, n'y avaient pas mis du leur[1]. » Dans un numéro spécial de *L'Arche*, mensuel du judaïsme français, consacré en 1982 à « L'Algérie, vingt ans après », il est aussi possible de lire des témoignages et explications de ceux qui ont franchi le pas en direction de l'OAS : « Alors pourquoi l'OAS ? Parce que les Juifs étaient coincés, pris entre le marteau et l'enclume de cette guerre, à la fois franco-arabe, franco-française et "guerre aux Juifs" dans chaque camp. Impossible de fuir, parce que pour l'OAS, partir c'était déserter[2]. »

Il a bien existé à Oran et à Alger des petits commandos spécifiques de jeunes Juifs, mais la masse de la communauté ne fait pas vraiment preuve d'enthousiasme, notamment parmi les élites : il n'y a pour ainsi dire pas de médecins, d'avocats, ou de commerçants juifs qui dirigeront des commandos Delta. Et il existera aussi des Juifs d'Algérie qui resteront jusqu'au bout fidèles à leur engagement aux côtés du FLN. Lucien Hanoun, membre du Parti communiste algérien (PCA), avait choisi son camp : « J'avais conscience de la lutte des Algériens. Pourtant, il n'était pas question pour moi de me couper de ma famille, de mon milieu. [...] Les Algériens attendaient que nous comprenions leur lutte. La communauté juive avait l'air fermée à leur appel, et l'OAS a accentué le partage en deux camps. [...] Les attentats du FLN pouvaient aussi me toucher, comme tout le monde, j'intégrais cela dans une lutte générale que j'approuvais[3]. »

Dernier appel du FLN, le rapport à Israël

Au début de l'année 1962, le FLN, inquiet de l'emprise de l'OAS sur la population européenne, adresse son dernier tract aux Juifs d'Algérie. Il tente, une dernière fois, de dissocier les « israélites », toujours considérés comme des indigènes d'Algérie, des « Européens ».

---

1. Témoignage d'un ancien de l'OAS dans *L'Arche*, n° 273, décembre 1979, p. 37.
2. *L'Arche*, n° 306-307, septembre-octobre 1982, « Quatre itinéraires pour une même terre », p. 121.
3. Témoignage dans *L'Arche*, décembre 1979, n° 273, p. 38. Lucien Hannoun est demeuré en Algérie après l'indépendance. Il quitte ce pays en 1967, après la guerre des Six Jours : « J'en suis parti, poussé par la solitude, l'absence de ma famille. Mais j'y ai laissé plus de la moitié de ma tête, de mon corps. »

RÉPUBLIQUE ALGÉRIENNE
FLN-ALN, état-major général.
Aux israélites d'Algérie,

« Le problème algérien se trouve à une étape décisive. Nous avons tenu à vous adresser cet appel, face aux clameurs hystériques et raciales des fascistes qui prétendent parler en votre nom, affirmant que vous êtes français et que vous participez tous aux activités criminelles des colonialistes attardés. Vous savez bien que c'est là une affirmation gratuite et une politique de mystification qui ne doit tromper personne et encore moins vous qui êtes algériens.

« L'objectif de cette propagande découle d'une politique qui a toujours tendu à grossir les chiffres de la minorité européenne. Cela dans le dessein de justifier la guerre faite au peuple algérien afin de perpétuer le statu quo. Ceux qui vous compromettent aujourd'hui par leurs déclarations et leurs actes sont ceux-là mêmes qui, hier, sous le gouvernement de Vichy s'étaient rendus les auxiliaires des nazis. Ils vous faisaient supporter les plus inhumaines iniquités, en spoliant vos biens, vous chassant de vos emplois, renvoyant vos enfants des collèges et des lycées, etc.

« Certains d'entre vous, ont peut-être oublié cette époque, pour tremper sciemment dans les crimes des colonialistes, sous prétexte de contre-terrorisme à Constantine ou à Alger. Récemment à Oran, des manifestations, provoquées par de jeunes exaltés dans le quartier israélite, ont eu lieu, suivies d'incendies de magasins appartenant à des musulmans. Ces actions sont l'illustration la plus manifeste par lesquelles certains d'entre vous tentent de vous engager inconsidérément derrière la politique raciale des ultras. Allez-vous, aujourd'hui, vous faire les complices de ces colonialistes rétrogrades en vous dressant contre vos frères algériens d'origine musulmane ? Nous nous refusons à le croire, parce que vous connaissez tous l'antisémitisme des activistes et factieux d'Algérie.

« Vous savez bien que ces groupes de fascistes sont animés par d'ex-légionnaires, anciens nazis et une poignée d'ex-officiers, battus sur le terrain par l'Armée de libération nationale. Faut-il à titre d'exemple citer l'assassinat du docteur Cohen et de M. William Lévy à Alger ? Celui de Mᵉ Zermati à Sétif ? Pour ne parler que des plus connus ; et les bombes au plastic dont sont victime les Juifs d'Oran, d'Alger et de Constantine ? Aussi votre silence doit-il cesser et vous vous devez de condamner de telles manifestations organisées dans votre quartier par l'OAS.

« Compatriotes israélites, beaucoup d'israélites militent dans nos rangs. Certains d'entre eux ont été internés, d'autres sont encore dans les prisons, pour leur action au service de la cause algérienne. L'indépendance de l'Algérie est proche, l'Algérie indépendante aura besoin de vous et demain vous aurez aussi besoin d'elle car c'est votre pays. Vos frères musulmans vous tendent la main franchement et loyalement pour une solidarité venant de votre part. Il est de votre devoir d'y répondre.

« Vive l'Algérie libre démocratique et sociale ! »

Mais ce dernier appel du FLN n'avait que peu de chances d'être entendu. Le déchaînement de la folie meurtrière entraîne un durcissement d'attitude dans toutes les communautés. Il existe aussi une grande différence avec les « appels » et « réponses » de l'année 1956. Les prolongements de l'affaire de Suez, l'expédition aéronavale franco-britannique, avec l'aide de l'armée israélienne, contre le régime de Nasser en novembre 1956, avaient laissé des traces profondes entre les Juifs et le nationalisme arabe en pleine émergence. L'instituteur de Constantine, Marcel Attia, dit bien toute la complexité de la situation, et la séparation d'entre les deux communautés, lui qui était pourtant sympathisant de la cause indépendantiste algérienne : « Regardant avec intérêt la cause musulmane, je savais que cela impliquerait de quitter l'Algérie. Non pas à cause de la situation au Proche-Orient, l'antisionisme alors n'était pas vraiment de mise, mais très vite nous aurions eu à subir la morgue du vainqueur contre le vaincu. Nous savions que très peu de place nous serait laissée. Sur le plan légal, le statut n'aurait pas changé dans un premier temps, mais nous aurions été soumis à toute une panoplie de vexations[1]. » Le statut du *dhimmi*, la condition de sujet protégé en terre d'islam, continue de hanter l'imaginaire juif, qui considère ce statut comme une sorte de retour en arrière (la République française, abolissant le principe communautaire, avait institué le principe de l'égalité entre citoyens). Dans le mouvement de départ perceptible dans la communauté juive à partir de 1961, la destination de masse se situe vers la France, et non vers Israël. Dans son autobiographie, Daniel Timsit dit bien les raisons de cette destination : « Pour ma famille, Israël n'était pas leur pays. Bien sûr, Jérusalem était leur ville, pas leur ville en tant que ville-nation, mais en tant que ville céleste. Quand Israël est né, ils n'ont pas considéré que c'était leur pays. Chez les traditionalistes, il n'y avait pas ce sentiment. En revanche, c'est peut-être chez les jeunes très francisés qu'apparaît alors un sentiment national juif. Mais cela fut marginal[2]. » Témoignage identique du cinéaste Alexandre Arcady, jeune adolescent juif à Alger en 1960 : « C'est seulement et précisément la perspective de nous faire découvrir la France qui avait intéressé mon père et non pas les théories idéalistes de l'Hachomer (mouvement de jeunesse sioniste, de gauche), qu'il ignorait d'ailleurs totalement. Toujours sa vieille idée fixe de nous montrer comment c'était "de l'autre côté[3]"... »

Mais la question du rapport à l'État d'Israël a bien joué un rôle dans l'attitude juive, comme le dit Jacques Lazarus, dans un de ses textes les plus fameux :

---

1. Témoignage de Marcel Attia dans *L'Arche*, n° 306-307, septembre-octobre 1982, p. 121.
2. Daniel Timsit, *Algérie, récit anachronique*, Bouchène, 1998, p. 23, 24.
3. Alexandre Arcady, *Le Petit Blond de la Casbah*, Paris, Plon, 2003, p. 164.

« Tels que nous sommes »,
de Jacques Lazarus, *Information juive,* février 1961

« Les Juifs d'Algérie entendent pouvoir continuer à affirmer, dans la liberté et la dignité, l'intégralité de leur personnalité juive. Ils entendent se présenter au grand jour, tels qu'ils sont avec leur identité propre. Ils entendent que leurs sentiments juifs les plus profonds ne soient pas foulés aux pieds. Comme d'autres, très justement, qui veulent se proclamer chrétiens ou musulmans ou arabes, ils entendent, eux, continuer à se proclamer juifs avec tout ce que cela implique. Ils n'ont aucune vocation pour la condition de marranes, et ne veulent pas être amenés à devoir renier, du fait des circonstances, et quels que soient les motifs invoqués, des sentiments si profondément enracinés dans leur être.

« Or l'État d'Israël est désormais partie intégrante du patrimoine juif. Ce problème doit donc être nettement posé. Depuis quinze ans bientôt, s'est créée une situation qui pèse lourdement sur les relations judéo-arabes. Comment feindre de l'ignorer ? Trop souvent, lorsqu'un État arabe accède à l'indépendance – et ce régulièrement avec le vote positif de l'État d'Israël malgré l'expérience décevante qui s'ensuit –, les Juifs de ce pays en subissent les conséquences.

« Juifs conscients, il est normal que nous prétendions être attachés sentimentalement à Israël, comme d'autres sont attachés sentimentalement à Rome ou à La Mecque. Ce problème capital de l'avenir des Juifs dans les pays arabes indépendants, nous ne pouvons le taire. Devront-ils renoncer à tout lien sentimental et spirituel avec Israël ? Devront-ils supporter d'être séparés à jamais de leurs proches installés dans ce pays et ne pouvoir même correspondre avec eux ? Devront-ils renoncer à circuler librement ? Seront-ils accusés de trahison s'ils sollicitent un passeport ? Seront-ils éternellement soupçonnés d'avoir leur corps ici et leur cœur ailleurs ? Sera-ce un crime d'arborer une Maghen David, cet emblème religieux millénaire, de s'habiller en noir en certaines circonstances ? Devront-ils accepter l'affaiblissement de leurs structures communautaires garantissant la sauvegarde de leur personnalité ? Devront-ils voir disparaître une à une leurs institutions ? Comment admettre que de jeunes États, ayant accédé à l'indépendance au nom du droit des peuples à disposer d'eux-mêmes, au nom des droits de l'homme, foulent ces droits sitôt leur indépendance acquise, s'empressant de renier les principes au nom desquels ils ont déclaré combattre ? Comment admettre que les Juifs d'Algérie puissent être revendiqués en bloc, au mépris du principe de l'autodétermination proclamé et accepté ? Il ne peut être question de nous imposer un choix fixé d'avance.

« À chaque habitant de ce pays, et donc aux Juifs comme aux autres, doit être reconnue la libre option de fixer eux-mêmes leur destin. Quoi qu'il arrive, les Algériens, de toutes origines ethniques, resteront dans ce pays, les Juifs comme les autres. Leur nombre sera d'autant plus élevé qu'ils pourront être assurés d'y vivre dans la liberté, dans la dignité. »

Il y avait bien une radicalité juive dans l'engagement aux côtés de la République française, et, au fond, dès la fin de la Première Guerre mondiale, après le retour des soldats juifs dans leurs foyers, tout était dit : « Nos parents avaient un seul but : les lumières de la Révolution française et de la civilisation, être différents des Arabes. Alors, c'est tout naturellement qu'à l'heure des épreuves ils se sont tournés vers la France », dira Henri Atlan qui partageait deux chaires de biophysique entre Paris et Jérusalem, dans la revue mensuelle du judaïsme français, *L'Arche*, en 1979. Mais il n'en reste pas moins vrai que, dans les années 1960-1970, l'Algérie est le pays arabe qui a le plus perdu « ses » Juifs, si vite, si radicalement. L'exemple de la Tunisie, où des ministres demandent aux Juifs de « n'avoir pas la tête à Tunis et le cœur à Jérusalem », les diatribes d'Allal el-Fassi au Maroc contre la présence de Juifs marocains en Israël, la fameuse déclaration d'Ahmed Ben Bella en 1963 (« Nous sommes arabes, arabes, arabes », etc.) donneront le sentiment aux Juifs d'Algérie d'avoir fait le bon choix, celui du départ. Mais pouvait-il y avoir, de leur part, une autre attitude ?

Le départ en masse vers la France

« Comment pouvions-nous croire que ce pays était le nôtre ? Comment n'avions-nous pas ressenti qu'au plus profond des masses indigènes commençait à prendre corps un mouvement historique de rejet de la France, et qu'un jour nous serions balayés et honnis ? La tourmente antifrançaise emporterait bientôt dans sa bourrasque les Juifs indigènes, élevés par naturalisation depuis longtemps déjà au rang de citoyens français. L'Histoire était en marche[1]... »

Au début de l'année 1962, la situation est extrêmement tendue dans la plupart des villes d'Algérie où cohabitent les communautés juive et musulmane. Les Juifs du Constantinois et du Sud, plus près du pays « profond », fournissent les gros bataillons des premiers « partants ». À Constantine, depuis des mois, rue Caraman, la rue principale des Juifs de Constantine, les affrontements sont nombreux. Sur la place Négrier, en février 1962, une grenade explose dans un groupe de musulmans, la foule attaque le consistoire israélite. Après les accords d'Évian de mars 1962, les rues de la cité se remplissent de « cadres », sortes de grands conteneurs en bois, où les familles mettent leurs meubles. Les Juifs abandonnent la plus vieille de leurs villes[2]. Les semaines qui précèdent l'indépendance voient l'exode quasi intégral de la population juive d'Algérie, évaluée à plus de cent vingt mille âmes. Les aérodromes, les ports sont pris d'assaut par des foules affolées qui abandonnent tout pour gagner l'autre rive de la Méditerranée. L'événement qu'ils s'étaient refusé à prévoir, la création d'un État algérien,

---

1. Guy Bensimon, *Soleil perdu sous le pont suspendu, une enfance à Constantine*, Paris, L'Harmattan, 2001, p. 199.
2. Les Juifs avaient défendu contre les Français, en 1837, la ville de Constantine aux côtés d'Ahmed Bey, le bey de la ville, redoutable ennemi de la France, qui avait réussi à mettre fin dans sa province aux tensions sociales et raciales entre les deux communautés. Les Juifs aimaient leur bey et leur ville.

plonge les Juifs d'Algérie dans le désarroi et l'affolement. Pour l'immense majorité d'entre eux, la perspective inouïe de l'exil semble être la seule issue. Toutes catégories sociales et politiques confondues, ils se trouvent rejetés sur la rive européenne de la Méditerranée, dans une vraie débâcle, à la veille de la proclamation de la République algérienne, le 3 juillet 1962.

Arrivés en France, les Juifs d'Algérie réfugiés de l'été 1962 y retrouvent environ vingt mille de leurs coreligionnaires d'Algérie installés récemment ou anciennement en métropole, y compris quelques transfuges d'Israël : soit, au total, environ cent trente mille personnes émigrées (et non cent cinquante ou cent soixante mille comme on l'a souvent affirmé dans diverses publications juives). Quelques centaines de familles cherchent fortune au Canada et aux États-Unis, d'autres se sont installées en Israël avant même la guerre des Six Jours (cinq mille environ). Après cette guerre, une large fraction des vingt-deux mille émigrants français vers Israël (de 1967 à 1971) se trouvaient être d'origine algérienne[1].

Guerre d'Algérie, préparation d'un nouvel exil

Dans la séquence fondamentale et brûlante de la guerre d'Algérie, la communauté juive s'est longtemps tenue dans une prudente expectative. Redevenus français dix ans seulement après le rétablissement du décret Crémieux, la plupart savaient qu'ils ne voulaient pas retourner à la condition de l'indigénat. Les quelques années passées sous Vichy avaient convaincu la grande majorité des Juifs d'Algérie de l'attachement à la nationalité française. Ce point de l'histoire récente échappait à la fois aux dirigeants ultras européens et aux principaux responsables du nationalisme politique algérien. Dans l'engrenage d'une guerre implacable, où progressivement s'affirmèrent des dynamiques nationalistes à base d'un communautarisme religieux (les moudjahidines du FLN d'un côté et certains membres de l'OAS pénétrés d'un intégrisme catholique à base de latinité de l'autre), les Juifs d'Algérie décidèrent un temps de choisir le silence. Les appels lancés par les nationalistes algériens du FLN en leur direction restèrent lettre morte, ne touchant qu'une infime minorité de Juifs militants, essentiellement engagés dans la cause communiste. Les sommations venant de l'autre camp, celui des Européens engagés de manière radicale dans les combats de l'Algérie française, ne touchèrent, eux aussi, qu'une faible minorité jusqu'en 1960. Puis s'opéra un basculement massif, ouvert, en faveur des thèses de l'Algérie française.

Pendant la guerre d'Algérie, les Juifs ont longtemps espéré pouvoir pratiquer une sorte de multiculturalisme (certains reprenaient sans le savoir le mot de Maurice Thorez évoquant l'Algérie comme « une nation en formation dans le creuset de vingt races »), visant à respecter et à intégrer les

---

1. Claude Tapia, Jacques Taïeb, « Portrait d'une communauté », *in Les Nouveaux Cahiers*, *op. cit.*, p. 53.

différences religieuses de chacun au sein d'un creuset républicain. C'est pourquoi la plupart d'entre eux, tout en se défiant des stratégies assimilationistes radicales, restèrent proches d'une sensibilité socialiste-républicaine prônant une réelle intégration de l'Algérie à la France. Le malentendu fut alors complet avec les nationalistes algériens qui, de leur côté, étaient depuis fort longtemps convaincus d'une conception de la nation algérienne exclusivement musulmane[1] (c'est-à-dire, « protégeant » les *dhimmis* juifs). La méfiance était également grande en direction des responsables de l'OAS dont la plupart avaient été d'ardents partisans des Croix-de-feu dans les années 1930, et du régime de Vichy en Algérie. La mémoire juive n'oubliait décidément pas l'antisémitisme féroce pratiqué par ceux qui deviendront les plus ardents défenseurs de l'Algérie française.

Situés au milieu de l'affrontement entre deux nationalismes radicaux, les Juifs d'Algérie ne pouvaient alors qu'être l'objet de tous les fantasmes de trahison venant des deux côtés. Les Algériens musulmans leur reprochaient d'avoir oublié qu'ils avaient été les enfants de la terre algérienne ; les milieux européens leur rappelèrent tout ce qu'ils devaient à la civilisation occidentale dans le relèvement de leur condition d'« indigène ». Comment, dès lors, comprendre le basculement massif vers la France, alors que les Juifs d'Algérie ont tenté de se situer dans le juste milieu ? L'assimilation républicaine avait été la plus forte. Les Juifs d'Algérie se vivaient comme profondément français, et dans une certaine mesure, cet état d'esprit a facilité la reconversion morale de ces exilés contraints et forcés de 1962 dans leur vie en France.

Existait aussi la peur d'un islam radical et xénophobe. La lecture des textes du nationalisme algérien de l'avant 1954 laissait en effet entrevoir non une « Algérie algérienne », mais, comme le scandaient les manifestants algériens à Constantine ou à Alger en décembre 1960, « une Algérie musulmane ».

En 1962, lorsque les Français d'Algérie quittèrent le pays, les habitants de la métropole ne firent aucune différence entre les pieds-noirs d'origine européenne et les Juifs, dont la présence au Maghreb remontait à plusieurs siècles.

En octobre 1962, il ne restait plus que vingt-cinq mille Juifs en Algérie, dont six mille à Alger. En 1971, ils n'étaient plus qu'un millier et en 1982, il n'en restait plus que... deux cents environ en Algérie. Et au plus fort de la guerre civile algérienne des années 1990, il n'y a pratiquement plus de Juifs dans le pays[2]. Ce départ massif des indigènes juifs d'Algérie, devenus français depuis près d'un siècle, signale la crise ultérieure, identitaire de l'Algérie

---

1. Sur cette conception politique d'une Algérie musulmane, voir le travail essentiel de Monique Gadant, *Islam et nationalisme en Algérie d'après* El Moudjahid, *organe central du FLN de 1956 à 1962*, Paris, L'Harmattan, 1988, 220 p.
2. Sur la présence juive dans l'Algérie indépendante, Aïssa Chenouf, *Les Juifs d'Algérie, 2000 ans d'existence*, Alger, Maarifa, 1999, 191 p.

devenue indépendante. L'absence de minorités non musulmanes provoque les risques d'isolement civilisationnel et d'enfermement culturel. Les islamistes algériens pousseront cette logique jusqu'à l'extrême, l'absence de l'Autre-Différent comme synonyme de retour à une « pureté » religieuse mythologique. L'historien algérien Aïssa Chenouf a pu ainsi écrire dans le premier livre paru en Algérie après l'indépendance, à propos de l'histoire juive en Algérie : « Avant 1967, on parlait des Juifs sans passion. Après 1967, le panarabisme né des défaites cuisantes des armées arabes en Palestine fait des dégâts dans les opinions. Le panarabisme a enfanté un extrémisme dont nous payons les frais aujourd'hui. La société a fonctionné sans transition, ainsi on est passé de la douleur à la violence sans comprendre pourquoi[1]. » Le départ, ou plutôt cet exode des Juifs d'Algérie se présente également comme une préfiguration des départs massifs et définitifs des autres populations juives du Maghreb, de Tunisie et, plus tard, du Maroc[2].

Les Juifs d'Algérie qui arrivent en France éviteront de se singulariser dans l'espace public. Ils sont présents dans les multiples associations de pieds-noirs cultivant la « nostalgéria », tout au long des années 1970-1990. Mais petit à petit la mémoire réelle de l'Algérie revient, et avec elle la différenciation des groupes singuliers de l'histoire coloniale. Et à l'intérieur de cette histoire, la sonorité de cette musique si particulière des maîtres juifs arabo-andalous, de Blond-Blond[3] à Reinette l'Oranaise[4], de Lili Boniche à la musique de Cheikh Raymond, portée par son gendre Enrico Macias. Et les déclarations du président algérien Abdelaziz Bouteflika, lors du 2 500e anniversaire de la ville de Constantine (« Il y a lieu de signaler que les habitants juifs de la ville, et ils étaient nombreux, ont joué un rôle dans la préservation du patrimoine commun : coutumes, vêtements, art culinaire et vie artistique ») renouant avec le passé juif de l'Algérie, touchent le cœur de cette communauté[5]. Mais une année plus tard, l'invitation par Abdelaziz Bouteflika du

---

1. Aïssa Chenouf, *op. cit.*, p. 184.

2. Selon le journal marocain en langue arabe *Al Mounaataf*, du 23 novembre 1999, « la communauté juive de Rabat est passée de plusieurs milliers de personnes à quelques dizaines. Le dernier mariage a eu lieu, il y a plus d'un an. Le pain azyme de la Pâque juive est importé de France. Les dix enfants qui restent sont scolarisés à la mission française », par Mohammed Nasik.

3. Né à Oran en 1899, il écoute dans son enfance la musique de l'orchestre de Larbi Ben Sari, grand maître de Tlemcen, l'un des bastions de *el andalous* ; Blond-Blond est mort en août 1999 et a été enterré dans le carré juif du cimetière de Marseille.

4. Reinette l'Oranaise s'appelait Sultana Daoud, née à Taret vers 1910. Elle fut l'élève de Saoud Medioni, chanteur et violoniste, maître incontesté du *haouzi*. Dans les années 1950, elle devient célèbre en donnant des concerts diffusés par Radio Alger en compagnie du pianiste Mustapha Skandrani, et de l'orchestre de Mohammed el-Anka. Elle est morte le 17 novembre 1998 dans la région parisienne.

5. Voir le beau texte de Jean-Luc Allouche, « L'espoir de Rabat à Constantine », dans *Libération* du 29 juillet 1999 : « Cette Algérie que nous n'avons jamais cessé d'aimer, lors même qu'elle voulait nous nier, voilà que nous trouvons de nouvelles raisons de ne pas la rayer de nos vies. »

chanteur Enrico Macias en Algérie puis l'annulation de la tournée qu'il devait effectuer provoquent de l'amertume. Le chanteur juif, originaire de Constantine, écrira : « Je me suis senti trahi, blessé et humilié. Parce qu'on a joué avec mon rêve et le rêve d'autres exilés qui espéraient ce retour comme la fin d'un tabou et une libération. J'ai soudain eu le sentiment d'avoir servi à mon insu la propagande du nouveau gouvernement d'Alger, d'avoir été manipulé. On a porté atteinte à ma dignité, je ressens un mélange de honte et de colère[1]. »

Dans cette remémoration de l'histoire des Juifs en Algérie pendant la guerre d'Indépendance se manifestent des attitudes profondes d'attachement à la terre algérienne, enfouies et oubliées, des amertumes, et se devinent des plaies mal cicatrisées. Et derrière tout cela, se forgent, en fin de compte, des représentations intenses d'appartenance à une communauté, se construisent des fonctionnements spécifiques où il est possible d'être à la fois Juif attaché aux rites de la tradition religieuse, Français républicain, et « Algérien » toujours cramponné à une vieille histoire disparue.

---

1. Témoignage reproduit dans le quotidien algérien *Le Matin*, 22 octobre 2001.

Petite chronologie

— Présence de communautés juives en Algérie plusieurs siècles avant l'islam.

— 1830 : Arrivée des Français en Algérie, la communauté juive est estimée à vingt-cinq mille personnes.

— 24 octobre 1870 : Décret Crémieux accordant aux Juifs d'Algérie la nationalité française, rapide assimilation, distance à l'égard des pratiques religieuses traditionnelles.

— 1881-1931 : Triplement de la population juive d'Algérie (trente mille personnes en 1851), concentrée dans les régions d'Oran, d'Alger et de Constantine ainsi que dans le Mzab.

— 5 août 1934 : Émeute à Constantine, vingt-cinq morts juifs et deux musulmans, affrontements entre les communautés juive et musulmane.

— 7 octobre 1940 : Abrogation par Pétain du décret Crémieux.

— 30 octobre 1940 : Début des lois discriminatoires de Vichy sur le statut des Juifs.

— 2 juin 1941 : Loi interdisant aux Juifs certaines fonctions et professions, et fixant un *numerus clausus* dans l'enseignement. Les Juifs sont alors 111 021 de nationalité française et 6 625 de nationalité étrangère en Algérie.

— 8 novembre 1942 : Organisation de la Résistance par trois cent soixante-dix-sept insurgés d'Alger, dont 80 % sont juifs, qui favorise le débarquement allié.

— 20 octobre 1943 : Remise en vigueur du décret Crémieux, fin des discriminations.

— 1951 : Quatre mille Juifs d'Algérie partent en Israël.

— 1953 : Sur vingt-huit mille Juifs à Alger, deux à trois mille envoient leurs enfants dans les écoles confessionnelles.

— 1er novembre 1954 : Insurrection algérienne au nom du FLN. Neutralité de la majorité de la communauté juive.

— Août 1955 : Insurrection générale dans le Constantinois au nom du FLN, victimes juives. Des Juifs progressistes et communistes favorables aux indépendantistes algériens sont assignés à résidence dans des camps d'internement ou expulsés.

— Juin 1956 : Arrivée en Algérie de Juifs marocains clandestins qui veulent se rendre en Israël.

— Octobre 1956 : Appel du FLN au grand rabbin d'Algérie demandant que les Juifs affirment leur appartenance à la nation algérienne.

— Novembre 1956 : Le Comité juif algérien d'études sociales, se déclarant apolitique, met en avant des positions strictement individuelles et appelle à un règlement pacifique du conflit entre la France et les Algériens.

— 24-31 janvier 1960 : Participation de membres de la communauté juive à la semaine des barricades pour la défense de l'Algérie française.

— 11 novembre 1960 : Incidents à Oran, cimetière juif profané, échauffourées, affrontements entre membres des communautés musulmane et juive.

— 12 décembre 1960 : Saccage de la Grande Synagogue d'Alger.

— 22 juin 1961 : Assassinat de Cheikh Raymond à Constantine.

— 18 août 1961 : Nuit bleue à Oran, attentats, victimes.

— Septembre 1961 : Un père de famille juif assassiné devant une synagogue, émeutes et affrontements entre communautés juive et musulmane.

— 18 mars 1962 : Les Juifs assimilés aux Français dans l'accord d'Évian.

— Avril-juin 1962 : Départs en masse des Européens, dont cent vingt mille Juifs.

— 3 juillet 1962 : Indépendance de l'Algérie.

L'histoire des harkis et Français musulmans : la fin d'un tabou ?

par Mohand Hamoumou
avec la collaboration d'Abderahmen Moumen

Longtemps, les gouvernants français refusèrent l'appellation de « guerre » aux « événements » d'Algérie comme pour mieux dissimuler ou oublier des réalités traumatisantes[1]. Un demi-siècle après son commencement, de nombreuses facettes de cette guerre, civile à bien des égards, ont été éclairées[2]. Pourtant des zones d'ombre subsistent, des erreurs perdurent, des questions demeurent. Parmi elles l'engagement avec la France de « musulmans » au sens colonial du terme, les exactions et massacres dont ils furent victimes après le cessez-le-feu et enfin l'intégration entravée de ceux qui purent se réfugier en métropole.

Jusque dans les années 1980, peu d'études leur ont été consacrées. Ils restaient, pour reprendre un titre souvent utilisé par des journalistes ou des chercheurs, les « oubliés de l'Histoire ». Lorsque le sujet était abordé, il l'était souvent avec plus de passion que de raison : « fidèles patriotes français » pour les partisans de l'Algérie française, « traîtres algériens » pour le FLN, ces jugements empêchaient une analyse sereine et factuelle.

Grâce à l'accès récent à certaines archives, aux témoignages de plus en plus nombreux[3] et sans doute grâce au temps qui apaise les passions, un demi-siècle après le commencement de la guerre d'Algérie, il est enfin possible, en France du moins, de commencer à écrire une histoire des

---

1. Le 10 juin 1999 l'Assemblée nationale adopte à l'unanimité l'appellation de « guerre d'Algérie » pour ce qui était officiellement jusqu'alors des « événements ».

2. *Cf.* Benjamin Stora, *Le Dictionnaire des livres de la guerre d'Algérie : romans, nouvelles, poésies, photos, histoire, essais, récits historiques, témoignages, biographies, mémoires, autobiographies : 1955-1995*, Paris, Montréal, L'Harmattan, 1996, 347 p.

3. Abderahmen Moumen, *Entre histoire et mémoire. Les rapatriés d'Algérie. Dictionnaire bibliographique*, coll. « Histoire des temps coloniaux », Nice, Jacques Gandini, 2003, 129 p.

harkis plus précise, plus complexe, enracinée dans le contexte colonial, affranchie des réécritures politiques. Plusieurs chercheurs ont débuté ce travail et apporté des contributions importantes. Cet article voudrait ici tenter, d'une part, une synthèse de la connaissance de l'histoire des harkis en insistant sur « l'humus historique » dans lequel elle a pris racine, et, d'autre part, analyser les freins à l'émergence de certains faits, en France et en Algérie, concernant cette tragédie. Car, un demi-siècle après, il reste encore des faits à dévoiler, des yeux à dessiller, des esprits à réveiller.

Harki : un monde derrière un mot

Un terme polysémique

Le terme harki est devenu aujourd'hui un terme générique englobant souvent tous les citoyens français d'Algérie d'origine arabe ou berbère ayant, à divers titres, servi ou continué à servir la France durant les « événements » en Algérie, malgré les menaces du FLN. De nombreuses appellations désignent souvent à la fois des réalités identiques et des groupes distincts. Avant l'indépendance, l'administration française en Algérie utilisait les termes de « Français de souche nord-africaine » (pour les distinguer ou séparer des « Français de souche européenne »). Mais elle eut aussi recours aux vocables « Indigènes », « Musulmans » ou « Arabes ». Durant la guerre d'Algérie, on le verra, les supplétifs dont faisaient partie les harkis *stricto sensu* comportaient d'autres catégories comme les moghzanis. Après 1962, ceux qui purent venir en France métropolitaine ne manquèrent pas de désignations : FMR, FCI, RONA[1], etc.

Cette profusion d'appellations traduit la difficulté à nommer une population hétérogène mais trahit aussi la complexité de la situation coloniale dans laquelle certains étaient plus français que d'autres. Cette question de la citoyenneté française est une composante majeure de la complexité du problème harki. Ainsi parler de « rapatriés » (dans FMR ou RONA) et non de « réfugiés[2] » implique que la France était la patrie des harkis, au même titre que pour les pieds-noirs, et dans laquelle ils re-venaient[3]. Les termes « musulmans » ou « de confession islamique » induisent une référence à une religion malgré le principe de laïcité de la République française. En outre, ces qualificatifs religieux s'appliquent même à ceux qui ne prati-

1. Français musulmans rapatriés, Français de confession islamique, rapatriés d'origine nord-africaine.
2. Ce point est développé dans : Mohand Hamoumou, « les Français musulmans : rapatriés ou réfugiés ? » *in AWR bulletin*, revue du HCR (Haut-Comité aux réfugiés), 1987, p. 195-203.
3. On peut aussi se demander si les pieds-noirs, dont un pourcentage important n'avait pas de racines françaises mais espagnoles, italiennes, maltaises… (et dont très peu d'entre eux étaient nés en métropole), n'étaient pas davantage des « déplacés, des réfugiés ou des exilés » que des rapatriés retrouvant paisiblement le bercail.

quent pas l'islam. D'où le recours à l'origine nord-africaine, ce besoin de séparer « harkis » et « pieds-noirs » permettant un traitement différencié, voire une « discrimination légale », pour certaines aides ou l'indemnisation des biens notamment[1].

Aujourd'hui, deux termes se sont imposés : FMR et harki, qui selon les contextes renvoient soit aux seuls harkis, soit à tous les supplétifs, soit encore à l'ensemble des FMR incluant supplétifs et non-supplétifs. D'où l'intérêt de préciser cette terminologie pour éviter des confusions.

Les FMR non supplétifs

Saïd Ourabah, ancien conseiller d'État et préfet, Ali Ghalem, ancien député en Algérie avant 1962, le général Rafa, l'avocat Robert Abdesselam, le bachagha Boualem, mais aussi des milliers d'autres fonctionnaires, élus, militaires, naturalisés ou notables musulmans moins connus faisaient partie des FMR. Ces figures illustrent les grandes catégories (fonctionnaires, militaires de carrière, notables musulmans, élus et naturalisés), même si en réalité il pouvait y avoir des intersections entre elles. Par exemple, le bachagha Boualem fut aussi militaire de carrière et député.

Les militaires

Dans certaines tribus ou grandes familles, existait une tradition des armes de longue date. Certaines d'entre elles s'étaient mises au service des Français dès les débuts de la conquête, comme d'autres – ou les mêmes – l'avaient fait avec les Turcs. Il en fut ainsi de la tribu des Zouaouas qui dès le 12 août 1830 avait proposé deux mille hommes. Le 15 août les cinq cents premiers zouaves étaient recrutés et rassemblés à Alger.

Dès le 1er janvier 1856, chacune des trois provinces d'Algérie possédait son régiment de tirailleurs algériens. Ils participeront comme les spahis à toutes les campagnes, d'Italie (1859) au Sénégal (1860-1861), du Mexique (1962-1967), en Alsace-Lorraine (1870-1871) ou encore au Tonkin (1883-1886) et à Madagascar (1895).

En outre, il faut signaler qu'à la suite de la conscription des musulmans décrétée en 1912, quatre-vingt-un mille musulmans d'Algérie vont participer à la guerre de 1914-1918 aux côtés de quatre-vingt-sept mille engagés, dont vingt-cinq mille ne reviendront pas vivants. Pour la campagne de 1939-1940, cent soixante-seize mille musulmans furent mobilisés et des milliers d'autres participèrent à la campagne d'Italie (1943-1944) et au débarquement de la Ire armée française en Provence le 15 août 1944. Bien entendu, tous les Arabo-Berbères engagés dans l'armée au moment de la guerre

---

1. Archives départementales du Vaucluse 176 W 594. Directive du ministre des Rapatriés aux préfets et délégués régionaux le 31 janvier 1964 : « Vous ne devrez reloger les anciens harkis qu'après avoir relogé tous les rapatriés demandeurs de logement et particulièrement mal logés. Par conséquent, une priorité absolue doit être donnée aux rapatriés par rapport aux anciens harkis pour l'attribution des logements HLM destinés aux rapatriés. »

d'Algérie n'étaient pas tous descendants directs des premiers zouaves, sphahis, tirailleurs. Mais beaucoup étaient militaires de père en fils depuis plusieurs générations. Tous avaient été « élevés au biberon tricolore » selon une expression souvent utilisée. Lorsque, en 1955-1956, ils comprirent qu'il ne s'agissait pas d'une révolte locale ou d'actions de hors-la-loi, tous s'interrogèrent face à ce dilemme[1] : choisir entre « son peuple » et sa « seconde famille », entre l'aspiration révolutionnaire à l'égalité et de l'autre côté l'espoir d'une Algérie nouvelle plus juste, par la voie démocratique. Une minorité déserta pour rejoindre l'ALN. La grande majorité de ces militaires continua à servir le drapeau français. Après l'indépendance quelques-uns démissionnèrent, choqués par la passivité de l'armée lors des massacres après le 19 mars 1962 ; la plupart poursuivirent leur carrière en France ou dans les troupes françaises basées en Allemagne sans connaître les difficultés d'intégration des supplétifs.

Les élus

Dès le début des événements, le FLN avait menacé de mort tous les élus musulmans qui n'abandonneraient pas leurs mandats ou qui seraient candidats à une élection. Les assassinats d'Ali Chekkal au stade de Colombes ou de Djellali Kaddari, député maire de Tiaret, ainsi que la mort de centaines de maires ou de conseillers municipaux moins connus attestent de la réalité des menaces.

Beaucoup d'élus refusèrent de démissionner malgré les risques encourus, par conviction que le FLN ne pouvait gagner contre la France, mais aussi parce que, les élections en Algérie étant régulièrement truquées, nombre d'élus étaient des béni oui-oui comme les qualifiait publiquement le gouverneur général Julien Laferrière. Ils se savaient donc condamnés par le FLN et certains furent, il est vrai, assassinés même après avoir démissionné. En avril 1963, Mme Augustine Thierry[2] estimait ainsi à quinze mille environ le nombre d'élus menacés.

Les auxiliaires administratifs musulmans

Au début des événements, s'ajoutant aux trois cent vingt-cinq communes de plein exercice dans lesquelles les FSE étaient relativement nombreux, quatre-vingt-quatre communes mixtes étaient administrées par des fonctionnaires répondant aux sous-préfets et ayant pour les aider dans leur mission le pouvoir de nommer des auxiliaires musulmans. Le contrôle était difficile compte tenu de la grande superficie des communes et des moyens de communication ; aussi du garde champêtre au bachagha, en passant par les caïds et aghas, chacun était maître en son royaume, avec les risques de clientélisme et d'abus d'autorité. La majorité des caïds restèrent fidèle à la France,

---

1. *Cf.* Abdekader Rahmani : *L'Affaire des officiers algériens*, Paris, Le Seuil, 1959, 174 p.
2. Vice-président du Comité national pour les musulmans français, alors présidé par Alexandre Pavodi.

engageant avec eux leurs familles et leurs villages. Le bachagha Boualem, figure emblématique, refusa toutes les offres du FLN de ralliement ou pour le moins de neutralité[1].

Les naturalisés ou Français « à part entière »

Une partie des FMR non anciens supplétifs n'entre pas dans les catégories précédentes. Il s'agit de ceux qui choisirent la naturalisation, devenant ainsi citoyens français à part entière[2]. Certains étaient convertis au catholicisme, d'autres mariés à des Européennes ; tous avaient reçu une éducation française et avaient adopté un mode de vie occidental. Cette minorité était coupée des autres indigènes car la naturalisation impliquait le renoncement à être régi par la loi musulmane (ou le droit coutumier berbère) pour le mariage (polygamie), la succession, la répudiation, ou le droit de propriété. Pour la majorité des indigènes, y compris ceux favorables à l'accession à la citoyenneté française, l'abandon de la loi coranique équivalait à une apostasie avec le risque d'exclusion sociale.

C'est parmi cette minorité d'éducation et de culture françaises que se rencontrent nombre de professions libérales, de hauts fonctionnaires ou d'élus nationaux. Robert Abdesselam, fils d'un couple mixte, avocat international, catholique, membre de l'équipe de France junior de tennis, en est un exemple. Les membres peu nombreux de cette élite, au moment de la guerre, ne pouvaient pour la plupart que continuer à être ce qu'ils avaient voulu être, ce qu'ils étaient : des citoyens français.

Les FMR anciens supplétifs

Parmi les forces supplétives de l'armée française durant la guerre d'Algérie on peut distinguer celles engagées bénévolement (hommes des groupes d'autodéfense) et celles rémunérées (harkis, moghaznis, GMS/GMPR). Les harkis sont les plus connus en raison de leur nombre et de leur rattachement à des unités combattantes.

Les harkis

La première harka créée par l'ethnologue Jean Servier[3] n'était au départ ni commandée par des militaires ni rétribuée. Elle s'apparentait davantage à un groupe d'autodéfense. Après l'assassinat d'un caïd et d'un couple d'instituteurs le 1er novembre 1954 à Arris, Jean Servier, fin connaisseur des inimitiés souvent ancestrales entre tribus, persuada celle de l'agha Merchi que ces assassinats étaient l'œuvre de la tribu rivale, et celui-ci proposa ainsi sponta-

---

1. Le FLN lui fera chèrement payer sa fidélité au drapeau français : sept membres de sa famille proche furent assassinés. *Cf.* Boualem, *Mon pays la France*, Paris, France Empire, 1962.
2. Ce qui n'empêchera pas l'Administration française de leur demander à leur arrivée en France d'opter pour la nationalité française.
3. *Cf.* Jean Servier, *Dans l'Aurès sur le pas des rebelles*, Paris, France Empire, 1955.

nément les hommes de sa tribu pour protéger Arris et participer à la recherche des assassins[1]. Cette première harka fut ensuite prise en main par l'armée. L'idée fit son chemin et d'autres virent le jour dans l'Aurès puis ailleurs. Le bachagha Boualem organisa ainsi rapidement des harkas. Mais le terme ne sera officialisé qu'en 1956, par la note du 8 février émanant du général Lorillot, qui demande « la constitution de harkas dans chaque corps d'armée à l'échelon quartier ». Le statut des harkis ne sera précisé que le 7 novembre 1961 par un texte qui entérine et tente d'homogénéiser les pratiques. Les harkis sont recrutés par contrat civil journalier ou mensuel renouvelable, payé 7,50 francs, dont pouvaient être déduits, précise le texte, « les frais de nourriture ou d'hébergement ». Les blessures de guerre ou la mort au combat étant traitées comme des « accidents du travail ». Les harkas sortaient en opérations avec d'autres unités militaires ou étaient, pour certaines, affectées à des commandos de chasse en 1959 dans le cadre du plan Challe.

Leur connaissance du terrain, leur pratique de la langue arabe ou berbère, leur endurance de montagnards et leur courage en firent des éléments précieux pour l'armée. Nombre d'appelés inexpérimentés durent ainsi la vie sauve aux harkis. Leur apport était si utile qu'en 1959 le général Maurice Challe demanda et obtint du général de Gaulle que le nombre de harkis – vingt-huit mille fin 1959 – soit doublé.

Les autres supplétifs

Deux mois seulement après le début de l'insurrection, François Mitterrand accepta la création de groupes mobiles de protection rurale demandés par le préfet Vaujour (GMPR, dénommés ensuite GMS, groupes mobiles de sécurité). En 1962 on comptait cent quatorze GMS, d'une trentaine de goumiers chacun. Ces unités, de type CRS, étaient aux ordres des préfets, sous-préfets ou maires, afin de protéger les édifices publics ou bien encore les marchés.

Le 15 septembre 1955, Jacques Soustelle, gouverneur de l'Algérie, crée les SAS (sections administratives spécialisées) pour pallier la sous-administration chronique aggravée par les menaces du FLN contre les élus, fonctionnaires, médecins et instituteurs.

Près de sept cents SAS furent créées, principalement en zones rurales (trente en milieu urbain). Chacune était protégée par un maghzen d'une trentaine de moghaznis, recrutés par contrat de six mois. Les officiers de SAS se sont pour la plupart investis dans leur mission avec foi, persuadés de pouvoir garder l'Algérie à la France en lui apportant justice et développement. D'où, à côté d'un rôle de renseignement et d'interdiction d'une zone géographique au FLN, l'organisation de cours, la construction de maisons ou de routes, l'ouverture d'infirmeries…

Il est intéressant de noter qu'il y eut quelques milliers de supplétifs d'origine européenne (neuf mille). Harkis, moghaznis ou membres des GMS, ils effectuaient le même travail que leurs homologues arabes ou berbères.

---

1. *Cf.* Yves Courrière, *La Guerre d'Algérie*, I, *Les Fils de la Toussaint*, Paris, Fayard, 1965.

Souvent issus d'un milieu modeste, ils trouvaient dans leur engagement comme harkis à la fois un emploi rémunéré, un moyen d'assurer leur sécurité et le sentiment de défendre l'Algérie française. Une association s'est récemment constituée pour réclamer leurs droits car ils sont exclus des mesures en faveur des anciens supplétifs et assimilés.[1]

À côté de toutes ces catégories de supplétifs rémunérés, il convient de signaler le cas des supplétifs bénévoles que furent les hommes des villages organisés en groupes d'autodéfense (GAD) armés par les militaires français avec des fusils de chasse et des grenades défensives.

La place des supplétifs durant la guerre

Pourquoi des supplétifs ?

L'intérêt pour la France de recourir à des forces supplétives indigènes était multiple :

1. D'abord profiter de la parfaite connaissance du terrain par les supplétifs dans leur région. Les combattants, moujahidines ou fellagha[2], peu nombreux, sans matériel lourd ni bases de repli sécurisées (sauf en Tunisie et au Maroc), agissaient principalement par embuscades rapides et par actes de terrorisme. Leurs atouts étaient la mobilité, la connaissance du terrain, l'aide spontanée ou sous contrainte de la population. Les harkis, notamment ceux faisant partie des commandos de chasse, se révélaient précieux pour retrouver caches et rebelles disséminés et dissimulés dans la nature. Paysans et chasseurs, leur région n'avait guère de secrets pour eux. De plus, parmi les harkis, trois mille étaient d'anciens de l'ALN[3] faits prisonniers et retournés ou ayant fui par refus des exactions qu'ils ont vu pratiquer contre les civils. Ceux-là connaissaient bien les habitudes et les façons d'agir des fellagha et ont pu ainsi contribuer efficacement à contrecarrer leur action.

2. Ensuite couper les fellagha de la population

Dans toute guerre subversive[4], et celle d'Algérie en était une, la population est le véritable enjeu. Par conviction ou par la violence, elle doit

---

1. Le 4 novembre 2002, Christian Migliaccio, ancien moghazni, et d'autres anciens supplétifs européens constituent l'Association nationale des supplétifs de souche européenne (ANSSE) dont un des buts est de « demander la parité des droits avec leurs homologues harkis sans condition d'ethnie ou de religion » (entretien avec A. Moumen).

2. Leurs partisans employaient les termes « moudjahidines » ou « maquisards ». Leurs adversaires recouraient à hors-la-loi ou fellagha.

3. Maurice Faivre, *Les Combattants musulmans de la guerre d'Algérie, des soldats sacrifiés,* Paris, L'Harmattan, 1995. En fait six mille ont abandonné l'ALN dont la moitié s'engagea dans les forces supplétives.

4. *Cf.* Guy Pervillé, « Guerre étrangère et guerre civile en Algérie, 1954-1962 », *in Relations internationales*, 1978, n° 14, p. 171-196.

prendre position, choisir un camp. Pour le FLN, le soutien de la population lui est indispensable pour légitimer son action mais il lui est également vital pour la survie physique de ses troupes combattantes. Celles-ci en effet ne bénéficient pas de la logistique d'une armée d'État. Peu nombreux et n'apparaissant que fugitivement et exceptionnellement le jour, les combattants d'ALN ont besoin, la nuit en général, de l'aide des villageois pour organiser des sabotages (destruction des ponts, de poteaux électriques, de vergers, etc.) et aussi pour être nourris et soignés. Pour priver le FLN de ce soutien, l'armée française eut recours à deux stratégies :

• d'une part, « vider » certaines zones de ses habitants, en déplaçant des populations vers des centres de regroupement, et en détruisant les villages. Le principe était simple et résumé ainsi par des militaires : « Les maquisards sont parmi la population comme des poissons dans l'eau ; vidons l'eau... » La mise en place du principe était moins simple car il n'était pas possible de vider toutes les campagnes et ces déracinements forcés étaient souvent mal vécus par les villageois.[1] De plus, lorsque le FLN infiltrait ces regroupements, son travail de propagande était facilité ;

• d'autre part, interdire à ceux montés au maquis l'accès aux villages par l'organisation de groupes d'autodéfense (GAD).

3. Contester la représentativité du FLN

L'engagement de musulmans contre les directives du FLN, par la multiplication des formations supplétives et par les prises de position de l'élite francisée, devait montrer qu'une partie de la population était avec la France, réfutant ainsi la prétention du FLN à être l'unique représentant de tous les musulmans d'Algérie.

4. Limiter le nombre d'appelés en Algérie

On sait qu'une partie de l'opinion française n'était pas favorable à l'envoi du contingent en Algérie. Des actions d'appelés, notamment dans les gares et les ports, entreprises ou soutenues par le Parti communiste, la CGT ou l'extrême gauche, avaient attiré l'attention des médias. Or ce type de guerre antiterroriste nécessite davantage des hommes que des avions ou des chars, en raison de l'obligation de quadriller le territoire pour rechercher des renseignements et traquer les rebelles dissimulés dans la nature ou au milieu des civils. Protéger villages, bâtiments et lieux publics contre des actes de terrorisme nécessitait également beaucoup de monde. Dans ces conditions, le recours aux supplétifs, en plus des avantages cités précédemment, contribuait à limiter le nombre d'appelés en Algérie.

---

1. *Cf.* Michel Cornaton, *Les Regroupements de la décolonisation en Algérie*, Paris, Éditions ouvrières, 1967. Des officiers de SAS ne partagent pas les critiques de Michel Cornaton, estimant que les villageois appréciaient d'être en sécurité dans ces regroupements proches de postes militaires.

Les engagements des musulmans en général et des supplétifs en particulier

Il est admis aujourd'hui que les motivations d'engagements ou plus encore les éléments déclencheurs furent multiples et variés, mais il est possible de les regrouper en quelques grandes catégories sans pouvoir préciser le pourcentage de chacune d'elles et en gardant à l'esprit qu'elles ne furent pas exclusives les unes des autres.

1. Engagements à la suite des exactions du FLN

Pour les supplétifs, c'est le motif qui revient le plus souvent. Pas ou peu connu au début des événements, pressé de s'imposer comme seul représentant du peuple algérien, le FLN choisit l'arme de la terreur. Le premier tract interdit d'emblée toute hésitation ou toute velléité de neutralité : « Se désintéresser de la lutte est un crime. » Un document trouvé sur le chef rebelle Youssef Zighout précise : « Le FLN mène la guerre sur deux fronts : contre l'autorité française en réclamant l'indépendance au nom du peuple algérien ; contre le peuple algérien, pour s'imposer à lui comme son représentant. »

L'arrivée au maquis de chefs locaux peu formés politiquement, marqués par une culture de clans, de rivalités ancestrales violentes entre familles ou villages, va favoriser les assassinats au moindre soupçon d'opposition au FLN, voire simplement pour l'exemple. Comme le note Mouloud Feraoun, « les suspects tombent au détour des chemins, à la descente des cars, à l'intérieurs des cars, dans les villages, les marchés, les villes. Ils tombent partout... En attendant qu'il donne la puissance aux fellagha, Dieu donne surtout la peur à tous les autres[1] ». Dans ce contexte, la majorité des harkis ou moghaznis le sont devenus pour fuir la terreur du FLN, pour se protéger et défendre leurs familles. Plusieurs milliers de harkis ont quitté le FLN et sont devenus harkis par refus des méthodes de certains chefs FLN, notamment les exactions contre des civils musulmans ou européens[2]. Cependant, cette réalité longtemps refusée par les historiens algériens ne doit pas pour autant laisser croire que les chefs de l'ALN ou du FLN étaient en majorité des brutes sanguinaires, ni que la violence n'était que le fait d'individus sans scrupules.[3]

---

1. Mouloud Feraoun, *Journal*, Paris, Le Seuil, 1962.

2. Mouloud Feraoun rapporte dans son *Journal, op. cit.*, combien des musulmans étaient révoltés par l'assassinat d'Européens estimés de la population, le FLN les visant prioritairement pour creuser ou élargir un fossé entre les deux communautés. « Après l'assassinat de M. Frapoli, aimé et respecté de tous, ce fut la rupture entre Français et Kabyles. [...] Je partageais la honte de mes compatriotes qu'on devait peut-être considérer comme collectivement responsables de ce crime. »

3. Les exactions du FLN ne peuvent s'expliquer comme l'avancent certains collègues par l'expression d'une « violence anthropologique», ce qui reviendrait à réduire mutilations et massacres à une sauvagerie culturelle et atavique. En revanche, une certaine apologie de la violence révolutionnaire par l'hagiographie du FLN n'est sans doute pas sans lien avec son retour dans la guerre civile actuelle entre GIA et armée algérienne.

La violence fut une stratégie décidée, diffusée et encouragée par le FLN à laquelle répondront d'autres formes de violences militaires (ratissages, bombardements, torture). Ainsi s'alimentait le cercle vicieux de l'horreur voulu par le FLN pour atteindre un « état de guerre » sans autre issue pour tous les Algériens que celle du slogan des moujahidines : « La victoire ou la mort ».

2. Engagements par solidarité familiale ou clanique

La famille maghrébine est marquée par la primauté du groupe sur l'individu et l'impérieux devoir de solidarité envers les siens[1] : d'abord ses parents et enfants, ensuite ceux portant le même nom, puis ceux de son village contre un autre village… Cette superposition de solidarités concentriques qui impose d'aider et de défendre la vie ou l'honneur des siens a favorisé les engagements de familles entières, voire de villages ou de tribus, lorsque ses membres avaient été assassinés ou lorsque le chef de famille, du village ou de la tribu, s'engageait contre le FLN.

3. Engagements par patriotisme ou par conviction politique

Il s'agit le plus souvent des membres de l'élite francisée (fonctionnaires, militaires de carrière, notables, musulmans tels que caïds) ou encore d'anciens combattants :

• les naturalisés, notamment, se considéraient français à part entière et souhaitaient le rester. Ils dissociaient la France et ses valeurs du gros colonat en Algérie ;

• les anciens combattants ne voulaient pas renier leurs combats passés et étaient convaincus de la supériorité militaire de la France. S'ils étaient une minorité, ces hommes étaient souvent influents dans leur famille et ont favorisé des engagements dans les forces supplétives ;

• d'autres ont été convaincus par l'action sociale des officiers de SAS, proches du terrain et persuadés que l'armée pouvait faire évoluer pacifiquement l'Algérie vers une égalité entre tous ses habitants ;

• d'autres encore, bien que conscients des inégalités en Algérie, voire militants ou sympathisants de Messali Hadj, étaient certains que l'autonomie puis l'indépendance étaient inéluctables par la démographie et le mouvement de décolonisation. Selon eux, elle pouvait être obtenue avec la France et non contre elle, sans recourir à une guerre civile.

4. Engagements économiques

Les conditions de vie extrêmement difficiles dans les campagnes algériennes, avec un fort taux de chômage, des terres souvent ingrates et insuffisantes pour nourrir correctement toutes les familles, ont pu inciter certains musulmans à s'engager comme supplétifs, notamment comme

---

1. *Cf.* Pierre Bourdieu, *Sociologie de l'Algérie*, Paris, PUF, « Que Sais-Je » ?, 2001.

moghaznis, au service des SAS. Mais si l'on ne saurait évacuer ce motif, il convient de le relativiser car il fut le plus rare[1] :

D'une part, la rétribution était très modique comparée aux risques encourus. Car en plus des risques au combat en cas d'embuscades ou d'accrochages avec l'ALN, risques connus et acceptés, il y avait ceux, réels, contre sa famille notamment, en dehors des combats.

Ensuite, beaucoup de musulmans étaient prêts à s'engager bénévolement[2], d'abord par souci de se protéger ou par désir de vengeance contre le FLN. Le succès des GAD le confirme.

Enfin, l'aspect survie économique, même lorsqu'il est présent, n'est presque jamais seul. Il se conjugue aux autres raisons évoquées.

5. Engagements forcés ou « sous la pression » de l'armée

Dans la logique de gagner à soi la population et de la couper du FLN, les directives de l'État-major recommandaient clairement aux officiers « d'inciter la population à se constituer en GAD et d'amener [les musulmans] à participer à la lutte contre les rebelles ». L'armée usa de tous les stratagèmes notamment avec son 5e bureau chargé de l'action psychologique : séances de propagande dans les villages (tracts, films), opérations de compromissions pour « mouiller » les musulmans – et les condamner – aux yeux du FLN. Ainsi, un général raconte comment il faisait le tour d'un village avec le chef ou les notables dans sa jeep, simplement pour les compromettre irrémédiablement, sachant qu'ils seraient dénoncés au FLN. Plus rares mais réels, des engagements ont été obtenus par la contrainte physique ou psychologique (menaces de représailles sur la famille).

Des engagements pour la France ou contre le FLN ?

La typologie des motivations les plus fréquentes d'engagements et surtout le contexte dans lequel ils se sont produits (guerre subversive, opposition MNA/FLN, solidarités claniques, pauvreté) permet d'analyser la loyauté des troupes supplétives, louée par leurs officiers mais mise en doute par le général Georges Buis. Ce dernier, colonel pendant le conflit et auteur d'un télégramme restreignant le rapatriement des harkis en 1962, déclarait en 2000 qu'il ne faisait pas confiance aux harkis dont la majorité selon lui « avait un pied dans la rébellion ».

Il est vrai que beaucoup d'anciens supplétifs n'étaient pas en leur for intérieur contre l'indépendance dont ils espéraient dignité, égalité et prospérité.

---

1. Cinq harkis sur la centaine interrogés avancent ce motif, mais nous sommes conscients que notre échantillon ne peut être généralisé car construit de façon aléatoire. Une étude plus large portant sur plus de 400 supplétifs menée par Aline Soufflet, Jean-Baptiste Willatte et Abderahmen Moumen fait apparaître un taux de 8 %. Mais ces chiffres ne peuvent être qu'un ordre de grandeur tant il est impossible de construire un échantillon statistiquement représentatif.

2. *Cf.* bachagha Boualem, *Mon pays la France*, Paris, France Empire, 1963.

328 La guerre d'Algérie

Certains ont d'abord milité au FLN, parfois pris le maquis avant de devenir harkis par refus des méthodes terroristes de chefs locaux du FLN qui ont tué, on le sait maintenant, plus de civils musulmans que de militaires français. Nombre de supplétifs ont conservé durant la guerre d'Algérie des relations avec des membres du FLN et de l'ALN soit par le réseau familial (des frères ou des cousins du côté indépendantiste, soit par le réseau amical. Néanmoins, quels que furent les raisons intimes ou les faits qui ont conduit ces hommes à se battre pour la France, ou tout au moins avec l'armée française[1], ils sont restés fidèles à leur engagement comme le prouve le très faible nombre de désertions.[2] Et le nombre de harkis tués montre qu'ils étaient bien au cœur des combats et non pas des « soldats d'opérette[3] ».

La fin des supplétifs

Le désarmement

De 1955 à 1959, les officiers qui commandaient des harkas ou des SAS étaient convaincus que, comme le déclarait Michel Debré, alors Premier ministre, « la France ne peut pas abandonner l'Algérie. La France ne doit pas l'abandonner et ne l'abandonnera pas ». Aussi, ils avaient relayé ces propos et ceux du général de Gaulle pour engager les musulmans. Lorsque, plus tard, certains doutent de l'issue du conflit, ils s'inquiètent du sort de ces hommes qui leur ont fait confiance. Le général Paul Ély écrit le 9 juillet 1960 : « Les cadres se sentiraient déshonorés s'ils devaient abandonner à la haine et aux représailles de la rébellion des hommes qui ont combattu sous nos drapeaux. » Le 6 septembre, le général de Gaulle se veut rassurant : « Qui peut croire que la France, sous le prétexte d'ailleurs fallacieux d'arrêter les meurtres, en viendrait à traiter avec les seuls insurgés […] ? À les bâtir comme étant la représentation unique de l'Algérie tout entière ? Bref, à admettre que le droit de la mitraillette l'emporte sur celui du suffrage ? »

Pourtant, moins de deux ans plus tard, c'est avec le seul FLN qu'il négociera l'avenir de l'Algérie, excluant messalistes, pieds-noirs et harkis. Dès avril 1961, le Général déclare sans ambages : « Il faut se débarrasser de ce magma d'auxiliaires qui n'a servi à rien. » Les actes suivront aussi abruptement : les officiers attachés à leurs SAS ou harkas sont rapidement mutés et remplacés pour faciliter le plan de désarmement des harkas[4] qui

---

1. *Cf.* Maurice Faivre, *Les Combattants musulmans*, *op. cit.*
2. Georges Buis, *in L'Histoire*, n° 40, janvier 1991.
3. Selon Charles de Gaulle cité par Georges Buis.
4. Lors du désarmement des harkas fin 1961 et début 1962, avant le 19 mars, la plupart des officiers de harkas ou de SAS n'étaient plus ceux qui les avaient créées et commandées selon le général Meyer. *Cf.* « Au mépris de la parole donnée », *Le Livre blanc de l'armée française en Algérie*, Paris, Contre-temps, 2002.

selon les cas est réalisé par force ou par ruse. « L'officier réunissait les harkis et leur tenait un discours pour capter leur attention. Pendant ce temps, des soldats se glissaient discrètement dans les bâtiments et récupéraient les culasses des fusils : le forfait commis, ils faisaient signe à l'officier qui concluait : "Vous êtes libres, vous pouvez rentrer chez vous" – et aussitôt quittait les lieux. Lorsque les harkis réalisaient la manœuvre humiliante, il était trop tard. Ne restaient que la colère, le mépris et l'inquiétude[1]. »

Les oubliés d'Évian

Les accords d'Évian étaient censés protéger les biens et les personnes, pour les pieds-noirs comme pour les musulmans qui avaient choisi le camp français. L'article X stipulait en effet : « Nul ne pourra faire l'objet de mesures de police ou de justice, de sanctions disciplinaires ou d'une discrimination quelconque en raison : d'opinions émises à l'occasion d'événements survenus en Algérie, avant le jour du scrutin d'autodétermination ; d'actes commis à l'occasion des mêmes événements avant le jour de la proclamation du cessez-le-feu[2]. » En réalité, les accords d'Évian ne furent appliqués que par la France. Le feu ne cessa que d'un côté. Ayant obtenu diplomatiquement une victoire perdue militairement, le FLN, consacré comme unique représentant des habitants de l'Algérie, se prépare à supprimer tous ses opposants, en premier lieu les harkis. Dès les premiers jours après le cessez-le-feu, des hommes et des femmes sont enlevés et assassinés. Des députés signalent à l'Assemblée nationale la situation préoccupante. La réponse est à l'opposé des attentes : le 11 avril, Louis Joxe, demande de « ne rapatrier que les personnes particulièrement menacées » et ce « en nombre très limité ». Bien qu'ayant risqué leur vie et celle de leurs proches pour avoir porté l'uniforme français, le ministre demandera de « vérifier leurs aptitudes physiques et morales ainsi que leur volonté de s'établir en métropole (*sic*) ».

Louis Joxe était persuadé que les harkis ne souhaiteraient pas rentrer massivement. Ce en quoi il n'avait pas complètement tort si les accords avaient été respectés. Mais dès novembre 1961 les préfets en Algérie avaient prévenu le ministre : selon eux, la seule protection réaliste serait le transfert en France, « toute garantie accordée ayant un caractère relatif et illusoire ». Et en effet, dès le mois d'avril, des harkis sont exécutés malgré les ordres cyniques du FLN qui demande à la population de patienter, de prêcher paix et pardon pour « retenir les harkis jusqu'à l'indépendance » et pouvoir alors librement leur « régler leur compte ». Ces messages interceptés étaient connus des gouvernants français ; pourtant le rapatriement de tous les Français musulmans menacés ne sera pas envisagé, livrant

---

1. Colonel Bernard Moinet, auteur de *Ahmed, connais pas*, Paris, Athanor, 1978.
2. Guy Pervillé, « Guerre d'Algérie : l'abandon des harkis », *L'Histoire*, n° 102, juillet-août 1987, p. 32.

littéralement toute une population sans défense à la fureur des vainqueurs pour qui tout musulman ayant servi la France était complice des corvées de bois, des ratonnades ou de séances de tortures, généralisées dans le discours du FLN. Il devait s'ensuivre un massacre sans nom.

Le massacre des harkis

Dès l'après-cessez-le-feu, nous l'avons dit, des Européens et des musulmans profrançais sont tués ou enlevés. Certains sont retrouvés morts, mutilés ; beaucoup disparaissent à jamais[1]. Mais du 19 mars à l'indépendance, afin de ne pas faire échouer le processus en marche, le FLN tempère les ardeurs vengeresses de ses militants et surtout des combattants de la vingt-cinquième heure venus voler au secours de la victoire. Il souhaite régler ses comptes librement à partir du 5 juillet. Divers tracts de cette époque insistent sur la duplicité du FLN qui veut convaincre les harkis qu'ils peuvent rester en Algérie sans risques[2] : « Il faut accepter tous les ralliements et mener une campagne auprès des harkis et des messalistes pour qu'ils se rallient. Ne pas les brusquer, ne pas leur reprocher ce qu'ils ont fait. L'organisation est seule compétente pour prendre des décisions... Car l'épuration elle aussi s'accentue. Les traîtres seront jugés et s'ils ne sont pas toujours exécutés sur-le-champ, ils n'échapperont pas longtemps au sort qui leur est réservé. Par le recensement, l'organisation s'attache à dresser un fichier général d'où seront extraits les noms des traîtres et des mauvais citoyens. »

Les massacres à grande échelle débutent en effet durant l'été 1962. Le récit du sous-préfet d'Akbou, signalé ou cité par plusieurs auteurs, rend mieux que quiconque l'ampleur et l'horreur inimaginables de ces massacres :

« Jusqu'au 27 juillet, l'ALN s'employa à rassurer les harkis et élus leur disant que le passé était totalement oublié et que la France dont ils étaient les premières victimes était seule responsable de leur action. [...] Soudain, du 27 juillet au 15 septembre 1962 environ, la répression s'abattait sans aucune cause locale particulière. Une cinquantaine d'ex-supplétifs ou de civils furent tués par l'ALN dans les villages les plus éloignés. Mais, surtout, sept cent cinquante personnes environ furent arrêtées et groupées dans trois "centres d'interrogatoire" ayant chacun juridiction sur le tiers de l'arrondissement, dont deux étaient situés sur mon territoire (Akourma-Azib) et le troisième à cent cinquante kilomètres de là dans une ferme d'Aïn Soltan près de Bordj-Bou-Arreridj (trois cent cinquante détenus). Tandis que, sur le territoire de cet arrondissement, trois cent cinquante harkis d'un arrondissement voisin furent en outre incarcérés puis "interrogés" et exécutés dans les mêmes conditions.

« Dans ces centres d'où l'on entendait loin à la ronde les hurlements des torturés, près de la moitié des détenus fut exécutés à raison de cinq à dix

1. *Cf.* Capitaine Léger, *Les Disparus*, Paris, Jacques Granger, 1991.
2. Archives départementales des Bouches-du-Rhône, 138 W 3 (dérogation).

chaque soir. L'emplacement des charniers situés à proximité des centres est connu. L'autre moitié fut relâchée de fin août au 15 septembre, date à laquelle les centres furent supprimés.

« Ces centres contenaient environ deux tiers d'ex-supplétifs et un tiers de civils (des maires, des conseillers généraux, des conseillers municipaux, des chefs de village, des anciens combattants et en plus ceux qui avaient été dénoncés, à tort ou à raison, librement ou sous la torture, comme ayant travaillé pour la France). Durant cette première purge, un conseiller général, dont le président du comité FLN m'avait dit à plusieurs reprises avant mon départ qu'il avait toute l'estime de la population, mais qu'il avait par conviction toujours pris position pour la France, a été arrêté le 1er août et enterré vivant, la tête dépassant et recouverte de miel, en compagnie de plusieurs autres détenus dans le camp d'Aïn Soltan près de Bordj-Bou-Arreridj, devant ses trois cent cinquante codétenus. Son agonie, le visage mangé par les abeilles et les mouches, dura cinq heures.

« À noter que durant cette période la population n'a participé aux supplices que de quelques dizaines de harkis promenés, habillés en femme, nez, oreilles et lèvres coupés, émasculés, enterrés vivants dans la chaux ou même dans le ciment, ou brûlés vifs à l'essence. Cependant, les supplices dans cette région n'atteignirent pas la cruauté de ceux d'un arrondissement voisin à quelque quinze kilomètres de là : harkis morts crucifiés sur des portes, nus sous le fouet en traînant des charrues, la musculature arrachée avec des tenailles. De même, dans cet arrondissement, ne furent pas signalés les massacres par l'ALN de femmes et d'enfants de harkis, ce qui fut fréquent dans les arrondissements voisins où des femmes furent aussi tuées pour le seul fait d'avoir reçu des soins dans des infirmeries militaires. […] »

En métropole le gouvernement n'ignore pas ces massacres. Les comptes rendus des débats à l'Assemblée nationale prouvent que des députés, certes rares, attirent l'attention des ministres sur le sort des harkis. Le gouvernement algérien sait aussi : l'ambassadeur de France a alerté le ministre algérien des Affaires étrangères sur « les graves préoccupations que lui cause le sort des anciens auxiliaires algériens de l'armée française [sic] » et il avait aussi exposé à Abderrahmane Farès « le cas particulièrement douloureux de ces hommes et de leurs familles. Près de deux mois se sont écoulés et l'on est obligé de constater que les violences n'ont pas cessé. Il ne se passe pas de jour, poursuit-il, que l'on ne relève en différents points du territoire algérien des arrestations, des tortures, des exécutions ». Aujourd'hui, des historiens ou des hommes politiques algériens expliquent ces « règlements de comptes » par la carence d'autorité des représentants du nouvel État en raison des luttes fratricides pour le pouvoir. L'anarchie régnant après l'indépendance a favorisé l'ampleur des massacres mais à l'évidence les autorités n'ont pas tenté de les arrêter. Comme le signalera plus tard le général de Brebisson dans une note adressée au ministre des

332 La guerre d'Algérie

Armées : « Le gouvernement algérien n'était pas inconscient de ce problème mais la plupart du temps il a encouragé ou laissé faire... »

Un rapatriement ni prévu ni voulu

Le général de Gaulle ne voulait pas que les anciens harkis viennent s'installer en France. Parce qu'il ne les considérait pas comme de vrais Français – « des Français, ces gens-là ! Avec leurs turbans et leurs djellabas ! » –, il craignait, évolution démographique aidant, une invasion menaçant la culture française. « Mon village s'appellerait Colombey-les-deux-Mosquées », lâche-t-il, rapporte Alain Peyrefitte.

D'où un plan officiel restrictif visant à ne rapatrier que des « personnes particulièrement menacées » et donc « en nombre limité », qui auront réussi à remplir des formalités administratives contraignantes.

Face à cette situation scandaleuse, des officiers de SAS décident de désobéir et de faire passer clandestinement en métropole des supplétifs et leurs familles pour les soustraire aux tueurs. La réplique de Louis Joxe le 12 mai est désormais connue. Par télégramme, il interdit tout rapatriement hors du plan officiel minimaliste, demande le renvoi des anciens supplétifs en Algérie et exige « des sanctions contre les complices de ces entreprises ». Réalisant sans doute le cynisme de sa note, il ajoute : « ... éviter de donner la moindre publicité à cette mesure qui pourrait être mal interprétée [sic] ». Ces ordres seront hélas mis en pratique. Des harkis arrivés clandestinement à Marseille et d'autres à Toulon seront renvoyés à Alger où ils seront assassinés sur le port[1] !

Le 13 juin arrivent à Marseille les premiers harkis rapatriés dans le cadre du plan officiel qui ne prévoyait de ne faire entrer en métropole que cinq mille personnes sur un effectif potentiel de deux cent soixante mille. Durant ce mois de juin, le corps d'armée d'Alger alerte le gouvernement sur les enlèvements, exécutions sommaires, travaux forcés. Mais le comité des affaires algériennes répond le 21 juin que l'armée ne doit « intervenir pour porter secours qu'en cas de légitime défense » et dès le 19 juillet le ministre des Armées, Pierre Messmer, demande l'arrêt des rapatriements de harkis sous le prétexte que « les capacités d'accueil des camps sont saturées[2] ». Près de quatre mille anciens supplétifs ont été emmenés en France, soit environ douze mille personnes avec leurs familles. Pourtant le pire était à venir. En août puis en septembre, profitant de l'anarchie régnant en Algérie, des luttes entre clans pour prendre le pouvoir, les combattants de la dernière heure qui veulent se dédouaner

---

1. *Cf.* le récit édifiant d'un témoin dans le courrier des lecteurs du *Figaro*, 25 sept. 2001.

2. Ce qui était vrai car le rapatriement n'avait pas été prévu : par exemple le camp du Larzac prévu pour quatre mille personnes en accueillera jusqu'à douze mille ! Mais était-ce une raison pour laisser des personnes se faire massacrer ?

de leur attentisme, voire de leur double jeu, vont se livrer à de véritables chasses aux sorcières. Les anciens supplétifs, élus, notables, anciens combattants sont arrêtés, torturés, suppliciés publiquement avant d'être achevés. Les plus chanceux sont emprisonnés et battus régulièrement jusqu'à ce qu'une délégation de la Croix-Rouge internationale parvienne parfois à les faire libérer. La suite du rapport du sous-préfet d'Akbou est éclairante :

« De fin octobre à début décembre, allait reprendre une nouvelle vague d'arrestations de ceux qui avaient déjà été détenus, puis libérés vers le 15 septembre. Enfin il n'était plus question de centres d'interrogatoires : l'ALN exécutait sommairement, seules les personnalités avaient encore l'honneur de supplices et de tortures.

« Deux autres maires qui depuis l'indépendance n'avaient jamais été inquiétés furent tués en octobre et novembre. Un autre qui avait toujours été considéré comme pro-FLN put, ainsi qu'un conseiller général de même tendance, s'échapper de justesse en France après avoir eu un fils tué. Un autre conseiller général, ex-membre de l'Assemblée algérienne, qui n'avait pas été inquiété jusque-là, fut abattu chez lui avec les autres hommes de sa famille, et toutes les femmes de la maison ont été emmenées par l'ALN et ont disparu.

« Dans chaque commune (groupant en moyenne treize villages et sept mille habitants), trente à cinquante personnes furent abattues – harkis ou moghaznis, chefs de village ou conseillers municipaux et jusqu'à des septuagénaires présidents de petites sections locales d'anciens combattants. Dans certaines communes, la totalité des harkis a été tuée ; dans d'autres, une vingtaine seulement. De spectaculaires et atroces suicides à la hache ou à la mort aux rats eurent lieu au moment des arrestations.

« Dans les petits villages, les exécutions avaient lieu sur place ou à cent mètres à l'écart à n'importe quelle heure du jour. Dans les chefs-lieux de commune, dès la tombée de la nuit, l'ALN venait chercher en jeep tel ou tel qui était exécuté un kilomètre plus loin. Du 1er au 3 novembre, à l'occasion de l'anniversaire de l'insurrection on estimait à soixante-dix environ le nombre de tués dans l'ensemble de l'arrondissement.

« Enfin eurent lieu des massacres généraux dans les villages qui avaient été les premiers à se rallier à la France en 1957. Ainsi arrivaient fin novembre 1962 à Marseille, convoyés par l'armée, cinquante rescapés, femmes et enfants d'un village d'un arrondissement voisin où tous les hommes avaient été tués. [...]

« La répression massive se termina fin 1962, début 1963. Cependant elle devait continuer de façon épisodique, au gré sans doute des cadres locaux et, à titre de diversion, à l'occasion des difficultés locales. »

Devant l'ampleur et la barbarie des massacres qui n'épargnèrent pas, en maints endroits, femmes, enfants et parents des anciens supplétifs, le Premier ministre Georges Pompidou demande le 19 septembre de reprendre « le transfert en France des anciens supplétifs menacés ». Malgré cela, de soixante mille à cent cinquante mille personnes selon les estimations seront tuées dans des conditions inimaginables : ébouillantées, enterrées vivants, lapidées... L'armée française était encore sur place[1]. Elle avait les moyens et le droit d'intervenir pour faire respecter les accords d'Évian et protéger ceux qui avaient choisi la France, et empêcher ainsi qu'ils fussent torturés et assassinés pour avoir porté son uniforme. Elle fut sommée de rester l'arme au pied, pour, selon Pierre Messmer, « ne pas prendre le risque de recommencer la guerre ». Aucun principe politique ou moral ne peut justifier une telle attitude : si le droit d'ingérence n'existait pas, les circonstances commandaient de l'inventer[2].

Les harkis depuis leur arrivée en métropole

Un « accueil » initial guère accueillant

Devant l'arrivée massive en métropole des pieds-noirs d'Algérie[3], essentiellement dans le sud-est de la France, le gouvernement doit faire face à une situation difficile pour reloger les harkis parvenus, malgré les mesures limitatives, à se réfugier en métropole. Pour ceux qui ont été rapatriés de façon clandestine[4] la situation à l'arrivée est encore plus délicate : tous les préfets ont l'obligation de s'opposer à l'implantation de harkis « qui n'auraient pas fait l'objet d'une décision de transfert de la part du haut-commissaire en Algérie avec l'accord du secrétariat d'État aux Rapatriés[5] ».

Dans ce contexte, des individus ou des associations s'ingénient à pallier la carence de l'État. L'exemple le plus connu est sans doute celui de l'Amicale de la demi-brigade des fusiliers-marins[6] (DBFM) qui est

---

1. Les derniers militaires quittent l'Algérie en juin 1964.

2. Dans une instruction secrète datée du 29 septembre 1962, Pierre Messmer rappelle au général commandant supérieur des forces armées françaises en Algérie que « la protection des populations européennes est l'élément principal de sa mission ». Les Français de souche nord-africaine ne sont pas évoqués dans cette longue note comme s'ils étaient redevenus... algériens ! Les Européens ne furent pas pour autant tous protégés et beaucoup – et pas seulement à Oran le 5 juillet – furent assassinés ou portés à jamais disparus après le cessez-le-feu.

3. D'avril à juillet 1962, près de cinq cent mille personnes quittent l'Algérie, soit l'équivalent en quatre mois de ce que le gouvernement prévoyait en quatre ans. Jean-Jacques Jordi, *1962 : L'Arrivée des pieds-noirs*, Paris, Autrement-série monde/Français d'ailleurs, peuple d'ici, hors série n° 81, février 1995, 139 p.

4. Beaucoup d'officiers de SAS mais aussi de la marine aidèrent à rapatrier clandestinement des supplétifs et leurs familles. *Cf.* Mohand Hamoumou, « Ces officiers qui ont sauvé l'honneur », dans *Le Figaro* du 25 septembre 2002, et le livre blanc de l'armée française, *op. cit.*

5. ADV 176 W 594, circulaire du 13 mai 1962.

6. Article Mohand Khellil et Jules Maurin, *Les Rapatriés d'Algérie en Languedoc-Roussillon : 1962-1992*, Actes du colloque international de Montpellier, 14-15-16 novembre 1991, université Paul-Valéry-Montpellier-III, 1992, 221 p.

déclarée en mars 1962[1] et qui, en octobre 1962, a secouru trois cent trente-quatre personnes (anciens harkis, épouses et enfants) dont deux cent cinquante-trois d'entre elles furent installées dans la région de Largentière (Ardèche)[2] et quatre-vingt-une personnes à Beaurières dans la Drôme[3]. À la fin de l'année 1964, l'association s'occupait de huit cent dix-huit anciens harkis de la DBFM et leurs familles, répartis dans toute la France[4]. D'autres associations ont permis le reclassement d'anciens supplétifs et de leurs familles comme l'Amicale des anciens personnels de la section administrative spéciale et de la commune de Sidi Ali Bounab[5] qui facilita l'installation de harkis dans le département du Tarn dans des propriétés que possédaient des membres du bureau. De nombreuses associations sont ainsi créées pour l'aide au reclassement des anciens supplétifs : Association nationale des anciens des affaires algériennes, le Comité national pour les musulmans français... Parallèlement, des initiatives individuelles contribuent à l'installation de familles de harkis.

Après une période d'opposition aux transferts clandestins de harkis, les autorités, confrontées à un afflux imprévu, mettent en place des structures spécifiques chargées de l'aide aux harkis[6] et créent des camps de transit.

Les camps de transit, ou le provisoire qui dure

Cette solution est censée être provisoire pour affronter une situation d'urgence. Six centres d'accueil sont mis en place : à Bias dans le Lot-et-Garonne, à Bourg-Lastic dans le Puy-de-Dôme, à La Rye dans la Vienne, au Larzac dans l'Aveyron, à Rivesaltes dans les Pyrénées-Orientales, à Saint-Maurice-l'Ardoise dans le Gard. Parce que le provisoire a duré créant une forme de ghetto, aujourd'hui encore, ces noms de camps font partie de la mémoire collective des anciens harkis et de leurs enfants.

---

1. Son président est alors Lucien Bonneau.
2. Les adultes devaient suivre des cours de formation professionnelle pour être employés en juillet 1963 dans une mine de plomb exploitée par la société Peñaroya. Le village installé à leur intention porte le nom de « Neuilly-Nemours ».
3. Les anciens harkis sont employés aux défrichements, coupes de bois et réfection des chemins vicinaux.
4. De nombreux travaux ont d'ailleurs été effectués sur le rôle de la DBFM dans le transfert des anciens harkis en France dont ceux de Christine Font, *L'Engagement des harkis à Largentière auprès de l'armée française*, DEA d'anthropologie, université de Montpellier, et « De Nemours à Largentière, une solidarité : le réseau des officiers de la DBFM » *in* J.-J. Jordi et E. Temime (s.d.), *Marseille et le choc de la décolonisation*, Edisud, 1996, p. 92-102. Et plus récemment avec l'excellent article de Patrick Boureille, « La contribution de la Marine nationale à l'évacuation des supplétifs et de la population européenne d'Algérie », *in Revue historique des armées*, n° 4, 2002, p. 51-68.
5. Association déclarée le 1er juin 1962. Elle est présidée par Michel de Plante, officier de réserve, ancien chef de SAS de Sidi-Bounab.
6. Succédant au secrétariat d'État aux Rapatriés, le ministère des Rapatriés apparaît en décembre 1962, dirigé par M. Missoffe.

L'exemple du camp de Saint-Maurice-l'Ardoise[1], ouvert le 29 octobre 1962, est éclairant. Il est situé à l'ouest d'Orange, à dix kilomètres de Bagnols-sur-Cèze et à vingt kilomètres d'Avignon. Il avait été mis à la disposition du ministère de l'Intérieur. Ce camp avait déjà hébergé des internés politiques[2] : des Espagnols de l'armée républicaine, des prisonniers « français d'origine musulmane » durant l'Occupation, des prisonniers de guerre allemands à la Libération, des Russes et des Polonais de l'armée d'Anders, des soldats malgaches, les prisonniers politiques du FLN (Front de libération nationale) et du MNA (Mouvement nationaliste algérien), les internés de l'OAS (Organisation armée secrète), puis les supplétifs algériens et leurs familles.

Ce centre d'accueil occupe une superficie d'une quinzaine d'hectares, entourée par des barbelés, et compte une quarantaine de bâtiments plus des baraques en préfabriqué. Prévu pour désengorger les camps du Larzac et de Bourg-Lastic saturés, Saint-Maurice-l'Ardoise ne devait être qu'un lieu de passage permettant une première orientation professionnelle. Prévu pour quatre cents personnes, il en accueille très vite près de six mille[3] ce qui conduit à réquisitionner le château de Lascours, situé à proximité immédiate.

Le camp faisant partie du domaine militaire, c'est l'armée qui l'administre. Parallèlement, le service des rapatriés a détaché une antenne chargée d'assurer le reclassement des harkis et le ministère de l'Éducation nationale a ouvert des classes pour permettre la scolarisation des enfants. En outre, une responsable féminine, avec l'aide d'équipes médico-sociales, s'occupe du service de santé du camp. Jusqu'à la fin de l'année 1963[4], ce service a procédé à deux mille hospitalisations, fait trois mille deux cents radios, et réussi à circonscrire mille vingt-cinq cas de maladies contagieuses. Ce bilan médical montre dans quel état les Français musulmans sont arrivés au camp. On enregistre aussi deux cent cinquante-cinq naissances et beaucoup de ces enfants grandiront dans le camp.

Les reclassements professionnels des anciens supplétifs n'étaient pas aisés compte tenu de leur faible qualification. Ainsi, un relevé portant sur onze cent trente cas révèle que 70 % d'entre eux se répartissent en quatre métiers[5] : manœuvres non spécialisés (20 %), travailleurs forestiers (19 %), métiers du bâtiment et travaux publics (14 %), agriculture (14 %). Cela

1. Abderahmen Moumen, « Les Français musulmans en Vaucluse. 1962-1991. Installation et difficultés d'intégration d'une communauté de rapatriés d'Algérie », p. 28-39. Il s'agit du camp, avec celui de Bias, qui est demeuré fonctionnel jusqu'en 1975.

2. Abd-El-Aziz Meliani, *La France honteuse : le drame des harkis*, Paris, Perrin, 1993, p. 127.

3. Archives départementales du Gard, bordereau du 7-1-1964, CA 1390. Chiffres obtenus par l'intermédiaire des 230 tableaux d'appel du camp de Saint-Maurice du 24 novembre 1962 (4 868 personnes) au 9 novembre 1963 (908 personnes) avec un maximum de 5 542 le 5 janvier 1963.

4. Le camp de transit de Saint-Maurice-l'Ardoise ferme officiellement le 1er décembre.

5. ADV 176 W 592.

explique sans doute la décision de créer des hameaux de forestage qui offraient plusieurs avantages : loger les familles tout en offrant un travail utile pour la collectivité et correspondant aux compétences des intéressés. Mais souvent construits à l'écart des villages, ces hameaux, en coupant trop longtemps les harkis des autres Français, devinrent, comme les camps de transit, des symboles d'une politique de relégation.

1962-1975 : les années de relégation

Les anciens harkis et leurs familles vont se répartir principalement dans quatre zones géographiques : le Nord et Paris, le Nord-Est, l'axe Lyon-Grenoble et la côte méditerranéenne. Si une partie d'entre eux parvient plus ou moins vite à se loger hors des structures d'accueil, évitant ainsi les effets néfastes de la relégation prolongée, des milliers d'autres resteront longtemps logés dans trois types de structures :

• les camps ou cités d'accueil dont deux vont subsister dans leurs organisations d'origine : ceux de Bias et de Saint-Maurice-l'Ardoise qui regroupent les chefs de famille âgés ou de familles nombreuses, les handicapés physiques ou les personnes démunies de ressources, jugées difficilement reclassables dans la société française ;

• des hameaux forestiers pour l'essentiel situés dans le sud-est de la France, dans les régions du Languedoc-Roussillon[1], de Provence-Alpes-Côte-d'Azur[2] et de Corse[3]. Selon les hameaux, ils se répartissent entre dix et quarante travailleurs forestiers et leurs familles, employés par l'Office national des forêts à l'aménagement et à la protection des forêts domaniales[4]. Progressivement, le nombre d'employés dans les hameaux forestiers diminue du fait de la disparition des chantiers : en 1973, il existait quarante chantiers pour un effectif de mille vingt-six employés ; en 1985, il en restait neuf qui regroupaient cent trente-quatre familles[5] ;

• dix-sept ensembles immobiliers urbains spécialement conçus et réservés pour les familles de harkis. À la fin de l'année 1966, deux mille quatre-vingt-neuf familles d'anciens supplétifs sont ainsi logées dans les ensembles

1. Pujol-de-Bosc 1 et 2 (Aude), Saint-Martin-les-Puits (Aude) ; Saint-Pons 1, 2 et 3, Avesne, Lodève 1 et 2 (Hérault) ; Mende (Lozère), Cassagnas (Lozère) et Rivesaltes.
2. Saint-André-les-Alpes et Sisteron dans les Basses-Alpes ; Rosans dans les Hautes-Alpes ; Mouans-Sartoux, Escarène, Roquesteron, Breuil-sur-Roya et Valbonne dans les Alpes-Maritimes ; La Roque-d'Anthéron, Fuveau, Jouques dans les Bouches-du-Rhône ; Aigue-Bonne, Collobrières, Bormes, Pignans, Saint-Maximin, Rians, Montmeyan, Gonfaron, Néoules, La Londe, Le Muy, Saint-Paul-en-Forêt, La Ciotat dans les Bouches-du-Rhône ; Sault, Apt, Cucuron et Pertuis dans le Vaucluse.
3. Deux hameaux à Casamozza et Zonza.
4. Pour de plus amples informations concernant la vie dans les hameaux, Abderahmen Moumen, *Les Français musulmans en Vaucluse. Installation et difficultés d'intégration d'une communauté de rapatriés d'Algérie 1962-1991*, Paris, L'Harmattan, 2003, 208 p. Deuxième partie : « 1965-1975. Entre ghetto et assistanat », p. 89-129.
5. ADV 1255 W 4.

de la Sonacotra. Au 31 décembre 1977, 26,4 % des habitants des ensembles familiaux de la Sonacotra sont des anciens harkis[1].

En fin de compte, nous pouvons estimer que parmi les 138 458 Français musulmans rapatriés recensés en 1968[2], ceux-ci se répartissent pour moitié entre une population intégrée au sein de la société française et une autre moitié plus ou moins assistée[3]. Cette population mise à l'écart[4] cumule les difficultés : à une faible qualification professionnelle des parents, l'État ajoute une scolarisation en vase clos des enfants et pour tous une coupure d'avec les autochtones qui rendait l'intégration presque impossible[5]. Ce sont les enfants ayant grandi dans les camps qui vont en 1975 faire découvrir aux Français une terrible facette de l'accueil des anciens harkis : la relégation dans de véritables « réserves indiennes[6] ».

1975-1991 : d'une révolte à l'autre, un malaise persistant

La révolte des habitants du camp de Bias le 7 mai 1975 suivie par celle du camp de Saint-Maurice-l'Ardoise le 19 mai a surpris notamment par sa propagation rapide à des hameaux de forestage et nombre de concentrations urbaines de Français musulmans. Pourtant, de multiples grèves de la faim à travers tout le territoire français[7] avaient auparavant tenté d'attirer l'attention, dont celle de M'Hamed Laradji, à Évreux d'abord, au début de l'année 1974, puis à l'église de la Madeleine à Paris en mars 1975.

Cette révolte est surtout le fait de jeunes, pour la plupart nés durant la période de la guerre d'Algérie. Ils suivent, dans ce mouvement, M'Hamed Laradji et son association qui devient représentative à un niveau national : la CFMRAA[8]. À l'occupation des camps s'ajoutent aussi des prises

---

1. ADV 1141 W 42.

2. Ce recensement ne fait pas la distinction entre anciens supplétifs, militaires de carrière, fonctionnaires, civils rapatriés et tous les Algériens de France qui ont pris la nationalité française dans les années 1960. Selon ce recensement 31 500 musulmans français sont installés en région parisienne, 16 500 en PACA, 14 000 en Rhône-Alpes, 11 500 en Languedoc-Roussillon, 11 500 en Alsace-Lorraine, 10 500 dans le Nord et 9 000 en Picardie-Champagne.

3. Soit par les structures précédemment citées, les pouvoirs publics ou enfin les associations.

4. En 1975, le nombre d'anciens harkis et leurs familles complètement assistés est estimé à environ 15 000 personnes avec les deux camps d'accueil à Bias et Saint-Maurice-l'Ardoise, soit environ 2 000 personnes, les ensembles immobiliers soit environ 8 000 personnes, et les trente hameaux forestiers soit environ 5 200 personnes.

5. Mohand Hamoumou, « La double faute des gouvernants » *in Guerre d'Algérie Magazine*, n° 4, 2002.

6. Expression tirée du rapport pour la Caisse nationale des allocations familiales d'Abi Samra et Finas, *Regroupement et dispersion, relégation, réseaux et territoires des Français musulmans*, rapport, mai 1987, 244 p.

7. C'est par exemple la grève de la faim dans l'église de la Madeleine à Paris en septembre 1974 effectuée par six Français musulmans anciens harkis ou fils d'anciens harkis.

8. Confédération des Français musulmans rapatriés d'Algérie et leurs amis.

d'otages[1]. Ces Français entièrement à part s'insurgent de leur déni d'existence depuis 1962 que reflète ce slogan scandé durant les manifestations : « Après la trahison, l'abandon ; après l'abandon, l'exil ; après l'exil, l'oubli. »

Face à cette situation insurrectionnelle de ces « rapatriés sans patrie », le Conseil des ministres du 6 août 1975 adopte des mesures d'urgence et à court terme[2] pour apaiser le mécontentement généralisé des Français musulmans. Les camps de regroupement de Bias[3] et de Saint-Maurice-l'Ardoise sont supprimés et démantelés ou détruits à la fin de l'année 1976. Malheureusement, à l'inverse d'une véritable politique à l'égard de ces rapatriés, les structures et autres organismes de suivi de cette population se succèdent les uns après les autres, preuve d'une incapacité à régler fondamentalement les difficultés des anciens harkis et de leurs enfants. Ainsi, au SFM[4] font suite les BIAC[5] en 1975, puis la Délégation nationale à l'action sociale éducative et culturelle en 1982, transformée rapidement par Raymond Courrière en ONASEC[6].

En 1981, vingt-huit mille cinq cents personnes, soit trois mille cinq cent soixante familles, vivent encore dans soixante-cinq zones à forte concentration (vingt-trois hameaux ou anciens hameaux de forestage et quarante-deux cités urbaines).

Cette situation figée aboutit à une nouvelle révolte. Durant l'été 1991, les enfants de harkis s'insurgent une nouvelle fois. Mais cette fois-ci, une grande partie de ces révoltés est constituée de jeunes nés en France, n'ayant connu ni la guerre d'Algérie ni le pays natal de leurs parents. C'est dans la cité des Oliviers à Narbonne que débute l'émeute pour s'étendre ensuite au reste de la France, surtout dans les villes et les concentrations de Français musulmans : Saint-Laurent-des-Arbres dans le Gard, Carcassonne, Jouques, Bias, Avignon, Amiens...

De 1991 à aujourd'hui : vers une résolution du « dossier harki » ?

Les années 1990 constituent en France un tournant dans ce « dossier des anciens harkis », et cela à divers titres : une prise en compte officielle de cette question par les pouvoirs publics plus visible, l'affirmation d'un nom et enfin une esquisse de reconnaissance historique.

---

1. Fonctionnaires de l'État ou immigrés algériens en réponse aux rétentions d'enfants de harkis en Algérie. En août 1975, après la retenue en Algérie d'un enfant de harki, le 5 août, des enfants de harkis prennent en otages quatre ouvriers algériens.
2. Les mesures sont de quatre types : indemnisations des biens perdus, logement, amélioration de l'habitat, formation professionnelle et emploi.
3. Celui-ci subsistera cependant jusque dans les années 1980, mais sous la forme d'un hameau. En outre, d'autres « milieux ségrégués » de ce type restent en place.
4. Service des Français musulmans.
5. Bureaux d'information, d'aides et de conseils pour les Français musulmans.
6. Office national de l'action sociale et éducative qui fermera suite à un scandale financier.

Les pouvoirs publics, du niveau local au niveau national, prennent doré-navant en compte cette spécificité au sein de la communauté française, d'une part par le poids électoral que les anciens supplétifs et leurs familles peuvent représenter pour certaines municipalités, ou lors des échéances électorales nationales, mais aussi par l'arrivée en politique d'une nouvelle génération d'hommes qui ont participé à la guerre d'Algérie, et sont par conséquent beaucoup plus sensibles à cette question. La loi n° 94-488 du 11 juin 1994 relative aux rapatriés anciens membres des formations supplé-tives et assimilés ou victimes de la captivité en Algérie et de leurs familles est une première reconnaissance officielle de cette histoire. Des mesures sont ainsi prises en faveur des anciens supplétifs dont la plus importante, financièrement est une allocation de cent dix mille francs complétant celle de la loi de 1987 (soixante mille francs) comme indemnisation forfaitaire des biens laissés en Algérie, la plupart ne pouvant fournir de titres de pro-priété en raison de la tradition orale ou des conditions de départ. D'autres aides, à l'accession à la propriété, à l'amélioration de la résidence princi-pale, à la résorption du surendettement immobilier, en faveur des conjoints survivants des anciens supplétifs, ou encore la reconnaissance du statut de victime de la captivité en Algérie, sont proposées. Néanmoins, cette loi ne satisfait pas pleinement les harkis et de multiples grèves de la faim et autres actions revendicatives jalonnent les années 1990[1].

En second lieu, on note que durant cette période le terme « harki », longtemps employé péjorativement par les uns ou dissimulé par les autres, s'affirme fièrement sur la place publique. Ce changement se fait essentiel-lement ressentir dans le mouvement associatif. Ainsi, alors qu'auparavant les associations portaient des noms en référence à leur double qualité : citoyenneté française et racines musulmanes, d'où les appellations de Français musulmans, les nouvelles associations, souvent dirigées par les enfants nés en France ou venus très jeunes d'Algérie, s'inscrivent directe-ment par rapport à l'histoire de leur père. Aujourd'hui, en analysant la toponymie des associations qui se créent ou transforment leur nom, on constate ainsi que le terme « harki » y figure toujours : AJIR (Association justice information réparation) pour les harkis, Fédération des familles de harkis des Bouches-du-Rhône, Collectif justice pour les harkis, Comité de liaison des harkis de Bias… pour ne citer que les plus importantes[2].

Enfin, s'ajoute à ce processus d'affirmation une médiatisation des anciens harkis plus intense ces dernières années[3], qu'il faut peut-être lier à la résurgence de la mémoire et de l'histoire de la guerre d'Algérie dans son

---

1. Grève de la faim d'Abdelkrim Klech, fils d'ancien harki, aux Invalides à Paris en 1997.

2. Abderahmen Moumen, « Les associations harkis. De la revendication sociale au combat pour la reconnaissance », *in Guerre d'Algérie Magazine*, n° 4, juillet-août 2002, p. 40-41.

3. Joris Fioriti, *Les Harkis dans l'actualité ; histoire d'une médiatisation récente*, Celsa, Paris-IV, Sorbonne, 2003, 42 p.

ensemble et chez tous les protagonistes de ce drame[1]. Des travaux universitaires sont effectués sur les anciens harkis et leurs familles. Depuis les années 1990, il y a ainsi au moins un mémoire de maîtrise par an qui est soutenu dans une université française sur les harkis.

Les années 2000 : la fin d'un tabou en France ?

En ce début de XXIe siècle, l'intégration sociale et politique des anciens harkis et de leurs enfants n'est pas achevée mais leur histoire a fini par sortir du carcan idéologique qui l'emprisonnait. Plus de quarante ans après la fin de la guerre d'Algérie et l'arrivée en France métropolitaine des harkis, malgré diverses mesures et la loi de 1994, malgré l'intégration sociale silencieuse d'une majorité de familles grâce à leurs efforts individuels, des problèmes demeurent en effet :

• les taux de chômage des enfants reste, en moyenne nationale, quatre fois plus élevé que pour les autres jeunes Français[2] ;

• l'indemnisation forfaitaire (cent soixante-dix mille francs) par famille, qui englobe réparation matérielle (maison, terrain) et morale (massacre de membres de leurs familles faute d'avoir fait respecter les accords d'Évian, relégation dans des structures d'exclusion, pas d'égalité des chances scolaires pour les enfants...) est jugée insuffisante[3] ;

• cette communauté de destin n'a pas d'instance représentative digne de ce nom[4] (comme le CRIF pour la communauté juive) ni de fondation, mémorial ou institution pour promouvoir la connaissance et la reconnaissance de cette composante de la nation française.

La persistance de cette situation est sans doute due au moins en partie à la faible capacité de mobilisation ou de possibilité de pression de cette population. Elle s'explique d'abord par le manque évident chez les anciens supplétifs de capital culturel, de capital social et de capital économique, qui ne leur a pas permis pendant longtemps d'écrire, d'entrer en politique ou de financer des associations de défense solides et indépendantes. Il y eut ensuite des restes de « culture de là-bas » exploités par les gouvernements successifs et leurs administrations. Les rivalités claniques, le clientélisme caïdal et la soif des honneurs ont trouvé à s'exprimer de façon

---

1. Benjamin Stora, *La Gangrène et l'Oubli*, Paris, La Découverte & Syros, 1991.

2. Soit 42 % selon Martine Aubry, ministre des Affaires sociales, déclaration à l'Assemblée nationale en 1998 (contre 11 % pour les autres jeunes Français).

3. Deux députés, Jean-Pierre Soisson (UMP) et Francis Vercamer (UDF) ont déposé des propositions de loi en 2002 et 2003, demandant une indemnisation complémentaire de 50 000 euros (328 000 F) par supplétif rapatrié (soit environ 15 000) et 31 000 euros (203 000 F) pour les enfants nés en Algérie, ayant de ce fait subi le traumatisme du déracinement et de l'accueil dans les camps.

4. Ne peuvent être considérées comme instance représentative les commissions épisodiques car leurs membres sont choisis par le pouvoir et non élus ou désignés par l'ensemble des associations.

néfaste dans la prolifération des associations[1]. En réalité, les associations qui aujourd'hui rassemblent plus d'un millier d'adhérents se comptent sur les doigts d'une main. Vieillesse, déception et résignation ou intégration aidant, le combat cessera bientôt faute de combattants. Pour autant, ces associations auront permis de sensibiliser l'opinion publique, d'obliger à briser le silence, aidées par des publications de plus en plus nombreuses.

Jean Lacouture reconnaissait en 1991 : « Cent mille personnes sont mortes par notre faute. Un massacre honteux pour la France comme pour l'Algérie. Le déshonneur est trop lourd à porter. » Il concluait : « Ce tabou-là n'est pas près d'être levé[2]. » Pourtant, en France au moins, le tabou a été levé ces dernières années. En 1994, mon livre publié chez Fayard[3], avec une préface remarquée de Dominique Schnapper, a suscité de très nombreux articles et émissions de radio. Dans les années qui suivirent, d'autres livres furent publiés[4] : celui d'Azziz Méliani, militaire de carrière, fils d'un ancien caïd assassiné par le FLN, et les travaux documentés du général Maurice Faivre qui eut accès à certaines archives militaires. Benjamin Stora, Guy Pervillé et Jean Monneret, notamment, ont également apporté des contributions importantes sur les harkis ces dernières années[5].

Mais la concrétisation la plus visible de la levée du tabou fut sans conteste l'hommage national aux harkis décidé en février 2001 par le président de la République et le gouvernement, et fixé au 25 septembre 2001. Ce jour-là, le président Jacques Chirac, dans le cadre solennel des Invalides d'abord, à l'Élysée ensuite, a reconnu officiellement « la dette d'honneur de la France à l'égard des harkis » ainsi que la « barbarie » dont ils furent victimes après le 19 mars 1962. Le président alla jusqu'à esquisser une reconnaissance de responsabilité : « La France, déclara-t-il, n'a pas su sauver ses enfants. » Le discours du président Chirac fut repris dans toutes les préfectures et la médiatisation de cet hommage permit de faire connaître à l'opinion publique l'abandon des harkis par l'État français de 1962, renforçant la campagne de presse d'août et septembre 2001 lors des dépôts de plaintes par des associations d'anciens harkis « contre

---

1. Plus de 540 ont été recensées en 2000 !
2. Jean Lacouture, entretien à *Télérama*, 13 sept. 1991.
3. Mohand Hamoumou, *Et ils sont devenus harkis*, préface de Dominique Schnapper, Paris, Fayard, 1994, ouvrage tiré d'une thèse de doctorat à l'EHESS sous la direction de Lucette Valensi (thèse soutenue en juin 1989).
4. Le livre de Michel Roux, *Les Oubliés de l'Histoire*, Paris, La Découverte, retiré de la vente pour plagiat, offrait une compilation intéressante sur les politiques de relégation des rescapés en France. Azziz Méliani, *Le Drame des harkis*, Perrin, 1993.
5. Benjamin Stora, *La Gangrène et l'Oubli*, Paris, La Découverte & Syros, 2ᵉ édition 1998. Jean Monneret, *La Phase finale de la guerre d'Algérie*, Paris, L'Harmattan, 2000. Maurice Faivre, *Les Archives secrètes de la guerre d'Algérie*, Paris, L'Harmattan, 2000. Guy Pervillé, *Pour une histoire de la guerre d'Algérie*, Picard, 2002.
Il faut également signaler de nombreux mémoires universitaires de qualité et des témoignages ou essais d'enfants d'anciens harkis en 2002-2003.

la France[1] » pour crimes contre l'humanité (abandon criminel des harkis). Ces procès n'ont pas abouti juridiquement car le crime contre l'humanité qui a l'avantage d'être imprescriptible (et donc de passer outre les lois d'amnistie) nécessite de prouver l'existence « d'un plan concerté » pour éliminer toute une population. Mais ils ont eu le mérite de réveiller les consciences. Jean Daniel demanda, dans les colonnes du *Figaro*, « pardon aux harkis », pour n'avoir pas exposé plus tôt la vérité sur leur histoire, et Germaine Tillion, figure emblématique de la Résistance et grande connaisseuse de l'Algérie, écrivait en 2003 dans *La Croix* que « harkis et résistants vont bien ensemble ».

La fin de ce tabou en France sur l'histoire des anciens harkis s'explique sans doute par toute une conjonction de faits. Tout d'abord, les harkis et leurs enfants peuvent exprimer leurs protestations. Les anciens paysans, peu ou pas scolarisés pour la plupart, ne possédaient pas les armes culturelles ni n'avaient comme premier souci de lutter contre la déformation de leur histoire. Leur priorité était de s'adapter, d'élever leurs enfants. Ces derniers par la suite, soit par des révoltes (grèves de la faim, prises d'otages, manifestations) dans les lieux de relégation (camps, cités), soit par des écrits émanant de leur élite scolaire, ont réussi à briser le silence.

S'ajoutent la disparition de la scène publique ou la mort d'un certain nombre de responsables de l'abandon des harkis, ministres du général ou officiers généraux tels le général Katz ou le général Georges Buis, qui s'opposaient au dévoilement de certains faits mettant en cause leur responsabilité.

En outre, une nouvelle génération d'historiens, qui n'a pas vécu ce conflit, pose un regard plus critique, moins militant, sur les faits. Elle est aidée dans son travail de révision par l'accès à certaines archives.

Enfin, la situation en Algérie depuis 1992 montre du FLN des traits que leurs amis n'avaient pas voulu voir. « L'aveuglement d'une bonne partie des élites françaises sur la véritable nature du pouvoir algérien depuis l'indépendance », dénoncé par François Gèze des éditions La Découverte, n'est plus possible. Les généraux ont confisqué le pouvoir et les richesses, et entendent les conserver. Les Algériens sont de plus en plus nombreux à dénoncer ouvertement le régime et cherchent à le fuir en demandant l'asile à l'ex-colonisateur. Beaucoup demandent même la nationalité française, démontrant ainsi la déception des Algériens à l'égard du FLN d'aujourd'hui, alors que celui d'hier les avait pourtant fait rêver en obtenant l'indépendance, en leur redonnant un sentiment de dignité recouvrée, et en lançant des programmes ambitieux de développement dont celui de la scolarisation de masse qui n'avait pas été faite durant la période coloniale. L'effondrement de la légitimité politique du

---

1. Selon les termes repris par les médias français et algériens. En fait, il s'agit d'une plainte contre X. Boussad Azni, *Harkis, crime d'État*, Paris, Ramsay, 2002.

FLN[1], depuis la répression du Printemps kabyle en 1980 puis des émeutes d'octobre 1988 et le refus du verdict des urnes en 1992, facilite, comme le souligne Benjamin Stora, la reconnaissance par la société[2] de la « mémoire harkie », qui avait épisodiquement tenté mais sans grand succès de se faire entendre.

Tout se passe enfin comme si l'horreur des massacres de familles entières par des islamistes selon les autorités algériennes, attribués au moins en partie à la « mafia des généraux »[3] selon des auteurs algériens[4], rendait plus vraisemblables l'ampleur et l'horreur des massacres de harkis en 1962.

Ces massacres ne sont pas encore reconnus officiellement en Algérie, entravant un travail de vérité historique et d'apaisement. Comme le suggérait Lucette Valensi, ces massacres de civils après le cessez-le-feu avaient sans doute, consciemment ou non, pour fonction d'éviter toute tentative de réconciliation et donc de confrontation et d'explication. Des Algériens reconnaissent aujourd'hui en privé que si les harkis continuent à être utilisés comme boucs émissaires par le pouvoir en place c'est sans doute aussi parce que la libre circulation et la libre parole des harkis en Algérie remettraient en cause l'héroïsme de certains notables algériens d'aujourd'hui dont certains harkis ont connu, pendant la guerre, l'attentisme prudent ou le double jeu avec l'armée française.

Mais les vérités que l'on tait deviennent vénéneuses, disait Nietzsche. Alors faut-il empoisonner encore longtemps la mémoire algérienne et donc l'avenir des relations entre la France et l'Algérie de demain ? Cinquante ans après le début de cette guerre, le temps est venu d'écrire et de lire cette page sombre de l'histoire franco-algérienne. Pour enfin la tourner sans la déchirer.

1. Le FLN évoqué ici est en fait réduit et assimilé aux dirigeants du parti unique, accusés d'avoir trahi les idéaux révolutionnaires et confisqué le pouvoir ; c'est un FLN dans lequel ne se reconnaissent plus les combattants idéalistes des premiers jours.

2. Benjamin Stora, « Accepter le côté sombre de l'Histoire », in *Politis*, 14 mars 2002.

3. Hichem Aboud, *La Mafia des généraux*, Paris, Jean-Claude Lattès, 2002.

4. Nesroulah Yous, *Qui a tué à Bentalha ?* Paris, La Découverte, 2000. Abed Charef, *Autopsie d'un massacre*, Éditions de l'Aube, 1998. Habib Souaïdia, *La Sale Guerre*, Paris, La Découverte & Syros, 2001.

TROISIÈME PARTIE

VIOLENCES

Violence(s)

par Omar Carlier

Il n'y a pas de gène de la violence. À supposer qu'un tel déterminisme biologique existe, on ne voit pas pourquoi il se serait fixé sur la seule population du Maghreb central, épargnant par miracle les pays voisins et les autres nations. L'Algérien, si tant est qu'on puisse jamais réduire la diversité humaine à l'unité, n'est pas violent par nature. Mais comme la violence est là, en Algérie, phénoménologiquement impressionnante, récurrente, multiforme, depuis plus de dix ans, et comme l'opinion française, plus particulièrement, y est beaucoup plus sensible qu'à celle qui affecte tant d'autres régions pourtant bien plus meurtrières (Guatemala, Sierra Leone, Soudan, etc.), beaucoup sont tentés, notamment dans les médias, de trouver l'explication dans la culture, réduite à quelques mots magiques : tribu, arabe, islam. Les Algériens eux-mêmes ne sont pas à l'abri de lectures culturalistes réintroduisant sans le savoir un discours colonialiste ou orientaliste pourtant fustigé depuis des lustres par la critique nationaliste ou islamiste, elle-même saturée de clichés.

Ce n'est pas à dire que la référence religieuse doive être écartée, pas plus que la prégnance éventuelle de manières ancestrales de tuer et punir. Mais l'une et l'autre sont justiciables, comme partout ailleurs, d'une anthropologie sociale et culturelle à situer dans l'histoire d'un pays donné à une époque donnée. L'Église d'Espagne a naguère pratiqué l'Inquisition. Plus récemment, elle a largement prêté son discours et ses symboles à la répression franquiste, et même sanctifié son action. Au même moment, le marquage de l'ennemi ou du rival à l'arme blanche faisait encore l'ordinaire de la violence rurale dans une bonne partie de l'Europe. Que l'islam politique radical, comme le nationalisme insurrectionnel avant lui, sinon au même degré, ait à la fois intériorisé et manipulé l'une et l'autre ne doit pas faire oublier que nazisme et stalinisme ont eux aussi combiné à leur manière archaïsme et modernité. Faut-il souligner la fixation obsessionnelle plus marquée du monde musulman contemporain sur le statut des femmes ? Gardons à l'esprit la vision négative du beau sexe dans la tradition monothéiste, qui n'est levée que depuis peu, et pas complètement. Faut-il évoquer le puritanisme malékite, et pas seulement ibadite ? N'oublions pas la sexualité festive et les pratiques séculaires de la courtisanerie bien antérieures au cliché colonial sur la danseuse Ouled Naïl. Quant à la contrainte exercée sur les femmes et leur corps au nom de l'honneur, théorisée naguère par Germaine Tillion, celle-ci renvoyait elle-même sa forme maghrébine à un schème méditerranéen que d'autres anthropologues ont proposé d'étendre à d'autres sociétés, comme modalité parmi d'autres d'une forme plus générale de la domination masculine[1].

De la phénoménologie de la violence à ses raisons, dans l'Algérie contemporaine, on est fondé néanmoins à chercher bien d'autres dimensions explicatives, sans en privilégier a priori aucune. Comment évacuer le couple économie et société quand il s'agit des paysans faméliques d'hier, ou des jeunes désœuvrés d'Alger qui aujourd'hui « tiennent les murs » ? L'expropriation, la paupérisation, la désocialisation ont évidemment leur part dans les insurrections du passé comme dans la guerre d'Indépendance. Plus près de nous, la dérive émeutière puis terroriste n'est-elle pas fille de la crise économique et du chômage, sans qu'il soit besoin d'invoquer de prétendues « émeutes de la faim » ? De la crise des années 1930 à celle des années 1980, la pression démographique, qui est précisément à son maximum durant ce demi-siècle, n'est-elle pas un facteur aggravant considérable ? L'usure des solidarités primordiales, gentilices, confrériques, citadines, s'en trouve aggravée, sans réponse efficace au risque d'anomie. Comme en surplomb de ces bouleversements sociaux majeurs, mais à leur principe de départ, à bien des égards, le pouvoir politique, ou la force principale qui le conteste, est au principe de la violence qu'il prétend non seulement contrôler mais annihiler. La domination sans fard traverse la longue durée d'un régime militaire à un autre, du temps des colons à la seule ombre du gouvernement chari'ique, exercée par des appareils presciptifs et répressifs contrôlés par l'État, colonial hier, national aujourd'hui, éventuellement islamiste demain. En référence à des valeurs suprêmes, démocratie, socialisme, islam, des idéologies de masse propres à la société contemporaine enferment les hommes dans un mixte de croyance et de peur, justifiant le mal absolu exercé au nom d'un principe supérieur, la race, la classe, la nation, Dieu. Reste l'économie psychique de la violence, puisque la passion, le désir, le meurtre sont au cœur de l'*Homo violens*, celui de la Bible et de Shakespeare, mais aussi de Georges Mossé et de Stanley Milgram. La « folie », le « bruit et la fureur » menacent l'homme au plus proche comme au plus loin de son lien, par le meurtre freudien du père et du frère, ou la terreur méthodique du plus froid des monstres froids, l'État hégélien.

C'est dans l'interaction de toutes ces formes expressives et de toutes ces dimensions causales qu'il faut saisir l'économie générale des violences en Algérie, leur interdépendance explicite ou souterraine, leur condensation

---

1. *Le Harem et les Cousins*, Paris, Le Seuil, 1970.

paroxystique à divers moments d'ajustements critiques entre logique sociale, formule politique et régime d'historicité, quitte à les présenter d'abord séparément, pour les besoins de l'analyse.

Guerres coloniales et guerres mondiales, révolution et guerres civiles

Un mot essentiel, la guerre, n'a pas encore été prononcé. C'est pourtant par ce qu'il désigne qu'il nous faut commencer[1]. S'il est une forme majeure et paroxystique de la violence, qui d'une certaine façon contient et « libère » toutes les autres, c'est bien elle. La guerre remontant très haut dans le processus d'hominisation, on n'est pas étonné de la voir très tôt à l'œuvre au Maghreb central, représentée déjà sur les gravures rupestres, bien avant le conflit rentre Rome et Carthage, la résistance des Numides aux légions des Césars. Rien pourtant, à cet égard, ne distingue fondamentalement la future Algérie des autres régions du monde méditerranéen, ou de civilisations plus lointaines. Il en va tout autrement à l'époque contemporaine (XIXe-XXe). Alors et alors seulement, au regard des autres pays du Maghreb, et de l'ensemble du monde arabo-musulman, sinon du tiersmonde, la guerre contribue à singulariser ce pays comme tel. De 1830 à aujourd'hui, ce dernier aura connu au moins l'une de ses formes une année sur trois. En moins de deux siècles, l'Algérie aura eu à subir en effet trois grandes sortes de guerres, coloniales, mondiales et civiles, dont une au moins sous le label révolutionnaire. Et ce à une échelle de durée et d'intensité inconnue de ses homologues, sur l'ensemble de la séquence historique.

Le Maghreb et la longue durée

N'oublions pas pour autant les traces de la longue durée. Celles d'une province ou d'un État aux marches de trois empires, romain, arabe et ottoman, sans cesse occupés à stabiliser leurs frontières intérieures et extérieures. Celles d'une société agro-pastorale et nomade constitutionnellement équipée pour le *rezzou* et la guerre. La conquête arabe, après l'échec byzantin et vandale, puis l'islamisation de l'Afrique septentrionale, qui réunifient culturellement le Maghreb, nonobstant la résilience berbère, ne mettent pas fin aux luttes segmentaires ni aux rivalités entre maisons royales, invariablement ponctuées de vastes campagnes et de longs sièges. Trois siècles d'une domination ottomane amorcée sur la mer par Soliman, au temps de Charles Quint, ne font disparaître ni les unes ni les autres, même à Tunis, malgré l'autochtonisation des beys, et le poids d'une citadinité plus forte. La barrière atlasienne ne transforme pas davantage le Maroc saadien puis alaouite en un havre de

---

1. Même s'il importe grandement de donner à voir, en d'autres chapitres, une autre Algérie, ludique et pacifique, ouverte et consensuelle.

paix. Pour les montagnards sédentaires, les transhumants des hauts plateaux, les grands nomades sahariens, la guerre est d'ailleurs une activité noble qui, en concurrence et en partage avec les lignages saints, *chérifs* et marabouts, arbitres de leurs conflits, et sous le contrôle des doctes, les gens du *'ilm* (oulémas), sélectionne ceux qui ont vocation à gouverner : familles des dynasties ascendantes et chefferies locales. Et ce à toutes les échelles du conflit, depuis le *feud* intertribal jusqu'à la guerre entre États, depuis l'oued Sousse, sur l'Atlantique, jusqu'au rivage des Syrtes, en Méditerranée. Elle est aussi un métier, pour les janissaires anatoliens, la garde noire du sultan, les Zouaoua de Kabylie, une ressource occasionnelle pour les surnuméraires du monde rural que le troupeau ou la parcelle ne font plus vivre, une obligation pour tout homme valide, quand le groupe gentilice, la dynastie régnante ou l'islam lui-même sont menacés.

Faut-il insister sur la guerre sainte ? L'islam n'en a pas le monopole. C'est dans le conflit au long cours avec la chrétienté, dans l'espace agonistique commun à l'Occident monothéiste, qu'il convient de replacer la dialectique de la *cruzada* et du *djihad*, le lien entre Saint Louis et Saladin. Dans la chanson de geste de vieille tradition arabe, encore très vivace dans le monde rural algérien des années 1930, tout ne se ramène pas au combat pour la foi, qu'il s'agisse d'Antar, le poète cavalier des *mouallaqat*, poésie amoureuse de l'anté-islam, ou des Benou Hilal, Bédouins envahisseurs du Maghreb, au XIXe siècle, bien après la conquête musulmane, dont l'épopée est totalement détachée du djihad. Quant aux jeunes nationalistes des villes, lecteurs directs ou indirects de l'historiographie jacobine (et de Charles-André Julien), ils commencent tout juste à s'inventer, au même moment, une histoire nationale remontant à Massinissa et Jugurtha, qui intègre les combattants ultérieurs de l'islam dans une geste résistancielle dont les grands textes politiques de l'Algérie indépendante donneront longtemps l'expression « canonique ». Il reste qu'il y a bien aussi à l'œuvre, actif, puissant, sans cesse reformulé et contextualisé, un imaginaire de l'islam combattant. Mohammed est un prophète armé, Sidi Okba le héros d'un Maghreb conquis à et par l'islam. Mobilisé hier contre l'étranger et l'infidèle, cet imaginaire l'est encore dès 1962 contre un pouvoir national qui a pourtant fait de l'islam la religion de l'État. La figure du moudjahid, combattant de la foi, même laïcisée, inséparable de celle du *chahīd*, mort en martyr, informe encore la conflictualité politique algérienne la plus récente et constitue une ressource et un enjeu symbolique essentiels[1].

Les guerres coloniales

Si la guerre fabrique des héros et invente des symboles, elle est d'abord une violence en acte, et une puissante force sociale. Or les choses changent radicalement sur ce point à partir de 1830. Certes, le nouveau conquérant

---

1. Omar Carlier, « Le Moudjahid, mort ou vif », colloque Paris-VII-EHESS sur *La Mémoire de la guerre d'Algérie*, à paraître chez Bouchène.

semble reprendre à son compte le système turc de contrôle du pays par les postes militaires, les tribus relais, les grandes familles, quitte à devoir attendre le tournant du siècle pour récupérer à son profit, pour peu de temps en somme, et jamais complètement, des réseaux confrériques finalement débordés, un siècle après la conquête, par une nouvelle puissance religieuse, l'Association des oulémas. Mais tout est différent. Le nouveau maître est étranger au pays, et étranger à l'islam. Bien que diminué, il possède encore une des meilleures armées du monde. Et il est autrement plus dur que le dey d'Alger ou les beys de province. Certes, les Turcs coupaient des têtes et des arbres, razziaient les tribus les plus récalcitrantes, brûlaient parfois tel village pour l'exemple, et peut-être pratiquaient les enfumades, pour réduire la dissidence. Les généraux de la conquête, oubliant plus aisément hors d'Europe les lois de la guerre, pratiquent la terre brûlée à une autre échelle. Ils sont aussi et surtout le bras armé d'une formation sociale nouvelle, la société industrielle, déjà éclose en Grande-Bretagne, tout juste lancée en France, que Méhémet Ali tente de faire naître au Caire. L'Algérie moderne va se faire sous le choc et sous le joug, à l'entrée de l'ère coloniale, comme aucun autre pays arabo-musulman – « par le fer et la charrue » dira Bugeaud – à l'amorce d'un mode de domination global et séculaire sans équivalent dans cette aire culturelle. Elle va aussi se défaire et se refaire, à la fin de cette ère coloniale, par une guerre d'Indépendance exceptionnellement longue, cruelle et meurtrière. L'armée de Bugeaud avait mobilisé jusqu'à cent cinq mille hommes en 1848. Celle de Salan et Challe en compterait plus de cinq cent mille, après le retour de De Gaulle.

Dans les deux cas, le coût humain a été très lourd, en vies humaines, en destructions économiques, sociales et culturelles, en souffrance psychique, même si le conflit a pu servir de levier à des refondations ultérieures. Après une guerre de conquête échelonnée sur vingt-sept ans, et déplacée sur plusieurs fronts, après la famine de 1867 et l'insurrection de 1871, on s'interroge même sur la survie du peuple autochtone. La reprise démographique n'est visible qu'en 1880, cinquante ans après la prise d'Alger. On passe de nouveau le cap des trois millions d'habitants. À l'issue de la guerre d'Indépendance, trois cent mille jeunes hommes environ, pour une population de huit millions d'habitants, auront perdu la vie au combat[1]. Deux millions de personnes, soit un quart de la population, ont été assignées à résidence, dans des camps et des villages de regroupement, des dizaines de milliers de suspects ont été interrogés et brutalisés, des milliers d'autres sont morts sous la torture ou ont été portés disparus. Dans les deux cas aussi, le conflit a pesé durablement sur la mémoire des hommes, conditionnant les

---

1. Dont plusieurs milliers de collégiens, lycéens et étudiants des deux langues qui manqueront cruellement au pays à l'indépendance. Aux pertes militaires, il faut ajouter les pertes civiles de toutes sortes, directes ou indirectes (exécutions sommaires, camps d'internement et de regroupement, infantiles et adultes), portant sans doute la saignée à près de cinq cent mille personnes.

représentations et les comportements collectifs ultérieurs. En 1920, les plus âgées des conteuses évoquent encore, tenant ces récits de leurs mères, les enfumades des Français, les exactions de Bugeaud, les terres ancestrales prises par les colons. Certes, au même moment, la peur s'estompe, l'espérance renaît, qui fait rêver de nouveau à la revanche des vaincus, au départ des étrangers, au retour de l'islam. Un homme incarne cette espérance, une génération avant Messali, l'émir Khaled, petit-fils d'Abd el-Kader, qui assure la transition avec les formes modernes de lutte politique. Mais le traumatisme initial a traversé les générations et habité les hommes de 1954 qui sont entrés avec lui dans la voie insurrectionnelle, ont provoqué la guerre, pour « reprendre par la force ce qui avait été perdu par la force ». D'autres pays maghrébins et arabo-musulmans ont connu la domination étrangère et la guerre coloniale. Il a fallu vingt-quatre ans pour pacifier le Maroc (1912-1936), et Abd el-Krim, dans le Rif, a tenu tête pendant quatre ans aux forces espagnoles et françaises coalisées. On ne trouve rien de comparable, toutefois, à l'heure de la décolonisation, entre la fin des protectorats et celle de l'Algérie française[1]. Le Front de libération nationale (FLN), il est vrai, plus qu'aucun autre mouvement indépendantiste, a fait le choix des armes, pratiqué le terrorisme, et même torturé les siens. Si les moyens de la lutte peuvent desservir et parfois ruiner les plus justes causes, il reste que c'est l'Algérie qui était colonisée, pas la France. C'est Paris qui, depuis 1948, a validé les élections truquées, bloquant toute solution politique raisonnable à la fin d'un régime colonial dont la majorité des pieds-noirs n'a jamais voulu sortir, puisque Ferhat Abbas lui-même était son ennemi.

Guerres mondiales et guerres étrangères

Entre ces deux belligérances coloniales, l'Algérie aurait pu connaître soixante-treize ans de paix. Il n'en a rien été. Deux guerres mondiales, dans l'intervalle, ont entraîné la société autochtone dans des conflits qu'elle n'avait pas voulus, prenant des vies, mutilant des hommes, freinant des évolutions en cours, quitte à libérer des forces nouvelles, la paix revenue, que les partisans du *statu quo* vont s'employer aussitôt à bloquer ou à briser. Comme la Grande-Bretagne, la France a puisé dans son empire. D'autres colonies que l'Algérie ont payé un lourd tribut à la boucherie de la Grande Guerre et aux divers fronts de la suivante. Globalement, toutefois, sur l'ensemble de ces conflits, répétés à vingt ans d'intervalle, les Algériens, « sujets français », assujettis depuis 1911 à la conscription obligatoire, ont payé de nouveau le prix le plus élevé, sur le front et à l'usine. Il faut en outre inclure dans ce bilan, au jour même de la paix revenue, la répression sans mesure du soulèvement du 8 mai 1945, motivé notamment par le contraste entre les sacrifices consentis et la modestie des réformes concédées. Représentatif de sa généra-

---

1. Pas même en islam méditerranéen, sauf, peut-être, dans le conflit israélo-palestinien, âpre, obstiné, sinon irrémédiable, dans un tout autre contexte historique, géopolitique et culturel.

tion et de son peuple, Kateb Yacine, emprisonné à cette occasion à seize ans, a exprimé mieux que quiconque la profondeur d'un traumatisme qui compterait pour beaucoup dans le projet insurrectionnel de 1954.

La guerre mondiale est aussi pour les Algériens une expérience d'un type nouveau, non seulement à Verdun, pour ceux qui se battent sur le front, mais en Algérie même, en ville comme à l'intérieur, en Kabylie ou sur les Hauts-Plateaux. Elle revêt pour eux une autre dimension. Pour la première fois, elle les saisit tous ensemble, au même moment, dans les mêmes conditions. Avec la première, ils en découvrent le caractère total, absolu, continu, quatre années durant, impliquant quotidiennement tout un peuple, une administration entière, les civils autant que les militaires, le front et l'arrière, mettant en exergue le rôle et la place des femmes, poussant à son apogée la ferveur patriotique, la défense non de la communauté religieuse, ou du terroir gentilice, mais du territoire de la nation, *watan*, catégorie neuve pour l'immense majorité des acteurs sociaux. La seconde reconduit et renouvelle l'expérience et l'épreuve, car elle transporte le combat en Algérie même, faisant découvrir aux civils, en direct, la puissance des armes et des machines, tout en soulignant le contraste entre Français et Américains. Elle rend définitivement obsolète l'idée que la France, reléguée à son tour au statut de vaincu, puis de puissance moyenne, ne peut-être battue[1]. Dans les deux cas, la pratique et l'idée de la guerre creusent l'écart avec l'expérience collective mobilisée par l'émir contre Bugeaud. Sans effacer cette dernière des mémoires, elle ouvre à une nouvelle « culture de la guerre », qui favorise l'adaptation à certaines des conditions sociales et militaires de l'affrontement extrême ultérieur entre divisions françaises et commandos du maquis.

Mythe et mimétisme : l'insurrection et la révolution

Une autre dimension de la culture de guerre tient à l'impact profond et ancien de l'idée de Révolution, mythe majeur de l'histoire contemporaine, inséparable de son expression armée

C'est dans cette catégorie que les initiateurs de l'insurrection décisive, celle de 1954, pensent et popularisent la guerre comme solution. Il n'est pas jusqu'à l'islamisme radical qui n'en ait été imprégné, fût-ce indirectement, via l'Égypte des Frères musulmans, ou par l'écho attesté d'une filiation plus ancienne, remontant à Djamal el-Din el-Afghani. Un terme, *thaoura*, traduit le mot générique de révolution, et désigne encore aujourd'hui dans le parler populaire la « guerre de libération », devenue à son tour récit des origines. Si autonome soit-il, ce terme n'est pas étranger aux deux mythes fondateurs de la révolution moderne, extérieurs au monde de l'islam, mais intériorisés en

---

1. Chez les Européens, la double épreuve de 1940 et de 1942 avive le syndrome du minoritaire, le sentiment de peur, de fragilité, qui renforce nombre d'entre eux dans l'illusion que le double collège reste la solution au problème politique, tandis que l'aile la plus dure continue de penser qu'il faut mater l'indigène « qui ne connaît que la force ».

Algérie depuis le premier quart de siècle par des anciens scolaires et plébéiens dont les fils vont encadrer le Parti du peuple algérien (PPA) puis le
FLN, 1789 et octobre 1917. Présents ensemble, les 1er mai et 14 juillet 1936,
dans le corps en mouvement des masses urbaines, à ciel ouvert et en direct,
mais aussi dans les images du photo-journalisme et du cinéma populaire, les
deux modèles célèbrent les promesses réalisées par les insurgés d'hier et
annoncent leur actualité prochaine sur la rive sud. De fait, on trouvait déjà dix
ans plus tôt ces épopées et leurs symboles, les drapeaux et les hymnes, sur la
rive nord, à la fondation de l'Étoile nord-africaine, première organisation à
militer ouvertement, mais à Paris, pour l'indépendance de l'Algérie. L'idéologie nationaliste radicale était devenue pensée d'action, force organique.

D'autres références s'ajoutent aux précédentes, à la génération suivante,
au titre de l'expérience révolutionnaire du xxe siècle. Toute proche, cette
fois, la Résistance française inspire en 1948 nombre de clandestins du PPA,
avec ses livres et ses films. Mais c'est la résistance aux puissances coloniales et impériales qui reste la référence majeure : la saga irlandaise pour
Larbi Ben M'hidi, qui annote de sa main un livre consacré à De Valera et à
la verte Érin ; la longue marche de Mao Tsé-toung pour plusieurs cadres de
l'Organisation spéciale (OS), l'organe secret et paramilitaire du PPA, dont
sont issus la plupart des fondateurs du FLN. Plus que De Valera ou Mao,
toutefois, Vo Nguyên Giap est pour les hommes de 1954 le héros du
moment. Il est le premier colonisé à avoir vaincu le colonialisme français.

Toutes ces références sont elles aussi extérieures au monde de l'islam. N'y
a-t-il donc plus rien à prendre dans son fonds propre ? Au contraire, la geste
résistancielle algérienne n'est nullement oubliée, celle des combattants de
l'islam n'est pas effacée. Salah ed-Din (Saladin) appartient à une épopée lointaine mais toujours vivante. Chamyl est connu des militants lettrés. Abd el-
Krim, lui aussi légendaire, revient dans l'actualité. Surtout les gens de l'OS
méditent sur l'expérience d'Abd el-Kader, et les raisons de son échec final,
ainsi que sur les erreurs commises par la direction en mai 1945. Regroupés
au printemps et à l'été 1954, ils reviennent plus encore sur leur propre échec,
celui de 1950, celui de l'OS. Tout cela, néanmoins, relève de l'insurrection.
Or le mot révolution a une dimension supplémentaire, de changement radical
du monde social, auquel nombre d'entre eux ne sont pas prêts de renoncer.
Ce mot est là précisément, dans le vocabulaire des « officiers libres » qui les
réjouit d'autant plus qu'il fait naître un point d'appui important dans le
monde arabe. Mais il s'agit d'un coup d'État mis en œuvre par des officiers
de carrière contre une monarchie corrompue. Les hommes de 1954 savent
qu'ils devront trouver en eux-mêmes les sources d'inspiration et les formes
de lutte qu'ils croient les mieux adaptées à leur projet et à leurs rêves.

Insurrection ou révolution ? En tout cas, arracher la liberté par les armes
est le leitmotiv de trois générations militantes, jusqu'à la guerre décisive
qui en vérifie à leurs yeux la nécessité et la justesse. L'aile militaire de
l'islam radical ne raisonnera pas autrement, contre l'État du FLN, forte de
l'exemple contesté mais réapproprié de la guerre populaire du FLN.

Guerres civiles

Mais précisément, d'une époque à une autre, d'une génération à une autre, les Algériens ont connu par deux fois les affres de la guerre fratricide, entre soi, et non plus entre le même et l'autre.

Ils se sont d'abord entre-tués pendant la guerre d'Indépendance, sous des modalités dont on restitue rarement les différenciations multiples et les articulations souterraines, alors que se dessinent trois dimensions au moins de la guerre civile. De 1955 à 1958, plusieurs milliers d'hommes sont tombés, davantage encore ont été blessés, en France et en Algérie, dans l'affrontement entre le Mouvement national algérien (MNA) et le FLN. Ce dernier a été d'autant plus amer qu'il a opposé des hommes issus du même parti, le PPA-MTLD (Mouvement pour le triomphe des libertés démocratiques), ayant longtemps suivi le même chef, Messali, et combattant pour un même idéal, l'indépendance de l'Algérie. D'autres militants sont morts, communistes cette fois, à une bien moindre échelle, dans la rivalité entre le Parti communiste algérien (PCA), qui voulait un front d'organisations, et avait créé quelques maquis, et le FLN, qui exigeait qu'on le rejoigne à titre individuel, ne voulant voir subsister aucun concurrent face à l'ennemi. À ce conflit armé entre « frères de parti » et « rivaux de parti », il faut ajouter la violence fratricide entre « ennemis d'armes », supplétifs de l'armée française (harkis) et maquisards de l'Armée de libération nationale (ALN), pendant la guerre elle-même, qui débouche, au lendemain du cessez-le feu, sur le massacre des harkis[1]. Il y a enfin la guerre entre « frères d'armes », après le 5 juillet 1962, dans le cadre de la course au pouvoir, ceux de l'armée des frontières, qui suivent Ahmed Ben Bella et Houari Boumédiène, ceux des wilayas 3 et 4, qui soutiennent le Gouvernement provisoire de la République algérienne (GPRA), suivent Belkacem Krim et Mohammed Boudiaf. On évite la congolisation et la balkanisation, mais pas les centaines de morts entre maquisards et *djounoud*, notamment à Magenta. Cette course au pouvoir renforce la semi-anarchie régnante à l'échelle locale, facilite les dernières actions de l'OAS et les représailles non contrôlées contre les « harkis[2] ».

---

1. Violence fratricide qui ne recouvre que très imparfaitement l'opposition entre partisans et adversaires de l'indépendance

2. Un grand nombre de supplétifs a choisi la *harka* comme mode de survie, pour sortir de la précarité, du chômage, de la pauvreté, ou cédé à la pression de l'armée, au prolongement éventuel d'un vieux conflit local, familial ou tribal, ou encore en réaction aux excès du FLN. D'autres ont donné à cet engagement le sens d'un attachement politique réitéré à la France, dont Alain Mimoun fournit l'un des modèles, au prolongement d'un processus déjà ancien, éventuellement d'une « tradition » à multiples facettes, remontant aussi bien au loyalisme des notables, ou à celui des anciens combattants, au républicanisme francophile d'un Ferhat Abbas, ou à celui des instituteurs socialistes, qu'aux liens de toutes sortes, en dépit d'un statut colonial unanimement dénoncé, noués dans le pays et en émigration depuis plus d'un demi-siècle.

Une longue génération plus tard, les fils ou petit-fils des anciens combattants d'hier, les uns barbus, les autres glabres, seraient aux prises, par la voie des armes, pour la définition ou l'imposition de valeurs centrales, le contrôle du pays et la direction de l'État.

On comprend mieux, en longue durée, ce que la « mémoire collective » doit à la fréquence et à l'intensité de la guerre, ainsi qu'à toutes les formes de violence armée. En ce sens, et sous de multiples acceptions, il est opératoire de parler pour la société algérienne elle-même d'une « culture de la guerre ».

L'ordre des maîtres : du « deuxième collège » au parti unique

Si prégnante soit-elle, la guerre n'est pas le seul mode d'expression de la contrainte par corps. Cette dernière a partie liée avec la politique, cette guerre poursuivie par d'autres moyens. En Algérie, une fois la conquête achevée, la violence est et reste d'abord politique. À la fois cause et effet d'autres formes de violence, cette violence politique compte pour beaucoup dans leur interaction générale. Elle ne tient pas seulement, comme ailleurs, à la séparation irréductible entre gouvernants et gouvernés, ou entre amis et ennemis, mais, plus qu'ailleurs, à l'ampleur de la contradiction entre le discours et la pratique des maîtres.

Deux discours « armés », juridiquement et matériellement mis en œuvre, coexistent contradictoirement et durablement dans l'Algérie coloniale : celui de l'émancipation progressive des indigènes, appelés à rejoindre un jour, mais à pas comptés, la démocratie française, celui de la différence insurmontable entre « eux » et « nous », qui semble devoir éterniser non plus les rapports entre vainqueurs et vaincus, mais fonder la séparation « de nature » entre Européens (Occidentaux, chrétiens) et Arabes (Orientaux, musulmans). En 1954, le droit commun français n'est toujours pas applicable directement à l'Algérie ni repris dans son intégralité, fût-ce en matière sociale, cent vingt-quatre ans après la prise d'Alger. La notion même d'Algérie française est dénoncée depuis dix ans par les élites modérées comme un mensonge et une farce, alors qu'elles rêvaient encore de son accomplissement à l'entre-deux-guerres. Juridiquement, pourtant, l'Algérie est française depuis la Constitution de 1848. Ses trois départements prolongent la République sur l'autre rive. Mais si le sénatus-consulte de 1865 donne aux autochtones, musulmans et juifs, la nationalité française, il n'en fait pas des citoyens. Les indigènes sont désormais « sujets français ». Le décret Crémieux de 1870 introduit l'égalité juridique pour les juifs autochtones, mais la IIIᵉ République laisse les musulmans dans un statut de second ordre, justiciable d'un droit d'exception, dans tous les domaines, civil et administratif, politique et social, à moins qu'ils ne renoncent individuellement à leur statut personnel, ce qu'on n'a pas demandé aux Alsaciens. Dans son immense majorité, rurale à plus de 90 %[1], la population musulmane relève de communes mixtes distinctes des communes de plein exercice par le pouvoir qu'exercent sur elles non pas des maires élus mais des administrateurs, maîtres absolus de territoires grands comme plusieurs départements français. Il lui faut un laissez-passer pour circuler de l'une à l'autre. Elle paie des impôts spécifiques, plus lourds que ceux des Européens en proportion de ses revenus, les « impôts arabes ». Elle relève, depuis 1881, d'un régime pénal d'exception, le code de l'indigénat, maintes fois appelé à disparaître et sans cesse prorogé. En 1911, elle est assujettie au service militaire obligatoire, sans contrepartie tangible. Ainsi, l'accession aux emplois, tant civils que militaires, reste elle aussi discriminée, et fixe les musulmans dans un ordre social subalterne.

En bref, les autochtones sont rétrogradés au dernier rang de la société. Dépendants et dominés, ils se vivent comme étrangers dans leur propre pays. C'est ce que renforce et confirme le nouvel ordre politique. L'Algérie relève en effet d'un autre principe, accordé à la mentalité des petits Blancs locaux, celui du deuxième collège, qui cantonne les musulmans, pour toutes les instance électives, dans un électorat séparé et une représentation subordonnée. La majorité démographique est transformée en minorité civique, afin que la loi et l'ordre restent entre les mains des Européens dans tous les domaines. Le gouvernement de Front populaire lui-même recule en 1937 devant l'extension de la citoyenneté, et donc du premier collège, à une petite élite sociale de vingt-cinq mille personnes[2]. Quand la IVe République accorde enfin le suffrage universel à tous et crée une Assemblée algérienne, qui ouvre la voie à une sorte d'autonomie provinciale, elle conserve le principe du double collège et maintient la majorité musulmane dans une position subsidiaire. Surtout, elle organise en mars 1948 le trucage massif des premières élections à cette Assemblée, pour empêcher le parti indépendantiste PPA, vainqueur six mois plus tôt des municipales, de transformer *de facto* cette instance en un véritable Parlement algérien. Les nationalistes en prennent acte. La voie politique est un leurre. Il n'y a de salut que dans l'action armée[3].

1. Le pourcentage est encore de 88,4 % en 1936 et de 81,1 % en 1954.
2. C'était déjà, en 1930, le projet du sénateur Maurice Viollette, un ancien gouverneur général « indigénophile », rappelé en novembre 1927 par Raymond Poincaré, sous la pression des colons et de leurs représentants au Parlement de Paris. Réactualisé sous le Front populaire, d'où son évocation depuis lors sous le nom de projet Blum-Viollette, le projet du sénateur n'est finalement pas présenté au vote du parlement par le nouveau chef du gouvernement. Léon Blum renoncera à le faire passer par décret, ce qui eût été juridiquement possible, afin de préserver l'équilibre politique de sa majorité.
3. Nombre d'entre eux en étaient convaincus depuis que les forces coloniales avaient réprimé sans mesure, trois ans plus tôt, dans le Constantinois, un soulèvement consécutif aux manifestations des 1er et 8 mai 1945. Certes, le pouvoir des beys d'autrefois n'était pas spécialement tendre, et le régime de la *dhimma* – sans aucun doute moins dur aux Juifs et aux chrétiens du monde ottoman qu'aux minorités religieuses de l'Europe chrétienne – ne correspondait plus aux exigences de la citoyenneté moderne. Mais précisément, Paris n'a jamais su imposer son droit et ses valeurs aux « sudistes » de l'autre rive.

Cette conviction reviendra trente ans plus tard, en dépit du changement radical représenté par l'avènement de l'État national, ou plutôt en raison de ce changement même. En effet, la contradiction toujours plus forte entre la référence réitérée à la devise constitutionnelle, « par le peuple et pour le peuple », et la pratique patrimoniale du pouvoir, labellisée par les nouveaux maîtres sous l'expression autolégitimante de « famille révolutionnaire » – mais Boumédiène lui-même avait évoqué le risque d'un nouveau régime où les bourgeois algériens seraient « pires que les colons » – devient encore plus insupportable aux yeux de ceux dont les pères sont morts précisément pour qu'une telle domination-appropriation ne puisse durer indéfiniment, ou réapparaître sous d'autres formes. Le désenchantement du monde, et d'abord la désillusion politique, conduira nombre d'entre eux à soutenir les solutions radicales préconisées par les tenants de la charia – un parti unique se substituant à un autre, le FIS succédant au FLN – jusqu'à suivre la dérive djihadiste et nihiliste des amants de l'absolu et des partisans de la terreur.

Exploitation économique, destructuration sociale, misère physiologique

La conquête militaire et la domination politique ouvrent la voie en Algérie à une domination économique et sociale de type nouveau, celle que combinent le capitalisme et le colonialisme. Imposée sur place par les principaux acteurs économiques européens (colons du blé et de la vigne, armateurs et négociants, banquiers et petits industriels), mais limitée par son étroitesse démographique et géographique, et la prudence des grandes sociétés de métropole, cette suprématie ne s'exerce qu'a minima. Si en Europe le passage à la société industrielle et au monde moderne a des effets sociaux dévastateurs, l'entrée en dépendance du futur tiers-monde, sous la férule des « bourgeois conquérants », est encore plus meurtrière. C'est particulièrement le cas de l'Algérie, à l'échelle du monde méditerranéen, bien que la nouvelle province d'Afrique échappe au sort des colonies de peuplement construites, comme aux États-Unis et en Australie, sur le génocide de sociétés autochtones archaïques.

Une économie coloniale socialement désastreuse

La colonisation affecte d'abord la ville, les élites hiérarchisées de la médina, artisans, commerçants et propriétaires fonciers, gens du beylik et oulémas, qui à des titres et à des degrés divers subissent la loi des nouveaux venus, la concurrence de leurs produits, de leurs techniques, la pression de leurs impôts, le poids de leurs normes et de leurs privilèges, et d'abord, pour une partie d'entre eux, les conséquences brutales de l'expropriation. Une poignée résiste, s'adapte, s'enrichit, les autres survivent dans la précarité, grossissent les rangs d'un néoprolérariat, s'enfoncent dans l'indigence. Sortie de la *dhimma*, utilisée par la nouvelle administration comme intermédiaire, la communauté juive, elle-même fort hiérarchisée et différenciée, s'appuie sur la dynamique nouvelle pour changer à la fois de statut et de condition. Une autre minorité, musulmane cette fois, celle des ibadites du Mzab, parvient elle aussi à jouer de son particularisme pour faire valoir ses intérêts. La ville précoloniale connaissait il est vrai des inégalités très fortes de revenus, non seulement entre *beldi* (des gens ordinaires de la médina, aux couches supérieures de l'élite citadine), et *berrani* (groupes ethniques et sociaux extérieurs à la ville) mais entre citadins eux-mêmes. L'indigence devenait visible, dans les mauvaises années, et appelait la sollicitude des institutions musulmanes (*habous*). La ville coloniale renouvelle et aggrave la différenciation sociale et spatiale entre les communautés, creuse le gouffre qui sépare nantis et démunis, centre et faubourg, citoyens français et sujets indigènes. Il faut attendre le premier quart du XXe siècle pour qu'une nouvelle petite et moyenne bourgeoisie urbaine musulmane relève la tête, aiguillonnée notamment par l'élite toute récente du diplôme. À Alger, les plus aisés quittent la vieille ville, appelée Casbah par métonymie, et gagnent les beaux quartiers (Kouba, Saint-Eugène). La crise de 1929 et la guerre de 1939, contemporaines de la transition démographique, qui en accentue dramatiquement les effets, font tomber les plus faibles dans la masse du salariat précaire, gonflée par les vagues successives de l'exode rural[1]. C'est le temps du chômage et des bidonvilles, que ni la reprise économique de 1947-1948, ni le développement industriel des années 1970 ne feront disparaître, jusqu'à aujourd'hui.

Si les citadins et néo-urbains connaissent le chômage, la malnutrition, l'habitat précaire, le monde rural est dans une situation bien plus dure encore, qui traverse elle aussi la longue durée, et se continue en partie sous nos yeux. Passé le choc initial, la paysannerie subit en effet le poids le plus lourd de la conquête, militaire d'abord, économique ensuite. À l'est, il est vrai, la majeure partie des tribus semble préserver jusqu'au milieu des années 1860 son niveau et ses formes de vie. Mais l'immense majorité de la masse rurale est emportée pour longtemps dans une spirale négative, dès la fin du second Empire. Deux millions et demi d'hectares des meilleures terres sont prélevés sur le foncier. Les équilibres complémentaires entre plaine et montagne, jardiniers et éleveurs sont perturbés ou brisés dans le dernier tiers du XIXe siècle. La succession ou la conjonction de l'expropriation foncière, amorcée dès 1848, du cantonnement et du resserrement des tribus, du séquestre des insurgés de 1871, et surtout de la privatisation accélérée ou renforcée de la terre, alors que la colonisation passe du blé à la vigne, font naître un salariat agricole dont les effectifs permanents s'élèvent déjà à près de cent cinquante mille en 1914 – plus du double si l'on compte les temporaires, avec femmes et enfants – pour une population totale de

---

1. Dont les prémices remontaient en fait aux années 1860-1890, avec l'armée roulante des débris individuels issus des tribus affaiblies, qui fournissait déjà les bras additionnels pour les grands chantiers, le blé puis la vigne.

quatre millions cinq cent mille habitants. Elles créent surtout les conditions structurelles d'une paupérisation des petits fellahs et *khammès* (métayers au quint) que ni la couverture sanitaire a minima, favorisant la nouvelle pression démographique, ni la politique du paysannat, visant à soutenir et à moderniser la petite propriété parcellaire autochtone, ne parviennent à endiguer.

Retours de famine, misère physiologique, attente eschatologique

L'enquête nutrition de 1937 apporte la preuve, fournie par l'administration coloniale elle-même, que la majorité du monde rural reste au seuil de la survie. Nulle exagération misérabiliste dans les articles exactement contemporains d'Albert Camus sur la Kabylie, avec ses enfants en haillons et ses villageois nourris de racines. En 1919, la famine était de retour, faisant des milliers de morts. Elle est là de nouveau, avec la sécheresse et le typhus, à la fin de la Seconde Guerre mondiale. La transition démographique pèse il est vrai pour beaucoup, le nombre d'enfants vivants par femme ayant considérablement augmenté, mais elle souligne d'autant plus la faible performance économique globale de la société coloniale, liée en partie au refus de l'industrialisation. Cet échec économique, avec ses conséquences sociales, physiques et morales, n'est pas la seule raison, loin s'en faut, du soulèvement du 8 mai 1945. Il reste que la maladie et la faim ravivent la soif de terre des paysans, le souvenir de celles dont ils ont été dépossédés jadis, et l'espoir de les retrouver avec l'indépendance prochaine. Elles entretiennent l'idée de revanche, nourrissent l'illusion que la terre et la souveraineté retrouvées sont susceptibles de redonner ici et maintenant non seulement dignité mais prospérité, alors que la guerre mondiale s'achève et qu'on annonce un nouveau printemps des peuples. Tout cela pèse lourd dans l'attente eschatologique d'un nouveau monde. L'exaltation insurgée déborde un parti indépendantiste qui souffle depuis des mois sur les braises, alors que la droite coloniale la plus dure veut s'appuyer sur elle, sinon la provoquer, afin de mater l'indigène pour vingt ans. Un schéma mental qu'on retrouve dix ans plus tard, entre classe politique, gros colons et militaires, quand la crise maghrébine amorcée en Tunisie en 1952 gagne le Maroc puis l'Algérie. Le retour à une meilleure conjoncture économique après 1945, de sérieux efforts en matière d'infrastructure, de salaires et de prestations sociales, dans la décennie suivante, sont bien en peine de sortir la grande masse de sa condition et de combler l'écart énorme de revenus qui sépare les communautés (en moyenne de un à dix). Derechef, la situation économique n'explique pas à elle seule l'insurrection du 1er novembre 1954, mais elle est une donnée lourde de la situation coloniale, qui en est à l'origine directe. La pression démographique est à son apogée, le chômage direct ou indirect frappe le quart des citadins et la moitié des ruraux. Moins de dix pour cent des enfants vont à l'école publique dans les campagnes[1]. Ne parlons pas de la scolarisation des filles, pourtant demandée depuis plus de dix ans par la population musulmane. Les médecins militaires continuent de réformer une bonne partie de chaque classe d'âge pour rachitisme. On ne peut nier les réussites proclamées, mais la modernisation spectaculaire du pays profite avant tout aux Européens, et à une petite minorité d'Algériens, qu'il s'agisse des domaines viticoles, de l'équipement portuaire, des moyens de communication, de l'urbanisme et des services des grandes villes du nord, ou encore de l'université d'Alger. En fait, l'Algérie reste un pays sous-développé. La colonisation n'a pas su nourrir, vêtir, loger, soigner, éduquer décemment la majorité de la population dont elle avait la charge. Si les Européens, contrairement à une idée reçue, ne vivent pas mieux que la moyenne des Métropolitains, les Algériens, dans leur très grande majorité, restent dans une situation matérielle sans commune mesure avec celle qui prévaut en France. L'Algérie française est, là aussi, un vœu pieu ou un mensonge ; ou plutôt, dans cette société schizophrène, les deux à la fois.

Ainsi, la pauvreté économique et la misère sociale sont-elles une donnée structurelle de la situation coloniale. Absolue si l'on considère le dénuement d'une bonne partie de la paysannerie parcellaire, le taux de scolarisation dans les campagnes, l'état physiologique des conscrits. Relative, mais d'autant plus choquante, si l'on considère la différence des conditions moyennes de travail et de vie entre Européens et Algériens. Causes et effets d'autres violences, elles ne comptent pas pour rien dans la guerre d'Indépendance, et l'inflexion irrépressible du FLN vers le socialisme, que personne n'osera contester lors des assises de Tripoli, à la veille du référendum sur l'indépendance. À l'attente eschatologique de l'indépendance et de sa promesse de justice sociale répond la forme mythique de l'idéologie tiersmondiste, qui repose sur l'association de ces deux termes.

Nettement moins criante, après 1962, et les progrès incontestables réalisés en matière d'emploi, d'école et de santé dans la décennie 1970, mais encore moins tolérable, sous les auspices d'un État national – surtout après l'*infitah* des années Chadli, au regard de la promesse quotidiennement réitérée par le parti unique d'une « vie meilleure », alors qu'on voit les inégalités se renforcer et s'afficher au grand jour –, la précarité économique et sociale favorise l'adhésion à un nouveau discours populiste et la montée d'une nouvelle espérance eschatologique. Le Front islamique du salut (FIS) dénonce plus fort que les autres la corruption des puissants, les « maffieux de la Junte », exacerbe la frustration des jeunes qui « tiennent les murs », canalise la culture de l'émeute, et prépare la levée des troupes

---

1. En 1954, on compte un million de chômeurs musulmans entre ville et campagne, et trois cent mille émigrés, pour une population de 8 700 000 personnes. Le taux général de scolarisation à l'école primaire n'atteint pas 15 % de la classe d'âge alors que l'analphabétisme frappe encore 90 % de la population algérienne. *Cf.* Charles-Robert Ageron, *Histoire de l'Algérie contemporaine*, Paris, PUF, 1994.

pour une nouvelle guerre fratricide, celle de l'islamisme[1], en s'inscrivant à son tour dans une autre dimension de la violence, la violence symbolique.

Violence symbolique et névrose identitaire

Dans l'Algérie contemporaine, la violence n'est pas seulement économique et physiologique, sociale et politique, « objective », elle est aussi mentale et morale, intellectuelle et spirituelle, « subjective ».

« Le père vaincu et le moi humilié »

Certes, il faut survivre. Mais le ressort le plus puissant de la violence extrême paraît devoir beaucoup à la souffrance psychique et à la blessure narcissique. Jacques Berque l'a résumé d'un mot, en parlant du « père vaincu et du moi humilié ». C'est ce qui explique l'efficace du discours nationaliste radical, quand la communauté imaginée devient socialement possible et pensable, et subjectivement désirable, mais aussi celui du langage religieux primordialiste, qui permet mieux qu'aucun autre de justifier le recours à une nouvelle violence fondatrice.

La prise d'Alger en 1830 est d'abord une opération extérieure visant à relancer un régime discrédité à l'intérieur. Opération dont le devenir – partir ou rester, et si oui, comment, avec ou contre Abd el-Kader, par exemple – reste longtemps incertain, malgré l'amorce précoce d'une logique militaire d'occupation du pays à partir de la maîtrise des ports et des points d'appui intérieurs. La réparation de l'offense, celle du coup d'éventail, n'est qu'un prétexte, mais les chancelleries européennes soutiennent pour un temps une intervention qui délivre enfin la Méditerranée des méfaits de ce « repaire de pirates ». L'opinion française ne fait preuve d'aucun enthousiasme. Des intérêts économiques sectoriels assez limités se greffent sur une intervention qui coûte plus cher à l'État qu'elle ne lui rapporte. Une nostalgie impériale, un projet colonial sous-tendent ensuite une politique qui cherche à compenser outre-mer les limites continentales imposées par l'équilibre européen.

Il faut donc justifier la domination quand celle-ci s'éternise. Présenter à cette opinion, aux soldats de l'armée d'Afrique, aux officiers et aux colons, et finalement aux autochtones eux-mêmes, un discours de légitimation. Son premier terme, construit sur la logique élémentaire du combat et de la force, celle qui distingue entre vainqueurs et vaincus, traverse toute la période coloniale, avec des conséquences désastreuses, après avoir glissé de Paris à Alger, et des militaires aux civils. L'ordre établi colonial, maître de la presse, en est bientôt le gardien et le manipulateur. Le centenaire de la prise d'Alger sera l'occasion d'une vaste remise en scène de ce discours. On trouvera

1. Omar Carlier, « La thérapie politico-religieuse du FIS », in Cahiers d'études africaines, n° 4, 1992, repris dans Entre nation et Jihad, histoire des radicalismes algériens, Paris, Presses de Sciences po, 1995.

même un mauvais *Te Deum* pour accompagner ce mauvais opéra, avec un faste de parvenu et une bonne conscience aveugle. Le second terme, tout aussi désastreux, renvoie inséparablement, du moins à Alger, à la combinaison de plusieurs « discours sur l'inégalité » : celle construite depuis les Grecs sur l'opposition entre civilisés et sauvages (bons ou mauvais), reconstruite depuis le XVe siècle dans le droit fil de la domination européenne sur le monde, celle construite par les orientalistes en termes d'Orient et Occident, qui dépasse et contient à la fois la vieille opposition entre chrétienté et islam, ainsi qu'à celle, saint-simonienne, qui oppose le monde industriel moderne et les sociétés retardataires. Ainsi se trouve justifiée la « mission civilisatrice de la France », magnifiée par Jules Ferry, sans le soupir de Rudyard Kipling, à propos du « fardeau de l'homme blanc ». Mais le temps ne sera jamais donné aux indigènes de « se hisser jusqu'à nous ». Attendre, patienter, encore et toujours, tel est le lot du « jeune Algérien », soucieux de prendre la place qu'on lui promet depuis des lustres à la table de la République. Ce temps ne viendra jamais, le Front populaire ayant reculé face au « parti colonial ». Ni de Gaulle, en 1944, ni les socialistes, en 1947 puis en 1956, ne seront à la hauteur de l'enjeu[1]. Nombre de publicistes venus d'ailleurs, militaires comme Daumas, voyageurs et artistes comme Eugène Fromentin, universitaires et écrivains comme Émile Masqueray, ou natifs du pays, de Jacques Berque à Jean Pelegri, ont magnifié la noblesse de la race, adossée à une grande civilisation. Mais le pouvoir local, maître des mots et des institutions, a continué sans désemparer à inférioriser l'indigène, comme pour mieux rassurer les petits Blancs, sa base de masse, dans un complexe sudiste de supériorité. L'autochtone n'est pas seulement un vaincu éternel, il est aussi un éternel inférieur, sauvage dans l'Aurès, attardé en Kabylie, Bédouin d'un autre âge sur les Hauts-Plateaux, animiste invétéré, à moins qu'il ne soit musulman fanatique et polygame. Insaisissable, irresponsable, impressionnable, manipulable par les communistes, et surtout par les nationalistes de Messali et les oulémas d'Abdelhamid Ben Badis. Arabes ou kabyles, les indigènes sont inassimilables, et doivent rester fixés dans le deuxième collège et le code de l'indigénat. La « violence des colonisés », théorisée vingt ans plus tard par Frantz Fanon, médecin psychiatre, renvoie à cette blessure classificatoire, sans cesse ravivée, infligée à un peuple dont l'élite francophone n'a longtemps demandé qu'à être traitée comme citoyenne à part entière, dans le respect de sa personnalité religieuse, comme les Alsaciens.

Il ne faudra pas plus de temps aux jeunes scolaires de l'Algérie indépendante pour s'insurger à leur tour contre le « mensonge » de la devise officielle (« par le peuple et pour le peuple »), et refuser ce qu'ils perçoivent comme une éternelle assignation à minorité, générationnelle et sociale, la propriété exclusive du pays étant réservée à une caste, la « famille révolutionnaire », qui se partage la rente pétrolière en monopolisant la rente symbolique, au

---

1. Le MRP ayant succédé au Parti radical comme axe majeur du soutien politique au « parti colonial ».

nom d'une religion civique fondée sur le culte des morts pour la patrie, les *shouhadas*, dont elle serait le seul dépositaire légitime. Le FLN de la guerre avait su reformuler, et fondre dans une idéologie de combat, un vieux modèle de parité entre les frères, unissant ceux du groupe gentilice liés par le sang, et ceux de l'*umma* liés par la foi. Le FLN des années 1980 ne parvient plus à se légitimer par sa liturgie politique. C'est au deuxième terme du lien que s'attache le FIS pour retourner contre le pouvoir sa puissance symbolique. En réinvestissant le langage religieux primordialiste, il ne réactualise pas seulement la figure du moudjahid, il l'infléchit vers celle du *mujaddid*, celui qui vient rétablir magiquement l'ordre du monde. Qui tient l'esprit du groupe tient le groupe. C'est quand elle touche à ses valeurs essentielles, du moins à celles qu'il tient pour telles, et à l'estime de soi que se porte une société imaginée comme communauté, que la violence subie se retourne en violence contrainte, et donne lieu aux dérèglements psychiques et aux délires discursifs sans lesquels les formes paroxystiques de la violence physique sur les corps ne pourraient s'exercer et se légitimer.

« *Eux et « nous* »

S'il est un thème obsessionnel, à la fois cyclique et progressif, dans l'Algérie politique indépendante, c'est bien celui de la « personnalité algérienne » (*shakhsiya djezaïria*), attaquée par ses ennemis de l'extérieur et de l'intérieur. Il occupe un axe majeur de l'espace médiatique et de la conflictualité politique, dès 1962, mais surtout à partir des années 1970, autour de deux points d'achoppement, la religion et la langue, à mesure que s'aiguisent les tensions internes au pouvoir, plus particulièrement sur le terrain de la politique scolaire. En partie fantasmatique, la menace identitaire, qui alimente la xénophobie médiatique, et sert sans désemparer de ressource politique principale au courant conservateur dit « arabo-islamique », n'en renvoie pas moins à la réalité historique de la violence culturelle coloniale, et au traumatisme qui en est résulté.

Réalité de la violence culturelle coloniale, fantasme de la « dépersonnalisation »

À Alger, en 1830, le nouvel occupant a multiplié d'emblée les blessures symboliques. Il a commencé par réquisitionner des lieux de culte pour ses troupes, ou à les détruire, pour construire sa capitale selon son ordre. La mosquée Ketchawa est devenue cathédrale. Il s'en est fallu de peu que les deux grandes mosquées restantes ne disparaissent à leur tour. La Djenina, résidence des deys, a été rasée, pour agrandir la nouvelle place Royale. Après avoir défait l'émir Abd el-Kader et le bey Ahmed, le pouvoir colonial a réduit les grandes familles, combattu les confréries les plus hostiles, amenées à résipiscence, et contrôlé de près le pèlerinage aux lieux saints, quand il ne l'a pas interdit, sans rien faire pour soutenir l'enseignement traditionnel, relancer les études d'arabe, promouvoir la presse indigène. Il a supprimé les *habous*, qui soutenaient l'action caritative traditionnelle, en les intégrant au domaine public. L'école coranique elle-même a paru menacée, à la fin du XIXe siècle. Rien n'est plus dangereux, aux yeux des colons, que la scolarisation des « indigènes », *a fortiori* dans leur langue, surtout si elle se modernise. Symptomatique du raidissement colonial est la rétention de l'école républicaine à l'entre deux-guerres, alors qu'elle est pourtant demandée par une partie croissante de la population depuis Charles Jonnart, un gouverneur général indigénophile, promoteur de l'école indigène et du style architectural néo-mauresque associé à son nom. Le maintien de la masse dans l'ignorance fait partie du système de domination. Quant aux médersas officielles, finalement acceptées par une bonne partie de l'élite autochtone, elles n'assurent une formation de bon niveau en arabe classique qu'à une poignée de futurs magistrats, et non à de futurs imams. Les Algériens sont fondés à protester vivement contre une politique culturelle qui méprise ou marginalise un grand héritage et qui fait de surcroît, chez elle, de la langue arabe une langue étrangère. On comprend que la jeune Association des oulémas, dès sa naissance, en 1931, réagisse à l'humiliation du centenaire, et porte tout son effort sur un enseignement modernisé consacré à la langue et à la religion. Son action est perçue comme une revanche et une promesse, en accord avec la devise prêtée à son chef, le cheikh Ben Badis, constamment répétée jusqu'à aujourd'hui, « L'islam est ma religion, l'arabe est ma langue, l'Algérie est ma patrie[1] ».

Mais si ce triste bilan est avéré, les topos de la dépersonnalisation ne résume pas toute l'histoire. Un fantasme tout aussi patent sous-tend le traumatisme identitaire. Malgré Charles Lavigerie et les Pères Blancs, il n'y a nulle volonté politique sérieuse de christianiser. Le contrôle des mosquées, la surveillance des confréries et des oulémas concernent moins la religion en elle-même – chacun va à la mosquée comme il veut et quand il veut – que son potentiel de nuisance idéologique et de contestation politique. S'agissant du « mythe kabyle », s'il n'est pas douteux que l'Administration a instrumenté et institutionnalisé le clivage Arabes-Berbères, celle-ci n'a pas songé un instant à promouvoir la langue des anciens Aguellids, qu'elle aurait pu unifier, écrire, enseigner, si elle s'en était donné les moyens, comme bien d'autres États l'ont fait pour des langues non écrites. Sa « politique kabyle » est restée de nul effet sur ce plan. Paradoxalement, la colonisation a arabisé, sans l'avoir voulu. En 1954, l'Algérie est bien plus arabophone qu'en 1830. La maîtrise de l'arabe littéraire, la culture classique de l'*adab*, la théologie même ont subi de rudes coups, mais sont loin d'avoir disparu, non seulement à Constantine et à Tlemcen, mais à Alger même, à Mila et Nedroma, au Mzab, et dans maintes zaouias dites traditionnelles, un peu vite condamnées

---

1. L'Étoile nord-africaine a certes intégré dès 1926 la question scolaire à son programme, mais elle reste avant tout une organisation parisienne jusqu'en 1936. C'est la concurrence des oulémas qui l'oblige à mettre encore plus l'accent, dès 1933, sur l'enseignement pour tous en langue arabe, et à revendiquer pour l'arabe le statut de langue officielle, au moment d'amorcer sa conquête du pays, favorisée par le reflux du Front populaire.

par le courant badisi. Surtout, l'arabe populaire est resté vivant. Bien mieux, dans les années 1920, celles de la « reprise historique », pour parler comme Jules Michelet, il est plus dynamique que jamais, stimulé par la croissance et la créativité urbaines, le succès du théâtre et de la chanson, de la radio et du disque. Sans parler de tout ce qui ne cesse de venir d'Égypte, dans la décennie suivante, en dehors de tout académisme. En 1954, seule une infime partie de la population musulmane a vraiment remplacé l'arabe (ou le berbère) par le français, comme langue de la communication ordinaire, sans doute moins de 2 % au total[1]. Dès lors, où est la perte d'identité ? C'est dans l'adversité et l'interaction qu'elle se forge. C'est typiquement le cas du sentiment national, qui progresse à pas de géant, en moins de dix ans, porté par les deux mouvements de masse du Congrès musulman (1936-1938) et des Amis du Manifeste algérien (AML) (1943-1945). Dans les domaines idéologique et politique, les ci-devant Kabyles, supposés musulmans plus tièdes, plus facilement assimilables, plus francisés, ne sont pas seulement à l'avant-garde du parti de l'indépendance, ils donnent des cadres et des troupes à l'Association des oulémas[2]. Si ces derniers sont plus surveillés que jamais, depuis qu'ils se sont organisés en association en 1931, ils sont finalement moins censurés sous Chataigneau et Marcel Naegelen qu'ils ne le seront dans l'Algérie indépendante. Ils ont une presse vivante, des cercles culturels actifs, un réseau d'écoles libres, dont le nombre va croissant. La rhétorique de la dépersonnalisation relève donc d'un discours armé qui pendant longtemps n'a eu de sens que pour les élites, ou la base la plus militante des oulémas et du PPA[3]. Elle a son avers discursif, la rhétorique de la repersonnalisation. À l'indépendance, le discours de réarmement moral va s'appuyer sur toute la puissance institutionnelle de l'État et du parti unique pour soutenir son prolongement programmatique. Le pouvoir mobilise efficacement le souvenir de l'agression. Il alimente et instrumente l'inquiétude identitaire. Celle-ci va se retourner contre lui. Avec la crise sociale et politique

---

1. Même dans la grande ville, les vrais bilingues, des hommes essentiellement, ne sont pas en majorité. Et la ville ne compte encore que pour moins de 20 % de la population musulmane totale.

2. Surtout, il est vrai, en basse Kabylie (Dellys), dans la vallée de la Soummam, ou dans le Guergour (notamment chez les Beni Ourtilane).

3. Il n'est personne qui ne soutienne sa religion et sa langue. Cela va de soi. Aucun fellah, dans l'intérieur, aucun docker, à Alger, n'a de doute sur son « identité » et sa « personnalité ». Il est Mohammed (ou Achour) fils de Mohammed, de telle famille, de tel quartier ou village. Il est musulman, et arabe, même s'il est kabyle ou chaoui – on connaît le mot de Fellag : Kabyles à Alger, Arabes à Paris –, par sentiment d'appartenance à un vaste ensemble et à une longue histoire, transmis depuis des siècles par le conte, le proverbe, le poème, la chanson. La colonisation a bouleversé les structures sociales, transformé aussi bien les pratiques que les représentations, elle n'a pour autant ni désarabisé ni désislamisé les Algériens, même ceux qui, plus nombreux qu'on ne croit, ont longtemps espéré un changement de statut venu de Paris, et un lien conservé avec la métropole, que ce soit dans la véritable intégration civique ou dans telle ou telle forme de fédéralisme (UDMA) ou de variante du Commonwealth.

aggravée, conduisant à l'émeute d'octobre 1988, l'inquiétude devient angoisse, passe en d'autres mains expertes, nourrit l'hystérie et la paranoïa, jusqu'à conduire aux attitudes extrêmes.

La religion, la langue, et les « constantes ».
Des grands clercs aux petits chefs

Identité, personnalité, les termes sont récents. Mais la préoccupation qu'ils traduisent remonte aux années 1920, quand les nouvelles élites, qu'elles soient formées par l'école publique coloniale ou sur les bancs de l'école religieuse réformée, commencent à se chercher un passé dans les catégories du présent, à s'inventer une tradition, à donner un tour savant au sentiment national en train d'advenir. Si les indépendantistes mettent l'accent sur la perte de souveraineté, les islamistes mettent l'accent, avant la lettre, sur la perte d'identité et d'authenticité. Ils fustigent les marabouts, présentés comme des charlatans, ainsi que les confréries, accusées d'hérésies ; bref, un islam suspect d'associationnisme (*shirk*), oublieux du texte sacré et du modèle des compagnons, dévitalisé et dégénéré, pour ne pas dire féminin. Il n'est pas rare, dès les années 1930, que les adeptes des deux partis en viennent aux mains. Cette division religieuse n'est pas étrangère à l'assassinat du mufti Kahoul, dénoncé comme agent de l'Administration, au moment ou se tient à Alger le Ier congrès musulman, en juillet 1936, dans l'effervescence du Front populaire. À cette offensive sur la religion correspond aussi une offensive sur la langue. Certes, les *badisi* ménagent les élites francophones, qui dominent la sphère politique et l'encadrement des partis du mouvement national. Mais ils font peser sur elles une culpabilité dont se feront encore l'écho vingt ans plus tard Malek Haddad et Kateb Yacine[1]. Ils mettent aussi la pression sur les masses, rappelées au devoir de connaître la langue de Dieu, et de former des maîtres éclairés, en insistant sur sa valeur sacrée et sur le danger, réel en effet, de sa contamination par les langues européennes (mais il va de même pour ces dernières, comme en toute situation d'interaction linguistique). Les nationalistes eux-mêmes, en 1944, sont mis à l'amende, dans les réunions communes, aux termes d'un jeu amical initié par le cheikh Ibrahimi, qui consiste à pénaliser d'un sou quiconque prononcera un mot de français. Ce côté ludique et pédagogique participe néanmoins d'une crispation qui va se porter sur d'autres terrains. Depuis dix ans, l'Association des oulémas fonctionne sans le dire comme un parti politique. Elle pèse fortement sur les élections. Surtout, à partir de 1948, elle renforce ses liens avec les Frères musulmans, noués dès 1938 au Caire par le cheikh Fodil el-Ourtilani. Le contexte international, celui de la Ligue arabe et de la naissance d'Israël, renforce le sentiment de

---

1. Ne trahissent-elles pas le plus noble et le plus sacré des héritages, en adoptant la langue de l'autre, même quand elles sortent des médersas officielles, soumises à une direction et une vision étrangères à cet héritage ? Kateb Yacine – il est vrai – n'hésitera pas à défendre et à pratiquer l'arabe vivant du peuple contre la langue morte des dévots.

solidarité entre Arabes et commence à populariser l'idée de nation arabe. Pour garder l'avantage sur leurs rivaux oulémas, les nationalistes du PPA, victorieux aux élections législatives et municipales de 1946 et 1947, se lancent à leur tour dans la création de médersas libres, et renforcent leur implication dans la convergence arabo-musulmane animée depuis Le Caire (et islamique depuis Karachi).

La guerre d'Indépendance modifie l'équation politique antérieure. Les oulémas sont les derniers à rejoindre le Front. En outre leurs écoles finissent par fermer. Ils vont néanmoins refaire leur handicap avec une opiniâtreté extrême, et beaucoup d'intelligence tactique, sinon au cours du conflit, du moins dans les années qui suivent la fin de celui-ci. C'est que, politiquement nassérienne, et culturellement égyptienne – du moins l'image de l'Égypte est-elle à son apogée depuis Suez –, l'Algérie indépendante fait de son identité arabe une figure de combat, et de sa politique d'arabisation, notamment en matière scolaire, un test de l'attitude patriotique. De Ben Bella à Boumédiène, toutefois, on passe tendanciellement de la reprise de soi à la revanche sur l'autre[1]. Une idéologie sommaire et conservatrice, prenant appui sur la mosquée et l'école, progresse toujours plus au sein du parti et de l'État, faisant valoir la rhétorique des « constantes » (*thawabit*), arabes et musulmanes. Certes, l'idée est aussi ancienne que l'Association des oulémas. Mais l'appauvrissement sémantique, intellectuel et culturel est patent. Il n'y a de place dans ce dyptique ni pour les Juifs ni pour les Européens, dont la grande majorité il est vrai s'est accrochée jusqu'au bout à un système colonial qui ne voulait pas mourir, ni pour les Berbères, du moins jusqu'à la reconnaissance tardive et timide de 1986. L'usure du paradigme nassérien, socialiste et arabe, l'implosion de la gauche laïque, l'émergence de la culture télévisuelle, le conditionnement scolaire[2]

---

1. Les oulémas sont discrètement réintégrés dans le jeu. Leurs héritiers, réels ou supposés, alliés au courant dit baasiste, s'emparent progressivement du secteur stratégique de l'éducation. Les collégiens croiront bientôt que Ben Badis est le véritable père de la Révolution algérienne.

2. Tout est lié dans l'économie générale de la domination symbolique. Chacune de ses composantes conserve son autonomie, sans pouvoir s'affranchir du poids des autres. Distincte de la question kabyle et de la question religieuse, qui lui sont néanmoins liées, la lutte pour la maîtrise de l'école et pour la dominante linguistique à l'école est au cœur des luttes intestines tant au sommet de l'État que dans la société civile. Plus que partout ailleurs, au Maghreb et dans le monde arabe, elle recoupe l'inquiétude identitaire et concentre sur elle une violence susceptible de passer des mots aux gestes. Elle oppose de manière structurelle et ancienne les deux composantes linguistiques du nationalisme algérien, francophone et arabophone, en dépit du potentiel médiateur et consensuel des médersiens bilingues, sans recouper l'ancien clivage entre oulémas et PPA, et encore moins la division interne au PPA entre « arabistes » et « berbéristes ». Si la guerre d'Indépendance a profondément remanié la configuration linguistique et idéologique antérieure, une nouvelle donne s'impose néanmoins, à l'issue des conflits politiques d'après-guerre, avec la lancinante guerre scolaire menée jusqu'à ce jour, comme le montre dans un autre chapitre Khaoula Taleb Ibrahimi.

accentuent la névrose identitaire[1]. La médiocratie culturelle laisse la place au discours vindicatoire des petits clercs qui donneront bientôt leur aval aux petits chefs. La faconde et la ferveur des chioukhs débouchent sur la terreur froide des émirs.

Le paradigme de l'unité et l'obsession kabyle

Plus l'affirmation culturaliste et religieuse pèse sur la construction identitaire de l'individu, plus elle prend en otage la définition même de la nation algérienne, et plus elle contribue à produire ce qu'elle prétend éviter, la division, la désunion. Ce n'est pas un hasard si c'est au sein du Parti nationaliste radical, le PPA, que surgit la « crise berbériste », treize ans avant l'indépendance. À la définition de la nation par les oulémas, centrée sur le binôme arabo-musulman, adoptée *de facto* par Messali et son parti, s'oppose fin 1948 celle de l'« Algérie algérienne », avancée par un groupe de militants kabyles situés à la gauche de ce parti. Ces militants sont bientôt dénoncés comme « berbéro-marxistes[2] ». L'affaire va empoisonner l'Algérie politique et laisser des traces jusqu'à ce jour. Jamais la question ne sera discutée sereinement. Personne n'est préparé à un tel débat. Le combat contre la France, ou du moins contre le colonialisme français, est une priorité absolue. Oulémas, nationalistes, personne ne peut ni ne veut penser l'Algérie dans l'unité de sa diversité, fût-elle à dominante. À l'islam jacobin des uns répond la république jacobine des autres. Indépendance certes, mais dans une Algérie une et indivisible. Les anciens élèves des écoles retournent contre les Français le principe que ces derniers leur ont enseigné. Mais Jules Ferry n'est pas seul en cause. Le paradigme monothéiste, la mystique de l'Un, cadenasse les représentations collectives. Un seul Dieu, une seule langue, un seul peuple. Le monothéisme religieux le plus radical et l'unitarisme politique le plus virulent se soutiennent l'un l'autre. S'il n'est pas possible au parti d'aborder la question berbère, on comprend qu'il ne soit pas aisé de parler des Européens et des Juifs, bien que le PPA-MTLD de Messali ne cesse de répéter son mot d'ordre, « Constituante algérienne souveraine, sans distinction de race ni de religion ». À vrai dire, il est plus difficile encore d'aborder la question kabyle, puisqu'elle brouille la frontière entre « eux et nous », tandis que les Européens et les Juifs sont renvoyés spontanément par la base à leur étrangeté. L'État algérien mettra vingt-quatre ans pour intégrer la référence berbère dans sa charte.

---

1. Tout projet de rajustement, notamment en matière scolaire, comme en Tunisie et au Maroc, réactive en effet la rhétorique schizophrène des « constantes », qui tourne le dos à la réalité plurielle du pays, mais reste la ressource idéologique majeure de la droite dite « arabo-musulmane ». Toute accommodation est un pas en arrière, pis, une trahison, justiciable de la sanction suprême. Tahar Ouettar l'a signifié sans ambages en réitérant son approbation du meurtre de Tahar Djaout, son cadet en écriture.
2. Le mot trouvera un écho un demi-siècle plus tard, quand un ancien Premier ministre s'en prendra aux « berbéro-matérialistes ».

Derechef, la violence symbolique prépare la violence physique. Pour poigner ou tuer l'ennemi, il faut le construire d'abord comme tel. Les animateurs du courant berbériste, partisans supposés d'un PPK (Parti du peuple kabyle) dont nul n'a jamais trouvé trace, sont dénoncés comme faisant le jeu de l'Administration, et même comme ses agents, manipulés de surcroît, pour faire bonne mesure, par les communistes et les Pères Blancs. L'idéologie antiarabe d'un étudiant promu à la direction parisienne, reprise par quelques sectaires du même genre[1], qui dénoncent les anciens « envahisseurs arabes », ou l'hégémonie arabe, fait le jeu des partisans de la manière forte. Sans s'avancer en première ligne, Messali soutient la contre-offensive d'Alger, qui envoie une délégation à Paris reprendre les choses en main. On ne se contente pas de joutes verbales. L'affaire dégénère en bagarres violentes, pour la récupération des locaux et des fonds, sans entraîner de mort d'homme[2]. Mais le soupçon et l'hystérie gagnent le parti. La purge a des répercussions à Alger, et même en Oranie. En Kabylie, la direction fédérale est écartée, au profit de Belkacem Krim et Ouamrane. Suspect, Aït Ahmed est remplacé à la tête de l'Organisation paramilitaire au profit d'Ahmed Ben Bella. Loin d'être effacée par les grands enjeux ultérieurs : guerre d'Indépendance, construction du pays, démocratie moderne, la question kabyle ne cesse de revenir, sous d'autres formes, comme une ligne de conflictualité majeure entre Algériens. L'une des premières victimes de Belkacem Krim, en novembre 1954, est un ancien militant « berbériste » de Fort-National. Mais Belkacem Krim lui même est mis en minorité en 1958, et battu en 1962, suspect non de berbérisme idéologique ou linguistique, mais de vouloir imposer une direction kabyle à la Révolution. Il sera finalement assassiné en 1970.

Au-delà des hommes symboles, c'est le statut civique et politique des minorités qui fait problème, en parallèle avec le passage d'une culture de sujétion à une culture de participation. Là aussi, l'équation kabyle a valeur de symbole. Attrayante par l'espérance de liberté qu'elle fait naître, répulsive par le fantasme de séparation qu'elle convoque. À trois reprises, en 1963, 1980, 2001, le pays kabyle entrera en conflit direct, armé d'abord, civil et civique ensuite, avec le pouvoir central.

La hantise du genre : « nous » et « elles »

Un autre objet de conflit, peut-être le plus nodal d'entre tous, se focalise enfin sur le statut des sexes et la question des mœurs. Cette fixation sur le genre, et l'ordre moral qui lui est associé, est d'autant plus puissante et récurrente qu'elle s'adosse à un héritage culturel millénaire combinant

1. À distinguer soigneusement du groupe d'intellectuels animés par Mabrouk Belhocine et Sadek Hadjerès, groupe qui a rédigé une brochure de bonne facture susceptible d'amorcer le débat, mais ignorée et rejetée de fait par la direction.
2. Cette première scission violente, qui traîne en longueur pendant plusieurs mois, sera suivie d'une seconde, autrement meurtrière, entre FLN et MNA, sans rapport avec la question kabyle. Aucune des crises ultérieures ne fera oublier néanmoins ce choc initial.

dans un même *habitus* et un même *ethos* le modèle méditerranéen et le modèle musulman de stricte séparation des sexes et d'inégalité entre les sexes. Pour l'ordre agnatique et gentilice, la femme est un bien essentiel à l'échange homologue et à la reproduction du groupe. Elle tient sa valeur de son rang social, mais d'abord de sa pureté virginale, préalable à toute alliance matrimoniale. Dans l'imaginaire commun au monothéisme, pour la morale des clercs, la femme est impure par le sang menstruel, puissante par sa capacité génitrice, dangereuse comme séductrice et tentatrice. Sacralisée en tant que mère, elle est diabolisée en tant qu'objet du désir. Par cette double ambivalence, génératrice de violences que le moindre incident peut provoquer, la femme est au principe de l'ordre et du désordre, du désir et de sa censure.

Dans l'Algérie de 1830, l'honneur du mâle et la vertu du croyant dépendent ainsi de l'intégrité physique et sociale du corps préservé et réservé de la femme, fille vierge, épouse soumise, mère des fils, base même du corps social, dont ils ont la garde et la charge, entre le gynécée invisible et inaccessible à tout homme étranger, et l'espace public, profane ou sacré, ouvert à tous les hommes (café et souk, zaouïa et mosquée). Une autre respiration il est vrai est donnée à cette vie balisée des femmes : sorties codifiées au hammam et au cimetière, pèlerinage plus lointain sur le tombeau d'un saint, sociabilité des terrasses, fêtes familiales et religieuses, surtout pendant le ramadan. Et puis la réalité se joue toujours de ce cadre. Bien des femmes savent faire valoir leurs droits chez le cadi, qu'il s'agisse des rapports entre époux, ou de l'affectation de leurs biens propres. Elles sont sujets et non objets, même si elles ne peuvent renverser l'ordre général des contraintes. Telle citadine change plusieurs fois de mari, retournant en polyandrie la polygamie masculine. Telle autre fait sortir ses biens de la succession attendue en affectant des ressources à un usage caritatif par le moyen du habous. Chacun sait, en outre, que, en prenant de l'âge, la doyenne de la maison devient le vrai chef du foyer. La courtisanerie enfin, sans parler du mariage avec « l'épouse de plaisir », ou de la prostitution réglée par le *Mezouar*, nécessaire à la vie de garnison et à la présence d'hommes seuls, est une modalité socialement admise, ou du moins reconnue, de la transgression, alors que l'homosexualité, quoique pratiquée, est vigoureusement condamnée. Il n'empêche, le monde des femmes reste lourdement assujetti à la domination masculine, marqué, en ville, par une stricte réclusion, dont Fatima Mernissi montre encore la prégnance à Fès, dans les années 1940 et 1950 de son enfance.

Au cours du siècle qui suit la conquête, il est d'autant moins question pour la société subjuguée de renoncer au modèle autochtone de domination masculine – étant entendu que l'Europe en connaît pour sa part de multiples variantes – que celui-ci devient le lieu ultime de l'honneur viril et de l'autorité masculine, et le point d'appui le plus sûr d'une défense de la religion. Citadin ou villageois, l'autochtone fait sienne l'idée que la différence entre « elles et nous » est au principe de la différence entre « nous et eux ». La loi coranique n'interdit-elle pas le mariage d'une musulmane avec un non-musulman, alors qu'elle autorise le croyant, à l'exemple du prophète lui-même, à épouser une Juive ou une chrétienne ? Aux yeux de l'observant, sinon du puritain, l'Européen est trop souvent dépravé et immoral, son épouse impudique et légère. Soldat, colon, il a tous les droits. Homme ordinaire, il a tous les vices. C'est encore aujourd'hui l'ordinaire du discours des conservateurs et des islamistes, encouragés dans leur conviction par le spectacle paradiabolique de la dépravation de l'Occident. Aux yeux de l'homme d'honneur, qui subsiste encore aujourd'hui dans la version appauvrie du macho bagarreur, l'Occidental est un être efféminé, qui laisse trop de liberté à son épouse. À chacun ses clichés ! Les uns et les autres jouent sur un vieux traumatisme. Vaincu et humilié, l'Algérien de 1871, plus encore que celui de 1847, est condamné au silence et à la patience, comme une femme. Aussi bien, la domination coloniale sur les hommes a-t-elle pour effet de renforcer la domination masculine autochtone sur les femmes. Tout système d'inégalité politique et sociale crée une situation de double désir et de double interdit. Toute occupation politique et militaire l'aggrave. La situation coloniale, même sans apartheid, cumule l'une et l'autre, le préjugé racial ajoutant à la différenciation religieuse. La femme n'est plus seulement le pilier de la famille, elle devient, à mesure que germe la communauté nouvelle, la gardienne de la « personnalité algérienne ». Sa responsabilité passe du niveau gentilice et coranique au niveau national. Tel est, dans sa lettre, le discours des élites locales, dès que celles-ci sont en mesure de redresser la tête et de s'exprimer par la pétition, la conférence, le journal. Si M'hamed Ben Rahal, figure éminente du renouveau, pionnier de la « résistance-dialogue », à la fin du XIXe siècle, favorable au changement technique et à la scolarisation des filles, met en garde contre les mariages mixtes. D'autres s'élèvent contre le travail des femmes, et un éventuel abandon du voile[1].

---

1. Ce sont là des points de cristallisation pérennes, qui se prolongeront bien au-delà du débat entre « Jeunes Algériens ». La menace ne tient plus comme en 1830 à la violence intrinsèque de la force étrangère, mais au pouvoir de contamination et de corruption de la civilisation qui vient avec elle. Il faut rester sur ses gardes. La cohabitation peut conduire à la disparition. Prendre à l'Europe ce qui convient dans le respect des fondements religieux est depuis longtemps le leitmotiv des élites égyptiennes et ottomanes, et du cheikh Abdou. Mais la mise en pratique de ce mot d'ordre est grosse de tensions individuelles et collectives, source de contradictions et de malentendus. On ne veut plus d'une épouse analphabète, sans accepter pour autant une femme qui travaille, libre d'aller et venir à sa guise. Bref, on veut une Européenne qui reste algérienne. Tel est est le modèle implicite des couches moyennes citadines ascendantes à l'entre-deux-guerres. À l'heure du Front populaire, en tout cas, à la demande expresse des bénéficiaires potentiels, l'accès tant attendu à la citoyenneté n'est recevable que si les femmes restent dans le cadre chariique du « statut personnel ». Il faut attendre les rares étudiantes des années 1940 pour voir des filles abandonner le voile, sans que quiconque songe à envisager un nouveau droit de la famille, si ce n'est, *mezzo voce*, quelques instituteurs socialistes, des militants communistes, des médecins libéraux. Oulémas et partis politiques se gardent bien de militer en ce sens et de proposer un aggiornamento culturel. Bourguiba lui-même attendra l'indépendance pour bouleverser le statut personnel.

En 1944, en 1954, la demande d'ordre moral revient à l'ordre du jour. Elle pèse plus particulièrement sur les femmes. La violence est toujours à l'horizon d'une atteinte réelle ou supposée au vieil ordre des choses, tenue en lisière par la contrainte intériorisée. Mais deux faits sociaux majeurs commencent à compter. Le travail salarié des femmes, en ville, comme ouvrières et femmes de ménage, est accepté depuis les années 1920 dans les familles modestes, parce que la survie du groupe l'exige. La scolarisation des filles, à la décennie suivante, commence à être acceptée à son tour, en ville, comme partie intégrante du profil de la nouvelle épouse et future mère, que ce soit à l'école libre réformée ou à l'école publique, et même chez les sœurs chrétiennes, mais surtout à partir de la Seconde Guerre mondiale. La fille et la mère commencent à entrer dans un espace public circonscrit mais accepté, à la sortie du travail comme à la sortie de l'école. Elles deviennent visibles, sauf pour les historiens, qui ne parlent d'elles qu'à partir de la bataille d'Alger. Deux mouvements de masse, à la fois cause et effet, ont joué en ce sens : le Front populaire, en ville, les Amis du Manifeste algérien, dix ans plus tard, dans le monde rural. Des années 1930 aux années 1940, la relation entre offre et demande d'école pour les filles s'est donc inversée. Les couches populaires demandent l'école pour les filles, que l'administration coloniale ne se donne pas les moyens de satisfaire, malgré un ambitieux plan scolaire de relance, en 1945, après trente ans de rétention du savoir.

Après l'indépendance, ces deux faits, en partie interdépendants, vont encore changer de dimension, et peser d'un poids bien plus lourd.

Le FLN se garde bien de suivre Bourguiba dans la voie de l'émancipation civique, du contrôle des naissances, du large accès au travail salarié, sauf en matière d'enseignement, et pour des tâches subalternes de secrétariat. Ni Ben Bella ni Boumédiène n'oseront suivre dans ses audaces le « Combattant suprême », si décrié par ailleurs. Pendant treize ans, le second s'en tiendra au statu quo, espérant faire progresser les choses dans les faits, sans légiférer, et donner des armes à la droite religieuse. Le courant conservateur, tirant partie du compromis politique réalisé à la mort de Boumédiène, prend sa revanche en faisant voter en 1984 une version particulièrement rétrograde d'un projet de code de la famille maintes fois différé.

Cela n'est pas assez. Une poignée de radicaux cherche déjà l'épreuve de force. L'essentiel réside dans la conquête et le contrôle du corps social, qui hésite entre la tentation hédoniste et le repli puritain. Dans ce contexte, le voile islamiste devient un signe stratégique, qui replace la femme comme enjeu, au cœur du rapport social et de la morale collective, un signe et un signal occupant une place essentielle dans la lutte symbolique qui précède et prépare la lutte politique. Avec lui, les hommes retrouvent la suprématie naturelle que le Coran leur confère, avec tout le dispositif de la charia, la virilité perdue, ou menacée. Avec lui, ils reprennent la tête d'une communauté mise en ordre de bataille, prête pour le combat que leurs pères ont laissé inachevé.

Passé et présent de la coalescence meurtrière

Le paroxysme de la violence terroriste est atteint entre 1993 et 1996, quand toutes les lignes de tension accumulées dans le pays, les unes politiques, depuis deux ans, les autres économiques et sociales, depuis dix ans, les troisièmes, sociales et mentales, depuis plus d'un demi-siècle, entrent dans un gigantesque court-circuit, une réaction en chaîne de physique sociale conduisant à l'implosion générale. Le conflit gagne toutes les activités, toutes les régions, tous les groupes sociaux. Il ne divise pas seulement les partis, les courants idéologiques déjà constitués, l'armée et l'État, les démocrates et les islamistes, il traverse les familles, au sein desquelles le père et le fils s'opposent, les frères deviennent ennemis, au point de se dénoncer, et parfois de se tuer, il clive et déstabilise les individus eux-mêmes, qui hésitent entre attentisme et engagement, ou entre un camp et un autre.

En 1961-1962, à la fin du conflit pour l'indépendance, l'OAS avait poussé jusqu'au bout la « simplification ethnique » induite par la guerre, rendant impossible à quiconque de protéger les amis ou les voisins de l'autre camp. En 1994, plus personne ne marche dans la rue sans craindre pour sa vie, surtout les intellectuels, les agents en uniforme et les femmes non voilées. Mais les groupes islamistes armés (GIA) vont bientôt subir eux-mêmes la montée aux extrêmes qu'ils ont provoquée, en se combattant aussi entre eux, poussant bien plus loin la terreur fratricide qui avait frappé la génération antérieure, entre FLN et MNA, ou entre maquisards et harkis. La terreur appelle la terreur : « afghans » ou « hijristes », de telle région ou de telle obédience, les « fous de Dieu » sont conduits à surpasser la violence des militaires, et celle du FIS, pour maintenir la base dans l'obéissance, prévenir contre tout retour en arrière, ou punir le passage à l'ennemi, fût-il islamiste. L'horreur est préméditée. La terreur est raisonnée. Elle se justifie par des *fetwas* de petits doctrinaires, égyptiens, yéménites ou saoudiens, publiées à Londres. Elle use de la résonance médiatique, car toutes les agences de presse sont mobilisées, qui donnent le sentiment qu'on peut s'adresser au monde entier, et jouer avec lui, en le défiant. La mort est revendiquée par celui qui se donne comme « être pour la mort », sans rien savoir des nihilistes russes, ni même des sicaires du Vieux de la Montagne, le grand maître de la secte des assassins de Syrie.

Cette pulsion nihiliste est née de la frustration et de l'humiliation. Le parti des pères, le FLN, laisse par trop sur la touche, sans statut, sans ressources, sans logements, et sans femmes, la génération des fils. Le temps n'est plus où cette jeunesse pouvait être fière de leur combat contre la France, ou se contenter, comme par compensation, d'une victoire en football sur l'Allemagne, symbole de la puissance efficace, en transposant l'imaginaire guerrier dans son ordre, ludique et sportif. La situation de manque est bien réelle, encore qu'elle paraisse aux aînés, à juste titre, bien moins grave qu'en 1930 ou en 1954. Elle s'est néanmoins aggravée pour le plus grand nombre, à la fin des années 1980, alors que la jeunesse dorée rivalise de voitures et de filles dans les espaces ségrégués par l'argent ou le statut. Mais la perception de ce manque en redouble considérablement les effets. La jeunesse urbaine plébéienne, porte-parole sans mandat de la réprobation générale, se trouve dans une situation de frustration relative maximale, plus encore que celle qui suivait autrefois le PPA ou le FLN, moins en raison de sa condition objective qu'en raison de l'écart aggravé entre ses attentes et ses rétributions, au regard de la qualité et de la dignité qu'elle se reconnaît à elle-même, et de ce qui devrait lui revenir. Elle n'est pas seulement frustrée, elle se sent humiliée, par l'État, le parti, les riches, les émigrés, les étrangers. Récupérées, canalisées, hystérisées dans et par la mouvance islamiste, parti de masse en 1990, mouvement insurrectionnel en 1991, nébuleuse terroriste en 1993, la violence émeutière, la pulsion vindicative trouvent un langage et un exutoire dans la solution islamiste. Avec cette dernière, on fait le deuil de ce qu'on a désiré, l'argent, la liberté, la sexualité, tandis que d'autres veulent éliminer ce qu'ils disent avoir toujours méprisé. La violence idéologisée a plus particulièrement besoin de boucs émissaires. Derrière la haine de l'État laïc et de la junte corrompue, l'hostilité se concentre sur la femme sortie du rang, l'Occident impie, le *hizb França* (Parti de la France). La construction de l'ennemi et la recherche du bouc émissaire rejouent symboliquement la lutte contre l'État colonial en défiant l'État national. Tous les clivages, tous les vieux démons sont subsumés sous la harangue, qui bricole sans le savoir, par l'invocation du Très Haut dans le temple du football, pour une armée en tenue symbolique de combat, avec barbe et kamis, une sémiologie combinant le stade municipal de Messali et la mosquée de Ben Badis, les deux figures du lieu où les grands ancêtres avaient triomphé. Le dérèglement des normes, la crise de la médiation ont favorisé contradictoirement la recherche d'une fusion nouvelle et la déshumanisation du lien.

À maintes reprises, depuis 1830, le système juridique et normatif gouvernant la société algérienne musulmane s'est trouvé différencié et divisé, qu'il s'agisse des affaires civiles et politiques, du droit religieux et des conduites directement liées à la foi et au dogme, ou de la morale individuelle, familiale et sociale, provoquant des situations d'anomie, brouillant l'équilibre des antinomies et hétéronomies incorporées dans l'existence ordinaire. La puissance coloniale a progressivement imposé son ordre dans tous les domaines, sauf celui du statut personnel, dernier refuge de la société autochtone musulmane. Une première crise de la médiation en est résultée. La médina d'autrefois connaissait le caïd pour l'ordre public, l'*amine* pour le marché et le métier, le cadi pour le contentieux « privé », le mufti pour le point de théologie, et le *muhtasib* pour l'ordre moral au quotidien. Sans compter l'ordre du père, des mâles et des agnats dans la famille gentilice et patriarcale. Cette médiation a largement disparu, remplacée par le juge et l'édile, l'officier et l'administrateur, le secrétaire du syndicat et l'instituteur. Vaille que vaille, un modus vivendi discrètement évolutif s'est néanmoins établi après 1871, en dépit du clivage structurel entre Européens et « indigènes ». Il a volé en éclats entre 1956 et 1958, quand l'administration française a perdu le contrôle du monde rural passé au FLN, lequel a mis en place un contre-État, avec son état civil, sa justice, ses prestations sociales, et un nouvel ordre moral pour temps de guerre.

La puissance nationale est revenue à un ordre pour temps de paix, à partir de 1962, mais selon une combinaison problématique à références multiples, françaises, socialistes, islamiques, et segmentaires[1].

Il en est résulté de nouveaux rapports au dire et au faire, à l'objet et au corps, à la présentation de soi, à l'ordre des conduites, de nouvelles manières de dire la norme et de la faire respecter. Toutefois, dès la fin des années 1970, bien des gens du commun, petits commerçants ou petits fonctionnaires, ne se gênent plus pour dire que les lois de l'État comptent pour rien au regard de la tradition ancestrale ou de la loi religieuse. La relation aux normes avec lesquelles les composantes du corps social avaient appris à jouer va passer de l'évitement bien compris à l'affrontement ouvert, quand le retournement de la conjoncture économique et l'implosion du système autoritaire auront vu leurs effets décuplés par la socialisation de masse. La redistribution des places au sein de la société, et des rôles au sein de la famille, a accentué le syndrome de dépersonnalisation et de dévirilisation. Les frères sont dévalorisés par les sœurs, les hommes par les femmes. La petite collégienne peut en remontrer à son père en matière de Coran. Un sentiment de menace, de régression et d'inversion gagne. La corruption des fonctions et la reclassification des valeurs contribuent à transposer dans ce nouveau monde la vieille idée de *jahiliya* (ignorance et déréliction d'avant l'islam). De 1991 à 1998, adossé à la victoire du FIS, le terrorisme islamiste va porter à ses conséquences extrêmes la dénonciation de l'ordre impie, d'un droit étranger à la charia et d'un pouvoir contraire à la souveraineté de Dieu (*hakimat Allah*), la seule valide, en se présentant eux-mêmes comme les hommes de la norme. En son nom, ils brisent la médiation, rejettent le consensus des docteurs autorisés, bricolent un islam sans mufti et sans cadi. Celui qui ne rejoint pas la dissidence, d'abord dans la contre-révolution des mœurs, par la disciplinarisation du corps des femmes, puis dans la lutte frontale contre l'État impie, le *taghut*, selon le seul moyen valide, le *djihad*, devient suspect, et son sang licite. Il y a un rapport direct entre l'obsession

---

1. Déjà, il est vrai, le réformisme religieux du mouvement des oulémas était venu bousculer l'ordre des croyances et de pratiques associées à l'islam confrérique et maraboutique. Déjà, l'individualisation tendancielle des rapports sociaux par le salaire, le marché, la propriété privée de type code civil s'était trouvée confortée par la modernisation de pratiques culturelles nouvelles (sport, cinéma, théâtre et music-hall), établies en leurs lieux propres (club, salle, stade), socialisées par des institutions inédites (école publique, service militaire, associations, partis et syndicats), relevant d'un temps vif et court, celui de l'agenda, de la presse et de la mode, et d'une temporalité nouvelle, celle du « progrès universel ». Cette longue durée de l'époque coloniale a été à la fois bloquée sur certains points (le marché), continuée mais canalisée, sinon enrégimentée, sur d'autres. Une sorte d'« équilibre en mouvement » avait été néanmoins trouvé pendant près de vingt ans.

des origines, le fantasme de la pureté, lié à celui de la vérité, et le recours perçu comme légitime à l'extrême violence[1]. Dans le prêche confié au fils d'Ali Belhadj, un enfant de huit ans, substitué à son père emprisonné, pour haranguer la masse des « frères » rassemblés dans un stade, quelque chose de l'exaltation messianique d'hier gagne la foule subjuguée qui regarde et écoute ce visage d'enfant à la voix céleste, comme s'il était le messager de l'ange exterminateur, sinon de Dieu lui-même. Exterminer, purifier, c'est tout un. L'anéantissement du sujet dans le principe transcendant rend possible son accomplissement par la main et l'esprit du sujet délirant. La guerre rend possible l'impossible. Dans la nouvelle guerre civile entre Algériens, on fait pis encore que dans les précédentes. Il n'y a plus ni limite ni recours, au moins pour un temps, sinon disparition du sens, si déréglé soit-il, qu'il s'agisse de tuer ou de punir. Tous les actes, tous les signes, tous les instruments de mort peuvent se mélanger et se justifier, fût-ce l'égorgement des enfants, le jet de bébé contre un mur, le rapt des femmes violées puis tuées[2]. L'hystérie et l'hyperesthésie du sujet individuel et collectif appellent le passage à l'acte, validé par la norme d'exception qui justifie la « terreur sacrée ». La barbarie qui conduit à traiter le semblable comme viande, le mort comme chose, peut aussi se décliner dans la référence au sacré, religieux ou non. Ainsi, la mutilation peut-elle supposer qu'on prête une autre vie au corps. Couper le nez de l'ennemi, c'est l'atteindre dans son visage, qui porte au plus haut l'idée de créature de Dieu, et dans sa virilité masculine, puisque tel est son symbole dans la tradition arabe et maghrébine. Couper le sexe de l'ennemi et le mettre dans sa bouche, c'est humilier le mort, défier le mort et le poursuivre jusqu'après la mort, le condamner à ne pas arriver intact dans l'au-delà, pis, lui faire accomplir le passage dans un état infamant. Cette forme anthropologique de violence a fait retour pendant la guerre d'Indépendance, et le FLN a eu du mal à l'enrayer, y compris contre ses propres hommes. Certains généraux de la conquête se glorifiaient des têtes coupées, et laissaient certains de leurs hommes exhiber des oreilles en trophée. Inutile d'insister sur la banalisation de la torture après 1954. Primo Levi et Robert Antelme ont évoqué mieux que quiconque le mal absolu, mais aussi la capacité qu'a l'homme d'y résister. Quelque chose de cet ordre a eu lieu au milieu des années 1990. Chaque émir, à son petit niveau, a eu le pouvoir de vie et de mort sur son territoire, maître de

---

1. Mary Douglas, *De la souillure*, Paris, 1976. Pureté de la foi, de la race, de la classe, vérité de la foi ou de la science, tous ces syntagmes ont soutenu suivant les cas le discours en acte de Savonarole, de Hitler, de Staline.

2. Dans la rixe quotidienne, il arrive que la colère déborde l'intention vraie (*Nd'hebbek*, « je t'égorge »). Le mot peut aussi relever d'une peur jouée dans un jeu de langage avec l'enfant qui est dans la connivence. Chacun sait que le geste désigné ne s'applique pas à l'homme, créature de Dieu. Il renvoie à l'égorgement rituel rendant licite la consommation animale ordinaire, et au geste fondateur d'Abraham réitéré le jour de l'Aïd. Quoi qu'il en soit, les hommes de Mohamedi Saïd, en wilaya 3, n'étaient pas allés jusque-là lors du massacre de Melouza.

l'humain et du non-humain. Compensation absolue à l'impuissance d'hier ? Peut-être aura-t-il pensé détenir un moment la puissance absolue que le croyant sait de naissance n'appartenir qu'à Dieu. Ce sont les femmes, en l'occurrence, qui ont le mieux illustré le courage absolu.

Conclusion

Née de la guerre, l'Algérie moderne et contemporaine s'est faite aussi dans la guerre. Née de la domination et de l'humiliation, elle s'est mise au défi de l'Autre, puis au défi d'elle-même, par deux fois, dans la revanche et la vengeance, dans l'espérance et l'utopie. Deux fois les fils en ont appelé de la défaite des pères, glorieux mais vaincus au temps des colons, vainqueurs mais déchus au temps du moudjhahid devenu homme d'affaires. Deux fois ils ont cherché un père idéal, prophète et ancêtre, *za'im* et *'alim*, et sous sa férule un ordre parfait et une communauté idéale, socialiste ou islamique, pour garder lien et faire sens avec l'utopie en marche. Plus que d'autres, plus longtemps que d'autres, en islam méditerranéen, les Algériens se sont construits dans la somme de toutes les épreuves, de la hantise de la disparition collective au conflit à la fois réel et imaginaire entre Orient et Occident, au défi d'une France elle-même ambivalente, à la fois Marianne généreuse et imago de la mère mauvaise. Plus que d'autres pays voisins, ou parents, l'Algérie s'est homogénéisée et divisée en même temps. Elle s'est homogénéisée socialement et ethniquement, mais au prix d'une perte dont elle ne s'est pas encore relevée, celle de ses Européens, intoxiqués par leur mentalité sudiste, mais ancrés dans la terre, celle de ses Juifs, autochtones depuis plus de deux mille ans, passeurs et médiateurs idéaux, celle de ses élites, marginalisées à l'intérieur, ou chassées à l'extérieur, par la médiocrité et l'ignorance, plus encore que par la violence, celle de sa composante *amazigh*, déniée ou reniée, reconnue tardivement, du bout des lèvres, celle de la langue de l'Autre, qu'elle n'a su ni banaliser ni même remplacer. Et finalement celle de la grande tradition arabe elle-même, qu'elle n'a su ni retrouver, ni valoriser. Ou plutôt, elle s'est uniformisée sans s'homogénéiser, sans faire l'unité de sa diversité, reconnue, réinventée, apaisée, sans faire suffisamment œuvre avec elle. Corrélativement, elle s'est usée psychologiquement et mentalement, plus que ses voisins, dans l'effort de chacun pour construire sa vie au quotidien, entre holisme et individualisme, et dans celui de l'État pour pérenniser son modèle héroïque et démiurgique. Elle s'est crispée, et durcie, entre sécularisation rampante et raidissement communautaire, dans l'écart entre Paris et Le Caire, la tension redoublée entre Hollywood et La Mecque, peinant à ajuster sa culture populiste et son vieux modèle de parité entre les frères (de sang, de sol, de foi, d'idéal) aux défis du présent, au dilemme imposé entre solution libérale ou république islamiste. Les Algériens ont fait preuve d'une énergie et d'un courage rares pour parvenir à l'indépendance, après un demi-siècle d'ajustement à la modernité. Ils ont cru pouvoir continuer l'œuvre collective, d'en haut et d'en bas, sur le socle même de cette indépendance victorieuse, qui, on le répétait depuis vingt ans, conditionnait tout le reste, sous le label des « trois révolutions » (agraire, industrielle, et culturelle), sans mesurer l'ampleur de la reconversion des talents et des tâches, et la nécessité de forger et maîtriser une nouvelle règle du jeu. En bref, la construction n'a pas été à la hauteur de la libération. C'est même ce désamour d'avec soi, voire cette fureur contre soi, qui est au principe de la dernière tragédie.

La violence extrême des années 1990 n'est en rien le produit mécanique d'un simple déterminisme historique. Elle a la toute-puissance de l'événement irréductible à ses causes. Pourtant, l'hiatus majeur entre l'État et la société, comme au sein de l'une et de l'autre, la terreur asymétrique exercée sur le corps social et le corps déshumanisé des hommes sont aussi l'actualisation de tensions multiséculaires accumulées sur la chaîne du temps, transmises non pas en ligne directe et de manière univoque, mais reformulées et réinventées par les nouvelles générations, dans ses objets et ses images, ses mots et ses attitudes, parce qu'elles les travaillent encore, faute d'avoir été discutées dans un espace public et politique ouvert, nommées et traitées à temps, et donc surmontées et dépassées. Deux séquences de violence paroxystiques ont ainsi accompagné la mutation de la société algérienne dans la seconde moitié du siècle passé, à la fin de l'État colonial, et au déclin du populisme autoritaire investi par l'État national. Deux fois, dans les années 1920 d'abord, dans l'après-1945 ensuite, les Algériens ont fait preuve d'une créativité culturelle et associative remarquable, faisant émerger une société civile inventive, capable d'étendre ses vertus à tout le champ social comme à la chose publique, mais finalement vaincue par la conjonction du blocage colonial et de la guerre totale. La génération de l'indépendance avait du talent. Ce dernier a été gâché par le triomphe d'une culture de sujétion magnifiée par la liturgie révolutionnaire, routinisée sous un mauvais maquillage idéologique plaqué sur la gestion stérilisante de la rente et de la dette, fabriquant à son tour une société bloquée, et préparant dans son dos une relève du même type élevée dans son sein, d'un populisme à l'autre, sous le label de la solution islamiste. La demande de nouvelles règles, l'invention de nouvelles formes, la redécouverte du riche passé culturel et intellectuel du premier XXe siècle permettront peut-être à la génération qui vient de purger ce passé et de dépasser les conflits non réglés. Il n'y a pas de gène de la violence, il n'y a pas non plus de fatalité historique.

La torture pendant la guerre d'Algérie

par Raphaëlle Branche

« Pour obtenir des aveux de ces misérables, j'ai été forcé de faire le Caligula. Le bâton a travaillé d'une façon énergique », écrit Armand-Jacques Saint-Arnaud (dit Jacques-Archille Leroy de) en 1845[1]. La bastonnade est alors utilisée pour obtenir des renseignements sur l'emplacement des silos où les tribus stockent leurs grains ou leur argent, ou pour tenter d'apprendre des informations tactiques sur l'ennemi[2]. La torture n'est certes pas arrivée en Algérie avec les Français mais ceux-ci l'utilisent comme arme de conquête. Dès cette époque, l'idée selon laquelle les Algériens ne comprendraient que la force circule. L'instauration du code de l'indigénat, à la fin du siècle, l'inscrit dans le droit. La torture participe de cet esprit. Pendant la guerre d'Algérie, cette violence coloniale se trouve renforcée par les arguments et les pratiques de la raison d'État.

Dès avant 1954, dans l'ensemble de l'Empire français, le système de répression des mouvements indépendantistes ou simplement nationalistes n'hésite pas à recourir à la torture. Dans l'entre-deux-guerres, des témoignages l'attestent en Indochine où l'électricité est utilisée pour violenter les suspects[3]. Jean-Louis Planche en décrit aussi l'usage pendant la Seconde Guerre mondiale en Algérie[4] où il accompagne ensuite la répression du sou-

---

1. Achille Leroy de Saint-Arnaud, officier d'ordonnance de Bugeaud, le 14 février 1845, cité par Charles-André Julien *in Histoire de l'Algérie contemporaine*, tome 1, Paris, PUF, 1979 (2ᵉ édition), p. 322. Charles-André Julien fait aussi remarquer que, à la même époque, les conscrits français devaient subir une discipline extrêmement sévère et que l'on ne répugnait pas non plus à utiliser des violences que l'historien qualifie de sadiques.

2. Voir Jacques Frémeaux, *La France et l'Algérie en guerre (1830-1870/1954-1962)*, Paris, Économica et Institut de stratégies comparées, 2002, p. 214.

3. Voir Andrée Viollis, *Indochine SOS*, Paris, Gallimard, 1935.

4. « Violences et nationalismes en Algérie, 1942-1945 », *Les Temps modernes*, n° 590, octobre-novembre 1996. Jean-Louis Planche étudie l'affaire de Zéralda où, le 2 août 1942, 25 Algériens ont été retrouvés morts après avoir été enfermés, avec quinze autres personnes, dans une cave de 9 m² de la mairie.

lèvement du 8 mai 1945[1] et surtout la lutte contre l'Organisation spéciale (OS) du PPA/MTLD (Parti populaire algérien/Mouvement pour le triomphe des libertés démocratiques).

Cette structure clandestine d'un millier d'hommes en 1948 s'est donné pour but de reprendre par la force « ce qui a été pris par la force ». Les forces de l'ordre françaises s'attachent à la démanteler : une fois arrêtés, ses membres sont systématiquement torturés[2] : des arrestations en cascade viennent à bout de l'organisation, à l'exception de quelques sections, dans l'Aurès notamment[3]. Le gouverneur général Naegelen a beau interdire, dans une circulaire d'octobre 1949, l'emploi de la violence comme « méthode d'investigation en matière criminelle », en 1950 les sévices sont encore une pratique ordinaire de la police en Algérie[4].

Ce sont d'ailleurs des inspecteurs de police venus du Constantinois qui viennent prêter main-forte à leurs collègues de Madagascar quand la Grande Île se soulève, le 29 mars 1947[5]. La répression recourt massivement à la torture, comme le prouvent de nombreux rapports officiels[6]. De même dans les pays du Maghreb voisins de l'Algérie, cette pratique dans les postes de police est une réalité avérée[7].

À ce poids des techniques coloniales d'administration et de contrôle des populations s'ajoutent, pendant la guerre d'Algérie, les habitudes qu'une partie de l'armée a prises en Indochine de 1946 à 1954. Jacques Chégaray s'en fait l'écho dans un article de Témoignage chrétien[8]. Au milieu du cortège de violences qui accompagne la guerre qu'il mène là-bas, le caporal Philippe de Pirey en donne une image précise : ainsi de ces prisonniers « suspendus par les pieds à la tour et [laissés] des heures durant sécher en plein soleil[9] ». Dans un récit ultérieur, mais relatant sa campagne d'Indochine, Jules Roy décrit encore ces cahutes « d'où la nuit montaient des

1. Annie Rey-Goldzeiguer, *Aux origines de la guerre d'Algérie, 1940-1945. De Mers el-Kébir aux massacres du Nord-Constantinois,* Paris, La Découverte, 2002, p. 340.

2. Sur le procès des membres de l'OS, voir Mohammed Harbi, *Le FLN, mirage et réalité*, Jeune Afrique, 1980, 446 p., p. 76. Voir aussi Gilbert Meynier, *Histoire intérieure du FLN*, Paris, Fayard, 2003.

3. Omar Carlier, *Entre nation et jihad. Histoire sociale des radicalismes algériens*, Paris, Presses de Sciences Po, 1995, 443 p.

4. La circulaire adressée aux préfets vise les « fonctionnaires de police », « les militaires de la gendarmerie », les « agents du service pénitentiaire » et des « personnels des services civils ».

5. François Koerner, *Madagascar, colonisation française et nationalisme malgache, XXᵉ siècle*, Paris, L'Harmattan, 1994, 463 p., p. 335.

6. Ces rapports ont débouché sur la demande unanime des députés de l'Union française que des poursuites soient engagées contre les tortionnaires.

7. En 1955 encore, le Comité international de la Croix-Rouge déplore les tortures subies par des militants syndicalistes ou nationalistes au Maroc (rapport de mission du CICR, 23 mai 1955, archives PMF).

8. Jacques Chégaray, « Les tortures en Indochine », *Témoignage chrétien*, le 29 juillet 1949.

9. Philippe de Pirey, *Opération Gâchis*, Paris, La Table ronde, 1953, 265 p., p. 94.

hurlements qu'on feignait de ne pas entendre[1] ». « Les moyens que nous employons sont tels qu'on se demande, par moments, si les cas d'exactions rebelles, que nous connaissons, suffisent à nous justifier, note un autre militaire dans une de ses lettres. À moins, ajoute-t-il, que la fin ne justifie les moyens. Mais je crains que nous n'obtenions pas cette fin ; et les moyens resteront, eux, pour nous accuser[2]. »

Malgré la défaite de Diên Biên Phu, l'armée française continue pourtant à employer ces méthodes en Algérie. Mais les circonstances de la guerre y sont tout autres et la répression adopte des formes différentes. La torture y occupe progressivement une place centrale.

Dès les premiers mois de la guerre, elle est utilisée par la police contre des militants du MTLD dont le parti est soupçonné, à tort, d'être derrière les attentats du 1er novembre. Dès le lendemain, François Mauriac met en garde dans son *Bloc-Notes* : « Coûte que coûte, il faut empêcher la police de torturer. » Une semaine plus tard, *L'Humanité* titre « Des tortures dignes de la Gestapo sont infligées à des Algériens détenus à Batna par la police[3] ». Paul Houdart s'en indigne officiellement au conseil municipal d'Alger. En janvier 1955, c'est l'archevêque d'Alger, Mgr Duval, qui la dénonce fermement : « L'instruction judiciaire doit exclure la torture physique et psychique », éprouve-t-il alors le besoin de préciser[4].

Questionné de toutes parts[5], le gouvernement réagit en ordonnant une enquête à un inspecteur général de l'administration, Roger Wuillaume. Le rapport que celui-ci rend le 2 mars 1955 à Jacques Soustelle est sans ambiguïtés. Il y détaille les méthodes utilisées sur les personnes suspectes au cours d'une période d'incarcération pouvant atteindre trois semaines. Les quatre principales méthodes sont « les coups avec les poings, bâtons ou cravaches » ; « la baignoire où l'individu est immergé jusqu'à la suffocation, voire jusqu'à l'évanouissement » ; « le tuyau, du genre tuyau à gaz, relié à un robinet ou à défaut à un jerricane ou un bidon : pieds et poings liés, bras et jambes repliés, l'individu est placé de façon que ses coudes soient à un niveau légèrement inférieur à celui des genoux ; entre coudes et genoux on glisse un solide bâton. L'homme ainsi entravé est basculé en arrière et à terre sur un vieux pneu ou une vieille chambre à air où il se trouve bien calé. On lui bande les yeux, on lui bouche le nez et on introduit dans sa bouche le tuyau qui déverse l'eau jusqu'à suffocation ou évanouissement » et, enfin, « l'électricité : les extrémités dénudées de deux fils électriques branchés sur le courant sont appliquées comme des pointes de feu sur les diverses parties les plus sensibles du corps – aisselles, cou, narines, anus, verge, pied. [...]

---

1. Jules Roy, *Mémoires barbares*, Paris, Albin Michel, 1989, 569 p.
2. Guy de Chaumont-Guitry, *Lettres d'Indochine. De « Rhin et Danube » à la plaine des Joncs*, Paris, Alsatia, 1951, 224 p.
3. *L'Humanité* du 8 novembre 1954.
4. Texte du 17 janvier 1955, publié le 20 janvier dans *La Semaine religieuse*.
5. Notamment par les articles de François Mauriac et de Claude Bourdet : « Votre Gestapo d'Algérie » et « La Question ».

Lorsqu'il n'y a pas d'électricité, on utilise celle du groupe électrogène ou des accus des postes de liaison radio ». « Tous les services de police, gendarmerie, police judiciaire et police des renseignements généraux, note-t-il, utilisèrent plus ou moins, au cours de leurs interrogatoires, les coups, la baignoire, le tuyau d'eau et l'électricité ; mais d'une façon générale c'est le tuyau d'eau qui, par la généralité de son emploi, paraît avoir les préférences. » Roger Wuillaume avait étudié le cas de détenus dans certaines prisons d'Algérie qui affirmaient avoir été torturés. « Les procédés employés sont de pratique ancienne », atténue l'inspecteur général, qui explique qu'on y ait recours du fait de « la nécessité dans laquelle se sont trouvés les services de police d'aller vite [...] pour obtenir en un temps record le plus de renseignements possible[1] ». Il préconise d'ailleurs de « lever le voile d'hypocrisie » dont on les recouvre et d'en réglementer l'usage en les réservant à la police judiciaire sous la responsabilité d'un inspecteur ou d'un commissaire[2]. Sa proposition n'est pas retenue. La pratique des sévices au cours des interrogatoires policiers continue, sans être autorisée ni sanctionnée.

À Paris, une perspective plus globale sur la police en Algérie envisage de fusionner les services de la Sécurité algérienne avec ceux de la Sûreté nationale (SN). Le directeur général de la Sûreté nationale, Jean Mairey, chargé d'une mission d'information à cette fin, rend un rapport qui témoigne des libertés que la police algérienne prend avec certaines règles de fonctionnement en vigueur en métropole et préconise des réformes[3]. En décembre, il peut lui-même constater que les améliorations sont faibles. La fusion a suscité « des réactions très vives, tant en métropole où fonctionnaires de tous grades de la SN ont craint, non sans raison, il faut le dire, d'être mutés d'office en Afrique du Nord par nécessité de service, qu'en Algérie où les fonctionnaires locaux, ancrés dans des habitudes anciennes (de très mauvaises habitudes, hélas !), ont redouté de leur côté, et non sans raison car c'est indispensable, de se voir imposer des règles administratives conformes au droit français et à l'honnêteté tout court, mais inconciliables avec leurs regrettables privilèges ». Jean Mairey déplore que demeure « le climat auquel sont habitués les policiers algériens, comme d'ailleurs la plupart des fonctionnaires et la quasi-totalité des Européens d'Algérie, climat fondé sur le mépris fondamental du "bicot", je veux dire de l'ensemble des populations algériennes[4] ».

---

1. Rapport publié par Pierre Vidal-Naquet (textes réunis et présentés par), *La Raison d'État*, Minuit, 1962, 330 p., p. 57-68.

2. Voir Jean-Pierre Rioux, « La torture », *in* Laurent Gervereau, Jean-Pierre Rioux et Benjamin Stora (dir.), *La France en guerre d'Algérie, novembre 1954-juillet 1962*, Nanterre, BDIC, 1992, 320 p.

3. Son rapport du 20 mars 1955 comporte celui de l'inspecteur général Roger Wuillaume en annexe.

4. « Rapport relatif au fonctionnement des services de police en Algérie » de Jean Mairey du 13 décembre 1955, F 1a 4811* (CHAN). Rapport publié par Pierre Vidal-Naquet, *La Raison d'État, op. cit.*, p. 72-89. Sur la relation entre torture et image des Algériens voir Rita Maran, *Torture : The Role of Ideology in the French-Algerian War*, New York, Praeger, 1989.

La torture est employée par la police comme par les autres forces de l'ordre. Si Jean Mairey témoigne du souci du gouverneur général de voir cesser ces méthodes, ce souci est balayé par les violences du 20 août 1955. La torture peut alors s'épanouir sans entraves. En janvier 1957, après un ultime « cri d'alarme », Jean Mairey démissionne : les « méthodes policières » se sont en effet répandues au sein des forces de l'ordre. Détachées de leur finalité judiciaire, les violences au cours des interrogatoires sont devenues un des visages ordinaires de la guerre d'Algérie.

Elles s'installent peu à peu dans les habitudes de l'armée grâce au flou dans lequel les troupes sont amenées à intervenir. Rapidement, les simples « opérations de maintien de l'ordre » réclament plus d'hommes : les contingents disponibles sont envoyés en Algérie en renfort au printemps 1955. Pour faciliter la tâche des forces de l'ordre, l'état d'urgence est décrété dans quelques arrondissements d'Algérie sur proposition du président du Conseil, le radical Edgar Faure : les préfets ont le droit d'instaurer un couvre-feu, d'interdire ou de réglementer le séjour de certains individus. Le gouverneur général d'Algérie reçoit le pouvoir de fermer des lieux de réunion, d'autoriser des perquisitions de nuit et de contrôler les médias. Il peut surtout décider de l'assignation à résidence de toute personne dont l'activité est jugée « dangereuse pour la sécurité et l'ordre publics ». Enfin, la loi permet de remettre à la justice militaire le jugement des inculpés relevant des cours d'assises – ce qui vise implicitement les nationalistes algériens suspectés ou convaincus d'attentats en tout genre.

Cet état d'urgence, rapidement étendu dès le mois de mai à tout le département de Constantine et à quelques arrondissements du centre du pays puis à l'automne à l'ensemble du territoire, témoigne de l'inquiétude grandissante des autorités politiques, promptes à prendre des mesures de privation des libertés publiques. Le Parlement garde alors encore ses compétences ; le 16 mars 1956, par la loi sur les pouvoirs spéciaux, il s'en remet au gouvernement : cette domination de l'exécutif ne facilite pas l'expression des oppositions à la politique menée et aux méthodes employées[1].

Celles-ci sont, de toute façon, largement imposées par les forces de l'ordre aux autorités politiques réduites, tout au plus, à les couvrir *a posteriori* ou à les condamner souvent en vain. Ainsi, dès le mois de mai 1955, le redoutable principe de la responsabilité collective commence à se répandre en Algérie. Il est d'abord appliqué dans l'Aurès et les Nementchas où le général Parlange décrète que le douar le plus proche d'un sabotage ou d'un attentat en sera tenu collectivement pour responsable. Cette responsabilité se traduit le plus souvent par des corvées pour remettre en état les infrastructures endommagées par les attentats. Elle peut aussi aboutir à ce qu'une mission parlementaire appelle des « prises d'otages » ou des « bombardements de village » : la responsabilité collective débouchant

1. Arlette Heymann, *Les Libertés publiques et la guerre d'Algérie*, Paris, Librairie générale de droit et de jurisprudence, 1972, 315 p.

alors sur des représailles collectives. Des parlementaires les désapprouvent « non seulement pour des raisons d'ordre humain mais aussi pour des motifs d'ordre politique » ; ils ne sont pas écoutés[1]. En fait, les hommes politiques sont partagés sur cette question. Le général Cherrière sait qu'« il n'y aura pas d'instructions écrites données par le gouvernement ».

Pour autant, l'armée d'Algérie est soutenue par les principaux responsables politiques et notamment par le ministre de l'Intérieur, Maurice Bourgès-Maunoury, et le ministre de la Défense nationale, le général Kœnig. Dès le 1er juillet 1955, ils indiquent, dans une instruction, « l'attitude à adopter vis-à-vis des rebelles en Algérie », généralisant ainsi les conditions dans lesquelles la guerre est menée dans le Constantinois à tout le territoire algérien. Ce texte prône une réaction militaire « plus brutale, plus rapide, plus complète » et demande « à chacun de faire preuve d'imagination pour appliquer les moyens les plus appropriés compatibles avec [leur] conscience de soldat ». Ils préconisent, en outre, que « tout rebelle faisant usage d'une arme ou aperçu une arme en main ou en train d'accueillir une exaction [soit] abattu sur-le-champ » et surtout que « le feu [soit] ouvert sur tout suspect qui tente de s'enfuir ». Les ministres entérinent ainsi une absence de définition du mot « suspect », exposant toute personne fuyant à l'arrivée des forces de l'ordre à être fusillée séance tenante.

Ce texte essentiel indique clairement la généralisation très rapide à toute l'Algérie d'une guerre menée aussi bien aux rebelles armés – c'est-à-dire, sans que le mot soit jamais employé, à ceux que l'on considère comme des ennemis au sens traditionnel – qu'à l'ensemble de la population algérienne susceptible de soutenir ces « rebelles ». Il précède la généralisation de l'insécurité à l'ensemble du territoire algérien, après le 20 août 1955, et l'extension de l'état d'urgence qui l'accompagne : il installe durablement l'arbitraire des forces de l'ordre en le recouvrant d'un léger voile réglementaire. En mars 1956, les pouvoirs spéciaux complètent et élargissent la latitude laissée au gouvernement pour mater la rébellion en Algérie. En l'occurrence, le ministre résidant est laissé largement maître de la politique à mener. Dans le domaine répressif, celui-ci s'en remet à l'armée.

L'influence grandissante au sein de celle-ci de doctrinaires s'inspirant de la guerre d'Indochine pour élaborer une nouvelle stratégie métamorphose la conception de la lutte menée en Algérie en une guerre contre-révolutionnaire engagée contre ceux qu'ils croient être des adeptes des méthodes communistes. Cette conception de la lutte nationale algérienne, fort éloignée de la réalité, amène l'état-major de la 10e région militaire (*ie* le territoire algérien) à promouvoir les tenants d'une guerre ayant pour cible première la population algérienne. Celle-ci est à la fois considérée comme l'eau dans laquelle le poisson FLN se nourrirait et s'abriterait – eau qu'il s'agirait alors de séparer du poisson pour mieux éliminer ce dernier, pour reprendre la terminologie de

---

1. Mission parlementaire composée de députés membres de la commission de la Défense nationale, rapport du 5 juillet 1955 (SHAT, 2R 159/3*).

ces théoriciens trempés d'un maoïsme de circonstance –, et comme le levier pouvant faire basculer l'Algérie du côté de la France. L'action psychologique se charge de promouvoir l'Algérie française tandis que la recherche du renseignement est élevée au premier rang des missions de l'armée.

Ainsi le ministre résidant Robert Lacoste reprend la nouvelle terminologie estimant que « la qualité de combattant du commissaire politique » est établie. Il prescrit, par conséquent, « une lutte systématique contre l'OPA [Organisation politico-administrative] rebelle qui est la base même de l'organisation adverse et qui doit à ce titre être détectée et détruite[1] ». C'est dans ce cadre que la torture se généralise.

En effet, même si la plupart des hommes au pouvoir ont pu rappeler leur nécessaire souci de quelques principes fondamentaux, tels que le respect de la personne humaine, le fait d'entériner le discours légitimant élaboré par les militaires les prive de toute marge de manœuvre et de toute possibilité de sanction. De fait, cette légitimité répressive – présentée comme issue du terrain et de l'expérience – s'impose aux hommes politiques, qui la couvrent d'une légalité d'exception, omettant de se prononcer précisément sur les moyens employés.

La volonté du commandement de lutter contre son adversaire avec des moyens appropriés est incarnée en particulier par les hommes du 2e bureau, présents progressivement à tous les échelons de la hiérarchie militaire. Statiques ou mobiles, ces hommes sont partout en Algérie. Ils drainent des renseignements sur leur adversaire et les centralisent dans un fichier. Dirigée par un officier, l'officier de renseignements (OR), une petite équipe de quelques hommes travaille sur des données issues de l'observation, obtenues par des indicateurs, tirées de documents trouvés sur le terrain (sur des ennemis, notamment). Sa principale tâche est toutefois d'interroger des suspects – avec la latitude immense dans l'appréciation de cette qualité notée plus haut. Or « aucune note de base n'explique aux OR leur véritable travail ainsi que leurs droits. Le processus d'arrestation et d'interrogatoire, indispensable pour la guerre révolutionnaire, processus expliqué oralement et recommandé par les chefs des services de renseignements, ne fait l'objet d'aucune codification écrite », se plaint l'un d'eux[2]. En effet, les OR savent que la guerre ne pourra pas être gagnée sans renseignements et que c'est principalement à eux de les fournir. Leur priorité est, dès lors, claire et, comme l'écrit un autre OR, si « la légalité a des exigences incompatibles avec la répression de la rébellion [...], cela est une autre histoire[3] ». La torture est un des instruments à disposition de ces hommes pour accomplir leur tâche : à eux de décider s'ils l'emploient

---

1. Directive particulière du ministre résidant concernant la lutte contre l'OPA, 18 août 1956 (SHAT, 1H 3088/1*).
2. Rapport sur le moral du 2e RPC en 1957 (SHAT, 1H 2424/1).
3. Déposition du capitaine, cité comme témoin au procès des « fellagha » de Grarem (secteur de Redjas, Nord-Constantinois), d'après des extraits de lettres de militaires conservées dans les archives du cabinet du ministre des Armées (SHAT, 1R 40*).

ou non. Les directives officielles les y incitent parfois, le leur interdisent d'autres fois mais toujours dans un langage tel et accompagnées de directives leur enjoignant, par ailleurs, d'obtenir des renseignements, que leur seul guide reste leur conscience, professionnelle ou personnelle.

Or la torture peut paraître efficace. En 1957, elle est utilisée à une large échelle à Alger par les troupes du général Massu, à qui les autorités politiques ont remis les pleins pouvoirs pour rétablir l'ordre dans la ville. Des centres de torture sont installés et les parachutistes ne lésinent pas sur les moyens pour faire parler et faire peur. Outre les personnes arrêtées, gardées au secret parfois des semaines, voire des mois, et torturées, d'autres disparaissent à jamais après avoir été emmenées par ces militaires. La plus connue d'entre elles, pour la campagne d'opinion que son cas a soulevée en France et dans le monde, est Maurice Audin, jeune assistant de mathématiques membre du Parti communiste algérien (PCA[1]). Son cas ne doit pas faire oublier les milliers d'Algériens qui, eux non plus, n'ont jamais été rendus à leur famille. Cette grande répression d'Alger est l'occasion pour les autorités militaires d'éprouver un certain nombre de méthodes. La terreur produite par les disparitions en est l'aspect le plus extrême : jamais plus il n'atteint cette ampleur ensuite.

En revanche, l'utilisation massive de la torture corrélative d'un démantèlement des réseaux FLN et de l'arrêt des attentats (temporaire au printemps, puis définitif à l'été) donne l'impression d'une grande efficacité de cette violence, présentée simplement comme une méthode adaptée à la nature de la lutte. L'aumônier de la 10ᵉ division parachutiste la justifie d'ailleurs en estimant qu'à Alger « ce ne sont pas [les] chefs militaires qui [...] ont arbitrairement imposé ces méthodes ; ce sont les fellagha qui, se conduisant en bandits, obligent [les parachutistes] à faire ce métier de policiers[2] ». Avec le terme « fellagha », la continuité de l'action des parachutistes du bled à la ville est affirmée. Dans un texte du 30 janvier 1957, le commandant du 3ᵉ RPC précise : « Cette action nous oblige à utiliser des méthodes de travail dites "policières". Il n'y a pas à s'en offusquer, car la destruction de l'adversaire, but ultime du combat, est à ce prix[3]. » L'expression « bataille d'Alger » s'impose alors, puisque les militaires considèrent qu'ils continuent la guerre sur un autre front.

Le mot « torture », lui, n'est pas employé. Le père Delarue et le colonel Trinquier, auteurs d'une note justificative diffusée en mars 1957 et intitulée « Entre deux maux, choisir le moindre », le récusent au nom de la fin servie par cette violence : « Faire souffrir n'est pas "torturer" – quelles que

1. Voir Pierre Vidal-Naquet, *L'Affaire Audin. 1957-1978*, Paris, Minuit, 1989, 191 p.
2. RP Delarue, « Réflexions d'un prêtre sur le terrorisme urbain ». Texte diffusé en annexe de la note de service du général Massu du 29 mars 1957 (SHAT, 1R 339/3*).
3. Synthèse de renseignements du 30 janvier 1957, cité par le colonel Godard dans son rapport sur « le contre-terrorisme » à Alger en 1957, fonds Godard (Hoover Institution Archives).

soient l'acuité, la durée de la douleur – pour autant qu'on n'a pas le choix, pour autant que cette douleur est proportionnée au but que l'on doit atteindre. » Ils sont suivis par le ministre résident qui, en la personne de son porte-parole, estime : « Nous n'avons pas le choix entre la violence et la non-violence, mais entre deux formes de violence[1]. » De fait, Robert Lacoste, comme Maurice Bourgès-Maunoury et Max Lejeune, approuve « tant à l'échelon du commandement qu'à celui des "popotes" […] l'usage systématique de la torture dans la recherche du renseignement[2] ». Cette justification de la torture par la violence de l'adversaire continue à être utilisée, jusqu'à nos jours, pour relativiser les méthodes des forces de l'ordre de la République. Corrélée avec l'idée de son efficacité – si aisément compatible avec la conviction répétée depuis la conquête de l'Algérie que les « indigènes » ne comprennent que la force –, cet argumentaire accompagne la diffusion de la pratique dans l'ensemble de l'armée.

La torture est en effet pratiquée par des militaires ordinaires : outre la petite équipe du 2e bureau dirigée par l'OR, tout soldat peut être amené à torturer des prisonniers, notamment quand il s'agit de les interroger immédiatement après leur capture – ce que toutes les instructions recommandent. Outre ces combattants des maquis algériens, les victimes sont aussi, et de plus en plus à mesure que la guerre évolue, des civils suspectés de ravitailler, de collecter de l'argent ou de structurer politiquement la population algérienne. C'est ainsi que les femmes sont progressivement intégrées dans le groupe des suspects susceptibles d'être arrêtés, interrogés et torturés.

Que ce soit dans un cantonnement militaire ou ailleurs (terrain de combat, mechta), la torture est toujours infligée par un groupe de militaires, commandé par un officier ou un sous-officier. Elle semble obéir à un certain nombre de règles et puise à un registre relativement limité de violences. La première de ces règles est de ne pas laisser de traces définitives sur le corps de la victime. Dans le cas contraire, celle-ci est le plus souvent exécutée. Si l'exécution est programmée d'avance, la violence aussi est adaptée mais ces cas sont des exceptions. Les tortures commencent systématiquement par une mise à nu de la victime. Une seule torture est rarement employée seule. Cinq formes sont récurrentes et utilisées de manière combinée : les coups, la pendaison par les pieds ou les mains, le supplice de l'eau, celui de l'électricité et le viol.

À part les coups, l'électricité est indéniablement la technique la plus utilisée. L'évolution des techniques permet en effet de transporter la génératrice électrique avec les troupes, notamment lors des combats – il

---

1. Réponse du porte-parole de Robert Lacoste à Jean Fabiani, auteur d'un article intitulé « Malaise moral », *Combat*, 30 mars 1957 (CAOM, cab. 12/181*).

2. Témoignage du procureur général d'Alger Jean Reliquet en octobre 1960. Communiqué du comité Audin, 10 octobre 1960 (CHEVS, RG1/3). Le communiqué précise que le général Massu n'a pas démenti ces affirmations et a exprimé sa reconnaissance envers les trois ministres. Robert Lacoste aurait toutefois refusé de donner un ordre écrit.

s'agit de l'appareil servant à fournir de l'électricité soit au téléphone de campagne soit à la radio. Cet aspect fonctionnel joue indéniablement mais il faut noter aussi ce que cette torture a de séduisant pour des esprits rationnels qui tentent de se persuader de la nécessité de cette violence pour la guerre : la génératrice permet de graduer la violence, de l'adapter aux réactions de la victime. Elle permet aussi de mettre le maximum de distance entre celui qui inflige la violence et le corps de l'autre. On retrouve cette médiation par un objet dans les autres méthodes utilisées : la corde avec laquelle sont suspendues les victimes par les poignets ou les chevilles ; le jerricane d'eau déversé dans la bouche par le biais d'un entonnoir ou le robinet ; les objets utilisés pour violer enfin.

Ces médiations comme le souci d'efficacité participent du même mouvement : elles contribuent à maintenir la torture dans le champ d'une violence qu'on veut croire civilisée parce que rationalisée. Il importe en effet de se différencier absolument de la violence de l'autre, de l'ennemi, caractérisée par sa « barbarie » ou sa « sauvagerie ».

Pour se rassurer, pour éloigner toute ressemblance avec des méthodes honnies (celles des nazis par exemple, repoussoir absolu), le but visé par les militaires français est souvent mis en avant. La recherche de renseignements est présentée comme une garantie que cette violence serait, par nature, différente d'autres formes de torture, plus cruelles, plus sadiques... L'étude de ce qui est réellement accompli dans les salles de torture révèle qu'il n'en est rien. Là, tout appartient aux tortionnaires : le temps et l'espace. Aucun relativisme n'est possible.

La torture est un acte radical et total dans ce qu'il mobilise. Que des militaires puissent avoir l'impression de ne faire que chercher du renseignement en appliquant une violence jugée nécessaire et adaptée n'entame pas le fait que cette violence repose sur la manipulation de l'idée de la mort de l'autre, détenue par des tortionnaires omnipotents qui tentent d'ôter à leur victime sa capacité de penser. Quelques mois après l'avoir subie, Henri Alleg décrit ainsi la torture de l'eau : « J'essayais, en contractant le gosier, d'absorber le moins possible d'eau et de résister à l'asphyxie en retenant le plus longtemps que je pouvais l'air dans mes poumons. Mais je ne pus tenir plus de quelques instants. J'avais l'impression de me noyer et une angoisse terrible, celle de la mort elle-même, m'étreignit[1]. »

Sous l'effet de la douleur, les victimes laissent échapper des cris. Les témoins qui les entendent les décrivent comme des « hurlements rauques de bêtes qu'on égorge[2] », des « hurlements de douleur rendant méconnaissable la voix des hommes qui en étaient victimes[3] ». Quel que soit le but

1. Henri Alleg, *La Question*, Minuit, Paris, 1958, 112 p., p. 39.

2. Pierre Leulliette, *Saint Michel et le dragon. Souvenirs d'un parachutiste*, Paris, Minuit, 1961, 358 p., p. 312.

3. Procès-verbal d'audition par le procureur de la République de Lyon, le 24 mai 1958 (Centre des archives contemporaines, 800293/5 dossier 70*).

dans lequel ces violences sont infligées, elles le sont toujours avec une intention de déshumanisation. L'officier qui a dirigé son interrogatoire et ses tortures l'a expliqué à Colette Grégoire : « Ces tortures que nous avons administrées ont été caractérisées par le capitaine [Faulques] comme une "préparation psychologique" dont les principes de base sont peu nombreux mais efficaces. Il s'agit d'affoler, de paralyser le patient en lui prouvant son impuissance par une mise en scène à laquelle participent également les insultes les plus ignobles, le chantage abject, les menaces de mort ; à ces tortures morales sont jointes les pires violences physiques suivant une gradation qui peut aller jusqu'à l'assassinat[1]. »

À partir de 1957 s'installe aussi sur l'ensemble du territoire algérien une structure militaire semi-clandestine spécialisée dans la « connaissance et la destruction[2] » de l'OPA qui utilise la torture comme méthode ordinaire : les DOP (détachements opérationnels de protection). Ils deviennent les acteurs essentiels d'une répression située d'emblée à l'écart des normes, obéissant sans fard à une seule règle : l'efficacité. À côté d'actions menées en collaboration avec les services de police, d'une part, et la gendarmerie, d'autre part, les DOP comptent en leur sein même des gendarmes et des policiers. Au-delà de leurs différences, ces éléments extérieurs apportent tous deux des hommes, des renseignements, des méthodes. Leur présence au sein même des DOP est une des caractéristiques de ces détachements. Cependant, la gendarmerie se montre réticente. Ses officiers incarnent et doivent faire respecter la légalité. Ils ne peuvent le faire dans les DOP. C'est en ce sens que leur présence est une « arme à double tranchant », comme l'écrit un officier, car on espère légaliser ainsi certaines pratiques que les gendarmes doivent théoriquement dénoncer[3]… De fait, ces inquiétudes se sont traduites par une stagnation de leur nombre dans les DOP.

À côté des interrogatoires que les DOP mènent à l'intérieur des centres de triage et de transit, souvent avec des gendarmes ou des policiers, leurs locaux abritent des individus dont ils se réservent l'exclusivité. Mais quel que soit le lieu dans lequel ils travaillent, les DOP cherchent à préserver le secret sur leurs méthodes et à travailler à l'abri des regards. En fait, tout se passe comme si les DOP radicalisaient les présupposés et les méthodes des services habituels de renseignements. Ils vont jusqu'au bout de la logique interne des raisonnements des théoriciens de la guerre contre-révolutionnaire. Nés dans ce type de guerre, ils revendiquent d'ailleurs logiquement leur statut de spécialistes.

---

1. Plainte déposée auprès du procureur général d'Alger par Colette Grégoire. Publiée dans le *Bulletin* du SNI/Somme, elle se trouve dans les archives du gouvernement général (CAOM, cab. 12/231*).
2. Témoignage du procureur général d'Alger Jean Reliquet en octobre 1960. Communiqué du comité Audin, 10 octobre 1960 (CHEVS, RG1/3).
3. Compte rendu d'inspection du général de division Bézanger en Algérie du 22 octobre au 8 novembre 1957 (SHAT, 1R 316/1*).

Les DOP préfèrent appeler les individus qu'ils interrogent des « clients » ou des « colis ». Ceux-ci parlent rarement spontanément. Pour vaincre cette réticence, les hommes des DOP prétendent disposer de méthodes plus efficaces que celles des autres services de renseignements. Ce qui est sûr c'est qu'ils agissent dans une zone de non-droit total. Ainsi, aucune des limites imposées à l'usage de la violence n'a de sens, aucune règle administrative concernant la durée de détention non plus. Mais ces violations du droit ont un statut particulier puisqu'elles sont quasiment reconnues : tout se passe comme si l'illégalité dans laquelle agissent les DOP était acceptée pour les besoins de la guerre.

Les DOP sont encouragés et leur développement soutenu aux plus hauts niveaux de l'État, jusqu'en 1960. Cette année-là, ils comptent deux mille cinq cents personnes, qui peuvent être des appelés ou des militaires de carrière. Ils forment une sorte d'armée dans l'armée, dont l'autonomie commence alors à inquiéter. Les tentatives se multiplient dès lors pour les faire revenir dans le rang, sans succès. L'efficacité qu'ils mettent en avant constitue toujours leur meilleur argument.

L'existence d'un tel organisme au sein de l'armée française indique bien que la torture est acceptée par toutes les autorités comme moyen nécessaire à la guerre menée en Algérie. En outre, la torture est pratiquée dans l'ensemble de l'armée d'Algérie. Plus exactement, les conditions sont réunies pour que la torture y soit massivement pratiquée sans qu'elle devienne pour autant systématique. En effet, en particulier en ce qui concerne le 2ᵉ bureau et, *a fortiori*, pour les autres militaires, les ordres donnés laissent une marge de manœuvre certaine aux exécutants. Il est donc possible de refuser la torture ou de ne pas ordonner cette violence. Cependant il y a bien alors, en Algérie et dans l'armée, un ensemble d'idées, un esprit, nourrissant des pratiques violentes à l'égard de ceux qui sont soupçonnés de vouloir attenter à l'ordre colonial. Il y a bien un contexte incitatif à la torture produit par une certaine vision des Algériens, de leur revendication nationale et de la guerre. Quelles que soient les différences entre les unités, entre les endroits, entre les commandements, il y a bien une unité de l'armée en Algérie qui tient à un projet commun. Indéniablement, la torture fait partie de ce système. C'est pourquoi elle est un crime par obéissance, accompli par des soldats obéissants, au service de leur patrie.

Cette dimension ne manque pas d'en choquer certains, d'en émouvoir d'autres, qui tentent d'alerter l'opinion publique. Le début de l'année 1957 conjugue les premiers témoignages de soldats métropolitains de retour en France et les révélations sur les méthodes utilisées à Alger par les troupes du général Massu. La torture devient un sujet médiatique de premier plan lorsque Vercors renvoie sa Légion d'honneur ou quand Pierre-Henri Simon publie *Contre la torture*. Mis en demeure de s'expliquer, le gouvernement Guy Mollet répond par des dérobades. Au printemps 1957, il nomme une commission de sauvegarde des droits et libertés individuels pour s'assurer « de l'éventuelle réalité des abus signalés mais aussi du caractère calomnieux ou sciemment exagéré de certaines informations[1] ». Quand la commission rend son rapport à l'automne, il est enterré par les gouvernements Guy Mollet puis Félix Gaillard. Il n'est finalement publié que grâce à une fuite, dans *Le Monde*[2].

Quelques mois plus tard, la parution du témoignage d'Henri Alleg sur ce qu'il a subi lors de son arrestation par les parachutistes à Alger en juin 1957 relance l'émotion publique[3]. « Il est unique de trouver un homme qui ait eu à la fois l'expérience du supplicié, la lucidité du témoin, la volonté de l'acteur, et "l'absence de style" de l'écrivain dans la tragédie de la torture moderne. Ce n'est pas seulement la relation terrifiante de la torture, c'est aussi l'épopée vécue de la résistance à la torture, de la victoire constante sur la force et la bêtise que l'on trouvera dans *La Question*. [...] Les récits de déportation arrivèrent en pleine figure des tranquilles, après le nazisme. *La Question* nous arrive en pleine figure pendant la guerre d'Algérie », écrit alors Edgar Morin[4]. Le livre a beau être saisi, avec beaucoup de retard, le débat sur la torture redémarre[5]. Jean-Paul Sartre s'y engage en se déclarant favorable aux négociations avec les nationalistes algériens. Accusant le gouvernement, il voit dans *La Question* la preuve qu'il est impossible d'humaniser la guerre en Algérie. Il pressent bien que la torture « est au cœur du conflit », faisant l'hypothèse que « c'est elle, peut-être, qui en exprime la vérité la plus profonde[6] ». En avril, il signe avec trois autres prix Nobel (André Malraux, François Mauriac et Roger Martin du Gard) une adresse solennelle au président de la République pour protester contre la saisie du livre et sommer « les pouvoirs publics au nom de la Déclaration des droits de l'homme et du citoyen de condamner sans équivoque l'usage de la torture ».

Deux mois plus tard, André Malraux est devenu ministre du gouvernement de Gaulle. Il déclare qu'« aucun acte de torture [ne doit plus se] produire[7] ». Il n'empêche, la torture continue à appartenir à l'arsenal dont disposent les services de renseignements et les autres militaires. À partir de 1958, en effet, l'ALN marque le pas. Les barrages frontaliers tarissent les arrivées d'armes et de munitions et commencent à asphyxier les maquis nationalistes. L'arrivée au pouvoir du général de Gaulle engendre une

1. Texte du communiqué officiel de création de la commission de sauvegarde le 5 avril 1957.
2. *Le Monde* du 14 décembre 1957.
3. Voir Alexis Berchadsky, La Question *d'Henri Alleg. Un livre-événement dans la France en guerre d'Algérie*, Paris, Larousse, 1994, 193 p.
4. *France-Observateur*, 20 février 1958.
5. Voir Anne Simonin, « Les éditions de Minuit et les éditions du Seuil. Deux stratégies éditoriales face à la guerre d'Algérie », *in* Jean-Pierre Rioux et Jean-François Sirinelli (dir.), *La guerre d'Algérie et les intellectuels français*, Bruxelles, Complexe, 1991, p. 219-246, 405 p.
6. Jean-Paul Sartre, « Une victoire », publié dans *L'Express* le 6 mars 1958.
7. Réponse d'André Malraux à un journaliste le 24 juin 1958, citée dans Pierre Vidal-Naquet, *La Raison d'État, op. cit.*, p. 203.

période de flottement dont bénéficie le camp français. La victoire militaire paraît proche aux troupes françaises qui poursuivent sur leur lancée, appliquant plus que jamais les préceptes de la guerre contre-révolutionnaire.

C'est le moment qu'une partie du FLN choisit pour ouvrir un second front : en métropole. Aux habitudes de surveillance et de lutte contre le nationalisme algérien, s'ajoutent, côté français, des méthodes importées d'Algérie, notamment grâce au personnel qui passe alors d'une rive à l'autre. Le plus prestigieux d'entre eux est Maurice Papon, IGAME du Constantinois en mai 1956, qui devient préfet de police de Paris au printemps 1958. Il retrouve une préfecture qu'il a connue comme secrétaire général quelques années auparavant[1].

À l'exception des gendarmes, les militaires sont quasiment exclus de la répression en France[2] : celle-ci est avant tout le fait de la police. Dès 1957, des accusations dénoncent des policiers torturant des Algériens, à Lyon, Saint-Nazaire ou encore Versailles[3]. Des centaines de personnes manifestent silencieusement à Grenoble en janvier 1959, quelques-uns jeûnent, pour protester contre les tortures perpétrées dans leur ville[4]. En 1959, un livre, interdit, révèle que trois Algériens ont été torturés dans les locaux de la DST, rue des Saussaies à Paris[5]. Les habitants des bidonvilles qui entourent la capitale connaissent eux aussi ces descentes de police qui finissent en séance de torture, ces séjours au centre d'identification de Vincennes accompagnés parfois de bastonnade sur les orteils[6].

Cependant, l'utilisation de méthodes brutales par la police à l'égard de ceux qui sont appelés les Nord-Africains, mais qui sont principalement des Algériens, n'est pas une invention de la guerre d'Algérie. Les relier exclusivement à ce contexte exceptionnel serait faire l'impasse sur les habitudes acquises par les services de police depuis l'entre-deux-guerres[7]. Le 14 juillet 1953 encore, les violences policières font sept morts dont six Algériens lors de la manifestation organisée par le MTLD. Ainsi, il y a assurément un climat favorable, dans la police française, à la répression violente des Algé-

---

1. Maurice Papon est secrétaire général de la préfecture de police de Paris de décembre 1951 à juin 1954.
2. Notons qu'en décembre 1961 le tribunal de grande instance d'Avesnes-sur-Helpe condamne à une peine d'amende trois gendarmes du nord de la France pour avoir torturé à l'électricité des Algériens pendant leur garde à vue.
3. Voir Jean-Pierre Rioux, « La torture », *op. cit.*
4. *Témoignages et Documents*, n° 9, janvier 1959.
5. Abdelkader Belhadj, Bachir Bonnaza, Mustapha Francis, Moussa Khabaili, Benaissa Souami, *La Gangrène*, Paris, Minuit, 1959, 90 p.
6. Monique Hervo, *Chroniques du bidonville. Nanterre en guerre d'Algérie*, Paris, Le Seuil, 2001.
7. Sur ce point notamment voir la thèse à venir d'Emmanuel Blanchard : « La préfecture de police de Paris et les FMA, 1944-1962 », sous la direction de Jean-Marc Berlière (université de Bourgogne-CESDIP). Voir aussi son article à venir dans *Le Bulletin de l'IHTP*, « La dissolution de la brigade nord-africaine de la préfecture de police. Vers la fin d'une police d'exception pour les Algériens de Paris (1944-1953) ? ».

riens – le massacre du 17 octobre 1961 en constitue la démonstration par l'extrême mais, si la guerre le renforce, elle ne l'invente pas.

En métropole, la torture n'atteint pas la même ampleur qu'en Algérie. Elle n'en demeure pas moins, sur les deux rives, une pratique tolérée par les autorités et une violence à laquelle les Algériens savent pouvoir s'attendre. En septembre 1961, Michel Massenet, délégué à l'action sociale, peut ainsi noter que « depuis quelques mois les efforts antérieurement accomplis pour limiter au strict minimum les brutalités policières à l'égard des Algériens émigrant en métropole semblent se heurter à des consignes données par le ministre de l'Intérieur lui-même ou à une absence de contrôle de ce ministère sur ses services de police[1] ».

Dès 1957, le préfet Ghisolfi, ancien administrateur en Algérie, tente une expérience dans la région de Valence : l'emploi d'Algériens comme force policière d'appoint[2]. Dans la région parisienne, Maurice Papon met en place la force de police auxiliaire, qui fonctionne à partir de 1960. Cette unité militaro-policière est composée de harkis, recrutés pour l'essentiel en Algérie et placés sous commandement militaire. Ils se rendent coupables de tortures dans les commissariats parisiens du XIIIe et du XVIIIe arrondissement ainsi qu'à Noisy-le-Sec ou Argenteuil.

En Algérie aussi, les harkis renforcent les forces de l'ordre. Leur recrutement s'accroît sous la Ve République, notamment à l'initiative du général Challe qui, dès son arrivée à la tête de la 10e région militaire, fait savoir que ce recours massif aux harkis est en même temps politique et stratégique : « Nous ne pacifierons pas l'Algérie sans les Algériens », écrit-il dans sa directive n° 1 et « le meilleur chasseur de fellagha est le FSNA[3]. »

Ces hommes qui ont décidé de se rallier à l'armée française, pour des raisons rarement politiques et plus souvent conjoncturelles (garantir sa sécurité et celle de sa famille face au FLN, s'assurer un revenu), sont utilisés précisément pour leur familiarité avec les adversaires de l'armée française. Ils en connaissent au minimum la langue mais ils en partagent aussi la culture, les valeurs. Ils sont ainsi utilisés comme interprètes lors des séances d'interrogatoire et leur fonction dépasse alors le simple fait de traduire les questions ou les réponses. Un inspecteur des centres d'internement note, par exemple, que, dans le secteur d'Akbou, « l'utilisation d'interprètes kabyles en provenance des harkis est d'usage courant. Il en résulte parfois, malgré la précision des instructions du commandant de secteur en matière d'interrogatoire, la recherche d'une certaine efficacité par pression physique ». Cet euphémisme désigne la pratique de la torture.

---

1. Note de Michel Massenet à l'attention du secrétaire général pour les affaires algériennes, 15 septembre 1959 (CAC, 770391). Document communiqué par Jim House dans le cadre de l'atelier de l'IHTP/CNRS « Répression, administration, contrôle dans le monde colonial », 20 mai 2003.
2. Paulette Péju, *Ratonnades à Paris*, précédé de *Les Harkis à Paris*, Paris, La Découverte, 2000, 200 p., p. 40.
3. Annexe à la directive n° 1 du général Challe, 28 décembre 1958 (SHAT, 1H 2942).

L'inspecteur l'indique d'ailleurs lui-même à la fin de son rapport en précisant que deux individus qu'il a pu voir portaient « quelques traces, sans gravité, de pression physique résultant d'interrogatoires poussés[1] ».

La violence dont font preuve les harkis est constatée régulièrement. Ainsi une causerie adressée aux officiers à propos du renseignement leur enseigne qu'un officier de renseignements consciencieux, ayant réuni assez de documentation et ayant réussi à mettre en confiance un prisonnier, « n'aura pas besoin d'utiliser pour son interrogatoire des procédés inadmissibles » – manière de reconnaître que le recours à de telles méthodes appartient bien à la pratique de certains officier de renseignements... En revanche, il est signalé aux officiers qu'ils doivent prendre garde à ce que, en cas de transfert d'un prisonnier, celui-ci reste « intact » : « Attention aux harkis, à leur brutalité possible ou aux questions inopportunes », précise la causerie qui insiste cependant sur l'apport inestimable des harkis à la recherche du renseignement, puisqu'ils sont censés être des intermédiaires entre la population et l'armée[2]. En réalité, à mesure que la guerre avance vers sa fin et que les négociations se précisent entre représentants du FLN et représentants du pouvoir français, le destin des harkis paraît bien trouble. Leur moral s'en ressent tandis que la population algérienne hésite moins à leur manifester de l'hostilité.

De nombreux cas de tortures sont avérés[3]. Les plus connus sont le fait du commando Georges dont la valeur est, en outre, régulièrement vantée et félicitée. Ce commando, composé de deux cent quarante harkis, est dirigé par un capitaine appartenant à l'état-major du lieutenant-colonel Marcel Bigeard, Georges Grillot. À la fin de la guerre, l'ensemble de ses hommes est inscrit sur la liste des traîtres par le FLN ; certains sont enlevés[4].

L'efficacité de ces hommes tient à leur utilisation des méthodes de guerre subversive, parmi lesquelles la torture. Alain Maillard de La Morandais a pu les observer interrogeant un suspect. Il le relate dans son journal : « L'homme accroupi, Z. et S. le pressaient de questions, sans brutalité, sans violence, le serrant par la voix, par leurs yeux dans ses yeux, par les gestes des mains qui ponctuaient de tapotements de persuasion sur ses genoux leur interrogatoire. [...] L'homme niait. Je vis à ce moment-là une boîte de laquelle sortaient des fils électriques munis de petites cosses : un adjoint tenait cette boîte depuis le début. [...] Les bras tendus devant lui, on attachait les poignets [de l'homme] avec son chèche. Il était assis, les jambes repliées l'une contre l'autre, les genoux amenés près du ventre. Les deux bras, aux poignets liés, encadrèrent les genoux, et une barre de fer lui fut glissée entre

1. Rapport de visite de l'IGCI, 22 mars 1960 (SHAT, 1H 2573/3).

2. Causerie destinée aux officiers stagiaires du CICPG d'Arzew sur le renseignement en Algérie, postérieure au printemps 1960 (SHAT, 1H 1485).

3. Toutefois aucune étude d'ensemble ne s'est encore intéressée précisément à cette question.

4. Rapport du commandant du secteur de Saïda, 25 mai 1962 (SHAT, 1H 2028/3).

jambes et bras afin de l'immobiliser complètement, et dans une position de déséquilibre. Un coup de pied et il bascula sur le côté. Deux cosses lui furent fixées aux lobes des oreilles, et deux autres à l'extrémité de la verge. Et l'homme commença à hurler d'une voix rauque, sauvage, quasi inhumaine, étouffée par le pied qui était appuyé sur sa tête. Il rejetait sa tête en arrière sous l'effet des secousses électriques et ses membres attachés se crispaient de façon effrayante, son ventre se contractait convulsivement. Il vomit à plusieurs reprises, quelques aliments, du liquide, puis du sang apparut. Les bourreaux arrêtaient quelques instants les décharges pour le questionner. "Je ne sais, je ne sais rien..." et les hurlements reprenaient. [...] Cela dura quelque dix minutes. La victime ne lâchant rien, ils lui déployèrent le chèche sur le visage, la bouche restant ainsi ouverte, et ils commencèrent à lui faire couler de l'eau abondamment par la bouche jusqu'à l'étouffement, qui vint rapidement. L'homme essayait de se tordre, de se débattre désespérément et vainement. Il hoquetait, haletait, vomissait, laissant échapper dans ses râles quelques paroles qui répondaient aux questions. Et l'eau continuait de couler et l'homme d'étouffer[1]... »

Ces méthodes sont connues du haut commandement. Le commandant du secteur tente de les interdire et rappelle que « les sticks du commando Georges ne doivent pas agir à leur guise, mais se soumettre à la règle commune pour les interrogatoires[2] ». Le général Crépin lui-même estime ces procédés « parfois un peu trop énergiques » mais « malheureusement adaptés aux mœurs de leurs coreligionnaires qu'ils connaissent mieux que personne[3] ». En fait, cette idée est largement partagée en Algérie. Le général de Pouilly l'exprime aussi à sa manière en estimant que ces violences sont des « procédés habituels aux musulmans entre eux[4] ».

Des récits de ralliés confirment effectivement aux autorités françaises que l'ALN/FLN n'hésite pas à recourir à la torture contre les indociles, contre les hommes exténués qui refusent de franchir les barrages meurtriers, contre des opposants dans la lutte pour le pouvoir qui se joue à tous les niveaux. Ainsi Slimane l'Assaut, actif contre les forces françaises autour de la ville de Souk Ahras, est supplanté par un autre à la tête de ses hommes. Il est arrêté et torturé : un trou, creusé dans son corps, est rempli de sel ; il est laissé plusieurs jours exposé ainsi au soleil[5]. La torture est aussi utilisée

---

1. Journal d'Alain Maillard de La Morandais, à la date du 25 août 1960. L'auteur en a publié des extraits dans *L'honneur est sauf*, Paris, Seuil, 1990.

2. Note de service du colonel Brunet, 18-9-1960, citée par Alain Maillard de La Morandais dans *L'honneur est sauf, op. cit.*

3. Lettre du général de corps d'armée de Pouilly commandant CAO au général commandant en chef, le 27 février 1961, dans laquelle il mentionne la position exprimée par le général Crépin le 20 septembre 1960 (SHAT, 1H 1240/8).

4. Lettre du général de Pouilly au commandant en chef le 28 novembre 1960 (SHAT, 1H 1240/8).

5. D'après Mohammed Harbi cité par Gilbert Meynier, *Histoire intérieure du FLN, op. cit.*, p. 402, note 58.

dans certains procès et notamment lors des purges qui déciment les wilayas de l'intérieur entre 1958 et 1961. Une directive de la wilaya 1 témoigne de la fréquence de cet usage puisqu'elle prend soin, mais en septembre 1961 seulement, de l'interdire « sauf dans les cas où les circonstances l'exigeront ». Alors, la directive précise qu'il ne faudra pas « dépasser les limites humainement permises[1] ».

Pendant que les négociations avancent, les autorités françaises s'efforcent aussi d'imposer le respect de la légalité et des principes d'humanité dans les méthodes employées. Quelques procès sont instruits contre des membres des forces de l'ordre accusés d'avoir torturé des Algériens. La justice progresse toutefois lentement ; l'armée, en particulier, ne mettant aucune bonne volonté à lui faciliter la tâche.

Deux procès ont lieu : deux fois les verdicts sont extrêmement cléments. En mai 1960, le tribunal militaire de Bordeaux relaxe les membres d'un groupe de sécurité accusés d'« homicide et coups et blessures volontaires » sur des suspects en Kabylie et, en janvier 1962, celui de Paris acquitte un lieutenant d'active et deux sous-lieutenants de réserve ayant reconnu avoir torturé à mort une Algérienne, Saadia Mebarek. Dans cette dernière affaire, le ministère des Armées qui, en la personne du commissaire du gouvernement, avait demandé la condamnation, forme un recours tandis que des centaines de personnes se mobilisent contre ce verdict inique[2]. Deux mois plus tard, l'amnistie corrélative du cessez-le-feu ne permet plus de revenir sur ce jugement. Tous les faits « commis dans le cadre des opérations de maintien de l'ordre dirigées contre l'insurrection algérienne » sont alors englobés dans un décret qui provoque l'abandon des poursuites entamées et interdit toutes poursuites futures[3].

Le texte du décret spécifie les faits qu'il amnistie par leur contexte, considéré non seulement comme le cadre des faits mais aussi comme leur source : c'est parce que l'armée française menait des opérations de maintien de l'ordre en Algérie que certains actes, couverts par l'amnistie, ont eu lieu. Or, dans ces actes, certains étaient considérés comme des crimes, d'autres comme des délits et d'autres enfin étaient autorisés par des textes législatifs, des décrets ou des règlements. La torture n'était pas de ceux-là : elle était interdite par la loi française et par la Convention européenne des droits de l'homme que la France avait signée sans toutefois la ratifier. Amnistiée, elle devient l'égale d'un vol ou d'une autre infraction. En même temps que son caractère criminel, elle perd son rôle central dans la guerre d'Algérie : elle devient un acte illégal parmi d'autres, amnistié comme les autres.

Effacée par décret, la gangrène continue à empoisonner les vies et les mémoires, en France comme en Algérie. Les deux États communient à son

---

1. Procès-verbal de la réunion du conseil de la wilaya 1 présidé par Tahar Zbiri (SHAT, 1H 1642/1*), cité par Gilbert Meynier, *op. cit.*, p. 439.

2. Texte de la protestation paru dans *Le Monde* du 1er février 1962.

3. Décret n° 62-328 du 22 mars 1962.

sujet dans un commun silence. Justifié ici par le désir de ne pas attiser des guerres mémorielles et ancré dans un refus de reconnaître officiellement le rôle de l'État dans cette violence, ce silence recouvre, en Algérie, une volonté politique de ménager la France, tout en préservant les intérêts d'un pouvoir qui n'hésite pas lui-même à utiliser la torture contre ses opposants politiques, fussent-ils qualifiés de terroristes[1].

Après le cessez-le-feu, les forces de l'ordre françaises ont encore à lutter contre les tenants d'un autre projet politique : ceux qui veulent maintenir l'Algérie française à tout prix, estimant que le gouvernement de Michel Debré la liquide et qui, une fois le cessez-le-feu signé, déclenchent une stratégie violente de terre brûlée en Algérie. Cette Organisation armée secrète (OAS) ne lésine pas sur les moyens et multiplie les attentats contre les infrastructures, mais aussi contre les Algériens ou les individus accusés d'être favorables à ce qu'ils considèrent être l'abandon de l'Algérie. Elle ne fait alors qu'accentuer, dans une fuite en avant meurtrière, une action violente entamée dès sa création début 1961.

L'OAS est l'objet d'une politique de surveillance et de répression menée à la fois par des policiers et des militaires (y compris des gendarmes). Selon Anne-Marie Duranton-Crabol, la Sécurité militaire sert de couverture à des missions plus ou moins secrètes n'hésitant pas à recourir aux contre-plastiquages, aux enlèvements et aux tortures[2]. L'Office central de coordination de l'action judiciaire, créé en octobre 1961, regroupe quant à lui des officiers du 2e bureau[3], de la gendarmerie et de la Sécurité militaire, unis dans la lutte contre cette organisation, y compris au sein des forces de l'ordre et notamment de l'armée.

Les armes répressives utilisées par les forces de l'ordre contre le FLN sont alors appliquées à la lutte contre ce nouvel ennemi, en particulier l'assignation à résidence et, pour quelques cas au moins, la torture[4]. « De divers côtés – de droite ou d'extrême droite surtout –, note le journal *Le Monde*, des voix s'élèvent pour protester contre des sévices et des tortures qui auraient été infligés, au cours d'interrogatoires, à des activistes européens en Algérie. Si ces informations étaient confirmées, elles appelleraient les mêmes – et hélas vaines – protestations que les mêmes pratiques ont provoquées ici pendant des années, lorsqu'elles s'appliquaient à des musulmans. Les Européens qui

---

1. Voir Habib Souaïdia, *La Sale Guerre : le témoignage d'un ancien officier des Forces spéciales de l'armée algérienne* (Paris, La Découverte, 2001, 203 p.), ou encore *Le Livre noir de l'Algérie* de Reporters sans frontières (Paris, 1996, 251 p.) ou *Les Violences en Algérie* (Odile Jacob, 1998, 239 p.).

2. Anne-Marie Duranton-Crabol, *Le Temps de l'OAS*, Bruxelles, Complexe, 1995.

3. En décembre 1961, l'OAS assassine d'ailleurs le lieutenant-colonel Rançon, chef du 2e bureau d'Oran.

4. L'OAS, en effet, ne s'est fait l'écho que de quelques affaires. Il y a fort à penser que si elles avaient été plus nombreuses, l'organisation se serait arrangée pour le faire savoir tant cette accusation servait sa politique. Cela dit, une étude plus précise de la répression contre l'OAS est encore en partie à faire.

s'en plaignent justement peuvent mesurer aujourd'hui le tort qu'ils se sont fait à eux-mêmes en laissant s'instaurer des méthodes et des mœurs odieuses. L'ex-général Raoul Salan trouve des accents pressants et humains pour s'élever contre les tortures dont auraient été victimes ses partisans en Algérie. Sera-t-il permis, tout en approuvant l'objet de sa protestation, d'observer que c'est sous son proconsulat que la torture s'est développée, sinon "institutionnalisée" en Algérie ? », conclut dans un premier temps le quotidien[1]. La révélation de ces méthodes provoque, en effet, une enquête de la commission de sauvegarde des droits et libertés individuels tandis que le délégué général s'empresse de répondre à son président, Maurice Patin, qui s'inquiète de la véracité de telles accusations – en particulier à propos de Mme Salasc, arrêtée pour avoir hébergé des membres de l'OAS[2]. Jamais les affaires impliquant des Algériens n'ont donné lieu à une telle célérité.

Toujours est-il que le délégué général reconnaît que des violences ont eu lieu sur cette femme au cours de son interrogatoire, même s'il réfute la gravité des accusations, dans un vocabulaire éprouvé les années précédentes à propos des tortures sur les membres du FLN notamment : « Il apparaît hors de doute, écrit-il, qu'à un moment indéterminé de cet interrogatoire des violences, certes infiniment moins graves que les tortures détaillées par la propagande rebelle, aient été exercées sur Mme Salasc[3]. » Le gouvernement entend éviter absolument qu'une campagne d'opinion ne s'enclenche en Algérie sur le thème des sévices. Les journaux favorables aux thèses de l'OAS tentent pourtant d'attiser la haine contre le gouvernement et la « Gestapo gaulliste » en diffusant un « Rapport sur les sévices infligés en Algérie à ceux que l'on soupçonne d'appartenir à l'OAS[4] ». Le commandant de la gendarmerie d'Alger Debrosse, responsable de la répression des barricades en janvier 1960, y est particulièrement attaqué[5].

Mais le scandale recherché n'éclate pas : la partie de l'opinion qui aurait pu le porter n'est pas disponible, occupée qu'elle est à s'organiser dans le grand désordre qui caractérise les derniers mois de l'Algérie française. En revanche, Pierre Vidal-Naquet et le Comité Audin, fidèles à une position

---

1. « Tortures en Algérie ? », *Le Monde* du 1-2 octobre 1961.
2. Lettre de Jean Morin à Maurice Patin du 16 octobre 1961, en réponse à sa lettre du 3 octobre (CAOM, cab. 15/17*).
3. Dans une lettre à Louis Joxe du 30 octobre, Jean Morin précise qu'« il n'est pas déniable qu'à un moment indéterminé de son interrogatoire Mme Salasc ait été *malmenée*. Mais les violences qui ont pu être exercées à son encontre n'ont *aucune commune mesure avec les tortures rapportées par l'OAS*. En tout état de cause *les pratiques dénoncées* n'ont jamais été à l'origine de l'hospitalisation de l'intéressée. La famille de Mme Salasc et les rapports médicaux déposés par les très nombreux praticiens algérois qui se sont pressés à son chevet ont volontairement omis de préciser les raisons du transport en clinique de Mme Salasc » (CAOM, cab. 15/41*).
4. Ce rapport a été adressé par *L'Esprit public* au journal *Le Monde* le 26 février 1962. *La Nation française* le publie le 7 mars 1962.
5. De fait, estime Anne-Marie Duranton-Crabol, « la brutalité de certains gendarmes ne fait aucun doute. Elle s'enracine visiblement dans l'affaire des barricades » (*op. cit.*, p. 126).

de principe qui ignore la couleur politique des victimes de la torture, s'émeuvent de ces violences comme ils le font régulièrement depuis le début de la guerre. « Il y avait là pour le Comité Audin une question d'honneur », estime-t-il[1]. En mai 1962, il publie dans *Esprit* un dossier entier sur ces nouvelles violences de la raison d'État.

Son engagement continue après la guerre avec la publication de nombreux articles et ouvrages. L'historien s'attache à faire connaître le scandale que constitue la pratique de la torture dans la République[2]. Cette dénonciation permanente le conduit à intervenir régulièrement dans le débat public lorsque cette question d'histoire resurgit. À l'automne 2000, alors qu'une série d'articles parus dans le journal *Le Monde* déclenche une forte émotion dans l'opinion publique devant le rappel de ces faits, il fait partie des signataires d'un appel aux deux plus hauts représentants de l'État leur demandant de « condamner la torture qui a été entreprise [au nom de la France] durant la guerre d'Algérie[3] ». Or le Premier ministre et le président de la République se refusent à considérer cette violence dans sa dimension politique. Ils n'en reconnaissent tout au plus que l'aspect moralement condamnable.

Au sommet de l'État, rien n'a changé, sur le fond, depuis la guerre.

---

1. Pierre Vidal-Naquet, *Mémoires. Tome 2 : Le trouble et la lumière*, Paris, Le Seuil/La Découverte, 1998, p. 152.

2. Pierre Vidal-Naquet, *La Torture dans la République. Essai d'histoire et de politique contemporaine*, Paris, Minuit, 1972, 205 p.

3. Appel lancé dans *L'Humanité* du 31 octobre 2000. Les douze personnalités sont, outre Pierre Vidal-Naquet : Henri Alleg, ancien directeur d'*Alger républicain*, auteur de *La Question* ; Josette Audin, épouse de Maurice Audin ; Simone de Bollardière, veuve du général Jacques Paris de Bollardière ; Nicole Dreyfus, avocate ; Noël Favrelière, rappelé, déserteur ; Gisèle Halimi, avocate ; Alban Liechti, rappelé, insoumis ; Madeleine Rebérioux, historienne, secrétaire du Comité Audin ; Laurent Schwartz, mathématicien, président du Comité Audin ; Germaine Tillion, ethnographe, résistante ; Jean-Pierre Vernant, historien, résistant.

La répression policière en France
vue par les archives

par Linda Amiri

Si de multiples travaux historiques portent sur le déroulement de la guerre en Algérie, peu nombreux sont ceux qui s'intéressent à la forme que prirent les opérations de maintien de l'ordre dans l'Hexagone. Afin de mieux comprendre la logique répressive du ministère de l'Intérieur, cette étude exige l'exploitation de sources françaises et algériennes. Depuis peu il est désormais possible, sous réserve de dérogations, de consulter les archives du cabinet du préfet de police de Paris (1954-1962) qui sont extrêmement riches et diversifiées. L'ensemble se compose de notes administratives, de rapports des divers services liés ou non à la répression, mais aussi de comptes rendus de réunions interministérielles. Les archives de la Fédération de France du FLN restent quant à elles difficiles d'accès dans la mesure où elles relèvent du domaine privé. Ali Haroun, ancien responsable de cette même fédération dont le chef était Omar Boudaoud, nous a permis de consulter deux cent vingt rapports datés de septembre à octobre 1961. Ces documents sont uniques et extrêmement intéressants dans la mesure où ils nous permettent de mieux comprendre l'organisation de la manifestation du 17 octobre 1961, mais surtout de percevoir le degré de violence de la répression qui prévaut durant cette période. Aux rapports aseptisés des officiers de police relatant ce 17 octobre, répondent l'angoisse des travailleurs algériens et leurs témoignages, recueillis par leurs responsables, qui nous permettent de mieux saisir l'horreur de cette nuit.

Il manquait à l'ensemble de ces sources un regard plus neutre sur la répression policière, en cela les archives de la CIMADE, organisation protestante – créée en 1939 – présente dans les centres d'internement et les prisons, apportent un double éclairage. Les témoignages recueillis par son service « Nord-Africains » relate une pression policière qui s'accroît considérablement en 1961.

Ces archives publiques et privées permettent de dégager une évolution chronologique de la politique répressive menée par le ministère de l'Intérieur dans l'ancien département de la Seine où se concentre la majorité des immigrés algériens, soit 115 000 personnes en 1958[1]. Avant cette année-là, on note que la répression n'est pas coordonnée et ne s'inscrit pas dans un système pensé et structuré. La rupture se fait en mars 1958 avec l'arrivée à la tête de la préfecture de police de Paris d'un homme dont une partie de la carrière s'inscrit dans l'Administration coloniale, à savoir Maurice Papon. Ancien inspecteur général de l'Administration en mission extraordinaire (IGAME) à Constantine, il est initié aux méthodes de lutte de l'armée française contre la guerre subversive, de fait il n'aura de cesse, tout au long de la période, de fustiger la justice qu'il juge trop souple à l'égard du FLN, à l'inverse de ce qui se passe en Algérie. Dès son arrivée, il s'attache à mettre en place un ensemble de structures dirigées par des officiers des affaires algériennes, dont le but est de quadriller la capitale, plus spécifiquement les quartiers d'habitation des Français musulmans d'Algérie et, par un jeu subtil mêlant action sociale, action psychologique et répression, de faire basculer les immigrés algériens vers l'adhésion à l'Algérie française. Parallèlement à ses actions, Omar Boudaoud parvient à réorganiser la Fédération de France du FLN et à remporter la bataille pour l'implantation qui l'opposait au Mouvement national algérien. En effet, en janvier 1958, les Renseignements généraux estiment à quatre mille ou cinq mille le nombre de cellules FLN dont l'effectif serait de quarante mille dans le département de la Seine. Les cellules du Mouvement national algérien sont évaluées à deux cents et leur effectif à mille sept cents. Quant au nombre de groupes de choc (Organisation spéciale), le FLN en posséderait cent contre vingt pour le MNA[2]. Mis en minorité, celui-ci ne disparaît pas pour autant et les luttes fratricides se poursuivront jusqu'à l'indépendance.

25 août 1958 : l'ouverture du second front

Préoccupé par la refonte de ses services, le nouveau préfet de police, pas plus que le ministre de l'Intérieur, ne perçoit la nouvelle tactique du FLN. Dans la nuit du 25 août 1958, celui-ci parvient à déjouer les services de renseignements et à porter la guerre en France par des attentats spectaculaires visant des points stratégiques. La répression est très dure, la police investit les hôtels meublés occupés par les Algériens, procède à un nombre impressionnant de contrôles d'identité et d'arrestations qui s'accompagnent de brutalités physiques ou verbales. Afin de faire taire les protestations qui s'élèvent contre cette violence étatique, des procédures judiciaires pour outrage à agents sont parfois engagées[3]. Les personnes arrêtées sont internés au Vélodrome d'Hiver, au Palais des sports, au gymnase Japy, ainsi qu'au gymnase Jaurès ;

---

1. Arch. PP. Ha 47, SCINA : procès-verbal de la réunion du 27-8-1958, p. 2.
2. Arch. PP. Ha 24, direction des R.G. : statistiques mensuelles relatives à la population et aux organisations séparatistes politiques et syndicales. Dossier « généralités sur les activités du mouvement indépendantiste algérien ». 10-01-1958.
3. Arch. PP, Ha 91. Violences policières, plainte de Mme L.F., XVIIIe arrondissement, datée du 30-9-1958.

elles ne sont relâchées que plusieurs jours, voire plusieurs mois plus tard, après contrôle de leur identité. Certaines sont renvoyées en Algérie afin d'y être jugées par un tribunal militaire[1]. Le 1er septembre 1958, un couvre-feu pour les Nord-Africains est instauré dans les départements de la Seine, de Seine-et-Oise et du Rhône. Le Vélodrome d'Hiver est transformé en centre de triage, le 1er septembre 1958 on y dénombre une population flottante de deux mille à deux mille cinq cents personnes[2]. Quant au gymnase Jaurès, il accueille, entre le 8 septembre 1958 et le 21 janvier 1959, 5 059 détenus. Sur ce chiffre, 417 sont conduits à l'Identité judiciaire, 920 sont dirigés sur le gymnase Japy, et 289 sur le poste central du IIIe arrondissement avant d'être renvoyés vers des centres d'assignation à résidences surveillées[3]. Le 13 septembre 1958, G. Royer, journaliste à *Libération*, demande si au Vél' d'Hiv et à Japy des cadavres ont été retirés comme le laissent penser les témoignages qu'il a recueillis[4]. La préfecture de police publie un communiqué dans lequel elle déclare que les faits rapportés par *Libération* ne sont que des allégations mensongères. Pourtant les policiers se sont bien livrés à des violences physiques sur les internés, en témoigne le rapport du commissaire divisionnaire responsable du gymnase Jaurès dans lequel il souligne que la garde intérieure a été confiée aux forces de gendarmerie mobile mises à sa disposition. D'après lui, « ces éléments se sont toujours parfaitement acquittés de leurs tâches, quelquefois pourtant une certaine nervosité s'est manifestée chez certains gendarmes, nervosité explicable du fait qu'ils revenaient bien souvent d'Afrique du Nord, mais qui n'en étaient pas pour autant excusables […][5]. » Le centre d'internement du Vélodrome d'Hiver est dissous dès le 7 septembre sans doute parce que ce lieu où s'entassent des Algériens arrêtés par la police ne peut qu'évoquer dans l'opinion publique la rafle du Vél' d'Hiv qui s'est déroulée seize ans plus tôt.

Le bilan de la nuit du 25 août est lourd, les attentats ont fait vingt-quatre morts et dix-sept blessés sur l'ensemble de l'Hexagone, sans que l'on sache cependant si ce bilan englobe l'ensemble des victimes (FLN, forces de l'ordre et civils[6]). En outre, entre les mois de septembre et d'octobre 1958, les services de la préfecture de police ont contrôlé treize mille Algériens[7].

---

1. Arch. PP, Ha 63, dossier « Action psychologique et sociale, cas individuels ». Plainte de Mme T. Rahma, transmise le 24-10-1958 par la PP au général chargé des pouvoirs civils à Oran.

2. Arch. PP, Ha 96 dossier « Vélodrome d'Hiver 1958-1959 ». Lettre du préfet de police à M. le général commandant la 1re région militaire (Invalides), 1-9-1958.

3. Arch. HA 96, dossier « gymnase Jaurès 1958-1959 ». Rapport du commissaire central du XIXe arrondissement daté du 3-1-1959

4. *Libération,* « Que se passe-t-il au Vél' d'Hiv' et à Japy ? », art. de G. Royer, 13-9-1958.

5. Arch. Ha 96, Dossier « gymnase Jaurès 1958-1959 ». Rapport du commissaire central du XIXe arrondissement, 5-2-1959, p. 3-4.

6. Arch. PP, Ha 47 SCINA, Réunion (1958), p.v. de la réunion du 1-10-1958, p. 5.

7. Arch. PP, Ha 60, Note sur l'action sociale en milieu musulman dans le département de la Seine et l'activité du bureau de renseignements spécialisés (BRS), 20-11-1958.

L'ouverture du second front marque un tournant dans le déroulement de la guerre en métropole, c'est ainsi que le service de coordination des informations nord-africaines[1] estime dans son ensemble que « la guerre subversive est maintenant dans sa deuxième phase, la phase métropolitaine. La lutte MNA-FLN est largement dépassée[2] ». La bataille de Paris commence, les services de la préfecture de police et le FLN se livrent dès lors à une guerre sournoise, mais sans merci. Les enjeux sont très importants, puisque les collectes menées par cette même fédération servent à financer les actions militaires et politiques du GPRA. Si l'objectif est atteint, à savoir l'éradication du FLN à Paris et par extension dans l'ensemble de l'Hexagone, la marche vers l'indépendance de l'Algérie serait inévitablement remise en cause.

La nouvelle politique répressive du ministère de l'Intérieur repose sur une trilogie, à savoir : « enquête policière, répression, action psychologique[3] ». Soutenu par sa hiérarchie, le nouveau préfet de police parvient à mettre en place un système répressif cohérent tout en renforçant les liens préexistants entre l'armée et la préfecture de police de Paris. On assiste alors à une transposition des techniques de lutte contre la guerre subversive d'Alger vers Paris.

Les « opérations Meublés »

Les premières actions de Maurice Papon, antérieures au second front, portent sur l'action psychologique avec la mise en place en juin 1958 des « opérations Meublés » qui sont conçues comme des moyens de contre-propagande face aux comités d'action sociale et d'hygiène du FLN chargés de protéger les locataires algériens contre l'avidité de leurs tenanciers. Cinq équipes composées d'un officier de police de la brigade des agressions et violences (BAV), d'un officier de police des garnis, d'un employé et de deux conseillers sociaux de la préfecture de la Seine sont chargées d'inspecter, sans préavis, une fois par semaine, des hôtels meublés occupés par des Français musulmans d'Algérie (FMA), afin d'y contrôler l'état sanitaire. Elles doivent également aider dans leurs démarches administratives les locataires. En fait, ces opérations meublés permettent à la préfecture de police de connaître l'état d'esprit de la communauté algérienne et de surveiller d'éventuelles menées séparatistes. Elles se poursuivent jusqu'à la fin de la guerre d'Algérie, toute-

---

1. Le Service de coordination des informations nord-africaines (SCINA) est créé en août 1955 par le ministère de l'Intérieur. La préfecture de police de Paris, le Service de documentation extérieure et de contre-espionnage (SDECE), l'état-major général de la Défense nationale, le Service des affaires musulmanes et de l'action sociale ainsi que le ministère de la Justice participent à ce service. Le SCINA est chargé de coordonner toutes les informations de tous les services responsables de la sécurité du territoire, d'établir des synthèses quotidiennes et un bulletin journalier faisant apparaître le nombre d'attentats, d'arrestations, de tués, de blessés, et de saisies (armes et argent). C'est donc un service important qui permet de suivre l'évolution du Mouvement national algérien et du Front de libération nationale.
2. Arch. PP, Ha 47 SCINA : p.v. de la réunion du 27-8-1958, p. 13-14.
3. Arch. PP, Ha 47, dossier « SCINA : réunions (1959) ». Réunion du 28 janvier 1959, p. 6.

fois le nombre des équipes diminue pour atteindre le nombre de trois. À partir de juin 1960, les conseillers sociaux n'en font plus partie : la collecte de renseignements et l'action psychologique prédominent dès lors sur l'action sociale. Ces opérations dépendent par la suite du service d'assistance technique aux Français musulmans d'Algérie (SAT-FMA), qui est créé le 13 août 1958.

Le SAT-FMA

La mission de ce service est à la fois sociale et psychologique, mais son rôle est avant tout de contrôler administrativement les immigrés algériens sous couvert d'action sociale, dans un but de renseignement. Le SAT-FMA délivre aux immigrés algériens leurs pièces d'identité (du certificat provisoire à la carte d'identité, du passeport aux autorisations de voyage pour l'Algérie), il leur impose de fait une ségrégation administrative. Les officiers SAT doivent exercer une action psychologique constante afin d'avoir une vue aussi précise que possible sur l'évolution de l'état d'esprit des FMA[1]. En cela il se distingue bien des services sociaux de la préfecture de la Seine, même si ces deux administrations se comportent parfois comme des maisons concurrentes[2]. Le personnel du service d'assistance technique aux Français musulmans d'Algérie se compose uniquement d'officiers des affaires algériennes, mis à la disposition du préfet de police. Ils sont secondés par du personnel de bureau recruté par contrat. À cette équipe s'ajoutent trois officiers qui étaient, avant leur nomination, chefs de section administrative spécialisée (SAS) en Algérie[3], le service est dirigé par Henri Pillot, chef de bataillon attaché au cabinet du préfet de police. Pour être plus proche de la population qu'il est chargé de surveiller, il dispose d'une annexe dans les XIVe, XIXe et XXe arrondissements de Paris ainsi qu'à Nanterre. Le SAT-FMA est chargé d'informer les Algériens de la politique suivie par le gouvernement en Algérie, pour ce faire il organise des conférences avec des officiers SAS de passage à Paris. En effet, « agissant dans le cadre du service des Affaires algériennes dont ils font partie, les officiers assurent en permanence une liaison rapide avec leurs camarades chefs de SAS et de SAU. [...] En sens inverse des officiers SAS viennent régulièrement à Paris visiter leurs ressortissants. Des réunions très prisées des Algériens sont tenues dans les bureaux du SAT les samedis après-midi et les dimanches ; en moyenne 60 % des personnes répondent aux convocations. Au cours de ces réunions sont données des nouvelles du pays, soit sous forme de messages enregistrés sur

---

1. Arch. PP, Ha 61, dossier « Action psychologique et sociale. Rapports trimestriels du cabinet du préfet (1959) », troisième trimestre.
2. Arch. PP, Ha 65, dossier « Lutte contre le terrorisme, réunion du 18-09-1959 au cabinet du Premier ministre ». Rapport du préfet de police au ministre de l'Intérieur. L'action sociale et psychosociale sur le FMA.
3. Arch. PP, HA 60, dossier « généralités 1958-1962 ». Note au sujet de SAT-FMA 12 décembre 1961, p. 3.

bande magnétique par des parents, des assistants ou des notables locaux, soit sous forme de films, photographies, diapositives qui montrent la vie de la collectivité intéressée et des réalisations locales. Parfois des maires ou autres notables accompagnent les officiers. De nombreuses questions particulières sont également traitées à l'occasion de ces visites et des enregistrements destinés aux familles sont réalisés par ceux qui le désirent [...].[1] » Avec ces conférences, on est clairement dans l'action psychologique propre à celle menée en Algérie par l'armée. Nous ignorons cependant si les convocations avaient un caractère obligatoire, et si les réfractaires étaient soumis à des sanctions quelconques de la part du service d'assistance technique aux Français musulmans d'Algérie. Cela nous paraît probable, d'une part, parce que le taux de participation est relativement élevé malgré l'interdiction certaine du FLN, et, d'autre part, dans plusieurs documents émanant des archives de la préfecture de police de Paris, on relève que des personnes se sont excusées auprès du SAT-FMA pour leur absence[2]. Mais, il ne faudrait pas non plus négliger la forte attraction que pouvaient présenter de telles conférences auprès des Algériens, car elles permettaient d'obtenir des nouvelles de leur famille, de leur village ou de leur ville.

Parvenu à coordonner l'action psychologique dans Paris et sa banlieue, Maurice Papon en fait de même pour l'action répressive en créant un service de coordination des affaires algériennes (SCAA), le 23 août 1958. SAT-FMA et SCAA sont des structures interdépendantes, car la logique répressive du système Papon veut que celle-ci se double toujours de l'action psychologique. Le service de coordination des affaires algériennes est un service d'élite dont l'action est uniquement tournée vers la lutte contre le FLN et le MNA. Il est placé sous la direction de Maurice Legay, officier supérieur des affaires algériennes attaché au cabinet du préfet de police de Paris.

Cependant, avant même que la contre-offensive de la préfecture de police prenne toute son ampleur, un centre d'accueil et d'hébergement pour les Algériens menacés par le FLN est créé, car, sans une telle structure, il est impossible de mettre en place un réseau d'indicateurs stable. Avant l'ouverture de cette structure, les Algériens qui se plaçaient sous la protection de la police étaient conduits secrètement à l'hôpital-hospice de Villers-Cotterêts (Aisne) où ils étaient hébergés en attendant d'être dirigés en province par les services départementaux de la main-d'œuvre[3]. À leur demande, ils pouvaient quitter la région parisienne pour la province ou être dirigés sur la caserne Charras à Courbevoie aux fins d'engagement dans l'armée, à condition

1. Arch. PP, HA 60 SAT-FMA dossier « généralités 1958-1962 ». Le SAT-FMA, 12-12-1961.
2. *Cf.* Notamment le compte rendu de la visite du chef de la SAS de Tifrit-Nait-el Hadj du 13-6-1961, où sur 96 convocations 15 ont été retournées par la Poste, 51 personnes étaient présentes et 4 autres se sont excusées. Arch. PP. Ha 60 *in* dossier « SAT-FMA généralités 1958-1962 ».
3. Arch. PP, Ha 106, dossier « Personnes menacées, hébergement 1957-1958 ». Note datée du 2 mai 1958 concernant la protection des FMA, p. 1.

d'être âgés de moins de trente-cinq ans ; dans le cas contraire, ils pouvaient contracter un engagement dans les harkas en Algérie[1]. Mais, en juin 1958, les demandes de protection sont en très nette augmentation par rapport aux mois précédents et toutes ne peuvent être satisfaites[2]. Maurice Papon obtient donc la mise en place du centre d'accueil de Nogent situé dans une partie du fort, en application des circulaires du ministère de l'Intérieur en date des 20 septembre et 4 novembre 1957.

Le centre de Nogent

Le 15 octobre 1958, le centre est ouvert, il est placé sous la direction de l'officier de police Paccard détaché à la BAV. Pour ceux qui souhaitent retourner en Algérie, une aide financière ponctuelle leur est accordée, les autres peuvent choisir entre quitter le centre, partir en province ou s'engager dans l'armée, dans des harkas ou plus tard dans la force de police auxiliaire. Cependant, il ne suffit pas de se présenter dans un commissariat et déclarer être menacé par le FLN ou le MNA pour pouvoir être hébergé à Nogent. L'entrée n'est possible que si l'enquête effectuée par la brigade des agressions et violences (BAV) prouve la véracité des déclarations des intéressés, ce qui aboutit en général à une affaire de police fructueuse. Par cette mesure, la BAV veut éviter que le centre soit noyauté par le FLN[3]. À partir du 15 octobre 1958, la préfecture de police parvient donc à mieux assurer la sécurité des immigrés algériens qui se placent sous sa protection. Mais des hébergés qui avaient fait le choix de quitter le centre et de retourner dans la région parisienne ont été retrouvés assassinés peu de temps après. En fin de compte, les solutions qui leur sont proposées n'ont rien d'innovant en comparaison de la situation qui prévalait avant le mois d'octobre 1958. Il reste que nous ignorons si une forme d'action psychologique était exercée dans le centre de Nogent, ce qui est probable, ne serait-ce que parce qu'il constitue un centre de recrutement pour les harkas et, à partir de 1960, pour la force de police auxiliaire.

La question de la protection des « individus protégés » réglée, se pose celle des centres d'internement.

Le centre d'identification de Vincennes

L'expérience d'août 1958 a montré que les rafles et l'internement massif ne peuvent se faire au centre de Paris sans susciter de vives protestations, d'où la décision d'ouvrir un grand centre d'identification à Vincennes (CIV)

---

1. Arch. PP, Ha 106, dossier « Personnes menacées, affaires générales 1956-1958 ». Rapport de E. Lefeuvre, chef de la BAV au directeur de la PJ, daté du 28-4-1958, p. 2.

2. Arch. PP, Ha 106, dossier « Personnes menacées, hébergement 1957-1958 ». Rapport de Max Frenet au cabinet du préfet le 10-6-1958.

3. Arch. PP, Ha 106, dossier « Fort de Nogent 1958-1968 ». Note émanant du cabinet du préfet de police datée du 3 octobre 1960 et adressée au sous-préfet, directeur adjoint du cabinet.

placé sous le contrôle du SCAA, mais administré par le SAT-FMA. Il ouvre ses portes le 21 janvier 1959, il dispose d'une salle de tri et d'un centre d'internement d'une capacité d'hébergement de quatre cent trente-deux places qui fonctionne selon le modèle carcéral. Deux équipiers de la CIMADE y tiennent des permanences. Les visites sont autorisées aux familles, elles ont lieu une fois par semaine en fonction du numéro de cellule des internés. Elles ne durent au maximum que dix minutes selon l'affluence, et un écriteau mentionne que la langue française est seule autorisée[1]. Juridiquement, le centre d'identification de Vincennes héberge les FMA appréhendés sur la voie publique et dont la situation nécessite des vérifications. Les transferts se font généralement la nuit à la suite de descentes de police dans les hôtels et garnis occupés par les Algériens. Le contrôle des identités se fait dans une salle de tri et ne peut excéder les vingt-quatre heures, il suffit cependant que les agents du centre soient débordés pour que ce délai se prolonge plusieurs jours, laissant les internés dans l'impossibilité de prévenir leurs proches ou leur patron. À l'issue des vérifications d'identité, les intéressés sont soit relaxés, soit placés sous arrêté préfectoral d'assignation à résidence pour quinze jours, en vertu des dispositions de l'ordonnance du 7 octobre 1958 relative aux mesures à prendre à l'égard des personnes considérées comme dangereuses pour la sécurité publique en raison de l'aide qu'elles apportent aux rebelles des départements algériens. À l'expiration de la validité de cet arrêté préfectoral, les intéressés sont soit purement et simplement relaxés, soit assignés à résidence par arrêté ministériel et transférés dans un centre national si les charges retenues sont suffisantes, ou éloignés des départements de la Seine, de Seine-et-Oise et de Seine-et-Marne, toujours sous arrêté ministériel. Dans les premiers mois de l'année 1959, l'ensemble de ces camps contient un peu plus de deux mille personnes, les deux tiers environ ayant été assignés à résidence par arrêté préfectoral émanant du cabinet de Maurice Papon[2]. Ces chiffres montrent combien la répression est forte dans l'ancien département de la Seine. Enfin, les personnes internées à Vincennes peuvent être assignées à résidence à domicile, avec pointage hebdomadaire au commissariat de police de quartier[3] ; cependant, certains de ces internés peuvent être renvoyés en Algérie[4].

En 1960, 67 281 FMA ont été conduits au centre d'identification de Vincennes, identifiés, photographiés et soumis à un examen de situation ;

---

1. Arch. CIMADE, DZ 06. Visites des centres d'assignation à résidence surveillée. Rapports signés de Georges Guibert et Jacqueline Remen.

2. Arch. PP, Ha 96, *ibid.* note 218. Dossier « Visite de détenus algériens dans les centres d'internement (1958-1960) ». Compte rendu du capitaine Berenguier concernant sa visite au camp de Neuville-sur-Ain, le 17-02 et le 29-06-1959.

3. Arch. PP, Ha 96, dossier « CIV : fonctionnement général 1959-1961 ». Note au sujet du CIV, 6-11-61.

4. Arch. PP, Ha 96, dossier « CIV : fonctionnement général 1959-1961 ». Note au sujet du CIV, 6-02-61, p. 2.

63 392 d'entre eux ont été remis en liberté à l'issue de ces opérations ; 3 889 ont été retenus[1]. Le CIV est bien une pièce centrale dans l'échiquier des structures de la préfecture de police liées à la répression. En outre, en janvier 1960, un petit centre d'internement s'ajoute à celui de Vincennes, il est situé dans l'ancien hôpital Beaujon ; les internés Français musulmans d'Algérie et Européens paraissent relever du statut de prisonnier politique[2].

En outre, à partir de l'été 1959, le ministère de l'Intérieur applique pleinement la stratégie du plan Maurice Challe alors en vigueur en Algérie. Par une circulaire ministérielle datée du 13 juillet 1959, vingt-trois sections administratives urbaines sont créées, elles doivent « préserver la population musulmane de l'emprise politique et des contraintes matérielles des organisations antinationales » dans la région parisienne et les Bouches-du-Rhône. Le 28 septembre 1959, un projet de résorption définitive du bidonville de Nanterre est à l'ordre du jour du Conseil interministériel, il doit se faire par étapes, et sur une période de trois ans, car parallèlement des « HLM, foyers de célibataires et des logements de transit doivent être construits ». Mais les moyens dont dispose le gouvernement permettent de loger dans des conditions convenables à peine dix mille Algériens par an, alors que cent mille d'entre eux sont mal logés, dont neuf mille familles[3]. Les organismes HLM sont invités à prendre en considération les demandes des familles algériennes, sans succès[4]. Face à cette situation, il est prévu de faire des travaux de voirie et d'organiser l'enlèvement des ordures dans le bidonville de Nanterre, parallèlement à cela la police doit empêcher toute extension des baraquements[5]. Exception faite pour une partie du bidonville de Nanterre située rue des Pâquerettes, seules seront appliquées les clauses répressives de ce projet. La résorption n'est plus d'actualité, les « opérations Osmose » battent en brèche la substance de ce projet ministériel d'amélioration concrète des conditions de vie des immigrés algériens.

Les « opérations Osmose »

En effet, sachant que les Algériens ne peuvent déménager sans l'autorisation du FLN et que tout déménagement entraîne des modifications internes (l'Algérien qui change de lieu d'habitation change également de cellule ou de *kasma*), la préfecture de police de Paris met en place des opérations Osmose visant à désorganiser la collecte des cotisations par le FLN. Selon

---

1. Arch. PP, Ha 84 dossier « FPA, création, activités 1960-1961 ».
2. Arch. PP, Ha 96 dossier « Centres d'hébergement, fonctionnement (1961) ». Note au sujet des centres d'internement à résidence de Paris, datée du 23-10-1961, p. 3-4.
3. Arch. PP, Ha 65 dossier « Conseil interministériel du 28-9-1959 ». Fiche n° 10 : Le logement des FMA.
4. Arch. PP, Ha 61 dossier « Action psychologique et sociale. Rapport trimestriel du cabinet du préfet (1959) ». Service des Affaires musulmanes et de l'action sociale. Synthèse des rapports trimestriels établis par les conseillers techniques pour les Affaires musulmanes. 3ᵉ trimestre 1959, p. 18.
5. Arch. PP, Ha 65 dossier « Conseil interministériel du 28-9-1959 ». Fiche n° 5, p. 1-3.

France-Observateur, le promoteur des opérations Osmose est un jeune commandant rappelé du Constantinois par Maurice Papon. Cet officier avait participé à l'édification de centres de regroupement et l'idée lui était venue d'appliquer à un échelon individuel la politique des transferts de population. Des fuites provoquèrent une intervention du cabinet du garde des Sceaux et un veto absolu du préfet Blanchard, responsable des affaires algériennes au ministère de l'Intérieur. L'opération fut ainsi ajournée plusieurs mois avant d'être finalement mise en place par la préfecture de police[1]. Les opérations Osmose consistent à transférer arbitrairement quelques individus d'un hôtel dans un autre et réciproquement. Ces brassages, qui sont dans un premier temps illégaux, suscitent la crainte des Algériens : vivant déjà très mal leur exil, ils sont ainsi séparés de leurs seules connaissances, famille, amis. En 1960, ces opérations ont concerné le XIIIe arrondissement et vingt-quatre communes suburbaines. Elles ont abouti au déplacement de cinq cent cinquante-huit FMA. En outre, quatre opérations interdistricts ont été effectuées[2]. Devant la pression de l'opinion publique, les opérations Osmose prennent fin officiellement en juin 1960.

Service d'assistance technique aux Français musulmans, service de coordination des affaires algériennes, centre de Nogent, centre d'identification de Vincennes, opération Meublés, opération Osmose, il manquait à cet ensemble de structures une pièce maîtresse : la force de police auxiliaire (FPA). Celle-ci est créée le 30 novembre 1959 et, avec elle, la répression s'accroît d'un cran supplémentaire.

La FPA

La FPA est placée sous la direction du capitaine Raymond Montaner, responsable du SAT-FMA de Nanterre, ancien d'Indochine et ex-responsable de la SAU du clos Salembier en Algérie. Le recrutement se fait en Algérie et dans une moindre mesure parmi les personnes hébergées du centre de Nogent. Selon *France-Observateur*, les commandants qui procédèrent au recrutement étaient en contact avec Maurice Papon lorsque ce dernier était IGAME à Constantine[3]. Les supplétifs sont logés dans un premier temps au fort de Noisy-le-Sec où ils reçoivent une instruction sommaire d'une durée de huit jours ; ils y apprennent le maniement des armes et la manière dont on conduit des interrogatoires[4]. Leurs effectifs passent de deux cent vingt à huit cent cinquante en l'espace de six mois, ils entrent en action en mars 1960 et prennent place dans les principaux bastions du FLN à Paris, à savoir les XIIIe, XIVe et XVIIIe arrondissements. Dans la logique du système en place, ils ont pour

1. *France-Observateur*, « Les harkis dans le XIIIe », article de Christian Hébert, 5-5-1960.
2. Arch. PP, Ha 84 FPA dossier « Création, activités, 1959-1960 ». Mise en service de la FPA. Bilan d'activités pour l'année 1960, p. 17.
3. *France-Observateur*, « Les harkis dans le XIIIe », article de Christian Hébert, 5-5-1960.
4. Michel Roux, p. 135. Les Harkis, les oubliés de l'Histoire, 1954-1991, Paris, La Découverte, p. 125, 1991.

mission de lutter concrètement contre le FLN mais aussi de participer aux actions psychologiques du service d'assistance technique aux Français musulmans par la distribution de tracts. Ils parviennent à remettre en cause l'organisation du FLN en arrêtant des responsables, en empêchant le prélèvement des cotisations. De plus, ils parviennent à se rallier les Algériens menacés de morts par le FLN, et à recruter des indicateurs parmi les commerçants. En fait, la stratégie opérée par le capitaine Raymond Montaner est invariablement la même : occupations d'hôtels habités par des travailleurs algériens, infiltration et recueil de renseignements, violences policières, tortures… Le capitaine Montaner n'évoque cependant jamais, tout du moins pour les rapports que nous avons consultés, la teneur réelle de l'activité d'une partie de ses policiers. La force de police auxiliaire n'a selon lui pas de comportement violent à l'égard des immigrés algériens. Pourtant, de nombreuses plaintes pour tortures ou violences sont déposées contre la FPA par des Algériens mais aussi des Européens, comme en témoigne la plainte de Christian J., breton. La conclusion de l'enquête de l'IGS est sans équivoque : « Le plaignant est de bonne foi. S'il est breton, il a un peu le physique d'un FMA, ce qui explique que le supplétif l'ait frappé pour lui faire avouer qu'il cotisait pour le FLN. Encore que le brigadier chef de poste prétend n'avoir rien vu, les violences sont certaines[1]. »

Autrement dit, toute personne au teint mat est soupçonnée de cotiser au FLN, les supplétifs voient donc en chaque Algérien un suspect susceptible, après interrogatoire, de délivrer des informations. De fait, si la question de l'usage de la torture par les forces de l'ordre dans l'Hexagone ne date pas de la création de la FPA – en témoigne l'affaire de la gangrène – elle prend toute son ampleur avec l'apparition des « caves qui chantent », termes employés pour évoquer les tortures pratiquées par des supplétifs dans les caves des hôtels qu'ils occupent, parfois en présence du capitaine Montaner ou du lieutenant Derogeot[2]. Le 29 avril 1960, Claude Bourdet interroge Maurice Papon sur cette question. Dans le même temps, des associations, des journalistes et des intellectuels protestent ouvertement contre la force de police auxiliaire. Face à cette situation, Maurice Papon adopte une attitude peu surprenante, il nie en bloc toute accusation et multiplie les plaintes pour diffamation à l'encontre notamment de la presse. Mais lorsque, en mars 1961, le président de la commission de sauvegarde des droits et libertés individuelles demande à visiter les caves situées dans les locaux de la FPA du XVIIIe arrondissement, il évite la confrontation en procédant à leur fermeture[3]. Au Conseil interministériel du 10 avril 1961 il est cependant rappelé à l'ordre par Michel Debré qui demande que la FPA ne recoure en aucun cas aux sévices de

1. Arch. PP, Ha 88 dossier « FPA : plaintes 1960-1962 ». Affaires mettant en cause des membres de la FPA, 27-6-1960.
2. *Cf.* à ce sujet les diverses plaintes rassemblées dans l'ouvrage de Paulette Péju, *Les Harkis à Paris*, Paris, La Découverte, réédition, 2000.
3. Arch. PP, Ha 87 dossier « FPA : divers (1960-1984) ».

torture dont elle est accusée et qu'un officier de police judiciaire soit présent pendant les opérations effectuées par elle, voir immédiatement après, « de manière que la procédure puisse être dressée ». Cela montre que le capitaine Raymond Montaner disposait jusque-là d'une relative autonomie conduisant à faire de la FPA une police parallèle. La pression de l'opinion publique française oblige Maurice Papon à réunir l'ensemble des unités de la FPA au fort de Noisy à Romainville le 28 juin 1961. Elle devient dès lors plus mobile et retourne périodiquement dans les arrondissements de Paris mais aussi dans les villes de la banlieue parisienne. Dans ce contexte de fin de guerre d'Algérie, la répression s'accompagne d'une recrudescence des attentats du FLN et de l'Organisation armée secrète (OAS).

Les derniers feux

À l'automne 1961 la situation à Paris devient explosive, l'État français et le Gouvernement provisoire de la République algérienne (GPRA) se livrent à un ultime bras de fer dont l'enjeu n'est autre que d'apparaître en position de force lors des négociations finales, l'étau se resserre inexorablement autour des travailleurs immigrés algériens et de leurs familles, comme pris en otages entre ces deux gouvernements. L'ensemble des archives consultées témoigne d'une recrudescence très forte de la répression policière. Ainsi, un des rapports de la Fédération de France du FLN déclare que, pour la police, « voir un Algérien dans la rue est presque anormal », et il souligne que les rafles dans les hôtels s'accompagnent de destructions sauvages des effets personnels des locataires[1]. Cette violence exacerbée s'explique en partie par le fait que les attentats du FLN contre les forces de l'ordre, principalement la FPA, engendrent chez les policiers une véritable psychose[2]. De fait, certains d'entre eux se constituent en police parallèle afin de faire justice eux-mêmes[3]. Comment ? En s'attaquant aux simples travailleurs algériens. Les agissements de ces policiers sont évoqués dans les archives du FLN, des rapports parlent de tentatives d'assassinat et d'assassinats d'Algériens par noyade dans la Seine. L'OAS fait de nombreux émules parmi les forces de l'ordre et à chaque attentat perpétré contre eux, des expéditions punitives s'organisent, des hôtels occupés par des Algériens sont plastiqués[4]. Des médecins sont menacés par des policiers, qui leur interdisent de délivrer des certificats médicaux aux Algériens victimes de leurs violences[5]. Le ressentiment des policiers est tel que la préfecture de police ne semble plus tenir ses troupes[6], pourtant c'est dans ce contexte que Maurice Papon déclare, lors des obsèques de policiers :

---

1. Arch. FF FLN, « Répression policière : septembre, octobre 1961 ». Matricule n° 2221.
2. Jean-Paul Brunet, *Police contre FLN, le drame d'octobre 1961*, Paris, Flammarion, 1999, p. 83
3. Arch. PP, H1B32, copie d'une lettre anonyme.
4. Arch. FF FLN, rapport sur la police. Saint-Ouen le 20-9-1961, matricule 2222414.
5. Arch. FF FLN, objet : répression, septembre-octobre 1961, n° 221.
6. Jean-Paul Brunet, *op. cit.*, p. 28

« Pour un coup donné, nous en porterons dix ! » Le 5 octobre 1961, il instaure un couvre-feu aux seuls Algériens de Paris et de sa banlieue, de 5 h 30 à 20 h 30, les débits de boissons possédés ou fréquentés par eux doivent fermer à 19 heures. Certes, il y a eu le précédent de septembre 1958, mais ce couvre-feu est à peine appliqué que la répression s'emballe un peu plus. Violences gratuites, chasse au faciès, assassinats, sont le quotidien d'une communauté qui sert de bouc émissaire à tous ceux qui rejettent l'indépendance de l'Algérie, pourtant inéluctable, à ceux aussi qui veulent se venger de la mort d'un collègue ou d'un proche. Face à cette situation alarmante, les militants du FLN se retournent vers leurs responsables et demandent qu'ils fassent quelque chose afin d'endiguer cette montée de violence. Le 10 octobre 1961, la Fédération de France du FLN, réunie en conseil, décide d'organiser une manifestation à Paris de tous les immigrés algériens, elle répond ainsi au désarroi de ses militants, mais sa décision est aussi motivée par le fait qu'une telle action a l'avantage de pouvoir peser éventuellement sur les négociations finales. Conscients que la réaction des forces de l'ordre sera brutale, les organisateurs donnent des consignes strictes concernant le caractère pacifique que doit revêtir la manifestation, de plus, ils placent également des porteurs de valises à des points d'observation.

La manifestation du 17 octobre 1961

Venus des quatre coins du département de la Seine, le cortège se compose d'hommes, de femmes et d'enfants. La suite est désormais bien connue, la police charge à plusieurs reprises, 11 538 Algériens sont arrêtés en une seule nuit, chiffre énorme si on le compare à la situation d'août 1958. Pour les forces de l'ordre, ce 17 octobre a cristallisé toute la haine accumulée contre des civils désarmés qu'ils considéraient être le vrai visage du FLN. Les violences policières ont également eu lieu dans les stations de métro, les autobus de la RATP réquisitionnés, et les lieux d'internement (CIV, gymnases, commissariats…). La préfecture de police a visiblement été dépassée par cette situation explosive, pourtant, connaissant l'état d'esprit de ses hommes, Maurice Papon ne se rend au Palais des sports que deux jours plus tard, soit le 19 octobre. Aucune organisation non gouvernementale n'est autorisée à entrer dans les lieux d'internement, hormis la CIMADE pour ce qui concerne le centre d'identification de Vincennes. Au lendemain même de cette journée d'octobre, la chasse au faciès se poursuivit pendant de nombreux jours, et les blessés, pour un certain nombre d'entre eux, sont laissés sans soin dans les hôpitaux de Paris. Tout se passe comme si plus aucune autorité n'était exercée sur les policiers, les Algériens ne sont même plus en sécurité chez eux. Une nouvelle fois, la préfecture de police ne parvient pas à mettre fin à ces violences, au contraire elle les encourage quelque part puisqu'une partie des policiers n'ont pas leur chefs habituels durant les jours qui suivent le 17 octobre 1961. Le bilan de cette nuit d'horreur est, selon nos propres recherches, de trente et un disparus et d'une centaine de morts.

Quant au chiffre des blessés, on sait que trois cent trente-sept Algériens ont été soignés dans les hôpitaux de Paris[1], or ce chiffre doit être considéré comme un minimum puisque nombreux furent les manifestants à ne pas se rendre à l'hôpital, de peur d'être arrêtés à leur sortie.

Cependant, le 17 octobre 1961 ébranla l'unité de corps car des policiers commencèrent à s'élever, anonymement, contre cette répression. En fait, dans les hautes sphères de l'État français, ce 17 octobre est officieusement considéré comme une victoire politique du FLN[2]. Le 19 mars 1962, le cessez-le-feu est proclamé, mais les violences physiques et les assassinats perpétrés par des groupuscules ou sympathisants de l'OAS à l'encontre des immigrés algériens se poursuivent[3]. Le racisme anti-arabe atteint son paroxysme, le département de la Seine est comme au bord de la guerre civile. Ces violences durent plusieurs mois après le 3 juillet 1962, date de la reconnaissance officielle, par la France, de l'indépendance de l'Algérie.

La violence de la répression policière du 17 octobre 1961 n'est que l'aboutissement de la stratégie adoptée par le ministère de l'Intérieur à partir de 1958, elle a marginalisé les immigrés algériens, les rendant coupables d'avoir permis la défaite de l'Algérie française. La logique répressive qui découle du système mis en place par Maurice Papon se referme sur les manifestants comme un piège. Les archives consultées mettent en lumière le rôle essentiel que joua le préfet de police dans la lutte contre les mouvements nationalistes algériens dans l'ancien département de la Seine. Durant cette bataille de Paris, le FLN parvient cependant à faire preuve d'une très grande capacité d'adaptation et à remporter la victoire. Mais cette pression policière a eu pour conséquence directe de faire de ce dernier un parti à visée totalitaire, pour reprendre l'expression de l'historien Mohammed Harbi.

---

1. Arch. PP, Ha 111, enquêtes sur les événements du 17 octobre 1961 mettant en cause la préfecture de police de Paris.
2. Arch. PP, Ha 47. SCINA : p.v. de la réunion du 26 octobre 1961, p. 1-2.
3. Arch. CFTC, 6H20. Fédération de France du FLN, la répression et les provocations policières contre l'immigration algérienne, depuis le cessez-le-feu, Paris, 30-5-1962, p. 6-7.

Le PPA-MTLD et le FLN-ALN, étude comparée

par Gilbert Meynier

Introduction

Le FLN algérien (Front de libération nationale) et sa composante armée, l'ALN (Armée de libération nationale) ont lié leur nom à la guerre de libération anticoloniale de l'Algérie de 1954 à 1962. La littérature officielle algérienne, telle que la résument les manuels scolaires censés enseigner l'histoire aux jeunes Algériens depuis l'indépendance, fait du 1er novembre 1954 le jour zéro de la Libération nationale. Pour accréditer l'idée que les serviteurs-guides du peuple au pouvoir sont dans la lignée des militants qui déclenchèrent ce jour un mouvement armé qui aurait été selon la version officielle sans antécédents et sans mémoire, la falsification de l'Histoire est le pain quotidien des historiens idéologues qui façonnent un passé légitimant à la convenance des dirigeants du pays. Tout ce qui a précédé 1954 est vu comme le reliquat indigne de politiciens qui n'auraient pas su être au rendez-vous de l'Histoire et qui ne méritent donc pas d'être mentionnés.

L'histoire officielle enseigne que la guerre de 1954-1962 fut gagnée militairement par une armée de libération qui vainquit sur le terrain et expulsa les colonialistes d'Algérie ; cela alors que tous les gens normalement informés savent que la victoire n'eut jamais lieu sur le terrain des armes, que ce fut une victoire politique – certes remportée sous la pression initiale des armes –, mais que ce fut une victoire politique remportée par des politiques.

Heureusement l'historien digne de ce nom ne peut être dupe de ces falsifications idéologiques. Il sait, lui, que le FLN survient après une longue préhistoire, qu'il a été précédé de mouvements politiques sans la connaissance desquels il est vain de prétendre l'évaluer. Le FLN prend en fait la suite, certes conflictuellement, mais il prend la suite du PPA-MTLD (le Parti du peuple algérien-Mouvement pour le triomphe des libertés démocratiques).

Cette étude se proposera d'étudier en quoi le FLN-ALN se distingue de son prédécesseur, le PPA-MTLD (première partie). Puis, elle envisagera en quoi le FLN-ALN, malgré tout, se situe dans la continuité de ce même PPA-MTLD (deuxième partie). La troisième partie essaiera d'analyser au fond pourquoi, parmi les multiples possibles de l'histoire, ce fut au FLN-ALN tel qu'il exista que le PPA-MTLD aboutit. Enfin, la nuance étant le propre de la réflexion – historique ou autre –, sera analysé en quoi le FLN fut un mouvement multiforme, au-delà ou en-deçà de son monolithisme déclaré, dans la continuité éventuelle de la diversité du PPA-MTLD.

Avant-propos : la préhistoire du FLN-ALN

La lutte politique

Au lendemain de la Grande Guerre, de 1919 à 1923, dans le contexte des soubresauts du bolchevisme, l'émir Khaled électrisa passagèrement les foules algériennes en se posant en champion de la revendication anticoloniale. Mais son programme concret restait dans le fil des désirs des « Jeunes Algériens » – l'élite, apparemment francisée des « évolués » – : l'axe de sa revendication fut la représentation des Algériens au Parlement français – jusqu'en 1946, seuls les Français d'Algérie y étaient représentés, par six députés et trois sénateurs. À l'été 1923, l'émir Khaled disparut d'Algérie pour rejoindre la Syrie où son grand-père l'émir Abd el-Kader avait fini ses jours trente-huit ans auparavant.

En 1927, se constitua la Fédération des élus musulmans. Elle fit de l'assimilation son cheval de bataille. Mais il n'entra jamais dans les objectifs de la République française de jamais sérieusement entreprendre cette assimilation : la domination française sur l'Algérie se confondait sur le terrain avec celle des colons et rien ne fut jamais entrepris de décisif pour que Paris imposât à Alger un ordre républicain égalitaire dont ils ne voulaient pas parce qu'il aurait mis à mal leur pouvoir.

Les assimilationnistes crurent avoir gagné la partie lors de la victoire du Front populaire. La Fédération des élus constitua avec le Parti communiste et les *'ulamâ*[1], ou oulémas, le Congrès musulman, chronologiquement le premier front politique algérien. Mais le projet Viollette, qui ne donnait la citoyenneté française qu'à un peu plus de vingt mille Algériens, fut refusé par les colons. Et, devant leurs rodomontades, Paris renonça même à le présenter au Parlement. L'échec marqua la fin des espoirs des « évolués ». Désormais, ils prirent le droit de revendiquer autre chose. L'un de ceux qui avaient le plus sincèrement adhéré à l'assimilation des Algériens, Ferhat Abbas, signa en 1943 le *Manifeste algérien* qui revendiquait une République algérienne fédérée à la République française.

Tout comme ces civils alsaciens qui n'en avaient jamais porté se mirent à arborer les bérets français sous l'occupation allemande de 1940 à 1945, les

---

1. Pluriel de *'âlim* (littéralement le savant). Désigne « l'Association des oulémas réformistes », née en 1931 sous la direction du cheikh Ibn Bâdis. Les *'ulamâ* furent les représentants d'un nationalisme culturaliste qui mettait au premier plan les thèmes islamo-arabes.

Algériens s'attachèrent à surcultiver ce qu'ils croyaient être les signifiants de leur personnalité. Ils se mirent à se reconstruire une identité, non sans se plonger en cela dans la fossilisation et la culture de leurs blocages – immersion dans les prescriptions islamiques vulgaires, surexpression du machisme dominant, survalorisation d'un mythique passé antécolonial... Ces réflexes furent naturellement davantage, et plus spontanément, ceux de la masse que ceux des « évolués », mais ils furent aussi largement ceux de militants indépendantistes. Et spontanément le peuple algérien adhéra au slogan identitaire popularisé par les détenteurs de la norme surgis au lendemain de la première guerre, les oulémas : « L'islam est ma religion, l'arabe est ma langue, l'Algérie est ma patrie. »

Au moment où s'affirmait en Algérie le courant des « évolués », naissait à Paris, au printemps 1926, le premier mouvement revendiquant l'indépendance de l'Algérie, l'Étoile nord-africaine (ENA). Sous la direction de Messali Hadj, et dans le sillage premier du Parti communiste français, elle regroupa les résolutions revendicatives des Algériens qui, dans l'exil, començaient à créer la nation. L'ENA rompit dès la fin des années 1920 avec le mentor communiste originel. Elle se démarqua des évolués. Même si idéologiquement elle partageait le fonds culturaliste/identitaire des oulémas sur l'islamo-arabité, elle était politiquement bien distante de tous ces notables de la *khaçça*[1] algérienne. Au moment du projet Viollette, l'ENA se dissocia de tous les autres mouvements algériens. Ces plébéiens ne firent pas partie du Congrès musulman. Dans un meeting célèbre au stade d'Alger organisé par le Congrès musulman à l'été 1936, et où Messali Hadj s'auto-invita, il refusa l'assimilation et revendiqua l'indépendance de l'Algérie. Dans la foulée, le gouvernement de Léon Blum interdit l'ENA début 1937, alors même qu'elle avait fait partie du rassemblement populaire précédant les élections d'avril-mai 1936. Messali Hadj créa alors le Parti populaire algérien (PPA). Décision grosse de conséquences politiques, il l'apatria en Algérie. Désormais, exista un parti indépendantiste sur le terrain algérien. Rapidement il se fit connaître et gagna en audience.

De l'insurrection de 1945 à 1954 : le PPA-MTLD

Fut alors constitué le Mouvement des amis du Manifeste et de la liberté (AML), chronologiquement le deuxième front politique algérien. Le PPA en forma le noyau actif, qui prit très vite tout l'espace. Il déborda les modérés. En mai 1945, une tentative improvisée d'insurrection fut lancée, qui se réduisit géographiquement au Constantinois. Elle fut matée dans un bain de sang qui fit plusieurs milliers de morts. Dès lors, une espérance chez les militants du PPA : rééditer l'insurrection de 1945, mais cette fois en la préparant soigneusement pour qu'elle connaisse le succès. Le PPA fut interdit, les « évolués » refluèrent dans un mouvement modéré attaché

---

1. La crème sociale, l'élite.

à la ligne du Manifeste, l'UDMA (Union démocratique du Manifeste algé-rien), fondée par Ferhat Abbas – un temps emprisonné lui aussi – en 1946. Au PPA, le mot d'ordre était à la non-collaboration avec les autorités colo-niales, en particulier à la non-participation aux élections.

Or, pour les élections législatives de 1946, Messali fit accepter par une direction au départ réticente le principe de la participation aux élections. Au-dessus du PPA clandestin se constitua donc le Mouvement pour le triomphe des libertés démocratiques (MTLD) qui obtint cinq des douze sièges dévolus aux Algériens au Parlement français pour le « deuxième collège » (le collège « indigène »). Rappelons toutefois que la liste où figurait Messali Hadj avait été invalidée. Messali dut compter avec les activistes, inspirés par le leader radical, le docteur Mohammed Lamine Debaghine, qui voulaient mettre au premier plan le mot d'ordre de rupture violente. Il se heurta aussi à des modérés du MTLD enclins à privilégier la ligne légaliste. Le parti frappa successivement ces deux tendances.

Messali, lui, ne considérait certes pas qu'on pouvait arracher l'indépen-dance en se contentant de participer à des élections françaises. La ligne officielle du parti était que cette indépendance devait être décidée par une Constituante algérienne souveraine élue au suffrage universel. Mais Messali pensait aussi qu'on pouvait s'appuyer sur la lutte armée – au moins sur la menace de lutte armée – comme Bourguiba le fit en Tunisie au début des années 1950 pour forcer le destin et obliger les autorités françaises à négo-cier. Donc, Messali, s'il ne fut pas en soi opposé à la violence, ne la conçut jamais que comme un moyen de pression dans une partie qui, de toute façon, devrait pour lui tôt ou tard se régler dans une entreprise politique. C'est pourquoi il se défia toujours des partisans inconditionnels de la lutte armée qui ne mettaient pas en avant le combat politique et pensaient que « l'allu-mage de la mèche » devait servir de programme et de fins dernières à un mouvement indépendantiste violent.

En 1947, un congrès du MTLD avait décidé la création d'une Organisa-tion spéciale (l'OS), qui devait être chargée de préparer le soulèvement armé. En fait, l'OS fut d'emblée secondarisée au MTLD. Les modérés légalistes la regardaient avec défiance et Messali ne la considéra jamais que comme l'enfant bâtard et guère désiré de son parti. Il tint toujours ses membres pour des activistes mal dégrossis. De toute façon, l'OS ne dépassa jamais le stade d'un *Kriegsspiel*, et elle fut découverte en 1950 par la police française. Le MTLD se démarqua des militants arrêtés : sa ligne fut que la découverte de l'OS avait été un montage des services secrets français et qu'il s'agissait d'un « complot colonialiste ». Les activistes, isolés, furent ulcérés. On ne peut pas comprendre la naissance du FLN si l'on ne mesure pas à sa charge d'émotion la rancœur qui fut la leur.

Leur exaspération dépassa la mesure lorsque, à partir de 1953, commen-cèrent à fuser les heurts entre les plébéiens, militants fidèles de Messali, et l'élite des compétences qui peuplaient le Comité central (les « centralistes ») et à qui avait été confiée la direction du parti – leur chef de file était Ben

Youcef Ben Khedda, secrétaire général du MTLD. Messali eut beau tenter de remettre la main sur le parti en désavouant, du haut de son prestige, la direction centraliste, la crise, ouverte, éclata en 1954 entre centralistes et messalistes. Les clans ennemis mirent la main sur les finances du parti par le blocage des cotisations dans les secteurs dans lesquels ils étaient respectivement prédominants, et ils s'entre-déchirèrent. Ils allèrent même, en 1954, jusqu'à l'affrontement violent entre groupes de choc ennemis.

Au printemps 1954, l'unité du MTLD avait vécu. Il existait d'ores et déjà deux partis. À l'été, deux congrès concurrents, l'un messaliste, l'un centraliste, se réunirent, qui lancèrent l'anathème contre le parti ennemi. Dans ce contexte de déchirement, le désespoir gagnait les militants, les incitant à se rallier aux solutions violentes qui avaient été délaissées depuis si longtemps par le parti, et sans résultats. Dans un premier temps, une garde centraliste conduite par Boudiaf tenta de refaire l'unité du parti en rameutant les activistes contre les messalistes. Ce fut le Comité révolutionnaire d'unité et d'action (CRUA). La tentative échoua. Dès lors, même des gens comme Boudiaf optèrent définitivement pour la voie activiste de rupture violente.

Au début de l'été, un Comité des 22 – réunissant majoritairement des anciens de l'OS – décida l'insurrection. Il en confia la préparation à un comité révolutionnaire, le Comité des six (Mostefa Ben Boulaïd, Larbi Ben M'hidi, Rabah Bitat, Mohammed Boudiaf, Mourad Didouche, Belkacem Krim). Avec les trois dirigeants de la délégation extérieure réfugiés en Égypte (Hocine Aït Ahmed, Ahmed Ben Bella – les deux anciens chefs de l'OS –, et Mohammed Khider), ils formèrent le groupe des « neuf chefs historiques ». La décision fut finalement prise de lancer l'insurrection générale le 1er novembre 1954. Le texte qui annonça cette décision était signé par un Front de libération nationale (FLN) et par son bras armé, l'Armée de libération nationale (ALN). Le FLN allait devenir dans les dix-huit mois suivants, chronologiquement, le troisième front algérien.

Le FLN fut donc le successeur du PPA-MTLD. Mais, avec la naissance du FLN, c'était la fin du MTLD, même si Messali Hadj reconstruisit à la fin de l'année 1954 la faction messaliste dans un Mouvement national algérien (MNA). Au printemps 1955, les centralistes se rallièrent au FLN. Le FLN a donc été, pour reprendre l'expression d'Omar Carlier, à la fois le successeur et le destructeur du MTLD. Entre les deux mouvements, existent a priori des différences importantes.

Le PPA-MTLD et le FLN : des différences radicales ?

De la paix à la guerre

Au PPA-MTLD, la lutte armée est un thème obsessionnel récurrent. Mais la peur de voir se renouveler le drame du printemps 1945 est dans toutes les mémoires, et personne de sensé ne se risquerait à y engager inconsidérément le parti et le peuple. La lutte armée est bien envisagée avec la formation de l'OS ; mais l'OS a toujours été considérée avec méfiance par Messali et tenue en lisière par les capacités centralistes. Tout le monde, donc, parle de lutte armée, mais la lutte armée, dans l'OS, se réduit, on l'a dit, à un *Kriegsspiel*. C'est là une différence énorme avec l'ALN, formée en même temps que le FLN, et qui, d'emblée, ne se distingue pas du FLN. En somme, la différence avec le MTLD réside dans la situation historique : le MTLD est une institution du temps de paix, le FLN une institution du temps de guerre. Le MTLD agit politiquement dans un contexte où le pluralisme et la démocratie existent encore, même si ce n'est que par lambeaux et de manière précaire. Par rapport au FLN, le MTLD est un parti légal ; il agit à visage découvert, du moins pour toute la partie de son activité qui n'est pas illégale (donc, évidemment, l'OS exceptée). À l'inverse, le FLN est hors la loi coloniale. Les rapports français parlent de HLL (hors-la-loi). Le FLN se meut par la force des choses dans la clandestinité. Pour des raisons qui sont entre autres des raisons de contexte différent, au FLN, le primat militaire est gros d'une ligne politique et de comportements inédits à l'époque du MTLD.

Ces changements sont à relier, notamment, à un transfert des lieux de l'action, de la ville à la campagne.

Citadinité-ruralité

Entre le MTLD et le FLN, il y a toute la différence qui sépare la citadinité de la ruralité. Si, en campagne, le MTLD est bien structuré dans les petits centres par un réseau de petits notables, c'est bien dans les villes qu'il est conçu, c'est bien des villes qu'il est dirigé. Y coexistent des dirigeants divers : d'une part, une élite des capacités (qui garnissent particulièrement les rangs centralistes), d'autre part, un groupe de plébéiens qui caractérisent les rangs messalistes, ancrés aux antécédents militants de l'ENA et du PPA. Certes, l'OS, la branche paramilitaire du parti, conçue pour préparer dans la clandestinité la lutte armée, est dirigée par des chefs qui sont en moyenne nettement plus ruraux d'origine que la moyenne des cadres du MTLD. Cela dit, l'OS est tout de même conçue et dirigée à partir des villes où s'élaborent les stratégies du parti, même si les militants de l'OS peuvent aller dans la campagne, dans l'air pur propice aux stages d'entraînement. Le FLN procède de la matrice de l'OS. Les déclencheurs de novembre sont pour l'essentiel des cadres de l'OS qui reprennent du service pour passer, cette fois, à la vraie lutte armée.

Parmi les neuf chefs historiques qui déclenchent la lutte armée en novembre 1954, il y a huit ruraux. Et le seul citadin, l'Algérois Mourad Didouche, est issu de la campagne : ses géniteurs sont venus de la montagne kabyle à Alger à la veille de la Première Guerre mondiale. Une notable part des neuf historiques comprend des gens qui ont, dans un sens ou dans l'autre (déclassement social ou surclassement par le parti), connu une rupture de statut. Ils sont frottés aux cités, ils s'y sont formés politiquement, mais ils n'ont pas rompu avec leurs origines rurales. Ils en ont gardé pour la plupart les vertus de frugalité et de puritanisme qui se donnent pour musulmanes. Dans l'encadrement du FLN-ALN, ce sont des petits notables ruraux qui jouent un rôle déterminant. Et l'énorme majorité des *junud*[1] de l'ALN est rurale. Ce n'est pas pour rien que le FLN-ALN est structuré et travaillé par des réseaux de relations personnelles ancrés dans les régions de l'Algérie profonde. Lors de la crise de 1962, Krim se réfugie dans sa Kabylie natale, pendant que Ben Tobbal, dans son Constantinois, Boudiaf, dans sa région de M'sila, tentent de se ressourcer. Ben Bella, lui, choisit pour capitale provisoire Tlemcen, la cité voisine de son bourg d'origine, Maghnia.

L'espace de prédilection du FLN-ALN, ce sont bien les campagnes : c'est là que, pour l'essentiel, est réalisé l'allumage de la mèche de novembre 1954, du djebel Filaoussène près des confins algéro-marocains, aux gorges de Tighanimine dans l'Aurès, en passant par la forêt de Moulay Ismaïl près du Tlelat et les dépôts de chêne-liège de Kabylie. Les plus grands succès militaires du FLN-ALN, il les a obtenus dans l'Algérie rurale. Et la seule fois où fut tentée la lutte armée en terrain citadin, elle connut l'échec, assorti d'une répression impitoyable (la bataille d'Alger). Les villes servent au FLN-ALN de lieux de quiétude relative ou l'on vient se cacher, de repli sanitaire où l'on vient se soigner, et de prospection fiscale où l'on vient faire des prélèvements substantiels sur les commerçants et autres bourgeois. Elles sont presque toujours subordonnées à ce qui se passe au bled. Elles n'ont pas la décision. Au total, le FLN représente une revanche de la vieille Algérie rurale sur les cités. Il est la matrice d'un pouvoir algérien qui, durablement, trouvera ses origines dans les profondeurs du pays : pour désigner ces origines, les Algériens du dernier tiers du XXe siècle parlent du triangle Souk Ahras-Batna-Tébessa – région profonde par excellence du vieil irrédentisme algérien anticolonial. Ce qui n'empêchera pas ce pouvoir-là de faire voler en éclats la vieille Algérie rurale et de l'agglutiner aux villes.

La translation des villes vers les campagnes recouvre substantiellement un infléchissement de la vision politique vers une idéologie et des pratiques où le politique devient second, quand même il n'est pas méprisé.

Le PPA-MTLD : une vision politique

Au MTLD, chez les messalistes comme chez leurs ennemis centralistes, existe une vision politique : les centralistes veulent utiliser les marges de fonctionnement démocratique concédées à regret par le colonisateur pour émanciper les Algériens de manière douce, dans le *gentleman agreement*. Ont été conseillers municipaux, voire adjoints au maire, des gens comme Abderrahmane Kiouane, à Alger, à l'époque où le maire était le libéral Jacques Chevallier. Hamou Boutlelis occupa les mêmes fonctions à Oran, et même Ahmed Ben Bella, fut conseiller municipal de Maghnia (où il occupa aussi un

---

1. Pluriel de *jundiyy* : le soldat, le combattant.

poste de petit agent de police local). Les centralistes – l'élite des capacités du MTLD – finirent par se rallier au FLN. Ils n'aimaient pas forcément la violence mais ils furent acculés à la violence du fait du blocage de la situation politique.

Chez Messali, l'imaginaire est gros de mobilisations générales et de manifestations, conformément à sa prime formation dans le Parti communiste français dans sa phase bolchevique. Existe chez lui la conviction que la lutte militaire en soi est impuissante à construire l'Algérie indépendante. Les activistes incarnent pour lui « l'infantilisme gauchiste ». Messali est inclus dans une vision politique structurée par le Parti communiste pour laquelle la libération des peuples opprimés devait émerger d'un effort internationaliste des peuples solidaires du monde entier. La compagne de Messali, Émilie Busquant, était fille d'un mineur anarcho-syndicaliste de Neuves-Maisons, en Meurthe-et-Moselle méridionale. Elle apprit à son compagnon la convergence entre les luttes des prolétaires français et celles des colonisés. Elle est réputée avoir cousu la première le drapeau algérien. Le militaire, chez Messali, ne se conçoit pas sans arrière-plan politique. Le fracas des armes était pour lui une rhétorique de rupture déclenchée pour obliger, politiquement, le maître colonial à composer. On l'a dit, Messali avait les capacités à devenir pour l'Algérie ce que Bourguiba était à la Tunisie. Et qui a réussi en Tunisie ; mais n'a pas réussi en Algérie. Le problème, pour l'historien, est d'essayer de savoir pourquoi.

La place de la France fut centrale dans la prime formation de l'Étoile nord-africaine. Toute la genèse originelle du parti indépendantiste se situa en France. Nombre de militants de l'ENA ont convolé avec une Française – à commencer par Messali. Dans cette génération de l'immigration, les gens étaient volontiers curieux d'esprit. Nombre d'entre eux étaient férus d'autodidaxie. À l'inverse, les gens de la génération suivante sont peu sortis d'Algérie. C'est un point commun entre les centralistes et les activistes du FLN. Ou, lorsqu'ils sont sortis, ce fut comme fonctionnaires du parti (Yazid à la tête de la Fédération de France du MTLD, Boudiaf délégué à l'Organisation, ou encore Didouche). Nombre de centralistes, même tout à fait francophones, ne connaissaient pas, ou connaissaient mal, la France. Les activistes étaient, eux, majoritairement des gens du terroir algérien profond. À quelques exceptions, ils n'avaient jamais beaucoup humé les vents frais de l'extérieur. Et quelques-uns d'entre eux n'étaient guère friands de les humer, que ce fût concrètement, que ce fût intellectuellement. Les dirigeants du FLN, dans leur majorité, ne connaissent guère la France, ni d'autres pays étrangers d'ailleurs. Avec le FLN, la France n'est plus lieu de création militante, mais de mots d'ordre à exécuter sans discuter, portés par des dirigeants parachutés par la direction, qui ne proviennent plus du milieu militant algérien de France.

C'est que, entre l'avant-novembre et l'après-novembre, le contexte n'est pas le même qui cristallise des changements : on passe d'un pluralisme à un « totalitarisme mou » (Mohammed Harbi).

Du pluralisme au « totalitarisme mou »

Le MTLD, parti légal, qui a cinq députés à l'Assemblée nationale française de 1946 à 1951, qui a des conseillers généraux et des conseillers
municipaux ici et là en Algérie, est aussi un parti qui se meut dans le pluralisme, et algérien, et français colonial. Des modérés notables qui sont inscrits
dans des partis français finiront au FLN : c'est le cas de Mostefa Benbaa-
hmed, qui est à la SFIO ; c'est le cas du docteur Aïssa Bensalem, qui est au
Parti radical. Nombre de gens souvent catalogués parmi les béni-oui-oui,
derrière le vieux docteur Bendjelloul – le premier leader des « évolués » de
la Fédération des élus musulmans à l'entre-deux-guerres –, sont les signataires de la motion des soixante et un qui marque spectaculairement, en
septembre 1955, le ralliement au nationalisme de ces modérés. Des personnalités comme l'ex-sénateur et ex-député Abdelmadjid Ourabah eurent à
cœur de tenter une synthèse entre l'autorité française et le FLN en tendant
des ponts entre le FLN et le gouvernement Guy Mollet. Mais, avant 1954,
tous ces gens se démarquaient du nationalisme. Ils débattaient avec les indépendantistes, dans le conflit ouvert ou feutré, mais ils débattaient.

A fortiori, le MTLD devait compter avec les autres mouvements algériens.
Violemment anticommuniste en raison des positions très en retrait du PCA
(Parti communiste algérien) sur la question nationale et de la position catastrophique des communistes au moment de la répression du printemps 1945, il
ne pouvait pour autant éviter le débat avec le PCA. Avec lui, notamment, il
discuta de la formation d'un CSVR (Comité de soutien aux victimes de la
répression), même si ce fut sans grand succès, même si les discussions tour-
nèrent court et que le CSVR ne comprit finalement que des militants du
MTLD. Avec le PCA, il conclut en 1951 un fugace FADRL (Front algérien
pour la défense et le respect des libertés), resucée tardive hors de saison du
Congrès musulman de 1936. Un des thèmes du courant centraliste en 1953-
1954 est la formation d'un Congrès national algérien, susceptible de
regrouper de larges fractions de l'opinion algérienne. Un des points sur lesquels le MTLD insiste est l'élection d'une Constituante algérienne souveraine
pour montrer démocratiquement au maître colonial les options indépendantistes des Algériens et arracher ainsi par les urnes l'indépendance. Le
messalisme en fait l'un de ses axes d'action et l'un de ses slogans principaux.

À l'inverse, le FLN, lui, à partir de 1955-1956, est un front de résistance,
constitué sous la férule dynamique d'Abbane, où anciens mouvements et
tendances politiques sont regroupés autoritairement, et dont le fonctionnement est lui-même autoritaire. Le FLN, ce fut ce que les Allemands
appellent la *Gleichschaltung* : la synchronisation, le nivellement et la mise
au pas. Aux antipodes du pluralisme prévalant antérieurement. Selon
l'expression de Mohammed Harbi, on vient de le dire, le FLN est un « totalitarisme mou » : totalitarisme au sens des idéologues italiens du fascisme
comme Giovanni Gentile ou Alfredo Rocco, dans l'acception de la soumission à l'État représenté comme totalité, et non au sens où l'entend Hannah

Arendt : au FLN, il n'y a pas de soumission absolue à une norme idéologique qui remplit tout l'espace, ne serait-ce que parce que l'idéologie y est
confuse, mal dessinée, et tient de l'auberge espagnole, chacun y apportant
ses conceptions propres. On verra que, le FLN regroupant tout le monde, il
y eut de tout au FLN.

Au PPA-MTLD règne la foi militante ardente de vrais militants. Elle ne
disparaît pas au FLN, mais très vite elle est submergée par le conformisme
bureaucratique. Le MTLD fonctionne comme un parti, avec des congrès,
des militants, des permanents, des cadres relativement visibles. C'est un
parti dans la société, et qui tend à se superposer à la société : il a des liens
avec tout le monde, avec les scouts, avec les sportifs (il suscite dans sa
mouvance des clubs de football portant une dénomination musulmane),
avec les étudiants, avec les femmes : existe au MTLD l'UFMA (Union des
femmes musulmanes d'Algérie) alors que le FLN n'aura jamais de sections féminines, même si quelques tentatives seront faites dans ce sens –
qui n'aboutiront finalement pas. Sur le machisme ambiant dominant, le
FLN représente même peut-être une aggravation par rapport au MTLD, au
moment même où les femmes, exprimant une revendication d'égalité,
tentent de trouver une place dans les maquis.

Au total, au MTLD, existe une large couronne qui vit en symbiose plus
ou moins proche avec le parti. Seul le syndicalisme ouvrier lui échappe
encore relativement malgré les efforts d'un groupe de militants désignés
pour y implanter le parti, au premier desquels on trouve Idir Aïssat, la
principale figure de la future UGTA[1], qui sera assassiné par les Français en
1958. Le FLN, lui, créa l'UGTA en février 1956, pour rivaliser avec les
messalistes qui avaient quelques jours auparavant créé l'USTA[2]. En 1957,
il créa l'UGCA[3]. Il fit très vite de l'UGEMA[4], créée en juillet 1955 de
manière autonome, une autre courroie de transmission.

D'un contexte pluraliste à un regroupement autoritaire

Le MTLD n'est pas hégémonique dans la représentation politique de
l'Algérie : à ses côtés, existent d'autres partis ou associations – l'Union
démocratique du Manifeste algérien (UDMA) libérale, dirigée par Ferhat
Abbas, les oulémas, l'association qui incarne la norme culturelle patriotique, le PCA, qui a appris le militantisme aux Algériens. Il serait faux
d'imaginer une Algérie à l'image de la Kabylie ou du Constantinois, c'est-
à-dire où prévaut le MTLD : alors que, dans le Constantinois, l'UDMA
libérale est une nébuleuse de caciques locaux « évolués », en Oranie,
l'UDMA ne se réduit pas à ce schéma : il y a une UDMA populaire, qui

1. Union générale des travailleurs algériens.
2. Union syndicale des travailleurs algériens.
3. Union générale des commerçants algériens.
4. Union générale des étudiants musulmans algériens.

rend bien compte de la spécificité oranaise ; tout comme la place importante du Parti communiste signe l'originalité de l'Oranie des villes moyennes et des centres moyens. À l'inverse, le FLN remplit tout l'espace et ne tolère pas de mouvements fonctionnant en dehors de lui. Il extermine par la violence les militants du MNA concurrent. Le FLN est un front qui regroupe des individualités, il rompt en visière avec tout le passé politique de l'Algérie. En aucun cas il ne regroupe des formations antécédentes, comme par exemple le fit le CNR français en 1943. Certes, Abbane conçut le Conseil national de la révolution algérienne (CNRA) – dans sa composition première – comme une assemblée formée selon un dosage entre courants politiques différents. Mais ce CNRA ne se réunit jamais. Nombre des représentants des formations antécédentes que le congrès de la Soummam avait nommés pour le constituer furent défaits, marginalisés ou politiquement éliminés.

Adhésion et emprise violente

Le FLN, s'il exprime de fait une aspiration commune aux Algériens – l'aspiration indépendantiste –, a mis à mort le pluralisme. Il combat sans pitié ses opposants, modérés comme indépendantistes – les messalistes – et il est des cas où il s'impose par la force, voire par la conquête armée, dans la violence et dans le sang. C'est le cas du Sud, c'est le cas de la basse Soummam. Le 13 avril 1956, près d'Oued-Amizour, la totalité des habitants – plusieurs centaines – de la *dechra* Tifraten sont égorgés. C'est ce que la mémoire populaire locale a retenu sous le nom de massacre de la Nuit rouge. Le 29 mai 1957, aux confins du Hodna, a lieu le massacre, improprement dénommé de Melouza, qui voit occire la totalité des habitants masculins – 301 au total – de la *mechta* Kasba, dans le douar Beni Ilmane. Et il y eut bien d'autres massacres de moindre envergure. Le FLN, à la différence du MTLD, occupe souvent l'espace national par l'emprise violente, et non forcément par l'adhésion spontanée, soit parce que les gens s'en méfient, soit parce qu'ils sont incrédules devant le devenir de l'entreprise armée, soit parce qu'ils lui préfèrent l'ancrage messaliste et le MNA.

Au FLN, le terme de « militant » est battu en brèche et souvent remplacé par le terme d'« élément » qui connote la perte de responsabilité militante et l'indifférenciation bureaucratique. Le fait est, notamment, patent à la Fédération de France et dans plusieurs textes de la wilaya 5. Au FLN, les militants en passe d'être réduits à des éléments, ne « militent » plus : « militer » se dit de plus en plus « activer ». Le langage se moule sur les arcanes de la bureaucratie et sur le primat de l'activisme. Avec le FLN, le notable rural est progressivement remplacé par le fonctionnaire délégué. D'ores et déjà, on a affaire à une bureaucratie.

Les « assemblées du peuple », prévues par le congrès de la Soummam, qui devaient servir à la base, à la fois de structure d'implantation politique du FLN et d'administration des Algériens par un FLN se posant en contre-État, devaient en principe être élues au suffrage universel. Dans la réalité, leur élection à listes multiples fut exceptionnelle. Dans un grand nombre de cas, elle eut lieu sur des listes uniques, quand même les cadres militaires de l'ALN ne firent pas procéder autoritairement à leur désignation. À la wilaya 2 (Constantinois), on avait renâclé à s'égarer dans les méandres du démocratisme, cela simplement pour montrer à l'opinion mondiale et à l'ONU que le FLN était bien le représentant authentique du peuple algérien. Et puis, à être au milieu de la population dans les douars, les assemblées du peuple étaient moins protégées que ne l'étaient des maquis clandestins. Elles furent donc la cible préférée des coups de boutoir colonialistes et elles furent souvent décimées par la répression. Pour ces raisons, dans la wilaya 4 (Algérois), en septembre 1957, une directive du colonel Sadek mit fin à leur existence. Ainsi, dans la wilaya la plus politique, et qui avait tenté l'expérience des assemblées du peuple avec le plus de foi, leur existence n'aura duré guère plus d'un an. Dans la plupart des cas, dès lors, les douars furent administrés directement depuis les maquis, dans la subordination à l'appareil militaire qui s'y était mis en place.

Dans nombre de cas, cette subordination fut autoritaire. Il y eut des régions où le FLN ne triompha pas sans une véritable conquête militaire. Et le fonctionnement interne lui-même fut souvent régi par la violence.

Le FLN-ALN : violence et pouvoir militaire

Alors qu'au MTLD les comportements restent encore marqués par un fonctionnement somme toute pacifique, au FLN, on ne compte pas les éliminations sanglantes des rétifs ou des contradicteurs politiques, les coups de force contre les ennemis politiques internes qui représentent une menace au sommet du pouvoir : élimination sanglante au nom du CCE[1] par le colonel Ouamrane en Tunisie des partisans de Mahsas, représentant de la direction extérieure rivale dans la lignée du leadership de Ben Bella au premier semestre de 1957, assassinat d'Abbane et de son allié de la wilaya 1 le commandant Hadj Ali à Tétouan fin 1957, écrasement dans le sang du complot Lamouri (quatre officiers supérieurs exécutés en mars 1959, dont le colonel Lamouri, après un jugement par un tribunal présidé par Boumédiène), répression violente de la dissidence du capitaine Ali Hambli au même moment, répression dans le sang de la dissidence du capitaine Zoubir (Tahar Hamadiyya) en 1959-1960 et exécution de Zoubir à l'été 1960, sans parler des purges sanglantes contre d'imaginaires traîtres dans les wilayas, qui firent des milliers de morts de 1958 à 1961.

---

1. Comité de coordination et d'exécution : le premier nom de l'exécutif algérien décidé au congrès de la Soummam.

Le FLN-ALN : relations personnelles et régionales

Au FLN-ALN, dans le contexte de guerre, jouent un rôle important des seigneurs de la guerre qui n'existent évidemment pas au MTLD du temps de paix : ces seigneurs de la guerre agissent soit au détriment du national en formant des bandes armées incontrôlées dans l'Aurès-Nememcha (ce sont les *muchawwichûn*[1]), soit selon le profil du national dès lors que la pente dominante de pouvoir indique que, pour faire carrière, il vaut mieux se placer dans le national et se reconvertir en bureaucrates.

À la différence du MTLD, la violence règne souvent au FLN dans une ambiance dans laquelle s'imposent les relations personnelles, les stratégies régionalistes, les alliances de clan à clan, les humeurs de tel ou tel dirigeant, les chausse-trapes et les conspirations. Par exemple, on ne peut pas comprendre la stratégie de Belkacem Krim si l'on ignore qu'il fonctionna dans un réseau kabyle émanant de cette wilaya 3 dont il avait été le premier colonel. On ne peut concevoir de même les relations de cognitive dissonance entre le colonel Lotfi, à la tête de la wilaya 5 (Oranie), et ses prédécesseurs à la tête de la même wilaya, Boussouf, puis Boumédiène, si l'on ignore qu'ils fonctionnèrent tous dans le même espace orano-marocain. On ne peut comprendre le rôle de Bentobbal si on ne tient pas compte de ses réseaux le reliant au Constantinois – nommément à ses successeurs à la tête de la wilaya 2 Ali Kafi puis Salah Boubnider. On ne peut pas comprendre la stratégie du colonel Boumédiène à partir de la création de l'état-major général (début 1960) si l'on ignore l'existence du « groupe d'Oudjda » – le réseau orano-marocain qui lui a servi de brain trust et de piédestal dans sa marche vers le pouvoir, et qu'il avait déjà commencé à tisser à l'époque où il était colonel de la wilaya 5, puis chef de l'état-major ouest. Les relations qu'entretient le FLN avec le peuple ont leur répondant dans les relations qu'entretiennent entre eux les dirigeants et les cadres du FLN.

Dans cette ambiance militarisée, les discours et l'idéologie différencient relativement le FLN-ALN du PPA-MTLD. Le PPA-MTLD parlait de conquête de l'indépendance ; le FLN, lui, parle de « révolution ».

Du mot d'ordre d'indépendance à la « révolution »

Le MTLD ne parle que d'indépendance, et les articles de son programme qui évoquent les transformations sociales à apporter sont d'une indigence notoire. Le FLN, lui, se dit révolutionnaire. Il martèle qu'il promeut une révolution. Certes, « révolution » est la traduction spontanée de *thawra* qui, en arabe, signifie tout à la fois le coup de colère, la révolte, l'insurrection, et en aucun cas ce retour sur soi et la contestation radicale de soi-même que connote le vocable français de « révolution ».

Mais, alors que le contenu des changements socio-économiques restent marqués, dans les textes programmatiques du MTLD, par le flou artistique

---

1. Perturbateurs, dissidents.

inconsistant (programme d'avril 1953), il existe quelques textes, au FLN, à donner quelque peu corps à la révolution : la réforme agraire, la « république sociale » sont évoquées ici et là dans quelques articles de *Résistance algérienne*, puis du *Moudjahid* – les deux organes successifs du FLN –, plus encore dans *Révolution*, le journal de la wilaya 4. Le colonel Zighout, chef du Constantinois de la mort de Didouche (janvier 1955) à sa propre mort (octobre 1956), dans le journal qu'il tient, émet des réflexions politiques allant dans le même sens. Le programme le plus à gauche qu'on a pu consulter, qui n'exclut pas même la laïcisation, thème par ailleurs tabou et généralement incompris, provient de la Fédération de France. Mais il ne fut jamais présenté ni discuté au dernier CNRA – celui de mai-juin 1962 – pour lequel il avait été préparé. Et on ne parlera que pour mémoire du martèlement révolutionnariste conduit sous la direction de Boumédiène à l'état-major général à partir de 1960 : incessantes sont les références à Frantz Fanon, nombreux les coups de chapeau à Castro, etc.

Mais, pour ce qui est de plusieurs débats, en particulier du débat sur la nation, il n'y a guère d'avancée, du PPA-MTLD au FLN-ALN, si même il n'y a pas régression.

Débats et non débats

Au MTLD, est posé par des militants le débat sur la nation. Il y est certes mis fin autoritairement par la direction du parti en 1949. Mais au FLN, plus personne ne se risque à réamorcer un tel débat, même s'il en a envie. Ce qui tient lieu de nation dans le discours du FLN se réduit au seul unanimisme à fondements déclarés musulmans. Au MTLD, on pouvait encore évoquer les antécédents berbères de l'Algérie, même si la répression put frapper les coupables de pensée non conforme. Au FLN, plus personne ne se risque même à évoquer ces pentes dangereuses pour la norme sacrée. D'ailleurs, le fait d'avoir intégré les rhéteurs oulémas dans le FLN contribue à arrimer ce dernier à une vision sacro-culturaliste de l'Algérie qui était encore un peu moins lourde dans le MTLD. Le moindre paradoxe, pour un mouvement qui s'affirme comme révolutionnaire, n'est pas qu'il tienne en définitive comme la sienne propre l'idéologie de celui qui était sans doute le plus conservateur des ci-devant mouvements algériens.

La suite naturelle, on l'a déjà entrevue, ce sera une réécriture de l'Histoire dans laquelle les oulémas, pourtant bien tièdes indépendantistes à l'origine, furent déclarés, dans les manuels scolaires de l'Algérie indépendante, les concepteurs et les démiurges de l'entreprise de libération violente. Cela dit, c'est bien un dirigeant provenant des oulémas qui a dressé la galerie de portraits de la mythologie nationaliste algérienne : Ahmed Tewfiq el-Madani a forgé une nation algérienne définie, de Jugurtha à l'émir Abd el-Kader, comme une communauté intemporelle de résistants.

Pour n'être évidemment pas semblable au PPA-MTLD, le FLN se rattache pourtant historiquement à lui, et cela dans tous les domaines, y compris dans celui qui meut le FLN, le dogme de la rupture violente.

Le PPA-MTLD annonce le FLN

Le FLN dans la filiation des radicaux et des activistes

Le FLN procède des radicaux et des activistes du PPA-MTLD. Ce n'est pas pour rien que, pour servir de tête d'affiche au FLN naissant, est pressenti le docteur Lamine Debaghine, ancien dirigeant radical et compétiteur de Messali à l'époque du PPA. Incrédule sur les chances de succès de l'entreprise, il refusa, avant de se rallier peu après au FLN. Au départ, et avant que la normalisation bureaucratique ne s'impose à l'Algérie, le FLN est formé des réseaux radicaux et activistes du MTLD. Ce sont eux qui donnent forme au jeune FLN. Il n'y a donc pas de vraie solution de continuité entre le FLN et son devancier. Au surplus, il est des régions pour basculer sans états d'âme du messalisme au FLN : c'est le cas du Constantinois, terre par excellence de l'irrédentisme algérien. Pour les Constantinois, l'adhésion va sans nuages à l'institution qu'ils sentent comme étant la mieux à même d'exprimer la revendication indépendantiste et de la faire triompher. Ce fut plus compliqué en Kabylie et dans le Sud, où il était plus difficile de toucher au personnage charismatique. Il y eut donc de sanglants combats avant que triomphe la prééminence du FLN. Mais ces luttes mêmes n'étaient que le prolongement violent des conflits qui, peu auparavant, avaient déchiré le MTLD.

D'autres indices, dans le domaine des pratiques politiques, permettent de vérifier la filiation du FLN au PPA-MTLD.

Le MTLD : un pluralisme limité

À se mouvoir dans un contexte encore pluraliste, le PPA-MTLD n'était pas pour autant en soi pluraliste. Dans les Amis du Manifeste et de la liberté (AML), ce deuxième front algérien fondé en 1944 à la suite d'un accord entre Ferhat Abbas et Messali Hadj, la vedette fut vite tenue par sa composante indépendantiste, le PPA. Et très vite les militants du PPA noyautèrent les AML sans guère se soucier de sa composante libérale, et en la marginalisant, au point de devenir le fer de lance de la tentative insurrectionnelle du printemps 1945 dans le Constantinois.

En outre, dans le contexte du pluralisme du temps de paix, celui-ci était limité par la permanence de la répression coloniale. Il y eut bien l'amnistie de 1946, il y eut bien les élections relativement libres aux législatives de 1946, il y eut bien la parution d'une presse indépendantiste, il y eut bien l'élection de conseils municipaux MTLD et adjoints au maire dans des villes aussi importantes qu'Alger et Oran. Mais le truquage des élections fut souvent la norme et la répression coloniale permanente.

Au MTLD : modèle militaire et violence

La violence n'était pas étrangère aux pratiques du PPA-MTLD : le parti recrutait aussi chez les mauvais garçons de la Casbah les troupes qui faisaient régner leur ordre moral musclé. Ainsi, le groupe antialcoolique conduit par Rabah Zaaf. Les « groupes de choc » furent une institution du PPA-MTLD. Ils servaient à impressionner les déviants, les consommateurs de bière et d'anisette, ou ces femmes qui prétendaient continuer à danser lors d'événements festifs, ou encore les militants qui persistaient à n'être pas d'accord avec la ligne du parti ; ils servaient à intimider les adversaires du parti – ainsi Ferhat Abbas, empêché de parler dans une tournée dans la région lyonnaise et stéphanoise, et aussi à Skikda –, ainsi les ennemis de la direction – les « berbéristes », en 1949, puis les adversaires messalistes et centralistes affrontés, lors des conflits qui se déchaînèrent lors de l'éclatement du MTLD en 1954. Pour être juste, il faut souligner que les messalistes en usaient de même avec leurs adversaires centralistes.

Le MTLD : jeu de relations personnelles et clientèles

Les réseaux de clientèles et les intrications de connivences personnelles ne datent pas du FLN, même si c'est lui qui les poussa à leur apogée. Au MTLD, les modalités même de recrutement anticipèrent sur le fonctionnement du FLN : on n'élisait pas, on cooptait, et on ne cooptait pas forcément en tenant compte de stratégies politiques : il y avait souvent des raisons non politiques pour coopter un cadre. Ce pouvait être parce qu'on désirait se ménager des soutiens dans l'appareil, ce qui revenait souvent à favoriser sa région d'origine, voire sa communauté d'origine. Ce pouvait être parce qu'on jugeait l'impétrant honnête et qu'on voulait l'avoir dans son jeu pour des raisons de moralité ; à l'inverse, ce pouvait être parce qu'il était corruptible, et donc plus facilement clientélisable. Ce pouvait être parce qu'il avait une bonne formation scolaire française et qu'il pourrait ainsi renforcer le groupe des capacités liées au centralisme. À l'inverse, ce pouvait être parce qu'il était un arabisant qui pourrait, par ses compétences, revigorer les faiblesses du parti en la matière.

Le MTLD, ou sous le militant perçait le bureaucrate

La bureaucratie ne naît pas par génération spontanée dès lors que naît le FLN : le FLN est précédé par un MTLD où le fonctionnement bureaucratique a déjà été bien rodé. Jamais le MTLD n'a fonctionné selon des schémas et une inspiration démocratiques. Pour les congrès et la désignation des dirigeants aux instances supérieures, on l'a dit, ce ne fut pas l'élection qui prévalut mais la cooptation. Et sur ce point, les messalistes ont été largement d'accord avec les centralistes. Il fallut attendre le dénouement de l'été 1954, dans la phase terminale de rage d'autodestruction du parti, pour que les procédures au congrès centraliste d'Alger convoqué en riposte au congrès messaliste de Hornu en Belgique, réuni peu auparavant, fissent un pas vers la démocratie.

Le MTLD anticipa sur le FLN par les procédures qui firent éliminer des cadres qui indisposaient la direction : il y eut une forte purge en 1949 qui visa les radicaux : dans la charrette qui réprima le « complot berbériste », elle élimina politiquement, avec le docteur Lamine Debaghine, les radicaux qui faisaient de l'ombre à Messali. Peu après, ce furent des gens catalogués comme modérés qui, de même, furent éliminés politiquement : parmi eux, des personnalités de la direction, Chawki Mostefaï, Hadj Cherchali, Abderrazak Chentouf et Saïd Amrani, qui quittèrent le parti, ainsi que Mohammed Benyahia. Le prototype de la purge d'ampleur avait été celui de la répression des « berbéro-matérialistes » en 1949. La purge, qui lamina l'encadrement du MTLD, notamment en Kabylie, avait pour prétexte l'existence de berbéristes, dénommés aussi berbéro-matérialistes. Ces derniers tenaient compte du passé berbère de l'Algérie, et pas seulement de son passé islamo-arabe.

Il y a, au FLN comme au MTLD, réticence à assumer l'intégralité du passé historique de l'Algérie : la norme sacrée dit que l'Algérie est islamo-arabe et qu'elle n'est que cela. Ici et là, le poids est lourd de la légitimation islamo-arabe d'entreprises par ailleurs tout à fait mondaines. Au MTLD, les non-conformistes furent autoritairement frappés pour cause de pensée non conforme à la norme islamo-arabe. À cette occasion, notamment, l'indocile Fédération de France, où le riche passé de militantisme encadré par des Kabyles était patent, fut mise au pas par des représentants en mission de la direction qui firent régner son ordre normé. Dès lors, la direction de la fédération procéda à des parachutages décidés par la même direction.

Déjà, au MTLD, ce qui allait devenir la norme du FLN – le secret, le fonctionnement en cénacles restreints dans les bunkers bureaucratiques des cadres – était déjà en gestation. Les militants n'apprenaient qu'après coup les purges et les nominations de cadres auxquelles la direction avait procédé sans les consulter. Le PPA-MTLD anticipa donc sur le fonctionnement et la réalité du FLN.

Il n'y a pas que les moyens, il y a aussi les fins du combat qui relient le FLN au MTLD. De l'un à l'autre, le refus est constant de toute vraie révolution, mais aussi de toute réforme de fond de la société algérienne. De tels penchants sont contenus, voire entravés par le mot d'ordre prioritaire de l'indépendance.

Une constante : le refus de révolution

Il y a bien une constante, du MTLD au FLN, celle du refus réel de révolution. Et même le mot d'ordre d'indépendance renvoie aux calendes grecques toute idée de réforme des mœurs et des idées de la société algérienne. Car tout le mal est déclaré, ici et là, comme venant de l'extérieur, comme venant du colonisateur. Il y a bien quelques moralistes au MTLD et au FLN qui se soucient de réformer leur société, mais ils sont minoritaires, suspectés et disqualifiés. Les plans concrets qui illustrent la logomachie révolutionnariste sont, avant comme après 1954, d'un flou artistique déconcertant pour l'historien qui s'attendait à trouver quelque incarnation dans la scansion si continue du mot « révolution ».

Les références continuelles au peuple ne peuvent faire illusion. Au FLN, on se réclame du peuple mais on l'encadre autoritairement sans lui laisser la parole. La réforme agraire, au FLN, renvoie surtout à l'affranchissement des paysans du joug colonial, et non à un bouleversement autocentré plus large de la société. Dans quasiment tous les cas, « révolution » n'a de sens qu'avec l'occurrence « anticoloniale ». Le discours révolutionnariste de l'état-major et de Boumédiène à partir de 1960, les références à Frantz Fanon et à Fidel Castro, les affiches révolutionnaires dans les chambrées restent surtout une rhétorique.

Le vrai de la révolution au FLN finit par devenir, chez Boumédiène, une *di'aiyya*[1] révolutionnariste qui a pour fonction de faire la promotion de son groupe pour l'installer au pouvoir. Finalement, le FLN n'est guère plus révolutionnaire que le PPA-MTLD. Et, dans les deux cas, il y a vacuité dans le programme. Au MTLD, on arguait que le peuple algérien et la constituante algérienne souveraine décideraient de tout – manière de noyer le poisson quant à la ligne politique générale à suivre. Au FLN, on affirme que le pouvoir est au bout du fusil et que l'indépendance réglera tout. En vue du CNRA de Tripoli de mai-juin 1962, un programme contenant nombre de points axés à gauche avait bien été préparé, on l'a dit, sous les auspices de la Fédération de France. Il ne fut jamais ni présenté ni discuté. Et le programme de Tripoli, préparé par des intellectuels critiques, qui assénait une volée de bois vert au comportement bureaucratique du FLN, ne fut pas discuté. Il fut voté à l'unanimité par les bureaucrates concernés. Il est à parier que n'importe quel autre texte aurait pu être proposé et voté dans le même élan : simplement, au FLN, le programme n'avait aucune importance. Ce qui comptait, c'était qui gouvernerait, en regroupant quelles forces et en mobilisant quels réseaux. Le reste n'était que littérature.

Au vrai, la révolution, pour nombre de cadres du FLN, cela signifie purement et simplement la substitution. Depuis des décennies, dans les groupes sociaux qui, comme le tiers état de 1789 en France, ambitionnaient une place au soleil dont le colonialisme d'ancien régime les avait privés, il fallait conquérir le peuple pour assurer, aussi, sa propre promotion. Les dirigeants du FLN avaient essuyé les avanies coloniales et ils voulaient le pouvoir. Ils souffraient à l'égard de leur peuple d'un dépit de non-possession dans des relations de rivalité avec le pouvoir colonial. La libération comportait donc

---

1. Publicité. Terme usité par Ibn Khaldoun pour désigner les procédés dont un groupe tribal use afin de parvenir au pouvoir.

la mainmise des dirigeants sur le peuple. Pour eux, elle se confondait avec la prise du pouvoir en lieu et place des Français.

La révolution est donc pour l'essentiel une révolution anticoloniale, et seulement anticoloniale. Hormis chez quelques intellectuels minoritaires, le FLN n'entend ni examiner ni réformer la société algérienne. « Révolution » est d'ailleurs un quasi-équivalent sémantique, dans les textes du FLN, de guerre de libération, de djihad. Le héros du FLN-ALN est le moudjahid, le combattant du djihad, entendu au sens vulgaire de *jihad açghar*[1], celui de combat sacré, de guerre sainte. Avant comme après 1954, il est entendu que tout le mal vient de l'extérieur et qu'il ne vient pas de soi. Et quiconque ose remettre en question cet axiome est suspecté d'être un mauvais patriote, voire un *kâfir*[2]. Pendant les périodes de boycottage des élections, avant 1954, des tracts en arabe du PPA disaient : *man intakhaba kafara* (qui vote sera apostat) alors que les tracts en français disaient euphémiquement : « voter, c'est trahir ». Être vu comme sortant de la communauté était bien le mal suprême.

Après 1954, dans cette lignée, le FLN fonctionne et s'impose comme un organisme de conditionnement communautaire. D'innombrables textes de la base commencent ce conditionnement par l'invocation « au nom de Dieu tout-puissant, miséricordieux ». Et rien, au sommet, ne vient démentir ou relativiser ces assertions. Tewfiq el-Madani, en définissant la mythologie nationaliste algérienne à l'instar d'un Lavisse en France sous la IIIe République, n'a pas pour autant comme lui réalisé les ruptures avec le vieux sacré, en l'occurrence formalisé par l'islam. Ni le MTLD ni le FLN ne nationalisent le sacré religieux pour lui donner une forme nationale : on ne trouvera pas l'équivalent d'un Luther nationalisant la Bible à des fins nationales allemandes ou du *Gott mit uns* du IIIe Reich. Pas davantage de Kemal Atatürk rompant radicalement avec la religion. Or, naturellement, pour qu'une ligne nationale n'engendre pas trop de schizophrénie, il faut qu'elle s'attire l'adhésion du peuple, c'est-à-dire qu'elle soit, ou bien suffisamment démocrate – et le FLN n'est pas démocrate, et le MTLD ne l'était pas énormément – ou bien qu'elle crée dans la sécularisation un nouveau sacré émané du vieux sacré religieux et, souvent, sur les ruines de ce dernier. Or jamais ni le MTLD ni le FLN ne réalisèrent de telles ruptures décisives. Et le sacré traditionnel était bien loin d'être en ruine. Au FLN, comme naguère au MTLD, règne sans partage la langue de bois islamo-arabe.

L'arrimage est donc solide aux conceptions archaïques collectives. De ce point de vue, la mise à l'écart des femmes est une constante du PPA-MTLD au FLN.

---

1. Petit *jihad*, par opposition au *jihad akbar* : effort interne de purification de l'âme des croyants.
2. Mécréant, athée.

La mise à l'écart des femmes : une constante

Les seules femmes qui sont impliquées dans le MTLD sont des dames patronesses, généralement épouses de dirigeants, des dames comme il faut qui sont à la fois rangées et d'apparence moderne, au premier plan desquelles on trouve Mamia Chentouf, femme du centraliste Abderrazak Chentouf. Alors même que, pendant la guerre de 1954-1962, des femmes jouent un rôle non négligeable, aux maquis ou lors de la bataille d'Alger, le FLN n'a pas de section féminine. Il utilise pourtant de la même façon que le MTLD les épouses de dirigeants, ou des jeunes filles ou femmes comme il faut pour le représenter dans des congrès internationaux où la présence de femmes est malgré tout nécessaire, ou dans des réunions internationales de femmes : Mme Francis, Mamia Chentouf, Djamila Rahal. Le MTLD ignorait pour ainsi dire les femmes. Le FLN les ignore tout autant : la guerre de libération s'achève avec l'idée, au FLN, que, la libération étant acquise, les femmes n'ont plus rien à réclamer. Et pourtant il y avait des minoritaires incompris qui faisaient de l'émancipation des femmes un article de leur programme : ce fut un temps le cas de Ben Youcef Ben Khedda dans un programme gouvernemental qu'il traça.

Du PPA-MTLD au FLN, existent donc d'indiscutables constantes, même si l'un et l'autre eurent une existence et des pratiques bien spécifiques. Il incombe donc à l'historien d'analyser le pourquoi de la transformation finale en FLN-ALN, tel qu'il exista, du PPA-MTLD.

Du PPA-MTLD au FLN-ALN : propositions pour une analyse

Blocages, exaspérations et genèse de la violence

Les Algériens rejetaient violemment la loi coloniale surimposée. Ils voulaient l'avènement de leur propre loi, ils demandaient un gouvernement de compatriotes et non plus un gouvernement d'étrangers, ils désiraient un chez-soi qui soit affranchi de la pollution par l'étranger. Ils exigeaient qu'on leur rende une patrie que le maître colonial avait usurpée depuis treize décennies. Durablement, le politique fut disqualifié, les politiciens méprisés parce qu'ils n'avaient pas réussi à faire bouger les choses. Il en résulta une survalorisation du fait militaire. D'où les sentiments d'infériorité et de culpabilité des centralistes, ralliés, à l'égard des chefs de maquis, puis des bureaucrates militaires qui se targuaient d'avoir été les initiateurs de la rupture de novembre 1954. C'est pour cela que, devant le coup d'État de l'été 1957[1] qui donne le pouvoir aux militaires au CNRA, et élimine du CCE deux valeureux politiques ex-centralistes qui étaient loin d'avoir démérité aux heures sombres de la bataille d'Alger – Ben Khedda et Dahlab –, les politiques concernés ne réagissent pas, tétanisés qu'ils sont par l'aura des

_____
1. Qui se conclut par le CNRA du Caire.

chefs militaires. Et ils laissent le seul Abbane affronter, sans réagir, le directoire militaire qui l'emporte derrière les trois colonels de pouvoir, Belkacem Krim, Lakhdar Ben Tobbal, Abdelhafid Boussouf – les « 3 B ».

L'exaspération et la fuite en avant violente qu'elle engendre sont à l'origine une réaction contre le couvercle colonial. Le rapport colonial est au cœur de toute la problématique algérienne. Il porte aussi la dévalorisation de soi-même que le discours sur soi tente de renverser en autovalorisation. Mais, que surviennent échecs et revers, la désespoir devant les situations bloquées favorise l'autoagression.

Situation d'échec et autoagression

Dans le rapport colonial, comme l'a bien montré Albert Memmi dans une analyse désormais classique, les colonisés se méprisent ; impuissants à venir à bout du maître colonial, ils ont tendance à se faire violence à eux-mêmes. C'est ce qui se passe avec les purges qui font des milliers de morts, les purges entreprises par le colonel Amirouche, le chef de la wilaya 3 (Kabylie). Or les purges commencent précisément au cours de l'hiver et au printemps 1958, quelques mois après que l'approvisionnement des maquis a été bloqué par la construction des barrages électrifiés aux frontières, et après que la fortune des armes a commencé à tourner à partir de l'été 1957 en défaveur des Algériens. Puissamment aiguillonnées par les intoxications de masse des services français dans le panneau desquels tombe Amirouche, elles culminent dans la wilaya 3 à l'été 1958 ; puis elles s'étendent dans toutes les wilayas où elles connaissent un paroxysme précisément au moment où l'offensive Challe s'étend progressivement à toute l'Algérie à partir de l'Oranie et qu'elle désorganise durement l'ALN. Il y a donc concomitance entre les revers militaires et la vague d'épuration sanglante. Il n'est peut-être pas inutile de remarquer que la wilaya qui a sans doute encaissé le mieux le choc de l'offensive Challe est la seule où la vague de purges n'ait pratiquement jamais existé : la wilaya 2 (Constantinois). Son chef, le colonel Ali Kafi, avait fermement refusé d'emboucher les délires sanglants de son collègue de Kabylie.

Mais à l'époque du MTLD, c'était dans une situation apparemment sans espoir qui avait vu l'épuisement du politique que le MTLD avait fini par éclater en 1954 dans une rage d'autodestruction. Là encore, le masochisme collectif avait été une réponse névrotique à une situation de défaite, même si, dans un contexte où la guerre n'était pas déclarée, les aboutissements sanglants n'existaient évidemment pas. Mais la haine de soi-même est ici et là grosse de fuites en avant violentes.

Prégnance de la violence anthropologique

L'élimination sanglante des rétifs, des traîtres et des messalistes, tout comme les tortures infligées aux purgés relèvent d'un type de violence de nature anthropologique : ce n'est pas la violence aseptisée du lanceur de bombes dans son avion, ce n'est pas la violence industrielle où l'outil sophistiqué, provenant lui-même d'une civilisation industrielle qui le produit, tend à accroître la distance entre le donneur de mort et la cible de la violence. Pour mémoire, rappelons qu'il put y avoir aussi dans l'armée française rémanence de la violence anthropologique : le sadisme de la torture érigée en institution l'indique assez. La violence, au FLN, n'est jamais la violence médiatisée par l'outil qui donne la mort, qui protège le fauteur de violence, et dont le mot d'ordre du zéro mort est, pour le commandement américain soucieux de la vie de ses hommes, l'aboutissement actuel.

Au demeurant, l'outil violent dont disposent les maquisards de l'ALN n'est pas un outil de masse. Au mieux, les moudjahidines[1] disposent d'un fusil de guerre – encore souvent de vieux Statti de la Seconde Guerre mondiale –, et rarement d'armes collectives. Et à partir de 1958, ils manquent de plus en plus cruellement de munitions. Les combattants auxiliaires, chargés de l'encadrement des douars et de missions de surveillance, les *musabbilûn*[2], n'ont au mieux qu'un fusil de chasse. Le 20 août 1955, dans le Constantinois, des milliers de paysans armés de couteaux, de bâtons, de serpes de démasclage de liège, montent à l'assaut des postes de gendarmerie et des centres de colonisation.

La violence au FLN est en partie une violence réactionnelle. Elle s'inscrit dans plus d'un siècle de violence coloniale, de dénis de justice et d'humiliations systématiques, dans l'exclusion d'un peuple de sa terre par les avancées du capitalisme foncier, dans l'exaspération d'avoir à se considérer comme un étranger dans sa propre patrie. Pendant la guerre de 1954-1962, le mépris pour les droits de l'homme, l'institutionnalisation de la torture, bref l'ensemble des procédures violentes utilisées par l'armée française pour mater et régir dans le sang les humains d'Algérie n'expliquent pas peu, aussi, symétriquement la violence intra-algérienne.

Mais l'historien doit aussi interroger les tendances lourdes de la société pour expliquer les fuites en avant et les blocages.

Les tendances lourdes de la société

Triomphe au FLN le tabou comme noyau de l'identité au détriment d'autres composantes identitaires. D'une part, parce que, dans le contexte d'une guerre cruelle, les tabous de la société sont surexprimés pour alimenter ce que Jacques Berque appelait le bastion de repli contre l'agression étrangère, mais aussi, d'autre part, parce que le FLN n'a guère les moyens intellectuels pour proposer ces autres composantes à la société et que, de toute façon, il n'en a guère le désir : l'automatisme de l'adhésion collective indiscutée supplée bureaucratiquement aux méandres démocratiques du libre

---

1. Pluriel de *mujâhid* : le combattant (du combat sacré).
2. Littéralement, ceux qui suivent la voie (*sabîl*) ; celle de Dieu (version musulmane originelle) ou celle de la patrie (version nationaliste sécularisée).

débat de soi sur soi et de l'interrogation sur les fins et les moyens de la lutte. Même si tels dirigeants du FLN se moquent éperdument et du Coran et de l'islam, ou adhèrent au religieux dans la distance, ils trouvent commode de faire fonctionner la légitimation religieuse entendue comme le marqueur communautaire fondamental. De là provient le refoulement du débat sur la nation.

Dans la lignée du MTLD, mais de manière sans doute encore plus crispée, règne un communautarisme qui s'inscrit à deux niveaux : il y a la communauté de base, la tribu, dans laquelle s'est inscrite longtemps la vie des humains sous la houlette des *kibâr de la jamâ'a* (les notables de l'assemblée communautaire). Il y a au sommet la communauté métonymique prestigieuse : celle de l'islam universel, *al umma l mu ̱hammadiyya*[1]. Mais entre les deux, il ne reste guère d'espace pour forger cette communauté séculière de citoyens que l'on dénomme d'ordinaire vulgairement nation. Les Algériens restent arrimés au sacré collectif traditionnel, et le FLN ne fait rien pour qu'ils n'y restent pas, au contraire. Entre le sacré de base et le sacré universel, il y a en Algérie déficit du national. La domination coloniale ayant aidé à scléroser les réactions et à entraver l'accès au national, c'est-à-dire à la modernité, ce qu'on appelle vulgairement l'islam, et qui est largement un système d'autosurveillance sociale, est, dans les perceptions et les proclamations, le début et la fin de toutes choses.

Dans le ghetto communautaire, préexistant mais aussi autoconstruit, pas de place pour les femmes. Non que les Algériens aient été en soi spécialement misogynes. Il y a bien des directives générales qui, au FLN, mettent la sujétion des femmes sur le compte d'une interprétation erronée de l'islam, et qui encouragent leur promotion. Mais ils sont bien rares les dirigeants qui font de l'émancipation des femmes un objectif. Les assemblées dans lesquelles se prennent les décisions, au sommet comme à la base du FLN, sont toutes des cénacles masculins.

L'arrimage des Algériens au collectif traditionnel fait qu'ils ont mis leur point d'honneur à entraver les évolutions libertaires des femmes que, pourtant, la lutte armée peut ici et là encourager, mais que l'ordre masculin des officiers de l'ALN regarde la plupart du temps avec une grande méfiance.

Structurellement, l'arrimage du FLN à une idéologie et à des pratiques machistes, voire misogynes, se relie à un vieux fonds culturel. Les tendances lourdes de la société ne peuvent être analysées et comprises si l'on ignore des livres aussi fondamentaux que l'ouvrage de Germaine Tillion, *Le Harem et les Cousins*, ou encore celui d'Henri-Irénée Marrou, *Histoire de l'éducation dans l'Antiquité*. De fait, la ressemblance entre l'univers et les fantasmes masculins de la cité grecque antique a beaucoup à voir avec l'univers et les fantasmes masculins des Algériens. L'islam n'y est pas, en soi, pour grand-chose.

---

1. Littéralement, la communauté mahométane.

Aujourd'hui encore, nombre d'Algériens, même de prétendus démocrates, sont volontiers rassemblés principalement sur deux objets de blocage : les femmes et l'islam. D'aucuns peuvent discourir sur les femmes comme si le problème n'existait pas, comme s'il était inventé et importé par de malveillants Occidentaux. D'autres discourent sur l'islam comme si celui-ci était un, alors qu'il est divers, et en ignorant superbement l'arrière-plan des débats théologiques et des axes philosophiques qui différencient une religion d'une pure idéologie, et en ignorant probablement même que le concept d'athéisme (*ilhâd*) a probablement existé dans la civilisation islamo-arabe plusieurs siècles avant qu'il ne s'acclimate dans le champ européen. On se résigne en Algérie plus facilement à la descendance d'Ibn Taymiyya[1] qu'on ne s'applique à promouvoir celle d'Ibn Ruchd[2].

Plus que jamais triomphe au FLN ce réflexe obsédant, lourd comme un axiome, qui veut que tout le mal vienne toujours de l'extérieur, que le fait d'aborder le diable comme une réalité présente à l'intérieur de soi soit déclaré impiété ou traîtrise quand les fauteurs en sont des compatriotes, ou, au mieux, ethnographie coloniale quand ils sont des non-Algériens. Dans tous les cas, il y a généralement refus de la rationalisation critique et du retour sur soi.

Tout reste, au FLN, à peu près comme au PPA-MTLD, bien régi par cette opposition fondamentale entre « nous » et « les autres » : l'idée est fréquemment exprimée que l'agression colonialiste française-chrétienne n'est qu'un aboutissement de l'agression des croisades – ce que Tewfiq el-Madani appelle l'invasion croisée-colonialiste (*al ghazû l isti'mâr il sali-biyy*). Cette vision provient d'un imaginaire de la victimisation, et de l'héroïsation consécutive qui, chez Tewfiq el-Madani, signe l'appartenance à la nation algérienne : comme, chez de Gaulle, la France suit une sinusoïde qui la mène invariablement de l'abîme à la grandeur, les Algériens sont pour Tewfiq el-Madani conjointement des victimes (*dahâiyâ*) et des héros (*abtâl*). Cette vision ne se conçoit pas sans l'extérieur, et cela à un point tel que les Algériens n'arrivent, dans ce type de discours, à l'existence nationale que dans la réaction à l'autre. Le réflexe patriotique, qui recouvre la défense, consciente ou inconsciente, du *dâr ul islâm*[3], reste en définitive un réflexe de colonisés.

Cela est bien visible dans les acceptions que, ici et là, on donne au FLN sur l'identité culturelle. Certes, depuis l'ENA et le PPA-MTLD, et conformément à la devise des oulémas[4], elle est, on l'a vu, déclarée uniment et musulmane et arabe, et rien d'autre. Et tous les dirigeants font assaut de

---

1. Un des inspirateurs médiévaux de l'actuel islamisme, marqué par le littéralisme réactionnaire du *madhab* (école) d'Ibn Hanbal, qui est celui de la dynastie au pouvoir en Arabie saoudite.
2. L'Averroès des Européens.
3. La demeure de l'islam : métaphore du domaine d'extension de l'islam.
4. L'islam est ma religion, l'arabe est ma langue, l'Algérie est ma patrie.

déclarations allant dans ce sens. Cela dit, les dirigeants du FLN ont lancé l'insurrection pour se libérer de la tutelle étrangère, ce combat étant indissolublement lié au désir de prendre le pouvoir pour la supplanter. On a dit que, largement, la révolution se réduit quasiment à la substitution. Il en est de même dans le champ culturel : le fait que, après l'indépendance, ce soient des francisants qui aient conçu l'arabisation dans la sacralisation, et souvent dans l'obscurantisme, n'empêche pas que la plupart des dirigeants du FLN ne se soucient pas de culture. Maîtrisant ou utilisant majoritairement le français, ils entendent se substituer au maître colonial et continuer à le faire en français ; même s'ils affirment le contraire en public en protestant lourdement de leur attachement à la langue nationale. Celle-ci, en tant que langue principale de l'Algérie, ne pouvait évidemment être que l'arabe. Les trois colonels auraient été bien étonnés si on était venu leur dire qu'ils devaient résolument se mettre à l'arabe pour le maîtriser. Y compris dans leur quête de libération, ils n'en restaient donc pas moins, eux aussi, des colonisés.

C'est dans l'intrication entre le colonialisme, les traumatismes qu'il provoque et, dialectiquement, les modèles qu'il porte, et ce que j'ai appelé les tendances lourdes de la société, qu'il faut situer le poids du modèle militaire, si structurant pour la société algérienne et les maîtres qu'elle s'est donnés.

Tendances lourdes de la société, paradigme colonial et modèle militaire

La disqualification du rationnel, et consécutivement du politique, *a fortiori* de la démocratie, correspond aux tendances lourdes de la société : à un passé autoritaire, celui des chefferies de l'Algérie caïdale où règnent la soumission absolue à l'autorité et la violence. Au MTLD comme, plus encore, au FLN, les non-conformistes et les démocrates sont des étrangers qui campent pour ainsi dire sur une autre planète. L'auteur algérien qui se cache sous le pseudonyme de Luis Martinez[1] voit dans l'autoritarisme et la violence de l'Algérie actuelle une rémanence de l'Algérie ottomane, du pouvoir violent de l'*odjak* – consortium de pouvoir des chefs militaires d'Alger. Non sans quelque anachronisme : l'Algérie coloniale n'est pas l'Algérie ottomane et la violence coloniale n'a pas peu contribué à y modéliser et y ancrer une violence réactionnelle, insurgée contre la spoliation, l'humiliation et l'aliénation.

S'il y a eu de fait un modèle militaire turc, il ne faut pas oublier non plus que, à l'époque coloniale, depuis l'institution du service militaire obligatoire en 1912, les Algériens à avoir connu la caserne, l'univers de l'armée française, de l'ordre régimentaire et du culte du colonel sont bien plus nombreux que ceux qui ont connu l'école française, chichement dispensée à la masse :

---

1. Luis Martinez, *La Guerre civile en Algérie*, Karthala, Paris, 1998.

après plus de cent vingt ans de présence, les civilisateurs français avaient à peine réalisé, on l'a dit, la scolarisation d'un enfant algérien sur sept, et cela malgré les pressantes demandes de la société algérienne en la matière.

Pour les Algériens enrégimentés dans l'armée française en 1914-1918, puis en 1939-1945, la victoire même contre les Allemands était une manière de test de leur faculté à lutter et à triompher. Les colonels français qui s'ébahissaient sur l'allant et la fougue des tirailleurs ne pouvaient empêcher que les usages qu'en faisaient les hommes pouvaient échapper à la prévision nationaliste française. L'armée française fut une école de discipline et, à son corps défendant, elle laissa les jeunes Algériens engranger ce qu'ils avaient appris dans l'ordrc militairc français afin dc pouvoir lc faire servir à la libération de l'Algérie. Le tirailleur Mekdoud, traduit en 1917 devant le conseil de guerre pour avoir, dans une lettre envoyée à sa mère, enjoint de soigneusement conserver son livret d'instruction militaire « car cela pourra servir plus tard », symbolise bien cette perversité historique de l'institution militaire française.

Le tirailleur Mekdoud eut beau être acquitté, l'armée française servit en tout cas trois décennies plus tard à former des dizaines de jeunes gens qui désertèrent entre 1956 et 1960 et se retrouvèrent officiers de l'Armée de libération algérienne : ce furent les DAF (déserteurs de l'armée française), qui jouèrent un rôle éminent dans la direction, la prise du pouvoir, puis l'exercice du pouvoir par Boumédiène, et plus largement dans la formation du noyau dur de la substance même de l'appareil militaire algérien dominant du dernier tiers du XXe siècle. Le rôle de l'armée française est donc à noter pour les analystes voulant comprendre pourquoi le poids du modèle militaire a autant marqué la société algérienne. Cela dit, les tendances lourdes militarisantes existaient bien antérieurement à la domination coloniale. Et, plus généralement, elles furent intriquées avec la domination coloniale pour modeler les linéaments de l'inconscient qui déterminent décisivement les comportements.

Du PPA-MTLD au FLN : une réalité multiforme

En deçà ou au-delà du monolithisme officiel

Il n'y a pas de FLN monolithique pas plus qu'il n'y eut de PPA-MTLD monolithique. Il y a déjà une différence entre le PPA et le MTLD : le PPA est issu de l'ENA, son encadrement populaire est plus important que celui du MTLD où s'affirme l'élite des capacités. Interdit au lendemain de l'insurrection de 1945, le PPA est par force resté dans la clandestinité. Le MTLD est né d'une volonté personnelle de Messali de participation aux élections législatives de 1946. Et cette décision a conduit le parti vers une acceptation – chaotique mais acceptation tout de même – des normes politiques coloniales.

On a montré qu'il existait, au PPA-MTLD, des radicaux, des libéraux, des activistes, des centralistes, des messalistes. L'éclatement du parti, en 1954, est d'ailleurs dû aux différends qui naissent des oppositions existantes entre gens et groupes divers. Mais au PPA-MTLD les différences étaient davantage visibles qu'au FLN car, toutes proportions gardées, elles étaient moins tenues sous le boisseau de la normalisation bureaucratique. En effet, le mouvement national algérien a été tellement traumatisé par l'éclatement du parti en 1954 que le FLN vit dans la hantise obsessionnelle de la division. Tout ce qui peut être ressenti comme un germe de division y est violemment combattu. Les chefs militaires regardent avec une grande méfiance les ralliés – centralistes, UDMistes, oulémas –, et plus encore communistes, parce qu'ils les accusent notamment d'avoir été des fauteurs de confusion. Dans une société où la norme islamique pourfend comme diviseurs de Dieu les *muchrikiyyûn* qui attentent à l'unicité divine (idolâtres, chrétiens trinitaires, adeptes des cultes maraboutiques qui donnent à Dieu unique d'impies parèdres…), le FLN-ALN met autant d'obstination à pourchasser les cultes populaires maraboutiques qu'il en met à stigmatiser ceux qui attentent à l'unanimité nationale proclamée. Car l'unicité et l'unanimité dans les opinions et les normes comportementales relèvent du sacré communautaire. Et pourtant, le FLN lui-même fut divers. Non dite, il y exista de fait une réalité multiforme. Elle fut d'autant plus réelle à l'échelon des conciliabules et des contacts personnels que la pluralité ne put guère s'y exprimer institutionnellement.

À la tête de l'ALN, qui représenta la substance même du FLN, commandèrent aussi des chefs aux personnalités et aux objectifs bien divers.

L'ALN : la diversité des chefs

À la tête des wilayas, il y a des chefs divers. Par exemple, le successeur d'Amirouche à la tête de la wilaya 3, le colonel Mohand Ou l Hadj, sans passé politique, figure le vieux chef sage, tolérant et bienveillant envers ses hommes. Les archives ont conservé des directives dans lesquelles il dispense les *junud* de la prière alors qu'elle était obligatoire sous les deux colonels précédents, Saïd Mohammedi et Amirouche, et aussi de l'observance du jeûne du Ramadan : il se conforme, ce faisant, à l'islam qui dispense de son obligation en temps de guerre. De même, rien de commun entre le colonel Lotfi, originaire de l'UDMA, successeur en 1958 à la wilaya 5 (Oranie), des bureaucrates brutaux Boussouf puis Boumédiène : ce citadin plutôt raffiné et relativement doux tenta de faire régner un ordre moins brutal et plus à l'écoute des hommes. Différence aussi entre Boumédiène et le dernier colonel de la 5, l'ancien militant du MTLD Othmane (Benaddou Bouhadjar), scrupuleux et adoré de ses hommes. De même, le contraste est notoire entre le dernier chef de la wilaya 1 (Aurès-Nemencha), Tahar Zbiri, ancien syndicaliste et militant du MTLD, et son avant-dernier prédécesseur, Hadj Lakhdar Abidi, qui imposa son ordre violent et népotique à la tête de la wilaya. Contraste aussi entre Si M'hamed, le colonel de la 4 (Algérois), tué au combat en mai 1959, ou encore ses successeurs, respectivement, les commandant Salah et Mohammed, et le dernier colonel de la wilaya, Hassan (Youssef Khatib). Ceux-ci sont d'anciens militants importants du MTLD. Celui-là n'a aucun passé politique ; il est venu tout jeune au maquis pour des raisons qui, au fond, n'avaient pas forcément à voir avec le combat politique.

Il y a au FLN-ALN des différences entre les anciens militants du MTLD devenus chefs de maquis (M'hamed, Zbiri, Othmane) et les gens sans passé politique consistant (Amirouche, Hassan). Mais il faut nuancer : d'anciens militants du MTLD peuvent fort bien fonctionner conformément aux injonctions autoritaires du sommet : c'est le cas du commandant Mohammed (Djilali Bounaama), en wilaya 4, qui répercute sur le terrain fidèlement les directives bureaucratiques de l'état-major après avoir noyé dans le sang à l'été 1960 par un redoublement de purges la tentative dissidente de Si Salah[1]. Si M'hamed lui-même, le probe militant du MTLD, a auparavant fait débuter en wilaya 4, à l'instigation d'Amirouche, les purges de fin 1958 à début 1959 ; ces purges qui sont poursuivies par son ancien camarade en militance MTLD, le commandant Mohammed, qui dirige la wilaya 4 pendant un an de l'été 1960 à sa mort à l'été 1961, puis par le nouveau venu sans antécédents politiques, le commandant, puis colonel Hassan, qui succéda à Si Mohammed. Et Hadj Lakhdar, aussi, était un ancien du MTLD. À l'inverse, des gens peuvent apporter avec eux ce que la société algérienne produit de meilleur sans pour autant qu'ils soient passés par le filtre militant du MTLD : c'est le cas du colonel Lotfi, jeune chef, citadin d'origine (Tlemcénien), qui provient de l'UDMA ; c'est le cas du vieux sage Mohand Ou l Hadj, qui arrive sur le tard à la direction de la wilaya 3 bien qu'il n'ait aucun antécédent politique connu.

La diversité entre les hommes se doubla d'une diversité entre régions.

La diversité selon les régions

Il y a plusieurs FLN-ALN selon les régions, qui recoupent sensiblement les différences régionales d'implantation du MTLD. Le FLN est totalement chez lui dans le Constantinois où l'adhésion lui a été acquise d'emblée, on l'a dit, sans état d'âme après que la région a été messaliste. Pendant la période coloniale, le Constantinois est le conservatoire de l'irrédentisme algérien et il incline du côté qui lui semble le mieux garantir la rupture avec

---

1. Le commandant Si Salah (Mohammed Zamoum), chef de la wilaya 4 depuis la mort de Si M'hamed (mai 1959), accepta au printemps 1960 de céder aux sirènes gaulliennes de la paix des braves indépendamment du GPRA. Le dénouement, ce fut l'entrevue du 14 juin 1960 entre, d'une part, de Gaulle, et, d'autre part, trois dirigeants de la wilaya 4, les commandants Salah, Lakhdar Bouchama et Mohammed (Djilali Bounaama). Elles n'eurent aucune suite : quelques jours plus tard, de Gaulle accepta l'entrevue de Melun entre des émissaires du gouvernement français et des délégués du GPRA.

l'ordre colonial. À l'inverse, l'Oranie a été marquée par une prévalence des luttes sociales. Leur importance, par rapport au Constantinois, a été une entrave à la lutte nationale. Nulle part plus qu'en Oranie le PCA n'a été aussi présent dans les villes moyennes et les petits centres. S'y sont côtoyés des Algériens et des Espagnols. L'européanisation est réelle chez nombre de militants algériens-musulmans. Dans les milieux du prolétariat ouvrier oranais, il n'est pas rare que des Algériens parlent l'espagnol. L'UDMA, à la différence du Constantinois, ne se réduit pas à un réseau de notables. Il y règne un véritable militantisme UDMA qui signe la plus grande sensibilité de la région à des thèmes libéraux et à la démocratie.

Mais en même temps, l'Oranie est une région ouverte à la construction moderne du national : les hasards de l'Histoire ont fait que, jusqu'en 1959, la wilaya 5 est dirigée par des Constantinois (Ben M'hidi, Boussouf, Boumédiène) ; et cela n'a pas posé de vrais problèmes alors qu'une situation analogue aurait été moins facilement concevable dans l'Aurès-Nemencha : là, un chef national peut bien être intronisé comme national, mais à condition qu'il soit un enfant du pays ou qu'il soit considéré comme tel. Si Boussouf et Boumédiène ont pu susciter des critiques et des oppositions, voire des dissidences dans leur wilaya, elles ont été dirigées contre leurs penchants bureaucratiques dictatoriaux, et non contre leurs origines constantinoises.

La Kabylie est, au moins jusqu'en 1959, une région dirigée par une bureaucratie militaire à forte légitimation islamique qui impressionne, voire fait peur aux autres régions. C'est ce que pense le colonel Zighout (wilaya 2, Constantinois) qui, au lendemain de la Soummam, laisse prudemment la zone de Sétif contestée à une wilaya 3 qu'il ne tient pas à affronter. Mais cela n'empêche pas que des cadres plus ouverts existent dans la 3, qui sont de véritables militants politiques progressistes. C'est dans l'Algérois que le militantisme MTLD a laissé le plus de traces, mais non sans influence de l'idéologie du PCA. La wilaya 4 est assez nettement la wilaya la plus politique.

Dans le Sud, et plus encore dans la 1 (Aurès-Nememcha), au moins jusqu'à 1959-1960, le national n'est pas au rendez-vous : des seigneurs de la guerre s'y conduisent erratiquement en combattant pour leur communauté restreinte et pour leur petit pouvoir local sans se soucier du national. L'idée même d'un Front de libération nationale suscite pendant longtemps des méfiances car, dans le pays par excellence des bandits d'honneur, elle a une résonance trop politique pour des gens qui ne se construisent que sur la geste violente. On reconnaît l'ALN, beaucoup moins le FLN. La devise de l'un de ces seigneurs de la guerre, Messaoud Aïssi, aurait été : « Je suis contre tous les fronts, même le mien. » Puis, sous la conduite successive de Hadj Lakhdar, de Ali Souhaï et de Tahar Zbiri, le phénomène a-national des dissidents (*al muchawwichûn*) a été progressivement résorbé, moins par une adhésion spontanée ou raisonnée au national que par la capacité de ces seigneurs de la guerre a être encadrés par l'appareil militaire suprême pour les faire déboucher sur un statut de bureaucrates assurés de leur pouvoir avec la connivence intéressée dudit appareil militaire suprême.

Toutes régions confondues, le FLN ne fut pas le même de 1954 à 1962. À l'ordre civil jacobin symbolisé par Ramdane Abbane, qui prévalut jusqu'à l'été 1957, succéda l'ordre militaire triomphant.

La diversité du FLN selon les périodes

Il y a trois FLN différents selon les époques. Le premier correspond à la phase de mise en place de 1954-1955. Le deuxième est marqué par le congrès de la Soummam et le premier CCE. Le premier CCE issu du congrès de la Soummam reste en Algérie jusqu'à février 1957. Il doit quitter Alger pour fuir la répression de ce l'on dénomme la bataille d'Alger, non sans avoir dû laisser Ben M'hidi, peut-être le plus attachant de ses membres, être fait prisonnier et assassiné par les Français. Le CCE s'installe en Tunisie puis en Égypte. Dans la troisième phase, le deuxième CCE est issu du CNRA du Caire d'août 1957 et il n'a plus du tout les caractéristiques du premier. Le GPRA, qui fait suite au CCE, se réinstalle en grande partie à Tunis en 1959 à la suite de différends avec les Égyptiens.

Le premier CCE est un organisme de combat vivant sur le terrain du combat et en connaissant de l'intérieur les problèmes. Après le départ d'Alger, la direction du FLN est coupée du terrain. Les contrastes et les différends s'accumulent entre l'Intérieur et l'Extérieur. Ce premier CCE est aussi un organisme où les civils et les « évolués » détiennent la majorité : il comprend certes deux anciens chefs de maquis, Belkacem Krim et Larbi Ben M'hidi. Krim est « le lion des djebels » qui a tenu le maquis depuis 1947. Il se sent relativement isolé et marginalisé au sein du CCE. Par rapport à Krim, Ben M'hidi ne se définit pas seulement par sa qualité de maquisard et de colonel : à la différence de Krim, c'est un solide militant du MTLD et de l'OS. Et il a une culture – en grande partie une culture d'autodidacte – qui lui fait regarder avec sympathie et admiration les gens qu'il tient pour compétents. Et sont à ranger parmi cette catégorie les trois autres membres du CCE, Saad Dahlab, Ben Youcef Ben Khedda et le chef de fait, Ramdane Abbane. Ce sont trois évolués ; deux d'entre eux viennent du centralisme (Dahlab, et Ben Khedda, qui a été secrétaire général du MTLD), Abbane est une tête politique, qui a œuvré pour la réintégration des centralistes au premier cercle de la direction du FLN, de même qu'il a œuvré énergiquement, malgré les réticences des colonels, pour le regroupement en un front de tous les représentants des anciens mouvements algériens (oulémas, UDMA, PCA).

Ce groupe dirigeant est éliminé dans l'été 1957 par un groupe de pouvoir dirigé par les trois colonels : les 3 B, Belkacem Krim, Ben Tobbal et Boussouf. Ces trois hommes ont en commun de se défier hautement des politiques et de poser que la direction du FLN doit revenir aux colonels qui ont été parmi les déclencheurs de novembre, et à personne d'autre, en tout cas pas aux « anciennes classes politiques » représentées comme choyées par

Abbane. Tout bascule à Tunis lors de la préparation du CNRA qui doit se tenir au Caire en août 1957. La composition du CNRA qui avait été arrêtée à la Soummam était d'ores et déjà caduque en raison de la mort de plusieurs de ses membres – notamment les chefs historiques Mostefa Ben Boulaïd, Youssef Zighout et Larbi Ben M'hidi. Malgré les ruades impuissantes d'Abbane, la composition du CNRA fut trafiquée sous l'égide des 3 B.

Dès lors, le CNRA sera un organisme contrôlé par les militaires ou majoritairement militaire. Le poids des politiques y sera secondarisé. Le CNRA du Caire élimine du CCE les deux têtes pensantes politiques Dahlab et Ben Khedda. Leur allié Ben M'hidi étant mort, Krim est désormais partie prenante d'un jeu de pouvoir militaire duquel il va avec obstination tenter de prendre la tête. Si l'on excepte la phase balbutiante de 1954-1955, il y a donc deux FLN, l'un avant l'été 1957, l'autre après l'été 1957. Après 1957, tous les exécutifs algériens seront contrôlés par les militaires. Lorsque le GPRA est bloqué par ses crises internes, c'est à un directoire de dix colonels qu'il est fait appel pour préparer le prochain CNRA de Tripoli (fin 1959-début 1960). Au règne des 3 B succédera celui du segment militaire devenu dominant, l'état-major général (EMG), appuyé sur la puissante armée des frontières que son chef, le colonel Boumédiène, surarme pour l'utiliser comme force prétorienne dans la perspective de la prise du pouvoir. Et, dans l'alliance entre Ben Bella et l'EMG qui se noue fin 1961 et qui fonctionne à l'été 1962 dans la course effrénée au pouvoir où triomphe dans le sang l'armée des frontières, Boumédiène soutient Ben Bella comme la corde soutient le pendu. En attendant le coup d'État du 19 juin 1965 qui éliminera Ben Bella et installera sans médiation Boumédiène au pouvoir suprême.

Mais l'ordre militaire avait déjà triomphé dès le CNRA du Caire (août 1957) sur les décombres des virtualités civiles jacobines qu'avait signifiées le congrès de la Soummam un an auparavant.

Le triomphe de l'appareil militaire

Tous segments militaires confondus, avec le triomphe des militaires, disparaît le projet jacobin élaboré sous l'égide d'Abbane au congrès de la Soummam en août 1956. Avec lui, disparaît la vision nationale des premiers dirigeants du FLN : celle du jacobin Abbane, la plus grande tête politique du FLN, celle de l'authentique homme d'État démocrate musulman Ben Khedda, celle du militant et non moins musulman Ben M'hidi, qui avait plaidé, au congrès de la Soummam, pour une élection des assemblées du peuple avec pluralité de listes, celle du grand commis de l'État éclairé Dahlab qui fut le dernier ministre des Affaires extérieures du GPRA en 1961-1962. Dans un premier temps secondarisé au poste de rédacteur en chef du journal *El Moudjahid*, Abbane est finalement étranglé dans un guet-apens tendu sous l'égide des 3 B à Tétouan, au Maroc, dans le fief de Boussouf, et sous la responsabilité assumée de ce dernier.

Désormais, les vrais politiques nationalistes passent au second plan. Pendant trois ans, Ferhat Abbas ne fut, à la présidence du GPRA, guère autre chose qu'un président tête d'affiche, qu'on voulait bien par intermittence introniser quand on avait besoin de lui. Les dirigeants qui s'emparent du pouvoir n'ont pas la nation dans leurs préoccupations principales. Incontestables patriotes par ailleurs, ce sont surtout des étatistes qui veulent bâtir l'État pour construire leur pouvoir ; État se concevant chez eux comme une machinerie sultanale de pouvoir, pouvoir à prendre d'abord, à exercer ensuite en manœuvrant avec les réseaux de clientèles multiformes pour y parvenir. Dès lors, règne cette loi d'airain de l'Algérie contemporaine, conçue et appliquée par l'appareil militaire omnipotent, qu'il dirige l'Algérie politiquement de manière directe ou qu'il utilise de fragiles fusibles civils investis précairement d'un pouvoir transitoire délégué. Comme le dit fort bien El Hadi Chalabi, la loi non écrite de l'Algérie depuis l'indépendance est bien : « Pas de pouvoir civil sans contrôle militaire. »

Et pourtant, les civils, il y en eut au FLN malgré le triomphe précoce du régime militaire.

Le sel de la terre : militants civils en régime militaire

À l'inverse, jusqu'au terme de la guerre, il y a le sel de la terre : une équipe de cadres civils, gens réfléchis et hommes de dossiers, qui travaillent d'arrache-pied dans les bureaux des ministères à la libération de leur patrie. Ils furent sans doute ce que le FLN contint de meilleur. Parmi eux, il y a l'ancienne cohorte des centralistes, qui est, à quelques exceptions près, éliminée durablement du pouvoir à l'été 1962, ce qui permit au président Ben Khedda de méditer et d'écrire pour la plus grande joie des historiens. Certains autres cadres ou dirigeants sont de vrais esprits libres, tolérés quand ils s'en tiennent à leurs fonctions de gestion et de représentation, réprimés voire emprisonnés quand ils ruent par trop dans les brancards : c'est ce qui se passera pour Hocine Aït Ahmed, le plus politique des chefs historiques de 1954, qui se désolidarise dès 1962 de la pente dans laquelle s'engage Ben Bella, puis des dérives autoritaires qui se profilent. C'est ce qui se passera pour Hocine Zahouane, officier en wilaya 3, et analyste lucide des dérives sanglantes qui se profilaient dès 1958[1]. C'est ce qui se passera pour tant d'autres.

D'ailleurs, ce furent des cadres civils qui furent à nouveau appelés à peupler le GPRA à l'été 1961 quatre ans après leur expulsion de l'exécutif algérien : dans ce troisième et dernier GPRA, on trouve Saad Dahlab aux Affaires étrangères, Ben Khedda à la présidence du Conseil et aux Finances. Mohammed Benyahia est un personnage important des négociations d'Évian. Avec ce dernier GPRA, se produit un retour en force apparent des centralistes. Le contexte requérait qu'on fît appel à leurs talents : les mili-

---

1. Il a produit en juin 1960 un rapport sur les purges en Kabylie qui est l'un des documents principaux sur ce douloureux sujet.

taires – tout particulièrement le groupe de l'EMG – refusaient de négocier, même s'ils savaient bien qu'il fallait le faire. Mais ils entendaient en laisser la responsabilité à des civils dont ils pourraient plus facilement ensuite dénoncer leurs prétendues propensions néocolonialistes au compromis et au bradage pour s'en débarrasser. C'est ce qui se produisit : alors que, aux négociations d'Évian 1, au printemps 1961, l'état-major avait deux représentants dans l'équipe des délégués algériens, à partir de l'été, il refuse de cautionner les négociations.

Les militaires en laissent le soin à des cadres civils talentueux. Négocier, les militaires de l'EMG n'étaient guère capables de le faire, et de toute façon ils ne le voulaient pas. Car ils se réservaient démagogiquement le droit de tirer à boulets rouges dans le dos des négociateurs pour les disqualifier lors de la course au pouvoir. Ce fut ce qui se passa : de fait, une fois conclues les négociations d'Évian 2 en mars 1962, l'EMG continua à dénoncer ces accords néocolonialistes ; et les civils, ayant accompli leur tâche, furent priés de se faire oublier : le CNRA de Tripoli de février 1962 entérina les négociations ; mais le CNRA de mai-juin 1962, de nouveau à Tripoli, marqua la défaite des civils, l'humiliation et le départ de la capitale libyenne du président Ben Khedda. En germe, le dénouement était proche, en l'occurrence l'éclatement, puis le naufrage du GPRA, et l'irrésistible montée en puissance du tandem Ben Bella-Boumédiène.

Mais, pour en arriver au dénouement final qui vit le triomphe dudit tandem, et en réalité du segment militaire prépondérant se cachant sous le fragile fusible d'un chef historique prestigieux, il fallut, sur les autres segments, la victoire militaire de l'été 1962 qui fit disparaître en tant que force l'ALN de l'Intérieur, c'est-à-dire celle des maquis.

ALN de l'extérieur, ALN de l'intérieur

Pendant toute la guerre, l'Intérieur accuse en permanence l'Extérieur de laisser les maquis dans l'abandon. Le ressentiment est vif et les oppositions tranchées, surtout à partir du blocage des maquis par les barrages électrifiés des frontières et de l'offensive Challe qui déstabilise l'ALN. En 1962, l'EMG triomphe des autres segments militaires – les wilayas –, c'est-à-dire du pouvoir maquisard de l'Intérieur. Tant Ben Bella que l'EMG avaient d'ailleurs manœuvré pour s'assurer des alliances à l'intérieur des wilayas.

C'est ainsi que celles-ci ne constituent pas un bloc uni face aux appétits de l'EMG. Les wilayas 1 (Aurès-Nemencha), 5 (Oranie) et 6 (Sud) se rallient au tandem Ben Bella-EMG, en grande partie à cause du prestige de Ben Bella. La wilaya 2 (Constantinois) est divisée entre une aile « résistante » suivant le colonel Boubnider et une aile ayant rallié le camp de l'EMG derrière le commandant Larbi Berredjem. Seules les wilayas 3 (Kabylie) et surtout 4 (Algérois) se dressent contre la conquête entreprise par l'état-major. Le chef de la 4, le colonel Hassan, est lui-même un compétiteur mais l'outil militaire qu'il a entre les mains ne fait pas le poids face à l'armée des frontières. Dès lors, les chefs militaires des wilayas doivent rentrer dans le rang et accepter le nouveau pouvoir, dussent-ils n'être plus désormais que les seconds à Rome. Ou alors ils sont à terme éliminés : le colonel Chaabani (wilaya 6 - Sud) est arrêté et exécuté en 1964. Le colonel Tahar Zbiri (wilaya 1) tente bien contre le régime de Boumédiène un soulèvement fin 1967 mais il est défait et éliminé politiquement. Dès lors, les conflits au sein de l'appareil militaire dirigeant resteront relativement feutrés, secondarisés qu'ils seront par la nécessité consensuelle première de préserver l'ordre militaire en soi.

Conclusion

On l'a vu, le FLN a mis à mort le MTLD mais il en a été le successeur. Il en termina avec une période de faux-semblants pendant laquelle la lutte politique, trop entravée par la répression et les blocages coloniaux, fut durablement disqualifiée. Avec le FLN, cette disqualification du politique allait avoir la vie dure, jusque dans les tentatives sanglantes des maquis islamistes des années 1990. Mais le FLN avait, pour expliquer cet aboutissement, bien préparé le terrain. Il suffit de lire les manuels algériens actuels d'histoire pour s'apercevoir de la sacralisation systématique de la violence dans les situations sans issue. Au fond, les maquis islamistes ont pris au mot les obsessions du FLN de « l'allumage de la mèche ».

Avec le FLN, ont pris corps la libération de la patrie tant désirée par le peuple, mais aussi la libération de tendances ressortissant aux catégories du sacré communautaire qui a tenu lieu, au FLN, d'idéologie, plus que la « révolution » qu'il a pourtant si fréquemment scandée : triomphèrent les oppositions en binômes tranchés (le pur-l'impur, nos valeurs-la pollution étrangère, le héros de 1954-le rallié tardif, le militaire-le politicien, le patriote-le traître…). Pour autant, l'Histoire n'a pas abouti à un bloc monolithique : existèrent au FLN plusieurs virtualités, plusieurs arrimages idéologiques aussi, même si l'Histoire les a laissés de côté et a fait triompher ce qui advint.

Le FLN a pu triompher et envoyer le MTLD au rancart parce qu'il a réalisé la rupture dont on rêvait au MTLD, mais qu'on n'osait pas entreprendre parce qu'on en avait peur : à tort ou à raison, on y craignait tout ce qui allait devenir la norme du FLN. Mais, au-delà du MTLD, ce qui a finalement triomphé au FLN, et qui était déjà assez largement marqué au MTLD, ce fut une intrication des tendances lourdes de la société et de la violence coloniale. L'une et l'autre agirent pour dessiner le FLN tel qu'il exista. C'est dire tout le poids du passé sur l'Algérie d'aujourd'hui. Ce passé que l'enseignement officiel et les stéréotypes du pouvoir empêchent le peuple algérien de connaître de manière scientifique. C'est la mission des historiens de tenter d'y parvenir.

OAS : la guerre franco-française d'Algérie

par Rémi Kauffer

Boulogne-sur-Seine, près de Paris, le mercredi 7 février 1962. Deux membres de la Mission III (ou OAS-zone III), la plus activiste des branches métropolitaines de l'Organisation armée secrète, l'OAS, installent une charge explosive creuse à hauteur d'homme sur le rebord d'une des fenêtres du 19 *bis*, avenue Victor-Hugo. Le duo de plastiqueurs, de tout jeunes gens, vise l'appartement du ministre des Affaires culturelles, André Malraux. Mais, une fois encore, ces terroristes de l'à-peu-près agissent sans renseignements sûrs. La Mission III ignore, par exemple, que l'écrivain, sa femme et son fils adoptif, s'ils vivent bien dans le pavillon cossu et tranquille du 19 *bis*, en occupent les deux étages supérieurs et non le rez-de-chaussée. Qu'importe : on frappera quand même. Avant de détaler, le chef du petit commando, un étudiant en droit pied-noir de vingt-deux ans, allume le cordon Bickford avec sa cigarette. Soudain, c'est l'explosion, puis le cri affreux d'une enfance saccagée. Trois cents points de suture, un œil perdu à jamais : Delphine Renard, quatre ans, fille des propriétaires du lieu (Malraux n'en est que le locataire), vient de faire les frais de la criminelle approximation des desperados de l'OAS, lesquels filent déjà sans demander leur reste vers la place de l'Étoile à bord d'une Estafette Renault bleue bourrée d'armes et d'explosifs.

Dès le lendemain, le visage ensanglanté de Delphine macule la une de tous les quotidiens. De quoi choquer une opinion publique lasse de cette guerre d'Algérie qui s'éternise. Sept ans et demi, déjà...

Un plasticage de plus, un plasticage de trop ! Delphine Renard va devenir le symbole du refus quasi général de l'OAS. Le soir du 8, le Parti communiste français (PCF), le Parti socialiste unifié, cette formation d'extrême gauche qui se veut le « parti de la paix en Algérie », mais aussi le très centriste Mouvement républicain populaire, de tendance démocrate-chrétienne et, côté syndical, les unions départementales CGT et CFTC de Paris, le Syndicat national des instituteurs et l'UNEF appellent à manifester à la Bastille. Craignant qui une récupération politique du PCF, alors fort de plus de deux cent mille militants, qui une dérive hostile aux institutions de la Ve République, voire à la personne même du général de Gaulle, Force ouvrière et le Parti socialiste SFIO d'une part, le mouvement gaulliste UNR de l'autre, préféreront toutefois s'abstenir. Or moins impressionnante qu'escompté – à peine trente mille personnes –, la masse des manifestants va être repoussée sans discernement par une police chauffée à blanc. À peine la foule commence-t-elle à se disperser qu'une charge encore plus violente la fait refluer vers la bouche du métro Charonne où, matraqués par les membres des compagnies de district munis de longues matraques en bois, les manifestants s'affolent, se pressent, s'étouffent. Autour de la station, on va relever cinq cadavres, et trois autres autour de la place Voltaire. Trois femmes et cinq hommes dont le plus jeune a tout juste seize ans. Sept sont membres du PCF, tous de la CGT. Les manifestants comptent plus de cent dix blessés, dont l'un mourra quelques jours plus tard ; les policiers, cent quarante, des chiffres qui attestent de la violence de l'affrontement meurtrier.

Cinq jours plus tard, le 13 mai, une foule, immense cette fois, accompagne les victimes de Charonne à leur dernière demeure, le cimetière du Père-Lachaise : cinq cent mille manifestants, mais on arrondira à un million et le chiffre restera. Gaulliste ou pas, c'est la population parisienne tout entière qui bascule en bloc contre « les assassins de l'OAS ». Et avec elle, la France presque entière. L'organisation clandestine vient de perdre sa « bataille de France »...

Feu sur l'armée française

Retour en arrière, au 7 février 1962. Quelques heures à peine après l'attentat chez Malraux, un autre drame couve à Alger, lourd de conséquences lui aussi. Un des chefs de l'OAS algéroise, le capitaine déserteur Philippe Le Pivain, vient d'être abattu par des gendarmes lors d'un contrôle d'identité. Dans la soirée, la direction de l'organisation clandestine prend par la bouche de son chef suprême une décision capitale. Pour la première fois, le général Raoul Salan autorise en effet verbalement les troupes de choc activistes à ouvrir le feu à vue sur les gendarmes mobiles considérés, bien que militaires français en fonction, comme des cibles légitimes.

Décision « officialisée » le 23 février par le même Salan. Dans son instruction OAS/29, un texte programmatique de six pages, le chef de l'organisation prône, entre autres mesures expéditives, « l'ouverture systématique du feu sur les unités de gendarmerie mobile et les CRS », dont la fidélité au gouvernement légal et au président de Gaulle ne fait aucun doute.

Cette logique de guerre civile, certains militants de l'organisation clandestine, oranais notamment, l'avaient déjà anticipée, tuant gendarmes, soldats et officiers français en uniforme. À titre « officieux », néanmoins, ce qui laissait la porte ouverte à un éventuel revirement. Mais en s'engageant *en tant que telle* sur la voie d'une guerre ouverte contre les éléments militaires loyaux envers les autorités, l'OAS vient au contraire de franchir le point de non-retour.

Le terrorisme aussi comporte des degrés, des pas en avant et des pas en arrière. Dans le contexte de l'époque, l'assassinat de musulmans jugés favorables au FLN ou, plus couramment, abattus au hasard dans la rue, pouvait, à l'extrême rigueur, passer pour une forme primitive d'auto-défense de la communauté française d'Algérie menacée. L'exécution sommaire de pieds-noirs réputés communistes, socialistes, libéraux et de « barbouzes » opérant comme une police parallèle, donc illégale, pour le compte du pouvoir ne concernait « que » des civils ou des éléments du service d'ordre sans existence officielle. Quant à celle de fonctionnaires, de policiers fidèles au gouvernement agissant ès qualités ou d'officiers de la Sécurité militaire traquant en civil leurs homologues passés à l'OAS, elle restait – avec tous les guillemets de la terre – « tolérable » pour le haut commandement de l'armée.

Tout change dès lors que l'OAS clame haut et fort son intention de tuer collectivement des militaires français en uniforme, et qu'elle passe effectivement à l'acte. Dans la France de 1962, pays beaucoup plus légitimiste qu'on se l'imagine aujourd'hui, nul ne pouvait s'en prendre aux institutions étatiques et à leurs représentants sans risque de payer le prix fort. Encore moins à une armée en pleine crise d'identité, échaudée par les déchirures fratricides des années 1940-1944, épuisée par la défaite indochinoise, fatiguée de ce conflit algérien qui n'en finit pas. Une armée que la politique algérienne du général de Gaulle frustre de sa victoire sur le terrain, mais qui rêve avant toute chose de renouer avec une communauté nationale dont deux décennies de combats lointains sur les théâtres d'opérations coloniaux l'ont peu à peu écartée. Sans illusions, toute honte bue parfois quand il s'agira d'abandonner harkis, moghaznis, tirailleurs, appelés musulmans ou civils français enlevés aux diverses factions du FLN en lutte pour le pouvoir, elle obéira. Et face aux attaques répétées des jusqu'au-boutistes Algérie française, l'esprit de corps fera le reste.

Voilà pourquoi, à l'instant même où ils décident de tirer sur des soldats coupables d'obéir à un président de la République démocratiquement élu, approuvé en outre dans ses choix algériens par un et bientôt deux référendums, les dirigeants de l'OAS perdent leurs dernières chances d'infléchir à leur profit le cours du destin. Déjà rejetés par la population de la métropole, les clandestins d'Alger, d'Oran et d'ailleurs vont désormais l'être par les militaires de carrière, dont, hier encore, bon nombre sympathisaient pourtant avec leur objectif – maintenir l'Algérie dans la France –, sinon avec leurs méthodes.

À preuve les tragiques événements qui s'enchaînent dès les décisions fatidiques des 7 et 23 février : vingt morts dans une ratonnade à Alger le 24 février ; attaque au bazooka d'une caserne de gendarmes mobiles le lendemain ; nouvelles ratonnades à Mers el-Kébir le 1er mars, après l'assassinat d'une Française d'Algérie et de ses deux enfants ; attaque de la prison d'Oran le 5 : deux morts ; fusillades à Oran le 9 : quinze morts ; le 15 mars, assassinat méthodique de six membres nommément désignés des centres sociaux d'Algérie, dont l'écrivain kabyle Mouloud Ferraoun, à El-Biar, puis mitraillage causant la mort de dix musulmans pris au hasard dans une file d'attente à Hussein-Dey ; le 17, assassinat en série de cinq préparateurs en pharmacie musulmans à Alger...

Alors que le cessez-le-feu conclu à Évian entre le gouvernement français et le GPRA entre, théoriquement du moins, en vigueur, Salan donne, le 20, « ordre de commencer immédiatement les opérations de harcèlement dans les villes des forces ennemies » par le biais d'une de ces émissions-pirates dont l'organisation clandestine qu'il dirige est coutumière.

« Forces ennemies » ? Pas tant celles du FLN et de l'ALN, dont les affrontements avec l'OAS ne seront qu'épisodiques – on verra plus loin pourquoi –, que l'armée française elle-même qui doit, selon le chef activiste, payer la rançon sanglante de son obéissance au général de Gaulle.

Son appel ne tardera pas à être suivi d'effets. Les quartiers musulmans d'Alger sont sous le contrôle du FLN depuis les violentes manifestations de décembre 1960. Le « soviet des capitaines », qui possède la haute main sur l'OAS dans la capitale, a conçu de son côté un plan de soulèvement général par tranches de la partie européenne de la ville. Première étape : l'insurrection de Bab el-Oued, soixante-mille habitants, le quartier pied-noir le plus populeux et le plus populaire de la capitale. Deuxième étape en cas de succès : l'instauration d'une autre zone OAS à Hussein-Dey, et ainsi de suite.

Le 20 mars, l'ancien sous-préfet Jacques Achard, « patron » de Bab el-Oued et ami personnel de Salan, lance, conformément au plan du « soviet », un ultimatum aux unités françaises : « CRS, gendarmes mobiles, soldats du quadrillage, vous avez jusqu'au jeudi 22 mars, à 0 heure, pour ne plus vous occuper des quartiers délimités par la caserne Pélissier, la caserne d'Orléans, Saint-Eugène, Climat de France (c'est-à-dire Bab el-Oued). Passé ce délai, vous serez considérés comme des troupes servant un pays étranger... Le cessez-le-feu de M. de Gaulle n'est pas celui de l'OAS. Pour nous, le combat commence. »

Refus catégorique du cessez-le-feu d'Évian et dénonciation de l'armée française : cette fois, les dés roulent sur le tapis. Rien ne manque, pas même cette évocation rituelle de « l'étranger », vieille compagne de route des guerres civiles qui n'osent pas s'avouer pour telles...

Carnage rue d'Isly

Le 21 mars, les commandos Delta du lieutenant Roger Degueldre, fraction armée la plus dure et la mieux entraînée de l'OAS algéroise, attaquent au bazooka, à l'arme automatique et à la grenade des blindés de la gendarmerie mobile postés près du tunnel des Facultés. Les militaires ripostent. L'embuscade fera dix-huit morts chez les gendarmes, et un nombre indéterminé de victimes dans les rangs de leurs agresseurs. Elle ne constitue toutefois qu'une diversion à l'offensive générale du soviet des capitaines.

Le vendredi 23 mars vers 9 heures du matin, Achard joint le geste à l'écrit. L'ancien sous-préfet jette les cent cinquante hommes de ses commandos Alpha dans la lice. Leur objectif : désarmer en douceur les militaires français, puis les contraindre à quitter Bab el-Oued, le quartier échappant alors au contrôle des autorités légales pour passer entièrement entre les mains de l'OAS. Un plan simple, pour ne pas dire simpliste, dont la réalisation ne tient qu'à un fil.

Ce dernier, qui s'en étonnerait ? va se rompre dès 10 heures. Scénario couché d'avance sur papier rouge sang : une patrouille du train refuse de livrer ses armes, un caporal musulman manœuvre la culasse de son arme, les commandos Alpha mitraillent, tuant un lieutenant et cinq soldats, tous du contingent.

Un massacre. C'est l'armée en tant que telle qui est frappée, non la seule gendarmerie, et, au travers de ces jeunes appelés tirés comme des lapins, la population métropolitaine tout entière. Indigné, le commandant supérieur des troupes françaises en Algérie, le général Charles Ailleret, réunit aussitôt son état-major. En attendant d'y voir plus clair, le « génésup » va-t-il décider l'abandon provisoire de Bab el-Oued ? Ce serait mal connaître cet ancien résistant, responsable fin 1943 de la zone nord pour l'Organisation de résistance de l'armée (ORA), devenu, par la suite, un gaulliste inconditionnel. Bouclage puis reconquête méthodique du quartier insurgé, ordonne Ailleret. Suivis par l'infanterie, les half-tracks des gendarmes mobiles et les véhicules blindés des régiments de cavalerie motorisée envahissent Bab el-Oued.

De durs combats s'y dérouleront jusqu'à 17 heures avec, en point d'orgue, le bombardement aérien des commandos Alpha retranchés sur les terrasses d'immeubles. Insultes, appartements saccagés lors des perquisitions, voitures particulières écrasées par les blindés : les soldats du contingent n'auront pas été les derniers à faire payer leur exaspération à ces « emmerdeurs-de-pieds-noirs-qui-n'ont-comme-but-que-de-prolonger-la-guerre ». Message sans appel, fort et clair pour reprendre la terminologie militaire : comme la population métropolitaine un mois et demi plus tôt après l'attentat chez Malraux, l'armée vient de basculer en bloc, cadres et hommes du contingent. Contre l'organisation secrète et non de son côté…

Le bilan des combats fratricides de Bab el-Oued est lourd : quinze soldats tués pour au moins vingt membres des commandos Alpha. L'OAS croit-elle renverser la vapeur le 25 à Oran, ville où les Européens sont majoritaires, en bombardant au mortier le quartier musulman des Planteurs, pilonnage aveugle qui va tuer quarante Algériens et en blesser des centaines d'autres ? Dans ce cas, elle en sera pour ses frais car le jour même, à Oran toujours, le général Edmond Jouhaud, adjoint de Salan et numéro 2 de l'organisation, tombe entre les mains des gendarmes.

C'est pis encore le lendemain à Alger. Convoquée dans l'espoir de forcer pacifiquement le blocus de Bab el-Oued, la marée humaine pied-noir non armée descend dans la rue, chantant *La Marseillaise* et brandissant des drapeaux tricolores. Elle se heurte à une unité de tirailleurs algériens, les moins aptes, sans doute, à lui faire face sans heurts trop graves – peu coutumiers des tâches spécifiques de maintien de l'ordre, ces soldats musulmans de première ligne possèdent en outre depuis Évian d'excellentes raisons de regretter d'avoir choisi le « mauvais camp » et de puissants motifs de se racheter auprès du FLN.

Vers 15 heures, des coups de feu éclatent. Les tirailleurs ripostent aussitôt, vidant pour certains leurs chargeurs droit sur la foule. Un carnage de plus. Quarante-six morts officiels (au moins cinquante-quatre dans la réalité) plus cent quarante blessés : l'hécatombe de la rue d'Isly va littéralement « casser les reins » aux pieds-noirs. Un jour où l'autre, l'armée se rangera de notre côté, s'étaient-ils longtemps imaginé. La mort brutale de dizaines d'entre eux atteints par des balles françaises vient de leur démontrer le contraire. Les moins lucides peuvent toujours bomber le torse en invoquant un hypothétique renversement de tendance, les chances de succès de l'OAS apparaissent désormais comme minimes. Alors, le désespoir commence à gagner cette communauté au pied du mur. Désespoir et haine face à ce de Gaulle inflexible, à ces officiers « sans honneur » qui « bradent l'Algérie », à ces soldats du contingent qui les détestent, à ces métropolitains prêts à les abandonner.

Gênée, la hiérarchie militaire va faire enterrer les victimes de nuit et sous bonne escorte dans l'espoir – comblé – d'éviter de nouvelles manifestations. Mais elle aussi a conscience d'avoir franchi le point de non-retour. Legs empoisonné de décennies d'incompréhension entre Français de France et Français d'Algérie et de huit années de conflit où chacun a radicalisé ses positions, la guerre franco-française qui s'accentue prend dès lors le relais des guerres franco-algériennes, mais aussi algéro-algériennes qui ont ensanglanté le pays.

Une guerre civile dont les racines remontent loin dans le temps.

Aux origines de l'OAS

Déconcertant personnage, cet André Achiary. Tarbais d'origine, ses amis l'ont surnommé très tôt le Basque bondissant en raison de son tempérament impulsif, sanguin. Pour avoir suivi son instituteur socialiste de père en Kabylie, Achiary en comprend la langue, le berbère, mais il parle aussi couramment l'arabe. Au demeurant, l'homme voue une solide inimitié aux racistes de tout poil : n'aurait-il pas claqué la porte d'une réunion de résistants parce qu'on y parlait de « ratons » et de « troncs de figuiers » ? Car, résistant, ce responsable de la brigade de surveillance du territoire d'Alger depuis 1938 le fut, et pas à moitié, lui le patriote expéditif que son chef de réseau, le professeur Allemand, chargeait en toute confiance de faire disparaître *manu militari* les agents de l'Axe opérant en Algérie.

Image d'Épinal pour meetings anticolonialistes ? Pas vraiment. Passé de la surveillance du territoire au poste de sous-préfet de Guelma, Achiary est en effet de ceux qui ont réagi avec une fermeté particulière – traduisez : une violence brutale, aveugle – face aux émeutes nationalistes d'avril 1945. Ce fonctionnaire de choc a couvert, encouragé même, les pires exactions des milices européennes levées à la hâte.

S'ennuyant dans le privé où il pantouflait sans enthousiasme, Achiary a repris clandestinement du service début 1955, en liaison avec le gouverneur général de l'Algérie Jacques Soustelle, autrefois son grand patron dans les services de renseignements de la France combattante. Contre le FLN, cette fois. Cet activiste-né a d'abord participé à l'arrestation de Rabah Bitah, l'un des premiers chefs de la rébellion, puis monté un groupe anti-indépendantiste clandestin, l'Organisation de résistance de l'Algérie française, ORAF, que François Mitterrand, cité en tant qu'ancien garde des Sceaux comme témoin au procès du général Salan, définira en ces termes le 18 mai 1962 après lui avoir attribué la paternité de dix-sept actions à main armée : « C'était une organisation clandestine et dont l'objet était d'opérer des représailles contre les attentats du FLN et de ce fait, justice à soi-même, si l'on peut dire. Ils procédaient à l'exécution d'un certain nombre de musulmans, ou commettaient des attentats contre des biens immobiliers. L'ORAF, disons que c'était la première mouture de l'OAS, dans la mesure où l'OAS se limiterait – ce qu'il ne m'appartient pas d'apprécier – à des organisations soit de défense, soit de représailles, et tout simplement de contre-terrorisme. »

Contre-terrorisme, un vocable bien dans l'esprit de cette époque agitée. Le 18 novembre 1954, bien avant la bataille d'Alger donc, deux membres du groupuscule embryonnaire des Tramways algériens (les TA) ont abattu dans son échoppe un cordonnier algérois réputé proche des nationalistes. Depuis, de telles structures clandestines prolifèrent à Alger mais aussi à Oran sous l'œil intéressé des services spéciaux de l'armée qui les sélectionnent, les renseignent, les protègent, leur désignent enfin des objectifs. Outre l'ORAF d'Achiary et de ses deux bras droits, le docteur René Kovacs et Norbert Gazeu, commissaire aux Renseignements généraux, on trouve bien sûr son aîné, le groupe des TA, lequel recrute parmi le petit personnel pied-noir de cette entreprise de transports. Bientôt, il y aura aussi le Comité antirépublicain des quarante, et surtout le Comité de la renaissance française où va se distinguer l'agriculteur Georges Watin, alias la Boiteuse, tortionnaire chevronné et tireur émérite qui, gaulliste déçu, attentera plus tard à la vie de son ex-idole devenue président de la République.

Moins liés aux services spéciaux de l'armée, d'autres contre-terroristes gravitent autour du docteur Jean-Claude Pérez, un praticien de Bab el-Oued, à la fois médecin du club de football le Gallia et de la mutuelle des Ateliers Terrin. Pérez, fils d'un Français d'Algérie sympathisant très actif de la cause franquiste pendant la guerre d'Espagne, et dont le cabinet sert de point de ralliement, comme, de manière plus générale, le bar du Forum, de Joseph Ortiz. À Oran, c'est autour d'une brasserie chic, le Grand Café Riche, que le commissaire de police Lemoine et le jeune patron des lieux, Athanase Georgopoulos, dit « Tassou », ont monté leur propre structure.

À l'actif des groupes d'Alger, une manifestation mouvementée le 6 février 1956 contre Guy Mollet, président socialiste SFIO du Conseil – elle vaudra à André Achiary son expulsion définitive du territoire algérien ; des enlèvements de militants nationalistes réels ou supposés ; des attentats meurtriers de masse rue de Thèbes, en pleine casbah (soixante morts environ) ou, plus sélectifs, contre le siège de la centrale de l'Union générale des travailleurs algériens (UGTA), le syndicat lié au FLN par exemple ; des exécutions sommaires et même la mise sur pied, sous l'égide d'officiers du 2e régiment de parachutistes coloniaux, d'un « centre d'interrogatoires renforcé » à la villa des Sources de Birmandreïs, une banlieue tranquille au sud de la capitale.

Agitation meurtrière strictement locale ? Non, puisque, en liaison avec des milieux politiques métropolitains se réclamant de l'Algérie française, l'ORAF va tirer, le 16 janvier 1957, une roquette de bazooka artisanale. Le projectile vise... Raoul Salan, alors commandant interarmes en Algérie, jugé à la fois trop mou et trop à gauche. Manquant de peu sa cible, l'engin tue le chef de bataillon Rodier, un des subordonnés du général. Triste épilogue d'un complot qui va contraindre les autorités à donner un coup de frein aux activités des contre-terroristes. Encore ce dernier restera-t-il limité puisque l'officier chargé d'actionner les groupes clandestins au compte des services spéciaux de l'armée se voit remplacé sur-le-champ... par plus extrémiste que lui en la personne de son camarade Bertolini, un des futurs chefs action de l'OAS !

L'OAS, elle est en gestation dans cette nébuleuse contre-terroriste d'où émergent déjà quelques-unes de ses futures figures de proue : Pérez, Watin, Georgopoulos, Joseph Rizza, Philippe Castille (un métropolitain, ex-agent du prestigieux 11e bataillon de choc parachutiste, le « 11e choc », le bras armé des services secrets), ou Josuah Giner, le célèbre Jésus de Bab el-Oued. Loin d'être liés à la bourgeoisie algéroise, la plupart de ces hommes appartiennent aux couches les plus défavorisées de la population européenne : ouvriers de l'arsenal ; de Renault ; employés des TA, des Ateliers Terrin ; membres de clubs sportifs populaires comme le Gallia ; livreurs de glace ou épiciers comme les deux frères Antoine et Jean Di-Roza ; coiffeurs comme Vincent Béringuez (ces trois derniers seront abattus par des membres du FLN, qui avaient déjà manqué de peu Achiary lui-même, quelque temps avant son expulsion). Beaucoup votaient autrefois communiste, militant même souvent au sein de cellules du PC algérien. Certains ont combattu dans l'armée républicaine au sein des brigades internationales pendant la guerre civile d'Espagne et en ont ramené une haine farouche des Arabes, frères selon eux des soldats maures du général Franco. Si ce n'est le goût des méthodes expéditives, rien ne les rapproche donc, idéologiquement parlant, du fascisme. C'est dire si l'image traditionnelle de l'OAS comme une organisation d'extrême droite inspirée de la Cagoule des années 1936-1937 pèche par simplisme. Pour qu'émerge l'organisation secrète, il faudra en effet que jouent à plein les héritages cumulés de la Seconde Guerre mondiale et de la guerre d'Indochine.

Le legs de la Seconde Guerre mondiale

« La moitié de ma classe de lycée a trouvé la mort sur les champs de bataille d'Italie ou de France. Certains pieds-noirs croyaient même qu'il s'agissait de venir au secours de Pétain, de le libérer, en somme », me confiait voici vingt ans le journaliste-écrivain de gauche Albert-Paul Lentin.

Les Français d'Algérie, c'est vrai, n'ont pas vécu la Seconde Guerre mondiale comme les métropolitains. Influencés avant 1939 par les mouvements de droite, notamment les Volontaires nationaux du colonel de La Rocque, voire d'extrême droite (Parti populaire français – PPF – de l'ex-dirigeant communiste Jacques Doriot, auquel appartenait, il est vrai, le docteur Djillali Ben Thami, futur militant du FLN, ou Larabi Fodil, ancien cadre du mouvement nationaliste algérien de Messali Hadj), les pieds-noirs ont accueilli avec d'autant plus de faveur la Révolution nationale que son antisémitisme séduisait beaucoup d'entre eux – dans le Maghreb colonial, une détestation éruptive des juifs ponctuée de longues périodes d'apaisement était monnaie courante chez les chrétiens comme chez les musulmans.

Vu de cette Algérie où le drapeau français flotte librement et où les seuls uniformes de la Wehrmacht visibles sont ceux des officiers allemands de la commission d'armistice, le régime du Maréchal apparaît à une population peu au courant des réalités politiques et avide avant tout de chefs prestigieux comme le moyen de « limiter les dégâts » tout en préparant la revanche.

L'illusion s'écroule après novembre 1942, le débarquement allié, l'invasion de la zone non occupée et le sabordage de la flotte à Toulon. Débute alors une longue histoire de désamour mutuel avec le général de Gaulle, rejeté par les Français d'Algérie comme un militaire intrigant, « allié des communistes, des juifs et des francs-maçons ». Leurs espoirs se portent sur son rival le général Giraud. Conservateur et patriote, ce soldat au passé militaire glorieux : Grande Guerre à la tête d'un bataillon de zouaves, reddition en 1926 du rebelle rifain Abd el-Krim, évasion spectaculaire de la forteresse de Königstein, en Allemagne, en avril 1942, où il était retenu prisonnier, réunit à leurs yeux toutes les qualités requises. Et tandis que

Giraud perd l'impitoyable bras de fer politique de six mois qui l'oppose à de Gaulle, les pieds-noirs vont faire la queue devant les bureaux de recrutement de l'armée française en pleine reconstitution : près de deux cent mille d'entre eux seront mobilisés entre 1943 et 1945, chiffre exceptionnel qui devrait, estiment-ils, leur valoir la reconnaissance éternelle de la patrie. Mais une injustice peut en cacher une autre, et si les métropolitains n'ont jamais reconnu à sa juste valeur le sacrifice de leurs compatriotes d'outre-Méditerranée, les pieds-noirs, eux, ne comprendront jamais le rôle joué par les deux cent mille à deux cent cinquante mille combattants maghrébins, algériens notamment, dans la libération de la France.

Leur guerre, en bref, n'a pas été du tout celle de la grande majorité des Français. Beaucoup, dont quelques-uns des futurs responsables de l'OAS, ne guériront jamais tout à fait de leur attachement à la personne sinon à l'action du maréchal Pétain. La plupart se départiront encore moins de leur méfiance initiale envers le général de Gaulle.

Le paradoxe veut toutefois que le cerveau politique de l'organisation secrète, Jean-Jacques Susini, ait fait ses premières armes en 1948 au sein des jeunesses du mouvement gaulliste d'après-guerre, le Rassemblement du peuple français (RPF). Père anarcho-syndicaliste, grand-mère monarchiste : ce futur étudiant en médecine semblait né, en juillet 1933, sous le signe de la contradiction. Au RPF, il appartiendra d'emblée à l'aile dure, celle qui rêve de balayer par la force la IVe République naissante. Déçu que le Général ait, selon le mot de Malraux, mené ses partisans au bord du Rubicon pour y « pêcher à la ligne », le jeune homme vire ensuite à l'extrême droite. Un instant proche du groupe Jeune Nation, fanal des ultradroitiers de l'époque, il s'en écarte pour créer son propre groupuscule, le Mouvement national étudiant. De retour à Alger à la suite d'un long séjour d'études en métropole, Susini n'en nouera pas moins de bonnes relations avec la section locale de Jeune Nation qu'animent notamment deux futurs dirigeants de l'OAS, Jean-Marcel Zagamé et Michel Leroy, dont le second trouvera la mort en janvier 1962 lors d'une purge interne.

Legs des conflits de la Seconde Guerre mondiale en métropole aussi, puisque l'OAS va y recruter largement dans les milieux antigaullistes de tradition. Ceux d'inspiration pétainiste ou néopétainiste, par exemple, tandis qu'une tendance assez originale (Robert Lalfert, Jean Bichon, Jean Joba) va se dessiner à partir de l'organisation du docteur Félix Martin, comploteur invétéré qui dirigea le service de renseignements de la Cagoule, appartint au complot manqué de décembre 1940 contre Laval avant de rompre avec Vichy en 1942. Chef de l'OAS-métro, rivale de la mission III, le capitaine Sergent va, lui, nouer des liens privilégiés avec les monarchistes maurassiens de la Restauration nationale, héritière de l'Action française. Restauration nationale antigaulliste de longue date dont les deux dirigeants, Louis-Olivier de Roux et surtout Pierre Juhel, apporteront au capitaine en cavale un appui d'autant plus précieux qu'il sait se montrer discret. À commencer par

Nicolas Kayanakis, le chef de l'OAS-métro-jeunes, beaucoup des adjoints de Sergent auront été en fin de compte soit des militants, soit des sympathisants de la Restauration nationale.

Les trois branches de l'OAS de métropole : Mission I (André Regard, collaborateur de Valéry Giscard d'Estaing et de Michel Poniatowski au ministère des Finances ; Yves Gignac, secrétaire général de la très influente et très dynamique Association des combattants de l'Union française) à caractère politique, comme OAS-métro (capitaine Sergent ; capitaine Curutchet ; lieutenant Godot ; Roland Laudenbach, directeur des Éditions la Table ronde), plus nettement activiste, aussi bien que Mission III (André Canal dit le Monocle, industriel algérois ; Jean-Marie Vincent, étudiant pied-noir ; Philippe Castille, ex-membre de l'ORAF), presque entièrement tournée vers l'action directe et les plasticages resteront, il est vrai, confinées aux milieux d'une droite traditionnelle, traditionaliste ou extrême. Base militante plutôt étroite, donc, assez parisienne mis à part le Sud-Ouest et la Côte d'Azur qu'élargiront toutefois des militaires en rupture de ban, des jeunes (étudiants de Corniche [préparation à Saint-Cyr] ; lycéens et/ou inscrits à la Préparation militaire parachutiste) et bien entendu, des pieds-noirs repliés en métropole.

Notons, pour conclure ce passage consacré au legs de la Seconde Guerre mondiale, l'émergence au sein ou aux marges très proches de l'OAS de déçus du gaullisme : Jacques Soustelle, dirigeant du Conseil national de la résistance-OAS autoproclamé mais compagnon du Général depuis 1940 ; Claude Dumont, résistant déporté à Mauthausen et ancien numéro 2 du service d'ordre du RPF ; Jean-Marie Bastien-Thiry, cerveau des attentats manqués de Pont-sur-Seine et du Petit-Clamart contre la vie du général de Gaulle. D'anciens compagnons de la Libération également : Horace Savelli, chef du réseau OAS-métro de Vendée, ou Pierre-Yvon Château-Jobert, chef de l'OAS de Constantine, ville à large majorité musulmane (où l'organisation se montrera d'ailleurs peu active et plus modérée). Des résistants de renom (Georges Bidault, successeur de Jean Moulin à la tête du Conseil national de la Résistance, le vrai, celui de la guerre, et lui-même compagnon de la Libération) ou moins connus (Edmond Jouhaud, numéro 2 de l'OAS et ex-membre, comme son futur adversaire le « génésup » Ailleret, de l'Organisation de résistance de l'armée, l'ORA ; Yves Godard, chef de la branche renseignements de l'OAS-Algérie, ancien maquisard du plateau des Glières ; Roger Degueldre, chef des commandos Delta d'Alger, qui fit ses premières armes au sein des Francs-Tireurs et Partisans (FTP), l'aile armée du Parti communiste français pendant la guerre ; Jacques Achard, que nous avons vu commander l'insurrection avortée de Bab el-Oued, ancien de la Brigade légère du Languedoc ; Sergent lui-même, ancien du corps franc Liberté).

Autant de noms qui, comme celui de Salan, évoquent les guerres coloniales en général, celle d'Indochine en particulier...

De l'Indochine à l'Algérie

Si l'OAS n'est pas née dans les camps de prisonniers du Viêt-minh, elle y aura tout de même puisé une partie de son inspiration. Après la défaite française émergent en effet les théories sur la guerre révolutionnaire, la septième arme, la guerre subversive et la guerre psychologique qui, pour novatrices qu'elles soient, souffriront d'avoir été appliquées dès l'origine à contre-sens. Obsédés par le drame indochinois, beaucoup d'officiers de l'armée française d'Algérie peu versés en algèbre politique posent alors l'axiome : FLN = Viêt-minh = PC indochinois (Lao Dong) = mouvement communiste international, dont seuls les trois derniers termes sont exacts. Création du Lao Dong, lui-même soutenu comme « parti frère » par l'Union soviétique puis par la Chine populaire, le Viêt-minh était bien, la suite l'a amplement démontré, un front de masse sous étroit contrôle communiste. Tel n'est justement pas le cas du FLN, qui use, certes, du vocabulaire marxiste-léniniste, s'inspire des méthodes de terreur de masse et d'encadrement des populations rodées en Asie, mais reste un mouvement nationaliste inscrit pour l'essentiel dans une culture islamique teintée de socialisme tiers-mondiste. Un mouvement cousin, pas un parti frère. Cette erreur non pas sur la méthode – guerre révolutionnaire et guerre psychologique sont des réalités prégnantes de l'époque, et même de notre monde actuel – mais sur la personnalité collective de l'adversaire va avoir de sérieuses conséquences. S'auto-intoxiquant eux-mêmes après avoir intoxiqué tant d'autres, certains tenants de cette école de pensée, le capitaine de vaisseau Joba, les colonels Gardes (chef de la branche Organisation des masses de l'OAS-Algérie) ou Lacheroy (branche espagnole de l'OAS), glisseront ainsi, sans même s'en rendre compte parfois, sur la pente savonneuse qui mène de la contre-subversion à la subversion tout court. D'autres, Vanbremeersch, Prestat, Lagarde, Maldan, Coutanceau ou Saint-Macary, resteront toutefois fidèles aux institutions légales.

Un deuxième phénomène va venir compliquer la donne et nourrir la rhétorique de l'OAS : celui des corps d'élite. En Indochine, en Algérie surtout, naît en effet le mythe para, ces soldats en tenue camouflée incarnant, à l'extrême droite notamment, l'idée d'un type d'homme nouveau capable d'apporter un sang neuf à un pays vieilli, rongé de l'intérieur par la subversion marxiste. Un mythe que la bataille d'Alger va en quelque sorte durcir puisqu'elle voit les pleins pouvoirs de police confiés au général Massu et à ses subordonnés de la 10ᵉ division parachutiste, lesquels émergent par ce biais dans une sphère proprement politique. S'agit-il pour autant d'un processus de fascisation comme pourraient le faire penser certaines similitudes entre les paras et les *Arditi* italiens de la Grande Guerre, fer de lance des Chemises noires mussoliniennes, ou les combattants allemands des *Freikorps*, un des vecteurs de la montée d'Hitler ? Non, car les parachutistes resteront, dans leur grande majorité, fidèles au gouvernement. Non parce que le fascisme, justement, ne saurait se réduire à l'émergence d'une poignée de soldats rebelles. Non, enfin, parce qu'il n'existait, dans la France de l'époque, aucune structure du type parti unique prête à faire main basse sur l'appareil d'État. Reste que la tentation a bien existé, poussant certains officiers et hommes de troupe et pas mal de jeunes civils dans la voie de l'extrémisme. À ce titre, elle constituait donc bel et bien une des clés du phénomène OAS. Courte, une année et demie à peine, l'existence de l'organisation secrète fut en effet le fruit d'une période de maturation qu'on peut évaluer à trois ans.

L'OAS, genèse et naissance

En mai-juin 1958, l'arrivée au pouvoir du général de Gaulle semble écarter à jamais le risque de guerre civile. Mais, dès 1959, le trouble des esprits, voire le trouble tout court, s'empare de certains militaires comme de nombreux pieds-noirs renouant avec leur traditionnelle méfiance envers l'homme du 18 Juin. Naît ainsi à Alger un mouvement extrémiste plus large que les groupuscules habituels, le Front national français (FNF) : neuf mille adhérents dont trois à quatre mille membres de sa branche paramilitaire.

Présidé par Joseph Ortiz, le patron du bar du Forum, vétéran de l'époque contre-terroriste, le FNF s'inspire des idées de Jean-Jacques Susini, tête politique du mouvement dont le docteur Pérez constitue, lui, le bras armé. Par le biais du capitaine de réserve Ronda et de son adjoint, le lieutenant Jourdes, le Front plonge en outre ses tentacules au sein des Unités territoriales, les UT. Composées exclusivement de pieds-noirs, ces troupes de réserve mobilisées par roulement assistent l'armée dans ses opérations de maintien de l'ordre en ville. En cas d'insurrection antigaulliste, elles pourraient jouer un rôle de premier plan. C'est en particulier l'avis de Susini, préfigurant la ligne que celui-ci défendra en vain plus tard au sein de l'OAS : mobilisation massive des UT visant à constituer une force armée de cinquante mille hommes prête à embraser les quartiers européens d'Alger et d'Oran.

Le FNF entretient les meilleurs liens du monde avec les officiers d'Alger, tout particulièrement avec le commandant du 5e bureau (action et guerre psychologique), Jean Gardes, et avec le chef d'état-major du général Massu, le colonel Argoud. De cette convergence entre civils et militaires émerge le plan d'une journée insurrectionnelle, le 24 janvier 1960. Convoquée pour une manifestation contre le rappel en France de Massu, la foule européenne, encadrée par des UT en armes et des parachutistes, occupera les bâtiments publics. Un programme que le jeune député d'Alger, Pierre Lagaillarde, applique à sa manière en transformant à l'avance le quartier des facultés en camp retranché. Mais le jour dit, l'affaire tourne à la fusillade entre ultras et gendarmes mobiles, tirés comme des lapins. Et le bilan sera lourd : quatorze morts, cent vingt-cinq blessés chez les gendarmes ; six morts et vingt-cinq blessés du côté des émeutiers. S'ensuit une semaine de crise à l'issue de laquelle les hommes d'Ortiz et de Lagaillarde, qui ont monté des barricades dans le centre d'Alger, se verront contraints à la reddition. La sympathie d'une partie appréciable de l'armée empêche toutefois le pouvoir de frapper aussi fort qu'il l'aurait souhaité. Seuls les chefs du mouvement insurrectionnel – pas tous, encore : Ortiz parviendra clandestinement en Espagne – vont être arrêtés et traduits en justice. Noyau de la future OAS dans les quartiers populaires européens, les quatre cents « durs » des UT et du FNF échapperont, eux, aux poursuites.

Tandis que le général de Gaulle accentue son virage vers l'indépendance algérienne, d'où la démission du gouvernement de son ex-fidèle Jacques Soustelle, les ultras se dotent d'un nouveau mouvement politique plus large (cent quatre-vingt-sept mille pieds-noirs et soixante-sept mille musulmans, selon les services officiels), et moins extrémiste en apparence que l'ex-FNF, le Front de l'Algérie française (FAF). Mais ce front-là aussi est doté d'une aile à caractère paramilitaire, le FAF clandestin, dirigé par quelques futures têtes de l'OAS : un instituteur, Dominique Zattara ; un cadre d'EDF, Claude Capeau ; un journaliste, André Séguin.

Fin 1960, à Madrid, un groupe en exil commence à se former autour du général Salan qui, dès sa mise à la retraite, a gagné la capitale espagnole. À ses côtés, Lagaillarde et Susini, frères ennemis de l'activisme algérois qui, en plein procès des barricades, se sont enfuis de France, plus quelques militants de moindre pointure. Le 9 décembre, le FAF clandestin déclenche des manifestations insurrectionnelles lors d'une visite en Algérie du général de Gaulle. Trois jours d'émeutes tournant en fin de compte à l'avantage... du FLN qui, appuyé par certains officiers gaullistes des sections administratives urbaines, soulève les quartiers musulmans de la capitale au cri de « Indépendance ». Et pendant ce temps-là, un projet d'attentat contre de Gaulle tourne court.

Le 8 janvier 1961, une majorité écrasante des électeurs approuve par référendum la politique algérienne du Général. À Madrid, Susini et Lagaillarde finissent par s'entendre sur le sigle de l'organisation de la dernière chance : ce sera l'OAS. Dès février, Zattara prend l'initiative d'une réunion constitutive dans sa villa d'Hydra. Le FAF clandestin fournira le gros des troupes. Parallèlement, deux autres réseaux se sont mis en place.

Les hommes de main d'un industriel, André Canal alias le Monocle, futur chef de la Mission III en métropole, viennent de poignarder à mort l'avocat libéral Pierre Popie dans son appartement algérois. Quant à Roger Degueldre, ce lieutenant déserteur du 1er régiment étranger de parachutistes (1er REP) qui a expérimenté autrefois la méthode forte au sein de la Résistance communiste, il recrute lui aussi des hommes déterminés. Dans le Sud-Est oranais, enfin, André Brousse de Montperroux, proche du mouvement d'extrême droite algérois France-Résurrection, tente de lancer un maquis

Algérie française en compagnie du capitaine Souètre, déserteur des commandos de l'Air.

D'autres officiers, le capitaine Sergent et le lieutenant de La Bigne, eux aussi du 1er REP, les colonels Argoud, Blignières, Lacheroy, le général Jouhaud s'emploient de leur côté à monter un coup de force militaire. Si Massu, sollicité, refuse de prendre la tête du putsch en préparation, son camarade Maurice Challe accepte. Seule condition posée par cet ancien commandant en chef interarmes en Algérie : les pieds-noirs, trop exubérants, et l'OAS, trop incontrôlable, devront être tenus à l'écart. Civils s'abstenir.

De fait, le putsch d'avril 1961 se déroule comme une affaire presque uniquement militaire. Maintenu, en dépit des consignes de Challe, le complot de Paris, plus politique, débouche sur un échec cinglant. En Algérie même, le putsch piétine, confronté à l'indécision de beaucoup d'officiers, déchirés entre leurs sympathies et leur sens de la discipline, à la riposte d'un noyau extrêmement déterminé de militaires gaullistes, aux réactions négatives du contingent et à la franche hostilité de l'opinion publique métropolitaine. Le charisme télévisuel du général de Gaulle, son ironie (le célèbre « quarteron de généraux en retraite »), sa fermeté quand il ordonne que « tous les moyens » soient mis en œuvre pour barrer la route aux putschistes, vont faire le reste.

Le 23, l'arrivée de Salan et de Susini, venus d'Espagne avec la ferme intention de mobiliser d'urgence les UT comme la population civile et de radicaliser le mouvement, ne suffira pas à relancer le mouvement insurrectionnel en cours.

L'heure du bilan sonne au soir du 25 avril, quand les parachutistes abandonnent Alger aux gardes mobiles et que le « quarteron » se scinde. Challe et Zeller se rendent tandis que Salan et Jouhaud décident de plonger dans la clandestinité en compagnie d'un autre général, Paul Gardy, ancien inspecteur général de la Légion étrangère. Là commence véritablement la dernière aventure de l'Algérie française…

Quelle stratégie pour l'OAS ?

Dès leurs premières réunions clandestines, les dirigeants de l'OAS-Algérie, élargie désormais à ces militaires qui ont refusé de rendre les armes après l'échec du putsch, vont se trouver confrontés à de graves choix stratégiques.

Colonel Godard en tête, les officiers en cavale espèrent avant tout sauvegarder, au profit de l'OAS, l'unité de cette armée française dont ils estiment qu'elle ne peut pas ne pas basculer un jour de leur côté contre le général de Gaulle. Et de dessiner en filigrane les contours d'un groupe de pression clandestin orienté pour l'essentiel vers leurs camarades restés dans l'armée. Ce sont eux qu'il s'agit de convaincre de se joindre à l'OAS, eux qu'il

faudra travailler au corps ou, plus exactement, à l'esprit de corps. Dotée
d'un service de renseignements et d'un service action capable de faire disparaître les « mauvais » (le mot appartient au vocabulaire de Godard) de
toute sorte, gaullistes inconditionnels en premier lieu, l'organisation ne
consacrerait qu'une partie modeste de ses forces au travail en direction des
Français d'Algérie, force d'appoint et non masse de manœuvre principale.
La ligne Challe, en somme, revue, actualisée et corrigée à la lumière de
l'échec du putsch.

Preuve que le FLN a fini par déteindre sur ses adversaires, Godard s'inspire du mouvement nationaliste algérien pour définir l'organigramme de la
nouvelle OAS. Au sommet siégera naturellement Salan (pseudonyme
Soleil, mais, compte tenu de son long passé d'officier colonial en Indochine, on le surnomme surtout le Mandarin). Chef suprême, il sera assisté
par Jouhaud et conseillé par un Comité supérieur où prendront place les
hauts gradés de l'organisation, dont deux civils seulement : Pérez et Susini.
On divisera l'OAS en trois branches. Sous la houlette du colonel Gardes,
théoricien de la guerre psychologique, l'Organisation des masses (OM)
encadrera la population européenne. Confiée à Susini, l'Action politique et
propagande (APP) développera les thèmes idéologiques adéquats. Pérez
prendra la tête de la branche armée, l'Organisation renseignements-opéra-
tions (ORO). Ancien commandant du 11e choc puis directeur de la Sûreté
d'Alger, Godard se réserve le commandement d'un organisme de renseignements orienté spécifiquement vers l'armée et la police. À l'échelon
local, enfin, les grandes villes seront divisées en secteurs, à la tête desquels
on s'efforcera de placer de jeunes officiers.

Trop théorique, ce schéma est de ceux qu'on ne respecte jamais. Jouhaud,
par exemple, décide de quitter Alger et s'en va prendre le commandement de
l'OAS d'Oran, sa ville natale, où, usant de diplomatie pour dépasser les
chefferies locales, il s'entourera d'une équipe aussi bien militaire (commandant Camelin, lieutenant de vaisseau Guillaume) que civile (Charles et
Jean-Marie Micheletti, Daniel Brun, Georges Gonzalès, Robert Tabarot,
« Tassou » Georgopoulos). En principe aux ordres du docteur Pérez, l'ORO
échappe d'ores et déjà pour une part au médecin de Bab el-Oued. S'il en
contrôle le service de renseignements commandé par Jean Lalanne, les
groupes terroristes les plus efficaces, les commandos Delta, restent, on l'a
vu, l'apanage exclusif du lieutenant Degueldre. Complication supplémentaire à Alger, où les chefs des différents secteurs, Achard (Orléans-Marine),
Branca (Centre), Le Pivain (Maison-Carrée), Montagnon (Hussein-Dey),
Picot d'Assignies (El-Biar), vont constituer une structure parallèle de coordination à eux, le « soviet des capitaines », en bonne intelligence avec
Degueldre d'un côté, avec Salan de l'autre.

Gardes, dont l'OM ne parviendra jamais à encadrer la population pied-
noir comme c'était sa vocation, se trouve donc en quelque sorte hors circuit. Hors circuit également, quoique de façon moindre, le docteur Pérez.
Hors circuit plus encore le colonel Vaudrey, chef nominal du Grand Alger

venu tardivement à ce poste et dont la seule initiative autonome aura été la catastrophique manifestation de la rue d'Isly.

Omniprésent, à l'inverse, Susini s'emploie avec succès à brouiller les cartes.

• Idéologiques d'abord, puisque l'ancien militant étudiant s'inscrit dès le départ en faux contre la stratégie du groupe de pression clandestin chère à Godard et aux militaires. Comme au temps du FNF, Susini entend mobiliser par la contrainte les Français d'Alger. Par le biais des Unités territoriales, toujours, l'OAS constituerait une véritable force de combat capable de lancer l'insurrection générale des quartiers européens contre l'armée française. Celle-ci ayant, comme toutes les formations régulières, horreur des combats de rue, le gouvernement de Paris n'aurait d'autre choix que l'évacuation au moins provisoire d'Alger et d'Oran. Après avoir démontré ainsi avec éclat sa puissance militaire et son pouvoir de nuisance, l'OAS deviendrait alors, à l'instar du FLN, un interlocuteur obligé à la table des négociations.

• Organisationnelles ensuite. Après le putsch, alors que la nouvelle OAS n'était encore qu'embryonnaire, Susini a pris l'initiative d'adosser l'organisation à une structure préexistante, celle du Front nationaliste (Georges Bertrand, René Villard, Michel Leroy). Sous cette appellation se sont fédérés les différents groupes d'extrême droite algérois et oranais, proches du chef de l'APP sur le plan idéologique. Des groupes pas si marginaux que cela : fortes d'une solide implantation en milieu étudiant, leurs unités armées, les commandos Z, comptent un bon millier de militants politisés, prêts à en découdre et, fait rare ici en Algérie française, disciplinés. Si les militaires n'affectionnent pas particulièrement la croix celtique, emblème du Front nationaliste, détonnante en pays musulman et dégageant de surcroît de sérieux relents fascistes, Susini a cru faire le pari de l'efficacité à l'heure où l'OAS existait surtout dans les organigrammes du colonel Godard. Mais cette priorité donnée au FN comporte certains risques collatéraux. Loin de se dissoudre purement et simplement dans l'OAS, les animateurs du Front entendent bien en effet préserver leur autonomie politique.

Depuis leur exil madrilène commun, le jeune homme exerce de surcroît une influence certaine sur le général Salan, d'où le renforcement considérable de son poids spécifique dans l'organisation. Après s'être écarté du Front nationaliste, le chef de l'APP se liera en outre d'amitié avec Degueldre. Degueldre, chef terroriste né dont l'importance va croissant au sein de l'OAS, efficacité meurtrière de ses commandos Delta passés, sous ses ordres, « du plastic à la balle dans la tête » oblige. Bien que Godard conteste la pertinence de ses « opérations ponctuelles » (l'euphémisme OAS pour assassinats commis de sang-froid) et reproche au lieutenant des initiatives au-dessus de son rang hiérarchique – on a beau se vouloir révolutionnaire, on n'est reste pas moins un militaire attaché aux galons –, Degueldre (pseudonyme Delta) est devenu un pilier, sinon le pilier de l'organisation. Qu'il soit pris et ce sont des pans entiers de l'OAS qui s'effondreront aussitôt. En attendant, l'alliance Degueldre-Susini va faire de ces deux hommes la véritable charnière politique et opérationnelle de l'OAS. Ni Gardes, ni Godard, ni Gardy, ni aucun autre militaire ne sont en mesure de contrebalancer l'influence conjointe de l'officier déserteur et de l'ancien militant étudiant. Influence à laquelle Salan ne se montre de toute façon aucunement hostile, même si, évitant avec soin d'endosser la responsabilité des actes les plus criminels de l'organisation, le Mandarin préfère camper sur la réserve.

En métropole, les initiatives de Salan, aussi feutrées soient-elles, contribuent largement à semer la zizanie. D'abord, il a nommé secrètement trois représentants politiques en France, les responsables de la Mission I, dont André Regard, « délégué général civil » du chef de l'OAS. Dans un second temps, le Mandarin a accepté que le capitaine Sergent, quittant l'Algérie sans ordre après l'échec du putsch, autoproclame son OAS à lui, l'OAS-métro. Soucieux de ne pas mettre tous ses œufs dans le même panier, Salan a enfin délivré un ordre de mission en bonne et due forme à son ami André Canal, menacé de liquidation physique par d'autres chefs activistes algérois.

Le problème, c'est l'évidente disparité de ces trois branches.

• La Mission I se propose des objectifs avant tout politiques. Elle cherche à regrouper des personnalités sympathisantes, comme par exemple le jeune député Jean-Marie Le Pen (lequel, soyons précis, n'a jamais appartenu à l'OAS même s'il ira jusqu'à évoquer à la tribune de l'Assemblée nationale « la justification morale de l'Organisation armée secrète »). Elle monte et soutient aussi des initiatives spectaculaires comme l'amendement Valentin prônant la mobilisation immédiate de huit classes de jeunes Français d'Algérie pour lutter contre l'Armée de libération nationale (ALN), texte repoussé le 9 novembre 1961 par 383 voix contre 80 par l'Assemblée nationale, ou le Comité de Vincennes, dissous quinze jours plus tard à l'issue d'un meeting pro-OAS tumultueux à la Mutualité.

• L'OAS-métro, pour sa part, fera d'abord largement parler le plastic, son côté Mr Hyde, tout en apportant elle aussi son soutien actif aux initiatives politiques Algérie française, son côté Dr Jekyll. À partir de janvier 1962, cessant « la guerre aux concierges », elle va concentrer les coups de ses commandos sur le PCF (mitraillage nocturne du siège central du Parti place Kossuth, attaque de permanences à Paris et en banlieue) dans l'espoir assez excessif de bâtir un front anticommuniste de la droite conservatrice aux socialistes SFIO qui court-circuiterait le mouvement gaulliste officiel.

• Terroriste avant tout, la Mission III de Canal n'a, elle, qu'un programme : le plastic, encore le plastic et toujours le plastic. Autant dire qu'en métropole, les diverses stratégies de l'OAS se chevauchent en se contrariant sans autres résultats tangibles qu'une surenchère des militants et une hostilité croissante de la population.

Stratégie, il en existe bien une, de remplacement, que prônent, entre autres, Bastien-Thiry, cerveau de l'attentat contre le général de Gaulle de Pont-sur-Seine du 8 septembre 1961, ses associés du « vieil état-major » plus tard Conseil national de la résistance intérieure, et tant d'autres qui s'emploieront sans succès à la mettre en œuvre. Cette solution « idéale », ce serait l'assassinat du général de Gaulle. En parvenant à éliminer physiquement le chef de l'État, les activistes provoqueraient sans nul doute une crise majeure. Peut-être même une extension à toute la métropole de cette guerre civile franco-française qui ensanglante déjà les grandes villes d'Algérie. Or à penser en termes froids, c'est dans cette crise majeure, cette guerre civile générale potentielle, et elles seules, que réside l'unique chance de succès de l'OAS. Là aussi que se noue sa contradiction essentielle : l'organisation clandestine ne pourrait réussir que si elle parvenait à jeter le pays tout entier dans une guerre fratricide dont ce dernier ne veut pas, que refusent ses représentants élus, ses corps constitués, son armée, sa police. Ses organisations syndicales et ses partis politiques aussi, y compris le PCF qui, en bonne logique révolutionnariste, tente pourtant de renvoyer dos à dos le « pouvoir personnel » du chef de l'État et l'OAS, également suspects de nourrir le fascisme selon lui.

De Gaulle, la grande cible, celle que des dizaines d'activistes vont tenter d'abattre. Si beaucoup d'entre eux appartiennent bel et bien à l'OAS, force est cependant d'admettre que cette dernière n'a jamais pris officiellement la décision d'assassiner le Général, comme si son Comité supérieur reculait devant la perspective du régicide programmé, proclamé, assumé. Des tentatives homicides, certes, foisonnantes mais commises en ordre dispersé, sans plan d'ensemble. Moins efficaces en un mot. « Si le Général avait eu affaire à des terroristes modernes comme ceux des Brigades rouges, il serait mort. Du temps de leur splendeur, ces groupes alliaient l'essentiel : une détermination totale, fanatique, avec une capacité d'organisation certaine. Tout ce que l'OAS n'a jamais réuni », m'assurait en 1985 Georges Parat, responsable à l'époque de la 4ᵉ section de la Police judiciaire puis des voyages officiels. Et d'ajouter après réflexion : « S'il s'était agi de l'IRA, le Général aurait eu encore moins de chances. » Dont acte.

OAS et FLN

Voilà pour les lignes de conduite possibles : le groupe de pression, l'insurrection générale des Européens d'Algérie, le crime politique au sommet. Toutes supposent, c'est évident, le recours au terrorisme. Aucune, en revanche, n'implique l'affrontement direct avec l'ALN, alors même qu'en théorie c'est elle l'ennemi principal. Godard et les militaires espèrent que l'armée française réunifiée sous l'égide de l'OAS se chargera, le moment venu, d'en finir militairement avec la branche militaire du FLN. S'il ne partage pas leur optimisme, Susini estime également que l'OAS ne gagnerait rien à gaspiller ses forces contre l'ALN. Elle doit au contraire les consacrer tout entières à son projet insurrectionnel. Quant aux apprentis

« régicides », ils misent tout sur la fin brutale du chef de l'État, à charge pour ses successeurs de reprendre pour la gagner la guerre contre les nationalistes. Comme ces derniers estiment, de leur côté, que l'OAS constitue une affaire intérieure à la France et qu'il incombe donc à Paris de mettre l'organisation clandestine au pas, on ne s'étonnera pas que les combats opposant directement les activistes à leurs ennemis nationalistes algériens se soient comptés sur les doigts de deux mains.

En pratique, OAS et FLN-ALN vont quand même s'affronter, mais par terrorisme interposé : attentats aveugles contre les civils algériens et bombardements au mortier des quartiers musulmans pour l'OAS ; attentats aveugles de représailles et surtout enlèvement de pieds-noirs (chiffres officiels français : 3 018 Français d'Algérie, dont 1 773 ne seront jamais retrouvés) côté FLN. Seule différence, mais notable, dans l'administration de la terreur : quand l'ALN tue le plus souvent dans l'ombre, sans témoins, l'OAS, empêtrée dans sa logique de pur rapport de force, le fait sous l'œil de la presse internationale, dont les reporters n'ont que quelques pas à faire au sortir de leurs hôtels algérois et oranais pour prendre les photos de leurs victimes ou décrire leurs exécutions sommaires. Un terrorisme à contre-médias d'autant moins efficace sur le plan politique que l'organisation secrète n'hésite pas à s'en prendre à ces journalistes que le FLN a toujours ménagés, expulsant par exemple à grand fracas deux Italiens que suivront bientôt, par solidarité ou par crainte mais le résultat, psychologiquement désastreux pour les activistes, reste le même, une dizaine de leurs compatriotes.

Le FLN meilleur analyste du terrorisme moderne que l'OAS en dépit de l'origine sociale bien plus modeste de ses dirigeants ? C'est ce qui ressort des pratiques respectives des deux mouvements en la matière. Le temps, il est vrai, travaille pour le premier alors que la seconde, trop pressée, n'a plus guère le loisir de refléchir. Pour preuve la manière expéditive dont les activistes vont traiter fin 1961 et début 1962 une quatrième stratégie embryonnaire, celle de la partition de l'Algérie entre un État européen et un État musulman.

L'idée provient... du général de Gaulle. Il l'a soufflée dès juillet 1961 au jeune député de Provins, Alain Peyrefitte, parlant d'un réduit où se regrouperaient les pieds-noirs et les musulmans fidèles à la France avant d'ajouter que « les deux millions d'Israéliens ont bien tenu face aux cent millions d'Arabes que les entourent » et de suggérer à son interlocuteur la parution d'une série d'articles en forme de ballon-sonde qui, prélude à un livre intitulé *Faut-il partager l'Algérie ?*, paraîtront en septembre-octobre dans *Le Monde*. Mais en novembre, Geoffroy Chodron de Courcel, le secrétaire général de l'Élysée, compagnon de toujours du général de Gaulle qu'il a accompagné à Londres dès juin 1940, explique au jeune député que ses idées ont trop de succès : « C'était bon pour faire planer une menace sur les gens du FLN [qui faisaient traîner les négociations, NdA], mais maintenant que le fil est renoué, il faut tout faire pour qu'ils ne le rompent pas. Ils seraient prêts à prendre ce prétexte. » Et peu après, le Premier ministre Michel Debré donnera à Alain Peyrefitte le fin mot de toute l'affaire : « La partition a d'abord été *une idée de fond* du Général ; puis, comme il fait souvent, il y a renoncé en temps que telle, mais a continué de la poursuivre comme *moyen tactique.* »

Des subtilités qu'ignorent les clandestins d'Alger et d'Oran. Ceux du Front nationaliste en particulier, composé presque entièrement de pieds-noirs. Deux de ses dirigeants, Michel Leroy et le jeune étudiant Jean Sarradet, caressent l'idée de « sauver les meubles » français d'Algérie par un brusque changement de ligne de l'OAS débouchant sur une République pied-noir juxtaposée à une République musulmane. À cet effet, Sarradet a pris contact avec un haut fonctionnaire, René Petitbon, proche du délégué général du gouvernement français en Algérie, Jean Morin. Des contacts que suit Michel Leroy, lui-même… partagé entre son loyalisme envers la direction de l'OAS et son désir d'offrir une perspective viable aux Français d'Algérie, mais que René Villard, méfiant, semble avoir désapprouvés.

Brouille encore un peu plus cette problématique le statut trop autonome du Front nationaliste, qui fait désormais plus qu'agacer le Comité supérieur de l'OAS. Pas d'organisation dans l'organisation, encore moins si elle éprouve la démangeaison de discuter avec le pouvoir gaulliste. Discussions, hésitations, établissement d'une liste de condamnés à mort. Les 19 et 20 janvier 1962, c'est la purge, brutale, meurtrière. Cheville ouvrière de toute l'affaire (se targuant de l'accord de Leroy, il avait promis à Petitbon de livrer sur un plateau le Comité supérieur de l'OAS), Sarradet se voit simplement rétrogradé dans la hiérarchie de l'organisation et mis sous surveillance tandis que Leroy, moins impliqué, et Villard, presque pas, sont assassinés, le premier par Le Pivain, parrain d'un de ses trois enfants.

Principal objectif de ce règlement de comptes, le Front nationaliste sombre en même temps que le projet assez hypothétique de partition de l'Algérie dont il était devenu l'adepte. Formellement au moins, l'OAS est désormais unifiée. N'y conservent un statut particulier que les groupes d'action israélites qui, sous la pression croissante des attentats FLN, ont surmonté leur répugnance envers les éléments d'extrême droite actifs au sein de l'organisation secrète pour se joindre à elle sous l'appellation générique d'OAS juive à laquelle ils tiennent beaucoup. Depuis le 22 juin 1961 et l'assassinat délibéré à Constantine du chef d'orchestre Raymond Leiris dit Cheikh Raymond, maître incontesté de la musique arabo-judéo-andalouse connu de toute l'Afrique du Nord et beau-père du jeune Enrico Macias, une page nouvelle a commencé de s'écrire dans la longue histoire de la communauté juive d'Algérie. À Alger, un commando spécifique s'organise avec l'accord de Degueldre sous la houlette de Marcel le Juif. À Oran où les quartiers israélites sont constamment en butte à des attaques venues des quartiers musulmans, un des commandos de secteur dits « commandos collines », composé d'une majorité de jeunes Juifs renforcés de quelques *goys*, outre-passera largement le cadre de l'autodéfense en portant la responsabilité de graves attentats : assassinat du lieutenant-colonel Rançon, chef du 2e bureau, de son successeur le commandant Maurin, du directeur des PTT, M. Demar, de plusieurs élus locaux ; attaque de l'hôpital puis de la prison de la ville avec tentative d'incendie ; participation au bombardement meurtrier du quartier des Planteurs. Autant dire qu'en Algérie, terre des pires violences depuis plus de huit ans, personne n'épargne désormais personne. La fin, pourtant, est proche...

Vers la chute

Bien qu'ils les aient vertement dénoncés comme le comble de la « trahison gaulliste », les officiers de la direction de l'OAS, Salan excepté peut-être mais il ne se livre jamais à fond, se sont satisfaits d'une lecture sommaire des accords d'Évian. Juridiquement, ces derniers bouleversent la donne, faisant du FLN une force politique légale au même titre que l'Administration et l'armée françaises. Et, nouveau paradoxe dans cette histoire qui décidément n'en manque pas, ce sont les activistes civils, Susini et Pérez pour une fois d'accord (les deux hommes ne s'aiment pourtant guère), qui saisiront le mieux cette nouvelle situation.

FLN dans la loi, OAS hors-la-loi, voilà qui change tout. En particulier l'état d'esprit de la grande majorité des officiers français décidés à respecter, fût-ce à contrecœur, les pouvoirs officiels, celui de Paris et, bientôt, celui du Gouvernement provisoire de la République algérienne (GPRA), cosignataire des accords. Pour l'organisation clandestine, privée d'espace politique mais aussi géographique – ses bases se circonscrivent toujours aux quartiers européens de certaines villes –, l'asphyxie commence. Cherchant son salut dans la fuite en avant, l'OAS a échoué, on l'a vu, dans ses projets de soulèvement à Bab el-Oued. Même tableau à Oran, tenue d'une main très dure par le général Katz. Alors, quelques jours plus tard, l'organisation déboussolée se lance dans une aventure encore plus chimérique, la constitution de maquis ruraux dans l'Ouarsenis. Mais bombardés par l'aviation loyaliste, traqués par l'armée, ses militants qu'appuie une unité de tirailleurs entrés en rébellion doivent prendre la fuite. Une fois n'est pas coutume, ces soldats perdus vont se heurter de front à une *katiba* de l'ALN. Le combat sera meurtrier. Et comme une catastrophe peut en cacher une autre, la débâcle de l'Ouarsenis conduit, le 6 avril, à l'arrestation de Degueldre. Le 20, ce sera le tour de Salan, pris à la faveur d'une longue opération d'infiltration policière conduite par Georges Parat.

Tandis que les terrorismes jumeaux de l'OAS et du FLN se déchaînent (soixante-deux musulmans, passants et dockers tués le 2 mai par une voiture OAS piégée sur le port d'Alger, quatorze civils européens assassinés par le FLN le 14 mai, recrudescence des enlèvements non revendiqués de pieds-noirs), menant à une séparation complète entre quartiers européens et musulmans d'Alger et d'Oran, Susini et Pérez restent les seuls dirigeants encore influents. Godard, découragé, n'agit presque plus. À bout de forces, Gardes semble au bord de la dépression. Quant à Gardy, il remplace tant bien que mal Jouhaud à Oran tandis que Château-Jobert, isolé à Constantine, ne dispose de presque aucune marge de manœuvre. Or par l'intermédiaire de Jacques Chevalier, l'ancien maire libéral d'Alger, Susini a noué des relations avec Abderramane Farès, le président de l'Exécutif provisoire qui dirige désormais l'Algérie en liaison avec le haut-commissaire français, Christian Fouchet. Minoritaire au sein du Comité supérieur de l'OAS, le jeune chef activiste n'en pousse pas moins les feux de la négociation.

Va-t-il à un nouvel échec ? Secoué par de violentes luttes pour le pouvoir, le FLN ne s'oppose pas à un arrangement que sa faction la plus modérée, proche de Krim Belkacem et du GPRA, appelle même de ses vœux. Un accord de fond avec ce qui reste de l'OAS freinerait, estiment ces dirigeants, l'exode des Européens d'Algérie tout en renforçant le potentiel militaire du GPRA face à la surenchère des benbellistes et de l'armée des frontières boumédièniste. Mais s'ils récusent l'idée d'un traité en bonne et due forme, Ben Bella et Boumédiène ne repoussent pas franchement l'idée d'un départ négocié des commandos OAS, qu'ils craignent et dont, d'accord sur ce point avec leurs rivaux modérés, ils surestiment la puissance. Que les « colons fascistes de l'OAS » aillent donc se faire pendre ailleurs, mais discrètement : ce sera toujours un allié de moins pour le GPRA.

Brandissant la menace d'une politique du désespoir dite de la terre brûlée (six cent mille volumes de la bibliothèque d'Alger ont été incendiés par des jusqu'au-boutistes européens tandis que l'OAS d'Oran, rebelle à tout compromis, multiplie les destructions), Susini, seul maître à bord du navire activiste depuis le départ de Pérez, le 14 juin, souffle le chaud et le froid. Il n'en continue pas moins les négociations avec un représentant du FLN, le docteur Mostephaï. Plus discrètement encore, le futur ministre algérien des Affaires étrangères Mohammed Khemisti aurait joué un rôle capital dans ces tractations qui, le 17 juin, débouchent sur un accord immédiatement annoncé à la radio.

« Algériens d'origine européenne, au nom de tous vos frères algériens, je vous dis que, si vous le voulez, les portes de l'avenir s'ouvrent à vous comme à nous », déclare le docteur Mostephaï sur les ondes officielles. Annonce confirmée dans la soirée par le Comité supérieur de l'OAS au cours d'une émission pirate et le 19 juin par Susini en personne qui, évoquant explicitement « l'accord que nous avons conclu avec le FLN », rend hommage à Mostephaï et à Farès pour « leur ardent patriotisme algérien et leur sens politique » tout en appelant les Européens à la vigilance et à la discipline pour que « la paix l'emporte ».

C'est déjà trop tard. Malgré l'approbation de Salan depuis sa cellule de la Santé, les Français d'Algérie n'ont plus confiance ; leur exode s'accélère. À Oran, après des journées d'apocalypse ponctuées par l'incendie de dix millions de litres d'essence dans le port, la direction de l'OAS finit à

La guerre d'Algérie

son tour par appeler à déposer les armes le 27. Le lendemain, Degueldre, condamné à mort, contrairement à son chef hiérarchique Salan qui, lui, a obtenu les circonstances atténuantes, sera fusillé.

La fin approche. Le 1er juillet, 99,72 % des votants, soit 91,23 % des inscrits, approuvent l'autodétermination de l'Algérie. Le 3, le pays devient officiellement indépendant. Il n'y a plus d'Algérie française et, désormais, seule subsiste une minorité extrêmement réduite de Français en Algérie. Pour les chefs de l'OAS encore libres, l'heure de l'exil en Italie, au Portugal et surtout en Espagne, a sonné. L'organisation peut encore former des projets de revanche, préparer l'assassinat du général de Gaulle, elle n'en vient pas moins de perdre la partie. À l'image de Lagaillarde, plusieurs activistes connus annoncent d'ailleurs qu'ayant combattu pour l'Algérie française et elle seule, ils n'iront pas plus loin dans la voie de la subversion. Les autres : Susini, Gardes, Pérez, Gardy, Château-Jobert, Achard, Souètre, Dufour, Georgopoulos, Tabarot continuent, soit qu'ils prônent encore des idées révolutionnaires, soit qu'ils ne sachent plus très bien comment démobiliser leurs hommes. Créé le 20 mai 1962, le CNR-OAS où se retrouvent Bidault, Soustelle, Argoud et Sergent n'est pas en mesure de leur apporter un véritable soutien. Et par une habile politique de carotte et de bâton menée de concert avec l'Espagne, principale terre d'accueil des exilés Algérie française, Paris va réduire progressivement leur base militante. En 1965, l'OAS aura cessé d'exister. Quarante ans après, le bilan définitif de son action reste encore à établir...

Conclusion

L'OAS pouvait-elle réussir ? Dès son origine, trop tardive pour disposer du temps nécessaire à son organisation, trouver des alliés, définir une stratégie, les chances de succès du mouvement clandestin étaient non pas inexistantes, mais fort minces. Au fur et à mesure de la réduction de son espace politique, flagrante dès la fin de 1961 en Algérie comme en métropole, ces chances ont surtout, et bientôt uniquement, reposé sur l'éventuelle mise à mort du général de Gaulle. Cet assassinat provoquant un séisme en forme d'aggravation instantanée de la guerre franco-française naissante, bien des reclassements auraient alors été possibles – mais à quel prix !

La guerre des chefs ? Celle-ci a bien existé au sein de l'OAS, même si elle a causé beaucoup moins de pertes humaines (sanglante, l'affaire Leroy-Villard fait néanmoins figure d'exception) que les luttes de personnes et de factions à l'intérieur du FLN. Ses terribles divisions internes n'ont pourtant pas privé ce dernier de la victoire ; si l'OAS avait détenu plus d'atouts, peut-être aurait-elle surmonté elle aussi cet écueil. Mais on le sait, ce ne fut pas le cas. Subsiste donc le souvenir d'un mouvement divisé à l'extrême.

Un mouvement qui a manqué de clairvoyance politique et d'alliés sur le plan international – l'Espagne franquiste, sur laquelle comptaient certains dirigeants de l'OAS, s'est avant tout comportée comme un faux ami ; quant aux rêves d'alliance avec les États-Unis, ils relevaient de l'utopie tandis que l'Allemagne fédérale et la Grande-Bretagne étaient toutes deux hostiles, la première, alliée secrète du FLN, jouant un subtil double jeu et la seconde, la carte nationaliste depuis longtemps (en septembre 1961, Degueldre, sur informations filtrant à dessein de la DST, fera assassiner coup sur coup deux agents secrets de Sa Majesté, dont l'attaché commercial de l'ambassade britannique à Alger).

Manqué de cadres aussi. Ses anciens dirigeants m'ont fréquemment confié que, chaque fois qu'un responsable tombait, ils avaient un mal fou à lui trouver un remplaçant. Les pertes de l'organisation au combat, entre quatre-vingts et cent militants (à ne pas confondre, bien entendu, avec le nombre de pieds-noirs morts des suites d'actes de violence dans la période 1961-1962), attestent de cette tiédeur dans l'engagement militant. Même en tenant compte de la durée inégale des périodes d'activité, huit ans et demi contre un an et demi, ces pertes n'ont rien de comparable à celles consenties par le FLN-ALN.

En France et en Algérie, l'OAS a mobilisé sur cette courte période de seize mois et même après des effectifs relativement importants – à titre indicatif, environ quatre mille personnes devaient être condamnées entre 1961 et 1965 pour activisme, et dix mille emprisonnées pour le même motif. Mais de l'aveu là encore de ses propres dirigeants, le noyau véritablement dur de l'organisation, prêt à tuer et techniquement capable de le faire, n'a jamais excédé le millier de militants, dont moins d'une centaine en métropole. Résultat largement confirmé par mes investigations personnelles.

Leurs victimes ? Environ mille sept cents personnes en quinze mois d'existence. Le fait qu'une majorité d'entre elles aient été algériennes n'enlève rien au caractère de guerre franco-française inhérent à cette ultime époque du conflit algérien. De leur côté, les forces de l'ordre légales et quelquefois illégales (barbouzes) ont exécuté plusieurs centaines de Français d'Algérie, ce qui porte à plus de deux mille le nombre de victimes de la dernière – espérons-le – de nos guerres civiles.

L'OAS, pour finir, a-t-elle été la principale responsable de l'exode des pieds-noirs dont on mesure aujourd'hui à quel point il a été préjudiciable à l'Algérie indépendante ? Parce qu'elle arrangeait « tout le monde », telle fut longtemps la version officielle des deux côtés de la Méditerranée. S'il n'est pas question d'exonérer l'organisation clandestine de ses lourdes responsabilités, force est d'admettre qu'elle ne saurait porter celle de l'exode à elle seule. Ce serait à la fois trop commode et trop inexact, autorités françaises et FLN se déchargeant sur l'adversaire vaincu des erreurs, des crimes, des haines et des passions accumulés en cinquante-six mois d'un conflit impitoyable.

La guerre est finie. Assassiné le 5 mars 1993 à Montpellier par un trio d'anciens de l'organisation secrète, Jacques Roseau, le président du Recours, la plus connue des associations de rapatriés d'Algérie, lui-même ex-militant du mouvement clandestin, aura, c'est le vœu que je forme, été la dernière victime de l'OAS. Il appartient désormais aux historiens algériens et français d'œuvrer ensemble, sans autocensure, sans crispations et sans préjugés, pour faire enfin toute la lumière sur cette période dramatique de notre histoire commune. Au-delà du jugement des hommes, reste en effet celui de l'Histoire...

La guerre d'Algérie : combien de morts ?

par Guy Pervillé

La guerre d'Algérie aurait fait un million et demi de morts algériens, ou tout au moins un million. Cette idée reçue, officielle en Algérie depuis l'indépendance, et encore largement répandue en France, paraît indestructible : nous l'avons vue tout récemment reprise par le premier président de l'Algérie indépendante, Ahmed Ben Bella[1], et même dans un ouvrage se réclamant du genre historique publié en France[2]. Et pourtant, elle est fausse, comme nous allons tenter de le démontrer une fois de plus[3].

Avant même la fin de la guerre d'Algérie, l'idée que celle-ci aurait fait au moins un million de morts algériens s'était répandue. Dès le 15 octobre 1959, l'organe officiel du FLN, *El Moudjahid*, avait affirmé, en réponse aux bilans officiels français, que « le chiffre de neuf cent mille à un million de victimes résulte d'évaluations multiples faites par des Algériens, des Français et des observateurs étrangers : bien plus, ce million de victimes était admis dans le proche entourage de M. Delouvrier, à Alger, au début de l'année 1959[4] ». Et dix jours avant le cessez-le-feu, le n° 90 du 9 mars 1962 portait le bilan à « plus de un million et demi de victimes », nombre qui est resté depuis quasiment officiel en Algérie, laquelle est connue dans tout le monde arabe comme le « pays du million et demi de martyrs ».

Toutefois, la propagande n'a pas retenu la distinction faite par l'auteur de l'article : « Actuellement, le tribut payé par le peuple algérien pour sa libération peut être évalué de la façon suivante : plus de un million et demi de victimes de la guerre, soit plus de cinq cent mille tués et disparus

---

1. Témoignage dans *Un parcours algérien*, film d'Alain Ferrari d'après les *Mémoires* d'Hervé Bourges, diffusé en juillet 2003.

2. *Le Livre noir du colonialisme*, sous la direction de Marc Ferro, Paris, Robert Laffont, 2003, p. 560.

3. Il y a vingt ans, mon premier essai de mise au point sur ce sujet avait été vivement contesté. Voir « Combien de morts pendant la guerre d'Algérie ? », *L'Histoire*, n° 53, février 1983, p. 89-92, et 56, mai 1983, p. 98-101.

4. *El Moudjahid,* n° 52, 15-10-1959, réédition de Belgrade, t. 2, p. 495.

(combattants et civils, hommes, femmes, enfants), et près de un million de blessés, amputés, malades (rescapés des camps d'internement et de regroupement[1]) ».

Il faut donc cesser de jouer sur l'ambiguïté des mots : les morts sont des victimes, mais toutes les victimes ne sont pas des morts. Déterminer le nombre exact des blessés, guéris ou continuant à souffrir de séquelles physiques plus ou moins graves, n'est pas aisé ; évaluer celui des victimes de troubles psychologiques ou de traumatismes moraux l'est encore moins ; estimer celui des morts causés par la guerre est une tâche un peu moins ardue.

Il existe pour cela deux méthodes. La première vise à évaluer l'ordre de grandeur du déficit démographique dû à la guerre, en comparant l'effectif de la population recensée après sa fin à celui qui était prévisible à partir des données du recensement précédent. Ce déficit démographique, comprenant la surmortalité due aux mauvaises conditions de vie et le déficit des naissances en plus du nombre des tués, est donc supérieur à ce nombre, et ne peut en fournir une estimation précise. L'autre méthode consiste à additionner des noms de morts ou de disparus, ou des cadavres, avec le risque de rester toujours en dessous du nombre véritable.

La méthode démographique

Comme on l'a montré plus haut, les Algériens bien informés croyaient, à la fin de la guerre, que le nombre des morts dus à celle-ci se situait au-delà de cinq cent mille, mais sans se risquer à en proposer une estimation plus élevée. Or, les démographes travaillant en Algérie ont très vite été incités à le réviser en baisse par le constat du très rapide accroissement de la population algérienne, à peine freiné par la guerre. En 1964, la *Revue du plan et des études économiques* estimait la population algérienne résidant en Algérie à 10 450 000 en 1963, ce qui inspirait au démographe Alain Moranson le commentaire suivant : « Le taux d'accroissement de cette population est presque uniforme, avec cependant une certaine accélération depuis 1960 […]. Compte tenu du taux d'accroissement […] évalué généralement à environ trente pour mille, et compte tenu tenu de l'accroissement de l'émigration, on peut avancer sans gros risque d'erreur le chiffre de onze millions au 1er juillet 1965. Ainsi, on peut estimer que l'Algérie a recouvré actuellement la population (à l'époque composée d'Algériens et d'un grand nombre d'Européens) qu'elle avait à la veille de l'indépendance. » Et il ajoutait plus loin : « En 1965, la population active masculine doit être au maximum de 2 800 000 personnes, soit un écart de

---

1. *El Moudjahid*, n° 90, 9-3-1962, réédition de Belgrade, t. 3, p. 680 (« Le prix de l'indépendance »).

290 000 personnes par rapport aux prévisions, écart qui est imputable à la mortalité due à la guerre[1]. »

Or, les données du premier recensement de l'Algérie indépendante, celui d'avril 1966, ont confirmé ces observations. Selon le géographe André Prenant, le constat le plus marquant est l'importance du taux d'accroissement de la population totale du pays, passée de 9 529 000 à douze millions d'habitants en onze ans et demi depuis le recensement de 1954. En déduisant les cent mille étrangers restant ou venus en Algérie depuis l'indépendance, « on peut estimer l'accroissement de la population algérienne elle-même à 3 555 000 personnes, soit 39,3 % du chiffre initial. Ce pourcentage signifierait un taux moyen d'accroissement annuel de trente-deux pour mille, compatible avec un taux de natalité légèrement supérieur à cinquante pour mille et un taux de mortalité de vingt pour mille qui dément les chiffres de pertes de guerre souvent cités, si en fait le comptage dans la population résidente du plus grand nombre des émigrés ne fausse pas le calcul alors qu'ils n'étaient pas systématiquement dénombrés lors du recensement précédent ». Selon le même auteur, sur la pyramide des âges, « les pertes en vies humaines, des combattants principalement, sont peut-être soulignées par l'étranglement observé pour les classes âgées aujourd'hui de vingt à trente-cinq ans, particulièrement marqué du côté masculin, encore qu'il y ait coïncidence avec les générations marquées dans l'enfance par la Seconde Guerre mondiale[2] ».

Par la suite, le démographe Dominique Maison a démontré l'existence d'un déficit de cent cinquante mille hommes par rapport au nombre de femmes dans les classes âgées de vingt à quarante-cinq ans[3], et son collègue Jean-Noël Biraben a reconstitué l'évolution annuelle des taux de natalité[4]. Abdelaziz Bouisri et François Pradel de Lamaze ont critiqué la fiabilité de la pyramide des âges ; ils ont pourtant proposé une approche du problème des pertes de guerre en comparant les pyramides, préalablement lissées, correspondant aux recensements de 1948, 1954 et 1966 : « Il y a malheureusement une coïncidence entre les générations touchées par la guerre et celles qui sont le plus touchées par l'émigration [...]. Sous toutes ces réserves, nous estimons ces pertes entre cinq cent mille et huit cent mille personnes, les classes les plus touchées étant nées de 1930 à 1940, sans ignorer que, pour les autres années, des pertes ont été enregistrées, en

1. Alain Moranson, « Points de repère sur la démographie algérienne », *in Confluents*, n° 50, avril-mai-juin 1965, p. 219-220 et 225. Cité par Frédéric Médard, « Le bilan humain de la guerre pour l'ALN et les civils d'Algérie », *in Guerre d'Algérie-Magazine*, n° 6, novembre-décembre 2002, p. 29.

2. André Prenant, « Premières données sur le recensement de la population de l'Algérie », *Bulletin de l'Association des géographes français*, n° 357-358, nov.-déc. 1967, p. 62.

3. *Population*, novembre-décembre 1973, p. 1098-1099.

4. *Population*, juillet-août 1969, p. 711-734.

majorité masculines[1]. » Mais cette estimation, égale ou supérieure à celle d'*El Moudjahid* en mars 1962, ne peut être considérée comme probante faute d'être accompagnée d'une démonstration chiffrée. Ainsi, aucun démographe n'a proposé une estimation précise appuyée sur une démonstration solidement argumentée des pertes de la guerre d'Indépendance[2].

C'est donc l'historien Xavier Yacono, ancien professeur à l'université d'Alger, qui s'y est risqué le premier en 1982[3]. Celui-ci estimait possible de calculer approximativement l'impact de la guerre sur la population algérienne musulmane, en comparant deux évaluations théoriques de son effectif en 1962 : l'une, calculée régressivement à partir des données de 1966, l'autre, en progressant à partir de celles de 1954, en supposant dans les deux cas un accroissement linéaire. La première étant inférieure à la seconde, la différence correspondrait au déficit démographique total causé par la guerre, c'est-à-dire, non seulement au nombre de tués, mais aussi à la surmortalité civile indirecte (due, par exemple, aux mauvaises conditions de vie dans les centres de regroupement), et au déficit de naissances dû à la séparation de nombreux couples. Le résultat ne pouvait être précis, parce que le calcul utilisait des évaluations hypothétiques jugées vraisemblables des taux d'accroissement moyens des années 1954-1962 et 1962-1966, et parce que le nombre des émigrés n'était pas parfaitement connu. Cette méthode lui permettait néanmoins de conclure que les pertes de la population algérienne musulmane avaient été très vraisemblablement inférieures à trois cent mille morts, voire inférieures à deux cent cinquante mille selon l'historien Charles-Robert Ageron, qui a repris sa démonstration en suivant la même méthode dix ans plus tard[4].

Cette démonstration commune aux deux historiens démentirait non seulement l'idée largement accréditée par le FLN du million ou plus de morts algériens, mais aussi celle des cent cinquante mille harkis massacrés en 1962, répandue en France par leurs défenseurs[5]. En effet, la méthode démographique considère globalement les pertes de la population recensée comme « française musulmane » en 1954 et comme « algérienne » en 1966, sans distinguer entre les camps opposés. Même ainsi réduit, ce bilan n'aurait rien de minime : en proportion de la population musulmane de

1. « La population d'Algérie d'après le recensement de 1966 », *Population*, numéro spécial sur le Maghreb, mars 1971, p. 25-46.

2. J'ai écrit en 1983 à la revue *Population*, pour lui demander de faire le point sur la question. Je n'ai reçu aucune réponse.

3. Xavier Yacono, « Les pertes algériennes de 1954 à 1962 », *Revue de l'Occident musulman et de la Méditerranée*, n° 34, 1982-2 (paru en 1983), p. 119-134.

4. Charles-Robert Ageron, « Les pertes humaines de la guerre d'Algérie », catalogue de l'exposition *La France en guerre d'Algérie*, Paris, musée d'Histoire contemporaine, et Nanterre, BDIC, 1992, p. 170-175.

5. « Nous pouvons conclure en même temps qu'il est impossible d'admettre les 150 000 harkis massacrés, nombre qui équivaudrait à plus de la moitié des pertes totales » (Yacono, *op. cit.*, p. 129).

1954, il serait équivalent à celui des pertes françaises de la Seconde Guerre mondiale[1].

Mais le démographe Kamel Kateb, dans un important ouvrage publié en 2001[2], critique sévèrement la méthode suivie par Xavier Yacono, qu'il estime fondée sur une erreur : « On ne peut évidemment utiliser le même taux de croissance linéaire pour extrapoler et pour rétropoler : si le taux de croissance linéaire entre 1954 et 1966 est de 3,4 % par an, le taux de « croissance » entre 1966 et 1954 est de – 2,4 %[3]. » De plus, il estime que « la comparaison directe des recensements de 1954 et de 1966 ne permet pas de tirer des conclusions susceptibles de fournir une évaluation sérieuse des pertes de guerre », parce que « les estimations des pertes de guerre tirées de ces recensements sont inférieures aux victimes de guerre dénombrées sur le terrain par l'armée française ». Il conclut : « en s'appuyant sur les recensements et en tenant compte du fait que leur taux de couverture demeure incertain, les résultats dépendront des méthodes de calcul choisies et des hypothèses de croissance utilisées. [...] Il suffit en effet d'une légère différence dans les taux de croissance utilisés afin de calculer ce qu'aurait pu être l'évolution de la population algérienne en l'absence de conflit pour que les estimations des pertes de guerre varient considérablement[4] ».

Pourtant, le scepticisme méthodologique radical de Kamel Kateb ne peut être invoqué pour réhabiliter les estimations élevées d'*El Moudjahid*, puisqu'il constate l'incapacité de l'organisation politico-administrative du FLN à fournir une évaluation quelconque du nombre des victimes[5], et qu'il écarte les conclusions d'Abdelaziz Bouisri et François Pradel de Lamaze faute de démonstration chiffrée[6]. Si la guerre d'Algérie avait causé plus de cinq cent mille morts dans ce pays, ce fait serait-il si difficile à mettre en évidence ?

Les statistiques officielles

Si la méthode démographique n'a pas réussi à fixer une limite supérieure, même très approximative, les statistiques officielles des pertes fournissent des données apparemment beaucoup plus précises. Il existe cependant un très grand déséquilibre entre l'abondance des données statistiques élaborées

---

1. Un déficit démographique d'environ 250 000 personnes représente 2,77 % des neuf millions d'Algériens musulmans de 1954 (ou 2,5 % des dix millions de 1962). La France a connu un déficit équivalent de 1939 à 1945 (un million cent mille sur quarante millions, y compris l'excédent de décès et le déficit de naissances).

2. Kamel Kateb, *Européens, « indigènes » et juifs en Algérie (1830-1962)*, préface de Benjamin Stora, INED et PUF, 2001, p. 312.

3. Kateb, *op. cit.*, p. 311.

4. Kateb, *op. cit.*, p. 312-313.

5. Kateb, *op. cit.*, p. 311.

6. Kateb, *op. cit.*, p. 312.

par l'administration et l'armée françaises durant tout le conflit, et la pauvreté
de celles du FLN, que la précarité de l'administration des wilayas et de leurs
liaisons avec le GPRA obligeait à inventer des bilans exagérés pour servir sa
propagande. Mais peut-on pour autant approcher la vérité sur les pertes algériennes à partir de sources provenant d'un seul camp ? Les statistiques
militaires françaises avaient pu inspirer une méfiance compréhensible ; mais
leur concordance inattendue avec le recensement effectué en 1974 par le
ministère algérien des Anciens Moudjahidines a renforcé leur crédibilité. Il
reste que tous ces bilans statistiques sont également critiquables, et que la
rigueur de leur élaboration demande à être soigneusement vérifiée par des
recherches approfondies.

Selon les statistiques officielles françaises, le nombre de « rebelles » tués
par les « forces de l'ordre » entre le 1er novembre 1954 et le 19 mars 1962
aurait été d'environ 143 000[1], dont 47 % avant le retour au pouvoir du
général de Gaulle. Celui-ci avait reproduit les données fournies par les autorités militaires dans sa conférence de presse du 23 octobre 1958 : « Hélas !
77 000 rebelles ont été tués en combattant[2] ! » Mais il crut devoir les
majorer brusquement en les portant à 145 000 (au lieu de 105 000 enregistrés à la fin octobre 1959) dans celle du 10 novembre 1959[3] : « Combien il
est lamentable de compter les 145 000 Algériens qui ont été tués du côté de
l'insurrection. » Il éleva son estimation à 150 000 à la fin décembre 1959[4]
(« étant donné les 150 000 hommes morts en combattant contre nous... »),
puis à 200 000 en novembre 1960[5] (« Nous en avons déjà tué 200 000 »),
mais il la répéta sans changement après le cessez-le-feu du 19 mars 1962[6] :
« Cette guerre a été très dure. Nous leur avons tué 200 000 hommes. » On
ne sait pas exactement pourquoi ni comment de Gaulle avait décidé, suivant
l'exemple du délégué général Delouvrier[7], de réviser en hausse le bilan des
autorités militaires.

Pourtant, celui-ci a été confirmé au-delà de toute attente par le ministère
algérien des Anciens Moudjahidines, qui a recensé, en 1974, 152 863 tués
durant la guerre sur 336 748 anciens militants du FLN et combattants de

1. Tableau récapitulatif : « Pertes forces de l'ordre et pertes rebelles », SHAT 1H 1937/
2, reproduit par M. Faivre, *Les Archives inédites de la politique algérienne*, L'Harmattan,
2001, p. 364.
2. Charles de Gaulle, *Discours et messages*, t. 3, Plon, 1970, p. 54.
3. Charles de Gaulle, *op. cit.*, p. 137.
4. Note manuscrite du 26-12-1959, reproduite par Jean-Raymond Tournoux, *Jamais dit*,
Plon, 1971, p. 207-208.
5. Entretien avec Pierre Laffont, 22-11-1960, reproduit par Jean-Raymond Tournoux,
La Tragédie du Général, Plon, 1967, p. 597.
6. Entretien du 2 avril 1962 avec Jean-Raymond Tournoux, *op. cit.*, p. 405.
7. Selon *El Moudjahid* (n° cité du 15-10-1959, t. 2, p. 495), M. Delouvrier avait avancé
le chiffre de « 150 000 victimes du côté algérien », ce qui permit à l'organe du FLN
d'affirmer que la « pacification » avait fait 70 000 morts de plus en un an. L'estimation de
Paul Delouvrier se trouve datée du 31 décembre 1958 dans un document du fonds privé du
général Gambiez, SHAT 1 K 540, carton 12, dossier 1.

l'ALN[1], les tués représentant 54 % des combattants et 45 % des militants et combattants recensés. Les victimes des purges internes et des affrontements avec le MNA ou avec les troupes marocaines et tunisiennes pourraient rendre compte de cette différence étonnamment faible. Pourtant, l'exactitude de ce recensement est critiquable. Selon Djamila Amrane, « il est certain que de nombreux martyrs n'ont pas été déclarés, d'autant plus qu'une simple déclaration est insuffisante et qu'il faut établir un dossier avec trois témoignages, ce qui n'est pas toujours facile[2] ». Selon Mohammed Harbi, au contraire, « la distribution des prébendes a multiplié les acteurs fictifs et les victimes de la guerre d'Indépendance[3] », et Gilbert Meynier cite le témoignage du maquisard Ali Zamoum, qui a enquêté en 1984 sur les listes d'anciens moudjahidines de onze communes kabyles : « Près de 50 % des attestations communales examinées étaient fausses et trafiquées, […] avec la complicité des gens du pouvoir à tous les niveaux[4]. » L'universitaire algérien Mahfoud Bennoune m'a reproché de « feindre d'ignorer » que ce recensement n'incluait pas les victimes civiles de la répression[5] ; mais c'était aussi le cas des bilans opérationnels français, et c'est sans doute pour cette raison que Paul Delouvrier et le général de Gaulle[6] avaient décidé de ne pas s'en contenter. Même si des civils étrangers à l'organisation « rebelle » ont été victimes d'erreurs de tir ou de représailles aveugles non déclarées, rien n'autorise à multiplier par dix le nombre des morts enregistrés.

Les pertes des forces de l'ordre ont été soigneusement comptabilisées jusqu'au cessez-le-feu, et depuis 1962 elles ont fait l'objet de plusieurs bilans officiels qui ne concordent pas exactement, mais qui restent voisins du même ordre de grandeur[7]. Le nombre des morts serait proche de 24 000, parmi lesquels environ 15 000 tués au combat ou par attentats, les autres étant décédés par suite d'accidents, maladies ou suicides. Les évaluations du nombre des blessés (la moitié au combat ou par attentats, le reste en dehors) varient entre 55 000 et 65 000. Le nombre de 30 000 morts, couramment invoqué par certaines associations d'anciens combattants telles

---

1. Tableau reproduit par Djamila Amrane, *Les Femmes algériennes dans la guerre*, Plon, 1991, p. 252.

2. *Ibid.*

3. Mohammed Harbi, *L'Algérie et son destin, croyants ou citoyens*, Arcantère, 1992, p. 109. De même, Frédéric Médard estime que les bilans opérationnels français ont pu être parfois gonflés, dans son article cité plus haut, p. 25.

4. Gilbert Meynier, *Histoire intérieure du FLN*, Fayard, 2002, p. 288-289.

5. Mahfoud Bennoune, « Massacres et tortures à El-Akbia », dans *La Tribune*, Alger, 11-12 mai 2001, p. 12-13.

6. Gilbert Meynier cite une fiche préparatoire à la conférence de presse du 10 novembre 1959, qui mentionne « 104 883 rebelles tués en cinq ans et 145 000 tués du côté de l'insurrection » (SHAT, 1 H 1599-4, Meynier, *op. cit.*, p. 290).

7. Voir la mise au point du général Maurice Faivre dans son livre, *Les Combattants musulmans de la guerre d'Algérie*, Paris, L'Harmattan, 1995, p. 259-263.

que la FNACA, est seulement approché en ajoutant aux morts d'Algérie ceux de Tunisie et du Maroc, beaucoup moins nombreux.

Ainsi, les pertes des « forces de l'ordre », incluant toutes les catégories, y compris les soldats et les supplétifs musulmans[1], sont incomparablement plus faibles que celles des rebelles : le rapport est resté très proche de un contre dix entre 1957 et 1960. Mais ce déséquilibre des pertes militaires a été partiellement compensé par le terrorisme visant les civils. Suivant une déclaration du ministre Louis Joxe[2], le terrorisme aurait causé dans les populations civiles, jusqu'au 19 mars 1962, 19 166 tués (dont 2 788 Européens et 16 378 musulmans), 21 151 blessés (7 541 Européens et 13 610 musulmans), et 13 671 disparus (375 Européens et 13 296 musulmans[3]). Ainsi, le terrorisme a redoublé les effets meurtriers de la guerre proprement dite.

Le terrorisme n'ayant pas été le monopole du seul FLN, il convient de vérifier dans toute la mesure du possible si tous les attentats qui lui ont été attribués lui sont bien imputables (et non à d'autres organisations, terroristes ou contre-terroristes). Ses actions ne sont pas distinguées de celles de son rival, le MNA, dans le bilan officiel du terrorisme algérien en métropole, qui aurait causé, jusqu'au 19 mars 1962, près de 4 300 tués et 9 000 blessés[4]. Parmi les premiers, on compterait 4 055 Algériens musulmans, 152 civils français, 16 militaires, 53 policiers et 24 supplétifs musulmans. Ce bilan passe sous silence les victimes de la répression : il faudra donc vérifier si celles-ci ont été dissimulées parmi celles du terrorisme, ou si elles doivent être rajoutées pour aboutir au vrai bilan de la guerre d'Algérie en France. D'autre part, s'il est vrai que l'affrontement fratricide entre nationalistes algériens avait causé en Algérie environ 6 000 tués et 4 000 blessés, on pourrait lui imputer en tout près de 10 000 morts et de 23 000 blessés[5].

Le bilan du contre-terrorisme des ultras de l'Algérie française est très mal connu faute de statistiques et d'études précises. Celui de l'OAS a fait l'objet

---

1. M. Faivre estime leurs pertes à 4 545 tués et 2 070 morts en dehors du combat (*op. cit.*, p. 262).

2. *JORF, Débats parlementaires, Assemblée nationale*, 4 août 1962, p. 2927 (réponse de Louis Joxe à une question écrite de M. Domenech). Ces données concordent avec les tableaux des victimes civiles du terrorisme rebelle, SHAT 1H 1933 et 1937. Mais le nombre des disparus européens du 1er novembre 1954 au 19 mars 1962 serait de 875 au lieu de 375 selon Jean Monneret (*La Phase finale de la guerre d'Algérie*, L'Harmattan, 2001, p. 127 et 381) et plusieurs autres auteurs.

3. Nombre majoré arbitrairement à 50 000 par le général Jacquin dans son article « Le prix d'une guerre », *Historia Magazine-La guerre d'Algérie*, n° 112, 1974, p. 3212-3213.

4. Déclaration de Louis Joxe à l'Assemblée nationale sur le bilan du terrorisme en métropole de 1956 à 1961, statistique du ministère de l'Intérieur arrêtée au 23 janvier 1962, et *Le Monde* du 20 mars 1962, cités par Benjamin Stora, *Ils venaient d'Algérie, L'immigration algérienne en France, 1912-1992*, Fayard, 1992, p. 206-207, et par Charles-Robert Ageron, « Les Français devant la guerre civile algérienne », dans *La Guerre d'Algérie et les Français*, sous la direction de Jean-Pierre Rioux, Fayard, 1990, p. 55.

5. Charles-Robert Ageron, *op. cit.* p. 630 (note 11).

de plusieurs évaluations partielles difficiles à combiner[1]. Suivant la Sûreté nationale, jusqu'au 20 avril 1962, elle aurait tué en Algérie 1 622 personnes (dont 239 Européens) et en aurait blessé 5 148 (dont 1 062 Européens[2]). Un rapport du commandant supérieur des troupes françaises, le général Fourquet, lui impute dans les deux premiers mois du cessez-le-feu (19 mars-19 mai 1962) 1 658 tués (dont 1 494 musulmans, 106 Européens, et 58 membres des forces armées), et 2 450 blessés (dont 2 150, 197 et 103 de chaque catégorie[3]). Si ces données sont exactes, et sachant que l'OAS a poursuivi son escalade de la violence jusqu'en juin, le chiffre officieux de 2 200 morts cité par le journaliste américain Paul Hénissart pourrait être inférieur à la réalité[4]. Le terrorisme de l'OAS a dépassé celui du FLN par le nombre de ses victimes dans les villes d'Oran et d'Alger en 1962, mais il était resté nettement moins meurtrier jusqu'en janvier ou février 1962[5], et son bilan d'ensemble lui reste très inférieur[6].

La violence ne cessa pas le jour du cessez-le-feu, par la faute de l'OAS, mais aussi par celle du FLN-ALN, ou de groupes armés qui s'en réclamaient. Durant les deux premiers mois, l'armée française compta dans ses rangs 58 tués et 190 blessés du fait de l'OAS, et 32 tués, 84 blessés et 35 enlevés du fait de l'ALN, qui commit également 380 attentats individuels ayant fait 297 victimes civiles (163 Européens et 134 musulmans[7]). Du 19 mars au 1er juin, 1 061 civils furent enlevés (574 Européens et 487 musulmans), 258 furent libérés et 96 retrouvés morts[8]. Le nombre des civils européens enlevés depuis le 19 mars 1962 atteignait 1 107 au 30 juin, 2 943 au 31 décembre, et 3 098 au 30 avril 1963, parmi lesquels 969 avaient été retrouvés vivants, 306 retrouvés

---

1. Jean Monneret souligne les incohérences des diverses estimations proposées dans sa thèse, *La Phase finale de la guerre d'Algérie*, université de Paris IV, 1997, p. 132-135.

2. Cité par Charles-Robert Ageron, « L'OAS Algérie-Sahara », dans *Les Droites et le général de Gaulle*, Economica, 1991, p. 151.

3. « Bilan de deux mois de cessez-le-feu », SHAT 1H 1937/D3, p. 12.

4. Paul Hénissart, *Les Combattants du crépuscule*, Grasset, 1970, p. 435, note 1. Il faut ajouter 71 tués et 394 blessés en métropole, selon Anne-Marie Duranton-Crabol, *Le Temps de l'OAS*, Bruxelles, Complexe, 1995, p. 144 (citant la thèse d'Arnaud Déroulède, dirigée par Jean-Marie Mayeur, Paris-IV, 1993).

5. Voir le rapport de la préfecture de police d'Oran sur « le terrorisme sous toutes ses formes dans l'arrondissement d'Oran durant l'année 1961 » (avec un graphique supplémentaire sur les deux premiers mois de 1962), SHAT, 1 H 3130 ; et la déclaration de Louis Joxe, *Journal officiel de la République française, débats parlementaires, Assemblée nationale*, 14 avril 1962, p. 639 (qui compte 679 victimes du FLN et 422 de l'OAS en Algérie du 15 décembre 1961 au 14 janvier 1962).

6. Contrairement à l'opinion exprimée par Jean-Philippe Ould-Aoudia dans ses livres, *L'Assassinat de Château-Royal*, Tirésias, 1992, p. 152, note 5, et *Un élu dans la guerre d'Algérie*, Tirésias, 1999, p. 172, note 41.

7. « Bilan de deux mois... », rapport cité plus haut.

8. « Etats récapitulatifs des FSE et FSNA enlevés par le FLN entre le 19 mars et le 1er juin 1962 », document du 2e bureau de l'état-major interarmées d'Alger, reproduit en annexe à la thèse de Jean Monneret, version publiée, L'Harmattan, 2001, p. 384-388.

morts, et 1 818 restaient disparus[1]. Le 24 novembre 1964, le secrétaire
d'État Jean de Broglie déclara que, sur 3 018 personnes signalées comme
disparues du 19 mars au 31 décembre 1962, 1 245 avaient été retrouvées,
1 165 étaient certainement mortes, 135 étaient encore recherchées, et
473 dossiers avaient été clos faute de renseignements[2]. Ce bilan officiel
n'a pas convaincu l'Association de solidarité des familles et enfants de
disparus (ASFED), qui dit tenir à jour un fichier de 2 500 noms et parle
de « 3 000 Français en possibilité de survie[3] ». Mais les nombres couramment invoqués parmi les rapatriés se multiplient jusqu'à 9 000 ou
10 000, et même 25 000.

Le plus grand facteur d'incertitude pour le bilan global est le nombre
de harkis, supplétifs, soldats ou civils « français musulmans » victimes
de représailles après le cessez-le-feu. L'estimation de Jean Lacouture,
selon lequel « plus de dix mille harkis auraient été exécutés ou assassinés » entre le 19 mars et le 1er novembre 1962, est citée dans des
documents officiels[4], et peut être considérée provisoirement comme un
minimum, dans la mesure où les autorités qui l'ont admise n'avaient pas
intérêt à exagérer. En décembre 1962, un cahier de témoignages publié
par des défenseurs de leur cause proposait un bilan de 25 000 à 30 000
morts[5]. Pourtant, c'est une évaluation beaucoup plus élevée qui a été
retenue comme un dogme par ce secteur de l'opinion publique. Un
rapport adressé en 1963 par M. Robert, ancien sous-préfet d'Akbou, au
vice-président du Conseil d'État, concluait à un total de 150 000 morts,
en retenant une moyenne de 2 000 pour chacun des soixante-douze
arrondissements d'Algérie du Nord[6]. Pourtant, l'auteur paraît avoir
modifié son estimation, en ramenant cette moyenne entre 1 000 et 1 500
(donc, entre 72 000 et 108 000 morts pour toute l'Algérie) : « Le chiffre
moyen de 2 000 tués pour de nombreux arrondissements a été très fréquemment cité par des personnalités dignes de foi continuant à être
informées de façon précise. Mais il semble que, dans certains arrondissements privilégiés, la répression ait été limitée à quelques centaines. Le

---

1. « Bilan des exactions contre les personnes civiles » dressé par l'ambassade de France
en Algérie, SHAT 1H 1785/3 et 1H 1791 (consultable par dérogation) ; reproduit par Jean
Monneret, *op. cit.*, p. 382, et par Maurice Faivre, *Les Archives inédites...*, *op. cit.*, p. 368.

2. *JORF, Débats parlementaires, Sénat*, 25 novembre 1964, p. 1846-1849.

3. Capitaine Marc-Louis Leclair, *Disparus en Algérie, 3 000 Français en possibilité de
survie*, Jacques Grancher, 1986.

4. Jean Lacouture, « Plus de 10 000 harkis auraient été tués en Algérie », *Le Monde*,
13 novembre 1962. Estimation citée par une fiche du secrétariat d'État aux Affaires algériennes le 20 et par une note du ministre Joxe le 27, SEAA 40 et 117, citées par Maurice
Faivre, *op. cit.*, p. 139-140.

5. Reproduit sans référence par Ahmed Kaberseli, *Le Chagrin sans la pitié*, Dieppe, Le
Clin d'œil, 1988. Il paraît s'agir de la conclusion du *Livre blanc de notre honte et de la
passion des harkis*, *La Nation française*, 1962.

6. Version reproduite intégralement par A. Kaberseli, *op. cit.*, et partiellement par Abdelaziz Méliani, *La France honteuse, le drame des harkis*, Perrin,1993, p. 78-82.

chiffre moyen de 1 000 à 1 500 tués par arrondissement peut donc sans doute être considéré comme devant être retenu[1]. »

Or, cette nouvelle version du rapport Robert est passée inaperçue[2]. En réalité, celui-ci n'était relativement fiable que dans le cas de l'arrondissement d'Akbou, où l'enquête de son auteur l'avait conduit à situer le nombre des morts et disparus entre 750 et 1 000 ; mais la méthode consistant à généraliser une ou plusieurs estimations partielles en en déduisant une moyenne hypothétique et en la multipliant par des coefficients ne fait que multiplier la marge d'incertitude initiale dans des proportions inacceptables. Le général Faivre en a proposé une autre, consistant à retrancher des estimations du déficit démographique de l'Algérie calculées par Xavier Yacono et Charles-Robert Ageron les effectifs supposés des combattants tués et des disparus musulmans : « On obtient des valeurs comprises entre 37 680 et 93 680, soit une moyenne de 65 000 (à 44 % près), pouvant correspondre aux harkis massacrés en 1962[3]. » Mais une telle marge d'incertitude prive cette moyenne de toute utilité pratique, et la critique de Kamel Kateb en a sapé le fondement théorique. On ne pourrait davantage trouver le vrai nombre des morts en déduisant du total des musulmans engagés militairement ou politiquement du côté français ceux qui se sont réfugiés en France, car on sait par de nombreux témoignages que ceux qui sont restés en Algérie n'ont pas tous été massacrés[4].

La seule méthode susceptible d'approcher peu à peu de la vérité serait de confronter systématiquement les témoignages et les documents par une série d'enquêtes monographiques, et d'additionner les résultats en s'interdisant rigoureusement toute multiplication. Cette méthode a été bien définie, et expérimentée dans le cas des supplétifs de Hammam-Melouane, par le jeune historien Grégor Mathias[5]. Elle permettrait d'éviter les affirmations

---

1. Version citée par Mohand Hamoumou, *Et ils sont devenus harkis*, Paris, Fayard, 1993, p. 248.

2. Au contraire, la réponse négative du général Porret, directeur du SHAT en 1974, à une demande de renseignement sur le nombre de harkis tués après le cessez-le-feu, réponse renvoyant le demandeur à l'estimation du Comité national pour les Français musulmans (association d'aide aux anciens harkis), a été interprétée à tort comme une confirmation officielle des 150 000 morts.

3. Calcul proposé par M. Faivre, *Les Combattants...*, p. 263, qui reconnaît son imprécision et son incertitude.

4. En juin 1963, le ministre algérien de la Justice estimait le nombre des harkis survivants à 125 000 (500 000 à 600 000 personnes avec leur famille), et jugeait impossible de les remettre tous à la France, « parce que nous ne pouvons pas laisser une saignée de 500 000 à 600 000 personnes se faire au détriment de notre pays » (SHAT,1 R 337/3 et 1 H 1793/2, cité par M. Faivre, *Les Archives...*, p. 139, et Charles-Robert Ageron, « Le drame des harkis, *XXe Siècle,* n° 68, p. 7).

5. Grégor Mathias, « Enquête orale auprès des engagés et auxiliaires militaires français-musulmans de la guerre d'Algérie », mémoire de DEA, Université de Provence, 1998, et « Vie et destins des supplétifs d'Hammam Melouane », *Revue française d'histoire d'outre-mer*, n° 328-329, 2e semestre 2000, p. 241-265. Voir aussi Nordine Boulhaïs, *Des harkis berbères, de l'Aurès au nord de la France*, Lille, Presses universitaires du Septentrion, 2002.

exagérées fondées sur des généralisations imprudentes de situations particulières, aussi bien celles des défenseurs des harkis que celles de leurs ennemis. Il faudrait notamment tenter de faire la lumière sur le charnier de Khenchela[1], dont l'attribution à l'armée française n'a pas été prouvée d'une manière irréfutable par l'enquête incomplète du journaliste Lionel Duroy[2], sans que la thèse opposée d'un massacre de harkis après l'indépendance ait reçu la moindre preuve[3]. Mais cela suppose la possibilité d'enquêter sur place, que la situation actuelle de l'Algérie est très loin de garantir.

L'exemple précédent est caractéristique de l'état des connaissances sur la guerre d'Algérie. Même quand nous disposons de bilans statistiques généraux ou partiels, nous sommes pourtant bien loin de connaître les détails de chaque événement avec exactitude. Même les plus grands événements, qui ont attiré sur eux l'attention des journalistes, sont encore loin d'être suffisamment connus.

On sait que le bilan de l'insurrection et de la répression du 8 mai 1945 autour de Sétif et de Guelma, prélude à la guerre d'Algérie, reste très controversé. Si le bilan des victimes françaises est très précisément connu, il n'en va pas de même des victimes algériennes, dont les estimations officielles (entre 1 000 et 1 500 morts) ont suscité une incrédulité générale et se sont vu opposer d'autres estimations se chiffrant par milliers ou par dizaines de milliers[4]. De même, le bilan de l'insurrection et de la répression du 20 août 1955 dans le Nord-Constantinois a fait l'objet de plusieurs estimations françaises officielles, différentes quant aux pertes françaises et rebelles (1 273 morts du 20 au 26 août, ou dans tout le mois d'août ?)[5], et pour ces dernières d'une estimation algérienne dix fois plus élevée[6].

---

1. Ce charnier, contenant un millier de cadavres d'hommes, de femmes et d'enfants a été exhumé en 1982 à l'emplacement d'un ancien camp militaire français, évacué le 1er juillet 1962.

2. *Libération*, 3-7 et 21 juin 1982. Ce journaliste n'a pas cherché à savoir ce qui aurait pu se passer après l'évacuation du camp par l'armée française.

3. La tentative de réfutation la plus sérieuse est celle du commandant Déodat Puy-Montbrun, *L'Honneur de la guerre*, Albin Michel, 2002, p. 258-260 et 344-347 (reproduction de sa lettre à *Libération*, 15 juillet 1982). L'explication du charnier par le massacre des harkis d'Edgar-Quinet et de leurs familles, citée par Maurice Faivre et par Jean Monneret, est aujourd'hui démentie.

4. Dans la dernière publication sur le sujet, *Aux origines de la guerre d'Algérie, 1940-1945, de Mers el-Kébir aux massacres du Nord-Constantinois*, La Découverte, 2002, Annie Rey-Goldzeiguer estime « impossible d'établir un bilan précis des victimes algériennes, dont on peut seulement dire qu'elles se comptent par milliers » (p. 305).

5. Voir Charles-Robert Ageron, « L'insurrection du 20 août 1955 dans le Nord-Constantinois, De la résistance armée à la guerre du peuple », dans les actes du colloque sous sa direction *La Guerre d'Algérie et les Algériens*, Armand Colin 1997, p. 27-50 (tableaux p. 49).

6. Douze mille morts recensés par le FLN, selon les Mémoires inédits de Lakhdar Ben Tobbal, cités par Gilbert Meynier, « Idéologie et culture politique de la Révolution algérienne dans les Mémoires inédits de Lakhdar Ben Tobbal », même colloque, p. 264.

Le bilan officiel des victimes du terrorisme à Alger en 1956 et 1957 (314 morts et 917 blessés en quatorze mois) a été rarement cité et jamais discuté. Au contraire, la publication par Yves Courrière[1] d'un document censé prouver 3 024 disparitions d'Algériens arrêtés pendant la bataille d'Alger a largement accrédité l'idée que tel était le bilan minimal de la répression conduite par le général Massu, bien que celui-ci l'ait estimé à moins d'un millier d'hommes, et très probablement pas plus de trois cents tués dans les rangs du FLN[2]. La réfutation apparemment convaincante du document en question par le colonel Godard[3] n'a suscité aucune contestation argumentée, mais son auteur Paul Teitgen a reconnu qu'il avait constaté plus de 3 000 disparitions dans le département d'Alger (le tiers de l'Algérie du Nord) et non dans l'agglomération d'Alger. Le vrai bilan de la bataille d'Alger reste donc à établir[4].

De même, le bilan de la répression de la manifestation algérienne du 17 octobre 1961 par les forces de police sous les ordres du préfet Maurice Papon reste âprement controversé. L'ancien bilan officiel de trois morts a été officiellement désavoué à la suite du témoignage de Jean-Luc Einaudi dans le procès Papon de Bordeaux, et multiplié par dix dans les rapports Mandelkern et Géronimi, confirmés par les recherches de l'historien Jean-Paul Brunet[5]. Mais un écart de un à dix persiste entre les estimations de celui-ci et celles de Jean-Luc Einaudi[6]. Pour y voir plus clair, il faut d'abord distinguer très nettement le bilan de cette répression précisément datée et celui de la répression dans les mois et les années précédentes, qui n'a jamais été officiellement publié (contrairement à celui du terrorisme). On ne peut imputer a priori toutes les morts violentes d'Algériens aux policiers, au FLN ou au MNA sans examiner tous les témoignages et documents disponibles cas par cas. Le bilan de la bataille de Paris et de la bataille de France reste donc lui aussi à établir.

D'autres événements tragiques, ayant frappé les Français d'Algérie, voient leurs bilans officiels vigoureusement contestés par les intéressés : la fusillade de la rue d'Isly du 26 mars 1962 à Alger, qui aurait fait au moins soixante et un morts identifiés, voire quatre-vingts[7], au lieu des quarante-six officiellement recensés, et surtout la fusillade suivie d'enlèvements et de

---

1. *Le Temps des léopards*, Fayard, 1969, p. 515-517, et fac-similé inséré à gauche de la p. 289.
2. *La Vraie Bataille d'Alger*, Plon, 1971, p. 173, 257 et 324.
3. *Les Paras dans la ville*, Fayard, 1972, p. 390-391 et 431-437.
4. Sur cet exemple et sur ceux qui suivent, voir ma communication au colloque *La Guerre d'Algérie dans la mémoire et l'imaginaire* (Paris-VII, novembre 2002), intitulée : « La guerre d'Algérie revisitée : état des ignorances ».
5. *Police contre FLN*, et *Charonne, lumières sur une tragédie*, Flammarion, 1999 et 2003.
6. *La Bataille de Paris*, Le Seuil, 1991, et *Octobre 1961, un massacre à Paris*, Fayard, 2001.
7. Francine Dessaigne et Marie-Jeanne Rey, *Un crime sans assassin, Alger, le 26 mars 1962*, Confrérie Castille, Ivry-sur-Seine, 1998, et la thèse citée de Jean Monneret.

massacres du 5 juillet 1962 à Oran, dont les victimes se compteraient non par dizaines, mais par centaines[1], ou par milliers. D'autres exemples pourraient encore être cités.

Dans ces conditions, la fiabilité plus ou moins contestable des éléments du bilan d'ensemble fait que toute tentative de l'établir comporte inévitablement une part plus ou moins importante de subjectivité, voire de partialité. Par exemple, le général Jacquin, suivi par le colonel Le Mire, conclut que la population algérienne musulmane aurait perdu 374 500 personnes, dont seulement 144 500 par les forces de l'ordre, le reste étant imputable pour l'essentiel au FLN (219 500). Mais il parvient à ce résultat en majorant arbitrairement le nombre de civils musulmans enlevés à 50 000 (au lieu des 13 296 recensés), et en comptant 150 000 « civils ou anciens membres des forces de l'ordre enlevés et abattus après le cessez-le-feu pour avoir servi la France[2] ».

À l'opposé, l'ancien agent de liaison de la wilaya 2 Mahfoud Bennoune reproche aux historiens français de profiter de l'absence d'un recensement exhaustif des pertes algériennes pour tenter de les minimiser. Il invoque les résultats de l'enquête qu'il a lui-même réalisée en 1974 au douar El-Akbia dans le Nord-Constantinois : des pertes égales à 7 % de sa population de 1954, dont 4,3 % de victimes civiles, 2,52 % morts au combat dans l'ALN, et 0,18 % de traîtres exécutés par celle-ci, pour suggérer qu'un tel pourcentage (correspondant à près de six cent mille morts pour toute l'Algérie) pourrait être généralisé sans invraisemblance[3]. Mais il suppose arbitrairement que ce douar nationaliste de la première heure était représentatif de tout le pays. Or on sait que dans l'Aurès les Aït Daoud (la tribu du premier chef de la wilaya 1, Mostefa Ben Boulaïd) s'étaient divisés dès le premier jour entre les partisans de celui-ci et ceux de l'agha Merchi, engagés du côté français[4] ; et qu'en 1963 les harkis représentaient 80 % de la population du village d'Edgar-Quinet, près de Khenchela, selon le ministre algérien de la Justice Amar Bentoumi[5].

Même entre les historiens rigoureux, il existe des évaluations divergentes. Ainsi Jacques Frémeaux conclut la sienne avec beaucoup de prudence : « Au total, il semble qu'on puisse attribuer aux Français la disparition directe ou indirecte d'environ 150 000 Algériens, toutes catégories confondues, chiffre

---

1. *L'Agonie d'Oran, 5 juillet 1962, historique des faits par Claude Martin et témoignages recueillis par Geneviève de Ternant et l'Écho de l'Oranie*, réédition en 3 volumes, Nice, Jacques Gandini, 2001 (donne une liste de cent quarante-cinq noms de morts et disparus). Voir aussi la thèse de Jean Monneret et la communication de Fouad Soufi au colloque cité *La Guerre d'Algérie dans la mémoire et l'imaginaire*.
2. Général Jacquin, « Le prix d'une guerre », *Historia-Magazine-La guerre d'Algérie*, n° 371-112, p. 3210-3213. Repris par Henri le Mire, *Histoire militaire de la guerre d'Algérie*, Albin Michel, 1988, p. 385-386.
3. Mahfoud Bennoune, *op. cit.*, p. 13.
4. Nordine Boulhaïs, *op. cit.*, p. 78-82.
5. SHAT, 1R 337/3, cité par Maurice Faivre, *Les archives...*, p. 139.

extrêmement élevé, mais très inférieur à celui des morts lors de la conquête. Le FLN, de son côté, aurait fait périr une centaine de milliers de compatriotes, dont une grande partie après l'indépendance, ce chiffre étant encore plus hypothétique que le précédent[1]. »

Mais Gilbert Meynier se montre plus audacieux et plus précis. Prenant comme base plausible l'évaluation démographique de Charles-Robert Ageron (250 000 personnes), il la décompose ainsi : environ 150 000 victimes militaires (suivant les statistiques militaires françaises et le recensement algérien de 1974) ; quelques milliers de harkis massacrés en 1962 (6 000 à 7 000, ou 10 000, suivant les estimations officieuses des militaires français) ; environ 30 000 civils algériens exécutés par le FLN comme traîtres ; quelques milliers de combattants algériens victimes de purges internes (6 000 à 7 000, ou 10 000 au maximum) ; entre 55 000 et 65 000 victimes civiles de la guerre. Ce qui attribue les quatre cinquièmes des pertes (200 000) à l'armée française, et le reste au FLN. Gilbert Meynier conclut avec fermeté : « Il faut redire que toute inflation victimisante sur le chiffre des victimes quelles qu'elles soient est de toute façon contradictoire avec les seuls documents qui fassent foi en définitive : les documents démographiques. Cette macabre comptabilité pour dire simplement qu'il n'est pas besoin, dans un sens ou dans un autre, de gonfler les chiffres pour qualifier la cruauté de cette horrible guerre. Deux cent cinquante mille morts, c'est beaucoup – l'équivalent, rapporté à la population, des morts de l'horrible guerre civile d'Espagne ; c'est trop. Et c'est assez[2]. »

On aimerait lui laisser le dernier mot, mais il faut rappeler que la critique radicale de Kamel Kateb affaiblit son argumentation. Celle-ci vaut surtout par le nombre des cartons d'archives dépouillés au SHAT au sujet des pertes algériennes[3].

Faut-il conclure par une déclaration de scepticisme ? Malgré toutes les raisons de douter, il nous paraît possible d'essayer de tirer, avec beaucoup de prudence, quelques leçons de ces chiffres macabres.

Les leçons des chiffres

Qu'il s'agisse de « massacres coloniaux » ou de massacres anticoloniaux, les historiens se trouvent confrontés à des nombres mythiques, accrédités par la foi, l'argument d'autorité et la répétition : les 45 000 morts (ou davantage…) du 8 mai 1945, le million ou le million et demi de martyrs de la guerre d'Algérie, les 3 000 disparus de la bataille d'Alger, les 200 à 300 morts de la répression du 17 octobre 1961 à Paris pour les uns, les

---

1. *La France et l'Algérie en guerre, 1830-1870, 1954-1962*, Economica, 2002, p. 262-263.
2. Meynier, *op. cit.*, p. 288-290.
3. Voir la liste, *op. cit.*, p. 288, note 51.

25 000 Français d'Algérie enlevés (dont 3 000 à Oran le 5 juillet 1962) et les 150 000 harkis massacrés pour les autres. Dans tous les cas, ils doivent respecter la même règle de conduite : ne rien affirmer sans pouvoir le prouver. Ils doivent se garder avec la même vigilance de l'exagération et de la sous-estimation. Osons même le dire : si la vérité ne peut être exactement évaluée, il vaut mieux la sous-estimer par excès de scrupule plutôt que de l'exagérer, à la fois pour garantir la crédibilité de ce que l'on affirme, et pour éviter d'attiser abusivement les haines[1].

Tous ces bilans, partiels ou généraux, ne peuvent être acceptés sans réserves. Ils devront être soigneusement vérifiés autant que cela sera possible à partir des témoignages et des documents de base pour en corriger les erreurs éventuelles. Mais, étant donné que celles-ci ne vont pas nécessairement dans le même sens, elles peuvent se neutraliser : leur ordre de grandeur n'en serait pas nécessairement infirmé. Il est donc possible d'en tirer, prudemment, quelques conclusions.

En premier lieu, la guerre d'Algérie n'a eu qu'un impact relativement limité sur une population algérienne en pleine explosion démographique. On ne saurait donc la qualifier sérieusement de « guerre d'extermination » ni de « génocide ». Ces expressions, héritées d'une propagande de guerre, devraient être rigoureusement bannies pour éviter de tromper le peuple algérien. La France, quels qu'aient pu être ses torts, n'a jamais voulu garder l'Algérie en anéantissant ou même en chassant son peuple.

En deuxième lieu, la guerre a frappé très inégalement les diverses populations concernées. Les Algériens musulmans ont incontestablement payé le plus lourd tribut : entre 2,5 % et 2,77 % de leur population totale, si l'on admet l'évaluation globale de Charles-Robert Ageron. Les Français d'Algérie viennent au deuxième rang, avec des pertes correspondant à 0,5 ou 0,6 % de leur communauté (y compris les disparus). Les Français de la métropole ont beaucoup moins souffert (moins de 0,05 %). Leurs pertes, essentiellement militaires, ont été incomparablement moins lourdes que celles de la Grande Guerre et de la Seconde Guerre mondiale[2]. Mais le rappel des disponibles et l'envoi du contingent en Algérie ont été moins bien supportés qu'une mobilisation générale pour la défense du sol natal[3] ; et la mort d'un fils en Algérie a fini par être jugée inacceptable. La lassitude des Français aspirant à vivre enfin en paix a été décisive.

---

1. L'organisateur des attentats de 1986 à Paris, Fouad Ali Saleh, s'est justifié à son procès en invoquant le million et demi de martyrs algériens.

2. La guerre d'Indochine a été beaucoup plus meurtrière (92 000 morts dans le camp français), mais les métropolitains (20 000) n'y ont pas été beaucoup plus nombreux ; et ils étaient tous des soldats de métier.

3. Les Français d'Algérie, qui avaient accepté des taux de mobilisation et de pertes très élevés pour libérer la mère-patrie de 1942 à 1945, ont été très choqués par les manifestations de rappelés contre leur envoi en Algérie.

En dernier lieu, la leçon des chiffres dément également les discours de propagande des deux camps. Contrairement à la thèse officielle de la « pacification » et du rétablissement de l'ordre troublé par une infime minorité de fanatiques et de bandits manipulés par la « subversion » étrangère, les « forces de l'ordre » ont tué, jusqu'au cessez-le-feu, beaucoup plus de rebelles que ceux-ci ont tué de Français et de Français musulmans. Il est donc impossible de continuer à prétendre que les forces françaises n'ont fait que « pacifier » et que protéger la masse de la population algérienne : la guerre d'Algérie a bien été une guerre. Et l'on n'a pas le droit d'affirmer que les meurtres et les massacres commis après le 19 mars 1962 ont rétabli l'équilibre, voire inversé le déséquilibre des pertes, sans être en mesure de le prouver.

De l'autre côté, le FLN a tué beaucoup plus d'Algériens « traîtres » à sa cause que d'ennemis « colonialistes » étrangers ; et les cruelles représailles qui se sont déchaînées après l'indépendance n'ont fait que rendre ce constat plus éclatant. Le fait que les pouvoirs coloniaux se sont toujours imposés et maintenus en divisant leurs sujets « indigènes » invite à en tempérer la signification, mais il ne l'annule pas. Ce bilan de guerre civile – inavouée comme telle – interdit de parler d'un soulèvement national unanime.

Témoignage de Jean Daniel

M. Benjamin Stora
M. Mohammed Harbi

Paris, le 13 janvier 2004

Chers amis,

Après m'avoir entendu, vous avez bien voulu me demander de faire état de quelques souvenirs personnels sur mon engagement algérien. Souvenirs qui, selon vous, pourraient n'être pas inutiles à votre vaste et audacieuse entreprise.

Certaines conversations avec des responsables du FLN qui m'étaient plus proches que les autres ont infléchi sérieusement mes comportements de commentateur dans les médias et de conférencier dans les cercles politiques. L'une de ces conversations a eu lieu dans l'avion où je me trouvais en 1960 et qui ramenait vers Melun Ahmed Boumendjel et Mohammed Benyahya, tous deux chargés des premiers contacts officiels avec les représentants du général de Gaulle. Boumendjel était le frère de mon ami de classe Ali, défenestré par Aussaresses. Benyahya était l'intellectuel ascète et ironique, aigu et maladif, qui avait l'autorité des radicaux.

Je me souviens que l'un des moteurs était en flammes, que Boumendjel ne dissimulait pas son inquiétude tandis que Benyahya entendait montrer qu'il méprisait le risque et la mort. J'ai demandé à ce dernier s'il avait la liberté de me répondre franchement sur une question essentielle. Y avait-il, lui ai-je demandé, un avenir quelconque dans une Algérie indépendante pour les Juifs algériens et pour les Européens d'Algérie ? Il est resté longtemps silencieux. Après quoi il m'a dit que le pendule était allé trop loin d'un seul côté et pendant trop longtemps, et que le retour du pendule se ferait avec la même continuité et la même violence en faveur de l'arabo-islamisme. Nous ne pourrons pas l'empêcher, disait-il, et il ajoutait, pour être honnête avec moi, qu'il ne pensait pas que ce serait souhaitable (de l'empêcher). Je lui ai parlé de la plate-forme de la Soummam et des appels aux Juifs et aux Européens. « Nous ferons tout pour être fidèles à ces appels et, s'il y est répondu, pour tenir nos promesses. Mais je parle, à titre personnel, à un ami que je ne veux pas laisser dans l'illusion : je n'y crois pas. » J'ai demandé s'il devinait les conclusions que des amis comme Claude Krief, Robert Barrat et moi pourrions tirer de tels propos. Il s'est contenté de me répondre que Claude Krief avait toujours accordé trop de crédit aux ténors de la Fédération de France du FLN. « Notre socialisme s'insère dans une révolution arabe et islamique, et nous l'assumons. »

Il s'est déplacé pour se mettre à côté de Tom Brady, le correspondant à Tunis du *New York Times*. J'étais seul à côté d'Ahmed Boumendjel. Ce dernier m'a dit que si Benyahya me faisait revenir de loin, il était lui aussi dans ce cas. Mais il fallait s'y résigner : le peuple algérien était profondément musulman et essentiellement rural. Il n'avait aucune prédisposition révolutionnaire. Nous avons à l'entraîner pour le mettre en branle. À l'entraîner, et nos frères ajoutent : à le terroriser. Il faut que notre terreur soit supérieure à toutes les autres, celle de l'État français et celle des autres partis algériens. « La terreur est un fait initial des révolutionnaires », a conclu tranquillement Benyahya en venant se rasseoir.

Lorsque j'ai fait le retentissant reportage sur le commandant Azzedine à propos de l'opération Oiseau bleu en Kabylie[1], j'ai rapporté – au grand dam de mes amis de *L'Express*, de *Témoignage chrétien* comme des sartriens – comment, selon le commandant, pour être recruté par l'ALN, il fallait avoir fait ses preuves en tuant deux « collaborateurs ». Mais qui étaient ces derniers ? Réponse : n'importe qui, puisque tout le monde l'était.

Les confidences que m'a faites Krim Belkacem sur les méthodes utilisées contre les frères, traîtres, collaborateurs, déserteurs, valent leur pesant de consternation. Selon Krim, à la fin de la guerre, sur le fameux million de « chouhada », il fallait bien compter deux cent mille à trois cent mille victimes du fait de la sainte terreur révolutionnaire. Krim – la scène se passait à Hammamet chez un ami effaré – se rengorgeait et tirait fierté de tels exploits.

Davantage ! Krim Belkacem, dont j'ai eu la faiblesse de faire le portrait en le comparant à un héros de Malraux, a cru devoir me faire des « reproches bienveillants » sur les campagnes de nos amis et de nos journaux contre la torture. Nous ne sommes pas des victimes, disait-il avec impatience, nous sommes des chefs de guerre ! Certains d'entre nous sont pris et subissent le sort que le destin leur inflige. Mais nous avons nous aussi des prisonniers. Il y a une armée algérienne contre une armée française et il n'y a pas des surhommes français qui boufferaient des petits maquisards.

Plus tard, un jour que Sartre, dans un éditorial non signé des *Temps modernes*, m'accusait de jouer les bonnes âmes devant la « contre-terreur » des révolutionnaires algériens, cela parce que j'avais dénoncé le massacre

---

1. Au cours de l'été 1956, des hommes du 11e choc, unité d'élite de l'armée française, organisent une opération de manipulation des maquis de l'ALN en Kabylie, avec l'aide d'anciens transfuges du FLN. L'opération échoue (*NdE*).

de Melouza[1] (infligé aux bellounistes), j'ai décidé pour la première fois d'instaurer une polémique à gauche à propos des moyens et des fins dans la révolution. Dans un article de la revue *Esprit*, j'ai accusé Sartre et les siens de sacraliser le FLN comme ils avaient sacralisé les communistes staliniens, et je réclamais le droit de défendre la cause algérienne sans soutenir de manière inconditionnelle ceux qui, au nom d'un « léninisme islamiste », prétendaient en confisquer la représentation. Ma plus grande surprise est venue ensuite. C'est Ben Kheda, futur président, qui m'a fait savoir par le professeur Marcel Domerc (ami de Mandouze) que j'avais raison de ne pas sous-estimer la dimension arabe et musulmane d'une partie des leaders algériens.

-Voici pour la dimension « islamique » et « guerre civile » de la révolution algérienne dans mes souvenirs.

Restent deux ou trois anecdotes significatives. Avant l'arrivée de De Gaulle au pouvoir, un groupe du Club Jean-Moulin, sous la présidence de Simon Nora, avait rédigé un rapport d'aide économique à l'Algérie qui devait jeter toutes les bases du fameux et futur « plan de Constantine[2] ». J'ai apporté ce plan à Ahmed Boumendjel, qui a passé trois nuits à le lire et à le discuter avec des experts internationaux (dont un Américain). Boumendjel est revenu vers moi le quatrième jour pour me dire que le FLN se trouvait devant une offre considérable et qu'il allait prendre une décision grave, celle de rejeter ce plan, qui était le salut de l'Algérie pour des générations à venir.

Après l'arrivée du Général aux affaires, je suis allé voir Ferhat Abbas qui m'a dit que de Gaulle était effrayant, parce que tout seul il avait arraché aux Anglais, aux Américains et aux Russes un siège au Conseil de sécurité. Mais d'un autre côté, il trouvait rassurant que de Gaulle fût un patriote qui pouvait comprendre le désir d'indépendance des Algériens. J'ai rapporté cette réaction à l'Élysée, à Olivier Guichard. Je m'attendais à ce que Guichard, sur le conseil de Roger Stéphane, me fît rencontrer de Gaulle. Au lieu de quoi Guichard m'a donné la réponse du Général, qui était impatienté par le fait que Ferhat Abbas osait se comparer à lui : « Je n'ai pas, moi, épousé une Allemande. Je n'ai pas mis mes enfants dans une école allemande. Et surtout, je n'ai jamais demandé aux Allemands la nationalité allemande. » Lorsque j'ai rapporté ces propos à Boumendjel, la

---

1. Le 28 mai 1957, une unité de l'ALN entreprend une expédition punitive contre des villageois de Melouza soupçonnés de sympathies messalistes. L'expédition tourne au massacre : 374 villageois sont assassinés. Le responsable du MNA de la région, Mohamed Bellounis, se rapproche alors, provisoirement, des troupes françaises, pour assurer la survie de ses militants (les « bellounistes ») (*NdE*).

2. Du 2 au 5 octobre 1958, le général de Gaulle effectue son quatrième voyage en Algérie. À Constantine, troisième ville d'Algérie, à majorité musulmane, il annonce un plan sur cinq ans de développement économique et de promotion culturelle et sociale, et rappelle l'existence de la « personnalité algérienne » (*NdE*).

réaction fut terrible. C'était tout le procès des Amis du Manifeste[1] que de Gaulle faisait avec ignorance et arrogance.

Dans un ordre tout à fait différent, il est une autre histoire sur laquelle les historiens m'ont paru souvent hâtifs ou polémiques. Lorsque Mendès France dit « l'Algérie, c'est la France », il est traqué par les ultras français de Tunisie, du Maroc, des mafieux parisiens et de leurs représentants à l'Assemblée nationale. Bourguiba a peur. Il me confie (directement à moi personnellement) qu'il suffirait d'une connerie de ces paysans incultes pour que l'on fasse échouer les négociations sur l'autonomie interne de la Tunisie. Lorsque Mitterrand déclare « la seule négociation, c'est la guerre », il sait qu'il peut le dire car c'est ce que pensent le Parti communiste algérien, Messali, Ferhat Abbas, les communistes français, le roi du Maroc et le nouveau chef de la Tunisie. Que pensent-ils ? « Qu'avec ces gens-là, la seule négociation possible, c'est la guerre. »

Sans doute, c'est un fait que, pour des raisons tortueuses, Mitterrand refusera que je révèle, grâce aux archives qu'il possédait, les encouragements maghrébins qu'il avait eus à prononcer de telles paroles. Il ne déplaisait pas au prince de l'ambiguïté que les fanatiques de l'Algérie française pussent croire qu'il avait été un moment des leurs...

Mais il y a tant d'autres choses...

Vôtre, bien amical, Jean Daniel.

1. Le 31 mars 1943, Ferhat Abbas remet un manifeste signé par trente personnalités algériennes au gouverneur général d'Algérie, réclamant plus d'autonomie pour le pays. Pour soutenir cette initiative, approuvée par les partisans de Messali Hadj, une association se crée le 14 mars 1944, rassemblant toutes les tendances du nationalisme algérien.

QUATRIÈME PARTIE

REPRÉSENTATIONS

1999-2003, guerre d'Algérie, les accélérations de la mémoire

par Benjamin Stora

Les 3 et 4 octobre 2003 à l'auditorium de l'hôpital européen Georges-Pompidou à Paris, à l'occasion de Djazaïr, l'Année de l'Algérie en France, la Société franco-algérienne de psychiatrie (SFAP) organise son premier congrès autour du problème des « états post-traumatiques liés à la guerre d'Algérie et des phénomènes complexes de la mémoire post-traumatique[1] ». Pour cette première rencontre de psychiatrie, entièrement consacrée à ce chapitre de l'histoire des deux pays, les organisateurs écrivent : « On ne compte plus les articles sur les vétérans des guerres de Corée, du Vietnam (l'américaine), du Golfe… Le travail de mémoire souffrirait-il d'amnésie sélective ? Les soldats français, les combattants du FLN, les harkis, les rapatriés, les femmes veuves, les victimes de sévices sexuels, les orphelins n'auraient-ils pas droit à la même compassion que tous les "blessés de la vie" par inondations, accidents ferroviaires, famine, attentats, guerre civile ? »

Pourtant, dans les années 1999-2003, lentement mais sûrement, le passé tragique de la guerre d'Algérie revient hanter la conscience française. Avec les terribles confessions de soldats français ayant pratiqué la torture et des viols sur des femmes algériennes qui se succèdent, notamment lors d'émissions diffusées à la télévision française[2] ; avec, également, la reconnaissance de l'abandon des harkis, ces troupes de supplétifs musulmans, par les gouvernements français après l'indépendance de 1962 ; avec, aussi, l'inauguration de différents lieux de mémoire consacrés à cette séquence contemporaine, tragique, de l'histoire française. Après le passé de Vichy, qui « refusait de passer » pour reprendre la formule de l'historien Henry Rousso, la France, vieux pays qui a mal à son histoire récente, sort de l'oubli des « années algériennes ». La dénégation de cette période s'était

---

1. Cette rencontre, présidée par les professeurs Henri Loo, Farid Kacha et Frédéric Rouillon, est organisée avec les communautés médicales algérienne et française.

2. En février et mars 2002, trois documentaires ont ainsi été diffusés sur les chaînes publiques françaises : « Le viol des femmes algériennes », de Valérie Gajet ; « Paroles de tortionnaires », de Jean-Charles Deniau, et « Ennemi intime », de Patrick Rotman.

installée dès la fin de la guerre d'Algérie en 1962, le pays voulant tourner une page douloureuse de son histoire coloniale. Et le refoulement des exactions commises a été entretenu par les différentes amnisties promulguées par différents gouvernements, de gauche comme de droite, en 1962, 1968, 1974, 1982.

Dans mon ouvrage *La Gangrène et l'Oubli* rédigé en 1990-1991, trente ans après l'indépendance de l'Algérie, j'avais tenté de montrer comment cette guerre ne se finissait pas, dans les têtes et dans les cœurs[1]. Parce que, de part et d'autre de la Méditerranée, elle n'avait pas été suffisamment nommée, montrée, assumée dans et par une mémoire collective. La mise en mémoire qui devait permettre l'apaisement par une évaluation rationnelle de la guerre d'Algérie avait été « empêchée » par les acteurs belligérants. Le lecteur pouvait découvrir comment s'étaient mis en place les mécanismes de fabrication de l'oubli de ce conflit inavouable ; comment les « événements » qui s'étaient produits entre 1954 et 1962 avaient structuré en profondeur la culture politique française contemporaine ; comment une frénésie de la commémoration de la guerre, en Algérie, avait fondé une légitimité militaire étatique, appuyée sur un parti unique.

En France, un oubli de la guerre, et, en Algérie, un oubli de l'histoire réelle pour construire une culture de guerre… Bref, cet ouvrage d'histoire, *La Gangrène et l'Oubli*, entendait ne pas perdre de vue l'injonction de Freud, « N'oubliez pas l'oubli ! », en proposant une réflexion sur le décalage entre ceux qui devaient légitimement oublier pour continuer à vivre après la guerre, ceux qui souffraient de cruelles réminiscences, et ceux qui ne supportaient plus, de part et d'autre de la Méditerranée, les trous de mémoire voulus, volontaires de ce conflit. Près de quinze années plus tard, le travail de mémoire de la guerre d'Algérie a-t-il progressé, a-t-il franchi un seuil ?

Durcissement et tragédies

En Algérie, les effets de mémoire se sont amplifiés de manière redoutable. Nous sommes passés d'une culture de guerre à la guerre ouverte qui a fait, depuis l'interruption du processus électoral en 1992, au moins cent mille morts[2]. L'effacement du politique dans la représentation du nationalisme algérien au profit de la séquence « guerre contre la France coloniale » signifiait que seule la violence permettait d'obtenir une revendication ; ou, au contraire, de maintenir des positions acquises. Il y a eu passage à l'acte.

---

1. Benjamin Stora, *La Gangrène et l'Oubli, la mémoire de la guerre d'Algérie*, Paris, La Découverte, 1991, réédition de poche La Découverte, 1998.
2. Amnesty International, Fédération internationale des droits de l'homme, Human Rights Watch, Reporters sans frontières, *in Algérie, le livre noir*, Paris, La Découverte, 1997.

Avec la terrible violence des groupes islamiques pour conquérir le pouvoir, et une violence également terrible de l'État algérien pour se maintenir.

Dans le même temps, en France, le Front national poursuivait sa progression, s'alimentant aux sources du refoulé de cette guerre. La perte de l'Algérie française apparaît toujours comme la justification *a posteriori* du système colonial, par construction d'une mémoire de la revanche. L'assassinat du président d'une association de rapatriés, le Recours, Jacques Roseau, le 5 mars 1993, a fait rejaillir le spectre meurtrier de l'OAS dans l'actualité. Ce que reprochaient ses meurtriers à Jacques Roseau, c'était sa volonté de rapprochement avec les Algériens en effaçant les vieilles rancunes. Les milieux ultras, nostalgiques de l'Algérie française, l'accusèrent d'être un « traître proarabe », « pro-FLN », d'autant qu'il s'opposait vigoureusement au discours raciste du lepénisme. Dans son livre paru en 1991, *Le Cent Treizième Été*, il écrivait : « Assassiner les Arabes, c'est un peu nous assassiner, assassiner l'Algérie de nos villages, assassiner nos rêves. » La transgression du tabou de l'Algérie française fut fatale à Jacques Roseau. En réponse à sa « trahison », autour de l'implacable logique, « les Algériens nous ont chassés, pourquoi vivent-ils encore en France ? », l'un des trois assassins du président du Recours déclara après son arrestation : « Je suis un ancien de l'OAS, et je le serai jusqu'à ma mort. » Même profession de foi, à son procès, du meurtrier d'un jeune Comorien assassiné à Marseille en 1997.

Les dessins d'autres lignes

Mais derrière les durcissements de mémoire, en France et en Algérie, d'autres lignes commencent à se dessiner. En Algérie aussi, la mémoire de cette guerre évolue. Dans la nouvelle guerre qu'elle connaît, une autre nation algérienne émerge, et l'État perd progressivement le contrôle du monopole d'écriture de l'Histoire. Sous un énorme titre, « 5 juillet 1962-5 juillet 1992, trente ans d'amnésie », qui barre toute la « une » du quotidien *El Watan*, l'éditorialiste écrivait en 1992 : « Trente ans, l'âge adulte, celui de la maturité. L'Algérie l'a atteint aujourd'hui. C'est pourquoi elle a le droit de savoir ce qui s'est passé pendant la longue période coloniale et durant les sept années terribles de la guerre de libération nationale. Qu'importent les forces et les faiblesses de tous ceux qui se sont jetés dans les batailles. Ce qui importe c'est que soit rendue l'Histoire à la nation. L'Algérie c'est aujourd'hui une quinzaine de millions de jeunes qui ont besoin de valeurs, de repères et de balises pour aborder le prochain siècle, forts de leur personnalité historique[1]. » Des pères fondateurs du nationalisme algérien sortent de l'exil de mémoire : l'aéroport de Tlemcen porte

---

1. A. Boumédiène, « Trente ans d'amnésie », *El Watan*, dimanche 5 juillet 1992.

désormais le nom de Messali Hadj, et l'université de Sétif, celui de Ferhat Abbas. Et depuis la terrible tragédie qui secoue l'Algérie, des chefs histo-riques du déclenchement de l'insurrection de novembre 1954, Hocine Aït Ahmed, Ahmed Ben Bella et Mohammed Boudiaf (assassiné en juin 1992 alors qu'il était devenu président de la République) font retour dans l'espace public, politique. Les recherches autour de la terrible violence qui frappe ce pays ont été l'occasion d'un réexamen des héritages historiques définissant le nationalisme algérien depuis ses origines. Les histoires héroïques, les légendes et les stéréotypes sont rejetés par la jeunesse algé-rienne qui veut désormais savoir ce qui s'était réellement joué dans cette guerre de sept ans entre l'Algérie et la France. Savoir pourquoi un parti unique, le FLN, s'était installé. Comprendre pourquoi l'Algérie s'est pro-gressivement enfoncée dans une terrible tragédie qui a fait plus de cent mille morts depuis l'interruption des élections de janvier 1992, et l'instal-lation d'une guérilla islamiste aux méthodes cruelles.

La presse algérienne expose les rencontres ou colloques organisés autour de personnages comme Ferhat Abbas ou Messali Hadj : « On pour-rait être tenté d'opposer à cet ensemble de signaux leur modestie, leur fragilité. En vérité, et au-delà des cas Messali ou Abbas et de la forte charge affective et politique qui les entoure, c'est bien un processus en cours qui signale la virtuelle obsolescence du contrôle politico-policier sur des pans entiers de l'histoire du pays[1]. »

La France, de son côté, connaît depuis 1992 un accroissement considé-rable de travaux, de publications, de films de fiction et de documentaires, d'expositions autour de la guerre d'Algérie. Cette connaissance s'accom-pagne d'une reconnaissance de cette guerre. Le secrétariat d'État aux Anciens Combattants envisage de promouvoir un mémorial, au centre de Paris, des soldats tués en Algérie. Il évoque la possibilité d'un lieu de mémoire semblable dans sa conception à celui édifié à Washington pour les anciens du Vietnam. Les associations de rapatriés se félicitent des mesures d'indemnisation prises en leur faveur, et les chercheurs peuvent commencer à consulter les premières archives militaires françaises ouvertes depuis 1992. Ces progrès n'empêchent pas les saignements de mémoire. Les enfants d'immigrés algériens réclament toujours justice pour leurs pères tués un soir du mois d'octobre 1961, et les fils de harkis se vivent toujours comme des « oubliés de l'Histoire ». De l'autre côté de la mer, la jeunesse d'Algérie ne comprend pas pourquoi « on » a assassiné, le 29 juin 1992, un des pères de la révolution algérienne, Mohammed Boudiaf… Dans les urgences du présent, les exigences de mémoire restent. L'écriture de l'histoire de la guerre d'Algérie ne fait que (re)commencer.

---

1. Chaffik Benhacène, « Le débat est ouvert sur les pères du nationalisme algérien », dans le quotidien algérien *La Tribune*, 21 mai 1998.

Franchissement d'un seuil, 1999-2001

Un premier seuil est franchi au moment du procès de Maurice Papon en 1998, jugé pour crimes contre l'humanité dans la déportation d'enfants juifs de Bordeaux. Son action est évoquée à propos de la tragique nuit du 17 octobre 1961. Maurice Papon était alors préfet de la Seine lorsque fut menée la terrible répression qui coûta la vie à des dizaines d'Algériens. Mais le saut décisif est bien le vote à l'Assemblée nationale française, acquis à l'unanimité en juin 1999, d'une proposition de loi visant à la reconnaissance du terme de « guerre » pour qualifier les événements advenus en Algérie entre 1954 et 1962. De nombreuses polémiques et explosions mémorielles lui ont fait suite [1].

Le samedi 4 novembre 2000, le Premier ministre français Lionel Jospin apporte son soutien à un appel lancé par des intellectuels, et publié par le journal communiste *L'Humanité* le 31 octobre 2000. Dans cet appel, signé entre autres par Henri Alleg (son ouvrage *La Question* publié aux Éditions de Minuit puis interdit en 1958 avait fait grand bruit) ou le mathématicien Laurent Schwartz (fondateur du comité Maurice Audin en 1957), on pouvait lire qu'il « revient à la France, eu égard à ses responsabilités, de condamner la torture qui a été entreprise en son nom durant la guerre d'Algérie ». Le soutien du Premier ministre est perçu comme un encouragement au développement de témoignages et de prises de position idéologiques sur cette question de la torture. Le quotidien *Le Monde* est en pointe sur ce thème. Ce journal avait déjà publié le 20 juin 2000 le témoignage recueilli par Florence Beaugé de Louisette Ighilahriz, une militante algérienne indépendantiste. Pendant trois mois à la fin de 1957, à Alger, cette jeune fille, alors âgée de vingt ans, fut atrocement torturée à l'état-major de la 10ᵉ division parachutiste du général Massu. Toujours sous la signature de Florence Beaugé, *Le Monde* publie le 9 novembre 2000 la terrible histoire d'une jeune femme, Kheira, violée par des militaires français, puis le 11 novembre les récits de Pierre Alban Thomas, capitaine au 2ᵉ bureau chargé du renseignement, de Georges Fogel et André Brémaud, simples soldats du contingent en Algérie. Ils disent avoir regardé la torture sans intervenir, et ce souvenir si longtemps occulté leur laisse un sentiment de dégoût et de honte.

Les flambées de mémoire

Quarante ans après ces faits tragiques, une parole se libère, portant l'écho de ces douloureux événements. Une autre parole se libère aussi : celle de généraux ayant participé à la bataille d'Alger en 1957, où la

---

1. Un article de Tramor Quemeneur, paru en décembre 2001 à *La Documentation française*, fait le point sur ces nombreuses prises de parole en recensant les articles parus dans la presse écrite et les émissions de télévision consacrées au sujet.

torture fut massivement pratiquée. Dans *Le Monde* du 23 novembre 2000, le général Jacques Massu, quatre-vingt-douze ans, juge positivement l'appel lancé par les intellectuels dans *L'Humanité* en faveur de la reconnaissance et de la condamnation de la torture en Algérie par la France. « Je prendrais ceci pour une avancée », déclare-t-il. Dans le même journal et le même jour, le général Paul Aussaresses, quatre-vingt-deux ans, se prononce, lui, contre une telle repentance. Il explique comment il « s'était résolu à la torture » et relate les exécutions sommaires auxquelles il s'est livré à Alger. Il affirme avoir tué de sa main vingt-quatre « suspects » algériens. Ce dernier témoignage connaît un grand retentissement. Le 24 novembre, le Premier ministre semble faire marche arrière en refusant de donner son aval à la création d'une commission d'enquête parlementaire sur les tortures commises pendant la guerre d'Algérie, commission réclamée par le Parti communiste français. Mais le débat est désormais bien lancé : toutes les formations politiques, de droite comme de gauche, s'expriment sur le sujet. L'idée d'une commission d'historiens sur cette question fait son apparition, le problème des archives de la guerre d'Algérie est posé, le contenu des manuels scolaires traitant de cette période est évoqué, critiqué[1], et une thèse fondée notamment sur le décryptage des journaux de marche des régiments français durant le conflit algérien confirme que la torture n'a pas été seulement le fait de quelques militaires isolés. Pourquoi cette soudaine flambée de mémoire ? Ce retour de mémoire n'est pas simplement lié à un travail journalistique, mais entre en résonance avec les désirs d'un *nouveau groupe porteur de la mémoire de la guerre d'Algérie* : les enfants issus de l'immigration algérienne en France. Ces derniers, qui forment désormais un groupe important de citoyens dans la société française, ne sont pas liés à l'histoire coloniale de l'Algérie française. En revendiquant le droit, à la fois de rester fidèles à la mémoire de leurs pères qui ont combattu pour l'indépendance de l'Algérie et de vivre pleinement leur citoyenneté française, ils bousculent le récit traditionnel de l'histoire de la colonisation. Ils obtiennent, à la suite du combat livré par le mouvement associatif, la reconnaissance du massacre commis contre les travailleurs algériens le 17 octobre 1961[2]. Le maire de Paris, Bertrand Delanoë, dépose une plaque le 17 octobre 2001, sur le pont Saint-Michel, à la mémoire des travailleurs algériens tués quarante ans auparavant. À ce moment-là, des organisations associatives, des syndicats et des partis politiques demandent la reconnaissance officielle de ce crime, le libre accès aux archives pouvant aider à

---

1. Sur ce sujet, voir l'article paru dans *Le Monde diplomatique*, « L'histoire expurgée de la guerre d'Algérie », par Maurice T. Maschino, février 2001.

2. Le mardi 17 octobre 1961, des milliers d'Algériens – hommes, femmes et enfants – manifestent pacifiquement, à l'appel du FLN, dans les rues de Paris contre le couvre-feu qui leur est imposé par le préfet de police, Maurice Papon, et le gouvernement. La manifestation est férocement réprimée. Onze mille manifestants sont arrêtés. Parqués dans des stades, emmenés dans des sous-sols, battus, torturés, certains sont assassinés et jetés dans la Seine.

écrire l'histoire de cette guerre coloniale et en particulier de cette journée, l'introduction et l'étude de ces événements dans les programmes et les manuels scolaires, la création d'un lieu du souvenir à la mémoire des victimes. Une manifestation se dirige du cinéma Rex, près du métro Bonne-Nouvelle où, le 17 octobre 1961, des Algériens furent assassinés, et rallie le pont Saint-Michel. Quelques semaines auparavant, en août 2001, l'Éducation nationale contribue à la vérité historique en organisant un important colloque sur « comment enseigner l'histoire de la guerre d'Algérie » devant trois cents professeurs d'histoire à l'Institut du monde arabe à Paris.

Les conditions d'un retour

La conjonction de plusieurs facteurs peut expliquer le retour brutal de cette mémoire longtemps dissimulée, non assumée. Le passage des générations joue, d'abord, un rôle essentiel. Au soir de sa vie, la militante algérienne Louisette Ighilahriz a eu envie de retrouver celui qui l'avait sauvée, et le général Jacques Massu, lui, a eu envie de s'excuser. Un sentiment de culpabilité émerge enfin pouvant conduire à un processus de réexamen de cette histoire proche. De son côté, la nouvelle génération est avide de son passé. Avec la crise des idéologies, elle se tourne vers cette époque pour trouver des points de repère. Et la nouvelle histoire se fait par le récit des victimes et non plus par le discours autojustificateur de l'État. Dans ce contexte, un processus de judiciarisation de l'Histoire – c'est le fameux « syndrome Pinochet » – se développe. Le procès Papon en octobre 1998 a contribué à faire entrer la guerre d'Algérie dans le registre des « mises en examen » de l'Histoire : Maurice Papon qui était à Bordeaux en 1942 a été préfet à Constantine en 1958, et enfin préfet de police à Paris au moment de la terrible ratonnade d'octobre 1961...

La fin d'un temps de latence est une autre explication. Il aura fallu quarante ans pour reconnaître le drame de Vichy, quarante ans sont donc nécessaires pour regarder la guerre d'Algérie en face. Avec l'apparition de sentiments comme la honte et la culpabilité. Ce temps de latence aura fini par révéler les trois facettes du conflit algérien : une guerre d'Indépendance algérienne contre la France, une guerre civile franco-française sur la conception de la nation et la séparation d'avec son Empire, et une guerre civile algéro-algérienne pour le contrôle des populations civiles[1].

L'ouverture des archives, notamment militaires, pèse dans cette nouvelle volonté de savoir. Les universitaires prennent désormais le relais des journalistes qui, comme Yves Courrière, Jean Lacouture ou Jean Daniel, ont

---

1. Sur cet aspect, voir l'ensemble des travaux de Mohammed Harbi, notamment *Le FLN, mirage et réalité*, Paris, Jeune Afrique, 1980.

« porté » la mémoire de la guerre d'Algérie jusque-là. Le monumental travail de classement, de présentation et d'organisation des archives militaires par Jean-Charles Jauffret apporte la preuve de l'investissement du travail historique qui ne se contente plus des témoignages d'acteurs ou de la lecture de la presse d'époque.

Par le volume, le rythme et la fréquence rapprochée des productions de livres et d'images consacrés à cette guerre, qui habite si fortement l'imaginaire français, le temps du travail de deuil, très long, semble fini. La perception qui se dégage est celle de la sortie de l'oubli, qui tient en grande partie à l'émergence d'un travail historique. Beaucoup de documents de cette guerre sont désormais accessibles, en particulier ceux du Service historique de l'armée de terre (SHAT), et une nouvelle génération de chercheurs, non directement engagés dans les combats de l'époque, apparaît. Ce passage du témoignage à la critique historique, de la politique à l'histoire permet à des peuples traumatisés, français et algériens, d'oser regarder le passé, de cesser de le mythifier ou de s'en détourner, pour simplement le comprendre.

La tragédie de la situation algérienne actuelle (la guerre civile commencée dans les années 1990 a fait plus de cent mille morts) réveille les souvenirs de la « première » guerre. Dans le même temps, l'Algérie s'est débarrassée du parti unique. La fin du FLN libère les souvenirs. La France ne peut plus se focaliser uniquement sur le totalitarisme de certains cercles du FLN pour éviter de voir les brutalités commises par sa propre armée. La fin de l'anticommunisme joue également un rôle : longtemps, l'anticommunisme a permis d'éluder la culpabilité à l'égard des colonisés. Depuis la chute du mur de Berlin, l'Occident et la France ne peuvent plus éviter l'examen de conscience colonial.

Autre condition du retour de mémoire : la « génération des djebels », c'est-à-dire les anciens soldats d'Algérie, est aux commandes de l'État. Après la mort de François Mitterrand en 1996, homme politique issu des années de la collaboration et de la Résistance, les Français ont élu un président de la République qui a fait la guerre d'Algérie : Jacques Chirac. Son Premier ministre de gauche, Lionel Jospin, est entré en politique en opposition à la guerre d'Algérie. Et la masse des anciens soldats, ceux du contingent, défile par dizaines de milliers à Paris, depuis quelques années, pour obtenir réparation et la carte de combattant. Ainsi, en avril 1994, plusieurs milliers d'anciens combattants d'Afrique du Nord – vingt mille selon les organisateurs – ont défilé dans les rues de Paris pour réclamer le « droit à la retraite anticipée » et l'« égalité des droits de tous les anciens combattants ».

Enfin, il y a des actes : en juin 1999, l'Assemblée nationale française reconnaît enfin la « guerre d'Algérie ». Et, en juillet 1999, le président algérien Abdelaziz Bouteflika réhabilite les pères fondateurs du nationalisme algérien, Messali Hadj et Ferhat Abbas.

Le difficile travail de vérité, de justice et de réconciliation

Au début de l'année 2002, en France, les premiers freins au travail de mémoire sur la guerre d'Algérie se font sentir. La gauche française veut faire adopter par l'Assemblée nationale le projet faisant de la date du 19 mars une Journée nationale du souvenir et de recueillement à la mémoire des victimes civiles et militaires de la guerre d'Algérie et des combats du Maroc et de Tunisie. Le projet de loi ne peut être adopté, le 23 janvier 2002 en première lecture, que par deux cent soixante-dix-huit voix. Deux cent quatre députés de la droite ont voté contre et trente-cinq se sont abstenus. Ce texte qui devait recueillir les deux tiers des voix pour aller devant le Sénat n'achèvera pas son parcours. Ce refus révèle que quarante ans après les faits, les débats sur la guerre d'Algérie en France restent houleux et tabous. Cette date, qui correspond à la proclamation du cessez-le-feu en 1962, divise le monde des anciens combattants d'Algérie et la classe politique française.

Des cerles de pieds-noirs et de harkis la rejettent. Pour eux, des harkis ont été massacrés en Algérie entre cette date, qui correspond à la signature des accords d'Évian et au cessez-le-feu, et le 5 juillet 1962, jour de la proclamation de l'indépendance de l'Algérie. Deux autres dates sont proposées au gouvernement Jospin par la droite et les anciens d'Algérie si, disent-ils, il a réellement « l'exigence du devoir de mémoire et de faire vivre, au-delà des anciens combattants, les valeurs de civisme et de citoyenneté » : le 16 octobre, qui correspond au transfert des cendres du soldat inconnu d'Afrique du Nord à Notre-Dame de Paris, ou le 11 novembre, qui célèbre la fin de la Première Guerre mondiale. Les deux dates sont rejetées par le gouvernement.

Dans l'année du quarantième anniversaire des accords d'Évian, en 2002, des éditeurs se lancent dans la publication d'ouvrages portant sur cette guerre. Pas moins de quarante ouvrages (romans, récits historiques, auto-biographies, essais...) sont publiés, et différents colloques universitaires sont organisés au CNRS, sous la direction de Jean-Charles Jauffret, ou à l'université Jussieu, sous la responsabilité de Lucette Valensi. Pourtant, l'opinion publique se divise en France. Certains pensent qu'il serait souhaitable de voir les tortionnaires de la guerre d'Algérie traduits en justice. D'autres ne sont pas partisans d'une solution pénale, soutenant qu'il vaut mieux essayer de mettre fin à ces guerres de mémoire que de les ressusciter encore et toujours. Dans cet esprit, l'idée de la création d'une commission « vérité et réconciliation » commence à s'imposer, composée de juristes, d'hommes de foi et de loi, d'hommes politiques et d'historiens, afin que la mémoire circule entre les différents groupes. Mais l'État doit prendre ses responsabilités et il n'appartient pas aux historiens de décider de la création de telles commissions.

En Algérie, le manque d'enthousiasme des autorités devant le *mea culpa* des généraux français montre la difficulté du travail de vérité. Le président Abdelaziz Bouteflika a redonné toute son importance à Messali Hadj, ce qui est à l'évidence un acte important. Mais cela veut-il dire qu'il appelle de ses vœux un retour critique sur les mythes fondateurs du nationalisme algérien ? Si l'on se penche sur le côté algérien de la guerre, qu'exhumera-t-on ? Un conflit fratricide entre les messalistes et le FLN, une violence inouïe qui s'est soldée par le massacre dit de Melouza en mai 1957 où plus de trois cent soixante-quatorze villageois ont péri. Cet aspect est difficile à accepter. Pour preuve, annoncée pour les 16 et 17 octobre 2000 puis pour les 11 et 12 mars 2001, la tenue du colloque sur Messali Hadj à Batna n'aura jamais lieu. Ces reports laissent transparaître en arrière-plan le refus du bureau de l'ONM (l'Organisation nationale des anciens moudjahidines) de Batna. De fait, dès l'annonce de sa tenue, Rabah Belaïd, professeur d'histoire à la faculté de droit de l'université de Batna et initiateur de ce colloque, rencontre des difficultés avec le bureau de wilaya de l'ONM. Le différend prend de l'ampleur, Rabah Belaïd est convoqué en février 2001 et auditionné par un juge d'instruction, à la suite d'une plainte déposée par le bureau de wilaya de l'ONM pour « propos diffamatoires à l'encontre des symboles de la révolution et des *chouhada* ». Cette plainte a pour origine la communication donnée par Rabah Belaïd au colloque sur Messali Hadj tenu à Tlemcen le 30 mars 2000 puis reprise par plusieurs journaux. Dans cette conférence, l'historien traite le groupe du Comité révolutionnaire pour l'unité et l'action (CRUA-FLN) « d'opportunistes », et aborde le massacre commandé par le chef de la wilaya 3 en 1957 des 384 habitants du village de Melouza, dont des femmes et des enfants, restés fidèles à Messali Hadj[1].

2002-2003, Jacques Chirac et la poursuite mémorielle

Le jeudi 5 décembre 2002, le président français Jacques Chirac inaugure à Paris un mémorial national à la mémoire des soldats français morts en Algérie, au Maroc et en Tunisie de 1952 à 1962. Ce mémorial, situé quai Branly à Paris, près de la tour Eiffel, consiste en un ensemble de trois colonnes alignées, hautes de six mètres. Dans chacune d'elles un afficheur électronique fait défiler dans un premier temps les noms et prénoms de quelque vingt-trois mille soldats, dont trois mille harkis. « Aujourd'hui, au nom de tous les Français, je veux rendre l'hommage de la nation aux soldats morts pour la France en Afrique du Nord il y a presque un demi-siècle. Ils furent plus de vingt-deux mille[2], déclare le chef de l'État devant

---

1. *El Watan*, 12 mars, 2001.

2. Le nombre total de soldats français ou harkis morts entre 1952 et 1962 en Afrique du Nord n'est pas connu avec précision. Ceux qui sont morts en Algérie seraient entre 24 000 et 27 000. En outre, des dizaines de milliers de harkis – entre 10 000 et 25 000 – ont été massacrés après les accords d'Évian de 1962. Des estimations récentes chiffrent à près de 500 000 le nombre total de morts – civils et militaires – pour une population algérienne de dix millions d'habitants (dont un million d'Européens).

plusieurs centaines d'anciens combattants d'Afrique du Nord. Je veux saluer, avec ferveur et gratitude, leur dévouement, leur courage, leur jeunesse sacrifiée. Je veux dire à leurs familles meurtries que nous ne les oublierons jamais », ajoute-t-il. Jacques Chirac a également associé à l'hommage les harkis – les Algériens qui ont combattu aux côtés des Français pendant la guerre d'Indépendance de l'Algérie (1954-1962) –, qui ont « tant donné à notre pays ». « La France adresse aujourd'hui un message tout particulier d'estime, de gratitude et d'amitié à leur égard », poursuit le président français. Enfin il déclare : « Quarante ans après la fin de la guerre d'Algérie, après ces déchirements terribles au terme desquels les pays d'Afrique du Nord se sont séparés de la France, notre République doit assumer pleinement son devoir de mémoire. » Mais le président de la République va accomplir un autre acte d'une grande portée mémorielle.

Sa visite en Algérie, du 2 au 4 mars 2003, suscite de grands espoirs chez les Algériens. Il est acclamé à Alger pour cette première visite d'État d'un président français depuis l'indépendance de 1962. Jacques Chirac pose dès son arrivée, devant plus de cinq cents députés et sénateurs algériens, les fondations d'une « nouvelle alliance » entre la France et l'Algérie qui, selon le président français, « doit être nourrie par un passé commun de cent trente-deux ans, des intérêts économiques et politiques et surtout par des liens humains des deux côtés de la Méditerranée ». « Les destins de l'Algérie et de la France s'entrecroisent », a-t-il dit, en notant « qu'un Français sur six vit un lien charnel avec l'Algérie, qu'il en soit originaire d'avant ou d'après l'indépendance ». Aujourd'hui, « le moment est venu d'une nouvelle alliance algéro-française », a lancé Jacques Chirac. « Un champ neuf et immense s'ouvre devant nous. Nous nous y sommes engagés résolument », ajoute le chef de l'État français en rappelant qu'il avait signé une déclaration d'amitié qui sera « rapidement » suivie d'un traité, à l'image de la réconciliation franco-allemande de 1963.

Jacques Chirac évoque sans fard la « tragédie » de la guerre d'Algérie (1954-1962) qui a fait, selon des estimations controversées, un demi-million de morts et provoqué « l'exode de un million de pieds-noirs et de cinq cent mille harkis » (supplétifs de l'armée française). « Ce passé, encore douloureux, nous ne devons ni l'oublier ni le renier », a-t-il dit en invitant Français et Algériens à respecter toutes les victimes de la guerre, les combattants de l'indépendance « comme celles et ceux qui ont dû se résoudre à l'exil », Européens et harkis. Signe de cette réconciliation, deux des plus célèbres acteurs algériens de la bataille d'Alger de 1957, Yacef Saadi, l'ancien chef des « poseurs de bombes », et Zohra Drif, montent à la tribune pour serrer longuement la main de M. Chirac à l'issue de son discours.

Cette visite alimente des rumeurs extravagantes sur la revalorisation des pensions des anciens combattants de la Seconde Guerre mondiale ou encore une éventuelle suppression des visas. Chez ces anciens combattants – quelque quarante mille –, on évoque la parité tant réclamée des pensions avec celles des anciens combattants français. Autre manifestation de ce devoir de mémoire, le président français dépose une gerbe en fin de matinée au cimetière de Bologhine (ex-Saint-Eugène), dans les faubourgs ouest d'Alger, qui comporte vingt-cinq mille tombes européennes et quatre mille huit cents tombes juives. Il annonce devant la communauté française un plan visant à entretenir et à rénover les cimetières européens d'Algérie dont la plupart sont quasiment en état d'abandon. Preuve d'un changement évident de climat autour de la mémoire de la guerre d'Algérie : aucune grande association de pieds-noirs ou de harkis n'a protesté contre cette visite d'État en Algérie... Une page, douloureuse, semble, enfin, se tourner.

Et pourtant, au lendemain de cette visite, un groupe de députés qui soutient l'action du président de la République dépose... le 5 mars 2003 un projet de loi proposant un article unique : « L'œuvre positive de l'ensemble de nos concitoyens qui ont vécu en Algérie pendant la période de la présence française est publiquement reconnue. » Les auteurs de cette proposition, Philippe Douste-Blazy et Jean Léonetti, écrivent : « La République a apporté sur la terre d'Algérie son savoir-faire scientifique, technique et administratif, sa culture et sa langue, et beaucoup d'hommes et de femmes, souvent de condition modeste, venus de toute l'Europe et de toutes confessions, ont fondé des familles sur ce qui était alors un département français. C'est en grande partie grâce à leur courage et à leur goût d'entreprendre que le pays s'est développé. C'est en grande partie grâce à eux que malgré les souffrances, les malentendus, les drames et les luttes fratricides, les deux pays restent culturellement et profondément liés. […] Ne pas évoquer l'œuvre positive de nos concitoyens en Algérie serait une erreur historique, comme il aurait été une faute de ne pas rendre hommage et exprimer notre gratitude à nos soldats et aux harkis, membres des forces supplétives, qui ont payé un lourd tribut dans ce conflit. Ce n'est pas insulter l'avenir que d'effectuer un travail de mémoire lucide et équilibré sur ce passé commun, douloureux et encore proche de nos deux pays, souvent encore évoqué de manière passionnelle ou caricaturale. […] Pour que la France et l'Algérie puissent renforcer et approfondir les liens qui les unissent, il nous paraît souhaitable et juste que la représentation nationale reconnaisse l'œuvre de la plupart de ces hommes et de ces femmes qui par leur travail et leurs efforts, et quelquefois au prix de leur vie, ont représenté pendant plus d'un siècle la France de l'autre côté de la Méditerranée[1]. » Dans les retours de mémoire liés à la guerre se construit ainsi un dispositif destiné plus largement à l'invocation du passé colonial. Ce projet de loi convoque un spectre bien particulier, celui des idéaux passés de la « mission civilisatrice » développés au XIXe siècle, la mémoire des engagements envers les « indigènes », les espoirs de changements de l'ordre social et féodal, mais aussi il rappelle à d'autres, à la

---

1. Proposition de loi n° 667 de Jean Léonetti visant « à la reconnaissance de l'œuvre positive de l'ensemble de nos concitoyens qui ont vécu en Algérie pendant la période de la présence française », enregistrée à la présidence de l'Assemblée nationale le 5 mars 2003.

majorité des Algériens, les dérives violentes de la conquête coloniale, les impasses d'un système qui n'avait jamais permis l'égalité juridique et a débouché sur la violence.

Une agitation sans lendemain ?

Le discours de la guerre d'Algérie ne semble plus condamné au silence pesant. Les victimes de cette tragédie ne sont plus condamnées à disparaître du paysage français, « ensevelies » dans l'indifférence et dans l'oubli. Le double ébranlement provoqué par la tragédie actuelle en Algérie et la montée d'une extrême droite puissante en France encourage à la réflexion sur les généalogies de la violence, ou sur le rejet de l'étranger. Les conditions du surgissement de la mémoire de la guerre d'Algérie s'éclairent donc dans une actualité plus large. Pour autant, ce réveil de mémoire reste à ce jour très incertain. Il est en effet deux façons de considérer ce surgissement. Pour les uns, il reste inconvenant. Le problème, ce n'est pas tant la guerre d'Algérie en elle-même que la mobilisation, suspecte, autour de ses « secrets ». D'ailleurs, ceux qui condamnent aujourd'hui dans l'urgence ne veulent pas dénoncer les « dérives » de l'autre camp, celui des indépendantistes algériens. Les chantres de la discrétion ont ainsi tendance à minimiser le problème, par exemple la torture ou le viol de femmes algériennes, en renvoyant tout le monde dos à dos. Le leitmotiv sera : « C'était la guerre ! » Ceux qui ne veulent pas reconnaître cette vision sont, ainsi, soit des partisans (masqués) du nationalisme algérien, soit des naïfs manipulés. La torture ou le viol ne sont pas significatifs d'un système généralisé. Dans ces conditions, il ne sert à rien de vouloir politiser cette question.

D'autres estiment au contraire que cette mobilisation mémorielle, notamment à travers la presse, est un formidable révélateur. Les cas dont on parle ne constituent que la face émergée d'un phénomène inquiétant, bien plus important. La prise de conscience devrait permettre non seulement de dire ce qui restait tu, mais aussi de requalifier ce qui n'avait pas de nom. La mobilisation actuelle autour des exactions commises en Algérie sera-t-elle réduite à une agitation sans lendemain, ou bien, au contraire, engage-t-elle une mutation importante dans les représentations politiques françaises permettant d'atténuer les peurs à l'égard de l'Autre, de l'étranger ?

Quoi qu'il en soit, quarante ans après, le temps d'une génération s'est ainsi écoulé. La mémoire ancienne combattante, celle qui veut toujours vivre avec, rejouer toujours la guerre, s'épuise. Ceux et celles qui vont devoir faire, et font déjà, l'Algérie et la France de demain n'ont aucune responsabilité dans l'affrontement d'hier. Le drame franco-algérien ne devient qu'une page de leur histoire. Ils veulent lire cette page avec méthode, loin du bruit et de la fureur longtemps entretenus par leurs aînés. L'arrivée de la nouvelle génération bouscule la bonne conscience intacte à l'égard des pratiques de tortures commises pendant la guerre d'Algérie. Les jeunes ne veulent plus vivre avec ce cadavre dans le placard de l'histoire récente, ils ne sont pas sensibles à la rengaine du ressentiment. Ils entendent désormais vivre dans une France réconciliée avec sa mémoire et disent « quarante ans après, la guerre d'Algérie est finie ! ». Il est nécessaire de la comprendre pour ne pas la rejouer dans le présent.

La guerre d'Algérie et les arts plastiques

par Malika Dorbani

*Il n'y a point de déchirement de l'esprit et de la
sensibilité sans conscience d'être et d'appartenir.*
Anouar Abdelmalek

Depuis 1963, le rapport entre guerre d'Indépendance algérienne et arts plastiques a fait l'objet de textes de présentation à l'occasion d'expositions commémoratives, soit du 1er novembre 1954, soit de l'indépendance. Aucun n'en a vraiment pris la mesure, car, à part quelques idées éparses, il n'existe aucune documentation historique cohérente qui permette d'évaluer l'étendue de ce rapport. Plusieurs facteurs s'y opposent même.

En dépit de la présence des artistes sur le terrain et de l'existence d'un certain corpus iconographique, la révolution anticoloniale n'a, à aucun moment de son processus, produit à dessein un système de valeurs esthétique qui incarne son idéal.

Tant mieux mais c'est une gageure que de tenter, dans ces conditions, d'établir un lien entre pratique artistique et toile de fond idéologique et historique.

Le caractère clandestin, dissimulé, cloisonné et complexe du nationalisme, choisi par les chefs comme arme tactique idéale pour la mener à son terme, est incompatible avec l'essence, les moyens d'expression, la fonction et la finalité des arts plastiques. Ils n'auraient pu trouver leur compte dans une guerre dont les méthodes constituent l'antidote à leur nature visuelle.

Il pourrait paraître paradoxal de traiter d'une forme d'art ou d'esthétique comme d'un truchement pour une expression manifeste de la propagande dans un contexte de guerre et d'en témoigner après coup au même titre que les archives.

Tributaire d'une réalité immédiate, limité dans le temps, le thème ne pouvait être logiquement répercuté que par des artistes nés entre 1921 et 1941. Cette production artistique type peut être considérée à l'échelle de chaque artiste, et elle ne représente alors qu'une étape dans un œuvre global. Si elle concerne une ou des générations qui se succèdent, il y en a trois à peu près, cela devient un long processus. Dans l'un comme dans l'autre cas, il est nécessaire d'aller aussi bien en amont qu'en aval de leur cours. Individuel ou interactif, celui-ci est, lui aussi, imbriqué dans l'histoire globale et moderne des formes, des styles et de l'esthétique en Algérie, d'autant plus que la révolution n'est pas seulement une question de lutte armée, d'ennemis et de politique. L'idée de renouveau, de processus et d'objectifs à long terme qu'elle suppose rend nécessaire l'élargissement du champ de vision.

Le caractère révolutionnaire de la création artistique ne découle pas que de contingences historiques et de systèmes. Il peut être spontané, obéir à d'autres logiques et requérir d'autres sens.

Les principaux dirigeants révolutionnaires inauguraient un type de guerre inédit avec des exigences et des enjeux qui auraient pu engendrer des thèmes, des sujets et des formes plastiques tout aussi épiques, mais ils n'ont rien formulé de clair et par écrit à ce propos. C'était comme s'ils n'en avaient pas conscience et si tel était le cas, ils en ont ignoré toute l'importance historique.

Pourtant, les examens de conscience, les remises en cause d'orientations théoriques et pratiques de la lutte, les appels au renversement des formes, des méthodes, des moyens et des règles archaïques, l'élaboration de programmes tactiques et stratégiques dignes d'une guerre de libération populaire n'ont pas manqué.

Les états d'esprit consécutifs à des situations multiples (indigénat, assimilation, naturalisation, légalisme, réformisme), contre lesquels on s'insurgeait, ont pourtant eu des échos dans la production picturale de la première moitié du XXe siècle.

Dans son rapport au comité central du Parti populaire algérien-Mouvement pour le triomphe des libertés démocratiques (PPA-MTLD), plus à même en 1948 de répondre aux nouveaux impératifs, Hocine Aït Ahmed écrit : « Le peuple algérien s'interroge sur le genre de cité, les valeurs sociales et politiques pour lesquelles nous lui demandons de se battre. »

Malgré cela, l'art échappe aux chefs de la Révolution et il ne figure pas parmi les vecteurs moraux du combat libérateur et de la politique révolutionnaire censés mener à cette cité, donc à une nouvelle méthode de gouverner et d'améliorer les conditions de vie du peuple.

La révolution dans toutes ses données, idéologique, militaire et politique, vouée à la victoire et à l'institutionnalisation de ses principes, n'était pas assez mûre pour planifier l'action artistique.

Les seuls ferments, les seules valeurs culturelles, symboliques et fédératrices préconisés par les partis sont l'islam et l'arabité. On a l'impression qu'il n'y avait d'art révolutionnaire que la guerre et de forces que les masses.

De plus, la prééminence militaire, l'absence de dialectique sociale et d'institutions démocratiques de nouveau type ne pouvaient favoriser l'intégration du débat esthétique.

Cependant, à partir de 1956, les créations de l'esprit prennent de l'importance. Les germes d'un art algérien révolutionnaire se trouvent dans la plateforme d'août 1956 qui accorde une place au rôle de la jeunesse, de l'intelligentsia et des professions libérales.

Avec l'adhésion des élites intellectuelles, les peintres viennent à la révolution et ils contribuent à « transformer le torrent populaire en énergie créatrice », comme le soulignent les rédacteurs d'*El Moudjahid*.

Si un courant artistique résulte de la révolution, s'il s'en fait le propagandiste et le partisan, s'il la célèbre en tant que telle et contribue à lui insuffler une âme nouvelle, c'est dans le domaine du discours et de la littérature, du verbe et de la métaphore poétique.

S'accommodant plus, peut-être, du culte du secret, ils ont été plus prompts à la propager.

Kateb Yacine, Malek Haddad, Frantz Fanon, Mustapha Kateb, Abdelhalim Raïs, Allel el-Mouhib, avec qui la notion d'artistes de la révolution devient réalité, préconisent une thématique vécue, l'usage de la langue parlée, le réalisme. C'est ce qu'il fallait pour donner à la production un accent national. « Le désir de recouvrer les causes de fierté, et de se complaire à les évoquer – écrit Anouar Abdelmalek –, on le trouve dans de longs écrits populaires, sans frein, l'imagination débridée, qui traitent de l'héroïsme avec des appétits débordants et des désirs jaillissant de partout, frappés d'une futilité sans pareille, préférant l'artifice à la création, mêlant la réalité à l'idéal, et faisant fi de l'ordre et de la précision historiques. »

Le théâtre, le cinéma, et même le football – c'est-à-dire l'écrit, la parole, les personnages, la mise en scène, le dynamisme, la facilité de diffusion, la manipulation des masses –, plus aptes à susciter l'enthousiasme, à se déplacer et à se prêter à la propagande et au contrôle, intégrés à l'appareil de guerre du FLN, surtout en dehors des frontières algériennes, atteignent leur pleine expression à partir de 1958, date à laquelle l'idée révolutionnaire mûrit et s'internationalise.

Il faut reconnaître que ces différents domaines avaient préfiguré l'issue de la lutte et contribué directement à son illustration, mais la peinture n'a pas dérogé non plus. Tout aussi riche en personnalités, en événements inédits, en rebondissements formels, stylistiques, conceptuels, pressentant avec la même acuité les idéaux nationaux, et bénéficiant de plus de pratique, la limite de son champ d'influence explique peut-être son occultation. Dans les langages et dans l'iconographie élaborés par elle, on peut toutefois trouver, sur le plan plastique, l'écho de tout ce qui aboutit au 1er novembre 1954, et au-delà.

Le destin personnel des peintres est lié intimement à cette période et en est naturellement imprégné, ne serait-ce que par réflexe, mais beaucoup d'entre eux insèrent leur adhésion, en tant qu'artistes, aux idées nationalistes. Le côté circonstanciel qu'acquièrent leurs œuvres porte la marque des rencontres faites avec les intellectuels, les écrivains et les hommes de théâtre.

On dit souvent avec fierté que Kateb Yacine a conquis la langue française et l'a retournée contre la culture dominatrice, mais on ignore souvent le rôle de Mohamed Racim ou d'Azouaou Mammeri. On cite les Algériens d'origine européenne comme Albert Camus, Jean Sénac, mais pas assez Sauveur Galliero. On parle de René-Jean Clot, même s'il est dit dépassé par l'Histoire, mais pas en tant que peintre. On reconnaît sans préjugés linguistiques l'algérianité authentique des écrivains comme Henri Chréa, mais pas celle de Jean de Maisonseul.

La privation de langue nationale a gêné la littérature, langue étrangère et génie national ajusté, mais, paradoxe, en peinture les moyens d'expression sont universels.

Rappelons tout de même qu'il valait mieux ne pas faire partie d'un programme aliénant et être libre de toute contrainte immédiate de propagande, et porter spontanément la bonne nouvelle libératrice, aussi bien à travers des formes islamiques, berbères, qu'avant-gardistes.

L'attitude des idéologues de la culture, et de la littérature en particulier, s'étend désormais à la scène et aux débats internationaux. Leurs représentants profitent de toutes les tribunes qui leur sont offertes pour rappeler aux peuples sous domination la communauté de combat libérateur, et faire valoir la guerre comme une voie nouvelle vers les sociétés justes et humanistes.

La première catégorie esthétique issue de la révolution et exprimée officiellement reflète l'esprit de Bandung et se situe en 1956. Jean Amrouche, présent à la conférence afro-asiatique qui s'est tenue à cette date dans la capitale indonésienne, évoque la création intellectuelle et artistique comme complément de la lutte militaire et politique et le patrimoine historique et culturel, comme part inaliénable de l'homme : « Nous ne situons pas l'art aux altitudes malsaines des esthètes de salon et d'académie », déclare-t-il.

L'art qui convient le mieux à une guerre de libération, c'est l'art animé de la volonté d'opposition et de combat de l'Armée de libération nationale (ALN), et qui fasse front contre l'ennemi et ses contradictions internes, pour l'indépendance des peuples opprimés.

À la conférence des écrivains et des artistes noirs à Rome, Frantz Fanon relaie Jean Amrouche et confirme l'essence culturelle de la guerre et son esthétique : « Nous pensons que la lutte organisée et consciente entreprise par un peuple colonisé pour rétablir la souveraineté de la nation constitue la manifestation la plus pleinement culturelle qui soit [...] Il nous semble que les lendemains de la culture, la richesse d'une culture nationale sont fonction également des valeurs qui ont hanté le combat libérateur. »

L'art national révolutionnaire, forme de conscience nationale, n'imite pas le dominateur mais il est une expression particularisante et destinée au public algérien.

L'art est reconnu comme un engagement et un témoignage par les artistes eux-mêmes, qui n'ont d'ailleurs pas attendu de directives pour s'investir spontanément dans cette mission humaniste et universelle. Le génie artistique et le sentiment national, en effet, se confondent.

En 1961 et en 1962, une pensée artistique algérienne cohérente et structurée, contenant les dimensions arabe, maghrébine, africaine et méditerranéenne, se profile lors des rencontres de Casablanca et de Tanger en 1961 et en 1962, avec le projet d'organisation de rencontres périodiques visant à promouvoir les recherches artistiques.

Le rappel de l'interaction entre pouvoir colonial et génie artistique algérien, des tendances qui se sont côtoyées, ou succédé à l'ombre des idéologies ambiantes et des objectifs de lutte, est nécessaire à notre étude. La conquête, la résistance, la colonisation, le code de l'indigénat, l'assimilation, le sentiment national, la révolution, la guerre, l'indépendance, l'édification, le libéralisme trouvent à tour de rôle leur place et se chevauchent dans les formes artistiques : l'orientalisme institutionnel, le néo-orientalisme, l'algérianisme, le modernisme, le figuratif, l'abstrait…

Dès 1840, simultanément à l'installation des colons, et après la phase destructrice des formes anciennes, un système est aménagé afin de régir la création artistique, non seulement comme une fonction organiquement liée au pouvoir colonial mais qui conditionne la société nouvelle qu'il engendre.

Les artistes associés au projet sont à prendre en considération car ils n'en sont pas que pure émanation ; certains d'entre eux ont aussi initié des formes consubstantielles avec la peinture algérienne, que la guerre a forcément reléguées au second plan mais que l'étude exhume inexorablement.

Le goût esthétique officiel et dominant commence à se manifester chez les nouveaux riches élevés au statut de citoyens à partir de 1870. La découverte des arts islamiques à la section coloniale du pavillon français à l'Exposition universelle de 1878 fit entrevoir à l'Administration le prestige qu'elle pouvait en tirer en les intégrant à son système politique.

À Paris, on prend conscience de l'intérêt idéologique et économique que cela représente et on entreprend de promouvoir ce qu'il y a de plus capable d'asseoir plus solidement l'autorité morale de la France dans la colonie.

Ainsi, à la fin du XIXᵉ siècle, l'art et la culture indigènes deviennent une branche à part entière des expositions de la Société des peintres orientalistes français et algériens et un objet d'étude scientifique pour les universitaires.

On met en place des courroies de transmission artistiques du gouvernement chargées de la résurrection des cultures locales entamées par la conquête et la colonisation, puis évincées par les produits manufacturés importés de la métropole ainsi que de leur assimilation, en tant que richesses provinciales et fragments précieux du grand patrimoine national français.

Ces auxiliaires « ont le plus contribué à faire pénétrer dans la foule les formes et les mœurs de l'Orient, à lui ôter chaque jour son caractère exceptionnel et inusité, à l'acclimater enfin parmi nous ».

Leur expérience est considérée comme une tâche patriotique relevant de la souveraineté de la France. Ils ont défriché de vastes territoires nouveaux, les ont peuplés, les ont fait aimer et connaître, ont attiré les sympathies sur les races indigènes, ont habitué les citoyens français chaque jour davantage aux nouvelles provinces de la France.

Le projet est complexe. Il ne s'agit pas seulement d'implanter un mode de représentation artistique occidental en Algérie, ni de surseoir à une vogue orientaliste controversée, mais de faire du patrimoine de la colonie et de sa créativité des facteurs de développement économique et de prestige moral pour l'État.

Pour réaliser la fusion des patrimoines artistiques, on met en pratique le système des concours entre artisans indigènes pour relancer les industries traditionnelles.

Léonce Bénédite, conservateur du musée du Luxembourg à Paris, préside à l'entreprise qui, comme pour Louis Bertrand et à une moindre mesure pour Robert Randau, le chantre de la fusion des races, est l'occasion de régénérer les traditions françaises, mises à mal par la défaite de 1871 et par les courants modernistes. Il s'agissait, comme l'écrit Paul Siblot, de « restaurer une dignité coloniale dont l'Algérie est le cadre ».

En 1904 le gouvernement général demande un rapport à Arsène Alexandre sur l'état des arts et des industries d'art en Algérie ; c'est lors de cette enquête que fut découverte la famille Bensaïd, dernière détentrice des techniques d'enluminure sur bois et sur papier, ainsi que de la gravure sur pierre et dont sont issus les frères Omar et Mohamed Racim, et leur neveu Allel Ali-Khodja.

Le célèbre critique d'art et journaliste du journal *El Akhbar* préconise un certain nombre de mesures qui constitueront le point de départ de la politique conjointe de la IIIᵉ République et du gouvernement général de l'Algérie en matière d'art : réhabilitation des potentialités autochtones, création d'institutions afin de consolider l'autonomie d'Alger par rapport à Paris, conception d'orientations idéologiques, encouragement de formes artistiques appropriées, élaboration de catégories esthétiques et d'enseignements, qui expriment de diverses façons la personnalité du nouvel État, du peuple algérien nouveau, son idéal et sa puissance.

Cela se matérialise sur le terrain par des écoles d'art, des résidences d'artistes, des bourses d'études et de voyage, des commandes publiques, des musées, des expositions.

Le seul moyen d'arriver au but était d'observer, d'« atteindre l'âme orientale, simple et complexe, enfantine et subtile, primitive et raffinée » et de rechercher les éléments les plus élevés « d'humanité et de vie » pour mettre fin à l'exotisme de bazar.

On reconnaissait là une « propagande accomplie » : faire aimer les races indigènes, inculquer leur civilisation et la faire comprendre, leurs mœurs, leur histoire, leurs arts qui appartiennent comme autant de richesses provinciales à la France, et qui sont des fragments précieux du grand Patrimoine national, à conserver jalousement.

L'Algérie est une source d'inspiration pour les artistes. Les types indigènes, leur pays, leurs arts et leurs industries sont désormais déclarés objets d'étude pour institutions scientifiques et artistiques.

C'est en ce sens que l'intégration à titre d'indigènes puis de Français musulmans dans la vie artistique devient une affaire d'État

Un programme grandiose restructurant et modernisateur, exaltant la civilisation et la nostalgie des valeurs traditionnelles françaises et indigènes, fait place aux autochtones.

Slimane Ben Brahim est le premier initié à l'art de chevalet, auprès de Nasredine Dinet, qui, tout en jouissant de la volupté des paysages et des types humains de Bou-Saada, tente d'élever les scènes de mœurs locales et la condition indigène au niveau des genres nobles et monumentaux.

L'Algérie devient rapidement un foyer de la peinture vivante.

« … dans ce pays où le soleil commande tout et qui fit naître une floraison de "chromos" aux vives couleurs, un redressement s'est fait. De grands artistes, en venant chercher leur inspiration, se sont refusés aux poncifs en usage, ont donné de la réalité une autre image. L'orientalisme, gloire du Salon des artistes français, avait vécu. »

En contact direct avec la nature et les types humains, les artistes venus de la métropole avaient pour mission de traduire dans sa vérité la réalité africaine.

Pendant presque un siècle, les projets de ce type se déroulent comme prévu grâce au rôle actif et utile des relais artistiques des gouvernements en place, mais cela n'empêche pas des phénomènes, spontanés ou non, de survenir et de contredire le cours de l'action

L'art peut être révolutionnaire en reflétant un événement politique donné mais il peut l'être symboliquement en se désolidarisant d'une tendance dominante ou considérée comme ancienne. Les mobiles intrinsèques à la peinture peuvent primer autant que les nobles idéaux.

Au sein même de l'art officiel, protégé, soumis à un programme, celui de la peinture des mœurs, de l'ethnographie, de l'observation contrôlée, il y a des individualités plus sensibles à la réalité qui se démarquent. Tout en maintenant le même sujet, ils essaient de s'affranchir des codes, en exerçant leur regard personnel, en changeant de manière, sapant peu à peu la base de l'édifice.

L'autonomie vis-à-vis de la France s'accompagne d'une nouvelle sensibilité et d'une vision de la réalité appropriée.

En 1930, le besoin de ne plus souscrire aux valeurs importées est incarné par Léon Cauvy, Léon Carré, Jean-Désiré Bascoulès, Louis Bénisti, Louis Bernasconi, Marius de Buzon, Jean Launois, Étienne Bouchaud, Charles Brouty, et bien d'autres encore. Avec eux, le mouvement d'émancipation qui s'amorce se fonde sur la probité, l'amour sincère et profond du pays, et le respect des êtres humbles en tant que membres à part entière de la société et la fidélité à la réalité.

Redoutant tout ce qui peut en altérer l'expression, ils redoutent le romantisme, l'influence littéraire, le lyrisme, le réalisme surfait et le pittoresque.

Armand Assus établit une passerelle entre les tendances algériennes et les tendances parisiennes.

La période après 1945 a vu surgir, toujours dans le cadre officiel et au travers d'un regard qui se veut tolérant et révolutionnaire, au sens métaphorique du mot, deux autres courants diamétralement opposés, différents des tendances dominantes et de leurs répliques. Les initiateurs de l'art abstrait, Jean de Maisonseul et Guermaz, qui se veulent novateurs, prennent sous leurs ailes une facette de l'art dit naïf, considérée comme l'expression ontologique de l'âme algérienne, et représentée par Baya.

La promotion de l'autre facette, incarnée par Hacène Benaboura, appelé l'Utrillo algérien, est assurée par Marie Cuttoli. Ses rues, ses places, l'architecture, la vie, l'ambiance algéroises, notées avec humour et minutie, sont des témoignages bien précieux sur Alger. En ces temps de tension, cela pouvait contribuer à dédramatiser et à détendre l'ambiance.

L'histoire de Baya est intéressante à plusieurs points de vue ; orpheline, elle eut à sa disposition, dès son jeune âge, grâce à l'éducation moderne que lui prodiguait sa famille adoptive, des pinceaux et de la gouache. Ses compositions d'enfant et d'adolescente qu'elle était alors, vues non sans décalage, sous l'angle surréaliste, sont portées au cénacle, où, à la veille de la Passion, l'élite et le peuple vont essayer de communier.

Ce qui reste incompréhensible dans la vie de l'artiste, ce sont les circonstances de son mariage, à l'âge de vingt-deux ans, avec le célèbre chanteur Cheikh El Mahfoud, veuf et père de famille. Baya n'a plus eu de vie artistique publique jusqu'à la mort de son mari. Le statut de femme artiste-peintre musulmane ne semble pas avoir été d'actualité à cette époque.

André Breton, auteur de la préface à son catalogue d'exposition à la galerie Maeght à Paris en 1948, et futur signataire du Manifeste des 121, Jean de Maisonseul, son Pygmalion, par respect des traditions sans doute, n'ont pu rien y faire. Il y avait réellement dans ses œuvres une part de rêve et de culture commune à tout un chacun, que tout être humain porte en soi, mais que seuls les privilégiés voyaient.

La vitalité créatrice en Algérie est de plus en plus débordante dans les années 1950 ; une nouvelle sensibilité s'installe qui ne va pas sans contredire les spéculations intellectuelles et le caractère analytique et expérimental des étapes précédentes. L'actualité les en éloigne pour des solutions plus humbles, plus contemplatives face à la réalité. La beauté des sites, des êtres, des costumes, des mœurs et du climat est dépeinte comme dans une double rédemption duelle de la patrie.

Car nous avons, d'une part, la sacro-sainte civilisation, qui à présent allait se mesurer dans le maquis et, d'autre part, une prise de conscience et un désir nouveau d'un pays neuf. D'un côté nous avons ceux qui sont animés par les valeurs fondamentales qui exigent la liberté de toute forme d'expression nationale et, de l'autre, ceux qui restent fidèles à une problématique d'art français, sur une position culturelle et politique adaptée et intégrée en tant que valeur incontestable de la modernité, mais qui ne s'accommode pas de l'indépendance. La dualité ou le déchirement, entre le modèle de civilisation imposé et l'indépendance, entre Français et Algérien, suscitent des hésitations et des interrogations. En prenant à son compte l'idée méditerranéenne de la génération du môle, appellation poétique de l'algérianisme, à laquelle il apparente en premier lieu Abdellah Benanteur, Jean Sénac se range parmi les éléments égalitaristes et fédérateurs.

Louis-Eugène Angeli, critique d'art à *Algéria*, qualifie ce tournant d'école artistique, rapprochant des hommes étrangers les uns aux autres, aux origines et aux inspirations différentes mais avec des préoccupations et des conceptions plastiques identiques et les menant vers les mêmes conclusions philosophiques.

En 1948, le titre de maître de la peinture algérienne est utilisé pour les artistes d'origine européenne, nés ou établis en Algérie, tandis que Hacène Benaboura et Boukerche sont soit peintres de l'Algérie, soit grands peintres algériens.

Waldemar Georges y voit « le prodrome de cet art impérial que la France des cinq parties du monde se doit de créer et qui sera une synthèse de l'art européen et de l'âme orientale ».

À la loi du sol et de la validité artistique s'ajoute l'éventualité d'un compromis entre une forme et un fond qui, dans le contexte, peuvent apparaître comme contradictoires.

À côté, l'Administration rectifie le tir, en ouvrant les portes de la vraie École des beaux-arts aux jeunes Algériens musulmans et en leur octroyant des bourses pour les institutions d'enseignement artistique de Paris. Choukri Mesli et M'hamed Issiakhem rejoignent leurs compatriotes, de jeunes intellectuels patriotes.

L'école d'Alger rompt radicalement avec les poncifs et l'hégémonisme des différentes ramifications orientalistes. Si les tendances modernes n'ont jamais eu vraiment de prise directe sur son parcours, elle n'a pu échapper aux échos de l'abstraction.

La jeune école algérienne, à laquelle les artistes comme Mohamed Temmam, Ali Khodja, Ranem, Béchir Yellès, élèves des cours indigènes dirigés par les frères Racim et du service de l'artisanat, supervisé par Prosper Ricard, apportaient leur note originale, est passée de mode.

Le parti pris algérien rend possible la présence à égalité sur les cimaises d'artistes fraîchement délivrés de leur statut d'indigènes et de dominés. Ali Khodja et Bouzid exposent avec Galliéro, Simian, Ferrando, Nallard, Manton.

Jean Sénac a essayé, la guerre se faisant sentir, d'intégrer dans le mouvement les Algériens et de redéfinir l'identité d'artistes français, comme les politiques essayaient de le faire en ce qui concerne la nation entière. Les solutions de rechange ne manquaient pas qui contredisaient aussi bien le pouvoir colonial que le choix nationaliste.

À la veille du 1er novembre 1954, Sénac, animateur sans relâche de la vie littéraire et picturale, ne cesse de créer des espaces où la question sur le devenir de l'art et des artistes algériens est débattue avec passion et acuité. Il esquisse dans ses écrits les premières interrogations esthétiques et la question du renouveau posée par lui déterminera les premiers élans de l'art de l'indépendance et les formulations conceptuelles, dont Anna Gréki, Benanteur et Khadda se feront les hérauts.

Dans ses articles et expositions de la fin des années 1940, les noms arabes n'apparaissaient pas encore mais quand il parle d'artistes tels que Ferrando, Galliéro, Jean de Maisonseul, le concept d'algérianité acquiert un nouveau goût. Sa prise de conscience a lieu et son choix est fait.

Les noms arabes qui continuent d'être égrenés au début des années 1950 dans la revue *Soleil*[1] et dans le groupe Terrasses[2] créés par lui, ou à l'occasion du Salon de la jeune peinture, ont une nouvelle résonance.

Jusque dans les années 1950, Sénac, influencé ou inspiré par le courant algérianiste avec à sa tête Robert Randau, Emmanuel Roblès, Albert Camus, parle de communion parfaite entre les visages d'Algérie, Maria Menton, Louis Nallard, Galliéro, Simian, Ferrando, Benisti, Pelayo, Henri Caillet, René-Jean Clot, Jean de Maisonseul. Le dénominateur commun est la tendance contemporaine qu'ils suivent, mais aussi leur appartenance à ce qu'il appelle l'Afrique du Nord et à la « révolution raisonnable ». C'est là où la difficulté commence.

Le 20 février 1950 il revendique sa position comme étant « le courage de passer aux yeux des autres pour lâche, un proscrit, un déserteur à la loi, à l'Église, à l'argent… Le courage de vivre avec les Arabes, de les aimer, de les servir contre les préjugés, les moqueries, les haines inconscientes des "braves gens" de ce pays ». Publier dans sa revue *Soleil* les œuvres de Baya, de Bachir Yellès, d'Abdelkader Guermaz, d'Ali Khodja et de Ranem est, par l'ambiance qui prévalait alors, un acte révolutionnaire.

Alger républicain, creuset, selon Abdelkader Djeghloul, où Algériens et Français unissent leurs efforts, publie un compte rendu sur le Salon de la jeune peinture algérienne, qui unit sous son nom tous les participants, sans distinction de statut, d'origine ou de religion et sans définition de cette unité.

Dans le numéro 3 de *Soleil*, Jean Sénac publie pour Baya, devenue aux yeux du poète l'allégorie du peuple naissant, le poème intitulé : *Le Prix d'une telle indigence*.

---

1. Revue artistique créée et animée par Sénac.
2. *Id.*

> *Arracher la terre où tu règnes*
> *À ses fauteurs de servitude*
> *[...]*
> *Le prince est retrouvé*
> *Il se lève du sacre de tes forges*
> *Porteur habile de bonté*
> *[...]*
> *Tordue de certitude ô mon peuple naissant !*
> *[...]*

Dans le catalogue d'exposition « doublement » collective à la galerie Le Nombre d'or d'octobre 1953, il écrit : « La complaisance et l'orientalisme ont fait plus de ravages que les sauterelles. Il serait bon, pour la santé et le prestige de ce pays, de l'arracher à cette confusion des valeurs dont il souffre et de dégager une fois pour toutes le plus authentique visage de son art. »

Il voit le salut dans la tendance abstraite qui prévaut à cet « échange », à cette agape ; il y voit une constante, une tradition de ce Sud qu'il ne désigne pas nommément, et une réponse, non seulement aux questions graves de l'époque, mais à l'avenir, dont elle sera le témoignage authentique.

Les nationalistes, par le biais de Serge Michel de *La République algérienne* de l'Union démocratique du Manifeste algérien (UDMA), le 10 octobre 1953, ne tardèrent pas à récuser d'une manière sarcastique la célébration du jour Un de l'art algérien, tel que le voyait Jean Sénac. Que faisait cet art des « mouches sur les yeux vitreux des aveugles, ou dans la bouche du mendiant de dix ans qui implore les mouches... » ?

Ils récusent ce contenu qu'il donnait à l'algérianité, Baya et Benaboura étant, pour eux, bien différents de Galliéro, Maisonseul ou Simian, et l'art, une forme de conscience de la réalité et un étandard soulevé par les foules. La réponse des jdanovistes[1] ou des réalistes socialistes, qui ne tarde pas à venir non plus, par la voix cinglante de René Duvalet, dans *Liberté* du 29 octobre 1953, est peut être bien à propos, même sept mois après la mort de Staline, et treize ans avant que le Parti communiste français (PCF) ne mette fin à l'allégeance de la création artistique à l'appareil.

La peinture abstraite, écrit-il, sans danger pour la colonisation et pour les saboteurs de la culture algérienne, « tourne le dos à la mission, qu'elle a toujours eue, d'aider à voir à travers l'apparence des choses... ».

Il réclame un art lucide qui rende compte de la réalité du régime colonial, un art lié à la réalité historique et non l'indigence, la décadence, la confusion, l'individualisme et l'aveuglément.

---

1. Du nom de Jdanov (Andreï Aleksandrovitch), 1895-1948, homme politique soviétique, à l'origine du réalisme socialiste, doctrine marxiste-léniniste de l'art, reflet du réel, des idéaux du socialisme et de la conscience révolutionnaire du peuple.

Dans son journal, le 4 mai 1954, Sénac écrit : « Nécessité de s'unir. Mais les partis me semblent ici négliger la poussée fertile du peuple "réel" et, d'autre part, mépriser les artistes, les intellectuels, qui, parce que leur fonction est de s'adresser à tous, pourraient contribuer efficacement à la lutte pour l'indépendance. »

Mohammed Harbi se souvient en effet des questions débattues, à la même époque, par les jeunes étudiants et les anciens militants nationalistes. « Ils manifestaient un grand intérêt pour la production culturelle, alors que nous avions tendance à considérer la création artistique et littéraire comme un simple instrument du combat politique. Plus encore que les communistes, nous péchions par simplisme. »

Il reconnaît le sectarisme de cette approche ainsi qu'il nous rappelle la crainte de Mohammed Arkoun, devant la tournure « de coercition et de police des idées » que risquait de prendre l'intelligentsia algérienne.

La complexité, la diversité, les aspects contradictoires dont hérite la période de guerre, et qui accompagnent son évolution, se reflètent dans les arts plastiques sous différents modes et formes de représentation et d'expression. Porter un jugement de valeur esthétique ou regrouper toutes les expériences sous une même catégorie serait tout aussi complexe et réducteur.

Béchir Hadj Ali voit dans l'iconographie de l'ancien Alger, ressuscitée par Mohammed Racim comme « capitale d'une société civilisée avec ses valeurs de culture et un artisanat prospère... un acte d'accusation contre le colonialisme en même temps qu'il prouve que tout art national produit sous l'occupation est un art engagé ».

Mostefa Lacheraf reconnaît également que toute expression culturelle dans les mêmes conditions doit être considérée comme un progrès

Le retour révolutionnaire au passé glorieux – sa préservation dans des conditions contradictoires –, intuitif et symbolique, n'est pas un acte politique pur, engagé, célébrant, exaltant ou propageant la guerre sur le plan plastique.

Faisant nôtres toutefois les opinions clairvoyantes des deux auteurs qui ont eu le mérite d'élargir la notion de national et de révolutionnaire et de relever l'ambiguïté des rapports entre art et société, nous ne nous limitons pas à un segment de temps donné, mais nous tablons notre essai sur le long terme, aussi bien en amont qu'en aval.

De l'intérieur du système dominant mais néanmoins minoritaire, « les sujets » français, quand bien même indigènes privilégiés assimilés, ou Français musulmans, ont toujours eu le sentiment d'appartenir à une nation apparentée à une grande civilisation et de posséder un passé glorieux.

L'intégration par l'art pictural officiel de l'art islamique ancestral, de ses chefs de file, Racim, Temmam, Ali Khodja, Yellès, et l'initiation à l'art vivant et moderne de Boukerche, Mammeri et Hemche, ainsi que la politique artistique de Charles-Célestin Jonnart[1], animée par Ricard[2], ont marqué peut-être un nouveau départ, mais celui-ci est resté superficiel, car ne changeant rien à leur statut.

Les artistes n'auraient pu être dépossédés totalement de leur identité patrimoniale qu'ils assumaient naturellement, de par la permanence du climat communautaire. Et ils percevaient, simultanément, les emprunts de modèles exogènes, comme cela s'est fait à travers les siècles par leurs prédécesseurs, logiquement et inconsciemment à la fois. Ils ont eu là l'occasion, d'ailleurs, de les confronter, ce qui n'est pas peu positif.

Depuis l'aube de ce temps dit moderne, jusqu'à aujourd'hui, deux voies différentes, deux modes de représentation parallèles se côtoient, deux registres d'expression, dont un est ancré dans les traditions et le second toujours en devenir, l'un jugé parfois trop rhétorique et l'autre prométhéen, cherchant inlassablement à se surpasser.

En Orient, à la même époque, l'échange à égalité avec la civilisation occidentale contemporaine comme moyen d'accéder à la modernité prenait corps. C'est grâce à une photo que nous savons que le frère de Mohamed Racim, Omar[3], reconnu comme homme politique, a rencontré Mohammed Abdou[4] lors de la visite de ce dernier à Alger en 1903. On ne peut donc sous-estimer leur sensibilité aux idées de la libération des peuples arabes et de leur renaissance culturelle, surtout avec la montée du nationalisme.

L'avènement artistique de Racim et de son frère est devenu possible et nécessaire de par les postulats des orientalistes et des hommes politiques.

Mais il est synchrone avec celui des premiers historiens de l'Algérie moderne, Mobarek el-Mili[5] par exemple et son *Histoire de l'Algérie, passé et présent*, qui pensait entre autres que l'étude de l'art, preuve de l'existence des peuples, livre où s'inscrit leur puissance, lieu de résurrection de la conscience, réveille le sentiment d'appartenance nationale. Georges Marçais ne qualifiait-il pas son œuvre d'El Djazaïr de jadis et de naguère ?

Il en est de même de Tewfiq el-Madani[6] et l'histoire de l'Afrique du Nord, preuve de l'existence d'une identité nationale, écrite différemment, « non peinte par le pinceau d'un artiste qui a volontairement embelli ou enlaidi, tout en donnant pour indispensable au développement l'enseignement de l'art, le sentiment esthétique étant un besoin vital de la patrie ».

Mohamed Racim fait, au début de sa carrière, partie des auxiliaires indigènes qui travaillent à la sauvegarde et à la promotion des techniques traditionnelles de la broderie et du tapis, nécessaires à la résurrection des

---

1. Gouverneur général de l'Algérie de 1900 à 1911, puis de 1918 à 1919.
2. Responsable du service de l'artisanat.
3. Enlumineur (1883-1958), frère de Mohamed, professeur des arts traditionnels et homme politique.
4. Homme politique égyptien.
5. Historien et membre dirigeant de l'Association des oulémas (1898-1945).
6. Historien, écrivain et homme politique (1898-1984).

industries d'art et de l'économie coloniale. Il se consacre ensuite à l'orne-
mentation des livres comme *Les Mille et Une Nuits*, mais dès les années
1930, après avoir pris connaissance de l'enluminure islamique et visité
l'Alhambra et la mosquée de Cordoue, il réalise en miniature le portrait du
héros de la résistance populaire, l'émir Abd el-Kader et de celui de la
renaissance arabe et du réformisme, le cheikh Abdelhamid Ben Badis[1].

La médaille des orientalistes en 1924, le Grand Prix artistique en 1933
consacrent Mohamed Racim comme celui qui a su insuffler une nouvelle vie
à l'art traditionnel de l'enluminure et de la miniature. Il fait redécouvrir le
raffinement des grands maîtres du passé, les almohades anonymes et autres
artistes Séfévides, Ottomans, Moghols tels que Behzad, Agha Mirek, Nigâri,
Naqqach, Levni ou Sun'i...
   Chantre d'Alger, il greffe à leur apport le passé et le présent d'Alger et
de la casbah, leurs épopées, leurs héros, leurs personnalités marquantes,
ses scènes de vie citadine quotidienne et poétique, encastrés dans des orne-
ments d'arabesques et d'entrelacs, dans des écrins de verdure réels et
idylliques, ou dans « les arceaux qui chantent », en haut de la baie bleue,
clos ou ouverts sur les ciels irradiés, telle une nouba, selon les moments du
jour et de la nuit.
   Ce n'est pas le raffinement seul qui apparente l'œuvre de Mohamed
Racim à l'art de jadis et de naguère, ce sont les idées généreuses qui la
portent. Comme disait André Malraux, c'est l'idée qui sanctifie la forme.
   Racim n'illustre pas innocemment la vie musulmane d'hier, mais reva-
lorise un art de vie national et remonte à une des sources historiques et
vivifiantes de l'identité algérienne. « Le monde de Racim, c'est l'Algérie
d'hier, à laquelle il est sentimentalement attaché. »
   Son apport dans la réévaluation des formes du passé est considérable
mais tout son œuvre crie la foi en la victoire finale et proche de la patrie,
au moyen d'inscriptions en nasta'liq, en maghribi, en thoulouth[2], mises en
évidence ou discrètement dans les médaillons centraux, dans les cartouches ou dans les marges. Le sens de ces maximes est incontournable
malgré ce qu'en pensent les défenseurs de l'art pour l'art.
   « La victoire est divine et proche, la victoire est le fruit de la volonté, du
courage, de la patience et de la fermeté, Bataille navale entre la flotte
musulmane et la flotte chrétienne, Notre victoire est certaine, Souvenir de
l'ancienne Alger musulmane, L'amour de la patrie est mieux que la foi, Il
n'y a de dieu qu'Allah et Mohammed son prophète, Recherche la science
depuis le berceau jusqu'au tombeau... »

Il exécute des scènes épiques, militaires, à la gloire du calife et ses
légions, de la régence d'Alger et du raïs, à son retour des courses en mer.

---

1. Fondateur de l'Association des oulémas (1889-1940).
2. Ductus perse et occidental dans l'art calligraphique arabe.

Il fait un portrait monumental de Kheireddine Barberousse identifié par une inscription solennelle comme fondateur de l'État algérien, le pistolet et l'épée en main, d'une volonté indomptable, politique redoutable, maître d'Alger et amiral puissant de la flotte, inféodé à la Sublime Porte.

Son *Histoire de l'islam*, un véritable manifeste, est conçue sur le modèle des livres anciens, « la meilleure des chroniques », « le livre des Antidotes », « le livre des Chants » et des icônes byzantines. Dans les épisodes qui se succèdent autour de figures centrales, l'histoire commence par l'illustration de sourate el-Alaq. L'archange Gabriel, comme dans une Annonciation, désigne de son index le Livre à Mohamed, méditant dans la grotte de Hira, et, de l'autre main, il l'invite vers les cieux, où, à dos d'el-Boraq, il va faire l'Isra'ou l'ascension nocturne.

Viennent ensuite la Ka'ba et Ibn Séoud comme gardien des lieux, les conquêtes arabes, le Taj Mahal, le livre, la musique, Okba ben Nafa à l'assaut du Maghreb, une médersa mixte, des chimistes avec alambics et éprouvettes. La procession continue avec Abderrahmane el-Fatih et son entrée triomphale à Cordoue, Yacoub el-Mansour, la cour des Lions de l'Alhambra, la *Reconquista*, les coupoles de Sainte-Sophie, Soliman le Magnifique, Ibn Séoud et Abdulhamid II.

Dans les médaillons centraux, on voit d'un côté le calife abbasside Haroun el-Rachid encadré d'el-Amin et d'el-Ma'moun et, de l'autre, Mehmet II el-Fatih, fondateur de l'Empire ottoman.

Tout cela n'est pas sans rappeler l'hymne national de l'Étoile nord-africaine (ENA) de Messali Hadj et du PPA, *Fida ou El Djazaïr*, de Moufdi Zakaria en 1936 :

> *Voici « Ahmed » qui nous conduit*
> *Sur le chemin de l'indépendance*
> *Voici Gabriel qui éveille en nous l'appel*
> *Sur le chemin de la liberté*

L'affirmation de la nationalité, avec de tels référents historiques, spirituels et esthétiques de gloire et d'apogée, contredit la politique d'assimilation dont Mohamed Racim semblait faire l'objet depuis 1910. Ses compositions sont comme des métaphores de la patrie à recouvrer et une propagande annonciatrice. C'est peut-être ce qui explique les réticences mises à le reconnaître pleinement comme un artiste à part entière.

À l'instar de celle de Racim, l'œuvre de Bendebbagh requiert une dimension pré-nationaliste dans la mesure où elle témoigne aussi d'un jalon historique dans l'affirmation de la conscience identitaire.

L'Association des autochtones algériens et musulmans, appelée aussi Association nord-africaine des arts artisanaux, ou Association des artisans musulmans algériens, plus proche d'Omar Racim, réunissait sous l'égide de Soupireau, Langlois, Migeon, Ricard et Marçais, Hamimouna, Temmam. Elle tentait de son côté de revaloriser les arts et les industries locales traditionnelles mais fut vite évincée par la concurrence. Taxée carrément de nationaliste, elle outrepassait probablement l'action politique de certains de ses mécènes comme Ben Djelloul, Mustapha Tamzali et el-Hadj Zouaoui[1]. Elle reprend souffle après l'indépendance sous le nom d'Association des arts islamiques traditionnels.

Dans le camp de la peinture de chevalet, Miloud Boukerche, inspiré par son Oranie natale, et Azouaou Mammeri, par les monts de Gouraya, s'approprient la technique et associent avec talent langage académique et sujets locaux vus de l'intérieur.

Boukerche est révélé en 1947 par le Cercle franco-musulman d'Algérie. Entré à l'École des beaux-arts de Paris, il expose au Salon des artistes français des portraits historiques, assez révélateurs des enjeux de l'époque : le sultan du Maroc Sidi Mohamed Ben Youcef, le recteur de la mosquée de Paris Si Kaddour Ben Gabrit (1880-1954) et le gouverneur général de l'Algérie de 1948 à 1951, Marcel Naegelen.

Ressentant sensiblement le contexte esthétique qui prévaut à l'issue de son séjour parisien, il se préoccupe d'une synthèse artistique française et algérienne, occidentale et orientale, au point que Georges Martin, journaliste à *Algéria*, note chez le sympathique artiste musulman qui s'est trop assimilé les disciplines formelles « la foi ardente qui permet d'exalter les bienfaits de deux civilisations unies dans la fraternité et vers la lumière ».

Après avoir suivi les cours des frères Racim et fréquenté l'atelier d'Armand Assus donnant sur le square Bresson, aujourd'hui la place des Martyrs, Mohammed Temmam, dont le frère Abelmalek fut dirigeant national du FLN et ministre des Finances de l'Algérie indépendante, part pour Paris. De tempérament rêveur, contemplatif et exquis, ce qui fait sa valeur c'est son élévation d'âme, son talent d'artiste, plus incliné vers les tons subtils et luminescents des quais de la Seine et les ambiances feutrées et radieuses plutôt que vers des thèmes sociaux et politiques.

Il faisait néanmoins des décors alimentaires pour les cafés tenus par des Algériens. Là, il rencontre Warda el-Djazaïria et Bahia Farah son épouse. Il servait occasionnellement de cadi au FLN et s'occupait essentiellement d'état civil.

À la fin des années 1940 et au début des années 1950, les jeunes intellectuels et artistes sont de plus en plus nombreux en France.

Exposer en affirmant son identité d'Algérien, arabe ou maghrébine, à Paris c'est faire preuve d'esprit révolutionnaire. Changer de cap sur le plan des formes, revenir comme à un point de départ, procéder à une révolution conceptuelle, c'est, comme le clamait Jean Sénac, tout aussi fort et subversif.

À l'exemple de tous ceux de l'époque moderne qui ont recouru aux cultures premières, arabes ou islamiques, Mohammed Khadda, Abdellah Benanteur, M'hamed Issiakhem, Mohamed Louaïl, Choukri Mesli, décident

---

1. Notables algériens, favorables à l'assimilation et aux idées réformistes.

d'aller plus loin que leurs aînés. Le processus d'algérianité indépendante s'enclenche. Ils adhèrent à l'informel, à l'abstraction géométrique, à l'abstraction lyrique. Cette dernière tendance résulte de l'éloignement du registre expressionniste, sévère et géométrisant, pour la liberté de la tache et du geste, pour l'arabesque et le lettrisme monumental. Dès l'indépendance, la lettre et le symbole arabes et berbères se confirment comme l'incarnation révolutionnaire de la nouveauté et de l'authenticité de l'art en Algérie.

Ces premières pensées plastiques qui s'esquissent modestement en France préfigurent les lendemains d'enthousiasme et d'espoir, où leurs idées trouveraient peut-être leur plein sens.

Sénac s'exile à Paris après le 1er novembre 1954 et avec lui sa génération du môle. « La vie artistique en Algérie a été à tel point humiliée, saccagée et livrée aux médiocres, avec la complicité précise et vigilante de l'Administration, que les véritables créateurs ont dû "fuir" et s'exiler, à Paris par exemple, pour trouver les moyens moraux de s'exprimer et une audience attentive à leur travail... tout art véritable est dangereux, parce que dynamique et révolutionnaire dans son essence parce que lié aux racines vives du pays. Il y a sur cette question un énorme dossier qu'il faudra bien ouvrir un jour et qui fera éclater l'ignoble collusion, en Algérie, de l'art atrophié et des puissances colonialistes... »

Le dossier est ouvert en 1951, le jour où *L'Humanité* ouvre une chronique de la révolution. Deux peintres sont envoyés par le Parti communiste français et suivent le procès de l'organisation paramilitaire du MTLD-PPA.

Ce n'est pas la première fois que le PCF délègue des artistes sur le terrain. Avant eux André Fougeron, peintre de la nouvelle réalité française, part pour les mines du Pas-de-Calais dans le but d'observer les mineurs, et de ramener des documents sur leur vie quotidienne, des portraits et des paysages. Il est le premier à peindre les immigrés algériens.

Conformément au code esthétique stalinien, présenté par Jdanov au congrès de Kharkov en 1934, et adapté en France, on intime aux artistes de tous les pays socialistes ainsi qu'aux communistes du monde entier de refléter la réalité et de se démarquer des tendances contemporaines, considérées comme bourgeoises, décadentes et inaccessibles aux ouvriers.

Plus tard le PCF commande des affiches contre la guerre en Algérie, on y voit le général de Gaulle bâillonner la République. Un paysage algérien stéréotypé, minaret, coupoles et palmiers, en flammes, associe la guerre d'Algérie à la lutte des classes ; la guerre y est égale à l'exploitation et à la privation du droit à la crèche, au logement, aux retraites et pensions décentes et est mise au même plan que le combat idéologique de la classe ouvrière, pour la paix, la démocratie, le progrès, l'émancipation.

Boris Taslitzky, qui fait partie avec Fougeron de cette mouvance, visite l'Algérie et rapporte des tableaux qu'il expose dès 1952. Le musée des

Beaux-Arts d'Alger possède une variante donnée à l'indépendance et intitulée *Transport de blessés dans le maquis*. Des paysans évacuent à dos d'âne, dans un paysage ingrat aux arbres et aux nuages tourmentés, menaçants, comme s'ils annonçaient un événement dramatique. Étant donné la date de ce tableau, il ne s'agit pas de blessés de guerre mais probablement de la description des conditions de vie de paysans ayant pris le maquis. Dans le catalogue d'exposition « Une collection politique », Alain-Georges Leduc dit : « Grâce à lui, à Beaubourg, on a aujourd'hui ces dessins de dockers algériens, en burnous, assis sur le port. »

L'artiste Mireille Miailhe, qui fait le voyage avec lui, assiste aux procès, et croque au tribunal les portraits des patriotes algériens face aux juges et aux policiers.

Alain-Georges Leduc ajoute : « Ils ont exprimé dans leurs œuvres une partie essentielle du contenu social de notre époque, la lutte montante des peuples coloniaux contre la guerre d'Algérie. »

On peut ainsi à travers les œuvres inspirées par le PCF, ou réalisées en solidarité avec lui, suivre sa relation traditionnelle avec l'art, ses positions politiques, depuis l'anticolonialisme à l'anti-impérialisme américain au Vietnam, du Chili à la Palestine ou à Mai 1968. Cela n'a pas empêché des artistes membres de manifester leur désaccord avec sa ligne politique. Pablo Picasso, quant à lui, après avoir défrayé la chronique avec la *Colombe de la paix* en 1949, puis avec le *Portrait de Staline* en 1953, est le premier à réagir au déclenchement de la guerre d'Algérie. En interprétant le tableau de Delacroix *Les Femmes d'Alger dans leur appartement*, il fait allusion à l'actualité marquée par la guerre d'Algérie, il ajoute une flamme rouge, une étoile et un croissant vert. Ainsi une transgression à partir d'un tableau classique devient une sorte d'allégorie.

Suivant de près le procès par le tribunal militaire français d'Alger de Djamila Boupacha, défendue par Gisèle Halimi, horrifié par la publication de la plainte, la séquestration, la torture, la brûlure des parties intimes de son corps, le supplice de la baignoire et de la bouteille, Picasso exécute un magnifique portrait dessiné de la jeune fille.

Revenons aux arts plastiques en Algérie. Abdellah Benanteur, dont la carrière artistique est la plus cohérente de toutes, a été influencé par son père qui participait aux réunions nationalistes et qui a été le premier à faire de la prison dans le Hoggar. Il a copié dans sa jeunesse un portrait de l'émir Abd el-Kader sur commande d'un mouvement politique.

Benanteur le graveur croise son travail avec Sénac dans le recueil *Matinale de mon peuple*. L'équivalence plastique, une calligraphie abstraite, de l'identification du poète au peuple algérien, est comparée à des foules qui montent, le 8 décembre 1961, presque un an jour pour jour après les manifestations tragiques du 11 décembre à Alger et à peine trois mois avant le cessez-le-feu en mars 1962.

Dans le recueil, le poème dédié à Baya annonce la victoire :

> *Pour l'homme droit qui revendique*
> *Un mot de paix...*
> *Dis que bientôt l'acier refusera la gorge...*

Ils récidivent avec le recueil à consonance algérianiste *Diwan du môle*. En le qualifiant de populaire, ils pensent donner une chance à leur poésie et à leur peinture d'être mises au service de la patrie. En décembre 1962, la métaphore entêtée du scellement de la fraternité est donnée solennellement, telles les prémices des récoltes, en offrande à la Bibliothèque nationale.

Pourtant, quand Djilali Kadid lui demande pourquoi il n'a pas fait d'œuvre, tel que le portrait de Djamila Bouhired, il répond qu'il ne tient pas à faire des amalgames. Il ne veut pas le faire de peur de voir utiliser la guerre d'Algérie comme faire-valoir pour une peinture qui n'en est pas digne. La guerre est pour lui « une période noire » qui le perturbe mais son art est au-dessus des contingences.

Dès 1961, le romantique Sénac pense à l'avenir et élargit les horizons de l'art algérien avec ses constantes africaines, orientales, européennes, maghrébines, berbères, musulmanes, collectives et individuelles. Il écrit à ses amis Nicole et Abdellah Benanteur :

« Ici je m'attarde dans un enfer solitaire et froid d'où sortent parfois quelques chardons têtus, des brindilles, quand ce que nous voulons c'est la forêt – à peine visible. Mais que vienne la paix – enfin un peu de repos. Et les arbres nous seront familiers. »

Autre interprète de l'algérianisme, Jean de Maisonseul ne sort pas intact de la guerre ; ses tableaux qui exaltaient la joie de vivre à la manière de Matisse représentent désormais des scènes obscures de mendiants, d'aveugles et de prisonniers qu'il a eu l'occasion, lui aussi, de connaître.

Leur compagnon, René Sintès, peintre de paysages tragiques de la casbah, meurt assassiné par l'OAS.

Parmi les figures de proue de la vie artistique révélées par l'indépendance, il y a Mohammed Khadda. Il s'initie à la politique par les chants scouts après mai 1945, au sein de la Jeunesse UDMA, d'Abderrahmane Kaki et de Mohamed Tangour.

Il se rapproche du PPA avant de découvrir le Parti communiste algérien, et se lie d'amitié avec Mustapha Belkaïd. Il rencontre Mustapha Kateb, Kateb Yacine, Mohammed Dib, Malek Haddad et Issiakhem. D'après son biographe Georges-Michel Bernard, il a fait la connaissance d'Édouard Pignon en 1957 et d'André Masson.

Sa première femme, Claudine, a fait de la prison à Alger pour aide aux insurgés.

Ces relations, conjuguées plus tard aux idées de Sénac, de Benanteur et d'Anna Gréki, l'aident à se forger une théorie esthétique qui sous-tend son œuvre et qui, une fois publiée sous forme d'essais, touche plus d'une génération.

Le problème de l'identité que l'exil exacerbe l'interpelle dès le début de sa carrière. Il cherche un ancrage, un ressourcement, une forme de sensibilité algérienne que lui révèlent les tendances en vogue à Paris : « Dans l'Occident que nous rejetions, nous allions découvrir nos propres racines », dit-il. En 1832, en découvrant le Maroc, Delacroix s'écrie que le modèle néoclassique ne suffit pas pour l'émergence d'une esthétique moderne, si l'on ne tient pas compte du modèle oriental ou africain. Pablo Picasso, Henri Matisse, Paul Klee les réinterprètent, les concilient et régénèrent les formes. Khadda prend conscience et entreprend de développer le même processus, mais dans le sens inverse, ce qui constitue pour lui une démarche révolutionnaire. La peinture figurative est à ses yeux un moyen de déculturation et de colonisation qui fait oublier à tout un peuple sa véritable culture. Il se reconnaît dans les méthodes artistiques qui rejettent la représentation du réel tangible. L'œuvre avec laquelle il entre résolument dans l'abstraction est l'*Hommage à Maurice Audin* en 1960. Il passe du cubisme analytique à une manière nouvelle, plastique fragmentée et dense, palette dramatique de gris, noir, rouge, amplifiée aussi bien par l'histoire du martyre que par la charge affective du vécu.

Son tableau *Dahra* de 1961, de la même veine que *Hommage à Maurice Audin*, avec le même ton sombre et le même sentiment d'oppression, évoque son pays natal et les tristement célèbres enfumades des Ouled Riah.

Mohammed Khadda, conscient de la signification culturelle de la guerre de Libération nationale et de l'ouverture à la modernité, restée malheureusement à l'état de virtualité, confirme dans ses écrits de 1973 la pensée de Sénac, en en faisant découler de source, comme une suite logique, le renouvellement de l'art. Le choix de la lettre, enchevêtrée dans des fonds expressionnistes, ou superposée à des aplats de matière et de couleurs recherchés, n'est pas motivé par sa lisibilité multiple, mais par un souci de spécificité, doublé d'un désir de rythme, de geste, de poésie et de beauté qui sont en elle et dont il libère l'expressivité par opposition ou indépendamment des archétypes.

« Dans l'imbrication du culturel, cette génération va contester, au-delà de ses prolongements exotiques, de ses tentatives assimilationnistes, la vision occidentale même, naturaliste et narrative, selon perspective et profondeur, entièrement étrangère à la tradition arabe. Faire une peinture nationale ne pouvait que remettre en question, rejeter, s'opposer à cet art d'importation. Retrouver ses sources... »

En 1982, lors du siège de Beyrouth, il reprend un sujet entamé en 1960, *Les casbahs ne s'assiègent pas*, son plus grand format, où l'on voit au dernier plan, sur un beau fond bleu, la Ville blanche encerclée par des barbelés noirs, entachés de rouge.

C'est une des rares œuvres que l'artiste ait associées volontairement à l'actualité immédiate, avec un paysage allusif référent à un passé, mais sans pour autant tomber dans le circonstanciel.

L'entretien du souvenir de la révolution le fera s'attaquer aussi à la sculpture monumentale avec le *Monument aux martyrs* à M'sila, sous la forme d'une main à l'index levé dans le geste de la *chahada*[1].

Khaled Benmiloud dit à propos d'Issiakhem et de lui-même qu'ils ont été formés, comme Malek Hadad et Kateb Yacine, à l'école de la solidarité avec le peuple. « Nous étions tous, à dix, douze ans, des nationalistes. On découvrait que notre ennemi c'était le colonialisme et la misère. » Il faut traduire le mot « nationalistes » par sentiment d'appartenance qui les prédispose aux réactions patriotiques.

El-Hadj Tahar Ali voit dans l'œuvre d'Issiakhem le reflet de la condition des Algériens et de la réalité coloniale. Son observation solidaire des prolétaires algériens ce furent, écrit-il, pendant cette période, les cours les plus majestueux sur la fonction de l'art, sur sa forme et son esthétique.

Sa fréquentation des personnalités politiques, son travail dans la presse comme dessinateur l'ont effectivement mis au cœur de l'actualité. Il y a dans la documentation réunie patiemment par Djaafar Inal des reproductions de figures humaines torturées et mutilées, qu'il aurait dessinées pour le journal *Révolution*. Ce qui était pour lui une exigence de la formation d'une conscience et d'une mémoire nationales.

Son tableau le plus célèbre est *La Veuve de chahid* de 1963, au visage émacié, au regard triste, une tête de mort sur un corps sans membres comme à l'accoutumée, et une tête d'enfant, qui, selon l'auteur lui-même, empêchent d'oublier.

Il a laissé un beau *Portrait du cardinal Duval* dont il a su mettre en valeur le large front, siège de la lumière spirituelle, qui l'a aidé à soutenir la cause du peuple algérien et qui lui a valu le sobriquet de Mohammed Duval.

Pris sous la protection du ministère du Travail et des Affaires sociales, comme l'a été Kateb Yacine, et sa troupe de théâtre, il a produit en échange un ensemble d'œuvres qui seront ultérieurement cédées au profit du musée des Beaux-Arts d'Alger.

Il a également, à l'occasion de jubilés, réalisé un certain nombre de travaux, relatant les épisodes et les thèmes de l'histoire de la guerre de libération nationale, les timbres commémoratifs notamment, au dessin affecté et naïf, et aux ingrédients kitch et conventionnels, dénués de toute sincérité : soldats, ouvriers, paysans, femmes avec foulard, industrie, révolution agraire, surplombant un champ et au loin une usine, soleil à l'aube, fleurs, blé, drapeau, soldat, fusil.

Un autre tableau, *À ceux qui ont voulu passer et sont restés*, peint en 1975, de la collection Inal, donnée au musée des Beaux-d'Alger en 2002, fait allusion à la traversée de la ligne Morice ; on y voit un homme décharné se projeter sur les fils barbelés électrifiés.

---

1. Position de la main droite lors de la profession de foi musulmane.

Choukri Mesli a été un des premiers, alors qu'il était étudiant à l'École des beaux-arts à Paris et boursier du gouvernement général, tout comme Issiakhem, à intéresser un militant responsable à son travail de peintre. Il fréquente Layachi Yaker, secrétaire général de l'UDMA, puis vice-président de l'UGEMA en 1955, sans partager ses idées sur la question de la nation, alors en débat dans le milieu estudiantin. Il fréquente le Groupe 51 animé par Armand Gatti et se lie d'amitié, sans préjugés d'opinion, d'origine, de religion ou de culture, avec les nationalistes, syndicalistes et communistes Moussaoui, Mouloud Amrane, Allel el-Mouhib, Mustapha Kateb, Simonet, Jean de Maisonseul, Ghermoul, Ouzegane, Cardona, Sintès, Inal, Rahal, Galliéro. Néanmoins, le dirigeant lui consacre un article dans le numéro 1 de l'éphémère *L'Étudiant*, organe de l'UGEMA, paru en 1955.

Mesli s'éveille aux idées nationalistes en lisant les poèmes de prison de Kateb Yacine, publiés par le Parti populaire algérien après le 8 mai 1945. Un jour qu'il voit passer celui-ci, il l'interpelle pour lui exprimer ses impressions. Devenus proches, il lui présente Issiakhem.

Mesli néglige dès lors les nus académiques pour lesquels il était très doué pour s'adonner à des thèmes plus sociaux et plus politiques. Il propose pour une exposition deux compositions, *Massacre de mai 1945*, et *Mendiants de la casbah* où il met une étoile et un drapeau algérien, mais elles sont refusées. Les autorités tolèrent jusque-là les hardiesses des artistes qui décèlent leurs contradictions, considérant cela comme une catharsis bénéfique, mais ne veulent pas de subversion.

Il manifeste une seconde fois son patriotisme en refusant, sur les conseils de Rédha Malek, de participer à l'exposition que devait inaugurer le président René Coty à la galerie Leleu.

Mesli séduit les personnalités mais cela ne lui évite pas les ennuis.

Son frère, adjoint de Yacef Saadi, cache ses tableaux dans la maison où meurent Hassiba Benbouali et Ali la Pointe, au 4, rue des Abderrames. Ils disparaissent en même temps que les héros.

Il participe à la grève des étudiants en 1956, distribue dans son école des tracts et refuse d'aller en cours jusqu'à la libération de l'Algérie, dit-il à ses professeurs. La sous-direction des beaux-arts du gouvernement général de l'Algérie l'informe par écrit, le 2 avril 1957, de la suppression de sa bourse pour grève insurrectionnelle.

L'incendie de la Bibliothèque universitaire d'Alger par l'OAS lui inspire un beau tableau abstrait, *L'Algérie en flammes*, qui n'est pas sans rappeler l'influence de Nicolas de Staël

La guerre, la violence, la séparation, les bombes de l'OAS, le concert de casseroles des Européens, les menaces, les lettres anonymes, les accords d'Évian marquent la jeunesse de Denis Martinez à Blida, ville complètement tressée de fils de fer barbelés, matériau idéal pour un artiste des années pop art et populaires, qui lui sert pour la réalisation de ses reliefs. Dans ses dessins et aquarelles du début des années 1960, aux titres significatifs, *Napalm*, *Supplice*, *Insulte*, Martinez évoque le souvenir tenace de la mort d'un père au temps de la colonisation, les humiliations, les cauche-mars, la mort, la haine dans laquelle a grandi sa génération.

À l'indépendance, en 1962, Béchir Yellès fait un tableau intitulé *Guerre d'Algérie*, mais la presse le reçoit froidement, évoquant, d'une manière allusive, l'ombre du martyrologe.

La guerre de Libération a été la pierre angulaire de la vie et de l'œuvre de Myriam Ben, Marylise Ben Haïm de son vrai nom, fille d'une famille origi-naire de l'Aurès et installée dans le quartier de La Redoute à Alger depuis des générations et animée d'un idéal révolutionnaire et de justice tradi-tionnel. Sa mère a été candidate au deuxième collège sur la liste du MTLD.

De tous les artistes, c'est celle qui a un véritable cheminement de militante active, à l'âge de quatorze ans. En 1943, soutenue par Henri Alleg, elle adhère aux Jeunesses anarchistes puis aux Jeunesses communistes, où elle s'attache à Henri Maillot. Elle est de toutes les luttes sociales, contre la guerre, pour l'indépendance. Elle adhère à l'élan de solidarité avec les familles des victimes des répressions de mai 1945, y compris celle de Kateb Yacine, qu'elle rencontre à cette occasion, et qu'elle retrouvera plus tard à *Alger républicain*, et qui se serait reconnu dans sa nouvelle « L'Enfant à la flûte ».

Institutrice à Oued-Fodda et agent de liaison en temps de guerre, elle participa avec Abdelhamid Boudiaf et Abdelkader Babou à l'installation du maquis de l'Ouarsenis où elle conduisit Maurice Laban.

Recherchée par la police elle entre en clandestinité de 1956 à 1962 et est condamnée par contumace à vingt ans de travaux forcés par le Tribunal militaire des forces armées d'Alger.

Elle n'est pas à sa première expérience quand elle vient à la peinture. Elle a commencé à publier et à peindre en 1967 dans la douleur et la maladie, car les lendemains de l'indépendance pendant deux ans ont été insupportables aussi bien physiquement et moralement, au point de s'exiler à nouveau, à Paris, jusqu'en 1974. Imprégnée de la grande culture clas-sique, elle doute de ses capacités à écrire ou à s'exprimer valablement, reprend ses études et voyage en Italie et en Russie.

Elle a exposé plusieurs tableaux où le thème de la guerre de Libération revient comme un leitmotiv.

L'Enfant au napalm, Chant à ceux qui ne sont pas revenus, L'Algérie sous la botte, Ils ne devaient plus jamais revoir un été, Le Silence reviennent souvent aussi bien dans ses écrits que dans ses tableaux.

Un beau poème de Bachir Hadj Ali, « Le Serment », du recueil *Chants* pour le 11 décembre lui inspire un livre d'artiste. L'épopée héroïque et l'idéal des Algériens vus par le poète, la souffrance sublimée, l'hymne à la grandeur, l'émotion et la communion avec le poète la motivent assez pour ne pas être un simple prétexte à une transcription plastique personnelle. C'est une recherche élaborée et difficile pour transformer des idées abstraites en images sensibles, et pour passer de la puissance évocatrice des mots, du témoignage historique, qui ont déjà atteint au sublime, de sortir enfin de la durée invisible, vers quelque chose de tout aussi impalpable mais plastique tout de même.

Dans son répertoire on retrouve *La Mère du chahid*, le moudjahid, le sablier, qui mesure la durée et annonce la victoire inéluctable, la roue, les paumes ouvertes portant une colombe symbole de paix, fidélité et espoir.

Émue par le lyrisme, la grâce du poème, et la capacité d'anticipation du poète, elle transfigure son romantisme révolutionnaire et son chant de liberté.

La famille Farès s'est réfugiée aux frontières algéro-tunisienne alors que Boukhatem a seize ans. Il s'initie à la peinture, dans les ateliers ouverts dans le camp par le FLN pour amuser les enfants traumatisés par les bombardements. L'adolescent trouve dans ce loisir un exutoire mais Frantz Fanon, qui suit les enfants, remarque ses dons et l'encourage à entrer dans la carrière artistique. On doit à ces séances de dessin, plus thérapeutiques qu'académiques, les seules traces directement liées au contexte de guerre. Les aquarelles de Farès faites à dix-neuf ans en sont évidemment imprégnées. Aussi les combattants lui confient-ils leurs poèmes à illustrer. En 1961, il s'installe avec d'autres condisciples dans un atelier au Kef ; il aurait été, selon ses dires, démobilisé en 1964, ce qui veut dire qu'il aurait été membre de l'Armée de libération nationale. Son plus beau tableau de 1969, un petit format, *Les Réfugiés*, est conservé au musée des Beaux-Arts d'Alger. C'est un paysage de montagnes, esquissé rapidement, et traversé par une procession de réfugiés, des silhouettes, femmes, enfants, vieillards, à peine suggérés, qui défilent à la hâte, vers la frontière tunisienne, dans le froid, le vent et la neige.

On connaît de lui également une série de dessins représentant des mouvements de troupes, des batailles, des foules populaires, des rassemblements, des caractères et comportements humains, la nuit, dans une atmosphère de peur, de feu, d'explosions de mines et de cris.

D'autres séries datant de 1967 et de 1988 représentent les commissaires politiques et les soldats de l'ALN aux frontières et sur la ligne Morice.

Le cercle des barbelés et la réunion des maquisards, solutions spontanées de composition, concentrent l'attention sur ces bambochades de caractère historique et leur confèrent une certaine intensité.

D'autres œuvres inspirées par la guerre, produites pendant ou aussitôt après, portent les stigmates de la réalité vécue des maquis, émotion d'un moment, souvenir ou témoignage ; elles se trouvaient il y quelques années encore accrochées ou entassées dans une villa à Kouba, appelée musée de la Révolution.

Parmi les naïfs, nous tenons un véritable prodige en la personne d'Arezki Zerarti, ami de Jean Sénac et de Jean de Maisonseul et ancien maçon en France, où il assure avoir suivi des cours de dessin. Deux tableaux ont suffi à le faire connaître, *Le 1er novembre 1954* et *Algérie 1830-1962*. Dans l'un, il peint, dans une matière terreuse, une forme mi-machine infernale, mi-monstre, déferlant sur le spectateur et fulminant de tous ses pores. Dans l'autre, bien que le geste et la palette s'apaisent, et que la forme se systématise dans un ordre plutôt abstrait, on devine une sorte de séjour des âmes des justes avant l'arrivée du Rédempteur. Dans les limbes s'affairent de petites silhouettes blanches, informes, hybrides et humaines.

Il faut mentionner Aïcha Haddad, membre de l'ALN et du FLN, artiste et première formatrice des pédagogues et des enseignants de disciplines artistiques.

Notons aussi *Des soldats victorieux plantent le drapeau* de Sahouli, *La Victime de 1963* et l'*Interrogatoire de 1964* de Smaïl Samsoum, *Le Moudjahid blessé* de 1967 de Merdoukh, *La Fantasia de l'indépendance* de 1972 de Mohamed Khatib et *Les Passe-Montagnes* de 1974 de Hamid Haroun.

Algérien de cœur, Diaz Ojeda, républicain andalou, exilé à Alger en 1939, a connu le camp d'internement de Boghari, où il s'est mis à dessiner et à peindre. Ses premières œuvres sont inspirées des poèmes de Federico García Lorca, mais le vent de liberté qui souffle sur l'Algérie l'entraîne aussi. Il a peint une exquise *Journée de l'Indépendance* sur la place des Martyrs pavoisée, Djema' Djedid, hérissé de drapeaux vert, blanc, rouge, et la foule en liesse.

Un an après l'indépendance de l'Algérie, à l'occasion de la célébration du neuvième anniversaire du 1er novembre 1954, a lieu le premier bilan de la production picturale. Les artistes qui exposent n'appartiennent pas à une génération spontanée. Comme l'indépendance, ils viennent de loin, comme on l'a vu plus haut, mais ils respirent un air nouveau et pur.

Jean Sénac, avec la même exaltation qu'avant, en témoin privilégié, qualifie le 1er novembre 1954 de révolution de l'esprit. Les termes, qu'il est le premier à utiliser – couleur de l'indépendance, liberté, tradition, avant-garde, édification, nouveau regard, renaissance – insufflent une âme nouvelle au mouvement enclenché avec *Soleil* et *Terrasses*.

Ce bilan est « le trésor le plus neuf de la République », écrit-il à son ami Jean de Maisonseul.

Chaque manifestation est pour Jean Sénac l'occasion d'approfondir le débat sur les concepts. Celui de Nord-Africain énoncé auparavant se fond dans Algérien et sa légitimité ne repose pas uniquement sur le critère de la nationalité mais surtout sur le lien charnel.

De son côté, Jean de Maisonseul, nouveau conservateur du musée des Beaux-Arts d'Alger, remet en route la politique d'acquisition et commence la première vraie collection d'art plastique.

La tendance abstraite, prédominante à l'exposition, ne gêne pas Ben Bella, le premier président de la jeune République qui confie : « Notre socialisme est ouvert, toutes les formes sont admises ici et l'artiste est libre dans sa création. »

Jean de Maisonseul n'aura de cesse – et pas seulement au titre de la coopération française – de contribuer à doter l'État d'instruments réglementaires nécessaires à la protection de son patrimoine, à son étude et à son enrichissement.

L'indépendance est le moment privilégié de l'effort suprême pour la reconquête sur soi, où l'on recherche les apparentements, l'expression vitale de l'identité, l'évaluation des apports, la renaissance et le défi de la modernité.

Le mouvement issu de ce premier bilan aboutit à la création de l'Union nationale des artistes plasticiens en 1964. Mais le coup d'État de 1965 a raison et des acquis et des premiers élans révolutionnaires.

Ces pionniers sont contrôlés ou combattus par des confrères frustrés ou improvisés peintres et néanmoins zélés, dans les années 1970, années des nationalisations, de la réforme agraire, de la révolution industrielle et culturelle, du volontariat, de la charte d'Alger et de tous les caporalismes, chers à Mohamed Kada et Cherif Messaadia.

Ce dernier, responsable de l'Orientation et de l'Information, déclare : « La culture pour nous est dans le souffle de la révolution. Elle est le complément nécessaire et indispensable pour une rapide et large promotion sociale. Elle n'est pas la recherche pour une petite minorité d'un moyen pour asseoir ses prérogatives, elle n'existe que dans les masses populaires, pour leur bien-être et leur avenir. Un tableau, un mot, un vers doivent trouver leur totale expression dans le peuple et répondre aux normes de la philosophie de la Révolution. »

Le militant qui ne sert pas au sein des collectivités et des organisations est un marginal.

La guerre d'Algérie ne concerne pas que les Algériens, mais aussi l'opinion progressiste française et internationale. Dès 1956, à la suite du congrès de la Soummam, la guerre s'intensifie et gagne toutes les couches de la population. La répression aussi. Sur le plan international, la question algérienne occupe le centre de l'actualité. La grève de sept jours décrétée par le FLN fait pression sur les débats à l'ONU, et appelle l'attention de l'opinion internationale

C'est sous le titre de Réveil de l'intelligence française qu'*El Moudjahid* salue et publie le Manifeste des 121 intellectuels français, parmi lesquels des peintres et des sculpteurs, André Breton qui signait en 1948 un texte pour l'exposition de Baya, et Gilles Martinet, André Masson, Édouard Pignon, J.-P. Vielfaure, Claude Viseux. Bientôt rejoints par des dizaines d'autres artistes, ils doubleront leur geste courageux d'un don d'œuvres en hommage à la Révolution algérienne. Ce don se compose de deux ensembles, l'un inspiré par les « événements » et exprimé sous formes réaliste, allusive et abstraite, le second tout à fait dans l'air du temps et destiné à doter l'Algérie du premier musée d'art moderne, vœu resté irréalisé à ce jour.

Comme tous les hommes épris d'humanisme, de liberté, de démocratie et de progrès, atteints dans leur honneur et dans l'idée qu'ils se font de la vérité, contre la torture, contre la guerre, libres de toute allégeance à des partis politiques, ils remettent en cause les valeurs et les obligations traditionnelles. Ils résolvent un cas de conscience, considérant de leur devoir d'intervenir. Ils refusent de prendre les armes contre le peuple algérien, réaffirment leur aide aux militants algériens, font leur la cause de la paix[1].

Leur dénominateur commun, le refus de la guerre, est exprimé par eux comme un drame vécu, chacun selon sa maîtrise des techniques et moyens d'expression, sa culture, sa sensibilité, ses aspirations, au moyen d'une dominante chromatique sombre et froide, de graphismes tourmentés, contrastés et dans l'ensemble, d'une extrême tension.

Le mouvement s'étend à d'autres personnalités dans les milieux artistiques cosmopolites, dont les œuvres remarquables, inspirées d'une cause devenue internationale, et par les lendemains immédiats de l'indépendance, se transforment en véritable réquisitoire contre le colonialisme et la guerre, et en plaidoyer pour la cause du peuple algérien.

Des artistes de renom, de toutes nationalités et de toutes confessions, de nombreux étrangers venus à Paris pour fuir les juntes militaires régnantes, unis par les nouvelles idées esthétiques, à l'avant-garde artistique, contribuent de leur côté à la sensibilisation de l'opinion et en deviennent partie intégrante. Ils font don de leurs œuvres à l'Algérie et lui permettent alors de rattraper le temps perdu, de cicatriser ses blessures, et d'être un foyer d'art contemporain.

Cette collection fait l'objet de deux expositions organisées à Paris et à Alger par le comité de l'Amicale Art et Culture à l'occasion du deuxième et du troisième anniversaire de l'indépendance en 1963 et en 1964.

Cherif Belkacem, ministre de l'Orientation nationale, et Henri Chréa rendent hommage aux peintres, graveurs, sculpteurs et dessinateurs pour leur solidarité.

« Les créateurs, prouvant avec éloquence que les vocables Art et Révolution veulent exprimer la même pensée fixe, montrent somptueusement que la peinture et la sculpture modernes ne sont surtout pas destinées à la délectation bourgeoise. L'énoncé plastique de leur réflexion a une résonance populaire incontestable. Ici, foin du maquillage de la sensibilité. »

Parmi les œuvres inspirées par la question algérienne, qui dénoncent la répression et la torture, citons *Le Parloir de 1961* d'André Masson, français, concernant son fils Diego, emprisonné pour avoir refusé de participer à cette guerre et pour être venu en aide aux combattants algériens. On y

---

1. Cent vingt et un intellectuels et artistes français signataires d'une pétition dans laquelle ils réaffirment leur aide aux militants algériens et font leur la cause de la paix et de l'indépendance.

voit deux personnes séparées par un grillage de parloir de prison, dans une tonalité gris-violet.

Abidine Dino, turc, ami de Nazim Hikmet, a donné un tableau intitulé *Manifestation pour la paix*, où il oppose en deux tons, ocre jaune et ocre brun, des manifestants et des soldats, les uns dans une tache de lumière, les seconds dans la nuit.

Nord Sahara, de 1958, de Ferro, islandais, montre des squelettes de couleur blanche et des hommes en proie à une souffrance abominable, enchevêtrés dans un univers clos, au milieu de plaques sans nom, gesticulant à la manière des victimes de Guernica.

De Jean Lurçat, français, un *Guerrier casqué* comme un soldat de l'Antiquité, tenant, tel Persée, une tête tranchée et ensanglantée, avec un soleil comme témoin du sacrifice qui vient d'être commis.

Manifestation algérienne contre le couvre-feu, de 1961, de Jean-Jacques Lebel, français, composée de collages de journaux datant de la même année, et sur lesquels on peut voir des articles et des photos de manifestations de Nord-Africains, sur le FLN et les travailleurs.

Hommage à la révolution algérienne, de 1960, de Silvano Lora, dominicain, est un brasier en flammes au-dessus duquel flotte le drapeau algérien.

Les dessins de Maurice Henry, français, humoriste et dessinateur de presse, montrent un officier qui donne l'ordre à ses soldats, en désignant du doigt un village à l'horizon, du sud à en juger par la forme des maisons, le soleil implacable, les dunes et les palmiers : « S'ils résistent, n'hésitez pas à les pacifier ! »

Siné, français, dans la même veine, dessine une corrida, un officier à quatre pattes, trois poignards au flanc, et un paysan, aux moustaches fières, qui le nargue avec un drapeau algérien.

Peverelli César, italien, a donné *Prisonnier pour la liberté*, de 1962, où l'on aperçoit un être qui n'a plus rien d'humain, un robot, dans une cellule carcérale, dans le noir, qu'un soupirail éclaire d'en haut.

Une lithographie de Wilfredo Lam, cubain, dans laquelle on voit « l'ange blessé et la chute de l'ange », chevauchant des masques vaudous.

Matta, chilien, a offert *Sí Cuba sí, Argelia tambιén*, 1964, qui illustre la férocité de la guerre impérialiste, sous forme de monstres infernaux, plus agressifs que les armes traditionnelles qu'ils arborent.

Cremonini, italien, est présent avec deux œuvres, *Algérie algérienne*, de 1961, et *Opposition des masses à Alger*, qui montrent des poings puissants de manifestants, fermés résolument sur les manches des banderoles.

Le reste des œuvres de ceux qu'on appelle désormais les artistes de la Révolution algérienne se caractérise par un contenu pictural pur, relevant des tendances de l'abstraction lyrique et du mouvement des Réalités nouvelles qui prévalent à l'époque.

Assar, Nassar, iranien, *Chant du refus*
Arradon, Monique, française, *Hommage à l'Algérie*, 1958
Becerra, German, colombien, *Ratonnades*, 1960
Cherkaoui, marocain, *Feu sacré*
Cardenas, cubain, *La Porte de l'histoire*,
Espinoza, Duenas, péruvien, *Les Flagellés*
Féraud, français, *Avant la liberté*, 1960
Forgas, français, *Les Égorgés*, 1959
Gasquet, français, *La Question*, 1958 et 1964
Hernandez, espagnol, *Africa*, 1964
Lapoujade, français, *Violence*
Millarès, espagnol, *Viva*, 1964
Pichette, français, *Matin illuminé*, 1962
Revel, Paul, français, *Le Sixième Jour*
Rustin, Jean, français, *Algérie, 8 février*, 1962
Skira, suisse, *Algérie*, 1961
Vielfaure, français, *Le Mal noir*, 1958
Viseux, Claude, français, *Concentration, mutilations*, 1957
Vedova, Emilio, italien, *Cycle de protestation*
Vigas, Oswaldo, vénézuélien, *Hommage à la Révolution algérienne*
Un peu plus loin, les intellectuels italiens, eux aussi, manifestent leur solidarité, condamnent les massacres. Les partisans de la paix, Saint-Siège, catholiques, communistes, universitaires, invitent des nationalistes algériens à Florence à une conférence sur la culture méditerranéenne. Renato Gutuso, qui y participe, offre à Tayeb Boulahrouf, qui les destine à un musée algérien, deux tableaux impressionnants, représentant l'un, *La Bataille d'Alger*, l'autre, le portrait en pied du *Général Massu*, en tenue de parachutiste, avec de longues griffes de rapace, allusion évidente à la torture et à la répression.

En 1982, en souvenir de son engagement dans la cause algérienne, Gutuso préface le catalogue de l'exposition Houamel, concerné lui aussi par la guerre entre 1955 et 1960 :

La ligne del suo sviluppo, dalle prime opere che avevo visto anni prima, ai tempi della lotta di liberazione dell'Algeria della oppressione coloniale. (La ligne de son contour, des premières œuvres que j'avais vues des années avant aux temps de la libération de l'Algérie de l'oppression coloniale.)

La question de l'art et de la Révolution algérienne n'a pas fini de dire son premier mot. Ernest Pignon Ernest, artiste reconnu en France et dans le monde, continue d'en fouiller les recoins. La tenue de l'année de l'Algérie en France lui a donné l'idée de revenir en Algérie, à la recherche de Maurice Audin[1], et pour le rétablir, le temps d'une affiche, dans le

---

1. Militant du Parti communiste, enseignant à l'université d'Alger, il a disparu le 21 juin 1957 après avoir été arrêté par les parachutistes. Selon l'armée, il s'est enfui lors d'un transfert en jeep, entre deux interrogatoires.

souvenir de tous. Il a figuré quelques jours comme symbole de tous les autres martyrs aux adresses où il a vécu, travaillé, et où il est mort.

Ernest Pignon Ernest a fait des portraits en sérigraphie du martyr, « adossé à un mur, un livre à la main. Dans son regard il y a un sourire, une jeunesse, une sorte d'espoir. Il a vingt-quatre ans, des diplômes, trois enfants déjà, et la vie devant lui : toutes les raisons de croire à l'avenir. Avec sa chemise blanche au grand col, qui signe son époque, il a un petit air de Gérard Philipe, mais aussi d'Arthur Rimbaud ».

Pour finir, proposons un témoignage de Mazouz Hocine, né en 1906 à Aït Atelli, Larba Nath Iraten, Grande Kabylie[1]. Autodidacte, il réalise en prison des objets fonctionnels à l'aide de rebuts. La banalité de la fonction et du matériau ne l'empêche pas d'élaborer méthodiquement la forme, la technicité et l'esthétique de son projet. Si la modernité n'était pas restée lettre morte, ce M. Mazouz aurait pu être un pionnier du design algérien.

« Le 23 décembre 1959, après avoir purgé un an de prison à Saint-Omer, je fus transféré au camp d'assignation à résidence surveillée à Larzac (Aveyron).

« Un mois après mon arrivée dans ce centre, je fus appelé par l'organisation pour assumer la délicate tâche d'aide-cantinier. Malgré mon âge (cinquante-trois ans) et le manque total d'expérience, j'ai cependant accepté. Pendant cinq mois durant, j'ai donné le meilleur de moi-même afin de ne pas décevoir la confiance que les frères ont placée en moi.

« Vu qu'à partir de cinquante ans les détenus étaient exemptés de toute corvée par notre organisation, je devais être remplacé par un frère nouvellement arrivé, plus jeune et plus dynamique. Pendant cette période, j'ai remarqué que certains frères passaient une partie de leur temps à fabriquer des petits cadres pour photos à l'aide de tubes vides de lait.

« C'est ainsi que j'ai demandé à l'un des frères d'en faire un en ma présence pour m'initier. Ce fut très facile pour moi, j'ai trouvé même que c'était un jeu d'enfant que de faire ces cadres. Aussi, je devais chercher à trouver à faire autre chose, quand un frère trouva une autre formule de travail : cadre avec des allumettes au lieu de tubes de lait vides.

« J'ai rapidement adopté cette nouvelle méthode de travail, un peu plus compliquée certes, mais plus élégante et de travail plus fin. De plus en plus exigeant, je cherchais à sortir de l'ordinaire. Les premiers objets réalisés, je les expédiai à l'extérieur du camp par reconnaissance aux amis qui pensaient toujours à moi.

« Après quelques jours de réflexion, l'idée de faire un cadre jumelé, monté sur un pivot, me vint à l'esprit. Cela a demandé de longues semaines.

« Après trois nuits blanches, je réussis à dresser un plan pour monter un fruitier démontable, en trois pièces avec secret : le secret seul m'a demandé quinze jours de recherche pour le fonctionnement de son mécanisme. Après

---

1. Original composé au musée des Beaux-Arts, publié par moi-même en 1984.

m'être isolé dans un ancien lavabo transformé en débarras par les frères (bois, charbon, vieux vêtements), j'ai dû travailler pendant cinq longs mois pour achever cette œuvre. Le travail était rendu très pénible par le froid de l'hiver et le vent glacé qui soufflait de tous côtés.

« Malgré cela, j'ai dû m'enfermer volontairement dans ce local, seul endroit pour avoir la solitude afin de travailler en paix et l'esprit tranquille.

« Toutes ces mesures prises ne m'ont pas épargné de certains frères qui découvrirent mon refuge et venaient à chaque instant demander des explications et des conseils. Cet objet terminé, je n'y ai pas attaché une très grande importance ; je ne me rendais pas compte de sa valeur réelle. Mais il suscitait l'admiration des frères et même de nos gardiens qui me félicitèrent et m'encouragèrent. Ainsi je devais continuer sur ma lancée. Après quelques jours de détente et de réflexion, je trouvais que ces objets méritaient une valise spéciale de vingt-deux centimètres de hauteur pour leur transport. J'avais prévu une quinzaine de jours de travail, mais, voulant faire mieux, j'ai dû travailler pendant trois mois pour perfectionner cette dernière. Plus tard, partant des cinq obligations de l'islam, j'ai décidé de monter un support service tout en bois de récupération : cinq pieds et cinq compartiments.

« Par la suite, je devais me consacrer à la réalisation de différents objets à l'intention des membres de la famille, en particulier un coffre à double fond avec secret d'ouverture, que j'ai dédié à ma fille.

« Parmi ces objets, un jeu de dames qui a permis à moi et à tous les frères du bâtiment de tuer le temps très long.

« Comme les négociations venaient de débuter, et dans le souci de compléter la série, je me remis à l'ouvrage pour en faire encore d'autres objets tels qu'un cadre familial et une trousse complète de toilette.

« Il est à remarquer que tous ces travaux ont été réalisés uniquement avec des matières de récupération à savoir :

« Tubes de lait vides, boîtes vides d'aluminium ayant contenu du café, des allumettes de ménage peintes avec de l'encre de différentes couleurs, des résidus de café, des briques pilées et trempées, différents morceaux de bois, récupéré par-ci, par-là, enfin tout ce qui est matière plastique dure : manche de brosse à dents, boîte à savon, etc., ainsi que des morceaux de verre et de glace. »

Bibliographie

— Catalogue : Cinquième exposition de la Société des peintres orientalistes français, Paris, 1893.

— Georges Marçais : *Le Journal des instituteurs de l'Afrique du Nord*, n° 12, 6 mars 1948.

— Georges Marçais : *La Vie musulmane d'hier vue par M. Racim*, Paris, 1960.

— *El Moudjahid*, 1954-1962

— *L'Art et la Révolution algérienne*, ministère de l'Orientation, Alger, 1964.

— Anouar Abdelmalek : « L'Héroïsme arabe », *in Anthologie de la littérature arabe contemporaine*, Le Seuil, Paris, 1965.

— Béchir Hadj Ali : *Culture nationale et révolution algérienne*, EN, Alger, 1967.

— *Actes du Congrès de l'UNAP*, Alger, 1973.

— Mohammed Harbi : *Les Archives de la Révolution algérienne, Jeune Afrique*, Paris, 1981.

— Catalogue de l'exposition Houamel, Palazzo Barberini, Rome, 1982.

— Malika Bouabdellah : *L'Art et la Révolution algérienne, 1954-1984*, MNBA, Alger, 1984.

— *Algérie Actualité*, 12-18 déc. 1985.

— L. Drias : *Précurseurs des arts appliqués en Algérie*, MNBA, AAA, Alger.

— M. Bouabdellah : *La Peinture par les mots*, MNBA, Alger, 1994.

— *Vie culturelle à Alger 1900-1950*, Praxiling, Montpellier, 1996.

— Djilali Kadid : *Benanteur*, M. Solal, Paris, 1992.

— H. Nacer-Khodja : *Jean Sénac*, Édif 2000, Paris-Méditerranée, Paris-Alger, 2002.

— Mohammed Harbi : *Une vie debout*, La Découverte, Paris, 2001.

— Alain-Georges Leduc : *Une collection politique*, ECA, Paris, 2002.

— Florence Beaugé : *M. Audin, Le Monde*, 13-5-2003.

— Michel-Georges Bernard : *Khadda*, ENAG, Alger, 2003.

— Nono Saadi : *Denis Martinez, peintre algérien*, Barzakh, Alger, 2003.

Le roman algérien de langue française, du thème historique de la guerre, à la guerre littéraire des discours. Ou : Kateb Yacine et le Moudjahid

par Charles Bonn

Une lecture littéraire et non uniquement thématique de la guerre dans le roman algérien envisagera celle-ci, non tant comme un événement historique dont le roman ne serait que le reflet, mais comme une scène qui sert de prétexte à un conflit entre discours. Il s'agira d'examiner ici comment ce thème de la guerre d'Algérie n'est que le cadre d'une relation conflictuelle inhérente à la situation coloniale, puis postcoloniale, mais qui au lieu de se jouer entre des combattants bien réels, se développe entre des systèmes de paroles, entre des ensembles de textes, entre des représentations discursives.

D'ailleurs en tant que thème à proprement parler, on verra vite que contrairement à toute attente, la guerre d'Algérie est relativement absente du roman algérien. Dès lors c'est davantage en tant que texte, dans sa représentation de lui-même, que ce discours va conflictualiser son rapport avec le discours dominant, et dans ce conflit la séduction ne sera pas absente, tant il est vrai que la littérature se doit d'abord de séduire, même si cette séduction peut également s'avérer mortelle, et se nourrir en même temps de ce meurtre symbolique sans cesse renouvelé.

Cette séduction à son tour déplace le débat à un niveau plus intime, car ce que met en jeu la séduction de la littérature, sa « danse de désir mortel », selon l'expression de Khatibi dans *La Mémoire tatouée*, est le conflit plus profond entre des discours de la norme, à l'autorité en quelque sorte paternelle. Durant la guerre d'Algérie, le Moudjahid (combattant révolutionnaire) comme la littérature militante s'opposaient à l'autorité normative du discours colonial, avec lequel ils exhibaient une rupture. Une fois l'Indépendance acquise, le jeu devient plus complexe : la rupture-séduction se déplace, le texte s'exhibe dans sa matérialité problématique, et si durant la guerre la recherche littéraire de *Nedjma* ou du *Cercle des représailles* pouvaient apparaître comme parallèles à la rupture politique du Moudjahid, elle va peu à peu se développer en opposition à cette dernière, dans un roman familial où le pôle paternel a changé d'occupant.

Présence ou absence du thème de la guerre, en situation

La guerre d'Algérie fait partie de l'image de la littérature algérienne auprès du public, et en tant que telle elle a longtemps constitué un obstacle à la reconnaissance de cette littérature par l'université française, où la littérature francophone en général est d'ailleurs fort peu enseignée, surtout si on en compare l'importance par rapport à la littérature française à celle qui est la sienne à l'étranger. De même, le thème de la guerre faisait office de repoussoir, dans sa perception commémorative, pour le public potentiel algérien, principalement lycéen et étudiant, que j'avais interrogé sur ses attentes de lecture autour de 1972[1], et qui considérait ce thème, élément du discours commémoratif officiel de l'époque, comme une raison suffisante pour ne pas s'intéresser à ces textes. Ce double malentendu signale une attente ou un refus, il suppose de toute façon une dynamique de production dans laquelle cette littérature est implicitement associée à un rapport conflictuel binaire exclusif Algérie-France. Dynamique de laquelle la guerre est évidemment le symbole le plus visible.

Or les romans de grands écrivains algériens illustrant ce thème de la guerre sont relativement peu nombreux, et ne se développent guère dans cette optique manichéenne. *L'Élève et la leçon* (1960) ou *Le quai aux fleurs ne répond plus* (1961), de Malek Haddad, *Les Enfants du Nouveau Monde* (1962) d'Assia Djebar, ou encore *L'Opium et le Bâton* (1965) de Mouloud Mammeri sont d'abord des romans d'un grand humanisme d'où tout manichéisme est exclu, ce qui fait d'ailleurs que l'adaptation cinématographique de ce dernier roman par Ahmed Rachedi le trahit complètement pour un faire un mauvais western. Quant à *Qui se souvient de la mer* (1962) ou *La Danse du Roi* (1968) de Mohammed Dib, *Yahia, pas de chance* (1970) ou *Le Champ des Oliviers* (1972) de Nabile Farès ou *Les Alouettes naïves* (1967) d'Assia Djebar, ces romans sont essentiellement une mise en scène de la difficulté ou de l'impossibilité de dire l'horreur, et non pas le récit commémoratif que certains attendraient. Il n'y a donc pas dans ces grands textes cette scénographie de l'opposition de la Périphérie colonisée au Centre colonial qu'on y attendrait le plus. Les meilleurs romans algériens sur la guerre, par ailleurs fort peu nombreux, brisent d'emblée l'image

---

1. Dans ma thèse de doctorat de 3ᵉ cycle, publiée en 1974 aux éditions Naaman (Sherbrooke, Québec) sous le titre *La littérature algérienne de langue française et ses lectures. Imaginaire et discours d'idées*, et qu'on peut lire sur Internet à l'adresse : http://www.limag.com/Textes/Bonn/LaLitt/BonnLaLitt.htm.

qu'on se ferait a-priori de cette littérature dans les années qui suivent l'Indépendance.

L'épique, qu'on trouve cependant chez Assia Djebar[1], apparaîtra surtout bien plus tard, autour des années 1970 en Algérie même, dans une littérature semi-officielle publiée à la maison d'édition nationale la SNED, ou encore dans l'éphémère revue *Promesses*, que dirigeait Malek Haddad pour ce qui n'est pas sa plus grande gloire... Il s'agit de textes répondant à un véritable appel d'offres, sous forme par exemple du Prix Reda Houhou instauré alors, et dont le programme, selon la plus pure tradition dirigiste, était la commémoration des hauts faits de la « Révolution » au nom de modèles d'écriture dont le critère devait être, selon Malek Haddad lui-même, l'« authenticité », c'est-à-dire la conformité avec les directives du Parti, et l'absence totale de réalisme objectif[2]. Cette littérature de commande dans laquelle on trouve cependant déjà le premier roman de Rachid Mimouni, qui ne deviendra un grand écrivain que plus tard, *Le Printemps n'en sera que plus beau*[3], a probablement contribué à l'image négative de la littérature nationale qui apparut dans mon enquête. Elle a en tout cas battu des records d'impopularité, puisque les piles de ces livres alors généreusement distribuées dans les librairies elles aussi d'État restaient désespérément intactes. Et elle a certainement été, en tout cas, un des anti-modèles contre lesquels se construisit dans les années 1970 ce que j'appelle la seconde naissance du roman algérien, qui se fit essentiellement à l'étranger, en même temps que sur place l'émission de Jean Sénac à la radio Alger Chaîne 3, *Poésie sur tous les fronts*, joua quelques temps ce rôle contestataire depuis l'intérieur.

Le conflit littéraire avec le système colonial est donc à chercher sur un autre plan que thématique. La littérature ne joue en effet pleinement son rôle que dans l'exhibition et la mise en relation de ses formes, de ses types d'écriture. Et en ce sens le roman véritablement fondateur, pendant la guerre d'Algérie, fut *Nedjma*[4], de Kateb Yacine, dont la notoriété fit vite de son auteur l'image de l'écrivain militant, alors même que comme thème, la guerre d'Algérie est absente du roman : c'est par le « style heurté de l'intellectuel colonisé », tel que le définit Fanon dans *Les Damnés de la terre*[5], que *Nedjma* développe en effet avec le genre romanesque importé un face-à-face conflictuel d'autant plus signifiant que Kateb ne l'érigea jamais en système. Toutes les caractéristiques du modèle romanesque importé y sont en effet mises à mal : pas de chronologie unique, pas de narrateur central,

---

1. C'est paradoxalement la seule femme de ce premier corpus qui développe le plus, à propos de la guerre, une écriture épique qu'on s'attendrait plutôt à trouver sous une plume masculine... Là aussi, il s'agit peut-être de briser d'autres images toutes faites ?

2. J'ai décrit ces textes, que je suis un des rares critiques à avoir eu le courage de lire, dans un chapitre de ma thèse de 3ᵉ cycle déjà signalée.

3. Alger, SNED, 1978.

4. Paris, Le Seuil, 1956.

5. Paris, Maspéro, 1961.

pas d'étude psychologique des personnages, pas de description, mais au contraire subversion de ce modèle par l'irruption d'autres modèles dans son « carnaval » : l'épopée tribale ou les récits emboîtés des *1001 Nuits* entre autres, tout en étant eux aussi mis en doute ensuite, apparaissent en tout cas au cœur de ce roman comme des subversions génériques majeures, qui dans ce contexte historique prennent une signification politique évidente.

Subvertir le genre occidental par excellence qu'est le roman, et alors que c'est à la même époque en France le propos des « Nouveaux Romanciers » dont Alain Robbe-Grillet s'est fait l'un des théoriciens, prend dans un contexte colonial une signification politique évidente, du moins pour une lecture « a-posteriori ». De nombreuses lectures qui en ont été faites depuis consacrent de ce fait *Nedjma* comme le texte fondateur de cette littérature, précisément par cette subversion formelle du modèle européen. Subversion qui installe bien ce roman, du moins à travers la lecture qui en est faite, dans la « scénographie » postcoloniale telle que décrite bien plus tard par la théorie du même nom[1].

Or je viens de souligner, à la suite de Jacqueline Arnaud, que la guerre d'Algérie proprement dite est totalement absente de ce roman, entièrement écrit avant le 1er novembre 1954, même si l'assemblage de ses chapitres a été effectué plus tard : le roman est celui de la « patrouille sacrifiée qui rampe à la découverte des lignes, assumant l'erreur et le risque comme des pions raflés dans les tâtonnements, afin qu'un autre engage la partie... »[2]. Le thème de la guerre ne se trouvera que dans le théâtre du *Cercle des représailles*[3], quasi-contemporain du roman, et qui en apparaît dès lors comme une sorte de complément indissociable. De la même façon les romans parlant de cette guerre que j'ai cités plus haut sont tous relativement tardifs.

D'ailleurs même dans *Le Cercle...*, l'engagement se résout en tragédie, puisqu'il commence sur la lamentation funèbre de Nedjma et du « Cadavre encerclé » de Lakhdar, cependant que dans « Les Ancêtres redoublent de férocité » leur engagement conduit inéluctablement Nedjma et Mustapha à la mort : la tragédie ici induit pour le moins l'ambiguïté, et là encore on ne peut guère parler de l'opposition binaire que supposerait le théâtre militant

---

1. L'ouvrage fondateur est : Ashcroft (B.), Griffiths (G.) et Tiffin (H.), *The Empire writes back. Theory and practice in post-colonial literature*. Londres, Routledge, 1989. Je me sers plutôt de sa vulgarisation française: Jean-Marc Moura, *Littératures francophones et théorie postcoloniale*, Paris, PUF, 1999. L'idée majeure de cette théorie, qui s'appuie entre autres sur *Les Damnés de la Terre*, de Frantz Fanon, à qui elle emprunte l'idée du « style heurté de l'intellectuel colonisé », est que les littératures issues de pays colonisés ou anciennement colonisés, sont condamnées à s'écrire dans un dialogue tendu avec le Centre colonial, avant comme après la décolonisation. A la suite de Maingueneau, Moura qualifie ce dialogue de « scénographie », et c'est ce concept supposant une complémentarité entre séduction et violence dans l'écriture, que j'y emprunterai essentiellement.

2. IV, B, 11, p. 187.

3. Le Seuil, 1959.

quelque peu manichéen attendu par le discours nationaliste. Si la déstabilisation générique de *Nedjma* se résout bien dans la théâtralité du *Cercle...*, cette théâtralité est peut-être davantage représentation de soi devant soi que « scénographie postcoloniale » binaire d'une Périphérie colonisée devant un Centre colonisateur dont seul viendrait la reconnaissance. Le dialogue est ici entre des *textes*, du même auteur de surcroît, *Nedjma* et *Le Cercle des représailles*, textes qui ne produisent une signification politique que dans leur représentation l'un face à l'autre. Et en tout état de cause, malgré les discours récupérateurs qui fleurissent, l'œuvre, même militante, de Kateb dans sa grande époque de production ne peut en aucun cas être assimilée au schéma binaire d'une idéologie nationaliste. Au militantisme binaire du Moudjahid, l'œuvre de Kateb oppose l'ambiguïté tragique de la littérature. Sa rupture textuelle récuse d'abord le confort discursif des schémas binaires de l'idéologie nationaliste.

Du conflit politique au roman familial

On peut aller plus loin : même s'il a été dans les années 1970 le modèle de cette modernité littéraire par la rupture qu'on va décrire maintenant, il est remarquable que Kateb n'ait jamais théorisé cette rupture avec le modèle romanesque importé dans laquelle on a vu par la suite une attitude politique. Cette scénographie du signifiant déroutant, chère à la théorie postcoloniale, ne deviendra évidente que pour les romanciers algériens des années 1970, qui de plus se réclameront quant à eux du modèle katébien et permettront ainsi de faire de *Nedjma* la lecture qu'on vient d'ébaucher. Lecture dans laquelle il est inutile de rappeler que nous fûmes (j'en fis partie) de nombreux critiques à nous engouffrer.

Car c'est bien sur la subversion, maître-mot de ces années ouvertes en partie par les remous de mai 68 en France, mais préparées depuis longtemps dans la création littéraire, que se construira la véritable explosion du roman algérien dans les années 1970, avec entre autres *La Répudiation*[1], de Rachid Boudjedra, qui en fut une sorte d'étendard à partir de 1969 en Algérie, cependant qu'au Maroc se théorisait de 1966 à 1972, autour de la revue *Souffles*, dirigée par Abdellatif Laâbi dont on sait qu'il le paya par huit ans d'emprisonnement, la dynamique de l'écriture comme subversion face à l'Impérialisme ou au néo-colonialisme, dont la francophonie était présentée comme un des rouages, néanmoins incontournable si la lutte voulait avoir un minimum d'écho. Dès lors le dossier « Nous et la Francophonie » paru dans le numéro 18[2] de cette revue préconisait la subversion de la langue française par l'intérieur, de telle manière que le lecteur français se sente étranger dans sa propre langue, comme scénographie concertée d'un engagement militant.

---

1. Paris, Denoël.
2. Mars-avril 1970.

Or nombre de poètes et romanciers algériens, dont Rachid Boudjedra, ont participé à cette entreprise, et en reprennent explicitement le projet dans leurs interviews de l'époque. Rachid Boudjedra ira même jusqu'à se mettre en scène comme écrivant soudain ses textes en arabe, puis les faisant traduire en français, ce qui ne résiste pas à l'analyse, mais va bien dans le sens de cette scénographie « anti-impérialiste » plus exhibée que réelle...

Nabile Farès au moins ne se prêtait pas au niveau de son œuvre à de telles contorsions. Plus : la guerre d'Algérie est bien au départ même de son écriture, avec un roman comme *Yahia, pas de chance* en 1970, qui en montre de façon saisissante la blessure, perte du bonheur de l'enfance puis de l'adolescence. Ses textes, parmi lesquels il faut signaler surtout *Mémoire de l'Absent* en 1975, puis *L'Exil et le Désarroi* en 1976[1], développent à partir de cette blessure de la guerre vécue sur le même plan que les blessures de la modernité algérienne, comme celle de l'amour impossible, une opacité et une rupture du signifiant répondant à une nécessité d'écriture, ou de silence, sans doute plus profonde, mais dont un des résultats est bien cette désorientation du lecteur sur laquelle se fondent la modernité et la subversion de ces écritures nouvelles des années 1970. Désorientation qui devient d'ailleurs ludique et délirante dans *Un Passager de l'Occident* (1971), immédiatement après *Yahia, pas de chance*, comme pour montrer que si la guerre et sa blessure sont bien chez Farès à l'origine même de l'écriture, ce n'est aucunement dans une optique célébrative, sur le mode de la commémoration du Moudjahid qui commençait alors à fleurir en Algérie même, et face à laquelle ce texte développe au contraire un monumental pied-de-nez. Bien au contraire, de même que Kateb opposait à la tentation du discours militant binaire l'ambiguïté de la tragédie, de même en parlant de la guerre, non en termes de hauts faits ou de bravoure, mais en termes de perte et de blessure, Farès inscrit en quelque sorte son dire littéraire dans le mineur, et simultanément dans une intériorisation de la blessure comme fondement même de la littérarité. Et si dans cette blessure intériorisée, l'enlèvement du père, militant notoire, tient une place centrale, ce père n'a rien en commun avec ce cliché du Moudjahid, légitimité a-historique, que développe à la même époque le discours commémoratif algérien officiel.

Ainsi, l'écriture romanesque de ces années produit bien une subversion politique dont l'opacité exhibée de leur signifiant est une des armes les plus visibles. Mais il faut d'abord constater que la cible politique, plutôt que l'« impérialisme », en est d'abord le nouveau pouvoir politique national, même s'il y est parfois décrit, par exemple dans le magistral *Le Muezzin*[2]

---

1. Le Seuil, pour *Yahia...*, *Un Passager de l'Occident* et *Mémoire de l'Absent*, Maspero pour *L'Exil et le Désarroi*.

2. Mourad Bourboune, *Le Muezzin*, Paris, Christian Bourgois, 1968. Le succès de *La Répudiation*, de Rachid Boudjedra, l'année suivante, a trop vite fait oublier ce roman remarquable, publié trop tôt par une maison d'édition trop peu diffusée.

(1968) de Mourad Bourboune, comme une résurgence de l'impérialisme après les indépendances. Cette analyse uniquement politique camoufle en effet une vérité littéraire autrement plus importante pour le propos de cet exposé : c'est bien par opposition à un discours unanimitaire de conformisme dans la commémoration guerrière à usage interne que ces textes prennent le maximum de leur intérêt, et ce n'est pas un hasard s'ils ont tous été perçus comme plus ou moins censurés, ce qui n'était pas toujours le cas[1].

Les textes de Boudjedra, Farès, Bourboune et d'autres apparaissent en effet comme l'exact contrepoint de la littérature commémorative se réclamant d'une problématique « authenticité », que j'ai montrée plus haut suscitée à la même époque par le FLN et le pouvoir. Or ce contrepoint tire en partie son efficacité de son inscription dans une modernité littéraire internationale, précisément exclue par cette « authenticité » que réclame le texte-programme de Malek Haddad dans le numéro 6 de la revue *Promesses*. « L'authenticité », par ailleurs contraire à toute rigueur historique, dont se réclame cette littérature officielle est donc bien enfermement dans une sorte de clôture familiale répétitive qui annule le temps comme la réalité historique. Les seuls textes lisibles de cette époque, à la qualité littéraire indéniable par opposition à la médiocrité de cette production « authentique », sont donc de fait publiés à l'étranger, en-dehors de cette clôture du Même sur son propre refus d'un regard extérieur, d'une confrontation avec une réalité mouvante et historique. Car plus que d'une subversion, et même si l'opposition politique proclamée est indéniable et rude, il s'agira dès lors plutôt dans ces meilleurs textes, d'une modernité de l'écriture, qui ne peut se développer que dans la rupture par rapport à un conformisme discursif de groupe. La rupture littéraire de la modernité textuelle est d'abord spatiale. Elle brise la clôture répétitive de l'Identique, de l'Un.

Mais on peut également interpréter cette rupture littéraire, et c'est peut-être une des raisons du succès de ces textes auprès des jeunes, essentiellement étudiants, comme une rupture de générations, à travers celle de la « famille » révolutionnaire et de ses rituels de concélébration. L'opposition au discours de conformisme dans la commémoration du Moudjahid sera dans ce contexte une dévalorisation du père[2], dont on pourrait retrouver les traces dans des textes qui exhibent cependant moins leur rupture tapageuse et qui n'en sont que plus efficaces, à la même époque, comme *Dieu en*

---

1. Par contre la « censure » dont il aurait été l'objet, et dont on n'a jamais pu me fournir de preuve, a beaucoup contribué au succès du roman *La Répudiation*, de Rachid Boudjedra, qui fut sans doute le texte le plus souvent acheté par mes étudiants de Constantine lorsque je l'avais mis au programme de mes cours.

2. Une analyse comparable du FLN comme famille ou horde primitive, « Bruderschaft » au sens freudien du terme, et dans l'évacuation totale du politique, a été développée au colloque « Paroles déplacées », à Lyon, en mars 2003, par l'historien Gilbert Meynier, sous le titre « Psychanalyse du FLN, ou les valeurs d'une fraternité de guerriers ». Publication en cours : Paris, L'Harmattan, 2004, tome 1, p. 217-228.

barbarie (1970) et *Le Maître de chasse* (1973), de Mohammed Dib, à travers les adresses au père du personnage de Lâbane. Or la trahison des pères, celle cette fois de la génération précédente, était déjà l'un des thèmes essentiels de *Nedjma* de Kateb, ou du *Cercle des représailles* : sera-t-on étonnés, dès lors, que les préface de Kateb Yacine signalent souvent les textes les plus novateurs, les plus en rupture parmi ceux publiés en Algérie-même dans ces années 1970, et que parmi ces préfaces celle à *La Grotte éclatée*, de Yamina Mechakra, en 1979, insiste précisément sur le « baril de poudre » que représente alors une telle écriture de femme ?

Kateb écrivain ou Kateb préfacier : la fonction est la même, si on suit cette analyse à coloration freudienne : celle de caution paternelle de substitution, là où le modèle du Moudjahid est irrémédiablement dévalorisé, et avec lui le cliché de la « famille » révolutionnaire dont la mise sous le boisseau des aspirations de la jeunesse, la trahison donc des attentes de ses « enfants », est devenue trop évidente. La maladresse, de ce point de vue, du premier roman de Mimouni déjà cité, *Le Printemps n'en sera que plus beau*, dans son application à imiter les schémas narratifs de Kateb, est touchante. De même qu'est significatif l'hommage à Kateb de toute la « génération de 1970 », celle de ces écrivains publiant à l'étranger le discours de rupture impubliable sur place : qu'on voie par exemple la parodie burlesque de *Nedjma* dans *L'Insolation* de Rachid Boudjedra en 1972[1].

Le modèle katébien comme la réponse de Kateb lui-même à la demande d'une caution de modernité dont il est l'objet de la part de ces nouveaux écrivains joue donc bien ici le rôle littéraire d'une image paternelle de substitution, et c'est probablement pourquoi, après avoir tout fait pour l'exclure de son vivant, le pouvoir algérien tenta de le récupérer lors de son enterrement, sans y arriver puisque cette « cérémonie » fut l'occasion d'un des défoulements collectifs les plus sacrilèges que l'Algérie ait connus. Quoiqu'il en soit, et encore une fois à son corps défendant, l'image paternelle de Kateb plus que Kateb lui-même fut ainsi perçue comme la ruine vivante de celle du Moudjahid. Elle fut de ce fait enrôlée dans une scénographie de rupture à usage interne qu'on peut assimiler à une sorte de meurtre symbolique du père et de ses valeurs archaïques et dévalorisées, pour les remplacer par le modèle de celui qui se définissait lui-même comme « au sein de la perturbation l'éternel perturbateur ». Le Moudjahid ainsi déboulonné représentait un discours dont les développements sur la « famille » révolutionnaire sont de moins en moins crédibles mais n'en signalaient pas moins, dans leur échec même, le fondement inconscient. Les événements de 1988 et la ruine du FLN qui s'en suivit ne furent-ils pas perçus par certains

---

1. Paris, Denoël. J'ai décrit ce travail parodique que je considère comme fondateur d'une nouvelle littérarité algérienne des années 1970 dans le chapitre 4 de la 2ᵉ partie de ma thèse de doctorat d'État, que l'on trouvera sur Internet à l'adresse : http://www.limag.com/Theses/Bonn/ThesEtat2ePartie.htm

commentateurs, avant les développements sinistres qu'on a connus depuis, comme une saine révolte de la jeunesse contre les pères qui avaient trahi, comme ils avaient déjà trahi dans *Nedjma,* chez Kateb dès les années cinquante ?

Face à la faillite du modèle légitimant du Moudjahid pour cette génération des pères qui en tirait longtemps une autorité de plus en plus fissurée jusqu'à l'écroulement de 1988, Kateb fut donc perçu en littérature comme un modèle paternel de substitution, comme une légitimité concurrente. Pourtant, de même qu'avec *Nedjma* il n'avait pas érigé lui-même la rupture formelle de son roman en cette subversion des modèles importés dont on découvrit plus tard la dimension politique, Kateb n'était peut-être pas conscient lui-même de cette fonction contre-légitimante qui fut la sienne à la fin de sa vie, alors que loin de l'ambiguïté tragique de ses premiers textes il développait un théâtre d'opposition politique à base fortement idéologique, et provoqua une immense déception chez ses admirateurs lorsque peu avant sa mort il publia dans *Le Monde* du 26 octobre un commentaire, « Le FLN a été trahi », où il prenait la défense du Parti nationaliste mis à mal par les événements d'octobre 1988.

C'est peut-être là aussi qu'on peut revenir à notre point de départ : la réalité historique de l'homme-écrivain comme des thèmes de ses engagements est souvent distincte de l'espace dans lequel son œuvre signifie, et se met elle-même en scène. La littérature est rencontres de discours, de textes, dans une théâtralité où l'événement historique précis devient secondaire, même s'il en est le point de départ, le prétexte.

Or, cette opposition à laquelle j'aboutis ici entre Kateb et le Moudjahid rejoint peut-être aussi l'opposition entre la guerre d'Algérie comme thème littéraire, et la même guerre comme prétexte à cette rencontre de discours que j'ai voulu mettre en évidence ici. Le FLN, peut-être à cause de ses propres contradictions et certainement à cause de son oblitération d'une mémoire précise de cette guerre, a failli dans son entreprise de dresser le Moudjahid comme mythe légitimant de son discours unanimitaire sur la « famille révolutionnaire ». Revendication d'une mémoire en rupture avec ce discours, la littérature a donc fondé sa modernité sur une représentation probablement tout aussi mythifiée de Kateb comme légitimité littéraire et historique à la fois. Cependant cette légitimité à son tour, et alors même que les fastes de l'Année de l'Algérie convoquent l'œuvre et l'image de Kateb de manière parfois surprenante, laisse voir sa propre historicité. Contre le discours clos d'une mémoire figée et irréaliste, Kateb a un temps représenté la modernité, l'authenticité, l'ouverture. Mais n'est-il pas à son tour en train de devenir, tant par cette fonction que par la commémoration souvent pauvre dont il est l'objet, un de ces « Frères monuments » dont il nous parlait lui-même dans *Le Polygone étoilé* ?

Photographies d'appelés de la guerre d'Algérie

par Claire Mauss-Copeaux

Les militaires entretiennent une relation ancienne avec la mémoire et l'Histoire[1]. Soucieux de défendre les valeurs de l'Algérie française, ils ont beaucoup écrit sur l'événement qui divise encore une part de la société actuelle. Acteurs, témoins et spécialistes des conflits, ils bénéficient d'une situation d'autorité qui leur permet de diffuser aisément leurs écrits. Comme ce sont eux qui ont produit la plus grande masse d'archives et qui accordent les dérogations nécessaires aux chercheurs qui souhaitent travailler sur les dossiers sensibles, ils interviennent aussi, indirectement, dans le discours scientifique.

Dans le domaine de l'image, leur prééminence est encore plus importante. En effet, dès les débuts de la guerre et surtout après l'affaire de la Fox Movietone, agence qui avait publié en décembre 1955 les images du meurtre d'un Algérien par un gendarme, les militaires ont limité l'accès des reporters sur le champ des opérations. Sur le terrain, les gradés les guidaient de manière à respecter les directives données par le bureau psychologique. Parallèlement, les officiers chargés de la propagande ont développé les services photographiques et cinématographiques de l'armée. Ils ont recruté des photographes, des cameramen parmi les soldats. Les images qu'ils produisaient étaient diffusées dans la presse militaire comme *Le Bled, l'hebdomadaire des forces armées* et même dans les quotidiens régionaux. Triées et rassemblées depuis au fort d'Ivry, ces photographies s'imposent encore grâce à leur lisibilité et à leurs qualités techniques. Les auteurs d'ouvrages les utilisent en priorité car elles sont plus accessibles que celles des reporters, dispersées dans de nombreuses agences et beaucoup plus onéreuses.

Mais, à la différence des documents déposés aux archives de l'armée de terre, à Vincennes, ces images n'étaient pas produites pour transmettre les ordres ou informer la hiérarchie militaire des péripéties de la guerre. Leur

---

1. Ce travail reprend en partie les analyses développées dans mon livre *À travers le viseur, Algérie 1955-1962,* Lyon, Aedelsa, 2003, 120 p.

but était d'imposer l'idéologie de l'Algérie française et de convaincre l'opinion des bienfaits de la pacification en illustrant le slogan en vogue : « L'Armée protège, construit, soigne, administre ». Lorsqu'elles sont réutilisées telles quelles, avec les légendes de l'époque, comme s'il s'agissait d'archives, leur véritable nature est occultée[1]. Leur statut d'archives est incontestable mais il est nécessaire de préciser que les images de l'ECPA sont à l'origine des documents de propagande et doivent être analysées en tant que tels.

Les photographies d'amateurs produites par le contingent en Algérie font partie des archives privées. Riches, mais dispersées, elles sont sous-exploitées par les historiens, fascinés par les gisements de l'armée. Alors que, pour la première fois dans l'histoire des conflits, la production d'images devenait une pratique banale et généralisée des combattants, cet événement iconographique majeur a été négligé.

Les entretiens réalisés avec les anciens combattants m'ont permis d'accéder à une petite partie de ce fonds immense. J'ai rassemblé ainsi un ensemble de quatre mille clichés environ qui couvre tout le territoire algérien depuis 1955 jusqu'à l'indépendance de l'Algérie en juillet 1962. Les photographies ont été localisées et datées plus ou moins précisément par leurs propriétaires qui les ont commentées. À l'occasion de nos rencontres, ils ont accepté de répondre à un bref questionnaire concernant leur pratique photographique.

Le contexte économique des années 1950, la reprise de la production, la diversification et la baisse du coût des appareils ont favorisé l'essor de la photographie d'amateur. Mais la plupart des appelés hésitaient encore à s'offrir le jouet magique qui les séduisait. Il a fallu le départ outre-mer pour les inciter à sauter le pas. L'importance et la gravité des deux années qu'ils allaient passer si loin de leurs proches les ont conduits à être dispendieux, parfois à s'endetter afin d'acheter l'objet de leurs rêves. Ils sont devenus ainsi, pour eux-mêmes et leur entourage, les reporters de l'aventure qu'ils vivaient.

Le marché était prometteur et l'armée a joué les intermédiaires. *Le Bled* a consacré de plus en plus de place à la publicité des vendeurs d'appareils photographiques. Les achats individuels ou groupés de Photax blindé, de Rétinette Kodak, d'Ultraflex se sont multipliés par le biais des foyers militaires ; certaines unités ont créé leurs propres laboratoires afin de développer les films sur place. L'effervescence photographique était partagée aussi bien par la troupe que par les gradés. On se prêtait les appareils, on se les revendait. Les soldats achetaient, offraient, échangeaient des clichés. Ils les envoyaient aux parents, parfois même à leur quotidien régional. Par lassitude

---

1. Le livre de Pierre Miquel est un exemple récent de cette confusion qui ne distingue pas les documents de propagande des archives. Pierre Miquel, *La Guerre d'Algérie, images inédites des archives militaires*, Chêne, 1994, 235 p.

ou par prudence, les journaux ont assez rapidement interrompu ces publications qui ne répondaient pas toujours aux normes en cours. Les messages photographiques se sont limités le plus souvent au domaine privé.

Bien que le bureau psychologique fût à l'affût de tout ce qui se publiait sur la guerre et que les gradés surveillassent de près les lectures et même le courrier des soldats, la liberté de photographier était grande. Un des photographes amateurs résume l'avis général : « On pouvait tout prendre. Bien sûr, pour les photos de guerre, il fallait opérer discrètement. » Mais quand on feuillette leurs albums on s'aperçoit que ceux qui ont profité du laxisme de leurs chefs ne sont pas nombreux. Les amateurs n'ont pas pour autant reproduit les modèles des photographes militaires qui mettaient en scène les grandes cérémonies ou les grandes opérations. Les images qui les présentaient, noyés au milieu de la foule des militaires, ne les intéressaient pas. Ils préféraient se mettre en scène seuls, en pied, visage bien lisible afin d'être reconnus immédiatement par ceux qui les attendaient au pays. L'inflation de portraits est caractéristique de la production photographique des appelés et la distingue sans confusion possible de celle de l'ECPA. Deux manières de voir s'opposent irréductiblement.

Portraits de pioupious, de guerriers, de civils sous les drapeaux

Comme dans un jeu de cartes complexe, différentes représentations se combinent dans les albums. Les appelés se sont plu à endosser des identités diverses et n'ont pas été condamnés à un seul rôle, comme leurs grands-pères poilus. Ils se présentent en petits soldats disciplinés, en baroudeurs sillonnant le djebel, parfois aussi en soldats fatigués de la guerre, désabusés, se moquant des valeurs avancées par la hiérarchie militaire. Le cadre dans lequel ils se sont placés, l'attitude qu'ils ont prise et les attributs qu'ils ont choisis contribuent à préciser l'angle sous lequel ils tenaient à se faire reconnaître. Au cours des entretiens, la situation change et ils mettent en valeur les portraits qui appuient leur discours sur la guerre. Les autres, ceux qui ne correspondent plus à leur manière de voir actuelle, sont passés sous silence.

Quelques-uns ne présentent qu'un seul portrait d'eux-mêmes et le confirment dans les récits qu'ils donnent. Les uns se présentent en soldats heureux et fiers d'accomplir leurs tâches, les autres en civils exilés « sous les drapeaux ».

Les photographies de braves petits soldats, nombreuses dans les albums, respectent la tradition. Tout est convenu, prévisible ; aucune fantaisie, aucune originalité dans ces images qui privilégient la fonction du sujet aux dépens de sa personnalité. Les appelés sont revêtus réglementairement de l'uniforme, ils posent de face, en pied, avec leur arme. Leur attitude reprend les figures imposées de l'instruction militaire. Certains choisissent le repos, et d'autres, plus soucieux d'affirmer leur virilité, la position d'attente du tireur debout. Bien qu'excluant le groupe, ces portraits expriment l'adhésion de l'appelé aux valeurs militaires. Mais elles ne donnent aucune information sur les événements de l'époque.

Des variantes de ce même thème sont plus explicites. Elles incluent dans le portrait les signes qui témoignent de la présence d'un conflit. L'omniprésence de l'arme, la place qu'elle tient au côté du soldat, la familiarité qu'il lui manifeste et les jeux ambigus qu'il partage avec elle dévoilent la guerre. Ainsi, sous les traits du pioupiou conforme aux cartes postales de l'époque, le profil du soldat opérationnel se dessine.

Les portraits de soldats en uniforme et en armes n'ont pas été jugés suffisants par les appelés. Afin de souligner plus précisément l'aventure qu'ils vivaient en Algérie et de bénéficier du prestige accordé aux soldats d'élite, ils se sont mis en scène à l'extérieur, en tenue de brousse, pistolet-mitrailleur au poing, jouant au légionnaire ou au parachutiste. Ceux qui ne disposaient pas encore de l'uniforme propre aux troupes d'outre-mer, pouvaient tromper leur impatience, en proclamant l'exotisme du lieu et l'éclat de l'événement dans leur message au dos de la photographie : « "Le guerrier". Amicalement, La Chéfia, le 8-2-1956 ». Ils évitaient ainsi d'être confondus par leurs correspondants avec un simple soldat en manœuvres à La Courtine ou au Larzac, et laissaient entendre l'aventure qu'ils vivaient de l'autre côté de la Méditerranée.

Le thème du baroudeur, qui a séduit de nombreux appelés, a été longuement développé par Marc Flament. Les images du photographe parachutiste, qui accompagnait l'unité du colonel Bigeard, ont été publiées dans *Le Bled* dès l'époque de la guerre. Son premier ouvrage, *Aucune bête au monde...*, a été diffusé dans les foyers militaires[1]. Marc Flament a cadré l'action des soldats dans les paysages immenses et inquiétants du djebel. L'univers pur et exigeant magnifie le courage et l'endurance des combattants. L'esthétique souligne la solidarité des soldats. Chargés uniquement d'un fusil ou d'un pistolet-mitrailleur, ils semblent affronter les rebelles à arme égale. Ce discours développe une seule séquence de la guerre, la recherche de l'adversaire. Il occulte le temps des affrontements quand les armes lourdes, l'aviation et les bombes au napalm étaient chargées de l'écraser, et impose une représentation épique et chevaleresque des paras.

L'influence de Marc Flament est perceptible dans les photographies d'amateur. On y trouve la même volonté de rendre compte de l'aventure. Mais alors que le photographe s'attachait à décrire le courage et la vivacité des paras en action dans des paysages grandioses, sans se préoccuper de la personnalité de ses compagnons, les amateurs ont d'abord cherché à rendre

---

1. Marcel Bigeard, Marc Flament, *Aucune bête au monde...*, photographies de Marc Flament, Paris, La Pensée moderne, 1959 (non paginé).

leurs portraits lisibles. Les jeunes aventuriers, inquiets d'être bien reconnus dans leurs activités, se sont figés dans des attitudes stéréotypées et, comme dans les photographies de famille classiques, regardent intensément l'opérateur. Quelques-uns s'embusquent, à plat ventre, l'arme braquée sur un ennemi imaginaire, d'autres préfèrent rester debout et ménager ainsi leur nouvelle tenue de brousse. Un artilleur, désireux d'en imposer, se coiffe ostensiblement d'un béret de parachutiste « récupéré » au cantonnement. Beaucoup travaillent l'expression de leur visage et arborent le masque martial et impassible du guerrier. On voit que les acteurs ont pensé et construit leur portrait afin d'imposer l'évidence du baroudeur. Mais ils négligent le plus souvent le cadre et se contentent d'indiquer l'exotisme du lieu par des figuiers de Barbarie.

À part les appelés du littoral méditerranéen, la plupart ne connaissaient l'arbuste que sous sa forme naine et rabougrie de plante en pot. Impressionnés par sa vigueur et sa vitalité, séduits par son agressivité latente, sa taille et sa forme vaguement anthropomorphique, les jeunes gens l'ont choisi comme partenaire. La mise en scène, naïve et guerrière, a été reprise par la plupart d'entre eux et le stéréotype du *Portrait de soldat au figuier de Barbarie* participe à leur identification.

Les scènes d'action, plus rares, cherchent à reprendre la manière de voir de Marc Flament. Mais les amateurs peinent à innover et reprennent les conventions des photographies de famille classiques. Photographe et photographié sont toujours sur le même plan. L'appelé, bien centré, est en partie embusqué derrière un arbre ou un rocher. Il se place de face, afin que son visage soit bien lisible, et dirige son arme mais aussi son regard vers le photographe, avouant ainsi la complicité qui les lie. Parfois un appelé plus imaginatif grimpe sur un muret, une terrasse ou un toit. Comme l'opérateur ne le suit pas, la contre-plongée rompt le fil habituel du récit et attire l'attention sur le sujet. Prêt à bondir, mais bien calé sur ses jambes, pistolet-mitrailleur braqué sur un adversaire imaginaire, l'acteur se fige sur son socle, comme le poilu de certains monuments commémoratifs de la Première Guerre mondiale. Obstinément seul, il se refuse à partager avec ses camarades l'éclat de l'action qu'il accomplit.

L'illusion du mouvement, du danger, si bien rendue par les photographes professionnels, est absente des images d'amateur. Le jeu de la guerre est toujours apparent dans la raideur des acteurs comme dans les conventions de la prise de vue. La tension de la situation s'exprime ailleurs, dans l'omniprésence de l'arme, dans le dialogue constant qu'elle entretient avec le soldat, dans la place qu'elle occupe dans le champ de l'image. Compagne d'aventure, alternativement outil ou *alter ego*, elle impose sa puissance et révèle le conflit. La séduction exercée par les armes a facilité l'adhésion des jeunes gens aux valeurs militaire et les a conduits à confondre le rituel viril, le service militaire et la guerre. Les images qui les présentent, paradant ou jouant avec elles, disent aussi le plaisir et l'orgueil d'être les plus forts. La virilité, en Algérie, se complaisait dans le jeu de la guerre. La répétitivité des photographies d'appelés en témoigne.

Aujourd'hui, l'attrait de l'aventure a disparu puisque la guerre s'est terminée par un échec, et la plupart des « guerriers » d'alors préfèrent se présenter en petits soldats lucides, critiquant l'institution militaire, mais bien obligés de se soumettre à ses obligations. Deux interviewés seulement développent le thème de « l'épopée algérienne » ; l'un, parachutiste, a adhéré sans réserve à la dissidence de son régiment (le 2ᵉ RPIma), l'autre avait rêvé d'être parachutiste. À son retour du service, il a quitté son métier de tisseur pour être CRS. Un seul interviewé, ancien officier parachutiste du 18ᵉ RCP, dénonce dans un courrier qu'il m'adresse son « imagination vagabonde [qui] se trompait de rêve » pour finalement avouer tout en s'interrogeant : « Comment ai-je pu presque aimer la guerre ? »

Plus que les entretiens, les photographies laissent voir la complexité des sentiments que les appelés éprouvaient à propos de la guerre en Algérie. Les images se succèdent et alternent dans les albums : celles qui mettent en scène le plaisir des armes et de l'aventure outre-mer, celles qui critiquent la vie militaire et rejettent ses valeurs.

Les pressions étaient fortes sur le terrain des opérations et les soldats qui contestaient l'institution militaire, sévèrement punis. Parfois l'un d'eux craquait et sautait sur son arme. Le plus souvent, ses camarades le maîtrisaient et il n'y avait pas de photo pour pérenniser l'événement. L'affaire était réglée de manière discrète et le coupable « évacué au PC ». Le silence que laissaient planer les autorités sur son sort, les rumeurs qui couraient aussi à son propos emplissaient ses compagnons d'angoisse et les incitaient à se soumettre.

Formuler publiquement et directement ses réticences envers l'armée était trop risqué et les appelés ont préféré utiliser les détours admis des rituels traditionnels et codifiés du service militaire. Leur sens était évident et leur rôle d'exutoire reconnu. D'autres sociétés fermées, comme celles des internats et des prisons, les avaient adoptés. Leur nécessité était encore plus évidente en Algérie puisque l'épreuve y était plus pénible, plus longue et surtout plus dangereuse. Là-bas, le Père Cent, la Quille rythmaient et bornaient non seulement le temps des obligations militaires mais aussi celui de la guerre. Exacerbés par ce contexte difficile, les rites se sont chargés d'une tension et d'une force de contestation inhabituelles. Les portraits de groupe gentillets, présentant des soldats bien proprets et des quilles bien ordonnées, cèdent la place à des mises en scène rassemblant des camarades saturés d'alcool, dépenaillés, parodiant les cérémonies militaires.

Les militaires ont été sensibles à ce nouvel état d'esprit qui remettait en question leurs valeurs et leur attachement à la cause de l'Algérie française. Ils ont tenté de convaincre les appelés rétifs, pressés de rejoindre au plus vite le monde civil. Dans un de ses guides, destinés aux appelés, le bureau psychologique a ridiculisé l'attachement à la Quille. Localement, des gradés ont parfois interdit sa fabrication et son exhibition, mais les soldats ne les ont pas suivis, et les ont dissimulées avant de les exposer à nouveau. Ils se sont fait photographier, arborant leur fétiche et, afin de souligner l'importance accordée à l'événement, ils ont envoyé le document à leurs proches. La censure systématique de ces images dans les albums publiés par les militaires et leurs partisans confirme le sens particulier que l'on donnait à ces célébrations en Algérie. Ceux qui ont ainsi gommé l'impatience des appelés à retrouver la vie civile falsifiaient la réalité. Ils ont tenté d'imposer l'image d'un contingent unanime derrière ses chefs et totalement investi dans la défense de l'Algérie française.

En attendant les retrouvailles avec le pays, le courrier et le transistor maintenaient les liens et trompaient l'impatience. À la suite de l'appareil photographique, le poste à piles avait en effet conquis les appelés qui l'écoutaient aussi bien pour se distraire que pour s'informer. Les jeunes gens attendaient avec autant d'impatience *Le Petit bal du samedi soir* d'Europe n° 1 que les informations qui leur permettaient de cultiver leur identité citoyenne. Les images réalisées à l'intérieur des cantonnements présentent le transistor trônant parmi les bouteilles de bière, au milieu des compagnons. Les prises de vue dans les chambrées le cadrent immanquablement dans la proximité immédiate du soldat, à la place d'honneur, à la tête du lit, près du portrait de la fiancée ou du calendrier. Il dispute à l'arme l'intimité du soldat. Certains portraits le présentent d'ailleurs seul à ses côtés : l'arme a dû lui céder sa place. Les préoccupations de la vie civile ont été privilégiées.

Courantes dans les albums d'appelés, les images incluant un transistor évoquent aujourd'hui leur résistance au putsch des généraux en avril 1961. Les auteurs militaires, nostalgiques de l'Algérie française, qui ne supportent pas la vue de ces photographies et le sens dont elles sont chargées, les ont censurées. Des associations d'anciens combattants, comme l'Union nationale des combattants en Afrique du Nord (UNCAFN), ont suivi le mouvement[1].

La nostalgie, sentiment ressenti par tous ceux qui quittent leur milieu, prenait en Algérie une intensité particulière. Coupés pour la première fois, et pour de longs mois, de leurs proches, les jeunes gens subissaient, en plus des servitudes militaires, les dangers et les violences des affrontements. La guerre n'a pas été pour eux « l'occasion d'une confrontation tonique avec un pays où il restait tant à faire[2] », mais une épreuve écrasante. Les images rassemblées dans les albums disent l'ennui, le mal-être profond, le mépris de soi et des autres qui les accablaient le plus souvent. Impossibles à formuler dans le cadre de l'institution, ces sentiments s'expriment dans les images qui les mettent en scène en tenue négligée, dans des attitudes relâchées. Plus de coup de peigne, de faux pli rectifié, de

---

1. La FNACA est la seule à publier quelques images mettant en scène la quille ou le transistor.

2. Pierre Miquel, *op. cit.*, p. 22

stature redressée avant la prise de vue. Les codes de présentation de soi, respectés dans les photographies de famille, imposés par les règlements militaires, sont abandonnés. La rupture radicale avec les conventions souligne la profondeur de leur désarroi.

Cette manière d'être était bien connue de la hiérarchie, qui s'inquiétait de sa généralisation : « Dans trop de cantonnements et de bivouacs, des militaires à la barbe hirsute et sale, et torse nu en plein soleil du midi, donnent une lamentable impression de désœuvrement et d'indiscipline[1]. » Les directives ont tenté de redresser la situation. Mais la régularité des rappels à l'ordre démontre la force du refus des appelés. Alors que la discipline était relativement stricte dans les casernes des villes, elle était beaucoup plus aléatoire dans les cantonnements disséminés dans le bled. Les chefs y étaient moins nombreux et le rapport de force ne leur était pas toujours favorable ; ils ont été obligés d'abandonner les rigueurs du règlement et ont été plus laxistes avec les appelés. Ces derniers en ont profité et ont pris un plaisir sinistre à affirmer et confirmer leur laisser-aller. Ils posent sans arme, dans une tenue débraillée, torse nu ou chemisette déboutonnée flottant au vent, short informe et Palabrousse sans lacets.

Le port du short et de la chemisette était imposé par la chaleur en été. Cette tenue admettait une certaine décontraction, proche de celle des civils. Mais cela n'a pas toujours été jugé suffisant. Sur la trentaine de portraits que l'un des appelés a rassemblés, vingt-huit le présentent en maillot de bain. Ce vêtement minimum rendait possible, sous le soleil brûlant de l'Ouarsenis, un bronzage régulier, très différent du « bronzage agricole » ou militaire ; il lui permettait aussi de l'exhiber sur ses photographies et d'afficher ainsi son identité élective. Ce souci de rejeter toute référence à l'armée et de paraître en civil s'observe aussi dans les cadres très particuliers qu'il choisissait pour ses mises en scène. Les paysages de montagnes méditerranéennes, toile de fond de presque tous ses portraits, n'incluent pas de signes militaires. Le sens de ses images a été confirmé par son témoignage. Dès le seuil de sa maison, il a tenu à préciser : « J'ai voulu rayer l'Algérie de ma mémoire. »

Caricatures sauvages ou travestissements désespérés, ces portraits qui expriment l'ennui, le découragement et le refus de la discipline contrastent violemment avec ceux qui ont été publiés par les militaires. Dans les images de propagande, les soldats sont en groupe, respectueux de leur uniforme, entièrement investis dans leur travail et conscients de l'importance de leur mission. La verticalité est de rigueur, la gestuelle respecte les conventions, la tenue est conforme aux règlements et les attributs qui identifient les soldats exclusivement militaires[2]. Marc Flament s'est autorisé à présenter parfois l'un ou l'autre des parachutistes du colonel Bigeard, col ouvert et même parfois sans chemise, mais les activités auxquelles ils

---

1. Note de service sur la tenue de la troupe, Alger, 10 août 1956, SHAT, série 1 H.
2. Pierre Miquel, *op. cit.*

s'adonnent, traque des rebelles ou crapahutage, justifient le léger assouplissement des règles habituelles.

Les appelés, eux, se sont mis en scène assis, couchés, en train de rédiger leur courrier, de rêver ou de dormir. Certains ne se sont même pas donné la peine de rejeter hors champ les attributs militaires. Ils apparaissent en contrepoint comme pour signaler la distance qui sépare celui qui pose de l'institution qui le forme. Beaucoup se sont fait photographier en train de boire. Les albums, comme les entretiens, confirment la relation excessive qu'ils entretenaient avec l'alcool. Les bouteilles de Pils ou de Kronenbourg accompagnent les appelés, elles s'immiscent dans toutes les scènes du quotidien, au repos comme au travail, parfois même dans les gardes. Elles sont tellement familières que les photographes ne les remarquent plus et les cadrent naturellement dans la scène.

L'alcool était apprécié par tous ; il attestait la virilité des soldats, cimentait le groupe et procurait aussi l'oubli à ceux qui supportaient mal la vie militaire. La hiérarchie, qui ne pouvait qu'apprécier ses effets, a contribué à sa banalisation. Les foyers des régiments alimentaient les soldats à volonté et à bas prix. L'indulgence des gradés était acquise à ceux qui sombraient, sans tapage, dans le secret d'un cantonnement. Mais l'abus d'alcool, révélateur, devait rester une affaire de famille et rien ne devait transparaître au-dehors puisque l'honneur de l'armée était en jeu. Ainsi, dans les images d'archives, publiées par les militaires, la prohibition la plus sévère règne. Celles qui ont échappé aux censeurs sont très rares ; l'une d'elles présente deux malheureuses canettes à partager entre quatre appelés[1] !

Pris dans le système militaire, il était plus facile aux amateurs de se couler dans le courant et de se conformer aux stéréotypes en cours. Mais, à la longue, le décalage entre les modèles à suivre et la réalité a fini par peser. Comme l'autorité en place n'admettait pas les avis différents et imposait ses valeurs de manière coercitive, les appelés ont dû inventer de nouveaux cheminements pour exprimer, malgré tout, leur manière de voir. L'ironie, arme de ceux qui sont obligés de se soumettre, a été le plus souvent utilisée.

Les rituels de dérision appartenaient aux traditions du contingent et se pratiquaient surtout à l'occasion des fêtes du Père Cent et de la Quille. Défoulements salutaires, ils se déroulaient dans le cadre discret de la chambrée, et étaient tolérés par la hiérarchie qui préférait s'éloigner et fermer les yeux.

---

1. Pierre Miquel, *op. cit.*, p. 162, et F. Porteu de La Morandière, *op. cit.* Deux caisses de bière sont visibles sur une photographie intitulée : « Foyer dans les monts Dahra », p. 290. Ce n'est que dans son dernier album que Marc Flament présente un portrait de soldat rêveur avec deux bouteilles de bière. Mais la nature morte à laquelle elles participent, au premier plan, est dominée par son fusil-mitrailleur (FM) et son poignard. Marc Flament, Jean Lartéguy, *Les dieux meurent en Algérie*, La Pensée moderne, Paris, 1960, sans pagination.

Mais au cours de la guerre d'Algérie les jeux inventés par les soldats se sont multipliés et diversifiés. Les facteurs qui interviennent dans cette évolution sont d'ordres différents. La forte tension que subissait la troupe aux prises avec la guerre explique leur radicalité extrême. En Algérie, les rituels de dérision débordent des cadres habituels. Les plus virulents se dégagent des lieux et des moments convenus et développent des thèmes nouveaux, très différents de ceux du comique troupier. Les photographes amateurs, hommes de troupe, comme les témoins et les acteurs, s'investissaient entièrement dans ces scènes et prenaient plaisir à les enregistrer. Bien évidemment ces images, réalisées à contre-courant, sont peu nombreuses. Très critiques pour l'institution militaire, elles n'ont cours que dans les collections privées.

Les portraits de dérision s'attachent le plus souvent à caricaturer les gradés, et, dans cet ensemble, les variations sur le « présentez armes ! » sont les plus banales et les plus nombreuses. Les appelés se mettent en scène et effectuent parfaitement *le* geste qui manifeste la déférence des militaires envers tout ce qui est, à leurs yeux, éminemment respectable : les chefs, le drapeau et les morts. L'ironie des acteurs est lisible dans l'écart qu'ils installent entre la rigueur du salut et la fantaisie des tenues, des accessoires qu'ils utilisent. Bouteilles de bière, quille et balais servent d'arme, des caleçons remplacent parfois l'uniforme. L'imagination des jeunes gens, pour brocarder la discipline et l'autorité qui l'impose, déborde.

La parodie atteint une intensité inhabituelle quand le drapeau lui-même est raillé. Une série de photographies, réalisées au cantonnement de Bou-Saada en 1957, donne une relation de l'événement mis en scène par les appelés. Une procession grotesque se déroule, formée par une quinzaine de soldats, grossièrement grimés, en tenue ostensiblement négligée et dépareillée. Au milieu du cortège, un soldat arbore, drapeau dérisoire, une serviette-éponge fixée sur un bâton. Un portrait de groupe conclut la cérémonie. Les soldats posent en ligne, hilares, coiffés de manière hétéroclite. L'un d'eux, torse nu, porte le « drapeau ». À sa droite un soldat en tenue correcte, fourragère à l'épaule, se tient dans un garde-à-vous impeccable. Le conformisme militaire qu'il affiche et exagère apparaît totalement déplacé dans le contexte du groupe. La situation bascule, la norme s'inverse et c'est la rigueur affectée du soldat qui est comique. C'est lui et ce qu'il représente qui deviennent la cible des rires.

La mascarade, célébrée dans un espace militaire, en temps de guerre, a été transformée par les soldats en un rituel iconoclaste et sacrilège. La photographie a été réalisée pour témoigner de l'événement et engager la mémoire. Il ne s'agit pas d'un simple mouvement de mauvaise humeur mais du rejet délibéré de l'uniforme et des valeurs qu'il symbolisait. Les images qui donnent un récit aussi violent sont rares. Leur petit nombre ne doit pas faire illusion. Les amateurs étaient formés par la culture de l'époque qui privilégiait les représentations du brave petit soldat. Abandonner le refuge confortable des conventions, ou celui du silence, exigeait une certaine énergie. La plupart des amateurs se sont limités à reproduire le cliché du soldat de fortune, vêtu de bric et de broc, affichant ses nouveaux attributs, la bouteille de bière et le transistor. Il était suffisamment explicite.

Comment représenter la guerre ?

Les appelés sont partis en Algérie sous couvert de service militaire, mais tous savaient que la guerre les attendait. Après leurs pères, leurs grands-pères, leur tour était venu, inéluctable. Certains reconnaissent aujourd'hui qu'à leurs réticences et à leurs angoisses se mêlait aussi la curiosité de vivre et de mettre en image cet événement extrême. Ils se sont attachés à le définir le plus précisément possible, en décrivant les situations qui témoignaient de la gravité de ce qui se passait. Quelques-uns ont choisi de décrire les actions qui attestaient la guerre comme le déploiement et l'utilisation d'un puissant matériel de mort, chars de combat, artillerie lourde, aviation ; d'autres ont évoqué les fusils chargés et les ordres donnés : « Tirez sur tout ce qui bouge », « Tirez d'abord, les sommations c'est après » ; quelques-uns ont simplement observé : « La guerre, c'est la mort. » Tous contestent le terme officiel de « maintien de l'ordre », puisque la destruction de l'adversaire était le but affiché et atteint. Les autres violences n'étaient que les prémices de l'arbitraire absolu et définitif du combattant, le droit de tuer.

Quand je les interroge à propos de leur pratique photographique : « Pourquoi avez-vous si peu photographié la guerre ? », ils observent : « Je n'allais pas photographier les morts », « Un cadavre c'est pas beau ». Ils confirment ainsi l'amalgame qu'ils pratiquent entre la guerre et la mort. Quelques-uns cependant élargissent leur définition de la guerre en prenant en compte la torture, violence spécifique, banale dans l'Algérie coloniale. L'un d'eux précise ainsi : « Je n'ai jamais voulu prendre de photos de morts ou de prisonniers, non. Il y en avait pourtant. Je me souviens de celle de deux prisonniers esquintés qui avaient passé un sale quart d'heure… »

Les réponses aux questions « Quel est votre souvenir le plus fort ? », « L'avez-vous photographié ? » confirment cette prééminence. Mais, bien que ce soient des images de violences qui s'imposent aujourd'hui à leur mémoire, à l'époque, ils ont détourné leur regard et n'ont pas utilisé leur appareil. Ils expliquent très rationnellement l'absence de photographies sur ce thème par les contraintes des affrontements et la nécessité d'assurer en premier lieu leur sécurité. Ils évoquent ensuite l'obligation de respecter les règlements militaires qui imposaient le secret aux actions de guerre. Quand on poursuit la discussion, ils abandonnent finalement ces arguments réels mais insuffisants pour éclairer le fait dans sa complexité. Ils admettent que des événements violents, des morts pouvaient être photographiés en dehors des combats quand tout danger était écarté. Ils reconnaissent également qu'il était possible d'opérer discrètement en dehors de l'attention des gradés, si ces derniers n'étaient pas laxistes. Certains de leurs camarades l'ont fait. Mais le débat bute pour finir sur un mystère irréductible, celui de leur incapacité à photographier la mort : « C'était impossible, je ne pouvais pas. »

Un ancien appelé, officier, pacifiste convaincu, soucieux de faire connaître la réalité de la guerre, affirme : « Si j'avais été témoin de choses horribles, j'aurais pris des photos pour témoigner. » Il en a vu, mais il a laissé son appareil dans son étui. Dans le journal qu'il tenait à l'époque, il a relaté les exactions dont on lui a fait part, mais il n'a pas évoqué celles dont il était témoin et qu'il décrit précisément aujourd'hui. Le temps écoulé, la réflexion engagée lui ont permis de les faire émerger. À la différence des récits donnés longtemps après les événements, les images étaient produites dans l'immédiateté des faits, elles obligeaient l'amateur à surmonter sa répulsion. Submergé par l'horreur, ce dernier s'est trouvé dans l'incapacité de photographier.

La tâche dépassait les jeunes appelés de vingt ans. Photographes très amateurs, ils étaient seuls, sans références. Les modèles iconographiques, dont ils avaient pris connaissance, étaient peu nombreux. Ils concernaient les deux guerres mondiales, des guerres classiques. De toute façon, ces images ne convenaient pas puisqu'elles s'attachaient en priorité aux destructions spectaculaires de villes et de monuments perpétrées par l'adversaire, et négligeaient la vie des combattants sur les fronts. Les manuels scolaires, les quelques revues spécialisées et les cartes postales disponibles alors évacuaient l'horreur de la mort, celle des civils comme celle des combattants. La situation a changé avec la guerre d'Indochine. À la suite de Robert Capa, les reporters des magazines illustrés comme *Paris Match* ont décrit la souffrance des soldats et la détresse des populations civiles. Mais ils ont rejeté de leur relation des faits tout ce qui rendait le malheur trivial ou obscène.

Comme dans les guerres précédentes, les violences relatées étaient toujours dues à l'ennemi. Cette représentation des faits qui reprenait pourtant le point de vue des responsables militaires et civils en attribuant les exactions au camp adverse n'a pas été jugée satisfaisante par la hiérarchie militaire. Dès les débuts de la guerre d'Algérie, les responsables du bureau psychologique ont fait pression sur les journalistes pour imposer un récit édulcoré et rassurant. L'autocensure qu'ils exigeaient des photographes de presse a finalement été respectée car le tabou du sang, de la violence et de la mort était d'autant plus sacré qu'il ne concernait pas ici de lointains étrangers ou des soldats de métier, mais toute la jeunesse d'un pays. Il était difficile pour les reporters de le briser et de donner ensuite aux lecteurs un récit qu'ils puissent tolérer.

Dans les cantonnements en Algérie, des appelés ont vu des clichés présentant des soldats égorgés. Ils étaient diffusés par des militaires qui souhaitaient développer la haine de l'adversaire et impliquer le contingent, à leurs côtés, dans une guerre totale. Certains ont même découvert les corps de civils algériens égorgés par des partisans du FLN. L'un ou l'autre a été confronté à la mort d'un camarades tué au cours d'une embuscade, mais aucun n'a utilisé son appareil[1]. Au poids du tabou, à la sidération qui les frappait, s'ajoutait le problème que leur posait la photographie. Comment photographier la mort ? Comment un amateur chargé de relater les festivités familiales et amicales pouvait-il détourner la photographie des buts qui lui étaient habituellement dévolus et lui faire confirmer l'absolu inacceptable de la mort ? La capacité d'attestation des faits, constamment sollicitée par les photographes, devenait ici insupportable. Pour ceux qui ont réussi à passer outre, le dilemme s'est prolongé. Comment présenter ces photos ? De quel appareil explicatif fallait-il les accompagner pour être convaincant ? La proximité que le cliché établissait entre l'opérateur et les événements qu'il relatait provoquait les soupçons. Membre du groupe qui avait perpétré ces violences ou qui les avait subies, qui était-il pour les avoir mises en image ?

Des photographies existent pourtant. Elles circulaient à l'époque comme aujourd'hui et certains les évoquent au cours des entretiens. Elles décrivent les violences que les soldats faisaient subir aux prisonniers, aux suspects ou, tout simplement, à la population[2]. Quelques-unes sont parfois exhumées à l'occasion des rencontres et des méchouis organisés par les associations d'anciens combattants. Les autres restent cachées. Des témoignages m'ont permis d'identifier certains gisements. Mais les personnes qui les conservent n'ont pas accepté de me les présenter. Elles se refusent aussi à motiver leur décision. Comme ces images ont été réalisées le plus souvent pour pérenniser la violence et l'humiliation subies par les Algériens, les auteurs préfèrent passer sous silence cet aspect du « renseignement ». Parfois aussi la perversité inacceptable qu'elles renferment les paralyse. Les journalistes eux-mêmes ont souvent hésité à présenter des images sur ce thème. Jacques Duquesne, reporter au journal *La Croix* pendant la guerre d'Algérie, n'a publié qu'en 2000 celles que des appelés lui avaient confiées pour dénoncer la violence dans le Constantinois en 1960[3].

Le déchargement des ordures, métaphore de la guerre

Les réalisations de la pacification, montées en épingle par la propagande militaire, ont rarement convaincu les appelés et la plupart d'entre eux se sont interrogés sur la valeur de l'aide apportée à la population algérienne. Les quelques écoles créées ne pouvaient accueillir qu'une partie des

1. Michel D. en présente une, appartenant à sa collection personnelle, à deux reprises dans ses Mémoires édités à compte d'auteur : *Cactus, chroniques d'un appelé en Algérie*, Éditions de la quille, p. 18 et 269.

2. En poste à Batna, en 1960, un interviewé a pu voir des clichés présentant des suspects traînés sur le sol par un camion militaire.

3. *L'Express* du 30 novembre 2000, p. 128-133.

enfants. L'assistance médicale gratuite était souvent dérisoire. L'armée avait déraciné et regroupé les villageois pour qu'ils n'aident plus les nationalistes et les avait volontairement réduits à la misère et à la dépendance.

Les interviewés évoquent à ce propos une image qui leur est restée en mémoire, celle d'Algériens récupérant les déchets rejetés par les militaires. L'un d'eux, interrogé à propos du souvenir le plus fort de sa période algérienne, décrit le camion militaire déversant, à proximité d'Oran, les ordures de la caserne. Des enfants l'attendaient et plongeaient dans la mer pour tenter de récupérer les déchets alimentaires. Des appelés ont photographié la scène et le stéréotype de *la décharge des ordures* fait pendant dans leur album à celui de *l'offrande du thé aux soldats*, qui était censé illustrer la gratitude de la population à l'égard des militaires dans les récits de propagande.

Pour cadrer l'offrande du thé, l'opérateur a pris son temps et les acteurs ont respecté la pose. L'image est nette et lisible. Les prises de vue de la décharge d'ordures, au contraire, sont souvent maladroites et de mauvaise qualité. Ce sont des instantanés, des photos volées, floues, trop sombres ou surexposées. Les personnages sont pris de dos ; seule la benne d'ordures, caractéristique, permet d'identifier rapidement le thème développé. Le tas d'ordures, comme le service à thé ailleurs, est au centre de la scène. Les militaires, les femmes et leurs enfants sont séparés les uns des autres. Ils ne manifestent aucune complicité envers le photographe et ne le regardent pas. Chaque soldat est seul face à l'infamie du rituel qui se déroule.

La violence froide du ramassage des ordures témoigne de la guerre. Le nouveau cliché construit par les appelés en Algérie dénonce l'humiliation et la misère imposées à la population. Il n'est pas cité dans les ouvrages édités par les militaires.

Les opérations de police

Dans le contexte du quadrillage, les opérations de police opposaient quotidiennement les soldats à la population. Vérifications d'identité, opérations de surveillance ou de renseignement, bouclages et ratissages de zones habitées, fouilles de mechtas, ces tâches étaient jugées peu glorieuses. Les appelés les ont peu photographiées. Quand ils l'ont fait, ils ont choisi, comme les auteurs militaires, de mettre en scène les séquences les plus anodines, celles qui conservaient les apparences de la normalité. Parmi les images archivées à Ivry et publiées par Pierre Miquel, l'une d'elles est légendée comme souvent à la forme passive : « Les suspects sont fouillés dans les mechtas de M'Djouzia par les fantassins du 81ᵉ régiment. » Mais l'image centrée sur un soldat fouillant calmement un suspect mains en l'air laisse entrevoir à son extrémité droite une scène qui réfute celle qui se déroule au premier plan. Un soldat pris de dos, presque entièrement coupé par le cadrage, est en train de frapper le suspect qui lui fait face et qui hurle[1]. Ailleurs, la sérénité apparente d'un portrait d'Algérien est troublée par la légende qui précise : « Les suspects sont arrêtés, interrogés, les poseurs de bombes éliminés[2]. »

Les amateurs ont photographié les opérations de police en respectant le plus souvent les conventions. On sent qu'ils sont gênés par le rapport de force qu'ils imposent. Ils prennent garde à ne pas encombrer le champ par les soldats en armes et s'attachent à mettre en valeur l'exotisme de ceux qui subissent les contrôles. La plupart des vérifications d'identité cadrent les hommes en pied, en train de présenter leur carte à un soldat. L'arme, portée à la bretelle, parfois repoussée dans le dos, est peu apparente, alors que les burnous ou les voiles blancs accrochent la lumière. L'atmosphère semble paisible. Il arrive cependant qu'une image témoigne de la tension dramatique qui couvait ; un soldat menaçant se penche sur un homme qui lève les mains[3].

Quand le groupe de soldats armés auquel appartient le photographe est rejeté hors champ, une lecture attentive relève les signes d'une situation inhabituelle. Un cliché cadre ainsi malencontreusement une Palabrousse qui trahit la présence des soldats. Un autre présente le maître de maison se redressant, surpris dans sa sieste. Les images de « Kabyles devant leur gourbi », d'« Arabe à la sieste » pour reprendre la terminologie des cartes postales *Scènes et types*, sont presque toujours prises en plongée. Elles révèlent le rapport de force qui s'imposait au cours des perquisitions. L'exotisme devient inopérant pour masquer l'intrusion brutale des forces de l'ordre. Les entretiens précisent la suite de l'histoire, les soldats pressés ou violents « bousculaient », « secouaient » les femmes, les enfants s'affolaient et pleuraient...

Alors qu'elles ont impressionné les appelés qui en parlent avec émotion, les rafles ont été peu photographiées. La dizaine de photos prises à cette occasion cherchent à décrire l'ampleur de l'opération. L'opérateur, soucieux de tout cadrer, s'est trop éloigné. La situation perd de son relief. Les visages se sont effacés, ne subsistent que des ombres. La foule des silhouettes blanches, drapées de burnous, se détache nettement sur la terre plus sombre et captive le regard. Comme elles sont immobiles, elles dégagent une impression d'ordre et de calme. Les récits iconographiques s'interrompent toujours à ces moment-là, avant les interrogatoires ; le lecteur ne peut qu'imaginer le drame qui se joue.

Dans les entretiens, les anciens combattants décrivent couramment les spoliations, le rapt du bétail, les destructions de villages, les incendies de forêts. Aucune image ne témoigne de ces violences dans les publications

---

1. Pierre Miquel, *op. cit.*, p. 46, image n° 1.
2. Pierre Miquel, *op. cit.*, p. 99.
3. Deux images sur une vingtaine publiées par la FNACA-GAJE, *Algérie 1954-1962, arrêt sur images inédites*, Mâcon, Mâcon-Imprimerie, 1992.

des militaires, ni dans celles des associations d'anciens combattants[1]. Quatre images d'appelés seulement parmi celles qui ont été rassemblées pour ce travail décrivent des versants napalmés dans la presqu'île de Collo en 1961 et un incendie de gourbis réalisé par des soldats dans la région de Guelma en 1958. Rien de spectaculaire, ni dans la forêt, voilée en partie par un nuage de fumée épaisse, ni dans la campagne banale où l'on distingue beaucoup plus loin un panache blanc surmontant la masse sombre des habitations. Aucune présence, pas même un chien, une volaille. Aucun signe, la vie brutalement a été effacée.

Malgré les occultations et les silences, les entretiens donnent une vision plus dramatique du déroulement de ces opérations. À propos de représailles, un appelé précise : « Après le ratissage qui a suivi l'embuscade du 10 juin 1956, en redescendant la vallée, entre Tamza et Bou Hamama, il y a quelques mechtas groupées, des petits douars. Alors là, on a tout incendié. Mais il n'y avait plus personne, les gens s'étaient cavalés. [...] Alors là, on a incendié toutes les boutiques, tout... On fusillait les chiens, les poules, tout ce qui bougeait, mais pas d'êtres humains, il n'y a pas eu de morts parmi les êtres humains. Mais alors tout ce qui bougeait, le bétail, je vous dis, les poules, les chiens, on mitraillait sur tout. Et puis on a tout incendié, depuis le haut de la vallée, il ne restait plus rien. C'était des baraques en torchis, des baraques qui sont grosses comme ça, les mechtas c'est ça... Là, il ne restait plus rien. » La violence, ordonnée ou tolérée, s'est souvent nourrie de l'ivresse destructrice qui s'emparait des soldats. Mais elle n'a pas été photographiée, seules les mémoires ont conservé des images précises de ces exactions.

Une seule image dans la collection rassemblée fait référence à la torture. Elle a été prise à la ferme Améziane. La ferme était en effet un centre de renseignements et d'action (CRA), un camp où les suspects étaient détenus et torturés[2]. La prise de vue présente deux Algériens. Ils sont debout dans un petit canal qui se trouve à proximité des bâtiments, deux militaires les accompagnent et les dominent. La violence qu'ils subissent éclate dans la nudité qui leur a été imposée. Elle est confirmée par le bâton que l'un des soldats dirige vers le sexe du plus faible, par les cicatrices qui marquent son poignet et surtout par le sourire complice que le second adresse au photographe.

Les combats

Le moment des affrontements n'a été décrit que par quelques rares images de photographes professionnels. La tension n'est pas toujours per-

1. Les violences infligées par les partisans du FLN ont été mises en images par les photographes de l'armée et parfois par des amateurs. Elles sont régulièrement diffusées dans les publications des militaires ou des pieds-noirs.
2. Jean-Luc Einaudi, *La Ferme Améziane, enquête sur un centre de torture pendant la guerre d'Algérie*, Paris, 1991, et Raphaëlle Branche, *La Torture et l'armée*, Paris, 2001, ont mis en lumière l'importance de ce centre qui existait dès 1956.

ceptible quand la fumée couvre de son voile des combattants pris de dos. Seul le désordre des corps dans le champ de l'image laisse entrevoir le désarroi, la peur ou la fureur de ceux qui affrontent le feu de l'adversaire.

Les amateurs, comme les professionnels, ont préféré évoquer les combats indirectement. Ils ont mis en scène les files de camions, les chars et les canons, les hélicoptères et les avions qui soulignaient la puissance de l'armée et augurait des résultats. Ils ont surtout évoqué leurs victoires en composant des trophées avec les armes et le matériel abandonnés par l'adversaire. Les uns et les autres se sont parfois complu à mettre en scène des militaires dominant les vaincus, blessés ou tués, gisant dans le désordre que la défaite leur avait imposé[1].

La mort des soldats français est un thème essentiel du discours militaire classique, qui justifie ainsi l'engagement et le combat des compagnons. Le sacrifice des hommes du contingent est développé dans les albums publiés par les militaires et par les associations d'anciens appelés. Quelle que soit leur couleur politique tous souhaitent le mettre en valeur. Mais la mort n'apparaît jamais, comme celle des Algériens, dans sa brutalité et son désordre. La mise en scène respecte ici des règles et inscrit toujours l'événement dans le cadre d'un rituel compassionnel et patriotique. Des soldats cadrés autour d'un cercueil recouvert d'un drapeau rendent les honneurs. Marc Flament, photographe militaire, est le seul à se dégager des conventions pour célébrer le sacrifice de quelques soldats. Mais seule la « belle mort », celle qui respecte la personnalité du héros, est cadrée par l'auteur. Comme pour Sentenac elle s'accomplit dans un cadre mystique, le désert ou le djebel, et celui qui affronte l'épreuve suprême est entouré par ses compagnons. Leur chagrin viril donne un sens et une valeur à l'épreuve qu'il subit[2]. Les appelés, trop bouleversés par la mort de leurs camarades, n'ont pas suivi l'exemple de Marc Flament. Ils ont préféré évoquer la mort indirectement, en présentant les lieux dévastés par son passage. Ils ont cadré des camions ou des autobus incendiés. Ils ont aussi photographié les croix de bois qui portaient les noms de leurs camarades.

Conclusion

Quelles images, quelles valeurs l'emportent ? Il est possible de classer les clichés en grandes catégories, comme celles des portraits avec armes et sans armes, de les regrouper ensuite en ensembles plus précis et de les comptabiliser. Mais l'analyse quantitative est illusoire, car de quelle façon apprécier

---

1. F. Porteu de La Morandière, *op. cit.*, p. 201, et FNACA-GAJE, *op. cit.*, p. 209. Une photographie d'appelé publiée par *L'Express* du 30 novembre 2000 présente des soldats posant une botte sur les cadavres de combattants algériens à Aïn-Beïda en avril 1959.

2. Marc Flament et Marcel Bigeard, *Aucune bête au monde...*, 1959, non paginé, dernier folio.

La guerre d'Algérie

le poids de l'institution militaire, de la culture de l'époque, qui impose sinon valorise certaines représentations ? Comment mesurer le silence de ceux qui se taisent et ne veulent ni se voir ni être vus en militaires ? Comment prendre en compte la force de ceux qui brisent les habitudes, construisent de nouvelles représentations, les imposent et les mettent en images alors que tout leur environnement s'y oppose et que la répression menace ?

Les limites de l'analyse quantitative sont encore plus marquées quand on considère les quelques images de guerre. Leur très petit nombre ne signifie pas que l'exercice de la violence était exceptionnelle mais tout simplement que sa représentation était taboue. Il a fallu que la violence devienne banale, que les barrières sautent pour que l'un ou l'autre accepte d'utiliser son appareil.

Pendant longtemps ces images ont célébré la violence. D'anciens combattants nostalgiques du baroud les proposaient à leurs camarades. Aujourd'hui, après les révélations du général Aussaresses, le contexte a changé ; les photos qui n'ont pas été détruites ressortent. Mais quand elles sont dévoilées, elles sont accompagnées de commentaires qui modifient leur statut, elles sont chargées de témoigner des événements.

Le « film » de la guerre
Les débuts de la guerre d'Algérie dans l'hebdomadaire illustré *Paris Match* (novembre 1954-juillet 1956)

par Marie Chominot

« Regardez cet homme pieds nus, les chaînes aux poignets, la corde au cou. Et cet autre casqué, la mitraillette au poing : il pose pour le photographe de *Paris Match* qui ose publier ce cliché sans un mot de réprobation à l'égard de ce que symbolise la mitraillette mais qui traite l'homme enchaîné de "fellagha" et d'assassin – le malheureux est tunisien, en effet... », peut-on lire en page 3 de *L'Humanité* le 6 novembre 1954. Ce commentaire accompagne une photographie, publiée le jour même par *Paris Match* et qui illustre le premier article que l'hebdomadaire consacre aux événements d'Algérie[1]. Le cliché[2], qui ouvre la séquence photographique de la guerre, représente un « tableau de chasse ». Prenant la pose pour la photographie, un soldat français braque son arme et son regard sur un homme vêtu d'un sarouel, les mains menottées. Il le tient attaché par une corde passée autour du cou. « Pour *Paris Match* l'homme enchaîné est un "terroriste", mais la mitraillette, c'est la civilisation et l'ordre. Quel symbole de ce qu'est, en effet, l'ordre colonialiste que cet odieux document photographique ! », poursuit *L'Humanité*. Dans son analyse sémiotique, le commentateur s'arrête donc sur l'arme, et non sur la corde ou les menottes, symboles d'oppression pourtant fréquemment dénoncés par les communistes. Par un procédé métonymique, l'arme désigne la guerre, une guerre qui commence sans que les autorités veuillent le reconnaître[3].

---

1. « Dernier venu sous l'étendard vert : le terrorisme algérien », *Paris Match*, n° 293, 6-13 novembre 1954, p. 17-19.
2. « Le fellagha Djilani vient d'être arrêté. Il avait massacré de sa main trois Français et un Tunisien. »
3. « Le ministre de l'Intérieur Mitterrand publiait le 1er novembre un communiqué déclarant : "Un certain nombre d'attentats ont eu lieu cette nuit en plusieurs points de l'Algérie. Ils sont le fait d'individus ou de petits groupes isolés." Or, des parachutistes, des colonnes blindées, de l'artillerie, de l'aviation opèrent dans l'Aurès. Et le même M. Mitterrand proclamait hier à l'adresse de ceux qu'il appelle des "ennemis de la patrie" : "La seule négociation, c'est la guerre" ! », *L'Humanité*, 6 novembre 1954, p. 3.

Voir ou ne pas voir la guerre ?

Dès la première photographie publiée et au fil des reportages de la fin de l'année 1954, c'est bien la guerre que *Paris Match* présente visuellement à ses lecteurs. Or, le « lecteur d'images », dont la culture visuelle[1] s'est peu à peu forgée depuis les années 1930 au contact des magazines illustrés, a toutes les clés pour repérer dans ces images nouvelles des signes qui appartiennent au répertoire de la photographie de guerre : il y est confronté de manière continue depuis le déclenchement de la guerre civile espagnole en 1936. Dans *Paris Match*, il découvre, le 13 novembre 1954, trois grandes figures de la guerre photographiée[2] qui renvoient respectivement aux deux guerres mondiales et au conflit indochinois : une tranchée, des chars et une patrouille déployée « en tirailleurs », dans un paysage hostile[3]. Dès le mois de novembre 1954, le discours photographique contredit le discours officiel. Les reportages sur des opérations militaires font sauter « visuellement » la fiction du maintien de l'ordre : les photographies ne montrent pas des policiers, des gendarmes ou des CRS mais des parachutistes et des blindés. L'image impose donc d'emblée une rhétorique guerrière et si le mot de guerre n'est pas encore prononcé, les signes visuels en sont lâchés. En janvier 1956, Michel Clerc écrit : « L'Algérie, quelles que soient les pudeurs officielles ou le légitime désir qu'on peut avoir de ne rien dramatiser, l'Algérie est *pratiquement* en état de guerre[4]. » À travers le double sens donné à l'adverbe, il épingle enfin la fiction officielle, mais les photographies publiées n'ont cessé de prouver, depuis novembre 1954, que l'Algérie était effectivement en guerre.

Pourtant, l'opinion métropolitaine reste longtemps indifférente à la situation, elle met du temps à s'émouvoir, à s'inquiéter, à regarder la réalité en face[5]. Les images que la presse lui fournit n'ont-elles pas d'impact ? La volonté de ne pas voir est-elle plus forte que le poids des photographies ? Le souvenir douloureux de la Seconde Guerre mondiale et de l'Occupation, le traumatisme de Diên Biên Phu, l'ébranlement de la grandeur française, mais aussi le repli sur soi lié à la société de consommation naissante et au

---

1. Michel Frizot, « Faire face, faire signe. La photographie, sa part d'histoire », dans *Face à l'Histoire. L'artiste moderne devant l'événement historique*, Paris, Flammarion, 1997, p. 49-57.

2. Hélène Puiseux, *Les Figures de la guerre. Représentations et sensibilités 1839-1996*, Paris, Gallimard, 1997.

3. « En Algérie, paras et blindés traquent le nouveau terrorisme », *Paris Match*, n° 294, 13-20 novembre 1954, p. 26-29.

4. Michel Clerc, « Une tragédie chaque jour : le cauchemar de l'Algérie », *Paris Match*, n° 353, 14 janvier 1956, p. 11. C'est nous qui soulignons.

5. « La société française, dans sa majorité, roule à toute vitesse vers la consommation, et regarde l'Algérie avec une grille de lecture qui gomme les aspérités, croyant (de bonne foi ?) à des "opérations de maintien de l'ordre" peu meurtrières », Benjamin Stora, *Appelés en guerre d'Algérie*, Paris, Gallimard, 1997, p. 26.

confort individuel enfin accessible après des années difficiles sont autant
d'éléments qui convergent[1] pour expliquer ce refus de voir. S'il est délicat
pour l'historien de mesurer l'impact des photographies sur l'opinion
publique[2], il faut cependant noter que le quotidien des Français est alors
scandé par quantité d'images frivoles (c'est l'époque de la saga Brigitte
Bardot) au sein desquelles l'actualité algérienne se trouve diluée.

Durant les deux premières années du conflit, *Paris Match* publie trente-
huit reportages et dix-sept articles illustrés relatifs aux « événements »
d'Algérie, soit un total de trois cent quatre-vingt-quinze photographies.
L'étude d'une telle couverture médiatique devrait permettre de combattre
l'idée, encore largement ancrée dans les esprits[3], que la guerre d'Algérie,
qui fut longtemps une guerre sans nom[4], fut aussi une guerre sans images,
une guerre invisible. L'amalgame entre refoulement de la parole, de la
mémoire et de l'image (qui en est souvent un des supports), ne doit pas
faire oublier que les contemporains ont été régulièrement confrontés à cette
guerre, au cinéma, à la télévision naissante et dans les magazines illustrés.

Paris Match, en tête de l'information illustrée

Concluant une étude des images animées tournées sur le terrain
entre 1954 et 1962[5], Évelyne Desbois écrit : « Dans le cinéma de fiction, la
guerre d'Algérie est "hors des écrans", dans les actualités et reportages du
cinéma et de la télévision, elle est à l'écran, mais dans sa face de paix et
de développement. Il était pourtant alors des images qui montraient la
guerre, avec parachutistes en action, mechtas brûlées et cadavres rebelles :
ce sont celles publiées par le magazine *Paris Match*. [...] Dans ce magazine on appelle un cadavre un cadavre. Et il n'en manque pas à l'image.
On parle dans ces pages de massacres, de "djebel hostile", de ratissages, de
"l'ennemi", et des combats sont montrés. » Si le conflit algérien est bien la

---

1. Jean-Pierre Rioux, « Une guerre trouble-fête », *La France en guerre d'Algérie*, Paris,
BDIC-MHC, 1992, p. 146-150.

2. On peut cependant noter que 5 % seulement des personnes interrogées par l'IFOP en
août 1955 s'intéressent aux nouvelles d'Algérie transmises par leurs journaux. Charles-
Robert Ageron, « L'opinion française à travers les sondages », *La Guerre d'Algérie et les
Français*, Paris, Fayard, 1990, p. 25-44.

3. Benjamin Stora, « Les photographes d'une guerre sans visage. Images de la guerre
d'Algérie dans les livres d'histoire(s) », *Voir, ne pas voir la guerre*, BDIC, Somogy éditions d'art, 2001, p. 237.

4. Il faut en effet attendre la loi du 18 octobre 1999 pour que soit officiellement substitué le terme de « guerre d'Algérie et combats en Tunisie et au Maroc » à l'expression
« opérations en Afrique du Nord ».

5. Évelyne Desbois, « Des images en quarantaine », *La Guerre d'Algérie et les Français*,
Paris, Fayard, 1990, p. 570-571. Dans cet article, elle analyse les actualités cinématographiques, les films tournés par le SCA (Service cinématographique des armées), les journaux
télévisés et les magazines de grand reportage télévisés, comme *Cinq Colonnes à la une*.

« première guerre d'une France entrée dans le règne de l'audiovisuel[1] », la situation d'une télévision encore dans l'enfance renforce pour le moment la suprématie de la presse illustrée dans le domaine de l'information par l'image. Média marginal, la télévision équipe seulement 1 % des foyers en 1954 et ce taux ne connaît un réel décollage qu'après 1962, pour atteindre 62 % en 1968[2]. La faiblesse des moyens financiers, matériels et techniques ne permet pas à l'information télévisée d'assurer une couverture en direct des événements internationaux tandis que le statut étatique de la RTF (Radiodiffusion et télévision française) limite fortement sa marge d'action[3]. Le journal télévisé est l'émission la plus contrôlée et la censure s'accentue avec la guerre d'Algérie, sous le gouvernement Guy Mollet puis sous celui du général de Gaulle. Il faut attendre la fin des années 1950 pour qu'apparaissent à la télévision des magazines de grand reportage, comme *Cinq Colonnes à la une*, dont le titre de gloire fut d'avoir « montré l'Algérie » et qui s'inspire largement du modèle *Paris Match*[4].

Quand Jean Prouvost, grand patron de presse des années 1930, reprend en 1949 la formule de *Match* d'avant-guerre, il entend promouvoir un hebdomadaire illustré moderne, à fort tirage et ouvert sur l'information mondiale, à la manière de *Life*. Le premier numéro, daté du 25 mars 1949, illustre bien le choix d'organiser entièrement l'information autour des photographies. Le fascicule contient quarante-quatre pages dont vingt-cinq de photographies et quatorze en quadrichromie[5]. La devise confirme l'ambition d'informer par l'image : « Le poids des mots, le choc des photos. » Après une année de difficultés économiques, *Paris Match* prend définitivement son essor et son tirage ne cesse d'augmenter, pour atteindre son apogée au début des années 1960. En 1957, une enquête de l'Institut français d'opinion publique établit que, tirant à un million huit cent mille exemplaires, le journal est lu chaque semaine par huit millions de personnes, soit un Français sur cinq[6]. Le courrier des lecteurs confirme que cet hebdomadaire populaire de masse touche toutes les générations et

---

1. *Radios et télévision au temps des « événements d'Algérie »*, Paris, L'Harmattan, 1999, p. 9.

2. Fabrice d'Almeida, Christian Delporte, *Histoire des médias en France*, Paris, Flammarion, 2003, p. 190.

3. Marie-Françoise Lévy (dir.), *La Télévision dans la République. Les années 1950*, Bruxelles, Complexe, 1999.

4. Le premier numéro de ce magazine télévisé, en janvier 1959, s'ouvre en effet sur une séquence consacrée à la journée du sergent Charlie Robert, appelé en Algérie. Jean-Noël Jeanneney, Monique Sauvage, *Télévision, nouvelle mémoire. Les magazines de grand reportage*, Paris, Le Seuil-INA, 1982.

5. Bellanger, Godechot, Guiral, Terrou (dir.), *Histoire générale de la presse française, tome IV : de 1940 à nos jours*, Paris, PUF, 1975.

6. Cité dans *Paris Match*, n° 442, 28 septembre 1957, p. 5. En 1954, le tirage, qui était de 950 000 exemplaires en janvier, passe à 1 300 000 en décembre (cité dans *Paris Match*, n° 301, 1er-8 janvier 1955, p. 2).

transcende les classes sociales. Chaque samedi, chacun peut en effet trouver dans ce bel objet de grand format, au papier de bonne qualité, un savant dosage de reportages illustrés sur l'actualité mondiale, les faits divers tragiques, les grands exploits sportifs, les joies et les peines des vedettes du cinéma et de la chanson, la vie mondaine et intime des familles princières et royales, ainsi que de grands dossiers culturels et scientifiques. Ajoutons à cette approche rédactionnelle éclectique la recherche du sensationnel, la valorisation du travail des journalistes qui traquent le scoop et une mise en pages très dramatisée : nous avons en main les clés de la réussite commerciale du magazine. Au milieu des années 1950, *Paris Match* est sans concurrence dans son domaine. Les deux hebdomadaires illustrés récemment créés, *L'Express* et *France-Observateur*, qui se situent au cœur de la fronde anticoloniale, publient encore peu d'images, leur tirage reste modeste, leur lectorat élitiste et ils sont fragilisés par des saisies et des inculpations à répétition[1].

Si *Paris Match* veut coller à l'actualité, au présent, en proposant des images « fraîches » de l'événement, sa démarche s'inscrit également dans une perspective revendiquée d'écriture de l'Histoire. Comme aux premiers temps des hebdomadaires illustrés, le magazine est « un manuel d'histoire contemporaine, immédiatement perçue[2] ». À travers sa publication hebdomadaire, mais aussi grâce à ses films fixes *Actualités et documents scolaires* et à ses albums annuels *Histoire d'aujourd'hui*, la rédaction de *Paris Match* s'engage à « écrire l'histoire de [son] temps ». Elle encourage même ses lecteurs à constituer une collection de leurs numéros, qui sera « pour [eux] et [leurs] enfants la véritable encyclopédie de notre époque[3] ». L'histoire est donc là, dans les pages du magazine, constituée en images semaine après semaine. Quelle(s) histoire(s) du conflit algérien se dessine(nt) dans *Paris Match*, pendant ces deux premières années où la France s'enfonce progressivement dans la guerre ?

La guerre vue par *Paris Match*

La couverture photographique des débuts des hostilités dans l'hebdomadaire s'ordonne autour de trois temps forts, qui correspondent aux différentes étapes de la plongée de la France dans la guerre. Dans la foulée des attentats du 1er novembre 1954, jour du déclenchement de l'insurrection par le Front de libération nationale (FLN), *Paris Match* porte une attention aussi poussée que précoce à la question algérienne qu'il ne distingue cependant pas de la question tunisienne. « La vague terroriste a franchi la frontière de l'Algérie »,

1. Philippe Tétart, *Histoire politique et culturelle de France-Observateur*, Paris, L'Harmattan, 2000.

2. Michel Frizot, *art. cit.*, p. 54.

3. *Paris Match*, n° 564, 30 janvier 1960, p. 69.

peut-on lire sur la couverture du numéro du 6 novembre. Fidèle à cette hypothèse de la contagion, le magazine annonce, à la fin de l'année 1954, à grand
renfort de reportages sur des redditions en Tunisie, que « les derniers nids du
terrorisme[1] » algérien sont en voie d'extinction. L'actualité algérienne est
ensuite quasiment en sommeil jusqu'aux événements du 20 août 1955 au
Maroc et dans le Nord-Constantinois. Mettant fin à une période de « drôle de
guerre[2] », les massacres qui ont lieu dans la région de Philippeville signent,
pour la classe politique française comme pour les Européens d'Algérie, la
véritable entrée dans la guerre. Les reportages que l'hebdomadaire leur
consacre représentent plus de la moitié des photographies publiées cette
année-là sur le conflit. Troisième temps fort, le printemps 1956. Du départ de
Jacques Soustelle, en février, à l'envoi massif du contingent en mai, conséquence du décret sur les pouvoirs spéciaux du 12 mars, *Paris Match* suit pas
à pas l'installation de la nation dans la guerre. Celle-ci devient, avec l'engagement des fils, des frères et des fiancés, une réalité incontournable pour
l'opinion métropolitaine.

Pendant les premiers mois des hostilités, *Paris Match* propose à ses lecteurs un véritable film de la guerre, avec des figures héritées de la Seconde
Guerre mondiale : de l'action, des héros, de la sueur, du sang et des larmes.
Mais, dès lors que les Français se trouvent directement touchés dans leur
chair, avec le recours au contingent, l'hebdomadaire ne peut plus montrer le
conflit de la même façon. L'embuscade de Palestro (le 18 mai 1956), qui
est une date clé pour l'opinion française, constitue aussi un tournant pour la
représentation photographique de la guerre dans *Paris Match*.
Une analyse minutieuse, à la fois quantitative et qualitative[3], des
contenus permet de mettre en lumière les grandes figures sur lesquelles
elle repose. Les militaires français, épaulés par un matériel performant,
sont toujours montrés dans l'action[4]. Les corps d'élite (parachutistes,
légionnaires, commandos-marine), dont *Paris Match* entretient la légende[5],
traquent sur le terrain ces adversaires que l'hebdomadaire ne désigne que
par les vocables de « rebelles », « terroristes » ou « fellagha ». À partir du
printemps 1956, ils sont secondés par les rappelés[6]. Images à l'appui

---

1. *Paris Match*, n° 298, 11-18 décembre 1954, p. 38.
2. Benjamin Stora, *Histoire de la guerre d'Algérie*, Paris, La Découverte, 1993.
3. Cette analyse a été menée grâce à l'exploitation des données issues du dépouillement
exhaustif de *Paris Match*, de novembre 1954 à novembre 1956, à travers une base de
données construite sur le logiciel Excel. La description proposée ici dresse un panorama
rapide et non chiffré des grandes tendances relevées.
4. *Sur les côtes d'Algérie PREMIER ASSAUT DE LA MARINE*, *Paris Match*, n° 365,
7 avril 1956, p. 38-43.
5. « Ils sont revenus dans le décor de leur légende : la montagne d'Afrique. Avec la
pioche ils signent : ici est passée la Légion », *Paris Match*, n° 335, 27 août-3 septembre
1955, p. 13.
6. « Les troupes affluent dans Alger la casquée », *Paris Match*, n° 366, 14 avril 1956,
p. 26-27.

s'égrènent les bilans : des prisonniers, des cadavres, des hommes qui se rendent. La plupart sont en civil, beaucoup sont pieds nus et très pauvrement vêtus. Quelques rares clichés réalisés dans les maquis algériens montrent un autre visage de cette « armée fellagha » : on découvre alors des hommes en uniforme, armés, organisés. Une très grande confusion règne à l'image entre civils et combattants algériens. La photographie échoue à désigner clairement l'ennemi et chaque civil apparaît finalement comme un suspect potentiel.

Jamais perçus (avant le massacre de Melouza, en mai 1957) comme des victimes, les autochtones sont, dans *Paris Match*, des figurants de second plan. Les reporters ne s'arrêtent sur leur douleur et leur vécu que lorsqu'ils sont ouvertement ralliés à la France[1] et, à partir de juin 1956, dès lors que la politique dite de « pacification », menée par l'armée, fait du contact avec les populations un objectif prioritaire. En revanche, les Algériens de France apparaissent très tôt à l'image. Dès août 1955, un article sur la Goutte d'Or introduit l'idée de la dangerosité de cette population[2], qui sème dans son sillage l'émeute et la violence[3]. Tous les reportages entretiennent la Grande Peur d'une occupation des rues de la capitale par des Nord-Africains sans travail, aux activités louches et qui osent brandir, lors de manifestations interdites, le « drapeau fellagha au cœur de Paris ».

Un grand nombre de sujets sont consacrés aux Européens d'Algérie, présentés comme les principales victimes de cette guerre. Ils reflètent l'empathie des reporters pour ces hommes et ces femmes, désespérés, qui subissent quotidiennement l'« insécurité[4] ». On les voit enterrer leurs morts, fortifier maisons et bâtiments civils, défendre leurs terres les armes à la main[5] ou constituer des milices civiles[6], qui font écho à celles de mai 1945 dans la région de Sétif et de Guelma. Enfin, ils sont fréquemment représentés en train de manifester leur émotion, leur colère ou leur opposition dans des scènes qui vont jusqu'à l'affrontement violent avec les

---

1. « Leurs deux pères, arabe et français, pleurés ensemble », *Paris Match*, n° 323, p. 58-59.

2. Pierre Joffroy, « Une émeute révèle en plein Paris la médina de la Goutte d'Or », *Paris Match*, n° 334, p. 12-17. Le choix du terme de médina est fortement connoté puisque cet article fait suite à plusieurs reportages sur les émeutes dans les médinas de Casablanca et de Meknès au Maroc. Il est associé à l'idée de barbarie.

3. « Des centaines de poignards furent ramassés dans les caniveaux. Le drapeau fellagha au cœur de Paris », *Paris Match*, n° 362, 17 mars 1956, p. 37-39.

4. « Un reportage de Jean Mezerette et Daniel Camus vous met en face d'une réalité ignorée : la guerre en Kabylie et dans l'Aurès, l'insécurité partout pour 950 000 Français », *Paris Match*, n° 353, 14 janvier 1956, p. 11.

5. « Pour surveiller leurs troupeaux, les gens du village vont par quatre au minimum, armés de fusils Lebel (avec 40 cartouches) distribués par les autorités. La récolte qu'il faudra quitter s'annonçait belle », *Paris Match*, n° 362, 17 mars 1956, p. 34.

6. « La doctoresse Odette Jorel a rejoint les milices formées par les colons de Foum-Toub » ; « Coupés du monde, les Français de l'Aurès se sont mobilisés », *Paris Match*, n° 294, 13-20 novembre 1954, p. 28.

forces de l'ordre, voire jusqu'à l'émeute[1], notamment lors de la visite de
Guy Mollet à Alger le 6 février 1956, passée à la postérité sous le nom de
« journée des tomates ». Les civils de la métropole ne sont mis en scène
qu'à de rares occasions, toujours conflictuelles. On voit s'affronter partisans et détracteurs de l'Algérie française, jusque dans des batailles de
chaises sanglantes[2], tandis que les étudiants « antinationalistes » font
applaudir le « drapeau fellagha » salle de la Mutualité à Paris[3].

Les procédés d'une information-spectacle

Paris Match propose donc à ses lecteurs, pendant les dix-huit premiers
mois du conflit, la version imagée d'une guerre-spectacle, fortement scéna-
risée. L'analyse des mécanismes de cette narration spectaculaire, qu'aucun
autre média ne maîtrise alors, offre un éclairage nouveau sur la vision de
la guerre transmise par l'hebdomadaire. Loin de relever uniquement d'un
choix ou d'une contrainte politiques, celle-ci est aussi dictée par des
raisons esthétiques, éditoriales, journalistiques, par le souci d'une information originale et d'une audience élargie.

Les journaux quotidiens doivent souvent se contenter de publier des photographies isolées, simples illustrations du texte, rarement accompagnées d'une
légende précisant le lieu et la date[4]. Au contraire, *Paris Match* organise
l'information autour de véritables reportages photographiques, qui, selon
Henri Cartier-Bresson, collaborateur régulier de l'hebdomadaire dans les
années 1950, sont des histoires racontées en plusieurs photos[5]. Le module de
base en est la double page, à la fois cadre et tissu conjonctif du reportage, car
elle réunit dans un même espace narratif des séries d'images (entre deux et
sept) de tailles différentes, dont la succession fait sens, rehaussée de différents
niveaux de texte. Le titre et le sous-titre, souvent lyriques ou dramatiques,
annoncent le propos mais servent surtout à piquer la curiosité du lecteur. Les
indications contextualisant les photographies (lieu, date, protagonistes, conditions de réalisation) sont réparties entre le chapeau introductif et les légendes,
qui comportent aussi des éléments de commentaire totalement subjectifs. Le
choix des clichés se combine à celui des formats, de l'ordre d'exposition sur

---

1. « Les commandos de l'émeute à l'assaut du palais d'Été », *Paris Match*, n° 358,
18 février 1956, p. 20-21.
2. « L'Algérie soulève à Paris une tempête de chaises », *Paris Match*, n° 369, 5 mai
1956, p. 36-37.
3. « Les étudiants de la métropole sont entrés dans le drame algérien », *Paris Match*,
n° 361, 10 mars 1956, p. 38-39.
4. On trouve fréquemment des photographies légendées : « Une patrouille en Algérie. »
5. Henri Cartier-Bresson, « L'instant décisif », préface à *Images à la sauvette*, Paris,
Verve, 1952. Les reportages photographiques ne sont généralement pas accompagnés
d'articles. Ils se suffisent à eux-mêmes.

la page et des éléments textuels pour écrire un récit possédant architecture et rythme, pour imposer un sens de lecture[1]. À la matière photographique brute, prélevée sur le terrain par les reporters, le rédacteur et le metteur en pages adjoignent une valeur ajoutée qui relève de l'écriture romanesque. « Le reportage a des formes fixes comme la nouvelle » et « le grand art du metteur en pages est de savoir extraire de son éventail de photos l'image qui mérite la page entière, ou la double page, de savoir insérer le petit document qui servira de locution conjonctive dans l'histoire », écrit Henri Cartier-Bresson[2]. La construction d'un reportage peut donc s'appréhender en termes de syntaxe, de rhétorique, de figures de style.

Ces procédés narratifs élaborés favorisent la représentation du spectacle de la guerre. Le 12 mai 1956, on peut ainsi suivre une patrouille de parachutistes, héliportée sur un piton des Nemencha, qui poursuit « dans un paysage fantastique » l'ennemi qui « fuit de grotte en grotte[3] ». En ouverture du reportage, une double page digne du cinéma de guerre hollywoodien : l'hélicoptère gêné par le vent n'ayant pu se poser, les « paras sautent sans parachute ». Sur la page suivante, ils sont déjà dans l'action : « Pour approcher un tireur capable à deux cents mètres d'atteindre un homme au front, les paras s'aident de grenades fumigènes. » Une série de trois clichés montre leur progression dans le lit d'un oued : même point de vue, même décor, mêmes personnages, mais d'un cliché à l'autre l'évolution est perceptible, les hommes avancent de quelques mètres dans la fumée. La photographie saisit bien sûr des gestes arrêtés, mais les trois images prises successivement, à quelques secondes d'intervalle, et publiées ensemble, dans une mise en page qui rappelle la pellicule cinéma, forment une séquence cinématographique, qui évoque le mouvement de l'image animée. Le lecteur est au cœur de l'action, il suit « le film de l'opération[4] ».

Le 10 mars 1956, un reportage invite à voir « en Kabylie diables blancs et fellagha face à face ». Le chapeau précise : « Dans les neiges des monts de la Grande Kabylie, voici l'image du combat : le face à face des fellagha avec un adversaire qu'ils ignoraient jusqu'ici : les diables blancs[5]. » Alors qu'un tel face-à-face n'est pas photographiable sur le terrain, l'espace de la double page donne vie à une confrontation virtuelle. Sur la page de gauche, deux photographies montrent les chasseurs alpins qui font halte sous la treille d'un gourbi avant de partir en patrouille à skis, « pour surprendre un groupe de fellagha ». Les « trois chefs fellagha (Krim Belkacem et ses lieutenants) »,

---

1. C'est la « fonction d'ancrage », décrite par Roland Barthes à propos des légendes dans « Rhétorique de l'image », *Communications*, Paris, 1964. Il s'agit de « fixer la chaîne flottante des signifiés, de façon à combattre la terreur des signes incertains ».

2. Henri Cartier-Bresson, « L'instant décisif », préface à *Images à la sauvette*, Paris, Verve, 1952.

3. « Algérie : les fellagha traqués », *Paris Match*, n° 370, 12 mai 1956, p. 64-71.

4. *Paris Match*, n° 295, 20-27 novembre 1954, p. 56.

5. « En Kabylie diables blancs et fellagha face à face », *Paris Match*, n° 361, 10 mars 1956, p. 36-37.

dont la photographie, prise dans le maquis et « tombée aux mains de la police », occupe la page de droite, ne sont pas *réellement* au bout du chemin emprunté par les chasseurs alpins, mais la mise en pages fonctionne par ellipses et symbolise l'affrontement des forces en présence. Ainsi cantonnés à la page de droite, les hommes de Krim ne présentent cependant aucun danger pour les soldats français : leurs armes braquées vers la droite de l'image visent une cible hors champ. L'ordre de présentation inversé, les chasseurs alpins seraient devenus visuellement cette cible.

Les images produites dans le camp des combattants algériens sont extrêmement rares et cette rareté leur confère le statut d'exclusivité photographique lorsqu'elles arrivent dans les rédactions. « Cette photographie d'amateur trouvée sur un rebelle montre le visage de l'armée fellagha[1] » : un groupe de combat d'une douzaine d'hommes en uniforme pose, en rangs, l'arme à la main. Photo souvenir prise au maquis, elle est surtout pour ces hommes fiers de leur engagement dans l'ALN (Armée de libération nationale) une mise en scène de leur force. La légende précise que le groupe « a été décimé » et que son chef, à genoux au premier plan, « a été abattu ». Cette image, qu'aucun reporter de l'hebdomadaire n'aurait pu réaliser, est absolument indispensable à la relation de la guerre telle que l'envisage *Paris Match*. Un affrontement guerrier suppose deux adversaires. Or, les combattants algériens sont longtemps désignés comme des « fantômes armés », des ennemis invisibles[2], qui agissent la nuit, se dérobent à l'affrontement, se réfugient dans des grottes ou se métamorphosent en paisibles travailleurs[3]. Les photographies de maquis contribuent donc à rendre l'adversaire visible et, par là même, à le faire exister. En effet, une réalité dont on ne possède aucune photographie ne peut pas accéder au rang d'événement. Un magazine illustré à grand tirage comme *Paris Match*, qui traque le sensationnel, ne peut pas se passer de l'image de l'Autre, qu'il concourt paradoxalement à héroïser. Les « rebelles » ne sont plus seulement ces hommes vaincus et humiliés, prisonniers ligotés des « tableaux de chasse » ou cadavres abandonnés sur le terrain que nous montrent les photographies françaises. Les photos de maquis publiées leur confèrent, dans la représentation française, le statut de combattants.

Le recours au portrait est un procédé journalistique courant dans *Paris Match*. Le choix est fait de montrer en priorité « le côté humain de l'actualité », de présenter les acteurs de l'événement. Cessant d'être abstraite, l'Histoire s'incarne dans quelques trajectoires singulières, auxquelles le

---

1. « La France revient en pays fellagha », *Paris Match*, n° 375, 16 juin 1956, p. 28.

2. « Une armée de fantômes qui a ses quartiers et son arsenal dans un dédale de grottes : les fellagha », *Paris Match*, n° 353, 14 janvier 1956, p. 12-13.

3. « La ruse du fellagha. Sous son uniforme kaki, un fellagha portait une chemise et un pantalon bleus. Il n'eut pas le temps de se métamorphoser en paisible Tunisien avant sa capture. Les gendarmes ont ainsi découvert la ruse des hors-la-loi : faire peau neuve pour échapper aux poursuites. "Contre les fellagha l'armée prend l'offensive" », *Paris Match*, n° 295, 20-27 novembre 1954, p. 54.

lecteur peut d'autant plus facilement s'identifier qu'il s'agit d'anonymes. Comme l'écrit Luc Boltanski en 1965, « les photographes de *Paris Match* ne montrent pas l'événement mais, sur la trame de l'événement, tissent en images des anecdotes particulières[1] ». En gros plans successifs, ils déroulent l'Histoire comme un film, après avoir choisi dans la masse indistincte quelques acteurs emblématiques, dont le destin particulier paraît apte à synthétiser, voire à symboliser l'action et dont les visages s'impriment dans les esprits. Pour rendre compte du « drame des Français d'Algérie, assaillis par la révolte fellagha et mal défendus par la métropole[2] », l'hebdomadaire publie ainsi plusieurs reportages sur des victimes du « terrorisme ». Fortement dramatisés, ils sont tous construits sur la même trame[3]. Des photographies de famille, prises peu de temps avant l'attentat, reconstituent l'« avant », la paix, la quiétude, la douceur de vivre en commun (ce que le terrorisme brise à jamais) : Jean-Claude et René Gherardi se baignent dans la citerne de la maison forestière, M. et Mme Salle, sur des chameaux, posent avec leur petite Françoise à l'oasis de Bou-Saada, cinq heures avant l'attaque de leur voiture par une « bande rebelle ». Ces clichés amateurs, dont la collecte auprès des victimes d'un drame ou de leurs proches est dénommée « raflette » dans le jargon journalistique, permettent au lecteur de s'identifier aux acteurs choisis par les reporters. Toutes les photographies de famille ne sont-elles pas prises sur le même modèle ? En vis-à-vis, des images d'actualité disent l'horreur de l'« après » : deux jeunes orphelins blessés sur un lit d'hôpital, des cercueils que l'on rapatrie en France, une voiture criblée de balles ou « le garde forestier Bonin en faction devant le berceau de sa fille », le fusil à la main. De tels reportages engendrent une implication émotionnelle très forte chez le lecteur, qui submerge toute réflexion. Les images de *Paris Match* ne s'adressent pas à la raison mais au cœur.

Des reporters dans le sillage des soldats

S'inscrivant dans la veine de l'image-choc, l'hebdomadaire de Jean Prouvost montre donc la guerre d'Algérie comme aucun autre support médiatique ne le fait en 1956. Pour ce faire, il déploie un dispositif de grande ampleur pour couvrir le conflit sur le terrain. Alors que la plupart des quotidiens disposent au mieux d'un envoyé spécial qui effectue des

---

1. Luc Boltanski, « Rhétorique de la figure », dans *Un art moyen. Essai sur les usages sociaux de la photographie*, Paris, Minuit, 1965, p. 178.
2. *Roknia, village à vendre, raconte le désespoir des Français d'Algérie*, Paris Match, n° 362, 17 mars 1956, p. 29.
3. « Cible des terroristes, les gardes forestiers isolés en montagne », *Paris Match*, n° 322, 28 mai-4 juin 1955, p. 34-35. « Cible des fellagha, cette famille heureuse », *Paris Match*, n° 352, 7 janvier 1956, p. 20-23. « Des vacances finies dans le sang. Massacrés parce que français », *Paris Match*, n° 361, 10 mars 1956, p. 30-31.

séjours en Algérie, parfois accompagné d'un photographe[1], *Paris Match* dépêche dès novembre 1954 six envoyés spéciaux, qui couvrent la situation en Tunisie[2] et en Algérie[3]. Pendant l'année 1955, ils sont dix à faire le voyage. Les reportages sont le plus souvent effectués en binôme, le photographe est accompagné d'un rédacteur qui enquête puis rédige légendes et chapeaux introductifs. Leurs noms sont presque systématiquement mentionnés, mais le terme générique de « reporter » qui leur est appliqué ne distingue pas les spécialités. Lorsque le photographe est seul, il rédige lui-même les textes avant de les transmettre à Paris avec ses pellicules. À partir de mars 1956, un tel binôme est installé en permanence à Alger : Claude Paillat, rédacteur, et François Pagès, photographe, sont les premiers « envoyés spéciaux permanents » de *Paris Match* en Algérie. Basés à Alger, ils se déplacent dans tout le pays pour réaliser des reportages. Pendant l'année 1956, ils sont épaulés par vingt-trois reporters, dont six effectuent des séjours réguliers sur le territoire algérien. Au printemps 1958, Claude Paillat et François Pagès sont rappelés à Paris à la suite d'un incident avec le gouvernement général. C'est Jean-Pierre Biot qui prend leur place à partir de septembre 1958. Selon lui, la quasi-totalité des photographes de l'hebdomadaire (ils sont environ vingt-cinq à l'époque) est passée par l'Algérie pendant les sept années de guerre, tout en continuant la routine des reportages habituels[4].

Cette armada d'envoyés spéciaux dispose de moyens matériels et financiers importants. Ainsi, la rédaction n'hésite pas à affréter un avion spécial pour prendre des clichés spectaculaires des émeutes du 20 août 1955 au Maroc[5] ou réaliser un grand reportage sur le Sahara en 1958. Il arrive pourtant qu'aucun photographe ne soit sur place lors d'un événement de grande ampleur. C'est le cas à Philippeville le 20 août 1955. *Paris Match*, qui semble avoir anticipé les troubles au Maroc, à l'occasion de l'anniversaire de la déposition du sultan, a organisé sur place une équipe de sept reporters, coordonnée par Claude Paillat, et misé sur la photographie aérienne. Les émeutes du Nord-Constantinois ont donc pris de court le magazine, qui ne leur consacre un reportage de quatorze pages que le 3 septembre. Entre-temps, quatre envoyés spéciaux sont dépêchés sur le terrain et les photographies des affrontements dans les rues de Philippeville le 20 août, auxquels aucun reporter n'a assisté, achetées à un « correspondant[6] ».

---

1. On pourrait citer Robert Soulé pour *France-Soir*, Robert Trécourt pour *Le Parisien libéré*, ou Serge Groussard pour *Le Figaro*.
2. Joël Le Tac et Jean-Pierre Pedrazzini.
3. Jean Roy, Michel Descamps, Philippe de Pirey et Charles Courrière.
4. Entretien de l'auteur avec Jean-Pierre Biot, août 2002.
5. « L'avion spécial de *Paris Match* survole les rebelles du Sud marocain », *Paris Match*, n° 335, 27 août-3 septembre 1955, p. 20.
6. « Les photos de l'émeute de Philippeville sont de notre correspondant J. Sabran », *Paris Match*, n° 336, 3-10 septembre 1955, p. 18.

La spécificité de la couverture photographique que *Paris Match* offre de ce conflit entre 1954 et 1956 tient fondamentalement au très grand nombre de reportages effectués en opérations, dans le sillage des soldats. En décembre 1954, Philippe de Pirey et Charles Courrière « ont suivi les para-chutistes dans leur avance périlleuse à travers le chaos de la montagne, dont chaque rocher dissimule un danger, à la recherche des derniers nids du terrorisme[1] ». Le 31 août 1955, Jean Mezerette et Philippe Le Tellier ont pris place à bord des hélicoptères Sikorsky qui, pour la première fois, « emportaient cinquante hommes des commandos de la Légion à l'assaut des mechtas environnant les grottes de Kef-Hakouner[2] ». En mai 1956, Jean Durieux, René Sicard et Daniel Camus suivent en direct un sérieux accrochage mettant aux prises légionnaires, zouaves et spahis avec « une bande rebelle » s'attaquant aux fermes de la région d'Aïn-Temouchent. La rédaction est fière d'annoncer que « moins de deux heures après le com-mencement de la flambée terroriste *Paris Match* était sur le lieu de la bataille » et que ses envoyés spéciaux « étaient avec les soldats[3] ». Le reportage présente « les images les plus significatives de leur équipée sur les traces des meurtriers des djebels ». Au-delà de l'autopromotion un peu cocardière, ces reportages traduisent une réalité : la grande proximité avec le terrain de ces journalistes qui ne restent pas dans les villes et prennent des risques pour ramener des clichés inédits.

La fréquence et la facilité avec lesquelles les reporters de *Paris Match* sont intégrés à des unités opérationnelles ne laissent pas d'étonner lorsque l'on connaît la méfiance traditionnelle de l'armée pour la presse[4]. « Difficile avant les pouvoirs spéciaux de mars 1956, le travail des reporters en Algérie devient périlleux au-delà. À Alger, les « envoyés spéciaux per-manents » sont, la plupart du temps, confinés dans leur chambre d'hôtel, à attendre le bon vouloir des militaires. Pour suivre les combats, les jour-nalistes sont accompagnés par des officiers de presse qui limitent les possibilités de prise de vue et conduisent généralement avec retard les jour-nalistes sur les terrains d'opérations[5]. » N'ayant aucun mal à obtenir des accréditations et se défendant d'avoir eu à subir la censure, les reporters de *Paris Match* sont donc des privilégiés. Pourquoi cette situation de faveur ? À y regarder de près, on constate qu'un grand nombre des photographes qui composent l'équipe du magazine viennent de l'armée. Michel Descamps, qui entre à *Paris Match* en 1950, vient du Service cinématographique de

---

1. « Dans les montagnes de l'Aurès rebelle, c'est la loi du sang », *Paris Match*, n° 298, 11-18 décembre 1954, p. 38.

2. « En Algérie, pour débusquer les hors-la-loi du maquis une nouvelle tactique : les commandos héliportés », *Paris Match*, n° 338, 17-24 septembre 1955, p. 62-63.

3. « Oran : la guerre des fermes », *Paris Match*, n° 371, 19 mai 1956, p. 30-39.

4. « Les militaires n'aiment pas les indiscrets et sont enclins par tradition à considérer les journalistes comme importuns et dangereux », *Revue militaire d'information*, n° 287, septembre-octobre 1957, p. 103.

5. Fabrice d'Almeida, Christian Delporte, *op. cit.*, p.167.

l'armée (SCA), comme son camarade Daniel Camus, intégré à l'équipe du magazine à l'automne 1954. Ce dernier, engagé dans les parachutistes avant de devenir photographe militaire, est parachuté sur Diên Biên Phu quelques jours avant la bataille. Il photographie le siège et parvient à faire partir quelques films avant la reddition. Ses quelques clichés réussis, les seuls du réduit, sont publiés dans *Paris Match* qui l'embauche à son retour à la vie civile, après trois mois de détention dans un camp au Tonkin. D'autres, comme René Vital, François Pagès, Georges Mesnager, Patrice Habans, Jean-Pierre Biot[1] ou Sauer ont été engagés volontaires dans des régiments parachutistes pendant plusieurs années avant de rejoindre l'équipe de *Paris Match* pour couvrir les guerres du monde entier[2]. La plupart sont des photographes autodidactes. Forts de ce passé militaire et de leur expérience de correspondants de guerre, ils ont conservé de bons contacts dans l'armée, avec la hiérarchie mais également avec les officiers de presse qui délivrent les autorisations de photographier en zone opéra-tionnelle (souvent orales ou tacites). Des relations de confiance s'instaurent avec les chefs d'unités qui les acceptent dans leurs rangs, tandis que la connaissance de la vie militaire facilite leur intégration à la troupe. Certains revêtent d'ailleurs l'uniforme pendant leurs reportages, comme le faisait déjà Robert Capa sur le front républicain lors de la guerre d'Espagne. Ils se fondent dans le rang et le fait de photographier devient naturel. Leur forma-tion militaire initiale fait d'eux des « baroudeurs-photographes », habitués à la vie de campagne, aux longues marches harassantes, aux bivouacs pré-caires et aux réflexes de survie en cas d'attaque. Leur endurance physique et morale (sang-froid, courage) les rend plus aptes que d'autres à suivre des unités opérationnelles.

Contrairement à bien d'autres journalistes, les reporters de *Paris Match* jouissent donc sur le terrain d'une très grande marge de liberté et d'initia-tive. C'est que les clichés qu'ils réalisent n'inquiètent ni ne menacent l'armée, dont ils connaissent les règles de communication. Lors de leur passage dans l'institution militaire, ils ont intégré la norme du « mon-trable » et savent quelles photographies il est inutile de réaliser car elles « ne passeront pas ». Grâce à cette forme d'autocensure, le message de *Paris Match* est en conformité avec les intérêts de l'armée, sans que celle-ci exerce la moindre contrainte sur le magazine.

---

1. Jean-Pierre Biot s'engage dans les parachutistes en 1953. Il y passe cinq ans et fait la campagne de Suez comme sous-officier. À la fin de son contrat, il est démobilisé en 1958. Alors qu'il doit entrer à l'École des officiers de Strasbourg, il renonce à faire carrière dans l'armée. Embauché comme grouillot à *Paris Match*, il apprend sur le tas la technique photo-graphique. La direction du magazine l'envoie à Alger en septembre 1958 pour reconstituer incognito (il est un petit nouveau, totalement inconnu des autorités) le « bureau » permanent de *Paris Match* dans la capitale algérienne. Il y reste jusqu'en 1962. Entretien de l'auteur avec Jean-Pierre Biot, août 2002.

2. René Vital et François Pagès couvrent ainsi la guerre d'Indochine pour le compte de *Paris Match* avant de couvrir le conflit algérien.

La France et l'armée sont au nombre des valeurs fondamentales que l'hebdomadaire, national et patriote, désire sauvegarder en ces temps troublés, mais elles constituent également un fonds de commerce immuable. Au cours de l'enquête que l'équipe de Pierre Bourdieu mène au début des années 1960 sur les usages sociaux de la photographie, Luc Boltanski interroge un photographe de *Paris Match* sur sa pratique, le choix des sujets et des thèmes. Il s'entend répondre : « Vous savez, à *Match*, on vend du rêve. On vend du mythe. Il y en a un certain nombre. Nous, on les connaît. D'abord, l'amour. […] Les autres mythes ? L'armée, le drapeau, la patrie, l'héroïsme[1]. » Au début de la guerre d'Algérie, ces mythes vendeurs trouvent à s'incarner dans une situation concrète. Si le magazine choisit de raconter la guerre à travers une geste militaire, c'est aussi que ses lecteurs sont friands de telles images guerrières. Et l'armée n'offre-t-elle pas « une matière plus spectaculaire, de l'action, des batailles, du sang, de la mort[2] » ?

Défense et illustration de l'armée française

L'armée, donc, est au cœur des reportages photographiques de l'hebdomadaire, qui illustrent, expliquent, justifient et popularisent son action. L'enjeu est d'ancrer durablement l'idée que l'armée française va vaincre rapidement la rébellion, dont on annonce « la onzième heure[3] », mais aussi que son intervention est légitime. Les reportages saluent la puissance et l'efficacité des matériels[4], le courage des hommes et le génie des chefs[5] mais aussi les missions de l'armée auprès des populations civiles. Avec *L'Aventure du Transalgérien*[6], le journal propose au lecteur un grand reportage édifiant en « hommage aux hommes qui, de Rabat à la frontière tunisienne, sur un réseau ferroviaire de six mille kilomètres, gagnent chaque jour la bataille du rail ». « De leur combat quotidien, il montre les images les plus convaincantes, celles d'Européens et de Musulmans dormant tandis que cheminots et soldats veillent sur eux. » *Paris Match* assure un relais médiatique immédiat à la politique de pacification[7]

---

1. Luc Boltanski, *art. cit.*, p. 193.

2. *Revue militaire d'information*, n° 287, septembre-octobre 1957, p. 103.

3. Michel Clerc, « Pour les fellagha, la onzième heure ? », *Paris Match*, n° 374, 9 juin 1956, p. 18-21.

4. « Cette démonstration spectaculaire du colonel Bigeard, montée grâce aux hélicoptères du commandant Crespin, prouve que les "ventilateurs" sont devenus l'arme la plus efficace pour le rétablissement de l'ordre. » « Pour les paras devenus chasseurs d'Afrique une nouvelle arme inattendue : le « ventilateur », *Paris Match*, n° 363, 24 mars 1956, p. 38-39.

5. « Bigeard a frappé comme la foudre », *Paris Match*, n° 363, 24 mars 1956, p. 36-41.

6. « L'Aventure du Transalgérien », *Paris Match*, n° 364, 31 mars 1956, p. 56-65.

7. « La première grande bataille de la pacification de l'Algérie vient d'être livrée et gagnée par les appelés sous les ordres du général Dufourt. "Offensive 'Espérance'" », *Paris Match*, n° 375, 16 juin 1956, couverture.

décidée dans la foulée des pouvoirs spéciaux. « Sur les pas de nos troupes, dans les massifs où les fellagha régnaient en maîtres, l'administration française se réinstalle. Des équipes rétablissent le téléphone, réparent les routes, les ponts, donnent des vivres aux habitants affamés. [...] Signe de la paix revenue : des instituteurs, souvent pris parmi les rappelés, rouvrent les écoles[1]. » Discours officiel donc, fédérateur et consensuel, apte à rassurer une opinion publique douillettement entrée dans la société de consommation et dont la majorité se satisfait d'une version édulcorée du conflit.

Pourtant, cette soumission à une version des faits conforme aux intérêts militaires vaut à *Paris Match* de sévères critiques de la part de ses confrères de *France-Observateur* qui dénoncent régulièrement la désinformation pratiquée par la grande presse française[2]. Selon eux, elle se prête aux manœuvres de guerre psychologique orchestrées par l'armée, en relayant sans critique les communiqués militaires, taxés ici de propagande. C'est avec une grande véhémence que l'hebdomadaire de Claude Bourdet dénonce cette « presse de la guerre, celle qui cherche à entraîner le pays dans une aventure sans issue, la presse des Prouvost, des Dupuy, des Michelin, des Dassault et des Boussac[3] ».

Il est vrai qu'on ne saurait trouver dans *Paris Match* la moindre critique ni même le moindre doute à l'encontre de l'action que l'armée française mène en Algérie. L'historien et témoin Pierre Vidal-Naquet estime que « la presse à images n'a jamais véritablement abordé l'essentiel du conflit, c'est-à-dire la bataille contre la torture[4] ». C'est un thème totalement tabou dans l'hebdomadaire qui reste à l'écart de la campagne de presse dénonçant, en 1957, les méthodes utilisées par les parachutistes pendant la « bataille d'Alger ». Un petit article sur l'affaire Audin, paru en décembre 1957, répercute la position officielle, sans prendre parti. « Deux thèses s'affrontent. Selon celle d'Alger, il s'est évadé le 21 juin au cours d'un transfert. Selon celle des amis de Maurice Audin et de son avocat, Me Borker, il a succombé à un interrogatoire brutal[5]. »

---

1. « Les paysans à nos soldats : restez pour nous protéger ! », *Paris Match*, n° 375, 16 juin 1956, p. 32-33.
2. « Toute la presse a annoncé que le 11 mai dernier des éléments de l'armée avaient détruit de véritables blockhaus construits par les fellagha dans les mechtas des environs de Rivet. Or, une enquête effectuée par un certain nombre de personnalités algériennes dignes de foi vient de faire ressortir le caractère totalement mensonger du récit fourni par les services du bureau de la guerre psychologique et, à leur suite, par les journaux. Nous avons là un exemple typique de la façon dont l'opinion française est systématiquement trompée sur la nature de la guerre d'Algérie », « Ils ont menti à propos de Rivet... et de Palestro », *France-Observateur*, 31 mai 1956, p. 10.
3. « Palestro », *France-Observateur*, 24 mai 1956, entrefilet p. 2.
4. Pierre Vidal-Naquet, *Face à la raison d'État*, Paris, La Découverte, 1989, p. 17.
5. « Josette, la femme du professeur disparu, demande la vérité. Lacoste répond : "bientôt" », *Paris Match*, n° 454, 21 décembre 1957, p. 29.

Ce soutien inconditionnel et indéfectible à l'armée s'exprime en particulier au moment du mouvement des rappelés (de l'automne 1955 au printemps 1956). Alors que la presse, principalement de gauche, relaie cette grande campagne contre le rappel des disponibles et pour la paix, *Paris Match* s'en fait à peine l'écho. Dans le seul reportage consacré à une manifestation de rappelés[1], leur insoumission est fermement condamnée mais elle est expliquée par la présence de meneurs communistes, conduits par le maire du Petit-Quevilly. L'hebdomadaire réaffirme le principe républicain du devoir militaire qui échoit à tout citoyen et qui, dans le contexte de la rébellion algérienne, devient un devoir patriotique. À tous ses jeunes lecteurs, concernés à plus ou moins long terme par un départ en AFN (Afrique française du Nord), le magazine présente des rappelés débarquant la fleur au fusil, devant une foule qui les acclame. « Philippeville reprend confiance. L'angoisse s'est dissipée avec l'arrivée de ces jeunes gens venus de France qui criaient à la foule enthousiaste : "Algérie, nous voici"[2]. » Dans une perspective didactique, *Paris Match* consacre aux rappelés un reportage exemplaire, le 5 mai 1956[3]. Les photographies, réalisées au camp de Ger (Pyrénées), permettent au lecteur de suivre la formation des rappelés de la classe 53/1 affectés au 7e régiment d'infanterie, mais aussi la métamorphose d'Henri Garcia, vingt-trois ans, du statut civil au statut militaire. En six vignettes, on le voit débarquer à Pau, retrouver des camarades arrivés la veille, passer à la chaîne d'habillement avec sa fiche d'appel, toucher ses godillots, puis son casque, encore dans l'emballage, et enfin, dans la chambrée, se soumettre à la revue du général. Quant aux réalités auxquelles les appelés se trouvent confrontés à leur arrivée en Algérie (la peur, l'inexpérience, le manque de formation, le dépaysement, l'ennui), pas une trace dans *Paris Match*.

Puis vint Palestro

Le 18 mai 1956, une section entière de rappelés parisiens, arrivés en Algérie au début du mois, tombe dans une embuscade au cours d'une patrouille dans les gorges de Palestro. Dix-huit morts sont dénombrés, dont les corps, laissés sur le terrain par les combattants de l'ALN, sont mutilés par des habitants du douar voisin, qui venaient de subir un ratissage particulièrement brutal[4]. Deux soldats sont faits prisonniers mais les légionnaires parachutistes ne délivrent, quelques jours plus tard, qu'un seul survivant, Pierre Dumas, légèrement blessé à la tête et à une cuisse. « En France,

---

1. « Rouen. Les rappelés du 406e », *Paris Match*, n° 340, octobre 1955, p. 64-65.
2. « Algérie nous voici », *Paris Match*, n° 372, 26 mai 1956, p. 58-67.
3. « Rappelés », *Paris Match*, n° 369, 5 mai 1956, p. 32-37.
4. Bernard Droz, Évelyne Lever, *Histoire de la guerre d'Algérie (1954-1962)*, Paris, Le Seuil, 1982, p. 126.

l'émotion est immense. D'un coup on découvre que, là-bas, c'est bien la guerre puisque des jeunes Français meurent[1]. » Pourquoi Palestro, qui est restée « l'embuscade de référence[2] » pour des générations d'appelés et pour l'opinion française, a-t-elle alors un tel impact ? Ce n'est pourtant ni la première embuscade qui touche des appelés[3], ni la plus meurtrière[4], mais « pour une fois la presse s'en fait l'écho[5] ». Et comment ! L'exploitation médiatique de ce drame est orchestrée par la hiérarchie militaire et le bureau d'action psychologique qui manipulent les faits[6] et leur donnent une large publicité. « Des journaux comme *France-Soir* se servent du drame comme d'un contre-feu aux manifestations de rappelés qui ont lieu à la même période en métropole[7]. » Les cadres de l'armée sauront aussi utiliser le traumatisme provoqué par le récit de la mort atroce des jeunes gens pour vaincre les réticences du contingent, « attiser la haine des soldats et les inciter à la vengeance et à la destruction de l'adversaire[8] ».

Paris Match, à son tour, rend compte de l'embuscade de Palestro dans le numéro du 2 juin 1956[9], soit quinze jours après le drame. Un tel retard dans la couverture des faits est imputable à la périodicité de l'hebdomadaire[10]. Pourtant, alors que la presse quotidienne n'a cessé, durant ces deux semaines, de commenter et de montrer l'événement, *Paris Match* annonce sur sa couverture des « photos exclusives ». En réalité, la moitié des quinze clichés publiés ne sont pas des exclusivités : on a déjà vu ces dix-sept cercueils drapés de tricolore, alignés dans la cour de l'hôpital Maillot, les camarades des soldats de la patrouille commentant la nouvelle qu'ils

---

1. Patrick Rotman, Bertrand Tavernier, *La Guerre sans nom. Les appelés d'Algérie 1954-1962*, Paris, Le Seuil, 1992, p. 51.

2. Claire Mauss-Copeaux, *Appelés en Algérie. La parole confisquée*, Paris, Hachette Littératures, 1998, p. 120.

3. « À l'heure où elle déposait neuf médailles militaires sur les cercueils de neuf soldats du contingent venus de Paris, Strasbourg et Valenciennes pour servir et mourir à vingt ans en Algérie, la France redisait "non" de façon fulgurante aux crimes fellagha » ; « Pour venger neuf jeunes soldats assassinés à Souk Ahras les hélicoptères surgissent en plein cœur du maquis », *Paris Match*, n° 363, 24 mars 1956, p. 36-37.

4. On pourrait citer l'embuscade du 21 février 1956, près du village d'El-Milia, au cours de laquelle 21 appelés sont tués et 12 blessés. Jean-Charles Jauffret, *Soldats en Algérie 1954-1962. Expériences contrastées des hommes du contingent*, Paris, Autrement, 2000, p. 111.

5. Jean-Charles, Jauffret, *op. cit.*, p. 111.

6. La hiérarchie militaire diffuse largement « sa » version du massacre : les rappelés ont été mutilés vivants avant d'être achevés par les rebelles, qui leur ont ouvert le ventre pour y placer des cailloux et leur ont coupé les parties génitales, placées dans la bouche des cadavres. Voir Claire Mauss-Copeaux, *op. cit*, p. 120.

7. Jean-Charles Jauffret, *op. cit.*, p. 112.

8. Claire Mauss-Copeaux, *op. cit.*, p. 119.

9. *Palestro : la France blessée*, *Paris Match*, n° 373, 2 juin 1956, p. 20-27.

10. Alors que la nouvelle apparaît dans la presse quotidienne le 20 mai, *Paris Match* vient de sortir son numéro du 19 mai. Lorsque sort le numéro du 26 mai, la nouvelle du sauvetage du rescapé Pierre Dumas est arrivée la veille dans les rédactions, mais le numéro de *Paris Match* est déjà bouclé.

apprennent par la presse, le survivant Pierre Dumas, dans l'hélicoptère des parachutistes qui le ramène à Alger ou sa famille, posant à côté de son portrait encadré, à Bonvilliers (Seine-et-Oise). L'originalité du magazine s'exprime une fois de plus dans la dramatisation de l'événement. Confrontés à la mort, indésirable dans le cadre[1], ses reporters photographient le vide : « la dernière lettre du chef de patrouille à ses parents, restée inachevée », repose sur son « bureau (une caisse vide) », dans la chambre que ses compagnons ont laissée intacte. Surtout, en publiant sur une double page des photographies d'amateurs qui retracent les dernières semaines des victimes[2], *Paris Match* fait pénétrer le lecteur dans l'intimité de ces hommes simples. Le scoop, c'est de s'être procuré ces clichés, pris par les rappelés eux-mêmes. Ils montrent l'adieu aux familles sur un quai de Marseille, l'arrivée du *Kairouan* à Alger, le montage des tentes en plein bled, près du village des Beni-Amran, ou le « toubib » lors d'une patrouille. Sur un de ces clichés, cinq jeunes soldats posent, avec leur mascotte, « pour l'album de souvenirs de l'un d'eux, photographe amateur ». Alors que tous les quotidiens publient des listes de noms, *Paris Match* rend donc un visage aux victimes et les fait vivre dans la mémoire de huit millions de Français.

Le magazine poursuit toujours l'exclusivité mais, avec Palestro, quelque chose a changé dans son style. Comme l'annonce le titre du reportage, c'est toute la France qui est blessée car chaque famille peut s'identifier à « ces pères et ces mères de la région parisienne qui attendaient une lettre et qui pleurent aujourd'hui sur dix-sept cercueils ». Cette date clé pose à la rédaction de *Paris Match* la question des limites d'une information-spectacle dès lors que la patrie tout entière est engagée dans la guerre. Une plus grande pudeur s'impose pour parler de ces jeunes gens qui vont servir et peut-être mourir à vingt ans sur un sol inconnu.

Peu à peu, les images de paix prennent le pas sur les représentations guerrières des premières années. Le 7 juillet 1956, l'hebdomadaire consacre un dossier à « la France d'en face[3] ». Comme le premier reportage de *Cinq Colonnes à la une* en janvier 1959, il s'agit d'un « cadeau aux familles de France ». Les photographies doivent « répondre à la question de quatre cent mille foyers » : « Où sont et comment vivent les rappelés en Algérie ? » Elles leur « présentent cette terre où la paix franco-musulmane se bâtit malgré les combats ». Bien que pris en zone opérationnelle dans la région de Tlemcen, ces clichés montrent la vie au repos de ces hommes que l'on a pu voir chaque semaine au combat. À présent, plus question de saluer leur

---

1. Les photographies des cadavres de Palestro, s'il en existe, n'ont pas été publiées dans la presse qui suit la même ligne éditoriale que *Paris Match* : on peut montrer crûment la mort de l'Autre, mais pas la mort de soi.

2. « De Marseille aux avant-postes, les soldats de la patrouille avaient photographié leur histoire », *Paris Match*, n° 373, 2 juin 1956, p. 22-23.

3. « La France d'en face », *Paris Match*, n° 378, 7 juillet 1956, p. 36-43.

594 La guerre d'Algérie

courage au feu ni de les présenter en héros risquant leur vie. « Partout ainsi, nos rappelés protègent la population musulmane fidèle et empêchent la révolte de se propager, tandis qu'il appartient aux unités de choc, légion, paras, troupes héliportées, de pourchasser les fellagha dans leurs repaires. » « Mobilisés pour la paix », selon le mot de Robert Lacoste, ils en sont reçus comme les messagers dans les villages où ils partagent le thé à la menthe avec les paysans, font la lessive au même lavoir et les aident dans les formalités administratives[1]. L'essentiel est dorénavant de rassurer les familles. Le danger est occulté, la réalité guerrière (patrouilles, accrochages) passe hors champ. Les reportages en opérations, qui ont pourtant forgé la marque de fabrique de *Paris Match*, se font de plus en plus rares : deux en 1957, un en 1958, quatre en 1959, l'année de l'offensive du plan Challe. Alors que les grandes opérations de ce plan se poursuivent les années suivantes, plus aucun reportage n'est consacré aux réalités militaires, au profit d'une vision plus politique de la guerre.

Une guerre dorénavant sans combats donc, mais aussi une guerre sans morts ni blessés militaires. Quand il rendait compte, au mois de janvier 1956, d'une embuscade meurtrière, l'hebdomadaire n'hésitait pas à publier des images pénibles. « Tous les hommes sauf un furent tués ou faits prisonniers. Les rebelles traînèrent les survivants avec eux dans la montagne. Pendant cette marche forcée, ils abattirent un soldat blessé qui ne pouvait pas suivre[2]. » Les clichés présentés alors seraient inconcevables après le massacre de Palestro. Ils s'attardaient en gros plan sur les blessures de ces trois hommes « laissés pour morts » mais finalement « sauvés » : traces de coups, de sang, entailles de couteau dans le dos et sur la carotide. La mort du soldat du contingent, comme la blessure, deviennent après Palestro un tabou photographique. Même les cercueils disparaissent du champ et lorsque *Paris Match* publie, à visage découvert, la mort d'un soldat, c'est celle de « Sentenac, sergent-chef parachutiste, évadé de Diên Biên Phu, tombé à Timimoun[3] », photographiée par son camarade Marc Flament, et commentée par le colonel Bigeard. Trois clichés décrivent l'agonie de cet engagé volontaire, qui a sciemment choisi et réalisé son destin au sein d'une troupe d'élite[4]. Sentenac « aménage » sa mort[5]. Il n'a pas décidé le moment, mais il a l'initiative de la manière : un sacrifice conscient. Le colonel Bigeard écrit à son propos : « Il dut faire un effort pour mourir. Ce qu'il cherchait de

1. « Ce village les reçoit en messagers de la paix », *Paris Match*, n° 378, 7 juillet 1956, p. 42-43.
2. « Ces revenants de la cote 616 ont survécu aux couteaux du guet-apens », *Paris Match*, n° 353, 14 janvier 1956, p. 14-15.
3. « Aucune bête au monde ne l'aurait fait », *Paris Match*, n° 515, 21 février 1959, p. 70-75.
4. « De nous tous, il fut celui qui eut la plus grande chance, car il a réussi sa mort après avoir mené la vie tourmentée qu'il avait choisie », écrit Bigeard à son propos, dans la dédicace du livre de photographies de Marc Flament *Aucune bête au monde...*, publié aux éditions Jacques Grancher en 1959.
5. Philippe Ariès, *Essais sur l'histoire de la mort en Occident*, Paris, Le Seuil, 1975.

l'autre côté de la crête, ce n'était pas une poignée de Bédouins et leurs fusils, mais cette chose impossible qui le hantait depuis si longtemps. Cette chose qui se trouve dans le sacrifice et dans la mort. Seule elle permet de se confondre avec ce qu'il y a de plus grand, de plus inaccessible. » Alors que morts et blessés n'ont plus droit à l'image, *Paris Match* dessine la fiction d'une guerre sans pertes.

La mort est désormais occultée, « interdite », selon l'expression de Philippe Ariès. Cette césure dans la représentation photographique de la mort, et de la guerre en général, intervient alors que le conflit change de nature. L'étude de l'évocation de la mort dans les magazines illustrés des débuts de la Grande Guerre[1] montre une semblable évolution vers son occultation. Cette transformation du rapport à la mort intervient, au printemps 1915, avec la prise de conscience par l'opinion d'une nouvelle réalité de la guerre, passée d'une guerre de mouvement à une guerre de tranchées. Au printemps 1956, la guerre d'Algérie cesse d'être comparable au conflit précédent, en Indochine. Pour la première fois depuis la Seconde Guerre mondiale et pour la dernière fois de son histoire, la France fait appel au contingent. L'immense majorité des jeunes gens nés entre 1932 et 1943, soit près de deux millions de Français, franchit la Méditerranée entre 1955 et 1962. Ce phénomène massif explique l'émotion provoquée par ce conflit dans l'opinion métropolitaine, rétive au massacre de sa jeunesse pour une cause inconnue. Il devient indécent pour *Paris Match* de montrer à ses lecteurs la guerre comme dans un film d'action, alors que chaque famille de France connaît au moins un petit gars parti au bled. La mort de l'être aimé n'est plus acceptable, comme elle pouvait l'être en 1914. Le contexte patriotique de la société en guerre permettait alors de sublimer la mort des siens : morts glorieux pour la patrie, héros ou martyrs. Pendant les « événements » d'Algérie, les appelés, envoyés sur le sol algérien effectuer des opérations de maintien de l'ordre dans le cadre de leur service militaire, n'ont pas le statut de combattants. Pour les familles, leur mort ne saurait être assumée comme un sacrifice héroïque et collectif au service d'une nation qui ne se reconnaît même pas en guerre. Incompréhensible, la mort devient invisible.

En 1915, la représentation avait basculé d'un héroïsme de la mort active vers un héroïsme du quotidien : les photographies documentaient alors tous les aspects de la vie des soldats confrontés à la guerre nouvelle, celle des tranchées. Si, dans *Paris Match*, le reportage sur « la France d'en face » relève de cette approche, il est singulièrement isolé. Après l'été 1956, en effet, les appelés disparaissent des sujets de l'hebdomadaire en tant que groupe spécifique. Ils se fondent dans la masse

---

1. Joëlle Beurier, « Voir ou ne pas voir la mort ? Premières réflexions sur une approche de la mort dans la Grande Guerre », *Voir, ne pas voir la guerre*, Paris, Somogy éditions d'art, 2001, p. 62-69.

des soldats[1] et plus aucun reportage ne documente leur existence quotidienne. *Paris Match* serait-il passé à côté de ce sujet central, pour donner
une vision plus convenue et surtout très politique de la guerre, après le
13 mai 1958 ? Épisodiquement héroïsés[2], les soldats du contingent som-
brent donc dans l'oubli et le silence. Silence que beaucoup d'entre eux
s'imposent à leur retour en France, face à l'incompréhension d'une
société qui a évolué sans eux et qui n'est pas prête à recevoir leur parole.
Silence dans lequel ils se sont enfermés pendant des décennies[3].

---

1. L'hebdomadaire n'évoque jamais ces appelés incorporés dans les régiments des
troupes de choc, en particulier les parachutistes.
2. On songe en particulier aux quatre prisonniers français détenus par le FLN, dont
Paris Match publie les photos exceptionnelles en février 1958.
3. Bernard W. Sigg, *Le Silence et la Honte*, Paris, Messidor-Éditions sociales, 1989.

Une utopie méditerranéenne
Albert Camus et l'Algérie en guerre

par Jean-Jacques Gonzales

> *... pour gagner les guerres, il vaut mieux souffrir*
> *certaines injustices que les commettre*[1].
> Albert Camus

Les positions d'Albert Camus lors de la guerre d'Algérie, positions qui, de son propre aveu, ne satisfont personne[2], ont suscité beaucoup de commentaires passionnés. L'épisode de Stockholm en est devenu le symbole commode et aveuglant. La formule utilisée par Camus, après un lourd silence de deux longues années, prête le flanc à une utilisation médiatique rapide, spectaculaire et sommaire. Rappelons brièvement cet épisode bien connu : lors d'une rencontre à l'occasion de la remise du prix Nobel de littérature, pressé de questions par un étudiant algérien à propos de ce qui se passait en Algérie – nous sommes alors le 13 décembre 1957, peu de temps après la fin de la bataille d'Alger –, ce qui fut conservé de la réponse de Camus était « qu'il préférait sa mère à la justice ».

Ce n'est évidement pas tout à fait ce que Camus a dit – nous y reviendrons –, mais c'est ce que l'histoire médiatique a retenu comme emblème de la position algérienne de Camus : « la mère plutôt que la justice », les siens plutôt que les Arabes, le colonisateur plutôt que le colonisé, l'oppresseur plutôt que l'opprimé... Et voilà Camus embarqué dans le camp des ultras. Et voilà plus de vingt années de réflexions subtiles, complexes, courageuses sur la politique algérienne effacées au profit de cette formule lapidaire et commode, « la mère plutôt que la justice », qui fait l'économie d'une réelle confrontation à la pensée politique de Camus concernant la question algérienne.

---

1. *Actuelles III, Chroniques algériennes*, Pléiade II, p. 893. La mention « Pléiade » renvoie aux œuvres d'Albert Camus, textes établis et annotés par R. Quilliot et L. Faucon, « Bibliothèque de la Pléiade », Paris, Gallimard, 1965, 1967. Pléiade I : *Théâtre, récits, nouvelles* ; Pléiade II : *Essais*.
2. *Ibid.*, p. 891.

Au-delà des simplifications médiatiques usuelles, au-delà des sectarismes de tous bords, de l'aubaine naturelle trouvée par les combattants algériens et de l'immense paresse intellectuelle ambiante, il convient de s'interroger sur les raisons qui ont fait que les positions algériennes de Camus ne furent pas entendues en son temps, et le sont toujours aussi peu.

Camus et les *événements* d'Algérie

Notre propos ne sera pas de traiter seulement et totalement de la question de *Camus et la guerre d'Algérie*[1], mais plutôt du rapport politique qu'entretenait Camus avec l'ensemble des *événements* d'Algérie et cela pour plusieurs raisons :

• D'abord, la plus évidente : Camus est mort un peu plus de deux ans avant que ne se termine l'événement *guerre d'Algérie*[2] qui ne portait pas encore ce nom[3]. S'il n'a pas vécu le tout de la guerre d'Algérie, il en a néanmoins connu des épisodes extrêmement importants auxquels il a toujours réagi publiquement. Hormis ce fameux silence pendant deux années décisives (1956-1957) dont nous essaierons d'apprécier la signification.

• Ensuite, il n'a pas attendu le début de ce drame pour être touché par la question algérienne. Ses diverses actions[4], ses textes concernant les massacres de Sétif de 1945 et la famine en Kabylie, à la fin des années 1930, en témoignent remarquablement[5].

Camus a vécu une tourmente qui, pour lui, à l'inverse de beaucoup de ses détracteurs futurs, ne date pas du mois de novembre 1954, date retenue comme le début officiel de la guerre d'Algérie, tourmente dont, rappelons-le, il ne connaîtra pas le dénouement. C'est dire aussi qu'il n'a pas vécu le plus fort du conflit, et notamment les déchaînements aveugles et meurtriers

---

1. On se reportera, entre autres, à : *Albert Camus, éditorialiste à L'Express*, Gallimard ; Albert Camus, *Actuelles III, Chroniques algériennes, et textes complémentaires, Commentaires, Notes et variantes*, Pléiade II ; Olivier Todd, *Albert Camus, Une vie*, Gallimard, 1996 ; Jean-Yves Guérin, *Camus et la politique*, Actes du colloque de Nanterre, 5-7 juin 1985, L'Harmattan, 1986.

2. Albert Camus est mort le 4 janvier 1960 et la guerre d'Algérie s'est officiellement terminée en juillet 1962.

3. 1956, première utilisation verbale du terme « guerre d'Algérie » à l'Assemblée nationale, mais cela reste peu connu (source Benjamin Stora). Première apparition écrite du terme ? Jules Roy, *La Guerre d'Algérie*, Julliard, Paris, 1960, soit quelques mois après la mort de Camus.

4. *Cf.* Roger Quilliot, *Politique et cultures méditerranéennes*, Pléiade II, p. 1314 *sq.*

5. Pour mai 1945, articles *Combat*, Pléiade II, p. 939 *sq* et interview à *Servir* du 20 décembre 1945, Pléiade II, p. 1428. Pour la famine en Kabylie, *Misère de la Kabylie in Actuelles III, Chroniques algériennes (1939-1958)*, Pléiade II, p. 903-938.

de l'OAS et du FLN, c'est-à-dire le terrorisme généralisé des dernières années (1961-1962)[1].

Pourquoi prendre ces précautions, et redire cela qui est bien connu ? Précisément parce que les positions politiques algériennes de Camus sont souvent mesurées à l'aune de la globalité de cette guerre, globalité qui n'a précisément aucun sens à l'égard de l'expérience politique algérienne d'Albert Camus. Et que cela empêche une réelle lecture du texte camusien.

Camus a été confronté à des fragments de violences éparses devant lesquels il ne s'est jamais dérobé et auxquels il a tenté de faire face, bien avant que les bien-pensants de tous bords ne s'émeuvent des conditions scandaleuses faites aux Arabes en Algérie. Il le savait et n'a pas manqué de le rappeler, lui-même, à plusieurs reprises. D'abord, dans une lettre à Pierre Lebar[2], en juin 1952 : « C'est ainsi qu'on affirme imprudemment que je ne m'intéresse pas aux victimes du colonialisme, malgré des centaines de pages [...], et qui prouvent que, depuis vingt ans [...] je n'ai mené réellement d'autre lutte politique que celle-là », puis dans un éditorial de *L'Express*, daté du 28 octobre 1955 : « [...] Mon seul espoir est que les militants arabes qui me liront voudront réfléchir au moins aux arguments *d'un homme qui, depuis vingt ans, et bien avant que leur cause soit découverte par Paris, a défendu sur la terre algérienne, dans une quasi-solitude, leur droit à la justice[3]* ».

En effet, Albert Camus n'a pas attendu la Toussaint 1954 pour être ému par la question algérienne. Dès 1934[4], à l'occasion de son adhésion au Parti communiste français, qui reconnaissait comme justes les revendications algériennes[5], Camus se voit confier « des fonctions de propagande dans les milieux musulmans[6] ». Et il recommande une certaine souplesse, notamment en matière de religion, en ce qui concerne la possibilité de leur adhésion au Parti. Il a vingt et un ans.

Le 8 février 1937, Camus prend, sous l'initiative du Parti communiste, la direction de la Maison de la culture (méditerranéenne) et soutient le projet Blum-Viollette « considéré comme une étape dans l'émancipation parlementaire intégrale des musulmans[7] ».

Cette direction fut pour le jeune Camus et ses amis[8] l'occasion de développer une utopie algérienne, celle d'une civilisation méditerranéenne qui

---

1. On peut imaginer quelle aurait été sa position devant un tel déferlement de violence aveugle.
2. Pléiade II, p. 747.
3. C'est nous qui soulignons.
4. Pour plus de détails sur cette période on se reportera à : Pléiade II, p. 1314-1331.
5. La création de l'Étoile nord-africaine date de 1926, l'Association des oulémas réformistes d'Algérie d'Abdelhamid Ben Badis de 1931... Pour un aperçu de ces questions on se reportera à : Benjamin Stora, *Histoire de l'Algérie coloniale*, La Découverte, 1991.
6. Pléiade I, *Biographie*, p. XXIX., Pléiade II, p. 1314.
7. Pléiade II, p. 1328.
8. Notamment Gabriel Audisio, *Jeunesse de la Méditerranée*, Gallimard, 1935.

fédérerait tous les peuples du pourtour de la Méditerranée et qui inspirera les solutions que Camus proposera au plus fort de la tourmente, bien des années plus tard[1]. En 1939, ce seront *Les Enquêtes en Kabylie*[2], puis les textes concernant les émeutes et les massacres de Sétif et de Guelma le 8 mai 1945, quasiment passés sous silence par la presse parisienne[3], une série de six articles publiés dans *Combat*[4] (15-21 mai) dans lesquels il demande une révision de toute la politique algérienne de la France, où il prend en compte les aspirations des autochtones et qu'il conclut ainsi : « C'est la force infinie de la justice, et elle seule, qui doit nous aider à reconquérir l'Algérie et ses habitants. » Camus se rendra dans le pays pour enquêter, et quelques mois plus tard, le 20 décembre : « Si la France n'imagine pas, dans les années qui viennent, une grande politique arabe, il n'y a plus d'avenir pour elle. Une grande politique pour une nation appauvrie ne peut être qu'une politique exemplaire. Je n'ai qu'une chose à dire à cet égard : que la France implante réellement la démocratie en pays arabe et elle n'aura pas seulement avec elle l'Afrique du Nord, mais encore tous les pays arabes qui sont traditionnellement à la remorque d'autres puissances. La vraie démocratie est une idée neuve en pays musulman. Pour nous, elle vaudra cent armées et mille puits de pétrole[5]. » L'analyse est sans concession, la vision claire. On sait ce qu'il en adviendra.

Camus ne cessera jamais d'être en prise avec le problème algérien. Il n'est pas question ici de faire l'inventaire de ses actions et écrits politiques le concernant[6], il convient simplement de noter que l'intérêt de Camus pour la cause algérienne, son inlassable activité, faite de prises de position publiques et d'interventions privées, sont bien antérieurs à l'arrivée devant la scène médiatique de la question algérienne, et ne se sont jamais démentis. Et que celle-ci, au-delà des contingences politiques, est pour Camus une question essentielle.

Les écrits politiques algériens de Camus

Ses premiers écrits concernant directement la question politique algérienne sont les articles publiés dans *Alger républicain*. Ils lui vaudront un premier exil. Il le dira à Aziz Kessous : « J'ai défendu toute ma vie (et

---

1. Cet aspect de la question, si important pour comprendre les positions et propositions camusiennes pendant la guerre, sera étudié plus loin.

2. *Actuelles III, Chroniques algériennes*, Pléiade II et, pour le contexte, *Alger républicain*, etc., Pléiade II, p. 1366 *sq.*

3. Olivier Todd, *op. cit.*, p. 379.

4. Articles repris sous le titre *Crise en Algérie in Actuelles III, Chroniques algériennes*, Pléiade II.

5. Interview à *Servir*, 20 décembre 1945, Pléiade II, p. 1428.

6. Pour une chronologie complète de cette période, on se reportera à : Roger Quilliot *in Actuelles III, Chroniques algériennes, Commentaires*, Pléiade II, p. 1839-1847.

vous le savez, cela m'a coûté d'être exilé de mon pays) l'idée qu'il fallait chez nous de vastes et profondes réformes[1]. »

Les Enquêtes en Kabylie[2] datent de 1939. Elles sont un long cri de révolte devant « cette misère au milieu du plus beau pays du monde ». Ces textes, accompagnés d'autres écrits politiques plus tardifs, et des inédits, seront publiés sous le titre *Actuelles III, Chroniques algériennes* chez Gallimard, vingt ans plus tard, en 1958, dans l'indifférence générale.

Étonnant, pour un prix Nobel, au sommet de la célébrité, que ce manque d'écho à l'égard de ces textes qui constituent une véritable somme de sa pensée politique algérienne en cette année si décisive de 1958.

Étrange renversement que le silence de ceux-là mêmes qui reprochèrent et reprochent toujours à Camus son silence sur ce que l'on appelait en ces moments *les événements d'Algérie*.

Il faut s'interroger sur ce mutisme quasi unanime de la presse, sur ce silence devant la parole de Camus sur l'Algérie.

C'est que Camus donne à entendre une dissonance inécoutable, qui ne date pas de cette année 1958, qui vient briser le cercle reposant, simplificateur, convenu et mimétique des pro- et des anti-colonialistes. Quelque chose échappe et fait signe dans les textes de Camus, dont la presse ne peut rendre l'écho.

Cette dissonance est l'expression sur le plan politique de ce qui a été nommé ailleurs[3] « la position algérienne » d'Albert Camus. C'est à partir de cette position que Camus développe son discours sur l'Algérie en général et sur la guerre d'Algérie en particulier, c'est cette position qui lui permet de voir autrement, de voir ce que les autres ne voient pas, car son point de vue est à nul autre pareil, solitaire et souverain, désenclavé des significations imposées par les grands récits historiques, par le sens de l'Histoire.

Le sens de l'Histoire

Quand il s'agit de l'Algérie, se rencontrent toujours, invariablement, deux positions, deux postures : arabe, les colonisés, les victimes, donc les « bons » au regard du récit historique ; française, les colonisateurs, les bourreaux, donc les « mauvais » au regard du récit historique. Rivalité mimétique, postures en exact miroir qui peuvent s'inverser à tout moment, et qui ne manquent pas de le faire. Tout est distribué en fonction

---

1. Pléiade II, p. 964. Pour les circonstances de cet « exil » on se reportera à : Pléiade II, p. 1366-1374, 1856, note (p. 964), 1.

2. Du 5 au 15 juin 1939, Camus publie dans *Alger républicain* son reportage sur la Kabylie.

3. Jean-Jacques Gonzales, *Camus, L'exil absolu in Camus et les écritures du XXe siècle*, Colloque université Cergy-Pontoise, Presses universitaires d'Artois, 2002.

de ces deux positions, rien ne doit échapper : pour les Arabes, contre les Français ; pour les Français, contre les Arabes. Les bons, les mauvais ; les mauvais, les bons. Mais toujours pour les bons, contre les mauvais. Et l'on peut se mettre à porter les valises, à écrire comme Sartre qu'« il faut tuer », et qu'« abattre un Européen c'est faire d'une pierre deux coups, supprimer en même temps un oppresseur et un opprimé[1] », à supplicier le corps des Algériens, à égorger les jeunes enfants pieds-noirs, à saccager la chair partagée des innocents, à bombarder massivement les douars, du côté de Sétif et de Guelma, à l'aurore de la Libération, en mai 1945 ; on n'en finirait pas. C'est le temps des assassins. En toute tranquillité. Pour les paradis futurs.

Rupture

Camus déserte cette partition, sans cesse rejouée, il introduit une perturbation dans cette rivalité mimétique en cessant de ressembler à l'un ou à l'autre tout en ressemblant aux deux, sans être ni l'un ni l'autre, trahison absolue qu'aucun camp ne peut accueillir[2]. Il écrit à partir d'une autre position, il écrit une autre position, dissonante, donc inécoutable, inouïe, la position algérienne, qui est la sienne – position qui lui fut tant reprochée quand il fut sommé de choisir son camp et qu'il ne le voulut pas, qu'il ne le put pas, parce qu'il n'était ni de l'un ni de l'autre. Il ne put pas, il ne voulut pas choisir entre les deux camps qui lui étaient imposés par l'Histoire, il préféra le *et*, conjonctif, complexe et risqué, au *ou*, disjonctif, simplificateur et reposant, position dont personne n'a la moindre idée, position dont les pieds-noirs n'ont pas la moindre idée, perdus qu'ils furent dans cette folie de « Français et demi » qu'ils voulaient être, qu'ils croyaient être, qu'ils étaient donc, position que Camus fera retentir à leurs oreilles aveugles, et qui les fera éructer, le visage déformé par la haine, leur ignoble « À mort, Camus[3] », toute honte bue, un certain soir de janvier 1956, le 27, à Alger.

La position algérienne d'Albert Camus

Cette « position algérienne » de Camus a été thématisée[4]. Il convient d'en rappeler quelques éléments. Elle est, selon nous, la position échue à

1. Jean-Paul Sartre, préface à *Les Damnés de la terre,* Frantz Fanon, Cahiers libres, Maspero, 1961, p. 20.
2. Notamment *in L'Hôte, in L'Exil et le Royaume*, Pléiade I.
3. *Cf. Les Rives du fleuve Bleu – Camus et la trêve civile*, Emmanuel Roblès, Le Seuil, Point, 1992, p. 211-250.
4. Jean-Jacques Gonzales, *op. cit.*

la communauté dont Camus est originaire : les Européens d'Algérie ou les pieds-noirs. Position de distance tant avec les métropolitains qu'avec les Arabes[1]. Position de proximité et de distance, de familiarité et d'étrangeté avec la terre natale. « L'Algérie n'est pas la France [...], dira Camus, et elle abrite pourtant plus d'un million de Français[2] » ; position paradoxale d'« exil chez soi[3] », dont la prise de conscience reste hautement problématique et douloureuse. Sentiment de n'être ni d'ici, ni de là, ou d'ici et de là. Impossible séjour, pourtant bien réel.

Ce séjour peut se lire sous le signe d'un triple exil, historique, géographique, linguistique.

• Historique, parce que l'Algérie est une colonie, une colonie de peuplement où un nouveau peuple doit naître, naître de rien, surgir du néant, telle est la volonté de la France et qu'une nouvelle naissance, une toute première naissance voulue, artificielle comme celle-ci, c'est toujours une rupture généalogique, l'entrée dans une nouvelle temporalité historique : l'irruption dans une temporalité sans passé. L'Algérie est née en 1830, disent les pieds-noirs. Mais cela est un leurre, on sait qu'il n'existe pas de première naissance, que l'on ne peut naître de rien et qu'il faudra bien un jour retourner sur ses pas. C'est précisément ce que fera Camus. Et il ne trouvera rien. C'est vers ce rien qu'il écrira. C'est, confronté à ce vide de l'origine, à cette absence d'archives généalogiques dans les mairies algériennes, à ce défaut originaire que Camus développera son chantier d'écrivain, jusqu'à l'œuvre ultime inachevée, *Le Premier Homme.*

• L'exil est aussi géographique ; il faut tout apprendre de cette nouvelle terre sauvage, de la puissance de son soleil, de sa générosité exigeante, de la solitude et de la force que l'on y éprouve, de la force de ses vents, de la dureté de son climat, de la densité de sa lumière, du coupant de ses pierres. L'Algérie c'est l'Afrique et les nouveaux arrivants viennent de l'autre rive. Hors de leur patrie dans une patrie qui n'est pas la leur, qui les submerge ; thèmes que l'on retrouvera dans les textes géographiques de Camus et qui rythmeront une grande partie de son œuvre[4]. Ils viennent d'Europe. Ils arrivent en Algérie, et l'Algérie est déjà là. L'Algérie n'est pas vide, il y a les indigènes, les Arabes et les Berbères. Il y a l'Algérie des Arabes et des Berbères. Qui se tiennent à distance.

• L'exil est linguistique enfin : les pieds-noirs ne parlent pas l'arabe ni le berbère, ils s'immergent dans des langues qu'ils ignorent et qu'ils

---

1. *Albert Camus, éditorialiste à L'Express,* p. 67.
2. *Ibid.,* p. 69.
3. Cette formule émaille l'œuvre de Camus. *Cf.,* entre autres, *La Peste,* Pléiade I, p. 1278, et l'approfondissement du thème, notamment dans *Le Mythe de Sisyphe,* Pléiade II, p. 101.
4. *Noces, L'été (1936 à 1953),* certaines nouvelles de *L'Exil et le Royaume* (1957), etc.

n'apprendront pas[1]. C'est la position algérienne des pieds-noirs, celle de Camus. Elle irriguera son écriture, elle sera sa source vive, sa chance, sa lucidité. Il le dira lui-même en 1958 : « L'une des chances principales est justement le fait d'être né en Algérie[2]. »

Camus est algérien ; être algérien, c'est être d'Algérie, cela montre qu'on n'est pas de nulle part, qu'on a un terroir, des racines, des frères, des amis, une terre où l'on sera enterré, ça montre aussi qu'on n'est pas d'ailleurs, que c'est là chez soi. Mais précisément ce n'est pas le cas pour Camus, ce n'est plus le cas pour l'Algérie. L'Algérie est ouverte par la guerre[3] qui s'annonce, la guerre creuse des indécisions, exhibe ce qui se dissimulait sous l'équilibre apparent des jours ; l'Algérie a des prétendants qui se la disputent, qui s'entre-tuent. La guerre, c'est entre la France et l'Algérie, entre le Français et l'Algérien, et Camus est les deux – algérien et français – où si l'on veut, ni l'un ni l'autre.

C'est cette ambiguïté, cette non-position, que Camus explorera dans « L'Hôte[4] », rédigé en 1953, en dehors de toute influence directe des événements de la Toussaint 1954, donc renvoyant à une situation non contextuelle, à une position plus fondamentale – la position algérienne – portée à la lumière par les événements qui suivront. Camus-Daru l'instituteur pied-noir sera rejeté par les deux communautés qui se disputent l'Algérie précisément parce qu'il n'appartient ni à l'une ni à l'autre et que l'une et l'autre ont définitivement choisi leur camp, qui ne peut être le sien.

Position qui fait séjourner sur un chemin de crête qui permet de voir des deux côtés, machine de vision, de lucidité que de ne pouvoir appartenir à aucun des camps mis en présence par la guerre. Machine douloureuse qui coupe la parole. Désespoir tentant, exil absolu, liberté, lucidité à nulle autre pareille. Souveraineté. Douleur.

Le rêve algérien de Camus

Cette position a sans doute trouvé un de ses premiers échos, en 1937, dans l'utopie de la Maison de la culture (méditerranéenne), et dans la recherche d'un « nous » méditerranéen qui viendrait répondre au vide creusé par le déficit d'origine corrélatif de la position algérienne. Un « nous » méditerranéen qui se jouerait des barrières imposées par l'histoire comme Camus l'écrira, dix-huit ans plus tard, dans *L'Express*, le 9 juillet 1955 :

---

1. On verra dans *La Femme adultère* à quel point cette étrangeté à la langue est une des caractéristiques fortes du séjour algérien des pieds-noirs. Et à quel point aussi cette étrangeté est révélante.

2. Également : « Je n'ai jamais rien écrit qui ne se rattache, de près ou de loin, à la terre où je suis né », 1957, *in* interview à *Franc-Tireur*, Pléiade II, p. 1892.

3. *Cf.* plus loin, *La guerre comme épreuve de la position algérienne*, p. 606.

4. *In L'Exil et le Royaume*, rédigé fin 1954, en projet dès 1952, R. Quilliot, Pléiade I, p. 2048.

« Si je me sens plus près, par exemple, d'un paysan arabe, d'un berger kabyle, que d'un commerçant de nos villes du Nord, c'est qu'un même ciel, une nature impérieuse, la communauté des destins ont été plus forts, pour beaucoup d'entre nous, que les barrières naturelles ou les fossés artificiels, entretenus par la colonisation[1]. »

Un « nous » qui s'ouvrirait à un espace conjonctif (le « et ») et non disjonctif (le « ou ») entre les peuples méditerranéens. La conférence intitulée « La culture indigène, La nouvelle culture méditerranéenne[2] » qu'il prononce le 8 février 1937 lors de la cérémonie d'inauguration de la Maison de la culture affirme avec force ce projet[3]. Voici ce qu'écrit Camus : « Notre tâche ici même est de réhabiliter la Méditerranée, de la reprendre à ceux qui la revendiquent injustement[4]. » Cette idée sera poursuivie lorsque, en 1938, il lance la revue *Rivages*[5]. Il s'agit de retrouver un homme méditerranéen enfoui sous les décombres, les ruines, un « nous » qui unifie l'ensemble des peuples méditerranéens. Une manière de ne pas se sentir étranger dans son propre pays, de justifier une présence sur la terre algérienne, d'adoucir la douleur de l'exil devant ce défaut d'origine, ce « défaut de mémoire[6] », inhérent à la position algérienne. Et face à un enracinement et à une origine à construire[7].

L'espace méditerranéen apparaît au jeune Camus comme un espace syncrétique entravé qu'il s'agit de libérer pour jouir des ressources qu'il recèle, des forces de résistance qu'il oppose à la logique totalitaire qui a envahit l'Europe. L'artiste méditerranéen, multiple et métissé, introduit une perturbation dans les discours monolithiques régnants issus de Hegel, de Marx et, dans une certaine mesure, de Nietzsche[8] en démultipliant les points de vue. Et l'Afrique du Nord est un lieu de prédilection pour un tel projet car c'« est l'un des seuls pays où l'Orient et l'Occident cohabitent. [...] Ce qu'il y a de plus essentiel dans le génie méditerranéen jaillit peut-être de cette rencontre unique dans l'histoire et la géographie née entre l'Orient et l'Occident[9] (à cet égard on ne peut que renvoyer à Audisio[10]), le seul pays où des forces disparates, multiples, contradictoires se rencontrent, se fécondent, coexistent et résistent à la tentation totalitaire ».

Cette utopie, Camus l'a poursuivie éperdument tout au long de sa vie et singulièrement dans une expérience comme celle de la communauté

---

1. *Albert Camus, éditorialiste à L'Express*, p. 38. On se reportera également à l'intégralité de l'éditorial intitulé « Terrorisme et répression », p. 38-46.
2. Pléiade II, p. 1321.
3. Paul Viallanex, *Le Premier Camus*, Gallimard, 1973, p. 69.
4. Pléiade II, p. 1325, et Olivier Todd, *op. cit.*, p. 139.
5. Pléiade II, p. 1330-1331.
6. *Carnets III*, Gallimard, 1989, p. 253, 2 août 1958.
7. Ce sera le projet du *Premier Homme*, dernier livre d'Albert Camus.
8. Pléiade II, p. 1341.
9. Pléiade II, p. 1325. Également p. 51 et 81, *Albert Camus, éditorialiste à l'Express*.
10. *Jeunesse de la Méditerranée*, Gabriel Audisio, Gallimard, 1935. Notamment p. 9-24.

des écrivains algériens[1] qu'il défend avec passion, en 1959, dans un texte consacré à son ami Emmanuel Roblès[2] dans lequel on peut lire : « L'Afrique commence aux Pyrénées. [...] cela donne des œuvres particulières. [...] Cette œuvre, aujourd'hui, s'est imposée à la France où elle nous représente, Algériens de toutes races (car la fameuse communauté algérienne, il y a vingt ans que nous autres écrivains algériens[3], arabes et français, l'avons créée, jour après jour, entre nous), avec la fidélité que nous aimons. Et au-delà des frontières aussi pour nous tous, qui nous réunissons aujourd'hui autour d'elle, comme des frères de soleil. »

Faire éclore une civilisation méditerranéenne, construire des racines communes aux peuples du pourtour de la Méditerranée, construire un « nous » dans l'écriture, concilier culture indigène et culture européenne, joindre les deux faces[4], voilà les projets qui animent le jeune Camus, le Camus du prix Nobel, le Camus de toujours, voilà le rêve que la guerre vient briser ; une guerre qui met aux prises des frères, des « ennemis complémentaires[5] » qui « forcés de vivre ensemble, et incapables de s'unir [...] décident [...] de mourir ensemble[6] ».

Une fraternité du soleil que la guerre vient briser.

La guerre comme épreuve de la position algérienne

La guerre, événement ultime, épreuve de vérité, peut opérer, en saccageant le corps des innocents de tous bords, une disjonction radicale entre les factions en présence, factions entre lesquelles Camus ne peut et ne veut choisir, qui lui sont autant nécessaires et vitales l'une que l'autre, disjonction sans retour, faute inexpiable[7] qui, si elle est accomplie, mettra fin, inéluctablement, au rêve algérien d'Albert Camus, son utopie mesurée.

Voilà pourquoi il faut résister et veiller à ce qu'une limite irrémédiable ne soit jamais franchie. C'est pour cette raison que Camus, lors des développe-

---

1. Pléiade II, p. 1902, interview donnée à *Demain,* 24-30 octobre 1957, à l'occasion de la remise du prix Nobel de littérature, dans laquelle sont nommés Feraoun, Mammeri, Chraïbi, Dib.

2. Pléiade II, p. 1918-1919.

3. Cette algérianité, africanité clairement revendiquée ici trouve ses échos dans *Le Premier Homme,* p. 143, où Camus utilise les termes « enfants africains » pour désigner les élèves de l'école primaire dont il fait partie. Plus loin, p. 154, même utilisation du terme « algériens ».

4. « Au cœur de cet être innombrable doit dormir un être plus secret puisqu'il suffit à tous », présentation de la revue *Rivage,* 1938, Pléiade II, p. 1331.

5. Germaine Tillion, *Les Ennemis complémentaires,* Minuit, 1958.

6. Pléiade II, *Lettre à un militant algérien,* p. 964.

7. *Ibid.,* p. 961.

ments ultimes de la violence en Algérie, sera guidé par cette seule obsession : épargner le corps des innocents, c'est-à-dire, en termes politiques, trêve civile, et, en termes éthiques, condamnation absolue du terrorisme, quel qu'il soit[1].

Dans le couple infernal fins-moyens, Camus aura choisi sans la moindre hésitation le moyen, c'est-à-dire le présent, pour ne jamais faire allégeance à une finalité qui justifierait tout, et qui distinguerait entre les bons et les mauvais assassinats. C'est cette position qui le fera sans doute exclure du Parti communiste[2] et donner sa préférence au Parti du peuple algérien[3] ; les Arabes plutôt que les prolétaires[4] pour satisfaire, comme disait Roger Quilliot, ce « curieux goût de l'homme concret [qui] le poussait à préférer l'Arabe vivant d'aujourd'hui à celui du siècle à venir[5] ».

La guerre va poser avec acuité pour Camus la question de l'être de l'Algérie, elle ouvre avec violence et clarté une interrogation sur la nature de son séjour algérien. Camus est un pied-noir, non pas qu'il épouse leurs positions sur l'Algérie, leur extrémisme, leur jusqu'au-boutisme, on le sait, on l'a vu, en 1956 il sera chassé d'Algérie par les siens, lorsqu'ils déserteront leur position algérienne pour se lancer dans le mirage d'une identité française, mais parce que, comme eux, il est d'Algérie sans en être. Camus le sait, eux ne le savent pas.

La guerre, colonisée par le grand récit historique, par le sens de l'Histoire, ne laisse aucune place à la position algérienne de Camus. Parler dans la guerre de la guerre pour Camus sera parler de ce qui n'a point de place dans le discours convenu, ce sera parler d'une *absente*[6] du discours politique, de cette absente qu'est l'Algérie. Et ce n'est pas parce que l'on en parle dans les couloirs des ministères et à la une des journaux qu'il est vraiment question de l'Algérie, de celle que connaît Camus. Sa position l'ouvre à la vérité d'un pays qui n'est pas celui que l'on croit. Il parle d'un autre lieu que celui assigné par l'histoire officielle. Il parle de coexistence,

1. Pléiade II, *Lettre à « Encounter »*, 1957, p. 1878 : « [...] je ne puis approuver le terrorisme civil qui frappe d'ailleurs beaucoup plus les civils arabes que les français. On ne peut me demander de protester contre une certaine répression, et de justifier un certain terrorisme, ce que je ne ferai jamais. »

2. Olivier Todd, *op. cit.*, p. 149, et Roger Quilliot, *La Mer et les Prisons*, Gallimard, 1970, p. 291.

3. Fondé en 1937 par Messali Hadj.

4. Olivier Todd, *op. cit.*, p. 150.

5. Roger Quilliot, *op. cit.*, p. 291.

6. *Actuelles III, Chroniques algériennes (1939-1958)*, Pléiade II, p. 969, *Albert Camus, éditorialiste à L'Express*, p. 65-67, *L'absente* : « Mais qui pense au drame des rappelés, à la solitude des Français d'Algérie, à l'angoisse du peuple arabe ? L'Algérie n'est pas la France, elle n'est même pas l'Algérie, elle est cette terre ignorée, perdue au loin, avec ses indigènes incompréhensibles, ses soldats gênants et ses Français exotiques, dans un brouillard de sang. Elle est l'absente dont le souvenir et l'abandon serrent le cœur de quelques-uns, et dont les autres veulent bien parler, mais à condition qu'elle se taise », 16 octobre 1955.

le *et*, pas le *ou*[1], d'association, de fédération de peuples dans la dignité, de communauté franco-arabe, de terrorisme, de justice. De désespoir. De solidarité de destins entre les communautés. Il rêve. Il veut éviter de se laisser emporter par la logique disjonctive binaire de l'affrontement. Il ne parle pas de rupture, de guerre de libération, d'indépendance ou de sens de l'Histoire. Il ne sera pas entendu.

Sa parole se heurte d'abord et avant tout à la cacophonie des paroles qui monopolisent le devant de la scène, qui colonisent les événements d'Algérie en leur donnant le tour bien connu de l'émancipation des peuples, ou celui de la mission civilisatrice de l'Occident latin dans la pérennité de l'Empire français.

Elle fait signe d'autre chose qui ne peut être entendu.

Albert Camus et la guerre d'Algérie

Le 1er novembre 1954 : début officiel de la guerre d'Algérie. Aucune trace dans ses *Carnets*. Pas ou peu d'échos ailleurs[2]. Du 24 novembre au 14 décembre, Camus est en voyage en Italie. Le jour de son arrivée, il note cependant son désespoir : « J'allais fuir aussi cet univers (chez moi) qui depuis un an me détruit cellule à cellule[3]. » La fatigue de Camus est bien antérieure au début convenu de la guerre. Il ne se laissera pas prendre par les images du 1er novembre ; pour lui, on le sait, la catastrophe a déjà commencé.

Camus, désenchanté, tourné vers ses propres problèmes, semble retiré de toute activité politique. En avril, il intervient en faveur de sept Tunisiens condamnés à mort[4]. En fin d'année, il est essentiellement concentré sur la gestation du *Premier Homme*[5], de « Jonas » et de cette nouvelle tellement importante du recueil *L'Exil et le Royaume* : « L'Hôte ». Nouvelle dans laquelle la position algérienne de Camus aura trouvé une de ses expressions littéraires les plus achevées.

• Les émeutes du Nord-Constantinois (20-21 août 1955)

L'année 1955 se partage entre un voyage en Grèce et la continuation de son travail d'écriture. En juin, Camus débute sa collaboration avec

---

1. Pour un développement sur cette distinction, on se reportera à Jean-Jacques Gonzales, *op. cit.*
2. Camus y consacrera un éditorial à *L'Express* lors du premier anniversaire de l'insurrection algérienne. La plupart des thèmes qu'il développera dans la *Lettre à un militant algérien* y sont déjà présents : *Camus, éditorialiste à L'Express*, p. 83.
3. *Carnets II*, Gallimard, 1964, p. 131.
4. Et dont les aveux avaient été arrachés sous la torture : Pléiade II, p. 1840.
5. *Carnets II*, p. 148-152.

L'Express[1] pour des raisons de solidarité avec son époque mais aussi de solitude, dira-t-il[2], une collaboration qui durera jusqu'en février 1956.

Deux mois plus tard, les 20 et 21 août, soixante et onze Européens qui n'avaient de points communs que d'être des Européens et cinquante-deux Algériens musulmans qui voulurent s'interposer sont massacrés dans le Nord-Constantinois, près de Philippeville. Contre-massacre : on tue aveuglément 1 273 Arabes qui n'avaient de points communs que d'être des Arabes. Écho lointain des tueries de Sétif de 1945 ? Quoi qu'il en soit, c'est l'irruption massive et définitive sur la scène algérienne du massacre des civils. L'habitude est prise. On ne s'en débarrassera pas. Désormais, l'utilisation politique et concertée du meurtre d'innocents sera monnaie courante de part et d'autre. Le cycle infernal vient d'être amorcé. Ce que redoutait le plus Camus est arrivé. C'est fait.

L'Algérie est désormais devenue la préoccupation obsessionnelle de Camus, la collaboration avec *L'Express*, angoissante et décisive. Le 25 septembre, à Charles Poncet : « Je suis bien angoissé devant les affaires d'Algérie. J'ai ce pays aujourd'hui en travers de la gorge et ne puis penser à rien d'autre. L'idée que je vais recommencer d'écrire des articles […] et dans le malaise, puisque la gauche et la droite m'irritent également sur ce sujet, empoisonne mes journées[3]. »

On ne saurait être plus clair. Écrire sur l'Algérie est une épreuve, épreuve en laquelle Camus anticipe la position de solitude qu'il expérimentera. Depuis les massacres de Philippeville, Camus est au bord du désespoir, il l'écrit à la fin de l'envoi de son texte majeur concernant ces questions, la *Lettre* du 1er octobre 1955 à Aziz Kessous[4], texte dans lequel sont repris et thématisés les principaux axes de la pensée de Camus sur la question algérienne :

• Les massacres de civils sont une faute inexpiable qui peut dresser une distance irrémédiable entre les communautés ;

• Refus du principe totalitaire de la responsabilité collective[5] ;

• L'Algérie appartient de droit tout autant aux deux communautés. Il est hors de question de nier ce fait comparable à nul autre[6], l'algériannité

---

1. Pour un aperçu complet de cette collaboration, éditoriaux et commentaires, on se reportera à *Albert Camus, éditorialiste à L'Express.*

2. À Jean Daniel : Pléiade II, p. 1840. On notera la proximité terminologique avec la fin de *Jonas ou l'Artiste au travail in L'Exil et le Royaume*, 1957 : « […] Jonas avait seulement écrit, en très petits caractères, un mot qu'on pouvait déchiffrer, mais dont on ne savait s'il fallait y lire *solitaire* ou *solidaire.* »

3. Olivier Todd, *op. cit.*, p. 615.

4. *Lettre à un militant algérien* (1er octobre 1955) parue dans le premier numéro du journal, *Communauté algérienne,* créé par Aziz Kessous, destinataire de la lettre, et reprise in *Actuelles III, Chroniques algériennes,* Pléiade II, p. 963.

5. Également : *Camus, éditorialiste à l'Express,* p. 44, 9 juillet 1955.

6. *Cf.* également : *Lettre à « Encounter »,* Pléiade II, p. 1877.

des Français d'Algérie, fondée à la fois sur la durée (plus de cent années de présence) et sur le nombre (plus d'un million) : « Le fait français ne peut être éliminé en Algérie » comme il est « délirant » d'asservir neuf millions d'Arabes. Les deux communautés sont condamnées à vivre ensemble ;

• il faut « de vastes et profondes réformes » qui rendent justice aux Arabes ;

• Le dialogue est la seule possibilité d'échapper à la rivalité mimétique, au cercle infernal terrorisme-répression ;

• Si la conciliation ne peut se faire, la guerre sera sans vainqueur, les deux communautés devront « encore, et toujours, vivre ensemble sur la même terre », dans une « étreinte mortelle ».

Les grands thèmes sont posés. Camus n'aura pas développé d'autres thèses dans *L'Express* jusqu'en février 1956. Elles seront approfondies, déployées, augmentées. Mais l'essentiel est dit.

• L'appel à la trêve civile (22 janvier 1956)

Devant la montée inexorable de la violence, c'est autour des thèses exposées dans la *Lettre* à Kessous et dans les éditoriaux de *L'Express* que se fédérera un groupe d'amis, préfiguration du Comité pour la trêve civile, qui comptera Charles Poncet, Jean de Maisonseul, Louis Miquel, Roland Simounet, Emmanuel Roblès, Maurice Perrin, Mohammed Lebjaoui, Boualem Moussaoui, Mouloud Amrane, Amar Ouzegane, Aziz Kessous. Ces thèses seront la principale source[1] du texte de l'appel pour une trêve civile du 22 janvier 1956. Appel qui reçut l'accueil que l'on connaît[2] et qui le fera partir de son pays, une deuxième fois chassé par les siens[3].

Dans la salle du Cercle du progrès, Camus, d'une voix blanche, lut son texte en présence notamment de Ferhat Abbas, Ahmed Francis, Tewfik el-Madani. Dehors, la foule hostile hurle, nous l'avons dit : « À mort, Camus ! ». Les thèses qu'il y développe sont très proches de la *Lettre* qui apparaît de plus en plus comme le manifeste de la pensée politique algérienne d'Albert Camus. Nous ne les reprendrons pas. Sauf que l'urgence est plus grande et qu'il faut éviter de poser la question en termes politiques pour ne pas perdre de temps. Il ne s'agit pas, pour l'instant, de surmonter les dissensions – il n'y a pas une raison, seulement des raisons – mais de trouver un accord a minima. Cet accord a minima, c'est la trêve

---

1. Notamment les éditoriaux des 10 et 17 janvier 1956. *Cf.* également : Pléiade II, p. 989.

2. Pour plus d'informations on consultera : Emmanuel Roblès, *Camus et la trêve civile* in *op. cit.*, p. 211-250, Pléiade II, p. 1841 *sq*, *Camus, éditorialiste à L'Express*, p. 165 *sq*.

3. C'est pour des raisons similaires de liberté et d'indépendance que Camus partit d'Algérie, en mars 1940, à la suite de la censure imposée à son travail de journaliste (*Alger républicain, Soir républicain*). *Cf.* Pléiade II, p. 1366-1374. *Cf. supra*, p. 600-601.

civile, c'est-à-dire le respect absolu du corps des innocents, respect uni-versellement partagé, pense-t-il. C'est, en tout état de cause, le préalable absolu à la nécessaire discussion à venir entre des communautés qui ne peuvent pas ne pas vivre ensemble.

On notera cependant une inflexion par rapport à la *Lettre* à Kessous. Il s'agit d'une allusion à des ambitions étrangères, dont on trouve une pre-mière trace dans un éditorial de *L'Express* daté du 28 octobre 1955, postérieur d'environ un mois, allusion à des nationalismes étrangers[1] qui pousseraient inéluctablement la France vers son propre nationalisme, vers l'imposition par la force d'une Algérie française au mépris continué des intérêts des populations arabes et qui ferait de ce pays « un champ de ruines » ; c'est ce que craint Camus qui n'envisage à aucun moment la possibilité d'une solution autre que française, ou alors qu'une solution autre que française serait la porte ouverte au pire.

Camus est affolé. Il sent que son pays tissé de l'irrévocable lien entre les communautés lui échappe ; angoisse devant l'irrémédiable, panique devant l'irréversible, refus de la déchirure définitive. Il croit qu'il n'est pas seul. Il croit que ce refus est partagé par beaucoup. Il leur adresse un appel qu'il conclut ainsi : « Mais puisque c'est là notre tâche […], nous devons l'aborder avec décision pour mériter un jour de vivre en hommes libres, c'est-à-dire comme des hommes qui refusent à la fois d'exercer et de subir la terreur[2]. »

C'est après cette expérience[3] exténuante et désespérante[4] que Camus décide de ne plus écrire sur l'Algérie dans *L'Express*, et qu'il va progres-sivement entrer dans le silence.

• Le silence (avril 1956-13 décembre 1957)

L'appel à la trêve civile qui avait reçu un certain appui des pouvoirs[5] se voit maintenant abandonné par ces mêmes pouvoirs. L'arrestation de Jean de Maisonseul en est la sinistre confirmation[6]. Confirmation également de l'opposition qu'il avait rencontrée à Alger : la démission du général Catroux, vilipendé par la foule à Alger, la nomination de Robert Lacoste le 9 février 1956, après la fameuse « journée des tomates » du 6 février, comme ministre résidant, témoignent de la montée en puissance des « ultras » et du désaveu

---

1. Thème qui sera repris dans les inédits des *Chroniques algériennes*.
2. Pléiade II, p. 999.
3. Camus en fera le bilan dans son dernier éditorial consacré à l'Algérie dès son retour à Paris, le 26 janvier 1956.
4. Lettre à Jean Gillibert : « Je suis rentré d'Alger assez désespéré. Ce qui se passe confirme ma conviction. C'est pour moi un malheur personnel. »
5. Pléiade II, p. 1003-1004 ; André Rossfelder, *Le Onzième Commandement*, Gallimard, 2000, p. 384.
6. *Cf.* articles parus dans *Le Monde*, mai et juin 1956, repris *in* Pléiade II, p. 1003 *sq.*

officiel des propositions de Camus et de ses amis libéraux[1]. Doublement abandonné par les siens.

Exil dans le silence, double douloureux de la position algérienne. Pendant deux années, d'avril 1956[2] au 13 décembre 1957, Camus ne dira plus rien sur l'Algérie[3]. Le 27 février 1956, il avait écrit à Rossfelder[4] « [...] nous dévalons vers l'abîme. [...] je sens à ce point mon impuissance que je ne veux plus rien écrire ni dire à son propos [Il s'agit de l'Algérie]. [...] Je suis déchiré, voilà la vérité. »

Cette période de silence est comme un pas en retrait, un oubli volontaire de l'Algérie. Oubli n'est pas effacement, au contraire, l'Algérie travaille en sous-œuvre. Efficace, inspirante. Toujours vivace. Elle reviendra sans fin. Il note dans ses *Carnets*, un peu avant le mois de juillet : « L'histoire, facile à penser, difficile à voir pour tous ceux qui la subissent dans leur chair[5]. »

Pendant l'été 1956, Camus est avec sa mère dans le Lubéron. Elle va retourner en Algérie. Angoisse. Camus craint de ne plus la revoir[6]. Il imagine la fin d'un roman : « Elle repart vers l'Algérie où l'on se bat (parce que c'est là-bas qu'elle veut mourir). On empêche le fils d'aller dans la salle d'attente. Il reste à attendre. Ils se regardent à vingt mètres l'un de l'autre, à travers trois épaisseurs de verre, avec des petits signes de temps en temps[7]. » L'angoisse devant les événements d'Algérie est toujours là, privée de mots, sourde, agissante. La hantise de l'irrémédiable aussi. Solitude. « Soir. Découragé par moi-même, par ma nature désertique[8]. » Camus ne peut plus se supporter[9]. Il est assailli par des pensées de mort[10]. La tonalité des *Carnets* de cette époque est morose, sans joie, presque désespérée.

Le 1er octobre 1957, il rencontre Germaine Tillion qui lui rapporte ses rencontres avec Yacef Saadi, chef des « terroristes algérois », et Ali la Pointe, l'homme de main. Elle traite Yacef Saadi et le FLN d'assassins. Il acquiesce, les larmes aux yeux. Elle dit que les Français torturent. Qu'il faut empêcher tout ce désastre. Ils envisagent un accord : arrêt des exécutions capitales contre suppression du terrorisme civil. Camus note : « À peu près dans les termes que j'avais proposés (mais la suite,

---

1. Pour l'ensemble de ces questions, on se reportera à *Albert Camus, éditorialiste à L'Express*, p. 178 *sq.* et Pléiade II, p. 1842 *sq.*
2. Olivier Todd, *op. cit.*, p. 700.
3. Dès janvier 1956, Camus avait envisagé la possibilité de se taire : *Albert Camus, éditorialiste à L'Express*, p. 157.
4. André Rossfelder, *op. cit.*, p. 402-403.
5. *Carnets III*, p. 187.
6. *Ibid.*, p. 190.
7. *Ibid.*, p. 193.
8. *Ibid.*, p. 204.
9. *Ibid.*, p. 205.
10. *Ibid.*, p. 206.

hélas[1]...). » Alger, sa ville, là où vit sa mère, est à feu et à sang. Le terrorisme urbain est à son paroxysme.

Le 30 septembre 1956, les premières bombes éclatent à Alger au Milk Bar, à La Cafétéria, trois morts, soixante-douze blessés. Rien dans les *Carnets*. L'avion de Ben Bella est détourné le 22 octobre. Rien dans les *Carnets*. Le 9 juin 1957, attentat au casino la Corniche, huit morts, près de cent blessés graves, la plupart sont des jeunes. Une brève allusion dans les *Carnets*[2], simplement comme événement contextuel de l'entrevue de Germaine Tillion avec Yacef Saadi. En octobre, fin de la bataille d'Alger : Saadi est arrêté, Ben Midhi aussi, puis assassiné par les militaires français[3], Ali la Pointe, tué lors de l'attaque de son repaire. Des complices arrêtés. Rien dans les *Carnets*.

Camus s'est tu pendant les événements les plus graves de la guerre. Comment comprendre cette attitude ? Camus est-il personnellement épuisé, désespéré ? il l'est sans doute, il le dit souvent, mais le silence a d'autres vertus dans la problématique camusienne[4]. Le silence a, chez Albert Camus, une tout autre signification que celle qui lui fut accordée par les bien-pensants de tous bords : reniement, démission, lâcheté, voire soutient aux ultras[5] : qui ne dit mot consent. C'est dans ce silence que Camus ressourcera sa position algérienne, l'absolu de sa solitude, de ne pouvoir être ni d'un côté ni de l'autre, position sans voix, puisque rien dans les termes des choix proposés ne peut être choisi.

Le langage fait défaut pour nommer ce qui se passe en Algérie car la limite est franchie, la violence aveugle a tout envahi, l'irréparable est commis, l'inexpiable tant redouté vainqueur et Camus n'avait-il pas écrit en 1944 que « mal nommer un objet, c'est ajouter au malheur de ce monde[6] » ? Écho, en 1957, dans une note manuscrite : « J'ai décidé de me taire en ce qui concerne l'Algérie afin de n'ajouter ni à son malheur ni aux bêtises qu'on écrit à son propos. » C'est Sénac qui est visé. Il ajoute : « Ma position n'a pas varié sur ce point et si je peux comprendre et admirer le combattant d'une libération, je n'ai que dégoût devant le tueur de femmes et d'enfants...[7] »

Il vaut mieux se retirer et donner une chance au réel. Dernière figure de l'espoir, comme une attente du miracle[8]. Se taire devant les débordements de la violence, devant l'innommable qui fissure le langage, qui excède le code, le déborde et emporte vers la part sauvage qui veut que, dans les moments de risques extrêmes, quand la mort absurde est la loi, la tentation

---

1. *Carnets III*, p. 213.
2. *Ibid.*, p. 213.
3. Général Aussaresses, *Services spéciaux, Algérie 1955-1957*, Perrin, 2001.
4. *Cf.* Hiroshi Mino, *Le Silence dans l'œuvre d'Albert Camus*, Corti, 1987.
5. Ceux-là mêmes qui crièrent « À mort Camus ! » lors de l'appel à la trêve civile.
6. Pléiade II, p. 1679.
7. Pléiade II, p. 1843.
8. André Rossfelder, *op. cit.*, p. 403.

soit grande de rejoindre, envers et contre tout, les siens[1], sa race présumée, au mépris de tout discernement, ce que Camus redoute par-dessus tout, et qui lui semble inéluctable. Ne pas pouvoir, ni vouloir, jouer dans une pièce où les dés sont pipés, où les termes du choix sont inacceptables, font que parler c'est forcément trahir. Camus ne dit rien. Parole soufflée. Solitude volontaire. Retrait. Il continue cependant à agir, fidèle à lui-même, mais personne ne le sait. Il en parlera brutalement le 13 décembre 1957[2], à Stockholm, après la remise du prix Nobel, lorsqu'il répondra à un militant algérien qui viendra l'interpeller. Le silence sera rompu. Pour reprendre, pendant un temps.

• Stockholm (13 décembre 1957)

La célèbre phrase prononcée par Camus à Stockholm ce jour là – « Je crois à la justice, mais je défendrai ma mère avant la justice » – fut interprétée par ses adversaires comme le dévoilement d'un parti pris politique, communautaire, voire racial, et par certains de ses proches comme un écart, une erreur, un faux-pas sous l'emprise de la colère, de l'émotion, du désarroi. Cette seconde thèse (on ne parlera pas de la première tant elle nous semble absurde) n'a pas plus de consistance que la première. Elle est une façon, moins grossière, de ne pas entendre ce qui a été dit par Camus, de ne pas se confronter à ce qui apparaît là, à ce moment, juste après le terrorisme aveugle qui a saigné Alger et la répression atroce, les exécutions sommaires et l'usage banalisé de la torture que Camus avait dénoncé[3] ; événements qui ont clôturé ce que l'Histoire a retenu sous le nom de « bataille d'Alger ».

Cette mise en regard des termes mère-justice, Camus l'avait déjà établie dans une conversation avec son ami Roblès[4], en mars 1956, soit près de deux années avant l'affaire de Stockholm : « Si un terroriste jette une grenade au marché de Belcourt que fréquente ma mère et s'il la tue, je serais responsable dans le cas où, pour défendre la justice, j'aurais également défendu le terrorisme. J'aime la justice, mais j'aime aussi ma mère. »

Il apparaît clairement que, le 13 décembre 1957 à Stockholm, Camus reprend ce qui avait été dit, et exprime une pensée déjà parfaitement élaborée, d'une façon peut-être plus radicale et qu'il ne s'agit en aucune

---

1. « L'heure va venir où personne ne pourra demeurer en marge, au milieu ou au-dessus. Si la violence continue, le devoir, même pour un homme comme moi, consistera à retourner à sa communauté parce qu'il sera impossible de rester neutre ou en dehors. » Cité par Jules Roy in Camus, Hachette, 1964, p. 204.

2. Pléiade II, p.1881-1882.

3. Pléiade II, p. 892 et p. 1844, brouillon de lettre non identifiée, 1957.

4. Pléiade II, p. 1843.

manière d'un débordement du sang espagnol qui coule dans ses veines quand il redit selon la version du correspondant du *Monde*, avalisée par Camus[1] : « Je me suis tu depuis un an et huit mois, ce qui ne signifie pas que j'ai cessé d'agir. J'ai été et suis toujours partisan d'une Algérie juste, où les deux populations doivent vivre en paix et dans l'égalité. J'ai dit et répété qu'il fallait faire justice au peuple algérien et lui accorder un régime pleinement démocratique, jusqu'à ce que la haine de part et d'autre soit devenue telle qu'il n'appartenait plus à un intellectuel d'intervenir, ses déclarations risquant d'aggraver la terreur. Il m'a semblé que mieux vaut attendre jusqu'au moment propice d'unir au lieu de diviser. Je puis vous assurer cependant que vous avez des camarades en vie aujourd'hui grâce à des actions que vous ne connaissez pas. C'est avec une certaine répugnance que je donne ainsi mes raisons en public. J'ai toujours condamné la terreur. Je dois condamner aussi un terrorisme qui s'exerce aveuglément, dans les rues d'Alger par exemple, et qui un jour peut frapper ma mère ou ma famille. Je crois à la justice, mais je défendrai ma mère avant la justice. » Cette justice-là n'est sans doute pas la justice qui ne peut tuer justement une mère.

Sobre commentaire de Roger Quilliot[2] : « Elle [la fameuse phrase] réaffirmait tout simplement une préférence pour le concret, le charnel, l'être vivant plutôt que pour l'abstraction. Une fois de plus, Camus apparaissait pour ce qu'il avait toujours été : un homme des limites plutôt qu'un homme des principes. »

La limite à ne pas franchir : le corps de l'innocent. Point de principes au ciel des idées qui martyriserait le présent au profit des paradis à venir. Ou alors cette limite comme principe. Oui, il faut défendre l'innocent avant une justice qui tue les innocents. La seule justice qui vaille, c'est de préserver le corps des innocents, absolument : position à laquelle Camus ne dérogera jamais, et que personne ne veut entendre parce qu'elle perturbe définitivement la téléologie hégémonique de l'histoire héritée de Hegel et de Marx que Camus avait nommée totalitarisme européen, civilisation mécanique et à quoi il opposa son utopie méditerranéenne. Une utopie singulière qui ne se conjugue maintenant qu'au présent, radicalement et définitivement distincte de celles qui placent, « à la fin des temps, un âge d'or qui justifiait d'avance toutes les entreprises[3] ». Une utopie du présent. Une « passion sans fin de l'impossible présent[4] ».

---

1. Pléiade II, p. 1881-1883. *Cf.* également préface édition Folio du *Discours de Suède*.
2. *Op. cit.*, p. 302.
3. Albert Camus, *Réflexions sur la guillotine*, Pléiade II, p. 1059.
4. Maurice Blanchot à propos d'Albert Camus, *Le Détour vers la simplicité*, NRF, n° 89, mai 1960.

• Les Chroniques algériennes (1958)

Les événements en Algérie se précipitent, l'année 1958 sera une année décisive : le 13 mai, soulèvement à Alger ; le 1er juin, le général de Gaulle obtient l'investiture, c'est la chute de la IVe République ; 20 mai, renouvellement des pouvoirs spéciaux ; juin, les discours de De Gaulle : « Je vous ai compris » à Alger, l'Algérie est « organiquement terre française aujourd'hui et pour toujours » à Oran ; août, la France « de Dunkerque à Tamanrasset » ; septembre, création du GPRA[1] ; octobre, « la Paix des braves » est offerte aux combattants algériens.

En juin 1958, Camus rompt définitivement un silence de près de deux ans avec la publication des *Actuelles III, Chroniques algériennes*, dans le silence le plus total de la presse. Les *Chroniques* sont une véritable somme, elles réunissent près de vingt années de réflexion sur la question algérienne. L'ensemble est composé de textes déjà connus[2] : *Misère de la Kabylie, Crise en Algérie* (articles de *Combat*), *Lettre à un militant algérien, L'Algérie déchirée* (florilèges d'éditoriaux de *L'Express*[3]), *Appel pour une trêve civile en Algérie, L'Affaire Maisonseul*. Cependant, quelques inédits d'importance où l'on peut noter une certaine évolution de la pensée d'Albert Camus : un mémoire intitulé *Algérie 58*, rédigé en janvier où Camus synthétise ses positions[4], un avant-propos en février selon la dactylographie[5], au moment où Sakiet-Sidi-Youssef vient d'être bombardé, au moment où la guerre envahit tout et une note introductive datée du 25 mai, soit douze jours après le 13 mai. Des textes au cœur de la tempête. Tonalité camusienne : « Il me manque d'abord cette assurance qui permet de tout trancher[6]. »

Camus est de plus en plus isolé. Même ses proches jugent ses positions irréalistes[7]. Jean Amrouche, en 1955, lorsqu'il écrivait à Jules Roy, résume parfaitement la situation présente et à venir : « J'ai lu deux articles sur l'Algérie qu'il [Camus] a donnés à *L'Express*. Il y a de justes remarques. Mais quant aux solutions qu'il préconise, je n'y crois pas. Le mal est beaucoup plus profond. [...] Il n'y a pas d'accord possible entre les autochtones et les Français d'Algérie. [...] En un mot, je ne crois plus à une Algérie

---

1. Gouvernement provisoire de la République algérienne.

2. On se reportera à l'édition de référence de la Pléiade, volume II, pour davantage de précisions.

3. Ne sont pas repris les éditoriaux *algériens* suivants : « Terrorisme et Répression » (9 juillet 1955), « L'Avenir algérien » (23 juillet 1955), « La Charte de janvier » (4 novembre 1955), « Les Bonnes Leçons » (9 décembre 1955). On se reportera aux deux premiers pour ce qui concerne les analyses et les solutions momentanées proposées.

4. *Algérie 1958* et *Algérie nouvelle in Actuelles III, Chroniques algériennes*, Pléiade II, p. 1011-1018.

5. Pléiade II, p. 1846.

6. Pléiade II, *Actuelles III, Chroniques algériennes*, « Avant-propos », p. 892.

7. Olivier Todd, *op. cit.*, p. 714.

française. Les hommes de mon espèce sont des monstres, des erreurs de l'Histoire. Il y aura un peuple algérien parlant arabe, alimentant sa pensée, ses songes aux sources de l'islam, ou il n'y aura rien. Ceux qui pensent autrement retardent d'une centaine d'années. Le peuple algérien se trompe sans doute, mais ce qu'il veut obscurément, c'est constituer une vraie nation, qui puisse être pour chacun de ses fils une patrie naturelle et non une patrie d'adoption[1]. »

Tout est dit, l'Histoire est une trahison ; lucidité absolue d'Amrouche. Amrouche, l'autochtone chrétien francophone berbère poète, est un « monstre ». Il synthétise en son être une des facettes possibles de l'utopie méditerranéenne de Camus. Tout comme lui, il dissone, tout comme lui, il est un monstre, c'est-à-dire un « montrant » qui indique une voie possible que l'Histoire va balayer. Amrouche est lucide, Camus ne l'est plus, face à ce qui vient. Amrouche est un autochtone, Camus est un pied-noir. Il sait qu'un nouvel exil se profile. L'ami Feraoun l'avait compris : « Camus se refuse à admettre que l'Algérie soit indépendante et qu'il soit obligé chaque fois d'y entrer avec un passeport, lui qui est algérien, et rien d'autre[2]. »

Pathétiquement, Camus résiste. En accord avec ce qu'il a toujours défendu.

La solution obsessionnellement proposée, c'est le fédéralisme, la fédération des peuples, contre vents et marées, contre le cours de l'Histoire, contre l'indépendance des peuples colonisés sous les valeurs des grands récits émancipateurs dont on sait qu'ils peuvent être, en certaines occasions, de grands pourvoyeurs de charniers. Camus avait lui-même résumé ses propositions sur la question algérienne en réponse à une polémique entamée par la revue anglaise *Encounter* dans sa livraison d'avril 1957 :

« • proclamation de la fin du statut colonial ;

« • réunion d'une table ronde, sans aucun préalable, avec tous les représentants des collectivités et des partis algériens [proposition approuvée par de nombreuses fédérations syndicales et, chose plus importante, par le parti du Mouvement national algérien[3]] ;

« • discussion d'un statut d'autonomie "helvétique" préservant les libertés des deux peuplements et appelé à s'inscrire dans un cadre fédéral[4]. »

Cependant, comme nous l'avons indiqué, les *Chroniques algériennes*, postérieures à cette mise au point, elle-même postérieure à la fin de la collaboration avec *L'Express*, comptent bon nombre d'inédits qui témoignent d'une certaine évolution de la pensée de Camus, d'un désenchantement désabusé et d'une vision de l'avenir où de nouveaux éléments se font jour.

---

1. Lettre de 6 août 1955 *in* Régine Le Baut, *Itinéraire et problématique d'un colonisé*, cité par Olivier Todd, *op. cit.*, p. 614.

2. Pléiade II, p. 1844.

3. MNA, fondé par Messali Hadj en 1954, après la dissolution du MTLD (Mouvement pour le triomphe des libertés démocratiques), descendant de l'Étoile nord-africaine.

4. Pléiade II, p. 1878.

Dans la note introductive rédigée quelques jours après le 13 mai 1957, devant l'horizon d'une solution possible, Camus, volontariste, réaffirme sa position de toujours : il faudra rendre justice à toutes les communautés de l'Algérie. Rien de neuf si ce n'est cet acharnement pathétique.

Dans le mémoire *Algérie 1958*, comme dans l'*Avant-propos*, le désespoir – la lucidité ? – a fait son œuvre. Camus, comme par fidélité à lui-même, redit invariablement les positions qui ont toujours été les siennes. Il insiste sur la condamnation du colonialisme, sur ses mensonges, son mépris, sa violence, sa cruauté, ses humiliations, sur les « réparations éclatantes[1] » dues au peuple algérien. Les formulations sont maintenant plus incisives, plus fulgurantes. Acérées. Brutales, quelquefois. Toujours limpides. Mais il sait qu'il a perdu, que l'Algérie a perdu et que « ce livre est aussi l'histoire d'un échec[2] ». Il ne peut pas vraiment le dire directement. Trop difficile. Alors il anticipe, avec une lucidité fraîchement acquise, sur la catastrophe qu'il pressent, et qui ne tournera au bénéfice de personne. Lucidité qui lui fait voir la chose comme elle est. Et c'est cela qui est le neuf.

Il sait que ce qu'il a toujours préconisé qui aurait été un phare pour les « Français, les Arabes et le monde entier[3] » n'aura pas lieu.

Il sait que négocier avec le FLN signifie « l'indépendance de l'Algérie dirigée par les *chefs militaires*[4] les plus implacables de l'insurrection, c'est-à-dire l'éviction d'un million deux cent mille Européens d'Algérie[5] ».

Il sait que la trahison, le cynisme, la bonne conscience meurtrière ont triomphé. Il dit son immense et intense dégoût devant ceux qui crient contre la torture en passant sous silence Melouza et la mutilation des enfants européens, devant ceux qui condamnent le terrorisme en passant sous silence la torture[6]. Rivalité mimétique infinie qui ne peut aboutir qu'au désastre. Dégoût aussi devant la trahison cynique de ceux qui réclament liberté pour les Algériens et qui, en même temps, approuvent l'asservissement par l'Union soviétique de l'ensemble de l'Europe de l'Est, et qui battent leur coulpe sur la poitrine des autres[7].

Il sait, il redit inlassablement[8], qu'« une Algérie reliée à l'empire de l'islam [...] ne réaliserait à l'intention des peuples arabes qu'une addition de misères, de souffrances et [...] arracherait le peuple français d'Algérie à sa patrie naturelle[9] » et que la solution fédérale est la seule.

1. Pléiade II, p. 1012.
2. Pléiade II, p. 899.
3. Pléiade II, p. 896.
4. C'est nous qui soulignons.
5. Pléiade II, p. 899.
6. Pléiade II, p. 894-895.
7. Pléiade II, p. 897.
8. *Albert Camus, éditorialiste à L'Express*, p. 81.
9. Pléiade II, p. 901.

Il sait qu'il faut résister au panislamisme, qu'il ne faut pas que les empires religieux, quels qu'ils soient, puissent entrer « comme tels dans l'histoire temporelle[1] » et que cela serait un risque majeur.

Il sait qu'il n'a jamais existé de nation algérienne[2], que l'Algérie est une nation à construire, qui se construira sur une amputation, par et pour le malheur de tous[3].

Il sait que la communauté dont il est issu n'aura duré qu'un temps et qu'elle sera dissipée par le vent de l'Histoire.

La guerre est finie. Camus le sait. Sa patrie, maintenant, c'est le livre. La dernière année qui lui reste à vivre, il la consacrera essentiellement au chantier du *Premier Homme* qui est le livre du retour à l'Algérie. Le début de l'œuvre.

Pour conclusion

La guerre est l'événement historique qui met Camus devant à un choix qu'il ne peut faire. C'est le moment où la position algérienne de Camus qui s'élabore lentement dans son travail d'artiste[4] se heurte simultanément aux deux côtés ; des deux factions qui s'affrontent – pieds-noirs ou Arabes – aucune ne peut être la sienne.

La guerre a donné un corps historique à la position algérienne de Camus ; elle l'a mis, à son corps pathétiquement défendant, aux prises avec l'impossible en lui ôtant toute possibilité de choix. Qui lui fait ressentir au plus fort sa propre non-position qui est sa position.

Événement sans réponse, puisque aucune des factions ne peut et ne doit vaincre ; qui appelle au silence, qui souffle sa parole.

La guerre pose à nouveau[5], et de manière ultime pour Camus, la question de la nature de son séjour algérien. Elle lui fait ressentir avec l'acuité la plus forte, maintenant la plus dangereuse – il est réellement question de vie et de mort –, sa position de ne pouvoir être vraiment dans aucun des choix et des fins que l'Histoire propose.

Cette liberté par rapport au règne des fins, rendue possible par sa position algérienne, son étrangeté à la marche de l'Histoire, au grand récit historique et à ses finalités, ouvre à une lucidité qui lui permet de poser la question des

---

1. Pléiade II, p. 1012.
2. Pléiade II, p. 1012.
3. La mutilation concerne tout le monde : *Albert Camus, éditorialiste à L'Express*, p. 44.
4. Les textes fondamentaux concernant cette question sont élaborés dans ces années (notamment « La Femme adultère » et « L'Hôte ») et publiés en 1957 dans *L'Exil et le Royaume*, Pléiade I.
5. Comme l'école républicaine dans l'Algérie coloniale (*cf.* notamment *Le Premier Homme,* p. 192) qui donne pour modèle le paradigme métropolitain et occulte la dimension proprement algérienne de Camus en ne laissant aucune réelle possibilité de choix, aucune possibilité de se trouver soi-même : exil chez soi ; position algérienne.

moyens, c'est-à-dire la question du terrorisme, c'est-à-dire la question du présent, c'est-à-dire la position de Camus dans le conflit algérien. Position qui, en son temps, ne sera réellement entendue par personne, étouffée par les tumultes assourdissants du grand récit historique de l'émancipation des peuples. Dans l'obnubilation des paradis futurs.

La solution de Camus au conflit algérien, solution utopique que celle de vouloir trouver un pays pour cette position algérienne d'exil absolu qui est la sienne, un impossible pays du *et,* non du *ou.* On sait quel a été le verdict de l'Histoire que Camus n'a pas connu.

Sur l'enseignement de la guerre d'Algérie

par Jean-Pierre Rioux

Dès qu'on s'interroge sur les enseignements qu'il est possible, souhaitable et souhaité d'avoir à dispenser aux générations nouvelles à propos de la guerre d'Algérie, on se doit d'enregistrer au préalable ce mélange, si fréquent en France, d'impulsions d'en haut régulées par une Éducation authentiquement nationale au nom du devoir civique d'intelligence et de vérité dont l'école reste porteuse, et d'initiatives d'en bas, plus éclatantes ou plus contestables parfois, et assurément toujours moins connues, mais qui sont venues des enseignants, des établissements et de leurs élèves, au gré de l'actualité et des aléas de la vie scolaire. Ce double mouvement, inégal mais constant, a prévalu depuis bientôt quarante ans. Et il fut, somme toute, heureux et opportun, quoi qu'en aient pensé et pensent encore les chantres des mémoires blessées, les pleureuses de « l'amnésie », les communautaristes masqués et les militants déconfits qui, à peu près tous, préfèrent le volontarisme médiatique, le témoignage brut, l'activisme moral et le débat pour le débat à l'apprentissage à pleines mains et la connaissance toute nue.

Dédouaner l'école

En clair, forts du bilan de tant d'années d'enseignement de la guerre d'Algérie en classe, au collège comme au lycée, où elle est inscrite notamment dans les programmes de troisième et de terminale (la question du primaire reste ouverte, et la façon de la trancher méritera un vrai débat), nous n'admettons pas les réquisitoires de ces procureurs qui ne comptabilisent ligne à ligne que la seule prose des manuels scolaires ou qui soupçonnent systématiquement l'école d'avoir contribué à installer un prétendu silence sur ce conflit. Nous soutenons, au vu de multiples leçons et au su de nombreuses expériences, que l'Éducation nationale n'a entretenu ni tabous ni amnésie particulières dans ses classes à propos de la guerre d'Algérie. Jamais son Inspection générale, et d'abord celle d'histoire et géographie qui a toujours mis son autorité dans la balance, jamais ses concepteurs de programmes, ses auteurs de sujets d'examen, ses professeurs n'ont bronché devant le prétendu obstacle. Mieux encore : jamais ils n'ont considéré que cette guerre puisse être une gêne dans le bon ordonnancement des enseignements, et principalement de ceux d'histoire. Tout au contraire, l'inscrire en continu dans les programmes et le fil des leçons a été clairement intégré à l'ambition éducative qui prétend donner aux élèves une connaissance plus sûre et mieux éclairée du monde contemporain et qui, de surcroît, souhaite relancer sous cet éclairage les enseignements de l'éducation civique.

Il y eut, naturellement, des hauts et des bas, des maladresses avérées et des empoignades inutiles, des fidélités paresseuses aux seuls manuels, des hardiesses faisant trop commodément l'impasse sur de nouvelles vérités partielles établies par les historiens. Mais on voudra bien noter que ces tâtonnements valaient aussi pour tous les sujets d'histoire inscrits dans la dialectique entre histoire et mémoire, entre actualité et recherche. Tous les conflits et tous les grands crimes contemporains, et d'abord la Seconde Guerre mondiale, ont relevé et relèvent encore de cette tension qui aurait pu devenir paralysante ou déroutante. Nombre d'enjeux plus lointains, et d'abord ceux légués par la Révolution française et l'universalisme des Lumières, ou ceux que révèle si abruptement aujourd'hui certaine fixité des réactions de l'islam face à la modernité, contraignent même eux aussi à repenser et dynamiser les enseignements, pour leur donner du sens et en convaincre les élèves. Par conséquent, la guerre d'Algérie, il faut le dire désormais avec force, n'est pas une question historique particulière ou un enjeu intrinsèque, quoi qu'en laissent accroire mémoires blessées et scoops journalistiques : elle mérite d'être apprise autant pour son exemplarité que pour sa spécificité. Dans la cacophonie actuelle de ses acteurs aux mémoires à vif, au milieu de tant d'échos médiatiques au sens indécis, son histoire enseignée ne peut même naviguer qu'en tirant les bons bords entre deux caps : celui d'une connaissance scientifique mieux assurée de l'événement lui-même ; celui de son inscription plus précise dans des enjeux passés et présents plus larges qui l'englobent, lui donnent sa pleine dimension, une cohérence plus plausible et obligent à travailler « grand angle » en prenant toute la hauteur souhaitable.

Au fil des ans, après avoir bien admis un premier réflexe de cohérence qui fit inscrire dès la fin des années 1960 son étude dans celle du processus de décolonisation d'après 1945, cette guerre a donc été tenue pour analysable, compréhensible et de connaissance opportune, en elle-même et pour elle-même, à condition qu'elle participe davantage d'un apprentissage du monde comme il va ; que son exposé des motifs et ses terribles conclusions contribuent à un élargissement du regard et à une plus forte acuité de la vision d'ensemble. C'est aussi la raison pour laquelle on a associé son étude et celle de l'aire maghrébine. Et qu'on veut aujourd'hui la mêler intimement à celle des nouvelles dimensions planétaires – pour dire vite : des déconvenues du tiers-monde au réveil de l'islam – dont on soupçonne mieux aujourd'hui combien elle fut aussi prenante.

Une université d'été de l'Éducation nationale a récemment fait le point sur la première de ces imbrications, devenue si évidente[1] sur le fond comme sous sa forme mémorielle ou médiatique et qui, d'ailleurs, répétons-le, avait toujours été tacitement un fil rouge pour la classe : donner, par l'étude de « l'événement » algérien de 1954-1962, une meilleure connaissance de la part guerrière et violente des processus de plus longue durée qui ont ruiné la colonisation et favorisé, en principe du moins, l'émancipation du Maghreb tout au long du XXᵉ siècle, et qui les travaillent encore aujourd'hui ; inscrire ces années dans ce que nous estimons aujourd'hui avoir été le vrai cours du monde. Sans doute, en mars 1992, la Ligue de l'enseignement et l'Institut du monde arabe avaient-ils offert, toujours sous le patronage du ministère de l'Éducation nationale, un moment anniversaire de confrontations intenses entre des acteurs, des témoins, des historiens, des personnalités politiques et des gens des médias venus des deux rives de la Méditerranée. Une enquête auprès des jeunes avait même été diligentée à cette occasion et avait suggéré la profondeur des débats de société que pouvait révéler toute évocation de la guerre d'Algérie. Mais il s'agissait alors « d'évoquer, au-delà des faits historiques, en France comme en Algérie, le sursaut éthique face aux atteintes aux valeurs démocratiques et aux droits de l'homme ». Le propos éducatif, dix ans après, a été autrement plus large, même si son objectif final n'était pas si éloigné de celui de 1992 : la guerre d'Algérie inscrite au vif des évolutions du Maghreb contemporain. Il a été tenu dans un tout autre contexte, au milieu de fortes affirmations des mémoires militantes et d'évolutions imprévues de l'Algérie, du Maghreb et du monde arabo-musulman. Mieux, ou pis, il s'est inscrit au beau milieu d'une actualité envahissante, dans une société française où la médiatisation des phénomènes et le choc des images assiègent les jeunes sensibilités et intelligences.

Dépasser l'actualité

Telle est bien la première question que doivent assumer et démêler les enseignants qui apprennent ou tentent de mieux apprendre à leurs élèves, aujourd'hui, du vrai sur la guerre d'Algérie. Car l'actualité reste doublement prégnante, en Algérie au feu de tous les enjeux d'identité historique et de société présente, si affreusement différés depuis 1992, en France à travers toutes les questions pendantes sur l'immigration, les « banlieues » ou la crise de l'adhésion collective au modèle républicain. Pour délimiter un champ

---

1. Dominique Borne, Jean-Louis Nembrini et Jean-Pierre Rioux (dir.), *Apprendre et enseigner la guerre d'Algérie et le Maghreb contemporain. Actes de l'université d'été (Paris, 29-31 août 2001)*, Versailles, CRDP de l'académie de Versailles, 2002, coll. « Actes de la DESCO », 192 p.

opératoire si fortement surimposé de l'extérieur, une des premières tâches d'enseignement est par conséquent de dire en classe ce qu'est cette actualité française et algérienne, franco-maghrébine à vrai dire, qui non seulement participe de la médiatisation des choses mais saisit aussi désormais certaines classes et certains établissements, qui assaille et tourmente si visiblement nombre d'élèves. Et de mettre au clair, aussi bien, l'usage pédagogique et civique qu'on peut en faire. Le souci liminaire en ce domaine doit être évidemment d'apprendre aux jeunes à démêler actualité « vraie » et actualité « intéressée ». Car c'est sous ce second qualificatif qu'il faut en effet ranger tout ce qui relève de l'effet médiatique ainsi que d'un contexte politique et culturel donné, qui l'un comme l'autre ont conduit par exemple à ne plus retenir ou à provoquer récemment la révélation par les médias, toutes affaires cessantes, du témoignage d'une torturée algérienne, des Mémoires d'un officier supérieur français tortionnaire et exécuteur sommaire, du sursaut d'indignation d'un exécuteur des basses œuvres de l'armée algérienne d'aujourd'hui, de la protestation morale d'un juge tunisien ou des secrets d'un vieil assassinat politique au Maroc. Cette actualité est de presse, d'édition, de télévision ou d'Internet, avec tous relais utiles, toutes simplifications et tous rebondissements intéressés pour mieux frapper ce qu'on nomme indistinctement « l'opinion » et ce qu'un institut de sondages est toujours prêt à embarquer en urgence et sans discussion dans le débat ainsi ouvert. Sa force de persuasion est unilatérale et strictement proportionnée à la force de pénétration du média lanceur. Son écho est d'abord mesurable par les effets de rattrapage et de surenchère des médias concurrents qui n'ont pas été à l'origine directe du « coup » mais qui n'entendent pas déserter le terrain en ne reprenant pas l'information. Ainsi se tisse une actualité artificielle, de concurrence intramédiatique et le plus souvent redondante, qui ne fait qu'effleurer la surface du social.

Pourtant, une information est néanmoins toujours présente dans ce tintamarre médiatique, originelle, irréductible à cette redondance, toujours parcellaire et jamais désintéressée. C'est elle, et elle seule, qu'il faut aider les professeurs et les élèves à saisir à la source, sans se laisser abuser par son seul sillage : travail patient, ingrat mais si nécessaire, qui fait de la classe non pas une chambre d'enregistrement mais un lieu de hiérarchisation et d'argumentation. En ce domaine, depuis juin 2000, avec la visite en France du président Bouteflika et le témoignage de Louisette Ighilahriz publié par *Le Monde* du 20, il y a eu du pain sur la planche pour dire l'emprise du vrai et du raisonné sur le souvenir, le débat biaisé, le cynisme explicite ou la bonne conscience en écharpe ; pour extraire de ce fatras l'aveu qui compte (ainsi, le général Massu a fait dans une simple interview au *Monde* du 23 novembre 2000 des déclarations historiquement sans doute aussi importantes que le livre du général Aussaresses), lire l'information qui fait progresser la connaissance, saisir l'éclair de lucidité qui aidera peut-être à dénouer l'embarras de mémoire.

Au contraire, l'actualité « légitime », si l'on peut dire, est, elle, d'information et d'investigation plus que de révélation provoquée et provocante. Elle sort des profondeurs d'une société et atteste en continu du prix du sang et des larmes. C'est donc tout autre chose qu'un scoop et elle mérite par conséquent un tout autre traitement pédagogique. Et elle relève d'abord d'une indispensable éducation à l'information. La couverture médiatique de la récente « guerre invisible » en Algérie, pour reprendre la formule de Benjamin Stora, est à cet égard un terrible cas de figure contemporain, tout entier *a contrario* de ce qui vient d'être énoncé : privé d'images originelles librement montrées, et d'abord à la télévision, l'événement algérien s'est fait plus sphinx que jamais. Or « l'invisibilité provoque l'incapacité de donner un sens au monde dans lequel se développe cette guerre » : ce qui contraint l'historien, ou le géographe, et donc le professeur, à chercher humblement des sources plus traditionnelles qui, elles, ne laissent guère de trace médiatique ou immédiatement médiatisée. Le travail en classe, du même coup, se fait lui aussi plus humble, d'investigation tâtonnante, de documentation difficile et de recoupement parfois aléatoire ; plus analytique qu'argumentatif, plus critique que constructif ; plus décevant sans doute au bout du compte, car il prend trop les élèves à revers de leur culture de l'image omniprésente pour ne pas entraîner chez certains d'entre eux, au choix, dénégation, mutisme ou désintérêt. La difficulté première est donc d'apprendre et faire apprendre à dénouer la contradiction d'une actualité aussi tonitruante qu'insaisissable, révélée par saccades comme des flux artériels mais qui coule pourtant à flots continus des veines ouvertes des sociétés : si chargée d'humanité, et pourtant incapable de montrer des hommes concrets en situation.

Consentir aux faits

Ces précautions méthodiques sur l'actualité étant prises, reste à faire en classe son métier, c'est-à-dire enseigner imperturbablement de l'Histoire pour tenter de donner du sens à ce déballage et à cet étalage de la part maghrébine du monde contemporain dans le bruit et la fureur de laquelle tant d'élèves grandissent ou pataugent, quand ils ne les ignorent pas totalement. Sur ce point, il importe d'être et, surtout, de refuser tout masochisme. Les médias, les témoins, les acteurs et les groupes de pression antagonistes, auxquels ceux-là sont les premiers et souvent les seuls à donner la parole très unilatéralement, ont désormais tout intérêt à s'autoproclamer détenteurs du vrai au nom de la mémoire, d'afficher la seule authenticité qui vaudrait, celle du vécu d'hier et du présent éternel. Il s'agit de faire bloc autour de leurs révélations pour tenter de leur donner une épaisseur sociale en projetant d'imposer en vrac un « devoir de mémoire » qui généraliserait pour toutes les générations et tous les cas de figure la responsabilité, la culpabilité et la repentance gratuites, laïques et obligatoires. Quitte aussi à suggérer dès lors très volontiers qu'en classe l'histoire et la géographie soient instrumentalisées, privatisées, rendues moins officielles, pour mieux servir la bonne cause mémorielle et s'inscrire plus avant dans le champ clos de la culpabilité sans fin, de l'éternel retour et du repentir de circonstance : pour prendre les élèves à témoin, au bout du compte, et les enrôler sous couleur de les éduquer.

Aucun enseignant ne peut participer de cette entreprise[1]. Car cette logique de culture de masse (au sens originel de culture diffusée par les médias) n'est pas celle de l'école, et celle-ci soutient au contraire que la culture est une construction, une argumentation et un apprentissage : un travail générique de connaissance, de reconnaissance et de transmission donnant une vision raisonnée d'une réalité qui, elle, n'est jamais innée mais toujours acquise, et qu'on révèle au prix d'un effort pour apprendre à mieux reconnaître la vérité plausible sous la fausse évidence claironnée. Je disais en 1992, aux rencontres organisées par la Ligue de l'enseignement, qu'il fallait apprendre à tout instant à « consentir aux faits » et que, dans cette tâche d'apprentissage patient et de construction en continu, l'Éducation nationale n'avait jamais manqué, grâce d'abord à ses maîtres. Et j'ajoutais : « Ce n'est pas du côté du système éducatif français qu'il faut chercher la source des occultations et des partis pris si souvent observés en ce pays dans l'évocation du drame algérien. Dire cela n'est pas sombrer dans l'illusion ou l'autosatisfaction. Au contraire. C'est dire à temps et à bon escient que les chercheurs et les enseignants n'ont pas attendu pour exprimer hautement la seule ambition éducative qui vaille : connaître toujours mieux pour mieux faire connaître au plus grand nombre. » Il me semble que cette admonestation est plus que jamais valable, sans autosatisfaction ni flagellation.

Non, diront peut-être certains, ce satisfecit est dénoncé par les experts-comptables des sujets de baccalauréat et de brevet, par les analystes soupçonneux des ambiguïtés des manuels, par les professionnels associés du lamento sur les programmes et, il va de soi, par les anciens combattants déconfits, les pétitionnaires unilatéraux, les experts pressés et quelques manipulateurs d'opinion. À tous ceux-là, il faut répliquer en rappelant l'ampleur du travail accompli depuis trente ans. Et tranquillement signaler qu'il est inacceptable d'entendre dire si cavalièrement que rien n'est fait à l'école ou que tout ce qui est fait depuis tant d'années a été et reste biaisé par définition. Non, l'école n'a pas à justifier sans cesse tout ce qu'elle dit à propos de la guerre d'Algérie, avec les moyens du bord mais sans avoir jamais perdu la ligne d'horizon éducatif : connaître, faire connaître, faire apprendre au mieux. Les inventeurs de sensationnel, les héros réactivés, les assassins sous transfusion médiatique n'ont de leçons à donner à per-

---

1. Voir Jean-Pierre Rioux, « Devoir de mémoire, devoir d'intelligence », *Vingtième Siècle. Revue d'histoire*, n° 73, janvier-mars 2002.

sonne et surtout ni aux enseignants ni aux nouvelles générations. Maintenons aussi bien que ce sont les sociétés tout entières et non pas les systèmes éducatifs, en France comme au Maghreb, qui sont les premières responsables de l'étrange et permanent sentiment d'absence dont les médias et porteurs de pancartes se repaissent. Ce que Benjamin Stora résumait déjà ainsi en 1992 sur le mode interrogatif, à la rencontre déjà citée : « Pourquoi existe-t-il cette sensation permanente d'absence d'écrits et d'images sur la guerre d'Algérie ? Pourquoi cet incontestable goût de "la première fois" chaque fois que paraît une émission, un livre, un événement autour de la guerre d'Algérie ? Pourquoi les secrets qui circulent continuent toujours d'être ensevelis ? En d'autres termes, pourquoi les Français aiment-ils se mettre en scène amnésiques sur la guerre d'Algérie alors qu'ils en savent beaucoup de choses ? » Pourquoi, néanmoins, laisser croire plus longtemps que le temps du silence aurait perduré à l'école alors que tant y a été dit, débattu et, au bout du compte, appris ? L'enseignement, il est vrai, ne pourra plaider son dossier qu'en abordant toujours devant et avec les élèves, au préalable à chacune de ses initiatives, la question des rapports entre histoire et mémoire. Mais à condition qu'il répète inlassablement que les élèves ont besoin d'abord de savoirs disciplinaires, à tous les sens de l'adjectif.

Renforcer le camp du savoir

Voici donc l'enseignement de la guerre d'Algérie cantonné dans le camp du savoir. Une connaissance de type universitaire est en effet indispensable à toute entreprise sérieuse de connaissance et d'apprentissage, en classe comme dans les établissements scolaires. À l'heure des allègements de programmes, des incertitudes pédagogiques, des mutations si difficiles et si conflictuelles du système éducatif et, surtout, de l'hétérogénéité foncière des classes, la connaissance scientifique à la source reste pour un enseignant non pas la planche de salut mais le préalable. Il s'agit d'engranger avec gratitude tous acquis scientifiques sur la nature du conflit lui-même – on pense notamment à ceux qui touchent à l'armée et à la justice en guerre, à la décolonisation, à la confrontation encore trop faible de la recherche française avec la recherche algérienne et internationale – et sans craindre d'en parler aux élèves.

Et même en abordant avec eux, en bon exemple, la question des archives publiques françaises, en fait plus largement ouvertes que certains ne le disent et sur lesquelles tous les chercheurs de bon sens admettent que, hormis le verrouillage inacceptable de celles de la préfecture de police, le vrai problème est d'abord le manque de main-d'œuvre à vraie vocation historienne capable de manipuler les cartons à disposition : expliquer tout cela aux élèves qui voudront l'entendre n'est pas d'effet civique négligeable. Parler ainsi de la guerre d'Algérie peut être au passage de bonne éducation critique, par comparaison, sur les médias et les médiateurs si prompts à accabler sur ce point l'État républicain. Il ne sera pas inutile aussi aux enseignants d'avoir, par exemple, à disposition un argumentaire mieux élaboré sur la paix manquée qui mit fin à cette guerre, sur la non-application de la plupart des dispositions des accords d'Évian, sur l'été 1962 et ses conséquences avec la méconnaissance par les négociateurs français de l'exacte nature du FLN, les derniers soubresauts de l'OAS, le drame des harkis et des autres supplétifs ou auxiliaires, l'exode des Européens d'Algérie, la mise en place d'un système algérien de domination militaro-populiste, l'amnistie d'État en France ; bref, sur tout ce qui a contribué, l'espace d'un été, à bloquer et à faire dégénérer une situation dont, après tout, l'issue négociée était approuvée, de guerre lasse, par d'inégalement silencieuses mais de très réelles majorités des deux côtés de la Méditerranée.

Toutefois, rappelons-le une fois encore, l'ambition finale d'enseignement va bien au-delà du conflit *stricto sensu*. Il s'agit toujours de franchir la porte du drame algérien pour aboutir à une connaissance plus géopolitique et plus culturelle du Maghreb d'aujourd'hui qui fait si souvent défaut. Il s'agit, à l'heure de cette lutte entre la modernisation par l'économie de marché et la tradition renforcée et jalouse qu'on nomme aujourd'hui la mondialisation, de raisonner en étant convaincus de l'exemplarité, en passé actif, de ce sous-ensemble guerrier qui convulsa déjà l'Algérie. Car ce Maghreb-là, le Maghreb d'aujourd'hui, est très loin d'être tout entier contenu dans l'habituelle géographie affective de son vieux rapport à la France à travers les immigrations, les échanges économiques et les liens culturels : il faut mieux comprendre et mieux enseigner désormais son inscription originale dans le rapport Nord-Sud à travers le Partenariat euro-méditerranéen, sa vocation occidentale assumée par ce tiers berbère de sa population qui résiste à l'islamisation, son tropisme littoral qui le jette à la « mère » Méditerranée et enkyste les marges frontalières du sud saharien, sa démographie galopante qui explique pour partie sa violence sociale ouverte ou latente, sa culture propre dont les sources auraient pourtant pu le rattacher exclusivement au Machreq, sa structuration comparée du pouvoir d'État enfin, qui l'écartèle et le fragmente, ô combien aujourd'hui ! entre transition monarcho-démocratique au Maroc, implosion sanglante en Algérie et autoritarisme en Tunisie. Il s'agit d'enseigner la guerre d'Algérie plus que jamais dans un souci de mise en perspective, d'actualisation et de renouvellement. Et d'abord pour se contraindre à sortir du face-à-face plus franco-français que franco-algérien et *a fortiori* franco-maghrébin dans lequel les assauts de mémoires parcellaires et communautaires prétendent nous cantonner en oubliant systématiquement l'Autre, sur l'autre rive.

Il est aussi, dès à présent, un nouvel enjeu, encore imparfaitement saisi et moins encore formulé assez clairement dans l'enseignement, malgré les efforts en cours pour y acclimater la connaissance critique et laïque du fait religieux sous la formulation élaborée à la demande de l'Éducation nationale par Régis Debray : celui dont la juste appréciation conduira à inscrire davantage la guerre d'Algérie dans une histoire des rapports de l'islam proche-oriental et méditerranéen à la modernité et au « progrès » européens ; celui qui conduira donc à relire aussi l'ensemble du phénomène colonial en termes plus religieux et plus culturels ; qui reliera ainsi le XIXe au XXIe siècle au feu de la guerre d'Algérie. Un réel effort en ce domaine vient tout juste d'être fait à l'occasion d'une université d'été[1]. La recherche va peut-être y trouver une incitation supplémentaire et il est inutile de répéter que l'enseignement, une fois de plus, attend beaucoup d'elle sur ce point. Mais cette fois encore je reste persuadé que le travail en classe pourra aussi avoir vertu d'entraînement général.

En toute hypothèse, scruter cette nouvelle ligne d'horizon est bien dans la ligne de conduite constante de l'école républicaine au milieu et au vif des débats et des travaux en cours : élargir le propos sans le relativiser, tirer le fil par le bon bout, celui de la connaissance toujours renouvelée et toujours active. Car la tâche des enseignants, pris dans le jeu, aujourd'hui si revanchard et si parcellaire des mémoires et des révélations médiatisées, est toujours aussi évidente : ils ont la charge de dire et de faire admettre que mieux connaître grandit, que connaître n'est ni un choix ni un luxe mais un devoir d'intelligence de ce monde dont nous avons la charge, toutes générations confondues, et dont la guerre d'Algérie donna naguère une parcellaire mais si rude révélation.

---

1. Dominique Borne, Bruno Lavallois, Jean-Louis Nembrini et Jean-Pierre Rioux (dir.), *Europe et islam, islams d'Europe*, Versailles, CRDP de l'académie de Versailles, 2003, coll. « Actes de la DESCO », 221 p.

Panorama des archives de l'Algérie moderne et contemporaine

par Abdelkrim Badjadja

Avant-propos

Après avoir structuré et dirigé le centre des archives de la wilaya de Constantine de 1974 à 1991, assumé les fonctions de directeur de la Bibliothèque nationale d'Algérie du 1er juillet 1991 au 4 mai 1992, puis celles de directeur général des Archives nationales d'Algérie du 14 octobre 1992 au 10 mars 2001 ; après avoir inspecté les structures d'archives de nombreux ministères, institutions et entreprises nationales, ainsi que celles de trente-cinq wilayas sur les quarante-huit que compte l'Algérie ; après avoir eu la chance, il faut le dire, d'effectuer de nombreux déplacements à l'étranger qui m'avaient permis de participer à maintes conférences internationales, et surtout de visiter beaucoup de centres d'archives en France (archives d'outre-mer à Aix, et archives militaires à Vincennes), en Turquie (archives ottomanes d'Istanbul), en Espagne (centres de Madrid, d'Alcalá de Henares, de Simancas), aux États-Unis (archives 1 à Washington, et archives 2 à College Park dans le Maryland), au Royaume-Uni (PRO à Londres, et Scottish Record Office à Édimbourg), en Russie (Rosarchiv à Moscou et archives générales de Minsk), en Hongrie, au Nigeria (archives de Kano), et dans plusieurs pays arabes : Tunisie, Égypte, Syrie, Liban, Arabie saoudite, Yémen, ainsi qu'aux Émirats arabes unis où j'exerce actuellement comme consultant en archivistique. Je pense qu'il est grand temps pour moi de tenter de dresser le bilan de mes activités archivistiques, tant nationales qu'internationales[1].

Aussi la proposition de mon respectable aîné et grand ami Si Mohammed Harbi de présenter un tableau des archives relatives à l'histoire de l'Algérie, en particulier celles de la guerre de libération nationale 1954-1962 (GLN), était-elle la bienvenue. D'autant plus que, durant toute ma carrière, mon

---

1. Voir CV *in* site perso : http://membres.lycos.fr/badjadja/.

temps avait été partagé plus ou moins équitablement selon les circonstances et les urgences, entre deux missions fondamentales :

• promouvoir les archives du premier et du deuxième âge[1] au rang d'outil d'une gestion rationnelle favorisant un meilleur fonctionnement des institutions ;

• collecter les archives du troisième âge[2], ou au moins les informations sur les archives historiques existantes, quel que soit leur lieu de conservation, en vue de favoriser une écriture documentée et objective de l'histoire de l'Algérie.

Et c'est dans le cadre de cette deuxième préoccupation que j'ai eu à organiser à Alger du 16 au 19 février 1998 le Colloque international sur les archives concernant l'histoire de l'Algérie et conservées à l'étranger[3].

En résumé, les fonctions occupées, les tournées d'inspection à travers le territoire national, les missions dans les institutions d'archives étrangères, ainsi que les résultats du Colloque international de 1998 m'autorisent à présenter un panorama assez large, sans être exhaustif, tout en restant dans les limites autorisées pour la communication des archives aussi bien en Algérie qu'à l'étranger.

Les archives de l'histoire de l'Algérie : richesses et contraintes

À cette première contrainte juridique (ou politique, c'est selon) des limites de la communication s'ajoutent une deuxième d'ordre purement technique (beaucoup d'archives attendent d'être classées à Alger, mais aussi à Aix-en-Provence, à Istanbul…), puis une troisième relative à la dispersion des centres d'archives à travers le monde, et enfin une quatrième inhérente à la multiplicité des langues.

Communication. Les délais de communication des archives ne relèvent ni de la volonté ni de la responsabilité des archivistes, mais de celles des pouvoirs politiques, chaque pays ayant édicté sa propre réglementation. Évidemment, ce sont les archives les plus récentes, et pour ce qui nous concerne celles de la GLN 1954-1962, qui sont le plus souvent frappées d'interdiction partielle ou totale à la communication, particulièrement en France. Dans ce pays, les délais peuvent atteindre les cent cinquante ans (archives à caractère

---

1. Abdelkrim Badjadja, « La formation des archives et le préarchivage », publication de la direction des archives de la wilaya de Constantine (DAWC), n° 1/1980.

2. En 1956, Schellenberg a distingué trois âges dans la vie des archives : premier âge (archives courantes de moins de cinq ans) ; deuxième âge (archives intermédiaires de cinq à quinze ans) ; troisième âge (archives de valeur permanente ou historique), T.R. Schellenberg, *Modern Archives : Principles and Techniques*, université de Chicago.

3. Abdelkrim Badjadja, « Résultats du Colloque international d'Alger sur les archives », conférence donnée à Abou Dhabi, dans le cadre du colloque ARBICA de mars 2002, *in* Publication ARBICA/CDR n° 23/2003 (arabe-anglais).

médical), voire au-delà ! On peut se poser légitimement la question pourquoi « au-delà de cent cinquante ans » alors que la loi française dans toute sa rigueur a fixé le délai maximal à cent cinquante ans. Nous tenterons d'y répondre plus loin en formulant une hypothèse lors de la présentation des archives de l'armée française au château de Vincennes à Paris.

Classement. En revanche, ce qui relève des attributions des archivistes, c'est le classement des archives, et l'archiviste est en droit de refuser la communication d'archives non classées, même si elles sont juridiquement ouvertes à la communication. Toutefois des solutions existent pour contourner cette difficulté technique, en communiquant les archives sur la base des bordereaux de versement, comme cela se pratique en Espagne (centre des archives de l'administration à Alcalá de Henares). À condition toutefois que lesdits bordereaux aient été rédigés par les organismes versants, ce qui n'est pas toujours évident ! Chaque pays accordant, cela va de soi, la priorité dans le classement des archives aux fonds les plus anciens, en particulier ceux qui touchent à son histoire nationale, il en résulte que les fonds récents, nous revenons à la GLN 1954-1962, sont relégués au second plan car ils ne sont pas encore ouverts à la communication, et aussi parce qu'ils ne figurent pas vraiment dans les références de l'histoire nationale, sauf pour le cas de la France. Nous pouvons donc affirmer avec certitude que beaucoup d'archives relatives à la période 1954-1962 restent encore à découvrir, que ce soit en Algérie, en France ou dans les autres pays, parce que non encore communicables ou non classées.

La dispersion des lieux de conservation des archives relatives à l'histoire de l'Algérie a été constatée tout au long de notre carrière, et confirmée lors du Colloque international d'Alger en 1998. Ainsi donc, les archives pouvant intéresser le chercheur versé dans l'histoire de l'Algérie ne se trouvent pas uniquement en Algérie, en France (période coloniale) et en Turquie (période ottomane), mais également dans une trentaine de pays, et il ne s'agit là que d'une première approche lors du Colloque international. À la dispersion des pays s'ajoutent celles des centres d'archives, certes d'inégale importance, qui conservent les documents qui nous intéressent. Ainsi, j'ai été surpris de trouver trace à Édimbourg d'un *Plan of attack on Algiers* datant de 1816 et conservé dans un fonds d'archives privées, en dehors du Scottish Record Office (mission de septembre 1997). Et encore plus de dénicher un rapport rédigé en langue française dans les archives du ministère des Affaires étrangères de Russie (mission de 1999), noyé au milieu de documents écrits en russe, et émanant d'un diplomate en poste à Varsovie en 1830. Le document, daté par un curieux hasard du 5 juillet 1830, jour de la prise d'Alger, proposait une stratégie pour éviter une grave polémique entre la Grande-Bretagne et la France au sujet des prétentions françaises sur l'Algérie. Le diplomate préconisait d'inciter la Sublime Porte à renforcer sa présence et son autorité à Alger pour neutraliser les velléités belliqueuses des janissaires, mais en fait il était déjà trop tard pour toute initiative diplomatique. En revanche, j'ai été moins surpris de trouver des manuscrits arabes d'origine algérienne à Kano, au nord du Nigeria (mission de 1993), un plan d'Alger datant de 1543 aux archives de Simancas, en Espagne (mission de 1995), des documents sur Constantine, ma ville natale (comme tu es loin…) aux archives d'Istanbul en Turquie (mission de 1998), comme j'ai trouvé tout à fait normal de trouver trace de l'Algérie partout en France, dans toutes les institutions à l'échelon national, départemental ou local. Déjà, j'avais relevé en 1977, dans les archives départementales de Nice, quelques documents du XVIIIᵉ siècle, en établissant ma recherche sur les mots clés : Alger, barbaresque, sans aller plus loin[1].

Aussi, le présent travail se voudrait être un guide qui permettrait au chercheur, je l'espère, de se faire une idée d'ensemble sur les lieux de conservation des différents fonds d'archives relatives à l'histoire de l'Algérie à travers le monde.

Le préalable des langues. À cette dispersion des lieux de conservation des archives correspond tout à fait logiquement une diversité des langues de production de celles-ci. Un chercheur ne maîtrisant qu'une seule langue, quelle qu'elle soit, ne pourra pas produire un travail de recherche suffisamment documenté, donc convaincant, sur l'histoire de l'Algérie. Chaque période de cette histoire interpelle le chercheur dans des langues différentes, les principales étant couplées obligatoirement : arabe-turc osmanli pour la période ottomane, arabe-français pour la période coloniale, arabe-français-anglais pour la GLN 1954-1962.

La langue arabe, langue nationale et officielle, a été utilisée, cela va de soi, durant toute la période moderne et contemporaine. Mais étant donné la nature des administrations qui avaient gouverné l'Algérie, il apparaît clairement que les documents les plus importants, au moins en volume, avaient été produits en turc osmanli de 1515 à 1830, et en français de 1830 à 1962 (et même au-delà). Ajoutons que le français, de par sa nature de langue de la diplomatie internationale au XIXᵉ siècle (aujourd'hui c'est l'anglais), a été la langue utilisée par les diplomates : aussi il ne faut point s'étonner de trouver des documents en langue française dans les archives d'Istanbul ou celles des Affaires étrangères à Moscou. Enfin pour la GLN 1954-1962, au français utilisé par l'administration coloniale et les organes de la Révolution algérienne (FLN-ALN-CCE-CNRA-GPRA), s'ajoute l'arabe souvent utilisé, parfois exclusivement, par le FLN-ALN en wilayas 1 et 2, constatation faite personnellement aux archives d'Aix, suite à une dérogation d'accès mais sans photocopies, sauf pour les tracts (mission avril 1993). À ces langues s'ajoute

---

1. Abdelkrim Badjadja, « Trois documents sur les relations maritimes entre Alger et Villefranche (comté de Nice) aux XVIIᵉ et XVIIIᵉ siècles », *Revue d'histoire maghrébine*, Tunis, nº 67-68, 1992.

l'anglais, langue des forces alliées débarquant en Algérie le 6 novembre 1942, et langue actuelle de la diplomatie internationale, la question algérienne étant devenue un problème international examiné régulièrement à l'ONU de 1955 à 1962. Pour clore ce chapitre des langues, je dois avouer ma surprise de découvrir à Vincennes, parmi les archives saisies, des tracts FLN-ALN rédigés certes en arabe et en français, mais aussi en allemand, en espagnol et en italien. Les anciens moudjahidines m'avaient éclairé en m'affirmant que ces tracts étaient en fait destinés aux légionnaires d'origine étrangère pour les inciter à déserter.

Les archives en Algérie

Lorsque, le 29 janvier 2001, au siège des Archives de France à Paris, Mme Martine de Boisdeffre, directeur des Archives de France, me remit, en présence de M. Gérard Ermisse, inspecteur général des Archives de France, la liste des traités internationaux signés par l'Algérie avec une quinzaine de nations occidentales du XVIᵉ au XIXᵉ siècle, encore conservés en France, je ressentis une intense émotion, en considérant que j'avais atteint ce jour-là le pic dans ma carrière d'archiviste.

En effet, quelle satisfaction professionnelle de voir les efforts déployés pour retrouver ces précieux documents, couronnés de succès[1] ! Si pour d'aucuns, hélas plus nombreux qu'ils ne devraient, le summum dans une carrière c'est être désigné ministre, pour ce qui me concerne ce fut l'exhumation de ces traités, trop longtemps enfouis, qui attestent de la souveraineté de l'État algérien du XVIᵉ au XIXᵉ siècle, parce que l'on ne signe un accord international qu'avec un État reconnu en tant que tel. Et peu importe si, quarante jours exactement après cet événement historique, il fut mis un terme définitif à ma carrière administrative, comme si l'on avait cherché à mettre un terme à un excès de zèle trop efficace, pouvant déterrer des documents plus récents qu'on ne souhaitait pas voir sortir à la lumière du grand jour (de l'Histoire).

Pour la commodité du propos, je présenterai les archives en Algérie par fonds homogènes : archives ottomanes, archives coloniales, archives de la Révolution algérienne.

Les archives ottomanes : 1515-1830

Ces archives ont été en grande partie restituées à l'Algérie, mais des découvertes restent à faire en France, comme nous l'avions signalé plus

---

1. Les discussions autour du reliquat des archives ottomanes avaient en fait commencé avec les précédents directeurs des Archives de France, Alain Erlande Brandenburg qui avait estimé publiquement le reliquat des archives ottomanes à quatre-vingts mètres linéaires (CITRA, Washington 1995), et Philippe Belaval, qui avait admis l'existence en France des traités internationaux appartenant à l'Algérie.

haut, en particulier les cinquante-neuf traités et accords signés entre l'Algérie et la France durant la période moderne, et dont la liste complète avait été publiée à la fin du volume II de la *Correspondance des deys d'Alger avec la cour de France, 1577-1834*, rassemblée par un ancien diplomate français, Eugène Plantet[1].

De mon point de vue, la France détient les deux exemplaires originaux de chacun de ces traités et accords : le premier exemplaire appartenant à la France, certainement conservé au Quai d'Orsay (ministère des Affaires étrangères), et le second exemplaire appartenant à l'Algérie, encore enfoui là où se trouvaient les traités internationaux restitués à l'Algérie trente-neuf ans après l'indépendance. Il revient aux deux institutions françaises, Quai d'Orsay et Archives de France, de vérifier l'existence des deux séries d'originaux, afin de restituer à l'Algérie ce qui lui appartient de plein droit.

En dehors de la question des traités, les archives ottomanes se composent pour l'essentiel des séries suivantes :

• actes domaniaux de Beit el Beylik ;
• documents financiers et fiscaux de Beit el Mel ;
• actes d'état civil (mariages, divorces) et actes de successions Mahakam Chariaa ;
• correspondance avec la Sublime Porte[2].

Dans cette dernière catégorie, j'avais constaté un grand vide pour le XVIᵉ siècle, soit le début de la période ottomane. Saisissant l'occasion d'un accord conclu avec les Archives nationales de Turquie, j'avais ordonné une mission à Istanbul avec pour objectif essentiel les archives du XVIᵉ siècle. Le résultat fut plus que satisfaisant : les deux missionnaires ramenèrent avec elles un millier de copies de documents de ladite période, et des découvertes restaient encore à faire.

En dehors du centre des Archives nationales d'Alger, il n'existe à ma connaissance qu'un seul centre d'archives de wilaya qui conserve des archives de la période ottomane : Constantine, centre que j'ai eu l'honneur de diriger de 1974 à 1991, et où nous avions pu récupérer une douzaine de registres du cadi Malki de Constantine pour la période 1202h-1253h (1787-1837), soit les cinquante dernières années du beylik de Constantine, de Salah Bey à Hadj Ahmed Bey. Ces registres étaient noyés dans une masse d'archives du palais de justice de Constantine, que d'aucuns proposaient à la destruction... n'eussent été la vigilance et l'opposition ferme du procureur général de l'époque (plus tard premier président de la Cour suprême) qui nous fit appel pour un travail préalable d'identification...

---

1. Attaché des Affaires étrangères, *Correspondances des deys d'Alger avec la cour de France*, tome 1, correspondances 1579-1700, tome 2, correspondances 1700-1833, Paris, Alcan, 1889.
2. Brochure sous forme de dépliant des Archives nationales d'Algérie, Alger, 1992.

Afin de clore ce chapitre des archives ottomanes, nous donnerons ci-dessous la liste la plus complète possible des cent un traités internationaux signés par l'Algérie du XVIᵉ au XIXᵉ siècle[1], une partie de ces actes de souveraineté étant conservés désormais dans leur version originale (et non plus des photocopies) aux Archives nationales d'Algérie : France : 59 traités signés de 1619 à 1832[2] ; Pays-Bas : 9 traités de 1622 à 1760[3] ; Royaume-Uni : 8 traités de 1662 à 1824 ; Espagne : 4 traités de 1760 à 1791 ; République de Venise : 3 traités en 1763, 1768, et 1782 ; États-Unis d'Amérique : 3 traités en 1795, 1815, et 1816 ; Toscane : 3 traités en 1748, 1757 et 1822 ; Autriche : 2 traités en 1727 et 1748 ; Suède : 2 traités en 1729 et 1794 ; Portugal : 2 traités en 1626 et 1813 ; Allemagne : 2 traités en 1751 et 1757 ; Sardaigne : un traité en 1816 ; Danemark : un traité en 1772 ; Royaume de Naples : un traité en 1816 ; Îles Ioniennes : un traité en 1816.

Les archives coloniales : 1830-1962

Disons-le tout de suite, il s'agit plus de fonds épars, voire d'épaves, que de fonds complets, après le transfert massif d'Algérie vers la France (Aix-en-Provence) de deux cent mille cartons d'archives par envois successifs étalés entre 1960 et 1962.

Pour l'essentiel, les archives coloniales ayant échappé aux transferts sont conservées pour l'ex-gouvernement général de l'Algérie au centre des Archives nationales, et pour les archives des anciennes préfectures d'Alger, Oran et Constantine jusqu'en 1957, dans les centres d'archives des wilayas du même nom. Quant aux archives départementales de 1958 à 1962, elles sont en principe conservées dans les anciens sièges de préfectures, une douzaine, devenues wilayas en 1969. Les nouvelles wilayas créées en 1974, au nombre de seize, avaient quant à elles hérité de ce qui subsistait comme archives des anciennes sous-préfectures et des anciens arrondissements.

Pour plus d'informations sur les archives coloniales existantes, consulter le site de la direction générale des Archives nationales : http://www.archives-dgan.gov.dz, site que j'avais fait créer, et qui a été amputé, appauvri, après mon départ sous prétexte de rénovation. Ainsi ont disparu les noms des auteurs des instruments de recherche, ainsi que toute information sur les archives régionales (rubrique autonome d'Oran), sans parler de la disparition

---

1. Abdelkrim Badjadja, « Tableau des traités de paix et de commerce signés par les États du Maghreb avec les nations occidentales du XVIᵉ au XIXᵉ siècle », Abou Dhabi, mars 2002, inédit.

2. Eugène Plantet... en donne la liste complète à la fin du deuxième volume de son ouvrage.

3. Pour la question des traités dans le détail, j'ai eu recours au *Manuel des consuls*, trois tomes en cinq volumes, publié par Alex de Miltitz, chambellan de S.M. le roi de Prusse, ancien ministre près la Porte ottomane, Londres et Berlin, A. Asher, tome 1/1837, tome 2/1838, tome 3/1839 (disponibles aux archives de la wilaya d'Alger).

de toute référence relative aux publications de la DGAN du numéro 1/1995 au numéro 12/2001[1]. La publication numéro 7/1997 (heureusement tirée et diffusée en trois mille exemplaires comme toutes les autres) donne en particulier la liste à peu près complète des inventaires, répertoires, guides et catalogues réalisés par les archivistes tant à l'échelon national que régional, avec toutes les indications bibliographiques, conformément aux normes internationales qui imposent la mention des noms des auteurs.

Afin de sauver les archives coloniales, résidus des transferts, j'avais édicté deux circulaires, la première interdisant leur élimination[2], et la seconde ordonnant leur versement intégral au centre des Archives nationales[3]. Miracle : ces deux circulaires sont publiées dans le site actuel (en septembre 2003), avec mon nom en prime (quelle générosité !).

Les archives de la révolution algérienne : 1954-1962

Cette question fut pour moi un leitmotiv, revenant lors de chaque discussion avec les anciens responsables de la Révolution algérienne que j'avais eu l'honneur de recevoir en mon bureau à la direction générale des Archives nationales :

Feu Benyoucef Benkhedda (hommage à sa mémoire et à sa probité intellectuelle), Ahmed Ben Bella (qui se rappelait encore du chiffre mythique des vingt-sept voix en sa faveur lors du dernier CNRA de Tripoli), Ali Kafi (qui s'était quelque peu énervé lorsque j'avais évoqué l'assassinat d'Abane Ramdane, en faisant valoir que cela avait ouvert la porte aux crimes politiques, position personnelle que j'avais du reste déclarée lors d'une interview au journal *El Watan* de novembre 1992), Abdelaziz Bouteflika (qui évoqua une discussion avec un général français au sujet de Tindouf : « Attention ! ne faites pas les cons en lâchant Tindouf aux Marocains ! »), venu en compagnie de M'hamed Hadj Yala (ex-wali de Constantine au moment où j'entamais en juillet 1974 ma carrière d'archiviste, d'où une affection réciproque), et de Boualem Bessayeh (que

1. Série de publications des Archives nationales d'Algérie, A. Badjadja, directeur : n° 1/1995 : « État des archives de l'Algérie en 1994 » ; n° 2/1996 : « Annuaire national des archivistes » ; n° 3/1996 : « Le contentieux archivistique algéro-français » ; n° 4/1996 : « Séminaire national sur les techniques archivistiques, déc. 1994 » ; n° 5/1996 : « Le plan de développement des archives nationales, 1996-2000 » ; n° 6/1997 : « Colloque ARBICA sur la construction et l'équipement des centres d'archives, Alger 1er-2 décembre 1993 » ; n° 7/1997 : « Séminaire national sur les instruments de recherches, 1996 » ; n° 8/1998 : « Actes du Colloque international sur les archives concernant l'histoire de l'Algérie et conservées à l'étranger, Alger 16-19 février 1998 », communications en français ; n° 9/1998, *idem*, communications en anglais ; n° 10/1998, *idem*, communications en arabe ; n° 11/2000, *idem*, 4e et dernier volume, communications tardives, résolutions ; n° 12/2001 : « L'organisation des archives en Algérie : textes législatifs et réglementaires, conférences ».
2. Circulaire n° 94-06 du 26 septembre 1994 relative à l'élimination de certaines catégories d'archives des wilayas.
3. Circulaire n° 94-07 du 2 octobre 1994 relative au sauvetage des archives antérieures à 1962.

j'avais orienté sur le journal colonial *Le Républicain de Constantine*, qui avait publié pendant le premier trimestre 1873 le procès complet des chefs de l'insurrection de 1871), ces deux anciens ministres ne pouvant placer un mot devant l'éloquence du futur président de la République...

J'avais reçu également le colonel Khatib Youssef, peu bavard, intéressé surtout par la consultation immédiate des archives de la Révolution, Abdelhamid Mehri, alors secrétaire général du FLN qui s'était déplacé pour le versement des archives du FLN 1962-1988, ainsi que ses archives personnelles, et enfin Ali Haroun qui mérite une mention spéciale. En effet, Ali Haroun s'était déplacé à plusieurs reprises, souvent accompagné de mon grand ami Hocine Bouzaher, dit si Salim (ancien rédacteur d'*El Moudjahid* au Maroc, et ancien collaborateur de Mohamed Boudiaf), dans le but d'organiser une grande opération de récupération des archives de la Fédération de France du FLN, dispersées en Europe, encore détenues par les membres des réseaux de soutien à la Révolution algérienne. Devant les hésitations de l'Administration, Ali Haroun s'engagea seul dans cette opération en mettant la main à la poche, et finit par rassembler près de trois cents kilos d'archives, inventoriées sur place à Paris par Si Salim Bouzaher, mon rôle consistant à ramener ces archives en excédent de bagages (trois cents kilos), avec le soutien efficace de notre ambassade à Paris. Entretiens également avec certains responsables en leur domicile, comme Abdelmalek Benhabyles (accompagné à deux reprises par le moudjahid Si Mohamed Tayeb Laaloui qui m'avait introduit aussi auprès d'Ali Kafi), qui se rappelait une discussion dans le train entre Constantine et Biskra avec Larbi Ben M'hidi : « En lui faisant remarquer que c'était faire preuve d'inconscience que de vouloir déclencher une révolution sans moyens, Larbi Ben M'hidi me répondit que justement sans un brin d'inconscience on ne peut pas déclencher une révolution ». Que dire des discussions avec Mohammed Harbi, qui m'avait reçu à maintes reprises chez lui à Paris pour procéder à un don d'archives de la Fédération de France du FLN, des archives « brûlantes » qu'il s'était interdit d'exploiter dans ces recherches, et qu'il avait fini par me confier avec beaucoup d'hésitations, ne tenant pas à ma personne, mais à la pérennité des institutions (site DGAN). D'autres archives avaient également été offertes par Si Mohamed Tayeb aux Archives nationales, mais cette fois-ci dans mon bureau à Alger, après l'avoir accueilli personnellement à l'aéroport, où il avait été annoncé avec instruction ferme de lui éviter toute fouille à la douane (confidentialité des archives). Et à propos d'aéroport, Si Mohammed Harbi évoquait la période durant laquelle il était chef de cabinet du président Ben Bella, celui-ci lui reprochant de ne pas se déplacer pour l'accueillir à Dar El Beida (protocole !). En ce qui concerne ma rencontre avec Mabrouk Belhocine, avocat, ancien membre du cabinet du ministère des Relations extérieures du GPRA au Caire, elle eut lieu au sein des éditions Casbah, et s'était soldée par la remise officielle du courrier Alger-Le Caire 1954-1956 (site DGAN) en présence de la télévision algérienne. Je ne peux me permettre d'oublier d'autres responsables et militants moins connus du FLN, de l'ALN, du MALG (Boualem Dekkar par exemple), des fedayin (par exemple l'auteur de l'attentat du Casino à Constantine, devenu en 1985 vendeur de sardines à Souk el-Acer)… rencontrés tout au long de ma carrière, la plupart détenant encore des documents mais hésitant à les verser par crainte de les voir disparaître. Il faut aux Archives nationales d'Algérie déployer davantage d'efforts pour mettre en confiance tous les détenteurs d'archives, et les inciter soit à verser leurs archives, soit à les déposer au centre des Archives nationales sans préjudice de leurs droits de propriété, soit au moins à autoriser leur reproduction. De même qu'il est essentiel que tous les dirigeants et militants de la Révolution algérienne considèrent les Archives nationales comme la Maison Algérie, celle dans laquelle ils se reconnaissent tous, quelles que soient leurs divergences et leurs positions politiques actuelles.

Parce qu'il faut bien se rendre compte qu'un événement de l'importance de la Révolution algérienne ne peut être confiné dans la quinzaine de boîtes du CNRA et du GPRA (1959-1962) accessibles aux Archives nationales, ni même dans les deux cent cinquante-trois bandes magnétiques d'enregistrement des sessions du CNRA à Tripoli de 1959 à 1962, non encore accessibles au public, et je déconseillerai personnellement leur communication avant un travail de restauration et de transfert sur de nouveaux supports électroniques. Il reste également à ouvrir aux chercheurs les archives de l'ALN encore sous la responsabilité du MDN comme stipulé dans la brochure citée[1] au point quinze, ainsi que le millier de boîtes de documents 1954-1962 offerts par les militants lors de la campagne de récupération des archives lancée par le ministère des Moudjahidines en 1973-1974. Ce dernier type de documents témoigne des activités révolutionnaires à la base, c'est-à-dire la Révolution au jour le jour au sein des unités combattantes de l'ALN, des cellules du FLN, et dans les milieux populaires, alors que le maigre fonds CNRA/GPRA atteste en principe des questions stratégiques, la Révolution vue du sommet. Signalons enfin que les archives des anciennes représentations diplomatiques du FLN/CCE/GPRA ont été récupérées par le MAE dans nos ambassades près des pays arabes bien sûr, mais aussi dans quelques pays occidentaux, et dans les capitales du bloc socialiste et du groupe des non-alignés qui avaient soutenu la Révolution algérienne. Pour ce fonds un inventaire avec index avait été dressé par l'équipe d'archivistes du MAE, avant microfilmage puis versement aux Archives nationales[2].

Si des archives de la Révolution algérienne restent encore à récupérer auprès des anciens dirigeants et militants après un travail de sensibilisation – et je me permets de rappeler la promesse faite par Si Ali Kafi de remettre aux Archives nationales au moins les photocopies des documents en sa

---

1. Bulletins du centre des Archives nationales, 1989-1991.
2. Djamel Zerkani, « Inventaire des archives de la Révolution algérienne : archives diplomatiques du FLN – CCE – GPRA », publication du MAE.

possession, photocopies que j'avais réalisées moi-même à sa demande pour les besoins de son livre –, il reste que de nombreux documents d'origine nationaliste ayant fait l'objet de saisies par la police et l'armée françaises durant toute la période 1830-1962, se trouvent de ce fait noyés au milieu des archives militaires à Vincennes – plus de quatre cents cartons d'archives ALN/FLN[1] –, et des archives « civiles » à Aix. Nous y reviendrons dans le chapitre réservé aux archives algériennes en France.

Les archives en Turquie

Bibliographie[2]

Présentation

Les archives ottomanes couvrant la période allant du XVIe au XIXe siècle, et conservées pour l'essentiel à Istanbul dans sept centres d'archives, avaient été évaluées à cent cinquante millions de documents, dont une vingtaine concerneraient les pays arabes. Lors de ma visite officielle à Istanbul en octobre 1998, les responsables m'affirmèrent que cinquante millions de documents avaient déjà été inventoriés par une multitude d'universitaires turcs, cela en l'espace de dix années. Sur cette masse bibliographique, les inventaires relatifs à deux millions de documents avaient été informatisés, et je pus éprouver le système en repérant rapidement quelques références à partir de mots clés : émir Abd el-Kader, Hadj Ahmed Bey, Constantine... À ce rythme, il faudra au moins une vingtaine d'années d'efforts soutenus pour arriver à maîtriser tous les fonds, et faciliter la recherche par voie électronique. La tâche est ardue parce que les archives ottomanes de par leur nature exigent un travail d'inventaire pièce par pièce, et non dossier par dossier, encore moins par boîte ou par groupe de boîtes, comme cela se pratique pour les fonds d'archives contemporaines. En ce qui concerne les archives relatives à l'histoire de l'Algérie, et dont les plus anciennes remontent au début du XVIe siècle (?), et avec certitude à l'année 1533 lorsque Kheireddine Barberousse fut proclamé à Alep bey de l'Algérie[3], elles couvrent toute la période moderne jusqu'au début de l'invasion coloniale, comme l'attestent les correspondances échangées avec l'émir Abd el-Khader et Hadj Ahmed Bey.

---

1. Gilbert Meynier, *Histoire intérieure du FLN, 1959-1962*, Fayard, Paris, 2002, 810 p.

2. Trois communications avaient été présentées par la délégation turque au colloque international d'Alger de 1998 : direction générale des archives d'État de Turquie : « L'importance des archives ottomanes de Turquie du point de vue des ressources historiques de l'Algérie », DGAN n° 8/1998, p. 169-189 ; Dr Ercument Koran : « Histoire de l'Algérie à l'époque ottomane d'après les archives turques », DGAN n° 8/1998, p. 191-198 ; Dr Nesimi Yasicioglu : « Quelques réflexions sur les publications turques concernant l'histoire de l'Algérie », DGAN n° 8/1998, p. 199-212.

3. D.G. Archives d'État de Turquie, p. 173.

Les principaux fonds

Dans cette véritable jungle que représentent les archives ottomanes, et où osa pénétrer le premier maghrébin Abdeljalil Temimi[1] dans les années 1960, on (certainement pas moi) a fini par cerner quatre principaux groupes de fonds susceptibles de contenir des documents concernant l'Algérie :

• *Dafatir el Mouhima*, l'une des séries les plus importantes, composée des registres du divan Hemayouni. On y enregistrait les firmans, les jugements, et les ordres émanant du cabinet Hemayouni et destinés aux différentes provinces du califat ottoman ; 266 registres de ce type composent le fonds pour la période 1533-1905, avec de nombreux documents concernant l'Algérie ;

• *El Khoutout el Hamayounia*, ordres émanant directement du sultan ottoman, et classés par ordre chronologique de 1659 à 1880 ;

• section *Moallem Jaoudat*, du nom du premier responsable d'un groupe d'archivistes ayant classé cette série qui s'étire de 1533 à 1902, et où sont signalés des documents relatifs à l'Algérie dans les fonds des Affaires étrangères, des Finances, et de la Marine ;

• autres fonds, dont le classement reste à affiner pour rechercher les documents sur l'Algérie : « Ibn el Amin », « Ali el Amiri », « Dosya Usulu Iradeler », « Mesail Muhimme Iradleri »...

Conclusion

Jusque-là, moins de cent mille documents ont déjà été repérés pour l'Algérie, alors que j'estime personnellement l'ensemble à un million de pièces au moins sur les vingt millions concernant le monde arabe. Dans le lot, l'Algérie ne dispose à l'heure actuelle que de quelques milliers de copies de documents, ramenées en grande partie par feu Tewfik el-Madani, ancien ambassadeur d'Algérie à Ankara, auxquels s'ajoutent un millier de pièces d'archives du XVIᵉ siècle sélectionnées par les missionnaires que j'avais dépêchés à Istanbul après ma visite officielle de 1998. Afin d'accélérer le processus d'identification et d'inventaire des archives ottomanes, du moins pour la partie concernant le monde arabe, j'avais proposé un programme de travail arabo-turc lors du colloque Arbica de Riyad en mai 2001[2].

Les archives en France

Le contentieux archivistique algéro-français

Parler des archives relatives à l'histoire de l'Algérie conservées (ou détenues) en France, c'est d'abord parler du contentieux archivistique algéro-français, portant sur une quantité phénoménale de deux cent mille cartons

---

1. Dr Ercument Koran, p. 195.
2. Abdelkrim Badjadja, « Proposition d'une stratégie arabe pour l'exploitation commune des archives ottomanes », colloque Arbica, mai 2001, Riyad.

d'archives transférées d'Algérie vers la France, en plusieurs envois successifs, de 1960 à 1962.

Sous prétexte de microfilmage par mesure de sécurité, des consignes avaient été données par la direction des Archives de France pour acheminer vers Aix-en-Provence tous les documents sensibles touchant, tout d'abord, aux questions de sécurité. Par la suite, la porte fut grande ouverte pour transférer n'importe quelle catégorie de documents. Et c'est ainsi que des masses d'archives furent expédiées en France :

• archives de toutes les structures administratives, gouvernement général de l'Algérie, préfectures (en particulier Alger, Oran et Constantine), arrondissements et sous-préfectures, communes (surtout les archives des anciennes communes de plein exercice et communes mixtes), sans oublier les sections administratives urbaines (SAU), et les sections administratives spécialisées (SAS), etc ;

• archives de toute nature (sécurité, politique, militaire bien sûr), mais aussi des archives de gestion, personnel, comptabilité, finances, agriculture, commerce, industrie, artisanat, santé, éducation, élections, affaires sociales, ainsi que des archives techniques, infrastructures, plans des bâtiments publics... et même quelques registres d'état civil, et des dossiers de cartes nationales d'identité !

Pour la petite histoire, il est curieux et navrant de noter que cinquante tonnes d'archives des quatre départements de l'Est algérien (Constantine, Bône, Batna et Sétif) se trouvaient encore en territoire algérien (base militaire de Téleghma) trois mois après l'indépendance !

À l'occasion des négociations sur le contentieux archivistique auxquelles nous avions participé en 1980-1981, Omar Hachi, directeur des archives de la wilaya d'Alger, Fouad Soufi, directeur des archives de la wilaya d'Oran, et moi-même, en charge à l'époque des archives de la wilaya de Constantine, nous avions dressé l'inventaire des archives transférées. Par la suite, j'avais repris ces rapports, auxquels ont été joints d'autres documents émanant des différentes phases des négociations, pour en faire la synthèse avec mon collègue Omar Hachi, synthèse présentée lors de la conférence internationale de Washington (CITRA, septembre 1995) qui portait justement sur les contentieux d'archives à travers le monde[1].

Je réitère aujourd'hui la proposition que j'avais faite à l'époque, proposition appuyée par mon homologue français Alain Erlande-Brandenburg à la stupéfaction des participants à la CITRA de Washington, qui représentaient soixante-douze pays, lesquels s'attendaient plutôt à une violente confrontation, le contentieux algéro-français étant le plus lourd du monde, à savoir : laisser le côté juridique du contentieux à la diplomatie des deux États, l'Algérie et la France, et encourager une collaboration technique entre les Archives nationales d'Algérie et celles de France, tant il est vrai que les

---

1. Synthèse publiée dans la série DGAN, n° 3/1996 : « Le contentieux archivistique algéro-français ».

ressortissants des deux pays, qu'ils soient simples citoyens ou chercheurs, ne peuvent attendre des décennies pour accéder aux documents essentiels pour la reconnaissance de leurs droits, ou pour leurs recherches historiques. Et que dire des dossiers techniques et plans de toute nature dont le besoin se fait sentir en Algérie chaque fois qu'il faut entreprendre des travaux de restauration ou de rénovation ? De mon point de vue, la partie des archives dites sensibles, qui semblent embarrasser aussi bien les autorités françaises qu'algériennes – surtout les dossiers de ceux qui avaient collaboré avec l'administration coloniale que l'on cherche à cacher, alors qu'ils sont identifiés depuis longtemps, certains osant même se présenter sur des listes électorales en Algérie sans chercher à occulter leur passé, d'autant moins qu'une multitude de jeunes Algériens sont aujourd'hui (en 2003) à la recherche de n'importe quel papier qui prouverait la loyauté de leur ascendance envers la France coloniale dans l'espoir de décrocher le gros lot : la nationalité française, celle-là justement contre laquelle avait combattu le peuple algérien –, ces archives, supposées secrètes, représentent en fait moins de 10 % de l'ensemble des archives transférées, d'où la nécessité de parvenir à une franche coopération concernant les 90 % restants, relevant plutôt de la gestion, et en tout cas d'une confidentialité dépassée par le temps et les réalités...

Les archives algériennes en France

Comme chacun le sait, la totalité des archives algériennes transférées en France se trouve conservée (ou plutôt détenue) à Aix-en-Provence, où elles occupent l'essentiel des espaces du Centre des archives d'outre-mer, spécialement construit pour accueillir définitivement les archives de l'Empire colonial français : Algérie, Tunisie, Vietnam... et certainement pas pour des besoins temporaires de microfilmage !

Je n'aurai rien à ajouter en ce qui concerne ces archives, si ce n'est quelques observations techniques :

• le volume des archives déjà classées est de très loin inférieur à la masse de celles qui restent à inventorier, le centre d'Aix ne disposant que d'un personnel scientifique très insuffisant par rapport à la tâche colossale qui reste à accomplir ;

• du reste, j'avais constaté personnellement que des liasses n'avaient jamais été ouvertes, même pas pour nettoyage, plus de trente ans après le transfert, et qu'elles contenaient encore de la poussière, voire du sable d'Algérie, plus exactement de l'Aurès, ayant été le premier à les ouvrir par dérogation spéciale du ministère français de l'Intérieur (mission de 1993) ;

• de nombreuses archives d'origine nationaliste étaient annexées aux rapports de gendarmerie, de police, et des autorités administratives coloniales, cela aussi bien pour le XIXe que pour le XXe siècle ;

• c'est ainsi que j'ai pu découvrir, en janvier 2000, les exemplaires numérotés 1-2-3 du bulletin du CRUA *Le Patriote* (ronéotypé), annexés à des rapports de police de Constantine non encore ouverts à la communication, et dont je n'ai pas pris connaissance, n'y étant pas autorisé, et de plus intéressé uniquement par la recherche de la production nationaliste (tracts, brochures), ainsi que des documents inédits de l'ENA-PPA que j'avais fait exposer à Tlemcen deux mois après lors d'un hommage à Messali Hadj (mars 2000) ;

• le fait d'interdire à la communication toute une boîte d'archives d'un fonds pourtant ouvert à la communication, sous prétexte de l'existence à l'intérieur d'un petit dossier non communicable, ne peut qu'entraver la démarche du chercheur.

À mon avis, et dans le sens de la proposition réitérée plus haut pour une coopération technique entre l'Algérie et la France, des archivistes algériens pourraient être associés aux travaux de classement, au moins pour les fonds reconnus comme pouvant être ouverts à la communication. Et pour conclure sur les archives algériennes d'Aix, il me semble qu'une nouvelle approche de la question de la communicabilité devrait être entreprise, à l'instar du Service historique de l'armée de terre à Vincennes pour la période 1945-1967.

Les archives françaises de l'histoire de l'Algérie

Si les archives transférées d'Algérie vers la France sont de nationalité algérienne, parce que produites en territoire algérien nonobstant son statut juridique de 1830 à 1962 – c'est un principe de droit international que la France avait invoqué pour récupérer entre autres les archives du comté de Nice qui étaient conservées à Turin[1] – celles, en revanche, produites en France par les différentes institutions qui avaient eu à gérer le dossier Algérie sont de nationalité française sans aucun doute. Et nous pouvons avancer sans grand risque de nous tromper que l'Algérie est présente dans les fonds d'archives de toutes les institutions françaises, que ce soit à l'échelon central, régional ou local.

Le Guide français de l'histoire des nations[2] dresse une liste exhaustive des diverses institutions qui avaient produit des archives sur l'Algérie : Affaires étrangères, Défense, Économie et Finances, Justice, chambres de commerce (en particulier celle de Marseille, très riche pour la période ottomane). Le guide nous oriente également vers les départements et les communes, ainsi que vers les banques, les entreprises, les archives privées, les archives religieuses, etc.

---

1. À la suite du rattachement du comté de Nice à son propre territoire en 1860, la France avait réclamé les archives y afférentes conservées à Turin ; le contentieux ne fut réglé en faveur de la France qu'à la suite de la défaite de l'Italie lors de la Seconde Guerre mondiale.

2. Commission française du Guide des sources de l'histoire des nations, « Sources de l'histoire du Proche-Orient et de l'Afrique du Nord dans les archives et bibliothèques françaises », Éd. K.G. Saur, Paris, 1996.

Si pour les grands centres d'archives que sont Aix-en-Provence (pour les archives civiles), Vincennes (pour les archives militaires), et le Quai d'Orsay (pour les archives diplomatiques), le chercheur dispose d'outils de travail (dont certains devraient tout de même être plus affinés), il reste dans l'ignorance des possibilités que recèlent des centres moins importants et moins prestigieux. Une coopération entre l'Algérie et la France poussée au plus loin pourrait aboutir à la mise en place d'un groupe de travail mixte qui aurait pour mission de localiser et d'inventorier les nombreuses sources d'archives relatives à l'histoire commune des deux pays.

Les archives de l'armée française à Vincennes

Introduction. Chacun des trois grands corps de l'armée française : Terre, Marine, Air, dispose de son propre service historique, et la recherche pour ce qui concerne l'Algérie est assez aisée. Des trois corps cités, c'est l'armée de terre qui de par sa nature offre le plus de ressources, en volume, dans le temps et dans l'espace, ayant été impliquée directement et en permanence dans tous les événements en Algérie : conquête coloniale, expéditions, répression des insurrections populaires du XIXe siècle et celle de 1916 (Aurès), répressions de mai-juin 1945, guerre d'Algérie, supplantation de l'autorité civile par l'autorité militaire, essais nucléaires français au Sahara, etc. Toutes les archives de l'armée de terre concernant l'Algérie sont regroupées dans la sous-série 1H-Algérie, une première partie s'étalant de 1830 (et même avant) à 1945, composée de mille quatre-vingt-dix cartons (pour cent quinze ans d'histoire), et la seconde partie, dite contemporaine, de 1945 à 1967 (après l'indépendance de l'Algérie), formée de plus de cinq milles boîtes pour dix-sept ans d'histoire[1].

Le problème de la communicabilité cent soixante-dix ans après. Avant de présenter les archives de l'armée française pour la période 1954-1962, je me dois de marquer un temps d'arrêt pour revenir sur la question de la communicabilité des archives, déjà évoquée, surtout en introduction, partie « Communication ». La législation française frappe d'interdit à la communication les archives médicales, fixant les délais de communicabilité à « cent cinquante ans à compter de la date de naissance pour les documents comportant des renseignements individuels de caractère médical » (article 17, alinéa 1, de la loi 79-18 du 3 janvier 1979 sur les archives), alors que pour les dossiers de personnel le délai est ramené à cent vingt ans (alinéa 2). Nous parlons ici des délais les plus longs, parce que les dossiers touchant à la sécurité de l'État et à la Défense nationale peuvent être consultés soixante ans après leur création (alinéa 5).

---

1. Abdelkrim Badjadja : « Les archives 1954-1962 de l'armée française conservées au château de Vincennes à Paris », publication DGAN-8/1998, p. 155-165.

Pourquoi cent cinquante ans pour les archives médicales ?

Pour tenter de répondre à cette question, qu'il me soit permis aujourd'hui, sans chercher à troubler la quiétude du législateur français, de citer des archives de l'armée de terre pour la période 1830-1834, c'est-à-dire datant de cent soixante-dix ans, tous délais épuisés, en précisant que j'ai eu accès à ces documents (en 1983) non par le biais de l'inventaire disponible en salle de lecture (où ces notes ne figuraient pas : 1H221-1H222), mais grâce à la version originale (manuscrite) dudit inventaire établie par un sergent du service en 1932, et qui se trouvait par inadvertance mélangée à des documents communicables ! Il s'agissait de dossiers à caractère médical ayant trait aux énormes pertes subies par l'armée française durant les premières années de la conquête coloniale : 8 822 soldats français morts au combat entre 1830 et 1834, soit en cinq ans. Et dans les dossiers, il était plus souvent question de morts de maladies, d'épidémies que de morts au combat. Ayant eu à travailler sur la bataille de Constantine, 1836-1837[1], j'avais déjà constaté une différence de taille entre les chiffres officiels des pertes françaises en 1836 (sept cents morts), et l'évaluation du commandant Changarnier, officier qui avait sauvé l'honneur de l'armée française en ne cédant pas à la panique générale après l'échec subi devant les murs de Constantine, surnommée la ville du diable. Cet officier avançait dans ses Mémoires[2] le chiffre de trois mille morts, et autant de blessés, lors de la première expédition de Constantine (novembre 1836) à laquelle il avait participé. Dans ce chiffre de trois mille morts, il faut compter les nombreux cas de suicide de soldats désespérés, et les exécutions sommaires de certains d'entre eux par leurs propres officiers pour lâcheté ou tentative de désertion (quitte à les déclarer après comme tombés pour la France, ou morts de maladie). Pour faire le joint entre le chiffre officiel de sept cents morts et celui réel de trois mille morts, il y a les archives médicales produites probablement avec de fausses déclarations, tant il est vrai que l'on ne peut cacher indéfiniment des cadavres. Autres chiffres réels cachés pendant cent soixante-dix ans et relatifs aux pertes subies par l'armée française en Algérie : 5 207 soldats français mis hors de combat en 1845 sur tout le territoire algérien ; ce chiffre était passé a 7 650 en 1846. Les archives médicales, en particulier les dossiers individuels, sont-elles aujourd'hui communicables ? Et les journaux des marches et opérations (JMO) qui relatent régulièrement les faits dans les unités combattantes, voire les cas de suicides et d'exécutions sommaires ? Sinon, pourquoi ces archives restent interdites après ce laps de temps ? Craint-on une extrapolation avec des événements similaires qui se seraient produits lors de la guerre d'Algérie entre 1954-1962 ? Et d'autres questions encore qui relèveraient de l'histoire interne des Français...

---

1. Abdelkrim Badjadja, *La bataille de Constantine, 1836-1837*, publication à compte d'auteur, Constantine, Imprimerie El Baath, 1984 ; aussi *in* Cahiers de Tunisie, n° 157-158, 1991.

2. Général Changarnier, *Campagnes d'Afrique, 1830-1848*, Paris, 1930.

Je crois en mon âme et conscience – et ce que j'avance vaut aussi bien pour la France que pour l'Algérie (l'assassinat d'Abbane Ramdane qui a ouvert les portes de l'école du crime politique) – qu'un État respectable ne peut occulter la vérité, aussi amère soit-elle, qu'il sortira grandi en ouvrant les dossiers sensibles, et en permettant aux citoyens de prendre connaissance des véritables pages de son histoire, et non celles falsifiées d'une histoire mystifiée.

Pour en revenir à notre sujet, je présente en quelques traits l'essentiel des archives de Vincennes[1].

Service historique de l'armée de terre (SHAT). Plus de six mille cartons sur l'Algérie : quantitativement et qualitativement, ce sont les archives les plus importantes, vu le rôle majeur joué par l'armée de terre depuis la conquête coloniale. Ces archives peuvent être présentées en trois fonds principaux :
• sous-série 1H Algérie de 1830 à 1945 : 1 090 cartons ;
• sous-série 1H Algérie de 1945 à 1967 : plus de 5 000 cartons ;
• sous-série 7U, moins importante en volume, mais pas en qualité de l'information.

La première et la deuxième sous-série (1H) concernent les institutions militaires à tous les niveaux : cabinet militaire, commandement, état-major, corps d'armée, divisions et secteurs.

La troisième sous-série (7U) rassemble les archives des unités opérationnelles, quel que soit leur lieu de stationnement, une même unité pouvant connaître plusieurs affectations dans sa carrière : Indochine, Algérie, Allemagne.

Dans les trois sous-séries, à signaler l'importance particulière d'une catégorie d'archives : les journaux des marches et opérations (JMO). Il s'agit de chroniques détaillées des événements vécus par l'unité sur ses activités opérationnelles et sur les pertes (réelles) subies. C'est là qu'il faut chercher l'information brute, vraie, provenant directement du terrain, avant sa manipulation et sa transformation aux niveaux élevés de la hiérarchie, en particulier le 2e bureau (renseignements) de chaque échelon : cabinet militaire, état-major, corps d'armée, divisions et secteurs.

Au cours de mes travaux de recherches professionnelles au SHAT, j'ai pu mesurer l'ampleur des archives FLN et ALN saisies au cours des opérations militaires : instructions et directives ; comptes rendus d'accrochages ; tracts en arabe, en français, et aussi en allemand, en espagnol et en italien ; brochures et publications du FLN et de l'ALN ; lettres et rapports ; listes de *djounoud* et de *chouhada* ; archives médicales provenant des abris servant d'hôpitaux de fortune ; documents financiers (bilans, cotisations, aide à la population) ; logistique (ravitaillement, armement) ; et même un registre

---

1. Service historique de l'armée de terre (SHAT), Vincennes, DGAN-8/1998, p. 131-153.

d'un tribunal de l'ALN avec compte rendu des procès ! La saisie de ces archives avait été rendue possible par le fait que les unités de l'ALN se déplaçaient avec leurs documents.

La consultation de ces archives permet d'apprécier le degré d'organisation de la Révolution algérienne sur le terrain dans des conditions insoutenables.

Du côté de l'armée française, j'ai relevé à titre d'exemple des informations relatives aux effectifs déployés en Algérie : 1-11-1954 : 65 337 soldats ; 1-12-1954 : 76 555 soldats ; 1-01-1955 : 81 145 soldats ; 1-01-1956 : 180 000 soldats.

Ainsi que les plans détaillés des champs de mines le long des zones frontalières : fin avril 1958, l'armée française avait déjà posé un million huit cent mille mines sur les deux barrages est-ouest.

Service historique de l'armée de l'air (SHAA). Avec ses deux mille cent cartons d'archives concernant l'Algérie entre 1954 et 1962, le SHAA vient en deuxième position, par ordre d'importance, après le SHAT. Les fonds se repartissent en quatre séries, I, G, E, Z, et deux collections de photos et de témoignages :

• la série I se compose des archives des formations de support et de combat au sol ; mille quatre cent quarante cartons inventoriés dossier par dossier, et parfois pièce par pièce (seize inventaires et cinq volumes pour les index) ;

• la série G concerne les archives des unités7 volantes : chasse, bombardement, reconnaissance, transport, hélicoptères, aviation légère, aviation d'appui, unités de liaisons aériennes, etc., soit quatre cent quatre-vingts cartons ;

• la série E rassemble en fait les archives métropolitaines : défense nationale et administration centrale depuis 1945, mais à l'intérieur desquelles cent soixante-dix cartons concernent les opérations en Algérie de 1954 à 1962 ;

• la série Z reçoit les dons d'archives privées, soit quinze cartons ;

• la photothèque offre des vues prises lors des bombardements aériens, et aussi des photos de visites officielles et de célébrations, ainsi que des scènes de la vie quotidienne des soldats (photos privées) ;

• enfin, le SHAA dispose d'une collection de six cent cinquante interviews d'anciens aviateurs, recueillies depuis 1974, dont ceux des généraux Jouhaud, Challe, Nicot, Fourquet qui ont exercé (ou plutôt sévi) en Algérie.

Afin d'illustrer (sinistre façon pour moi de parler des bombardements !) l'intérêt des archives de l'armée de l'air française, nous citerons quelques chiffres, ainsi qu'une analyse de la réaction de l'ALN face aux avions :

• statistiques : 8 000 hommes en 1954, 77 600 en 1956 ; 197 avions au 1er avril 1955, 686 avions au 1er novembre 1957, auxquels s'ajoutent 82 hélicoptères ;

• réaction ALN face aux avions : attitude défensive de 1955 à 1958, disposition de guetteurs, tirs groupés au fusil sur Pipers, T6 et hélicos ; attitude plus offensive à partir de 1959 avec utilisation de mitrailleuses et de fusils-mitrailleurs.

Le SHAA conserve également des rapports sur la formation de pilotes algériens envoyés par l'ALN au Proche-Orient, en Tchécoslovaquie et en URSS, sur l'acquisition (?) en 1961 de MIG 17 (URSS-Chine) basés dans les pays arabes, et sur la défense antiaérienne acquise par l'armée des frontières.

Service historique de la marine (SHM). Les archives de la Marine nationale sont réparties en deux centres : le premier au château de Vincennes, au voisinage des deux autres armes (terre, air), et le second à Toulon, point de départ de la conquête coloniale en 1830. À Vincennes, le SHM conserve mille deux cent vingt-cinq cartons d'archives concernant l'Algérie, segmentés en deux séries :

• série VV : sept cent cinquante cartons pour l'Algérie, et trente pour le Maroc et la Tunisie (ce qui met en évidence l'ampleur du colonialisme dans chacun des pays du Maghreb) : documents de cabinet militaire et d'état-major, activités navales, opérations, patrouilles, exercices, bulletins de renseignements, rapports sur le moral, constitution et composition d'unités, états d'embarquements et de débarquements, journaux de bord, infrastructure des ports ;

• série UUY : quatre cent soixante-quinze cartons d'archives des bâtiments ayant opéré en Indochine, puis en Algérie ;

• statistiques : quatre navires de guerre en Algérie en 1954 ; vingt en 1956.

Établissement cinématographique et photographique de l'armée (ECPA). À l'origine, il existait un Service cinématographique de l'armée, qui disposait d'une section à Alger dès 1940. En 1948, le SCA s'installe définitivement au fort d'Ivry, tandis que la section d'Alger prend ses quartiers à Martin Prey, à Alger. Les reporters du SCA étaient les seuls à pouvoir filmer dans de bonnes conditions (propagande oblige), ce qui fait des archives cinématographiques et photographiques de l'armée française un fonds important et unique. À ces archives s'ajoutent les photos du journal de propagande *Bled*, ainsi que la collection privée du photographe Flament. Le tout se décompose ainsi :

photos SCA : 95 000
photos *Bled :* 55 000
photos Flament : 14 000
films documentaires : 43
autres films CM : 135
bandes d'actualités : 1 595

Les archives de la société généalogique de l'Utah

Concluons ce chapitre consacré aux archives de l'histoire de l'Algérie détenues ou conservées en France par la présentation de la Genealogical

Society of Utah, branche régionale de Torcy, France[1]. Cette société à but non lucratif – plutôt religieux : sauver l'humanité par la sauvegarde de son état civil – a accumulé un stock non négligeable de microfilms des archives d'état civil de l'Algérie pour la période 1684-1685, puis 1832-1962. Pour le XVIIe siècle : registres de décès du Bastion de la Calle uniquement. Mais pour la période coloniale, l'opération microfilmage, réalisée principalement au centre des archives d'outre-mer à Aix-en-Provence, avait touché plusieurs catégories de documents : état civil (européen essentiellement) : naissances, décès, mariages, divorces, tables décennales ; registres : recensements, listes électorales, annuaires téléphoniques (!) ; archives relatives à l'émigration et à l'immigration (d'origine européenne surtout) ; et même les inscriptions tumulaires des anciens cimetières israélites d'Alger (1888).

J'avais reçu en mon bureau à la DGAN le responsable France de cette société de mormons, pour un éventuel microfilmage des registres d'état civil de la période coloniale, conservés dans les greffes en Algérie. Ces archives étant du ressort direct du ministère de la Justice, j'avais jugé plus approprié de laisser ce département ministériel apprécier la proposition faite : réaliser le microfilmage aux frais de la société, qui en retour céderait un exemplaire des films comme elle le fait partout à travers le monde.

Les archives aux États-Unis

Bibliographie[2]

Introduction

Les archives nationales américaines sont très riches en documents relatifs à l'histoire de l'Algérie de 1785 à 1966. Les informations disponibles à l'heure actuelle orientent beaucoup plus vers les fonds les plus fournis en documents concernant l'Algérie que vers les pièces d'archives elles-mêmes. À partir des guides mentionnés en bibliographie, tout un travail d'identification précise devrait être accompli, pour aboutir à un inventaire analytique qui comprendrait facilement quelques centaines de pages de références. Pour l'instant, nous nous contenterons d'une première approche qui va nous permettre d'apprécier la valeur des fonds signalés.

---

1. Jean-Pierre Massela, « Liste des microfilms des documents historiques concernant l'Algérie », Société généalogique de l'Utah, États-Unis, bureau régional de Torcy, France, DGAN n° 09/1998, p. 117-137.

2. Judith A. Koucky (Mrs), Archivist-Records CPMS, *Report on Records relating to Algeria in the National Archives of the United States of America*, National Archives and Records Administration, College Park, États-Unis, DGAN n° 09/1998, p. 17-114.

L'organisation des archives américaines

Rappelons d'abord que les archives nationales américaines – National Archives and Records Administration (NARA) – sont ventilées en trois types de centres :

• archives 1, NARA, le premier établissement au centre de Washington, où sont conservés en principe les fonds les plus anciens, et où je n'ai visité que les salles d'exposition en septembre 1995 (CITRA de Washington) ;

• archives 2, relevant du NARA également, situé à College Park, dans le Maryland (à quatre-vingts kilomètres de Washington), lieu de déroulement de la CITRA 1995, où j'ai eu droit avec les autres délégués à une visite complète, y compris les magasins d'archives qui renferment les fonds les plus récents ;

• les bibliothèques présidentielles, heureuse initiative prise par les Américains afin de sauvegarder et de conserver les archives des différents présidents, en affectant à chacun une bibliothèque portant son nom. La plus riche pour ce qui concerne l'histoire contemporaine de l'Algérie s'est révélée être celle d'Eisenhower, en sa qualité de commandant en chef des forces alliées débarquées et installées en Algérie de 1942 à 1945, puis en sa qualité de président des États-Unis d'Amérique de 1952 à 1960 (la question algérienne).

La ventilation des archives par périodes

Nous avons indiqué plus haut que les archives américaines concernant l'Algérie s'étalent de 1785 à 1966. Nous pouvons maintenant affiner cette présentation sommaire en ventilant les informations par périodes homogènes :

• relations avec la régence d'Alger, commencées en 1785, consolidées quelque peu par les traités de paix et de commerce conclus en 1795, 1815 et 1816 ;

• relations avec l'Algérie coloniale, 1830-1962 ;

• les forces alliées en Algérie, 1942-1945 ;

• la question algérienne, 1954-1962 ;

• documents iconographiques et audiovisuels.

À cette présentation commode pour ce qui nous concerne, afin de rechercher les documents les plus pertinents pour chaque période, ne correspond pas automatiquement une ventilation des fonds : les archives accessibles du consulat d'Alger, par exemple, s'étendent de 1785 (premières archives avant l'ouverture d'un consulat) à 1939, celles du Sénat américain de 1789 à 1966, celles de la marine de 1801 à 1946.

Les relations avec la régence d'Alger (1785-1830)

Ces relations commencèrent plutôt mal, avec la capture en 1785 d'un officier de la marine américaine : [...] *Capt. Richard O'Brien, master of the US Vessel Dauphin, was captured by the Algerines* [sic] *in 1785. Enslaved*

but exempt from labor by payment fees, [...] *After his release, O'Brien
served as Consul General (of US) at Algiers*[1] [...].

Ainsi, les premières dépêches consulaires américaines émanaient d'un
ancien prisonnier... de la régence d'Alger, qui œuvra à l'élaboration des
termes du premier traité de paix algéro-américain en 1795, suivi de deux
autres plus tard en 1815 et 1816. C'est donc au Département d'État que
sont conservés la plupart des documents de cette période : archives consulaires d'Alger, archives centrales du Département d'État, avec des dossiers
intéressants à consulter, par exemple sur la *Cession of Oran to the Bey of
Mascara in 1791*, le blocus d'Alger en 1827-1830, la conquête coloniale
française de 1830 et les hésitations qui avaient suivi : *French indécision in
the 1830 about colonizing Algeria.*

D'autres dossiers concernant la régence d'Alger sont conservés dans
d'autres fonds : Trésor (à partir de 1789), Sénat (1789), Marine (1801). Évidemment, dans le système de classement des archives américaines, il n'existe
point de rupture de période, puisque les fonds se prolongent jusqu'à la
période coloniale, voire au-delà.

Les relations des États-Unis avec l'Algérie coloniale (1830-1962)

Ainsi, les archives du consulat d'Alger s'étalent sur toute la période
1785-1939, celles du consulat de Bône de 1878 à 1911, puis en 1943-1944
(débarquement allié), les archives du consulat d'Oran de 1889 à 1946.
Dans la lignée des documents intéressants cités ci-dessus, nous signalerons
l'existence d'archives sur la résistance de l'émir Abd el-Kader de 1832 à
1841, l'expédition de Kabylie de 1856, le soulèvement de 1864 et l'embarquement *Shipment of Arab troops from Algiers to Mexico 1865-1866*. Au
sujet de l'expédition française au Mexique, je me dois de signaler que
l'ambassadeur de ce pays à Alger avait tenu à me remettre en main propre
à la DGAN un gros livre supposé aborder dans l'un de ses passages la participation algérienne.

Pour le xxe siècle, les archives américaines offrent de nombreuses ressources qui témoignent de l'intérêt avec lequel étaient suivis les événements
en Algérie. *Record Groups 59 – Department of State* :

Réf. (449.002, *Algeria*, 1910-1929), [...] *appointment of a commission
to determine boundaries between Libya, Algeria, 1914* ; [...] *insecurity on
the Algerian-Moroccan border, 1929* [...] ;

Réf. (449.027, *Algeria*, 1930-1939), [...] *local disturbances at Algiers*,
1933-1935 [...] » ; *agitation and strikes, 1936* [...] ;

Réf. (449.061, *Algeria*, 1945-1949/851r.00), [...] *reaction and repression
following uprisings* (soulèvement) *may 8, 1945* [...] *support of the*

---

1. Archives NARA, Département d'État, ref. 441.001 Alger, 1785-1906, voir DGAN
n° 9/1998, p. 58.

newspaper La Nation algérienne, *in Algiers, as the principal of Algerian independence from France, 1946* [...] *Algerian Organic Statute, 1947* [...] *incidents in the Kabylia, 1947* [...] *reports of terrorist was conducted against pro-French Moslems* [sic] ; [...] *aspirations projected by local leaders, 1948* [...] the first congress of UDMA Party, 1948 [...] *leader was Ferhat Abbas* [...] (851.r.00B) [...] *communist activity in Algeria, 1942-1949.*

À cette riche documentation à caractère politique, il faut ajouter les archives relatives à l'économie coloniale, au commerce, aux activités portuaires, aux mines, archives qu'il faudra explorer non seulement aux fonds du Département d'État, mais également au sein des autres institutions : Agriculture (1900-1944), Commerce (1874-1953), Trésor (jusqu'en 1910), Santé (1879-1968), Géologie-Mines (1907-1953), Sénat (jusqu'en 1969), Activités maritimes (1914-1949).

Nous avons omis volontairement d'aborder la question de la Seconde Guerre mondiale, ainsi que celle de la guerre d'Algérie, présentées à part, quoique faisant partie des mêmes groupes de fonds, sauf pour les archives d'Eisenhower.

Les forces alliées en Algérie (1942-1945)

Il va de soi que c'est au sein de la machine de guerre américaine que l'on va trouver la documentation la plus abondante sur l'Algérie dans la tourmente de la Seconde Guerre mondiale : *Department of Defense and related records*, et les archives Eisenhower.

Pour le département de la Défense, nous citerons les dossiers (*Records Groups*) les plus importants a défricher, le matériel étant nombreux, et la description trop sommaire : RG 218, *Records of the US Joint Chiefs of Staff* (le fonds couvrant la période 1942-1958) ; RG 331, *Records of Allied O.O. Headquarters*, WW II (1942-1947) ; RG 226, *Records of the OSS* (services des renseignements, 1941-1946) ; RG 160, *Records of H. Army Services Forces* (1942-1944) ; RG 165, *Records of the War Department General* (1942-1947) ; RG 319, *Records of the Army Staff* (1918-1965) ; RG 18, *Records of the Army Air Forces* (1941-1945)...

Mais c'est dans les archives Eisenhower que l'on a des chances de dénicher les documents inédits, notamment ceux relatifs aux relations des forces alliées avec les dirigeants du Mouvement national, par l'intermédiaire de l'ambassadeur Robert D. Murphy, officier en chef des officiers civiles du GRG, 1942-1943, qui avait légué à la bibliothèque présidentielle Eisenhower un témoignage oral (REF. OH 224 + OH 305, le deuxième témoignage probablement en sa qualité d'adjoint du sous-secrétaire d'État en 1953-1959). Les archives existantes de la bibliothèque présidentielle portent sur l'opération Torch, le 6 novembre 1942, la campagne d'Afrique du Nord, les activités du commandement des forces alliées installé à Alger en novembre de la même année.

Les État-Unis et la question algérienne (1954-1962)

Ce fut donc le président Dwight D. Eisenhower qui eut à gérer l'essentiel de la question algérienne de 1954 à 1960. Ses archives avaient été soigneusement classées par sa secrétaire personnelle, Ann Whiteman. L'ensemble de ces archives peut être classé en cinq principaux fonds, auxquels nous ajouterons un sixième concernant le sénateur John F. Kennedy et ses prises de position en faveur de l'indépendance de l'Algérie :

Papiers du président, 1953-1961, 345 boîtes :
boîte 27, instructions OTAN, décembre 1957 ;
boîte 28, OTAN-de Gaulle, janvier 1960 ;
boîte 11, réunion de cabinet du 15 mai 1958 (a/s.13 mai 1958 ?) ;
boîtes 1-8-9-10-11-12-13-48-53…, Algérie, 1957-1961 ;
boîte 56, DDE, conversation avec Bourguiba, novembre 1956…

Archives de la Maison-Blanche, 1953-1961, le fonds le plus important avec six millions cinq cent mille pages de documents (soit plus de trois mille boîtes d'archives de deux mille pages, évaluation personnelle), mais avec peu de détails accessibles (documents classés Sécurité). Relevons toutefois les références suivantes indiquées Algérie ou listes des références sur l'Algérie : boîtes 54-55-75 (guerre d'Algérie) ; boîte 100 (voyage du vice-président Nixon en Afrique) ; boîtes 136-139-797-861 (Algérie).

Autres manuscrits 1953-1961, avec diverses séries comportant des archives relatives à la question algérienne, dont :
• série 8, papiers John Foster Dulles, secrétaire d'État de 1953 à 1959, avec des dossiers sur les « Visas pour les nationalistes algériens, octobre 1958 » (GPRA ?), boîte 13 ; des mémorandums des conversations téléphoniques au sujet de « l'Afrique du Nord française » du 1ᵉʳ juillet 1954 au 30 octobre 1954, du 1ᵉʳ novembre 1954 (a/s. déclenchement de la Révolution ?) au 18 février 1955, du 2 mai 1955 au 31 août 1955 (a/s. événements du 20 août ?), boîtes 4-10 ;
• série 16, archives de Christian A. Herter, adjoint de J.F. Dulles de 1957 à 1959, puis secrétaire d'État de 1959 à 1961, avec notamment un gros dossier sur la question algérienne à l'ONU du 4 mai 1959 au 31 décembre 1959 (boîte 12) ;
• série 31, archives du Conseil national de sécurité de 1947 à 1961, avec des dossiers classifiés Sécurité, notamment les rapports et analyses des services de renseignements *Intelligence Abstracts* de novembre 1953 à juin 1957 (boîtes 110-112, O.C.B/Central Files) ;

• série 33, bureau de la Maison-Blanche, de 1952 à 1961, composée de cent cinquante boîtes, notamment au niveau de la *State Department Subserie* : boîte 1 de décembre 1956 à janvier 1957 (a/s. Grève des huit jour ?) ; boîtes 2 et 5 *Good office mission* du 24 février au 11 avril 1958 (rapports de l'ambassadeur Murphy, encore lui !) ; boîte 3 avec probablement des archives relatives à la création du GPRA (septembre 1958-janvier 1959).

Département d'État, dossiers (de l'administration centrale), 1950-1966 ; aux archives Eisenhower, il faut tout de même ajouter les archives centrales du Département d'État, fonds déjà cité plus haut pour la période 1910-1949 : Central File, 1950-1959 : 611.51s, relations entre les États-Unis et l'Algérie, 651.51s, 751s, Algérie, affaires politiques et militaires, 851s, Algérie, affaires sociales et économiques, 951s Algérie, affaires scientifiques (?) ; *Central File*, 1960-1966 : *Records under Pol Algéria, Political affairs, Algeria*.

Archives orales ; les témoignages recueillis auprès des personnalités américaines ayant joué un rôle dans la question algérienne ne doivent pas être négligés. Nous avons déjà évoqué les interviews accordées par l'ambassadeur Robert D. Murphy, officier en chef des affaires civiles au grand quartier général en 1942-1943. Il serait intéressant d'éplucher son témoignage au sujet des contacts qu'il avait eus à l'époque avec les nationalistes algériens, d'autant plus que, selon feu Benyoucef Ben Khedda (lors d'un entretien en mon bureau à la DGAN), Ferhat Abbas aurait remis une première mouture du Manifeste du peuple algérien à l'ambassadeur Murphy en février 1943, si je ne me trompe pas. Le témoignage Murphy touche aussi à la Révolution algérienne, puisqu'il fut adjoint du sous-secrétaire d'État de 1953 à 1959, puis sous-secrétaire d'État pour les affaires politiques. Ces témoignages sont classés OH 224 (quarante-six pages), et OH 305 (vingt et une pages).

Autres témoignages dans cette série d'archives orales : OH 131, quatre-vingt-douze pages, Mark W. Clark, adjoint d'Eisenhower lors de l'opération Torch, débarquement des forces alliées en Afrique du Nord en novembre 1942 ; OH 211, cinquante-deux pages, Clarence Douglas Dillon, ambassadeur des États-Unis en France de 1953 à 1957, puis adjoint et sous-secrétaire d'État de 1957 à 1961 ; OH 289, soixante-seize pages, Donald A. Dumont, spécialiste des affaires africaines au Département d'État.

Archives John Fitzgerald Kennedy, sur lesquelles nous disposons de peu de détails, sinon les informations suivantes :
• dossiers du président J.F. Kennedy : dossiers du Sénat 1957-1959, boîte 559, Algérie ; Algérie, 1958-1960, boîtes 570 et 576 (matériels de recherche) ; Algérie, discours, 1958-1969, boîte 784 ; Algérie, discours (dossiers), 1957, boîtes 919-920 ;

• transcription d'entretiens historiques : Habib Bourguiba (pages 1-3) ; Mongi Slim (pages 1-13) ; Maurice Couve de Murville (page 2) ; G. Mennan Williams (pages 55-57-58-67) ; U Thant (page 6).

• DDE documents de la période postprésidentielle, 1961-1969 (bibliothèque présidentielle Eisenhower) ; boîte 2, J. F. Kennedy, 1960-1961 (2), Algérie.

Documents iconographiques et audiovisuels

Enfin, dernier point mais non le moindre une abondante documentation iconographique et audiovisuelle accompagne tous ces fonds, de la fin du XIXe siècle à l'année 1966 : gravures, photos, cartes, plans, films. Nous nous contenterons d'un aperçu, parce qu'un véritable travail d'inventaire reste à faire, et des surprises peuvent être espérées, notamment en ce qui concerne les événements de mai 1945, qui auraient été filmés à Kherrata par un officier américain, selon un rapport sur les « Activités des forces alliées » conservé aux archives de la wilaya de Constantine (fonds SLNA).

Bibliothèque Eisenhower, deux cent dix mille documents, photos, films, vidéos, bandes sonores, disques... depuis la W.W.II jusqu'à l'année 1960.

Département de la Défense (RG 77), cartes 1942-1946 ; RG 111, films 1939-1945 ; RG 18, films et cartes de l'armée de l'air 1942-1945 ; RG 78, photos des éclipses solaires en Algérie, dont l'éclipse totale à Guelma le 30 août 1905.

Donated historical materials (RG 200), films sur l'Algérie de 1930 (tribus du désert) à 1966 (lancement d'une fusée française au Sahara) : WWII (forces alliées en Algérie), scènes de la vie quotidienne, tourisme, vestiges historiques, aviation, festivités, séisme d'Orléansville de 1954, pèlerinage à La Mecque, Lutte de l'Algérie pour son indépendance, 1955-1962, lancement de la fusée française Véronique au Sahara en 1959, casbah d'Alger en 1956, sabotage d'oléoduc en 1958, l'Algérie à l'ONU en 1962.

Bureau d'Information du ministère de la Guerre (RG 208), archives de 1941 à 1946 : photographies 1942-1945 (événements mai 1945 ?) ; archives sonores et rapports émanant d'Elmer G. Burland, assistant de Robert D. Murphy (janvier-avril 1943), dont un document *Discusses method of supply for liberated areas.*

Activités des ports algériens (RG 32-178-248), de 1914 à 1949, y compris activités WWII : plans des ports d'Alger, Oran, Mers el-Kebir, Arzew, Beni Saf, Bône, Philippeville.

Agence d'informations des États-Unis (RG 306), gravures, photos, films de 1900 à 1964 : émir Abd el-Kader (?), Benchenouf, Châtaigneau (GGA), Ben Bella, séismes en Algérie.

Office of alien property (RG 131), photos relatives à l'Algérie de 1900 à 1941.

Foreign Economic Administration (RG 169), photos et cartes d'Algérie durant la Seconde Guerre mondiale.

Département d'État (RG 59), dossiers 1930-1939, ref. 449.027/Algérie, photos des cités du M'Zab, films.

Conclusion : archives des État-Unis

À toutes ces sources classées le plus souvent sous la rubrique *Algeria*, il conviendrait d'ajouter les archives classées *France*, ainsi que celles référencées *Tunisie*, dans leurs corrélations avec l'Algérie, au moins pour les périodes sensibles telle la guerre de libération nationale 1954-1962.

Une dernière remarque : pour une recherche efficace, il serait préférable de commencer par s'imprégner des méthodes de classement des archives américaines, qui ont subi plusieurs changements durant les décennies évoquées.

Les archives dans les autres pays occidentaux

Présentation

Les informations dont nous disposons n'autorisant pas une présentation séparée, nous avons préféré regrouper les autres pays occidentaux dans un même chapitre : Espagne, Pays-Bas, Royaume-Uni, Belgique, Suisse, et... la lointaine Australie (la surprise du Colloque international d'Alger de 1998), ces pays étant cités selon l'ancienneté des relations avec l'Algérie, et par conséquent des archives.

Pour les deux premiers pays, Espagne et Pays-Bas, les archives immédiatement accessibles couvrent essentiellement la période ottomane, alors que pour les autres pays, sauf le Royaume-Uni, les archives ne concernent que la période coloniale, s'agissant d'États relativement récents. Seul le Royaume-Uni offre des sources archivistiques qui s'étalent sur la période moderne et contemporaine. Mais je me dois de préciser qu'il a fallu aller chercher ces informations sur place, à Londres, le Public Record Office (PRO) n'ayant pas envoyé de communication au Colloque international : le représentant de notre ambassade s'était rendu au PRO en 1995 afin de récolter celles relatives à la période ottomane, et une partie de la période coloniale, et moi-même durant la semaine du 4 au 9 août 2003, alors que j'écrivais le présent article en Grande-Bretagne, pour compléter ces renseignements grâce aux archives relatives à la guerre de libération nationale.

Mention particulière pour la Suisse : grâce à l'appui de mon collègue et ami Christoph Graf, directeur des Archives fédérales suisses, et à la suite à d'un long entretien que nous avions eu dans une ferme américaine à l'occasion de la CITRA de Washington (1995), l'Algérie s'est vu ouvrir les portes d'une coopération fructueuse qui nous a permis d'engranger de nombreuses références très détaillées sur les archives relatives à notre histoire, en particulier celles ayant trait aux négociations GPRA-gouvernement français, et de recevoir un premier lot de documents relatifs à Messali Hadj.

L'Espagne

À la suite des visites de travail que j'avais effectuées en 1993 et en 1995, j'ai pu mesurer la richesse des fonds d'archives conservés à Madrid (*Archivo histórico Nacional*), Alcalá de Henares (*Archivo general de la administración*), et près de Valladolid (*Archivo general de Simancas*), ces centres renfermant de nombreuses références relatives à l'Algérie du XVIe au XIXe siècle. Mais des documents encore plus anciens, remontant au XIIIe siècle et témoignant des relations entre le royaume des Zianides à Tlemcen et la cour d'Aragón, sont conservés à Barcelone au centre *Archivo general de la Corona de Aragón*. D'où une immense frustration de ne pas recevoir de communication de ce pays pour les besoins du Colloque international de 1998. Nous avons dû nous contenter des présentations (pertinentes et très documentées) faites par des chercheurs algériens hispanisants[1].

Avant d'entamer la question des archives historiques conservées en Espagne, je voudrais ouvrir une parenthèse pour aborder le sujet de la numérisation des archives, nouvelle technologie engageant l'avenir des archives nationales de tous les pays – l'Espagne (après les États-Unis, bien entendu) ayant été le premier pays européen à se lancer dans un projet d'envergure.

La numérisation des archives historiques en Espagne avait commencé au centre des archives de Séville où sont conservés les fonds d'archives des « Indes », à savoir essentiellement les documents relatifs à l'occupation espagnole de l'Amérique latine, couvrant cinq cents ans d'histoire depuis la découverte du continent américain par Christoph Colomb. Cette opération, entamée à la fin des années 1980 dans le cadre des préparatifs pour la célébration du cinq centième anniversaire de cette découverte (1492-1992), n'est pas achevée à ce jour (semble-t-il). Démonstration m'avait été faite sur place, en 1993 puis en 1995, du nouveau système qui non seulement informatisait les répertoires et les inventaires, mais aussi « scannait » les archives

---

1. Ahmed Abi Ayad, Ismet Terki-Hassaine, université d'Oran, DGAN n° 11/2000, p. 99-116.

proprement dites afin de les rendre accessibles sur écran aux chercheurs, sans sortir les documents originaux des magasins. Depuis, ce système a été généralisé dans tous les centres d'archives en Espagne, ainsi qu'en Europe et dans le monde entier. Couplé avec l'usage traditionnel du microfilm (possibilité de scanner les microfilms déjà réalisés depuis des décennies ; possibilité également de produire automatiquement des microfilms à partir des nouvelles archives électroniques), le nouveau support est en train de révolutionner la communication des archives à travers le monde.

J'avais rêvé la mise en place de ce système en Algérie, ce qui aurait permis aux chercheurs de disposer des archives historiques directement à partir de leur ordinateur sans quitter leur domicile ! J'avais évoqué tout haut ce rêve à la télévision algérienne, mais il me fut fatal, puisque, quelques jours après, il fut mis fin à mes fonctions… (?) Revenons à notre sujet principal.

Archivo general de Simancas, centre situé au château de Simancas, près de Valladolid, conservant près de soixante-dix mille liasses d'archives et deux mille cinq cent cinquante cartes et plans, l'ensemble datant du XVIe au XVIIIe siècle. On peut y consulter entre autres : la correspondance échangée entre Charles Quint, empereur d'Espagne, et le roi de Tlemcen (1532-1533), ainsi qu'avec le pacha d'Alger (1548) ; les archives relatives à la politique extérieure de 1530 à 1788 ; des documents sur l'expédition contre Alger (1775), et son bombardement (1783-1784) ; sur la reconquête d'Oran et de Mers el-Kebir (1731-1732) ; des archives de la marine concernant l'Algérie (1710-1789) ; cartes et plans, dont le plus ancien, semble-t-il, concerne Alger en 1543 (et dont j'avais ramené une copie lors de la mission de 1995).

Archivo histórico nacional, implanté à Madrid, conservant cent cinquante-six mille liasses d'archives du XVIIe au XIXe siècle. L'un des deux chercheurs évoqués ci-dessus[1] avait jugé pertinent de classer les archives concernant l'Algérie en quatre périodes : période des hostilités (1700-1784) ; négociations et paix (1784-1786) ; relations diplomatiques et commerciales (1787-1830) ; début de la colonisation française en Algérie (1830-1850).

Au cours de notre entretien, la directrice du centre m'avait précisé que son établissement, ainsi que tous les autres centres conservant les différents fonds d'archives d'Espagne, relevait de l'autorité directe de la Direction générale des archives, et que de ce fait son budget se limitait aux dépenses courantes. À l'époque, c'était un argument de plus pour mettre un terme au dysfonctionnement qui caractérisait les Archives nationales d'Algérie (DGAN/CAN pour une même mission).

---

1. Ismet Terki-Hassaine, université d'Oran, « Sources espagnoles pour l'histoire de l'Algérie ottomane conservées dans les fonds d'archives d'Espagne », DGAN n° 11/2000, p. 103-116, voir p. 108 à 111.

Archivo General de la Administracion à Alcalá de Henares, dans la grande banlieue de Madrid. Ce centre conserve surtout les archives contemporaines (XIXᵉ au XXᵉ siècle), avec quelques documents de la fin de la régence d'Alger. Au cours de ma visite du centre, j'avais été agréablement surpris de constater que les archives espagnoles avaient pris l'initiative de transformer les bordereaux de versements d'archives (établis à l'origine par les administrations versantes d'archives), en instruments de recherche mis à la disposition des chercheurs. Voilà me semble-t-il un moyen rationnel d'ouvrir rapidement les fonds d'archives à la recherche historique, sans attendre que des instruments de recherche plus élaborés soient réalisés après des décennies !

Les Pays-Bas[1]

Les Pays-Bas non plus n'ayant pas envoyé à l'époque d'informations sur les archives relatives à l'histoire de l'Algérie, nous avions dû exhumer une vieille communication du Dr Ben J. Slot, *Curator* (conservateur) aux Archives d'État[2]. Lors de notre première et dernière rencontre à Abou Dhabi, à l'occasion du colloque ARBICA consacré aux sources de l'histoire des pays arabes dans les archives mondiales[3], Slot m'avait confirmé l'existence aux Pays-Bas d'une riche documentation sur l'Algérie durant la période ottomane, appuyée par de nombreux traités signés par les deux pays. De plus, il m'avait fourni de précieuses indications sur les sources bibliographiques relatives aux traités internationaux de la même période, signés par les pays arabes avec l'Europe et l'Amérique. Cependant, aucune information sur les archives de la période contemporaine, en particulier sur la guerre de libération nationale.

Il ressort des archives disponibles que les relations entre l'Algérie et les Pays-Bas remontent au début du XVIIᵉ siècle, avec la nomination du premier consul néerlandais à Alger : Wijnand Keyzer, à qui avait été assigné comme mission principale d'obtenir la libération des esclaves néerlandais et d'assurer la libre circulation des navires battant pavillon des Pays-Bas. Les archives témoins de ces relations sont conservées pour l'essentiel aux Archives générales de l'État à La Haye : correspondance officielle ; rapports de missions diplomatiques ou navales ; archives du consulat des Pays-Bas à Alger de 1616 à 1830 (avec quelques lacunes).

Ces fonds sont séparés en deux sections principales :

---

1. « Fact Sheet : les Archives », guide des archives générales de l'État, La Haye, Pays-Bas, 1991, DGAN n° 8/1998, p. 327-334.

2. Dr B.J. Slot, « L'Algérie et les Pays-Bas du XVIIᵉ au XIXᵉ siècle », DGAN n° 8/1998, p. 335-351.

3. Les actes de ce colloque ont été publiés en 2003 : « Colloque sur les sources de l'histoire des pays arabes dans les archives mondiales, Abou Dhabi, 1ᵉʳ-7 mars 2002 », publication ARBICA/Centre de documentation et de recherches, Abou Dhabi, n° 23-2003.

Première section : documents antérieurs à 1795, liasses Barbarie :
• traités avec la régence d'Alger XVIIᵉ-XVIIIᵉ siècle ;
• archives de l'Amirauté relatives aux activités portuaires de Rotterdam, d'Amsterdam, de Zélande, où selon Slot sont conservés les journaux de bord des navires de guerre qui avaient été déployés le long des côtes d'Alger ;
• archives privées, notamment celles de l'amiral Ruyter, commandant l'expédition hollandaise de 1661 ;
• archives de la famille Bisdom (négociations) ;
• archives du premier consul à Alger, Keyser.

Deuxième section : documents postérieurs à 1795 :
• archives du ministère des Affaires étrangères de 1795 à 1810 ;
• archives de la Marine de 1813 à 1830.

Slot signale enfin l'existence, au Rĳksmuseum, d'un grand modèle de chebek (chébec) algérien qui aurait servi à l'Amirauté pour des simulations de batailles navales.

Le Royaume-Uni

Les informations relatives aux archives du Public Record Office avaient été rassemblées à l'époque par l'ambassade d'Algérie à Londres[1]. Quant à celles concernant les archives privées en Écosse, elles avaient été collectées par moi-même sur place au Scottish Record Office à Édimbourg en 1997[2]. Il en ressortait à l'époque que les archives accessibles se limitaient à la période ottomane. Peu d'informations, en revanche, sur la période coloniale, et aucune référence ni sur la WWII (1939-1945), ni sur la GLN (1954-1962).

Je rédige ces lignes le samedi 2 août 2003 à la bibliothèque de Bournemouth, au sud de la Grande-Bretagne, sur la Manche, où je me trouve en séjour linguistique, à la veille d'un rendez-vous au PRO (Kew Gardens) le lundi 4 août 2003 pour une visite de travail consacrée à la politique de gestion des archives électroniques. Je tenterai durant mon séjour d'une semaine à Londres d'effectuer quelques recherches au moins sur les archives relatives à la GLN 1954-1962.

Aujourd'hui, lundi 1ᵉʳ septembre 2003, au moment où je suis en train de terminer la rédaction finale du texte à Abou Dhabi (Émirats arabes unis), je suis en mesure d'ajouter trois paragraphes : le premier sur le nombre de références relatives à l'Algérie de 1500 à 1989, le deuxième sur les documents que j'avais consultés relatifs aux événements de mai 1945 ; le troisième sur les cotes relevées concernant la guerre d'Algérie, perçue du côté britannique,

---

1. Rapport de l'ambassade d'Algérie à Londres, DGAN n° 9/1998, p. 141-145.
2. Visite que j'avais effectuée au Scottish Record Office à l'occasion de la CITRA-Édimbourg (septembre 1997), réf. DGAN n° 9/1998, p. 147-150.

cela sans oublier de remercier mes collègues anglais qui m'avaient réservé un accueil aimable et un soutien efficace[1].

Nombre de références relatives à l'Algérie, évalué grâce au catalogue électronique PROCAT on line : http://catalogue.pro.gov.uk : de 1500 à 1830, trois cent quatre-vingt-quatre dossiers ou documents ; de 1830 à 1962, mille quatre dossiers ou documents dont trois cent quarante et un datant de 1954 à 1962 (FO 371) ; de 1963 à 1989, cent quarante et un dossiers ou documents, dont la guerre des sables, 1963 ; nombre total de références : quinze cent vingt-neuf dossiers ou documents pour la période moderne et contemporaine, dont plus de la moitié émanant du Foreign Office. Les quelques références ci-dessous ne donnent qu'un simple aperçu sur la richesse des fonds. Pour mai 1945 et la guerre 1954-1962, j'ai préféré travailler directement en salle de lecture.

Archives du consulat d'Alger (FO 3) de 1760 à 1850, dans lesquelles nous relèverons une grande stabilité du corps diplomatique affecté à Alger : quatre consuls britanniques se sont succédé à Alger en quarante-quatre ans (!) de 1807 à 1850, dont seize années de poste pour le consul Robert William St John (1827-1842). Il serait utile de rechercher, dans les archives privées notamment, les témoignages et les documents personnels de ce consul qui aura connu la fin de la régence d'Alger et le début de la période coloniale.

Fonds archives de l'ambassade et du consulat d'Alger : correspondances, série I, FO 111 (1814-1967) ; correspondances, série II, FO 112 (1821-1867) ; miscellanea (divers), série FO 113 (1567 à 1869).

Scottish Record Office, à Édimbourg, où je n'avais trouvé à l'époque que des références dans les archives privées : correspondances particulières mentionnant « Algiers » et la « Barbary Coast » entre 1706 et 1806 ; et surtout un dossier « Plan d'attaque d'Alger, 1816 », faisant partie d'un fonds d'archives privées conservées hors du SRO, intitulé fonds *Hopetoon MSS*, NRA(s) 888, boîte n° V 183.

Des archives inédites sur mai 1945 ? J'avais repéré et demandé en consultation trois dossiers de l'année 1945 dans la série FO 371, volume 1 : 49275, Mouvement national arabe en Algérie, 1945 ; 49313, Opérations en Afrique du Nord, novembre 1942-mai 1943 ; 49328, dossier datant du 9 novembre 1945 relatif au troisième anniversaire du débarquement des forces alliées en Afrique du Nord.

---

1. J'avoue avoir été surpris par le système électronique de gestion de la recherche, au Public Record Office à Kew Gardens, facilitant grandement la tâche du chercheur ; toutes les opérations sont entièrement automatisées, de la première inscription en qualité de chercheur jusqu'à la communication en salle de lecture où travaillent près de quatre cents lecteurs.

C'est le premier dossier (FO 371/49275) qui fut pour moi le plus intéressant, parce que contenant quelques tracts nationalistes, et donnant un éclairage nouveau du côté britannique sur les événements de mai 1945 :

• sous-dossier numéro Z 5064, tract PPA du 11 mars 1945, dactylographié en trois pages, diffusé à l'occasion de la célébration de l'anniversaire de la création du parti le 11 mars 1937 ; quelques termes utilisés : « le peuple musulman algérien... », « la Révolution algérienne... », « l'impérialisme... » ;

• sous-dossier numéro 21, rapport du consulat britannique à Alger au sujet des manifestations du 1er mai 1945 et de la répression qui s'est ensuivie : *10 Arabs killed, 25 wounded, 50 injured... Demonstrators 500 to 1000 (PPA)... Official communique admits 3 deaths...* ;

• sous-dossier numéro 23, premier télégramme britannique, daté du 10 mai 1945 au sujet des troubles qui avaient éclaté à Sétif... Constantine... Bône... Blida, et au sujet de l'arrestation de Ferhat Abbas ;

• sous-dossier numéro 24 du 11 mai 1945, transport par la RAF de soixante-quinze soldats français vers les zones sensibles, mais rejet britannique d'une demande relative aux bombes antipersonnel ;

• sous-dossier numéro 40, suite aux manifestations du 1er mai 1945, tract du Parti communiste algérien (PCA), à contre-courant de l'histoire (comme d'habitude, jusqu'à ce jour avec simplement des appellations différentes), attaquant violemment le Parti du peuple algérien (le PPA, principal parti nationaliste à l'époque où avaient été formés les révolutionnaires qui avaient déclenché l'insurrection du 1er novembre 1954), en des termes virulents : « À bas les provocateurs hitlériens » ; réponse du PPA par un autre tract : « Votre parti a jeté le masque » ;

• sous-dossier numéro 45, document 1, une page, lettre (originale) dactylographiée en langue française, datée « Sétif, le 8 mai 1945 », et adressée « Aux autorités britanniques et alliées » par « les représentants de la population musulmane de Sétif », faisant le compte rendu de la journée, le défilé pacifique, les slogans affichés, l'intervention musclée de la police coloniale pour tenter d'arracher aux manifestants les banderoles, puis les coups de feu tirés par la police aussi bien sur le défilé que sur les spectateurs. La lettre se termine par un hommage « au peuple britannique, à son armée et à toutes les Nations unies [...] pour les combats menés pour le triomphe de la démocratie et de la liberté des peuples asservis », puis en conclusion avant la signature : « Vive les Nations unies ! », « Vive l'Algérie libre et indépendante ! » ;

• sous-dossier numéro 45, document 2, trois pages, rapport en anglais daté du 23 mai 1945, adressé par le consulat britannique à Alger au Foreign Office, à Londres ; se référant a un premier télégramme (numéro 165) envoyé le 17 mai 1945, le consul relate dans le détail les *serious disturbances which took place in the department of Constantine on May 8th and the following six days* ; dans ce rapport très objectif le consul indique que ces informations avaient été puisées de deux sources :

les autorités militaires britanniques, et des sources gouvernementales françaises non officielles ; l'accent y est mis sur les provocations de la police coloniale, les coups de feu tirés par la police et par des civils français à partir des balcons, et les tentatives de riposte des *natives* (musulmans) avec des *chairs and anything... their hands...* ; des chiffres relatifs a la répression (du 8 au 17 mai 1945) sont avancés de manière contradictoire : neuf cents à mille musulmans tués selon le gouverneur général, six mille musulmans tués et quatorze mille blessés selon des sources médicales françaises ; de plus, le consul souligne que l'aviation française avait effectué trois cents sorties en six jours ;

• sous-dossier numéro 45, document 3, courte note de deux paragraphes datée du 23 juin 1945, adressée par A.J. Kellar (parlementaire britannique ?) au Foreign Office *about the disturbances in Algeria*, et de leur effet d'entraînement en Gambie (?) auprès de la fraction arabe de la population.

La guerre d'Algérie dans les archives britanniques. Nous avons donc recensé, lors de cette visite rapide, un premier lot de trois cent quarante et un dossiers et documents concernant l'Algérie durant la guerre de 1954-1962, dont trois cent vingt émanant du Foreign Office, huit du Premier ministre, trois du Board of Trade, et une dizaine provenant d'autres organismes gouvernementaux. Hormis treize documents réservés, le tout est accessible aux chercheurs, les Archives nationales britanniques[1] pratiquant une politique libérale en matière de communication, d'autant plus qu'elles se sont vu assigner comme objectif, pour l'année 2005, de répondre positivement et par voie électronique (gouvernement électronique) aux demandes émanant des citoyens relatives aux dossiers et renseignements d'ordre personnel (en France il faut attendre cent vingt ans).

Je présenterai donc essentiellement les archives du Foreign Office, trois cent vingt articles, plutôt par thème que par année, pour m'écarter des répertoires chronologiques (qui constituent le mode de classement des archives du Foreign Office), en précisant que les références sont à chercher sous la rubrique *French Africa* de 1954 à 1956, puis *Algeria* de 1957 à 1962.

• *Internal political situation in Algeria* : 1954/108591, 1954/108603, 1955/113795 à 1955/113799, 1956/119356 à 1956/119364, 1957/125916 à 1957/125920, 1958/131655 à 1958/131662, 1959/138570 à 1959/138582, 1960/147328 à 1960/147384 (mélangé avec d'autres dossiers, voir inventaire très détaillé), 1961/159043 à 1961/159069, 1962/165608 à 1962/165646 ;

• *Algeria and UN General Assembly* (Nations unies) : 1955/113804-113805, 1956/119379 à 1956/119381, 1957/125935 à 125939, 1958/131703, 1959/138622 à 1959/138626, 1960/147380 à 1960/147384 ;

---

1. L'appellation *National Archives* est récente (2 avril 2003) ; elle résulte de la fusion du *Public Record Office* avec *Historical Manuscripts Commission*.

• *Terrorist activities, Deteriorating military situation* : 1955/113812-113813, 1956/119356, 1958/131663-131668-131670-131685, 1959/138585-138586 ;

• *Arms for rebel forces Algeria* : 1956/119392-119393, 1957/125943, 1958/131684, 1960/147363-147364, 1961/159076 ;

• *Activities of FLN* : 1957/125953, 1958/131664-131667, 1959/138583-138584, 1960/147344-147345-147346 ;

• *Torture of prisoners, Internments camps* : 1957/125949, 1958/131690-131696, 1959/138587 ;

• *Leading personalities of Algeria* : 1956/119347-119415 (Ferhat Abbas), 1957/125914 ;

• *International relations about Algeria* : 1954/108611 (*Visit to Algiers by Officer UK*), 1956/119372-119375-119376 (*support for Algeria*), 1956/119378/119394/119397/119399/119436 (*UK/France*), 1957/125923 à 1957/125925, 1957/125933 (*Algeria/US*), 1957/125944 (*Algeria/NATO*), 1957/125947 (*BBC TV on rebels*), 1962/165657 (*Algeria/US*) ;

• *GPRA* : 1958/131672, 1959/138589-138590, 1960/147342-147343, 1961/155516-155517, 1961/159070 (*GPRA/UK*), 1962/165647-165649 (*GPRA/UK*), 1962/165651 ;

• *UK Visas for Members of GPRA-FLN* : 1959/138614, 1960/147369, 1961/159077 ;

• autres sujets d'intérêt : séisme d'Orléansville = 1954/108608 ; frontières = 1956/119383 (Maroc) ; Sahara = 1956/119386 (dev.)-1956/119411 (pétrole)-1959/138609 (essais nucléaires) ; négociations = 1960/147333-147334-147348 ; sentences de mort (nationalistes algériens) = 1960/147372 ; décembre 1960 = 1960/147339-147340-147341 ; référendum sur l'indépendance = 1961/155518 ; réfugiés = 1962/165674 ; indépendance = 1962/165678.

La Belgique

Si j'avais pu convaincre mon collègue André Vanrie, archiviste national en Belgique, et à l'époque rédacteur en chef d'*Archivum*, revue internationale du Conseil international des archives, de préparer un travail sur les « Sources de l'histoire de l'Algérie conservées en Belgique[1] », je ne pus le persuader de venir à Alger présenter en personne les résultats de ses investigations, sa famille s'y opposant fermement. Il en avait été de même pour tous les autres pays occidentaux sous des prétextes sécuritaires.

La Belgique, État indépendant des Pays-Bas depuis 1830, ne conserve que les archives de la période coloniale 1830-1962, si l'on excepte quelques documents sur les dommages subis lors des activités de course avant 1830. Nous pouvons regrouper ces sources en deux grandes catégories :

---

1. André Vanrie, archiviste national en Belgique (aujourd'hui à la retraite), rédacteur en chef de la revue *Archivum*, organe du Conseil international des archives, « Sources de l'histoire de l'Algérie conservées en Belgique », DGAN n° 8/1998, p. 301-323.

Archives diplomatiques et privées : archives des consulats belges en Algérie de 1831 à 1940 : Alger, Bône, Oran, Philippeville ; archives centrales des Affaires étrangères de 1831 à 1962, dont un dossier sur les « Réfugiés algériens en Belgique, 1955-1960 », ainsi que plusieurs références non détaillées indiquant simplement « Algérie-Divers de 1956 à 1963 » ; archives privées, d'entreprises et de familles, de 1832 à 1906.

Documentation iconographique, cartographique et photographique. Notre collègue André Vanrie avait recensé un nombre incroyable de documents iconographiques, cartographiques, et photographiques sur l'Algérie du xviie siècle à 1921 :

• cartes et plans (cent vingt-cinq) : une dizaine pour les xviie et xviiie siècles dont des cartes des côtes de Barbarie, et des plans d'Alger et d'Oran ; soixante-douze documents cartographiques datés de la période 1816-1898, essentiellement des cartes topographiques ; une collection de quarante-trois plans au 1/10 000 des oasis à proximité de Biskra datant de l'année 1909 ;

• estampes (soixante), datant de la période 1816-1853, scènes de bataille, scènes de la vie quotidienne, paysages variés, portraits de personnalités (tel celui de l'émir Abd el-Kader) ;

• photos (trois cent quatre-vingt-trois) : sept photos de Biskra (encore !) et du Sahara, et surtout une collection de trois cent soixante-seize photos relatives à la visite du roi Albert en Algérie et au Maroc en 1921.

La Suisse

Comme souligné plus haut, la Suisse, État fédéral proclamé en 1848, n'offre de ressources (généreusement grâce à notre ami Christoph Graf, directeur des Archives fédérales suisses) que pour la période contemporaine, soit de 1838 à 1962[1]. Comme de bien entendu, le volume d'archives le plus important concernant l'Algérie émane du ministère des Affaires étrangères. Toutefois des documents sont signalés dans d'autres fonds, au département de la Justice et de la Police, et dans celui de l'Économie publique (DFEP).

Les archives les plus anciennes remontent à la période 1838-1848, durant laquelle fut ouvert à Alger le premier consulat suisse à titre honoraire. Ces premiers documents sont conservés à la Division D-Archives de la Diète, 1814-1848, archives du consulat suisse à Alger, 1838-1848, réf. D/1962 et D/2050.

Mais l'essentiel des documents concernant l'Algérie est classé dans la Division E-Archives de l'État fédéral, 1848-1962. Aussi toutes les cotes qui vont suivre débutent invariablement par la lettre E.

---

1. Professeur Christoph Graf, directeur des Archives fédérales suisses, « Inventaire des sources concernant l'Algérie conservées aux Archives fédérales suisses », DGAN n° 8/1998, p. 213-297.

E 2 – Affaires étrangères 1848-1895, archives centrales : archives relatives aux postes consulaires d'Alger (1848-1895), d'Oran (1871-1892) et de Philippeville (1857-1895) ; dossier sur le « soulèvement arabe 1871-1872 », à consulter dans les archives du poste consulaire d'Alger, E 2-dossier 1216 ; protection des Suisses lors de la « révolte arabe de 1871 », et dédommagements à la suite des préjudices subis à Palestro, Sétif, Deheb et Bouhira (*sic*), E 2-dossiers 203/1-2 ; expulsion d'un Suisse accusé de relations avec les rebelles en Kabylie, E 2-dos. 203/3.

E 2200 – Archives consulaires, 1844-1962 : huit versements d'archives du consulat suisse à Alger de 1844 à 1962, et cinq versements de l'ambassade suisse à Paris (1884-1962) qui assurait la tutelle sur les postes diplomatiques installés à Alger durant la période coloniale. Quelques dossiers :
• Consulat d'Alger : « Affaires politiques, 1935-1946 » (versement 2-carton 2) ; « Séisme d'Orléansville 1954 » (V/5-C/5) ; « Affaires politiques, 1958-1963 » (V/143-1973,C/9 et 10 ; V/81-1977,C/8) ; « CICR 1958-1962 » (V/81-1977, C/7).
• Ambassade de Paris : « Politique française en Algérie, 1958-1960 », « Aide aux regroupés d'Algérie, 1959-1960 », (versement 157-1973, carton 7).

E 2001 – Enregistrement central de la direction politique du DPF à Berne : ce fonds comprend cinq périodes d'enregistrement : A- de 1896 à 1918 ; B- de 1918 à 1926 ; C- de 1927 à 1936 ; D- de 1937 à 1945 ; E- de 1946 à 1962. C'est cette dernière période qui offre le plus de documents pertinents, surtout pour la GLN 1954-1962 : négociations algéro-françaises (V/17-1976, C/263-C/264) ; activités politiques de ressortissants d'Afrique du Nord et de pays arabes de 1954 à 1960, conférence internationale en 1957 pour la libération de Ben Bella, bombes FLN d'origine suisse, contact d'un parlementaire suisse avec un représentant du GPRA, Comité algérien suisse, bureau du FLN à Lausanne 1959-1960 ; tous ces dossiers sont classés dans le versement numéro 33-1972, carton 48 ; lettre du Comité de coordination et d'exécution (1958) protestant contre la garantie d'un crédit du FMI à la France, V/33-1972, C/338 ; liste de ressortissants algériens voyageant avec un passeport tunisien, marocain ou libyen, 1961, V/17-1976, C/49 ; GPRA 1958-1962, V/17-1976, C/259 ; réfugiés politiques, mouvements politiques, situation en Algérie, dossiers nominatifs, accord de cessez-le-feu, V/17-1976, C/261 à 264.

E 2800 – Archives personnelles : archives privées des personnalités suisses qui avaient eu en charge le dossier algérien de 1954 à 1962, en particulier les négociations algéro-françaises, tels Petitpierre, Wahlen, Micheli (affaire Khider), Spuler (négociations), Kohli ; cinq cartons versés en 1971 – n°s 2 et 57, 1974 – n°s 12 et 13, 1990 – n° 106.

E 4320 – Fonds du ministère public : c'est dans ce fonds que l'on trouvera les dossiers personnels de certains dirigeants de la Révolution algérienne : versement n° 77 de l'année 1980 : Ahmed Ben Bella, 1954-1959 (carton 45) ; Ahmed Boumendjel, 1956-1959 (carton 62) ; M'Hammed Yazid, 1955-1959 (carton 62) ; Ferhat Abbas, 1957-1959 (carton 57) ; Mohammed Boudiaf, 1958-1959 (carton 64) ; Ahmed Francis, 1957-1959 (carton 61) ; Ahmed Mahsas, 1955-1960 (carton 56) ; Messali Hadj Ahmed, 1938-1959 (carton 63), microfilm du dossier à Alger.

Autres dossiers du fonds : « Matériel saisi au FLN à Lausanne le 16 juillet 1959 », V/149-1992,C/8 ; « Affaire René Dubois », espionnage du FLN au profit des services français en 1956-1957, V/132-1992, C/1-19 ; « Mouvements islamiques, 1922-1932 », V/2-C/1, et V/1-C/18.

L'Australie

Ce pays lointain nous surprit (agréablement !) doublement : il fut le premier à envoyer son rapport au Colloque international d'Alger 1998[1] ; et, de plus, qui aurait pu supposer que des archives concernant l'histoire de l'Algérie pouvaient être conservées en... Australie !

Il faudrait tout de même avouer que l'estime réciproque entre George Nichols, directeur général des Archives nationales d'Australie, et moimême y fut pour quelque chose. Si, à plusieurs reprises, tout au long de cet article, j'ai fait état des relations personnelles, c'est parce que dans le domaine des relations internationales les contacts directs permettent de démentir tous les préjugés et les idées préconçues, monnaie courante dans les pays occidentaux à l'égard du tiers-monde. Et même à l'échelon national les contacts directs facilitent une meilleure approche des questions sensibles, notamment lorsqu'il s'agit de dons d'archives, tant il est vrai que l'on ne peut accorder sa confiance à des personnages à la moralité douteuse, de vrais parasites, qui enveniment l'atmosphère de plus d'une institution algérienne. L'inverse est également vrai, lorsque ces parasites, se rendant compte que leur interlocuteur ne partage pas avec eux les mêmes valeurs, s'acharnent à le combattre, utilisant les seules armes à leur portée, et de leur niveau (les coups bas), étant assurés à l'avance que leur victime n'utilisera pas les mêmes procédés. Et il est navrant de constater que beaucoup de nos dirigeants se satisfont de cette situation qui leur permet de trouver prétexte au moment opportun pour écarter des cadres de valeur, certes, mais peu dociles, afin de les remplacer par des parasites serviles qui ne rechigneront

---

1. Steve Stuckey, assistant du directeur général des Archives nationales d'Australie, « Archives concernant l'Algérie conservées en Australie », DGAN n° 9/1998, p. 151-172.

devant aucune des basses œuvres qui leur seront proposées en guise de mission.

Pour en revenir aux ressources archivistiques offertes par l'Australie, il convient de prime abord de préciser que, s'agissant d'un État récent, les dossiers identifiés comme concernant l'histoire de l'Algérie, au nombre de cent vingt (en anglais), ne peuvent que dater du XXe siècle, et plus exactement de la période 1910-1983. Et dans ce lot, la moitié des archives couvrent la guerre d'Indépendance de 1955 à 1962, chose qui ne pouvait que nous réjouir. Nous pouvons donc présenter ces archives en trois tranches chronologiques homogènes : 1910-1954, 1955-1962, 1962-1983.

Archives 1910-1954

Le volet économique domine de prime abord, avec des relations plutôt commerciales entre l'Australie et l'Algérie coloniale. À relever quatre documents datés 1940-1943, relatifs à la Seconde Guerre mondiale, notamment le débarquement allié en Afrique du Nord en novembre 1942 ; ainsi que quelques photos de Constantine et Hammam Meskhoutine en 1928 (!). Toutes les archives de cette période sont ouvertes à la communication.

Archives 1955-1962

En revanche, à partir de l'année 1955, la plupart des documents n'étaient pas encore ouverts à la communication parce que *not yet examined*. Il faudra probablement engager des discussions serrées pour obtenir des dérogations, les dossiers inventoriés semblant présenter un intérêt certain pour la guerre d'Algérie entre 1954 et 1962 perçue du côté australien. La plupart des cotes recensées appartiennent à la *Serie number* A-1838 : *France-Political-Algeria*, 1956-1962, *serie number* A-1838/272/25/2/11 (huit dossiers) ; *French North Africa-Algeria*, 1948-1958, *s.n.* A-1838/2/167/2/1/part.1/7 (sept dossiers) ; *Algeria... Internal... Political...* 1958-1962, *s.n.* A-1838/2/167/2/1/part.8/14 (sept dossiers) ; *Algerian Refugees*, 1957-1962, *s.n.* A-1838/1/889/700/9 + A-1838/1/932/5/7 (deux dossiers) ; *Algeria-Political Personalities*, 1961-1963, *s.n.* A-1838/264/167/1/3 (un dossier) ; *United Nations... Algeria*, 1955-1962, *s.n.* A-1838/2/852+854+914 (huit dossiers) ; Algérie : relations avec, le Royaume-Uni, les États-Unis, l'Indonésie, la Chine, le Japon, le Nigeria, le Pakistan, le bloc communiste, le Cambodge, Singapour, la Malaisie, le bloc afro-asiatique, le Ghana – 1958-1962, *s.n.* A-1838 [...], plus de vingt dossiers ; *Australian Embassy Paris/File ALGERIA*, 1957-1958, *s.n.* A-4389/3/201/2/5/1-P1.

Archives 1962-1983

Presque tous les dossiers sont classés *not yet examined*, ce qui signifie non communicables. Il s'agit surtout de documents relatifs aux relations internationales de l'Algérie, mentionnées pays par pays, y compris un (curieux) dossier sur de présupposées relations entre l'Algérie et Israël pour la période 1962-1966, classé *s.n.* A-1838/264/1675/11/34 !

Autres dossiers pour la période qui a suivi l'indépendance, toujours dans la série A-1838 : *Algeria Communism & Communist Party*, 1962-1964, *s.n.* A-1838/1/167/2/2/2 (un dossier) ; *Algeria-Internal-Political*, 1962-1965, *s.n.* A-1838/2/167/2/1/part.15/21 (sept dossiers) ; *Algeria-Oil*, 1962-1971, *s.n.* A-1838/267/773/14/7/2 (un dossier) ; *Immigration from France and Algeria*, 1962-1971, *s.n.* A-1838/275/1531/73/2 (un dossier).

En guise de conclusion pour ce chapitre réservé à l'Australie, précisons que le dossier le plus ancien date de 1910, et qu'il a trait aux articles prohibés provenant des îles Marshall, des îles Carolines, et de... l'Algérie ; alors que le document le plus récent, datant de 1983, concerne les relations avec les Nations unies.

Les archives dans les pays arabes

En dépit des relations historiques entre l'Algérie et les pays arabes, et du soutien arabe à la Révolution algérienne, les références accessibles restent en deçà de nos attentes. Du reste, sur les sept pays arabes qui nous avaient communiqué quelques informations sur leurs archives, trois n'avaient pu que nous orienter sur les archives de presse.

La Tunisie

Lors d'un premier séjour en Tunisie en 1977, j'avais déjà recensé une première liste de documents du XVIIIe et du XIXe siècle, surtout des correspondances échangées par les beys de Tunis avec les deys d'Alger, ainsi qu'avec les beys de Constantine[1]. De fait, c'était souvent les beys de Constantine qui désignaient les ambassadeurs algériens en Tunisie ; mais il arrivait qu'il y en ait deux, l'un représentant le dey, et le second le bey de Constantine, personnage le plus puissant de la régence après le dey d'Alger. Amar Benzeggouta, d'une grande famille constantinoise, fut le dernier représentant algérien à Tunis : il avait été désigné à ce poste par Hadj Ahmed Bey, après la chute d'Alger (Temimi[2]). Une deuxième série de correspondances diplomatiques couvrant la période 1830-1881, soit de la conquête coloniale en Algérie au protectorat français en Tunisie, avait été inventoriée par un chercheur tunisien ayant représenté son pays en l'absence des Archives nationales de

---

1. Un jour, en présentant une exposition d'archives à un ministre algérien, j'avais utilisé, par inadvertance, le terme de « beys des deux régions » en parlant des correspondances échangées entre les beys de Tunis et de Constantine.

2. Abdeljalil Temimi, *Hadj Ahmed Bey et le Beylik de Constantine de 1830 à 1837*, thèse de doctorat, Tunis, 1969.

Tunisie[1]. Cette absence avait été interprétée à l'époque comme un alignement sur la position des pays occidentaux.

Hormis les archives diplomatiques, la présence d'une nombreuse colonie
algérienne en Tunisie – vingt mille au XIXe siècle contre quinze mille Tunisiens en Algérie – est attestée par les registres et documents du contrôle civil
et de la justice, particulièrement dans les zones frontalières.

Lors de ma dernière visite aux Archives nationales de Tunisie, les 16 et
17 septembre 2003[2], alors que je finalisais le présent travail, j'avais pu
glaner quelques références supplémentaires pour le XXe siècle dans deux
séries :

Série Histoire du mouvement national : carton 009/dossier 001/31
pièces, « Situation politique, économique et administrative en Algérie,
1913-1922 » ; C.10/D.2/81 p. « Rapports mensuels Territoires du Sud,
1920-1925 » ; C.10/D.3/43 p. « Algériens refoulés... 1935-1936 » ; C.12/
D.6/10 p. « Compte rendu des débats à l'Assemblée nationale française sur
l'Algérie, 1955 » ; C.13/D.1/100 p. « Situation en Algérie et au Maroc,
1916-1922 » ; C.19/D.2/182 p. « Relations entre Algériens et Tunisiens,
1920-1923 » ; C.36/D.2/140 p. Diverses questions dont la protestation des
néo-destouriens contre l'expulsion de l'Algérien Hassan Nouri..., 1937-
1938.

Série « E »/ sous-série Affaires militaires : carton 413 bis/Dossier 4/
« Rumeurs à la frontière tuniso-algérienne, 1884 » ; C.440/18/A-D.71/
« Comité algérien, 1915 » ; C.440/18/A-D.120/ « Propagande antifran-
çaise en Algérie et en Tunisie, 1917 » ; C.440/18/A-D.170/ « Algériens,
Marocains et Tunisiens résidant en Turquie, 1915 » ; C.440/18/A-D.323/
« La participation de l'Algérie à la guerre de 1914-1918 » ; C.440/18A-
D.339/ « Répercussion en Algérie de la guerre avec la Turquie, 1914 » ;
C.440/18/B-D.266/ « Accueil et secours aux réfugiés algériens, 1957 »
C.449/40/ « Victimes des événements d'Algérie : indemnisations,
1957 » ; C. A-278/16/ « Algériens » (?) ; C.440/18/A-D.168/ « Au sujet
des événements de Syrie (mention de l'émir Abd el-Kader !), 1914-
1915 » ; C.440/18/A-D.191/ «A/s. condamnation à mort de l'émir Omar,
fils de l'émir Abd el-Kader » ; C.440/18/B-D.27/ « A/s. Étoile nord-
Africaine ».

Voilà un inventaire bien maigre, les Archives nationales tunisiennes
n'ayant pas encore ouvert les portes de la communication pour les archives

---

1. Mounir Abid, université de Sfax, « L'Algérie à la lumière des sources d'archives
conservées aux Archives nationales de Tunisie », DGAN n° 11/2000, p. 57-65.
2. À l'occasion de ma participation au « Colloque ARBICA sur les Archives électroniques », Tunis, 18-20 septembre 2003.

1954-1962, alors que la Tunisie avait servi de base arrière à la Révolution algérienne, et que Tunis était le siège du GPRA !

La Libye

Tripoli, pourtant dernier siège du Conseil national de la révolution algérienne, n'a rien communiqué non plus sur la Révolution algérienne, à part quelques documents provenant d'un fonds d'archives privées conservé au Centre du djihad des Libyens pour les études historiques[1] : correspondances et appels de soutien à la Révolution algérienne ; lettres échangées avec des dirigeants algériens, tels Ahmed Ben Bella, Ahmed Bouda, Khalifa Laroussi ; vingt-huit documents financiers, dont des pièces relatives aux fonds remis à certains dirigeants algériens ; archives sur l'approvisionnement en armement de la Révolution algérienne ; achats d'armes sur le marché international avec des noms d'emprunt, dont celui du propriétaire du fonds d'archives El Hadi Ibrahim El Macherki ; dons d'armes égyptiennes ; acheminement des armes aux frontières algériennes ; coupures de presse.

Au Centre des archives historiques, censé conserver les archives officielles de la Libye, un seul fonds avait été signalé : « Comité pour la collecte des dons au peuple algérien en lutte », créé le 18 mars 1956. Le fonds n'étant pas classé, seules quelques photos avaient été signalées : photos de dirigeants algériens, Didouche Mourad, Zighoud Youssef, Mostefa Ben Boulaïd, Larbi Ben M'hidi, Ahmed Ben Bella, Djamila Bouazza, Djamila Bouhired ; photos sur la sauvagerie de l'armée française ; photos sur les zones frontalières algéro-libyennes.

Et c'est tout ! Rien non plus sur la période ottomane, alors que les deux pays, qualifiés avec Tunis d'États barbaresques, avaient affronté du XVIe au XIXe siècle les mêmes puissances occidentales en Méditerranée.

L'Égypte

À l'occasion du colloque ARBICA du Caire, organisé en mai 2000[2], j'avais déjà pu mesurer l'importance accordée par les autorités égyptiennes à leur patrimoine national, dans sa partie antiquités certes, mondialement connue, mais aussi dans sa partie écrite, Archives nationales et Bibliothèque nationale, installées dans deux imposants immeubles mitoyens, reliées par un espace commun, et administrées par un même office : Dar el Koutoub oua el Wathaik el Qaoumia.

C'est pourquoi je m'étais senti extrêmement honoré que, à la suite d'une invitation à participer au colloque sur le cinquantième anniversaire de la

---

1. Ali Salah Mohamed Karmida, Mohamed Ali Abu Chareb, « Archives libyennes concernant l'Algérie conservées au Centre du djihad des Libyens et au Centre des archives historiques », Tripoli, DGAN n° 10/1998, p. 29-48.
2. « Colloque ARBICA sur les instruments de recherches dans les centres d'archives », Le Caire, mai 2000.

révolution de Juillet 1952[1], mon collègue et ami Mohamed Saber Arab, directeur des Archives nationales, m'ait proposé de visiter l'ensemble de ses services en vue de lui faire part de mes observations. D'autant plus honoré que j'avais déjà pu apprécier les grandes qualités professionnelles des archivistes égyptiens. Mais un regard technique, en même temps qu'amical, ne pouvait que les encourager dans la poursuite de leurs efforts pour valoriser un patrimoine historique qui se compose de : cent quatre-vingt mille registres ; de trente milles boîtes d'archives et de plusieurs milliers de rouleaux de un à quinze mètres de Hujjaj Charia[2].

Toutefois, à l'instar de la Tunisie et de la Libye, l'Égypte, plaque tournante des organes de la Révolution algérienne, n'a pas encore livré tous ses secrets d'archives, les sources immédiatement accessibles relatives à l'Algérie se limitant à soixante-dix-sept documents inventoriés pour la période 1819-1936 : quatre documents en turc osmanli, 1819-1820, relatifs à la participation des marines algérienne, tunisienne et tripolitaine à la protection de la navigation commerciale ; trente-huit textes publiés en annexes du *Journal officiel* égyptien (type *Le Moniteur algérien*) durant la période 1828-1885, relatant le blocus d'Alger, la conquête coloniale de 1830, la position de la Grande-Bretagne à l'égard du conflit, l'émigration des familles algériennes vers le Maroc ; trente-cinq documents concernant les étudiants algériens à l'université d'El Azhar durant la période 1920-1936.

Face à cette indigence de l'information, on est en droit de s'interroger à propos des archives sur lesquelles s'est appuyé Fethi Dib, ancien responsable des services secrets égyptiens, pour écrire son livre *Nasser et la Révolution algérienne*. Qui détient les archives sonores de la Voix des Arabes ? En fait, il semblerait que beaucoup d'institutions égyptiennes détiennent encore leurs archives, refusant de les verser, d'où l'appel lancé par Mohamed Saber Arab à l'occasion du colloque sur la révolution de Juillet 1952, afin de commencer par récupérer les documents du Mouvement des officiers libres.

Pour l'instant, les seules archives concernant l'Algérie et localisées avec précision hors de Dar Wathaik el Qaoumia, sont conservées à l'université d'El Azhar Ech Chérif où l'on peut consulter les dossiers des *chouyoukh* et étudiants algériens depuis le XIXe siècle[3], à Alexandrie où les registres et documents des Mahakam Ech Charia permettent d'étudier l'émigration algérienne depuis la fin du XVIIIe siècle (1188/h), et au siège de la Ligue

---

1. Abdelkrim Badjadja, *Retentissement en Algérie de la révolution de juillet 1952 à travers la presse nationaliste et coloniale*, Le Caire, juillet 2002.

2. Ibrahim Feth Allah Ahmed, président de l'Administration centrale des Archives nationales d'Égypte, « Liste des séries d'archives relatives à l'histoire de l'Algérie conservées aux Archives nationales d'Égypte », DGAN n° 11/2000, p. 41-29.

3. Mrs Dr. Nahed Hamdi Ahmed, chef du département Archives et Bibliothèques à l'université du Caire, annexe de Beni Souif, « Importance des Archives d'El Azhar Ech-Chérif pour l'histoire culturelle de l'Algérie », DGAN n° 10/1998, p. 71-88.

arabe au Caire d'où l'on peut évaluer à sa juste mesure le soutien arabe à la cause algérienne[1].

La Syrie

Disons-le d'emblée, pas d'informations pour l'instant sur les archives relatives à la Révolution algérienne. La richesse du Centre des archives historiques de Damas est attestée principalement par le foisonnement des Mahakam Ech Charia accumulés depuis plusieurs siècles, et inventoriés scrupuleusement par mon aînée dans la profession, et grande amie de ma famille, Mme Daad El Hakim, doyenne des archivistes arabes, dont nous avions célébré lors du dernier colloque arabe de Tunis (18-20 septembre 2003) le départ à la retraite après une longue carrière de près de trente années !

Dans sa communication prononcée au colloque d'Alger 1998[2], Mme Daad avait donné un aperçu sur les sources disponibles relatives à l'Algérie pour la période 1729-1927 : émigration algérienne : étudiants, oulémas, cadis d'origine algérienne, artisans, commerçants, soldats algériens chargés de la sécurité en milieu urbain ; caravanes des Hadjis transitant par Le Caire à l'aller, et par Damas au retour ; exil des familles algériennes après la conquête coloniale de 1830 ; archives des Mahakam Ech Charia fournissant de précieuses informations sur les Algériens à « Bilad Ech Cham » : noms, adresses, activités, transactions foncières et commerciales (habitations, magasins) ; archives sur l'émir Abd el-Kader, sa famille, son intervention en 1860 pour apaiser la tension religieuse entre musulmans et chrétiens ; archives sur sa descendance, l'émir Saïd el-Djazairi, son rôle politique notamment en tant que président de l'État en 1918 ; l'émir Azzedine el-Djazairi, mort au combat en 1927 pour la Révolution syrienne (!) ; et de nombreuses traces de la participation active des Algériens à la vie politique en Syrie.

À la décharge du Centre des archives historiques, il faut préciser que son statut juridique actuel ne lui permet pas de jouer le rôle attendu d'une institution d'archives nationales, et par conséquent de recevoir les versements obligatoires des archives récentes. En ma qualité de président de la branche régionale arabe du Conseil international des archives (1998-2001), j'avais tenté de persuader certains responsables d'engager le processus pour la création d'une institution des archives nationales de Syrie, quitte à commencer par fusionner le centre actuel, qui n'en peut mais, avec le

---

1. Ibrahim Ahmed Abu Qacem, Ligue des États arabes, « Les Archives et les thèses universitaires concernant l'Algérie conservées dans les archives et universités égyptiennes, et aux archives de la Ligue des États arabes », DGAN n° 10-1998, p. 49-68.

2. Mrs Dr Daad el Hakim, directrice du Centre des études historiques (aujourd'hui à la retraite), « Les Algériens dans les archives et manuscrits du Centre des études historiques de Damas », DGAN n° 10-1998, p. 123-128.

Centre de documentation national, « Markaz el Maaloumat el Kaoumi », lequel, parce que rattaché au sommet du pouvoir, bénéficie de considération et de moyens autrement plus importants. Mais, je crains que ce projet doive attendre encore.

Liban – Soudan – Irak

Pour terminer ce tour d'horizon des archives arabes, je me vois contraint de regrouper dans une même maigre rubrique les trois pays restants, à savoir le Liban[1], le Soudan[2], et l'Irak[3], parce qu'ils n'ont rien d'autre à proposer que les archives de presse, notamment les articles relatifs au soutien à la Révolution algérienne. En Irak, des dossiers avaient été signalés dans les fonds d'archives du parti Baas, mais je me demande ce qu'ils sont devenus après les pillages intervenus sous le regard complaisant des soldats américains !

Les archives dans les anciens pays du bloc socialiste : Russie, Pologne, Yougoslavie, Croatie, Ouzbékistan

Les archives témoignant du soutien apporté par les pays socialistes à la Révolution algérienne, et même celles qui ont précédé cette période, restent inaccessibles. Aussi les indications données sont-elles très insuffisantes, aussi bien qualitativement que quantitativement.

La Russie[4]

Pour illustrer cette observation, il suffit d'énoncer le chiffre de documents inventoriés en Russie dans six centres d'archives pour la période 1830-1962 : cinquante-cinq dossiers, dont cinq pour la Révolution algérienne.

Quelques détails autant que faire se peut : rapports sur les expéditions coloniales du XIXe siècle ; documents sur le commerce et la navigation maritime entre la Russie et l'Algérie ; quelques informations sur l'économie coloniale en Algérie ; rapports diplomatiques 1940-1956 ; dossier

---

1. Mustapha Attoui, chef de l'unité de conservation au Centre des archives nationales du Liban, « La Révolution algérienne à travers la presse libanaise de 1954 à 1962 », DGAN n° 10-1998, p. 107-119.

2. Dr Ali Salah Kerar, secrétaire général du Centre des archives nationales du Soudan, « La Révolution algérienne dans la presse soudanaise, 1961-1962 », DGAN n° 10-1998, p. 91-106.

3. Ahmed Jarjees Souleymane Khendi, ancien directeur des Archives nationales de l'Irak, « Soutien du Parti Baath à la Révolution algérienne 1954-1962 », DGAN n° 10/1998, p. 161-192.

4. Vladimir Eremtchenko (directeur adjoint du Service fédéral d'archives de Russie), I.V. Lebedev (MAE), Mme Elisaveta Afanasieva (CDC), Mme Elena Turina (Archives économiques), « Archives concernant l'Algérie de 1826 à 1983 », DGAN n° 8/1998, p. 354-377.

sur les événements de mai 1945 ; quelques pièces relatives au Parti communiste algérien (tout de même !) ; quelques extraits d'archives de la politique extérieure de la Russie de 1959 à 1962 (cinq dossiers).

La Pologne[1]

À défaut d'archives sur les Algériens en lutte contre le colonialisme français, nous avions eu droit à un historique de l'émigration polonaise en Algérie. En dépit de l'affirmation de la solidarité durant la guerre de 1954-1962, aucun document n'est cité pour le prouver.

La Yougoslavie[2]

Idem pour ce pays en tête du mouvement des non-alignés. La seule information disponible précise que les archives concernant l'Algérie sont conservées au niveau des fonds de la Ligue des communistes yougoslaves, sans références.

En ce qui concerne les films réalisés entre 1958 et 1962, dans les djebels, par des équipes mixtes de cameramen algériens et yougoslaves, nos partenaires de Filmske Novosti avaient affiché une grande disposition pour... vendre à l'Algérie ce qui en principe pourrait être considéré comme sa copropriété. Remercions toutefois l'un des principaux cameramen yougoslaves qui avait offert tout son matériel et ses documents à l'Algérie sans conditions.

La Croatie[3]

De tous ces pays, c'est certainement la Croatie qui conserve les documents les plus anciens concernant l'Algérie, aux Archives d'État de Dubrovnik. Les relations entre la régence d'Alger et Dubrovnik remontent au XVIe siècle ; en témoignent trois lettres datant de 1566-1569 ayant pour objet la protection sollicitée pour les navires battant pavillon de Dubrovnik. Plusieurs documents de même nature existent pour le XVIIIe et le XIXe siècle, demandant l'intervention du dey d'Alger pour faire libérer les prisonniers et assurer la libre navigation.

À noter l'existence d'un manuscrit écrit en anglais, tiré d'un fonds d'archives privées appartenant à la famille Bombelles, d'origine française : *Journal of the expedition against Constantine 1836.*

Mais rien sur la Révolution algérienne, comme de bien entendu.

---

1. Dr Wladislaw Stepniak, président de l'Association des archives polonaises, « Sources to the history of Polish-Algerian relation in holdings of Central State Archives in Warsaw », DGAN n° 11-2000, p. 77-84.

2. Jovan Popović (directeur des Archives de Yougoslavie), Vladimir Zutić (directeur de Filmske Novosti), « Archives et films concernant l'Algérie », DGAN n° 8/1998, p. 380-386.

3. Ornata Tadin, archiviste-documentaliste aux Archives nationales de Croatie, « Les documents concernant l'Algérie conservés en Croatie », DGAN n° 11/2000, p. 57-65.

L'Ouzbékistan[1]

Terminons ce tour d'horizon des pays socialistes en citant, pour mémoire, l'Ouzbékistan, qui n'a rien à offrir d'autre pour l'instant que des extraits de la presse de l'époque mettant en vedette le soutien à l'Algérie en guerre.

Les archives dans les pays du tiers-monde : Inde, Pakistan, Chine, Vietnam, Mali, Afrique du Sud

En ce qui concerne les six pays du tiers-monde qui avaient bien voulu communiquer les inventaires des archives relatives à l'histoire de l'Algérie, nous constaterons que les références portent essentiellement sur le xxᵉ siècle, notamment sur le soutien à la Révolution algérienne de 1954-1962.

L'Inde[2]

Les archives signalées s'étalent de 1857 à 1960, et proviennent essentiellement des fonds du ministère des Affaires étrangères. Avant 1954, les documents sont de nature économique, avec toutefois quelques dossiers sur les expéditions et soulèvements au M'Zab, Ain Touta ; sur la participation algérienne au congrès des orientalistes du 19 au 26 avril 1905 ; et sur le soutien apporté par une délégation algérienne à La Mecque, au sujet d'une déclaration du « Grand Chérif » relative à l'indépendance (à l'égard des Turcs).

Les documents sur la Révolution algérienne de 1954-1962 sont relativement plus nombreux et plus significatifs, mais il semble que les dossiers ne soient pas encore tous ouverts à la communication. Les archives accessibles évoquent *Algeria's struggle for freedom*, *Algerian problem*, *Started drawing international attention*, *Ways and means of ending the Algerian war*. Quelques documents aussi sur la question MNA/FLN, sur l'action du Comité international de la Croix-Rouge (CICR) dans les prisons et les camps, dénonçant les traitements inhumains infligés aux détenus politiques algériens.

Le Pakistan[3]

La moisson est encore plus maigre pour ce qui concerne les archives du Pakistan, les documents signalés ne concernant que la période 1955-1962 :

---

1. M.I. Nasrullaev, Archives nationales de l'Ouzbékistan, *From the history of encouragement of the Algerian National Liberation Movement by Uzbek People*, DGAN n° 9/1998, p. 239-240.

2. Sarkar Shri Sukumar, directeur général des Archives de l'Inde, *Information on Algeria available in the record holding of National Archives of India*, DGAN n° 9/1998, p. 205-211.

3. Habibur Rahman Rahman, directeur des Archives, ministère des Affaires étrangères, *Records relating to Algeria, preserved in the Foreign Office Archives of Pakistan*, DGAN n° 9/1998, p. 219-224.

conférence de Bandoeng, 18-24 avril 1955, avec un exemplaire du mémoire présenté à la conférence par le FLN ; visite de Ferhat Abbas, président du GPRA, au Pakistan en 1959 ; participation du Pakistan aux activités diplomatiques en faveur de l'indépendance de l'Algérie, au sein du groupe africain-asiatique aux Nations unies... et c'est tout : archives non encore ouvertes à la communication ?

La Chine[1]

Idem pour la Chine populaire, peu de documents étant ouverts à la communication. Quelques dossiers sur le soutien chinois à la Révolution algérienne à partir de la troisième session du Congrès national du peuple chinois (28 juin 1956). En décembre 1958, la Chine remet la somme de cinq cent mille yuans à la délégation algérienne. Après la reconnaissance *de facto* du GPRA, le premier chef de mission algérien est installé à Pékin le 23 février 1961.

Le Vietnam[2]

Avec le Vietnam, se confirme la rareté des archives ouvertes à la communication dans les pays asiatiques : quelques dossiers remontant au XIXᵉ siècle sur les soldats algériens mobilisés par la France coloniale dans son entreprise d'agression en Indochine ; quelques pièces signalées aussi sur le commerce colonial algéro-vietnamien ; enfin, il existerait des archives sur le soutien à la Révolution algérienne, mais aucune référence précise.

Le Mali[3]

Le Sénégal n'ayant pas donné suite à notre invitation, bien que les archives de l'ancienne Afrique-Occidentale française soient conservées dans leur intégralité à Dakar, l'Afrique francophone fut représentée au Colloque international d'Alger 1998 par le Mali, pays frontalier de l'Algérie.

Les fonds remontent à la fin du XIXᵉ siècle avec quelques pièces (onze dossiers) sur les relations frontalières, lesquelles constituent en fait l'essentiel de l'objet des archives inventoriées : opérations militaires coloniales, 1902-1914 (trois dossiers) ; affaires politiques et militaires, 1905-1952 (quarante et un dossiers) ; réglementation en vigueur dans les confins sahariens, 1916-1948 (dix dossiers) ; questions politiques et commerciales aux confins sahariens, 1928-1944 (dix dossiers).

Enfin, le soutien à la Révolution algérienne est attesté dans les archives du bureau politique (?) de 1957 à 1962 (sept dossiers).

---

1. Lihua Shen, député, directeur adjoint des archives au ministère des Affaires étrangères, *China and Algeria, forming the relationship, 1954-1962*, DGAN n° 9/1998, p. 225-230.

2. Direction générale des archives du Vietnam, « À propos des sources d'archives concernant l'histoire de l'Algérie aux archives du Vietnam », DGAN n° 11/2000, p. 67-76.

3. Aly Ongoiba, directeur des Archives nationales du Mali, « Les Archives nationales du Mali. Références des dossiers sur l'Algérie », DGAN n° 8/1998, p. 392-405.

Au total, quatre-vingt-deux dossiers au moins concernant l'Algérie seraient conservés aux Archives nationales du Mali. Et je me dois de rendre justice à mon collègue et ami, Aly Ongoiba, d'avoir bien voulu dresser un inventaire précis pour chacun de ces dossiers, en dépit des conditions difficiles dans lesquelles il exerce ses fonctions.

Afrique du Sud[1]

Quant à l'Afrique anglophone, elle fut représentée par l'Afrique du Sud, qui nous a émerveillés par la parfaite organisation de ses archives. En effet, à l'instar de l'Australie, la recherche s'était effectuée par le biais de l'outil informatique, ce qui a permis d'afficher (et d'imprimer directement) toutes les références relatives à l'Algérie.

Ainsi, nous avons relevé plusieurs types de documents avec des indications très précises : 1944-1963, archives sur les relations culturelles, commerciales et industrielles Algérie-Afrique du Sud (boîtes 3272- 4320-4321) ; 1954-1962, archives sur la question algérienne grâce aux dossiers de l'ambassade d'Afrique du Sud à Paris (boîtes 14 à 18), et ceux de la mission sud-africaine à l'ONU (1958-1962, boîtes 274 à 278) ; 1958-1962, situation politique en Algérie (dossier-1/132/1) ; 1941-1957, colonies françaises… Algérie (dossier-1/30/7//4).

De nombreux documents à caractère commercial de la fin du XIXᵉ siècle (importation de dattes algériennes), à l'année 1981 (Algeria/International Monetary Fund) avec une fiche informatique pour chaque dossier. Enfin, sont également signalées toutes les fiches « France » pouvant avoir une corrélation avec l'Algérie. Lors d'un récent séjour en Afrique du Sud, j'ai glané une nouvelle référence : « m3/521 », carte de la province de Constantine (partie orientale) et de la régence de Tunis, datant de 1881, imprimée à Paris, et conservée curieusement au niveau du fonds d'archives de l'Intelligence Service[2].

En guise de conclusion…
« Arrêté par la Sécurité militaire et déporté dans le Grand Sud algérien pour une fausse histoire… de vraies archives ! »

Les archives sont-elles authentiques ? Les archives sont-elles crédibles ?
À la première question, je répondrais sans hésiter oui. Pour la seconde, je serais plus circonspect.

1. Marie Olivier, directeur du service des Archives de l'État, « Archives relatives à l'Algérie », DGAN n° 9/1998, p. 173-204.
2. Cote que j'avais relevée lors de ma visite au Service des archives d'État du Cap, en compagnie des participants à la CITRA-CAP TOWN, 20-25 octobre 2003.

En effet, durant toute ma carrière d'archiviste, je ne me suis jamais trouvé confronté à un problème d'authenticité de documents, c'est-à-dire des archives créées postérieurement aux événements qu'elles prétendent décrire. Et j'ajouterais que les archivistes professionnels sont très biens armés pour déceler un faux document.

Mais à la deuxième question, je serais plus prudent, ayant constaté plus d'une fois que si les documents sont authentiques leur contenu ne correspond nullement à la réalité des événements. Autrement dit, un archiviste peut attester du « contenant », c'est son travail, mais il ne s'engagera jamais à certifier la valeur du « contenu », c'est le travail de l'historien. Exemples réels :

— « archives médicales » de l'armée française en Algérie que nous avons évoquées plus haut ;

— la lecture de la rubrique « sécurité » des rapports périodiques des administrateurs des communes mixtes de l'Est algérien pour la période précédant le 1er novembre 1954, laissait à penser que tout allait bien dans le meilleur des mondes possible afin de ne pas « importuner » l'autorité supérieure. Seuls quelques audacieux fonctionnaires avaient osé parler de « mouvements suspects » autour du domicile de Lamine Debaghine (rapport CM Châteaudun-du-Rhumel), et de trafic d'armes dans l'Aurès (rapport CM Aurès) ;

— un compte rendu d'interrogatoire datant de mai 1945 (document authentique) voudrait prouver qu'une insurrection était en préparation à Constantine, avec précisions des cibles visées, mais une confrontation avec des témoins de l'époque avait révélé que le suspect « interrogé » était un indicateur de la police jouant un rôle de circonstance ;

— et quel crédit accorder aux nombreux faux comptes rendus d'interrogatoires, suite aux vraies tortures infligées aux militants FLN ?

Il revient aux historiens de vérifier la validité du contenu des archives en procédant aux confrontations et recoupements nécessaires, et de redoubler de vigilance lorsqu'il s'agit des archives des services de sécurité.

J'en veux pour preuve supplémentaire la mésaventure que j'avais vécue en 1980 à la suite des événements de Constantine[1]. Arrêté le 22 novembre 1986 à l'aéroport de Constantine sur la base d'un faux, j'apprends avec étonnement que la Sécurité militaire m'accusait de « participation à un mouvement insurrectionnel ». J'étais donc passible de la peine de mort. Comme on avait saisi à mon domicile, lors d'une perquisition, de vieux tracts et brochures remontant aux années 1960 et 1970 (ORP, PRS, PAGS, MDRA, UNEA, et même du Comité des étudiants de la mosquée de l'université d'Alger), la Sécurité militaire avait choisi de faire de moi un militant actif du PAGS, accusé d'avoir fomenté les manifestations de Constantine. Et le PAGS, contre toute évidence, accrédita la version policière en me revendiquant comme un élément actif de son organisation clandestine. Le montage se dégonfla, grâce à ma résistance, et à mon refus de signer le

---

1. Dont on trouvera le récit détaillé dans *L'Affaire Badjadja* (à paraître).

procès-verbal malgré toutes les pressions. Le premier chef d'accusation de « participation à mouvement insurrectionnel » fut alors abandonné, et transformé en « atteinte à l'ordre public », décision tout autant inique parce que je me trouvais en mission à Alger lors des événements de Constantine. Je fus alors assigné à résidence à Bordj Omar Driss, dans l'extrême sud, en même temps que cinq autres « présumés coupables » de Constantine et d'Annaba[1], procédure illégale au regard du Code Pénal algérien, parce qu'une telle mesure ne pouvait être prononcée que par un juge, dans un tribunal, et uniquement comme peine complémentaire à une peine principale, sanctionnant la fin d'un procès public! Je fus libéré le 25 mars 1987, suite à ma grève de la faim, et aux actions de solidarité nationale et internationale.

Voilà pour mon propre témoignage, qui illustre on ne peut mieux toute la précarité des informations que peuvent véhiculer des archives authentiques par leurs formes et dates, mais truffées de contre-vérités. Aux chercheurs d'en user avec circonspection, et je me souviendrai toujours de l'une de mes premières leçons d'Histoire à l'Université de Constantine, avec mon estimé professeur Gilbert Meynier : la critique des textes.

Abdelkrim Badjadja

Bournemouth (côte sud de Grand-Bretagne)
Londres
Abou Dhabi
Tunis
Été 2003

---

1. Une cassette vidéo avait été enregistrée en février 1987, lors de ma déportation à Bordj Omar Driss, wilaya d'Illizi, dans laquelle j'avais dénoncé l'incompétence et les magouilles honteuses de la Sécurité militaire.

Chronologie de la guerre d'Algérie

1954

Mars-avril : création du Comité révolutionnaire pour l'unité et l'action (CRUA) qui entend préparer l'insurrection en Algérie.

13-15 juillet : le congrès des partisans de Messali à Hornu (Belgique) consacre la scission du MTLD.

1er novembre : le CRUA se transforme en Front de libération nationale (FLN). La guerre commence en Algérie.

5 novembre : le MTLD est dissous par les autorités françaises.

3 décembre : proclamation par Messali Hadj de la création du MNA.

10 décembre : débat à l'Assemblée sur la politique française en Afrique du Nord. Envoi de renforts militaires en Algérie.

1955

5 janvier : François Mitterrand, ministre de l'Intérieur, prône le recours à la force et présente un programme de réformes pour l'Algérie.

20 janvier : premières grandes opérations de l'armée française dans l'Aurès.

1er février : Jacques Soustelle est nommé gouverneur général par le gouvernement Mendès France, en remplacement de R. Léonard.

15 février : Jacques Soustelle s'installe à Alger : « Un choix a été fait par la France : l'intégration. »

23 février : investiture du gouvernement Edgar Faure.

20 mars : rapport Mairey à Edgar Faure sur le comportement de la police.

1er avril : vote de l'état d'urgence en Algérie pour six mois.

18-24 avril : conférence afro-asiatique de Bandoeng.

23 avril : établissement en Algérie de la censure préalable.

13 mai : le général Cherrière, commandant en chef en Algérie, définit le principe de la responsabilité collective.

16 juin : le général Lorillot remplace le général Cherrière.

20 août : grande offensive de l'ALN dans le Nord-Constantinois. Soixante et onze victimes européennes. Énergique répression française : 1 273 tués officiellement.

30 août : maintien sous les drapeaux de la classe 1954.

12 septembre : interdiction du PCA. Suspension d'*Alger républicain*.

15 septembre : le journaliste Robert Barrat publie dans *France-Observateur* une interview du colonel Ouamrane. Il est arrêté.

26 septembre : motion de soixante et un députés musulmans refusant l'intégration.
Octobre : mouvement de soldats pour la paix en Algérie.
29 novembre : Edgar Faure est renversé.
2 décembre : dissolution de l'Assemblée nationale.
10 décembre : les élections en Algérie sont ajournées *sine die*.
23 décembre : les élus UDMA démissionnent de leur mandat et demandent la création d'une République algérienne.

1956

2 janvier : victoire du Front républicain aux élections.
1er février : investiture du gouvernement Guy Mollet.
2 février : Jacques Soustelle quitte Alger, acclamé par la population européenne.
6 février : Guy Mollet conspué à Alger.
9 février : Robert Lacoste est nommé ministre résidant.
12 mars : l'Assemblée nationale vote les « pouvoirs spéciaux ».
22 avril : Ferhat Abbas rallie officiellement le FLN.
18 mai : massacre de soldats français à Palestro.
27-28 mai : premier ratissage de la Casbah.
20-22 juin : vague d'attentats individuels à Alger.
26 juin : le pétrole jaillit à Hassi-Messaoud.
5 juillet : grève anniversaire de la prise d'Alger du 5 juillet 1830.
10 août : bombe « contre-terroriste » rue de Thèbes, plusieurs dizaines de victimes musulmanes.
20 août : congrès FLN dans la vallée de la Soummam : création du Comité national de la révolution algérienne (CNRA).
30 septembre : premiers attentats FLN à la bombe à Alger.
Été 1956 : affrontements entre maquis du MNA et du FLN qui tournent à l'avantage de ce dernier.
22 octobre : détournement sur Alger de l'avion des chefs FLN Ben Bella, Aït Ahmed, Khider, Boudiaf, Lacheraf, Bitat.
1er novembre : début de l'expédition de Suez.
13 novembre : le général Raoul Salan est nommé commandant en chef en Algérie.
24 décembre : découverte du complot du général J. Faure.
27 décembre : assassinat d'Amédée Froger. Ratonnades à ses obsèques.

1957

7 janvier : une ordonnance du superpréfet d'Alger confie au général Massu et à la 10e DP les pouvoirs de police sur le Grand Alger.
16 janvier : attentat au bazooka contre le général Salan.
28 janvier : début d'une grève de huit jours sur ordre du FLN, à l'occasion de la session de l'ONU.
10 février : bombes dans des stades à Alger.
18 février : à la suite de ses prises de position sur la torture, le général Jacques Paris de Bollardière est relevé de son commandement.

25 février : arrestation de Larbi Ben M'hidi.

4 mars : création du dispositif de protection urbaine.

5 mars : assassinat, revendiqué par Aussaresses, de Ben M'hidi.

23 mars : « suicide » d'Ali Boumendjel.

24 mars : première lettre de démission de Paul Teitgen.

5 avril : institution de la Commission de sauvegarde des droits et libertés individuels.

21 mai : chute du gouvernement de Guy Mollet.

29 mai : massacres de Beni-Ilmane (Melouza).

11 juin : ratonnades aux obsèques des victimes des bombes du casino de la Corniche. Arrestation de Maurice Audin.

1er-7 juin : investiture du gouvernement Bourgès-Maunoury.

7 juillet : dans un discours à Alger, Robert Lacoste dénonce « les exhibitionnistes du cœur et de l'intelligence ».

12 septembre : démission de Paul Teitgen.

24 septembre : arrestation de Yacef Saadi, responsable de la zone autonome d'Alger du FLN.

30 septembre : chute du gouvernement sur la loi-cadre.

8 octobre : mort d'Ali la Pointe, adjoint de Y. Saadi.

Octobre : capture de Ben Hamida. Démantèlement complet de la zone autonome d'Alger. Fin de la bataille d'Alger.

22 novembre : le roi du Maroc et Habib Bourguiba proposent leurs bons offices pour régler la question algérienne.

29 novembre : vote de la loi-cadre sur l'Algérie et de la loi électorale algérienne.

11 décembre : Publication du rapport de synthèse de la Commission de sauvegarde.

26 décembre : Abane Ramdane est assassiné. Indécision des chefs de l'ALN.

1958

28 janvier : dissolution à Paris de l'Union générale des étudiants musulmans d'Algérie.

8 février : l'aviation française bombarde le village tunisien de Sakhiet-Sidi-Youssef.

14 février : réunion du CCE au Caire.

25 février : Robert Murphy, conseiller diplomatique au département américain, arrive à Paris pour sa mission de « bons offices ».

15 avril : chute du gouvernement de Félix Gaillard.

13 mai : à Alger, les manifestants s'emparent du gouvernement général. Formation d'un Comité de salut public présidé par le général Massu.

14 mai : investiture du gouvernement Pierre Pfimlin. Appel de Massu au général de Gaulle. Déclaration du général Salan : « Je prends en main provisoirement les destinées de l'Algérie française. »

15 mai : le général de Gaulle se déclare prêt « à assumer les pouvoirs de la République ».

16 mai : « fraternisation » franco-musulmane sur le Forum d'Alger.

17 mai : arrivée de Jacques Soustelle à Alger.

19 mai : conférence de presse du général de Gaulle.

25 mai : comités de salut public en Corse.

29 mai : le général de Gaulle accepte de former le gouvernement.

1er juin : investiture du gouvernement de Gaulle.

2 juin : la censure est levée.

4 juin : le général de Gaulle à Alger : « Je vous ai compris. »

7 juin : le général Salan est nommé délégué général du gouvernement et commandant en chef en Algérie.

2 juillet : nouveau voyage du général de Gaulle en Algérie.

20 août : les chefs de l'ALN remanient la direction du FLN à leur profit.

7 septembre : rétablissement de la Commission de sauvegarde.

19 septembre : constitution du Gouvernement provisoire de la république algérienne (GPRA) présidé par Ferhat Abbas.

28 septembre : référendum sur la Constitution.

3 octobre : discours du général de Gaulle annonçant le plan de Constantine.

23 octobre : conférence de presse du général de Gaulle, qui offre « la paix des braves ».

25 octobre : le GPRA repousse la proposition de paix des braves.

23-30 novembre : élections législatives. Succès de l'UNR.

4 décembre : le général de Gaulle se rend de nouveau en Algérie.

13 décembre : l'Assemblée générale de l'ONU repousse par dix-huit voix et vingt-huit abstentions contre trente-cinq une résolution reconnaissant le droit de l'Algérie à l'indépendance.

19 décembre : le général Salan est remplacé par le délégué général Paul Delouvrier et le général Challe.

21 décembre : le général de Gaulle est élu président de la République.

1959

Janvier : mesures de grâce en faveur de condamnés algériens, libération de Messali Hadj.

7 mars : les chefs du FLN kidnappés en octobre 1956 sont transférés à l'île d'Aix.

28 mars : les commandants des wilayas 3 et 4 sont tués au combat.

29 avril : le général de Gaulle au député Pierre Laffont : « L'Algérie de papa est morte. »

21 juillet : début de l'opération Jumelles en Kabylie.

Début août : première tournée des popotes du général de Gaulle.

16 septembre : le général de Gaulle annonce le principe du recours à l'autodétermination pour les Algériens par voie de référendum.

19 septembre : Georges Bidault forme le Rassemblement pour l'Algérie française.

28 septembre : réponse évasive du GPRA au discours du 16 septembre du général de Gaulle.

16 décembre : début de la réunion à Tripoli du CNRA.

1960

13 janvier : démission d'Antoine Pinay, ministre des Finances et des Affaires économiques.

18 janvier : le général Massu est remplacé par le général Crépin à la tête du corps d'armée d'Alger.

24 janvier : début de la semaine des barricades.

28 janvier : Paul Delouvrier et le général Challe quittent Alger.

1er février : le camp retranché des Facultés, dirigé par Pierre Lagaillarde, se rend. Fin des barricades.

2 février : l'Assemblée nationale vote les pouvoirs spéciaux pour un an.

5 février : Jacques Soustelle quitte le gouvernement.

10 février : création, par le gouvernement, d'un Comité des affaires algériennes. Suppression des services d'action psychologique de l'armée.

24 février : découverte du réseau Jeanson de soutien au FLN.

3-5 mars : deuxieme tournée des popotes. De Gaulle parle « d'Algérie algérienne ».

30 mars : le général Challe est remplacé par le général Crépin.

10 juin : Si Salah, chef de la wilaya 4, est reçu à l'Élysée.

14 juin : dans une déclaration, de Gaulle offre aux chefs de l'insurrection de négocier.

25-29 juin : pourparlers de Melun, qui échouent.

5 septembre : procès du réseau Jeanson. Publication du *Manifeste des 121* sur le droit à l'insoumission.

3 novembre : début du procès des barricades.

4 novembre : discours du général de Gaulle ; allusion à une « République algérienne, qui existera un jour ».

22 novembre : Louis Joxe est nommé ministre des Affaires algériennes.

24 novembre : Jean Morin est nommé délégué général en Algérie, en remplacement de Paul Delouvrier.

9-13 décembre : voyage du général de Gaulle en Algérie. Violentes manifestations européennes. Première manifestation spontanée d'Algériens en faveur du GPRA.

19 décembre : l'Assemblée générale de l'ONU reconnaît le droit de l'Algérie à l'indépendance.

1961

8 janvier : référendum sur la politique algérienne du général de Gaulle. Large succès du oui.

25 janvier : assassinat de Me Popie par un commando du Front de l'Algérie française.

Février : constitution de l'Organisation armée secrète (OAS).

20-22 février : Ahmed Boumendjel rencontre Georges Pompidou à Lucerne et à Neuchâtel.

17 mars : annonce de pourparlers entre la France et le GPRA.

31 mars : le maire d'Évian est assassiné par l'OAS.

11 avril : conférence de presse du général de Gaulle. Allusion à un « État algérien souverain ».

22 avril : les généraux Challe, Jouhaud et Zeller, peu après rejoints par le général Salan, s'emparent du pouvoir à Alger.

23 avril : Oran est aux mains des putschistes, mais le coup échoue à Constantine. Le gouvernement décrète l'état d'urgence et le recours à l'article 16 de la Constitution.

25 avril : échec du putsch. Reddition du général Challe. Salan, Jouhaud et Zeller entrent dans la clandestinité.

5 mai : première réunion secrète de l'OAS à Alger, sous la direction du colonel Godard ; l'organisation est mise sur pied.

20 mai : ouverture des négociations d'Évian.

31 mai : assassinat par l'OAS du commissaire Gavoury. Condamnation du général Challe à quinze ans de réclusion.

7 juin : le général Ailleret est nommé commandant en chef en Algérie.

13 juin : les négociations d'Évian sont suspendues.

5 juillet : répression de manifestations FLN à Alger : au moins soixante-dix morts.

19 juillet : ouverture des conversations de Lugrin, suspendues le 28.

5 août : première émission radiophonique pirate de l'OAS.

26 août : Ben Khedda succède à Ferhat Abbas à la tête du GPRA.

8 septembre : attentat manqué de Pont-sur-Seine contre le général de Gaulle.

17 octobre : violentes répressions des manifestations d'Algériens à Paris. Dizaines de victimes.

4 novembre : arrestation d'Abderrahmane Farès.

16 décembre : à Oran, le colonel Rançon est assassiné par l'OAS.

1962

5 février : le général de Gaulle annonce dans une conférence de presse que l'issue en Algérie est proche.

8 février : manifestations anti-OAS à Paris. Intervention brutale de la police au métro Charonne : neuf morts.

10 février : ouverture des conversations entre le GPRA et le gouvernement français aux Rousses.

19 février : protocole d'accord entre les deux parties.

26 février, Algérie : vague d'attentats sans précédent contre les Algériens.

7 mars : ouverture de la deuxième conférence d'Évian.

18 mars : signature des accords d'Évian.

21 mars : Christian Fouchet est nommé haut commissaire en Algérie.

26 mars : fusillade de la rue d'Isly à Alger. L'armée tire sur les manifestants européens : quarante-six morts.

8 avril : référendum très favorable à la politique algérienne du gouvernement.

14 avril : Georges Pompidou est nommé Premier ministre en remplacement de Michel Debré. Condamnation à mort du général Jouhaud.

18 avril : le général Fourquet remplace le général Ailleret.

3 mai : à Alger, explosion d'une voiture piégée : soixante-deux morts algériens.

24 mai : le général Salan est condamné à la détention à vie.

15 juin : conversations entre l'OAS et le FLN pour une cessation des attentats.

1er juillet : référendum d'autodétermination en Algérie : 5 975 581 voix pour le oui, 16 534 pour le non.

3 juillet : reconnaissance officielle, par la France, de l'indépendance de l'Algérie. Le GPRA arrive à Alger.

5 juillet : enlèvements et exécutions de pieds-noirs à Oran.

Juillet : implosion du FLN. Ahmed Ben Bella et ses amis annoncent à Tlemcen la formation d'un Bureau politique contre le GPRA.

22 aôut : le général de Gaulle échappe à un attentat au Petit-Clamart, organisé par un commando de l'OAS.

Fin août : incidents sanglants entre wilayas rivales en Algérie. Début d'atrocités contre les harkis.

9 septembre : l'Armée nationale populaire (ANP), commandée par le colonel Houari Boumédiène, fait son entrée à Alger.

20 septembre : élection d'une Assemblée constituante algérienne.

27 septembre : Mohammed Boudiaf, l'un des chefs historiques du FLN, crée le Parti de la révolution socialiste (PRS).

29 novembre : le Parti communiste algérien est interdit.

Bibliographie sur la guerre d'Algérie

établie par Benjamin Stora

Dans la masse d'ouvrages sur la guerre d'Algérie (près de trois mille publiés entre 1955 et 2004[1]), la bibliographie qui suit est loin d'être exhaustive. Elle privilégie les ouvrages les plus récents et les plus accessibles qui contribuent à faire avancer la connaissance historique et dont la variété permet de croiser les regards sur la France et l'Algérie en guerre. Ne figurent pas ici les ouvrages publiés pendant la guerre elle-même et qui ont pris, depuis, valeur de sources pour l'historien.

Ouvrages généraux sur l'ensemble de la guerre d'Algérie.

Ageron, Charles-Robert (sous la dir.), *La Guerre d'Algérie et les Algériens*, Paris, Armand Colin, 1997.

Alleg, Henri (sous la dir.), *La Guerre d'Algérie*, Paris, Temps actuels, 3 vol., 1982.

Batty, Peter, *La Guerre d'Algérie*, Paris, B. Barrault, 1989.

Cheikh, Slimane, *L'Algérie en armes ou le Temps des certitudes*, Paris, Economica/OPU, Alger, 1981.

Courrière, Yves, *La Guerre d'Algérie*, Paris, Robert Laffont, coll. « Bouquins », 1990, 2 vol.

Droz, Bernard, et Lever, Evelyne, *Histoire de la guerre d'Algérie*, Paris, Le Seuil, 1982.

Elsenhans, Hartmut, *La Guerre d'Algérie, la transition d'une France à une autre*, Paris, Publisud, 2000.

Éveno, Patrick, et Planchais, Jean, *La Guerre d'Algérie*, Paris, La Découverte/Le Monde, 1989.

Frémeaux, Jacques, *La France et l'Algérie en guerre, 1830-1870/1954-1962*, Paris, Economica, 2002.

---

1. Benjamin Stora, *Le Dictionnaire des livres de la guerre d'Algérie : romans, nouvelles, poésie, photos, histoire, essais, récits historiques, témoignages, biographies, mémoires, autobiographies : 1955-1995*, Paris-Montréal, Paris, L'Harmattan, 1996.

Gervereau, Laurent, et Rioux, Jean-Pierre, Stora, Benjamin (sous la dir.), *La France en guerre d'Algérie*, Paris, BDIC, 1992.

Harbi, Mohammed, *Les Archives de la Révolution algérienne*, Jeune Afrique, 1981.

Heymann, Arlette, *Les Libertés publiques et la guerre d'Algérie*, Paris, LDDJ, 1972.

Jauffret, Jean-Charles, et Vaïsse, Maurice (sous la dir.), *Militaires et guérillas dans la guerre d'Algérie*, Bruxelles, Complexe, 2001.

Lefeuvre, Daniel, *Chère Algérie*, Paris, Société française d'histoire d'outre-mer, 1997 ; (sous la dir.) *La Guerre d'Algérie au miroir des décolonisations françaises*, Société française d'histoire d'outre-mer, Paris, 2000.

Le Mire, Henri, *Histoire militaire de la guerre d'Algérie*, Paris, Albin Michel, 1982.

Miquel, Pierre, *La Guerre d'Algérie*, Paris, Fayard, 1993.

Montagnon, Pierre, *La Guerre d'Algérie*, Paris, Pygmalion, 1984.

Pervillé, Guy, *De l'Empire français à la décolonisation*, Paris, Hachette, 1991.

Rioux, Jean-Pierre (sous la dir.), *La Guerre d'Algérie et les Français*, Paris, Fayard, 1990. Colloque international tenu à Paris du 15 au 17 décembre 1988.

Rioux, Jean-Pierre, et Sirinelli, Jean-François (sous la dir.), *La Guerre d'Algérie et les intellectuels français*, Bruxelles, Complexe, 1991.

Rudelle, Odile, *De Gaulle et La République*, Paris, Plon, 1988.

Slama, Alain-Gérard : *La Guerre d'Algérie, histoire d'une déchirure*, Paris, Gallimard, 1996.

Vaïsse, Maurice, *1961, Alger, le putsch*, Bruxelles, Complexe, 1983.

Vers la paix en Algérie : les négociations d'Évian dans les archives diplomatiques françaises, 15 janvier 1961-29 juin 1962, Bruylant, 2003.

Servan-Schreiber, Jean-Jacques, *La Guerre d'Algérie*, Paris, *Paris Match*, Éditions n° 1, 1982.

Stora, Benjamin, *Histoire de la guerre d'Algérie*, Paris, La Découverte, « Repères », 2002.

Teguia, Mohamed, *L'Algérie en guerre*, Alger, OPU, 1982.

Thénault, Sylvie, *Une drôle de justice, les magistrats dans la guerre d'Algérie*, Paris, La Découverte, 2001.

Tripier, Philippe, *Autopsie de la guerre d'Algérie*, Paris, France Empire, 1972.

Vatin, Jean-Claude, *L'Algérie politique. Histoire et société*, PFNSP, 1983.

Winnock, Michel, *La République se meurt, 1956-1958*, Paris, Gallimard, 1985.

Mémoires et représentations autour de la guerre d'Algérie

Fleury-Vilatte, Béatrice, *La Mémoire télévisuelle de la guerre d'Algérie : 1962-1992*, Paris, L'Harmattan, 2001.

Girardet, Raoul, *L'Idée coloniale en France*, Paris, La Table ronde, 1972.

La Guerre d'Algérie à l'écran, sous la dir. de Guy Hennebelle, Mouny Berrah et Benjamin Stora. Condé-sur-Noireau, Corlet, 1997. *CinémAction*, n° 85, 4e trimestre 1997.

Manceron, Gilles, et Remaoun, Hassan, *D'une rive à l'autre, la guerre d'Algérie de la mémoire à l'histoire*, Paris, Syros, 1993.

Mémoire et enseignement de la guerre d'Algérie : actes du colloque organisé par l'Institut du monde arabe et la Ligue de l'enseignement, Paris, 13 et 14 mars 1992. Paris, Ligue française de l'enseignement et de l'éducation permanente et Institut du monde arabe, 1993, 2 vol.

Nerbonne, Simone, et Hogue, Jeanine de la, *Mémoire écrite de l'Algérie*, Paris, Maisonneuve & Larose, 1992.

Pervillé, Guy, *Pour une histoire de la guerre d'Algérie*, Paris, Picard, 2002.

Sigg, Bernard, *Le Silence et la Honte : névroses de la guerre d'Algérie*, préf. de Daniel Zimmermann, Paris, Messidor, 1989.

Stora, Benjamin, *Imaginaires de guerre, Algérie-Vietnam*, Paris, La Découverte, 1997 ; *La Gangrène et l'Oubli : la mémoire de la guerre d'Algérie*, nouv. éd., Paris, La Découverte, 1998.

Traces de la guerre d'Algérie : 40 ans de turbulences dans la vie politique française, dir. Wolikow Serge, Dijon, Éd. universitaires de Dijon, 1995 (Territoires contemporains. Cahiers de l'IHC).

Ouvrages sur les groupes engagés

L'armée, les officiers, les soldats, les appelés

Branche, Raphaëlle, *La Torture et l'armée pendant la guerre d'Algérie*, Paris, Gallimard, 2001.

Bergot, Erwan, *La Guerre des appelés en Algérie*, Paris, Presses de la Cité, 1986 et 1992, 2 vol.

Jauffret, Jean-Charles, *Soldats en Algérie, 1954-1962 : expériences contrastées des hommes du contingent*, Paris, Autrement, 2000, coll. « Mémoires ».

Lemalet, Martine, *Lettres d'Algérie : 1954-1962 : la guerre des appelés, la mémoire d'une génération*, Paris, Lattès, 1992.

Matéos-Ruiz, Maurice, *L'Algérie des appelés*, Biarritz, Atlantica, 1998.

Orr, Andrew, *Ceux d'Algérie : le silence et la honte*, Paris, Payot, 1990.

Rotman, Patrick, et Tavernier, Bertrand, *La Guerre sans nom : les appelés d'Algérie : 1954-1962*, Paris, Le Seuil, 1992.

Stora, Benjamin, *Appelés en guerre d'Algérie*, Paris, Gallimard, rééd. 2003 (Découvertes, Histoire).

Témoignages de salariés de Rhône-Poulenc Roussillon sur la guerre d'Algérie, Rhône-Poulenc Roussillon, 1994. Témoignages réunis par la commission culturelle du comité d'établissement de Rhône-Poulenc Roussillon.

Vittori, Jean-Pierre, *La Vraie Histoire des appelés d'Algérie*, nouv. éd., Paris, Ramsay, 2001. Réimpr. de l'éd. de 1977, parue sous le titre : *Nous, les appelés d'Algérie*, augm. d'une préf.

Sur l'opposition française à la guerre

Alleg, Henri, *La Question*, Paris, Minuit, 1958, rééd. 2000.

Andrieu, René, *La guerre d'Algérie n'a pas eu lieu : huit ans et six cent mille morts*, Paris, Messidor-Éd. sociales, 1992.

694 *La guerre d'Algérie*

Barrat, Denise et Robert, *Algérie 1956, livre blanc sur la répression*, Montpellier, L'Aube, 2001.
Les Crimes de l'armée française : Algérie 1954-1962, dossier réuni par Pierre Vidal-Naquet, nouv. éd., Paris, La Découverte, 2001 (La Découverte-poche, Essais).
Duval, Léon-Étienne, *Au nom de la vérité : Algérie, 1954-1962*, textes présentés par Denis Gonzalez, André Nozière, réimpr. Paris, Cana, Albin Michel, 2001.
Einaudi, Jean-Luc, *La Ferme Améziane : enquête sur un centre de torture pendant la guerre d'Algérie*, Paris, L'Harmattan, 1991.
Hamon, Hervé, et Rotman, Jean-Pierre, *Les Porteurs de valises : la résistance française à la guerre d'Algérie*, Paris, Albin Michel, 1979.
Roussel, Vincent, *Jacques de Bollardière : de l'armée à la non-violence*, Paris, Desclée De Brouwer, 1997.
Vidal-Naquet, Pierre, *L'Affaire Audin : 1957-1978*, nouv. éd., Paris, Minuit, 1989 ; *La Torture dans la République : essai d'histoire et de politique contemporaines : 1954-1962*, nouv. éd., Paris, Minuit, 1975 (Petite collection Maspero). Réimpr. de l'éd. de 1972, augm. d'un complément bibliogr., 1972-1975.
Vittori, Jean-Pierre, *On a torturé en Algérie*, témoignage recueilli par Jean-Pierre Vittori, nouv. éd., Paris, Ramsay, 2000.

Sur le FLN, les Algériens

Carlier, Omar : *Entre nation et Jihad*, Paris, Fondation nationale des sciences politiques, 1995.
Gadant, Monique, *Islam et nationalisme à travers* El Moudjahid, Paris, L'Harmattan, 1988.
Harbi, Mohammed, *Le FLN, mirage et réalité*, Paris, Jeune Afrique, 1980 et 1993.
Haroun, Ali, *L'Été de la discorde*, Alger, Casbah, 2000.
Lyotard, Jean-François, *La Guerre des Algériens*, Paris, Galilée, 1989.
Malek, Redha, *L'Algérie à Évian*, Paris, Le Seuil, 1995.
Meynier, Gilbert, *Histoire intérieure du FLN*, Paris, Fayard, 2002.
Pervillé, Guy, *Les Étudiants algériens de l'université française*, Paris, CNRS, 1984, Alger, Rahma, 1992.

Sur l'OAS

Déroulède, Arnaud, *OAS, étude d'une organisation clandestine*, Jean Curutchet, Hélette, 1997.
Duranton-Cabrol, Anne-Marie, *Le Temps de l'OAS*, Bruxelles, Complexe, 1995.
Fleury, Georges, *Histoire secrète de l'OAS*, Paris, Grasset, 2002.
Kauffer, Rémi, *OAS, histoire d'une guerre franco-française*, Paris, Le Seuil, 2002.
Ortiz, Joseph, *Mon combat pour l'Algérie française*, Jean Curutchet, Hélette, 1998.
Pérez, Jean-Claude, *Debout dans ma mémoire*, Jean Curutchet, Hélette, 1996.
Quivy, Vincent, *Les Soldats perdus, des anciens de l'OAS racontent*, Paris, Le Seuil, 2003.

Sur les pieds-noirs, les Juifs d'Algérie

Allouche, Jean-Luc, et Laloum, Jean (sous la dir.) : *Les Juifs d'Algérie*, Paris, Éd. du Scribe, 1987.
Baussant, Michèle, *Les Pieds-Noirs*, Paris, Stock, 2002.

Cardinal, Marie (sous la dir.), *Les Pieds-Noirs*, Paris, Belfond, 1988.
Jordi, Jean-Jacques, *De l'exode à l'exil, rapatriés et pieds-noirs en France*, Paris, L'Harmattan, 1993.
Laffont, Pierre, *Histoire de la France en Algérie*, Paris, Plon, 1980.
Verdès-Leroux, Jeanine, *Les Français d'Algérie, une page d'histoire déchirée*, Paris, Fayard, 2001.
Ternant, Geneviève de, *L'Agonie d'Oran*, Nice, J. Gandini, 1996.

Sur les harkis

Faivre, Maurice, *Les Combattants musulmans de la guerre d'Algérie*, Paris, L'Harmattan, 1995.
Hamoumou, Mohand, *Et ils sont devenus harkis*, Paris, Fayard, 1994.

Sur les immigrés algériens, et le 17 octobre 1961

Brunet, Jean-Paul, *Police contre FLN : le drame d'octobre 1961*, Paris, Flammarion, 1999.
Einaudi, Jean-Luc, *La Bataille de Paris : 17 octobre 1961*, Paris, Le Seuil, 1991 (Libre examen).
Lévine, Michel, *Les Ratonnades d'octobre : un meurtre collectif à Paris en 1961*, Paris, Ramsay, 1985.
Péju, Paulette, *Ratonnades à Paris*, précédé de *Les Harkis à Paris*, Paris, La Découverte, 2000 (La Découverte-poche, Essais).
Tristan, Anne, *Le Silence du fleuve : ce crime que nous n'avons toujours pas nommé*, Bezons, Au nom de la mémoire, 1991.

Sur les femmes dans la guerre

Amrane, Djamila, *Les Femmes algériennes dans la guerre*, Paris, Plon, 1991.
Dore-Audibert, Andrée, *Des Françaises d'Algérie dans la guerre de libération*, Paris, Kartala, 1995.
Elbe, Marie, *À l'heure de notre mort*, Paris, Albin Michel, 1992.
Gadant, Monique, *Le Nationalisme algérien et les femmes*, Paris, L'Harmattan, 1995.
Ighilahriz, Louisette, *Algérienne*, Paris, Fayard/Calmann Lévy, 2001.

Biographies, autobiographies, Mémoires des principaux acteurs français

Beccaria, Laurent, *Hélie de Saint-Marc*, Paris, Perrin, 1988.
Argoud, Antoine, *La Décadence, l'imposture et la tragédie*, Paris, Fayard, 1974.
Aussaresses, Paul, *Services spéciaux Algérie, 1955-1957*, Paris, Perrin, 2001.
Bigeard, Marcel, *Pour une parcelle de gloire*, Paris, Plon, 1975.
Bollardière, Jacques Paris de, *Bataille d'Alger, bataille de l'homme*, Paris, Desclée De Brouwer, 1972.
Buis, Georges, *La Grotte*, Paris, Le Seuil, 1988.

Buron, Robert, *Carnets politiques de la guerre d'Algérie*, Paris, Plon, 1965.

Cherki, Alice, *Frantz Fanon. Portrait*, Paris, Le Seuil, 2000.

Daniel, Jean, *La Blessure*, Paris, 1982.

Jouhaud, Edmond, *Serons-nous enfin compris ?*, Paris, Albin Michel, 1984.

Gandy, Alain, *Salan*, Paris, Perrin, 1990.

Gaulle, Charles de, *Mémoires d'espoir, le renouveau, 1958-1962*, Paris, Plon, 1970.

Gaulle, Charles de, *Discours et messages, 1958-1962*, Paris, Plon, 1970.

Katz, Joseph, *L'Honneur d'un général*, Paris, L'Harmattan, 1993.

Massu, Jacques, *La Vraie Bataille d'Alger*, Paris, Plon, 1971.

Lacouture, Jean, *Pierre Mendès France*, Paris, Le Seuil, 1981 ; *De Gaulle, le souverain*, Paris, Le Seuil, 1986.

Mauriac, François, *Nouveaux Blocs-Notes*, Paris, Flammarion, 1968.

Rossfelder, André, *Le Onzième Commandement*, Paris, Gallimard, 2000.

Roy, Jules, *Mémoires barbares*, Paris, Albin Michel, 1989.

Soustelle, Jacques, *Vingt-Huit Ans de gaullisme*, Paris, La Table ronde, 1968.

Timsit, Daniel, *Suite baroque*, Saint-Denis, Bouchène, 1999.

Tricot, Bernard, *Les Sentiers de la paix en Algérie*, Paris, Plon, 1972.

Vidal-Naquet, Pierre, *Face à la raison d'État, un historien pendant la guerre d'Algérie*, Paris, La Découverte, 1989.

Zeller, André, *Dialogue avec un général*, Paris, Presses de la Cité, 1974.

Biographies, autobiographies, Mémoires des principaux acteurs algériens

Abbas, Ferhat, *L'Aurore, autopsie d'une guerre*, Paris, Garnier, 1980.

Abderrazak, Bouhara, *Les Viviers de la libération*, Alger, Casbah, 2001.

Abdoun, Mahmoud, *Témoignage d'un militant du mouvement nationaliste*, Alger, Ed Dahlab, 1990.

Aït Ahmed, Hocine, *Mémoires d'un combattant*, Paris, Messinger, 1983.

Azzedine, commandant Si, *On nous appelait fellagha*, Paris, Stock, 1976.

Ben Khedda, Ben Youcef, *Les Origines du 1er novembre 1954*, Alger, Saad Dahlab, 1989 ; *Les Accords d'Évian*, Alger, OPU, 1986.

Benchérif, Ahmed, *L'Aurore des mechtas*, Alger, SNED, 1969.

Benyahia, Mohammed, *La Conjuration du pouvoir*, Paris, Arcantère, 1988.

Boudiaf, Mohammed, *La Préparation du 1er novembre*, Étoile, 1976 ; *Où va l'Algérie ?* Étoile, 1964.

Dahlab, Saad, *Pour l'indépendance de l'Algérie, mission accomplie*, Alger, Dahlab, 1990.

Farès, Abderahmane, *La Cruelle Vérité*, Paris, Plon, 1982.

Feraoun, Mouloud, *Journal 1955-1962*, Paris, Le Seuil, 1962.

Ferdi, Saïd, *Un enfant dans la guerre*, Paris, Le Seuil, 1981.

Hamdani, Amar, *Krim Belkacem, Le Lion des djebels*, Paris, Balland, 1973.

Harbi, Mohammed, *Une vie debout*, Paris, La Découverte, 2001.

Haroun, Ali, *L'Été de la discorde*, Casbah, Alger, 2000.

Hassani, Abdelkader, *Guérilla sans visage*, Alger, Enap-OPU, 1988.

Lacheraf, Mostefa, *Des noms et des lieux, mémoires d'une Algérie oubliée*, Alger, Casbah, 1998,

Lebjaoui, Mohammed, *Vérités sur la Révolution algérienne*, Paris, Gallimard, 1970.

Messali, Hadj, *Mémoires*, Paris, Lattès, 1982.

Ouzegane, Amar, *Le Meilleur Combat*, Paris, Julliard, 1962.

Stora, Benjamin, *Messali Hadj*, Paris, rééd. Hachette poche, 2004.

Yacef, Saadi, *La Bataille d'Alger*, Alger, ENAL, 1986.

Yousfi, M'ahmed, *L'Algérie en marche*, Alger, Enal, 1985 ; *Les Otages de la liberté, quelques aspects des dessous de la guerre d'Algérie*, Alger, Mimouni, 1990.

Zamoum, Ali, *Le Pays des hommes libres*, Paris, La Pensée sauvage, 1998.

Autour des photos de la guerre d'Algérie

Algérie, 1954-1962, arrêt sur images inédites, Paris, FNACA-GAJE, EDL, 2002,

Armée, *Le Livre blanc de l'armée française en Algérie*, Paris, Contretemps, 2002, 208 p.

Bail, René, *Guerre d'Algérie*, Paris, Trésor du patrimoine, 1999, cinq fascicules de cent pages chacun.

Bergot Erwan, préface du général Bigeard, *Bataillon Bigeard-Indochine : 1952-1954, Algérie : 1955-1957*, Paris, Presses de la Cité, 1977,

Bigeard, colonel Marcel, photos avec Marc Flament, *Aucune bête au monde*, Paris, La Pensée moderne, 1959.

Branche, Raphaëlle, et Thénault, Sylvie, *La Guerre d'Algérie*. Dossier documentation photographique n° 8022. Paris, La Documentation française, août 2001.

Buisson, Patrick, et Gauchon, Pascal, *OAS, Histoire de la résistance française en Algérie*, Bièvres, Jeune Pied-Noir, 1984.

Courrière, Yves, *La Guerre d'Algérie en images*, Paris, Fayard, 1972.

Flament, Marc, et Bigeard, Marcel, *Piste sans fin*, Paris, La Pensée moderne, 1963 ; *Aucune bête au monde*, Paris, La Pensée moderne, 1959.

Flament, Marc, et Lartéguy, Jean, *Les dieux meurent en Algérie*, Paris, Jacques Grancher, 1960.

Flament, Marc, *Les Beaux Arts de la guerre*, Paris, Jacques Grancher, 1974 ; *Les Hommes peints*, Paris, La Pensée moderne, 1962.

Fleury, Georges, *La Guerre en Algérie*, Paris, Plon, 1993.

Garanger, Marc, *Femmes algériennes : 1960*, Paris, Contrejour, 1982 ; *La Guerre d'Algérie vue par un appelé du contingent*, Paris, Le Seuil, 1984.

Gervereau, Laurent, et Stora, Benjamin (sous la dir.), *Photographier le G.A.*, Paris, Marvac, 2004.

Guerre d'Algérie (La), Paris, Taillandier, *Historia-Magazine*, sept volumes, 1971-1974.

Guerre d'Algérie (La), Les Combats du Maroc et de Tunisie, Paris, FNACA, 1987.

Héduy, Philippe, *Algérie française : 1942-1962*, Paris, Société de production littéraire, 1980 ; *La Guerre d'Algérie en photos, 1954-1962*, Paris, EPA, 1989.

Hellal, Abderrezak, préface d'Ahmed Bedjaoui, *Image d'une révolution : la Révolution algérienne dans les textes français durant la période du conflit*, Alger, OPU, 1988, 172 p.

Images et visages du cinéma algérien, Alger, catalogue Oncic, 1984.

Information (L') durant la guerre de libération, Alger, ministère de l'Information, 1984.

Le Manner, Yves, et Stora, Benjamin, *Images de la guerre d'Algérie*, Saint-Omer, musée de la Coupole, 2002.

Mémoire d'une communauté, Paris, Actualité de l'émigration, 1987.

Mimoun, Mouloud (sous la dir.), *Images d'une guerre. France-Algérie*, Paris, Institut du monde arabe, 1992.

Miquel, Pierre, *La Guerre d'Algérie, images inédites des archives militaires*, Paris, Chêne, 1993.

Pecar, Zdravkro, *Témoignage d'un reporter yougoslave sur la guerre d'Algérie*, Alger, ENAL, 1987.

Porteu de La Morandière, François (sous la dir.), *Soldats du djebel, histoire de la guerre d'Algérie*, Paris, Société de production littéraire, 1979.

Sabourdy, Michel, *1954-1962 : Chroniques d'une drôle d'époque*, Mâcon, Mâcon imprimerie, 1991.

Les auteurs

Linda Amiri est doctorante à l'Institut d'études politiques de Paris, où elle prépare une thèse sur la Fédération de France du FLN. Elle a publié : *Les Fantômes du 17 octobre 1961* (éditions Mémoire-Génériques, 2001).

Abdelkrim Badjadja fut directeur de la Bibliothèque nationale d'Alger et directeur général des Archives nationales d'Algérie. Il est actuellement consultant en archivistique auprès du Centre de documentation et de recherches, Abou Dhabi, Émirats arabes unis.

Charles Bonn, spécialiste de la littérature du Maghreb et de l'émigration, enseigne à l'université Lyon-II et est codirecteur des revues *Itinéraires et contacts de culture* et *Études littéraires maghrébines*. Il est l'auteur, entre autres, d'une *Anthologie de la littérature algérienne* (Livre de Poche) 1990 et de *Nedjma de Kateb Yacine*. (PUF, 1990).

Moula Bouaziz est doctorante en histoire à l'École de hautes études en sciences sociales et prépare une thèse sur la wilaya 3 (Kabylie) en guerre, 1954-1962.

Raphaëlle Branche est maîtresse de conférences à l'université de Rennes-II/CRHISCO et chercheuse associée à l'Institut d'histoire du temps présent. Elle a publié *La Torture et l'armée pendant la guerre d'Algérie, 1954-1962* (Gallimard, 2001).

Omar Carlier est maître de conférences en histoire contemporaine à l'université Paris-I – Sorbonne. Il est l'auteur, entre autres, de *Entre nation et jihad, histoire sociale des radicalismes algériens* (Presses de Sciences-Po, 1995) et d'un *Ben Bella* à paraître aux Presses de Sciences-Po en 2004.

Marie Chominot est doctorante à l'université Paris-VIII, où elle prépare une thèse sur la pratique et les usages de la photographie durant la guerre d'Algérie. Elle a collaboré à la préparation de l'exposition « Photographier la guerre d'Algérie » (Hôtel de Sully, février-mars 2004).

Jean Daniel, journaliste et écrivain, est directeur-fondateur du *Nouvel Observateur*. Son engagement au moment de la guerre d'Algérie est connu de tous. Il est l'auteur de très nombreux ouvrages.

Malika Dorbani est l'auteur de nombreux articles et monographies sur la peinture en Algérie au XIXe et XXe siècles. Elle a été conservatrice et directrice du musée des Beaux-Arts d'Alger de 1977 à 1994. Elle est aujourd'hui collaboratrice scientifique du Département peintures du musée du Louvre.

René Gallissot, agrégé d'histoire, a enseigné, à l'indépendance, à l'université d'Alger, puis à la Sorbonne et à l'université Paris-VIII, où il est aujourd'hui professeur émérite. Il a fondé et codirigé l'Institut Maghreb-Europe de l'université Paris-VIII. Il est l'auteur de nombreux ouvrages sur l'Algérie.

Jean-Jacques Gonzales est professeur de philosophie, écrivain et éditeur. Il est notamment l'auteur d'un récit, *Oran* (Séguier, 1998) et de *Camus, l'exil absolu, in Camus et les écritures du XXe siècle* (Presses universitaires d'Artois, 2002).

Mohand Hamoumou est docteur en sociologie. Il est actuellement professeur à l'École de management de Lyon. Il est l'auteur de *Et ils sont devenus harkis* (Fayard, 1993) et coauteur, avec Jean-Jacques Jordi de *Les Harkis, une mémoire enfouie* (Autrement, 1998).

Mohammed Harbi a exercé d'importantes responsabilités au sein du FLN durant la guerre d'indépendance avant d'être emprisonné en 1965. Évadé en 1973, il rejoint la France. Professeur à l'université Paris-VIII, il est l'auteur, entre autres, de *Le FLN : mirages et réalité* (Édition Jeune Afrique, 1980) et *Une vie debout : mémoires* (La Découverte, 2001).

Jean-Charles Jauffret est professeur à l'Institut d'études politiques d'Aix-en-Provence, titulaire de la chaire Histoire militaire, défense et sécurité. Il est l'auteur, parmi de nombreux ouvrages, de *Soldats en Algérie, 1954-1962* (Autrement, 2000).

Rémi Kauffer est journaliste et enseignant (Institut d'études politiques de Paris). Il est l'auteur d'une quinzaine d'ouvrages dont le dernier, *OAS, histoire d'une guerre franco-française* (Seuil 2003), où il traite en détail de la période finale du conflit algérien.

Daniel Lefeuvre est professeur d'histoire contemporaine à l'université Paris-VIII. Il est l'auteur de nombreux livres sur l'histoire de l'Algérie française et prépare actuellement un ouvrage historique sur les Français d'Algérie.

Claude Liauzu est professeur émérite à l'université Paris-VII – Denis-Diderot. Il a enseigné en Afrique du Nord pendant de nombreuses années. Spécialiste de l'Histoire de la colonisation, il est l'auteur de nombreux ouvrages sur le sujet, dont *Colonisation, droit d'inventaire* (Armand Colin, 2004).

Alain Mahé est maître de conférences à l'École de hautes études en sciences sociales. Spécialiste d'anthropologie juridique, il a consacré de nombreuses publications à l'anthropologie de la Kabylie.

Claire Mauss-Copeaux est chercheuse au CNRS à Lyon. Elle a consacré sa thèse de doctorat aux appelés de la guerre d'Algérie. Elle est l'auteur de deux ouvrages, *Appelés en Algérie : la parole confisquée* (Hachette Littératures, 1999) et *À travers le viseur : Algérie 1955-1962* (Aedelsa, 2003).

Abdelmajid Merdaci, docteur en sociologie, diplômé en histoire et musicologue, enseigne à l'université Mentouri de Constantine. Il est également chroniqueur au quotidien algérien *La Tribune* et auteur de plusieurs études sur la guerre d'indépendance algérienne.

Gilbert Meynier est agrégé d'histoire. Il a enseigné trois ans en Algérie (1967-1970), puis de 1971 à 2000 à l'université Nancy-II. Il est l'auteur de nombreux ouvrages, dont *L'Histoire intérieure du FLN, 1954-1962* (Fayard, 2002), et vient d'achever, avec Mohammed Harbi, *Le FLN, documents et histoire* (Fayard, à paraître en 2004).

Abderhamen Mouren est doctorant en histoire. Il est l'auteur de *Les Français musulmans en Vaucluse, 1962-1991* (L'Harmattan, 2003).

Guy Pervillé a été professeur d'histoire contemporaine à l'université de Nice puis à l'université de Toulouse – Le Mirail. Il est l'auteur de nombreux articles et plusieurs livres concernant la décolonisation, et plus particulièrement celle de l'Algérie, dont *De l'Empire français à la décolonisation* (Hachette 1991) et *Pour une histoire de la guerre d'Algérie* (Picard, 2002).

Jean-Pierre Peyroulou, agrégé d'histoire, est professeur d'histoire-géographie au lycée Pierre-Corneille à La Celle-Saint-Cloud. Il prépare un doctorat d'histoire à l'université Paris-VIII. Il est l'auteur, avec Akram Belkaïm Ellyas, de *L'Algérie en guerre civile* (Calmann-Lévy, 2002).

Tramor Quemeneur est doctorant en histoire à l'université Paris-VIII, où il prépare une thèse sur la désobéissance de soldats français pendant la guerre d'Algérie. Il a participé à plusieurs ouvrages collectifs (éditions Autrement et Complexe).

Jean-Pierre Rioux a été directeur de recherches au CNRS avant d'être nommé inspecteur général honoraire de l'Éducation nationale. Il est rédacteur en chef de la revue *Vingtième Siècle, revue d'histoire*. Il préside le Comité scientifique du Mémorial national de l'Outre-mer qui va s'ouvrir à Marseille. Sur la guerre d'Algérie, il a notamment publié, *La Guerre d'Algérie et les Français* (Fayard, 1990).

Benjamin Stora est professeur d'histoire du Maghreb à l'INALCO (Langues O'). Fondateur de l'Institut Europe-Maghreb (université Paris-VIII), il est l'auteur de plus d'une vingtaine d'ouvrages sur l'Histoire du Maghreb et de l'Algérie, ainsi que de documentaires, dont « Conversations avec les hommes de la Révolution algérienne » diffusé sur la chaîne Histoire en décembre 2003.

Khaoula Taleb Ibrahimi, spécialiste en sciences du langage, est professeur à l'université d'Alger. Membre de la section algérienne d'Amnesty International, elle anime un groupe de réflexion et d'action sur la condition féminine, en particulier dans le monde arabe et musulman.

Sylvie Thénaut, spécialiste des questions de répression légale, est chargée de recherche à l'Institut d'histoire du temps présent. Elle est l'auteur de *Une drôle de justice : les magistrats dans la guerre d'Algérie*, La Découverte, 2001 et, en collaboration avec Raphaëlle Branche, *La Guerre d'Algérie* (La Documentation photographique, août 2001).

Index

Table

Troisième partie : VIOLENCES

Quatrième partie : REPRÉSENTATIONS

Composé par Nord Compo
à Villeneuve-d'Ascq

Cet ouvrage a été imprimé par

FIRMIN DIDOT

GROUPE CPI

Mesnil-sur-l'Estrée

*pour le compte des Éditions Robert Laffont
24, avenue Marceau, 75008 Paris
en mars 2004*